CHINALCO
中国铝业公司

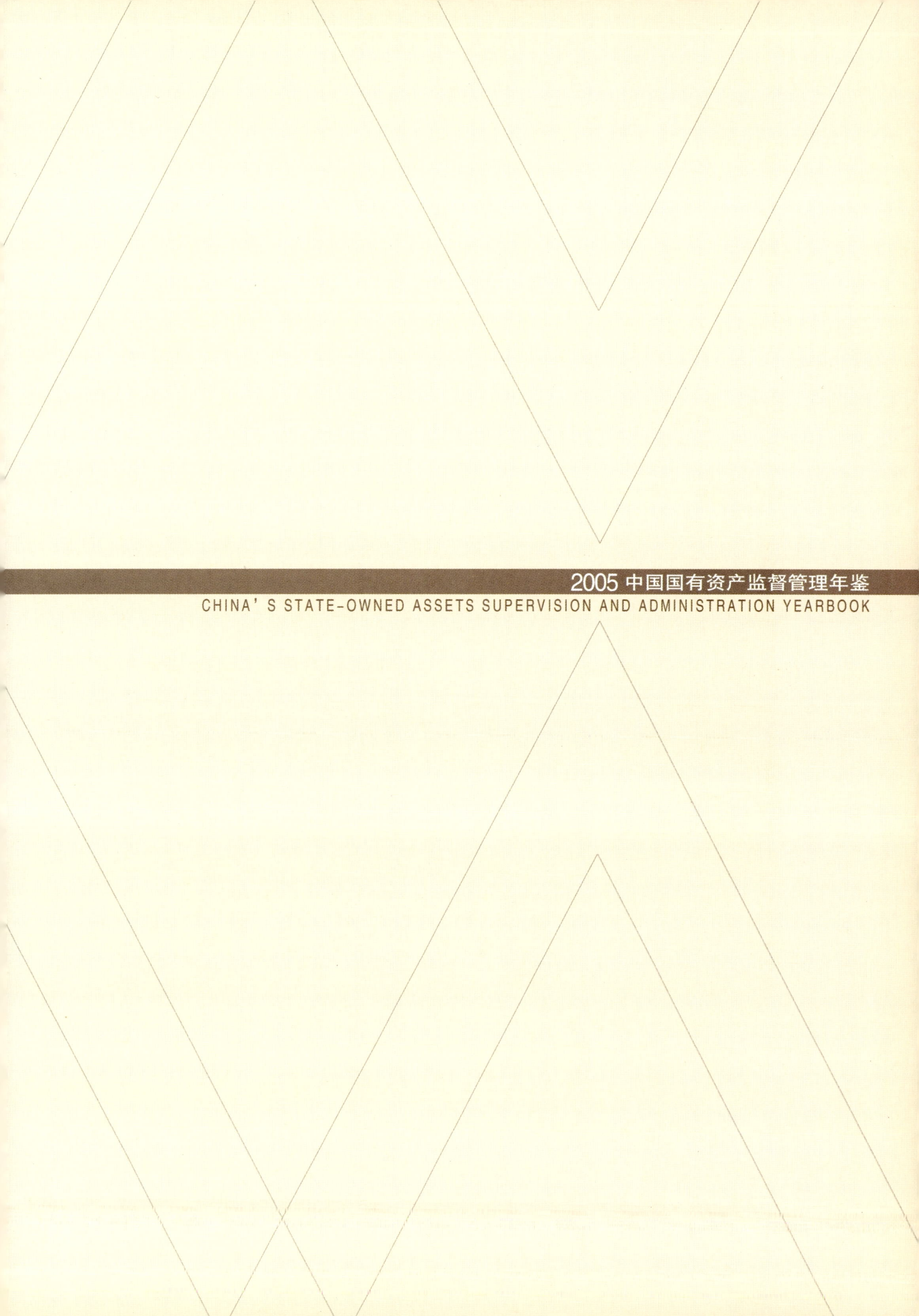
2005 中国国有资产监督管理年鉴
CHINA' S STATE-OWNED ASSETS SUPERVISION AND ADMINISTRATION YEARBOOK

2005

CHINA'S STATE-OWNED ASSETS SUPERVISION AND ADMINISTRATION YEARBOOK

中国国有资产监督管理年鉴

图书在版编目（CIP）数据

中国国有资产监督管理年鉴.2005卷/李荣融主编
-北京：中国经济出版社，2005.12
ISBN 7-5017-7290-8
I.中… II. 李… III. 国有资产—资产管理—中国—2005—年鉴 IV. F123.7-54
中国版本图书馆CIP数据核字（2005）第136804号

中国国有资产监督管理年鉴（2005）
总 编 辑：官永久
责任编辑：崔清北
广 告 部：汪 京 汪银芳 钱 广 刘金龙 陈利军 高 峰
发 行 部：张 巍 徐立敏 刘 勇
财 务 部：姜 莉
英文翻译：朱 玲
封面设计：耀午书装
图片编辑：吕 锋

出版发行：中国经济出版社（100037·北京市西城区百万庄北街3号）
网　　址：www.economyph.com
电　　话：(010) 64471642　64471644
64471600　64471640
经　　销：各地新华书店
承　　印：北京华联印刷有限责任公司
开　　本：889mm×1194mm　1/16
插页印张：9.5
版　　次：2005年12月第1版
书　　号：ISBN 7-5017-7290-8/F·5858
广告经营许可证：京平工商广字第0688号
字　　数：1500千字
印　　张：50.75
印　　次：2005年12月第1次印刷
定　　价：480.00元

编写说明

一、《中国国有资产监督管理年鉴》（以下简称《国资年鉴》）由国务院国有资产监督管理委员会主管、主办，由《国资年鉴》编委会编纂，中国经济贸易年鉴社编辑出版，李荣融同志担任编委会主任。

二、《国资年鉴》是一部全面记载我国国有经济运行、国有资产监管体制改革和国有企业改革，尤其是中央企业和全国各级国资监管机构所监管企业总体情况的大型工具书，是惟一由国务院国资委主管主办的大型年刊；是国资委统一对外宣传的主要窗口和交流平台，对于宣传、指导我国国有资产监督管理工作及国有企业尤其是中央企业的工作具有重要参考价值。

三、《国资年鉴》突出政策性、权威性、实用性和连续性。主要读者对象包括：（1）全国各级国有资产监管机构及相关行业管理部门；（2）各类国有企业；（3）有关中介机构；（4）各国驻华机构；（5）有关科研院所、图书馆、资料室等。

四、《国资年鉴》（2005）共八篇。

- 第一篇：重要经济文献。刊载黄菊同志、李荣融同志在全国国有资产监督管理工作会议、中央企业负责人会议上的讲话共3篇。
- 第二篇：国有资产监督与管理概况。国务院国资委16个业务司局就2004年我国国有资产监督管理情况、国有企业改革与发展情况予以分析、评述。
- 第三篇：各省（区、市）国有资产监督管理概况。由31个省、自治区、直辖市国资委，新疆生产建设兵团国资委，5个计划单列市国资局（办）就本地区国有经济运行情况及国有企业改革与发展状况进行评述，由于计划单列市国资局（办）成立较晚，所以本篇只刊载了3个计划单列市国资局（办）国有资产监督管理概况。
- 第四篇：中央企业改革与发展概况。对中央企业2004年度经济运行情况、主要财务指标、国有资产保值增值、产权改革、企业管理等方面进行分析、评述。由于部分军工企业涉及保密信息不便披露，一部分企业因重组改制处于变动当中不便刊载，因此本篇只刊载138户中央企业的改革与发展概况。
- 第五篇：国有资产统计资料。由国资委统计评价局提供2004年全国国有企业国有资产总量情况表；国有企业、单位户数、从业人数情况表；国有企业按行业、按地区资产负债情况表；各省（区、市）国有资产主要指标表；中央企业资产负债情况表；中央企业主要指标表；国有工业企业主要指标表；国有商业企业主要指标表；地方企业资产负债情况表；地方企业主要指标表等国有资产权威统计资料。
- 第六篇：国有资产监督管理政策法规选编。精选与国有资产监督管理有关的重要行政法规、部门规章和规范性文件。
- 第七篇：重点企业介绍。采用图文并茂的形式刊载中央企业、地方重点企业的基本情况。
- 第八篇：附录。刊载国务院国资委2004年大事记。

五、《国资年鉴》（2005）涉及全国性统计数据，暂未包括港、澳、台地区。其统计数据截至2004年年末。

《中国国有资产监督管理年鉴》编辑部

二〇〇五年十一月八日

2004 年 9 月 29 日，中共中央政治局常委、国务院副总理黄菊接见中央企业劳动模范和先进集体代表并讲话。

2004 年 11 月 30 日，国务院国有资产监督管理委员会主任李荣融接受记者采访。

2004 年国务院副总理黄菊及国资委领导同志出席中央企业负责人会议

2004 年国资委领导同志出席全国国有资产监督管理工作会议

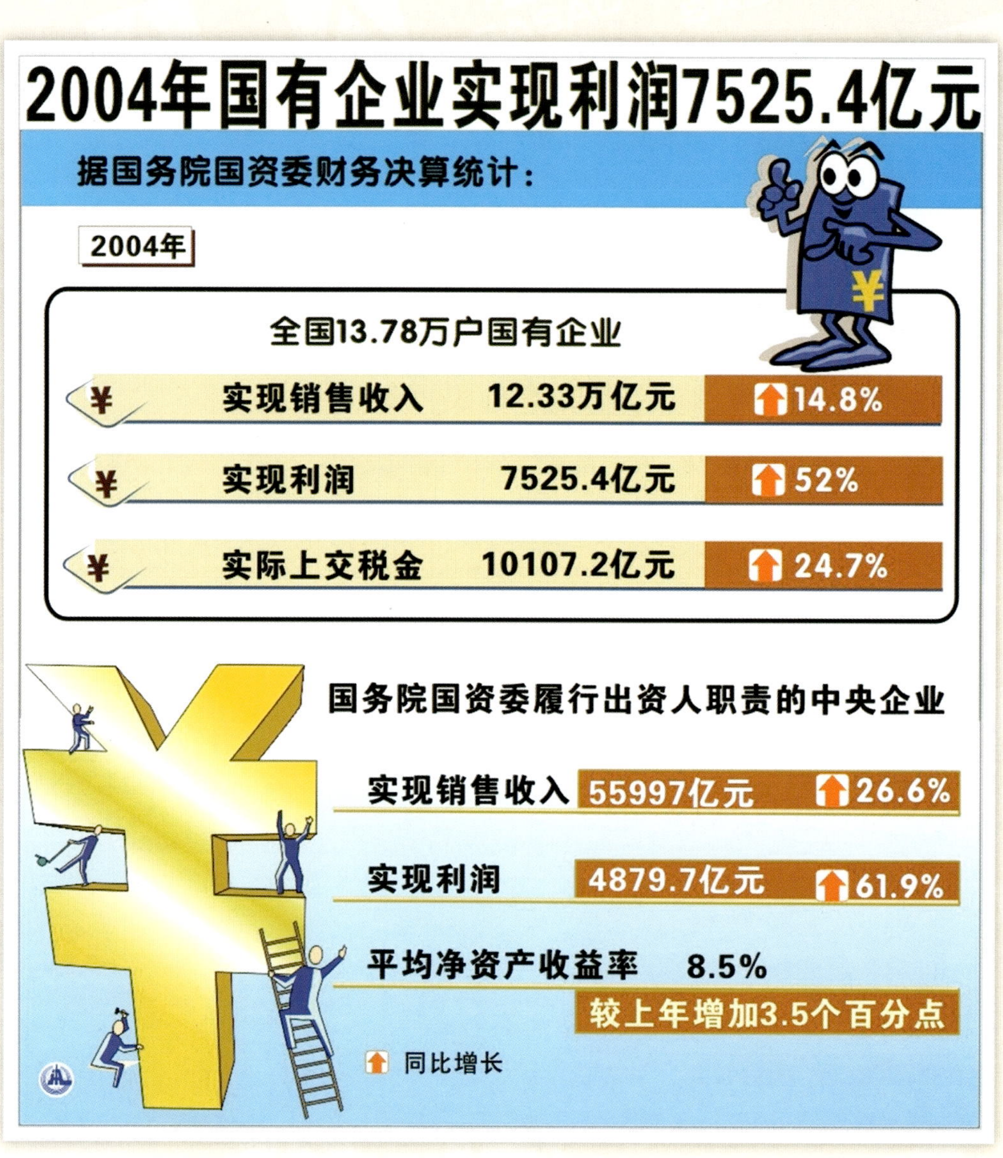

2004 年国有企业实现利润 7525.4 亿元。

POWER SECTO

神华集团有限责任公司

神华集团有限责任公司（简称神华集团）是于1995年10月经国务院批准，按《公司法》组建的国有独资公司，是中央直管的53户国有重要骨干企业之一。2005年是神华集团成立十周年暨神华工程二十周年。神华集团以煤炭生产，销售，电力生产，热力生产和供应，煤制油及煤化工，相关铁路，港口等运输服务为主业，实施跨地区，跨行业，多元化经营，涉及煤，电，油，运各领域，在国民经济中占有重要地位。

神华集团公司负责开发经营的中国煤炭储量较大的煤田之一 —— 神府东胜煤田的煤炭资源，以及与之配套的电厂，铁路，港口，航运，煤制油及煤化工等项目，实行矿，路，电，港，航，油一体化开发，产，运，销一条龙经营，并开展与上述产业相关的国内外投融资，贸易，以及科技开发等相关业务。全集团拥有员工约8万人。

2001年底，拥有4000万吨煤炭生产能力，810公里铁路，3000万吨港口装船能力的国家重点工程——神华一期工程建成，建设工期提前3年，节约投资10%。

煤炭是神华集团公司主要产品，煤质属低灰，特低硫，特低磷，中高发热量，为优质动力，冶金和化工用煤，也是国家有关部门推荐的城市环保净煤。所属的主要煤炭公司，已建成技术装备先进的高产高效矿井群。年产4000万吨的胜利煤田已经开始建设。全集团煤炭产量逐年稳定递增，技术经济指标在国内居于领先地位。其中，大柳塔矿和榆家梁矿是世界上最先达到的单井单面年产原煤超过1000万吨的矿井，矿井全员工效，综采工作面单产等多项指标达到了世界领先水平。

铁路，港口为神华集团的煤炭运输，销售提供了重要保证。已建成并投入运营4条铁路，共计1300公里。其中，包(头)神(木)线170公里，年运输能力超过1000万吨；神(木)朔(州)线270公里，年运输能力达到8000万吨；朔(州)黄(骅港)线588公里，年运输能力达到1亿吨以上；大(同)准(格尔)线264公里，年运输能力1500万吨。黄骅港2004年装船能力为4500万吨，二期全部建成后达到8000万吨。为了增加港口能力，神华集团已经投资在天津建设3000万吨煤炭码头。

电力是神华集团公司生产经营的重要组成部分。已经运营的全资及控股电厂分布在北京，天津，河北，内蒙古，陕西，辽宁，广东等省区，装机容量超过700万千瓦。2004年发电量超过420亿千瓦时。在建电厂规模360万千瓦，国务院已批准立项360万千瓦。

煤制油和煤化工是神华集团的战略能源项目。煤直接液化项目于2004年8月开工建设，2007年将建成投产第一条生产线。煤间接液化项目和煤化工项目也在快速起动和建设。煤制油和煤化工，将成为神华集团的重要支柱之一。

2003年，神华煤炭产销量双双突破1亿吨，成为中国首家亿吨产煤企业，开创了中国煤炭发展的新纪元。2004年，神华煤炭生产和销售再次增长千万吨，实现了连续5年千万吨级增长，产煤1.2亿吨，销售1.3亿吨。神华煤炭的产销量已经连续3年在国内位居第一，在世界名列前茅。

神华集团公司组建不到10年，很快进入中国最大500家企业，2004年国家统计排名第35位，国有资产保值增值水平位列中央特大型企业前茅。

2004年11月，神华集团发起设立中国神华能源股份有限公司，2005年6月15日在香港成功上市，标志着神华集团公司股份制改造取得重要成果。面对新的形势，神华集团确定了新的发展目标和远景规划，制定了“开疆拓土，重整河山，做大做强，打造辉煌”的发展思路。计划再用十年左右的时间，努力建设成为具有国际竞争力的大型能源企业，跨入世界能源行业的前列。

矿区环境治理

煤制油规划图

矿区环境

井下

朔黄铁路

装船

堆料机

中国石油天然气集团公司

CHINA NATIONAL PETPOLEUM CORPORATION

陈 耕 总经理

中国石油天然气集团公司（简称“中国石油集团”）是一家世界领先的集石油和天然气上下游业务、油气田工程技术服务、石油物资装备制造和供应于一体的综合性能源公司。

中国石油集团长期活跃于国内和国际石油、天然气领域—从上游的勘探生产、管道运输、天然气利用，到下游的炼油、销售和贸易，以及化工生产。在松辽、渤海湾、四川、鄂尔多斯、柴达木、准噶尔和塔里木等盆地开展油气勘探开发活动；形成了13个油气生产基地，原油产量219万桶/日，天然气产量28亿立方英尺/日，建成了庞大的油气管网；9167公里原油管道、18955公里天然气管道、2467公里成品油管道。

在苏丹、哈萨克斯坦、委内瑞拉、阿曼、印度尼西亚、阿尔及利亚等20个国家从事油气勘探开发活动；剩余石油可采储量 6.2 亿吨、原油生产能力3500万吨/年、天然气生产能力40亿立方米/年、输油管线长度2800公里，年输油能力3000万吨、炼油能力350万吨/年。

在黑龙江、吉林、辽宁、河北、天津、内蒙古、陕西、四川、甘肃、青海和新疆建有16个炼油厂，形成了覆盖全国的油品批发和零售网络，并在苏丹和阿尔及利亚等国家建设了炼油厂。原油加工量180万桶/日、主要油品年产量7318万吨、主要油品销售6701万吨、17403座加油站。

利用先进适用的技术为石油公司提供石油工程技术作业服务，包括：地球物理勘探、钻井工程、测井和测试、井下作业、工程建设、物资装备制造和供应。

中国石油集团在发现、开采和利用石油天然气资源的过程中，研究和开发了一系列先进而独特的油气勘探、开发和加工技术，以及各种先进的石油工程技术。

公司注重将研发成果和掌握的先进技术运用到油气勘探开发活动、工程技术作业与服务中，获得了许多成功而宝贵的经验：

运用先进的稳油控水和三次采油技术实现了大庆油田的长期高产稳产；

先进的沙漠和山地地震技术取得了塔里木盆地油气勘探与开发的突破；

低渗致密砂岩的综合勘探开发技术，发现了鄂尔多斯盆地特大气田；

突破性地运用陆相石油地质理论和经验，在苏丹穆格莱德盆地发现了大油田；

运用先进的近平衡钻井和先期裸眼完井工艺，成功地解决了哈萨克斯坦阿克纠宾盐下油藏钻井和开发的世界级难题。

中国石油集团把健康、安全和环境作为公司生存和可持续发展的重要前提。在实施作业中，自始至终坚持对安全和环境高度负责任的态度。

严格遵守环境保护的法律法规，支持和积极参与有利于环境保护的活动，加强与地方政府和所在社区的联系与协作，保护资源和生态环境，创造优美和谐的自然和人文环境。

中国中煤

CHINA NATIONAL

中国中煤能源集团公司是中央管理的两家大型煤炭企业之一，前身是1982年7月成立的中国煤炭进出口总公司。1999年5月重组，2003年更为现名，简称中煤集团公司。

中煤集团公司重组以来，经过持续不断的结构调整和资产整合，实现了由单一贸易型企业向以煤炭生产与贸易、煤化工、煤机制造、煤矿建设、坑口发电、煤层气开发及相关工程技术服务为主业的大型煤炭集团的转变，实现了重组以来连续六年的快速发展，进入行业领先地位。中煤集团公司总资产为455亿元，在册职工9.7万人。2004年煤炭产量达到5187万吨，完成销售收入389亿元，实现利润总额23.9亿元。列2005中国企业500强第58位，全国煤炭行业100强第2位。

中煤集团公司认真贯彻落实《国务院关于促进煤炭工业健康发展的若干意见》，树立和落实科学发展观，突出做精做强做大主业，把建设亿吨级和节约资源、提高效率、实现持续健康发展作为战略目标，努力将中煤集团公司打造成新型的、先进的、具有国际竞争力的煤炭大集团，为构建新型煤炭工业体系发挥积极的作用。

中煤集团公司坚持和发扬“爱国、敬业、求实、奉献”的企业精神，以发展民族工业为己任，期待与各界建立更加广泛更加紧密的互惠合作关系。

大型高产高效露天煤矿

能源集团公司

COAL GROUP CORP.

出口煤在港口装船

现代化洗煤厂

煤层气排采

煤矿综采设备出厂调试

大型煤焦化企业

环保型坑口电厂

在建矿井

井工矿高产高效工作面

中国五矿集团公司
CHINA MINMETALS CORPORATION

周中枢 总裁

卡斯特罗向周总裁介绍古巴

查维斯总统会见周总裁

中国五矿集团公司 成立于1950年，是以金属、矿产品和机电产品的生产和经营为主，兼具金融、房地产、货运、招标、承包工程和投资业务，实行跨国经营的大型企业集团。1992年，中国五矿集团公司被国务院确定为全国首批55家企业集团试点和7家国有资产授权经营单位之一。1999年，中国五矿集团公司被列入由中央管理的44 家国有重要骨干企业。 2004年，集团公司的总经营额为150亿美元，在中国最大500家企业排名中列第11位。

中国五矿集团公司具有50余年的经营历史，曾长期发挥国家金属矿产品进出口主渠道作用，在海内外享有盛誉。改革开放以来，中国五矿集团公司顺应国家外经贸体制的变革，坚定地实施国际化发展战略，一业为主、多种经营，并在国内外进行广泛的实业投资，有效控制关键资源，经营规模和经济实力都大为提高，为企业的长远发展奠定了雄厚基础。

中国五矿集团公司拥有全球化的营销网络，在国内20个省区建有168家全资或合资企业，控股和参股14家国内上市公司，控股香港“五矿资源”和“东方有色”两家红筹股上市公司，在世界主要国家和地区设有50家海外企业。

作为中国最大的五金矿产品贸易企业，中国五矿集团公司以服务为先导，努力向客户提供包括融资、报关、仓储、运输、加工和资讯在内的价值链服务，满足客户的要求和期待。

中国五矿集团公司与国内外各大商业银行保持密切的合作关系，从1996年开始，集团公司连续数年在美国成功发行和续发了共计6亿美元的商业票据，获国际权威信用评级机构好评；2001年，集团公司首获国际银团1亿美元3年期贷款。

中国五矿集团公司拥有一支高素质的员工队伍，他们知识全面、勤奋努力、富有朝气。

中国五矿集团公司以诚信为本，在平等互利、重合同、守信用的原则下，广泛开展“双赢”和“多赢”合作，在中国和世界各地的客户达8000家以上，其中绝大多数是长期稳定的贸易伙伴。

为了提高核心竞争力，中国五矿集团公司积极实施新的企业发展战略，按照钢铁、原材料、有色金属、综合贸易、金融、房地产及服务六大板块，运输、招标二大单元，以及黑色冶金采选业务进行专业化经营，促进了各项业务的持续健康发展，实现了国有资产不断增值的目标。在新的世纪里，中国五矿集团公司以贸易为基础，集约多元，充分发展营销网络；以客户为中心，技术创新，积极提供增值服务；努力发展成为提供全球化优质服务的企业集团。

中国南方电网

CHINA SOUTHERN

公司董事长袁懋振应邀出席澳门“百年动力续创新纪元”能源可持续发展国际研讨会议。何厚铧接见。

一、公司基本情况

根据《电力体制改革方案》，中国南方电网有限责任公司于2002年12月29日正式挂牌成立并开始运作。公司经营范围为广东、广西、云南、贵州和海南五省（区），负责投资、建设和经营管理南方区域电网，经营相关的输配电业务，参与投资、建设和经营相关的跨区域输变电和联网工程；从事电力购销业务，负责电力交易与调度；从事国内外投融资业务；自主开展外贸流通经营、国际合作、对外工程承包和对外劳务合作等业务。

公司总部设有11个部局，以及南方电网电力调度通信中心、电力交易中心、技术研究中心、信息中心。下设超高压输电公司分公司，广东、广西、云南、贵州、海南电网公司五个全资子公司，以及控股南方电网财务公司。至2004年底，公司资产总额2460亿元，职工总数13万人。2004年主营业务收入1567亿元。

二、南方电网基本情况

公司辖属的南方电网覆盖五省（区），面积约100万方公里，2004年供电总人口2.2亿人，占全国总人口的17.2%，GDP总量24701亿元，占全国总量的18.1%，人均GDP11200元，为全国人均GDP的106.2%，是我国经济发展较快的区域之一。南方电网东西跨度近2000公里，网内拥有水、煤、核、抽水蓄能、油、气、风力等多种电源，2004年底总装机容量8027万千瓦。目前西电东送已经形成“六交三直”九条500千伏大通道，输电能力达到1175万千瓦。网内220千伏及以上输电线路总长39283公里，变电容量14005万千伏安。

有限责任公司

GRID COMPQNY LIMITED

南方电网远距离、大容量、超高压输电，交直流混合运行，既有电触发直流技术，又有光触发可控串补、超导电缆等世界顶尖技术。从2004年9月起，南方电网开始向越南送电，成为国内率先“走出去”的电网。南方电网是国内结构最复杂、联系最紧密、科技含量最高的电网，也是西电东送规模最大、效益最好、发展后劲最强的电网。

截至2004年底，南方电网西电东送累计完成电量1397亿千瓦时，其中广东受西电1032亿千瓦时，平均落地电价0.309元/千瓦时；云南送出电量219亿千瓦时，贵州送出电量338亿千瓦时。西电东送对保证广东电力供应，促进经济和社会全面发展起到了重要作用，也为西部省(区)把资源优势转化为经济优势做出了积极贡献。

公司的宗旨： 对中央负责，为五省（区）服务.

公司的战略总体目标： 打造经营型、服务型、一体化、现代化的国内领先、国际著名企业.

发展目标： 把南方电网建设成为统一开放、结构合理、技术先进、安全可靠的现代化大电网.

公司“六个更加注重”的工作方针： 更加注重依靠科技进步；更加注重树立科学发展观；更加注重社会效益；更加注重管理出实力；更加注重深化改革；更加注重人的发展。

2004年12月10日袁懋振董事长(中)参加深圳市人民政府举行的答谢会

巴基斯坦总理阿齐兹会见金克宁总经理

中国化学工程集团公司

趁长风破万里浪

中国化学工程集团公司“走出去”硕果累累

中国化学工程集团公司（英文缩写CNCEC）的前身最早可追溯到1954年的国家重工业部及其后的化工部、燃化部、石化部和后化工部时期的基建局，1984年以中国化学工程总公司正式注册，2005年1月更名为中国化学工程集团公司。目前拥有9家行业综合甲级资质的勘察设计企业、13家一级总承包资质的施工企业和15家甲级监理企业及专业公司。现有职工65000人，其中各类专业技术人员23000多人，包括多名中国工程院院士、全国勘察设计大师。是一支集勘察、设计、施工为一体，知识、技术密集型的工业建设集团。

50年来，公司先后建设了吉林、大连、太原、南京、兰州等一大批石油和化学工业基地，为构筑共和国的工业体系打下了基础。在立足国内市场的同时，坚持实施“走出去”战略，在国际市场竞争中屡有斩获。公司自上世纪80年代初率先实行了设计新体制改革和工程总承包试点，在设计程序、方法及工程项目管理的模式上完全实现了与国际通用模式的接轨，并通过在国际市场的工程承包，开辟了我国以买方信贷带动成套设备出口的先河。近年来，公司以EPC、PMC、BLT、BOT等多种项目经营形式积极开拓国际市场，迄今累计对外签约1000余项，合同总额60多亿美元，业务范围遍及世界40多个国家和地区。连续10年被美国《工程新闻记录》杂志（ENR）评为全球最大的225家工程承包商之一。

仅2005年1～8月份该公司就新签了对外合同15亿美元：与印尼企业签订了2×660MW燃煤电站的协议，合同金额达11亿美元。这次印尼燃煤电站项目的签约，是CNCEC继以BOOT方式投资印尼巨港电站之后，在印尼工程承包市场取得的又一突破；与巴基斯坦法体玛公司签定投资3.2亿美元化肥项目的合作协议；同时，还与乌兹别克斯坦就奇尔奇克市AM—76氨厂改造项目签订EPC总承包合同。

印尼巨港150MW燃气电站BOT工程（印度尼西亚 2004）

中国化学工程集团公司所属主要企业

中国天辰化学工程公司
化学工业第二设计院
东华工程公司(东华工程科技股份有限公司)
中国五环化学工程公司(五环科技股份有限公司)
中国华陆工程公司(华陆工程科技有限责任公司)
中国成达工程公司
中国化学工业桂林工程公司
中国化学工程第一岩土工程有限公司
中国化学工程南京岩土工程公司
中化二建集团有限公司
中国化学工程第三建设公司
中国化学工程第四建设公司
中国化学工程第六建设公司
中国化学工程第七建设公司
中国化学工程第九建设公司
中国化学工程第十一建设公司
中国化学工程第十二建设公司
中国化学工程第十三建设公司
中国化学工程第十四建设公司
中国化学工程第十六建设公司
中国化学工程重型机械化公司
中国南海工程有限公司
上海中化工程有限公司
中国化学工程香港有限公司

▲办公楼

地址：北京市朝阳区安苑路20号　邮　编：100029　电话：+86-10-84897620　传　真：+86-10-84897500
网址：www.cncec.com.cn　E-mail:cncec@cncec.com.cn

▼台塑工业股份有限公司(宁波)30万吨PVC/年

鞍山钢铁集团公司

鞍山钢铁集团公司是中国特大型国有企业，座落在辽宁省鞍山市。

鞍钢始建于1916年，前身是鞍山制铁所和昭和制钢所。1948年鞍山钢铁公司成立，是新中国最早建设发展起来的大型钢铁生产基地。集团公司现有直属单位32个，控股和全资子公司28个，拥有6座大型铁矿山、4个选矿厂、1个炼铁总厂、2个炼钢厂、13个轧钢厂以及焦化、耐火、机械、动力、运输、建设、综合利用等辅助配套单位以及技术中心、设计研究院、自动化公司等科研、设计单位。钢和生铁年产量1500万吨，钢材年生产量1400万吨。

建国以来，鞍钢为国家的经济建设做出了巨大贡献。1949年至2004年，鞍钢累计生产钢3.21亿吨、生铁3.16亿吨、钢材2.22亿吨。上缴税金831.6亿元，约相当于国家同期对鞍钢投资的15.4倍，并向全国冶金行业输送技术人才5万余人。

鞍钢目前能够生产700多个品种、25000多个规格的钢材产品，用于冶金、石油、化工、国防等行业。全面通过ISO9002质量体系认证，船用钢通过9国船级社认证，石油管通过API认证，钢铁主体通过ISO14000环境管理体系认证和OSHMS职业安全健康管理体系认证，钢材产品按国际先进水平标准组织生产有了可靠保证。

1995年以来，鞍钢贯彻落实党中央、国务院“改革、改组、改造、加强企业管理”的要求，以建立现代企业制度为方向，不断深化企业改革，形成母子公司体制框架，现代企业制度初步建立。不断探索公有制多种实现形式，成立了鞍钢集团新钢铁有限责任公司；创建了鞍钢新轧钢股份有限公司，其股票在香港和深圳上市。通过大规模技术改造，走出了一条“高起点、少投入、快产出、高效益”的老企业技术改造新路子，主体技术装备和生产工艺达到国际先进水平，形成了从热轧板、冷轧板到镀锌板、彩涂板的完整产品系列。冷轧轿车板打入一汽、二汽、上汽等市场，鞍钢成为国内能够生产轿车面板的少数钢铁企业之一和全球最大的集装箱钢板供货企业。

260 吨炼钢转炉

无缝钢管生产线

“建精品基地，创世界品牌”，实现“两步跨越”的目标，进入世界500强，成为最具国际竞争力的大型钢铁企业集团，是鞍钢人在市场经济的锤炼中形成的坚定的经营理念和不懈的追求。到2007年，鞍钢将初步形成以生产汽车和家电用钢、冷轧硅钢、船舶和管线用钢等板材以及高速重轨、高档石油管等高附加值产品为主的1600万吨钢精品基地；到2010年，鞍钢的汽车板、家电板、造船板、冷轧硅钢片等主导产品国内市场占有率将达到30%以上，生产成本居于行业领先位置，主要技术经济指标和环境保护达到世界先进水平，具备有自主知识产权的核心技术和科研开发能力，成为最具有国际竞争力的世界一流钢铁企业。

新一号高炉

1780 热轧带钢生产线

露天铁矿采场

万能轧机

1700 连铸连轧生产线

平顶山煤业（集团）

平煤集团董事长、党委书记　陈建生

平煤集团总经理　常建华

平煤集团1955年9月建矿，是新中国自行勘探设计建设的第一个特大型煤炭基地。生产和规划煤田面积3000平方公里，煤炭储量150亿吨，煤种齐全，煤质优良，为国内品种最全的炼焦煤和电煤生产基地。建矿以来，累计生产原煤6.5亿吨，冶炼精煤8800万吨，实现利税106亿元，为国民经济建设做出了重要贡献。企业资产总额187亿元，职工总数13.7万人。在中国企业500强中排名第197位，在中国工业企业1000大中排名第128位。

2004年，平煤集团坚持“以煤为本、相关多元化”发展战略，进一步深化产权制度改革，加大区域煤炭资源整合和资本运作力度，发展与下游强势企业的战略联合，创新经营管理机制，强化安全管理，依靠科技进步，大力发展循环经济，企业呈现出煤电、煤焦和煤化工等产业协调发展的良好态势，实现了跨越式发展，整体实力迈上了一个大台阶。全年生产原煤3069万吨，同比增长15%；实现销售收入122亿元，同比增长55%。共有13项主要经济技术指标创历史最好水平。

有限责任公司

2005年以来，平煤集团紧紧围绕“挺进全国工业百强，建设和谐小康矿区”的目标，认真落实科学发展观，积极推进内部改革，全面提升管理素质，努力提高经济效益，保持了快速健康的发展势头。全年原煤产量有望突破3300万吨，销售收入有望突破150亿元。

平煤集团公司“十一五”规划目标是：到2007年原煤产量达到4000万吨，销售收入达到200亿元；到2010年原煤产量达到5000万吨以上，销售收入突破300亿元以上。建成在全国有重要影响的特大型能源化工企业，成为全国重要的火电基地、煤化工基地和冶金用煤基地，争取早日跨入全国工业企业百强行列。

职工住宅小区

综合机械化采煤工作面

平煤集团概貌

PINGDINGSHANMEIYEJITUANYOUXIANZERENGONGSI

《中国国有资产监督管理年鉴》(2005)

编委会名单

石　巍　国务院国有资产监督管理委员会监察局　局长
刘　方　江苏省国有资产监督管理委员会　副主任
刘才明　云南省国有资产监督管理委员会　主任、党委书记
刘长虹　国务院国有资产监督管理委员会办公厅　副主任
刘东生　国务院国有资产监督管理委员会企业改革局　局长
刘茂勋　国务院国有资产监督管理委员会机关服务管理局　局长
刘语平　宁夏回族自治区国有资产监督管理委员会　副书记、副主任
刘晓滨　国务院国有资产监督管理委员会　副秘书长兼党建工作局局长
刘富才　广东省国有资产监督管理委员会　主任、党委书记
吕宜勇　海南省国有资产监督管理委员会　党委书记、副主任
余　敏　重庆市国有资产监督管理委员会　主任
吴明辉　江西省国有资产监督管理委员会　主任
连维增　国务院国有资产监督管理委员会人事局　局长
张玉藏　国务院国有资产监督管理委员会办公厅　主任
张崇慧　山西省国有资产监督管理委员会　主任
张德霖　国务院国有资产监督管理委员会政策法规局　局长
时希平　国务院国有资产监督管理委员会企业领导人管理一局　局长
李必鑫　黑龙江省国有资产监督管理委员会　副主任
李寿生　国务院国有资产监督管理委员会业绩考核局　局长
李学东　国务院国有资产监督管理委员会群众工作局　局长
杜渊泉　国务院国有资产监督管理委员会宣传工作局　局长
杨占林　内蒙古自治区国有资产监督管理委员会　副主任
杨振超　安徽省国有资产监督管理委员会　主任、党委书记
邱世杰　陕西省国有资产监督管理委员会主任、副书记
邱思胜　湖北省国有资产监督管理委员会　主任
陈正兴　浙江省国有资产监督管理委员会　主任
陈光志　四川省国有资产监督管理委员会　主任
周政坤　湖南省国有资产监督管理委员会　党委书记
孟建民　国务院国有资产监督管理委员会　副秘书长兼统计评价局局长
郑松岩　福建省国有资产监督管理委员会　主任、党委书记
姜志刚　国务院国有资产监督管理委员会企业领导人管理二局　局长
赵世洪　河北省国有资产监督管理委员会　主任、党委书记
赵炳辉　吉林省国有资产监督管理委员会　主任、党委书记
郝佩祥　新疆生产建设兵团国有资产监督管理委员会　主任
凌宝亨　上海市国有资产监督管理委员会　主任
郭建新　国务院国有资产监督管理委员会产权管理局　局长
夏德林　中国经济出版社　党委书记、副社长
阎晓峰　国务院国有资产监督管理委员会外事局　局长
黄允成　中国经济出版社　社长、总编辑
龚　莉　北京市国有资产监督管理委员会　副主任
梁殿臣　西藏自治区国有资产监督管理委员会　主任
彭华岗　国务院国有资产监督管理委员会研究室　主任
曾昭起　山东省国有资产监督管理委员会主任、副书记
葛元璋　青海省国有资产监督管理委员会　副主任
蒋　跃　陕西省国有资产监督管理委员会　副书记、副主任
虞海燕　甘肃省国有资产监督管理委员会　主任、党委书记
熊志军　国务院国有资产监督管理委员会企业分配局　局长
裴　真　海南省国有资产监督管理委员会主任、副书记

《中国国有资产监督管理年鉴》(2005)

主编

李荣融　国务院国有资产监督管理委员会　主任

执行主编

黄淑和　国务院国有资产监督管理委员会　副主任

副主编

马国安　国务院国资委　副秘书长
刘长虹　国务院国资委办公厅　副主任
黄允成　中国经济出版社　社长、总编辑
夏德林　中国经济出版社　党委书记、副社长

《中国国有资产监督管理年鉴》(2005)

各地国资委工作站站长名单

（按姓氏笔画排序）

于梦非　黑龙江省国有资产监督管理委员会　处长
马　平　山西省国有资产监督管理委员会　办公室主任
马宗锁　陕西省国有资产监督管理委员会　办公室主任
王　宏　江西省国有资产监督管理委员会　办公室主任
王　涛　甘肃省国有资产监督管理委员会　办公室主任
王庭亮　陕西省国有资产监督管理委员会　办公室副主任
卢　虹　辽宁省国有资产监督管理委员会　办公室主任
朱太中　西藏自治区国有资产监督管理委员会　办公室主任
纪万生　吉林省国有资产监督管理委员会　办公室主任
何平平　浙江省国有资产监督管理委员会　办公室主任
张　炯　宁夏回族自治区国有资产监督管理委员会　办公室主任
张美诚　湖南省国有资产监督管理委员会　办公室主任
李　琨　江苏省国有资产监督管理委员会　办公室主任
李发跃　山东省国有资产监督管理委员会　助理巡视员、办公室主任
李咏今　上海市国有资产监督管理委员会　办公室主任
李学军　青海省国有资产监督管理委员会　产权管理处处长

李恩宝　云南省国有资产监督管理委员会 办公室主任
杨文奎　新疆生产建设兵团国有资产监督管理委员会 办公室主任
辛尚奎　内蒙古自治区国有资产监督管理委员会 办公室主任
陈家宝　安徽省国有资产监督管理委员会 办公室主任
周传亮　贵州省国有资产监督管理委员会 办公室主任
郑律明　新疆维吾尔自治区国有资产监督管理委员会 办公室主任
赵连生　河南省国有资产监督管理委员会 办公室主任
赵瑞云　广东省国有资产监督管理委员会 办公室副主任
钟作思　广西壮族自治区国有资产监督管理委员会 办公室主任
贾希为　北京市国有资产监督管理委员会 研究室主任
秦　明　四川省国有资产监督管理委员会 办公室主任
钱　滨　湖北省国有资产监督管理委员会 办公室主任
符策科　海南省国有资产监督管理委员会 办公室主任
黄宗山　重庆市国有资产监督管理委员会 办公室副主任
黄忠超　福建省国有资产监督管理委员会 办公室副主任
董文艺　河北省国有资产监督管理委员会 研究室副主任
焦　葵　天津市国有资产监督管理委员会 办公室主任

《中国国有资产监督管理年鉴》(2005)

中央企业联络员名单

（按姓氏笔画排序）

丁涌海　中国有色矿业集团有限公司　办公室主任
丁慧丽　中国经济技术投资担保有限公司　高级经理
于　莉　中国医药集团总公司
于运强　中国煤炭地质总局　调研室主任
马　致　中国港湾建设(集团)总公司　秘书
马洪进　中国远洋运输(集团)总公司　宣传主管
万靖君　中国第一重型机械集团公司　总经理办公室副主任
尹培军　中国乐凯胶片集团公司　秘书
方　晶　中国寰球工程公司　企业发展部主任
毛育勤　中国牧工商(集团)总公司　总经办副主任
牛热东　中国纺织品进出口总公司　党办主任
王　欣　中国旅游商贸服务总公司　办公室副主任
王　波　中国海诚国际工程投资总院　办公室副处长
王　英　东风汽车公司　业务主任
王　勇　中国免税品集团总公司　市场研究主管
王　健　中国网络通信集团公司　助理
王　嵘　中国长城计算机集团公司　职员
王　毅　中国节能投资公司　副主任
王卫东　中国中钢集团公司　总裁办秘书处副经理
王开文　中国盐业总公司　总经办副主任
王开成　中国水电工程顾问集团公司　总经理工作部主任
王文创　中国五矿集团公司　总裁办高级文员
王庆生　中国化工供销(集团)公司　集团副总
王吉祥　中国远东国际贸易总公司　办公室主任
王丽薇　中国纺织科学研究院　院办公室主任
王志平　中国水利水电建设集团公司　总经理工作部主任
王志萍　中国有色工程设计研究总院
王树坚　中国华星集团公司　总经理助理兼总办主任
王移风　中国水利电力对外公司

李　洲　鲁中冶金矿产集团公司　秘书科科长
李　琦　中国外轮理货总公司　秘书
李　超　中国航空工业第一集团公司　办公厅副主任
李　薇　上海贝尔阿尔卡特股份有限公司　广告经理
李　鹏　中国粮油食品进出口(集团)有限公司　职员
李三琳　电信科学技术研究院　信息宣传部职员
李卫强　中国保利集团公司　经理
李从笑　中国建筑科学研究院　院长助理
李可杰　中国中钢集团公司　总裁办总经理
李兆明　中国铁路物资总公司　副研究馆员
李利宏　中国电力工程顾问集团公司　办公室副主任
李志远　中国广东核电集团有限公司　宣传助理
李志杰　天津水泥工业设计研究院　院长秘书、团委书记
李宝华　中国船舶工业集团公司　主任
李国泉　中国生物技术集团公司　总经理办公室主任
李晓民　中国华录集团有限公司　项目经理
李铁凤　中国水利投资公司　高级业务经理
李德忠　中国铁路工程总公司　办公室主任
杜　凡　中国电子工程设计院　院办主任
杜　克　中国第一汽车集团公司　档案馆长
杨　敏　中国材料工业科工集团公司
杨　薇　长沙矿冶研究院　院务发展部副部长
杨万涛　中国国电集团公司　处长
杨启燕　中国铁道建筑总公司　年鉴编辑
杨焕志　中国船舶重工集团公司　政策研究室主任
杨德邦　华能集团公司
余向东　上海医药工业研究院　院长办公室副主任
汪亚杰　中国高新投资集团公司　主任助理
沈纪纯　中国医疗卫生器材进出口公司　经理
沈剑平　中国寰球工程公司　经理办公室秘书
苏朝晖　中国黄金集团公司　办公室主任
辛梦尧　中国唱片总公司　品牌战略部主任
邵秋生　中国海诚国际工程投资总院　党群工作部副主任
邱建国　中国新时代控股(集团)公司　办公厅综合处副处长
陈　龙　中国中煤能源集团公司
陈　波　中国建筑科学研究院　院办副主任
陈　雯　中国长江航运(集团)总公司　总经办政策研究处秘书
陈文华　中谷粮油集团公司　部长
陈春梅　中国电子科技集团公司　办公厅综合研究室秘书
陈洪治　中国华电集团公司　职员
陈宽宏　中国华源集团有限公司　总裁办主任
陈晓华　华联发展集团　董秘处主任助理
陈献周　中国葛洲坝集团公司　总经办副处长
周一飞　中国恒天集团公司
周传荣　中国化工集团公司　主任
周华欣　中国东方航空集团公司　办公室文秘主管
周利刚　武汉钢铁集团公司　副科长
周胜标　中国丝绸进出口总公司　总经理办公室秘书
周鑫平　中国华孚贸易发展集团公司　办公室主任
房成义　中国华录集团有限公司
欧阳廷亮　香港中旅(集团)公司　总经理办公室总经理
罗　亚　中国联合通信有限公司　副经理
唐国良　中国诚通控股公司　总裁办副主任
范玉洪　中国黄金集团公司　办公室副主任
范宝营　煤炭科学研究总院　院长助理
范俊生　中国化学工程集团公司　改革发展部副主任
郑　梅　珠海振戎公司　公共事务部总经理
郑德华　中国航空集团公司　生产经营监控经理
金立亨　中国包装总公司　秘书处文秘主管
金双明　中国冶金地质勘查工程总局　办公室主任
金代文　上海船舶运输科学研究所　所办秘书
金根宝　西安电力机械制造公司　秘书
钟　立　国家开发投资公司　业务主管助理
钟　兵　东风汽车公司　处长
姚彦敏　中国路桥(集团)总公司　部门副总
姜立群　中国轻工业品进出口总公司　副总经理
段洣晶　中国电子科技集团公司　办公厅综合研究室主任
洪方智　中国船舶工业集团公司

《中国国有资产监督管理年鉴》(2005)

撰稿人名单

(按姓氏笔画排序)

卜照坤 丁慧丽 万良 于红 于莉 于运强 于素丽 卫戍 马翠兵
方长安 方炳兴 毛浩 毛育新 文宣 牛热东 王凯 王波 王英
王锐 王焱 王文创 王运清 王丽薇 王志刚 王志萍 王志新 王树坚
王建龙 王润秋 王雪梅 王锡岩 巴清宏 邓小琳 宁生 史香丽 左云峰
东敬义 付锐 付明耀 司忠泉 代德伟 冯社永 冯春燕 冯修青 卢燕青
司晓黎 申雷海 白英 龙应斌 任忠 任苏宪 刘卫 刘华 刘源
刘大为 刘贤福 刘忠信 刘统畏 刘海峰 刘新伟 孙浩 孙敬 孙鹏
孙卫东 孙才森 孙玉昌 孙运伟 孙燕平 乔仁贵 朱永锋 朱东耀 朱吉忠
朱雪松 许在俊 许晓平 邢华 阳礼泉 任晓宾 安晓非 何兴林 吴江
吴超 吴大鹏 吴梅林 吴清鸿 张华 张宝 张建 张波 张涛
张锋 张墨 张兴华 张红军 张自然 张兴华 张荣贵 张明燕 张宝成
张金贵 张冶金 张晓东 张景军 李伟 李卫强 李可杰 李兆明 李全喜
李华光 李庆生 李利宏 李志远 李志杰 李铁凤 李晓民 李晓红 李雪芳
杨敏 杨磊 杨薇 杨晓静 杨万涛 杨昕光 杨想姣 杨德邦 余向东
汪世末 汪亚杰 肖福泉 苏道斌 辛梦尧 邱琳 陈龙 陈军 陈洁
陈鸿 陈颖 陈平和 陈国栋 旺珍 林少金 单衍忠 周鹏 周华欣
周利刚 周庆荣 周秀梅 周胜标 周爱民 孟凡良 孟繁秋 岳喜勇 范玉洪
范俊生 罗宏文 郑梅 金祺 金小川 金代文 金根宝 钟立 侯洁
姚焕 姚明华 段泳晶 查汉斌 洪方智 胡康 胡亚荔 胡志敏 胡俭会
胡秋雁 赵虎 赵世堂 赵秀梅 赵金萍 赵连生 赵京清 赵新华 赵瑞云
柳岩华 唐国良 徐卫和 徐立南 徐春江 钱滨 秦永法 秦在卫 耿育
栗厦 聂宏伟 顾洪明 袁恒涛 贾仲德 贾希为 陶国梁 郭哲肖 高守国
高建嵩 高维民 康伯发 曹耀 曹建斌 盖文红 黄倬 黄勤 黄长银
黄咏烨 龚政 常学智 阎秀峰 鲁幼明 温建军 彭波 彭瑜 程华
程志军 程陆平 董明 董艳玲 董德彪 谢军 韩宝东 韩绍安 韩朝明
蒙莎 蒲培文 路明辉 蔡平 蔡君 蔡淑贤 阚震 滕义 潘维坤
颜人才 黎永毅 魏伟

《中国国有资产监督管理年鉴》专家委员会名单

（按姓氏笔画排序）

马力强	国家发展改革委员会经济运行局局长
王世宽	中国职业经理人资格培训委员会主任，国资委企业司原司长
王春正	国家发展改革委员会副主任，中央财经领导小组办公室主任
王洛林	中国社会科学院学术咨询委员会主任，全国政协经济委员会副主任 中国企业管理研究会副会长、中国金融学会副会长
王梦奎	全国人大财经委副主任，国务院发展研究中心主任
厉以宁	北京大学光华管理学院名誉院长，全国政协常委、经济委员会副主任
刘国光	中国社会科学院原副院长
池元吉	吉林大学经济学院教授、博士生导师
杨　壮	北京大学北大国际 MBA 院长、中国经济研究中心管理学教授
邱晓华	国家统计局副局长，中国国情研究会会长，全国政协委员，北京大学、人民大学兼职教授
张汉亚	国家发展改革委员会投资研究所所长，中国投资学会副会长
张虎林	中共中央党校三农问题研究中心主任，中华全国爱国工程联合会常务顾问
陆涌华	国家发改委综合规划司原司长，国防大学客座教授
陈东琪	国家发改委经济所所长、宏观经济院副院长
尚福林	中国证券监督管理委员会主席
易　纲	中国人民银行行长助理，北京大学经济学教授，博士生导师
金　碚	中国社会科学院工业经济研究所副所长，《中国经营报》社社长
郑新立	中央政策研究室副主任，中国工业经济学会会长，中国社会科学研究生院博士生导师
郎志正	国务院参事、北京理工大学教授，中国认证机构国家认可委委员
徐传谌	吉林大学中国国有经济研究中心主任
章　政	中国信用建设促进委员会常务副主任，北京大学经济学院教授
程恩富	中国社会科学院马克思主义研究院常务副院长，中国经济规律系统研究会常务副会长
樊　纲	中国改革研究基金会国民经济研究所所长，北京大学、上海交通大学、中国社会科学院研究生院兼职教授、博士生导师

《中国国有资产监督管理年鉴》

(第一届)理事会名单

常务理事

(按姓氏笔画排序)

王　安　中国神华能源股份有限公司神东分公司　总经理、党委书记
王　虹　煤炭科学研究总院太原分院　院长
王元玲　广东发展银行北京代表处　首席代表,总行行长助理
王圣合　山东新汶矿业集团有限责任公司　党委书记
王振刚　中国国际货运航空有限公司　总会计师
牛建国　晋西机器工业集团有限责任公司　总经理
方建一　首钢总公司　总会计师
朱明昆　中国大唐集团公司　总经济师
邬小蕙　中国粮油食品(集团)有限公司　总会计师
刘明忠　新兴铸管集团有限公司　董事长
刘　强　大庆石油管理局　总会计师
孙久勤　中国石油化工股份有限公司河南石油公司　总经理
孙　璀　中国水利水电建设集团公司　总会计师
佟吉禄　中国联合通信有限公司　副总裁
贡华章　中国石油天然气集团公司　总会计师
李福申　中国网络通信集团公司　总会计师
严伟华　华商储备商品管理中心　总经理
邹汝平　西安现代控制技术研究所　所长
张建卫　中国外运股份有限公司　董事长
陈国钢　中国中化集团公司　总会计师
陈　明　北京市热力集团有限公司　副总经理
陈新发　中国石油天然气股份有限公司新疆油田分公司　总经理
沈鹤庭　中国冶金建设集团公司　总经理
周中枢　中国五矿集团公司　总裁
周建雄　湘潭电机集团有限公司　董事长、党委书记
经天亮　中国中煤能源集团公司　总经理
赵　亮　摩立特集团　总经理
赵学社　煤炭科学研究总院西安分院　院长
赵寿森　中国石化胜利油田有限公司　副总经理、总会计师
钟统林　华电国际电力股份有限公司　副总经理
徐水师　中国煤炭地质总局　局长
黄　丹　中国冶金建设集团公司　副总经理
傅继军　中华财务会计咨询有限公司　董事长、总经理
蒋志权　上海建工集团总公司　董事长
熊　焰　北京产权交易所　总裁
缪文民　中国兵器内蒙古第一机械制造(集团)有限公司　总经理

理　　事

（按姓氏笔画排序）

仇慧君　哈尔滨卷烟总厂　副厂长、总会计师
王长根　平顶山连成城会务中心　主任
王维谦　黑龙江省投资总公司　董事长、总经理
扎西江措　西藏天路交通股份有限公司　党委书记、董事长
刘乃成　黑龙江铁路集团有限公司　董事长、党委书记
齐冬平　中国冶金建设集团公司新闻信息中心　主任
安　培　上海蔬菜(集团)有限公司　党委书记、总经理
杜　平　中国工艺品进出口总公司　总会计师
杨学钰　中国联合通信有限公司　企业发展部副总经理
杨克明　青岛奥思管理顾问公司　总经理
李引泉　招商局集团有限公司　副总裁兼财务总监
李志林　亚太中汇会计师事务所有限公司　总经理
李忠勤　黑龙江龙煤矿业集团有限责任公司　董事长、总经理
吴华森　中国煤炭地质总局广东煤炭地质局　局长、总经理
张文若　中国煤炭地质总局航测遥感局　局长
张玉新　中国国电集团公司总经理工作部　主任
张国珍　北京紫竹药业有限公司　总会计师
张宝山　平朔煤炭工业公司　董事长
张黎明　上海兰生(集团)有限公司　董事长
陈耀忠　东北高速公路股份有限公司　总经理
周绍君　北京泽瑞税务师事务所　所长
郑怀义　大庆石油化工总厂　厂长、党委书记
胡穗延　煤科总院常州自动化研究所　所长
祝波善　上海天强管理咨询有限公司　总经理
柴久茂　山西焦煤集团有限公司　董事长
郭建生　太原煤炭气化(集团)有限公司　主任会计师
郭连强　中国铁通集团有限公司新疆分公司　党委副书记
唐定乾　中国水利水电建设集团公司财务产权部　主任
黄　坚　华能国际电力股份有限公司　总会计师
黄宪培　华电福建发电有限公司　总经理
常　幸　华北制药集团有限责任公司　董事长、党委书记
康健华　中国石化宁夏石化公司　总经理
康　飚　福建炼油化工有限公司　董事长
盖若梅　深圳华晟达投资控股有限公司　董事长
韩立新　港中旅国际旅行社有限公司　总经理
鲁国庆　武汉邮电科学研究院　总会计师、副院长
臧秋华　酒泉钢铁集团有限公司　总经理

目　录

第四篇 中央企业改革与发展概况

第五篇　国有资产统计资料

第六篇　国有资产监督管理政策法规选编

第七篇　重点企业介绍

第八篇　附　录

Contents

Chapter Ⅲ. The General Situation of the Supervision and Administration of State-owned Assets in Every Province, Autonomous Region and City

Chapter Ⅳ. The General Situation of Central Enterprises' Reform and Development

Chapter Ⅴ. Statistics Data of State-owned Assets

Chapter Ⅵ. Selected Policies and Statutes on Supervision and Administration of State-owned Assets

Chapter Ⅶ. Introduction of National Key Enterprises

Chapter Ⅷ. Appendix

重要经济文献

第一篇

统一认识 明确责任 扎实推进国有资产管理体制改革

——黄菊同志在全国国有资产监督管理工作会议上的讲话

(2004年2月24日)

这次会议是国务院批准召开的一次重要会议。会议的主要任务是:贯彻落实党中央、国务院关于深化国有资产管理的一系列重要决策和部署,进一步统一思想,明确责任,加快国有资产管理体制改革步伐,为实现国有资产保值增值提供体制和制度保证。开好这次会议,对于深入贯彻党的十六大和十六届二中、三中全会精神,开创国有资产监管工作新局面,具有十分重要的意义。下面,我讲四点意见。

一、进一步提高建立健全国有资产管理和监督体制重要意义的认识

建立中央政府和地方政府分别代表国家履行出资人职责、享有所有者权益,权利、义务和责任相统一,管资产和管人、管事相结合的国有资产管理体制,是党中央、国务院做出的重大决策,是建立和完善社会主义市场经济体制的迫切需要,是深化国有企业改革、实现国有资产保值增值的必然要求。

国有资产是社会主义制度的重要物质基础,国有企业是我国国民经济的支柱。党中央、国务院历来十分重视国有资产管理工作。党的十四届三中全会以来,我们在国有资产管理体制改革方面进行了一系列探索。党的十六大总结20多年经济体制改革特别是国有企业改革的实践经验,提出了深化国有资产管理体制改革的重大任务,确定了改革的基本思路和主要目标,并明确要求中央政府和省、市(地)两级地方政府设立国有资产管理机构。十六届二中全会明确了国务院国有资产监督管理委员会(以下简称国资委)的机构性质、职能配置、监管范围、与企业的关系等一系列重大问题。十六届三中全会进一步明确了深化国有资产管理体制改革必须坚持的基本原则和需要采取的措施,我国国有资产管理体制改革进入了新的阶段。

去年,按照中央的决定,设立了国资委,作为国务院的直属特设机构,代表国家履行出资人职责;调整国有重要骨干企业党的领导体制,成立了国资委党委。一年来,国资委和各有关部门、各地区认真贯彻党中央、国务院的要求和部署,认真进行机构组建,积极开展国有资产管理体制改革的基础工作,推进国有企业改革和发展,进一步加强国有企业党的建设,各方面取得了明显成绩。

一是完成了国资委的组建工作,省级政府的国有资产监管机构组建工作正在抓紧进行。目前,30个省(自治区、直辖市)的机构改革方案已经中央批准,其中12个省(自治区、直辖市)的国有资产监管机构已正式挂牌。在地方机构组建过程中,各省、自治区、直辖市党委、政府加强领导,国有资产监管机构努力工作,保证了这项工作的开展。

二是国有资产监管工作取得积极进展。制定并施行了《企业国有资产监督管理暂行条例》(以下简称《条例》),起草和出台了与此相配套的一批法规规章。中央企业负责人经营业绩考核工作全面展开,相应的统计评价和清产核资工作全面启动。

三是国有企业改革继续深化。企业股份制改革、企业领导人员聘任制度改革、主辅分离辅业改制等都取得了新的进展。国有中小企业改革继续推进。

四是企业党建工作得到加强。在国有企业普遍开展了学习贯彻"三个代表"重要思想新高潮的活动,加强了对企业负责人的考察调整,厂务公开、企业文化建设和党风廉政建设都取得了新进展。

在各方面的共同努力下,2003年国有企业经济效益明显改善,实现利润大幅度增长。中央企业销售收入和实现利润分别突破了4万亿元和3000亿元,迈上了一个新台阶。

以上这些成绩来之不易。国务院常务会议在听

取国资委工作汇报时，对国资委组建近一年来的工作给予了充分肯定。实践证明，党中央、国务院关于改革国有资产管理体制，成立国有资产监督管理机构的决策是正确的。

建立健全国有资产监督管理体制，是深化经济体制改革、完善社会主义市场经济体制的重大任务，是坚持和完善社会主义基本经济制度、推进国有企业改革和发展的重大举措。改革的目的是搞好国有企业，推动国有经济布局和结构的战略性调整，培育和发展一批具有国际竞争力的大公司大企业集团，发展和壮大国有经济，实现国有资产的保值增值，使国有经济更好地发挥控制力、影响力和带动力。目前，国有资产管理体制改革和国有资产监管工作刚刚起步，国有企业改革和发展任重道远，需要继续做出艰苦努力。我们要以邓小平理论和“三个代表”重要思想为指导，认真贯彻落实党的十六大和十六届二中、三中全会精神，进一步提高建立健全国有资产监管体制重要意义的认识，把思想统一到中央的要求和部署上来，增强使命感和紧迫感，抓住有利时机，以更大的决心、更加扎实的工作，把国有资产管理体制改革和国有企业改革进一步推向前进。

二、扎实推进国有资产管理体制改革

国务院第38次常务会议，听取国资委工作汇报。会议明确，要加快国有资产管理体制改革步伐，用三年左右时间，建立起新的国有资产监管体制基本框架，为实现国有资产保值增值提供体制和制度保证。这里，我根据国务院常务会议讨论的意见，强调以下几点：

（一）抓紧组建和完善国有资产监管机构

自上而下依法建立各级国有资产监管机构，是国有资产管理体制改革的一项重要内容，也是落实国有资产保值增值责任的重要组织保证。目前，省级政府的国有资产监管机构正式挂牌的还不到一半，地方国有资产监管机构的组建工作任务还很重。今年推进国有资产管理体制改革的一个重点，就是要把地方国有资产监管机构尽快建立起来。各地要加快组建国有资产监管机构的进度，还没有挂牌的省、自治区、直辖市，要抓紧落实“三定”规定，尽快做到机构到位，人员到位，职责到位。市（地）一级政府的国有资产监管机构的组建工作也要提到重要议事日程，争取再用半年时间完成这项工作。市（地）级政府的国有资产监管机构的组建，要认真贯彻党的十六届二中全会精神，从实际出发，因地制宜。国有资产较少的市（地），可以不单独设立监管机构，对其国有资产监管机构问题，国资委要加强调查研究，尽快提出切实可行的意见。已组建起来的国有资产监管机构，要抓紧理顺关系，建立健全制度，积极开展工作。各地国有资产监管机构要集中精力搞好非金融类经营性国有资产的监管工作。目前，有的地方将金融类国有资产和非经营性国有资产授权国资委监管，可以继续进行探索，并注意及时总结。

（二）抓紧制定和完善国有资产监管的法规规章

国有资产监督管理的法律法规体系是搞好国有资产监管工作的依据。依法履行出资人职责，依法对国有资产进行监管，首先要制定和完善国有资产监督管理的法律法规。全国人大常委会已经将《国有资产管理法》列入立法计划，正着手抓紧进行起草工作。国务院已经公布了《条例》，要严格贯彻执行。根据《条例》的规定，国资委可以制定国有资产监督管理的规章制度。对已经起草的一些法规规章，要抓紧修订完善，按照有关法律规定，尽快发布实施；对深化国有资产管理体制改革和国有企业改革急需制定的法规规章，要抓紧研究起草；对原有涉及国有资产监督管理的法规和规章，要抓紧进行清理。各地也要结合实际，制定与《条例》相配套的实施办法或规章。各级国有资产监管机构都要依照《条例》和其他法律法规的规定，建立健全内部监督制度，真正做到依法办事。

（三）严格依法履行出资人职责

党的十六届二中全会对国资委的机构性质、主要职责、监管范围及其与所监管企业的关系等都做出了明确规定，特别强调国资委要按照政企分开、政资分开以及所有权和经营权分离的原则，依法对企业的国有资产进行监管，依法履行出资人职责，不得直接干预企业的生产经营活动，这些都为国有资产监管工作指明了方向。国务院公布的《条例》，明确了国有资产管理体制的基本框架，规定了国有资产监管机构的职责，确立了企业国有资产监督管理的一系列基本制度，为国有资产监管工作提供了法律依据和行为准则。各级国有资产监管机构作为出资人代表，根据国家授权对国有资本进行监管，并按照出资额享有相应的权利。

国有资产监管机构依法履行出资人职责，关键是要处理好加强监管工作与企业行使经营自主权的关系。管资产与管企业有着根本的区别。国有资产监管机构与所出资企业之间的关系，是出资人所有权与企业法人财产权的关系。各级国有资产监管机构的主要职责是对授权监管企业中的国有资产依法进行监督和管理，实行管资产与管人、管事相结合，切实维护出资人权益，督促企业实现国有资产保值增值，防止国有资产流失。加强国有资产监管，目的是为了推进企业改革与发展。搞好国有企业，最终还要靠企业自身的努力。各级国有资产监管机构要充分尊重和维护企业依法享有的各项权益，使企业真正成为自主经营、自负盈亏的市场主体和法人实体，不得直接干预企业的生产经营活动，不能把企业管死，不能成为"婆婆加老板"。国有企业也要自觉接受国有资产监管机构依法实施的监督管理，努力改善经营管理，提高经济效益，自觉维护国有资产所有者和其他出资人的合法权益。

（四）加强监管，切实落实国有资产保值增值责任

中央成立国有资产监督管理机构的目的，就是要通过中央和地方的国有资产监督管理机构，对授权监管的国有资产依法履行出资人职责，维护所有者权益，维护企业作为市场主体依法享有的各项权利，督促企业实现资本保值增值，防止国有资产流失。这是各级国有资产监督管理机构义不容辞的职责，同志们一定要不辱使命，切实履行好。

实现国有资产保值增值，最根本的是要解决体制和制度问题。一方面，要深化体制改革。通过建立健全权责明确、管理规范、上下协调、精干高效的中央和省、市(地)国有资产监管机构，在政府层面实现国有资产出资人到位；通过加快股份制改造，完善公司法人治理结构，健全母子公司体制，在企业层面明确国有资产经营责任，为国有资产保值增值提供体制保障。另一方面，要建立国有资产经营责任制度。通过建立国有资本经营预算制度，进一步明确各级国有资产监管机构对国有资产保值增值的责任；通过建立和完善企业经营业绩考核体系和奖惩制度，将国有资产经营的责任落实到企业负责人，为国有资产保值增值建立责任体系。国资委要加强对各地国有资产监管工作的指导和监督。各级国有资产监管机构在依法享有国有资产出资人权益的同时，要切实履行好国有资产监管职责，承担起国有资产保值增值的监管责任，指导和督促企业通过深化改革、改善经营，实现国有资产的保值增值。同时，要继续探索国有资产监管和经营的有效形式，完善授权经营制度。

三、积极推动国有企业改革和发展

近年来，各地区、各部门和广大国有企业认真贯彻执行中央关于国有企业改革的方针政策，积极探索，勇于实践，国有企业管理体制和经营机制发生了深刻变化，市场竞争力明显增强，但是一些深层次矛盾和问题还没有从根本上解决，国有企业改革仍然是深化经济体制改革的中心环节。我们要认真贯彻落实党的十六大和十六届三中全会精神，加快推进国有企业改革和发展，力争国有企业改革取得新突破，国有企业发展迈上新台阶。

当前和今后一个时期，国有企业改革要重点抓好以下方面的工作：

（一）加快推进国有经济布局和结构调整，培育发展具有国际竞争力的大公司大企业集团

要把调整国有经济的布局和结构，作为深化经济体制改革的一项重大任务，切实抓紧抓好。各级国资委作为国有资产出资人代表，在国有经济布局结构的调整方面负有重要责任。要贯彻党的十六届三中全会《决定》精神，完善国有资本有进有退、合理流动的机制，进一步推动国有资本更多地投向关系国家安全和国民经济命脉的重要行业和关键领域。地方国有经济布局结构调整也要贯彻有进有退的方针，地方优势国有企业也要做大做强。各地要结合经济发展的总体规划来考虑和安排，做到进而有为，退而有序，使国有经济更好地发挥控制力、影响力和带动力，国有经济的主导作用进一步增强。

大公司大企业集团是一个国家经济发展的支柱，是国家综合国力和竞争力的集中体现。要通过调整结构，大力支持和正确引导有条件的企业做强做大，培育和发展一批具有国际竞争力的大公司大企业集团。同时要继续采取多种形式，放开搞活国有中小企业。

（二）推进国有企业股份制改革，加快现代企业制度建设，完善公司法人治理结构

股份制是社会化大生产和市场经济的产物，是企业赢得市场竞争优势的一种有效组织形式和运营方式。近年来，国有企业在这方面作了大量的探索实践，积累了许多成功的经验。一大批国有特大型企业先后在境内外成功上市，不仅筹措了发展所需要的资金，更重要的是通过产权制度改革，转换了管理体制和经营机制，探索了投资体制多元化的路子，促进了现代企业制度的建立，发展壮大了国有经济。贯彻落实十六届三中全会精神，要继续推进国有企业的股份制改革。对国有企业股份制改革要加强分类指导，规范改制，依法办事。

要坚持建立现代企业制度的改革方向，加快现代企业制度建设，完善公司法人治理结构。这是发展社会化大生产的必然要求，也是深化国有企业改革的重要任务。要按照十六届三中全会《决定》要求，建立健全权责统一、运转协调、有效制衡的公司法人治理结构。

（三）深化企业内部改革，转变企业经营机制，进一步做好主辅分离、辅业改制和符合条件的国有企业实施关闭破产工作

深化企业内部改革，转变企业经营机制，仍然是国有企业需要加强的重要内容。改革开放以来，国有企业在转换经营机制方面取得了积极进展，但从总体上看，国有企业经营机制转换仍然是一个重点。要指导企业在劳动、人事、分配制度方面进行改革，使企业真正形成职工能进能出、管理人员能上能下、收入能高能低的机制。

主辅分离、辅业改制是国有大中型企业分流安置富余人员的重要途径，是将国有企业改革与职工就业再就业有机结合的重要举措。今年要抓紧做好主辅分离、辅业改制工作，加快分离企业办社会职能，妥善分流安置企业富余人员。今年分离办社会的重点地区和重点行业已经确定，各地区、各单位要根据实际情况采取有力措施，抓紧抓好。

对符合条件的国有企业实施关闭破产，也是今年国企改革的一项重要工作。要进一步完善有关措施和规定，形成规范的市场退出机制。要力争再用三年时间，基本解决那些长期亏损、资不抵债、扭亏无望和资源枯竭矿山的国有企业关闭破产问题。

（四）在推进国有企业改革过程中，当前需要注意把握好两个问题

一要规范企业改制和产权交易，防止国有资产流失。近年来，国有企业改革工作按照中央确定的方针政策，积极推进，成效显著。但由于改革还不配套，规则还不健全，国有资产出资人没有完全到位，一些地方在国有企业改制工作中存在低估贱卖、暗箱操作、转移藏匿、自卖自买等违纪违法行为，侵占侵吞国有资产，造成国有资产流失。为规范国有企业改制工作和国有产权转让，国务院办公厅转发了国资委《关于规范国有企业改制工作的意见》，国资委和财政部共同发布了《企业国有产权转让管理暂行办法》。这两个文件非常重要，对国有企业改制和国有产权转让的主要环节都做出了明确的规定，要认真贯彻执行。对各地企业改制和产权交易情况，国有资产监管机构要组织力量进行一次全面的检查，特别是对存在资产评估、财务审计不实等突出问题的企业，要进行重点检查，确保国有企业改制规范进行。

二要把握改革力度，维护企业和社会稳定。要十分注意处理好改革发展稳定三者之间的关系，把改革的力度、推进的进度与职工可承受的程度统一起来，确保改革在稳定的前提下进行。当前企业总体上是稳定的，但影响企业稳定的因素仍然不少，主要是企业重组改制过程中职工安置等方面引起的矛盾，下岗分流、关闭破产等工作措施不到位引起的矛盾，企业改制不规范导致职工权益受损引起的矛盾等。这些问题和矛盾涉及到职工切身利益，关系到企业和社会稳定，必须妥善处理和解决。今后，在加快国有企业改革特别是主辅分离、辅业改制，分流安置富余人员，实施企业关闭破产时，要很好地把握改革的力度和进度，充分考虑职工和社会的承受能力，周密设计改革方案，慎重选择出台时机，严格执行有关政策和操作程序，妥善解决职工的实际困难，尽量减轻对社会的震动。要进一步落实稳定工作责任制，认真排查改革中可能出现的不稳定因素，把工作做在前头，把矛盾解决在基层，解决在萌芽时期。要充分发挥企业党组织的作用，做深入细致的思想政治工作，及时化解各种矛盾，保持社会和企业的稳定，为国有企业改革的顺利进行创造和谐稳定的环境。

这里，再强调一下加强和改进国有企业党的建设工作。党的十六届三中全会在总结我国改革开放以来国有企业党建工作经验的基础上，强调了企业党建工作必须坚持的原则，指明了探索的方向。要按照要求努力改进企业党组织发挥政治核心作用的方式，探索适应公司法人治理原则要求的企业党建工作的新机制，探索党管干部原则与市场化选聘企业经营者相结合的途径，探索现代企业制度下职工民主管理的有效方法，探索新形势下国有企业党风建设和反腐败的工作机制，为国有企业改革和发展提供强有力的政治保证。

四、切实加强对国有资产管理体制改革和国有企业改革的组织领导

建立健全国有资产监督管理体制是一项开创性的工作，国有企业改革仍然是经济体制改革的中心环节。各级党委、政府和国有资产监管机构，要按照党中央、国务院的要求和部署，加强领导，精心组织，扎实工作，加快推进国有资产管理体制改革和国有企业改革。

（一）切实加强组织领导

当前，地方国有资产监管机构正在组建之中，深化国有资产管理体制和国有企业改革的任务十分繁重。各级党委、政府要进一步加强对国有资产管理体制和国有企业改革的组织领导，真正把这项工作摆上重要议事日程，经常听取国有资产管理体制和国有企业改革工作汇报，及时发现和解决改革中存在的矛盾和问题。要明确一位负责同志统筹协调和指导这项工作。要抓好国有资产监管机构的组建工作，选择素质高、能力强、业务精，并具有相关专业知识的干部担任国有资产监管机构的主要领导。要研究改革中的新情况、新问题，认真总结经验，完善政策措施，不断把改革引向深入。各地区要从大局出发，在积极搞好所出资企业改革和发展的同时，落实国家有关政策，积极支持和帮助中央企业做好分离办社会职能等工作。

（二）切实加强协调配合

组建国有资产监管机构，涉及到政府有关部门职能的调整和划转，相关部门要按照政府机构改革的总体部署和要求，认真做好相关职能的移交和划转工作，支持和配合新组建的国有资产监管机构尽快开展工作。各级国有资产监管机构也要主动加强与有关部门的沟通和联系，确保各项工作的衔接和平稳过渡。当前及今后一个时期，国有企业关闭破产、主辅分离、辅业改制、分离办社会职能等方面的任务很重。各有关部门要和国有资产监管机构密切配合，帮助国有企业进一步减轻负担，支持国有企业继续做好关闭破产工作，加快分流安置富余人员，加快分离办社会职能，为国有企业改革发展创造良好环境。

（三）切实加强自身建设

各级国资委是新机构，国有资产监管工作是新任务，要有新作风、新面貌、新气象和新的工作方式。各级国有资产监管机构要进一步提高认识，转变观念，把握定位，牢牢树立出资人意识，掌握做好新形势下国有资产监管工作的规律，切实履行好国家赋予的神圣职责，当好国有资产的“守护神”。当好国有资产出资人，依法履行出资人职责，国有资产监管机构的工作人员肩负重任，要加强学习，更新知识，钻研业务；要恪尽职守，敢于负责，勤勉敬业；要克己奉公，廉洁自律，艰苦奋斗；要顾全大局，增进团结，加快融合；要深入实际，求真务实，开拓创新，努力建设一支高素质的国有资产监管队伍。

国有资产管理体制改革和国有企业改革任务光荣而艰巨。我们要在以胡锦涛同志为总书记的党中

央领导下,以邓小平理论和"三个代表"重要思想为指导,与时俱进,开拓创新,扎实推进国有资产管理体制和国有企业改革步伐,努力开创国有资产监督管理工作和国有企业改革发展新局面。

积极推进国有资产管理体制和国有企业改革 努力提高国有资产监管能力和水平

——李荣融同志在全国国有资产监督管理工作会议上的讲话(节选)

(2005年1月13日)

一、2004年国有资产监管工作进展情况

2004年是国有资产监督管理体制框架初步建立的一年,也是各地国资委组建后全面履行出资人职责的一年。在各地党委和政府的领导下,各地国资委认真贯彻落实党的十六大和十六届二中、三中、四中全会精神,牢牢把握依法履行出资人职责这个根本,锐意进取,开拓创新,扎实起步,各项工作取得了积极进展,为深化国有资产管理体制改革和国有企业改革奠定了良好基础。

(一)国有资产管理体制改革步伐加快,取得了明显成效

改革国有资产管理体制是深化经济体制改革的一项重要任务,也是深化国有企业改革、建立现代企业制度的关键和前提。围绕建立新的国有资产监管体制,各地国资委做了大量工作并取得了可喜成绩。

一是国有资产监管的体制框架初步建立。全国31个省区市和新疆生产建设兵团国资委全部组建完毕。市(地)级国有资产监管机构正在组建,据各地国资委上报的数据,截至2004年底,已组建国有资产监管机构的市(地)有203个,占总数的45.3%;单独成立国资委的有176个,占总数的39.3%。河北省、湖北省、广西省、海南省、西藏自治区的市(地)全部单独设立了国资委。适应国有资产管理体制的变革,北京市、上海市、广东省、重庆市等一些省(区、市)对国有资产经营机构进行了改革和调整,在探索国有资产监管和经营的有效形式方面进行了有益的实践。国有资产监管法规体系进一步完善。2004年以来,国务院国资委以《企业国有资产监督管理暂行条例》(以下简称《条例》)为基础,发布实施了9个规章,印发了20多个规范性文件。各地也制定了一系列国有资产监管的地方性法规规章和规范性文件。天津市制定了46个相关规章、制度和管理办法。所有这些法规规章和规范性文件,为各地国资委依法履行出资人职责提供了依据和准则,对深化国有资产管理体制改革和国有企业改革发展起到了规范和保障作用。

二是落实国有资产经营责任的相关制度进一步完善。国务院国资委与所监管的中央企业全部签订了2004年度经营业绩责任书,同时启动了任期经营业绩考核工作,已与第一批30家中央企业签订了2005年度和2004～2006年任期经营业绩责任书,今年一季度基本可以完成与其他企业的签订工作。与经营业绩考核相配套,对中央企业负责人的薪酬进行了规范,中央企业薪酬管理工作开始步入规范运转的轨道。各地国资委对所监管企业负责人也逐步开展了业绩考核工作并相应进行了薪酬制度改革,促进了国有企业负责人激励约束机制的建立。湖南省等地国资委还开始启动任期经营业绩考核工作。

三是国有资本经营预算工作开始起步。贯彻落实十六届三中全会精神,去年我们组织有关力量对建立国有资本经营预算制度进行了调查研究,初步提出了工作设想。一些地方在建立国有资本经营预算制度方面也进行了探索,北京市、天津市、吉林省、湖南省、贵州省等省区市国资委专门设立了国有资本经营预算处。北京市、安徽省、海南省、云南省、深圳市等省区市着手开展国有资本收益收缴工作,为在全国建立国有资本经营预算制度探索了路子。

四是国有企业监事会工作进一步改进。2004年,向中央企业派出的监事会提交了163份监督检查报

告及部分专项报告，及时反映了中央企业在投资融资、重组改制、清产核资、产权转让等活动中涉及国有资产安全及影响企业发展的重大问题，为加强中央企业监管、改进企业管理提供了大量第一手材料。在坚持不参与、不干预企业经营决策和经营管理活动的前提下，就检查出的需由企业自行纠正的问题，适度扩大了与企业交换意见的范围，进一步提高了监督检查的效能。我们还初步建立了监督检查成果的运用机制，研究提出了《国有企业监事会暂行条例》的修订意见。各地也普遍加强了监事会工作，28个省区市国资委单独设立了监事会工作处，其他省区市也都设立了相应的工作机构，并向所监管企业开始派出监事。一些省区市国资委还开始探索监事会监督和其他监督相结合的途径和方式。监事会已成为加强国有资产监管的重要力量。

五是国有资产基础管理工作得到加强。国务院国资委和各地国资委普遍开展了清产核资工作。中央企业清产核资工作基本结束，目前正在开展有关后续管理工作。各地在清产核资工作中探索了不少好的做法和形式，吉林省公开选聘省内实力较强的28家中介机构进驻企业，福建省对参与清产核资的中介机构委托产权交易中心通过招投标进行选择。围绕加强企业财务监督，国务院国资委制定了企业财务决算管理、国有资产管理等办法，建立了企业预决算管理、会计核算监督、中介审计监督、财务动态监测等工作制度。各地也普遍加强了财务监督和统计评价工作，开展了本地区国有企业国有资产运营状况统计和监管企业财务决算管理。各地还普遍加强了国有资产产权界定、登记、划转、转让、处置、资产评估及产权纠纷调处等工作。

(二)国有企业改革继续深化，在一些重点难点问题上有新的突破

过去的一年，各地国资委以深化国有资产管理体制改革为契机，在积极推进所监管企业制度创新的同时，加大了指导推进国有企业改革重组和调整国有经济布局结构的力度。

一是股份制改革和现代企业制度建设继续推进。全国2903家国有及国有控股大型骨干企业已有1464家改制为多元股东持股的公司制企业，改制面为50.4%。目前，国有控股的境内外上市公司1000余家，其国有权益和实现利润分别约占全国国有及国有控股企业的17%和46%左右。国有控股的上市公司已经成为国有经济的骨干力量。在积极推进股份制改革的同时，我们选择了7家国有独资的中央企业进行了建立和完善董事会的试点工作。各地在建立现代企业制度方面也取得了新的进展。国有企业内部劳动、人事、分配三项制度改革进一步推进。1998年至2004年，全国累计下岗职工2818万人，其中进中心2400多万人，累计出中心2200多万人，出中心的下岗职工通过各种渠道实现再就业的1800多万人。

企业法律顾问制度是企业制度的一个重要组成部分。目前，53家大型中央企业已经有23家建立了总法律顾问制度，53%的中央企业设置了法律事务机构。河北省、辽宁省、黑龙江省、上海市、江西省、湖北省、湖南省、重庆市等省(区、市)国资委在省级国有重点骨干企业开展了总法律顾问试点。

二是国有企业的战略性改组力度加大。各地国资委围绕地方经济和社会发展的总体规划和战略定位，加大了国有企业重组和调整的力度。北京市、天津市、山西省、辽宁省、上海市、重庆市等省(区、市)都组建了具有较强竞争力的大公司大企业集团，国有经济的控制力、影响力和带动力进一步增强。国有中小企业改革进一步深化。目前，山西省、辽宁省、湖北省、湖南省、广东省、重庆市、四川省、云南省、陕西省、宁夏自治区等省(区、市)国有中小企业改制面已达80%以上。通过改制，地方国有中小企业普遍实现了产权多元化，企业转变了机制，职工转换了身份，经济效益明显提高。1998～2003年，全国国有中小企业从22.9万家减少到14.7万家，减少了36%；总体效益从1998年的净亏损874.2亿元，到2003年实现利润1968.2亿元。为推进国有企业重组和调整，各地普遍加大了财政支持力度。江苏省、贵州省、云南省等不少省(区、市)都建立了国有企业改革发展专项资金，吉林省、广东省等省(区、市)还把该项资金与建立国有资本经营预算制度结合起来统筹实施。关闭破产工作继续推进，目前全国已有一半以上需要退出市场的国有大中型特困企业和资源枯竭矿山实施了关闭破产，一些沿海地区长期积累的需退出市场的企业绝大多数已经关闭破产。北京市、上海市、江苏省、浙江省、福建省等5个省(市)已经停止实施政策性破产，全面转向依法破产。

三是减轻企业负担工作正在稳步推进。截至2004年10月底，各地和中央企业实施主辅分离的国有大中型企业818家，涉及改制企业4572家，涉及富余人员100万人。国有企业分离企业办社会职能工作在各地党委、政府和财政等有关部门的支持下不断推进。中央企业分离企业办社会职能工作迈出重大步伐，中石油、中石化、东风汽车三大集团分离办社会试点基本完成，已与地方政府就机构、人员及资产的移交达成协议，移交工作正在紧张有序地进行，将有854个中小学和公检法机构、9.4万名职工(含离退休教师)从企业中分离，每年为企业减轻负担40多亿元。地方国有企业分离办社会职能工作也有较大进展，沿海发达地区分离步伐加快，中西部地区、东北地区也在不断加大工作力度。河北省省属国有企业办社会职能已全面完成分离移交工作，涉及各类中小学校、医院、公安机构252个，人员31157人。

四是国有企业改制和国有产权转让进一步规范。去年以来，各地国资委认真贯彻执行《国务院国资委关于规范国有企业改制工作意见》(以下简称96号文)和《企业国有产权转让管理暂行办法》(以下简称3号令)两个文件，制定了一系列规范推进国有企业改制、促进国有产权合理流动的制度规定和政策措施。同时各地认真开展了贯彻落实96号文和3号令的监督检查工作，对2004年改制的部分市(地)、县企业进行了抽查。江西省、广东省、四川省、云南省等地国资委对抽查中发现的不规范行为，督促企业进行整改，黑龙江省、江苏省、甘肃省等省国资委与纪检、监察部门配合，对国有企业改制和产权转让中的违法违纪案件进行了查处。在各省区市自查自纠的基础上，去年6～11月，我们会同财政部、监察部、劳动保障部、工商总局、全国总工会等部门先后组成了10个组，对21个省区市国有企业改制、国有产权转让和维护职工合法权益等情况进行了督查，督查报告已上报国务院。我们提出的进一步规范国有企业改制和国有产权转让的工作思路，国务院已经同意，我们将尽快组织实施。

2004年，各地还普遍加强了产权交易机构的建设。北京市、上海市等省区市调整和优化了产权交易机构，加强了产权交易机构之间的协作与联系，涌现出了一些区域性产权交易机构。国有产权进场交易量明显增加，据各地提供的数据，2004年以来转让企业国有产权3599宗，其中进场交易3055宗，进场交易率为85%，其中，上海市为100%，广东省为96%，北京市为90%，四川省为87.4%，江西省为87%。转让国有产权的价格比资产评估值都有较大幅度增加。

(三)国有企业党的建设得到加强，企业文化建设取得新的进展

加强国有企业党的建设工作，是各地国资委党委的一项重要职责。在地方党委、政府的领导下，各地国资委按照党的十六届三中、四中全会的要求，进一步加强国有企业党的建设工作，并着力在改进上下功夫，企业党组织工作的方式进一步改进，活力进一步增强，实效进一步提高，为国有企业的改革、发展和稳定发挥了重要作用。

一是企业党的建设的目标任务进一步明确。贯彻落实党的十六届四中全会《关于加强党的执政能力建设的决定》精神，在调查研究和深入研讨的基础上，国务院国资委党委提出了加强和改进中央企业党建工作的文件，在中央领导同志的关心指导下，经中央党建领导小组审议，与中央组织部认真沟通修改，形成了《中央组织部、国务院国资委党委关于加强和改进中央企业党的建设的意见》(中办发[2004]31号)。上海市、甘肃省等省区市也都制定了加强和改进所监管企业党的建设的指导性意见，明确了企业党建工作总的要求和目标任务。各地国有企业党组织围绕生产经营这个中心，进一步改进党组织发挥政治核心作用的方式，党的思想、组织和作风建设都取得了新的进展。

二是适应现代企业制度要求的选人用人新机制进一步完善。贯彻全国人才工作会议精神，国务院国资委去年召开了中央企业人才工作会议，制定了《关于加强和改进中央企业人才工作的意见》，明确了中央企业实施“人才强企”战略的总体目标和主要任务。在2003年面向全球公开招聘高级经营管理者试点的基础上,2004 年我们又选择了 22 家中央企业的 23 个高级经营管理者岗位面向全球进行公开招聘,取得了良好效果,社会各方面给予了较好评价。北京市、河北省、上海市、湖南省等省市也都开展了公开选聘企业高级经营管理者的工作,为增强国有企业的活力和竞争力提供了人才保障。

三是企业文化建设取得新的进展。国务院国资委去年 7 月召开了首届中央企业文化建设研讨交流会,总结推广了中国石油天然气集团等一批企业加强企业文化建设的做法和经验。加大了对先进企业和先进个人的表彰力度,结合庆祝建党 83 周年表彰了 97 个先进基层党组织、147 名优秀共产党员和 96 名优秀党务工作者。会同人事部表彰了中央企业 600 名劳动模范和 200 家先进集体。各地在推进企业文化建设方面也创造了不少好的经验和做法,重庆市开展了企业文化和企业先进管理的经验交流和现场演示,促进了企业文化建设和精神文明建设。

除上述工作外,各级国资委党委和所监管企业党组织在加强企业领导班子建设、党风廉政建设、新闻宣传及维护企业稳定等方面都做了大量工作。

经过多方面的努力,国有企业保持了良好的发展势头。2004 年 1～11 月,全国国有及国有控股工商企业销售收入 9.16 万亿元,同比增长 27.5%;实现利润 6970 亿元,同比增长 43.7%;中央企业销售收入 49617.2 亿元,同比增长 28.6%;实现利润 4456.5 亿元,同比增长 51.3%。国有企业改革发展取得的成绩说明:党中央、国务院关于深化国有资产管理体制改革、成立国有资产监管机构的决策是正确的、必要的,各级国有资产监管机构的工作是有力的、有效的。

党的十六大以来,在各级党委和政府的领导下,在有关部门的大力支持下,国有资产监管工作有了一个好的起步和开局。对此,温家宝总理和黄菊副总理等国务院领导给予了充分肯定。温家宝总理去年 11 月 1 日批示:“国有资产管理体制改革以来,国资委以及地方国资监管机构,积极探索,扎实起步,做了大量卓有成效的工作。要认真总结经验,坚持改革方向,加强对国有企业改革的指导,积极推进国有经济布局结构的调整;要加快国有资产管理体制改革步伐,健全管理体制,完善法律法规,落实责任,真正实现国有资产保值增值。”温家宝总理在充分肯定我们所做工作的同时,也对进一步做好国有资产监管工作提出了明确要求。我们要认真学习,深刻领会,牢记嘱托,不辱使命,把勇于探索与谨慎从事结合起来,不断开创国有资产监管工作的新局面。

在看到成绩的同时,也要清醒地认识到,国有资产管理体制改革是一项极具探索性、极具挑战性的工作,我们所取得的成绩还是初步的、阶段性的;国有企业改革是一项复杂艰巨的任务,许多深层次的矛盾和问题还没有从根本上解决;国有企业经济效益的大幅提升是多方面因素共同作用的结果,绝不能盲目乐观;各级国资委如何当好国有资产出资人,履行好出资人职责,也需要我们不断进行探索。前一段时期,由于改革不配套,规则不健全,国有资产出资人没有完全到位,在深化国有企业改革中出现了一些值得注意的问题,有些地区在国有企业改制以及国有产权转让过程中也出现了国有资产流失现象,引起了各方面的广泛关注。我们既要看到成绩,坚定信心,也要正视困难,看到不足,继续努力做好各项工作。

二、2005 年国有资产监管工作的总体要求和需要把握好的几个问题

中央经济工作会议对今年的国际国内形势作了全面深刻的分析,对做好各项经济工作进行了全面部署。总的看,做好今年国有资产监管工作的有利条件很多,但也存在一些不确定因素。根据中央经济工作会议的精神,今年国有资产监管工作总的要求是:以邓小平理论和“三个代表”重要思想为指导,认真贯彻落实党的十六大和十六届二中、三中、四中全会及中央经济工作会议精神,树立和落实科学发展观,围绕实现国有资产保值增值,着眼于增强国有经济的活力和竞争力,建立健全国有资产监督管理体制,继续深化国有企业改革,加快推进国有经济布局和结构调整,力争在一些重点领域和关键环节实现新的突破,更好地发挥国有经济的主导作用,为实现我国经济社会全面协调可持续发展作出新的更大贡献。做好今年国有资产监管的各项工作,最重要的一点,就是要牢牢把握依法履行出资人职责这个根本,不断强化国

有资产保值增值的责任，切实提高国有资产监督管理的能力和水平。结合近两年来国有资产监管工作的实践，我们体会，做好今年的国有资产监管工作，需要注意把握好以下几个问题。

（一）坚持国有企业改革的正确方向

国有企业改革是经济体制改革的中心环节。经过多年的努力，我国国有企业管理体制和经营机制发生了深刻变化，市场竞争力明显增强。近年来，国有企业改革又有新的进展，企业素质明显提高，经济效益大幅增长，为我国经济增长和社会进步作出了重要贡献。目前，国有及国有控股的工业企业户数占全国工业企业的17.5%，实现销售收入占40.5%，实现利润占46%。实践再次证明：中央确定的国有企业改革发展的方针政策是正确的，采取的措施是有效的。深化国有企业改革不仅是重大的经济问题，也是重大的政治问题。深化国有企业改革必须坚持解放思想、实事求是、与时俱进的思想路线，大胆探索，勇于实践，坚决破除一切束缚生产力发展的体制性障碍。同时，必须坚持中央确定的方针政策，保证国有企业改革始终沿着正确的方向不断向前推进。党的十五大、十六大和十六届二中、三中全会明确提出了国有资产管理体制改革和国有企业改革的一系列方针政策，主要是：坚持政府社会公共管理职能和国有资产出资人职能分开；坚持政企分开、所有权与经营权相分离；坚持在国家所有的前提下，中央政府和地方政府分别代表国家履行出资人职责，权利、义务和责任相统一，管资产与管人、管事相结合；坚持公有制为主体、多种所有制经济共同发展的基本经济制度，毫不动摇地巩固和发展公有制经济，毫不动摇地鼓励、支持和引导非公有制经济发展；坚持发挥国有经济的主导作用，增强国有经济的控制力、影响力和带动力；坚持推行公有制的多种有效实现形式，使股份制成为公有制的主要实现形式，大力发展国有资本、集体资本、非公有资本参股的混合所有制经济，实现投资主体多元化；坚持有进有退、有所为有所不为，从战略上调整国有经济布局和结构；坚持把建立现代企业制度作为国有企业改革的方向，不断完善公司治理结构；坚持采取多种形式放开搞活国有中小企业等。这些方针政策是多年来深化国有资产管理体制改革和国有企业改革的经验总结，也是我们加强国有资产监管工作的行动指南。我们一定要全面领会、准确把握、坚决执行，按照中央确定的方针政策，坚定不移地推进国有资产管理体制改革和国有企业改革。

（二）依法履行国有资产出资人职责

依法履行国有资产出资人职责，是党中央、国务院对我们的要求，也是国资委的机构性质所决定的。党的十六届二中全会对国资委的机构性质、主要职责、监管范围及其与所出资企业的关系都作出了明确规定。温家宝总理在十六届二中全会作机构改革的说明时强调，“按照政企分开以及所有权和经营权分离的原则，国资委依法对企业的国有资产进行监管，依法履行出资人职责。”同时强调，“国资委不得直接干预企业的生产经营活动，不要变成‘婆婆加老板’，不能把企业管死，要使企业真正成为自主经营、自负盈亏的市场主体和法人实体，实现国有资产保值增值。企业必须自觉接受国资委的监管，不得损害所有者权益，同时努力提高经济效益。”在十六届三中全会的《决定》说明中，温家宝总理再次强调，改革国有资产管理体制必须处理好两个关系：一是要处理好国有资产管理机构和国有企业的关系，实行政企分开，所有者职能与经营者职能分开，国有资产管理机构不能直接干预企业生产经营活动；二是要正确处理国有资产监督管理和有效经营的关系，促进国有资本的优化配置。在国有资产监管工作取得阶段性成果的时候，重温温家宝总理的这些重要讲话，对于我们正确履行职责，充分发挥作用，更好开展工作，具有十分重要的意义。各级国资委依法履行出资人职责，关键是要处理好加强监管与企业行使经营自主权的关系。国资委与所出资企业之间的关系是出资人所有权与企业法人财产权的关系。管资产与管企业有根本的不同。国资委依法履行出资人职责，就是要根据国家有关法律法规，按照出资额行使权限，实现管资产与管人、管事相结合。党的十六大决定改革国有资产管理体制，成立专门履行国有资产出资人的机构，就是要通过明确国有资产保值增值的行为主体和责任主体，对授权监管的国有资产依法履行职责，维护所有者权益，维护企业作为市场主体依法享有的各项权利，督促企业实现国有资本保值增值，防止国有资产流失。这是各级国资委的共同任务。我们要认清职责，明确责任，把握好定位，履行好使命，切实做到属于出资人的事项，真正管住管好；属于企业的权限，决不能去干预，真正做到所有权与经营权分开，做到不缺位、不越位、不错位，与所出资企业共同完成国有资产保值增值的任务。

（三）积极调整国有经济布局和结构

从战略上调整国有经济布局和结构，是从整体上搞好国有经济、发挥国有经济主导作用的一项重要举措，也是调整和完善所有制结构的一项重要内容。党的十五大以来，国有经济布局和结构调整取得积极进展，其成效开始显现。从1998年到2003年，国有及国有控股企业从23.8万家减少到15万家，减少了40%；实现利润从213.7亿元提高到4951.2亿元，增长了22.2倍；国有企业资产总额从14.9万亿元增加到19.7万亿元，净资产从5.21万亿元增加到8.36万亿元。但从整体上看，我国国有经济分布仍然较宽，布局不尽合理。进一步搞好国有企业，更好地发挥国有经济在国民经济中的主导作用，必须加快推进国有经济布局和结构调整。我国的改革是社会主义制度的自我调整和完善，从战略上调整国有经济布局和结构，目的是提高国有经济的整体素质，增强国有经济的活力和竞争力，进一步发挥国有经济的主导作用，巩固和完善公有制为主体、多种所有制经济共同发展的基本经济制度。要全面理解、准确把握中央确定的国有经济布局和结构调整的方针政策，坚持有进有退、有所为有所不为。要完善国有资本有进有退、合理流动的机制，进一步推动国有资本更多地投向关系国家安全和国民经济命脉的重要行业和关键领域，增强国有经济的控制力。对市场机制不能或尚不能完全发挥作用的行业和领域，国有经济要积极发挥作用，保证经济和社会发展的需要。在遵循市场经济规律的前提下，进一步发挥出资人的作用，通过资产重组和结构调整，使其他行业和领域的企业在市场公平竞争中优胜劣汰。国有经济发挥主导作用的方向、重点不是一成不变的，国有经济在不同产业、不同地区的数量和比重也可以有所差别。随着改革的深化，国有经济在国民经济中的比重还会有所变化，但国有经济的总量将会继续增加，素质将进一步提高，分布将会更加合理。国有经济在国民经济中发挥主导作用，仅靠中央企业是不够的，各地国资委监管的国有重点企业也要发挥骨干作用。许多地方的经验证明，按照市场取向做强做大有优势的国有企业，搞好有影响力、带动力的国有骨干企业，对实现地方经济和社会总体规划，维护地方经济和社会稳定，都具有十分重要的作用。各地应把调整所有制结构和推进股份制改革结合起来，围绕经济和社会发展的总体规划全盘考虑和安排国有经济的"进"与"退"，不断优化国有经济的布局和结构，做到"进"而有为，"退"而有序，进一步发挥国有经济在国民经济中的主导作用。

（四）规范推进国有企业改制和国有产权转让

完善社会主义市场经济体制，发挥国有经济的主导作用，增强国有经济的控制力、影响力和带动力，要求我们必须加快推进国有企业改革，进一步消除影响国有经济活力和竞争力的体制和机制障碍。当前，国有企业改革正处于攻坚破难阶段。加入世贸组织以后，国有企业面临着越来越激烈的市场竞争。我们要增强忧患意识、危机意识，增加改革的紧迫感和责任感，紧紧抓住当前有利时机，不失时机地加快推进国有企业改革。深化国有企业改革，既要加快步伐，又要规范操作。国有企业改革特别是产权制度改革，是政策性很强的工作，涉及出资人、债权人、企业和职工等多方面的利益，涉及企业和社会的稳定，必须按照国家的法律法规和政策来规范推进。经过多年的改革和发展，社会的公平公正越来越成为人们关注的热门话题，国有企业改革特别是产权制度改革涉及权利和利益的再调整，涉及社会的和谐发展，必须切实做到规范推进。在国有资产出资人不到位和多头管理的情况下，国有企业改革包括产权制度改革中出现一些不规范的现象，其责任往往难以明确，现在国有资产保值增值的行为主体和责任主体已经到位，推进国有企业改革的责任落在各级国资委身上，国有企业改革由过去的政府主导转变为出资人主导，规范国有企业改制和国有产权转让是各级国资委义不容辞的职责。我们在加快推进国有企业改革的同时，必须把规范国有企业改制和国有产权转让工作摆在更加突出的位置。

96号文和3号令下发以来,国有企业改制和国有产权转让工作取得了重要进展。但是,也存在一些不容忽视的问题,突出表现为管理层收购和国有产权交易不规范。从我们对21个省区市的调研督查情况看,一些企业在实施管理层收购过程中企业负责人自卖自买,暗箱操作;有的以国有产权或实物资产作为其融资的担保,将收购风险和经营风险全部转嫁给金融机构和被收购企业;有的损害投资人和企业职工的合法权益,引发了一些不稳定因素等。在国有产权转让中也存在一些问题,有的企业国有产权转让不公开,不透明,进场交易比例很低,甚至基本上未进场交易;有的财务审计不严,资产评估不实,虚构虚增成本,低估贱卖国有资产;一些地方甚至出现内外勾结、违规审批、隐匿转移、侵占私吞国有资产的违法违纪行为,造成国有资产流失,引起社会广泛关注。对此,我们要高度重视,要以对历史、对社会、对人民高度负责的精神,认真纠正改制中的不规范现象。要严格执行96号文和3号令及相关法规,保证国有企业改制在规范中顺利推进,确保国有产权转让在规范中有序进行。中央最近已经明确,大型国有企业不搞管理层收购,中小型国有企业的管理层收购,要区别情况,原则上也要在建立国资委或明确相关机构负责、明确出资人以后规范进行,各地国资委要把思想和行动统一到中央的精神上来,严格按照中央的要求推进国有企业改制和国有产权转让。

(五)努力营造一个加强国有资产监管的良好环境

国有资产管理体制改革受到社会各方面的广泛关注,国有企业改革是一项广泛而深刻的变革。推进国有资产管理体制改革和国有企业改革,需要一个良好的外部环境。这就要求我们处理好与各方面的关系。一是要积极争取各级党委和政府的关心和支持。国资委作为各级政府的特设机构,国资委党委作为各级党委的一级组织,法律法规明确我们行使的权限,我们要认真履行;不明确的要多汇报、多请示,重大问题要及时报告,使各级党委和政府对我们的工作有更好的了解,并及时给予指示。二是要争取政府有关部门的理解、支持和配合。国资委的工作涉及政府的许多部门,无论是国有资产管理体制改革还是国有企业改革,离开政府的有关部门都很难推进,我们要主动工作,认真听取他们的意见,做好解释和说明工作,争取他们更多的支持和配合。政府的社会公共管理职能与国有资产出资人职能分开,是深化国有资产管理体制改革的重要原则,也是政府行政管理体制改革的重要内容。各级国资委不行使政府的社会公共管理职能,政府其他机构、部门也不履行企业国有资产出资人职责,各级国资委要按照这一要求努力做好自己的工作。三是要加强与新闻媒体和社会各界的沟通和理解。国资委组建以来,新闻媒体和社会各界给予了我们大量帮助,同时对我们的工作也十分关注。一方面,我们要进一步做好自身的各项工作;另一方面,我们要更加重视和更好发挥新闻媒体的导向作用,认真倾听和积极吸取社会各方面的意见,使我们制定的政策和出台的措施能够得到广泛支持和理解,为深化国有资产管理体制改革和国有企业改革创造良好的舆论环境。

以上几点是我们做好今年国有资产监管工作需要认真把握的问题,也是今后一个时期需要认真实践和解决的问题。随着国有资产管理体制改革和国有企业改革的深化,我们要不断总结工作经验,完善工作思路,提高工作效率。

三、2005年国有资产监管的主要任务和重点工作

2005年是健全和完善国有资产监督管理体制的重要一年,我们要继续努力,毫不松懈,力争国有资产监管工作取得新的进展。

一是抓紧建立和完善国有资产监管的组织体系。自上而下健全国有资产监管机构,是解决国有资产多头管理和出资人不到位、推动国有企业改革的一项根本性措施。已经组建的省和市(地)级国有资产监管机构要进一步规范,完善工作程序;尚未组建的市(地)要按照《关于设立市(地)级人民政府国有资产监督管理机构的指导意见》(国办发[2004]84号)加快组

建步伐，能够单独设立的应尽可能单独设立，并做到权利、义务和责任相统一，管资产与管人、管事相结合；经省级人民政府批准不单独设立国有资产监管机构的市（地）级人民政府，要按照政府的社会公共管理职能与国有资产出资人职能分开的原则，明确国有资产保值增值的行为主体和责任主体，切实做到国有资产保值增值；要积极探索县级国有资产监督管理的有效形式，防止国有资产流失。

二是进一步完善国有资产监管的法规体系。适应加强国有资产监管的需要，我们将继续抓紧制定国有资产监管的法规规章和规范性文件，尽快出台中央企业授权经营、重要子企业重大事项管理等办法。根据中央指示，今年我们要抓紧研究出台规范中小企业国有产权转让中管理层收购的有关具体办法，对96号文和3号令进行补充和细化。抓紧修订和完善国有资产评估管理、企业国有产权界定、境外企业国有产权监管、上市公司国有股权转让管理办法等法规规章和规范性文件。请各地国资委积极参与这些办法的研究制定工作，并抓好出台后的贯彻落实。为更好地落实依法执政和依法指导监督的要求，今年国务院国资委将与地方国资委研究制定相应的政策法规，以明确指导监督的内容、程序和要求。各地国资委在认真贯彻落实已出台的国有资产监管法规的同时，要结合本地区和所监管企业的实际加快国有资产监管的法规体系建设。今年是“四五”普法的最后一年，要根据全国普法办的要求，做好“四五”普法验收工作。

三是进一步建立健全落实国有资产经营责任的相关制度。建立企业经营业绩考核体系是落实国有资产经营责任的一项重要措施。温家宝总理在去年的中央经济工作会议上提出，要建立和完善激励约束机制，在中央企业全面实行年度经营业绩考核责任制和任期经营业绩考核责任制，各地也都要对所监管的国有企业实行严格的经营业绩考核制度。各地国资委要认真贯彻中央经济工作会议精神，全面推行经营业绩考核制度，保证考核工作的公正性和准确性，并在实践中进一步完善经营业绩考核体系；有条件的要积极开展任期经营业绩考核工作，把年度考核与任期考核更好地结合起来，努力使经营业绩考核做到更客观、更科学，更好地体现不同行业、不同企业的经营情况；要按照教育和惩罚相结合、权责利相统一、实事求是与客观公开的原则，建立健全重大决策失误责任追究制度，规范重大决策责任的追究程序、办法；要把企业负责人的经营业绩考核与薪酬制度改革更好地结合起来，进一步规范和完善国有企业负责人的收入分配办法，合理把握企业负责人薪酬与职工工资水平的比例，充分考虑企业的人工成本和长远发展以及社会的承受能力，进一步理顺分配关系。

四是认真做好国有资产基础管理工作。加强国有资产监管要求我们进一步重视和做好基础管理工作。要按照全国统一的工作要求，按时完成本地区企业国有资产运行状况的统计分析，确保全国整体工作进度；要按照全国统一的清产核资政策和资产损失认定的标准，规范开展清产核资工作，全面核实资产质量，做好清产核资的后续管理工作，加强资产与财务管理的制度建设，防止产生新的不良资产；要加强产权界定、资产评估、产权登记、纠纷调处等产权管理的基础工作，既要推动国有产权有序转让，又要切实维护出资人权益，确保国有资产保值增值。

五是进一步加强国有资产的监管。要坚持和完善监事会制度，抓紧修订《国有企业监事会暂行条例》，积极探索分类监督的有效形式，研究监事会工作和纪检监察工作、经济审计工作等更好形成合力的途径和方式，改进监事会工作方法，提高监督时效，促进成果运用，加强队伍建设，保证监事会开展工作所需的基本条件；要加强企业财务监督，建立和完善出资人财务监督工作体系，做好企业财务预决算管理、企业财务动态监测、企业会计核算监督、企业经济责任审计、企业内部审计管理及中介财务审计监督等工作；要积极推进企业法律顾问制度建设，省属国有重点企业要积极开展总法律顾问制度试点，抓紧建立健全国有企业法律风险防范机制。经国务院同意，今年第三季度，各地要依照有关规定继续开展规范国有企业改制和国有产权转让的自查自纠工作，第四季度国务院国资委将会同有关部门对部分地区开展督查，以进一步规范国有企业改制和国有产权转让工作。

六是加快建立健全现代企业制度。贯彻落实党的十六届三中全会提出的“使股份制成为公有制的主要实现形式”的要求，今年要加快国有企业股份制改革的步伐,支持具备条件的企业整体上市。要积极引进境内外战略投资者,大力发展国有资本、集体资本、非公有资本等参股的混合所有制经济。我们考虑,今年要推进国务院国资委与各地国资委所监管企业之间的股权置换,通过中央和地方国有企业之间的相互持股,推进中央大型企业和地方重点企业的股份制改革。要在产权多元化的同时,进一步完善公司治理结构,推进企业经营机制转换。对难以实行有效的产权多元化的企业和确实需要国有独资的大型集团公司,要通过引入外部董事等建立健全董事会。继续深化劳动人事分配三项制度改革,进一步引入竞争机制,采取面向社会招聘、内部竞聘上岗、人才市场选聘等多种方式选聘人才,指导企业深化收入分配制度改革,形成个人收入与其岗位和贡献相挂钩、与企业效益相联系、与劳动力市场价位相衔接的收入分配机制。

七是积极推进国有经济布局和结构的战略性调整。要结合国家和地方"十一五"规划和 2020 年远景目标的制定,研究制定各地国有经济布局和结构调整的规划,明确国有企业调整和发展的方向。要围绕经济和社会发展的总体规划,继续培育和发展具有活力和竞争力的大公司大企业集团,做强做大一批国有企业。继续采取多种形式放开搞活国有中小企业。要进一步做好国有企业政策性关闭破产工作。目前全国国有企业关闭破产四年规划的编制工作已经完成,并已上报国务院审批。今年是贯彻落实规划的第一年,国务院国资委将召开专门会议,对实施四年规划和做好今年企业关闭破产工作进行部署,希望各地认真把握政策,规范操作,做好工作。要抓紧建立国有资本经营预算制度,已经开展这项工作的要进一步探索,没有开展这项工作的要积极进行试点。今年我们将加强与有关部门的沟通,尽快启动这项工作。

八是抓紧解决国有企业的历史遗留问题。国有企业冗员多、包袱重、历史遗留问题多是制约国有企业发展的重要因素。要继续做好主辅分离、辅业改制工作,抓住机遇,抓紧工作,用好政策,分离辅业,精干主体,把解决国有企业冗员问题与深化国有企业改革更好地结合起来。要进一步做好分离企业办社会职能的工作。2005 年中央决定在中央企业全面推进分离企业办社会职能工作,财政部已经安排了专项资金,有条件的省份也要积极支持国有企业加快推进分离办社会工作,进一步减轻国有企业的包袱。厂办大集体是推进国有企业改革和发展需要解决的一个问题,中央决定今年先在东北地区试点,希望东北三省的国资委抓紧工作,为解决这一问题积累经验,其他有条件的地区也可以探索解决这一问题的办法。企业债转股工作已历时近 6 年,按照国务院领导同志的批示要求,针对目前债转股工作中存在的一些问题,国务院国资委就清理债转股问题印发了一个通知,今年我们将会同有关部门进行一次全面清查。各地国资委要按照通知要求认真做好清查工作,并结合这次清查抓紧推进尚未完成的债转股项目,凡是具备条件的项目,争取在今年 3 月底完成新公司的设立,不具备条件将停止实施债转股。

九是加强和改进国有企业党的建设和企业文化建设。国有企业党的建设是整个党的建设的重要组成部分,也是其重要内容。今年在加强和改进中央企业党的建设方面,我们的主要任务就是贯彻落实好中办发[2004]31 号文。各地国资委党委要根据十六届四中全会的精神和要求,结合实际加强和改进所监管企业包括中央企业在各地的企业党的建设。同时要按照中央关于党风廉政建设的精神和中纪委第五次全体会议的要求,进一步搞好所监管企业的党风廉政建设,紧紧围绕加强党的执政能力的战略任务,加快建立健全与现代企业制度相适应的教育、制度、监督并重的惩治和预防腐败的体系和机制。突出重点问题,抓住薄弱环节,进一步开展效能监察工作。各地国资委要从培育和形成企业核心竞争力的高度,重视并引导所监管企业进一步搞好文化建设,广泛开展多种形式的群众性精神文明创建活动,积极发展健康向上、各具特色的企业文化。

十是切实做好企业改制和重组中的稳定工作。正确处理好改革发展稳定的关系,是事关我国改革开放和社会主义现代化建设全局的一件大事。在推进企业改制和重组过程中,确保企业的稳定,对维护社会稳定,实现经济社会全面协调可持续发展都具有重要意义。在各方面的努力下,当前国有企业总体上是稳定的,但企业改制引发的群体性事件还不少。为确保企业和社会稳定,根据中央解决信访突出问题和群体性事件联席会议的部署，成立了国有企业改制问题专项工作小组，由国务院国资委牵头负责，财政部、劳动保障部、全国总工会组成。国务院国资委已经成立了专门工作机构，建立了相关工作制度。各地国资委也要在地方党委、政府的统一领导下，建立健全相应的工作机构，针对国有企业改制和职工权益方面存在的问题，全面排查企业中的不稳定因素，不断完善我们的各项政策，规范推进各项改革，同时要妥善解决好已经发生的不稳定问题和上访职工提出的合理要求。要妥善处理国企改制中的各种遗留问题，涉及职工切身利益的有关事项，都要依法办理，有理有据。要保持政策的严肃性、稳定性和连续性，出台的改革政策特别是有关职工的补偿标准、保险关系接续、退休和内退人员待遇等政策，必须慎之又慎，充分考虑历史和现状，考虑各方面的承受能力。要进一步加强对稳定工作的领导，落实稳定工作责任制，国务院国资委和地方国资委的维持稳定和信访机构要建立密切的工作联系，做到信息畅通、反应及时，切实防止群体性不稳定事件的发生和扩大。地方党委和政府对本地的社会稳定负总责，各地中央企业的稳定工作要在地方党委和政府的领导下进行。各地国资委要关心本地中央企业的稳定工作，中央企业维稳工作遇到困难时，地方国资委应积极协助中央企业向地方党委和政府报告，进行部门协调，切实帮助中央企业做好企业的稳定工作。

四、贯彻十六届四中全会精神，不断提高做好国有资产监督和管理工作的能力和水平

在我国改革发展的关键时期，中央召开十六届四中全会，专门研究加强党的执政能力建设问题，并对新形势下加强党的执政能力建设作出了全面部署。提高党的执政能力建设需要全党的共同努力。贯彻落实十六届四中全会精神，结合国有资产监管机构的职责任务，当前和今后一个时期，我们要着重提高以下五个方面的能力。

一是要提高依法履行国有资产出资人职责的能力。各级国资委作为本级政府授权履行国有资产出资人职责的特设机构，最重要的任务就是当好国有资产出资人，履行好出资人职责。这是提高驾驭社会主义市场经济能力的必然要求，也是对各级国资委的一个重大考验。我们要推动和引导所监管企业全面落实科学发展观，转变增长方式，走新型工业化道路，提高自主创新能力，增强核心竞争力，实现可持续发展。同时，要处理好加强监管与维护所出资企业经营自主权的关系，共同完成国有资产保值增值的任务。

二是要提高依法监管国有资产的能力。加强对国有资产的监管是实现国有资本保值增值、防止国有资产流失的必然要求，也是一项长期任务。在发展社会主义市场经济的过程中，不断提高依法监管国有资产的能力，对我们来说还是一个新的课题，我们要认真分析新形势下国有资产监管的特点，把握国有资产监管的规律，探索国有资产监管的有效形式，不断提高国有资产监管的有效性。

三是要提高指导国有企业改革和重组的能力。国有企业是国民经济的支柱。进一步搞好国有企业，要求我们不断推进国有企业的改革和重组。要按照完善社会主义市场经济体制的要求，推动国有企业进一步建立健全现代企业制度，完善公司治理结构，优化企业组织结构，实现资源优化配置，帮助企业解决历史遗留问题，更好地参与市场竞争。

四是要提高发展和壮大国有经济的能力。发展壮大国有经济是深化国有资产管理体制改革的一个重要目的，也是实现全面建设小康社会宏伟目标的重要保证。我们要积极推进公有制的多种有效实现形式，加快调整国有经济布局和结构，完善国有资本有进有退的机制，积极探索增强国有经济的控制力、影响力和带动力的途径和方式。

五是要提高加强和改进国有企业党建工作的能力。提高党的执政能力，关键在于搞好党的建设，不断增强党的创造力、凝聚力和战斗力。加强和改进国有企业党的建设是摆在各级国资委党委面前的一项重要任务。我们要认真研究新形势下如何加强和改进国有企业党的建设，探索国有企业党建工作的新机制、新途径和新方法，完善工作机制，更好地发挥国有企业党组织的政治核心作用。

提高这五种能力是我们结合国资委的职责任务，学习领会十六届四中全会精神的初步体会。大家可以围绕提高国资委履行职责的能力进一步深入研究

和探讨，进行补充完善。提高各级国有资产监管机构全面履行职责的能力和水平，需要从多方面努力，最重要的是加强国有资产监管的队伍建设，努力提高国有资产监管队伍的整体素质和综合能力。

第一，进一步加强各级国有资产监管机构领导班子的能力建设。加强各级国有资产监管机构领导班子的能力建设是进一步深化国有资产管理体制改革和国有企业改革的重要保证。目前，国有企业改革正处于攻坚破难阶段，发展正处于重要关口，调整正处于重要时期，国有企业改革的任务还十分繁重，对各级国有资产监管机构领导班子的能力建设也提出了新的更高要求，加强各级国有资产监管机构领导班子能力建设显得更为重要和迫切。各级国资委领导班子要以邓小平理论和“三个代表”重要思想为指导，按照十六届四中全会《决定》的要求，结合共产党员先进性教育活动，加强和改进领导班子建设，真正使各级国资委的领导班子成为深化国有资产管理体制改革和国有企业改革的组织者、实践者和推动者。

第二，进一步提高各级国有资产监管机构干部队伍的综合素质和工作能力。各地国资委成立一年多的实践证明，现有的国资委干部队伍是能够开拓创新、积极进取的队伍。但国资委的工作是一项全新的、极具挑战性、极具探索性的工作，随着国有资产管理体制改革和国有企业改革的不断深化，要求我们不断提高综合素质和工作能力。国务院国资委机关党委曾对部分局、处级干部进行过一次随机抽样问卷调查，接受调查的干部认为自身现有的政治理论水平与所担负的职责相适应的仅占28%，认为基本适应但还存在一定差距的占70%；认为目前自身的专业素质与现在所担负的职责相适应的仅占27%，认为基本适应但还存在一定差距的占70%。从调查的情况看，一方面说明我们的干部对自身的能力和水平有很清醒的认识；另一方面也说明我们的干部队伍现状与岗位的要求还有相当的差距。各级国资委的干部大多来自党政机关，如何履行好国有资产出资人职责，需要一个不断探索和提高的过程，要加强学习培训，努力把各级国资委建设成学习型机构，尽快熟悉和掌握履行出资人职责应具备的技能和知识。

第三，切实转变工作方式和工作作风。各级国资委的组成人员大多来自党政机关，如何尽快按照出资人的要求想问题、作决策、办事情，是摆在我们面前亟待解决的问题。我们要自觉转变工作方式，学会并善于依法办事、依法监管，与所监管的企业共同实现国有资本保值增值的重任。各级国资委的同志要增强全局意识，增强服务意识，想企业之所想，急企业之所急，帮企业之所需。要深入企业，深入实际，调查研究，认真研究国有资产管理体制改革和国有企业改革中的新情况和新问题，更好地把握国有企业改革和发展的规律和趋势，不断提高我们按照规律办事的能力和水平。要进一步搞好党风廉政建设和反腐败工作，切实用好管资产、管人和管事的权力，真正做到严格自律、清正廉洁，自觉接受企业和社会的监督。

同志们，党中央、国务院赋予我们监督管理国有资产的责任十分重大。今年改革发展稳定的任务十分繁重。我们一定要在以胡锦涛同志为总书记的党中央领导下，以邓小平理论和“三个代表”重要思想为指导，认真贯彻落实党十六大和十六届二中、三中、四中全会及中央经济工作会议精神，牢记职责，不辱使命，开拓创新，扎实工作，继续深化国有资产管理体制改革和国有企业改革，进一步提高国有资产监督管理的能力和水平，努力为我国经济的平稳较快发展和社会的全面进步作出新的更大贡献！

加大改革力度　加快调整步伐　切实提高中央企业可持续发展能力

——李荣融同志在中央企业负责人会议上的讲话（节选）

（2004年12月13日）

一、2004年中央企业改革和发展的进展情况

2004年是国有资产监督管理体制框架初步建立

的一年，也是中央企业改革和发展取得积极进展的一年。中央企业坚持以邓小平理论和“三个代表”重要思想为指导，树立和落实科学发展观，认真贯彻落实中央关于宏观调控的政策措施，积极进取，开拓创新，各方面工作都取得了可喜成绩，呈现出销售收入快速增长、实现利润大幅提高、资产质量不断改善的良好态势，在国民经济中的中坚和骨干作用进一步显现。

销售收入保持快速增长。1～10月，中央企业累计实现销售收入44678.1亿元，比上年同期增加10090.1亿元，增长29.2%。预计全年实现销售收入可突破5.3万亿元。

实现利润继续大幅提高。1～10月，中央企业累计实现利润4188.9亿元，同比增加1454.5亿元，增长53.2%。预计全年实现利润有望突破4500亿元，再创历史新高。

资产质量和运营效率进一步好转。截至10月底，186户中央企业资产总额92150.7亿元，比上年增长12.5%；净资产总额39473.2亿元，比上年增长10.5%；流动资产周转率1.5次，比上年同期提高了0.41次，应收账款周转率7.7次，比上年同期增加了1.1次。预计全年净资产收益率可达到6.6%，比上年增加1.6个百分点，总资产报酬率可达到6.2%，比上年增加1.2个百分点。中央企业通过开展清产核资和执行新的会计制度，不良资产比率大幅下降，资产质量进一步改善。

对经济和社会发展的贡献进一步显现。1～10月，中央企业累计上缴税金3646.3亿元，同比增长17.3%，占国有及国有控股工商企业上缴税金的50.7%。为缓解煤电油运的紧张局面，石油、电力、煤炭、运输等行业的中央企业千方百计扩能挖潜，努力增加有效供给。1～10月，中央企业原油加工量、发电量分别完成20800万吨和7317亿千瓦时，分别占全社会产量的92.4%和42%；民航运输总周转量、水运货物周转量分别完成158.6亿吨公里和28258亿吨公里，占全社会周转量的82.6%和87.3%。军工企业心系国家安全，按时高质完成军品研发和生产任务，为国防建设作出了突出贡献。其他中央企业努力发挥自身优势，为搞好“三农”服务、活跃市场流通、推进技术进步等也作出了积极贡献。

中央企业取得这样可喜的成绩，是认真贯彻执行党中央、国务院一系列方针政策的结果，是多年来坚持改革、加强管理的结果，是各部门大力支持的结果，也是中央企业广大干部职工奋力拼搏、不懈努力的结果。一年来，中央企业围绕做强做大主业和增强竞争能力，进一步深化改革，强化管理，调整结构，各项工作都取得了新的成效。

一是以股份制改革为主要内容的体制创新取得积极进展。今年以来，中电国际、中海集运、中国网通等先后在境外上市，中国移动、中国电信、武钢等一批大型公司基本实现了主营业务资产整体上市。截至2004年9月底，中央企业控股的境内上市公司168家，股本总额占全部境内上市公司的33.8%；在香港上市公司53家，流通股股本占香港流通股的18.1%。劳动、人事、分配三项制度改革稳步推进，在一些重点难点问题上有新的突破，不少中央企业层层分解年度经营业绩考核指标，认真落实各项责任，相应地调整和改进了分配办法。

二是以优化资源配置为目的的重组调整力度进一步加大。今年以来，在自愿的基础上，经国务院批准，又有7对14家中央企业进行了联合重组。适应市场竞争的要求，中央企业积极调整产品结构，中国海运集团确立并坚持做强做大集装箱运输核心主业，持续不断地进行船队运输结构调整，实现了跨越式发展。武钢轿车板等高技术含量、高附加值产品占总产量的比例达到52%。中央企业积极实施“走出去”战略，加大海外投资力度，中石油、中石化、上海宝钢、中国五矿、中国铝业、中色建设等积极开发海外资源，对缓解我国油气、重要矿产资源短缺作出了积极贡献。

三是以增强核心竞争力为目的的技术创新取得重大成果。中央企业根据市场需求，不断加大科技创新力度，在重大装备研制、生产技术改造、产品科技创新等方面取得了一系列新的成果。攀钢研究开发具有自主知识产权的氮化钒生产工艺，获冶金科技进步特等奖，达到国际领先水平。一重与鞍钢联合开发制造了酸洗冷轧联合机组，二重研究开发出具有国际先进水平的5米宽厚板轧机，标志着我国冶金装备的自主开发与制造水平进入国际先进行列。

四是以改善财务资金管理为主要内容的企业管

理得到加强。中央企业普遍加强了财务资金管理，结合清产核资，普遍实行了新的会计制度，不少企业建立了全面预算管理制度。企业管理信息化建设取得新的进展，宝钢运用信息技术形成了对外快速响应、对内快速决策的经营运作系统。与此同时，不少中央企业继续缩短管理链条，精简内设机构，提高了整合力和执行力。今年以来，中央企业进一步加强了企业改制重组、合同管理、对外投资、对外担保等方面的法律风险防范机制建设，运用法律手段保护知识产权得到重视。以总法律顾问制度为核心的企业法律顾问制度建设迈出新的步伐，53%的中央企业设置了法律事务机构，53家大型中央企业中的23家已经实行了总法律顾问制度。不少中央企业注重运用法律法规维护企业权益，挽回了经济损失，减少诉讼仲裁案件，降低了经营风险。

五是以减轻企业负担为重点的分离办社会、主辅分离辅业改制工作取得重大进展。中石油、中石化、东风汽车三大集团分离办社会试点基本完成，除个别省份外，已基本与地方政府就机构、人员及资产的移交达成协议，移交工作完成后，796个中小学和公检法机构、9.4万名职工(含离退休教师)将从企业中分离出来，每年为企业减负近40亿元。截至10月底，67家中央企业上报了主辅分离辅业改制方案，43家的方案已得到批复，涉及改制单位1422个，涉及分流安置职工26.2万人，涉及“三类资产”157.7亿元，一批先行改制的企业已经取得初步成效。

六是以探索党建工作新机制和提高员工素质为主要内容的企业党建和企业文化建设有了新进展。按照中央的要求和国资委党委的统一部署，中央企业各级党组织坚持发挥政治核心作用，认真执行党和国家的方针政策，不断总结企业党建工作的新经验新情况，积极探索加强和改进企业党建工作的新办法新途径，工作得到改进，实效得到增强，涌现出中国航天科技集团第五研究院党委等97个先进基层党组织。企业文化建设取得可喜成绩，围绕建设学习型企业和学习型员工队伍，组织实施职工素质工程，广泛开展了读书学习、拜师学艺、岗位练兵、技能比武等活动，90多家企业举办了160多个工种的技能竞赛，314万人次参加了各类岗位技能培训和竞赛活动，24万人晋升了职业资格，20人获得了“全国技术能手”称号，100人获得“中央企业技术能手”称号。今年以来，中央企业领导班子建设、党风廉政建设及保密工作、外事工作等也都取得新的成绩。所有这些对促进中央企业的改革发展稳定都发挥了重要作用。

今年是国资委成立后全面履行出资人职责完整的一年。我们在加强对国有企业改革和重组指导的同时，认真履行出资人职责，在优化企业结构、推进现代企业制度建设、落实资产经营责任、加强国有资产监管、加强和改进企业党建等方面进一步加大了工作力度。

一是加强了国有资产监管的法规体系建设。今年以来，我们以《企业国有资产监督管理暂行条例》为基础，出台了9个法规，印发了20多件规范性文件，其中在对中央企业履行出资人职责方面发布了中央企业财务决算报告管理、薪酬管理、经济责任审计管理、内部审计管理、建立和完善国有独资公司董事会试点等规章和规范性文件，为国资委依法履行出资人职责提供了依据和行为准则，对推进中央企业改革和发展起到了指导、规范和保障作用。

二是加强对中央企业布局结构调整的指导。贯彻落实中央关于振兴东北等老工业基地的战略决策，制定了《关于加快东北地区中央企业调整改造的指导意见》，并认真做好组织实施工作。加强了对中央企业并购重组活动的指导，积极促进中央企业之间的重组。研究提出了中央企业布局和结构调整的初步意见，初步明确了冶金、汽车、重大装备、商贸等21个主要业务板块调整重组的思路，公布了第一批49家中央企业的主业。启动了新一轮中央企业发展战略和规划的编制工作。目前，这项工作已基本完成，即将进入审查与实施阶段。

三是推进中央企业进一步建立健全现代企业制度。在积极推进中央企业股份制改革的同时，开展了国有独资公司建立和完善董事会的试点工作，选择了神华集团、上海宝钢等7家企业进行试点，成立了试点工作领导小组，制定了试点实施方案和配套文件。试点的主要内容是建立外部董事制度，在董事会下面设立战略、提名、薪酬与考核等专门委员会，进一步完善公司治理结构。同时，通过经验介绍、典型示范等多种途径,进一步推动中央企业深化内部改革,转换经营机制。

四是积极推进中央企业激励和约束机制的建立。全面开展了企业负责人经营业绩考核工作,与中央企业负责人全部签订了2004年度经营业绩责任书。对业绩考核目标完成情况较好、特别是利润成倍增长的企业,要求他们抓紧处理历史欠账,增强企业发展后劲。对难以完成考核目标的企业,逐户进行跟踪和督促,要求他们尽力完成任务。同时开始启动任期经营业绩考核工作。与经营业绩考核相配套,继续开展了清产核资工作,加大了对中央企业收入分配的规范力度。截至11月30日,181家中央企业完成了清产核资工作。对部分中央企业存在的人工成本增长过快,分配行为不规范,收入差距过大等问题,进行了纠正和调控,中央企业负责人薪酬管理工作已开始步入规范运转的轨道。同时,积极开展科研院所改制企业股权激励试点工作。

五是加大了中央企业人才队伍建设的力度。贯彻全国人才工作会议精神,召开了中央企业人才工作会议,制定下发了《关于进一步加强和改进中央企业人才工作的意见》,明确了中央企业实施人才强企战略的总体目标和主要任务。扩大了中央企业面向海内外招聘高级经营管理者的范围,22家中央企业公开招聘的22位高级经营管理者已经到岗,海内外反响良好。在中央企业开展了职工技能大赛工作,在34家中央企业启动了高技能人才选拔培养和评价试点工作。

六是加强和改进了对中央企业的监管。根据监事会条例规定,报经国务院批准,对监事会监督企业进行了换届调整。对183家中央企业进行了监督检查,向国务院和国资委提交了163份监督检查报告及部分专项报告,揭示了中央企业投融资、重组改制、清产核资、产权转让等活动中危及国有资产安全及影响企业发展的重大问题,并提出了明确的处理建议。在坚持不参与、不干预企业经营决策和经营管理活动的前提下,就检查出的需要企业自行纠正的问题,适度扩大了与企业交换意见的范围,进一步提高了监督检查工作效能。改进和规范了监督检查成果运用工作,初步建立了报告处理落实反馈机制。结合《公司法》修改,研究提出了《国有企业监事会暂行条例》的修订意见。为加强对中央企业产权交易的监管,确定北京市、上海市、天津市产权交易中心作为中央企业产权交易的指定机构的同时,开始建立中央企业重大法律纠纷案件管理制度,截至11月份,中央企业报送需要协调的法律纠纷案件137起,涉案金额185亿元,大部分已得到妥善处理。

七是加强中央企业党建工作和企业文化建设。贯彻落实党的十六届四中全会《关于加强党的执政能力建设的决定》精神,与中组部共同研究制定并由中办转发了《关于加强和改进中央企业党建工作的意见》,明确了中央企业党建工作总的要求和目标任务。加强了对中央企业领导班子的考察和调整,会同中组部集中考察了53户中央企业领导班子后备人选,提出正、副职后备人选421名,集中考察了101户中央企业领导班子,调整班子和党委换届95户,任免企业领导人员292人,其中正职75人。完成22家中央企业党委换届选举工作,调整了6家重组企业的党组织领导关系。结合庆祝建党83周年,表彰了97个先进基层党组织、147名优秀共产党员和96名优秀党务工作者。召开了首届中央企业文化建设研讨交流会,总结推广了中国石油天然气集团等一批企业加强企业文化建设的做法和经验。会同人事部表彰了中央企业600名劳动模范和200户先进集体。深入开展了党风廉政建设,探索建立与现代企业制度相适应的教育、制度、监督并重的惩治和预防腐败体系,进一步开展了效能监察工作,加大了查办违纪违法案件的工作力度。认真落实维护稳定工作责任制,针对影响中央企业稳定的突出问题,采取了一系列有针对性的措施。

今年以来,为更好推进中央企业改革和发展,我们加大了新闻宣传工作的力度,宣传了一批改革和发展成绩突出的典型企业,进一步树立了中央企业的良好形象。针对国有企业改革和发展中的一些热点问题,组织起草一批文章,适时安排了新闻发布和访谈活动,改善了中央企业改革和发展的舆论环境。

对国资委组建以来所做的工作,国务院领导给予了充分肯定,并且提出了明确要求。温家宝总理11月1日批示:"国有资产管理体制改革以来,国资委以及地方国资监管机构,积极探索,扎实起步,做了大量卓有成效的工作。要认真总结经验，坚持改革方向，加强对国有企业改革的指导，积极推进国有经济布局结构调整；要加快国有资产管理体制改革步伐，健全管理体制，完善法律法规，落实责任，真正实现国有资产保值增值。”温家宝总理的批示，既是对国资委工作的肯定，也是对中央企业工作的肯定。国资委采取的每一项措施、安排的每一项工作，都离不开中央企业的支持和配合。我们要认真学习、深刻领会温家宝总理的批示，共同落实国有资产保值增值的责任。

在看到成绩的同时，我们也要清醒地认识到，中央企业改革和发展的任务仍然十分艰巨，影响中央企业可持续发展的体制机制障碍、布局结构不合理、自主创新能力不强等深层次矛盾和问题并没有从根本上解决。对中央企业经济效益的大幅增长也要作客观分析，绝不能盲目乐观。一是利润的大幅增长有多方面因素。我们对中央企业经济效益作过一个初步分析，1～10 月新增的 1454.5 亿元利润中，工业企业新增利润 917.5 亿元。工业企业经济效益的大幅增长，主要得益于规模扩大、价格推动和管理挖潜三大因素。其中，因国内需求增长、生产规模扩大、销售增加带来的利润占 42.8%，因工业品价格尤其是生产资料价格上涨带来的利润占 37%，因加强管理、挖掘潜力带来的利润占 20.2%。二是利润来源高度集中，中央企业利润的 66% 来自中石油、中国移动、中石化、中国电信、中海油、宝钢、中远集团 7 家企业。三是部分中央企业生产经营仍然困难，1～10 月亏损的中央企业有 20 家，占 10.8%，累计亏损额达 20.2 亿元。四是部分企业成本费用增长过快，1～10 月，成本费用同比增长率超过销售收入增长率的企业有 65 家，占全部中央企业的 34.9%；企业存货占用资金继续增加，1～10月，中央企业存货占用资金 7616 亿元，同比增长近 30%。从国资委工作来看，也有不少需要进一步改进和完善的地方，如何更好地履行出资人职责，如何进一步减少会议、减少文件、提高效率，都需要我们进一步探索。国有资产管理体制改革极具探索性、极具挑战性，国有企业改革是一项复杂而艰巨的任务。我们既要看到取得的成绩，坚定信心，也要正视存在的问题，继续努力，争取各项工作都有新的进展。

二、明年工作总体考虑和需要把握好的几个问题

明年是推进中央企业改革和调整、提高可持续发展能力的重要一年。中央经济工作会议对明年的经济形势作了全面深刻的分析。总的看，明年国内外经济形势将继续保持良好的趋势，对中央企业的改革和调整十分有利，但影响企业生产经营的因素也不少，需要引起我们的密切关注。一是美元走势和国际原油价格的波动。一段时期以来，国际汇市美元价格持续走低，对人民币汇率形成更大压力。受国际政治经济影响，明年国际原油价格仍可能高位运行。二是煤电油运供需紧张的影响。今年煤炭产量虽然大幅度增长，但仍难以满足需求；铁路运输超负荷运行的状况一时难以改变；一些地区电力供需的矛盾十分突出；原油需求依赖进口的局面将进一步加剧；在解决瓶颈制约过程中又出现电站项目无序建设等问题。三是宏观调控的走向和力度。宏观调控已经取得了明显成效，但固定资产投资反弹的压力很大，物价上涨的压力不容忽视，宏观调控的成果并不巩固，宏观调控的重点和力度将会适时适度进行调整。四是国家重大改革措施的出台。深化经济体制改革是明年经济工作中的一项重大任务。国务院将出台关于鼓励、支持和引导非公有制经济发展的意见，将进一步放宽非公有制经济的市场准入领域，解决个体、私营经济发展普遍面临的融资难问题。垄断行业的改革将进一步深化。所有这些对中央企业来说，既有机遇也有挑战。我们要抓住机遇，用好机遇，同时要充分估计面临的困难和不利因素，尽可能把工作做在前面，早做预案，争取主动。

根据中央经济工作会议对经济形势的分析和总体要求，按照国务院赋予我们的职责，明年国资委工作的总体考虑是：以邓小平理论和“三个代表”重要思想为指导，认真贯彻十六届三中、四中全会和中央经济工作会议精神，树立和落实科学发展观，围绕国有资产保值增值和做强做大中央企业，进一步深化改革，调整结构，加强监管，努力提高中央企业的可持续发展能力，力争在中央企业布局和结构的战略性调整上取得新的突破，在股份制改革和完善公司治理结构

方面取得新的进展，在提高中央企业整体素质和资产质量方面跨上新的台阶，在加强和改进企业党建和企业文化建设方面迈出新的步伐，在确保企业和社会稳定方面取得新的成效。在工作中要注意把握好以下几个问题。

一是要加快和规范推进国有企业改革。国有企业改革仍然是经济体制改革的中心环节。完善社会主义市场经济体制，坚持公有制的主体地位，发挥国有经济的主导作用，增强国有经济的控制力、影响力和带动力，要求我们必须加快推进国有企业改革，进一步消除影响国有经济活力和竞争力的体制和机制障碍。随着经济全球化进程的推进和科技进步步伐的加快，随着我国进一步深化改革和扩大对外开放，国有企业面临着越来越激烈的市场竞争。目前，国有企业改革正处于攻坚破难阶段，我们要增强忧患意识，增强改革的紧迫感和责任感，为中央企业的可持续发展不断提供动力和体制保障。当前我国正处于新一轮经济增长的上升周期，这两年中央企业经济效益提高幅度较大，这有利于我们加快推进中央企业的改革和调整，但也可能使一部分中央企业减弱改革的紧迫性。我们绝不能因为经济效益好而放慢改革步伐。要增强改革的主动性和积极性，不失时机地推进中央企业的改革调整。

推进中央企业改革，既要加快步伐，也要规范操作。国有企业改革特别是产权制度改革，涉及权利和利益的再调整，涉及社会的公平公正，必须规范推进。要认真执行中央确定的国有企业改革和发展的一系列方针政策，坚持国有企业改革的方向。党的十五大、十六大和中央全会的有关决定明确提出了一系列方针政策，为我们推进国有企业改革指明了方向。我们要全面领会，准确把握，坚决执行，保证国有企业改革沿着正确的方向不断向前推进。要认真执行《关于规范国有企业改制工作的意见》和《企业国有产权转让管理暂行办法》。这两个文件对规范国有企业改制和国有产权转让的主要环节都作出了明确的规定，各方面都给予了充分肯定。最近，我们与财政部、监察部、国家工商总局联合对21个省的国有企业改制和国有产权转让情况进行了调研督查。总的看，规范国有企业改制和产权转让取得重大进展，但也存在一些不容忽视的问题，突出表现为管理层收购和国有产权交易不规范。中央企业在规范改制方面总的是好的，但也存在一些问题，部分二级、三级公司在股份制改制中也存在不规范的现象，中央企业产权转让进场交易的比例还不高，对此我们要引起足够的注意。在这方面中央企业要起表率作用，要以对党对国家对人民高度负责的精神，规范推进国有企业改制和国有产权交易，防止国有资产流失，确保国有企业改革健康发展。

二是要切实提高企业可持续发展能力。做大虽重要，做强更关键。经过大家的艰苦努力，中央企业取得了长足发展，一批企业竞争力有了较大提高，但总体看基础还不牢固。相当一部分企业技术经济指标与国外先进水平存在很大差距，中央企业能耗比国际水平高出40%。企业技术投入少，普遍缺乏拥有自主知识产权的技术和产品，中央企业科技支出费用占主营业务收入的比重平均为1%，远远低于国际先进企业的水平。从规模实力上看，中央企业也有很大差距，位列2004年度世界500强第二位的BP公司年营业额达到2325.7亿美元，中国进入世界500强的中石油年营业额为563.8亿美元，不到BP公司的1/4。中央企业大多处于关系国民经济命脉的重要行业和关键领域，即使在竞争性领域也处于行业的排头兵地位，作为国有经济的骨干和支柱，中央企业在支撑、引导和带动经济社会发展，充分发挥国有经济的控制力、影响力和带动力方面，发挥着不可替代的重要作用。努力保持中央企业持续稳定发展，不仅是做强做大企业的经济问题，而且是坚持社会主义公有制主体地位的重大政治问题，我们一定要牢记肩负的使命和责任，树立和落实科学发展观，推进中央企业全面协调可持续发展。

提高中央企业可持续发展能力要从多方面着手，这里主要强调突出主业的问题。突出主业是企业做强的基础和前提。有人作过分析，全世界前十大知名品牌企业，只有GE公司是多种经营企业，而且其多种经营的形成，有着深厚的历史原因。我们中央企业要做强做大，首先要把精力放在主业的发展上。近年来，中央企业在做强做大主业方面取得了积极进展，但由于历史原因，中央企业主业不突出、核心竞争力不强的问题还比较普遍、比较突出，相当一批企业主业过多。不少企业主业之间的关联度很小；由于主业交叉较多，中央企业之间结构趋同、重复建设、相互竞争的现象十分严重。值得注意的是，在当前新一轮企业收购热潮中，部分企业明显超出了原来主业范围，投资风险加大，这些问题要引起我们的高度重视。要在确定主业的前提下，围绕做强主业，提高技术创新能力，实施人才强企战略，塑造著名品牌和企业良好形象，推进企业文化建设，努力形成具有特色的管理体制和模式，提高企业的核心竞争能力，保持企业持久竞争的优势。

三是要高度重视企业风险的防范和管理。随着企业经营范围、经营领域的不断扩大，特别是经济全球化步伐的加快，企业经营除了要面对价格、需求、技术变化等市场风险，还要面对复杂的法律、政治和社会风险。真正的优秀企业家善于识别风险、规避风险、控制和化解风险，既抓住企业发展的机遇，又防止因外部环境的变化和人为错误使企业遭受经济损失和不利的政治影响。应该说，近年来中央企业在经营实践中，风险意识进一步增强，一些企业的风险管理开始起步。但也存在着对风险估计不足、应对不力甚至失控的现象。随着中央企业境外投资活动的增多和规模的扩大，风险明显加大。今年发生了几起重大事件，如在巴基斯坦两名中国工程师遭绑架和三名工程师被炸身亡，在阿富汗的11名中国公民被枪击，中航油新加坡公司开展的石油指数期货业务违规越权炒作造成巨额损失，都说明必须高度重视和切实做好风险防范工作。中央企业要实现持续稳定发展，必须树立风险意识，加强风险管理，在发展战略的制定、投融资决策包括对外收购股权、日常业务运作尤其是涉及期货等高风险业务、财务报告管理、内部审计体系建设等方面，要完善相关制度，建立健全风险的识别、监测控制和防范机制，使风险管理日常化、制度化。当前，重点是加强投资决策的风险分析，客观评价可能面临的各种风险，避免企业盲目进入高危风险区域。中央企业的各级负责人，要严格执行国家的法律法规和企业的各项制度，确保自己手中的每一项权力都处于制度的约束之中。要做好各种预案，提高应对各种突发事件的能力。当然，从事经营活动特别是境外投资难免会有风险，既要积极实施“走出去”战略，也要充分进行安全评估；既要追求企业经济效益，也要充分考虑安全因素，打足安全成本。

四是要处理好收入分配关系。处理好收入分配问题，事关广大职工的切身利益和积极性的发挥，也是实现企业持续稳定发展的重要基础。中央企业在我国经济和社会发展中具有表率和带动作用，能否处理好收入分配关系，对构建和谐社会具有重要影响。中央企业要树立大局意识，坚持效率优先、兼顾公平的原则，统筹兼顾各方面利益，正确处理好收入分配中的各种关系。一要合理把握企业负责人薪酬与职工工资水平的比例关系。要充分考虑职工的承受能力，既要调动企业负责人的积极性，又要调动职工的积极性。要合理把握企业负责人实际薪酬与职工平均工资的倍数，防止差距过大。企业负责人的薪酬要作为厂务公开的内容，主动接受职工的监督。二要考虑企业的人工成本和长远发展。工资具有刚性，增长过快会导致人工成本迅速上升，削弱企业的竞争力。要坚持工效挂钩和“两个低于”的原则，企业工资总量的增长要低于效益的增长，职工年均收入的增长要低于劳动生产率的增长。要加强收入分配宏观调控，严格控制人工成本增长，凡是超出人工成本承受能力，导致企业竞争力下降的分配措施，应暂缓执行或出台。三要考虑社会的承受能力。收入分配差距过大，贫富过于悬殊，极易造成社会不稳定，甚至引发社会动荡。我们在考虑中央企业收入分配时，也要兼顾同一地区、同一行业的实际情况。要关心困难职工的生活，把困难职工放在心上，做好扶贫济困，把工作做细做实。

五是要确保企业和社会的稳定。稳定工作事关改革发展的大局。中央企业规模大、分布广、职工多、影响大，保持稳定尤为重要。当前，影响中央企业稳定的因素依然存在，从国资委信访部门收集的情况看，反映比较集中的问题主要有：企业重组改制中职工有偿解除劳动关系问题，厂办大集体企业职工社会保障问题，拖欠职工和离退休人员工资、养老金、医疗费问题，企业离退休人员、退伍转业军人、企业办学校退休教师待遇问题，以及企业改制不规范损害职工合法权益问题等。这些矛盾和问题涉及职工切身利益，关系到企业和社会稳定，必须妥善处理和解决。要正确处理好改革发展稳定的关系，把改革的力度、推进的进度与职工和社会的可承受程度统一起来，确保各项改革在稳定的前提下进行。同时，要注意严格执行有关政策和操作程序，进一步落实稳定工作责任制，认真排查改革中可能出现的不稳定因素，做好深入细致的思想政治工作，把矛盾解决在基层，解决在萌芽时期。

安全生产事关广大职工和人民群众的生命安全和财产安全。重特大安全生产事故的发生，不仅会造成人员的重大伤亡和企业财产的严重损失，而且会影响企业和社会的稳定。中央企业安全生产形势总体上是平稳的，但各类事故也时有发生，特别是“11·21”包头空难，造成特别重大的人员伤亡，给我们敲响了警钟，务必引起我们的高度重视。中央企业要全面落实国务院办公厅下发的《国务院关于加强中央企业安全生产工作的通知》，加大工作力度，坚决防止重大安全事故的发生。要进一步提高安全生产意识，坚持以人为本，牢固树立安全生产责任重于泰山的思想，抓好安全生产工作。要把安全生产纳入企业长期发展规划，增加对安全生产的投入，全面整治各种安全隐患。要建立健全安全事故应急机制，进一步健全突发事件预警和应急体系。要层层落实安全生产工作责任制，加强对职工的教育和培训，建立严格的责任追究制度，严格执法，严格管理，确保各项安全措施落到实处。

三、明年国资委履行出资人职责的重点工作和主要措施

中央经济工作会议明确了明年国有企业改革的重点和主要任务。贯彻落实中央经济工作会议精神，我们要着重做好六个方面工作。

（一）加快现代企业制度建设

明年要按照建立健全现代企业制度的要求，加快中央企业改革步伐。支持具备条件的中央企业积极推进股份制改革，有条件的逐步实现主营业务资产的整体上市。加快推进科研院所改制企业股份制改革步伐，继续进行股权激励试点。我们考虑，明年要推进国务院国资委与省市国资委所监管企业之间的股权置换，通过中央和地方国有企业之间的相互持股，推进中央大型企业的股份制改革。推进电力、电信、民航等行业的中央企业深化改革，进一步引入市场机制，改善资本结构。加快推进中央企业公司制改革，尽快使国有独资的中央企业由按企业法登记、受企业法调整改变为按公司法登记、受公司法调整。扩大国有独资公司建立和完善董事会的试点范围，初步考虑明年再选择20～30家进行试点。难以实行有效的产权多元化的企业和确实需要国有独资的大型集团公司，要逐步形成出资人、董事会、监事会、经理层各负其责、协调运转、有效制衡的符合现代企业制度要求的公司治理结构。扩大公开招聘高级经营管理者的范围，提高公开选聘经营管理者的层次，条件成熟后逐步扩大到公开招聘总经理，进一步探索党管干部原则与市场化选聘经营管理者相结合的有效方式。需要强调的是，对公开选聘上来的企业经营管理者，要继续按照市场化配置的原则进行管理，真正做到能进能出，不胜任岗位的也可以解聘。同时要加强动态管理，积极创造条件，真正使选聘上来的人才充分展现才能，始终保持良好的工作状态。

（二）建立健全落实国有资产经营责任的相关制度

今年是中央企业实行经营业绩考核制度的第一年，社会各方面对这项制度的实施都很关注。我们将按照《中央企业负责人经营业绩考核暂行办法》和《中央企业负责人薪酬管理暂行办法》，严格兑现奖惩。一年来，中央企业在落实经营业绩考核方面做了大量艰苦细致的工作，希望中央企业负责人与我们继续共同做好这项工作，维护经营业绩考核的原则性和严肃性。在中央企业推行经营业绩考核制度，对我们来说是一项新的工作，需要在实践中进一步完善。从一年的实践情况看，经营业绩考核指标基本适用。我们考虑年度经营业绩考核基本指标保持相对稳定，同时对部分行业、部分企业的分类指标作适当调整。在完善年度经营业绩考核指标的同时，明年将在中央企业全面实施任期经营业绩考核制度，实现年度经营业绩考

核与任期经营业绩考核的有机结合,使对企业负责人经营业绩的考核更全面更科学。要进一步规范和完善中央企业收入分配制度,指导中央企业深化收入分配制度改革,形成个人收入与其岗位责任、贡献和企业效益密切挂钩、与劳动力市场价位相衔接、能增能减的分配调控机制。要积极探索中长期激励办法,建立短期激励与中长期激励相结合的比较完善的激励体系,将企业负责人的收入与企业的中长期目标结合起来,促进企业的可持续发展。要逐步规范企业负责人职位消费和福利标准。继续开展科技型改制企业的股权激励试点,积极探索上市公司的长期激励机制,完善薪酬和保障制度。指导中央企业建立企业年金制度,逐步建立起有利于实现国有资本保值增值的中长期激励机制。建立国有资本经营预算制度是落实国有资产经营责任的重要保证。明年我们将按照国务院的部署,会同财政部尽快启动这项工作,在总结借鉴省市实施国有资本经营预算做法的基础上,力争尽早将国有资本经营预算制度的基本框架确定下来。

(三)引导中央企业进一步做强做大主业

不久前我们公布了第一批49家中央企业的主业。这样做的主要目的是引导中央企业进一步突出主业,引导社会资金的投向和中央企业的投资方向,同时也是为了加强对中央企业重大投资活动的管理。今后凡是企业发展规划内、主业范围内的投资,我们只对其中的重大项目进行备案管理;对企业发展规划外的非主业投资项目包括并购活动,则要实施严格的核准制度。对涉及业务领域较多、核心业务不明确的企业,我们将通过组织专家论证、与企业交换意见,尽快确定其主业及调整方向。对规模偏小、现有主业效益偏低,并且所处行业技术发展比较成熟、市场化程度比较高的企业,我们准备采取确认一段时期主业的方式,规范和引导其投资行为。我们将陆续分期公布中央企业的主业。需要说明的是,中央企业主业的确认和公布,是综合考虑优化布局结构、发挥比较优势、尊重历史事实、注重未来发展等因素确定的,在一段时期内具有相对的稳定性,今后可以根据企业竞争能力、市场供求关系、技术发展趋势等情况的变化进行动态调整。加快实施主辅分离,有利于中央企业集中资源、集中力量做强做大主业。目前这项工作进展很不平衡,中央企业正在实施辅业改制的资产和人员占应纳入改制范围资产和人员的比重不到1/5,特别是一些资产规模较大、富余人员较多的中央大企业,推进难度较大。我们将加强与有关部门的沟通与协调,抓紧总体方案的审批,进一步完善相关政策,帮助中央企业解决一些实际困难和问题。

(四)积极推进中央企业布局结构调整

围绕培育和发展30～50家具有国际竞争力的大公司大企业集团,明年我们要力争在推进中央企业布局和结构调整方面迈出新的步伐。要抓紧修改中央企业布局和结构调整初步意见,研究制定分行业、分企业调整的指导意见,增强中央企业布局和结构调整的前瞻性,减少盲目性。在企业自愿基础上,支持和鼓励中央企业进一步进行联合重组,继续推进企业间非主业的同业重组,积极引导中央企业的并购活动,抓紧研究提出中央企业通过科工贸一体化等方式更好发挥整体优势的意见。对中央企业布局结构的调整,社会各方面都很关注。一些同志提出,希望国资委更好地发挥出资人作用,加快推进调整步伐。中央企业布局和结构的调整,是从战略上推进国有经济布局和结构调整的一个重要组成部分。要真正做好这项工作,必须加快建立健全董事会,使董事会成为布局和结构调整的实施主体;必须做好清产核资工作,在此基础上真正做到产权清晰;必须加快建立健全国有资本经营预算制度,为中央企业的布局结构调整提供手段。我们要努力为加快中央企业布局结构调整创造条件。继续做好国有企业政策性关闭破产工作,也是推进国有经济布局和结构战略性调整的一个重要方面。贯彻落实中央经济工作会议精神,我们将会同国家有关部门继续做好这项工作。目前,全国国有企业关闭破产四年规划的编制已完成,并已上报国务院审批,中央企业申报的113个项目已列入四年规划。明年是贯彻落实规划的第一年,希望有关中央企业认真把握政策,规范操作,以关闭破产工作带动结构调整,同时努力做好破产企业的稳定工作。

(五)进一步完善国有资产监管制度和体系

完善监管体系是实现国有资产保值增值的重要保证,也是依法履行出资人职责的必然要求。明年要做好五方面的工作。一是进一步完善法规和规章制度。抓紧出台《中央企业授权经营暂行办法》、《中央企业重要子企业重大事项管理暂行办法》、《中央企业重大法律纠纷案件管理办法》等法规规章,抓紧修订和完善国有资产评估管理、企业国有产权管理、境外企业国有资产监管等法规和规章。二是进一步发挥监事会的作用。坚持和完善监事会制度,加强和改进监事会工作,抓紧修订《国有企业监事会暂行条例》,完善监事会职责。积极探索分类监督的有效形式,加强与企业交换意见工作,促进监督检查成果的运用,提高监督质量。制定监督检查作业标准,改进工作方式方法,探索建立监督检查工作质量评价体系和激励约束机制。三是建立健全重大投资决策失误责任追究制度,完善重大投资报告制度和重大投资后评价制度。四是建立健全国有资产基础管理的相关制度,做好清产核资的后续工作。明年我们要组织力量对中央企业的清产核资工作进行抽查,同时对中央企业的不良资产进行分类分项分析,总结经验教训,建立相关制度,防止新的不良资产产生。为保证中央企业财务会计的可靠真实,我们考虑确定一批国内外著名的信誉好的会计师事务所来检查和核实中央企业的财务报表。五是进一步开展中央企业效能监察工作。继续抓住工程建设、物资采购、财务管理、产品销售、产权交易等关键环节,有针对性地组织实施效能监察,把效能监察与加强和改善企业经营管理更好地结合起来。要积极推行企业法律顾问制度,推动重点企业加快建立总法律顾问制度,引导中央企业建立健全法律事务机构和加强法律顾问队伍建设。同时,我们还要进一步完善国资委的内部工作制度和程序,改进工作方式,提高办事效率。

(六)继续加强和改进中央企业党建工作

按照党中央的统一部署,组织中央企业开展保持共产党员先进性教育活动。认真贯彻落实党的十六届四中全会精神,做好《中央组织部、国务院国资委党委关于加强和改进中央企业党建工作意见》的贯彻落实工作。以思想政治建设和能力建设为重点,以建设"政治素质好、经营业绩好、团结协作好、作风形象好"的领导班子为目标,进一步加强中央企业领导班子建设。切实做好中央企业党风廉政建设工作,进一步落实党风廉政建设责任制,加快建立健全与现代企业制度相适应的教育、制度、监督并重的惩治和预防腐败的体系和机制。对监管企业进行外部审计是出资人履行财务监督、实现管资产与管人、管事相结合的重要手段,也是党风廉政建设的重要方面。我们准备从经济责任审计入手,从建章立制进行试点起步,逐步加强对中央企业的审计工作。这项工作要与监事会工作、纪委监察等有关厅局的工作密切配合,促进中央企业的改革和发展。

四、明年中央企业改革和发展的主要任务

明年中央企业改革发展的任务都很重,要围绕增强可持续发展能力,加大改革力度,加快调整步伐,开拓创新,扎实工作,为实现国民经济平稳较快增长和社会全面进步作出新的贡献。重点要做好以下工作。

(一)加快体制创新,进一步转换经营机制

明年中央企业在加快股份制改革和建立健全董事会方面要迈出新的重要步伐。要积极吸引战略投资者,吸引有实力有信誉的民营企业,加快实现投资主体多元化。进行国有独资公司建立和完善董事会试点的中央企业要抓紧做好各项准备工作,形成权力机构、决策机构、监督机构和经营管理者之间的制衡机制。没有列入试点的中央企业也要研究下属企业特别是全资企业公司治理结构的完善。要继续推进企业内部三项制度改革,进一步引入竞争机制,中央企业的二级、三级企业能够通过公开招聘选拔任用经营管理者的都要积极实行这项制度,还可以采取内部竞聘上岗、人才市场选聘等多种方式拓宽选人用人的视野和范围,使各类优秀人才能够脱颖而出,为各方面优秀人才到中央企业施展才华提供机会。公开选聘经营管理者,既要论能力、重业绩、听公论,也要看经历,要注意使

选聘人员的工作经历与拟聘岗位的要求相适应。在加快体制机制创新的同时,中央企业要更加注重规范改制,严格执行《关于规范国有企业改制工作的意见》和《企业国有产权转让管理暂行办法》,中央企业的产权交易都要进入北京市、上海市、天津市三个产权交易机构进行公开交易。明年我们将组织力量,对中央企业规范改制和产权转让情况进行检查;认真总结各地好的做法和经验,完善国有企业改制和产权转让的有关规定。

(二)转变增长方式,提高可持续发展能力

抓紧做好“十一五”规划和2020年远景目标的制定工作是明年经济工作的一项重要任务。中央企业都要配合这项工作,抓紧完善和制定企业中长期发展战略规划,按照树立和落实科学发展观的要求,瞄准和追赶国际同行业先进水平,进一步明确企业调整和发展的方向,突出主营业务,加快技术进步,优化产品结构,节约能源资源,提高质量效益,走新型工业化道路,增强可持续发展能力。我们将加强对企业战略规划的管理,与中央企业共同努力,使中长期发展战略规划更具科学性、前瞻性和实用性,并监督企业实施发展战略和规划。要把提高企业自主创新能力放在突出位置,健全技术研究和开发体系,加大技术开发投入,充分发挥人才在科技创新中的关键作用,更好地利用国外先进技术资源,与跨国公司进行多种形式的技术开发和合作,有条件的中央企业要与跨国公司积极共建研发中心和先进生产制造基地,把先进技术引进和消化吸收创新更好地结合起来,加快研究开发成果的工程化、产业化的步伐,努力形成一批具有自主知识产权的关键技术和知名品牌,增强核心竞争能力,明年在这方面要力争取得实实在在的成效。要进一步实施“走出去”战略,积极参与国际经济技术交流和合作,在缓解我国能源资源约束矛盾方面更好地发挥作用。需要强调的是,目前中央企业在“走出去”方面也存在着相互竞争,甚至竞相降价争夺资源、争夺市场的问题。中央企业要加强沟通与协调,形成合力,探索参与国际竞争的多种合作方式和途径,避免无序竞争、恶性竞争,提高参与国际竞争的整体能力和水平。要注重企业社会责任,强化资源节约意识,率先创建资源节约型企业。不久前,中石油、鞍钢、上海宝钢、中国铝业、华能集团和一汽集团发出了在中央企业开展创建资源节约型企业的倡议,中央企业都要积极响应这一倡议,尽快行动起来,努力在节约资源能源、向管理要效益方面做出表率。

(三)强化内部管理,不断提升企业管理水平

确立企业发展战略和加强企业管理,是做强做大企业的两个重要环节。明年中央企业在加强内部管理方面要力争迈出新的步伐。一是要继续清理三级以下的企业,缩短管理链条,优化组织结构,努力实现企业内部管理的扁平化,提高管理效率。二是加强风险管理。对从事股票、债券、期货、外汇、对外担保等高风险业务要从严控制。建立健全企业风险防范机制,建立和完善企业应急预警体系。三是要加强财务资金和成本管理。继续加强财务预算管理,对子企业的财务尽快实现集中统一管理;要严格控制管理成本和人工成本的过快增长,把降低成本、增加效益的责任落实到每个岗位和每个员工。中央企业都要严格执行国家有关财务会计管理的法律法规,严格执行财务预算、决算和国有资产保值增值结果确认等管理办法,规范企业财务会计制度,真实反映企业经营成果。四是进一步推进企业信息化建设。在缩短管理链条、再造业务流程的基础上、进一步提高企业信息化管理水平。五是进一步搞好企业法律顾问制度建设。53户大型企业都要加快建立总法律顾问制度,其他中央企业都要加强企业法律队伍的建设;要搞好普法工作,进一步提高依法经营的能力和水平。中央企业都要高度重视和切实做好知识产权保护工作,完善内部管理制度,提高企业知识产权保护水平。六是要进一步加强产权管理。要强化产权意识,树立产权观念,理顺产权关系,加强产权管理的各项基础工作。

(四)抓住有利时机,抓紧处理历史遗留问题

明年是实行主辅分离辅业改制优惠政策的最后一年。中央企业要抓紧做好有关工作,已经上报方案并获批准的企业要抓紧实施,尚未上报方案的企业要抓紧制订工作方案,尽快上报审批。中央企业分离办社会职能工作明年要全面展开，中央已经下决心解决这一问题，财政部十分重视和支持这项工作，设立了专项资金。中央企业要抓住机遇，抓紧工作，尽快把人员、资产、账目等情况搞清楚，在此基础上制订方案，并做好与地方政府的沟通与衔接，争取尽快进入实质性操作阶段。这两年相当一部分中央企业实现利润有较大增长，要在企业财务允许范围内，该提留的提足，该投入的投够，该积累的积累，同时着眼于企业的长远发展，抓紧解决历史遗留问题，把企业财务做实，进一步夯实企业可持续发展的基础。

(五)提升工作水平，切实加强企业党建和企业文化建设

加强和改进中央企业党建工作，既是中央企业明年的一项重要工作，也是一项长期任务。中央企业都要认真贯彻党的十六届四中全会精神和中组部、国资委党委《关于加强和改进中央企业党建工作的意见》，结合保持共产党员先进性教育活动，加强和改进企业党的建设，适应现代企业制度的要求，继续探索企业党组织发挥政治核心作用的途径和机制。企业董事会和经理班子要支持企业党组织做好党建工作，领导人员要坚持“一岗双责”，企业改革改组和调整要做到新建经济组织的同时建立党组织，调整经营管理组织的同时调整党组织的设置，配备经营管理人员的同时配备党务工作人员。要努力提高党务工作人员的素质和能力水平，加快培养复合型的思想政治工作者队伍，创新思想政治工作方法。要从培育和增强企业核心竞争力的高度，进一步认识搞好企业文化建设的重要性，积极推进学习型企业、学习型员工队伍建设，努力提高职工的思想道德素质和科学文化素质，进一步建设具有时代气息、健康向上、各具特色的企业文化。

同志们，明年改革发展稳定的任务十分繁重。我们要牢记肩负的使命和职责，在以胡锦涛同志为总书记的党中央领导下，以邓小平理论和“三个代表”重要思想为指导，认真贯彻落实党的十六大、十六届三中、四中全会和中央经济工作会议精神，抓住机遇，开拓创新，锐意进取，扎实工作，在提高中央企业可持续发展能力方面迈出重要步伐，在中央企业改革和发展方面取得更大成绩，为我国经济的平稳较快发展和社会的全面进步作出新的贡献！

2005

CHINA'S STATE-OWNED ASSETS SUPERVISION AND ADMINISTRATION YEARBOOK

中国国有资产监督管理年鉴

国有资产监督与管理概况

第二篇

国有资产监督管理体制和国有企业改革综述

2004年是国有资产管理体制改革全面推进的一年。一年来，各地认真贯彻落实党中央、国务院关于完善国有资产管理体制的决策和部署，先后实施了政府机构改革，组建了国有资产监管机构。国务院国资委和地方国资委扎实起步，积极探索，努力实践，国有资产管理体制改革和国有企业改革取得明显进展。

一、国有资产监督管理体制框架基本建立

国有资产监管机构组建工作顺利。截至2004年6月，全国31个省级和新疆生产建设兵团国有资产监管机构完成组建工作；截至2004年12月底，全国448个市(地)中有203个成立了国有资产监督管理机构，占45.3%，其中单独设立国资委的有176个，河北省11个市(地)全部单独设立了国资委。适应国有资产管理体制的变革，北京市、上海市、广东省、重庆市等一些省区市对国有资产经营机构进行了改革和调整，在探索国有资产监管和经营的有效形式方面进行了有益的实践。法规体系建设取得可喜进展。国务院国资委围绕贯彻《企业国有资产监督管理暂行条例》，研究制定了规范国企改制、产权转让、业绩考核、清产核资、统计评价、财务监督、薪酬分配等32个配套规章和规范性文件；各省级国资委也结合实际，制定了一系列国有资产监管的地方性法规规章。目前，53家大型中央企业已经有23家建立了总法律顾问制度，53%的中央企业设置了法律事务机构。河北省、辽宁省、黑龙江省、上海市、江西省、湖北省、湖南省、重庆市等省区市国资委在省级国有重点骨干企业开展了总法律顾问试点。

二、国有资产经营责任进一步落实

国务院国资委与所监管的中央企业全部签订了2004年度经营业绩责任书，同时启动了任期经营业绩考核工作，已与第一批30家中央企业签订了2005年度和2004～2006年任期经营业绩责任书。各级国资委也逐步建立经营业绩考核体系。与经营业绩考核相配套，国务院国资委和各地国资委对所监管企业负责人的薪酬进行了规范，促进了国有企业负责人激励约束机制的建立。国有资本经营预算工作开始起步。贯彻落实十六届三中全会精神，2004年国务院组织有关力量对建立国有资本经营预算制度进行了调查研究，初步提出了工作设想。一些地方在建立国有资本经营预算制度方面也进行了探索，北京市、天津市、吉林省、湖南省、贵州省等省区市国资委专门设立了国有资本经营预算处。北京市、安徽省、海南省、云南省、深圳市等省区市着手开展国有资本收益收缴工作，为在全国建立国有资本经营预算制度探索了路子。

三、国有资产监管进一步加强

2004年，向中央企业派出的监事会提交了163份监督检查报告及部分专项报告，及时反映了中央企业在投资融资、重组改制、清产核资、产权转让等活动中涉及国有资产安全及影响企业发展的重大问题，为加强中央企业监管、改进企业管理提供了大量第一手材料。在坚持不参与、不干预企业经营决策和经营管理活动的前提下，就检查出的需由企业自行纠正的问题，适度扩大了与企业交换意见的范围，进一步提高了监督检查的效能。国务院国资委还初步建立了监督检查成果的运用机制，研究提出了《国有企业监事会暂行条例》的修订意见。各地也普遍加强了监事会工作，28个省区市国资委单独设立了监事会工作处，其他省区市也都设立了相应的工作机构，并向所监管企业开始派出监事。一些省区市国资委还开始探索监事会监督和其他监督相结合的途径和方式。监事会已成为加强国有资产监管的重要力量。2004年，国务院国资委和各地国资委相继开展了清产核资工作。各地在清产核资工作中探索了不少好的做法和形式，吉林省公开选聘省内实力较强的28家中介机构进驻企业，福建省对参与清产核资的中介机构委托产权交

易中心通过招投标进行选择。围绕加强企业财务监督，国务院国资委制定了企业财务决算管理、国有资产管理等办法，建立了企业预决算管理、会计核算监督、中介审计监督、财务动态监测等工作制度。各地也普遍加强了财务监督和统计评价工作，开展了本地区国有企业国有资产运营状况统计和监管企业财务决算管理。各地还普遍加强了国有资产产权界定、登记、划转、转让、处置、资产评估及产权纠纷调处等工作。

四、股份制改革和现代企业制度建设继续推进

全国2903家国有及国有控股大型骨干企业已有1464家改制为多元股东持股的公司制企业，改制面为50.4%。目前，国有控股的境内外上市公司1000余家，其国有权益和实现利润分别约占全国国有及国有控股企业的17%和46%左右。国有控股的上市公司已经成为国有经济的骨干力量。在积极推进股份制改革的同时，国务院国资委选择了7家国有独资的中央企业进行了建立和完善董事会的试点工作。各地在建立现代企业制度方面也取得了新的进展。国有企业内部劳动、人事、分配三项制度改革进一步推进。1998年至2004年，全国累计下岗职工2818万人，其中进中心2400多万人，累计出中心2200多万人，出中心的下岗职工通过各种渠道实现再就业的1800多万人。

五、国有企业的战略性改组力度加大

截至2004年底，国务院国资委已完成了39户中央企业的重组，中央企业的资产质量、运行效率和盈利能力都有了很大的提高。各地国资委围绕地方经济和社会发展的总体规划和战略定位，加大了国有企业重组和调整的力度。一些省、区、市都组建了具有较强竞争力的大公司大企业集团，国有经济的控制力、影响力和带动力进一步增强。国有中小企业改革进一步深化。目前，大部分省区市国有中小企业改制面已达80%以上。通过改制，地方国有中小企业普遍实现了产权多元化，企业转变了机制，职工转换了身份，经济效益明显提高。为推进国有企业重组和调整，各地普遍加大了财政支持力度。江苏省、贵州省、云南省等不少省区市都建立了国有企业改革发展专项资金，吉林省、广东省等省区市还把该项资金与建立国有资本经营预算制度结合起来统筹实施。关闭破产工作继续推进，截至2004年底，全国安排政策性破产项目3484个，核销银行呆坏账准备金2370亿元，涉及职工667万人，消除企业亏损1529亿元。全国已有一半以上需要退出市场的国有大中型特困企业和资源枯竭矿山实施了关闭破产，一些沿海地区长期积累的需退出市场的企业绝大多数已经关闭破产。北京市、上海市、江苏省、浙江省、福建省等5个省市已经停止实施政策性破产，全面转向依法破产。

六、规范国有企业改制和国有产权交易取得积极成效

2004年，各地认真贯彻国务院办公厅转发的国务院国资委《关于规范国有企业改制工作的意见》（简称96号文）和国资委、财政部共同下发的《企业国有产权转让管理暂行办法》（简称3号令），针对本地区国有企业改制和国有产权交易中存在的问题，制定了一系列推进国有企业规范改制、促进国有产权有序流转的制度规定和政策措施。2004年下半年，在各地自查自纠的基础上，国务院国资委与财政部、监察部、国家工商总局联合对21个省区市国有企业改制和国有产权交易的情况进行了调研督查。从检查的情况看，两个文件的下发和一系列工作措施的落实，进一步规范了国有企业改制和国有产权转让交易，制止和纠正了一些不规范的做法，在防止国有资产流失、维护职工合法权益方面取得了积极成效。2004年，各地还普遍加强了产权交易机构的建设。北京市、上海市等省区市调整和优化了产权交易机构，加强了产权交易机构之间的协作与联系，涌现出了一些区域性产权交易机构。国有产权进场交易量明显增加，据各地提供的数据，2004年以来转让企业国有产权3599宗，其中进场交易3055宗，进场交易率为85%，其中，上海市为100%，广东省为

96%，北京市为90%，四川省为87.4%，江西省为87%。转让国有产权的价格比资产评估值都有较大幅度增加。

七、分离企业办社会职能和主辅分离辅业改制工作稳步推进

国有企业分离企业办社会职能工作在各地党委、政府和财政等有关部门的支持下不断推进。中央企业分离企业办社会职能工作迈出重大步伐，中石油、中石化、东风汽车三大集团分离办社会试点基本完成，已与地方政府就机构、人员及资产的移交达成协议，移交工作在紧张有序地进行，将有854个中小学和公检法机构、9.4万名职工(含离退休教师)从企业中分离，每年为企业减轻负担40多亿元。地方国有企业分离办社会职能工作也有较大进展，沿海发达地区分离步伐加快，中西部地区、东北地区也在不断加大工作力度。河北省省属国有企业办社会职能已全面完成分离移交工作，涉及各类中小学校、医院、公安机构252个，人员31157人。主辅分离辅业改制工作进展顺利，截至2004年10月底，各地和中央企业实施主辅分离的国有大中型企业818家，涉及改制企业4572家，涉及富余人员100万人。

2004年，随着国有企业改革和国有资产管理体制改革的深化，国有资产规模进一步扩大，国有企业实力进一步增强。

一是国有资产总额较大幅度增加。据财务决算统计，截至2004年底，全国13.8万户国有及国有控股企业资产总额22.31万亿元，比上年增长13.2%，增幅比上年提高了3.8个百分点；净资产总额9.34万亿元，比上年增长11.6%。国务院国资委履行出资人职责的184家中央企业资产总额9.15万亿元，增长9.9%；净资产总额3.93万亿元，比上年增长9.3%。11.6万户地方国有企业资产总额12.39万亿元，比上年增长12.5%；净资产总额4.15万亿元，比上年增长14.1%。

二是经济效益创历史新高。2004年，国有及国有控股企业实现销售收入12.33万亿元，比上年增长14.8%；实现利润7525.4亿元，比上年增长52%。中央企业实现销售收入55997亿元，比上年增长26.6%；实现利润4879.7亿元，比上年增长61.9%。利润总额上百亿元的企业有8家，其中4家企业利润达到300亿元以上，绝大多数企业利润实现了大幅增长。地方国有企业实现销售收入54440.9亿元，比上年增长3.8%，实现利润1713.8亿元，比上年增长28.9%；上交税金3431.8亿元，比上年增长14.3%。

三是国有企业盈利能力进一步提高。2004年国有企业平均净资产收益率4.9%，比上年提高1.7个百分点；总资产报酬率4.7%，比上年提高0.8个百分点。中央企业平均净资产收益率达到8.5%，比上年提高3.5个百分点；平均总资产报酬率为6.8%，比上年增加1.8个百分点；国有资本保值增率达到9.3%，比全部国有企业的平均水平高3.9个百分点。地方国有企业平均净资产收益率为1.5%，比上年增加0.2个百分点，平均总资产报酬率为2.5%，与上年持平。

四是国有企业社会贡献进一步加大。2004年国有企业实际上交税金10107.2亿元，比上年增长24.7%，占全国税收收入的39.3%。中央企业上缴税金4285.6亿元，比上年增长27%，约占全国税收收入的1/6。地方国有企业上交税金总额3431.8亿元，比上年增长14.3%，约占全国税收收入的13.2%。

(撰稿人：侯　洁)

国有经济布局和结构调整与中央企业规划发展

一、推进国有经济布局和结构调整

2004年，在广泛调查研究的基础上，重点研究并起草了《关于中央企业国有经济布局和结构调整若干重大问题的思考》(以下简称《思考》)，《思考》作为中央企业国有经济布局与结构调整指导意见的重要前期工作，对中央企业国有经济布局和结构调整的重大理论和实践问题进行了积极有益的探索。首先是通过对科学发展观的认识和把握，重点阐述了国有经济

的社会属性和经济属性的对立统一关系，揭示了国有经济布局优化与国有经济结构调整的不同内涵。其次是研究提出了中央企业国有经济布局和结构调整的总体思路，明确了“五个优化”和“四个集中”的工作指导思想。“五个优化”即优化国有经济在国民经济行业上的分布、优化国有经济在我国区域间的分布、优化国有经济在产业内部的分布、优化国有经济在企业业务领域的分布、优化国有经济在企业内部的分布；“四个集中”即中央企业国有资本要向关系国家安全和国民经济命脉的重要行业和关键领域集中；向技术先进、结构合理、机制灵活、核心竞争力强的大公司大企业集团集中；向国有经济仍有竞争优势的行业集中；向中央企业主业集中等“四个集中”的总体思路。

《思考》从战略和全局的高度明确了中央企业国有经济布局和结构的战略性调整的指导思想、目标、原则、方向、重点和途径，为我委研究制定《中央企业国有经济布局和结构的战略性调整的指导意见》作好了前期准备。

为把中央企业国有经济布局与结构调整落到实处，重点选择了石油石化、冶金、机械装备、汽车、电信、煤炭、商贸、交通运输、建筑业和投资业等 21 个行业，开展深入研究，提出上述行业的中央企业调整、重组思路。

二、加强企业发展战略和规划管理

在 2003 年工作的基础上，根据《中华人民共和国公司法》、《企业国有资产监督管理暂行条例》研究制定并完成了《中央企业发展战略和规划管理办法（试行）》。该办法按照委立法程序通过审查，以国务院国有资产监督管理委员会第 10 号令的形式发布，并于 2005 年 1 月 1 日起实施。依据规划管理办法，中央企业按照要求做好企业的发展战略和规划，国资委组织专家对企业的发展战略和规划进行审核。

从总体上看，中央企业国有资本主要集中于关系国家安全和国民经济命脉的重要行业和关键领域，国有经济控制力较强，布局基本趋于合理。但也存在一些问题：

1. 在企业层面上，中央企业在行业上的分布仍然过宽，在关系国家安全和国民经济命脉的重要行业和关键领域以外的企业数量过多，企业经营规模小，调整重组的任务重。如商贸、交通运输、投资、农业企业等数量占中央企业数量的 36%，但资产仅占中央企业的 12%。

2. 有相当一批企业经营业务过多，近一半的企业存在四个或四个以上的经营业务，不少企业主业或经营业务之间缺乏必然的联系，经营范围过宽，核心竞争力不强。

3. 部分企业至今从事的主业方向不明确，集团内企业不存在任何业务关联，调整重组的任务也很重。

4. 企业内部结构趋同，重复投资、重复建设的现象时有发生，使得同一业务领域存在多个竞争主体，市场竞争格局很不合理。如房地产业，目前中央三级以上企业有 516 家企业经营房地产业，这种行业布局显然不合理。

5. 在当前新一轮企业收购热潮中，部分企业明显超出了原来主业范围，投资风险加大。

结合企业发展规划的管理，根据中央企业存在的行业分布面过宽、企业盲目扩张、主业不够突出、资源配置不合理、核心竞争力不强的矛盾和问题，为向社会公众传递明确的投资信息，正确引导中央企业的投资方向和社会资源的配置，严格控制非主业投资，集中有限资源投入到关系国家安全和国民经济命脉的重要行业和关键领域，培育大公司大企业集团，2004 年先行确认并首批公布了 49 家关系国家安全和国民经济命脉的重要行业和关键领域的企业主业。通过确认企业一定时期的主业，加强对中央企业发展战略和规划以及企业重大投资活动的监管，推进中央企业结构的战略性调整，优化国有经济布局，增强中央企业的控制力、影响力和带动力。

三、企业投资管理

为依法履行出资人职责，规范中央企业投资管理工作，提高中央企业投资决策的科学性和民主性，有效防范投资风险，正在抓紧研究制定《中央企业投资监督管理暂行办法》。随着规划发展工作的深入开展，对中央企业投资的监管思路不断进行调整，明确了充分尊重企业的投资主体的权责地位,确定了对企业投资监管的范围为企业最主要、最常见的投资活动,监管的重点是督促与监督企业建立和完善其内部投资管理制度,并要求企业严格履行投资决策程序。

国资委对企业投资活动实行分类管理,对企业大量发生的主业投资活动进行备案管理,鼓励企业将资金集中投向主业发展;对存在问题较多的非主业投资活动进行审核管理,以便对偏离主业的盲目投资活动进行有效控制。

国资委对中央企业投资活动监管的主要目的是了解掌握企业投资总体情况,在此基础上及时发现和掌握企业大量投资活动中出现的共性和倾向性的问题并提出指导性意见,通过对企业投资活动的事前、事中和事后的全过程的监管,引导企业规避投资风险,实现国有资产的保值增值。

四、中央企业投资情况

2004 年中央企业计划投资 8522.6 亿元,完成固定资产投资 8098.1 亿元,比上年增长 7.8%,低于全国平均增长水平。

在 2004 年完成投资额中,用于主业投资 7818.8 亿元,占投资总额的 96.6%;新开工项目投资 3631.5 亿元,占 44.8%;到位资金 7797.5 亿元,其中自有资金 4669.5 亿元,占到位资金总额的 59.9%,贷款金额 2663.5 亿元,占 34.2%,与 2003 年相比,自有资金比例降低了 5.6%。

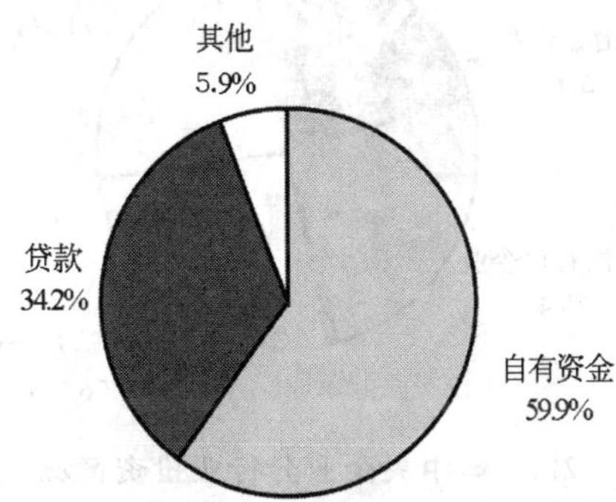

2004 年中央企业投资来源构成比例

2003～2004 年中央企业分行业完成投资情况

单位:亿元、%

	2003 年完成额	所占比重	2004 年计划额	2004 年完成额	所占比重	比上年增长
汇总	7514.6		8522.6	8098.1		7.8
储备企业	301.2	4.0	0.4	7.1	0.1	-97.6
电力企业	1663.1	22.1	2156.5	1966.7	24.3	18.3
电信运营企业	2149.0	28.6	2333.2	2112.3	26.1	-1.7
航空运输企业	42.4	0.6	92.4	55.3	0.7	30.4
石油石化企业	1787.6	23.8	2045.7	2056.6	25.4	15.0
冶金企业	311.3	4.1	408.4	453.8	5.6	45.8
机械企业	41.4	0.6	51.7	43.5	0.5	5.1
汽车企业	79.2	1.1	78.9	125.2	1.5	58.1
电子信息制造企业	28.8	0.4	55.8	42.9	0.5	49.0
商贸企业	253.3	3.4	47.7	36.6	0.5	-85.6
交通运输企业	112.2	1.5	151.0	136.5	1.7	21.7
其他企业	744.7	9.9	1100.9	1061.6	13.1	42.6

从分行业投资情况看,投资主要集中在电力企业(占24.3%)、电信运营企业(占26.1%)和石油石化企业(占25.4%),3类企业完成投资额占中央企业投资总额的75.8%,加上冶金企业(占5.6%)和汽车企业(占1.5%),6类企业投资额占82.9%。

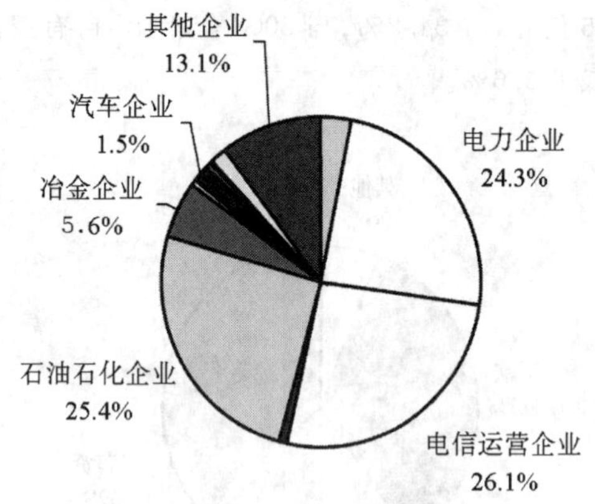

2004年中央企业分行业投资情况

在上述六大行业中,石油石化、通信和冶金企业在投资额中自有资金比重较高,分别为71.7%、88.0%和67.0%;电力和军工企业自有资金比重偏低,分别为25.8%和28.5%。

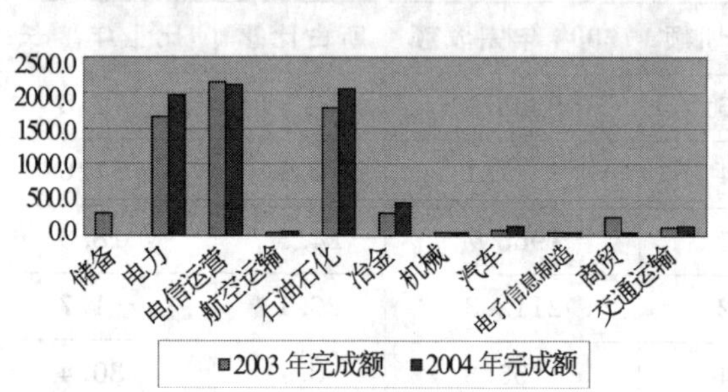

就投资增速而言,增长最快的是汽车工业,比2003年增长58.1%;其次是电子信息制造工业和冶金工业,分别增长了49.0%和45.8%;增长较快的还有航空运输业和交通运输业,分别增长了30.4%和21.7%。

(撰稿人:白　英　陈　鸿)

国有经济及中央企业经济运行状况综述

2004年,国有企业坚持以邓小平理论和“三个代表”重要思想为指导,深入贯彻党的十六大和十六届三中、四中全会精神,牢固树立和落实科学发展观,积极贯彻国家宏观调控政策措施,紧紧围绕深化国有资产管理体制改革和国有企业改革的各项部署,加快结构调整,大力开拓市场,生产经营实现大幅度增长,经济运行质量显著提高。

一、国有经济实现快速增长,运行质量显著提高

截至2004年底,全国国有及国有控股企业(不包括金融企业)13.8万户,比上年末减少1.2万户;资产总额22.3万亿元,比年初增长12.8%;国有资本及权益总额7.61万亿元,比年初增长11.8%。

生产经营实现快速增长。2004年,国有及国有控股企业实现主营业务收入12.3万亿元,同比增长24.7%,增幅比上年提高4.1个百分点;实现利润7525.4亿元,增长57%。其中,国有及国有控股工业企业实现利润5311.9亿元,增长42.5%,石油石化、冶金、煤炭、电力等工业企业盈利增加较多。石油和天然气开采业实现利润196.7亿元,增长115.6%;石油加工、炼焦及核燃料加工业实现利润1647.1亿元,增长41.6%;化学原料及化学制品制造业实现利润201亿元,增长188.4%;黑色金属和有色金属冶炼及压延加工业实现利润898.8亿元,增长80.4%;电力供应业实现利润113.9亿元,增长112.8%。

运行质量进一步提高。2004年,国有及国有控股企业盈利面达到51%,比上年提高0.6个百分点;总资产报酬率达到4.7%,比上年提高0.8个百分点;净资产收益率达到4.9%,比上年提高1.7个百分点。在工业企业中,亏损企业亏损额669.48亿元,仅增长

7.6%；应收账款净额6851.6亿元，增长3.35%，增幅下降1.3个百分点；产品销售费用增长11.7%，下降8.7个百分点；管理费用增长12.6%，下降1.7个百分点。

从2003年下半年开始，针对我国经济中出现的一些不稳定和不健康因素，党中央、国务院按照“果断有力，适时适度，区别对待，注重实效”的原则，陆续采取了一系列有针对性的调控措施。特别是2004年“两会”以后，进一步加大了宏观调控的力度，整个经济运行中的一些不稳定、不健康因素得到初步抑制。农业特别是粮食生产形势出现重要转机，固定资产投资过快增长的势头得到初步遏制，货币信贷增势减缓，土地市场治理整顿取得重要进展。各项宏观调控政策在较短时间内取得明显效果，国有企业发挥了重要作用，为促进国民经济持续快速健康协调发展作出了积极贡献。

二、中央企业的影响力、带动力进一步增强

2004年，中央企业经济运行呈现出生产经营快速增长、实现利润大幅提高、企业规模实力和市场竞争能力明显增强的良好态势。

（一）经济运行的主要成绩

1. 主要产品产量再创历史新高。2004年，中央企业国内生产原油17611万吨，比上年增长3.5%，占全国的比重达到100%；生产原煤18784.4万吨，增长17.3%，占全国的11%；发电量完成9831.1亿千瓦时，增长14.9%，占全国的39.4%；生产钢材4539.7万吨，增长13.5%，占全国的17.9%；完成水运货物周转量18811亿吨海里，增长25.1%，占全国的89.4%；完成民航运输总周转量190亿吨公里，占全国的81.8%。

2. 盈利水平创历史新纪录。2004年，中央企业净资产收益率达到8.9%，提高2.9个百分点。国有资本保值增值率达到9.3%，比全部国有企业的平均水平高3.9个百分点。全年实现利润4784.6亿元，比上年增长57.6%。利润总额上百亿元的企业有8家，其中4家企业利润达到300亿元以上，绝大多数企业利润实现了大幅增长。

3. 企业规模实力迈上新的台阶。2004年底，中央企业总资产达到91948.1亿元，比上年底增长12.3%；总负债52485.3亿元，增长12.6%；净资产39462.8亿元，增长11.8%。

全年实现销售收入55497.7亿元，比上年增长25.8%；人均销售收入54.7万元，增长27.2%。销售收入超过千亿元的企业有10家，其中销售收入超过5000亿元企业有3家。根据2005年7月《财富》杂志评选的2004年世界500强企业排名，中国入选企业18家，其中内地企业15家。在15家内地企业中，10家中央企业入选，比上年增加2家。中国石油化工集团公司（第31位）、国家电网公司（第40位）、中国石油天然气集团公司（第46位）入围前50名；中国南方电网有限责任公司和中国第一汽车集团公司成为新入选的企业，分列第316位和第448位；中国移动通信集团公司、中国电信集团公司、中国中化集团公司、上海宝钢集团公司、中国粮油食品（集团）有限公司继续入选。

4. 机电制造规模和工艺跃上新的水平。2004年，中央企业汽车产量达到241.9万辆，比上年增长16.1%，占全国产量的46.5%。其中中国第一汽车集团公司产销突破百万辆。

发电设备生产突破3721万千瓦，约占全国发电设备总量的46%，其中国产首台60万千瓦超临界燃煤机组正式投入生产。

集成电路生产工艺水平达到0.18微米。生产集成电路20.4亿块，比上年增长118.5%。

5. 国家重点项目建设取得丰硕成果。据初步统计，全年完成固定资产投资8098.1亿元，比上年增长7.8%。全长4000公里的西气东输项目全线实现商业运营。全国除西北电网外，东北、华北、华中、华东与南方五大电网均已实现互联。青藏铁路格尔木至拉萨段土石方工程已接近完成。

6. 对外贸易和技术合作开辟了新的局面。全年实现出口交货值1280.6亿元，比上年增长28.2%。石油、粮食、矿产量进口稳定增加，为缓解国内市场供求矛盾作出了贡献。

7. 国防科技工业发展取得重大进展。军工企业大力实施“强化基础、提高能力、军民结合、跨越发展”战略。在按期高质量地全面完成国家武器装备研制任务的同时，核电建设、民用航天、民用飞机、船舶制

造和军工支柱民品等产业都取得了重大成果。首次一年8次成功发射长征运载火箭。

8. 对经济和社会发展的贡献增加。全年社会贡献总额16644.5亿元,比上年增长21.7%,其中上缴税金4285.6亿元,比上年增长27%,约占全国税收收入的1/6。

(二)经济运行的主要特点

1. 千方百计扩大煤电油运供给,为缓解宏观经济运行中的突出矛盾作出了积极贡献。煤炭企业在确保安全生产的前提下,充分挖掘现有生产能力,大力发挥产运销经营优势,全年销售原煤24058.2万吨,比上年增长22.4%,其中:电煤10784万吨,占总销量的44.8%。电力企业克服电煤紧张、上游来水偏少、自然灾害等不利情况,科学调度,合理安排机组检修,充分发挥现有设施能力,强化电力需求侧管理,经受住了用电高峰的严峻考验,保证了生活、生产正常用电。全年售电量完成17369.8亿千瓦时,增长15.4%;跨区输电量完成652.6亿千瓦时,增长88.4%。石油石化企业适应市场需求旺盛的形势,开足马力满负荷生产,努力增加成品油和化肥的供应量。国内加工原油25218.3万吨,增长13.4%;销售成品油15889.2万吨,增长20.2%。水运企业以国家利益为重,加大了沿海能源运输的运力投入。完成原煤运输19598万吨,增长19.1%。

2. 推进结构调整与技术创新,企业可持续发展能力和核心竞争力得到增强。一是紧紧围绕主业,调整和优化投资结构。石油石化企业坚持突出发展油气勘探主营业务,保证油气资源接替和储备。全年新增探明石油地质储量6.5亿吨、天然气储量4973亿立方米;新建原油生产能力1300万吨、天然气生产能力116亿立方米。煤炭企业引进先进技术,合理配置井下生产系统和地面实施配套系统,新增原煤生产能力3460万吨。电力企业加快项目建设进度,新增投产发电规模1583万千瓦。钢铁企业完成投资333亿元,其中96%以上的投资符合产业政策,投资的重点集中在优化产品结构、改进工艺、提高产品质量和扩大综合配套能力等方面。上海宝钢集团公司成为国内首家年钢产量突破2000万吨的钢铁企业。中国海运(集团)总公司通过实施反周期运作,集装箱船队规模进入世界前十位。

二是优化产品结构,扩大高附加值、高技术含量的产品产量和市场份额。钢铁企业生产板材(包括中厚板、热轧、冷轧薄板)1987.8万吨,比上年增长18.9%,约占全国板材产量的40%。汽车企业增加适销对路载货车产品的生产、投放,扩大了卡车市场份额。全年商用载货车生产量和销售量为63.6万辆和64.0万辆,分别增长16.9%和18.2%。

三是加快企业结构调整,进一步优化资源配置。中央企业进一步加大了改革改制、结构调整的工作力度,企业活力和经营效率显著增强。中国海运(集团)总公司所属中海集装箱运输股份有限公司(H股)等5家企业已先后在境外上市。中国移动通信集团公司等3家企业实现了主营业务资产整体上市。据不完全统计,截至2004年底,中央企业控股的上市公司企业户数和股本总额分别占全部境内上市公司的12.2%和全部境内上市公司股本总额的33.3%。中国石油天然气集团公司等3家企业积极进行分离办社会职能试点,企业整体素质和质量得到提高。中国化工集团公司等17家企业完成了联合重组,实现了企业资源优势互补,提高了核心竞争能力。

四是加大科技投入,提升自主创新能力。据不完全统计,18户科技型企业全年科技投入13.3亿元,比上年增长10.1%。28户科研、设计型企业荣获国家级奖励17项,其中:国家科技进步一等奖1项、二等奖8项;授权专利293项,其中:发明专利148项、使用新型专利138项,比上年均有大幅度提高。石油石化、钢铁和电力企业坚持抓住关键性技术难题,结合重大工程进行科研攻关,大力推进技术创新与科技进步,取得了一批重大科技成果。

3. 积极拓展两个市场和开发利用两种资源,企业参与国际市场竞争的能力进一步增强。一是加快实施"走出去、引进来"战略。石油石化、冶金企业把"利用两种资源,实现两种加工,开拓两个市场"作为企业战略转变的重大内容,进行了一系列大胆的实践。中国石油天然气集团公司全方位开拓利用海外油气资源,全年国外原油作业产量突破3000万吨,天然气作业产量达到35.5亿立方米,比上年分别增长20%和

84.5%。中国铝业公司的320千安电解铝技术出口到印度和哈萨克斯坦等国，结束了我国铝工业无技术输出的历史。上海贝尔阿尔卡特股份有限公司在激烈的竞争中，大力开拓国际市场，创造出口总额增长1倍、销售收入增长23.4%、实现利润增长67.1%的好成绩。建筑、建材和工程承包企业发挥比较优势，对外合作规模进一步扩大，拓展了企业发展空间。中国建筑工程总公司联合有关单位取得了上海环球金融中心总承包权，成为首个获得外资世界级摩天大楼独立总承包权的国内企业。中国路桥(集团)总公司签约印度尼西亚马都拉海峡大桥，合同金额约2亿美元。

二是积极推进战略合作伙伴关系的建立。中央企业本着"支持别人、发展自己、互利互惠、共同壮大"的原则，加强与上下游企业的协作，扩大了中央企业与中央企业之间的战略合作，打造强势战略供应链，适应市场变化的能力进一步增强。煤炭和电力企业、钢铁和运输企业、钢铁和汽车、船舶制造企业都已经建立和正在探讨建立战略合作伙伴关系。

4. 加强绩效管理和成本管理，企业运营效率和劳动生产效率得到提高。一是积极实践业绩考核办法和探索绩效考核机制创新。中央企业在完善经营业绩考核办法和普遍建立经营业绩考核工作体系的基础上，层层分解年度经营业绩考核目标，把考核指标完成结果与奖惩分配挂钩，建立了激励和约束相结合的经营业绩责任制。通过实施以绩效管理为核心的内部管理制度，企业经营业绩完成情况普遍较好，资产运营效率进一步提高。

二是加强节能降耗和严格控制各项费用，企业成本费用利润率总体水平和全员劳动生产率均有所提高。2004年中央企业成本费用利润率达到9.5%，上升2.1个百分点；全员劳动生产率每人15.5万元，提高3.1万元。钢铁、电力企业主要能耗指标持续下降。

三、经济运行中仍然存在一些突出矛盾和问题

(一)部分企业成本费用增长较快，少数行业利润出现下滑

2004年，国有企业包括中央企业成本费用增长较快，这当中既有市场环境发生变化的因素，也与政策调整和部分企业管理滑坡有一定关系。据统计，国有及国有控股工业企业产品销售成本增长27.3%，增幅高于产品销售收入增长1.3个百分点。中央企业中，成本费用增长率超过销售收入增长率的企业占185家的30.3%；机械、纺织等行业的经济效益出现不同程度滑坡，2家纺织企业实现利润下降了90.2%；14家机械企业实现利润下降10%。

(二)部分企业存货和应收账款占用资金继续增加

2004年底，国有及国有控股工业企业产成品3470.8亿元，增长18%。中央企业存货占用资金比上年底增长25.6%，占流动资产平均余额的22.6%。其中：存货增幅超过50%的中央企业共37家，占185家的20%。中央企业应收账款净额增长9.8%，应收账款净额占销售收入的比重超过30%的企业有19家；超过50%的企业有6家。应收账款增长较快的行业主要集中在电力、机械(汽车)等行业。

(三)风险管理应引起高度重视

2004年，部分企业由于内控机制存在严重缺陷，出现了重大违规事件，引起社会各界的广泛关注。如中国航空油料集团公司(新加坡)股份公司原主要负责人违规越权炒作指数期货业务，造成巨额亏损。此外，部分行业的经营风险也有所显现。据统计，2004年中央企业固定资产投资占销售收入的比例为15%，总体上尚属正常，但电力、电信企业固定资产投资占销售收入比重分别达到23.3%和42.2%，固定资产投资偏高的问题值得高度重视。

(四)建立安全生产长效机制面临艰巨的任务

据国家安全生产监督管理总局统计，2004年国有企业发生伤亡事故3412起，死亡16497人，同比减少922起和829人；中央企业共发生伤亡事故204起，死亡262人，同比减少99起和273人，分别下降32.7%和51%，但重大以上事故时有发生，安全生产仍然面临着艰巨的任务。主要表现在：一是随着改革的不断深入，企业隶属关系、产权结构、运行机制等都发生了深刻变化，企业对新形势下的安全生产工作还不能完全适应，内控机制和外部安全风险控制体系尚不健

全。二是随着新技术、新设备、新工艺的大量采用，对岗位职工的专业知识、操作技能都提出了更新、更高的要求。三是在高增长、高需求带动下，企业生产任务饱满，装置和设备处于高负荷、长周期运行状态，安全生产压力很大。四是国际环境发生较大变化，境外恐怖主义、局部战争或武装冲突带来的安全风险显现，尤其是针对中国人发生的袭击和绑架等恶性事件增加。

展望2005年，国家继续完善和加强宏观调控，实施稳健的财政政策和货币政策，经济运行环境总体上将继续保持良好的趋势，搞好国有经济和中央企业的经济运行存在不少有利条件，预计2005年中央企业销售收入将达到6.4万亿元以上，增长15%；实现利润5000亿元以上，增长10%。

（审稿人：李寿生　撰稿人：万　良）

企业国有资产监管法制建设

2004年是国务院国有资产监督管理委员会（以下简称国务院国资委）成立后依法履行国有资产出资人职责的第二年，也是加快建立国有资产监管体制框架的重要一年。根据党的十六大及十六届二中、三中、四中全会精神，国务院国资委积极推进企业国有资产监管法制建设，在立规矩、建机制、维权益、抓普法等方面做了大量开拓性工作，为依法履行国有资产出资人职责，依法加强企业国有资产监管，依法推进国有企业改革与发展，奠定了扎实的基础。

一、企业国有资产立法工作情况

（一）制定实施了7件规章和20多件规范性文件

为依法对中央企业履行出资人职责，加强企业国有资产监管，实现国有资产保值增值，2004年国务院国资委制定发布了《企业国有资产统计报告办法》（第4号令）、《中央企业财务决算报告管理办法》（第5号令）、《国有企业法律顾问管理办法》（第6号令）、《中央企业经济责任审计管理暂行办法》（第7号令）、《中央企业内部审计管理暂行办法》（第8号令）、《企业国有资本保值增值结果确认暂行办法》（第9号令）、《中央企业发展战略和规划管理暂行办法》（第10号令）以及《中央企业薪酬管理暂行办法》、《企业国有资产产权登记业务办理规则》、《关于中央企业建立和完善国有独资公司董事会试点工作的通知》等规章和规范性文件。同时，为规范国有企业改制和企业国有产权交易，防止国有资产流失，确保国有企业改革健康发展，2004年国务院国资委与财政部、监察部、国家工商总局联合对2003年发布的《企业国有产权转让管理暂行办法》和《关于规范国有企业改制工作的意见》的实施情况进行了调研督查，进一步加大了国有企业改制和企业国有产权转让的规范力度。

（二）重大法律法规起草工作取得积极进展

为深化国有资产管理体制改革，探索有效的国有资产经营体制和方式，2004年国务院国资委对《中央企业授权经营暂行办法》进行了全面调研和起草论证。为加强对中央企业重要子企业重大事项管理，对《中央企业重要子企业重大事项管理办法》进行了全面调研和起草论证。为坚持和完善监事会制度，加强和改进监事会工作，进一步发挥监事会的作用，研究提出了《国有企业监事会暂行条例》的修订意见。同时，根据全国人大和国务院要求，作为起草副组长单位或主要成员单位，积极参与《国有资产法》、《公司法》、《破产法》、《科技进步法》、《融资租赁法》、《物权法》等法律的起草或修订工作。其中，对《国有资产法》、《公司法》、《物权法》和《破产法》等法律起草中涉及的企业国有资产问题，进行了深入分析论证，提出了相应的立法研究报告。

（三）企业国有资产法规清理工作基本结束

2004年国务院国资委对涉及国有资产监管的法律法规规章和规范性文件进行了全面系统清理，共清理出需要“废、改、立”的法律文件84件，其中建议废止的18件，建议修改的38件，建议重新制定的28件，并对相关法规的废止、修改和重新制定工作做了相应安排。在此基础上，对现行有效的国有资产监管法律法规规章和规范性文件进行了系统整理和编排，出版了《国有资产监督管理政策法规汇编》。

此外，对涉及国有资产监管和国有企业改革与发展的大量法律办件进行了深入研究和协调办理。参与外交部牵头参加的《联合国国家及其财产司法管辖豁免国际公约》谈判及起草工作(该公约已于2004年11月9日经第59届联大会议通过)等。

二、企业法律风险防范机制建设情况

(一)以总法律顾问制度为核心的企业法律顾问制度建设迈上新台阶

2004年国务院国资委会同中组部、人事部等部门召开了国家重点企业总法律顾问制度试点工作总结会议，明确了在国有重点企业加快推进企业总法律顾问制度建设的总体目标，印发了《国有企业法律顾问管理办法》和《关于在国有重点企业加快推进企业总法律顾问制度建设的通知》。中央企业根据会议精神和国务院国资委要求，积极推行总法律顾问制度，更加注重依法维护自身权益，加强企业改制重组、合同管理、对外投资、对外担保等方面的法律风险防范机制建设。截至2004年年底，178户中央企业中，实行总法律顾问制度的企业已有32户；设立专门法律事务机构的企业已有105户，由年初的51.53%增加到59%；中央企业本部的法律事务工作人员已达647人，占集团管理人员的3%。其中53户中央企业中实行总法律顾问制度的企业由年初的14家增加到23家，占43.4%；其他中央企业有9家。中央企业全系统法律事务工作人员已达8700人；32家实行总法律顾问制度的中央企业共有法律事务工作人员4599人，占中央企业全系统的52.86%。2004年省级国资委企业法律顾问制度试点工作也开始启动，湖南省等六省市国资委开展了推进地方国有重点企业法律顾问制度建设的试点工作。企业法律顾问制度建设的进一步加强，使企业减少了不必要的经济纠纷案件，及时控制和防范了企业法律风险。

(二)积极协调中央企业法律纠纷案件取得成效

截至2004年年底，国务院国资委收到中央企业报请协调处理的法律纠纷案件141起，涉及中央企业130家，直接涉案金额达195亿元，间接涉案金额超过450亿元。经过国资委与企业的共同努力，妥善处理了这些案件，依法避免和挽回了大量经济损失。为进一步加强对中央企业法律案件纠纷调处工作的规范和协调，加强中央企业法律纠纷处理能力，研究起草了《中央企业重大法律纠纷管理办法》。

(三)企业法律顾问执业资格考试和注册工作圆满结束，中国企业法律顾问协会的筹备组建工作开始启动

在2004年第五次全国企业法律顾问执业资格考试中，参加2004年企业法律顾问执业资格考试的人数有58197人。截至2004年年底，取得企业法律顾问执业资格的人数约有4万人。为了更好地组织完成企业法律顾问执业资格考试的考务和注册工作，及时指导地方和行业协会开展工作，2004年启动了中国企业法律顾问协会的筹备组建工作。

(四)对中央企业知识产权状况和保护机制进行了研究

调研起草了“中央企业知识产权工作的现状、问题和建议”。通过调查研究了解到，经过几年的发展，中央企业知识产权保护和利用取得了一定成效，企业内部知识产权机构初步建立，自主知识产权数量显著增加，企业知识产权得到重视和保护。但总体上看，中央企业开发、管理、实施和保护知识产权的能力与水平同中央企业在国民经济的地位与作用还不尽相称，中央企业知识产权保护管理工作仍存在一些不可忽视的问题。

(五)加强了企业法律顾问制度建设的国际间交流和合作

2004年国务院国资委与全球企业法律顾问协会(ACC)进行了交流，参加了ACC2004年年会，为一步加强合作奠定了基础。考察了美国和欧洲的企业总法律顾问制度，提出了完善中国企业法律顾问制度的建议和措施。

三、国资委系统普法工作情况

(一)《企业国有资产监督管理暂行条例》学习宣传工作更加深入

根据《企业国有资产监督管理暂行条例》(以下简

称《条例》)实施一年来的情况,国务院国资委组织召开了《条例》颁布实施一周年座谈会,并针对国有资产管理体制改革中的重点问题,在《求是》杂志等刊登了学习贯彻《条例》的文章,组织了新闻发布和访谈活动,在委内组织了《条例》知识竞赛等。各级国资委根据《条例》依法履行出资人职责、依法加强国有资产监管的法制观念和法律环境进一步形成。

(二)加强了国资委系统法律知识培训

国务院国资委机关内部制定了《关于贯彻实施〈行政许可法〉的具体方案》,举办了全委干部参加的行政许可法专题讲座,对学习贯彻《行政许可法》提出了明确要求。邀请全国人大法律专家作了宪法修正案的专题讲座,并向中央企业印发了"关于在中央企业深入开展学习贯彻《中华人民共和国宪法》的通知",对中央企业学习新宪法提出了要求。对省级国资委法制机构进行了国有资产法律知识培训。

(三)中央企业普法工作稳步推进

2004年国务院国资委对中央企业印发了《关于报送"四五"普法及依法治企工作进展情况的通知》,抽查了40多家中央企业的普法工作情况。中央企业根据国资委2003年印发的《关于学习贯彻〈企业国有资产监督管理暂行条例〉的通知》(国资厅法规[2003]21号),认真学习贯彻《条例》,自觉维护国有资产所有者和企业自身合法权益。

四、企业国有资产政策法律问题综合研究情况

为依法推进国有资产管理体制改革和国有企业改革,2004年对急需解决的政策法律问题进行了积极分析论证。先后对国有资产经营体制、国有资产监管法规体系、国有企业法律风险防范机制、中央企业知识产权保护、企业技术进步法律制度等重要专题,组织力量进行了深入调研论证,提出了相应的工作思路和建议。同时,对国有资产监管中的有关政策问题,如军工企业国有资产管理问题、中央企业境外投资管理问题等,从政策和法律角度进行了积极探讨。对国外国有资产管理体制及立法状况进行了考察分析,总结梳理了国外国有资产监督、管理和运营的经验,提出系列研究报告。综合研究工作的加强,为及时研究制定相关规章制度,保证规章制度的合法性和规范性,创造了条件。

五、2005年企业国有资产法制工作要点

2005年国有资产法制工作任务更重,要求更高。根据全委工作部署,2005年国有资产监管法制建设的总体思路是:紧紧围绕委中心工作,牢牢把握依法履行出资人职责、依法加强国有资产监管、依法维护国有资产所有者权益和企业合法权益的定位,切实把好"政策"和"法规"两个关口,力争在国有资产监管法规体系建设上取得新突破,在企业法律风险防范机制建设上形成新局面,在普法依法治理工作上迈出新步伐,在加强指导地方国有资产监管工作上形成高起点,在加强国有资产法规督查实施方面取得新实效。为此,需要分别做好以下五方面的工作。

(一)继续做好企业国有资产立法工作

第一,为有计划有步骤地建立健全国有资产监管法规体系,做好立法计划的立项、编制和实施工作。

第二,做好《中央企业授权经营暂行办法》、《中央企业重要子企业重大事项监督管理办法》、《国有企业监事会工作暂行条例》(修订)等草案的论证修改和出台工作。

第三,积极研究起草《企业国有资本经营预算管理条例》等国有资产管理体制改革急需的法规规章。

第四,做好国有资产法规清理后的废止、修改和重新制定工作。

第五,继续配合全国人大、国务院法制办做好《国有资产法》、《破产法》、《公司法》、《物权法》等的起草修订工作。

第六,对深化国有资产管理体制改革涉及的主要问题进行全面分析研究,提出立法意见和建议。

(二)进一步加强企业法律风险防范机制建设

第一,在国有重点企业加快推进企业总法律顾问建设。按照在2~3年内,在53家中央大型企业、具备

条件的中央企业和部分省属重点国有企业建立总法律顾问制度的总体目标,继续加快推进企业总法律顾问制度建设。并按照增强紧迫感、加强法律后备人才的要求,重点督促53家中央大型企业率先建立总法律顾问制度。

第二,加快建立和完善中央企业防范与控制投资风险、经营风险的法律机制,促进所有中央企业建立专门的法律事务机构,切实提高中央企业依法处理重大法律纠纷的能力,依法维护企业自身权益和出资人合法权益,确保国有资产保值增值。

第三,进一步加强企业法律顾问制度的国际交流与合作,组织举办企业法律风险防范国际论坛。

第四,启动中央企业知识产权保护工作,加强企业知识产权的保护管理水平,规范内部相关制度,形成具有自主知识产权的核心竞争力。

第五,积极指导和推动上海市等六省市国资委开展推进地方国有重点企业建立健全企业法律顾问制度试点工作。

第六,建立健全国有企业法律顾问职称等级制度,充分调动国有企业法律顾问的工作积极性。

第七,及时组建中国企业法律顾问协会。

第八,落实中央企业重大法律纠纷案件的处理备案制度。发布《中央企业重大法律纠纷案件管理办法》,并组织好贯彻实施。

第九,继续做好2005年全国企业法律顾问执业资格考务工作。

(三)做好国资委系统和企业的普法工作

第一,做好"四五"普法验收工作。2005年是"四五"普法的最后一年,要制定"四五"普法验收工作方案和标准,组织和指导中央企业进行"四五"普法总结验收。

第二,做好"五五"普法启动准备工作,研究探索国资委系统和中央企业普法工作的新形式新途径。

第三,继续深入学习贯彻《企业国有资产监督管理暂行条例》及其配套法规规章。《条例》及其配套法规规章和规范性文件,是推进国有资产管理体制改革、确保国资委依法履行出资人职责的重要依据,要指导各级国资委和中央企业把学习贯彻《条例》及其配套规章作为明年普法工作的重点,组织好已经出台的法律法规规章的宣传普及工作。

第四,组织做好即将出台的《破产法》、《公司法》等重要法律法规的宣讲、普及和实施工作。

第五,对委机关工作人员进行立法技术培训。

(四)研究起草指导监督地方国有资产监管工作的规章制度

第一,调研分析国务院国资委与地方国资委的工作关系,提出对地方国有资产监管工作的指导监督原则、范围与内容和指导监督形式。

第二,研究分析对地方国有资产指导监督工作的程序,完善指导监督工作制度和工作方式。

第三,研究起草国务院国资委指导监督地方国有资产监管工作的规范性文件。

(五)加强国有资产规章制度实施的督查工作

第一,加强对地方国资委和中央企业贯彻实施国有资产监管法规情况的调研,对违法违规现象和后果进行分析归纳。

第二,研究探索国有资产监管法规督查的定位、对象、目标、内容和形式,加大国有资产监管工作力度。

第三,研究起草国有资产监管法规督查的程序和制度,逐步建立国有资产法规督查体系,加大国有资产法规督查实施的力度。

第四,逐步完善国有资产监管中的诉讼和应诉制度。

(审稿人:张德霖　撰稿人:孙才森　肖福泉)

企业国有产权管理

2004年度,国务院国资委产权管理局(以下简称产权局)从深化企业改革和继续推进国有经济布局和结构战略性调整的大局出发,围绕建立现代产权制度这个中心,以推动国有产权有序流转为工作重点,着重加强国有产权基础管理工作。

一、建章建制，完善企业国有产权管理制度体系

符合现代产权制度要求的产权管理法规体系，是监督管理国有资产的制度保证，也是产权管理工作的政策依据。2004年，围绕贯彻落实《企业国有产权转让管理暂行办法》(以下简称《转让办法》)，产权局出台了相关配套文件，发布了《企业国有资产产权登记业务办理规则》和《关于中央企业主辅分离辅业改制分流安置富余人员资产处置有关问题的通知》等。

同时产权局还在以下几个方面作了研究：一是在征求最高人民法院、最高人民检察院、中央企业的意见基础上，研究起草了《企业国有产权界定与纠纷调处办法》的修改稿。二是从履行出资人职责的角度出发，研究起草了适合新国资监管体制要求的国有资产评估管理办法。三是根据国有资产监管工作的新要求，为上市公司国有股权有序流转提供制度保证，研究起草了《上市公司国有股权转让管理办法》。四是针对目前国企改革中出现的管理层收购存在的不规范现象，在对国内外管理层收购问题进行比较研究基础上，研究起草了对企业国有产权向管理层转让进行规范的文件。五是研究起草了《企业国有产权无偿划转管理办法》。为2005年研究出台有关办法做了大量前期工作。

二、促进企业加强产权管理，推动建立现代产权制度

为贯彻落实党的十六届三中全会《决定》精神，深化国有企业改革和推动国有经济布局和结构的战略性调整，发展和壮大国有经济，推进中央企业逐步建立“归属清晰、权责明确、保护严格、流转顺畅”的现代产权制度，促进中央企业加强产权管理，产权局发布了《关于中央企业加强产权管理工作的意见》，要求中央企业高度重视产权登记、资产评估，规范国有产权转让行为，防止国有资产流失，加强上市公司国有股权管理等方面工作。为中央企业深刻领会建立现代产权制度的重要意义和作用，树立产权观念、理顺产权关系、加强产权管理、建立现代产权制度提出了具体指导意见，明确了工作重点和方向。

三、依法履行出资人职责，做好产权管理基础工作

2004年产权局共办理7689户企业日常产权登记；完成433个资产评估项目的核准和备案工作；办理国有产权转让、资产划转、主辅分离资产处置等146项；还对11件产权纠纷案件进行了调处。

在产权管理基础工作中，产权局积极转变观念，坚持从履行出资人职责的角度出发，处理好维护国有权益和企业改革的关系，既坚持按法律法规办事，又要保证企业改革的顺利进行。并且建立健全内部管理审核机制，靠制度管事、管人，使审核过程始终处在程序和制度的监督之下，努力做到公开、公平、公正、透明。

(一)明晰产权归属，理顺产权关系

产权清晰是国有经济结构和布局调整的前提，是建立规范的现代产权制度的首要条件，也是产权有序流转的前提；只有产权归属清晰，才能真正维护好出资人的权益。2004年，经过细致的协调和沟通，产权局调处了部分地方与中央企业的产权纠纷工作，为企业改革的顺利进行、维护国有出资主体的合法权益奠定了基础。

(二)改革企业国有资产产权登记制度

企业国有资产产权登记是国有产权管理的重要基础工作，记载了国有资本从占有、变动到注销的全部过程。产权登记既是“归属清晰、权责明确”的重要手段，也是“保护严格、流转顺畅”的基本前提，在规范国有资产流动、防止国有资产流失方面具有重要作用。2004年，产权局针对产权登记审核手续繁琐、登记数据与企业会计年报指标雷同、发挥的作用不够明显等问题，从出资人的角度出发，按照建立现代产权制度的要求，对企业国有资产产权登记的方式方法进行了改革。一是按照“简化审查内容、减少登记指标、强化产权管理、改变年度检查方式”的原则出台了《企业国有资产产权登记业务办理规则》，从2005年1月1日起执行。二是为了实施该规则，完成了与之相配

套的软件研发工作，并编写了软件的指导手册。三是起草了《企业国有资产产权登记表证填报说明》，为实施该规则作好了准备。产权登记制度的改革为国有产权管理体制的完善奠定了基础。

(三)严格执行资产评估管理规定，防止国有资产流失

资产评估是企业国有产权管理工作中不可或缺的重要组成部分，是有效减少和防止各类国有资产流失的重要制度保障。在核准或备案过程中，产权局主要从以下三个方面入手，充分发挥资产评估的作用。一是组织各方面的专家对评估结果进行评审，加强合规性和合理性两方面的审核。二是完善资产评估监督检查制度体系，加大对资产评估项目的抽查工作力度，先后组织专家对一批评估项目实施了重点抽查，督促企业规范评估行为。三是采取对资产评估实行核准制和备案制相结合，统一监管和分级管理相结合的管理方式，突出企业集团作为子企业资产评估监管机关的职责。

(四)大力支持中央企业改制上市

为推进中央企业建立规范的现代企业制度，提高市场竞争能力，增强国有资本的控制力和盈利能力，产权局在2004年继续大力支持中央企业的改制上市工作，办理了一批协议转让国有产权和资产划转工作，有力地促进了建立现代企业制度的顺利开展。

四、加强上市公司国有股权管理，促进上市公司和证券市场的稳定发展

上市公司国有股权管理是企业国有产权管理的重要内容，对于维护国有出资人权益、保证上市公司及证券市场的稳定发展具有重要作用。2004年产权局审核批复上市公司国有股转让、增资扩股、股份质押、境外上市、国有股减持等182项。在办理过程中，按照加强上市公司国有股监管的新要求，履行出资人职责。一是探索建立以国有股转让价格审核为核心，以国有股转让的可行性研究、受让方选择程序、转让收入收取和使用、职工安置为重点的审核体系。二是严格内部审核工作程序，通过细化审核要求，明确审核责任，辅以督办制度，来保证整个审核工作的顺利进行。2004年产权局与证监会等有关部门密切配合，开展了上市公司“以股抵债”的试点工作，取得初步成效；对违反规定自行进行的所谓全流通试点密切跟踪，及时采取措施，避免了国有权益的流失，保证了证券市场的稳定。

五、进一步完善产权交易制度，规范国有产权有序流转

企业国有产权转让对于推进国有资产合理流动和优化配置，促进国有经济布局和结构的战略性调整，实现国有经济“有进有退、有所为有所不为”的总体战略目标具有重要意义。2004年产权局以贯彻落实《转让办法》为中心工作，进一步完善国有产权交易制度，规范国有产权有序流传。

(一)出台企业国有产权转让的配套性文件

为进一步贯彻落实《转让办法》，产权局充分征求有关方面意见，陆续出台了涉及企业国有产权转让的配套性文件，企业国有产权转让监管制度建设取得了初步成效。一是印发了《关于加强企业国有产权交易监管有关工作的通知》，要求地方国资监管机构做好本地区产权交易机构的调查摸底工作，加强对产权交易机构的监管。二是印发了《关于做好贯彻落实〈企业国有产权转让管理暂行办法〉有关工作的通知》，要求各中央企业抓紧制定本集团内部企业国有产权转让管理办法，同时暂将上海联合产权交易所、天津产权交易中心和北京产权交易所作为试点，负责发布中央企业产权转让信息，组织相关产权交易活动。三是为指导各地国资监管机构认真做好产权交易机构的选择确定工作，印发了《关于做好产权交易机构选择确定工作的指导意见》，对选择交易机构的基本工作原则、组织方式、工作程序以及重点审核内容和结果公示等提出了指导性意见。四是针对一些地方和企业在操作中反映的问题，印发了《关于企业国有产权转让有关问题的通知》，对在企业国有产权转让过程中遇到的一些共性问题加以明确。

(二)开展企业国有产权转让管理专项检查

按照中央纪委关于严格执行产权交易制度的有关工作要求,了解各地区贯彻落实3号令的相关情况,进一步完善有关法规和制度,保障企业国有产权有序流转,防止国有资产流失,国务院国资委会同财政部、监察部、工商总局等部门共同开展了企业国有产权转让管理专项检查工作,采取召开座谈会、查阅工作档案等方式了解各地企业国有产权转让政策的执行情况。通过专项检查,了解到各地在总结实践经验的基础上,都制定了一系列促进国有产权流动、规范国有产权交易的制度规定和政策措施。许多地区都选择了从事本地区企业国有产权转让的产权交易机构,一些地区还对区内的产权交易机构进行了整合。同时,企业国有产权进场交易率显著提高。据不完全统计,2004年2月至10月共转让企业国有产权3599宗,其中进场交易3055宗,进场交易率为85%。转让产权的价格也比资产评估值有了大幅增加,溢价水平在10%左右。

六、坚持创新,积极研究探索产权管理的新问题

在做好日常工作的同时,产权局还重点进行了以下几个方面的研究探索工作。

(一)继续研究探索建立国有资本经营预算制度

党的十六届三中全会《决定》明确提出了“建立国有资本经营预算制度”。在新的国有资产监督管理体制下,实行国有资本经营预算是国有资产监管机构履行出资人职责、行使国有资本收益权的重要方式,是调整国民经济布局和结构的重要手段。2004年产权局在现有的研究成果上,一是在调研的基础上形成了《关于建立国有资本经营预算的初步设想》,较全面地阐述了国务院国资委对建立国有资本经营预算的基本设想;二是与财政部门就建立国有资本经营预算交换了意见,参加了人大财经委委托财政部研究国有资本经营预算课题小组的研究;三是召开座谈会,分别征求了部分地方国资委和专家对建立国有资本经营预算的意见;四是着重从国有资本经营预算与公共预算的关系、国有资本经营预算与社保基金的关系、国有资本经营预算与企业持续发展的关系等方面作了进一步深入研究,为下一步研究国有资本经营预算奠定了基础。

(二)加强对企业境外国有产权监管的研究

针对国有企业利用离岸公司境外上市有关问题,产权局在对中央监管企业进行摸底调查的基础上,收集了境内外有关数据、资料,就中央监管企业境外控股壳公司(BVI模式)的设立、经营、运作以及有关影响和存在的问题进行了研究和分析论证,为下一步研究解决境外企业国有产权的监管工作作好准备。

(三)继续研究探索划拨部分国有资产充实社保基金问题

为贯彻落实党的十六届三中全会作出的关于划拨部分国有资产充实社会保障基金的决定精神,产权局就划转工作涉及的相关问题进行认真研究,起草了划拨工作的初步组织方案。

(四)研究改革上市公司国有股权管理方式

产权局对地方上市公司国有股管理权下放问题进行了认真研究。经过研究考虑,国务院国资委暂选上海地区作为试点,尝试摸索上市公司国有股管理权下放工作的思路,已制订了试点工作方案。现在正在征求各部门意见,待意见反馈后再完善、修改,待试点工作方案报经国务院批准后,将开始试点工作,并根据试点情况再逐步推开。

(五)研究探索新体制下的中央与地方产权关系

随着我国社会主义市场经济体制的逐步完善,要保障国有经济的持续发展,更好地发挥国有经济在国民经济中的主导作用,必须尊重产权规律,建立科学的国有资产管理体制,清除国有资产管理面临的体制性障碍。中央政府与地方各级政府的产权关系应当通过法律和制度加以规范化。为此,国家要制定统一的企业国有产权管理的政策和法律法规。在统一政策的前提下,各级国资委对所监管企业依法履行出资人职责,分别实施企业国有产权基础管理工作。

(审稿人:郭建新　撰稿人:陈　军)

中央企业财务监督工作

财务管理是企业管理的中心环节，健全和完善中央企业财务监督体系，对于促进中央企业提高资产运行效率，合理控制成本费用，完善内控机制，强化风险管理，提高企业市场竞争力具有重要意义，也是国资委有效履行出资人职责的必要手段。为贯彻落实国务院领导对中央企业财务管理的重要批示精神，围绕履行出资人财务监督职责，2004 年国务院国资委以“转变观念、积极开拓、完善体系、强化管理、服务企业”为指导思想，组织开展了中央企业清产核资、执行《企业会计制度》、财务动态监测、财务决算管理、财务预算报告、经济责任审计等项工作，初步建立了出资人财务监督工作体系。

一、初步建立了出资人财务监督制度体系

加强出资人财务监督制度建设，是依法履行出资人职责的保障。2004 年国资委以提高依法监督管理能力为核心，围绕出资人财务监督职能，建立和完善了一系列法规和配套制度，初步确立了出资人财务监督制度体系。

（一）出台了一系列出资人财务监督部门规章

一年来，在认真探索研究和广泛征求意见的基础上，以国资委令的形式颁布实施了《中央企业财务决算报告管理办法》、《中央企业经济责任审计管理暂行办法》、《中央企业内部审计管理暂行办法》、《企业国有资本保值增值结果确认暂行办法》和《企业国有资产统计报告办法》等 5 项出资人财务监督部门规章，基本实现了“制度先行、有章可循、规范高效”，既有效促进企业加强财务管理、提升财务管理水平，也为依法履行出资人财务监督的职责奠定了制度基础。

（二）下发了一批管理制度和工作规范

为进一步规范和细化相关财务监督工作程序，围绕如何贯彻实施国资委财务监督的部门规章，国资委制定下发了《中央企业财务决算审计工作规则》、《关于中央企业利润分配有关事项的通知》、《国资委统一委托会计师事务所工作试行办法》、《关于认真做好 2004 年度中央企业财务决算工作的通知》、《关于认真做好 2005 年度中央企业财务预算工作的通知》等管理制度和工作要求，有效规范了各项工作方法和工作程序，进一步明确了各项工作要求，有效保障了各项工作有序、规范开展。

二、全面组织完成了中央企业清产核资工作任务

为全面摸清企业“家底”，核实企业资产质量，加强企业财务监督，规范企业会计核算，有效解决企业历史遗留问题，国资委在中央企业全面组织开展清产核资工作。186 家中央企业中，18 家基础管理较好、准备较充分的企业于 2003 年先行开展了清产核资工作，其余 163 家于 2004 年组织完成。

（一）初步摸清了中央企业“家底”

参加清产核资的中央企业，按照清产核资办法及相关制度规定，在全面盘点和清理核实的基础上，较为彻底地弄清了企业“家底”，核实了资产质量，并为今后进一步做好财务监督工作奠定了扎实的工作基础。经过清产核资，2004 年底中央企业资产总额 9.2 万亿元，负债总额 5.2 万亿元，净资产总额 4.0 万亿元。

（二）核实了中央企业资产质量，消化了历史包袱

这次清产核资中，企业共申报处理各类损失 3177 亿元，占资产总额的 4.6%。在中介机构专项财务审计工作的基础上，对于原制度损失，经批准相应冲减权益或在以后年度损益中消化；对按《企业会计制度》清理预计的资产损失，则按规定转为企业计提资产减值准备基数。通过清产核资，各中央企业资产损失和历史包袱按规定通过多渠道基本上予以消化处理，有效提高了资产质量。

（三）暴露了中央企业经营管理中的主要矛盾和问题

在这次清产核资清理出的资产损失中，应收款项

坏账或呆账占42%，固定资产损失占30.3%，长期投资损失占10%，存货损失占8.8%。剖析资产损失形成的主要原因，除因外部客观原因形成的历史旧账外，大部分是企业内部的原因。通过暴露矛盾和问题，促进了企业有针对性地研究措施，建章建制，完善管理，堵塞“漏洞”。

(四)推动中央企业逐步建立稳健的会计核算制度

在清产核资工作中，中央企业对各项资产按《企业会计制度》预计了资产损失，建立了较为规范的资产减值准备制度。截至2004年底已有150家中央企业执行了《企业会计制度》，初步完成了新旧会计制度的账务过渡工作；还有20多家企业已完成了前期准备工作。执行《企业会计制度》，有利于建立稳健会计核算制度，规范企业日常会计核算行为，真实反映企业财务状况、经营成果和资产质量。

三、进一步规范了中央企业财务决算管理工作

财务决算是企业年度经营成果的综合体现，也是《公司法》赋予出资人的基本管理职责之一。2004年国资委在认真总结上年工作经验的基础上，以提高财务会计信息质量为根本，积极采取有效措施，形成了企业财务决算编报、审核、分析、核准和整改等一系列工作规范，督促和指导企业加强财务管理。

(一)进一步明确了中央企业财务决算报告管理体系

针对中央企业财务决算管理中存在的财务会计核算不规范、财务信息失真、经营成果核算不实等突出问题，为依法对中央企业财务决算管理进行有效监督，国资委印发了《中央企业财务决算报告管理办法》及一系列配套规章制度，对中央企业财务决算报告编制、审核、分析、审计、披露、核准和整改等方面进行规范，推动了中央企业财务决算管理工作的制度化、规范化。

(二)认真组织中央企业年度财务决算布置培训工作

针对企业会计核算和财务管理中存在的突出问题，统计评价局为切实加强企业财务监督力度，在认真协调与财政部及委内各业务局意见的基础上，组织完成了2004年中央企业财务决算报表的设计和修改工作，进一步完善了报表软件系统，并于10月底分批组织了中央企业年度财务决算编制业务培训。同时下发了《关于做好2004年度中央企业财务决算工作的通知》，对中央企业财务管理及财务决算编制工作，明确提出“不得出现新的潜亏挂账、不得对重大财务事项隐瞒不报、不得年终突击花钱和滥发奖金、不得设置账外账和小金库、不得授意和指使财务会计人员编制虚假财务报表”的“五不准”财务工作要求，并作为各级企业财务工作基本纪律予以贯彻落实，进一步明确企业财务工作责任。

(三)切实强化企业财务决算审核力度

为做好财务决算审核工作，确保财务决算编制范围全面完整，编制方法准确规范，报表数据真实可靠，在认真总结以往集中会审工作经验的基础上，国资委积极探索改进工作方法，实行与会计师事务所联审的方式，集中了近百名注册会计师，并抽调部分企业几十名业务骨干，历时10多天，对各中央企业2003年度财务决算进行了逐户审核。通过审核，如实暴露了一些企业会计核算、财务管理及财务审计中存在的突出问题，促进提高了企业财务会计信息质量。

(四)全面掌握了中央企业财务状况

了解和掌握企业财务状况，是出资人开展保值增值考核、业绩考核、收入分配、领导人考核等各项监管工作的重要依据。据2004年度财务决算统计，截至2004年底，184家①中央企业资产总额91494.1亿元，比上年增长9.9%；负债总额52160.7亿元，增长10.4%；净资产总额39333.4亿元，增长9.3%；实现利润4879.7亿元，增长61.9%；平均净资产收益率8.5%，提高3.5个百分点；184家中央企业拥有国有资产总量30844.6亿元，增长5.4%，实现国有资产保值增值。

---

① 截至2004年底，国资委履行出资人职责的中央企业为172家，因12家合并企业2004年财务尚未并账，纳入中央企业财务决算范围的为184家。

四、稳步推进中央企业负责人经济责任审计工作

开展企业负责人经济责任审计工作，对企业负责人任期经营成果、资产质量及经济责任进行监督和评价，是出资人履行财务监督职责，实现管资产与管人、管事相结合的重要手段，也是当前加强党风廉政建设的重要措施。

（一）建立了企业负责人经济责任审计工作制度

为推动中央企业经济责任审计工作的有序开展，国资委出台了《中央企业经济责任审计管理暂行办法》（国资委第7号令），明确了经济责任审计工作组织、工作内容、工作程序等，使企业经济责任审计工作有法可依；同时，统计评价局配合制定了一系列工作制度和内部规范，为经济责任审计工作顺利开展奠定制度基础。

（二）认真组织了企业负责人经济责任审计试点工作

根据中央企业负责人离任情况，2004年分两批组织了10户企业负责人经济责任审计试点工作：一是通过经济责任审计工作，探索了对企业负责人任职期间的经营业绩进行科学、客观、公正评判的方法，全面核实了试点企业的财务状况和经营成果；二是积累了经济责任审计工作经验，明确了审计立项、审计招标、审前培训、现场审计、出具报告等工作流程；三是按照公开、公平、公正的招标方式统一选择确定会计师事务所，承担经济责任审计工作任务，保证经济责任审计工作质量。

（三）积极探索企业负责人经济责任审计管理方法

针对中央企业不良资产及挂账较多的实际情况，国资委探索将企业绩效评价引入经济责任审计工作中，并将企业的资产质量作为企业负责人经营业绩的修正因素，纳入企业负责人责任认定范围之内，以利于全面、科学、客观地评判企业负责人任期经营业绩，进一步拓展了企业负责人经济责任审计管理的工作思路。

五、积极做好中央企业财务审计监督工作

加强企业财务审计管理是确保企业财务会计信息质量的重要环节，也是出资人加强财务监督的重要手段。为探索国资委发挥中介机构外部监督作用，进一步明确中央企业委托中介机构的程序、资质条件、审计质量等要求的同时，积极探索统一委托会计师事务所工作经验，并选择16家试点企业开展了统一委托会计师事务所试点工作。

（一）建立了中央企业财务审计管理规范

为规范中央企业财务决算审计工作，保障企业年度财务状况及经营成果的真实性，促进提高企业会计信息质量，制定并下发了《中央企业财务决算审计工作规则》等工作规范，明确中央企业财务决算审计需由总部实行集中管理，严格控制会计师事务所的数量；主审所与参审所加强工作沟通与协调，统一审计工作标准；内部审计部门应配合会计师事务所的审计工作，社会审计充分利用内部审计的工作结果，并对中央企业财务审计会计师事务所实行核准备案管理。

（二）进一步规范了财务决算审计工作

为促进提高财务决算审计质量，明确要求中央企业采取公开招标的方式“公开、公正、公平”选聘会计师事务所，同时明确提出会计师事务所的经营规模、注册会计师数量应当与企业规模相适应和匹配的要求，以及要严格控制参审所的数量，有效改善了会计师事务所数量众多、资质条件参差不齐的局面。据统计，2004年参加中央企业财务决算审计的会计师事务所数量由2003年的上千家缩减至200家左右，进一步规范了企业财务决算审计工作。

（三）组织开展了16家试点企业统一委托会计师事务所工作

为了规范统一委托试点工作，开好头，起好步，2004年组织16家中央企业开展了统一委托会计师事务所试点工作。为确保试点工作的规范、有序进行，制定下发了《国资委统一委托会计师事务所工作试行办法》，通过公开招标的形式选聘会计师事务所，探索了出资人聘请会计师事务所的工作制度和工作思路，增强了出资人对审计工作的约束力。

(四)建立了中央企业财务审计质量评估体系

为加强对社会中介机构审计质量监督管理,按照《中央企业财务决算审计工作规则》有关规定,在对参与中央企业财务审计的会计师事务所资质进行备案的基础上,逐步建立了审计质量评估体系,初步建立了中央企业财务决算审计质量档案,对承担中央企业财务决算审计的会计师事务所的注册会计师数量、费用水平、审计人员的经验、执业质量以及诚信度等方面进行了内部分析和评定。

(五)推动中央企业完善内部审计工作制度

为充分发挥企业内部审计机构的作用,推动内部审计工作的开展,国资委下发了《中央企业内部审计管理暂行办法》(国资委第8号令),明确要求企业应当建立和完善内部审计机构,并对内部审计机构的设置、主要职责、工作程序、工作要求等进行了规定,同时在财务决算管理、清产核资等工作中要求企业内部审计机构应充分发挥监督、检查作用,以保障财务决算资料、清产核资工作结果的合理性和完整性。此外,还制定了《中央企业财务决算内部审计规则(试行)》,以推动中央企业内部审计工作的有效开展,发挥企业内审的监督作用,进一步完善企业内部控制机制。

六、逐步建立了中央企业财务预算报告制度

财务预算管理是企业财务监督工作的重要内容,对促进提升企业财务管理水平,完善企业内部控制机制,加强企业成本费用管理,做好财务监督、业绩考核等出资人监管工作具有重要意义。2004年国资委认真总结财务预算管理工作经验,积极探索研究财务预算管理工作思路,初步建立了中央企业财务预算报告制度。

(一)初步建立了企业财务预算管理体系

2004年在认真总结上年预算报表工作经验的基础上,围绕出资人财务监督工作的需要,积极探索,认真研究,初步建立了包括编报、审核、汇总、分析在内的财务预算管理体系,对2004年中央企业财务预算报表进行了收集、汇总、整理,及时了解了中央企业的盈利能力、资产质量等重要的财务预测信息,为准确掌握企业经营管理和财务变动状况,加强财务监督提供了重要的参考依据。

(二)积极探索企业财务预算管理方法

为规范中央企业财务预算管理,并为今后建立国有资本经营预算奠定工作基础。按照出资人财务监督工作要求,2004年组织草拟了《中央企业财务预算管理办法》,同时为推动企业财务预算监督工作全面、有序开展,探索建立完善的财务预算管理制度,还组织了企业财务预算编报、审核、分析、核准和监控等工作内容的专题研究,并在此基础上建立了一系列工作规范,以推动企业财务预算编制管理水平不断提高。

(三)加强财务预算分析和动态监测工作

一方面将企业财务预算重点指标细化为季度、月度预算指标,加强对财务预算的分析工作,及时分析企业经营成果、成本费用及固定资产投资等预算完成情况,另一方面将企业财务预算目标与确定企业经营业绩目标工作相结合,依据经核准后的目标利润和净资产收益率等预算控制数,科学制定企业年度预算考核目标,推动财务预算管理工作深入开展。

(四)进一步完善了企业财务预算管理

结合出资人监督管理工作需要,一是对2005年度财务预算报表进行了设计和修改,进一步完善了财务预算软件。二是结合企业财务决算布置培训工作,完成了2005年度财务预算报表的布置和培训工作。三是下发了《关于做好2005年中央企业财务预算工作的通知》,明确要求企业按照"上下结合、分级编制、逐级汇总"的原则层层做好预算编制工作,并应按照国家有关规定加强对外投资及重大固定资产支出项目的可行性论证。四是在切实做好财务预算编制组织落实工作基础上,将财务预算报告编制上报时间提前了2个月,明确规定企业财务预算于2005年1月底以前上报,促进提高了企业财务预算编制的时效性。

七、进一步完善企业财务动态监测和财务分析工作

企业财务动态监测分析工作,是及时跟踪和掌握

企业经济运营状况的重要信息来源，也是出资人财务监督的重要决策基础。为适应出资人财务监督工作需要，2004年在认真总结上年工作经验的基础上，以完善企业财务动态监测体系为切入点，积极采取有效措施，研究探索有效工作方法，充分挖掘财务数据信息价值，取得了显著工作效果。

(一)加大了财务动态监测力度

通过不断规范企业财务快报的管理，进一步加大财务动态监测力度，有效发挥财务动态监测的预警作用：一方面，从财务监测内容上明确了监测工作重点，对成本费用、人工成本、固定资产投资、计提折旧和减值准备及存货、应收账款等财务指标进行重点跟踪监测；另一方面，从财务监测的范围上，将所属境外子企业、事业单位及实行法人责任制的基建项目纳入日常监测范围，同时选择利润大户、亏损大户、效益大幅下滑企业等进行重点跟踪监测，以及时了解和掌握利润增长点和亏损源变动情况，促进提高企业风险防范意识。

(二)建立了季度经济分析工作制度

为全面掌握中央企业的经济运行状况，及时发现企业财务管理中存在的问题，围绕企业财务监督工作，初步建立了中央企业财务营运状况季度分析工作制度，即在每个季度结束后，由各处结合宏观经济形势和行业发展态势，就所分管的重点企业或重要行业的经济运行状况进行专项分析和预测，及时了解企业的财务变动信息，为全面掌握企业情况、做好中央企业经济形势分析工作奠定了较好的基础。

(三)加强财务动态监测信息分析工作

为充分发挥财务数据信息优势，为各项监管工作奠定基础，进一步加强了财务动态监测的分析工作。一是及时编制月度财务快报，及时向委领导及相关业务局通报企业财务变动状况，积极为出资人监管工作服务；同时建立对企业负责人财务信息反馈机制，将每月企业主要财务指标行业排序情况及时反馈给企业负责人，引起企业领导对财务工作的高度重视。二是组织力量对重点行业和重点企业发展运行状况以及热点问题进行深入剖析，形成“专报信息”百余条报送中办、国办，得到各级领导的关注。三是对重点行业运行态势进行专题分析，为委领导和委内业务局提供有情况、有问题、有建议的财务分析资料近百期。四是加强国有企业营运状况财务分析，向国务院报送了《关于2003年中央企业基本情况的报告》。

2004年，在国家宏观调控政策带动下，中央企业认真贯彻落实抓住市场形势持续向好的有利时机，积极开拓国内外市场，逐步加强和完善内部管理，改革与发展取得重要进展，生产经营呈快速增长态势，效益水平再创历史新高。

（撰稿人：魏　伟　陈　洁）

国有企业建立现代企业制度进展情况

2004年，各地区、各有关部门认真贯彻落实党的十六大和十六届二中、三中、四中全会精神，以深化国有资产管理体制改革为契机，加大推进国有企业改革和国有经济布局结构战略性调整的力度，国有企业建立现代企业制度工作取得显著进展。

一、国有资产监管的体制框架初步建立

党的十六大提出了深化国有资产管理体制改革的重大任务，十六届二中全会进一步明确了组建国有资产监管机构的一系列重要原则。根据全国人大十届一次会议通过的国务院机构改革方案，2003年3月设立了国务院国有资产监督管理委员会(以下简称国务院国资委)。此后，国务院发布实施了《企业国有资产监督管理暂行条例》(以下简称《条例》)。2004年，全国31个省区市和新疆生产建设兵团国资委全部组建完毕。市(地)级国有资产监管机构正在组建，据各地国资委上报的数据，截至2004年底，已组建国有资产监管机构的市(地)有203个，占总数的45.3%；单独成立国资委的有176个，占总数的39.3%。河北省、湖北省、广西壮族自治区、海南省、西藏自治区的市(地)全部单独设立了国资委。适应国有资产管理体制的变革，北京

市、上海市、广东省、重庆市等一些省区市对国有资产经营机构进行了改革和调整，在探索国有资产监管和经营的有效形式方面进行了有益的实践。

2004年是国有资产监督管理体制框架初步建立的一年，也是各地国资委组建后全面履行出资人职责的一年。在各地党委和政府的领导下，各地国资委认真贯彻落实党的十六大和十六届二中、三中、四中全会精神，牢牢把握依法履行出资人职责这个根本，锐意进取，开拓创新，扎实起步，各项工作取得了积极进展，为深化国有资产管理体制改革和国有企业改革奠定了良好基础。国务院国资委先后出台了与《条例》相配套的清产核资、业绩考核、产权转让等32个规章和规范性文件，各地也制定了一系列地方性规章和规范性文件。围绕《国务院办公厅转发国有资产监督管理委员会关于规范国有企业改制工作意见的通知》(国办发[2003]96号)、《企业国有产权转让管理暂行办法》(国资委、财政部令第3号)的贯彻实施，国务院国资委会同财政部、监察部、劳动部、工商总局和全国总工会对全国21个省(区、市)国有企业改制、产权转让以及重组改制和关闭破产中维护职工合法权益工作进行了督查。国务院国资委与所监管的中央企业全部签订了2004年度经营业绩责任书，同时启动了任期经营业绩考核工作。与经营业绩考核相配套，对中央企业负责人的薪酬进行了规范。各地国有资产监管机构也普遍开展了企业经营业绩考核工作。各级国资监管机构积极推进适应建立现代企业制度要求的选人用人新机制，探索党管干部原则与市场化配置企业经营管理者相结合的方式和途径，在2003年面向全球公开招聘了6家中央企业的7位高级经营管理者的基础上，2004年又公开招聘了22家中央企业的23位高级经营管理者。对这两次公开招聘，各方面给予了较高评价和充分肯定，企业对这些人员的素质和表现都很满意。北京市、河北省、上海市、湖南省等省区市也都开展了公开选聘企业高级经营管理者的工作，为国有企业建立人才选用机制、提供人才保障奠定了基础。

二、国有企业建立现代企业制度工作配套推进

党的十四届三中全会明确提出“建立现代企业制度是国有企业的改革方向”以来，国有企业改革一直是我国经济体制改革的中心环节。十余年的理论探索和实践证明，国有企业建立现代企业制度作为一项系统工程，必须按照社会主义市场经济的要求，整体、配套推进。

(一)国有大型企业股份制改革取得明显进展

党的十六大和十六届三中全会提出“要大力发展国有资本、集体资本和非公有资本等参股的混合所有制经济，实现投资主体多元化，使股份制成为公有制的主要实现形式”，在中央精神的指引下，国有大型企业采取境内外上市、引入战略投资者、发展混合所有制经济、中央和地方国有企业相互参股等多种形式，积极推进股份制改造，取得重大进展。

截至2004年9月，全国2903家国有及国有控股大型骨干企业已有1464家改制为多元股东持股的公司制企业，改制面为50.4%。中央企业所属三级以上子企业中，48%的企业进行了投资主体多元化的股份制改革，其国有净资产占全部中央企业净资产额的36.7%，实现利润占中央企业的66.3%。

上市公司是股份制企业的典型代表，改制上市被证明是国有大中型企业的一条成功的改革之路。2004年，中电国际、中海集运、中国网通、国航股份、彩虹电子、国投中鲁、航天电气、风帆股份等中央企业先后在境内外上市，筹集资金达331亿元。除了上述新上市的股份公司之外，已上市公司通过增发新股的方式，对相关资产实施重组，表现出其在结构调整方面巨大的潜能。2004年，中国铝业、中国电信、中国联通、武钢股份增发了新股，筹集资金310亿元，中海油发行了可转债，筹集资金70亿元。中海油、中国电信、中国网通、中国移动、中国联通、中国航空、武钢等一批大型国有企业基本实现了主营业务资产整体上市。国有控股的境内外上市公司1000余家，其国有权益和实现利润分别约占全国国有及国有控股企业的17%和46%左右。国有控股的上市公司已经成为国有经济的骨干力量。中央企业控股的境内上市公司168家，股本总额占全部境内上市公司的33.8%；在香港上市公司53家，流通股股本占香港流通股的18.1%。国有企业通过股份制改革、规范上市不但为

企业筹集了企业发展所必需的大量资金，更为重要的是优化了企业的资产结构和组织结构，促进了企业转换机制、严格管理，提高了公司治理水平，极大地加快了企业的发展，提高企业的国际竞争力，国有控股的上市公司已经成为国有经济的骨干力量和国有资产的富集区。

（二）放开搞活国有中小企业成效显著

一些地区国有中小企业改制面已达 80% 以上。在省、市（地）、县三级政府所属国有企业中，县属企业改制面最大，一些县已达 90% 以上。通过改制，国有中小企业普遍实现了产权多元化，企业转变了机制，职工转换了身份，经济效益明显提高。1998～2003 年，全国国有中小企业户数从 22.9 万户减少到 14.7 万户，减少了 36%；总体效益 1998 年为净亏损 830.2 亿元，2000 年扭亏为盈实现利润 121 亿元，2003 年实现利润 644.7 亿元（同口径），比 2002 年增长 1.2 倍。

（三）国有企业关闭破产取得突破性进展

截至 2005 年初，经国务院批准，全国安排政策性关闭破产项目共 3377 户，涉及银行呆坏账准备金 2238 亿元，涉及职工 620 万人，大多通过多种途径进行了安置，消除企业亏损 1340 亿元。为确保重组改制和关闭破产企业职工的基本生活费、安置费或经济补偿金的发放，各地通过企业自筹、部门支持、政府兜底等渠道多方面筹措资金，2000 年以来，各地为政策性关闭破产企业筹措资金 1156 亿元，占所需资金的 92%。初步估算，目前全国已有一半以上需要退出市场的国有大中型特困企业和资源枯竭矿山实施了关闭破产，一些沿海地区长期积累的需退出市场的企业绝大多数已经关闭破产。北京市、上海市、江苏省、浙江省、福建省 5 个省（市）已经停止实施政策性破产，全面转向依法破产。2005 年 2 月，国务院常务会议原则通过了国资委制订的全国关闭破产工作总体规划和 2005 年企业关闭破产工作安排，政策性关闭破产工作将在 4 年内完成。关闭破产政策的实施，改善了国有经济的质量，促进了优胜劣汰机制的形成。

（四）分离国有企业办社会职能工作步伐加快

计划经济留给国有企业的学校、医院、公安、消防等社会职能，正逐步从企业中分离出来。中央企业分离企业办社会职能工作近年迈出重大步伐，中石油、中石化、东风汽车三大集团分离办社会试点基本完成，共有 854 个中小学和公检法机构、9.4 万名职工包括离退休教师与企业分离，每年为企业减轻负担 40 多亿元。2005 年 1 月国务院办公厅下发通知，第二批 74 家中央企业分离办社会职能工作已经启动。地方国有企业分离办社会职能工作也有较大进展，沿海发达地区分离步伐加快，其中部分地区已基本完成，中西部地区、东北地区也在不断加大工作力度。

（五）分流企业富余人员取得重大进展

国有企业职工人数从最高时的 7500 万人减少到 2004 年末的 3976.3 万人，减少了 47%。1998 年到 2004 年，全国累计下岗职工 2818 万人，其中进中心 2400 多万人；累计出中心 2200 多万人，其中 1800 多万人通过各种渠道实现了再就业，极大地缓解了计划经济体制下形成的国有企业冗员过多的矛盾。

2004 年国有大中型企业积极推进主辅分离辅业改制工作。截至 2004 年 10 月底，实施主辅分离的国有大中型企业 818 家，涉及改制企业 4572 家，涉及富余人员 100 万人。从中央企业的情况来看，截至 2004 年 10 月底，共有 62 家上报主辅分离辅业改制总体方案，经国资委、财政部、劳动保障部三家联合审核，目前已经批复 43 家中央企业的总体方案。43 家企业第一批实施方案中的改制单位 1422 个，拟改制为非国有法人控股企业的 1311 个，占改制单位总数的 92.2%；涉及三类资产总额 509 亿元，净资产 202 亿元；涉及分流安置职工人数为 26.2 万人，其中 22.7 万人在改制后企业得到安置。目前已有 11 户中央企业上报第二批实施方案，涉及三类资产 157.7 亿元，净资产 70 亿元，需要分流安置职工 9.4 万人。据初步统计，目前实施主辅分离的改制企业享受税收减免金额共计 1.1 亿元左右。主辅分离辅业改制的效果已经开始显现。改制企业基本实现了产权多元化，绝大多数已经成为非国有控股企业，产权明晰，责任明确，企业经营机制发生了根本性变化，市场竞争意识、生存危机意识大大增强，活力明显增强，经济效益显著提高。同时，主辅分离辅业改制也为主体企业的发展奠定了基础。

三、国有大型企业法人治理结构逐步完善

党的十五届四中全会指出,“公司制是现代企业制度的一种有效组织形式。公司法人治理结构是公司制的核心”,并要求形成“股东会、董事会、监事会和经理层”“各负其责、协调运转、有效制衡的公司法人治理结构”。此后,党的十六大、十六届三中全会以及2004年的中央经济工作会议,多次强调要加快建立现代企业制度、健全公司法人治理结构。经过多年的实践和探索,国有大中型企业建立现代企业制度取得了很大进展,大多数企业进行了公司制改革,并按照《公司法》等法律法规的规定,建立了股东会、董事会、监事会、经理层的组织构架,传统体制下形成的政企不分、产权不清的工厂制企业,在向现代公司制企业的转变中迈出了可喜的步伐,国有企业的管理体制和经营机制发生了深刻变化。

2004年,国有独资公司以董事会建设为重点、建立和健全法人治理结构工作取得突破性进展。2004年6月,国务院国资委下发《中央企业建立和完善国有独资公司董事会试点工作的通知》(国资发改革[2004]229号),选择宝钢、神华等7户中央企业作为试点企业,并制定下发了《关于董事会建设的指导意见(试行)》(以下简称《指导意见》)、《国有独资公司董事会试点企业外部董事管理办法(试行)》(国资企干一发[2004]341号)等一系列规范性文件,标志着董事会试点工作正式启动。

建立和完善国有独资大型公司董事会对深化国有企业改革、建立健全国有资产管理体制具有重要意义。概括起来主要有三个方面:一是建立和完善董事会是建立现代企业制度、健全公司法人治理结构的重大而紧迫的任务。目前,绝大多数中央企业的母公司还是按《企业法》登记的国有企业,基本上都没有建立董事会,需要按照党中央、国务院的有关精神,建立规范的董事会。二是建立和完善董事会是构造科学的企业决策体制的主要依托。随着国有企业经营决策权的逐步落实,国有大企业涉及发展战略、重大投融资决策的事项越来越多,企业决策的难度不断加大,且绝大多数决策是具有未来不确定性的风险决策。进行这些决策,继续实行总经理负责制,在体制上有很大弊端,实践中出了不少问题。迫切需要通过建立和完善董事会,构建科学的决策体制。三是建立和完善董事会,是改进国有资产监管方式、确保出资人职责到位不越位的必然要求,对建立健全国有资产监管体制有十分重要的意义和作用。通过建立董事会,让董事会对国资委承担受托责任,对公司承担决策监控责任,国资委、董事会依法履行职责。

四、调整国有经济布局和结构、发展壮大国有经济取得成效

近年来,国有企业改革不断深化,建立现代企业制度进程不断加快,国有经济布局正在逐步优化,产权结构和产品结构正在逐步得到调整,国有企业在国民经济中继续发挥支柱和骨干作用。

从企业户数与整体效益上看,1998年到2003年,全国国有及国有控股企业户数从23.8万户减少到15万户,减少了40%;实现利润从213.7亿元提高到4951.2亿元,增长了22.2倍。据快报统计,2004年中央企业累计实现利润4879.7亿元,比2003年分别增长61.9%,创历史新高。1998年至2004年,中国进入世界500强的企业由3家增加到15家,内地的14家企业全部是国有企业。其中上海宝钢集团公司2003年钢产量居世界钢铁企业第六位,销售收入和净利润均居第一位,已经具有较强的竞争力。

从国有资产总量上看,1998年到2003年,全国国有及国有控股企业国有资产总额从14.9万亿元增加到19.7万亿元,增长了32.2%;国有权益即国有净资产总量从5.21万亿元增加到8.36万亿元,增长了60.5%,平均每年增长9.9%,保持了很高的增长速度,这表明,在调整国有经济布局和结构的进程中,国有经济在继续发展壮大。

从上缴税金看,国有及国有控股工业企业3.18万户,仅占全国工业企业的14%;2004年实现销售收入7.15万亿元,占全国工业企业实现销售收入的38%;上缴税金5311亿元,占61%,国有及国有控股企业是国家财政收入的主要来源。

从控制力上看,国有经济控制着关系国家安全和国民经济命脉的行业和领域。按国有及国有控股企

业销售收入占全行业的比重计算,军工、石油、电力、民航、电信、金融以及城市交通、供水和供气、机场、港口等行业和领域均超过90%,铁路、煤炭等行业超过80%,石化、冶金、汽车等行业超过60%。

五、深化国有企业改革的思路、措施

国有企业改革虽然有了新的进展,但国有企业特别是大型国有企业改制、完善公司法人治理结构还有不小的差距;国有企业经营状况和经济效益虽然有了很大改善,但核心竞争能力不强、经营效率不高的问题仍然十分突出,企业经济效益增长中价格上升是一个不可忽略的因素;解决企业历史欠账、分离办社会职能方面虽然有了新的进展,但减轻企业负担、劣势企业关闭破产等方面的任务仍然艰巨;国有资产监管体制框架虽然初步建立,但真正实现政资分开、政企分开,做到权利、义务和责任相统一,管资产和管人、管事相结合,还有大量工作要做。

(一)完善国有资产监督管理体系,切实加强国有资产监管

按照政企分开、政资分开,权利、义务和责任相统一,管资产和管人、管事相结合的原则,建立和完善国有资产监督管理体制,需要在实践中不断探索,当前的重点就是打好基础,加强监管。

一是抓紧建立和完善国有资产监管的组织体系和法规体系。加快完成市(地)级国有资产监管机构的组建工作,指导各级国有资产监管机构完善工作程序,依法履行职责。积极探索不单独设立国有资产监管机构的市(地)和县级国有资产监督管理的有效形式。要进一步建立和完善国有资产法规规章体系,抓紧出台《国有资产法》,加快修订和完善国有资产评估管理、企业国有资产产权界定、境外企业国有产权监管、上市公司国有股权转让管理等法规规章和规范性文件,确保国有资产监管工作有法可依,有章可循。积极配合全国人大财经委做好的起草工作。

二是完善国有企业负责人经营业绩考核体系,建立健全国有企业经营者的激励和约束机制。2004年,国务院国资委和一些地方国资监管机构对履行出资人职责企业的负责人进行了年度经营业绩考核工作,对于落实国有资产保值增值责任,促进企业提高经营管理水平,起到了重要作用。2005年要全面实行年度经营业绩和任期经营业绩考核责任制,并将经营业绩考核与建立激励和约束机制结合起来。进一步规范和完善国有企业负责人的收入分配办法,合理确定企业负责人薪酬与职工工资水平的比例,进一步理顺分配关系。

三是继续探索国有资产监管的有效方式。坚持和完善监事会制度,抓紧修订《国有企业监事会暂行条例》,积极探索分类监督的有效形式,逐步从事后监督过渡到过程监督,改进工作方法,提高监督时效。建立健全重大决策失误和重大资产损失责任追究制度。加强企业财务监督,建立和完善出资人财务监督工作体系。积极推进企业法律顾问制度建设,建立健全国有企业法律风险防范机制。

四是建立国有资本经营预算制度。建立国有资本经营预算制度,是实施国有经济布局结构和产业结构战略性调整的有效措施,是深化国家预算体制改革的客观要求,也是国有资产监管机构履行出资人职责的重要手段。要在广泛调研的基础上,充分听取有关部门、企业、地方和社会各界的意见,积极推动这项工作。

(二)加快国有大型企业股份制改革,完善公司法人治理结构

加快股份制改革、完善公司法人治理结构,是推进国有企业改革的主要内容。

一是进一步加快国有企业股份制改革的步伐。积极引进境内外技术、管理和资金实力强,有市场、信誉高的战略投资者,大力发展国有资本、集体资本、非公有资本等参股的混合所有制经济。支持具备条件的国有大型企业通过规范改制,实现境内外上市。

二是进一步完善公司法人治理结构。要进一步扩大、建立和完善董事会的试点范围,并积极探索坚持党管干部原则与市场化选聘企业经营管理者相结合的方式与途径,进一步扩大公开招聘范围,提高招聘层次。

三是继续深化企业内部改革。继续深化企业内部劳动、人事、分配三项制度改革,真正形成管理人员

能上能下、职工能进能出、收入能增能减的新机制。稳步推进减轻企业负担工作。推进国有企业主辅分离辅业改制,把国有企业改革与分流安置富余人员、促进再就业有机结合,将企业的辅业资产、闲置资产和关闭破产企业的有效资产盘活,实现国有企业的结构调整,使职工在转制企业中得到较好的安置。

四是抓紧解决国有企业的历史遗留问题。国有企业冗员多、包袱重、历史遗留问题多是制约国有企业发展的重要因素。要继续做好主辅分离、辅业改制工作,抓住机遇,抓紧工作,用好政策,分离辅业,精干主体,把解决国有企业冗员问题与深化国有企业改革更好地结合起来。要进一步做好分离企业办社会职能的工作,财政部已经安排了专项资金,有条件的省份也要积极支持国有企业加快推进分离办社会工作,进一步减轻国有企业的负担。

(三)加快推进国有经济布局和结构的战略性调整,积极发展具有国际竞争力的大公司大企业集团

调整国有经济布局和结构是深化经济体制改革的重大任务。要充分发挥市场对资源配置的基础性作用,制定规划,加强引导,推动企业的调整和重组。

一是研究提出国有经济布局结构战略性调整的总体规划、区域规划和行业规划,增强主动性和前瞻性。研究提出国有资产调整和国有企业重组的指导意见,进一步明确调整的目标、原则、重点和方向,加快推进中央企业布局结构的调整与优化,完善国有资本有进有退、合理流动的机制。继续采取多种形式放开搞活国有中小企业。

二是积极发展具有自主知识产权、知名品牌和国际竞争力的大公司大企业集团。支持和鼓励国有大型企业进一步联合重组。进一步引导中央企业树立和落实科学发展观,走新型工业化道路,做强做大主业,提高技术创新能力,增强核心竞争力,加快培育具有自主知识产权的核心技术和知名品牌。

三是进一步做好国有企业政策性关闭破产工作。初步统计,截至2005年初,全国还有1828户国有大中型困难企业需要通过政策性破产退出市场。下一步要抓紧组织实施国务院批准的全国国有企业关闭破产四年工作规划,逐步解决国有大中型困难企业关闭破产退出市场问题。

(撰稿人:秦永法 董之光)

中央企业并购与重组

为贯彻落实党的十六大和十六届三中全会精神,推动国有资产合理流动和优化配置,加快国有经济布局和结构的战略性调整,培育一批具有国际竞争力的大公司大企业集团,2004年国务院国有资产监督管理委员会(以下简称国资委)对所出资企业(以下统称中央企业)加大重组力度,共有8组17户中央企业经国务院批准进行了重组。

一、经报请国务院批准,17户中央企业进行了重组

(一)中国五矿集团公司和邯邢冶金矿山管理局重组

中国五矿集团公司(以下简称“五矿集团”)主要从事钢铁、铜、铝等大宗金属品,铁矿砂、焦炭、煤炭、铜精矿等矿产品,以及机电、金融等综合经营业务。邯邢冶金矿山管理局(以下简称“邯邢局”)主要从事黑色冶金矿山采选。五矿集团在钢铁、铁矿砂等黑色冶金领域是目前国内最大的具有跨国采购能力的集成供应企业,立足发展成为功能较为完善的国际金属与矿业集团;邯邢局以矿山采选业为核心业务,属于资源性矿业公司,两企业产业关联度较高,战略协同作用明显。重组后,邯邢局可借助和依托五矿集团跨国经营、融资能力等战略资源,在强化自身矿山采选业务的同时,积极开拓国内外市场,获取新的矿业资源;五矿集团可以发挥邯邢局在矿业开发领域的专业队伍和技术优势,加快矿业资源开发,增强国际竞争与合作能力,为保障国家重要金属矿产资源的稳定供应发挥积极的作用。重组第一步将邯邢局作为五矿集团的全资子企业;第二步将邯邢局重组改制为多元股东结构的有限责任公司,培育成为能从事跨区域矿

山开发业务的专业化公司。国务院批准同意在重组中邯邢局更名为中国五矿集团矿业有限公司。

(二)中国机械装备(集团)公司和中国进口汽车贸易中心重组

中国机械装备(集团)公司(以下简称"国机集团")主要从事国内外工业项目工程承包、高新技术和重大机械装备的开发研制、机电产品进出口与机械国际经济技术合作等业务,在汽车设计、技术服务及贸易等领域也具备一定实力。中国进口汽车贸易中心(以下简称"汽贸中心")以批发、零售、代购、代销服务等经营方式,从事进口汽车、零配件销售等进出口业务,在汽车贸易人才、市场信息、营销网络等方面有较大优势。通过重组使汽贸中心成为国机集团的全资子企业,有利于促进两企业相关资源优化配置,发挥整体优势,更好地发展功能齐全、规模和实力较强、服务水平较高的汽车服务贸易业务,扩大汽车进出口和国内分销业务规模,做强做大两企业相关业务;同时,通过优势互补,也有利于实现"技工贸"结合,促进我国汽车工业的进步与发展。

(三)中国水产(集团)总公司和中国牧工商(集团)总公司重组

中国水产(集团)总公司(以下简称"水产集团")主要从事远洋捕捞以及与之配套的渔船、渔机网绳制造、港口建设等工业制造业及水产品加工业。中国牧工商(集团)总公司(以下简称"中牧集团")主要从事畜禽疫苗、多维饲料、种畜禽进出口等业务。两家企业均主要从事农业领域的经营业务,又分别为各自行业的龙头企业,在发展中也相互涉足对方领域,并长期保持良好的业务合作关系。通过重组使中牧集团进入水产集团成为其子公司,在业务和管理整合基础上组建新的集团公司,有利于共享营销网络、加工技术、检验检疫等资源,实现优势互补,降低运作成本,在农业领域做强做大。重组后,母公司水产集团更名为中国农业发展集团公司。

(四)中国中旅(集团)公司和中国旅游商贸服务总公司重组

中国中旅(集团)公司(以下简称中旅公司)主要从事旅行社、旅游饭店、旅游商贸、旅游汽车及与旅游相关的配套经营项目。中国旅游商贸服务总公司(以下简称中旅商贸公司)主要从事旅游商贸、旅游汽车、酒店用品销售、旅游实业投资、物业管理等业务。两企业同属旅游业,均从事相同或相近的业务,具有明显的互补性,通过重组使中旅商贸公司成为中旅公司的全资子企业,有利于共享旅游资源、实现优势互补,充实、完善和延伸中旅的业务链,做强做大中旅公司主业及相关产业,加速实施"以旅行社业、饭店业、景区业为主,相关适度多元化为辅"的发展战略。

(五)中国新时代控股(集团)公司和中机国际工程咨询设计总院重组

中国新时代控股(集团)公司(以下简称新时代控股)主要从事军贸进出口和面向国防军工的工程咨询、招投标、工程与设备监理等业务。中机国际工程咨询设计总院(以下简称中机总院)主要从事工程总承包、工程咨询、设计、勘察、监理和国际贸易、对外经济技术合作。新时代集团有较多的投资项目受托评估业务,中机总院拥有相应的专家、人力资源,两企业各自资源的结合有利于工程咨询业务的发展;新时代控股近年加大国际工程项目开发力度,中机总院的勘察、设计和工程承包等方面具有较强优势,两企业重组有利于形成较完整的国际工程业务链,面向国内国际两个市场,积极开拓以工程技术服务业为主体的现代服务业务,大力拓展企业发展空间。与此同时,中机总院所属中机国际工程设计研究院分拆并入国机集团,与国机集团相关企业重组整合后组建大型专业化工程公司,利用国机集团的市场、资金、信息等优势资源平台,承揽大型工程承包项目,促进国机集团在电站、电工设备与输变电等方面国际工程承包业务的开展。

(六)中国粮油食品(集团)有限公司和中国土产畜产进出口总公司重组

中国粮油食品(集团)有限公司(以下简称中粮公司)主要业务包括农产品贸易、食品加工、地产开发、酒店经营和金融服务,是我国从事农产品和食品进出口贸易历史悠久、实力雄厚的企业。中国土产畜产进出口总公司(以下简称中土畜公司)主要从事土特产、畜产品、茶叶等贸易服务业。两企业均以食品贸易和加工业为主业，业务上具有明显的相关性、互补性，通过重组中土畜公司成为中粮公司的全资子公司，有利于优化企业产品结构，共享营销渠道，降低运营成本，实现集约经营，促进中央企业食品贸易和加工业做强做大。

（七）中国建筑材料集团公司和中国建筑材料科学研究院、中国轻工业机械总公司重组

中国建筑材料集团公司（以下简称建材集团）是目前国内最大的综合性建材集团之一，主要从事新型建材、化学建材、复合材料、水泥、玻璃等建材产品的研发、制造、销售以及建材物流、进出口贸易等业务，近年来在建材领域的工程设计、装备配套以及国内外工程项目总承包业务方面有较快发展。中国建筑材料科学研究院（以下简称建材院）主要从事新型建筑材料、新型胶凝材料、特种工程材料等方面的产品技术、装备开发及工程技术服务，多年来承担并完成了我国建材领域的许多重点研究项目。中国轻工业机械总公司（以下简称轻机公司）原主要为全国轻工业提供技术装备和服务，现已发展成为以轻工设备制造为主同时承担大批量建材装备加工，集科研开发、设备制造、国内外贸易为一体的企业集团。建材院并入建材集团后，有利于在建材领域实现产研结合，加速科研成果产业化，推动我国建材产业升级和技术进步。轻机公司并入建材集团后，既有利于弥补建材集团装备制造和配套能力的不足，提高集团综合竞争实力尤其是开拓国际市场的能力，又有利于盘活轻机公司存量资产，促使轻机公司尽快摆脱困境，走上良性发展道路。

（八）中国水利投资公司和中国水利电力对外公司重组

中国水利投资公司（以下简称中水投）主要从事水利、水电、水务、水处理、水环境工程的投资开发和运营管理。中国水利水电对外公司（以下简称水电对外公司）主要从事国际水利电力工程承包、技术咨询和设计、劳务输出、政府对外经济技术援助合作等业务，是我国对外水利水电工程承包的重要“窗口”公司。水电对外公司和中水投均从事水利水电业务，水电对外公司并入中水投后，中水投将积极采取措施，向水电对外公司注入资产，解决水电对外公司资本金不足问题，降低其资产负债率，确保水电对外公司生产经营活动正常开展；同时，也有利于构建水利水电投资、建设、施工一体化的企业集团，促进中水投优化业务结构，加快发展步伐。

二、行业重组和相关工作研究

1. 根据党的十六届三中全会《中共中央关于完善社会主义市场经济体制若干问题的决定》有关加快国有经济布局和结构调整、使股份制成为公有制的主要实现形式、完善国有资本有进有退、合理流动机制、进一步推动国有资本更多地投向关系国家安全和国民经济命脉的重要行业和关键领域、发展具有国际竞争力的大公司大企业集团等要求，为加快推进国有企业特别是中央企业的重组工作，组织力量就中央企业重组的总体思路进行调研，深入研究中央企业重组的指导思想、目标、原则和主要政策措施等。

2. 从行业角度研究中央企业结构和战略性重组有关问题。针对我国电信业发展面临的新情况、新问题，综合考虑电信技术发展、防止重复建设、形成适度有序竞争等多方面因素，研究深化电信企业的战略性重组，积极应对我国电信市场逐步开放的竞争格局、促进电信业持续稳定健康发展，加快培育核心竞争力强、具有世界一流水平的电信企业。按照电力体制改革工作的总体部署，对暂保留在国家电网公司系统的省网公司所属辅业单位分离进行研究，切实把握“改革、发展和稳定”关系，推进有关施工、设计、修造、燃料供应、医院、学校等6类辅业单位的主辅分离工作。在分离重组方案设计上，将分离工作与中央企业战略性调整有机结合，解决电力主辅分离相关问题。

三、中央企业和地方国有资产监管机构所出资企业之间的重组

为推进国有经济布局和结构战略性调整，国务院国资委与地方国有资产监督管理机构密切合作，通过实行资产划转、股权置换等多种方式，促进中央企业与地方国有企业国有资产合理流动和结构优化调整。例如：作为中央企业的武汉钢铁（集团）公司（以下简

称武钢)和作为地方国有企业的鄂城钢铁集团有限公司(以下简称鄂钢)相距不到50公里;武钢钢铁生产本部地处武汉市区,生产能力调整和产业结构布局受到较大限制;鄂钢生产所需的原燃料高于武钢,在技术、品种、规模、人才、销售网络等方面不及武钢。两企业若重组,将鄂钢纳入武钢的管理体系,可实现原材料的统一采购和调配,通过批量采购优势降低生产成本、提高经济效益;实现技术、人才、销售网络等资源的共享,有效解决过去两企业存在的争燃料、争市场等问题;通过对两企业现有土地资源的统筹规划,为武钢下一步发展提供可利用的土地资源和发展空间,并获得地方各级政府的更多支持;提高集团规模效益,使武钢形成年产1700万吨钢的综合生产能力;通过对鄂钢进行技术改造,生产具有高附加值的产品,实现产品结构的优化调整。2004年11月,国务院国资委批准了鄂钢和武钢的联合重组,将湖北省国有资产监督管理委员会所持鄂钢51%股权无偿划转给武钢,重组后鄂钢更名为"武汉钢铁集团鄂城钢铁有限责任公司",武钢依法履行对鄂钢的出资人职责、享有出资人权利,依法对企业重大事项实施管理;新公司将设立董事会、监事会,建立健全法人治理结构。2004年还批准了攀枝花钢铁(集团)公司在2003年托管四川长城特殊钢(集团)基础上进行重组。

四、企业非主营业务资产的调整重组

以突出主业为核心,引导和推动非主业资产向能够更好地发挥效益的其他国有企业流动,努力实现专业化、规模化经营,促进资源优化配置,是中央企业重组的一条重要途径和措施。由于目前国资委直接监管的企业成因复杂,许多是部委与所属企业"脱钩"形成的,不少企业涉及经营领域较多、主业不够突出,有许多辅业或非主营业务资产,企业之间业务交叉,一些企业的辅业或非主营业务资产恰恰是另外一些企业的主业,如能剥离重组,将有利于突出彼此的主业,增强核心竞争力。如2004年,国资委批准中国工艺美术(集团)公司将与其主业不相关的全资子公司中国轻工建设工程总公司划入中国海诚国际工程投资总院,成为其全资子公司,从而弥补了中国海诚国际工程投资总院急需补充的施工能力,完善了产业链,增强了总承包能力。又如针对一些主营业务不是房地产的中央企业盲目发展房地产业的状况,国资委专门下发了《关于中央企业房地产业重组有关事项的通报》(国资函[2004]104号),提出拟将房地产作为非主业剥离的中央企业可在自愿基础上与中国建筑工程总公司、中国房地产开发集团公司等中央企业中以房地产作为主业的企业重组,中国华能集团公司与中国房地产开发集团公司经协商对房地产业务进行了调整,华能集团将所属的华能房地产公司整体无偿划转给中房集团,在中央企业房地产资源重组上迈出了第一步。

中央企业通过重组优化资源配置的空间很大,关键是要以改革的精神,从国有经济布局和结构战略性调整的高度,采取切实有效措施,积极探索企业改革重组的新路子。

(撰稿人:王润秋　阚　震)

国有企业关闭破产、债转股与中央企业脱困工作进展情况

2004年,在党中央、国务院的正确领导下,国有企业政策性关闭破产工作稳步推进,制定了今后4年工作的总体规划;国有企业债权转股权工作继续规范进行;中央监管企业重组脱困工作有序展开,并取得积极成效。

一、国有企业政策性关闭破产工作

进入2004年,国有企业政策性关闭破产工作继续稳步推进,随着我国经济市场化进程的加快,为适应金融等领域改革的深化以及新《破产法》即将出台等新的形势,全国企业兼并破产和职工再就业工作领导小组组织各地和有关中央企业共同编制完成了全国企业关闭破产四年总体规划。

(一)国有企业关闭破产工作取得了明显效果

1994年到2004年底,全国共实施政策性关闭破产项目3484户,促进了国有经济的战略性调整,关闭破产加快了军工、煤炭、有色金属等行业的结构调整,并使这些行业逐步实现了整体扭亏为盈。在纺织行业限产压锭、亏损糖厂关闭、有色金属行业重组下放、煤炭行业资源枯竭矿山关闭破产、军工企业改革脱困等多项工作中,政策性关闭破产都是关键性措施;促进了国有企业素质的提高和经济效益的好转;促进了企业优胜劣汰机制的建立,激发了企业深化改革的内在动力。

经过10多年的探索和实践,国有困难企业找到了一条在现实条件下退出市场的通道,形成了一套使国有企业能够退出的政策措施,使国有企业的破产从理论探讨变为现实行动。这种新机制从根本上解决了企业吃国家大锅饭的问题,也激发了国有企业提高经营能力、深化内部改革、加强内部管理的内在动力,形成了企业长期发展的动力源泉;维护了企业和社会的稳定,政府介入深、组织程序严谨,动用各种社会资源,保证企业关闭破产工作的平稳进行。

(二)制定总体规划,进一步做好企业关闭破产工作

随着我国经济市场化进程的加快,为适应金融等领域改革的深化以及新《破产法》即将出台等新的形势,从2004年初开始,全国企业兼并破产和职工再就业工作领导小组组织各地和有关中央企业共同编制完成了全国企业关闭破产总体规划。经过一年的调查研究和部门协商,2004年12月总体规划上报国务院。总体规划对今后国有企业关闭破产工作的任务,实施的范围、时间和重点都作出了明确的规定,并提出到2008年要基本完成政策性关闭破产任务。为了做好国有企业关闭破产工作与国有金融机构改革的衔接,总体规划还对现行的工作程序和相关政策作了调整。总体规划的实施,标志着国有企业关闭破产工作开始进入到一个新的阶段,即在继续做好国有困难企业有序退出市场的同时,逐步开始向建立依法破产机制平稳过渡。

通过四年规划的编制工作,进一步摸清了底数,也总结归纳出一些经验和做法,并理清了下一步的工作思路。

一是摸清了底数。通过编制四年规划,对全国企业关闭破产工作进行一次全面的摸底调查,掌握了大量的基础数据,基本摸清了全国国有企业关闭破产的底数。几年来,已经实施的关闭破产项目3377户,核呆额2238亿元,涉及职工620万人;目前各国有金融机构正在审核的项目595户,拟核呆额771亿元;涉及职工174万人;各地申报并列入四年规划的项目1828户,拟核呆额1730亿元,涉及职工281万人。截至2004年5月31日,中央财政对725户中央及中央下放地方的关闭破产项目已拨付补助金627亿元;今后4年,中央财政预计还将对411户中央及中央下放地方的拟关闭破产企业拨付补助金723亿元。

此外,对今后4年需要政策性关闭破产企业在地区、行业和实施年度上的分布情况也有一个比较清晰的了解和把握。

二是总结归纳出一些经验和做法。(1)根据国有企业的特点,企业关闭破产工作要把维护企业和职工的稳定放在突出位置,要尊重和维护职工的合法权益。(2)由政策性关闭破产向依法破产的过渡要逐步实现,不可搞一步到位。(3)建立健全政策体系是顺利推进关闭破产工作的基础,一项大的改革出台前,设计好相应的政策体系,处理好各方面的利益关系,对于统一认识,化解矛盾,减少阻力都是十分必要的。(4)坚持把培养工作队伍,依法规范操作,加强监督检查,作为组织实施的三个关键环节,才能做到每个项目经得起时间检验,不留隐患。

三是理清了工作的思路。结合关闭破产工作外部环境的新变化,进一步理清了今后工作的思路,对工作中的难点问题提出了解决的措施。总体上讲,今后4年要把落实四年规划作为关闭破产工作的主线,坚持把军工、煤炭、有色金属三个行业、中西部地区和东北地区作为关闭破产工作重点,特别是对东北三省的关闭破产项目要优先安排。在政策层面上,首先要尽快完成关闭破产项目涉及核呆额从国有银行剥离的工作;其次,在现有政策框架的基础上,专题研究中央企业关闭破产的政策;第三,改进项目审核办法,提高审核效率,既要防止逃废银行的债务,又要有效保证关闭破产工作进度。在操作层面上,进一步加大监督检查力度,督促各地和企业严格按程序规范操作,对违规行为,后果严重的要通报批评。

总体上看,已经完成的关闭破产工作量大约在一半以上。按目前的操作规模,余下的工作量在四年的时间内有望完成,但任务仍非常艰巨。地方(包括东北等结构调整任务较重的地区)同志一致反映,如果规划能够顺利实施,历史遗留的国有困难企业问题将基本得到解决,政策性关闭破产工作的历史使命也将可以完成。

二、国有企业债转股工作

2004年,国有企业债转股继续进行,为进一步贯彻落实《国务院办公厅转发国家经贸委财政部人民银行关于进一步做好国有企业债权转股权工作意见的通知》(国办发[2003]8号)精神,推进和规范国有企业债权转股权工作,财政部、国资委、银监会等有关部门制定了《关于推进和规范国有企业债权转股权工作的意见》(国办发[2004]94号)文件,并在年底启动了对债转股企业全面清理检查工作,从面上基本摸清了债转股企业的总体情况。

(一)国有企业债转股工作总体进展情况

1. 经国务院批准债转股方案和协议的企业实施债转股工作进展情况。据初步统计,截至2004年9月份,经国务院批准债转股方案和协议的企业共有561户,转股额3769亿元(其中商业银行委托转股663亿元)。其中,列入580户推荐企业名单的企业有550户,转股额3664亿元;在580户推荐企业名单之外,国务院又特批了11户企业实施债转股,转股额105亿元。

在580户推荐企业中,协议和方案未经国务院批准同意的,经各省、自治区、直辖市与金融资产管理公司和企业取得一致意见不再实施债转股的企业有30户。

据金融资产管理公司和各地上报的数据统计,截至2004年9月份,561户企业中,完成工商登记注册组建新公司的企业有433户,占国务院已批准企业的77%。

目前,561户企业中,还有128户企业尚未注册新公司。其中,经国务院批准同意,或经国资委、财政部、银监会联合审查同意停止实施债转股的企业有37户,转股债权改按一般债权处置。

在561户企业中,实施债转股的中央企业有111户,占561户企业转股额的37%。已完成工商登记注册组建新公司的企业有97户,占全国已注册433户企业转股额的39%。

2. 国务院批准实施债转股的军工、有色金属企业债转股工作进展情况。根据《国务院关于印发军工企业改革脱困方案的通知》(国发[2002]7号)和原国家经贸委等部门《关于中央所属有色金属企事业单位下放地方管理后有关企业关闭破产债转股问题的请示》(国经贸企改[2001]456号),2003年,国务院批准同意对原国家经贸委等部门上报的第一批48户军工企业和5户有色金属企业实施债转股,转股额87亿元。

(二)进一步推进和规范国有企业债权转股权工作

《关于推进和规范国有企业债权转股权工作的意见》(国办发[2004]94号)从四个方面规范和推进了国有企业债转股工作。

1. 加快完成债转股新公司注册等后续工作。

(1)金融资产管理公司(以下简称"资产公司")和债转股企业出资人及各有关单位应加快完成债转股新公司注册等后续工作,各地区、各部门应积极支持配合。对具备债转股条件、国务院已在2004年6月30日前批准债转股协议和方案的,原则上应在2005年3月31日前完成新公司注册,对个别因特殊原因需要再延期以完成注册的,由资产公司会同债转股企业或其出资人于2005年3月31日前提出,经国资委、财政部、人民银行、银监会联合审核后,报国务院批准;对2004年6月30日后批准债转股协议和方案的,包括部分新增项目,应在国务院批准后9个月内完成新公司注册。逾期未注册的,即自动停止实施债转股。

(2)对已列入原国家经贸委推荐实施债转股580户企业名单,但由于情况发生变化,已不具备债转股条件的,不再实施债转股。资产公司应在2005年3月

31日前提出停止债转股项目的意见,并区别不同情况分类处理:对尚未上报国务院以及已上报但国务院未批准债转股协议和方案的,经国资委审核后不再实施;国务院已批准债转股协议和方案、尚未注册新公司的,国资委会同财政部、人民银行、银监会联合审核后不再实施。

(3)对净资产评估结果为负值的项目,由债转股企业原出资人与资产公司充分协商调整债转股方案或停止实施债转股。债转股调整方案由资产公司于2005年3月31日前提出,经国资委、财政部、人民银行、银监会联合审核后,报国务院批准。对在上述期限内仍无法达成一致意见的净资产负值项目停止实施债转股。

(4)对停止实施债转股的企业,按照原债权归属,分别由资产公司、开发银行和国有商业银行依法行使债权人的权利,并由国资委、财政部、银监会书面通知资产公司、银行和企业,自原停息日起恢复计息,严防逃废债务;并以稳妥有效的方式继续支持企业改革发展。停止实施债转股项目的情况由资产公司报国资委、财政部、人民银行、银监会,并由国资委汇总后向国务院报告。

2. 妥善处理债转股新公司改制发展中的有关问题。

(1)债转股新公司实行主辅分离辅业改制分流安置富余人员的,严格按照原国家经贸委等8部委《关于国有大中型企业主辅分离辅业改制分流安置富余人员的实施办法》(国经贸企业[2002]859号)及国资委等部门《关于进一步明确国有大中型企业主辅分离辅业改制有关问题的通知》(国资分配[2003]21号)的有关规定执行。

(2)地方各级人民政府和国务院各部门应进一步帮助企业落实剥离非经营性资产、分离企业办社会职能,进一步减轻企业负担,促进企业优化资源配置,充分发挥债转股政策的作用。

3. 按照现代企业制度要求促进债转股新公司健康发展。

(1)债转股企业原国有出资人和资产公司应按照国务院批准的债转股实施方案,依据《公司法》等有关法律法规设立新公司。新公司股东应按照现代企业制度的要求,积极推动规范和完善公司治理,进一步明确和理顺股东会、董事会、监事会和经理层的职责和关系。新公司股东按持有的资本额依法享有并行使相应的权益。

(2)原国有出资人与债转股新公司之间应实行机构、人员、业务和财务分开,各自独立核算,独立承担责任和风险;各项经济往来活动应按照商业原则进行,不得利用关联交易损害新公司和其他股东的利益。债转股新公司股东不得截留新公司的收入,不得向新公司收取管理费等。资产公司为债转股新公司提供咨询、顾问、资产及项目评估以及其他服务时应按商业原则办理。

(3)债转股新公司应不断深化改革,强化管理,转换经营机制,切实提高市场竞争力和经营效益,力争早日步入良性发展的轨道,实现国有资产保值增值。

4. 规范债转股股权转让行为。

(1)资产公司应把握时机,积极探索有效处置方式,加快对所持债转股新公司股权资产的处置。除国家禁止或限制的行业外,资产公司所持股权可按商业原则向国内外各类投资者公开转让,努力实现回收价值最大化。

(2)资产公司转让所持债转股新公司股权,应按国家有关法律法规和资产公司资产处置的规定进行,并确保股权转让依法、规范、平稳进行。资产公司转让所持上市公司股权应按现行规定报财政部批准。

(3)资产公司转让所持债转股新公司股权,应妥善处理所涉及的职工安置问题,保障职工合法权益,维护社会稳定。

(4)资产公司向债转股新公司原国有出资人转让股权的,经财政部商国资委审核后,不进行资产评估,以审计的每股净资产值为基础,由双方依商业原则协商确定收购价格。双方无法达成一致的,应按现行规定进行评估并公开转让股权。资产公司向其他投资者转让股权的,按现行规定进行评估。资产公司之间进行股权置换或转让的,可以账面值为基础确定置换和转让价格,不需进行资产评估。

(5)开发银行和资产公司直接持有、经国务院批准国有商业银行直接持有或委托资产公司持有的债转股新公司股权，在处置时，不得将股权直接转为对新公司的债权；对收购方通过银行融资方式解决收购股权资金来源的，银行应严格执行贷款审批规定。防止形成新的风险。

三、中央困难企业的重组脱困工作

中央企业重组脱困个案工作难度较大。目前，国资委正在办理的中央企业重组脱困个案有华诚集团、中农垦总公司、中艺进出口总公司、中包总公司等。其中，中农垦重组脱困方案已报经国务院批准，取得积极进展。

（一）中国农垦（集团）总公司基本情况和改革重组基本思路

中国农垦（集团）总公司（以下简称中垦公司）成立于1980年，1986年与国家农垦总局政企分开后，隶属于农业部。1998年与农业部脱钩，交由中央管理，主要从事农业综合贸易、海外农牧业开发（主要在非洲）和农牧产品加工等。目前共有下属企业378户，其中全资和控股企业285户，二级企业42户（含上市公司1户）。职工总数7571人，其中在职职工5615人，离退休人员1956人。由于管理、投资失误等问题，中垦公司已连年亏损，严重资不抵债，企业经营难以为继。亏损和债务的沉重负担使停业企业和下岗职工不断增加，欠发职工工资和欠缴社会保险费日趋严重，企业各种矛盾日益突出，危及企业和社会稳定。

中垦公司已濒临破产，但考虑该企业有较广泛的社会影响，仍承担一些我国与非洲国家政府间的农业合作项目，如果整体破产，社会影响较大，需安置的职工人数较多，债权人损失严重，改革成本较高，易引发不稳定因素，还可能影响到一些对外合作项目。据此，确定的中垦公司改革重组的基本思路是：按照认真执行国家法律、法规和政策，既要使企业实现改革脱困，又尽可能减少债权人和国有资产损失，减小社会震动和就业压力，降低改革成本，利用有效资产安置职工，维护社会稳定的原则，根据所属企业情况进行分类处置。

（二）中垦公司改革重组的具体方案

1. 对严重资不抵债、不能清偿到期债务、长期亏损而扭亏无望的企业实施政策性破产。拟对中垦公司下属的中国农垦农业公司等25户二级企业和86户三级及三级以下全资或控股企业实施政策性破产。截至2003年7月底，上述企业资产总额30.8亿元，负债总额36亿元；在职职工2428人，离退休人员1160人。

2. 对部分企业予以解散或依法破产。此类企业包括4户二级企业和131户三级及三级以下控股和全资企业，资产总额4.9亿元，负债总额5.9亿元。

3. 对中垦公司本部及部分下属企业予以保留并进行重组。对中垦公司本部及下属11户二级企业（不含上市公司）予以保留并进行重组。拟保留重组的企业大体分三类：

一是对顺利实施企业改革重组起重要作用的企业。主要包括公司本部和爱地公司。保留公司本部可使其作为全公司实施改革脱困和下属企业破产的组织主体，对减少社会震动，妥善安置职工，保证改革重组的顺利实施有重要作用。爱地公司原直属农业部，其主要业务包括实业、物业和商贸，资产约占中垦公司的20%、销售收入约占中垦公司的50%（均未计上市公司），近两年每年为国家上缴进出口关税、增值税超过1亿元，一些资产具有潜在的升值前景和一定的经营优势。

二是从事海外农牧业开发、具有一定发展基础和发展前景的企业。主要包括中垦公司和非洲中心在海外的若干投资企业。非洲中心原为农业部直属企业，1998年脱钩后划归中垦公司管理，是我国和几内亚政府间农业合作项目的承办者和中几合资企业的出资人。这些企业具备一定的发展基础和潜力，在政治和外交上有一定影响。保留上述企业并进行整合、重组，对重组后中垦公司的发展和我国与非洲国家的农业经济技术合作是必要和有益的。

三是其他尚有一定有效资产和生存能力并可进行重组的企业。在这次重组中，拟以华信公司为主对若干企业进行整合重组。对保留企业进行改革重组，实施股份制改造，实现产权主体多元化，建立现代企业制度和规范的公司法人治理结构，转换经营机制，强化企业管理，将管理层次由目前的7级压缩到3级以内，并实行主辅分离，精干主体，裁减冗员，安置职工。

重组后的中垦公司的经营业务重点：一是以非洲为重点的海外农牧业开发，整合现有资源，以种养业为基础，逐步发展农畜产品和剑麻等经济作物深加工和产业化经营，结合开展贸易和多种经济技术合作，力争成为我国与发展中国家农业经济技术合作和促进中国农业走向世界的骨干企业；二是以爱地公司为主体，继续从事以农业生产资料和农副产品经营为主的贸易，并发展相关实业，为农业发展提供多种服务，同时与海外的农牧业、加工业的开发相配合，提高发展和竞争能力。

(三)关于中垦公司有关企业破产及重组的组织实施

由于该公司需破产、解散的企业数量较大，保留企业的重组改制、人员分流任务繁重，企业分布在国内各地和国外，情况比较复杂。为稳定顺利实施企业破产和重组，国资委将加强对其改革、重组和企业破产工作的指导，并充分发挥中垦公司班子和企业党组织的作用。有关部门和国有金融机构要密切配合，抓紧落实有关政策。在职职工安置过程中，对有特殊情况地区的破产企业，实行劳动合同制以前参加工作的全民所有制职工，不符合提前退休条件的，可选择领取一次性安置费，自谋职业，不再享受失业保险待遇；或可选择发给经济补偿金，并按规定享受失业保险待遇的办法。建议破产企业所在地的政府积极给予支持，做好有关企业的移交接收和破产企业的稳定等工作。企业破产的实施，根据情况拟采取两种方式：地方政府同意接收的，可以实行先移交后破产，企业破产以地方操作为主，中垦公司配合；地方政府接收有困难的，企业破产操作由中垦公司本部为主组成工作组，地方政府配合，主要负责稳定工作和有关企业办社会职能的移交等。

（撰稿人：孙燕平　杨　磊）

国有企业主辅分离改制分流和分离企业办社会工作

2004年，国有大中型企业主辅分离改制分流工作稳步推进，规范运作，取得一定的成效。

一、2004年主辅分离工作基本情况

(一)工作进展情况

截至2004年12月31日，全国通过主辅分离辅业改制企业分流安置富余人员119万人，其中改制企业安置富余人员80万人，共为辅业改制企业免征税收1.5亿元。

国资委监管的中央企业中共有69家企业上报主辅分离辅业改制总体方案及实施方案，经国资委、财政部、劳动保障部三家联合审核，已经批复55家中央企业的方案。中央企业已批复实施方案(包括第一、二批)共涉及改制单位2740个，拟改制为非国有法人控股企业的2570户，占改制单位总数的93.8%；涉及三类资产总额(账面值)768.4亿元，净资产317亿元；分流安置职工人数为41万人，其中改制企业安置36万人，占涉及职工人数的87.8%；解除劳动关系职工人均经济补偿金4.4万元。

地方国有大中型企业中共有970户实施了主辅分离辅业改制，主要集中在北京市、上海市、黑龙江省、辽宁省、湖北省、四川省、甘肃省等地，分离改制单位3182个，分流安置富余人员78万人，其中改制企业安置职工44万人。

(二)2004年的主要工作

1. 继续完善相关政策。在2003年出台主辅分离辅业改制过程中有关劳动关系调整等政策的基础上，2004年国资委重点在资产处置、规范运作等方面完善了相关政策，有关司局共同研究出台了《关于中央企业主辅分离辅业改制分流安置富余人员资产处置有

关问题的通知》(国资发产权[2004]9号)、《关于企业国有产权转让有关问题的通知》(国资发产权[2004]268号)等有关配套文件。同时,为了加快推进这项工作,国资委办公厅还下发了《关于中央企业主辅分离改制分流情况通报》(国资厅发分配[2004]9号)文件。应该说,自2002年以来一系列关于主辅分离改制分流有关配套文件的出台,基本形成了主辅分离改制分流的完善政策体系,为做好这项工作打下了基础。

2. 及时总结、推广经验。2004年11月,根据国务院再就业工作部际联席会议的安排,国资委会同劳动保障部、财政部、税务总局等四部门在北京联合召开了国有大中型企业主辅分离改制分流工作经验交流会。黄菊副总理对这次会议和主辅分离工作专门作出重要批示。国资委邵宁副主任及劳动保障部、税务总局领导到会并讲话。会议的主要内容是总结交流近两年来国有大中型企业主辅分离改制分流工作的经验、做法,进一步完善相关政策,继续加快推进国有企业主辅分离改制分流工作。全国30个省、市、自治区国资委、劳动保障厅(局)的有关负责同志、88家中央企业有关负责同志共270多人参加了会议。会议还邀请了国土资源部、人民银行、国家工商总局、全国总工会、铁道部、国家邮政总局等部门同志参加。会上,中国石油化工集团公司(以下简称中石化)、中国兵器工业集团公司、河北省国资委、重庆市劳动保障局等10家单位分别介绍了其推进主辅分离工作的经验。此外,2004年国资委还召开了一些小型专题研讨会,及时了解辅业改制进展情况,研究改制过程中出现的问题,指导企业规范辅业改制。

3. 引导辅业企业资产进场交易。《企业国有产权转让管理暂行办法》(国资委、财政部第3号令)下发后,国资委注重引导企业在辅业改制过程中,积极探索辅业企业资产进入产权交易市场公开挂牌交易。一方面,在与中央企业就主辅分离方案有关情况沟通的过程中,积极引导企业探索辅业企业资产进场交易;另一方面,国资委积极与上海联合产权交易所、北京产权交易所、天津产权交易所进行联系,研究中央企业通过产权交易市场实施主辅分离辅业改制的具体操作办法,并形成初步思路,为下一步辅业企业进场交易打下基础。

二、主辅分离工作在国企改革中发挥了重要作用

(一)主辅分离成为企业分流安置富余人员的重要渠道

与过去国有企业采取下岗分流的方式不同,在主辅分离中,从主体企业中分流的富余职工大多数都在改制后的企业中获得了较为稳定的就业岗位,大大缓解了社会再就业的压力。一些辅业企业改制后得到进一步发展,创造出更多的就业岗位,吸纳了更多的富余人员就业,产生了良好的社会效益。中石化辅业改制企业用工总量已由改制初期的3.6万人增加到4.6万人,新增了27.3%的就业岗位。据初步测算,主辅分离政策实施两年来,通过改制分流及新增就业岗位降低失业率大约0.7个百分点。

主辅分离改制分流用较少的改革成本解决了企业大量富余人员问题。据统计,已批复主辅分离实施方案的55家中央企业,其分流安置职工人数(41万人)占企业职工总数(533万人)的7.7%;涉及三类资产总额(768.4亿元)占企业资产总额(41741亿元)的1.8%,相当于用1.8%的资产安置了7.7%的企业富余人员。中石化2001年协议解除劳动合同,人均支付经济补偿、补助金8.16万元,而在主辅分离改制分流中以资产形式支付的经济补偿金人均5.02万元。采用辅业改制的方式分流安置企业富余人员既降低了改革成本,又使大多数分流职工在改制企业中得到安置,改革的推进更加积极、平稳。

(二)主辅分离推动了国有大中型企业的结构调整

国有企业在计划体制下形成的"大而全、小而全"的不合理结构,已成为其参与市场竞争的主要障碍之一。主辅分离改制分流正在逐步化解这一历史遗留问题。据初步统计,中央企业已批复的辅业改制单位中,机械、制造、修理、印刷等中小加工类单位占改制单位总数的32.2%;餐饮、娱乐、商贸、旅游等多种经营、服务类单位占26.6%;建筑、房地产、监理、设计、安装等单位占6.9%;客货运输类单位占14.2%;医院、技校、物业等社会服务单位占13.7%;其他单位占

6.4%。这些辅业资产的剥离，促进了国有大中型企业的结构调整与优化，为主体企业将有限资源、资金集中到核心业务上创造了条件。鞍山钢铁集团公司(以下简称鞍钢)在岗职工11.6万人，直接从事钢铁生产的职工只有3.2万人。鞍钢非钢产业资产占集团公司总资产40%，人员占集团公司职工总数的72%，但实现销售收入、利润分别占集团公司销售收入、利润的15%、4%。鞍钢主辅分离辅业改制工作正在实施过程中，其辅业改制全部完成后，从业人员将减少一半以上。

(三)主辅分离为解决部分国有企业的上市公司与存续企业并存的问题提供了现实途径

在过去国有企业股份制改革中，大多数企业都是将优良资产重组改制上市，而将大量不良资产和富余人员留在存续企业，这种“二元结构”导致上市公司难以规范运作，也是困扰我国股市的顽疾。主辅分离为这些企业解决历史遗留问题提供了现实途径。东方电气集团公司下属的东方锅炉厂1988年股份制改制后，母体企业承接了辅助生产、生活后勤、社会职能等非经营性资产和大量冗员，不得不依赖上市公司生存，辅业无活力，主业难发展。主辅分离政策出台后，东方锅炉厂将实施主辅分离与妥善解决存续企业的问题结合起来，经过近两年的努力，所属10个辅业单位改制工作全部完成，存续企业连同富余人员已全部脱离主体企业进入市场。10个辅业单位共涉及三类资产净资产1.15亿元(含土地资产2200万元)，分流安置职工1936人，其中改制企业安置1392人。10家改制企业改制后第一季度全部实现盈利，主业企业东锅股份公司卸掉包袱后也得到更快发展，市场竞争力显著提高，其产品已占据国内大型电站锅炉产品市场的1/3，并出口到巴基斯坦等十余个国家。

(四)主辅分离利用多种方式推进产权多元化，盘活大量的存量资产

大多数辅业企业改制后以多种方式实现了产权多元化，增强了企业活力和发展后劲。据统计，中央企业已批复的辅业单位中93.8%的单位改制为非国有控股公司，其中职工股占总股本的57%，国有法人股占18%，非国有投资者占15%。产权明晰使得改制后的企业经营机制发生了深刻变化，企业市场竞争意识、生存危机意识大大增强，与原主体企业的关系也由过去的“等、靠、要”转变为“主动上门服务”。中石化燕山石化客运公司改制后，根据用户需求全面调整公交线路，生产厂房建设到哪里，职工班车就延伸到哪里；职工小区开发到哪里，公交线路就延伸到哪里。中国石油天然气集团公司廊坊管道厂改制后，在继续巩固内部市场的同时，积极拓展外部市场，争取更大的生存发展空间，业务量大幅度增长，改制一年后销售收入由原来80%依赖主体企业转变为80%来自于外部市场。

一些企业还积极探索多种方式引进外来投资者，规范改制企业的治理结构。上海宝钢集团公司建设公司在改制中，通过上海联合产权交易所公开竞价实施产权转让，外来投资者与原企业管理层、技术骨干分别按60%和40%受让国有产权，整体转让价格高出净资产评估价近2000万元，国有资产增值率达28.5%，实现了国有资产的保值增值。建设公司通过产权市场整体产权转让，公开、公正、公平地引入战略投资者，既实现了国有资产的保值增值，资源的优化配置，又妥善安置了1200多名职工，切实保护了职工的利益。

三、主辅分离工作存在的主要问题

(一)主辅分离改制分流在实践中进展不平衡

从中央企业情况看，电力、铁路等行业由于整体结构调整尚未到位，主辅分离改制分流工作还没有启动；石油石化、电信等垄断性行业的主辅分离改制分流工作难度较大，需要与其他各项改革配套推进；邮政等行业由于自身困难较大，这项工作刚刚启动。由于各地国资委成立时间短，人员、职能到位较晚，相关工作需要衔接，因此多数地区主辅分离工作还刚刚起步。目前相当部分国有大中型企业的主辅分离工作还处在起步阶段。

(二)国有企业人员分流任务仍十分艰巨

根据2003年6月所做的调查显示，共有106户中央企业准备实施主辅分离改制分流，共涉及三类资产总额 3646.3 亿元，富余人员 181.9 万人。2004 年中央企业实施主辅分离涉及的资产和人员占总体规模的 1/5 左右。随着国有企业改革的推进和认识的深化，分流安置富余人员的任务还会进一步增大。据初步测算，中央和地方国有大中型企业还有约 300 万职工拟通过主辅分离政策进行分流安置，其中中央企业需要分离的富余人员达 160 万人左右。

（三）主辅分离改制分流工作政策性强，操作难度大

由于辅业企业的资产人员情况复杂、经营条件各异，且辅业改制涉及职工劳动关系和资产的处置等深层次问题，需要做大量的准备工作。如鞍钢为保证辅业改制平稳进行，先期进行了近一年的模拟改制，然后才开始正式实施。从调查情况看，辅业改制企业从启动到完成改制操作周期至少需要 8 个月的时间。

同时企业在操作过程中遇到的难点问题，如债转股企业问题、土地问题、属地化管理问题等需要进一步研究，协调相关部门意见，提出解决办法，通过政策的完善化解政策层面的障碍，推动这项工作的全面开展。

（四）主辅分离相关政策的有效期问题

2003 年全国再就业工作座谈会后，根据中央领导同志的讲话精神，财政部等部门联合下发了《关于促进下岗失业人员再就业税收优惠及其他相关政策的补充通知》（财税［2003］192 号），明确规定凡在 2005 年底之前实施主辅分离、辅业改制的国有大中型企业，其兴办的经济实体符合中发［2002］12 号文件优惠政策条件规定的，均可享受 3 年的税收优惠。由于主辅分离改制分流工作的艰巨性和复杂性，国有大中型企业要在 2005 年年底之前完成主辅分离辅业改制工作有很大难度。为保持政策的连续性，更好地推进主辅分离工作，各地和中央企业（包括人大代表建议和政协委员提案）都建议适当延长主辅分离政策的时限。国资委也积极向有关部门及国务院反映有关情况，建议国有大中型企业主辅分离相关扶持政策的有效期适当延长。

四、分离企业办社会职能工作的进展情况

2004 年 3 月，国务院办公厅下发了《国务院办公厅关于中央企业分离办社会职能试点工作有关问题的通知》（国办发［2004］22 号），决定对中石油、中石化、东风汽车 3 户中央企业进行分离企业办社会职能的试点。财政部、国资委会同国务院有关部门、试点企业以及有关省市各级人民政府，认真贯彻国办 22 号文件精神，积极稳妥推进分离企业办社会职能工作。在有关各方的共同努力下，目前试点工作已全部完成。

（一）3 户试点企业分离办社会职能移交情况

中石油、中石化、东风汽车 3 户试点企业分离办社会职能工作共涉及 27 个省（区、市），共计移交中小学 729 所，公检法机构 125 个，移交在职职工 70069 人（其中中小学 62032 人，公检法 8037 人），离退休教师 23717 人。

3 户试点企业移交机构的资产总额 43.38 亿元，中央财政核定经费补助基数 43.2 亿元，其中，移交机构补助经费总额为 38.7 亿元，人均 5.52 万元/年（其中：中小学 32.53 亿元，人均 5.24 万元；公检法 6.19 亿元，人均 7.7 万元）；离退休教师经费补助总额为 4.5 亿元，人均 1.91 万元/年。

（二）国务院各有关部门、地方政府及试点企业高度重视，精心组织，圆满完成试点工作的各项任务

国办 22 号文件下发后，财政部、国资委领导高度重视，将组织、协调和推动移交试点工作作为国务院交办的一项重要任务来抓，并始终注意处理好改革与稳定的关系。部委领导亲自指导和组织协调分离工作中出现的重大问题，协调解决移交工作中遇到的困难，比较圆满地完成试点工作任务。在移交试点工作中，重点抓了以下几个方面的工作：

一是统一思想，提高认识。国办 22 号文件下发之后，财政部与国资委联合国务院各有关部门、最高人民法院、最高人民检察院，于 2004 年 4 月 28 日在京召开了中央企业分离办社会职能试点工作会议，对试点工作进行全面部署。通过这次会议，把大家的思想统一到国办 22 号文件的精神上来，对顺利推进试点

工作奠定了坚实的思想基础。

二是严密组织，周密部署。为全面启动试点工作，财政部下发了《财政部关于下发〈2004年移交地方政府管理中央企业办社会职能经费补助情况对账表〉的通知》(财企[2004]64号)，要求各有关省(区、市)及计划单列市的财政部门对移交机构的经费补助情况进行核对，为移交工作的顺利开展做好基础性工作。为确保如期完成试点工作，根据4月28日会议精神，财政部会同国资委联合下发了《关于做好中央企业分离办社会职能试点工作的有关问题的通知》(财企[2004]98号)，从时间进度安排、移交机构及人员的核实、经费补助的核对等方面，对试点工作提出了具体要求。

三是严肃政策、把握原则。在试点工作中，坚持按国家统一政策要求，实施整体部署、履行程序、签署协议、平稳移交。针对试点过程中遇到的矛盾和问题，通过电话解答、参加企业召开的座谈会、召集企业及地方政府有关部门共同协商等方式进行政策解释，统一对重大政策的把握尺度和移交工作的操作方式，把对政策的理解统一到国办22号文件的规定上来。为组织指导好试点企业下属各单位认真做好分离企业办社会职能工作，我们要求试点企业结合本公司的实际情况，在认真调查研究的基础上，结合国办22号文件规定，组织制定了分离企业办社会职能试点工作实施细则和移交协议参考文本。

四是加强协调、强化沟通。为及时了解试点工作的进展，我们派人定期与试点企业及各有关省(区、市)进行沟通，了解数据核对工作和协议签署工作的完成情况。为使试点企业与地方政府尽快就移交事项达成一致意见，财政部多次召集试点企业与地方政府有关部门共同协商。对山东省、河南省两省与移交单位在政策理解、补助基数核定等问题的认识和要求出现重大差异，移交协议久拖不签的情况下，财政部企业司主要负责人亲自赴山东省、河南省，现场办公协调，较好的解决了矛盾和问题。

五是认真核定经费基数，及时办理相关划转手续。为做好移交机构经费补助基数的核定工作，财政部在地方财政部门与试点企业对账的基础上，对双方协议确定的经费补助基数与下发的《对账表》中相关数据的差异逐项予以核对。同时财政部会同试点企业，就涉及移交机构人员最多的黑龙江省、山东省、河南省等省的有关数据进行了实地核查。在认真审核移交机构经费补助基数的基础上，及时下发划转文件，确保了移交工作的按期全面完成。

分离企业办社会职能，是一项十分复杂的工作，涉及中央与地方、国家与企业、企业与职工等多方面的利益关系。地方人民政府及试点企业普遍反映，国办22号文件规定的政策，充分考虑了地方利益、广大教师的利益及移交后中小学、公检法等单位事业发展的需要，为企业办中小学、公检法机构移交地方政府管理奠定了现实、可操作的政策基础。各级人民政府和试点企业对分离政策和资金补助办法给予了充分肯定，以教人员的利益也得到了保证。

中石油、中石化、东风汽车3户企业所办中小学、公检法机构移交地方管理后，从体制和机制上解决了企业改革发展中存在的问题，为企业提供了一个公平竞争的环境。同时，试点工作的顺利完成，为第二批分离企业办社会职能工作的组织实施积累了经验、奠定了很好的基础。

(三)分离办社会试点工作中的历史遗留问题

试点工作中，地方政府和试点企业也反映了一些问题，最为突出的是22号文件下发前已经移交的机构政策上的衔接问题。

近年来，依据国家有关政策，3户试点企业主动与地方政府协商，先期移交了部分社会职能。据了解，2004年1月1日以前，中石油所属部分企业与地方政府协商，已先期移交中小学和公检法机构共33个，移交人员2266人，移交前一年企业实际补助支出10524万元，双方商定过渡期内平均补助经费8754万元；中石化已移交中小学和公检法机构7个，移交职工172人，移交前一年企业实际补助支出1938万元，双方商定过渡期内年平均补助经费1435万元。从目前情况来看，先期移交机构存在的遗留问题较多，一是移交经费负担方式不尽相同，尚未从根本上解决企业的社会负担。如四川省、新疆维吾尔自治区、陕西省等地企业承担3～5年过渡期费用，辽宁省除企业承担3～5年的过渡期费用外，还增加了1%的地方教育费附加，青海省和甘肃省则仍由企业全额承担费用；二是同一企业、同一省区存在前后移交政策不一致的问题。四川省等地的部分教师已联名写信上访要求享受同等待遇，企业和地方政府面临的稳定压力增大；三是由于先期移交与按国办22号文件移交在经费负担政策上差异较大，地方政府反映强烈。

五、分离企业办社会职能工作下一步的主要任务

3户试点结束后，将按照中央的统一部署，于2005年全面启动第二批中央企业分离企业办社会职能工作，主要任务是将中央企业所属的全日制普通中小学、公检法机构，一次性移交地方政府管理，由中央财政通过转移支付方式给予补贴。企业医院、市政机构、消防机构、社区机构、生活服务单位等其他社会职能单位的分离问题，由企业与地方政府根据实际情况协商决定，鼓励企业办社会机构通过市场化改革进行分离。

各省及省以下国有企业分离办社会职能工作将按原国家经贸委等6部门下发的《关于进一步推进国有企业分离办社会职能工作的意见》(国经贸企改[2002]267号)精神，其分离成本由同级财政与企业共同负担，采取3～5年过渡的办法，将企业办社会机构从企业中分离出来。

（撰稿人：李燕斌　杜崇敏　王黎梅　吕关发　刘续浩　刘新伟）

中央企业收入分配制度改革

一、中央企业收入分配基本情况

2004年，中央企业收入分配调控工作紧紧围绕工资总量调控和分配制度改革两条主线，以审核工效挂钩方案和核定工资总额计划为手段，加强了对中央企业工资总量的管理调控，同时积极探索人工成本管理调控方式方法；以推动高新技术企业股权激励和规范境外上市公司股票期权试点为切入点，探索按生产要素分配的途径和方式；以指导和规范企业建立年金制度等为依托，完善企业薪酬福利结构。总体来看，各项工作取得了积极进展，切实发挥了国有资产出资人对收入分配的指导、调节和监督、约束作用。

2004年，通过收入分配调控，中央企业基本建立了工资增长与经济效益相联系的机制，职工的收入水平随企业经济效益的提高稳步增长。据统计，当年中央企业职工平均人数1001.29万人，比2003年的994.57万人增长0.68%；职工工资总额2881.51亿元，比2003年的2404.81亿元增长19.82%；职工平均工资28778元，比2003年的24179元增加了4599元，增长19%。从总体上看，中央企业职工工资总额增长(19.82%)低于同期实现利润总额增长幅度(61.9%)，职工平均工资增长(19%)低于人均利润增长幅度(63%)和工业增加值计算的劳动生产率增长幅度(28%)，符合“两低于”原则的要求。

二、中央企业收入分配调控的主要工作

(一)按照出资人职责要求，继续改进完善中央企业工资总量管理调控办法

一是改进完善工效挂钩办法。目前，工效挂钩办法仍然是出资人对所监管企业工资分配总体水平依法进行调控的主要方式，也是促进企业建立职工工资正常增长机制的有效方式。2004年，国资委印发了《关于做好2004年度中央企业工资总额同经济效益挂钩工作的通知》(国资分配[2004]1121号)，安排部署了2004年度中央企业工效挂钩申报工作，重点指出从2004年起中央企业全面取消单一实物量指标的挂钩办法，并且按照政策要求严格审核了方案，同时采取与财务决算同步审核、分批逐户清算的办法，对企业年度效益工资进行了清算，对个别企业违反政策规定超提超发工资总额情况进行了监督检查，提出了处理意见。截至2004年底，实行工效挂钩的中央企业有130户，其中，老挂钩企业125户，新挂钩的企

业5户。据统计,130户挂钩企业职工总数近822万人,占中央企业总人数的82%。实行工效挂钩办法,促进了中央企业经济效益与收入分配的平衡增长,对中央企业工资分配工作的健康合理开展起到了重要作用。

二是改进工资总额计划管理办法。按照分类指导的原则,国资委继续对工资总额计划管理办法进行改进完善,逐步从单纯的行政审批方式过渡为运用市场机制引导企业的分配行为。其中,对主要实行工效挂钩的中央企业实行工资总额计划备案制,取消对其工资总额的提取和发放进行"双控"的办法;对未实行工效挂钩的中央企业,按照建立工资总额与经济效益相联系机制的要求,根据经济效益预计情况、行业特点和人工成本承受能力,参考劳动力市场价位和地区、行业职工收入水平及当地政府颁布的工资指导线等因素继续编制工资总额计划。

三是对少数境外中央企业及境内产权多元化股份有限公司,探索实行工资总额预算管理办法,调控企业收入分配水平。

四是进一步明确了工资总量管理调控的范围。按照管资产与管人、管事相结合的原则,2004年,中央企业工资总量管理的范围逐步同财务决算合并会计报表的范围相一致,中央企业控股的企业逐步纳入到国资委工资总额计划(预算)管理的范围内,初步理顺了调控范围,加大了对所出资企业的收入分配调控力度。

(二)积极探索管理、技术等生产要素按贡献参与收益分配的实现方式,指导中央企业逐步建立中长期激励机制

一是启动境内非上市高新技术企业股权激励试点。2004年,国资委以落实《国务院办公厅转发财政部、科技部关于国有高新技术企业开展股权激励试点工作指导意见的通知》(国办发[2002]48号)为契机,抓紧研究生产要素按贡献参与收益分配的实现方式,建立对科技人员和关键岗位职工的有效激励机制。按照《关于高新技术中央企业开展股权激励试点工作的通知》(国资厅发分配[2004]23号),对高新技术中央企业股权激励试点工作进行了安排部署。同时,本着严格规范、稳妥推进的原则,对申报试点企业的资格、股权结构、研发力量、经济效益、制度建设、发展战略、股权激励方案等情况逐项进行了审核,试点工作初步启动。

二是研究拟订境外上市中央企业实施股权激励规范性意见。为适应中央企业改制重组境外上市的需要,完善公司法人治理结构,深化薪酬制度改革,指导境外上市中央企业实施股票期权、股票增值权计划,2004年,国资委研究拟订了《国有控股境外上市公司实施股权激励试行办法》,规范了期权激励计划的拟订、申报和管理工作。同时,对有关中央企业中长期激励方案进行了认真审核,规范了企业操作规程,维护了出资人权益。

(三)加强人工成本控制,规范中央企业收入分配行为

针对部分中央企业收入分配中存在的问题,为加强人工成本管理,规范收入分配行为,2004年,国资委印发了《关于加强人工成本控制、规范收入分配有关问题的通知》(国资分配[2004]985号),从加强中央企业人工成本管理的角度,强调加强收入分配宏观调控工作,理顺出资人、企业和职工三者分配关系,规范各项分配政策,确保国有资产保值增值。重点是建立中央企业收入分配重大事项审核报告制度,从源头上严格控制人工成本增长。同时,深化内部分配制度改革,逐步建立起有利于实现国有资本保值增值的激励约束机制。

(四)加强中央企业收入分配调控机制和管理办法理论研究

为推进中央企业收入分配制度改革,探索建立中央企业收入分配调控机制,2004年,国资委顺利完成《中央企业收入分配调控机制与管理办法》课题研究,通过对中央企业收入分配制度改革进行全面的历史回顾、现状分析以及对中央企业人工成本管理、生产要素参与收益分配、董事会决定收入分配、企业年金、三项制度改革等重点难点问题的深入研究,初步形成了下一步完善中央企业收入分配的调控机制和管理办法的政策思路。

三、中央企业收入分配调控工作主要安排

基本思路是：进一步加强中央企业收入分配宏观调控，逐步实现分配调控制度化、规范化管理。改进完善工资总量调控办法，健全人工成本管理调控和预测预警机制，引导企业建立健全收入分配约束机制；进一步深化中央企业薪酬制度改革，完善股权激励等中长期激励机制和企业年金等福利保障制度，指导中央企业建立与现代企业制度相适应的薪酬制度，逐步建立起有利于实现国有资本保值增值的薪酬激励机制。

（一）探索运用人工成本调控企业工资总量的办法

一是按照履行出资人职责的要求，在对现行工效挂钩办法改进完善的基础上，改革调控方式，探索运用人工成本调控企业工资总量的办法。目前，已选择少数具备条件的中央企业，进行人工成本调控企业工资总量改革办法的试点。同时，引导企业树立利润最大化理念，探索建立工资总额与国有资本保值增值相联系的机制，强化企业自我约束。

二是探索运用人工成本调控企业工资收入总体水平，引导企业建立健全内部分配约束机制。研究拟订《中央企业人工成本管理调控暂行办法》，并择时下发，逐步实现从传统的单一工资总量管理方式向全口径人工成本管理调控转变。参照对比同行业人工成本水平，通过对人工成本占成本费用总额、劳动分配率、人事费用率等人工成本投入产出指标的分析、预测，加强企业人工成本控制，对企业收入分配进行调节，规范分配行为，调控分配水平，引导企业建立健全收入分配的自我约束机制。同时，研究拟订人工成本管理与业绩考核相结合的管理办法，将人工成本占成本费用总额的比例或劳动分配率、人事费用率作为对企业负责人业绩考核的辅助指标之一，切实将人工成本管理与业绩考核工作紧密挂起钩来。

（二）分类指导，逐步构建中央企业中长期激励机制

为加大对企业关键人才的激励力度，积极探索股权激励的多种方式和途径，按照分类指导的原则，点面结合、以点带面，多渠道、多方式探索建立股权激励等中长期激励方式方法。总体思路：

一是继续启动高新技术中央企业股权激励试点工作。通过启动试点，切实发挥股权激励对鼓励科技创新，推动高新技术企业建立现代企业制度、加速科技成果产业化，促进高新技术产业改革和发展，充分调动企业科技人员创新的积极性的作用。下一步将对试点组织实施情况及时进行跟踪了解，研究试点过程中出现的新问题、新情况，并及时总结试点经验。另外，按照有关文件精神，将转制科研院所探索实行股份期权、岗位分红权等多种激励方式纳入到试点工作中统筹考虑，积极推进转制科研院所整体产权制度改革。

二是积极研究境内、外上市公司实施股权激励的方式和途径。根据前期研究拟订的境外上市中央实施股权激励的指导意见，在总结境外上市公司期权激励的经验、做法的基础上，结合目前境内相关法律法规及上市规则要求，拟与中国证监会等相关部门协调，拟订境内上市国有企业实施股权激励的规范性意见，促进企业完善法人治理结构，深化薪酬制度改革。

三是研究制定中央企业建立企业年金制度指导意见，完善薪酬结构。企业年金是现代薪酬体系的重要组成部分，直接涉及出资人利益，同时，建立企业年金制度也是完善中央企业负责人薪酬制度，建立中长期激励机制的一个重要方面，特别是在目前境内企业无法实行股票期权、股票增值权等激励机制的情况下，通过建立企业年金制度，有利于构建中央企业负责人中长期激励机制。目前各中央企业在执行政策、保险水平等方面差异较大，并且资金渠道不一。下一步拟在调查研究的基础上，提出规范、完善的意见，对企业年金制度进行研究和规范，指导企业建立健全薪酬体系，提高企业职工保障水平，增强企业的凝聚力，稳定职工队伍。

四、中央企业负责人薪酬管理工作情况

为了建立和完善经营者激励约束机制，深化国有企业改革，解决现有薪酬制度存在的激励力度不足的问题，充分调动经营者的积极性，2004 国资委在广泛研究、听取各方面意见的基础上，配套制定了与经营者的业绩考核相适应的《中央企业负责人薪酬管理暂

行办法》(以下简称《暂行办法》)和《中央企业负责人薪酬管理实施细则》(以下简称《实施细则》),并开始在中央企业中试行。《暂行办法》和《实施细则》对薪酬水平、薪酬结构、薪酬确定方式、薪酬兑现等问题提出了明确的要求和详细规定。

(一)薪酬水平

确定企业负责人薪酬水平,需要综合考虑各方面的利益关系和承受能力,难度很大。起步阶段的平均年薪水平,应根据经营业绩考核责任制的确立有所提高,适当加大激励力度,但提高的幅度宜小不宜大,要与社会和职工的承受能力相适应,并为今后实行中长期激励方式留有余地,《暂行办法》在考虑企业主要负责人(一把手)2004年平均年薪水平时,既考虑到了充分调动企业负责人和职工两方面积极性的同时,也考虑到2003年各中央企业负责人薪酬的实际增长因素,设计出的企业负责人的薪酬水平与2003年的实际薪酬水平大致相当,与企业职工工资水平的差距没有进一步扩大。

(二)薪酬结构

中央企业负责人薪酬包括基薪、绩效年薪和中长期激励三个单元,起步阶段的年度薪金暂由"基薪+绩效薪金"两部分组成。基薪主要反映企业负责人承担的经营责任及难度;绩效年薪根据考核结果确定,在考核分数为平均分数的情况下,基薪与绩效年薪的比例为4:6。对于工作难度较大的股权激励和补充保险等中长期激励方式,将从2005年起着手研究。

(三)薪酬确定方式

基薪的确定主要考虑两组因素:一是规模因素,包括企业总资产、净资产、销售收入和实现利润等指标;二是收入因素,包括本企业职工平均工资、行业平均工资、当地企业职工平均工资等指标。基薪是按月等额支付。

绩效薪金与年度企业经营业绩考核结果紧密挂钩,根据"利润总额"和"净资产收益率"等指标的完成情况确定。并依据业绩考核结果分为五档,最低一档的绩效年薪为零(未完成经营指标),设计最高的一档为基薪的2到3倍,平均绩效年薪控制在基薪的1.5倍左右。

(四)薪酬兑现

企业负责人的基薪是按月等额支付,绩效薪金在考核结果确定后,60%当期兑现,其余的40%在任期结束后,根据考核与离任审计的情况延期兑现。

五、关于中央企业负责人薪酬制度改革的工作设想

经过近一年的工作,中央企业负责人薪酬制度改革已经有了一个良好的开端。对于落实国有资产经营责任制,全面实行经营业绩与奖惩挂钩的配套改革,体现国有企业负责人贡献和价值,稳定国有企业人才队伍,促进企业提高核心竞争力和实施可持续性发展都具有十分重要的意义。下一步随着企业各项配套改革的不断深化,薪酬管理办法将重点分四个方面进一步完善提高:一是要进一步完善薪酬管理暂行办法。目前的薪酬管理暂行办法还只是一个过渡的办法,存在许多不足之处,需要在实践中不断完善和补充。二是要研究中长期激励问题,将企业负责人的薪酬与企业的中长期目标结合起来,促进企业的可持续发展。三是要研究规范企业负责人职位消费。四是积极探索符合建立现代企业制度要求的企业负责人薪酬管理体制。对国有独资公司董事会试点企业,国资委作为出资人,将按照《公司法》的要求,只确定董事薪酬;对市场化选聘的经营者,要参照劳动力市场价位,通过双方协商的方式确定薪酬。

(撰稿人:殷长波　麻　健　来　婷　孔繁新
史晓岩　刘新伟　李浩刚)

做好企业经营业绩考核工作　落实国有资产监督管理责任

党的十六届三中全会《决定》明确指出:"国有资产管理机构对授权监管的国有资本依法履行出资人

职责，维护所有者权益，维护企业作为市场主体依法享有的各项权利，督促企业实现国有资本保值增值，防止国有资产流失。建立国有资本经营预算制度和企业经营业绩考核体系。”这是党的十六届三中全会提出的新形势下完善国有资产管理体制，深化国有企业改革的一项重大战略任务。

对于国资委而言，以出资人的身份建立中央企业负责人的业绩考核制度，是一项全新的工作，也是我国国有资产监管体制中一项全新的制度安排。在中央企业和社会各方面的支持下，2003 年 11 月 25 日，《中央企业负责人经营业绩考核暂行办法》(以下简称《办法》)正式颁布执行。2004 年国资委同全部中央企业负责人签订了 2004 年年度经营业绩责任书，这标志着中央企业负责人经营业绩考核制度正式建立。经营业绩考核制度的建立，大大增强了中央企业负责人经营的责任和压力。2004 年，在宏观经济政策和市场需求的拉动下，在关键绩效指标考核的带动下，经过中央企业上上下下扎实工作，中央企业整体经营业绩创造了历史新高。

一、中央企业业绩考核制度的建立及其初步效果

(一)建立中央企业经营业绩考核制度的必要性

1998 年以来，我国工业经济规模不断扩大，工业增长的速度、质量和创利水平均有很大提高。1998～2002 年，规模以上工业增加值年均增长 10.3%，在国内生产总值中的比重从 24.8%上升到 30.7%，提高了 5.9 个百分点；企业户数从 1998 年的 16.5 万户增加到 2002 年的 17.9 万户，总资产由 1998 年的 10.9 万亿元增加到 2002 年的 14.5 万亿元；资产负债率从 63.7%下降到 58.7%；实现利润从 1458 亿元增加到 5620 亿元；亏损企业户数从 1998 年的 4.8 万户减少到 2002 年的 3.8 万户。

同时，国有企业改革取得了实质性进展，总体实力在改革与调整中不断增强。1998～2002 年，国有及国有控股工业企业户数从 6.5 万户减少到 4.3 万户，但总资产由 7.5 万亿元增加到 9 万亿元，资产负债率由 64.3%下降到 59.2%；实现工业增加值年均增长 8.4%，在国内生产总值中的比重由 14.1%上升到 16.2%，提高了 2.1 个百分点；实现利润从 525 亿元增加到 2636 亿元；亏损企业从 2.6 万户减少到 1.5 万户。

国有经济战略性调整取得显著成效，经济质量和效益不断提高，在整个国民经济和社会发展中发挥着十分重要的作用。到 2002 年底，我国国有资产总量达到 11.83 万亿元，其中经营性国有资产 7.69 万亿元，占 65%；非经营性国有资产 4.14 万亿元，占 35%；15.9 万户国有及国有控股企业的资产总额达 18.02 万亿元，实现利润 3786.3 亿元，上缴税金 6794.1 亿元。

但是，也应该清醒地看到，我国国有经济和国有企业在市场经济改革的进程中，暴露出最主要的问题就是经营效率不高、竞争能力不强。国有企业和国有经济的效率问题，直接关系到国有企业和国有经济在市场经济中的生存和发展，是建立社会主义市场经济体制中一个带有根本性质的问题。关于国有企业和国有经济效率低下的问题，各个方面都有不少分析，在这里用几组数据进行说明。

2002 年，中国进入世界 500 强的 11 家境内企业，与世界发达国家企业相比，规模普遍偏小，其中：中国石油天然气集团公司营业收入 3792 亿元、资产 7361 亿元，仅相当于美国艾克森美孚公司营业收入和资产的 25.1%和 58.3%；中国一汽集团公司营业收入 1272.4 亿元、资产 1260.6 亿元，只相当于美国通用汽车公司营业收入和资产的 8.2%和 4.1%；中国移动通信集团公司营业收入 1637.3 亿元、资产 3684.7 亿元，只相当于日本电报电话公司营业收入和资产的 22.1%和 26.7%。

2002 年，中国企业 500 强同世界 500 强相比，平均人均营业收入只是世界 500 强的 12.9%，人均利润只是世界 500 强的 29.6%，人均资产只是世界 500 强的 1.57%，中国企业 500 强平均利润水平只是世界 500 强的 12.06%。

造成国有企业经营效率低下的原因有很多，但最重要的一个原因应当是出资人不到位，国有资产经营中的委托代理关系没有理顺，国有资产经营的约束和激励机制没有真正建立起来，国有企业负责

人的经营责任没有真正落实。不论是国有中央企业还是地方企业，企业负责人普遍存在“任命没有任期，任期没有目标，考核缺乏标准，考核与奖惩不挂钩”等问题。一句话，就是“干好干坏一个样”，如果不能从制度上真正建立起约束和激励相对称的严约束、强激励的机制，国有企业和国有经济效率低下的问题，就不可能从根本上加以解决。

在“2003 北京并购重组国际高峰论坛”会上，德勤会计师事务所首席执行官 William G. Parrett 先生对业绩考核的重要性有一句十分精彩的表述：“加强国有资产经营责任制，建立科学的经营业绩考核体系，比资产负债表更为重要。”

正因为如此，中央在十六大报告中明确指出，“改革国有资产管理体制，是深化经济体制改革的重大任务。”“建立中央政府和地方政府分别代表国家履行出资人职责，享有所有者权益，权利、义务和责任相统一，管资产和管人、管事相结合的国有资产管理体制。”党的十六届三中全会又专门就完善社会主义市场经济体制若干问题作出了重大决定。《决定》进一步明确指出：“国有资产管理机构对授权监管的国有资本依法履行出资人职责，维护所有者权益，维护企业作为市场主体依法享有的各项全力，督促企业实现国有资本保值增值，防止国有资产流失。建立国有资本经营预算制度和企业经营业绩考核体系。”

2003 年 5 月 27 日国务院颁布的《企业国有资产监督管理暂行条例》，对建立国有资产经营业绩考核制度作出了明确具体的规定，《条例》第十八条规定：国有资产监督管理机构应当建立企业负责人经营业绩考核制度，与其任命的企业负责人签订业绩合同，根据业绩合同对企业负责人进行年度考核和任期考核。第十九条规定：国有资产监督管理机构应当依照有关规定，确定所出资企业中的国有独资企业、国有独资公司的企业负责人的薪酬；依据考核结果，决定其向所出资企业派出的企业负责人的奖惩。

因此，建立和完善企业经营业绩考核体系对深化国有资产监督管理具有极其重大的深远意义。业绩考核是贯彻落实党的十六大、十六届二中全会和三中全会精神的重要举措，也是国有资产管理体制改革的一项全新的制度安排。

（二）中央企业经营业绩考核制度的基本框架

中央企业无论是从规模、行业，还是从地区、企业的发展基础来看，差别都是很大的。因此，建立一套既符合中央企业实际，又能体现权利、义务和责任相统一，管资产和管人、管事相结合，落实国有资产保值增值责任的国有资产经营业绩考核制度，是国务院国资委成立之后面临的一个极具挑战性、极具探索性的难题。

为了使考核体系更加科学、规范、具有可操作性，在国资委成立之后的半年多时间里，国资委业绩考核局走访、调研了全部中央企业，并多次组织召开座谈会，听取有关方面对考核工作和办法草案的意见、建议，在反复深入调查研究，经过半年多的努力，数易其稿，《中央企业负责人经营业绩考核暂行办法》终于在 2003 年 11 月 25 日，以国资委 2 号令的形式正式颁布执行。2004 年国资委分三批同 187 户中央企业负责人签订了 2004 年年度经营业绩责任书。这标志着中央企业负责人经营业绩考核制度正式建立。

从总体上看，国资委出台的《中央企业负责人经营业绩考核暂行办法》的主要思路是：“年度考核与任期考核相结合、结果考核与过程评价相统一、业绩考核与奖惩紧密挂钩”；遵循的原则是：“依法考核、分类考核、激励与约束机制相结合”的考核原则；考核的方式是：采取国资委与中央企业负责人签订经营业绩责任书的方式进行。

考核办法特别注意了中央企业的行业、规模、资产质量和发展基础的差异，设计了共性要求和个性特点相结合的考核指标体系。考核指标分为基本指标和分类指标两类，基本指标主要是反映出资人关心的资产回报率指标，分类指标主要是反映企业和行业特点的差异性指标。在指标的总体设计上，既要体现基本指标和分类指标相结合，年度指标和任期指标相衔接，又要体现两类指标相联系但又不重复的原则。

从出资人的角度，基本考核指标的选择主要考虑以下几个原则：经营利润最大化原则；经营效率最优化原则;可持续发展原则;资产保值增值原则。我们共选择了四个基本指标:年度基本指标放在经济效益和资产经营效率上,选择了年度利润总额和净资产收益率两个基本指标。任期基本指标放在企业国有资产保值增值和可持续发展能力上,选择了国有资产保值增值率和三年主营业务收入平均增长率两个基本指标。

从出资人和经营者相结合的角度,对分类考核指标的选择主要考虑了以下几个原则:兼顾行业和企业特点原则;鼓励创新原则;规范、可量化原则;同基本指标钩稽嵌套原则。

为了体现考核指标"少而精"的原则,国资委强调要抓住关键绩效指标,原则上每个合同考核指标均不超过四个。

(三)2004年经营业绩考核的初步效果

经营业绩考核制度的建立,大大增强了中央企业负责人经营的责任和压力,不少企业也按照国资委的考核办法,实行了从总公司到子公司一直到基层岗位的经营业绩责任制,初步构建起了自上而下的"硬约束、强激励"的考核体系。

在宏观经济政策和市场需求的拉动下,在关键绩效指标考核的带动下,经过中央企业上上下下扎实工作,2004年中央企业整体经营业绩创造了历史新高。

1.主要经济指标创历史新水平。2004年中央企业实现销售收入5.55万亿元,增长25.8%;实现利润4785亿元,增长57.6%;净资产收益率8.9%,增加2.9个百分点;全员劳动生产率15.5万元/人年,提高了3.1万元/人年。

2.主要产品产量创历史新纪录。中央企业主要产品产量在全国占有相当比重,原油产量接近1.75亿吨,占全国产量的99%,乙烯产量608万吨,占全国的97%,原煤产量1.9亿吨,占全国的9.6%,发电量8606亿千瓦时,占全国的39.4%,汽车242万辆,占全国的47.7%,钢产量4875万吨,占全国的18%,发电设备3721万千瓦,占全国的52%,民航运输总周转量190亿吨公里,占全国的82%。

3.企业规模实力和市场竞争能力迈上新台阶。资产总额9.19万亿元,比上年底增长12.3%;总负债5.25万亿元,增长12.6%;净资产3.95万亿元,增长11.8%。资产总额超过1万亿的企业1户(国家电网公司);资产总额在5000亿~1万亿的企业3户,比上年增加1户(中石油、中石化、中国电信);资产总额在1000亿~5000亿的企业18户,比上年增加4户(新增电力投资、华润、兵器工业、国电)。

在2004年《财富》杂志评选的世界500强中,中央企业入选8户,比上年增加2户:

国家电网公司(第46位);

中国石油天然气集团公司(第52位);

中国石油化工集团公司(第54位);

中国移动通信集团公司(第242位);

中国电信集团公司(第257位);

中国中化集团公司(第270位);

上海宝钢集团公司(第372位);

中国粮油食品集团有限公司(第415位)。

在2004年中企联、中企协评选的中国企业500强中,前20名中央企业占了12位。

另外,不少中央企业的竞争实力上了一个新的台阶:中国一汽集团汽车产销突破100万辆,上海宝钢集团年产量突破2000万吨,神华集团原煤年产量突破1.4亿吨,中国海运(集团)总公司集装箱船队规模进入世界前十位,中国建筑工程总公司海外经营跨入国际著名承建商第16名。

4.国家重点建设项目取得重大进展。全年完成固定资产投资8098.1亿元,比上年增长7.8%;西气东输项目全长4000公里,输气管道全线实现商业运营;东北、华北、华中、华东与南方五大电网实现互联;西电东送全年新开工装机容量800万千瓦,形成2000万千瓦以上的总供给能力;青藏铁路新铺轨396公里,累计完成总投资198亿元。

5.科研开发取得丰硕成果。中央企业中18户科研和10户设计企业荣获国家级奖励17项,其中:国家科技进步一等奖1项,国家科技进步二等奖8项,国家技术发明二等奖1项,省部级奖励255项。

航天科技首创一年成功发射卫星8次的历史纪录。

钢铁研究总院"低碳铁素体/珠光体钢的超细晶

强韧化与控制技术”获国家科技进步一等奖。

中国建筑材料科学研究院“混凝土耐久性关键技术研究及工程应用”、“神州五号载人飞船用先进复合材料主承力结构及特种无机非金属材料”获国家科技进步二等奖。

中国有色工程设计研究总院“氧气底吹熔炼——鼓风炉还原炼铅技术”获国家科技进步二等奖，该技术达到国际先进水平并彻底淘汰了我国炼铅污染环境的落后工艺。

从2004年中央企业财务统计快报情况看，总体上，中央企业超额完成了年初签订的经营业绩责任书中确定的考核目标：2004年182户中央企业利润目标值为3399.34亿元，实际完成值为4785亿元，实际完成比考核目标值高40.75%。

2004年182户中央企业净资产收益率（不含少数股东权益和损益）实际完成值为6.98%，比考核目标值高出三个多百分点，若考虑少数股东权益和损益，则中央企业净资产收益率实际完成值为8.9%，比上年提高2.9个百分点。

91户中央企业成本费用总额占主营业务收入比重考核目标为98.45%，实际完成值为97.58%，比目标值低0.87个百分点。

76户中央企业流动资产周转率考核目标值为1.262次，实际完成值为1.666次，比目标值高0.404次。

实践证明，考核与不考核、经营责任制落实与不落实、激励和约束机制配套与不配套，效果大不一样。

二、业绩考核实践中出现的主要矛盾和问题

（一）年度考核中的利润指标并不能完全反映出资产经营的效率和价值创造

在目前对中央企业负责人的年度经营业绩考核中，比较注重利润指标的绝对值和相对值的考核，年度考核中，对于所有中央企业，都使用了两项基本指标：利润总额和净资产收益率。之所这么看重利润指标，主要是考虑在目前的企业会计制度下，“利润”是一个企业经营成果的综合体现。企业的利润愈高，说明企业创造的价值愈大。

但从20世纪90年代以来，愈来愈多的经济学家、财务专家和企业家认为，在传统会计制度下利润为正的企业不一定真正创造价值，换句话说，利润指标并不能完全反映出资本经营的效率和价值创造。在这里可以用几个例子加以说明。

第一个例子是安然公司。这家公司曾经是美国最大的能源公司，2001年度美国企业500强第7位，但在2001年12月突然申请破产保护，其首席执行官及首席财务官被美国联邦法院提起诉讼，并导致五大会计师事务所之一的安达信会计师事务所倒闭。我们看看这家公司在财务丑闻之前连续几年对社会和对股东披露的净利润、每股盈利指标和体现股东价值的指标——经济增加值之间的对比情况。所谓“经济增加值”（英文简称EVA），是指在扣除股东投资的资本成本之后所剩下的利润，即企业的税后利润减去资本加权平均成本后的剩余值。经济增加值理论认为一个企业的净利润还不能反映真正意义上的企业经营成果，只有把股东投资的机会成本剔除后，才能算是对股东的真正回报。下面看看安然公司的情况：1998年安然公司的净利润为7亿多美元，每股盈利为1.1美元，1999年净利润为9亿美元，每股盈利近1.4美元，2000年净利润近10亿美元，每股盈利为1.2美元。该公司在2000年的年报对股东的信中声称：“安然在2000年业绩非常成功。公司的净利润在2000年创历史纪录，每股盈利也保持较高水平，并且盈利能力有望继续提高。”然而用经济增加值的分析方法再来评价安然公司的业绩时，却得到一个截然相反的结论：1998～2000年，该公司的EVA均为负值，且逐年增大，1998年EVA值为-2亿美元，1999年为-3亿多美元，到2000年EVA达到-6亿多美元。

第二个例子是国内股市中原先的一个老“绩优股”——四川长虹公司。据一家国际知名咨询公司提供的分析报告显示，长虹公司从会计账面上看，在1998～2000年中产生了近28亿元利润，但从EVA角度看，该咨询公司认为长虹事实上损失了约11亿元的股东价值。

第三个例子是中央企业净利润和EVA的对比

分析。国资委组织了一个专门小组，用了近两个月的时间，对全部中央企业2003年的价值创造能力进行了初步分析和测算。按照大家一般的理解，中央企业基本都是国民经济各行业的排头兵，有较强的竞争力，且2003年各中央企业的经济效益总体较好，企业的净利润和经济增加值应该都很高。但从初步分析的结果看，情况并非完全如此。有利润或资产规模大的企业并不一定创造价值。在183家企业中，2003年净利润为正的企业有156家，亏损的有27家，但EVA为正的企业只有49家，为负的企业占到134家。在全部中央企业中，净利润排名前50位的企业共创造净利润1409亿元，占183家中央企业全部利润的97%，但在这50家企业中，只有22家EVA值为正，其余28家EVA值为负，占EVA负值总量的58%。总资产排名前50位的企业共占有资产6.88万亿元，占183家企业资产规模的88%，但这50家资产规模最大的企业中，只有16家企业的EVA值为正，其余34家EVA值为负。

上述例子充分说明，利润指标并不能完全反映出企业资本经营的效率和价值创造，这是在年度考核中发现的一个突出问题。

(二)任期考核中突出暴露出战略管理的薄弱

为了避免年度经营业绩考核可能导致企业负责人短期行为的产生，国资委在考核办法中引入了任期考核，任期考核主要着眼于引导中央企业提升可持续发展能力和核心竞争力。按照考核办法的设计思路，任期考核主要和企业的战略和中长期发展规划相衔接，是企业发展战略和中长期发展规划在任期的细化。这种思路也是目前国际优秀跨国公司的通行做法。从国外优秀跨国企业的情况看，它们通常都有明确、符合企业实际和行业发展方向的发展战略，这些发展战略又通常细化为3年左右的中期目标，然后再把3年目标分解为年度目标，并形成企业年度预算，为了确保这些中期目标和年度目标的实现，推动企业最终实现中长期发展战略，企业都通过建立起一套中期和年度经营业绩考核制度，并把考核结果与企业职工的奖惩挂钩，形成一个“战略—预算—考核—战略”的良性互动闭环。

与国外跨国公司相比，中央企业在战略管理方面相对比较薄弱。据初步统计，在2004年之前，中央企业中，约有1/3的企业有较为完整的发展战略和中长期发展规划，有1/3的企业根本没有制定发展战略和中长期规划，其余1/3的企业介于这二者之间。如果按照平衡记分卡的发明者卡普兰和诺顿对国外大企业关于战略执行情况的调查结论——“只有约10%左右的企业在真正执行它们的战略”来评价中央企业的战略制定和战略执行的话，那么结论是不言而喻的。

这是任期经营业绩考核中发现的一个比较突出的矛盾和问题。

(三)风险管控是当前业绩考核和国资委监管中亟待解决的一个突出问题

自从英国巴林银行、美国安然公司、世通公司等相继暴露出严重的财务丑闻后，企业的风险管理问题便成为国际上十分关注的一个焦点问题，美国也因此出台了萨班斯法案，以重建公司信用，培育公众信心。从国资委成立以来的情况看，虽然国资委初步建立了业绩考核等制度，并试图通过目标管理，建立有效的激励和约束机制，来维护所有者权益，落实国有资产保值增值责任，但中央企业的风险管理问题依然是一个不容忽视的重点问题。

按照国际上一些知名中介机构的定义，所谓“风险”是指“任何事件或活动会威胁、导致或阻止企业可能不会实现其业务目标，成功地执行它的战略，和有效而高效率地经营”。所谓风险管理是指“企业用于评估、管理、利用、承担并监控各种重大风险以提升股东价值的流程”。

从上述定义可以看出，“风险”更多地体现在过程控制中，换句话说，如果在过程中不能有效地控制风险，则它最终会给企业的生产经营带来严重的影响。

2004年，国资委从业绩考核指标设置、加强经济运行监测、加强财务管理、严格离任审计、完善法人治理结构建设等方面采取了不少措施，来规避风险，避免因风险失控而使企业发生器质性病变，导致国有资产巨额损失。但尽管如此，效果也很难说十分令人满意。比如,这两年中央企业中相继发生了中航油新加坡石油期货案、三九集团债务危机等事件,给国有资产带来巨大损失,也对加强国有资产监管提出了更高的要求和更大的挑战。

三、进一步完善业绩考核制度的几点思考

(一)强化价值管理——EVA考核

"经济增加值(EVA)"是迄今最为完善最为全面的一个考核指标,其特点是能较真实地反映企业的价值创造,并且能够协调股东和管理人的利益,使之趋于一致。

在20世纪90年代初EVA考核形成体系后,好评如潮,如美国管理大师彼得·德鲁克就在美国《哈佛商业评论》上撰文指出:"作为一种度量全要素生产率的关键指标,经济增加值反映了管理价值的所有方面……"

同时,作为公司治理和业绩评估标准,EVA正在全球范围内被广泛应用,并逐渐成为一种全球通用的衡量标准。目前,财富500强中的一半企业在其企业的管理和运作中都应用经济增加值的概念。这些公司包括可口可乐、通用电气、沃尔玛、西门子、索尼、莱利药业、麦得隆等,采用EVA的公司的营运效率及增长率大幅提高,员工得到了有效的激励,股票价值的表现也相当不俗。当美国一家电子零售商贝斯商业(Best Buy)宣布将EVA作为企业价值管理体系基础时,其股价当天迅速上涨10%,可见西方投资者对经济增加值的认可。

经济增加值概念之所以能为国际上著名大公司所采用,主要是它与其他考核体系相比,有以下三个方面的优势:

一是它突出了"增值"概念。EVA并不是一个简单的利润或回报率的概念,而是代表了企业投资所产生的回报与投资机会成本之间的差额,它是以投资者价值最大化为目标的。通过EVA评价企业的经营业绩,它所蕴含的基本思想是:只有投资的收益超过资本成本,投资才能为投资者创造价值。也就是说,在完全竞争的市场条件下,这一概念可以纠正企业规模差异、经营风险、资本结构以及行业之间不同所造成的不可比性,可以更加全面地评价企业经营者"有效使用企业资本"和"为股东创造价值"的能力,体现现代公司最终的经营目标。

二是将股本财富与企业决策联系在一起。EVA指标有助于管理者将财务的两个基本原则融入到经营决策中。第一,企业的主要财务目标是股东价值最大化;第二,企业的价值依赖于投资者预期的未来利润能否超过资本成本。根据EVA的定义可知,企业EVA业绩持续增长意味着公司市场价值的不断增加和股东财富的持续增长。因此,应用EVA有助于企业进行符合股东利益的决策。

三是注重企业的可持续发展。EVA不鼓励以牺牲长期业绩的代价来夸大短期经营成果。EVA着眼于企业的长远发展,鼓励企业的经营者进行能给企业带来长远利益的投资决策。

那么,EVA是如何发挥功效的呢?从理论上讲,EVA方案包括三方面的内容,即衡量系统、激励系统和合理配置资本的财务管理系统。

在衡量业绩时,EVA的主要构成要素是税后净经营利润和资本成本。通常情况下,税后净经营利润是在对现有会计体系进行调整的基础上得出的;资本成本是权益资本和负债资本的加权平均资本成本。将资本成本从税后净经营利润中扣除就可以得到EVA,而EVA的大小,就是衡量企业业绩的标准。

EVA激励系统的核心是EVA与薪酬挂钩。激励的基本思路是:按照EVA增加值的一个固定比例来计算经营者的货币资金,而且奖金上不封顶。这样经营者个人薪酬方面的利益就会与股东利益相一致。

合理财务管理系统的作用主要在于控制和削减资本成本,促进资金向经济增加值高的行业或部门流动。

因此,在一定意义上讲,只有树立以EVA为导向,企业才能将战略规划与价值管理计划紧密结合,关注经营效率和资本使用效率的提升,实现企业价值的长期持续增长。

从中央企业的考核实践来看,考核发展的方向是:逐步从目前的目标管理为主,过渡到主要以价值

管理为重点，以资本价值(EVA)最大化为导向，建立起科学合理、钩稽嵌套的业绩考核体系，使国有资产经营业绩考核方法与国际化和市场化接轨。

(二)强化战略管理——做强做大、可持续发展

针对中央企业战略管理比较薄弱的现实，2004年国资委积极推动中央企业研究制定适合自己实际情况的发展战略和中长期发展规划。到2004年末，按照国资委的要求，各中央企业基本都形成并上报了各自的发展战略和规划。下一步，国资委对企业负责人经营业绩的考核将主要以战略管理为重点，以建立全面预算管理和实施战略规划为导向，把业绩考核同企业战略管理更紧密地结合起来，完善国有资产经营业绩的考核，推动中央企业真正执行其战略和规划，进一步提升企业核心竞争力，做强做大。

就具体企业而言，国外在如何把企业的发展战略真正落实到具体的工作实践中有一套行之有效的方法，即所谓的“平衡记分卡”。从理论上讲，平衡记分卡提供了一种把业务活动同战略结合起来的方法，并随时监控战略目标的实现情况。进一步说，平衡记分卡是一个管理系统，它促使企业明确远景目标和战略，并把它转化成具体的行动。

平衡记分卡通过四个层面：财务、客户、内部运营及员工学习与成长来实施战略管理。为了持续提高战略绩效，平衡记分卡围绕着内部流程和外部成果进行反馈评价。

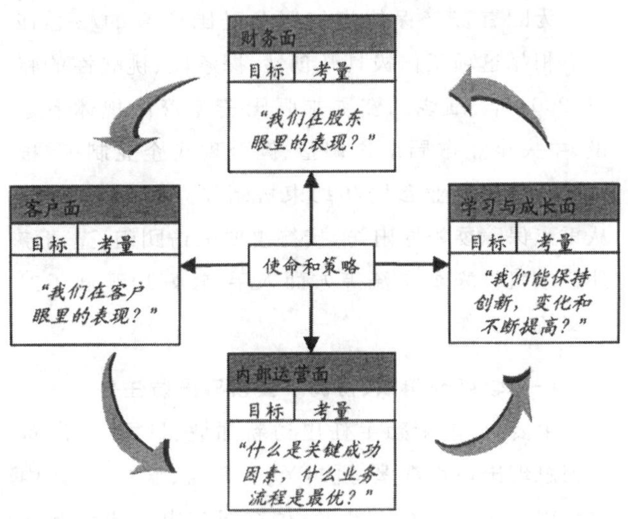

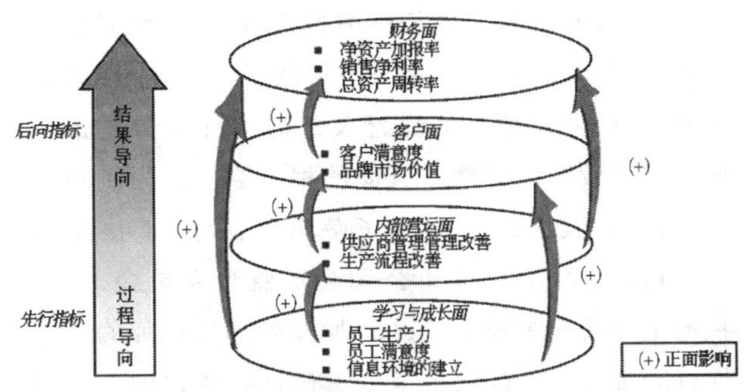

(三)强化风险管理——规避不确定性风险

为了避免企业发生器质性病变，给国有资产造成巨大损失，必须推动中央企业建立有效的风险管理内部控制制度，使企业高层管理者能清晰地了解企业面临的主要风险是什么、风险发生的可能性及影响如何、如何有效管理及控制风险、企业内部控制制度是否有效、如何整合全公司风险、如何持续监控及管理企业的风险。

国外专业咨询公司和跨国公司通常认为，适当的内部控制能把企业所面对的风险降低到它可接受的风险程度，但不可能完全消除所有的风险，也就是说，风险和内部控制制度的关系可以用下面的公式加以描述：“风险－内控＝可接受的风险程度”。

按照COSO(Committee Of Sponsoring Organizations of Treadway Commission)的定义，内部控制被定义为一个过程，这个过程受企业董事会、管理层及其他人员影响。设计这个过程是为达成下列目标提供合理的保证：营运的效果和效率、财务报表的可靠性、相关法令的遵循。

为强化企业的风险管理，COSO设计了一套风险控制框架，包括五个内控因素，即控制环境、风险评估、控制活动、信息沟通和持续监控。从保证国有资产保值增值和维护国有资产所有者权益的角度看，国资委至少将在以下三个方面采取措施：一是推动企业建立风险管理内部控制制度；二是强化业绩考核对企业风险管理的监控作用，在条件成熟时，把企业风险管理内控制度的有效性纳入对中央企业董事会或经营层的考核评价中来；三是尽快建立中央企业负责人重大决策失误责任追究制度。

(四)强化信用管理

安然、世通公司等相继暴露严重的管理层欺诈丑闻,使美国上市公司深陷信用危机,而其中会计系统的漏洞、内部控制的缺乏及外部审计人员的道德风险是导致管理层欺诈丑闻的根本原因。为了重建公司信用,美国国会出台了萨班斯法案,该法案要求:(1)成立独立的上市公司会计监督委员会,监管执行上市公司审计业务;(2)加强外部审计师的独立性;(3)加大公司的财务报告责任;(4)强化财务披露义务;(5)加重对违法行为的处罚措施等。萨班斯法案的出台,从另一个角度反映了财务管理、不做假账、建立信任的极端重要性。

在目前对中央企业负责人的年度和任期经营业绩考核中,考核指标绝大部分为财务指标。因此,要保证这些财务指标考核的公正、客观和有效,很重要的一个前提就是财务数据要真实可靠。这几年,国资委在这方面做了大量的工作,比如,在所有中央企业开展了清产核资工作,摸清了家底,夯实了财务管理基础;推动中央企业实施新的企业会计制度;强化对外部中介审计机构的管理等等。从业绩考核工作看,为了杜绝企业弄虚作假、乱做假账,在《中央企业负责人经营业绩考核办法》中明确设定了一条否决条款,即凡"企业违反《会计法》、《企业会计准则》等有关法律法规规章,虚报、瞒报财务状况的,除依法处理外,酌情扣发企业法定代表人及相关负责人的绩效年薪或延期绩效年薪;情节严重的,给予纪律处分"。在实际操作中,对于虚报、瞒报财务状况的,我们在确定企业的考核得分和考核等级时相应地予以降分或降级处理。

下一步,国资委将在确保外部审计机构独立性、加强企业内审机构建设及完善企业法人治理结构等方面进一步加大工作力度,为最终建立企业信任和信用制度,确保建立科学合理的业绩考核体系而积极探索。

(审稿人:李寿生　撰稿人:赵世堂)

国际交流与合作

2004年,国资委以2003年工作为基础,积极从出资人角度出发,紧紧围绕委中心工作,立足于解决当前国资监管工作中的重点、热点课题,以发挥外事工作参谋助手作用为指导思想,积极开展对外交流与合作,完善外事管理,努力为企业服务,加强国际交流与合作队伍建设,较好地完成了年度相关工作任务,取得了明显成效。据统计,全年共安排委内外事活动267次,接待境外人员930人次;全年派出出国(境)团组185个、委内人员599人次;参团75个,参加人员76人次。全年共办理护照441本,签证1233人次,赴港澳通行证及签注45人次;办理企业领导出访请示、备案件690件,其中协助中央管理领导人员的53家企业一把手备案件171件、班子成员备案129件,国资委党委管理领导人员的143家一把手请示件364件、班子成员备案26件;办理直管协会部级领导出访上报国务院请示43件次。

一、围绕国资委中心工作,较好地开展了对外交流与合作

为国有资产保值增值服务是国资委的核心任务。根据这项工作极具开创性、探索性、挑战性的特点,2004年,围绕国资委加强国资监管法规体系建设、中央企业布局结构调整、健全现代企业制度、推进建立中央企业激励和约束机制建立等中心工作,从重点保障委领导出访、接待重要来访团组、邀请境外权威机构来委交流等方面入手,较好地开展了对外交流与合作。

(一)较好地组织、协调了委领导出访任务

主要有:李荣融主任出访新加坡、日本,陪同黄菊副总理出访卢森堡、爱尔兰、土耳其、埃及;李毅中书记出访法国、荷兰、芬兰;瑞祥同志出访澳大利亚

和新西兰;黄淑和副主任出访赞比亚、德国、匈牙利;王勇副主任赴美国参加培训;邵宁副主任出访英国、瑞典;丹华书记赴澳大利亚参加培训。

委领导出访除了广泛了解境外国有资产监督管理机构和大型跨国公司的有关情况和运作经验外,还重点就如何进行国资监管、企业如何培育核心竞争力、战略管理、资本运作和产权管理等问题进行富有成效的交流,并对国外典型的国资监管和运作体系进行了比较详细的考察,取得了较好的成效。其中,李荣融主任赴新加坡、日本考察后,国资委与新加坡淡马锡集团建立了进一步密切合作的关系。双方通过高层会谈、座谈调研和现场参观等方式,在国有企业法人治理结构,特别是国有企业董事会建设等国资委重点关注的问题上取得了十分有益的成果,对推动中央企业董事会建设起到了积极的促进作用;李荣融主任访日期间,就我国国企改革等重大问题向日本大型企业和经济机构负责人作了介绍,在日本经济界引起了热烈反响。李毅中书记通过出访法国、芬兰等国,使国资委与上述国家的国资监管机构建立了长期互动、定期交流的工作机制,为探索新时期国资监管工作的发展与改革打下了良好的基础。

(二)较好地组织、协调了重要外事接待工作

2004年,委领导共参加委内外事活动68次,接待境外人员385人次。主要有:李荣融主任陪同曾培炎副总理会见德意志银行集团全球投资银行首席执行官迈克·科尔,会见并宴请日本住友商事会长宫原贤次,会见美国摩托罗拉公司董事长兼CEO詹德、通用电气前董事长兼CEO杰克·韦尔奇、法国阿尔斯通公司董事长兼CEO柏珂龙、新加坡国会副议长兼淡马锡控股有限公司董事总经理陈惠华、世界经济论坛主席施瓦布等,出席国资委与惠普合作开展“动成长”项目及中国国有企业人才培养合作谅解备忘录签字仪式并会见惠普CEO菲奥里拉女士;出席2004年中国企业高峰会,并作了题为《加快培育具有国际竞争力的大公司大企业集团》的讲话。

李毅中书记陪同黄菊副总理出席由中国工业经济联合会与联合国工业发展组织、中国工程院等单位共同举办的世界工商协会峰会开幕式,会见并宴请美林集团董事长兼CEO欧尼尔,会见波音民机集团总裁穆拉力、美国摩根士丹利国际有限公司主席柳浩思、伦敦证券交易所董事长高博深,出席首届世界石油大会青年论坛开幕式等。

通过接待境外重要来访团组并举行高层会谈,国资委与境外大型跨国公司、政府机构等加强了联系,一些国际知名企业和中介机构表示愿意为加强我国国有资产监管工作提供好的经验和帮助。比如,在国有企业战略布局方面,我方在与法国阿尔斯通公司接触时提出其今后对中央企业应从单纯的技术出口过渡到全面合作,得到了该公司的积极响应;摩根士丹利公司在会见中主动要求与国资委在企业业绩考核和改革领域加强合作,标准普尔也明确提出希望在风险管理等具体领域与国资委开展深入合作。

此外,国资委还与德国西门子公司就国有企业高级管理人才和高级技工培训合作事宜签订了合作框架协议,对中央企业人才建设起到了积极的推动作用。

(三)根据国资监管工作需要,邀请国际国内权威机构人士来国资委开展交流

为适应国有资产监管体制发展和改革的需要,借鉴国外大型企业管理经验,针对国资监管工作中的重点、难点问题,年内有计划地组织了几次专题交流研讨会。主要有:

年初,李荣融主任、李毅中书记会见了美国通用电气公司前CEO杰克·韦尔奇,并召集部分在京中央企业领导人与韦尔奇一行举行了小型座谈研讨会。座谈中,韦尔奇表示过去对中国部分地方国有企业存在以偏概全的印象,通过交流,对中央企业产生了“管理到位、前景看好”的全新认识。并认为,国资委工作方向正确,正在以出资人的角色对中央企业进行着有效的监督,中央企业领导人理念新、有水平、国际化程度高;同时,完全赞同国资委对中央企业主辅分离的改革举措,指出“股权多元化不是越多越好,还是要突出主业”。

为推动中央企业业绩考核工作改革的深入开

展，国资委与德勤会计师事务所于5月27、28日共同举办了“企业业绩考核与股权多元化”专题讲座，德勤根据国资委的要求从全球调集了9位最优秀的合伙人组成了专家交流团来委讲课。国资委领导、委监管企业的高层管理人员、委内各厅局同志近350人到会听课交流。这是国资委成立以来第一次在委内举办面向中央企业的大型专题研讨会。会后，业绩考核局还专门与德勤的专家团就如何开展中央企业业绩考核展开了工作层面的深入交流。讲座受到了参会代表的一致肯定，认为此次会议为国有企业正式开展业绩考核提供了务实、可操作性强的思路，对国资委和国有企业借鉴国际先进做法、改善管理和运营将产生积极影响。

针对我国国有企业的薄弱环节，国资委外事局、企业改革局与安永会计师事务所共同举办了“公司治理与企业风险管理”大型研讨会。会议取得了良好的效果，各参会中央企业普遍反映确有必要加强企业的风险管理意识。此后，在2004年12月中央企业负责人会议上，国资委再次邀请安永会计师事务所向全体参会的中央企业党政负责人就企业风险管理问题举行了讲座。安永专家的讲课从理论介绍到案例剖析，给全体代表留下了深刻印象。

根据党的十六大和十六届四中全会关于积极开拓“两个市场”、利用“两种资源”的精神和外交为经济服务、政经结合的原则，为使委机关工作人员及时了解国际形势，更好地掌握我国对外政策，国资委举办了“国资委直属机关国际形势报告会”，并作为一次委党委中心组学习和委机关干部年度业务培训讲座，邀请外交部李肇星部长就当前国际形势和我国对外政策的有关情况作了长达两个半小时的专题报告。国资委领导，监事会主席，委机关全体同志，二线副部级以上领导和直属单位、直管协会的负责同志共700余人参会。其后，根据我国加入世贸组织3年来国内多数产业保护期将结束，中国企业将直接面临全球竞争的新形势，国资委外事局又邀请我国驻世贸组织大使孙振宇来委就WTO对我国经济和企业发展的影响和展望，以及中央企业如何应对当前世贸规则冲击等热点问题举行了题为“我国入世后履约承诺的情况及新一轮谈判情况”的讲座。上述讲座使大家对当前国资监管工作面临的国际形势、新形势下中央企业“走出去”所面临的问题和所应把握的政策方向有了明确的认识，受到了与会人员的热烈欢迎。

二、根据中央有关文件精神，加强了外事管理

根据开展国际交流与合作政策性和敏感性强、头绪多等特点，国资委外事局在日常工作中除认真落实中共中央、国务院有关文件精神，严格执行上级和国资委有关规章制度外，还结合实际情况，采用多种形式，积极加强了委系统外事工作管理。

（一）与外交部共同举办3期中央企业外事干部培训班

为提高中央企业外事干部的政策水平和业务能力，加强国资委系统外事工作管理，国资委外事局分别于2004年3月、7月和12月与外交部外管司联合举办了3期中央企业外事干部培训班，国资委监管的189家中央企业外事部门负责人和外事干部近400人参加了培训。通过培训，中央企业的外事干部及时了解了当前国际形势和经济外交工作情况，对外事管理、护照签证办理及注意的事项，礼宾知识及上呈国务院请示件的要求有了较好的把握。参训单位一致认为，培训班采取报告与经验交流、政策讲解与实际案例相结合的方式，内容丰富，针对性强，注重实效，安排紧凑，有效地提高了本单位外事干部的综合素质、对加强外事管理工作，保障国际交流与合作的顺利开展起到了促进作用。

（二）及时向中央企业转发中共中央、国务院和外交部有关文件

按照党中央、国务院的总体外交部署和委领导的批示，根据年内国际安全形势的变化，国资委先后向中央企业转发了《关于重申中央企业外事管理有关规定的通知》(国资外事[2004]102号)、《关于对近期出访有关国家团组加强管理的通知》、(国资外事[2004]260号)、《国资委关于近期暂停赴伊拉克出访的通知》(国资外事[2004]22号)和《关于切实加强外事管理工作有关问题的通知》(国资外事[2004]430

号)、《关于转发〈温家宝总理、吴仪副总理、唐家璇国务委员在全国对发展中国家经济外交工作会议上的讲话〉的函》(国资厅外事[2004]250号)及《关于向外交部领事司提供有关人员名单的通知》(国资厅外事[2004]236号)等文件,适时限制了对高危安全国家的出访,及时对"走出去"工作中存在的问题进行了关注和调整。同时,还配合中央第10届驻外使节会议转发了党和国家领导人关于国家外交形势、外交方针政策和经济外交等方面的讲话,受到了企业的欢迎。许多中央企业认为国资委及时传达中央领导同志关于"经济外交"和外交促进经济活动、经济活动配合国家外交的重要思想,对于企业开展涉外经济合作与交流起到了重要的指导作用。此外,国资委外事局还适时向委系统各单位转发了外交部领事司有关护照、签证工作的最新通报,对中央企业及时了解国家外交政策和相关规定、提高办事效率起到了积极作用。

(三)从严控制国资委机关人员参加企业团组出访

2004年3月,国资委外事局根据委领导的指示精神,对委机关各厅局需要参加企业组团的情况进行了调研摸底,在大量前期工作的基础上,起草、上报了《关于从严控制委机关人员参加企业出访团组事》的签报,李荣融主任、李毅中书记、黄淑和副主任专门作了批示。国资委外事局据此及时下发通知进行了严格规范,得到了委内厅局的理解和中央企业的普遍好评。

(四)适时召开了两次国资委机关外事工作会议

2004年7月中旬,国资委组织召开了委机关、直属单位、直管协会外事工作通报会,就出访工作中存在的问题进行了规范,对进一步加强委机关、直属单位、直管协会的外事工作管理提出了新的要求,并就境外邪教活动的新动向以及当前与邪教斗争的有关情况进行了介绍;10月中旬,组织委机关、直属单位和无外事审批权的直管协会召开了国资委机关2005年度出国(境)计划布置会。会上就2005年度出国(境)计划申报,外事文件审批、运转程序,护照签证办理程序及有关事项,港澳台事务中应注意的事项,出国(境)培训,外事管理等工作进行了讲解。参加会议的综合处长和外事联络员会后普遍反映收获较大,不仅对外事工作有了较全面的了解,而且系统地学习了许多外事业务知识;会上发放的资料全面详尽、可操作性强,对提高本单位外事工作水平帮助较大。

三、根据国资委对外交流与合作工作需要,加强了外事局内部管理

(一)积极完善外事规章制度,努力实现外事工作规范化、制度化、透明化

在2003年制定一系列外事工作规章制度的基础上,国资委外事局又起草、制定了《国资委举办国际会议筹备工作程序》、《国资委举办国内外事会议筹备工作程序》、《国务院国资委外事局保密工作管理办法》及《外事局工作人员保密守则》等;为适应新形势下护照签证工作,再次修订了"护照签证办理程序及有关事项"的说明。

此外,还配合外交部修改了相关文件。

(二)努力通过网上办公等方式提高企业外事公文报批效率,以实施有效管理、及时服务

更好地为中央企业"走出去"服务,实行中央企业外事网上审批是国资委外事局2004年重点落实的一项工作。2004年完成方案的初审、复审和专家评审。2004年12月19日,李荣融主任在《外事局关于中央企业网上外事审批系统建设的请示》上批示:"这是提高服务水平、效率的方向,同意'整体规划、分步实施',作为国资委大系统的一个子系统来进行。"

(三)加强了国资委系统出访团组计划性和统计分析

2004年初,国资委外事局在各单位上报计划的基础上,编制了《国资委机关、直属单位和无外事审批权的直管协会2004年出访团组计划》、《国资委2004年出国(境)培训(审批类)计划》和《国资委2004年出国(境)培训(审核类)计划》,经委领导批准后通知各单位执行。年底,为配合申请2005年的外

事经费，又汇总、编制了《国资委机关、直属单位和无外事审批权的直管协会2005年出访团组计划》、《国资委2005年出国(境)培训(审批类)计划》和《国资委2005年出国(境)培训(审核类)计划》。

年底，国资委分别完成了中央企业领导人出访情况统计报告，委机关(含监事会)、直属单位和无外事审批权的直管协会人员及有外事审批权的协会领导2004年度出国情况分类统计分析报告。其中，按出访人员、国别、出访次数、时间等各种不同情况进行了分类分析，力图总结经验、发现问题，为委领导掌握情况、进行决策提供了系统的第一手资料。

四、树立出资人意识，以人为本，妥善处理涉及企业利益和人员的突发事件，积极为中央企业服务

根据中央关于开发“两个市场”，利用“两种资源”的战略任务，2004年内，国资委妥善处理了12起涉及中央企业利益和人员的境外突发事件。其中：

2004年6月，中国铁路建筑总公司在阿富汗项目工地遭恐怖袭击，16位工人伤亡。国资委紧急安排业绩考核局王晞副局长赴阿参与处理善后，圆满完成了任务。

2004年10月，中国水利水电建设集团公司2名工程师在巴基斯坦遭恐怖组织劫持，其中1位同志牺牲。国资委派外事局阎晓峰局长代表国资委参加中国政府工作组，赴巴处理善后事宜，圆满完成了此次任务，得到了企业和有关部委的充分肯定。国内外媒体对此事高度关注，进行了集中报导，并对善后工作给予了高度评价。

此外，国资委还积极参与了朝鲜货船被扣事件、我中央企业船只在巴西、秘鲁被扣事件、中航油新加坡公司事件等突发事件的处理工作。国资委从国家总体外交战略的大局出发，讲政治、讲大局，积极维护经济外交，确保经济服从国家外交总体部署，提出了积极、具体的工作方针。特别是在处理朝鲜货船事件时，果断决策，避免了企业与外方的经济纠纷上升为政治外交纠纷，确保了朝核问题六方会谈未受干扰，受到了外交部的高度评价和有关部门的感谢。

在应急事件的处理过程中，国资委始终站在“讲政治”的高度，对确保人员安全、及时处理善后和加强中央企业境外项目的安全保障等方面做了周到细致的安排。从处理结果来看，良好地贯彻了党中央关于“执政为民”、“以人为本”的方针，取得了中央企业满意、涉及人员家属满意、社会舆论满意的效果。

五、配合国资委中心工作，扩大对外宣传，注重发挥参谋助手作用

国资委外事局在日常国际合作与交流工作中，一方面注意加强管理，做好服务，另一方面利用自身优势，加强对全球部分跨国公司、经济团体和国际组织的信息调研，注重发挥参谋助手作用。年内，重点抓了以下工作：

(一)在国资委机关、直属单位和直管协会范围内编印了《国资委外事工作实用手册》

该《手册》汇集了中共中央、国务院和国资委有关外事工作的相关规定及有关注意事项、办事程序、外事人员守则、外事礼仪等；同时，收集整理了“国资委系统外事工作联络员一览表”，“境外部分国有资产监管机构情况简介”，“国资委监管的中央企业境外机构情况一览表”，汇编成为《外事工作手册》，供委领导查阅。

(二)及时报送有关信息

一年来，国资委外事局共向办公厅报送《大事记》12期、《每日要报》信息70条；整理、编制《外事信息》11期；收集、整理并报送《国资委2004年出国(境)培训团组成果汇编》；收集、整理、汇编2004年委内厅局、直属单位部分直管协会出访团组报告62篇。

(三)做好国资委英文网站的供稿和内容翻译工作

年内，国资委外事局按照“及时供稿、随时翻译、力求完美”的工作标准，较好地完成了国资委英文网站的日常供稿和翻译工作。据出访团组在芬兰诺基亚、日本松下、德国拜尔等大型跨国公司考察时得到的反馈，这些公司经常登录国资委英文网站了解国

资监管工作和中央企业的重大事件、新出台的重大举措和有关新闻，并对网站予以高度评价，认为无论从语言还是内容来看，均达到了较高的水平。

（四）积极谋划，周密组织，努力构建国资委国际咨询机构

经一年扎实努力的工作，国资委外事局搜集、整理了全球83家作为委国际咨询机构候选单位的知名跨国公司、经济团体和国际组织、外国国有资产监管机构的资料，包括机构简介、在华业务概况及领导人简历等。为进一步筛选和确定合作对象、展开实质性的合作打下了较好的基础。这些机构目前与国资委有着良好的合作关系，对华合作开展较多较好、在行业分布上与中央企业的行业分布相呼应。年内，先期确定的国际咨询机构的作用已开始显现。比如，瑞银集团拟制了我国某重要产业领域改革重组的策划案，并呈送委领导；法国东方汇理银行将其对法国国有企业民营化问题的研究成果，及结合中国国情进行的分析研究一并提供我委参考等。

六、加强业务培训，提高国际交流与合作队伍整体素质，狠抓外事人员的思想作风和队伍建设

（一）加强业务培训力度

国资委外事局有计划、有针对性地加强了业务培训力度。通过邀请统计评价局就企业财务管理作专题讲座、业绩考核局就企业业绩考核制度及与薪酬挂钩问题作专题讲座、产权管理局就产权管理制度作专题讲座等，丰富了外事人员的业务知识，对国资委系统对外交流与合作的深入开展起到了较好的促进作用。

（二）狠抓队伍建设

根据国资委领导关于“外事工作要上水平、上层次”，要进一步加强党对外交工作的领导，加强国际交流与合作干部队伍建设，增强把握外交工作全局的能力的要求，结合国资委外事局工作繁忙、人手紧张、年轻同志比例大、朝气蓬勃的特点，外事局成立了团支部，提出了“多学习、多调研、多建言”的口号，开展了一系列局内业务学习和文体活动，以带动全局人员提高业务能力、人文修养和身体素质、增强集体凝聚力。平时，国资委外事局还利用举办和参加各类会议及外出调研的机会，有意识地安排外事人员轮流出差，增加大家对国内国资监管工作的感性认识。

此外，国资委外事局领导班子还利用各种会议、日常谈心等方式要求参与国际交流与合作工作的人员要在新形势下加强岗位学习，在工作中不断提高自身综合素质，着重树立“六种意识”：大局意识、国情意识、服务意识、创新意识、形象意识、学习意识，增强“六种能力”：战略思维和方向判断能力、驾驭全局和应对复杂局面的能力、广交深交朋友的能力、搞好经济外交的能力、带好队伍的能力、组织协调和内部管理的能力。同时国资委外事局加强了局内纪律教育，反复强调：严格执行好政治纪律、组织纪律、外事纪律、财务纪律、保密纪律和有关外事规章制度是搞好外事局全面建设、发挥好参谋助手作用的关键。

通过一年的努力，国资委外事局全体人员在“一专多能”的基础上，普遍从业务素质和精神素质上得到了一定的提高，外事局自身建设取得了明显成效。

七、积极开辟渠道，努力做好国资委智力引进工作

根据胡锦涛总书记的重要指示、全国人才大会关于“加强三支队伍建设”的有关精神和国资委领导的有关要求，一年来，国资委系统引智工作得到了国家外国专家局的充分肯定和大力支持。2004年度，国资委获国家外国专家局资助的培训团组共7个、委内受资助人数30余人。

年内，国资委进一步加强了出国（境）培训管理，严格规范出国（境）培训程序，注重出国（境）培训成果整理和收集，并根据外专局提出的“四个挂钩”原则：即培训成果上报情况、项目执行率、资助经费核销情况、在外培训情况与年度项目审批挂钩；无成果的出国（境）培训视同公费旅游处理的要求，狠抓项目计划申报、人员选派、境外执行、培训成果收集等

关键环节，取得了良好成效。2004年10月，在国家外专局召开的出国(境)培训成果经验交流会上，国资委外事局就国资委成立一年多来围绕委中心任务开展的"国有企业业绩考核与监督约束机制"、"中央企业法人治理结构"、"企业总法律顾问制度"等工作，特别是结合上述问题组织的赴国外培训所带来的启示以及今后制定政策方面的思考，作了题为《借鉴国外先进管理模式，推进建立高效的国有资产监管体系》的典型发言，受到了国家外专局领导和与会代表的好评。

年底，国资委参加了国家外专局组织的在华工作外籍专家"友谊奖"评选工作，并以评委的身份促成了国资委监管企业中国钢铁研究总院美国专家柯钦斯基先生获奖并受胡锦涛总书记、温家宝总理接见。

（撰稿人：龙应斌）

企业领导人员管理

2004年，国资委进一步加强对中央企业领导人员的管理，积极探索建立适应现代企业制度要求的中央企业领导人员管理新体制、新方法。

一、中央企业领导人员考察任免

2004年，在对中央企业领导班子进行全面分析的基础上，国资委党委制定了企业领导班子调整计划。通过全面考察和广泛听取意见，一大批政治素质好、业务能力强的优秀年轻领导人员进入了中央企业领导班子，领导班子的年龄结构、知识结构和专业结构得到进一步改善和优化，整体功能进一步增强。全年共考察77户企业领导班子，任免企业领导人员379名(任职224名，免职155名)，其中配合中组部调整了18户中央企业的党政正职35名(任职20名，免职15名)。全年共交流中央企业领导人员46名。其中中央企业之间交流任职的有27名；由中央企业交流到党政机关任职的有6名；从党政机关交流到中央企业任职的有13名。

二、由中央管理董事长、总经理(总裁)、党委(党组)书记的国有重要骨干企业后备领导人员考察培训

按照中央的统一部署，2004年3月17日至6月15日，国资委会同中组部分两批对由中央管理董事长、总经理(总裁)、党委(党组)书记的中央企业后备领导人员进行了集中考察。第一批8个考察组共考察了31户企业，第二批9个考察组共考察了22户企业。通过民主投票推荐、个别谈话了解，最后确定了421名后备领导人员，其中正职后备人员106名，副职后备人员315名。

按照中央的统一部署和要求，国资委督促各中央企业参照中央的做法，抓紧做好本企业各级领导人员后备人选的选拔考察工作，建立健全后备人才队伍。对由中央管理董事长、总经理(总裁)、党委(党组)书记的中央企业正职后备人选，国资委配合中组部做好继续培养工作；对中央企业其他后备人选，国资委在与企业充分协商的基础上，研究提出了具体的培养措施。2004年，中央组织部、国务院国资委共选派32名企业后备领导人员到中央党校、国家行政学院、国资委党校进行学习深造，先后组织27名企业后备领导人员到国际跨国公司进行考察学习。

三、中央企业领导人员公开招聘和竞争上岗

在全面总结2003年6户中央企业7个高级经营管理职位面向海内外公开招聘经验的基础上，2004年进一步完善和规范了公开招聘的工作程序，增加了招聘职位数量，选择了22户企业的23个高级经营管理职位面向海内外公开招聘，其中副总经理职位11名，总会计师职位12名。此次招聘共有937人报名。经资格审查，有408人获得笔试资格，其中365人参加了笔试。根据笔试成绩，共有148人参加了面试。根据笔试、面试的综合成绩取前3名作为考

察对象。经全面考察了解，此次公开招聘聘用了22人，其中：

刘烈宏任中国电子科技集团公司副总经理；

王品刚任中国神华能源股份有限公司(筹)副总经理；

张国发任中国海运(集团)总公司副总裁；

薛亚松任中国航空集团公司副总经理；

杨建国任中国储备粮管理总公司副总经理；

王斌任中国诚通控股公司副总经理；

刘大山任中国机械装备(集团)公司副总经理；

王永光任中国冶金建设集团公司副总经理；

许高峰任中国化工建设总公司副总经理；

刘海涛任中国恒天集团公司副总经理；

曾兵任中国生物技术集团公司副总经理；

吴晓根任中国第一重型机械集团公司总会计师；

高志任中国北方机车车辆工业集团公司总会计师；

孔宁任中国铁路通信信号集团公司总会计师；

王海志任中国纺织工业设计院总会计师；

高永岗任电信科学技术研究院总会计师；

蒋占华任中煤国际工程设计研究总院总会计师；

陈关中任中国电力工程顾问集团公司总会计师；

林太平任中国化工集团公司总会计师；

瞿贤军任中国工艺美术(集团)公司总会计师；

杨珊华任中国生物技术集团公司总会计师；

孙湧涛任中国民航信息集团公司总会计师。

这次聘用的22名高级经营管理者，从来源上看，来自中央企业的12人，占54.55%；其他国有及国有控股企业的4人，占18.18%；民营、外企、中外合资企业4人，占18.18%；党政机关、事业单位2人，占9.09%。从年龄上看，平均年龄39.91岁，最大的48岁，最小的34岁。从知识层次上看，研究生学历或具有硕士以上学位的16人(其中博士5人)，占72.73%。此外具有海外学习或工作1年以上经历的有4人；持有加拿大绿卡的1人。

此外，对中国电信集团公司1名副总经理、中国水电建设集团公司2名副总经理、中国冶金地质勘查工程总局1名副局长和1名总会计师职位进行了内部竞争上岗。

四、中央企业领导人员管理政策研究

(一)国有企业领导人员管理政策研究

为建立有别于党政领导干部、适应现代企业制度要求的国有企业领导人员管理新体制，按照中央人才工作协调小组要求，国资委积极开展了国有企业领导人员管理政策研究。通过研究我国国有企业领导人员管理的发展历程，分析国有企业领导人员的基本现状和管理工作中存在的主要问题，学习借鉴英国、法国、日本的国有企业，以及美国非国有企业领导人员的管理体制和管理方式，围绕国有资产管理体制改革和国有企业改革发展的要求，提出党管干部原则与公司治理原则相结合的实现途径，以及在国有企业领导人员选拔任用、考核评价、激励约束等方面的改革创新措施。一是明确提出在现代企业制度条件下，党管干部原则在企业具体体现在以下五个方面：首先管原则，把好导向关；其次是管标准，把好入口关；第三是管程序，把好规则关；第四是管机制，把好政策关；第五是管监督，把好调整关。二是提出对国有企业领导人员应实行分层分类管理。强调对出资人代表和经营管理者要实行分层管理，按照《公司法》的要求规范运作；强调对出资人代表、经营管理者与党组织负责人要实行分类管理。三是提出应坚持组织配置与市场配置相结合的原则选拔任用国有企业领导人员，指出“单一强调组织配置或市场配置都是片面的，核心是在选拔任用过程中要体现竞争”。四是提出要根据企业领导人员所担负的责任不同，对企业经营管理者实行绩效考核与职责评价相结合的办法，对出资人代表和党组织负责人主要采取职责评价的方式，不断完善国有企业领导人员的考核评价机制。五是提出在坚持物质激励与精神激励相结合的前提下，根据出资人代表、党组织负责人和经营管理者在生产经营管理活动中承担的责任不同、风险不同，应进一步强化对经营管理者的物质激励，逐步拉开经营管理者与出资人代表、党组织负责人的收入差距。六是提出要进一步强化监事会的监督作用,将目前普遍的事后财务监督转变为企业生产经营管理活动中的全过程监督。

(二)研究制定《中央企业负责人管理暂行办法》

2004年6月,国资委在认真学习借鉴中组部关于国有重要骨干企业领导人员管理研究成果,充分吸收国资委成立以来,在中央企业负责人管理体制、业绩考核、薪酬分配等方面的改革成果的基础上,组织专门力量研究起草了《中央企业负责人管理暂行办法》(初稿)。该办法分别从中央企业负责人的任期、职数、任职条件、选拔任用方式和基本程序、考核评价的主要内容、薪酬、激励、监督与惩戒、培训、交流、回避,免职、辞职、退休,以及后备人员管理等方面进行了全面规范。该办法计划2005年正式出台。

(三)大力推进中央企业公开招聘和竞争上岗工作

为指导中央企业加快推进公开招聘和内部竞争上岗工作,国资委研究制定了《中央企业公开招聘经营管理者工作指南》和《中央企业内部竞争上岗工作指南》,明确了中央企业开展公开招聘和内部竞争上岗的主要工作流程,并向各中央企业印发了《关于加快推进中央企业公开招聘经营管理者和内部竞争上岗工作的通知》,《通知》要求各中央企业今后选拔各级领导人员要认真贯彻"公开、平等、竞争、择优"原则,建立竞争机制,内部选才原则上要坚持竞争上岗,外部选才一般要面向社会进行公开招聘,努力在中央企业全面形成有利于优秀人才脱颖而出的选人用人新机制。据统计,中央企业2004年通过公开招聘方式选拔的各级领导人员1.1万人,通过企业内部竞争上岗选拔各级领导人员7.7万人。

(四)制定印发了《国有独资公司董事会试点企业外部董事管理办法(试行)》

为加快推进中央企业建立现代企业制度,完善公司法人治理结构,国资委2004年选择了7户中央企业开展了建立和完善国有独资公司董事会试点工作。配合这一工作的开展,国资委研究制定了《国有独资公司董事会试点企业外部董事管理办法(试行)》,对外部董事的任职条件、选聘程序、主要职责、权利和义务,以及评价、报酬、解聘、辞职等进行了规范。

(五)中央企业负责人到龄退休

为了严格执行国家退休制度,根据中央组织部通知要求,国资委党委于2004年11月26日向中央企业党委(党组)印发了《关于严格执行国家退休制度,及时办理到龄人员退休的通知》(国资党办干一[2004]29号),要求各中央企业严格执行国家退休制度,及时为到龄的各级领导班子成员办理退休手续。国资委还召开了部分中央企业组织人事部门负责人会议,就各企业办理各级领导班子成员到龄退休情况进行了座谈。通过广泛宣传和细致工作,各中央企业对一批到龄未退休的人员办理了退休手续。

(审稿人:李　伟　孟凡良
撰稿人:方长安　罗宏文)

人才工作和人才队伍建设

2004年,国资委党委始终坚持以邓小平理论和"三个代表"重要思想为指导,认真贯彻落实全国人才工作会议和《中共中央国务院关于进一步加强人才工作的决定》精神,紧紧围绕中央企业改革发展的实际,按照人才强国战略的要求,在中央企业大力实施"人才强企"战略,人才工作和人才队伍建设取得了明显成效。

一、成立国资委人才工作领导小组

为加强对中央企业、国资委机关及所属单位人才工作的领导,按照中央人才工作协调小组的部署和要求,国资委2004年2月成立了人才工作领导小组,组长由党委书记、副主任李毅中同志担任,副组长由副主任王勇、邵宁同志担任,业绩考核局、企业分配局、企业领导人员管理一局、企业领导人员管理二局、党建工作局、宣传工作局、群众工作局、人事局、机关党委、培训中心为领导小组成员单位。

人才工作领导小组在国资委和国资委党委的领导下开展工作，负责中央企业、国资委机关及所属单位人才工作和人才队伍建设的战略规划、政策研究、宏观指导和工作协调。具体有四项工作职责：一是负责党中央、国务院关于人才工作和人才队伍建设的方针、政策在中央企业、国资委机关及所属单位的贯彻落实；对中央企业、国资委机关及所属单位人才工作和人才队伍建设进行宏观指导、统筹协调和督导检查。二是组织并协调、落实中央企业、国资委机关及所属单位人才队伍建设规划。三是及时向中央人才工作协调小组、国资委和国资委党委提出加强国有企业人才工作和人才队伍建设的建议。四是协调、指导中央企业、国资委机关及所属单位人才工作有关政策、制度的研究、制定与完善工作。

国资委人才工作领导小组下设办公室，办公室设在企业领导人员管理一局。国资委人才工作领导小组办公室的职责是：组织中央企业、国资委机关及所属单位人才工作和人才队伍建设的政策研究、制度制定与工作落实；根据全国人才队伍建设规划纲要，结合实际，研究提出加强中央企业、国资委机关及所属单位人才队伍建设的规划建议；了解和掌握中央企业、国资委机关及所属单位人才工作和人才队伍建设情况，根据改革和发展对人才的需求，及时向领导小组提出有关建议；按照领导小组的要求，对领导小组各成员单位落实人才工作的情况进行协调、督办；归口负责、协调对中央人才工作协调小组办公室及其他有关部门的联络工作；完成领导小组交办的其他工作。

二、召开中央企业人才工作会议

为抓好全国人才工作会议精神的贯彻落实，2004 年 5 月 31 日至 6 月 1 日，国资委召开了中央企业人才工作会议，各中央企业分管人事工作的负责人和组织人事部门主要负责人参加了会议。会上，国资委主任、党委副书记李荣融同志发表了题为《全面贯彻落实全国人才工作会议精神，努力建设一支高素质的中央企业人才队伍》的重要讲话；国资委党委书记、副主任李毅中同志作了《大力实施“人才强企”战略，为中央企业改革发展提供人才保证》的工作报告；国资委副主任、党委委员王勇同志作了《突出重点，狠抓落实，努力开创中央企业人才工作新局面》的总结讲话。这次会议认真分析了中央企业改革发展所面临的严峻形势，深刻阐述了当前中央企业人才工作存在的主要问题及原因，按照人才强国战略的要求，围绕建设具有国际竞争力的大公司大企业集团目标，对中央企业大力实施“人才强企”战略进行了全面部署。中国航天科技集团公司、中国兵器工业集团公司、中国海洋石油总公司、东风汽车公司、上海宝钢集团公司、中国中化集团公司、中国铁道建筑总公司在会上分别介绍了各自人才工作和人才队伍建设的经验；北京有色金属研究总院、华润(集团)有限公司、中国广东核电集团有限公司作了书面经验交流。

三、制定印发了《关于加强和改进中央企业人才工作的意见》

为大力推进中央企业“人才强企”战略的实施，2004 年 6 月国资委向各中央企业印发了《关于加强和改进中央企业人才工作的意见》。《意见》深刻阐述了加强和改进中央企业人才工作的重要性和紧迫性，认真分析了中央企业人才工作和人才队伍建设的现状，明确了加强和改进中央企业人才工作的指导思想、目标任务和基本要求，提出要在中央企业中重点建设好出资人代表、经营管理人才、科技人才、思想政治工作者和高技能人才“五支人才队伍”，并对如何抓好人才的培养、选用、考核评价、激励约束等提出了具体要求。

四、开展企业经营管理人才统计指标体系研究

2004 年 6 月 18 日，中央人才统计工作领导小组召开第一次会议，提出由国资委牵头，国家工商总局、全国工商联和国家统计局参与，共同开展企业经营管理人才统计指标体系研究工作。国资委对这项

工作高度重视，专门成立了领导小组和课题组，在加强调查研究、充分借鉴国际先进理念和成功经验的基础上，结合我国企业特点，研究制定了企业经营管理人才统计指标体系，并形成了《企业经营管理人才统计指标体系研究报告》。该指标体系于2004年12月作为国家标准，正式向全国颁布施行。

（审稿人：李　伟　孟凡良　撰稿人：方长安　罗宏文）

中央企业党建工作

一、中央企业党建工作

2004年国资委党委和中央企业各级党组织在党中央的领导下，贯彻落实"三个代表"重要思想，坚持以经济建设为中心，坚持为企业改革发展稳定服务，积极发挥党组织政治核心作用，初步探索了一条现代企业制度下加强和改进国有企业党建工作的新路子。

（一）筹备召开了第一次中央企业党建工作会议，对当前和今后一个时期中央企业党建工作进行了全面部署

2004年6月23日到24日，国资委党委在北京京丰宾馆召开了建党83周年暨中央企业党建工作会议。国资委党委书记李毅中及在京的党委委员王瑞祥、吴晓华、邵宁、黄丹华、张长富，国资委机关厅局主要负责人，189户中央企业党委（党组）书记、党群部门负责人，会议表彰的先进基层党组织、优秀共产党员、优秀党务工作者代表共500多人出席了会议。中央有关部门对这次会议非常重视，中央政策研究室副主任、中央党建领导小组秘书组组长何毅亭，中央纪委、中央组织部、中央宣传部、全国总工会等有关部门的同志参加了会议。这次会议是国资委成立以来的第一次党建工作会议，会议分析总结了近年来中央企业党建工作的基本形势和经验，确立了新形势下中央企业党建工作的目标任务，提出了当前和今后一个时期加强和改进中央企业党建工作的指导思想、措施办法和具体要求。会议成效主要有两个方面：一是全面系统地研究了国资委党委加强和改进中央企业党建工作的思路和意见，讨论了《国资委党委关于加强和改进中央企业党建工作的意见》（征求意见稿），以改革创新的精神探索了当前中央企业党建工作中一些绕不开、躲不过的重大问题。二是启动了中央企业党建工作每两年一次的评选表彰机制，会议下发了《国资委党委关于表彰中央企业先进基层党组织和优秀共产党员、优秀党务工作者的决定》，表彰了97个先进基层党组织、147名优秀党员和96名优秀党务工作者。2004年国资委党委直接管理组织关系的党组织中，各级党组织评选表彰了3911个先进基层党组织，21604名优秀共产党员，3366名优秀党务工作者。

（二）研究制定了《关于加强和改进中央企业党建工作的意见》，系统地提出了加强和改进中央企业党建工作的基本思路

2004年国资委党委研究制定并由中央办公厅转发了《中央组织部、国务院国资委党委关于加强和改进中央企业党建工作的意见》（中办发[2004]31号，以下简称《意见》），提出了一整套加强和改进中央企业党建工作的思路。《意见》的出台标志着国有企业党建工作与现代企业制度结合方面迈出了实质性步伐。

《意见》是调查研究的产物。从2003年10月起，国资委党委开始了《意见》的起草工作，组织3个调研组到50多个中央企业进行了调研，通过调研整理出当前中央企业党建工作急需解决的主要问题，在分析整理的基础上形成了《意见》提纲，向50多户中央企业党委（党组）征求了意见，形成了《意见》初稿。之后又先后听取了100多位中央企业主要领导、国资委机关各厅局负责同志的意见与建议，中央企业党建工作会议对《意见》进行了讨论修改，会后又征求了中央企业党委（党组）和监事会主席的意见。综合大家的意见和建议，经认真研究修改后，送中组部、中央政策研究室和中央党建领导小组秘书组审阅。8月23日李荣融、李毅中同志在中南海153大会议室向中央党建领导小组第12次会议专题汇报了《意见》起草的有关问题和主要内容。曾庆红、吴官正等中央领导和党建领导小组成员对《意见》给予充分肯定，认为《意见》是一个研究新情况、解决新问题、探索新办法的文件，是中央企业党建工作中的一个重要成果，对加强中央企业、国有企业党建工作都有重要的意义。会议决定由国资委党委按照会议意见对文件修改后，以中央组织部和国资委党委名义联合下发，在十六届四中全会后由中央办公厅转发。按照中央领导指示，国资委党委与中央组织部、中央党建领导小组秘书组、中央办公厅反复协商沟通修改后，胡锦涛总书记认真审阅并圈阅了《意见》。《意见》的发表在全国引起了强烈反响，新华社和首都各大新闻媒体摘要发表了《意见》的主要内容，中央电视台也在新闻联播中报道了《意见》的主要内容，《人民日报》就学习贯彻《意见》的有关问题专访了李毅中同志。

《意见》总结了被实践证明成熟的经验和做法，并根据新情况作出了一些新规定，对一些需要继续探索的问题，留下了探索的空间。《意见》回答了当前国有企业党建工作中的一些重大问题：一是明确了中央企业党建工作必须始终坚持“五个坚持”、“五个结合”的指导思想。二是探索了党组织参与企业重大问题决策的途径和方式。三是提出了建立将党管干部、党管人才原则与现代企业制度要求相结合的选人用人新机制的基本要求。四是提出了新形势下加强企业领导班子建设、基层组织建设和党员队伍建设的基本举措。

（三）坚持党要管党、从严治党，以改革的精神加强企业党组织自身建设

加强企业基层党组织和党员队伍建设。中央企业各级党组织坚持新建经济组织的同时建立党组织，调整经营管理组织的同时调整党组织的设置，配备经营管理人员的同时配备党务工作人员，建立健全企业基层党组织；坚持抓好党员队伍建设，努力把符合条件的生产经营骨干培养成党员，把党员培养成生产经营骨干，使党员成为企业的优秀人力资源。2004 年国资委党委先后对 14 户中央企业党委、8 户中央企业直属党委进行了换届选举，调整了 8 户已经重组的中央企业党组织的领导关系。2004 年国资委直接管理组织关系的基层党组织有 32521 个，其中党委 3205 个，党总支 1652 个，党支部 27664 个；国资委管理组织关系的党组织发展党员 15805 人，35 岁以下的党员 11208 人，大专及以上学历的党员 9764 人，中专高中学历 5139 人，生产工作第一线的 11034 人；入党积极分子有 58353 人，35 岁以下入党积极分子 39944 人，大专及以上入党积极分子 30053 人，中专及高中学历 23235 人，生产工作第一线的 4196 人。目前党员已经成为企业最重要、最优秀的人力资源。

中央企业组织人事系统继续深化以树立公道正派组工干部形象为主要内容的集中学习教育活动。按照中央组织部的统一部署，国资委党委在调查研究的基础上，提出了在国资委机关和直属单位开展集中学习教育活动的方案，召开了 6 户中央企业组织人事部门座谈会，听取对开展学习教育活动的意见和建议，举办了中央企业组织人部门负责人培训班，179 户中央企业组织人事部门的 230 名干部参加了集中学习教育活动，组织了部分中央企业组织人事部门负责人和国资委机关组织人事干部参观了革命圣地延安和青藏铁路建设工地，评选表彰了一批优秀组工干部，中国铁路工程总公司干部部长王秋明同志被评为全国优秀组工干部。

继续深化中央企业反腐倡廉工作。一是突出反腐倡廉教育重点，推进企业领导人员廉洁自律工作。2004 年中央企业有 73.47 万人次参加各种党内法规培训班；165.77 万人次参加党内法规知识测试和竞赛；269.88 万人次听取反腐倡廉报告和观看电教片，13.95 万名各级企业领导人员作出了廉洁承诺，签订党风廉政建设责任书 11.26 万份，坚持了述职述廉和民主评议制度；对 5.23 万名企业领导人员进行了任职前廉洁谈话。中央企业共修订完善 2 万多项廉洁从业规章制度。二是严肃查办违纪违法案件，着重查处企业改制重组、产权交易和经营管理中出现的国有资产流失案件，突破了一批重大案件。三是继续深化企业效能监察。2004 年中央企业效能监察共立项 1.43 万项，其中总部一级 1354 项，查出违规金额 10.05 亿元，挽回经济损失 17.82 亿元，节约资金53.04亿元，促进了企业管理水平和经济效益的提高。企业各级纪检监察机构还重点对清产核资、产权交易和改制重组开展专项监督检查，重点抽查了6023家企业，挽回了经济损失14.56亿元，参与765项改制重组、兼并破产的监督检查，挽回经济损失2431.33万元。

二、宣传思想工作

2004年，宣传思想工作按照国资委和国资委党委的统一部署，坚持以"三个代表"重要思想为指导，围绕贯彻中央精神、国资委的中心工作和中央企业改革发展的大局，把握唱响主旋律、打好主动仗这个主线，突出重点，整体推进各项工作，取得了新的进展。

（一）认真学习贯彻党的十六大和十六届三中、四中全会精神，继续把学习贯彻"三个代表"重要思想引向深入，推动中央企业思想政治建设

根据不同时期的形势和任务的需要，坚持把理论学习与贯彻中央的重大方针政策结合起来，与国有企业的改革发展稳定工作的实际结合起来，引导各中央企业组织广大干部职工认真学习中央会议精神，把握形势任务要求，全面领会党中央的方针政策和战略部署，牢固树立科学发展观，努力把思想统一到中央的精神上来，同时，结合企业实际研究贯彻意见并落实到企业的各项工作中去。始终注意把中央企业党委（党组）中心组学习摆在重要位置，作为加强领导班子思想政治建设的重点工作和重要的理论宣传工作来抓。一是对党中央、国务院召开的重要会议、作出的重要部署、下发的重要文件、提出的重要工作要求，保持政治上的敏锐性，及时下发通知，进行布置，组织学习。二是通过编发简报等方式，加强对中央企业党委（党组）中心组学习的督促检查，及时提出加强和改进的意见。三是把中心组学习作为制度建设的重要内容，推动中央企业各级党委加强学习制度建设，以制度来保证中心组学习经常化、规范化，使学习活动不断向纵深发展。四是开展企业党委中心组学习情况的专题调研，深入了解和掌握情况，有针对性地加强指导。

（二）加强新闻宣传工作，为国有资产监督管理体制改革和中央企业改革发展营造良好的舆论氛围

据不完全统计，2004年各新闻媒体宣传报道国务院国资委和中央企业的消息约2500篇（条），其中，《人民日报》、新华社、《经济日报》、《光明日报》、中央电视台、中央人民广播电台等六家中央主要媒体发稿约500余篇（条）。委主要领导在《人民日报》、新华社、《求是》、《半月谈》、《管理世界》、《企业文明》等报刊发表署名文章近30篇，《人民日报》、新华社、《经济日报》、中央电视台、中央人民广播电台等媒体专访委领导和有关厅局负责人近60次。《人民日报》出版《中央企业先进基层党组织和优秀共产党员先进事迹》、《国资委、人事部表彰中央企业劳动模范、先进集体决定和表彰名单》专版，中央电视台文艺频道对中央企业劳模表彰大会的文艺演出进行全程录播。与《中国纪检监察报》联合开办了"'三个代表'在国企"栏目，与《香港文汇报》联合开办了《国资采风》栏目。组织举办了"关于加快东北地区中央企业调整改造"的新闻发布会、"李荣融主任介绍国有资产监督管理和国企改革情况"的新闻发布会、"中航油（新加坡）股份有限公司期货巨额亏损事件"新闻发布会、"海外学人回国创业活动"新闻发布会。

全年组织宣传报道国资委重要会议16次；宣传报道国资委重大活动、重要政策法规、重要事件22项；宣传报道中央企业重大典型和改革发展成就9项。如：组织中央主要新闻媒体对东风汽车公司、中国航天科技集团公司、鞍山钢铁集团公司等10户国有企业的典型经验进行集中宣传报道。组织中央主要新闻媒体记者到中国广东核电集团公司深入采访，宣传报道我国核电事业的巨大成就。组织新闻媒体到神华集团有限责任公司、中国中煤能源集团公司进行采访报道，宣传中央企业为国家宏观经济调控所作出的巨大贡献。组织中央电视台等新闻媒体宣传报道中央企业主辅分离工作的进展情况。围绕建国55周年庆祝活动开展宣传教育活动，引导各中央企业结合实际组织开展形式多样的宣传教育和庆祝活动，与有关媒体联合举办"中央企业成就巡礼"等栏目。组织中央主要新闻单位对中国远洋运输（集团）总公司加强和改进思想政治工作的先进经验进行了集中宣传报道,社会各界反响强烈。

贯彻落实国务院关于加强信息发布工作的指示精神,努力建立健全中央企业新闻发布机制,培养一支适应企业改革发展需要的新闻工作负责人暨新闻发言人队伍。8月16～20日,国资委宣传局与国务院新闻办培训中心联合举办了中央企业新闻工作负责人暨新闻发言人第一期培训班。

(三)加强调查研究,推进中央企业企业文化建设

深入开展中央企业文化建设情况的调研,对中央企业开展企业文化建设的状况做到心中有数,增强指导中央企业企业文化建设的针对性。2004年7月6日～9日,国资委在大庆油田召开中央企业企业文化建设研讨交流会,总结交流中央企业企业文化建设工作的经验,现场参观学习中国石油天然气集团公司在大庆的企业开展企业文化建设的做法,研究探讨企业文化建设工作的有关问题,讨论修改《国务院国资委党委关于加强中央企业企业文化建设的指导意见》,对中央企业当前和今后一段时期企业文化建设工作进行部署。中央企业企业文化建设研讨交流会在企业界、社会和海内外也引起了强烈反响,为推动中央企业开展企业文化建设产生了较好的作用。完成了国资委软科学课题《建设先进企业文化打造中央企业核心竞争力》的研究工作,形成了《关于中央企业开展企业文化建设情况的调研报告》和《建设先进企业文化打造中央企业核心竞争力——中央企业企业文化建设研究》课题研究报告,编印了《中央企业企业文化建设研讨交流会经验选编》、《中央企业企业文化建设研讨交流会论文选编》、《中央企业企业文化建设研讨交流会案例选编》。该课题通过了专家组评审。专家评审组对课题成果给予了高度评价,认为:课题研究具有开创意义;课题研究形成的系列成果,具有一定理论意义和重要应用价值,在国内处于领先水平。

(四)加强政工专业职务评审工作,促进政工干部队伍建设

制定下发了《中央企业高级政工师任职资格评审和审批管理权限暂行办法》,授予中国葛洲坝集团公司、中国电力工程顾问集团公司、中国水电工程顾问集团公司、中国水利水电建设集团公司、中国冶金地质勘查工程总局等5家企业高级政工师任职资格评审权。在国资委直属的实行企业化管理的事业单位中开展思想政治工作专业职务任职资格评审工作。组织专家对中央企业和直属有关单位推荐申报高级政工师的125人进行了评审,69人获得了高级政工师任职资格。加强对企业高级政工师评审结果的审批,全年对9家企业评审通过的118人的高级政工师资格进行严格审查,批准了105人。同时,组织开展中央企业政工干部队伍状况调研,为促进中央企业建设复合型思想政治工作者队伍建设提供依据。

(五)加强中央企业党建思想政治工作研究会建设,研究会的作用得到了明显发挥

一是组织武汉钢铁(集团)公司承担了全国党建研究会"关于党的基层组织做好新时期群众工作问题调研"课题的部分任务,形成了两项研究成果:《关于国有企业党组织做好新形势下党的群众工作问题的调研报告》和《全心全意依靠职工办企业,进一步做好新形势下党的群众工作》,分别获全国党建研究会颁发的二等奖和优秀奖。二是加强对研究会18个课题组研究课题的管理和指导,及时跟踪课题研究的进展情况,协调、督促、指导各课题组的课题研究。8个党建课题组共报送了46个研究成果,其中《适应现代企业制度的要求,保证党组织在规范的治理结构条件下充分发挥政治核心作用的实践与思考》、《适应法人治理结构要求,发挥党委政治核心作用,为企业改革发展稳定提供坚强保证的调研报告》、《党委如何有效参与企业重大问题决策》等19个研究成果,为筹备中央企业党建工作会议提供了重要参考依据。三是制定《中央企业党建思想政治工作研究会关于优秀研究成果评选办法》(试行),开展了2003～2004年度优秀研究成果的评选工作。研究会组织专家评审会对中央企业报送的110多项研究成果进行了评审,共评出一等奖10个,二等奖20个,三等奖30个。四是创办了研究会会刊《企业文明》杂志,与中国兵器工业职工思想政治工作研究会等单位联合主办。《企业文明》杂志突出了对国资委工作和中央企业的宣传报道,形成了一定的声势,为扩大国资委和中央企业的影响,树立良好形象发挥了积极的作用,也产生了较好的社会影响。

三、中央企业群众工作

(一)认真贯彻"人才强企"战略,深入实施中央企业职工素质工程

1. 研究制定文件,全面进行部署。国资委在上海宝钢集团召开中央企业职工素质工程现场推进会,标志着中央企业职工素质工程正式启动。2004年3月份,印发《中央企业技能人才情况调查问卷》,了解中央企业技能人才的基本情况。在调查研究的基础上,国资委与全总等八部委联合下发《关于印发〈关于开展全国"创建学习型组织,争做知识型职工"活动的实施意见〉的通知》(总工发[2004]2号),国资委党委印发《关于中央企业深入实施职工素质工程的指导意见》(国资党委群工[2004]36号),对中央企业深入实施职工素质工程,开展"争创学习型班组、争做知识型职工"等有关工作进行全面部署。

2. 组织观摩学习,加强工作指导。2004年6月11日,在天津中远集团散货运输公司召开"中央企业职工素质工程现场观摩会",推广中远集团实施职工素质工程的经验和做法,组织观摩了中远散货集团五个项目的技能比赛,推动了职工素质工程的深入发展。王瑞祥同志出席会议并讲话。神华集团、中国国电、中国铝业等几十家中央企业都召开了职工素质工程现场推进会,形成了全面推进的态势。

3. 开展职工技能竞赛。2004年4月,与劳动保障部联合印发了《关于举办中央企业职工技能大赛的通知》(国资群发[2004]210号),从三个层面广泛开展职工技能竞赛活动:一是企业自下而上层层开展职工岗位竞赛。按照国资委的统一部署,有90多家中央企业举办了160多个工种的技能竞赛。二是国资委联合国家就业培训指导中心,依托中国航天科工集团、中石油、中石化等7家企业,高标准、高起点地开展了20个工种的行业性全国二类竞赛。三是国资委联合劳动保障部,分别在中国一汽、武钢、东风汽车三个赛区组织钳工、铣工、车工和制图员4个工种的国家级一类竞赛决赛。大赛从筹备到初赛、预赛和决赛,历时近10个月,共有70多家企业层层选拔了351名技术能手参加。国资委、劳动保障部联合对20名金奖获得者授予"全国技术能手"荣誉称号,晋升技师资格;国资委对40名银奖、60名铜奖获得者授予"中央企业技术能手"称号,晋升一级职业技能资格。通过技能竞赛,为广大职工开拓视野、求知学技、展示才能提供了广阔舞台,选拔出一批爱岗敬业、专业技能精湛、善于解决技术难题的高技能人才,推动了职工技能水平的整体提高,营造了浓厚的学习氛围,激发了职工参与职工素质工程的积极性。

4. 联合劳动保障部共同开展高技能人才培养选拔和评价试点工作。2004年7月,两部委印发《关于高技能人才队伍建设试点工作的通知》(劳社部函[2004]123号),选择34家中央企业开展高技能人才培养、选拔和评价试点工作。在指导企业严格执行国家职业技能标准,健全初、中、高级技术等级考核和技师、高级技师考评制度,搞好职业技能鉴定的前提下,探索取消技师报考比例,打破资历、年龄和身份的限制,鼓励职工参加高技能人才的资格认定,建立符合企业实际的高技能人才评价机制。

(二)积极探索现代企业制度下职工民主管理的有效途径

1. 联合中纪委等五部委下发《关于做好2004年厂务公开民主管理工作的意见》(中纪发[2004]13号)。进一步深入贯彻落实中央企业厂务公开推进会、"两办通知"和中纪委三次全会精神,巩固、规范、深化厂务公开民主管理工作。2004年11月,在武汉召开的全国厂务公开民主管理经验交流会上,武汉钢铁(集团)公司、东风汽车公司、中国铁路工程总公司等中央企业在会上交流了经验。2004年6个中央企业工会联络组都把探索现代企业制度下职工民主管理有效途径作为主题,重点研究和探讨。

2. 开展现代企业制度下民主管理工作课题研究。会同国资委研究中心对冶金、交通、建筑、商贸、科技等行业具有代表性企业厂务公开民主管理工作

调研,重点探讨进一步完善职工民主管理的基本形式,发挥职代会在民主管理中的基础作用;规范职工民主管理的创新形式,把厂务公开融入现代企业制度中;落实职工民主管理的法定形式,在企业改制中同步建立职工董事、职工监事工作制度;拓展探索形式,推行值班厂长、职工代表民主议事会等制度,拓宽职工民主管理渠道;加强职工代表培训等。

3. 起草《国有独资公司职工董事管理暂行办法》。在反复征求试点单位意见,会同改革局、法规局、全总等单位共同研究的基础上,先后九易其稿,逐步修改完善,重点从职工董事任职条件、产生办法、权利义务等方面对国有独资公司职工董事管理进行了规定。

(三)建立健全劳模表彰机制,促进“四有”职工队伍建设

1. 扎扎实实做好评选工作。2004 年 4 月,人事部、国资委下发《关于认真做好中央企业劳动模范、先进集团评选工作的通知》(国人部发[2004]32 号),制定评选范围、标准和要求,下达评选名额。各中央企业高度重视,严格按照评选条件和要求,广泛听取职工群众意见,认真推荐具有代表性、示范性,可信、可敬、可学的先进典型。经严格评审,共产生 600 名劳动模范,200 个先进集体。

2. 精心策划实施“中央企业劳动模范、先进集体表彰暨文艺展演”。2005 年 9 月 29 日,国资委、人事部在京隆重召开中央企业劳动模范、先进集体表彰大会。会前中共中央政治局常委、国务院副总理黄菊亲切接见了中央企业劳动模范和先进集体代表,发表了重要讲话并合影留念。国资委李荣融、李毅中、王瑞祥和人事部副部长尹蔚民、全总副主席周玉清等参加了接见。表彰大会之前,召开了中央企业劳动模范、先进集体代表座谈会,李毅中同志发表了重要讲话。接见活动结束后举行了文艺展演。文艺节目是根据中央企业劳模的先进事迹改编创作的,采取丰富多彩、喜闻乐见的艺术形式,既宣传了中央企业劳动模范的先进事迹,又展示中央企业和国资委良好形象,为国庆 55 周年献上一份厚礼。

(四)贯彻实施工会法,加强中央企业工会组织建设

1. 配合全国人大开展《工会法》执法检查工作。2004 年 5 月 17 日,王瑞祥同志参加全国人大内务司法委员会召开的会议,就国资委贯彻落实《工会法》的有关情况作了汇报。6 月初印发《关于配合全国人大常委会开展〈工会法〉执法检查有关问题的通知》(国资党办群工[2004]14 号)。各中央企业全力配合,层层开展调研检查,进一步抓好《工会法》的贯彻落实,切实加强工会工作。在调研检查基础上形成了中央企业贯彻实施《工会法》的情况报告,8 月 30 日王瑞祥同志向全国人大常委会作了汇报。

2. 健全中央企业工会工作联络组制度。针对中央企业工会关系尚未理顺的实际,把中央企业划分为 6 个联络组。联络组每年开展一次活动。2004 年 6 个联络组的活动或推广典型经验,或进行理论研讨,特色鲜明,主题突出,形式多样。联络组在加强工会组织交流、相互促进工作方面发挥了积极作用。

3. 加强女职工组织建设,充分发挥女职工作用。中央企业 1000 多万职工中,女职工约占 1/3。为了加强中央企业女工组织建设和女职工工作,2004 年 3 月,国资委党委下发了《关于加强和改进国资委监管企业女职工工作的意见》(国资党委群工[2004]21 号)。2004 年 8 月,国资委党委联合全国妇联下发了《关于在中央企业女职工中深入开展“巾帼建功”活动的意见》(国资党委群工[2004]70 号),全面启动中央企业“巾帼建功”活动,动员中央企业广大女职工积极投身企业改革发展。

(五)认真做好中央企业军转干部解困和稳定工作

1. 调查研究,关注动态。与中央企业军转干部人数较多或“三拖欠”问题较为突出的 38 家重点企业保持联系,及时了解企业解决“三拖欠”情况和军转干部稳定动态。2004 年 1 月 5 日,召开了部分中央企业军转干部工作座谈会,传达中央有关文件精神和国资委党委的要求,进一步了解有关工作情况,就一些共性问题进行深入研究。

2. 开展中央企业军转干部工作督察。认真贯彻落实中央领导同志有关指示和国资委党的部署，2004年6～7月，组织4个督察组，对22家中央企业落实82号、29号文件情况进行了督察，听取有关企业汇报并座谈，研究明确了进一步做好工作的具体措施。参与了中央联席会议企业军转干部问题工作小组开展的部分企业军转干部工作督察。

3. 认真贯彻中央有关精神，进一步抓好解困和维稳工作。2004年，国务院两次召开会议，听取部分企业军转干部解困和稳定工作情况汇报，研究下步工作措施。9月中央两次召开部分企业军转干部专题座谈会，对进一步做好部分企业军转干部解困和稳定工作、处理信访突出问题和群体性事件作出明确部署。为认真贯彻落实会议精神和中央领导同志的要求，2004年9月下发《国资委党委关于做好中央企业军转干部解困和稳定工作有关问题的紧急通知》，要求企业进一步统一思想，提高认识，加强领导，对每项工作都提出了落实的时间表。

（六）切实加强和改进中央企业统战工作

1. 根据中央统战部、北京市委统战部的有关要求，认真做好在京中央企业党外后备干部人选提名推荐工作。按照中央统战部和北京市委统战部文件要求，在各中央企业配合下，严格按照相关程序，经过认真遴选，向中央统战部推荐无党派代表人士16名，向北京市委统战部推荐党外代表人士62名。

2. 加强统战干部培训。2004年5月份，按照年初中央统战部"大培训、大调研"的工作部署，会同中央统战部、中央社会主义学院举办了两期中央企业统战部长培训班，共培训统战干部160余人。还推荐组织一批中央企业党外代表人士参加了中央统战部举办的相关培训。

3. 组团出席第七次全国归侨侨眷代表大会。中央企业代表团共有25名代表、2名特邀代表出席七代会，林军、应沧强、曹振雷、赖维德、罗秋菊等5名同志当选中国侨联第七届委员会委员，林军同志当选中国侨联副主席、常委，应沧强同志当选常委。中国侨联授予中国航天科技集团屠善澄、李相荣等2名同志"全国侨界'十杰'"荣誉称号，中国机械装备（集团）公司黄锡璆等10名同志"全国归侨侨眷先进个人"荣誉称号，中国兵器工业集团公司直属侨联"全国侨联工作先进集体"荣誉称号，国家电网公司齐宝英、国家开发投资公司李山晨等2名同志"中国侨联先进工作者"荣誉称号，充分发挥了侨联的重要作用。

4. 加强对中央企业统战工作的领导。与中央统战部联合下发《关于加强和改进国有企业统战工作的意见》，进一步规范国有企业统战工作要求，加强对包括中央企业在内的国有企业统战工作的指导。

（七）做好中央企业共青团和青年工作，积极发挥团员青年的生力军作用

1. 广泛开展共青团和青年工作调研。一是与中国青年报合作开展了中央企业人力资源战略的调查；二是开展团员青年组织状况的调研；三是开展涉及面达10余万青年的思想状况调研，通过网络填答和问卷填答两部分收集数据。通过广泛调研，全面了解中央企业共青团和青年工作情况。

2. 深入开展中央企业"五四红旗团委"创建活动，扎实推进企业团组织建设。确立101家第四批中央企业五四红旗团委创建单位（2004～2006年度），评比表彰2003年度30家中央企业五四红旗团委，46名中央企业优秀团干部和67名中央企业优秀团员。推荐产生20家第五批全国五四红旗团委创建单位，推荐5名全国优秀团干部和5名全国优秀共青团员。中央企业团工委联合国务院发展研究中心《经济要参》编辑部和国家行政学院领导人员考试测评研究中心，于2004年7月20～26日举办首期中央企业青年管理人员经济管理高级研修班，来自84家中央企业的85名团干部和青年业务骨干接受了培训。

3. 开展争创"青年文明号"、争当"青年岗位能手"和创建"青年安全生产示范岗活动"。紧密结合企业生产经营和安全的需要，引导青年立足岗位，积极参与，广泛调动基层青工的积极性，评选表彰了2003年度先进集体和个人。推动创新创效深入开展和项目化运作，深入推进"在国家重点工程开展我为国家重点工程作贡献"活动。10月28日，组织召开中国铁路工程总公司青年创新创效成果推介会暨中央企业青年创新创效活动现场观摩会。深入开展“青工振兴计划”，根据调研获的企业青年技术等级结构按比例确定各企业年度目标基数。组织参加2004年中国青工技能月活动，为青年职工施展才华、脱颖而出搭建舞台。

4. 加强青联工作，培养和凝聚优秀青年人才。2004年4月11～12日，中央企业青联在北京召开第二届“中央企业十大杰出青年”颁奖大会暨中央企业青联一届三次全会。全会总结了中央企业青联一届二次全会以来的工作，研究部署工作，增补了部分青联委员和常委，表彰了第二届中央企业十大杰出青年。9月18～21日，组织中央企业青年企业家赴辽宁调兵山市和吉林桦甸市进行经济考察活动。承办2004年海外学人回国创业周——聚焦特大型国有企业活动，12月21日在钓鱼台国宾馆举行交流洽谈会，吸引了40多家中央企业参与和500名海外学人的关注。

（撰稿人：姚　焕　阳礼泉　巴清宏）

2005

CHINA’S STATE-OWNED ASSETS SUPERVISION AND ADMINISTRATION YEARBOOK

中国国有资产监督管理年鉴

各省（区、市）国有资产监督管理概况

第三篇

北京市

一、北京市国有资产监督管理工作综述

2004年是北京市国资委全面履行职能的起步年、基础年和开局年。一年来,在市委、市政府领导下,市国资系统坚决贯彻党的十六届三中、四中全会精神,坚持以科学发展观为指导,认真落实中央关于宏观调控的政策措施,以依法履行出资人职责为主线,以产权制度改革为关键,以清产核资、改革重组、业绩考核、企业党建为重点,调研入手,试点引路,政策规范,重视中介,各方面工作都取得了新的进展。北京市国资委监管企业在改革中呈现出良好的发展势头。2004年,监管企业全年实现主营业务收入2842.5亿元,比上年增加465.4亿元,增长19.6%;实现利润118.7亿元,比上年增加42.7亿元,增长56.2%,为历史最好水平;实际上缴税金173.0亿元,比上年增长33.4%。监管企业在首都社会经济发展中发挥了积极的带动作用,做出了重要贡献。

截至2004年底,北京市国资委监管企业共计90家,其中北京市国资委履行国有资产出资人职责的一级企业81家,企业化管理事业单位9家,另外中央在京企业双管单位37户。2004年底,市国资委监管企业的资产总量6905.8亿元,占全市国有企业资产总量(8970.8亿元)的77%;国有资产总量1873.7亿元,占全市国有企业国有资产总量(2388.4亿元)的78.5%。

一年来,北京市国资委主要做了以下几方面工作:

(一)以清产核资为重点,逐步夯实基础管理

北京市国资委对被列入清产核资范围的89户监管企(事)业单位全面展开清产核资,已完成主体工作;制定了13项国资监管的规范性文件,为依法监管奠定初步基础;初步建立新的统计评价体系,建立了财务动态监测报告制度和国有资本保值增值考核确认制度;初步建立了国有资本预算体系框架,并在10户企业进行了国有资本收益收缴和经营预算试点。

(二)以并、改、剥、破为手段,推进企业改革调整

"并"就是合并重组,完成了北京产权交易所、新首旅集团、能源投资集团、新北控集团等四个项目;"改"就是股份制改造,在一级企业中完成了北京医药集团的股份制改造,实现了投资主体多元化,完成152家二、三级企业的股份制改造;"剥"就是剥离辅业,精干主业,启动了18户一级企业近200个辅业单位的分流改制工作,占总任务的50%以上;"破"就是破产,完成7户企业政策性破产,实施2户企业依法破产,并妥善处理好了破产过程中的各种问题。

(三)以激励约束机制建设为切入点,初步构建监管运营体系

稳妥完成了监管企业负责人2003年收入的审核工作;出台了业绩考核和薪酬管理两个《暂行办法》,并按照两个《暂行办法》与20户企业法定代表人签订了经营业绩考核责任书;围绕企业重大投资、重大担保等16项重点内容,加强对企业的过程监督和日常监督;积极联系和协调市审计局等部门,对监管企业负责人进行审计监督;增加3个监事会办事处,监事会监管范围覆盖前30名大企业;指导区县国资委组建工作,全市18个区县中15个计划成立国有资产监督管理机构的区县都已顺利组建并开展工作。

(四)以企业负责人管理体制改革为突破口,推进现代企业制度建设

在4家企业实行面向社会公开选聘副总经理,2家企业实行内部竞聘副总经理和在5家企业实行内部竞聘总经理,其中,在市属企业竞聘总经理在北京市历史上是第一次;选择一批企业落实董事会聘任总经理和副总经理试点,推进了市场机制选任、契约管理制度建设;顺利完成对86家监管单位的领导班子及566名班子成员的民主测评,充实调整51家企事业单位领导班子,任免调整企业负责人127人。

(五)探索新的机制和途径,积极抓好企业党建工作

"树立和落实科学发展观主题教育活动"全面开

展并取得实效；表彰和宣传了一批先进基层党组织、优秀共产党员和优秀党务工作者；总结了17家改制企业党组织加强党的建设的典型经验；积极稳妥地开展了"三个突出问题"专项治理和效能监察工作；与检察机关共建预防职务犯罪网络，平稳推进查办案件和信访工作；积极抓好精神文明建设工作、老干部工作、安全生产工作和维护稳定工作。

在做好以上工作的同时，北京市国资委不断加强委机关内部建设。围绕提高自身素质和依法履行出资人职责，抓好建章立制，狠抓内部管理，先后出台了几十项制度，使国资委机关工作逐步走上规范化、制度化、科学化轨道。

二、北京市区县级国有资产监管机构组建情况

根据国务院和市委、市政府关于建立健全国有资产监督管理体制的精神和市编办对各区县机构改革方案的批复，我市18个区县中，有15个区县成立了国资委，延庆县、平谷区成立了国资办，密云县将国有资产监督管理的职能划转到县经委。各区县国有资产监管机构的建立，标志着我市各区县国有资产监管工作进入了一个新阶段。

各区县国资委成立后，着重抓了以下几个方面的工作：

1. 抓学习培训，提高机关干部的业务素质。各区县国资委成立后为提高人员素质都组织进行了认真的学习培训，重点学习了《企业国有资产监督管理暂行条例》、《公司法》、国务院国资委和市国资委出台的各项制度等，提高机关干部的政策理论水平和业务素质，为实施监督管理工作提供了保证。

2. 抓调查摸底，初步掌握企业的基本情况。各区县国资委都成立了清产核资工作领导小组，制定清产核资相关文件，通过招标方式选聘会计师事务所，组织调查研究，到企业了解情况，开展清产核资等基础性工作。崇文、石景山、房山、昌平、门头沟等区县通过大量的工作，基本摸清了家底。其他区县也根据情况采取了相应措施对资产情况进行了初步的了解，做好了前期准备工作，为监管工作有针对性的开展打下了基础。

3. 抓建章立制，规范对所出资企业的监管。为认真履行监管职能，区县国资委(办)在学习培训和调查摸底的基础上，借鉴市国资委出台的各项政策措施，结合区县实际，制定了企业改革发展、资本收益与产权管理、重大事项报告、业绩考核等相关的监管措施，初步建立起了国有资产监管的制度体系。

4. 抓企业改制，企业改革取得初步进展。各区县国资委(办)在做好基础性工作的同时，积极推进企业改革，工作取得了一定进展。在推动企业改制过程中，区县国资委注重对企业资产进行评估，理顺产权关系，剥离不良资产，盘活沉淀资产，引入外部投资，进行资产重组，实现企业体制、机制上的创新，努力实现区域国有经济布局和结构的合理调整。

5. 抓机制创新，积极探索区县国资监管模式。由于各区县国有资产总量及分布情况存在较大差距，各区县在成立国资委时没有简单照搬市国资委的模式，而是结合本区县实际，在区县国有资产监管模式上进行了有益的探索和创新。如石景山区国资委与区国有资产经营公司合署办公，实行企业化管理，形成国资委、国有资产经营公司——所出资企业的国有资产管理运营两层管理架构。有的区县还将非经营性国有资产、城镇集体资产也纳入国资委监管的范围，积极探索对非经营性国有资产监管的有效途径。

6. 抓企业党建，为国有企业改革提供思想和组织保障。各区县国资委(办)重视企业党建工作，把抓党建作为国资委的重要职能之一，通过加强企业党建工作来促进企业领导班子建设和员工队伍的建设，为企业改革提供了思想和组织保证。

在区(县)国资委的组建过程中，北京市政府和市国资委领导给予了高度重视，北京市委常委、常务副市长翟鸿祥同志多次参加了区县国资工作座谈会，了解情况，具体指导；市国资委领导分别走访了各区县，对区县国资工作进行了面对面的指导；市国资委先后三次组织召开区县国资工作会议，强调区县国资委职能定位，明确工作重点和工作方法，组织市国资委各处室分别介绍工作，及时总结和交流区县国资委在组

建和工作运行中的经验,为区县国资监管工作的顺利开展营造了有利的氛围。

三、北京市国有资产总量和结构分析

2004年度,北京市共汇编各类境内外企业和行政事业单位10713户,建设项目3974个。10713户企业单位中:境内外国有企业5042户;境内金融企业6户;境内保险企业1户;行政事业单位5664户。

各类企业单位共占有使用国有资产总量4742.9亿元,经营性国有资产(包括境内外国有企业)2388.4亿元,占全市总量的50.4%;非经营性国有资产(包括行政事业单位、建设单位)2354.5亿元,占49.6%。

分　类	户数(户)	建设项目(个)	国有资产总量(亿元)
合　计	10713	3974	4742.9
一、经营性	5049	—	2388.4
1. 境内外国有企业	5042	—	2388.4
2. 境内金融企业	6	—	—
3. 境内保险企业	1	—	—
二、非经营性	5664	3974	2354.5
1. 行政事业单位	5664	—	1228.8
2. 建设单位	—	3974	1125.7

注:由于金融、保险企业的国有资产总量财政部门不进行统计,因此无法取得相关数据。

2004年度共汇编北京市人民政府直接出资设立,授权北京市人民政府国有资产监督管理委员会监管的境内外国有企业单位2915户,国有资产总量1873.7亿元,其中国家资本972.9亿元。

四、北京市国资委监管企(事)业单位国有资产保值增值综合分析评价

(一)83家监管企(事)业单位基本情况

2004年度,北京市国资委对83家监管企(事)业单位的国有资本保值增值结果进行了审核和确认。这83家企(事)业单位资产总额6896.4亿元,比上年增加了1250.1亿元,增长22.1%;所有者权益1933.0亿元,比上年增加了303.1亿元,增长18.6%;实现利润118.7亿元,比上年增加51.3亿元,增长76.1%。

(二)2004年度企业国有资本保值增值结果

1. 国有资本保值增值的总体水平好于上年。2004年度83家企(事)业单位年末国有资本及权益总额为1917.4亿元,比年初的1600.4亿元增加了317.0亿元,增长了19.8%。扣除影响本年度的各项客观因素后国有资本及权益总额实际增长了39.0亿元。国有资本保值增值率平均为102.4%,按可比口径比2003年的100.9%增加了1.5个百分点。

2. 有64家企业国有资本实现了保值增值,占77.1%。其中,有61家企业实现了增值,比上年增加了3家。这61家企业中,12家企业的国有资本保值增值率达到行业"优秀"水平,占总户数的14.5%;"良好"水平的7家,占8.4%;"平均"水平的24家,占28.9%;"较低"水平的18家,占21.7%。有4家企业国有资本实现保值,比上年增加了2家。

3. 有19家企业国有资本减值,占22.9%,比上年减少5家。其中处于同行业"较低、较差"水平的有10家,占减值企业的52.6%。

4. 国有资本保值增值率低于全国平均水平。虽然北京市国资委监管企(事)业单位2004年度国有资本保值增值率平均为102.4%,比2003年增加了1.5个百分点,但仍比全国国有企业保值增值率的平均水平低1.9个百分点。

5. 大型企业集团对保值增值贡献突出。资产总额在50亿元以上的35家大型企业集团中,有29家增值,达到行业平均水平以上的19家,占54.3%,其中有8家达到行业优良水平,占9.5%。

(三)影响国有资本变动的主要因素

2004年度83家企业年末国有资本及权益总额较上年增加了317亿元,其中由于客观因素增加国有资本及权益总额为278亿元,主要影响因素如下:

1. 国家投资等政策性因素增加国有资本及权益

241.4亿元，占278亿元的86.8%。其中："国家、国有单位直接或追加投资"数额最多，为240.9亿元；以税收返还、债权转股权、补充流动资本等方式增加0.5亿元。

2. 企业重组、改制和上缴红利等因素增加国有资本及权益3.6亿元，占278亿元的1.3%。其中：无偿划转增加10.3亿元；企业改制上市发行股票或配股而增加2.8亿元；因主辅分离而减少0.1亿元；企业按规定上缴红利而减少9.4亿元。

3. 资产评估、会计调整等因素增加国有资本及权益10.4亿元，占278亿元的3.8%。其中：资产评估增加3.3亿元；清产核资减少0.3亿元；产权界定净减少0.8亿元；会计调整和减值准备转回增加8.2亿元。

4. 其他因素增加国有资本及权益22.6亿元，占278亿元的8.1%。

五、北京市国资委监管企业产权制度改革情况

（一）推进实施了一级企业合并重组项目

其中，合并成立的新首旅集团，所控制资产量超过200亿元，成为全国最大的旅游企业之一；合并成立的北京市能源投资开发集团公司和新北京控股集团，实现了原企业间的优势互补，成为北京市基础设施投资建设新的平台。

（二）推进股份制改造

推动北京医药集团与华源集团重组改制，吸引了11.6亿元的资金投入，实现了产权多元化。在二、三级企业，按照三年基本完成国有企业重组和股份制改造的目标，推进企业股份制改造，建工、京城机电、一轻、仪器仪表、郊区旅游等一批企业（总公司）的二、三级企业股份制基本完成，其中相当一批企业国有资本不再控股。

（三）优化企业改制外部环境，减轻企业负担

一是开展不良贷款整体打包处置工作。对北京市近700户企业的资产财务、债务、人员、资源状况以及下一步改制、搬迁、技改、职工安置等情况进行了初步调查分析，核实企业范围、性质、存续状况、债权数额，积极协调工商行等银行，研究解决国企不良贷款处置方案，减轻企业债务负担。二是清理国有企业历史欠税。为解决国有企业实际困难，加快推进国有企业改制，我们参加了北京市清缴欠税工作协调小组，对国有企业欠税情况进行调查，配合市地税局研究制定了《北京市清理追缴欠税工作方案》。三是为严格落实国有土地使用与管理制度，完善国有建设用地供应调控机制，维护土地使用权人的合法权益，在充分考虑企业发展、职工安置、改制和破产等多方面因素，同时兼顾政府和企业利益的基础上，研究北京市企业国有土地使用权收回的有关补偿办法。

（四）贯彻落实《企业国有产权转让管理暂行办法》，加强国有产权交易监管，促进市场发展

2004年2月16日，按照国务院国资委提出的"规范发展、合理引导、完善服务、促进流转"的要求，在北京市委、市政府的直接领导下，北京产权交易中心和中关村技术产权交易所重组合并设立北京产权交易所，成为北京市唯一一家政府授权经营的产权交易机构。3月16日，北京产权交易所被国务院国有资产监督管理委员会选定为从事中央企业国有产权转让的首批试点产权交易机构之一。一年来，北京产权交易所实现了交易规模持续稳定增长。特别是《企业国有产权转让管理暂行办法》颁布实施以来，交易规模不断扩大、中央企业交易项目大幅度增加、外资并购日趋活跃、异地交易明显增加。2004年，北京产权交易所完成各类交易项目、涉及资产额、实际成交额分别比上年同期增长2.56倍、2.34倍和3.34倍。其中完成国有产权交易项目、涉及资产额、实际成交额分别比上年增长1.07倍、2.12倍和1.77倍；完成中央企业国有产权交易项目、涉及资产额、实际成交额分别比上年增长19.1倍、13.6倍和15倍。在北京产权交易所内完成的各类产权交易项目中，产权转让价格与评估值相比平均增幅为4.8%。

2004年，北京市共完成国有资产评估核准和备案项目566项，其中核准项目52项，备案项目514项。涉及账面资产总额553.1亿元，净资产89.1亿元。评估后资产总额571.5亿元，增值率3.3%；净资产

105.2亿元,增值率18.1%。

六、北京市国资委监管企业主辅分离辅业改制情况

(一)明确改制分流工作程序

为了明确机构改革后北京市相关部门在改制分流工作中的职责和工作程序,市国资委会同八部门制定下发了《关于国有大中型企业主辅分离辅业改制分流安置富余人员工作程序的通知》(京国资发〔2004〕3号)。要求具备编制主辅改制分流总体方案条件的所出资企业应向市国资委报送总体方案。市国资委、市工商局、市劳动和社会保障局、市国税局、市地税局等有关部门要在规定的时间内为企业出具相关证明或审批手续。

(二)规范所出资企业报送改制分流总体方案的基本内容

制定下发了《关于所出资企业报送主辅分离改制分流总体方案基本内容和有关要求的通知》(京国资改组字〔2004〕5号)。要求所出资企业报送的总体方案基本内容包括:所出资企业概况,所出资企业主辅分离改制分流的基本情况,所出资企业实施主辅分离、改制分流的组织实施机构、决定和实施程序等。要求各所出资企业要提高认识,加强领导,坚持维护稳定的原则,严格执行相关政策,细致操作,规范实施。加强信息沟通,建立统计汇总制度。

(三)对所出资企业改制分流意向情况进行调查

制定下发了《关于进行国有大中型企业主辅分离改制分流意向调查的通知》(京国资改组字〔2004〕3号),对所出资企(事)业单位改制分流工作总体规划和实施意向进行了调查。

(四)进一步规范和推动改制分流工作

制定下发了《关于国有大中型企业主辅分离辅业改制分流安置富余人员有关问题的补充通知》,对实际操作过程中有关资产处置、债权债务处理、退休人员管理等问题做了补充规定,填补了政策空白。

截至2004年12月10日,市国资委共批复19个控股(集团)公司主辅分离改制分流总体方案,同意183个单位实施主辅分离改制分流工作。涉及资产总额约109.27亿元,国有净资产约33.13亿元,职工总数33960人(其中,在职职工17631人,离退休人员16329人)。有28个单位完成新企业工商注册。

七、北京市国资委监管企业重组和完善法人治理结构改革进展情况

(一)北京市国资委监管企业重组情况

2004年7月8日,市国资委印发了《市国资委关于贯彻落实〈关于规范国有企业改制工作意见〉的通知》(京国资改发字〔2004〕23号),进一步从审批权限、改制程序等方面规范了市国资委监管企业的改制重组工作。2004年8月12日,市国资委根据所出资企业中存在一级企业规模小,布局分散,主业不突出,企业管理层级太多,资产链条过长和二、三级企业重组和股份制改造步伐相对缓慢,国有股一股独大,法人治理结构不完善等实际情况,出台了《北京市人民政府国有资产监督管理委员会关于印发〈关于加快推进国有企业重组改制的指导意见〉的通知》(京国资改发字〔2004〕27号),提出要加快推进国有企业的重组改制,利用"并"、"改"、"剥"、"破"等改制形式,力争用三年左右时间,基本完成国有企业的重组改制。2004年11月,市国资委针对1484户国有企业,制定了《市国资委所属二、三级国有企业三年重组改制规划》。规划共涉及1373户二、三级国有企业,占二、三级国有企业总数的97.2%,到2006年底,预计有1271户企业能够完成重组改制,占二三级国有企业总数的90.0%。

截至2004年12月31日,通过"并"、"改"、"剥"、"破"的方式,有152户已完成重组改制,占二、三级国有企业总数的10.24%;2004年11月13日中国华源集团和北京医药集团进行战略重组成立新的北京医药集团有限责任公司。

(二)北京市国资委监管企业完善法人治理结构进展情况

为贯彻落实党的十六大和十六届三中、四中会会

精神，适应完善社会主义市场经济体制，围绕北京市国有资产管理体制改革，按照建立现代企业制度规范法人治理结构的要求，加强制度建设，创新国有企业负责人管理体制和机制。

1. 制定管理文件，加强制度建设，为完善法人治理结构提供依据。结合国有资产管理体制，在调研的基础上，制定了《关于市属国有企业、事业单位和中央驻京企业双管单位负责人任用工作程序的规定》、《关于加强和改进市属国有企业负责人管理的意见》两个管理性文件，初步建立起了适应现代企业制度要求的国有企业负责人分层分类管理体制。

2. 对新重组改制的企业，按照现代企业制度要求，完善法人治理结构。2004 年，北京市国资委对新重组改制的首旅集团、京能控股、北京控股、医药集团及首发公司等 5 家企业，全部按照现代企业制度，完善法人治理结构的要求，以产权关系为纽带，根据行业特点和企业规模，规范董事会、经理层组织架构和职数设置，国有资产产权代表由市国资委委派，党群负责人按《党章》和有关规定选任，经理层成员由董事会聘任。

3. 研究制定《关于进一步加强国有独资公司董事会建设的指导意见》。该指导意见将从基本思路、董事会的职责、董事及外部董事制度、董事会的组成、董事会会议、市国资委对董事会和董事的职权等方面明确进一步加强国有独资公司董事会建设的要求。指导意见明确市国资委将逐步建立健全对董事会和董事的管理制度，积极开发外部董事人力资源，加强对董事会建设工作的指导。指导意见要求国有独资公司一是要依照《公司法》、《条例》等法律法规，修改公司章程，报市国资委审批；二是要结合自身实际，制定有关董事会建设的各项规章制度，完善董事会工作机制。

同时，加紧外部董事管理办法研究，尝试派出外部董事。2004 年，国资委对公交控股新改制的公共服务类企业，派出了 1 名外部董事，以健全公司董事会，同时加紧相关制度的研究。

4. 试行市场化选聘企业经理层成员。选择部分董事会比较健全的企业进行企业内部竞聘和社会招聘经理层成员。2004 年共选择 10 家企业，13 个职位进行了公开选聘企业经理层成员，其中在公交、热力、城建、京仪和二商等 5 家企业进行企业内部竞聘总经理，对社会招聘的经理层成员实行契约化管理。

八、北京市国资委监管企业建立和完善经营业绩考核体系的情况

（一）建章立制，实现出资人职责到位

建立企业负责人经营业绩考核体系，是贯彻落实党的十六大和十六届三中全会精神的重要举措，也是切实履行出资人职责，落实国有资产经营责任的重要保障。北京市国资委坚持以科学发展观为指导，紧紧抓住履行出资人职责这个根本，突出增强企业核心竞争力、提高企业经济效益、实现国有资本保值增值这个目标，立足实际，建立起“约束严、激励强”的企业负责人激励约束机制。

根据《企业国有资产监督管理暂行条例》和《中央企业负责人经营业绩考核暂行办法》等有关法规规章，结合北京市实际情况，在反复调研、论证和征求意见的基础上，北京市国资委于 2004 年 5 月 10 日出台了《北京市国有及国有控股企业负责人经营业绩考核暂行办法》和《北京市国有及国有控股企业负责人薪酬管理暂行办法》。建立企业负责人年薪制，将年度业绩考核结果与薪酬挂钩，任期业绩考核结果与企业负责人任免及中长期激励挂钩，把企业效益与企业负责人的收入紧密联系在一起，做到责、权、利相统一，有效调动企业负责人的积极性、主动性，促使其忠实履行职责，降低企业的经营风险，促进企业的改革和发展。

（二）分类管理，积极、稳妥地推进业绩考核工作

1. 管住上年收入，根据企业财务决算对 2003 年企业负责人的收入预案进行审核，对薪酬增幅高于效益增幅的进行适当核减，对于实发金额已经超过核定金额的，如数退还或在 2004 年收入中予以扣减。并对 11 户企业 2003 年薪酬发放情况进行了专项审计，解决了企业负责人自定薪酬的问题，控制了薪酬水平的过快增长。

2. 选择代表性强的 20 家企业，于 2004 年 6 月 11 日与企业法定代表人签订了《年度经营业绩考核责任

书》,试行新的考核薪酬办法。同时确定26家主要承担政策性业务的企业,在兼顾社会效益和经济效益的前提下,按照规范、可量化的原则,加入修正指标实施模拟考核。对企业负责人实行年薪制,根据业绩考核结果对企业负责人兑现奖惩,对完成和超额完成考核目标的,实行年度薪酬奖励;对完不成经营目标的,根据具体情况,扣减或延期兑现薪酬,直至不再任命或续聘。

3. 对未试行考核办法的企业负责人收入,实行核准制。针对企业所处的行业及自身的特点,分别下达了考核指标或目标,年终考核兑现。

(三)落实配套制度,完善考核体系

1. 为加强对国有资产的管理,增强企业负责人的责任意识,积极探索建立《北京市国有及国有控股企业负责人重大经营决策失误责任追究暂行办法》。按照"谁决策,谁负责、权利和责任相统一和教育与惩戒相结合"的原则,对企业负责人在经营决策中违反国家有关法律法规、国资委发布的规范性文件或企业内部控制程序,越权审批、擅自决策,造成重大不良影响或国有资产损失的行为,根据具体情况,给予告诫、扣除绩效年薪或延期绩效年薪、免职和禁入处理。

2. 为维护所有者权益,加强对监管企业日常财务活动过程监督和风险防范,确保国有资本保值增值,按照"先有管理、后有软件、工程开发、不断完善"的原则,紧紧地围绕着业绩考核和薪酬管理工作,逐步建立起重点企业经济运行监控体系,有效监督企业完成业绩考核目标,及时发现并解决企业经营中存在的问题,将过程监督与结果考核有机地结合起来,使业绩考核工作更合理、更科学。

(北京市国资委供稿)

天津市

一、天津市国有资产监督管理工作综述

天津市国资委成立以来,全面落实市委、市政府和国务院国资委的总体部署与各项要求,深化国有企业改革,抓大与抓小并举,在组建大集团、实施大的资产调整重组的同时,下力量抓好中小型困难企业的改制与重组,不断增强国有企业的活力和市场竞争力。按照这一思路,积极推进各项工作,实现了良好开局。

(一)加强国有资产监管工作,努力提高国有资产监管的有效性

贯彻市委、市政府领导同志关于加强国有资产监管,防止国有资产流失的指示精神,加快国有资产管理体制改革的步伐,在建立国资监管组织体系、法规体系和基础管理等方面开展了一系列工作,使各项制度进一步健全,国有资产监管体系进一步完善。

1. 抓紧建立了国资监管的组织体系。国资委挂牌以后,按照全市国有资产监管工作会议部署和机构"三定"方案的要求,8月初迅速完成人员的抽调和处室的组建工作,确保机构、人员及时到位。同时,迅速与各委托监管单位、18个区县和新三区建立了工作关系,摸清了现状,并会同各有关单位开展工作。通过努力,实现了国资委各项职能的平稳衔接和工作的快速起步。

2. 抓紧建立了国资监管的法规体系。围绕"依法履行出资人职责"这个中心,针对当前带有普遍性又急需规范的工作内容,制订了国资监管规章制度计划,在调研论证的基础上,起草了《天津市企业国有资产监督管理暂行办法》、《天津市企业国有资产委托监管试行办法》两个法规性文件。为了使两个《办法》进一步具体化,在产权制度改革、业绩考核、重大事项报告等方面下大力量狠抓了国资监管建章立制工作,相继制订规章和规范性文件27件。通过制订一系列规章和规范性文件,为依法规范国有资产监管、推进国有企业改革提供了依据和准则。

3. 完善和加强了国有资产基础性管理工作。首先是摸清家底。根据市政府的要求,清产核资工作在全市41个委办局、18个区县及新三区、60个集团公司所属4921户企业中全面铺开。在资产清查阶段,有6万多人和部分注册会计师参与,涉及近千个数据,到2004年底,已完成了企业户数清理和资产清查工作。从初步清查的结果看,资产总量和所有者权益增加,质量提高。其次,建立了国有企业统计报告制度和国有资产

统计体系,为国有资产监管提供基础依据。此外,还加强了产权登记、资产评估、产权交易行为的管理和监督检查。从2004年8月到年底,为179户企业办理了产权登记,受理了76项资产评估项目,办理了20项企业国有产权转让项目和外方增资项目。

4. 抓紧建立了国有资产经营责任制度。为了掌握所出资企业国有资本变动情况和保值增值状况,制订了《天津市企业国有资本保值增值考核办法》。按照国有资本保值增值、经营利润最大化、经营效率最优化和可持续发展的原则,将企业负责人经营业绩与年薪挂钩,制订了《直接监管单位负责人经营业绩考核试行办法》、《直接监管单位负责人薪酬管理暂行办法》,进一步完善了激励和约束机制。

(二)推进国有企业改革和发展,做强做大国有企业

贯彻市委、市政府关于"突出重点,整体推进,在国企改革主要方面取得新成效"的要求,继续深化国有企业改革,加大布局结构调整和国有企业重组力度,稳步推进股份制改造和现代企业制度建设。

1. 实施国有企业战略性重组。推进投资主体多元化,加大了资产重组的力度。在天津钢管公司股权回购的基础上,引进天津泰达投资控股公司作为战略投资者,以承债划转方式参与钢管公司的重组,组建了新的钢管有限责任公司。集中行业资源,成功操作了鼎盛公司的重大战略性重组,为做强天津市工程机械行业奠定了基础。医药集团引进战略投资者,初步达成了重组意向。委托监管企业的重组工作也迈出了较大步伐,城投、一商等一批企业实行了重组。通过实施战略性重组,推动国有企业不断做大做强,目前全市年销售规模超百亿的国有及国有控股企业集团发展到13家,国有资本的集中度、控制力和影响力进一步增强。

2. 积极推进国有经济布局战略性调整。按照资本运作,整体盘活,顺势调整的思路,积极推进了结构调整,全面加快了国有企业的东移搬迁调整步伐。2004年国有工业企业东移项目共65户,原址占地共计193.65万平方米,新征土地面积共计489.48万平方米,项目投资共计68.64亿元,项目产值共计163.18亿元。在推进国有经济布局战略性调整中,围绕做大做强主业,加大固定资产投资的力度,直接监管单位全年完成固定资产投资110亿元,同比增长20%。

3. 加快国有企业改制步伐。结合不同行业和企业的特点,采取多种方式推动中小企业改制。截至2004年底,全市市属国有企业有2319户完成了产权多元化改革,改制面达61.7%。改制中,注意处理好改革、发展与稳定的关系,努力做好再就业工作。在财政、劳动部门大力支持下,制订了天津市国有困难企业整体分流安置职工暂行办法,协调解决了东移中纺织、天钢等集团所属企业职工分流安置的有关问题。直接监管系统全年创造就业岗位5万个,安置下岗职工2万人,有6.55万人享受了"4050"人员灵活就业社会保险补贴政策。

(三)积极抓好机关自身建设,不断提高监管能力

1. 加强领导班子建设,积极建立科学民主的决策机制。国资委组建伊始就坚持规范运转,制订了《市国资委工作规则》、《市国资委主任办公会议制度》,对国资监管的重大问题和重要工作坚持提交主任办公会研究审定,充分听取意见,集中集体智慧,实现科学民主决策。同时,按照职责分工,组织分管主任抓好工作的落实,协调一致、群策群力的科学民主决策机制基本建立。

2. 明确工作职责,加快实现工作的规范起步。为了全面落实市委市政府"三定"方案的职责要求,结合国务院国资委内设机构职责,在界定处室工作职责、搞好工作衔接的同时,还制订和细化了不同岗位工作人员的具体职责任务。通过理顺内部关系,为工作的开展奠定了基础,职责明确、规范运转的工作运行系统初步完善。

3. 加强作风建设,树立良好的机关形象。为了使新成立的国资委各项工作坚持高标准、严要求,树立良好形象,打好工作开局,国资委多次召开主任办公会研究加强机关自身建设工作。一方面加强国资监管各项法规和文件的学习,组织人员分别赴10省市国资委考察学习。另一方面主动适应特设机构的新变化,制订印发了《市国资委工作人员行为规范》等多项工作制度。通过加强自身建设,促进了机关干部工作作风的转变和工作效率的提高，讲大局、讲团结、讲效率的良好工作氛围正在形成。

二、天津市区县国有资产监管机构组建情况

根据国务院第378号令《企业国有资产监督管理暂行条例》和国务院办公厅转发国资委《关于设立市(地)级人民政府国有资产监督管理机构的指导意见》(国办发[2004]84号)的精神，按照市领导同志的要求，在对全市18个区县国有资产管理现状进行专题调查的基础上，研究提出了建立健全天津市区县国有资产监管机构、加强区县国有资产管理的意见并拟订了《关于设立区县国资监管机构的工作方案》。要求天津市区县原则上均应按照"管资产与管人管事相结合，权利、义务和责任相统一"的要求设立专门的国有资产监督管理委员会，其主要职责是，履行区县国有资产出资人职能，调整区县国有经济结构与布局，推进区县国有企业改革与发展，承担国有资产保值增值职责，负责区县国有资产监督管理基础工作，接受市国资委的业务指导和监督。监管范围既包括经营性资产，也包括行政事业性非经营性资产。

三、天津市经营性国有资产总量与结构分析

2004年，随着国家基础产业投资规模的日益加大以及国有企业产业结构调整步伐的加快，全市国有资产总量继续保持强大的增长趋势。

(一)全市国有资产总量继续增长

据2004年度企业国有资产统计报表统计，全市地方国有企业国有资产总量为1780.2亿元(含境外、地方金融企业)，比上年增加421.51亿元，增长31.02%。从1995年至2004年，全市国有资产总量的平均增长幅度为12.4%。

在全部国有资产中，市属企业单位国有资产为1359.08亿元，占全市国有资产总量的76.34%，比2003年增长34.1%。其中，市国资委直接监管单位和委托监管单位国有资产分别为483.6亿元和875.48亿元，分别占市属企业国有资产的35.58%和64.42%；区县属企业单位国有资产为421.12亿元，占全市国有资产总量的23.66%，比上年增长50.07%。

在全部国有资产中，一般工商企业占用1746.1亿元，占98.09%；金融企业占用33.88亿元，占1.9%；境外企业占用0.22亿元，占0.01%。

(二)全市经营性国有资产的结构特点

从产业性质看，竞争性企业国有资产为1111.3亿元，占全市国有企业国有资产总量的63.64%；公益性及其他行业国有资产为584.9亿元，占全市国有企业国有资产总量的33.5%；垄断性行业国有资产为49.9亿元，占全市国有企业国有资产总量的2.86%。

从企业规模看，大型企业共130户，拥有国有资产779.3亿元，占全市国有企业国有资产总量的44.63%；中型企业共532户，拥有国有资产605.7亿元，占全市国有企业国有资产总量的34.69%；小型企业共3708户，拥有国有资产361.1亿元，占全市国有企业国有资产总量的20.68%。

从企业组织形式看，国有独资企业、公司国有资产为943.4亿元，占全市国有企业国有资产总量的54.03%，比上年增长19.32%；国有控股企业国有资产为705.8亿元，占全市国有企业国有资产总量的40.42%，比上年增长59.47%；企业化管理的事业单位国有资产为96.9亿元，占全市国有企业国有资产总量的5.55%，比上年增长60.32%。

(三)全市经营性国有资产的变动趋势

1. 通过采取新一轮"嫁改调"等措施整合国有企业，国有经济的整体实力在不断增强。2004年天津市国有企业共4370户，比上年净减少47户。纵观天津市国有企业户数的变化呈逐年递减趋势。据统计，2004年天津市国有企业户数分别比2003、2002和2001年减少47户、173户和626户。而国有资产总量却逐年递增，2004年天津市国有企业国有资产总量为1746.1亿元，分别比2003、2002和2001年增长34.93%、50.6%和71.98%。表明天津市国有企业户数虽在逐年减少，但对全市国民经济的发展仍发挥着重要作用。

2. 国有经济在关系国民经济发展的重点行业占绝对控股地位。据统计，2004年天津市垄断性行业和公益性行业共计669户，国有资产总量为634.7亿元，

其中国有独资企业、公司284户,国有资产总量为432.5亿元,分别占42.45%和68.14%;全市基础性行业共计556户,国有资产总量为586.4亿元,其中国有独资企业、公司332户,国有资产总量为288亿元,分别占59.71%和49.11%。

3. 通过市场手段对国有企业进行股份制改造,实现以较少的国有资本吸纳更多的社会资本。据统计,2004年多元投资的国有控股企业由2003年的1472户增加到1872户,其国有资本金达到373.4亿元,占全市国有企业国有资本金的35.02%,虽然国有资本金在控股企业中仅占49.12%股份,但却吸纳和利用了990.06亿元的社会资本。

4. 通过优化国有资本分布结构,国有资本的质量在逐步提高。2004年度,通过对国有经济结构的调整,国有资产在各行业中的布局渐趋合理,出现明显的向服务贸易及高新技术产业转移的态势。全市国有企业的国有资产总量为1746.1亿元,其中,社会服务业、贸易业、市政公用工业、冶金工业、房地产业、医药工业等产业的国有资产总量为1068.4亿元,占全市经营性国有资产的61.88%,比上年同期增长了41.23%,而一般生产加工行业的国有资产由上年占全市经营性国有资产的21.3%,下降到2004年的16.34%,下降了4.96个百分点。全市竞争性行业的国有资产随着国有经济的退出也出现了下降趋势,2004年末,竞争性行业的国有资产总量为1111.3亿元,占全市经营性国有资产的比重由上年的74.14%,下降到63.6%。

四、天津市国有资产保值增值综合分析评价

为了加强对企业国有资产的监督管理,依法履行国有资产出资人职责,真实反映企业国有资本运营状况,保障国有资产安全、完整和不断增值,调动企业经营者运营国有资本的积极性,市国资委按照《天津市企业国有资本保值增值考核办法(试行)》的要求,依据2004年度企业国有资产统计报表数据,对全市企业国有资产保值增值情况进行了计算和汇总。

经汇总全市国有企业2004年末国有资产总量为1746.1亿元(不含境外、地方金融企业),比年初数增加了345.1亿元,2004年度全市国有资本保值增值率为104.24%。保值增值结果为增值,比2003年全市国有资本保值增值率高3.24个百分点。在全市国有企业中,市属企业国有资本保值增值率为102.29%。其中:市国资委直接监管单位的国有资本保值增值率为103.09%;市国资委委托监管单位的国有资本保值增值率为101.73%;区县属企业的国有资本保值增值率为110.68%。

五、天津市国资委监管企业产权制度改革情况

天津市市属国有企业3761户,完成产权多元化改革的2319户,改制面为61.7%。其中:国资委直接监管的1840户,完成产权多元化改革的1322户,改制面为71.8%;委托监管的国有企业1921户,完成产权多元化改革的997户,改制面为51.9%。直接监管企业的改制主要采取以下几种形式:一是通过吸收自然人入股,将国有企业整体改制为非国有控股的多元投资的有限公司;二是通过吸引外资进入,将国有企业整体改制为合资企业;三是对长期亏损、资不抵债的停产、半停产企业采取破产的方式退出市场;四是按照国家八部委859号文件,采取"主辅分离、辅业改制"的方式改制;五是对于整体改制有困难的企业,采取剥离部分有效资产的方式实现部分改制(包括引进国内外战略投资者和企业、自然人入股等形式)。

六、天津市国资委监管企业主辅分离辅业改制情况

国家八部委《关于国有大中型企业主辅分离辅业改制分流安置富余人员的实施办法》[2002]859号文件出台后,根据天津市的实际情况,下发了《天津市贯彻国家经贸委等八部委〈关于国有大中型企业主辅分离辅业改制分流安置富余人员的实施办法〉的实施意见》。此意见主要是利用企业非主业资产、闲置资产和关闭破产企业的有效资产(简称"三类资产"),改制创办面向市场、独立核算、自负盈亏的法人经济实体,

多渠道分流安置企业富余人员和关闭破产企业职工，减轻社会就业压力。经协调税务部门后规定：辅业改制企业可享受三年内免缴企业所得税的优惠政策，此外，辅业改制企业可利用国有净资产支付职工与原企业解除劳动合同的补偿金，原企业职工可与改制后企业重新签订不少于三年的劳动合同，继续工作。同时，国资委组织部分控股集团的分管领导和资产部负责人参加了国家企业协会的专题培训班，并就企业主辅分离辅业改制问题与专家进行了研讨，收到良好效果。截至2004年底，全市共实施主辅分离的国有大中型企业28个，改制企业37个，分流安置富余人员5720人，其中新改制企业安置职工4667人，享受免缴税金1386.2万元。

七、天津市国资委监管企业重组与完善法人治理结构改革进展情况

(一)企业重组情况

1. 大力实施国有企业招商引资工作，积极开展新一轮“嫁改调”。着眼于长期发展战略，引进先进技术和研发能力，以产权制度改革为核心，以吸引境外资本、社会资本进入为突破点，以增资扩股、战略投资、国际并购、市场挂牌为手段全面推进国有企业改制改组。市国资委与香港津联集团、新加坡淡马锡投资控股有限公司、日本贸易振兴机构、大阪产业经营协会共同举办了“天津市国有企业并购项目推介会”，与会的外资企业对天津市国有企业的改制重组表示了浓厚的兴趣。外资通过产权交易市场共参与国有企业改制28宗，成交金额6.9亿元。通过举办“中国天津环渤海区域经济振兴与发展座谈会”，邀请国内知名大企业大集团参与天津的经济发展，参与天津市国有企业的改制重组。先后有中国节能投资公司、中国化工集团公司、联想集团公司、上实集团公司、复兴实业公司等实力雄厚的大企业集团拟参与天津市国有企业改制。

2. 对于相当一批不具备改制条件的国有困难企业以及在全市限额以上工业企业中销售收入为零的国有中小型企业，通过实施政策性破产和依法破产两种方式，加快退出市场的步伐。2003至2004年，共操作实施国有企业破产项目29户，核销银行呆坏账准备金27.47亿元，通过各种渠道分流安置职工19030人。其中：列入国家计划的破产项目5户，核销银行呆坏账准备金14.66亿元，通过各种渠道分流安置职工11860人；实施依法破产项目24户，核销银行呆坏账准备金12.81亿元，通过各种渠道分流安置职工7170人。通过实施企业破产，使这29户亏损严重、资不抵债的企业退出了市场。

(二)完善法人治理结构情况

从1998年起，工业工委根据中央、市委的有关精神和《公司法》的规定，制订下发了《关于建立现代企业领导体制的意见》，提出工业系统国有及国有控股公司制企业，按照董事长、总经理分设，决策层、执行层分开，建立监事会的要求对法人治理结构进行规范。截至2004年，118户国有大中型公司制企业中，对照上述条件已经规范的94户，尚未规范的24户。目前国有公司制企业在规范法人治理结构上存在的主要问题是，董事长、总经理一人兼的比例偏高，占到了改制企业的20.3%，董事长、党委书记一人兼的比例偏低，仅占9.3%；由于国有公司制企业股权结构单一，经理层与董事会人员严重重叠的问题还比较突出；外派监事会的工作尚在筹备，有待启动。

八、天津市国资委监管企业建立和完善经营业绩考核体系的情况

贯彻《企业国有资产监督管理暂行条例》精神，天津市国资委把对企业负责人的业绩考核工作作为维护所有者权益，落实国有资产保值增值责任的重要手段。2004年7月底，天津市召开第一次全市国有资产监督管理会议。会议确定了今后三年天津国有资产监督管理目标，并把建立和完善国有资产责任考核体系，作为实现三年国资监管目标的重点工作之一。2004年，业绩考核工作主要做了以下工作：

(一)制订出台业绩考核办法

以中央企业负责人经营业绩考核办法主要精神为指导，结合天津市实际，制订出台了天津市《直接监管单位负责人经营业绩考核试行办法》。与以往市有

关部门对国有企业经营者的考核办法相比,市国资委出台的考核试行办法实现了以下几点创新:一是确定考核指标出发点的创新。考核指标既考虑维护所有者权益,履行出资人职责,还要符合市委市政府的工作要求。二是指标口径的创新。对不同的考核指标有不同的考核口径,反映国有资本在全市经济中影响力和带动力,充分体现出资人意愿,三是指标内容的创新。考核指标既有反映经营效果的经济指标,又有体现工作成绩的工作目标。四是确立目标值原则的创新。确立考核目标值既考虑企业发展实际,又要和天津整体经济发展相适应。五是对分类指标的创新。分类指标包括奖励指标和扣减指标,分类指标直接与绩效薪挂钩,奖励指标只奖不扣,奖励的前提是必须超额完成目标值;扣减指标只扣不奖,不扣的前提是必须完成目标值。六是对计分办法的创新。计分办法中既采取积分进类激励法,又部分采用了目标牵引激励法。七是对设置经营难度系数的创新。经营难度系数设置在考虑企业资产、主营业务收入等规模情况的同时,还考虑另两个方面的因素:一是考核指标完成值与上年实际值之间的比较情况,减少由于人为设置目标值对经营业绩的影响;二是考虑集团公司困难企业对完成指标的影响。

(二)完成2005年度考核的各项准备工作

2004年度主要抓了以下三项准备工作:一是确定了考核目标值。首先由企业根据发展规划及经营状况,提出2005年度考核目标建议值;然后由市国资委根据2004年年初确定的工作重点和工作目标,对企业提出的考核目标建议值提出意见;最后经主任办公会批准确定。二是成立业绩考核委员会。为加强对业绩考核工作的领导,提高业绩考核工作的权威性和公正性。成立市国资委业绩考核委员会,作为业绩考核工作的领导机构。考核委员会由委领导及委内相关处室负责人组成。三是初步建立了一支考核工作的人员队伍。国有企业要层层实现保值增值责任,就要层层落实经营责任。市国资委的监管企业也必须加强对所投资的二级企业负责人进行经营业绩考核,结合所投资企业特点,通过业绩考核把指标真正落实。为此,市国资委以文件的形式明确要求,监管企业要建立考核工作班子,并挑选懂管理、会财务、有经验的人员负责本企业业绩考核工作,促进形成一支高素质的考核工作人员队伍。

(撰稿人:王　凯　东敬义)

河北省

一、河北省国有资产监督管理工作综述

2004年是河北省国资监管体制框架基本建立的一年,省政府国资委各项工作有序开展,各地级区(市)全部成立了国资委。省、市国资委把自身建设与依法监管有机结合起来,在较短的时间内实现了各项工作的良好开局。一是初步形成了省、市两级国资监管体系。2004年4月份,河北省各市全部成立了国资委,成为全国第一个省、市两级国资监管机构健全的省份。省国资委随着工作职能的扩大和工作任务的拓展,积极争取省委、省政府的支持,由成立之初的16个内设机构增加到20个,设立了财务审计处、金融管理处和信息中心,进一步强化了国资监管职能。各市国资委成立后,克服了机构改革、人员调整、职能转变、监管企业不明确等诸多困难,积极理清工作思路,强力推进国企改革,迅速启动清产核资等基础工作,实现了各项工作的快速起步和有序展开。各市还从自身实际出发,积极探索建立适合本地特点的国资监管模式。二是进一步健全了国资监管的政策法规体系。2004年10月27日河北省政府颁布了《河北省企业国有资产监督管理实施办法》,为依法履行职责提供了法律依据。2004年,省国资委先后制订了《河北省国有企业清产核资实施办法》、《河北省企业国有产权转让暂行办法》、《河北省国有企业负责人选拔任用暂行办法》等22个与之配套的文件,基本做到了管资产与管人、管事依法依规进行。各市也从自身实际出发,制订出台了国资监管制度和配套文件,初步构建起了省、市两级国资监管的政策法规体系框架。三是积极探索国有资产

运营管理新机制。2004年初,省国资委出台了《河北省省属企业负责人经营业绩考核暂行办法》,与27户企业签订了经营业绩和资产保值增值责任书,把国有资产经营责任层层落实到了企业和企业经营者。开展了企业国有资产产权登记年检、国有产权界定、公开选聘资产评估机构、资产评估核准等基础工作,制订出台了一系列规范推进国有企业改制、促进国有产权合理流动的规定和措施,形成了产权股权管理规范运作的工作机制。四是不断强化国资监管的基础工作。在省属企业中,全面开展了清产核资,完成了31户企业清产核资、资产损失审核工作和15户有分离任务的省属企业中77个辅业改制单位的清产核资,并进行了资产损失审核和批复。建立了省属企业财务快报、财务预决算、企业绩效评价等制度。制订了所出资企业领导人员经济责任审计办法,开展了企业领导人员离任经济责任审计。开始启动企业重大投资管理报告制度,制发了《关于加强重大投资项目管理有关问题的通知》,对企业重大投资项目管理工作进行了规范。五是充分发挥监事会的作用。把监事会工作作为加强国资监管、维护国有资产安全的前沿阵地,进一步明确了监事会的职能定位,突出了"有用管用"的工作重点,实现了以财务监督为主向国有资产监督为主的转变,以事后监督为主向以事前、事中监督为主的转变。对12项监事会工作配套制度进行了完善,促进了监事会工作的制度化、规范化。省政府国资委向23户履行出资人职责企业派出了监事会,在日常监督和省属企业改制过程中起到了防止国有资产流失的重要作用。各市也抓紧做好派驻监事会的前期准备工作,石家庄、邯郸、唐山、廊坊、秦皇岛、承德、张家口等7个市成立了监事会工作机构。秦皇岛市国资委向部分监管企业派出了监事会主席和专职监事。

二、河北省市级国有资产监管机构组建情况

截至2004年4月,河北省各设区市全部成立了国资监管机构。从人员编制看,少的30多人,如衡水市32人,唐山市39人;多的八九十人,如石家庄市92人,廊坊市89人。从内设机构看,科室较多的一般为15～20个,如廊坊市20个;少的一般为7～10个,如衡水市7个,唐山市9个。

从监管范围看,大多数市都明确了国资委监管的企事业单位名单,基本上都是原有的企业工委或经贸委管理的国有工业和商贸企业。多数市基本明确非工业企业的经营性国有企业仍由行业主管部门管理,或由国资委和原有的行业主管部门实行双层管理。廊坊市明确将企业化经营的事业单位纳入国资委监管范围。保定市提出了以直接监管、间接监管和委托监管三种途径,涵盖企业、行政、事业等领域,覆盖市、县(区)两级国资监管体系的工作思路。张家口市国资委还承担着市委、市政府"工业立市"百企振兴领导小组办公室的工作。在干部管理上,各市都提出了由市国资委党委协助市委管理和直接管理的企事业单位名单,制订了企业领导人员管理和考核办法,基本明确了干部管理权限。

三、河北省企业国有资产总量与结构分析

2004年,河北省国有资本总量(国有净资产)持续上升。截至2004年底,全省国有企业国有资产总量949.2亿元,同比增加33.9亿元,增长3.7%。其中,省政府国资委履行出资人职责企业国有资产总量507亿元,同比增长7.2%。

按企业规模划分,大中型企业占国有资产总量有所下降。截至2004年底,217户大型企业国有资本总量514.1亿元,占全省国有资本总量的54.2%,同比下降5.1个百分点;701户中型企业国有资本总量329.9亿元,占全省国有资本总量的34.8%,同比下降0.7个百分点;3900户小型企业国有资本总量105.1亿元,占全省国有资本总量的11%。

按组织形式划分,国有独资企业的国有资产总量减少,为344.3亿元,占全省国有资产总量的36.3%,同比下降5.5个百分点;分布于国有控股企业的国有资产总量527亿元,占全省国有资产总量的55.5%;企业化管理的事业单位国有资产总量78亿元,占全省国有资产总量的8.2%。

按产业性质划分,分布于垄断性行业的国有资产总量256.7亿元,占全省的27%;分布于竞争性行业

的国有资产总量523.1亿元,占全省的55.1%;分布于公益性及其他行业的169.4亿元,占全省的17.8%。

按行业分布划分,工业企业仍是国有资产总量增长的主要贡献者。由于2004年煤炭、冶金行业效益较好,工业企业的国有资产总量579.3亿元,同比增长2.3个百分点,占全省比重的61%,其中,煤炭、冶金行业的国有资产总量分别为159.7亿元、153.5亿元,分别占全省比重的27.6%和26.5%。其中以煤炭行业的国有资产总量增速最快,同比增长21.3个百分点。

四、河北省国有资产保值增值综合分析评价

截至2004年底,河北省国有及国有控股企业(包含企业化管理的事业单位,不含金融企业,以下简称国有企业)共计4818户,平均保值增值率102%,整体实现保值增值。

按企业规模划分,217户大型企业国有资产保值增值率105.7%;701户中型企业国有资产保值增值率101.9%;3900户小型企业国有资产保值增值率83.1%。

按组织形式划分,国有独资企业的保值增值率100%;国有控股企业的保值增值率103.8%;企业化管理的事业单位国有资产保值增值率99.4%。

按产业性质划分,分布于垄断性行业的国有资产保值增值率104.4%;分布于竞争性行业的国有资产保值增值率101.4%;分布于公益性及其他行业的国有资产保值增值率100.2%。

按行业分布划分,工业企业保值增值率较高,为104.1%,同比增长2.3个百分点。

五、河北省国资委监管企业产权制度改革情况

2004年,河北省委、省政府把推进国企改革继续作为全省经济工作的四项重点之一,全省国资监管系统认真贯彻落实省委、省政府关于深化国企改革的总体部署,突出重点,合力攻坚,完善政策,规范运作,全省国企改革取得了突破性进展。省属6户试点企业整体改制取得重大进展,其中邢钢利用外资战略性重组已注册成立了新公司,石钢、华药吸引战略投资者改革正规范操作。省直厅局属企业有101户完成改制并与主管部门脱钩。市县属企业改制取得进展。全省有616户市县属国企新完成改制,改制面达到95.2%,476户完成二次改制。石家庄市通过股权转让、合资合作等方式,多渠道引进战略投资者参与市属国企改革,石家庄化肥集团、威远集团、石焦集团、北人集团投资主体多元化改革也迈出了实质性步伐。邢台市积极引进民营资本参与市属国企改革,盘活了长征汽车、红星汽车的有效存量资产。邯郸市强力推进重点企业产权多元化改革,邯郸棉纺机与中棉总公司改制重组正在稳步实施。沧州市推进以“双置换”为重点的企业产权制度改革,坚持不做夹生饭、不搞翻牌、不留后遗症,力争改一个成一个,市造纸厂引入山东泰华浆纸公司、市啤酒厂引入四川蓝剑集团等战略投资者的合资合作正在扎实推进。

六、河北省国资委监管企业主辅分离辅业改制情况

2004年,河北省把主辅分离辅业改制作为国企改革的一个突破口,积极组织,强力推进。省国资委与邯郸钢铁公司等15户企业签订了主辅分离辅业改制目标责任书,并以调度令的形式加大了督导力度。编制了《河北省省属企业主辅分离辅业改制操作问答》,确保政策完善、操作规范。省属15户有辅业改制任务的企业,已有64个辅业单位完成改制,涉及总资产23.2亿元,净资产8.2亿元。市县属企业有53个辅业单位完成改制,涉及总资产5.3亿元,净资产1.8亿元。市属企业分离办社会全面启动,共移交中小学校52个、公安机构5个,人员4785人。北京、沈阳铁路局驻冀所属中小学、医院完成移交,中石化、中石油在冀企业分离办社会移交基本完成。在这方面各设区市做了大量的协调、配合工作,廊坊市在全省率先完成了中石化、中石油和铁路系统中央企业分离中小学接收工作。秦皇岛市在2004年10月底前完成了铁路系统中央企业在秦皇岛自办中小学5所、医院2所的

接收工作。

七、河北省国资委监管企业重组与完善法人治理结构进展情况

在企业重组方面,一是实现了邯郸矿业集团公司与张家口盛源煤矿、康保煤矿的联合重组。开滦集团整体兼并了张家口老虎头煤矿(张家口市属煤矿),为开滦集团对整个蔚州煤田的整合创造了条件。石家庄钢铁有限责任公司通过参与石家庄焦化有限责任公司改制的方式,入股石家庄焦化厂21%的股份。石家庄钢铁有限责任公司出资收购河北鑫跃焦化有限公司40%的股权,结束了石家庄钢铁有限责任公司没有焦化工艺的历史。二是完成了35户省属企业划转属地管理工作。三是债转股工作取得进展。石家庄宝石集团公司完成了新公司注册。河北液晶显示发展公司、秦皇岛腈纶厂债转股中转股债权核减获得国务院特批,共核减债权6亿多元。四是债务重组取得突破,省外贸资产经营公司以1亿元收购了东方资产管理公司42亿元不良债权。五是国有企业政策性关闭破产取得成效。破产终结秦皇岛电子玻璃厂等31户企业;解决了制约军保企业破产的职工社会保险、职工住房、社会职能移交等十几个方面的问题,全国领导小组正式下达了3524工厂、3540工厂、6444工厂破产启动的文件;积极争取国家支持,加大资源枯竭的煤炭企业破产力度,共有邯郸矿业集团康城矿、峰峰集团三矿,井陉矿务局一矿、三矿,兴隆矿务局马圈子矿等5户政策性煤炭破产企业进入破产法律程序,争取中央财政补贴17.1亿元。

在完善法人治理结构方面,一是制订并出台了《河北省人民政府办公厅转发关于深化产权制度改革解决省属重点企业“一股独大”问题的意见的通知》(冀政办字[2004]37号),为实现企业产权结构多元化,从而促进法人治理结构的完善打下了基础。二是加快了国有上市公司股权调整步伐,全省28家设置国有股的A股上市公司,已有5家通过调整股权使国有股比重降到了40%左右,6家降到了30%以下。三是制订了《国有股股东代表选派及相关事务管理暂行办法》(冀国资[2004]28号),对于规范国有股股东选派等发挥了重要作用。四是向23户国有独资企业和控股企业派出了监事会,对国有控股的邯郸矿业集团有限公司外派监事会和企业内部监事会进行了合并、改组,新的监事会由各股东按出资比例提名5名监事,其他2户股东分别提名2名和1名监事,监事会主席由控股方省政府国资委推荐。对改制国有参股的邢台钢铁有限责任公司,派出了3名执行董事和1名独立董事,并派1名总会计师,对促进企业法人治理结构的完善和防止国有资产流失发挥了重要作用。

截至2004年底,河北省国资委监管的企业为34户。从股权结构看,独资的25户,产权多元化的9户;从企业制度看,实行工厂制企业6户,设立董事会的公司制企业27户,设执行董事的1户。在28户公司制企业中,董事长、党委书记一人兼的14户,董事长、党委书记、总经理三职分设的3户,三职一人兼的5户,党委书记、总经理一人兼的1户,暂缺职的3户。

八、河北省建立和完善企业负责人经营业绩考核体系情况

一是初步构建起了企业负责人经营业绩考核工作体系和机制。2004年1月17日,河北省政府国资委以冀国资[2004]1号文件印发了《河北省省属企业负责人经营业绩考核暂行办法》。在此基础上,陆续制订和实施了企业负责人经营业绩年度考核等制度。二是认真做好2004年度业绩考核工作。研究制订了《2004年度企业领导班子和负责人考核工作方案》,确定了以业绩考核为主线,将企业领导班子考核和企业负责人考核统一进行的思路,确定了三项考核的评价标准,对业绩考核信息管理系统软件进行了修订完善,购置了光标阅读机等考核配套设备。三是为督促企业落实国有资产经营和保值增值责任,制发了《企业负责人经营业绩考核目标分解责任指导意见》(冀国资[2004]13号),要求各企业负责人紧紧围绕完成经营业绩考核目标,结合各自岗位的工作实际,认真做好目标责任分解工作,做到定性分解和定量分解相结合,以便进行量化考核。四是加强了对经营业绩考核的动态监控。从建立经济运行调度调控机制入手,跟踪被考核企业责任目标完成情况,发现问题及时解

决，并提出意见和建议。每月调度一次被考核企业经营情况；每季全面分析企业经济运行的现状、得失和走势。在调度中，坚持“两手抓”的方针，一方面抓好钢铁、煤炭等资产总量大，对全省国有经济运行有重大影响的企业加强调度，进行重点分析；另一方面对于亏损企业特别是扭亏效果不明显的企业认真分析，与企业一起研究扭亏举措。五是积极推进业绩考核信息化建设。通过公开招标方式，选择两家软件公司开发了业绩考核信息分析系统软件。目前，该软件已正式投入使用，企业负责人经营业绩考核的相关动态信息收集工作实现了网络直报，提高了工作效率。

（河北省国资委供稿）

山西省

一、山西省国有资产监督管理工作综述

山西省国资委自2004年5月正式组建后，在省委、省政府的正确领导和国务院国资委的关心指导下，按照依法履行出资人职责的要求，围绕国有企业改革重组、国有资产保值增值、国有经济布局和结构调整等主要任务，边工作，边研究，边学习，边实践，积极构建国资监管体制框架，大力推进国有资产监管基础工作，加快国有企业改革、重组，继续推进国有经济布局结构调整，不断壮大国有经济。通过艰苦扎实的工作，省、市两级新的国有资产监督管理体制框架初步建立，国有企业改革有了新的进展，国有资产运行质量和效率有了新的提高，国有企业党建工作、党风廉政和精神文明建设有了新的成效。

2004年，省属国有企业主要经济指标好于预期，处于历史高位，呈现出了销售收入快速增长、实现利润大幅提高、资产质量不断改善的良好态势。特别是山西煤炭工业由原煤生产向煤焦化、煤电铝材一体化发展迈出了实质性步伐；太钢、同煤、山西焦煤、山西路桥等11户大型企业跻身全国工业企业500强行列，在全省国民经济的中坚力量和骨干作用进一步显现。据对省国资委已监管的34户省属国有骨干企业经济指标统计，2004年实现销售收入1322.6亿元，比上年增长46.1%；实现利润61.1亿元，比上年增长1.7倍；资产总额为2498.5亿元，比上年增长20.8%；所有者权益总额达到852亿元，比上年增长9.4%；净资产收益率达到3.12%，比上年增加2.99个百分点；总资产报酬率达到3.04%，比上年增加1.31个百分点；上缴税金108.3亿元，比上年增长57.8%，占省级国有及国有控股企业上缴税金的70.98%，为山西的经济和社会发展作出了重大贡献。

二、山西省市（地）级国有资产监督管理机构组建情况

山西省国资委在抓好自身建设的同时，积极指导市级国资监管机构的组建。截至2004年12月，山西省11个地级市中已有太原、大同、阳泉、朔州、忻州、运城、临汾、吕梁等8个市成立了国资委，其余3个市的国资委也正在紧张筹建之中，在全省基本上落实了国有资产出资人职责和监管责任。

三、山西省国有资产总量与结构分析

2004年山西省国有资产总量持续稳步增长。截至2004年12月31日，山西省国有及国有控股企业5101户，不含集团企业合并抵销，按照单户企业汇编后资产总额4450.67亿元，国有资产总量1519.65亿元。

2004年山西省国有资产分布结构更加合理。从项目结构来分析，国有资产主要集中在国有资本及权益总额，达到1498.26亿元，占国有资本总额的98.59%；从国有资产数量结构来分析，拥有国有资产超过亿元（含1亿元）的企业共167户，占全部国有资产户数的2.63%，国有资产总额达到1413.91亿元，占全部国有资产总额的93.04%；从经营规模来看，占企业户数2.65%的135户大型企业拥有国有资产1148.68亿元，占全部国有资产总额的75.59%，占企业户数87.65%的4471户小型企业拥有国有资产113.46亿元，占全部国有资产总额的7.47%；从组织

形式来分析,国有资产主要集中在国有独资公司和有限责任公司,国有独资公司拥有国有资本652.52亿元,占国有资本总额的42.94%,有限责任公司拥有国有资本551.94亿元,占国有资本总额的36.32%;从行业分布分析,国有资产主要集中在采矿业和制造业,采矿业拥有国有资本656.91亿元,占国有资本总额的43.25%,制造业拥有国有资本381.36亿元,占国有资本总额的25.11%;从行政隶属关系分布分析,38家山西省国资委监管企业汇编的583户单户企业拥有国有资产1214.17亿元,占国有资产总额的79.90%。

表1　2004年国有资产项目分布结构表

项　目	金　额(亿元)	占国有资产总量的比重(%)
国有资本及权益总额	1498.26	98.59
其他国有资产	21.37	1.41
合　计	1519.63	100.00

表2　2004年国有资产总量分布结构表

国有资产区间	企业数		国有资产	
	户数(户)	百分比(%)	总额(亿元)	百分比(%)
10亿元以上	33	0.65	1018.83	67.04
5亿元～10亿元	25	0.49	166.55	10.96
1亿元～5亿元	109	2.14	228.53	10.96
5000万元～1亿元	93	1.82	64.08	4.22
5000万以下	4841	94.90	41.65	2.74
合　计	1501	100.00	1519.65	100.00

表3　2004年国有资产经营规模分布结构表

经营规模	企业数		国有资产	
	户数(户)	百分比(%)	总额(亿元)	百分比(%)
大型企业	135	2.65	1148.68	75.59
中型企业	495	9.70	257.51	16.95
小型企业	4471	87.65	113.46	7.47
合　计	5101	100.00	1519.65	100.00

表4　2004年国有资产组织形式分布结构表

组织形式	企业数		国有资产	
	户数(户)	百分比(%)	总额(亿元)	百分比(%)
独资公司	849	16.64	652.52	42.94
非公司制独资企业	2963	58.09	73.65	4.85
上市股份有限公司	16	0.31	123.2	8.11
非上市股份有限公司	45	0.88	75.92	5.00
有限责任公司	777	15.23	551.94	36.32
股份合作制企业	50	0.98	1.32	0.09
合资或合营企业	35	0.69	15.09	0.99
企业化管理的事业单位	248	4.86	24.19	1.59
其他	118	2.31	2.33	0.15
合　计	5101	100.00	1519.65	100.00

表5　2004年国有资产行业分布结构表

行　业	企业数		国有资产	
	户数(户)	百分比(%)	总额(亿元)	百分比(%)
农、林、牧、渔业	104	2.04	9.00	0.59
采矿业	288	5.65	656.91	43.25
制造业	844	16.55	381.36	25.11
电力、燃气及水的生产和供应业	155	3.04	159.93	10.53
建筑业	124	2.43	23.64	1.56
交通、运输、仓储和邮政业	1340	26.27	37.44	2.46

续表

行业	企业数		国有资产	
	户数（户）	百分比（%）	总额（亿元）	百分比（%）
信息传输、计算机服务和软件业	6	0.12	0.81	0.05
批发和零售业	1674	32.82	51.65	3.40
住宿和餐饮业	167	3.27	5.31	0.35
金融业	11	0.22	9.52	0.63
房地产业	60	1.18	1.24	0.08
租赁和商务服务业	76	1.49	137.90	9.08
科学研究、技术服务和地质勘察业	31	0.61	0.47	0.03
水利、环境和公共设施管理业	31	0.61	5.73	0.38
居民服务和其他服务业	115	2.25	29.88	1.97
文化、体育和娱乐业	57	1.12	7.72	0.51
公共管理和社会组织	18	0.35	1.09	0.07
合计	5101	100.00	1519.65	100.00

表6　2004年国有资产行政隶属分布结构表

地区	企业数		国有资产	
	户数（户）	百分比（%）	总额（亿元）	百分比（%）
山西省国资委监管企业	583	11.43	1214.17	79.90
山西省直属非监管企业	229	5.86	22.70	1.49
各市合计	4219	82.71	282.77	18.61
太原市	582	11.41	59.45	3.91
大同市	459	9.00	12.78	0.84
阳泉市	239	4.69	24.45	1.61
长治市	440	8.63	17.28	1.14
晋城市	356	6.98	69.11	4.55
朔州市	224	4.39	3.59	0.24

续表

地区	企业数		国有资产	
	户数（户）	百分比（%）	总额（亿元）	百分比（%）
晋中市	313	6.14	30.10	1.98
运城市	333	6.53	38.76	2.55
忻州市	439	8.61	4.89	0.32
临汾市	435	8.53	10.06	0.66
吕梁市	399	7.82	12.28	0.81
合计	5101	100.00	1519.65	100.00

四、山西省国有资产保值增值综合分析评价

2004年，山西省国有及国有控股企业国有资本得到保值，并持续增长。2004年初山西省国有及国有控股企业国有资本及权益总额1349.39亿元，2004年国有资本及权益增加231.75亿元，2004年底国有资本及权益总额1498.27亿元，扣除客观因素后国有资本及权益总额为1416.02亿元，国有资本保值增值率为104.94%。

2004年末山西省国有及国有控股企业所有者权益为1679.62亿元（不含少数股东权益），比年初1494.67亿元，增长184.95亿元，其中：实收资本增加92.16亿元，增长8.24%，资本公积增加31.32亿元，增长6.88%，盈余公积增加28.15亿元，增长36.66%，未分配利润减少33.62亿元，减少21.65%，2004年国有及国有控股企业资本积累率为12.37%。2004年山西省国有及国有控股企业总体上净资产收益率为5.86%、总资产报酬率为4.19%。

通过对企业资本积累率、净资产收益率和总资产报酬率的分析，表明国有及国有控股企业资本运营水平和质量进一步提高，验证了国有资本保值增值的实现质量。

2004年，山西省5101户国有及国有控股企业中3705户实现了保值增值，占国有资本及权益的72.64%，其中1195户保值增值率达到110%（含110%）以上。从经营规模分析，大型企业和中型企业实现了保值增值，保值增值率分别为106.37%、

104.32%;从组织形式分析,独资公司、上市股份有限公司、非上市股份有限公司、有限责任公司、股份合作制企业实现了保值增值,非公司制独资企业、合资或合营企业、企业化管理的事业单位未实现保值增值;从行业分类分析,采矿业、制造业、电力、燃气及水的生产和供应业、批发和零售业、公共管理和社会组织、金融业、租赁和商务服务业、居民服务和其他服务业、文化、体育和娱乐业、科学研究、技术服务和地质勘察业10个行业实现了保值增值,农、林、牧、渔业、建筑业、交通、运输、仓储和邮政业、房地产业、信息传输、计算机服务和软件业、住宿和餐饮业、水利、环境和公共设施管理业7个行业未实现保值增值;从行政隶属关系分析,山西省国资委监管企业总体上实现了保值增值,保值增值率为105.76%,山西省省属非监管企业未实现保值增值,保值增值率为97.08%。

表7　2004年国有资本及权益增加因素分析表

变动项目	金额(亿元)	百分比(%)
国有资本及权益增加	231.75	100
国家、国有单位直接或追加投资	79.13	34.15
无偿划入	6.67	2.88
资产评估增加	4.14	1.78
清产核资增加	0.10	0.04
产权界定增加	2.15	0.93
资本(股票)溢价	0.53	0.23
接受捐赠	0.18	0.08
债权转股权	2.32	1.00
税收返还	1.33	0.57
补充流动资本	0.05	0.02
减值准备转回	0.77	0.33
会计调整	3.06	1.32
中央和地方政府确定的其他因素	24.66	10.64
经营积累	106.65	46.02

表8　2004年国有资本及权益减少因素分析表

变动项目	金额(亿元)	百分比(%)
本年国有资本及权益减少	82.87	100
经国家专项批准核销	8.30	10.01
无偿划出	4.45	5.37
资产评估减少	2.48	3.00
清产核资减少	3.19	3.85
产权界定减少	0.73	0.88
消化以前年度潜亏和挂账而减少	2.88	3.47
因自然灾害等不可抗拒因素减少	0.03	0.04
因主辅分离减少	0.07	0.08
企业按规定上缴红利	2.01	2.42
资本(股票)折价	0.00	0.00
中央和地方政府确定的其他因素	18.73	22.60
经营减值	40.02	48.29

表9　2004年国有及国有控股企业所有者权益变动分析表

项目	年初(亿元)	年底(亿元)	增长额(亿元)	增长率(%)
一、实收资本(股本)	1118.34	1210.49	92.16	8.24
国有资本	735.17	772.96	37.79	5.14
集体资本	5.73	7.67	1.94	33.77
法人资本	333.11	377.87	44.77	13.44
其中:国有法人资本	321.16	359.54	38.38	11.95
集体法人资本	4.97	7.64	2.67	53.65
个人资本	38.24	45.10	6.86	17.94
外商资本	6.09	6.89	0.80	13.11
二、资本公积	455.51	486.83	31.32	6.88
三、盈余公积	76.79	104.95	28.15	36.66
其中:法定公益金	15.18	23.83	8.65	56.99

续表

项目	年初（亿元）	年底（亿元）	增长额（亿元）	增长率（%）
四、未确认的投资损失	-0.90	-1.03	-0.13	14.59
五、未分配利润	-155.27	-121.65	33.62	-21.65
六、外币报表折算差额	0.21	0.03	-0.17	-83.33
七、所有者权益	1494.67	1679.62	184.95	12.37

表10　2004年国有资本保值增值户数分析表

国有资本保值增值率	企业数		国有资本及权益	
	户数（户）	百分比（%）	总额（亿元）	百分比（%）
大于110%	1195	23.43	390.09	26.04
105%～110%	256	5.02	95.80	6.39
100%～105%	2254	44.19	838.40	55.96
90%～100%	592	11.61	122.78	8.19
90%以下	804	15.76	51.20	3.42
合计	5101	100.00	1498.27	100.00

表11　2004年国有资本保值增值经营规模分析表

项目	国有资本及权益（亿元）	占国有资本及权益的比重（%）	国有资本保值增值率（%）
大型企业	1145.37	76.45	106.37
中型企业	240.32	16.04	104.32
小型企业	112.58	7.51	96.58
合计	1498.27	100.00	104.94

表12　2004年国有资本保值增值组织形式分析表

项目	国有资本及权益（亿元）	占国有资本及权益的比重（%）	国有资本保值增值率（%）
独资公司	636.23	42.46	105.14
非公司制独资企业	73.43	4.90	92.48
上市股份有限公司	119.89	8.00	111.94
非上市股份有限公司	75.91	5.07	120.69
有限责任公司	550.64	36.75	103.62
股份合作制企业	1.03	0.07	107.94
合资或合营企业	14.46	0.97	98.24
企业化管理的事业单位	24.16	1.61	96.03
其他	2.23	0.15	100.51
合计	1498.27	100.00	104.94

表13　2004年国有资本保值增值行业分析表

项目	国有资本及权益（亿元）	占国有资本及权益的比重（%）	国有资本保值增值率（%）
农、林、牧、渔业	9.01	0.60	96.25
采矿业	656.51	43.82	108.37
制造业	377.76	25.21	104.46
电力、燃气及水的生产和供应业	159.93	10.67	102.9
建筑业	23.66	1.58	98.26
交通、运输、仓储和邮政业	37.39	2.50	74.51
信息传输、计算机服务和软件业	0.81	0.05	85.66
批发和零售业	51.27	3.42	119.3
住宿和餐饮业	5.24	0.35	89.39
金融业	9.52	0.64	100.56
房地产业	1.18	0.08	77.91
租赁和商务服务业	121.72	8.12	101.61
科学研究、技术服务和地质勘察业	0.47	0.03	119.58
水利、环境和公共设施管理业	5.73	0.38	97.97

续表

项　目	国有资本及权益(亿元)	占国有资本及权益的比重(%)	国有资本保值增值率(%)
居民服务和其他服务业	29.85	1.99	102.45
文化、体育和娱乐业	7.12	0.48	104.51
公共管理和社会组织	1.09	0.07	100.36
合　计	1498.27	100.00	104.94

表 14　2004 年国有资本行政隶属分布结构表

地　区	国有资本及权益(亿元)	占国有资本及权益的比重(%)	国有资本保值增值率(%)
山西省国资委监管企业	1197.45	79.92	105.76
山西省直属非监管企业	22.70	1.52	97.08
各市汇总	278.12	18.56	102.19
太原市	55.17	3.68	94.13
大同市	12.78	0.85	86.84
阳泉市	24.34	1.62	96.71
长治市	17.19	1.15	115.48
晋城市	69.07	4.61	121.64
朔州市	3.59	0.24	93.06
晋中市	30.07	2.01	94.28
运城市	38.71	2.58	96.01
忻州市	4.90	0.33	88.00
临汾市	10.06	0.67	120.76
吕梁市	12.23	0.82	102.69
合　计	1498.27	100.00	104.94

五、山西省国资委监管企业产权制度改革情况

山西省国资委所监管的企业,大多数集中在竞争性领域,股份制改造是这些企业改革的方向和目标。以调整和优化产业结构为重点,通过规范上市、重组、中外合资、相互参股、兼并收购等多种途径,加快监管企业股份制改革的步伐。省国资委按照"归属清晰、权责明确、保护严格、流转顺畅"的现代产权制度要求,积极推进监管企业产权制度改革,大力发展混合所有制经济,实现产权结构多元化。国有大型企业通过有效减持国有股、适度控股,收缩国有股权比重,国有中小型企业的国有股逐步退出。通过股权结构的调整,促进产权的合理流动,推动山西省国有经济更多地投向有资源优势、有核心竞争能力、对山西省经济发展带动性强的主导产业和重点骨干企业。

2004 年 10 月 20 日,在"2004 年山西投资贸易洽谈会"期间,山西省国资委成功举办了国有企业产权转让项目专场推介洽谈会。共集中推出产权转让项目 90 多个,总资产为 126 亿元,资产负债率为 81%,土地转让面积达 746 万平方米。共有 9 个项目达成协议,总投资达 19795 万元,其中引进省外资金 14325 万元。

截至 2004 年 12 月,全省 1139 户国有及国有控股工业企业,有 70%的企业改制为多元股权结构的公司制企业。同时,积极发挥股份制企业的上市融资功能,推动山西省国有企业向社会化、公众化公司发展,2004 年晋西车轴和长城光电子公司相继上市,全省已有 24 家企业的 25 只股票在境内外上市,累计在资本市场筹资 152 亿元。实现了股份制改革和产权结构的多元化,优化了产权结构,搞好搞活了企业。

六、山西省国资委监管企业主辅分离辅业改制情况

截至 2004 年 12 月,山西省国资委监管企业资产总量为 2486.7 亿元,辅业资产为 141.18 亿元,占资产总量的 5.7%;闲置资产为 17.32 亿元,占资产总量的 0.70%;拟关闭资产为 33.18 亿元,占资产总量的 1.33%。

实施主辅分离、辅业改制累计 13 户。分流安置富余人员 1.6 万人。其中进入法人实体企业、有固定工作岗位并签订三年以上劳动合同的职工 0.83 万人,用于安置职工支付的经济补偿金 4800 多万元。享受政策免征所得税金 1818.97 万元。剥离并利用三类资产 6003.17 万元,占三类资产总量 191.68 亿元

的3.1%。改制企业均与原主体企业脱离了行政隶属关系，分流职工都与原企业解除了劳动关系。改制后兴办的经济实体，独立核算、产权清晰、面向市场、自负盈亏，实现了产权主体多元化。经实地调研，改制后的企业经营状况良好，职工队伍稳定。

七、山西省国资委监管企业重组与完善法人治理结构改革进展情况

近几年来，山西省委、山西省政府贯彻党中央、国务院一系列重大举措，积极提出从战略上调整山西省国有经济布局和结构，大力培育具有地方经济支撑作用和特色的国有企业，按照主业突出，优势互补，增强核心竞争力等要求，进一步引导和推动企业间的兼并、联合、重组等。煤炭行业通过重组，重点培育同煤集团、焦煤集团、阳煤集团、潞安矿业、晋城无烟煤集团等大集团公司，依托五大公司等煤炭企业，收购兼并、联合改造中小煤矿，进一步提高了山西省煤炭产业的集中度，经济效益整体提高。2004年，山西焦煤集团公司联合省内9家大型焦化企业组建山西焦煤集团。煤炭企业组织结构得到初步优化，国有重点煤炭企业原煤产量占全省总产量近50%。冶金行业重点扶持太钢、长钢等企业的发展，2004年太钢在全国钢铁行业十强中的排名前移到第4位，并进入世界不锈钢生产企业八强。机械行业从产品结构调整入手，重点对太重集团公司通过重组，加快发展重型汽车、重型机械、机械基础件、煤矿机械等特色产品，使企业做大做强。化工行业中的太化、天脊、三维、山焦等大型企业通过和大型煤炭企业重组和相互参股，实现强强联合，进一步做大做强。电力行业大力支持国际电力等企业实行战略性扩张，充分利用山西能源优势，走强强联合之路，发展壮大国有经济。

按照“产权清晰、责权明确、政企分开、管理科学”的要求，全省1139户国有及国有控股工业企业，有70%经过改制建立了现代企业制度。28户大型企业通过“债转股”政策实现增资减债，企业平均资产负债率由64%降为39%，资产质量得到改善，融资能力有了提高，而且随着新股东的加入，推进了企业的改组改制，使法人治理结构更加规范。随着省政府派出的国有企业监事会进驻37户省属企业，决策、经营和监督三权制衡的构架在省属企业初步形成，部分企业董事会还设立了提名、薪酬、考核、规划等专门委员会。与此同时，按照现代企业制度要求，在深化企业内部改革上狠下功夫，通过推行用工、人事、收入分配制度改革引入竞争机制，健全激励约束机制，促进了企业经营机制的转换。

八、山西省国资委监管企业建立和完善经营业绩考核体系情况

结合实际、深入研究，起草并出台《省属企业领导人员经营业绩考核暂行办法》。在考核对象的适用范围上，根据现行干部管理权限，增加了对总工程师、总经济师的考核。在指标设置上，充分体现考核指标的设置与企业改革方向相一致的问题，主要采取纵横比较、全面进步的原则。在确定主要承担国家、省政策性业务等特殊企业的指标上，充分考虑了体制特点、权限范围、生产科研周期等特殊情况，按照责权利相适应的原则，在具体指标设置上体现了有效性和灵活性。根据我省煤炭、化工、机械工业比重较大的特点，无论年度还是任期考核都增加了“杜绝重特大责任事故”或“杜绝特别重大责任事故”这一否决指标，凡是年内发生重特大责任事故的企业，不管经营业绩结果如何，一律进入E级。在考核目标核定及结果的认定上体现了原则性与灵活性的统一性。主要表现是：在坚决执行国务院国资委考核办法基本原则的同时，一是在考核指标值的确定上，既尊重企业对指标和指标值的建议权，也对企业的指标建议行为应当遵循的原则进行了强制性规定，体现了进步原则的要求，也体现了根本目标一致、互相协商沟通的原则。二是增加了对业绩责任书指标在考核期末，根据宏观经济实际运行状况，对指标值进行修正后，再进行考核的规定，体现了注重企业领导主观努力，尽量减少客观因素影响的导向。三是允许企业把消化以前年度潜亏，增加折旧和安全、技术开发费用，补还历史欠账投入等，视同利润的规定，体现了不纠缠历史旧账，重视今后发展的态度。四是对企业领导人员经营业绩考核得分进行量化，最终结果分为A、B、C、D、E五个级别，在三项

指标完成的情况下且得分达到100分为C级进级点。

2004年,山西省国资委共与23户企业签订了《省属企业领导人员2004年度经营业绩考核责任书》,通过签订经营业绩考核责任书,制订考核目标,明确了国有资产出资人和经营者的责任、权利和义务,调动了方方面面的积极性和创造性,形成了合力与动力,共同推动国有资产保值增值。

加强了建立和完善考核工作档案的力度,要求企业上报基本情况、组织结构、产权结构、产品结构、年度目标、中长期规划、重大对外投资、更新改造项目实施进度等基础性材料,并按季度报送生产经营状况,及时报送影响企业生产经营及影响考核指标完成的重大事项。这些材料都按企业分类归档,做到了及时掌握情况,达到动态监督的目的。另外,通过调阅有关部门统计汇总资料,上网查阅有关行业发展信息,并及时归档,实现外部信息与企业提供信息的交叉印证,及时发现问题,随时了解情况,做到心中有数。

对任期经营业绩考核指标进行了研究,按照国务院国资委的做法,设定了国有资产保值增值率和主营业务收入增长率,体现了对企业国有资产保值增值、主营业务和核心竞争力的关注;分类指标根据企业的行业特点进行了不同的规定,如对工业类企业设定了技术创新投入率和再投资比率等两个指标,在鼓励企业扩大生产经营规模,提高盈利能力,保持可持续发展的前提下,又通过再投资比率指标提醒企业注意资本性投资规模控制在本企业生产经营现金流许可的范围内,避免盲目的资本扩张对企业可持续发展能力的不良影响,体现了对企业可持续发展能力的关注。

(撰稿人:聂宏伟)

内蒙古自治区

一、内蒙古自治区国有资产监督管理工作综述

2004年,内蒙古自治区国有经济和国有企业坚持以邓小平理论和"三个代表"重要思想为指导,牢固树立和落实科学发展观,按照国务院国资委和自治区党委、政府的总体部署,牢牢把握发展这个第一要务,紧紧抓住国家实施西部大开发、振兴东北老工业基地和加强宏观调控带来的机遇,大力实施资源转换战略,加快国家"瓶颈"产业发展,积极推进经济结构和布局的战略性调整。国有企业改革和国有资产管理体制改革不断深化,以现代产权制度为核心的现代企业制度初步建立,国有资产总量和质量不断提高,国有经济增长基础更加稳固,影响力、带动力和控制力不断增强,运行质量明显提高。2004年,内蒙古国有经济增幅、利税水平、固定资产投资增速均走在了全国前列。

2004年,自治区国资委牢牢把握依法履行出资人职责这个根本,不断强化国有资产保值增值的责任,积极开展调查研究,主动采取措施,切实提高国资监管的能力和水平。

2004年,自治区国资委监管的12户区直企业总体运营保持稳步发展,收入、效益呈现快速增长态势。1—12月份,监管企业中4户工业生产企业(包钢集团、电力集团、北方电力、天野化工)累计实现工业增加值152.98亿元,同比增长41.14%。12户监管企业累计实现销售(营业)收入433.43亿元,同比增长33.77%,其中,7户企业收入超过亿元。12户监管企业累计实现利润14.3亿元,比上年同期增加8.92亿元,增长1.66倍,其中,有6户企业累计实现利润超过千万元。

二、内蒙古自治区市(地)级国有资产监督管理机构的组建情况

按照党的十六大精神,内蒙古自治区国有资产管理体制改革正稳步推进。目前自治区一级已初步建立起所有权与经营权分离,管资产、管人和管事相结合的国有资产监管体制,盟市一级(12个)也基本上落实了国有资产监管责任主体,旗县一级正按照区别情况、分类设置的原则进行积极研究。

2004年,全区12个盟市中,单独设立国资委的有包头市。

2004年2月26日，经包头市人民政府批准，包头市国资委正式挂牌成立。3月26日，包头市政府印发《关于授权包头市国有资产监督管理委员会对包头市发展投资公司等76户企业进行监管的通知》(包府发[2004]7号)，正式明确了国资委的监管范围。5月19日，包头市政府印发了包头市国资委"三定"方案，明确了国资委的主要职责，内设机构和人员编制。6月8日，包头市委组织部印发了《关于撤销市国资委党组建立市国资委党委的通知》(包组组字[2004]9号)，正式批准市国资委撤销党组成立党委，明确了国资委党委和纪委的职责和企业干部管理权限。

三、国有资产总量与结构分析

2004年，内蒙古自治区国有及国有控股企业共有1497户(独立核算企业)，比上年减少202户。其中大型企业84户，中型企业166户，小型企业1247户。1497户企业中，自治区本级企业275户，占全部户数的18.4%。其中，自治区国资委监管的独立核算企业188户，占本级户数的68.4%。

2004年，全区国有及国有控股企业资产总额为1831亿元，同比增加9.3%。其中，自治区国资委监管企业资产总额为1111亿元，占全部资产的60.7%。

全区国有及国有控股企业资产分地区分布情况为：

赤峰市134.5亿元

通辽市134.5亿元

呼伦贝尔市94.2亿元

鄂尔多斯市78.1亿元

呼和浩特市62.0亿元

包头市48.2亿元

巴彦淖尔市26.8亿元

阿拉善盟24.6亿元

兴安盟24.3亿元

乌海市23.0亿元

乌兰察布市14.4亿元

锡林郭勒盟12.4亿元

全区国有及国有控股企业负债总额为1251亿元，同比增加5.1%。资产负债率68.3%，同比减少2.7个百分点。2004年末全区12个盟市国有资产总量排序情况为：

赤峰市34.2亿元

鄂尔多斯市27.9亿元

呼伦贝尔市20.7亿元

包头市14.3亿元

呼和浩特市11.6亿元

乌海市9.3亿元

阿拉善盟5.9亿元

巴彦淖尔市4.1亿元

锡林郭勒盟3.6亿元

通辽市9793万元

乌兰察布市-5786万元

兴安盟-11.9亿元

四、内蒙古自治区国有资产保值增值综合分析评价

2004年，全区国有及国有控股企业年末所有者权益489.6亿元，同比增加19.4%，其中，自治区国资委监管企业年末所有者权益336.7亿元，占全部所有者权益的68.8%。2004年自治区国资委12户监管企业累计实现：主营业务收入508.9亿元，占全部国有及国有控股企业主营业务收入的65.8%；销售(营业)收入433.43亿元，同比增长33.77%；利润14.3亿元，比上年增加8.92亿元，增长1.66倍。

五、内蒙古自治区国资委监管企业产权制度改革情况

2004年，自治区国资委组织实施了内蒙古创业集团总公司、内蒙古国有资产经营公司、内蒙古基本建设咨询投资公司和内蒙古森工集团所属中小企业的产权制度改革。创业集团、国资公司和基本建设投资公司所属的63户独立法人企业已有40户通过转制退出了国有序列，9625名职工中多数已随企业转制解除了国有身份。森工集团所属68户中小企业已有11户完成了改制工作。

此外，配合自治区有关部门完成了内蒙古商粮、

物资、外贸三大流通企业集团改制有关工作。

在推进产权制度改革工作中,自治区国资委本着积极推动、规范操作的原则,坚持加强组织领导,充分依靠职工参与改革,具体做到了以下几点:

(一)最大限度地保障职工的合法权益

在转制过程中,严格按政策办事,坚持以人为本,切实维护职工的合法权益。凡是应缴、应补、应发的都全部按政策给予兑现,并保证转制后企业无论谁来重组、如何重组、企业性质如何转变,除职工自愿外,全部实现上岗,解除了职工的后顾之忧。到目前为止,企业改制做到了职工调整劳动关系不下岗,干部转变身份不转岗,经营者满意、职工满意,至今未发生任何不稳定的现象。

(二)对企业资产进行严格界定

按照国家和自治区有关规定,对转制企业的资产一律严格界定,先行评估,并坚持审计、评估、核准相互分离、分别进行。同时,转制各项费用严格执行呼市地区标准,有效地维护了国家所有者权益,避免了国有资产的流失。

(三)进场交易

对实施国有资产有偿转让的企业,资产不论额度大小,全部进场交易,杜绝了企业经营者自卖自买,少数人暗箱操作的行为。转让费用收回后,全部用于安置职工。

六、内蒙古自治区国资委监管企业主辅分离辅业改制概况

自治区国资委成立以来,加大了企业办社会职能的分离工作和主辅分离、辅业改制工作力度。截至2004年,全区共分离企业办社会机构247个,占应分离的32%。其中中小学204所,大中专9个,医院26个,公安8个,涉及在职职工15516人,离退休3688人,企业减少经费支出2.7亿元。目前,全区仍有500多个办社会机构需要分离。从分离的情况看,地方企业和铁路系统分离工作相对进展较快,今后分离的重点仍是面广、量大、难点多的中直、区直企业。因此,2005年国企改革的重点是集中打好“两分”攻坚战。推进企业精干主业、做大做强。一是继续下大力量,创造条件,加强协调,做好分离企业办社会职能工作,力争完成自治区企业分离办社会职能扫尾工作。配合国家有关部门协调地方做好69家中直企业的分离。继续争取国家的政策和资金支持,加快森工、煤炭等中央下放地方企业分离办社会职能的步伐。二是加大主辅分离改制分流的力度。认真总结经验,针对性地解决实际问题,指导和帮助企业用足、用好国家有关政策,使企业主辅分离工作取得实质性突破。2005年全区力争完成100户辅业分离,涉及人员25000人,三类资产30亿元,利用主辅分离政策,启动企业办医院、幼儿园、后勤服务单位。其中监管企业分离医院45个,幼儿园和少年宫近50个,力争完成50%。

继续推进监管企业深化内部改革。指导包钢集团、电力公司、森工集团等企业深化内部三项制度改革,打破企业行政化的运营体制,建立符合市场经济要求的新机制,树立起市场竞争意识、严格管理意识、不断创新意识。

七、内蒙古自治区国资委监管企业重组与完善法人治理结构进展情况

2004年,在内蒙古党委和政府的直接领导和指导下,自治区国资委认真贯彻落实党的十六大和十六届二中、三中、四中全会精神,以深化改革为动力,坚持做大做强,推动优势企业的改革重组。为了培育一批在国际国内市场上有竞争力的大企业、大集团,依托内蒙古的资源优势和骨干企业,引进战略投资者,开展资源整合和企业重组。在积极开展招商引资、扩大总量、突出主业的基础上,实现投资主体多元化,完善公司法人治理结构。重点抓好十大企业的重组,内蒙古电力集团公司以全部发电净资产与神华、华能、中信泰富组建了北方联合电力有限公司,包头铝业集团与中铝集团进行了重组,发展了规模经营;霍林河煤业公司与中电投资集团进行了重组,实现了煤、电、铝联营;大雁煤业公司与山东鲁能集团实现了重组,为发展煤电联营和煤化工产业奠定了基础;吉兰泰碱厂与兰泰实业集团进行了重组,实现了盐碱产业联合;内蒙古天野化工集团正在与中海油进行重组;内蒙古

机场集团正在与首都机场集团进行重组。包头钢铁集团、内蒙古乌兰水泥厂与香港华润集团正在积极商谈合作重组;集通公司正在积极寻求战略投资者实现资产重组。通过重组,内蒙古一批骨干企业的竞争力明显提高,国有资本的调控带动引导作用得到进一步发挥,国有经济的主导作用将进一步增强。

坚持优胜劣汰,加大劣势企业退出力度。近年来,内蒙古坚持对资产质量差、生产规模小、不适合国有经营的中小企业实施有序退出,使国有资本从1760户企业中实现了整体退出。目前,除一些公益性中小企业外,其他中小企业基本退出了国有序列。坚持资不抵债、扭亏无望企业和资源枯竭矿山实施关闭破产。1996年以来,内蒙古共有419户劣势国有企业通过关闭破产退出了市场,其中政策性关闭破产99户,核销呆坏账85亿元,争取到中央财政补贴31.7亿元,妥善安置16万人,消灭亏损源27亿元,盘活呆滞资产200多亿元,为建立优胜劣汰机制奠定了基础。目前,正在抓紧9个新批关闭破产项目的组织实施工作,力争用两年的时间通过政策性关闭破产使计划经济体制遗留下的10多户劣势企业全部退出市场。

此外,2004年国家批准内蒙古正式实施的政策性关闭破产企业有6户,分别是:大雁煤业公司三矿、扎赉诺尔煤业公司西山矿、平煤集团元宝山矿和五家矿、赤峰大井子银铜矿、包头市电机厂。其中,大雁煤业公司三矿、扎赉诺尔煤业公司西山矿和平煤集团的元宝山矿、五家矿的中央财政一次性补助款达13.5亿元。

八、内蒙古自治区国资委监管企业建立和完善经营业绩考核体系情况

根据国务院颁布的《企业国有资产监督管理暂行条例》,自治区国资委参照《中央企业负责人经营业绩考核暂行办法》,制定了《自治区国资委监管企业负责人经营业绩考核办法》,经过主席办公会审议通过后,于2004年2月份正式印发。《考核办法》总体思路是:坚持依法考核、分类考核和约束与激励机制相结合的原则,先从年度考核起步,逐步探索建立年度考核与任期考核相结合,结果考核与过程评价相统一,考核结果与奖惩紧密挂钩的考核制度。

一是把握出资人的职责定位,考核的重点放在出资人最关心的投资回报、经营效率、国有资产保值增值和可持续发展能力上。比如:把利润、净资产收益率作为年度业绩考核的核心指标,就是坚持了这一原则。

二是抓住关键,突出重点,考核指标“少而精”的原则。考核指标具有很强的导向性。因此,在指标设定上突出出资人资本收益指标和这种收益的安全性、长期性、稳定性的考核,不设置过多指标,以防止干预企业自主经营。

三是充分考虑企业所处不同行业、资产经营规模和主营业务不同特点,实行分类考核。设置了共性指标和“个性”指标两类。在计分上设置了不同的难度系数。难度系数根据企业资产总额、净资产、营业(销售)收入、利润总额、职工平均工资、离退休人员占职工人员人数的比重等因素,综合计算后加以确定。

《考核办法》规定,自治区国资委以签订经营业绩责任书的方式对监管企业进行考核和奖惩。按照《考核办法》要求,在企业上报的考核指标目标值的基础上,经过与企业充分沟通,确定了13户监管的国有独资和国有控股企业负责人2004年经营业绩考核目标,并签订了2004年度经营业绩责任书。

辽宁省

一、辽宁省国有资产监督管理工作综述

辽宁省国资委按照辽宁省委、省政府总体工作部署和省政府赋予的职责任务,把握国有资产出资人职责定位,全面加强企业国有资产监管,加快推进监管企业的改革和发展,不断加强和改进省(中)直企业党的建设及思想政治工作,国有资产监督管理工作实现良好开局。

(一)新的国有资产监管体系框架基本建立

辽宁省国资委组建后,着眼于建立新的国有资产

监管体系基本框架,夯实基础,规范出资人职责定位,国有资产监管工作扎实起步。

1. 国有资产监管的机构体系初步建立。2004 年 4 月,按照中央对组建地方国有资产监督管理机构的要求,根据党的十六大确定的管资产与管人、管事相结合的原则,辽宁省在 2000 年成立的辽宁省国有资产管理委员会(与中共辽宁省委企业工委合署办公)基础上组建了辽宁省人民政府国有资产监督管理委员会,省政府公布了第一批由省国资委履行出资人职责的 29 户企业名单。辽宁省国资委组建后,市级政府也加快了组建国有资产监督管理机构步伐。到 2004 年底,全省 14 个市已有 12 个市完成了机构组建工作,其中,沈阳等 10 个市单独设立了国资委,丹东市国资委与经委合署办公,营口市国资委与财政局合署办公。

2. 国有资产监管的制度体系框架基本形成。从新机构新的职责出发,辽宁省国资委坚持依法履职、按章办事,以法规、制度建设先行,努力为实现依法监管企业国有资产,建立国有资产监督管理体制奠定基础。一是国有资产监管的制度框架基本建立,初步实现依法履职。以辽宁省政府办公厅文件,制定下发了《关于加强我省经营性国有资产监督管理工作的意见》,明晰了经营性国有资产的范围,对目前分属不同省直部门及各市的经营性国有资产,提出了全面监管、杜绝遗漏的要求和区别对待、分类监管的方式,并明确了各自的监管责任。基本完成了《辽宁省企业国有资产监督管理暂行办法》(草案)、《辽宁省省直企业负责人年薪制管理暂行办法》、《辽宁省人民政府国有资产监督管理委员会公文处理实施细则》及其他涉及统计评价、产权转让等 10 个规章(草案)、规范性文件的起草工作。二是加强国资系统内制度建设,初步实现按章办事。制定了《省国资委起草法规和规章、制定规范性文件工作暂行办法》和《辽宁省国资委 2004 年度立法计划表》。建立了监管企业财务快报制度,制定了《辽宁省企业国有资产统计报告办法实施细则》、《辽宁省国资委监管企业财务管理财务监督暂行办法》,同时还对企业重大投资项目管理、资产处置、产权转让等工作进行了规范。

3. 完成了监管企业清产核资工作。从 2004 年 6 月开始,依照国务院国资委《国有企业清产核资办法》和《辽宁省政府办公厅关于在省直企业开展清产核资工作的通知》,正式启动了 10 年来首次大规模清产核资工作。此次清产核资工作,涉及企业 500 户,账面资产总额 1500 多亿元。截至 2004 年底,除省直有关厅局所属企业外,省国资委监管企业清产核资主体工作已基本完成。

4. 企业国有资产保值增值责任基本落实。辽宁省国资委制定了《辽宁省省直企业国有资产经营责任制与业绩考核暂行办法》,并依据《办法》,与监管企业签订了 2004 年度国有资产经营责任书,将企业年度经营目标、目标考核和薪酬制度有机结合在一起。

5. 企业国有资产监督工作进一步加强。监事会的监督检查工作进一步加强,重点在两个方面进行了一些探索:一是加强监督检查结果的落实工作。制定了《监事会监督检查报告呈报及成果运用暂行办法》,规范了检查报告在省政府及有关部门和省国资委内部的运行处理程序,完善了监督检查结果向被检查企业的反馈制度、企业针对检查中的问题进行整改的制度。二是进一步完善监督检查“关口”前移的办法,加强日常监督检查。

(二)监管企业改革和发展取得明显成效

按照辽宁省委、省政府做强、做大国有重点骨干企业,在振兴辽宁老工业基地中发挥作用的要求,辽宁省国资委加大了指导推进监管企业改革发展工作的力度,监管企业呈现出良好的发展态势。截至 2004 年底,除 2 户正在筹建中的企业以外,列入统计范围的 27 户监管企业资产总额 1217.5 亿元,负债总额 701.7 亿元,所有者权益总额 515.8 亿元。2004 年,27 户企业累计实现销售收入 711.0 亿元,同比增加 206.56 亿元,同比增长 40.9%;实现利润 12.9 亿元,同比增加 9.03 亿元,同比增长 232.8%;计提折旧 43.4 亿元,同比增加 16.2 亿元,增长 62%。

省直企业振兴发展思路进一步明确。29 户监管企业公布后,辽宁省国资委于 2004 年上半年先后召开工业、商贸和投资类三个企业座谈会,对企业改革发展的重点工作提出了明确意见,帮助企业理清了改革发展思路。对制定监管企业三年振兴规划工作进行了部署，并组成由省国资委领导带队的5个指导组，深入企业逐户研究企业三年振兴规划。截至2004年底，辽宁省国资委监管企业三年规划的综合汇总和分析工作已经完成。

企业依法经营管理和防范法律风险的能力和水平进一步提高。为了建立健全企业国有资产法律风险防范机制，全面加强企业法制建设，促进依法决策和经营管理，根据国务院国资委要求，辽宁省国资委在监管企业积极组织推进总法律顾问制度建设，于2004年8月中旬召开了专题工作会，选择了本钢等10点骨干企业先行操作，并于2004年11月举办了国有企业法制建设专题培训班。截至2004年底，10户企业建立总法律顾问制度的工作方案和总法律顾问人选已经确定。

二、辽宁省及市级国有资产监管机构组建情况

（一）辽宁省国资委组建情况

辽宁省人民政府国有资产监督管理委员会是于2004年4月，在2000年成立的辽宁省国有资产管理委员会（与中共辽宁省委企业工委合署办公）基础上，经省委、省政府批准组建，为省政府直属正厅级特设机构，根据授权代表省政府履行出资人职责，负责监管企业国有资产。辽宁省国资委不行使政府的社会公共管理职能，政府其他机构、部门不履行企业国有资产出资人职责。

辽宁省国资委的主要职责：一是贯彻执行国家国有资产管理的法律、行政法规和政策；起草国有资产管理的地方性法规，制定国有资产管理的有关政策和规章制度并检查其执行情况。二是根据省政府授权，依照《中华人民共和国公司法》、《企业国有资产监督管理暂行条例》等法律和行政法规履行出资人职责，指导推进国有企业改革和重组；对所监管企业国有资产的保值增值进行监督，加强国有资产的管理工作；推进国有企业的现代企业制度建设，完善公司治理结构；推动国有经济结构和布局的战略性调整。三是代表省政府向部分省直企业派出监事会；审核监事会向省政府提交的监督检查报告，负责监事会的日常管理工作。四是负责所监管企业领导班子建设，通过法定程序对所监管企业负责人进行任免、考核并根据其经营业绩进行奖惩；建立符合社会主义市场经济体制和现代企业制度要求的选人、用人机制，完善经营者激励和约束制度。五是通过统计、稽核对所监管国有资产的保值增值情况进行监管；建立和完善国有资产保值增值指标体系，拟订考核标准；维护国有资产出资人的权益。六是对所出资企业国有资产收益组织收缴，编制国有资产经营预算草案；对企业国有资产产权交易进行监督管理。七是依法对各市国有资产管理工作进行指导和监督。八是承办国务院国资委和省委、省政府交办的其他事项。

辽宁省国资委内设机构主要有办公室、综合法规处、统计与业绩考核处、产权管理处、资产经营管理处、企业改革处、企业改组处、监事会工作处、企业领导人员管理处、党建工作处等10个职能处室，人员编制87名。

辽宁省国资委首批履行出资人职责的企业共有29户，主要分布在钢铁、煤炭、有色金属、化工、机械制造、建筑、路桥工程、渔业、贸易等行业。截至2004年底，列入统计范围的28户监管企业资产总额1217.5亿元，负债总额701.7亿元，所有者权益总额515.8亿元，平均资产负债率57.6%。

（二）市级国有资产监管机构组建情况

辽宁省国资委组建后，市级政府也加快了组建国有资产监督管理机构步伐，到2004年底全省14个市已有12个市完成了机构组建工作，其中，沈阳等10个市单独设立了国资委，丹东市国资委与经委合署办公，营口市国资委与财政局合署办公。各市国有资产监管机构的职能都已明确。沈阳、大连、丹东、辽阳、铁岭、朝阳、葫芦岛等7个市已经明确了国资委首批履行出资职责的企业名单。据初步统计，7个市国资委监管企业共285户，企业资产总额1675.9亿元，负债总额1063.2亿元，所有者权益总额441.8亿元。

三、辽宁省国有资产总量与结构分析

2004年，全省三级以上独立法人资格国有及国有控股企业共有4500户，其中：省国资委监管企业244

户(一级企业集团27户)、省直部门管理企业509户、各市企业3747户。全省国有资产总量为1286.7亿元,其中:省国资委监管企业358.6亿元、省直部门管理企业140.4亿元、各市企业787.7亿元。

从省市两级分布情况看,国有企业主要分布在各市,各市企业户数和资产总量所占比例分别为83.3%、61.2%。省直监管企业多为规模较大的国有企业集团,各市以中小型国有企业居多。

各市国有资产主要集中在沈阳、大连两个市。分别占市级企业户数的19%、22%;国有资产总量的27%、34%,两个市分别拥有一批大中型优势国有企业,国有资产总量之和占据了全省企业的半壁江山,体现了它们国有经济较为发达,体现了它们作为省会城市和沿海经济发达城市,具有较强的辐射力和带动力。

序号	分类	户数	比重(%)	国有资产总量(亿元)	比重(%)
	合计	4500	100	1286.7	100
1	省直监管企业	244	5.4	358.6	27.9
2	省直非监管企业	509	11.3	140.4	10.9
3	各市企业	3747	83.3	787.7	61.2

序号	地区	户数	国有资产总量(亿元)
	合计	4500	1286.7
1	沈阳市	714	213.9
2	大连市	822	270.6
3	鞍山市	311	29.1
4	抚顺市	303	53.1
5	本溪市	174	35.8
6	丹东市	216	14.8
7	锦州市	165	13.7
8	营口市	114	71.0
9	阜新市	191	12.1
10	辽阳市	113	6.1
11	铁岭市	258	4.8
12	盘锦市	91	14.4
13	朝阳市	171	28.9
14	葫芦岛市	104	19.4

在省直监管企业中,27户企业集团涵盖了244家三级以上企业,以大企业集团为主导,27户企业集团平均资产达到13亿。国有资产主要集中在本钢、能源、铁煤、沈煤、机场、华锦、抚矿、投资和东北特钢9大企业集团。9大集团的国有资产总量已达315亿元,占全部监管企业国有资产的88%,占全省国有资产总量的25%。

序号	企业名称	国有资产总量(亿元)	比重(%)
	合计	359	100
1	本溪钢铁(集团)有限责任公司	130	36.2
2	辽宁能源投资(集团)有限责任公司	50	13.9
3	铁法煤业(集团)有限责任公司	31	8.6
4	沈阳煤业集团有限责任公司	30	8.4
5	辽宁省机场管理集团	18	5.0
6	辽宁华锦化工(集团)有限责任公司	16	4.5
7	抚顺矿业集团有限责任公司	16	4.5
8	辽宁省投资集团有限公司	13	3.6
9	东北特殊钢集团有限责任公司	11	3.0
	其他18户	44	12.0

省直主管部门管理的国有资产总量共140亿元,其中省水利厅48.9亿元,华晨汽车集团29.9亿元,省农电22亿元,省监狱管理局9.4亿元,省出版集团

7.6亿元。国有资产总量前5位的部门有：

序号	企业名称	国有资产总量（亿元）
	合　　计	117.8
1	省水利厅	48.9
2	华晨汽车集团控股有限公司	29.9
3	辽宁省农电局	22.0
4	辽宁省监狱管理局	9.4
5	辽宁出版集团	7.6

（一）国有资产行业分布

2004年，工业企业1131户，国有资产总量768.8亿元；交通运输业720户，国有资产总量183.4亿元；社会服务业365户，国有资产总量113.1亿元；批发和零售、餐饮业1112户，国有资产总量为55.8亿；其他产业合计户数972户，国有资产总量165.6亿元。

在全省工业中，冶金工业国有资产总量262.3亿元，位居第一；机械工业117.7亿元，名列第二位；其后为煤炭工业103.2亿元，市政公用工业86.6亿元，电力工业76.9亿元，化学工业61.5亿元。

序号	行业	国有资产总量（亿元）	比重（%）	户数	比重（%）
	合　　计	1286.7	100	4500	100
1	工业	768.8	59.7	1331	29.6
2	交通运输仓储业	183.4	14.3	720	16.0
3	社会服务业	113.1	8.8	365	8.1
4	批发和零售、餐饮业	55.8	4.3	1112	24.7
5	地质勘查及水利业	51.2	4.0	41	0.9
6	建筑业	32.9	2.6	237	5.3
7	金融业	26.8	2.1	19	0.4
8	农林牧渔业	22.4	1.7	282	6.3
9	教育文化广播业	19.8	1.5	147	3.3
10	房地产业	8.8	0.7	163	3.6
11	卫生体育福利业	2.3	0.2	13	0.3
12	科学研究和技术服务业	0.9	0.1	44	1.0
13	信息技术服务业	0.3	0.0	16	0.4
14	机关社团及其他	0.3	0.0	4	0.1
15	邮电通信业	0.0	0.0	6	0.1

以上数据表明，从国有资产行业分布情况来看，全省国有资产主要集中在工业、交通运输业、社会服务业、批发零售餐饮业、地质勘查水利业和建筑业。工业国有企业占据主导地位，体现了辽宁老工业基地的主要特征，交通运输业的国有资产总量占全市总量的14.3%，位居第二，体现了全省大力发展水运、装运和航运等交通行业，加大对道路交通等基础设施的建设与营运的投资力度，如大连、营口港的重点项目建设，沈大线的扩建工程等，使全省交通运输业的国有资产逐年增多；批发和零售、贸易餐饮业，拥有企业数居次，但拥有的国有资产总量较小，反映出行业的分布较为零散，规模普遍较小，同时也反映出其行业竞争激烈，国有企业经营状况不佳，难以做大的现状。

从工业行业的现状分析，冶金、机械、石油化工、煤炭等行业已成为全省的支柱产业,资产规模和户数逐年加大,可见,全省建设装备制造业和原材料工业两大基地成效初显。2004年,全省按照省委省政府确立的振兴辽宁老工业基地的指导思想和目标,充分利用国家支持老工业基地振兴的有利时机,坚持工业强省,着力建设"装备制造业基地和重要原材料工业两大基地"、形成"三大支柱产业",加快结构调整步伐,加快企业的改革改组改制力度,辽宁特殊钢厂与黑龙江北满特钢,以及大连钢铁企业实现了跨地区的联合重组,成立了东北特钢公司,已经成为国内最大的特殊钢生产企业;辽宁的机床企业不仅在国内进行了联合重组,还并购了国外同行业先进的企业,构筑中国最大的机床生产基地。大连重型机械厂和大连起重机厂实现了联合重组,沈阳鼓风机厂,沈阳气体压缩机厂进行了合并。可见,省内重点企业的大规模改制重组使产业集中度得以加强,优势产业得以发展。

(二)国有资产经营规模分布

截至2004年底,全省企业户数4500户。其中:大型企业122户,占2.7%;中小型企业4378户,占97.3%。大型企业中,按行业划分,工业企业74户,非工业企业48户;按企业级次划分,一级企业79户,二级及以下企业43户。

序号	分类	大型企业数量	比重(%)
一	隶属关系	79	100
1	省监管企业	19	24
2	省直企业	6	7.6
3	各市企业	54	68.4
二	行业	79	100
1	工业	39	49.4
2	批发和零售餐饮业	10	12.6
3	交通运输业	7	8.9
4	其他	23	29.1

从经营规模看,全省大型企业占据着规模优势,79户一级大型企业,资本总额为3302亿元,占全省资产总额58.9%,平均资产达到了41.8亿元,可见,近年来全省紧抓产业结构调整,企业组织结构调整,做大做强企业集团改革已见成效。但是还应看到,全省大型企业数量不多,大型企业多为省市两级直接监管企业,且多集中在省直和沈阳大连两市,中小企业数量仍较多;大型企业主要集中在工业领域,其他行业国有企业小、零、散的现状仍未有大的改观,说明在这些行业领域,结构调整仍需努力,产业集中度尚待加强。

以上可以看出,2004年在中央实施老工业基地振兴的大力举措下,全省共同努力,建设一个中心、两大基地、三大产业成效明显,国有经济结构调整步伐加快,国有资产的分布也呈现出向优势地区、优势产业、优势行业及大企业集团集中的特点。

四、辽宁省国有资产保值增值综合分析评价

2004年,辽宁国有企业经济效益有所回升,亏损面有所减少,但是全省企业整体效益水平不高,使国有资产保值增值受到影响,全省国有资产保值增值率为95.96%,省直监管企业国有资产保值增值率为100.1%,实现了国有资产的保值增值;省直部门管理企业国有资产保值增值率为99.5%;各市企业国有资产保值增值率为92.8%,没能实现国有资产的保值增值。

行业保值增值情况:辽宁涉及的15个行业中,只有3个行业实现了保值增值,12个行业没能实现保值增值。卫生体育福利业社会服务业的保值增值水平较高,农林牧渔业、房地产业基本上略有增值。

在工业中,冶金工业保值增值率101.5%,石化工业100.7%,煤炭工业99.5%,化学工业93.4%,建材工业92%,机械工业92%。可以看出,2004年全国经济高位运行,能源及原材料需求旺盛,给钢铁、石化等行业带来较大利润,企业积累增加,国有资产达到了保值增值,而机械、建材等下游行业,由于上游原材料及能源行业的价格增长,成本增加,经济增长速度见缓,利润率下降,给国有资产保值增值带来了一定难度。

辽宁整体保值增值能力不高,是因为企业盈利额偏低,效益增长幅度不大,企业自身积累比例低,保值增值的能力有待进一步提高。

序号	行　　业	国有资产保值增值率(%)
	合　　计	95.96
1	农林牧渔业	102.70
2	工业	97.19
3	建筑业	91.64
4	地质勘查及水利业	99.21
5	交通运输仓储业	86.79
6	邮电通信业	-
7	批发和零售、餐饮业	73.21
8	金融业	90.82
9	房地产业	102.13
10	信息技术服务业	86.80
11	社会服务业	98.79
12	卫生体育福利业	125.52
13	教育文化广播业	97.13
14	科学研究和技术服务业	96.01
15	机关社团及其他	74.50

五、辽宁省国资委监管企业产权制度改革情况

1. 加快国有大企业重组步伐，促进了国有经济布局和结构调整。认真贯彻落实省委九届七次会议精神，初步制定了《关于加快辽宁省国有经济布局结构调整深化国有大中型企业改革的意见》和《省直企业布局结构调整与深化改革方案》，明确了国有企业布局结构调整与深化改革的思路。重点推进了优势骨干企业重组，在省政府领导直接推动下，辽宁特钢集团重组了黑龙江北满特钢，成立了东北特钢集团公司，形成了年生产特殊钢320万吨，精品钢材260万吨，销售收入达到150亿元的规模，成为中国首家年销售收入超百亿元、最大的特钢精品生产基地。加快了辽宁成大集团重组步伐，制定了集团体制改革方案，为理顺体制、撤销国有独资集团、做强做大上市公司奠定了坚实基础。

2. 积极推进企业规范改制，企业股份制改革取得新进展。积极推进企业规范改制，按照分类指导、因企施策，多重组、少关闭，多股份制改造、少整体出售的要求，严把清产核资、财务审计、资产评估、方案制定等关键环节，实施规范操作，确保了国有资产不流失、银行债务不悬空、职工合法权益不受侵害和社会稳定。截至2004年底，省监管企业下属公司多种形式改制面累计达到78%，其中，实现投资主体多元化的改制重组面达到52%。

3. 整合上市公司，融资功能逐步恢复。按照省政府要求，重点推进省监管企业上市公司重组和新发上市工作，研究制定了《关于省监管企业上市工作指导意见》，并列入了全省上市工作规划。采取了整合重组、剥离不良资产、注入优良资产、调整股权结构、合法重组等形式，先后对中辽国际、新太科技、国能电力、金帝建设等4户上市公司进行了重组，中辽国际已实现盈利，国能电力由辽宁能源公司控股，辽渔的新太科技已转由广东新太集团控股，金帝建设的不良资产已剥离了一部分，正在进一步重组。这些措施为改善省监管企业上市公司形象、恢复融资功能创造条件。

4. 实施企业关闭破产，一批国有劣势企业退出市场。完成了沈煤集团辽阳烟台煤矿和阜新矿业集团王营子矿的破产。

六、辽宁省国有企业主辅分离辅业改制情况

(一)国有大中型企业主辅分离辅业改制

2004年全省国有大中型企业主辅分离辅业改制91户，超过省政府确定计划目标14%。涉及职工11673人，资产134745万元，分流职工8494人，企业改制后安置富余人员8207人。有14户企业已经办理完税务认定，其中3户已经享受税收减免政策，减免金额274.6万元。

1. 制定配套政策。制定印发了《国有大中型企业主辅分离辅业改制分流富余人员实施意见》(辽经贸企改[2003]32号)，转发了国务院国资委等部门《关于进一步明确国有大中型主辅分离辅业改制有关问题的通知》(辽经贸企改[2003]156号)，下发了《全省国有大中型企业辅业改制工作指导意见》。

2. 搞好摸底调查，夯实工作基础。一是对全省国

有大中型企业辅业状况进行了调查,初步核实,全省共有67户国有大中型企业符合改制条件的324个辅业单位,涉及职工4.7万人,资产总额50.3亿元。二是对省直企业主辅分离工作进行调查摸底,重点在2005年推进省直和监管企业主辅分离辅业改制工作。

3. 开展业务培训,吃透相关政策。先后组织两次近200人参加的政策培训,通过政策讲解和典型经验介绍,使参加培训人员比较全面地对原国家经贸委859号文件有了系统理解。各市也有针对性地开展了业务培训。

4. 总结典型经验,推动改制工作。2004年3月,在全省企业改革工作会议上推出了东药集团抢抓机遇,充分利用国家给予企业的优惠政策,对辅业单位——东药实业公司进行改制和锦西化工机械(集团)公司以产权改革为突破口,把15家辅业单位一次改制为非国有法人控股的经济实体的经验,取得了良好效果。

通过以上工作,主辅分离辅业改制的效果已经开始显现。一是改制企业产权明晰,转换了经营机制。辅业改制后的企业实现了产权多元化,绝大多数已经成为非国有控股企业,产权明晰,责任明确,企业经营机制发生了根本性变化,市场竞争意识大大增强,与原主体企业的关系也由过去的"等、靠、要"转变为"主动上门服务"。二是改制企业活力增强,经济效益显著提高。多数企业都在改制当年出现良好的发展势头,有的企业还一举扭转多年亏损的状况。东药集团抢抓机遇,充分利用国家给予企业的优惠政策,对辅业东药实业公司进行改制,组建了民营控股的东瑞精细化工有限公司,获得政策性免税125万元,由上年亏损156万元转为盈利1055万元。三是改制企业有效地分流安置了富余人员。各企业在实际操作时,都把做好职工分流安置工作作为辅业改制的首要任务。据统计,已实施辅业改制的企业,原企业改制分流职工6439人,企业改制后安置富余人员6152人,绝大部分分流职工都进入到改制企业,并与改制企业重新签订三年以上劳动合同。

(二)做好中央企业社会职能试点工作

全国中央企业分离办社会职能试点工作会议后,召开了全省中央企业分离办社会职能试点工作会议,成立了省中央企业分离办社会职能工作领导小组。列入这次试点政策范围的有抚顺石化、辽阳化纤、辽河石油勘探局三家企业的中小学59所和教育管理机构、公安3个、检察院2个、法院2个。涉及中小学教职工4080名、离退休教师2565名、公安机构人员932名、检察院人员137名、法院人员165名。移交费用总额36601万元,经财政部审核确认后,将通过中央财政转移支付给接收单位。9月13日刘国强副省长代表省政府与中石油集团公司在北京签订了移交总协议。

积极稳妥地推进铁路系统企业分离办社会职能工作。全省共接收沈阳铁路局在辽宁省境内的中小学40所,其中高中5所、初中13所、小学22所,涉及职工人数3210人,资产总额15868万元;接收在辽宁省境内的医院16家(三甲医院3家、二级医院8家、一级医院4家、结核专科医院1家)。涉及职工人数7308人,资产总额37014万元。

七、辽宁省国资委监管企业建立和完善国有企业法人治理结构改革进展情况

1. 积极做好推进省直企业建立和完善法人治理结构工作。辽宁省国资委第一批监管29户省直国有及国有控股企业。在对企业领导人员的管理中,坚持党管干部与公司法相结合的原则,积极做好推进省直企业建立和完善法人治理结构工作,已有25户企业按照现代企业制度要求,建立并逐步规范法人治理结构。并按照党的十六大和十六届三中、四中全会精神,依据《中华人民共和国公司法》、《企业国有资产监督管理暂行条例》、《中国共产党章程》和有关法律、法规,在完善省直国有企业高级经营管理人员管理工作方面,逐步把对企业负责人管理的重点,放在国有资产产权代表的委派和管理上。健全董事会工作规则和运行机制,建立集体决策及可追溯个人责任的董事会议事制度,形成企业董事会、经理层、监事会各负其责、协调运转、有效制衡的公司法人治理结构。

2. 做好省直企业领导班子考核调整工作。2004

年，共对15户省直企业的领导班子进行了考核，调整充实了一批懂经营、会管理的高级管理人才。其中，任命企业领导人员27人，免职11人，办理退休7人。调整了辽宁机械进出口股份有限公司临时党委成员及隶属关系。授权大连利盟投资有限责任公司向已改制的7户外贸企业重新委派国有资产产权代表，规范了省直国有控股、参股外贸企业的管理。

3. 继续改进和完善企业经营管理人才选拔和任用方式，加大企业高级经营管理者公开招聘和内部竞争上岗工作力度。为积极探索符合社会主义市场经济体制和现代企业制度要求的企业领导人员考核、评价和选任方式，继续在部分省直企业实行企业内部竞争上岗的方式选聘企业高级经营管理人员，指导省装备集团、辽宁时代集团、抚顺矿业集团通过竞聘方式产生4名公司副总经理，为推进这项工作积累了经验。

八、辽宁省国资委监管企业建立和完善经营业绩考核体系的情况

为了履行企业国有资产出资人职责，维护所有者权益，落实国有资产经营责任，建立有效的激励和约束机制，充分调动经营者积极性，提高国有资产运营效益，实现国有资产保值增值。

（一）制定管理办法，实现企业资产经营责任目标核定工作规范化、程序化、制度化

2004年12月30日，辽宁省国资委在充分调研、充分征求各方面意见的基础上，制定并下发了《辽宁省省直企业国有资产经营责任制与业绩考核暂行办法》。《暂行办法》确定了国有资产经营责任目标考核的原则和指标体系，规范了年度资产经营责任目标具体核定程序，明确了经营者国有资产经营责任的奖惩制度。2004年度省直企业国有资产经营责任目标的完成情况将直接与企业经营责任人的年薪挂钩，年末完成经营责任目标的企业，企业经营责任人兑现基本年薪；超额完成经营责任目标的企业，企业经营责任人兑现效益年薪；未完成经营责任目标的企业，依据具体指标实现情况，扣发企业经营责任人基本年薪。

（二）扎实进行企业资产经营责任目标的核定，确保企业国有资产经营责任目标考核指标确定得科学、合理

2004年度辽宁省国资委对省直监管企业国有资产经营责任目标的核定工作，采取了下达经营责任目标考核指标和与企业经营者签订经营责任状的方式。一是下发了《关于做好2004年度辽宁省省直企业国有资产经营责任目标核定工作的通知》，制定了考核指标，下达了相关指标核定调查表，布置了省直监管各企业2004年度国有资产经营责任目标核定工作。二是组成了企业经营责任目标核定工作组，分别赴省直企业进行2004年度经营责任目标核定工作。三是辽宁省国资委主任办公会集中分析、论证、确定企业提出的经营责任目标，确保经营责任目标各项指标的准确、合理。四是鉴于2004年是辽宁老工业基地振兴的开局之年，也是辽宁省国资委新体制运行的第一年，为向省政府上交一份满意的答卷，辽宁省国资委对亏损企业提出了较高要求，要求亏损企业领导班子深挖市场潜力，强化企业管理，积极挖掘经济效益增长点，制定有效减亏增效措施，层层落实经营责任目标，大幅度压缩亏损指标。2004年7月7日和2004年8月11日，辽宁省国资委分别召开了19户盈利和9户亏损企业签订2004年度省直企业国有资产经营责任目标会议，下达了2004年度国有资产经营责任目标，签订国有资产经营责任书。

（三）建立了国有资产经营责任目标的考核体系，确定了企业国有资产经营责任目标的考核指标

国有资产经营责任目标考核指标分为基本指标和参考指标两类。其中基本指标占权重的80%；参考指标占权重的20%。

1. 基本指标包括效益指标和国有资产增值率指标。效益指标按企业类别区分工业企业和非工业企业分别设定。工业企业考核综合经济效益指标，非工业企业考核利润总额指标（适用于国有独资公司，且其重要子公司为全资子公司）或国有净利润指标（适用于除国有独资公司的重要子公司为全资子公司之外的其他企业）。国有资产增值率指标反映企业国有资产保值增值情况。

2. 参考指标包括国有资产收益率、销售收入和安全指标。国有资产收益率指标反映国家投入企业的国有资产获得收益的能力。销售收入指标是指考核期内企业因出售商品、提供劳务等形成的收入总额。包括主营业务收入和其他业务收入。安全指标根据各生产企业的实际情况确定。

(四)2004 年国有资产经营责任目标考核指标的核定情况

辽宁省国资委监管企业共 29 户企业,除利盟公司尚未成立,2004 年度资产经营责任目标暂未核定以外,其余 28 户企业全部纳入 2004 年资产经营责任目标考核范围。2004 年,辽宁省国资委监管 28 户企业核定利润总额及国有净利润为 45552 万元,比 2003 年 37789 万元增加 7763 万元,增长 20.5%;比 2001 至 2003 年平均值 - 1423 万元增加 46975 万元。2004 年,辽宁省国资委监管 19 户盈利企业核定国有资产增值率为 1.64%,比 2003 年国有资产增值率 1.87% 下降 0.23 个百分点。2004 年,辽宁省国资委监管 28 户企业核定销售收入 5786690 万元,比 2003 年 5434965 万元增加 351725 万元,增长 6.4%。

(撰稿人:孙玉昌)

吉林省

一、吉林省国有资产监督管理工作综述

吉林省委、省政府高度重视国有资产监督管理工作,并在国有资产管理体制改革方面进行了积极有益的探索和实践。

1999 年底,中共吉林省委召开了七届三次全会,通过了《中共吉林省委、吉林省人民政府关于贯彻〈中共中央关于国有企业改革和发展若干重大问题的决定〉的实施意见》。决定从出资人制度改革入手,在实现政资分离、政企分开基础上,加快建立现代企业制度步伐。根据国有资本在吉林省不同行业的分布状况,按照“三个方面、两层出资关系”的要求,重新构架国有资本管理体制。“三个方面”分别是:1. 省政府国有资本营运决策会议;2. 国有资本营运机构;3. 被投资企业。省政府国有资本营运决策会议不是政府的行政机构,没有政府的行政管理职能,是受政府委托行使出资人职能的一种组织形式,决策会议由主管副省长牵头与政府有关部门负责人和省内知名专家学者组成;国有资本营运机构是由政府直接出资,主要从事国有资本运营、负责国有资本优化配置、以盈利为目的、具有独立民事权利和民事行为能力的法人实体,国有资本营运机构采取的主要形式是国有控股公司、投资公司和企业集团公司;被投资企业是由原来政府直接出资现在改为由国有资本营运机构出资的企业,是独立的市场主体和法人实体。“两层出资关系”:一层是国有资本营运决策会议受政府委托,对国有资本营运机构出资,以出资额为限承担有限责任,行使出资人权利。这层出资关系的设定,把国家与企业之间的财产关系转变为政府出资或持有股份的关系,为实现政府经济管理职能与国有资本所有者职能、国有资本行政管理职能与国有资本营运职能分离创造了条件;另一层是国有资本营运机构以独立的法人身份向被投资企业出资,以出资额为限承担有限责任,行使出资人权利。从终极意义上讲,被投资企业的国有股权仍然归国家所有,仍然是国家出资,但是,从直接意义上讲,现在已经改为法人出资。这层出资关系的设定,对于解决产权虚置、落实国有资产保值增值责任具有重要意义。

按照上述的体制框架,从 2000 年初开始,省政府先后成立了工业交通、金融投资、文化教育、外经外贸、建筑工程、农林水利等 6 个省直国有资本营运决策会议,并设立了省直国有资本营运决策会议秘书处,秘书处不是各营运决策会议的日常办事机构,而是为各营运决策会议的决策提供咨询服务的机构,其主要由政府雇员组成,没有行政级别和规格,不具有行政管理和国有资本营运决策的职能。省政府还根据国有资本在不同行业的分布情况,组建了冶金控股公司、机械控股公司、建设控股公司、轻化控股公司、商贸控股公司、森工集团公司、粮食集团公司、物资集团公司、信托投资公司等国有资本营运机构。与此同时,要求各党政机关积极创造条件,同所办经济实体和

直接管理的企业在人、财、物等方面彻底分开，按新体制理顺关系，转为各国有资本营运机构所投资的企业。

2000年6月，结合机构改革，省委决定成立中共吉林省企业工作委员会，负责省属国有企业的领导班子建设、党建工作和企业监事会的日常管理工作。考虑与已经试行的国有资本营运决策会议选人用人的制度相衔接，省委研究决定由企业工委对纳入管理范围的国有企业经营管理者进行日常监督管理，包括建议更换和罢免。省企业工委根据“四化”方针和德才兼备原则对省国有资本营运决策会议拟选用的国有企业经营管理者进行资质认证和考核、选拔，并按一定比例向决策会议提名和推荐，部分重点大企业的董事长、总经理人选，企业工委要报经省委讨论后向决策会议提名和推荐，再由决策会议任命。省企业工委负责同志可作为成员参加国有资本营运决策会议。

2004年，根据党的十六大和十六届三中全会精神，省委、省政府决定在原来试行国有资本营运决策会议的基础上，整合原来由省经贸委、省企业工委、省体改办、省财政厅、省劳动和社会保障厅行使的出资人职责，组建吉林省人民政府国有资产监督管理委员会。明确省国资委的监管范围是省属企业（含地方性金融类企业）的国有资产。目前，省国资委已按照“三定方案”的要求正式组建运行。

二、吉林省国有资产监督管理机构组建情况

2003年8月初，省政府决定成立省国资委筹备组，组长由省政府副秘书长、省经贸委主任赵炳辉同志担任。在筹备期间，筹备组先后召开了五次筹备工作会议，并做了大量艰苦细致的前期准备工作。

（一）认真组织学习

为做好筹建工作，筹备组成员认真学习了国务院《企业国有资产监督管理暂行条例》、中央11号文件、国务院国资委的“三定方案”和国务院国资委主任李融荣、书记李毅忠同志在中央企业负责人会议上的讲话，领会精神实质，为机构改革作好理论准备。

（二）开展了调查研究

筹备组先后派人到北京、上海、河北等地进行了考察学习，了解国务院国资委职能设置、工作范围，掌握各省组建国资委的进展情况，并起草了《关于赴上海、河北两地调研考察报告》，为省国资委组建做了前期基础性工作。

（三）起草了省国资委组建方案及相应建议

在认真总结兄弟省市经验和做法的基础上，借鉴国务院国资委组建做法和“三定方案”，对吉林省国有资产管理职能现状和问题进行了认真疏理，起草了《吉林省国有资产监督管理委员会组建方案》，并按照省领导指示，对组建方案进行了多次修改，统一纳入全省总体改革方案中。筹备组还根据上海等地经验，草拟了《省国资委监管企业范围》、《市、州设立国资委的意见》和《建立全省国有资产统计体系》等材料，为省国资委组建后尽快开展工作奠定了基础。

（四）摸清了企业家底

组织专人对省国资委拟监管的企业进行调查摸底，并会同省统计局、省财政厅，对全省九个市、州的企业国有资产情况进行汇总，基本摸清了全省企业国有资产的分布情况、资产总额、负债总额、所有者权益和从业人员数，为今后实施监管做了充分的准备工作。

2004年2月6日，省政府召开会议，宣布了省政府机构改革方案，其中包括组建吉林省人民政府国有资产监督管理委员会的有关内容。2004年2月27日，省委下发《关于成立省国有资产监督管理委员会党委的通知》，省委决定成立省国有资产监督管理会员会党委，赵炳辉同志任党委书记。2004年3月1日，省政府下发《关于赵炳辉同志任职的通知》，任命赵炳辉同志为省国有资产监督管理委员会主任。

2004年6月2日，省政府办公厅下发《关于印发吉林省人民政府国有资产监督管理委员会主要职责内设机构和人员编制规定的通知》（吉政办发[2004]38号），标志着省国资委正式组建。省国资委为省政府直属正厅级特设机构，代表省政府履行出资人职责。省国资委的监管范围是省属企业（含地方性金融类企业）的国有资产。省国资委内设办公室、政策法规处、业绩考核处、统计评价处、国有资本预算处、产权管理处、规划发展处、企业改革改组处、企业分配

处、董事会监事会工作处、企业领导人员管理处、党建群工处、宣传工作处、人事培训处等 14 个职能处室，并设机关党委和纪委(监察室)，人员编制 85 人，领导职数 1 正 5 副，处级领导职数 33 名。

2004 年 7 月 14 日，省政府公布了《省国资委履行出资人职责第一批企业名单》(吉政办函[2004]84 号)。明确吉林省冶金控股公司、吉林森工集团等 41 户企业由省政府授权省国资委履行出资人职责。其他省属国有企业，由省经委和现分管部门负责改革、改制、脱钩工作，完成一户，经省政府授权交省国资委监管一户。

三、吉林省国资委监管企业产权制度改革情况

为发展、壮大国有经济，推动企业改革的深化和国有经济布局的战略性调整，吉林省国资委重点在以下几个方面加强对所监管企业的国有产权管理：

(一)做好企业国有资产产权登记工作，夯实产权管理基础

省国资委履行出资人职责的国有企业、国有独资公司、国家授权投资机构及其投资设立的企业、设置国有股份的有限责任公司和股份有限公司，以及其他占有、使用国有资产的企业，必须按照国务院颁布的《企业国有资产产权登记管理办法》(国务院第 192 号令)及财政部发布的《企业国有资产产权登记管理办法实施细则》(财管字[2000]116 号)规定，及时到国有资产监督管理机构办理占有、变动、注销产权登记。特别是在企业发生改制改组、合并分立、资产划转、产权转让、对外投资等经济行为引起企业组织形式、国有资本额、国有资本出资人变动的，应于产权变动后 30 日内办理企业国有资产变动产权登记手续，确保国有资本变动的合法、有效。要求各监管企业明确专人统一负责本企业及所投资企业的产权登记工作。企业国有资产产权登记应当清晰、及时、准确，不得错登、重登、漏登。对权属不清或存在争议的产权，要按照"谁投资，谁受益，谁拥有产权"的原则，依照有关规定妥善做好产权界定和纠纷调处工作。

(二)规范资产评估，确保国有资产的安全完整

要求各监管企业及其投资企业在发生改制、产权转让、对外投资等国有产权变动行为时，要按照《国有资产评估管理办法》(国务院第 91 号令)及财政部《国有资产评估管理若干问题的规定》(财政部第 14 号令)等有关规定，聘请具有相应资质的资产评估机构进行评估。资产评估机构的选聘要按照省国资委《公开选聘资产评估机构暂行办法》的规定规范运作，评估结果要及时办理核准和备案手续。

(三)规范国有产权转让行为，加强国有产权交易监督管理

要求各监管企业认真贯彻执行国务院国资委和财政部颁布的《企业国有产权转让管理暂行办法》(国务院国资委、财政部第 3 号令)和国务院办公厅转发《国务院国资委关于规范国有企业改制工作意见的通知》(国办发[2003]96 号)等规定，严格规范企业国有产权转让行为，加强对产权转让全过程的监督和管理。转让国有产权，一要严格履行内部决策程序和审批程序，切实保护职工合法权益；二要按规定做好清产核资、财务审计和资产评估，涉及出资人权利的经济行为，由省国资委公开选聘评估机构并以评估值作为转让价格的参考依据；三要坚持"进场交易"，在省国资委选定的交易机构中，公开披露转让信息，广泛征集受让方，杜绝暗箱操作；四要选取适当的转让方式，具体采取拍卖、招投标或协议转让方式，由省国资委根据转让标的的具体情况和公开征集到的受让方数量审定；五要及时进行转让鉴证和产权变动登记，作好转让收益管理。

(四)建立国有股权变动情况报告制度，切实维护国有股权益

要求各股份制公司及其国有股股东认真贯彻执行财政部《关于股份有限公司国有股权管理工作有关问题的通知》(财管字[2000]200 号)、原国家国资局和体改委《股份有限公司国有股权管理暂行办法》(国资企发[1994]81 号)和原国家国资局、体改委《关于印发股份有限公司国有股东行使股权行为规范意见的通知》(国资企发[1997]32 号)等有关国有股权管理的规定，正确行使股东权利，依法履行股东义

务，承担相应责任，指导和督促全资、控股子企业做好所持上市公司国有股权管理工作，切实维护国有股权益。在涉及上市公司国有股变动、增资扩股、配股、资产置换、国有股回购、发行可转换债券、国有股质押等重大事项时，应严格履行内部决策程序和审批程序；在上市公司国有股转让中，要按照“公开、公正、公平”的原则，采取有效方式，广泛选择受让方，促进形成市场发现价格的有效机制，最大可能地实现国有资产保值增值；在受让上市公司社会法人股时，认真作好可行性研究，严格受让股份行为的内部决策程序，确保合理定价，并及时办理股份性质变更的审批和过户登记手续。建立国有股权变动情况报告制度，鼓励国有股股东按照国家规定认购配股，保持国家对名牌产品、重点企业、支柱产业的控制权；强化对国有资产产权代表和国有股股东的激励和约束机制。

（五）积极支持企业改革发展，优化企业产权结构，认真做好资产处置工作

要求各监管企业按照中央和省政府的要求，从搞活国有企业、大力发展混合所有制经济出发，加快产权制度改革步伐，促进企业形成不同产权主体间多元投资、互为补充的产权结构，提高国有资本的控制力。同时，认真作好主辅分离、辅业改制和分流安置富余人员中的资产处置工作。按照有关规定，严格界定辅业资产、闲置资产和关闭破产企业的有效资产，认真组织清产核资、财务审计、资产评估等工作，保证资产价值真实可靠。在使用净资产支付职工安置费用时，严格执行国家有关社会保障的规定标准，确保职工合法权益。需要核销国有权益的，要严格履行报批程序，并根据批复结果进行账务处理。

要求各监管企业加强投资和资本运作的管理，建立规范科学的投资决策和资本运作程序，防范投资风险；减少管理层次，调整内部组织结构，适当集中投资决策权，保持稳健的资本结构，防止债务风险；突出主业，发展核心业务，培育优良资产，防止盲目扩张；以实物资产和无形资产对外投资的，要严格按照规定进行资产评估，投资形成的产权，要及时进行产权登记。

四、吉林省国资委监管企业主辅分离辅业改制概况

加快国有企业主辅分离、辅业改制，一直是吉林省国有企业改革和发展的紧迫任务，也是改革和发展的重点难题。近年来，按照国家的部署，吉林省克服多方面困难，在推进企业主辅分离、辅业改制上做了大量工作，省国资委在省政府的领导下付出了艰辛的努力。但由于受国资委监管企业存量资产质量不高，企业主辅分离、辅业改制成本能力不强等客观因素限制，这项工作进展还比较缓慢，而且不平衡。

自2002年7月4日原国家经贸委等八部委《印发〈关于国有大中型企业主辅分离辅业改制分流安置富余人员的实施办法〉的通知》（国经贸企改[2002]859号）以来，省国资委监管的41户企业中有6户企业按照文件精神进行了主辅分离辅业改制工作，改制企业辅业10户，分流富余人员4597人，其中：安置富余人员1574人，达到分流富余人员的35%，其他人员采取多种方式实现了就业。

省国资委监管的41户企业中，有6户企业存在办社会职能机构，共办有学校、公安、检察院、法院和医疗卫生等社会职能机构545个，截至2004年10月，已分离企业办社会职能机构231个，分离资产7177万元，分流职工7228人。目前，省国资委监管企业还有办社会职能机构314个，计划采取区别轻重缓急，稳妥操作，财政支持与市场化运作相结合的原则，在2006年底以前全面完成监管企业的主辅分离、辅业改制和分离企业办社会职能机构工作。

五、吉林省国资委监管企业重组与完善法人治理结构进展情况

省国资委首批监管的41户企业可分为三类情况：一是原省企业工委管理的已经建立了出资人关系的企业有13户；二是原省企业工委管理的尚未建立出资人关系的企业有7户；三是后划入的21户企业，需要履行与主管部门的脱钩程序后，由省国资委与其

建立出资人关系。

(一)监管企业重组情况

监管企业进行改制重组工作。省国资委监管的41户企业中,已改制的企业27户,占66%;未改制的企业14户,占17%;另有7户企业需要重新确定产权关系。已改制的企业中有4户是产权多元化的股份制企业,其他均为国有独资公司。根据前一段时间的调查研究,已制定《监管企业改革调整总体规划》,计划用两年多的时间基本完成所监管企业41户企业及其所属被投资企业中440户需要改制企业的改制重组工作。其中,2004年力争完成59户(占拟改制企业的13%),2005年力争完成259户(占拟改制企业的59%),其余122户(占拟改制企业的28%)于2006年底之前全部完成。目前,吉林省正着手推进11户监管企业的改制重组工作,其中,省轻化控股公司等4户企业重组改制,吉林德大公司等5户企业全部或部分转让国有产权,中小企业担保公司和高科技担保公司2户企业合并成立吉林省信用担保投资有限公司。

加强政策性破产和依法破产工作。由省国资委牵头,协调有关部门参加,成立了长期破产清算组,承担组织吉林省企业政策性破产和依法破产工作。在政策性破产工作方面,已经下达的政策性破产项目中,启动了四平银矿的破产项目,终结了天宝山矿务局的破产项目。对已确定列入2004～2007年吉林省政策性破产项目规划的吉林镍业公司富家矿业有限公司等13户企业,正在积极进行申报政策性破产。对不具备政策性破产条件的资不抵债、长期亏损的企业,通过关停或依法破产的方式退出市场。目前,对省物资集团燃料总公司等6户企业实施关闭退出,省电子集团等2户企业的依法破产工作,由破产清算小组正在组织实施。

(二)完善法人治理结构情况

监管企业中,目前已经进行规范的公司制改造的企业27户,有完善的法人治理结构,运作比较规范。董事会基本上能充分履行好重大决策和选聘经营者的职能,监事会对董事和经理的职权进行有效的监督,尤其是根据《国有企业监事会暂行条例》的工作要求,对监管企业选派不在企业任职的外部监事,强化监事会的监督工作,是完善法人治理结构采取的一项比较有效的措施。目前省国资委派驻监管企业的首批7名外派监事已选派到位。有14户企业法人治理结构不完善或尚未建立法人治理结构,需要按照《国有大中型企业建立现代企业制度和加强管理基本规范》的要求,尽快建立和完善。

六、吉林省国资委监管企业建立和完善经营业绩考核体系情况

(一)制订考核办法

2004年6月省国资委成立后,为切实履行国有资产出资人职责,维护所有者权益,落实国有资产保值增值责任,建立有效的激励与约束机制,根据国务院《企业国有资产监督管理暂行条例》等法律法规,参照国务院国资委《中央企业负责人经营业绩考核暂行办法》,结合吉林省实际情况,针对所监管企业特点,在征求企业意见和组织专家论证的基础上制订下发了《吉林省省直企业负责人经营业绩考核暂行办法》。

(二)预报目标值

为贯彻落实企业国有资产经营责任制度,更好地促进企业发展,根据《吉林省省直企业负责人经营业绩考核暂行办法》,省国资委起草下发了《2004年度省国资委监管企业负责人经营业绩考核工作方案》。按照这个方案的要求,组织13户监管企业根据企业现状、发展战略与规划、国家宏观经济运行态势及企业所处行业的特点,提出了2004年度经营业绩考核目标建议值,并根据省国资委确定的年度考核基本指标及分类指标的范围,填报了《2004年度省国资委所监管企业负责人经营业绩考核目标建议值预报表》。

(三)审定目标值

根据企业上报的目标建议值原则上不低于前三年指标实际完成值的平均值,并好于上一年度的衡量标准,在深入企业进行调查研究的基础上,省国资委组织相关部门及专家对企业上报的预报值进行了审定,并对部分企业所报目标建议值进行了必要的沟通

与调整。

(四)签订责任书、下达经营业绩考核目标值

在与企业进行充分沟通的基础上,省国资委与3户条件基本成熟的企业签订了2004年度企业负责人经营业绩责任书,并对9户企业下达了2004年度经营业绩考核目标值。

(五)建立省直企业资本运营工作制度

为了加强对企业资本运营动态监控,有效监督企业完成业绩考核目标,省国资委还研究起草了省直企业资本运营工作制度,对省直企业资本运营实施调度,有针对性地解决企业资本运营中存在的问题。明确了企业月份资本运营情况分析报告制度、季度例会制度、资本运营重大事项报告制度、资本运营通报制度和专题调研制度。

(六)筹备建立企业业绩考核委员会

为了保证考核工作的全面、客观、公平、公正,吉林省国资委拟成立业绩考核工作委员会。考核委员会由委内考核处、评价处、预算处、规划处、分配处及企业领导人员管理处等相关处室组成,在对企业进行全面考核基础上,形成综合的年度经营业绩考核报告。

(吉林省国资委供稿)

黑龙江省

一、黑龙江省国有资产监督管理工作综述

2004年,是黑龙江省国资委开局之年。一年来,黑龙江省国资委在省委、省政府和国务院国资委的领导和支持下,结合省情,认真贯彻执行党的十六大和十六届二中、三中、四中全会精神,依法履行出资人职责,扎实起步,积极探索,努力实践,在推进国有企业改革、探索新时期国资监管方式、发展壮大国有经济、促进国有资产保值增值等方面,积累了有益经验,取得良好开局。新的国资监管体系逐步建立,国有资产基础管理工作得以加强,监督检查力度进一步加大。在实践中逐步探索出了“四见面、五监督、把七关”的做法,有效地防止了在国企改制中国有资产的流失,维护了国有资产的安全。

(一)国有资产监督管理制度趋于完善

2004年,在深入调查研究、广泛借鉴经验、反复征求意见的基础上制订出台了32个规范性文件,为依法履行出资人职责,依法监管国有资产,依法推进国企改革奠定了制度基础。制订了《黑龙江省省管企业负责人年度经营业绩考核办法(试行)》,完善了对经营者的激励与约束机制;出台了《关于加强企业国有产权转让监督管理工作的意见》,规范了产权转让的审批程序;下发了《黑龙江省国资委委托社会中介机构为国企改革和国资监管提供中介服务办法》,规范了委托行为,提高了中介服务质量;推行了《国有企业监事会人员履行监督检查职责的奖惩试行办法》,强化了责任意识;制订了《关于贯彻〈国有企业法律顾问管理办法〉实施细则》,为实行总法律顾问制度打下了基础。此外,还建立了企业国有资产统计报告制度、重大事故、重大事件报告制度等规范性文件,使国资监管逐步走上了法制化轨道。

(二)国有资产基础管理工作逐步加强

2004年,黑龙江省国资委聘用26家中介机构、组织15000多名专业人员,对25家出资企业、878户二级以下核算单位进行了清产核资,摸清了出资企业的家底。组织31家会计师事务所开展了2004年度财务决算审计,检查发现各类问题1620项,涉及金额84亿元。通过公开选聘中介机构、建立专家审核工作制度、开展重大项目跟踪检查、执行中介机构执业质量记录等环节,严把评估关。2004年,黑龙江省国有资产评估项目595项,评估价值81.1亿元,增值率14.5%。通过建立和完善产权交易信息网络、选择产权交易机构、建立产权转让信息报告制度、开展产权转让检查等方法,提高了产权进场交易率。此外,还开展了产权界定与纠纷调处、资产处置、国有股权管理、统计评价、绩效考核等工作,有力地维护了国有资产权益。

(三)国有资产的监督检查力度进一步加大

2004年,监事会检查全资和控股子公司179个,

占总数的48%,检查的资产量达409亿元,占账面资产总额的65.4%。形成年度定期检查报告21份,披露问题95个,督促企业整改35个,占36.5%。对21户出资企业董事长、总经理、总会计师的经营业绩写出了评估报告。完成了监事会三年轮岗,形成专报12件,避免和挽回经济损失2000多万元。配合黑龙江省审计部门完成了9名出资企业法定代表人的经济责任审计和离任审计。对出资企业增加了31名监事,使兼职监事队伍扩大到49人。通过公开竞聘,选拔了20名财务总监。

(四)"四见面、五监督、把七关"监管方式富有成效

1. 全心全意地依靠职工群众,坚持"四个见面",即改革政策、改制方案、职工安置、经济补偿同职工见面,并提交职代会讨论审议,切实落实群众的知情权、参与权、审议权、监督权。所有的改制企业,黑龙江省国资委都把涉及职工切身利益的政策印发到职工群众手中。通过电视、报纸、广播等传播媒体,广泛宣传改制政策,尤其是职工安置和补偿政策。在具体操作中,严格按照国家规定将改制方案、职工安置方案提交职代会讨论,接受群众监督。

2. 强化国有资产监管体系,实行"五监督"。一是监事会监督。黑龙江省国资委明确要求监事不仅带"眼睛和耳朵",也要带"嘴巴",对发现的问题及时与企业沟通并尽快解决,但不干预企业的生产经营。二是产权部门监督。围绕《企业国有产权管理暂行办法》(3号令)的贯彻落实,细化了产权交易的制度和程序,对出资企业资产总额1000万元和净资产100万元以上的产权出让建立了审批制度,低于上述额度的建立了备案制度,对只有1个转让对象且报价低于评估值的一律叫停。对各市(地)规范改制情况进行了检查,查出问题59个,及时作了纠正。探索试行了由国资委派出股权代表的办法,有效地解决了国有参股企业中的国有股权代表极易被控股方收买、同化的问题。三是纪检监督。2004年,着重查处了一批在企业改制重组中隐匿、侵吞、变卖、转移、私分国有资产的案件。查办违法违纪案件499起,收缴违纪款454万元,挽回经济损失7600万元,处分违纪党员干部702人。加强了对物资采购、工程招投标等重点环节的监察力度,指导企业加强了财务管理和改组改制兼并破产期间的效能监察工作。四是财务总监监督。为防止企业改制中的国有资产流失,黑龙江省国资委通过公开竞聘,选拔了20名财务总监,责成他们对较大的开支与企业经营者联签。2004年累计联签3亿多元,拒签近2000万元,对企业的财务支出起到了很好的监督作用。五是中介机构监督。在中介机构的使用上,黑龙江省国资委作了一系列的调整:一是在中介机构的选聘上,变企业委托为出资人通过公开竞聘优选;二是在费用支付上,变企业付费为出资人统一付费。2004年,对参与清产核资的26家会计师事务所,进行了打分考评,评出执业优、良的各9家,对表现较差的后3名不再聘用;对参与改制审计、评估的15家中介机构,3家提出警告,1家作出不良记录。根据中介机构提供的报告,黑龙江省国资委责令出资企业对财务管理中的90多项问题予以限期纠正。在清产核资中,中介机构共纠正了1305项会计差错,帮助企业整章建制30多项。对拟上市企业,要求中介机构披露真实信息,彻底解决"人造成本"、"弹性利润"的问题。此举不仅优选了中介机构,节省了中介费用1/3左右,解决了中介机构受委托企业左右的问题,而且还提升了中介服务质量。

3. 坚持国有资本运营、出让中的全程监控,把好"七个关口"。一是清产核资和审计、评估关。2004年,严肃处理了清产核资中造成国有资产损失的58名责任人,查处了审计评估中造成国有资产流失的3起案件。对改制企业的资产评估一律采取核准制,充分利用黑龙江省内评估专家建立了专家审核制度、重大项目过程跟踪制度和核准制度。二是招商出让关。严防"关系"招商、"一对一"转让。对新进行的招商改制,一律先审查资质,并多家洽谈,竞争选优。凡出现问题的,有错必纠。三是产权交易关。2004年组织384宗产权交易事项,进入产权交易市场挂牌、公示,采取竞价拍卖、招标投标、公示转让三种形式进行公开交易,国有资产评估价-7.4亿元,转让价达到8.9亿元,交易中国有资本增值16.3亿元。四是运行监督关。为加强出资企业的经营运行监管,建立了企业国有资产统计报告制度、财务动态监测制度、重大事故、重大事件报告制度。为保证信息真实，建立了对企业和中介机构的财务报告重点抽查制度，全面检查企业的账款、账物、账账是否相符。五是债务处理关。六是把住民主参与关。改制企业都无一例外地召开职代会，讨论审议改制方案和职工安置方案。通过接待上访和调研下访摸准群众脉搏，解决群众关心的问题，纠正改革中的偏差。七是把住案件查处关。2004年，黑龙江省国资委自办的5起案件，查后都严惩了腐败分子。

二、黑龙江省国有资产监督管理机构组建情况

黑龙江省国资委于2003年底组建，2004年2月17日挂牌成立。黑龙江省国资委的成立，使黑龙江省国有资产监督管理体制第一次在机构设置上实现了政府公共管理职能和国有资产出资人职能的分开，真正实现了权力、义务和责任相统一，管资产和管人、管事相结合，掀开了黑龙江省国有资产监督管理工作的崭新一页。

(一)工作职责

(1)根据黑龙江省政府授权，依照《中华人民共和国公司法》等法律和行政法规履行出资人职责，指导推进国有企业改革和重组；对所监管企业国有资产的保值增值进行监督，加强国有资产的管理工作；推进国有企业的现代企业制度建设，完善公司治理结构；推动国有经济结构和布局的战略性调整。(2)代表国家向部分大型企业派出监事会；负责监事会的日常管理工作。(3)通过法定程序对企业负责人进行任免、考核并根据其经营业绩进行奖惩；建立符合社会主义市场经济体制和现代企业制度要求的选人、用人机制，完善经营者激励和约束制度。(4)通过统计、稽核对所监管企业的国有资产的保值增值情况进行监管；建立和完善国有资产保值增值考核评价指标体系，拟订考核标准；维护国有资产出资人的权益。(5)起草国有资产管理的规章制度；依法对企业国有资产管理进行指导和监督。(6)承办黑龙江省政府交办的其他事项。

(二)处室设置

2004年2月2日，黑龙江省机构编制委员会以黑编[2004]26号文下发省国资委“三定”方案。根据“三定”方案，黑龙江省国资委内设13个处(室)，分别是办公室(党委办公室、信访办)、政策法规处、业绩考核与统计评价处、产权管理处、规划发展处、企业改革处、分离办社会与辅业工作处、企业改组处、监事会工作处、企业领导人员管理处、党建工作处、机关党委(按党章规定设置)，纪检委(黑龙江省监察厅驻省国资委监察局与其合署办公)内设处级机构2个室：纪检监察室、法规审理室。

(三)市(地)国资委的组建情况

黑龙江省国资委组建后，黑龙江省13个市(地)也都按照政企分开、政资分开、所有权与法人财产权分开的原则，积极建立职责明确、运转顺畅的国有资产监管机构和运转体系。截至2004年12月31日，黑龙江省的13个市(地)中，哈尔滨市、齐齐哈尔市、佳木斯市成立了国资委，其他10个市(地)也正在组建国资委或进一步明确监管机构和范围。

三、黑龙江省国资委监管企业国有资本保值增值综合分析与评价

据2004年度财务决算统计，截至2004年12月31日，黑龙江省国资委24户出资企业拥有所属三级以上独立核算单位715户，资产总额632亿元，负债总额487亿元，少数股东权益17亿元，所有者权益128亿元，年末职工人数36万人。同时，以参股形式持有东北特钢股权5.2亿元，持有北满特钢股权3.8亿元。

出资企业整体实现保值增值。根据国务院国资委《企业国有资本保值增值结果确认暂行办法》(9号令)的规定，24户出资企业，年初国有资本86亿元，年末国有资本127亿元，扣除客观增减因素后，国有资本保值增值率113%。其中，实现国有资本保值增值的企业有15户，比2003年增加2户。

出资企业经济效益进一步改善。2004年，24户出资企业实现主营业务收入241亿元，比2003年增加33亿元，增幅为16%；完成增加值62亿元，比2003年增加7亿元，增长12%；上缴税金15亿元，增长26%；

实现利润-2.3亿元,比上年减亏656万元,扣除弥补潜亏挂账、补助办社会支出后,实现利润7.2亿元。鸡西矿业集团有限责任公司、鹤岗矿业集团有限责任公司、双鸭山矿业集团有限责任公司、七台河矿业精煤(集团)有限责任公司4户矿业集团壮大煤炭主业,共开采原煤5700万吨,净利润增长50%以上。黑龙江省铁路集团2004年完成货物周转量3.4亿吨公里,创历史最好水平。黑龙江省出版总社严格会计核算、加强成本控制,节约费用上千万元。佳木斯纸业集团对亏损项目及时关停,减亏6000余万元。

资产运营质量有所提高。24户出资企业总资产周转率为0.39次,比2003年提高0.09次;流动资产周转率为0.95次,比2003年提高0.28次;存货周转率、应收账款周转率分别比2003年提高0.82次和1.36次。全员劳动生产率为19830元/人,提高2021元,增幅为11.35%。

四、黑龙江省国有企业产权制度改革情况

(一)2004年国有企业产权制度改革取得突破性进展

2004年,黑龙江省的国企改革实现了整体突破,取得了令人瞩目的成就。全年计划完成75户国有大中型工业企业的产权制度改革任务,实际完成79户。其中国有控股8户,占10.2%;国有参股、混合所有25户,占31.6%;国有全部退出46户,占58.2%。国有退出和国有参股的比重已达90%,做到了公有制实现形式的多样化,所有制结构得到进一步优化。所有改制企业都引入了新的经营机制,建立了真正意义上的现代企业制度,资本结构进一步优化,经济效益和带动作用明显增强。据对79户改制企业统计,工业增加值比上年增长22%,销售收入增长16%,利润总额增长89%。在其带动下,黑龙江省规模以上工业企业增加值、销售收入、利润总额分别比上年增长15.3%、23.3%和29.8%,均创历史新高。

(二)产权制度改革的效益

改制产生了四重效益。一是体制效益。企业实行民营或混合所有后,有效地堵塞了国有企业的体制性漏洞。黑龙江乳业集团混合所有后,销售收入增长91%,税金增长116%。新加坡佳通集团并购牡丹江桦林股份公司后,销售收入、利润、税金增长均在4倍以上。二是重组效益。鸡西矿业集团、鹤岗矿业集团、双鸭山矿业集团和七台河精煤集团四大煤矿统一采购,一年可减少支出2.1亿元,统一销售可增收节支20亿元以上。三是减负效益。改制企业通过减员、卸债、分离办社会、处置不良贷款等措施卸掉了大量历史包袱,达到减负增效的目的。四是招商效益。仅黑龙江省直属改制重组的企业,就引入了战略投资者109亿元资金。

改制加快了国有经济布局和结构的战略性调整步伐,提高了经济运行质量。截至2004年,黑龙江省地方国有及国有控股工业企业856户,比2002年减少175户,下降17%;职工人数60.4万人,比2002年减少32.9万人,下降35.3%;资产总额1440亿元,比2002年减少48亿元(主要是主辅分离、分离办社会和清产核资原因);利润总额11.7亿元,比2002年扭亏增盈13.2亿元;利税总额72.4亿元,比2002年增长1.8倍。通过国有企业产权制度改革,黑龙江省国有企业户数减少,户均资产增加,国有经济布局趋向合理,经济运行质量有所提高。

(三)产权制度改革推进的特点和做法

第一,省委、省政府高度重视,成立推进组,合力攻关。黑龙江省委、省政府把国企改革作为全省工作重中之重来抓。2004年初,召开了黑龙江省国企改革和国资监管大会,对国企改革作了全面部署。在推进的各个阶段,省委书记、省长都经常性听取情况汇报,作出重要指示,为国有企业改革逢山开路,遇水搭桥。省委组织部分两次抽调275名厅、处级干部成立了36个推进组。推进组履行出资人职责,分赴改革一线指导企业改制,在解决企业改制中内部人控制、排斥投资商、无力筹措改制成本、难以协调外部各方面利益关系、难以平息突发性事件、防止改革走过场等方面发挥了重要作用。

第二,把招商、改制、重组、上市、分离办社会、辅业剥离、分流安置职工、债务和解、破产等综合考虑,把企业产权改革、对外并购、对内整合和企业升级改

造统筹安排，总体设计，配套推进。

第三，把改革与改造发展结合起来，走出先招商改制、后自我改造的路子，把做大做强企业作为改制的根本出发点，把投资上项目作为选择投资商的首要标准。基本做到了家家改制，家家开辟新的融资渠道，家家上新项目。桦林橡胶、北满特钢、龙涤集团等企业改制后，都引进战略投资商，自筹资金、自我融资上了总投资40多亿元的项目，改变了靠政府上项目的输血机制，开始形成自我积累、自我融资、自我改造、自我发展的新机制。

第四，把国有企业改革与国有经济布局的战略性调整结合起来，做大做强一批大公司、大集团。以具有竞争优势的国有骨干企业为核心，横向收购兼并，纵向延伸产业链，对外引进国内外一流企业，加快整合壮大进程。龙煤集团是全国第一家通过配套改革而组建起来的煤炭产业集团，是在整合原4户（鸡西矿业集团、鹤岗矿业集团、双鸭山矿业集团、七台河精煤矿业集团）出资企业优良资产组建的统一销售、统一采购、统一价格、统一结算、年产原煤近亿吨的大型煤炭企业集团。哈啤在并购黑龙江省内外大批企业、形成年产150万吨规模、进入全国前列基础上，通过股权转让，引发了世界第一（美国AB公司）、第二（南非的SAB）两大啤酒厂商在香港股市的激烈争夺，最终被AB公司以57亿元收购，被列为中国十大并购案的第三家。哈药集团是中国第一家实行分拆上市的公司，在整合并购一大批黑龙江省内企业同时，又溢价33%引进世界著名的投资基金20.4亿元，技术改造和投资能力都大大增强。

第五，把挖掘企业、地方潜力与综合运用东北振兴政策结合起来，筹集改革成本。对于筹集和支付改革成本，摸索出了一套办法：(1)调整政策降一块。凡保留国有股的，上岗职工不发经济补偿金，不具备条件的企业，不实行内部退养政策。(2)各级政府补一块。2004年，中央、省、市、县政府支付社保试点匹配资金43亿元。(3)分期支付缓一块。凡国有股存在的，或者国有彻底退出后需用土地等国有资产和财政税收返还、和解银行不良贷款等政策支付改革成本的，将政策收益、增加的资产交给企业，由企业逐年支付经常性改革成本。(4)资本运营筹一块。通过整合优良资产，增强市场竞争力，回购股权债权增加净资产，然后在溢价出售国有股权等资本运营措施，筹集一部分改革成本。(5)各方分担凑一块。通过政府、投资商、债权人和其他出资人共同分担一块，消化改革成本，达到多赢目的。(6)资产变现出一块。通过土地评估入账、债务和解等措施，使企业净资产增加，然后变现支付改革成本。

第六，把开展思想政治工作、解决实际问题与强化法治结合起来，保持企业和社会稳定。面对多数改制企业出现群体性事件且信访大幅度增加（仅黑龙江省国资委就接访1.1万人次）的状况，坚持“力争不出事，准备出事，但要防止出大事，出了事能控制住”的原则，严格按政策落实职工的安置补偿；实行阳光操作，改制全过程都向群众公开；对因腐败问题引发的群体性事件，进行了专案查处，并向职工通报结果；建立信访听证制度，变“上访”为“下访”，通过信访听证联席会议解决老大难案件；对非法煽动者及时训诫，对犯罪分子依法制裁。

第七，规范国有企业改制，严防国有资产流失。国企改革之初，就提出了“五必须”、“五不准”的要求，即改革必须开放式招商，大型企业原则上不准搞MBO；必须多伙伴选择、多方案比较，不准搞“一对一”谈判；必须进入市场公开交易，不准搞暗箱操作；必须进行清产核资、审计评估，特别是评出无形资产，家底不清的不准产权交易；改制和职工安置方案必须经过职代会讨论审议，职工没有得到妥善安置的不准改制。

五、黑龙江省国资委监管企业主辅分离辅业改制情况

（一）分离企业办社会工作

第一，分离省属企业办中小学校。截至2003年12月31日，黑龙江省属企业共有中小学校220所（不含森工、农垦总局所属的学校）。2004年计划完成13户省属企业办中小学的分离移交工作。截至2004年12月31日，佳木斯纸业集团、北满特殊钢有限责任公司、龙涤集团、西林钢铁集团、黑龙江纸业集团、哈尔滨亚麻厂、黑龙江石油化工厂7户企业的16所中小学

已经正式移交地方政府管理。鸡西矿业集团、鹤岗矿业集团、双鸭山矿业集团、七台河精煤矿业集团等6户企业的107所中小学,已经签订了交接协议。黑龙江省属企业220所中小学已移交地方176所,占总数的80%,移交地方教职工9360多人。此外,黑龙江省地方所属企业2003年末,共有企业办中小学91所,2004年共移交地方56所,占应移交中小学总数的62%。

第二,分离中央企业的办社会职能。哈尔滨铁路局所属中小学占铁道部所属中小学总数的11.5%,教职工占19.5%。截至2004年9月30日,分离哈尔滨铁路局教育、医疗机构的工作全部结束。总计分离中小学校90所,移交到地方教职工6345人;分离医院21所,移交人员6136人。除此之外,还协助中石油和中石化完成了其在大庆的企办中小学、公安机构的移交工作,共向大庆地方移交了125所中小学和公安机构,移交人员15244人。

第三,推进地方企业分离办社会职能。为指导推进各市(地)分离企业办社会工作,下发了《关于进一步抓好国有企业分离办社会和主辅分离辅业改制工作的通知》,印发了《黑龙江省国有大中型企业办社会职能情况调查表》,对各市(地)国有企业尚未分离的企业自办中小学和公、检、法机构等办社会情况进行了全面的摸底。各市(地)政府也加大了所属企业分离办社会工作的力度。哈尔滨市对市属国有企业自办的全日制中小学校进行分离。截至2004年12月31日,哈尔滨市已完成了松江电机厂、哈尔滨量具刃具有限公司等企业7所学校和部分企业办公安机构的移交工作。正在做哈尔滨轴承厂、哈尔滨水泥厂等11户企业的21所中小学移交的前期准备工作。同时还对部分企业办医院、供水、供电、供热等情况进行了摸底调查,制订了工作方案。

(二)主辅分离辅业改制工作

2004年,黑龙江省国资委批复了鸡西矿业集团、鹤岗矿业集团、双鸭山矿业集团、七台河精煤矿业集团、西林钢铁集团和黑龙江航运集团6户企业的主辅分离、辅业改制方案,方案涉及145个辅业单位,涉及资产43.3亿元,涉及辅业职工5万余名,分别占黑龙江省属企业分离任务的72%、42.6%和70.8%。截至2004年12月31日,结束改制的辅业单位66个,资产13.5亿元,分流人员13686人,另有49个辅业单位已经进入分离工作程序,正在加紧推进。地方国有企业有主辅分离、辅业改制任务的企业共100户,已经完成和正在进行改制的51户,实施主辅分离、辅业改制面达51%。

(三)社保并轨工作

黑龙江省是国有企业下岗职工基本生活保障向失业保险并轨(以下简称并轨)的试点省份。2004年,黑龙江省国资委按照黑龙江省社保并轨试点办公室的要求成立偿债工作组,制订出台了《黑龙江省国有企业偿还拖欠并轨人员债务实施意见》,组织出资企业参加了黑龙江省社保并轨培训班,对偿还并轨人员债务情况作了详细的调查。黑龙江省(含森工、农垦)共有涉债并轨人员81万人,债务总额93亿元,其中,拖欠工资占37.2%,拖欠保险费占38.6%。重点推进了出资企业的并轨工作,积极帮助企业想办法,协调有关部门,解决企业的实际问题。截至2004年12月31日,黑龙江省共有68.2万名下岗职工顺利实现并轨。其中,黑龙江省属企业并轨43525人,发放经济补偿金5.1亿元,黑龙江省国资委出资企业(包括代管并轨工作的企业)并轨42901人,发放经济补偿金5.06亿元。

六、黑龙江省国资委监管企业重组与企业领导人管理情况

(一)出资企业重组情况

1. 黑龙江龙煤矿业集团有限责任公司的组建。黑龙江省委、省政府审时度势,抢抓国家振兴东北老工业基地和近几年煤炭市场形势好转的有利时机,本着整合优势资源、建设黑龙江省煤炭能源基地、力争跻身全国13个国有控股的煤炭产业集团的目的,决定将鸡西矿业集团有限责任公司、鹤岗矿业集团有限责任公司、双鸭山矿业集团有限责任公司、七台河矿业精煤(集团)有限责任公司4户出资企业优良资产进行重组整合,组建一个统一销售、统一采购、统一结

算年产原煤近一亿吨的大型煤炭企业集团。龙煤集团于2004年12月25日正式组建,目前运营良好。

2. 东北特钢北满特殊钢有限责任公司的组建。2004年9月23日,由辽宁特钢集团与黑龙江北满特殊钢集团重组改制而成的东北特殊钢集团有限公司在大连正式挂牌成立。这是国家实施东北等地区老工业基地振兴战略以来第一家跨省重组的大型企业。集团重组后,实现了统一采购、统一销售、统一财务、统一价格、统一信息,大大降低了管理成本,提高了集团统一应对市场竞争的能力,使两地三家企业从竞争转变为资源共享,达到互通有无、整合资源、一致对外、共谋发展的多赢目的。集团重组产生巨大的经济效益,使北满特钢真正走出困境,实现轻装上阵,步入跨跃式发展的快车道。2003年北满特钢全年只产钢6.6万吨,2004年实现产钢40万吨,是2003年产量的6倍。

(二)企业领导人员管理情况

2004年,黑龙江省国资委党委结合新的国资监管体制要求,积极探索新形势下国有企业领导人员管理工作新机制、新办法,大力实践党管干部原则与市场化选聘企业经营者机制相结合的选人用人机制。制订出台了《关于省管企业管理的中层行政管理人员选拔任用工作的意见》、《关于省管企业领导人员任职年龄的有关规定》、《关于严禁突击提拔和调整企业分离办社会单位领导人员的紧急通知》、《关于在企业改制期间严禁突击提拔企业中层领导人员的紧急通知》4个文件。完成了11户出资企业领导班子的年度考核和改制重组企业领导班子的调整工作。向东北特钢集团公司、北钢集团公司、哈麻集团派出了董事、监事及经营者。按照公平、公正、公开、竞争择优的原则,面向国内外公开招聘龙煤集团高级管理人员,共有106人报名,经过笔试、面试、业绩考核和组织考察的层层筛选,最终选聘了7名政治素质高、业务能力强、经营业绩好的高管人员进入集团最高决策层。

七、黑龙江省国资委监管企业建立和完善经营业绩考核体系的情况

2004年,黑龙江省国资委以建立出资企业激励与约束机制、落实国有资产经营责任为目标,制订出台了《黑龙江省省管企业负责人年度经营业绩考核办法(试行)》,将业绩考核结果与企业负责人奖惩挂钩,建立了省管企业业绩考核制度。《办法》明确了省管企业负责人年度经营业绩考核的原则、考核内容和考核程序,强化了监督检查手段和渠道,落实了以年薪制为主要内容的考核奖惩措施。《办法》充分体现了以经营业绩考核为核心的四个结合:一是经营业绩考核与薪酬制度改革相结合;二是定量考核与定性考核、业绩考核与素质考核、上级考核与民意测评相结合;三是奖励与惩罚相结合;四是考绩、考廉与考察企业领导班子、领导干部相结合。企业负责人年薪由三个部分组成,即体现人力资本价值的基本年薪;与全国同行业横向比较,根据企业绩效评价结果确定的绩效年薪;与企业自己过去纵向比较,根据利润增长情况确定的奖励年薪。

(撰稿人:高守国)

上海市

一、上海市国有资产监督管理工作综述

2004年,是深入国资国企改革的重要一年。在中央的统一部署和上海市委、市政府的领导下,上海国资国企改革工作紧紧围绕“两个加快”,即:加快调整国资布局和结构、加快推进国企改革和重组。国资监管体制创新取得了新突破,国有经济布局和结构调整取得新成效。

据统计,截至2004年底,全市国有资产总量达6888.75亿元。其中经营性国有资产5116.97亿元,占全市国有资产总量的74.3%;非经营性国有资产1771.78亿元,占全市国有资产总量的25.7%。市属国有资产与区县属国有资产分别达到4770.03亿元和2118.72亿元,比重为69.2%和30.8%。

国有资产的产业分布:至2004年底,第一、第二和第三产业中国有资产占本市企业国有资产总量的比重分别为1%、28.6%和70.4%。

国有资产的企业组织形式分布:从国有企业户数来看,至2004年底,全市国有及国有控股企业9829户。其中:国有独资3753户,比上年减少1002户。占全市国有企业总户数的38.0%;多元投资主体的国有企业为6076户,比上年增加20户,占全市国有企业总数的62.0%。

国有资产的企业规模分布:至2004年底,大型、中型、小型国有企业单户平均占有国有资产分别达到12.88亿元、1.67亿元、0.33亿元。从国有企业户数结构来看,全市国有企业中大型、中型、小型国有企业分别达到330户、1206户、8293户,占到全市国有企业总户数的3.4%、12.3%和84.3%。

年内,上海市政府明确由市国资委履行出资人职责的单位共75家,国有资产总量占市属国有资产总量的63%。其中,由市国资委出资并监管的单位43家,市国资委监管的单位12家,市国资委出资、委托监管的单位20家。今后国资委履行出资人职责的单位增加、减少或名称变更,市政府授权国资委随时予以公布。

二、明确国资调整的目标和原则

2004年3月,市委、市政府联合召开全市国资国企改革工作会议,明确了新一轮国资国企改革的总体目标和基本原则。即:将深化国资国企改革同更好地发挥国有经济的主导作用结合起来、同大力发展“两个经济”结合起来、同全面提升上海经济的能量和能级结合起来、同切实增强国有企业的创新能力结合起来、同培育要素市场结合起来,科学规范、积极稳妥地推进改革,争取在2～3年内,基本形成权利、义务、责任相统一,管资产和管人、管事相结合的国有资产监管体系;基本形成国有资本有进有退、能进能退、有序流动的体制和机制;基本形成国资、民资、外资共融共进的混合所有制经济发展新格局;基本形成与完善社会主义市场经济体制相适应的国有企业管理体制和经营体制。

三、加快推进控股公司层面改革

2004年,上海市国资委以股份制作为公有制的主要实现形式,大力发展混合所有制,从不同行业、不同企业的发展现状出发,坚持一司一策、多种模式、积极稳妥推进改革。

电气集团重组。以62亿元优质资产吸纳社会资本近28亿元,组建了混合所有制的上海电气集团有限公司。同时,成立了上海电气资产管理有限公司,对未进入新企业的存续企业进行整合。为发展现代装备制造业和集团的进一步改革迈出了第一步。年内,集团实现净利润比上年同比增长100%,存续企业通过资源整合,平衡了改革成本,人员、债务等历史遗留问题也得到了有效解决。

农工商集团重组。改制重组后的农工商集团由大盛公司、国资经营公司、申能集团、上海国际集团、上实集团、久事公司等6家股东单位出资组成,进一步完善了法人治理结构。为农工商集团成为国家级的农业现代化的龙头企业集团打下了良好的基础,重组后集团利润同比增长30%以上。

轻工集团“放小”。打破行业内整合的限制,发挥市、区两个积极性。22家子公司,388户企业,88亿元总资产整建制下放6个区县。实现控股公司改革与区县“一业特强”战略的融合,支持有品牌、有技术、有潜力、有市场的企业做优做强。

电科所改制。市国资委将所持电科所的全部权益,转让给上海电科创业投资有限公司等5家单位,构建科研开发和投资管理并举的科技投资型产业集团。

上汽集团核心资产重组。独家发起成立汽车集团股份有限公司,以整车、零部件、服务贸易和自主开发为四大核心业务板块,为转换机制、做大规模、做响品牌奠定了基础。

国际港务集团整体改制。由5家单位发起设立股份有限公司,以上海建设国际航运中心为契机,努力成为具有国际竞争力的、世界性的跨国码头经营和管理企业。

城投“1+3”城市基础设施投融资体制改革、园林集团划归建工集团全面管理都已基本完成。

四、加强国资监管制度建设

2004年,上海市国资委着眼于国资国企改革的目标和原则，按照出资人职责，先后制发了《上海市国有资产营运机构投资监督管理暂行办法》、《关于进一步推进本市国有中小企业改制重组的指导意见》、《关于市国资委出资监管企业领导人员薪酬分配制度改革的试行意见》、《关于进一步坚持和完善国有企业改制工作民主程序的若干意见》等一系列制度规范，不断完善国资监管体制的法制框架。

五、探索国资监管方式的创新

在国有企业改制中，加强监管，重点把好"五道关"：一是规范的决策程序关，确保决策过程公开透明，决策程序规范有效，决策的结果科学合理。市委、市政府决策主要是把方向，定原则；市国资委按有关规定，履行出资人职责，对出资监管单位改革重组提出具体实施方案；企业董事会按照《公司法》等法律法规审议决定相关事项。二是清产核资关和审计关。在企业清产核资中，坚持从实、从全、从严的原则，并加强对企业财务决算的独立委托审计，对于企业经济责任审计或领导人员离任审计中发现的问题，限期整改。三是科学的资产评估关，改评估项目立项确认审批制度为核准和备案制，实施招投标制度，公开、择优选择评估机构。遵循国际通行的评估准则，有利于上海的企业跨出国门。四是公开的产权交易关，国有产权的交易必须要公开、公平、公正，提高市场透明度，让市场发现价格、决定价格。五是公平分配关，在深化国资国企改革中，必须把经营责任落实到人，形成收入与责任、风险、经营业绩直接挂钩的激励约束机制。

完善以战略、预算、契约三大管理为支撑的监管体系，11 家试点企业开展了国资经营预算，推进产权代表薪酬考核制度改革。完善法人治理结构，在重组、改制企业实行外派专职董事制度，规范监事会日常管理。建立出资监管企业法律顾问制度，提高企业防范经营风险的能力。成立稽查中心，探索建立纪检、监察、稽查的联动机制，建立以财务决算报表为核心的年度报告体系。配合出资人职责到位，推进资产评估政会分离，评估项目由确认制转变为核准备案制。转变工作方式和程序，依据 ERP 管理模式，梳理内部业务流程和部门职能。

六、加强社会事业性国有资产管理

2004 年，上海市属宣传文化国有资产整体实施委托监管，上海新华发行集团有限公司实施投资主体多元化改制，是全国新华发行系统单位实施混合所有制改革的第一家；上海电影集团、上海印刷（集团）有限公司和上海世纪出版集团改革稳步推进。制订卫生系统管办分离改革方案。研究制订上海市转制科研机构深化产权制度改革若干意见。推进高校布局结构调整。参与司法体制和市容环卫体制改革，组建上海申岳企业发展（集团）有限公司、上海市容环境（集团）有限公司。参与组建上海世博（集团）有限公司和国家汽车检测中心（上海）。上海市属行政事业性国有资产委托监管覆盖面继续扩大。

七、积极推动上海产权交易市场的健康发展

2004 年，上海产权交易市场通过整合资源，积极发挥产权市场资源优化配置、信息集散、价格发现、资本融资等服务功能。全年累计成交各类产权 5155 宗，交易总量 3612.35 亿元，同比增长 11.35%。上海联合产权交易所已被指定为中央国有企业产权交易试点机构之一。为进一步规范产权交易行为，促进产权市场的健康发展，上海市政府颁发了《上海市产权交易市场管理办法》。

规范、创新和服务促进了上海产权交易市场的发展，各类产权在流动中体现了价值，在流动中实现了增值，在流动中达到了资源优化配置。据统计，2004 年，通过产权交易市场带动的增量投资超过 500 亿元；通过国有产权流动带动其他所有制产权交易总量累计 1348.17 亿元；本市产权流动带动了异地产权的流动，中央企业项目交易金额达 223.16 亿元，外资与异地产权交易金额突破 600 亿元；有形资产带动无形资产的流动，技术产权类交易金额 979.94 亿元。

（撰稿人：陈　洁）

江苏省

一、江苏省国有资产监督管理工作综述

2004年,江苏省国有资产监督管理工作实现了良好开局,取得了明显成效:全省国有企业抢抓机遇,开拓创新,为全省“两个率先”作出了新贡献。2004年底,全省国有及国有控股工业企业1141户,占独立核算工业企业的4.2%,净资产2161亿元,占29%;实现利润233.4亿元,占21%;上缴税金293亿元,占35.3%。国有企业效益进一步提高,活力进一步增强,国有经济在国民经济中继续发挥重要支撑作用。省属企业同样呈现出销售收入快速增长、实现利润大幅提高、资产质量不断改善的良好态势。2004年,省属企业资产总额2300.68亿元,实现销售收入1068.45亿元,实现利润51.17亿元,分别比上年增长16.5%、22.7%和21.8%。

(一)推进国有企业改革重组,抓好政府部门直属企业改制脱钩

加快推进企业改革。各地坚持解放思想,因地制宜,因企制宜,大力推进产权制度改革。苏州市把国有企业改革和市区工业布局调整结合起来,在企业改制时实施易地搬迁、“退城进区”,一方面利用级差地租筹措改革成本,另一方面使改制企业获得更大的发展空间。镇江市把引进战略投资者作为重点骨干企业改制的前提条件,要求合作伙伴首期投入不少于1亿元人民币或1000万美元。省属企业股份制改造步伐加快。至2004年底,省属企业所属1300多户子公司,有60%实现了产权多元化。省农垦集团公司的二产、三产企业有23户,其中16户完成了改制,安置职工近1万人。

加大企业重组力度。各地在大力利用民资、外资改组国有企业的同时,积极吸引省内外国有大型、特大型企业参与地方企业的重组改造。中国电子信息产业集团公司(CEC)出资1.2亿元重组南京720厂、772厂,南京中央商场股份有限公司对徐州市百货大楼实施承债式重组等项目,都取得了很好的效果。省属企业重组有了突破性进展。江苏交通控股有限公司与江苏交通产业集团有限公司的合并重组顺利实施。通过改革重组,省级国有资本的集中度进一步提高,排名前10位省属企业的资产总量占全部省属企业资产总量的81.1%,比上年增加8.2个百分点。

组织实施省有关厅局直属企业改制脱钩。至2004年底,66户省有关厅局直属企业,除6户企业因有特殊情况保留外,其余60户企业全部与主管厅局脱钩,其中整体改制22户,清理注销15户,移交重组23户。中央和省委、省政府多年来关于政企分开的要求,在省级机关得到了落实。

(二)规范国有企业改制和企业国有产权转让,维护国家利益和职工合法权益

规范国有企业改制。省国资委根据国家有关规定,起草了《关于规范国有企业改制工作的通知》,经省政府同意,以省政府办公厅文件印发。召开了全省国有企业改革工作座谈会,指导各地按照中央和省委、省政府确定的方针政策深化国有企业改革,规范改制,阳光操作。研究制订了《关于规范省属国有企业改制工作的实施意见》,举办了企业改制业务培训班,深入企业对职工宣讲改制政策,与企业一起研究解决改制中的问题。根据省委、省政府领导指示,对相关地区和单位的改制情况进行调查,提出指导意见。各市认真执行国家和省有关政策规定,规范企业改制行为。扬州市企业改制方案从制订到批准要过五道关,镇江市在资产处置上建立了五级审核、三级承诺制度。

规范国有产权转让。省国资委制订了《省属企业国有产权转让监督管理实施意见》、《省属企业国有产权交易规程》,印发了《关于企业国有资产评估管理有关问题的通知》,并认真抓好落实。为规范资产评估行为、提高资产评估质量,公开选择15家中介机构作为省属企业国有资产评估机构;成立国有资产评估专家库,对企业重大资产评估项目建立了专家评审制度。从全省39家产权交易机构中,确定13家从事企业国有产权交易。按照国务院国资委等四部委的通

知要求，会同省有关部门组成检查组，对全省13个省辖市、省属企业的改制和产权转让项目及有关产权交易机构进行检查，既注意总结基层的创造性实践，推广好的做法和经验，又及时指出检查中发现的问题，纠正违规行为。

维护职工合法权益。在国有企业改革过程中，各市和省属企业认真落实职工的知情权、参与权、监督权，企业改制方案经过职工大会或职代会审议，职工安置方案经过职工大会或职代会审议通过，财务审计和资产评估结果进行公示。高度重视做好职工的思想政治工作，千方百计筹措改革成本，按照规定调整劳动关系。高度重视职工群众信访问题。省和各市都成立了国有企业改制问题工作小组，省国资委和省属企业还分别成立了处理群体性事件工作小组，建立了相关规章制度，做好信访接待工作。2004年5～12月，省国资委共受理群众来信来访775批(件)，其中来访202批、1093人次，平均每月25批、137人次。

(三)全面开展清产核资，加强财务监督和投资管理

组织省属企业开展清产核资。为摸清企业家底，核实资产质量和国有资本金底数，公开选择30家会计师事务所，组织省属企业开展清产核资。省国资委和省属企业密切配合、共同努力，到2005年2月底，全面完成了清产核资各项工作。42户省属企业及1130户子公司共清查处理各类资产(资金)净损失45.5亿元，其中资产(资金)损失65.3亿元、资产盘盈(收益)19.8亿元。以10个月的时间，完成了近2000亿元资产的清产核资任务。

强化财务监督。改进审计委托方式，加强企业财务决算管理，对省国信集团公司、省农垦集团公司等17户省属企业的年度财务决算审计，统一委托会计师事务所进行。建立了省属企业财务月报制度，加强对企业财务状况和国有资本运营情况的分析监测。召开了省属企业防范财务风险座谈会，推动企业对投资、筹资、应收款项、担保、关联交易等5个重点环节加强风险防范。建立企业国有资本保值增值考核确认制度，制订了《企业国有资本保值增值结果确认暂行办法》。加强已核销不良资产处置，提高处置效益，对经批准核销的不良资产实行集中管理，公开选聘有实力、有资信、有不良资产处置经验的企业，负责省属企业已核销不良资产的管理和追索。

规范企业重大投资行为。针对有关省属企业在委托理财中连续出现重大损失和财务风险的问题，发出了《关于禁止省属企业委托理财的紧急通知》，对委托理财情况进行清理。经省政府同意，制订了《关于加强省属企业投资监督管理的若干意见》，建立了企业重大投资项目报告备案制度。省属企业向省国资委报告企业领导班子集体讨论意见和可行性论证情况，省国资委对企业重大投资项目实行备案管理。成立投资与规划委员会，对备案管理中的少数重大投资项目，由投资与规划委员会组织专家进行论证，并将论证结果反馈给企业，由企业自主决策。2004年，有15户省属企业向省国资委报告备案了37个重大投资项目。在规范企业重大投资行为的同时，积极引导企业加快发展、科学发展。举办了省属企业科学发展论坛，组织省内外有关专家和省属企业共同探讨加快发展的新思路，引导企业贯彻落实科学发展观，谋划加快发展的新举措。

加强监事会工作。省国资委面向社会公开招录8名专职监事，加强了监事会力量，将监事会派驻范围扩大到15户企业。派驻监事会企业的资产总额、利润总额分别占省属企业的83%和78%。进一步完善监事会工作，在实施财务监督的同时，强化国有资产监督，实行了事前、事中、事后的全过程监督。制订了《省属国有企业监事会与企业交换意见暂行办法》、《监事会成员行为规范》等规章制度。较好地运用了监事会监督检查成果。2004年，监事会向省国资委提交7份专题报告、10份财务监督检查报告。对企业经营管理中存在的内控制度不严、会计信息失真、国有资产流失等问题，监事会及时与企业领导班子交换意见，提出整改建议。省属企业充分尊重监事会意见，制订整改措施，认真进行整改。

(四)创新国有企业领导人员管理机制，建立企业领导人员经营业绩考核和薪酬管理制度

探索建立企业经营管理者市场化选拔任用机制。坚持党管干部原则与市场化选聘方法相结合，面向市场公开选聘政治上靠得住、发展上有本事、作风上过得硬，市场认可、出资人认可、职工群众认可的经营管理者。面向全省公开招聘了省丝绸集团公司、省开元国际集团公司、省纺织集团公司、省盐业集团公司的5名副总经理；采用公推公选的办法，选拔任用了禄口机场3名副总经理。

优化企业董事会成员结构。在省国信集团公司、省农垦集团公司开展建立外部董事制度试点，聘请6名电力、金融、法律、现代农业和重大项目投资管理等方面的专家担任外部董事，与企业内部董事地位平等，享有同等的权力，参与企业董事会决策。针对省属企业董事会中职工董事缺额较多的状况，督促企业依法推选职工董事，17户应配备职工董事的企业全部推选了职工董事。

建立企业主要领导人员经营业绩考核和薪酬管理制度。参照中央企业经营业绩考核办法和兄弟省市的做法，在深入调研、反复测算并广泛征求企业和有关部门意见的基础上，制订了省属企业主要领导人员经营业绩考核指标体系和考核办法，经省政府批准，以省政府办公厅文件印发，在10户试点企业实施。省国资委与有关企业主要领导人员签订了经营业绩考核责任书。对10户试点企业以外的省属企业，逐户落实过渡考核办法。制订了省属企业主要领导人员的薪酬管理办法。企业主要领导人员的薪酬与经营业绩挂钩，实行基薪与绩效薪相结合。企业其他领导人员的薪酬，在确定的系数区间内，由企业董事会研究决定。为做好企业领导人员薪酬管理工作，成立了企业领导人员经营业绩考核与薪酬管理委员会，研究经营业绩考核和薪酬管理中的重大问题。根据劳动工资管理政策，做好省属企业工资总额管理工作。

(五)组织实施“三项工程”，企业党组织发挥了政治核心作用

实施“强基工程”，加强企业基层党组织建设。召开省属企业纪念建党83周年座谈会，总结交流企业党建工作经验。研究制订了《关于加强和改进省属企业党建工作的意见》。与省委组织部联合召开全省国有企业党建工作座谈会，贯彻全国国有企业领导班子思想政治建设座谈会精神，布置全省国有企业党的建设和领导班子思想政治建设工作。企业党组织发挥政治核心作用，积极探索参与企业重大问题决策的方式和途径，保证党的路线、方针、政策在企业的贯彻落实。省属企业党委把党建工作有机地融入到生产经营和管理工作中，充分发挥党支部的战斗堡垒作用和党员的先锋模范作用，推动企业深化改革，加快发展，保持稳定。

实施“灵魂工程”，加强和改进新形势下的思想政治工作。开展思想政治工作专题调研，召开省属企业思想政治工作座谈会，组织省属企业开展“树国企形象，展国企风采”主题演讲活动，省国资委和省属企业共同探索加强和改进思想政治工作的新举措。企业党组织坚持“贴近实际、贴近生活、贴近群众”的原则，不断创新思想政治工作方法和工作载体，较好地发挥了思想政治工作在统一思想、凝聚力量，释疑解惑、化解矛盾，理顺情绪、激励斗志方面的作用。

实施“阳光工程”，深化企务公开。对省属企业企务公开情况进行调研，研究制订了《关于深化省属企业企务公开工作的意见》。在江苏油田召开企务公开现场经验交流会，以先进典型引导省属企业深化企务公开。省属企业普遍建立了企务公开制度，推进了民主管理。徐州矿务集团公司不断完善企务公开的内容和方式，不断提高企务公开的质量和实效，为全国提供了新鲜经验，受到全国总工会的肯定。

(六)坚持标本兼治、综合治理，推动企业党风建设和反腐倡廉工作

学习贯彻两个《条例》，加强反腐倡廉教育。省属企业共举办两个《条例》培训班387场次，培训23911人次；组织开展“增强纪律观念、自觉接受监督”主题教育活动和多种形式的反腐倡廉教育活动。在组织学习贯彻两个《条例》期间，省属企业开展警示教育350多场次，接受教育的干部职工有2万多人次。

加强制度建设，推进源头防腐。省国资委与省属企业签订了2004年度党风廉政建设责任状。在省属企业实行个人重大事项报告、公开述职述廉、回复组织函询、建立廉政档案、廉政谈话等10多项制度。与省纪委、省监察厅联合召开省属企业党风建设和反腐倡廉工作座谈会,研究部署省属企业党风建设和反腐倡廉工作。省属企业认真落实中央纪委、省纪委的部署,以党风廉政建设责任制为"龙头",建立配套制度,推动了企业党风建设和反腐倡廉工作的深入开展。

查办经济案件,维护国家和企业利益。2004 年,省属企业纪委共收到举报信 1112 件,受理 787 件,立案调查 148 件,查结案件 142 件,给予党纪政纪处分的有 93 人,移送司法机关处理的有 22 人。通过查办经济案件,共挽回、制止和避免经济损失 15 亿元。在中央纪委和省纪委的指导下,省国资委纪委直接办理两起经济案件。

二、江苏省市(地)级国有资产监管机构组建情况

按照江苏省政府机构改革方案,江苏省 13 个省辖市中,南京市、无锡市、徐州市、常州市、苏州市、镇江市、南通市、扬州市、连云港市、淮安市、泰州市、盐城市成立国资委,宿迁市不成立国资委。盐城市国资委与盐城市财政局合署办公,泰州市国资委与泰州市经贸委合署办公。

南京市、无锡市、苏州市、镇江市、南通市、徐州市、扬州市国资委已经挂牌成立;连云港市、盐城市、泰州市、淮安市国资委的组建工作基本结束,将于近期挂牌。宿迁市经贸委内部职能已经调整到位。在江苏省国资委的督促指导下,常州市国资委的组建工作正在抓紧进行。

三、江苏省国有资产总量与结构分析

根据初步汇总的 2004 年度企业国有资产统计报表,江苏省国有及国有控股企业(非金融)占用国有资产总量为 1905.68 亿元,其中省国资委履行出资人职责企业占用国有资产总量为 632.80 亿元。

江苏省国有及国有控股企业(非金融)地区和主要行业占用国有资产情况如表 1、表 2:

表 1　2004 年地区国有资产比重情况表

地　区	国有资产总量(亿元)	占全省比重(%)
省级	697.94	36.62
南京市	375.93	19.73
苏州市	251.51	13.20
无锡市	157.36	8.26
常州市	76.86	4.03
南通市	69.07	3.62
镇江市	66.67	3.50
连云港市	57.31	3.01
扬州市	41.58	2.18
泰州市	25.56	1.34
徐州市	24.06	1.26
常熟市	23.93	1.26
盐城市	20.50	1.08
宿迁市	13.95	0.73
淮安市	3.43	0.18

表 2　2004 年主要行业国有资产比重情况表

行　业	国有资产总量(亿元)	占全省比重(%)
工业	587.92	30.96
社会服务业	565.10	29.65
交通运输仓储业	289.35	15.19
房地产业	116.48	6.11
金融业	92.78	4.87
批发和零售、餐饮业	92.38	4.85
建筑业	69.76	3.66
教育文化广播业	40.86	2.14
农、林、牧、渔业	20.06	1.05
地质勘察及水利业	18.92	0.99

四、江苏省国有资产保值增值综合分析评价

根据初步汇总的 2004 年度企业国有资产统计报表,江苏省国有及国有控股企业(非金融)年初国有资

本及权益总额1742.10亿元，年末扣除客观因素增减后的国有资本及权益总额1778.86亿元，国有资本保值增值率为102.11%。省国资委履行出资人职责企业的国有资本保值增值率为103.61%。

江苏省国有及国有控股企业(非金融)地区和行业国有资本保值增值情况如表3：

表3 2004年地区和行业国有资本保值增值情况表

地　区	国有资本保值增值率(%)	行　业	国有资本保值增值率(%)
宿迁市	136.60	卫生体育福利业	111.35
常熟市	105.56	教育文化广播业	108.33
无锡市	105.18	建筑业	107.77
徐州市	103.57	金融业	106.61
省级	102.96	房地产业	105.29
南通市	102.83	批发和零售、餐饮业	104.82
连云港市	102.52	农、林、牧、渔业	103.25
扬州市	101.46	社会服务业	101.93
苏州市	101.12	工业	100.77
南京市	100.34	信息技术服务业	100.44
常州市	100.14	机关社团及其他	100.07
盐城市	98.96	交通运输仓储业	99.99
镇江市	97.85	科学研究和技术服务业	99.22
泰州市	96.76	地质勘察及水利业	96.30
淮安市	92.10		

五、江苏省国资委监管企业国有产权管理制度改革情况

2004年，江苏省产权管理工作以认真贯彻国家有关规范企业国有产权管理的政策为抓手，以制度建设为主线，以规范产权转让为核心，不断推进现代产权制度建设，不断规范国有产权转让，逐步建立起企业国有产权监督管理的新机制。

(一)建立规范的产权转让制度

为全面规范省属企业国有产权转让行为和具体交易程序，落实《企业国有产权转让管理暂行办法》(国务院国资委、财政部第3号令)，及时出台了《江苏省省属企业国有产权转让监督管理实施意见》、《江苏省省属企业国有产权交易规程》，明确要求企业国有产权转让，要在省级报刊《新华日报》上刊登公告。操作上除了必须符合3号令的规范要求外，还要求将企业资产状况在企业内部公示7个工作日，接受企业职工监督；将产权交易结果向社会公示5个工作日，接受社会监督。印发了《关于企业国有资产评估管理有关问题的通知》，重申了应当进行国有资产评估的事项，从事企业国有资产评估业务的中介机构必须具备的条件，以及评估业务的规范操作和时间要求等。

(二)认真落实3号令的具体要求

通过多种形式贯彻执行3号令，及时纠正以往许多不规范的做法，将各项要求落实到位。一方面，结合国务院国资委等四部委的联合检查，对全省的企业改制和产权转让工作，进行了全面的政策宣传和自查自纠工作。另一方面，通过对国务院国资委、国家有对落实3号令，对增强规范转让国有产权的认识起到了积极作用。

(三)明确资产评估和产权交易机构

为保证国有资产评估质量，防止国有资产流失，保证企业国有资产评估项目和产权转让行为的公开透明、公正规范，对从事资产评估业务的中介机构，以及全省产权交易机构进行了综合评审，由各所进行申报，省国资委审核，公开选择了符合条件的15家中介机构，从事2004～2006年度省属企业国有资产重大项目评估业务；13家产权交易机构，从事省内企业国有产权交易业务，明确要求全省各级各类企业国有产权转让交易，必须到上述产权交易机构进行交易。一年来各产权交易机构基本上能按照要求规范操作，手续完备，档案完整，材料齐全，出具的有关材料符合规定，对出让方提出的受让条件按照公正、公平的原则严格把关，杜绝为某一受让方设置专属性条款，促进了公平交易环境的形成。对在产权交易中符合招投标或竞标条件的项目，严格组织评标或竞标，以保证产权交易行为的规范。

(四)建立资产评估项目专家评审和机构招投标制度

明确对总资产超过2亿元,或净资产超过5000万元,以及大型国有及国有控股企业实际控制权发生变化的资产评估项目,在进行核准、备案前必须经过专家评审。对由省国资委委托的资产评估项目,通过招投标的办法选聘评估机构,在全省各机构和主管部门内选择专家,建立了资产评估专家库,从而较好地保证了资产评估工作质量,保障了资产评估工作的公开、公平、公正。

六、江苏省国资委监管企业主辅分离辅业改制情况

2004年,江苏省认真贯彻执行国家关于国有大中型企业主辅分离、辅业改制、分流安置富余人员的战略部署,国资、劳动、财政、税务等有关部门密切配合,采取切实可行的措施,把各项配套政策落到实处,努力推动国有大中型企业主辅分离、辅业改制工作向纵深发展。

(一)总体进展情况

江苏省在总结近几年国有企业改制分流、实施再就业工程经验的基础上,根据《关于国有大中型企业主辅分离辅业改制分流安置富余人员的实施办法》(国经贸企改[2002]859号)及相关配套文件的精神,积极优化企业组织结构,精干壮大主业、放开搞活辅业,在进一步增强国有大中型企业竞争力的同时,实现减员增效与促进再就业的有机结合。据不完全统计,截至2004年底,全省共有46户国有大中型企业实施了主辅分离、辅业改制,创办法人经济实体146户,分流安置人员24300多人,享受税收减免金额1400多万元。

(二)主要做法

一是把主辅分离与深化国有大中型企业改革相结合。江苏始终坚持把主辅分离改制分流工作与深化国有大中型企业改革紧密结合,作为提高国有企业核心竞争力、创造企业改革发展良好环境的重要战略措施。在辅业单位的改革中,努力实现与母体从经营型分离向制度型分离的战略转变,逐步建立起适应市场经济环境的组织体制和运营机制。在对企业主辅分离、辅业改制总体方案联审时,省国资委等有关部门严格按国务院国资委等四部门《关于进一步明确国有大中型企业主辅分离辅业改制有关问题的通知》(国资分配[2003]21号)的要求执行,已实施分离改制的辅业单位全部符合规定范围。

二是把主辅分离与建立现代企业制度相结合。江苏在主辅分离的工作中,不是把辅业单位简单地从母体剥离出去,而是把分离与建立现代企业制度紧密结合。辅业单位的人员、资产从主体企业分离后,通过产权制度改革,吸引外资、民资和内部职工持股,实现产权主体多元化,组建股份制或股份合作制企业。其股权设置,则根据辅业与主业的关联程度、生存发展能力和职工心理承受能力而定。改制后的辅业单位成为责权明确的独立法人,在同行业以平等的地位参与竞争。在平等竞争的原则下,既为主业服务,又为社会服务,成为独立的市场竞争主体。

三是把主辅分离与建立新型劳动关系相结合。江苏各地在主辅分离工作中,对建立适应社会主义市场经济需要的新型劳动关系进行了积极探索,形成了一些具有较强操作性的办法。如在职工以经济补偿金入股的分流改制企业,在自愿的前提下,原始股东身份的员工与企业签订不少于三年的劳动合同,分别履行股东与员工的权利、义务。合同到期后,企业与员工双向选择;如果员工未被续聘,也可以保留股东身份。企业根据需要招聘的新员工,一般不具有股东资格,只履行员工的权利和义务;如果股东会决议同意,新员工可出资认购一定数额的企业新增股本,成为企业股东。辅业单位从主体分离、改制为国有不控股或不参股的新企业,职工与原企业解除劳动合同,按规定的标准计发经济补偿金或安置费,并与新企业建立新的劳动关系。对辅业改制企业职工的经济补偿金或安置费标准,坚持严格执行政策,既不随意开口子,也不允许扣减,从而使辅业单位的职工实现了平稳分流。

四是把主辅分离与拓宽再就业渠道相结合。各地在工作实践中,充分挖掘传统工业企业就业的潜

力,大力发展第三产业以及有比较优势和市场需求的劳动密集型产业。鼓励发展劳动就业中介服务机构,促进跨地区的劳务协作和对外劳务输出,千方百计地为下岗分流人员创造岗位和机会。逐步形成以下七种比较成熟的再就业方式:一是培植"增长点",向企业扩张要岗位;二是面向社区,向第三产业要岗位;三是组织自救,向劳服企业要岗位;四是放开搞活,向个私经济要岗位;五是政策扶持,向自谋职业要岗位;六是拓展市场,向劳务输出要岗位;七是政府兜底,向公益事业要岗位。

五是把主辅分离与必需的扶持相结合。母体企业要对分离后的辅业单位扶上马、送一程。辅业单位改制后,成为独立的法人实体,原主辅关系按照市场规则进行。在辅业改制后一定时期,母体企业按照"同等优先"的原则予以扶持,使改制辅业企业尽快融入市场,增强生存发展能力。认真落实国家主辅分离、辅业改制优惠政策,对符合免征所得税条件的辅业改制企业,各级税务部门积极办理相关免税手续。

七、江苏省国资委监管企业重组与完善法人治理结构改革进展情况

稳步推进省属企业重组。坚持因企制宜、因企施策,多种形式推进省属企业改革重组。一是促进资源优化配置型重组。为进一步做强做大国有企业,加强江苏交通基础设施建设,整合交通生产要素和人力资源,更好地发挥国有企业在交通基础设施建设、交通运输及相关产业中的主导作用,2004 年 9 月,省政府正式批准实施江苏交通控股有限公司和江苏交通产业集团有限公司合并重组,重组后的企业资产规模达 739.52 亿元。这标志着江苏省交通产业龙头企业强强联手、集中优势、做强做大战略决策的启动实施。研究制定了江苏宏图电子信息集团有限公司、江苏省信息化建设投资有限公司、江苏省创业投资有限公司 3 户企业的重组方案,2004 年 10 月已经由省属国有企业改革领导小组会议审议通过,并上报省政府等待批准实施。二是推进引入战略投资者的发展壮大型重组。在赴深圳、澳门、海口等机场调研的基础上,研究提出了南京禄口国际机场引入战略投资者和战略合作伙伴的重组方案,2004 年 8 月,省政府常务会议原则通过了重组方案。

针对规范改制后出现的新情况、新问题,创新工作思路,及时研究制订了《关于引进增量资本推进省属国有企业改革发展的意见》,鼓励省属企业实施增量型、开放式改革。通过改革重组,省级国有资本的集中度进一步提高,至 2004 年底,省属企业中排名前 10 位的企业资产总额占全部企业资产总额的 81.12%。

完善公司法人治理结构改革进展情况:江苏省国资委负责 44 户省属企业领导班子的管理工作,其中有 37 户为省属企业集团,有 7 户为省属企业集团出资的子公司。37 户省属企业集团中,按《公司法》登记,设立董事会的有 33 户,设立理事会的有 1 户;按《企业法》登记,仍然实行总经理负责制的有 3 户。在设立董事会的 33 户企业中,外派监事会的有 15 户,监管资产总额、利润总额分别占省属企业的 83% 和 78%。从 2004 年初情况看,大多数省属企业的法人治理结构不够规范,董事会不健全,人员结构不够合理。针对这一问题,江苏省国资委依照《公司法》和《企业国有资产监督管理暂行条例》的有关规定,以建立健全董事会为抓手,分步骤、分层次地推进公司法人治理结构完善工作。

一是优化董事会成员结构。2004 年 11 月,江苏省国资委在省国信集团公司、省农垦集团公司开展建立外部董事制度试点,共聘请 6 名电力、金融、法律、现代农业和重大项目投资等方面的专家担任外部董事,每户企业 3 名,外部董事与企业内部董事地位平等,享有同等的权力,参与企业董事会决策。针对省属国有企业董事会中职工董事缺额较多的情况,江苏省国资委专门下发文件,要求企业抓紧依法选配职工董事。截至 2004 年底,17 户应配备职工董事的企业全部推选了职工董事。

二是规范企业经理层领导人员的任免工作。2004 年江苏省国资委按照市场认可、出资人认可、职工群众认可的原则,面向社会公开招聘了省丝绸集团公司、省纺织集团公司、开元国际集团公司、省盐业集团公司的 5 名副总经理(副总裁);采取公开竞聘的办法,选拔任用了南京禄口国际机场公司 3 名副总经

理。这8名新的副总经理(副总裁)严格按照规范的法人治理结构要求任命,不再安排进入董事会,逐步解决董事会与经理层人员、职责高度重叠问题,以完善公司法人治理结构,形成有效的制衡机制。

三是加强外派监事会工作。2004年,江苏省国资委面向社会公开招录8名专职监事,加强了监事会力量,将监事会派驻范围扩大到15户企业。进一步调整监事会工作思路,在实施财务监督的同时,强化国有资产监督,实行事前、事中、事后监督相结合。制订了《省属国有企业监事会与企业交换意见暂行办法》、《监事会成员行为规范》等规章制度。

八、江苏省国资委监管企业建立和完善经营业绩考核体系情况

(一)结合实际制订试点办法

江苏省国资委成立后,为稳步推进经营业绩考核与薪酬管理工作,提出了"2004年择企试行,2005年全面推进,业绩考核与年薪管理同步实施"的方案,得到省政府批准。2004年,研究制订了《关于部分监管企业负责人2004年度经营业绩考核及薪酬管理的实施意见(试行)》(下称实施意见),2004年6月,省政府办公厅以苏政办发[2004]52号文件予以转发执行。

一是选择试点企业。本着"先规范、早启动"的指导思想,按照"先行试行、总结经验、全面推开"的原则,2004年在不同类别企业中选择了10户条件较好的企业先行试行,并明确通过一年的试行,从2005年起全面推行。

二是实行年度考核。鉴于是试行,旨在第一年就正式启动企业负责人业绩考核和年薪管理工作,2004年只实行年度考核,未涉及任期考核。这样做主要考虑到业绩考核工作刚刚起步,企业的清产核资工作尚未完成,2004年就对企业实行为期三年的任期考核条件尚不成熟。

三是实行业绩考核与薪酬管理相结合。江苏省实施意见涵盖了两个内容,即实行年度经营业绩考核和企业负责人年度薪酬管理办法相结合。考虑到国务院国资委对中央企业尚未出台年薪制办法,江苏省只对试行年度经营业绩考核的企业负责人同时实行年薪管理,暂不实施年薪制办法。为此实施意见将实行年薪管理的有关内容,特别是依据不同企业确定的基本薪酬标准一并予以明确,统称"企业负责人经营业绩考核及薪酬管理的实施意见"。

四是关于基本薪酬标准确定。企业负责人基本薪酬按照企业上年度净资产和营业收入的规模划分档次,共分十档,进而再确定不同档次的基薪标准。按净资产规模划分的十档应得基薪,前五档净资产为50亿元以上,后五档净资产为50亿元以下,第五档净资产部分的基薪为6.6万元,每上一档增加年薪6000元,每下一档减少年薪6000元;按营业收入规模划分的十档应得基薪,前五档营业收入为30亿元以上,后五档营业收入为30亿元以下,第五档营业收入部分的基薪为6.6万元,每上一档增加年薪6000元,每下一档减少年薪6000元。

五是关于年度薪酬管理。实施意见将企业负责人的年度薪酬分为两块,一块是按照企业上年净资产和营业收入规模划分档次设定的基本薪酬,一块是按年度业绩考核结果分级计算确定的绩效薪酬。绩效薪酬为基本薪酬的0～3倍。绩效薪酬的60%在年度考核结束后兑现,其余40%延期到2005年末兑现。实施意见规定,企业负责人按业绩考核与薪酬管理办法领取薪酬的,不得再从本企业和下属企业领取任何工资性收入或变相收入(含以实物形态支付的)。

(二)实事求是稳步试行,实施意见印发后,立即组织实施

主要抓了以下几个环节:

一是科学合理确定考核指标。年度经营业绩考核指标包括基本指标与分类指标。10家试点企业基本指标均确定为年度利润总额和净资产收益率,其权重分别为30%和40%。实施意见规定,当企业年度利润总额、净资产因客观因素变化,按照国家有关规定予以调整。

二是实事求是确定考核目标值。坚持实事求是、与企业沟通的原则确定考核指标年度目标值。先由企业提出2004年度拟完成的经营业绩考核目标建议

值,按照“不低于上年,不低于前三年平均”的原则,结合企业年度财务决算审计报告进行审核认定,在此基础上再与企业逐户沟通,最终确定各企业考核指标的年度目标值。

三是建立科学民主决策机制。为破解国企业绩考核与薪酬管理难题,推进科学决策、民主决策,成立了首个“智囊团”——企业负责人业绩考核与薪酬管理委员会。这个委员会由来自政府、人大、政协、高校、企业和中介机构的9位专家组成,主要职责是对省属企业负责人的年度和任期经营业绩考核方案、薪酬管理办法、业绩考核指标及其目标值的确定等提供咨询意见,作为决策的重要参考。

四是签订年度经营业绩责任书。2004年7月,省国资委召开专门会议,委领导与10户企业负责人签订了“2004年度经营业绩责任书”,责任书明确了省国资委与考核对象双方的责任、权利和义务,落实了考核指标及其年度目标值。

(撰稿人:许在俊)

浙江省

一、浙江省国有资产监督管理工作综述

2004年7月14日,浙江省人民政府国有资产监督管理委员会正式挂牌。组建以来,浙江省国资委在浙江省委、省政府和国务院国资委的领导下,认真贯彻执行中央和省委、省政府关于深化国有资产监管体制和国有企业改革的一系列方针政策,紧紧围绕新一轮省属国有企业改革和构建国资监管新体制“两条主线并进运行”的工作思路,组织实施“一二三四五”工程,增强紧迫感和责任感,在国资监管的各个层面迅速开展工作,取得了初步成效。据统计,2004年,25家省属企业累计实现销售收入1510亿元,比上年增长18.9%;累计实现利润101.2亿元,比上年增长18.2%;累计已上缴税金80.6亿元,比上年增长42.3%。

(一)初步建立了省级国有资产监管机构组织框架

从筹建工作开始,浙江省国资委就强调筹建人员要统一思想,牢固确立出资人意识,做到方向明、思路清、效率高。6月初,划转人员到位后,即组织开展了以“坚持科学的发展观和求真务实的政绩观,牢固确立国有资产出资人意识”为主题的集中学习教育活动,引导到位人员在思想观念上实现职责到位。在此基础上,本着“做好衔接、平稳过渡、抓好基础、突出重点”的原则,分设三个临时工作组,紧张有序地开展各项工作的衔接和处理。7月初,明确了内设机构的划分,并按各处室职责展开工作。机构正式挂牌后,一方面继续加快人员到位,另一方面按照省属国有企业改革座谈会精神,明确工作思路、重点和要求,并迅速进入实质性运转。截至2004年底,浙江省国资委内设机构和人员基本到位;出资人意识初步确立;人员之间的磨合状况良好;已制订实施《省国资委工作规则》等16个内部规章制度;国资监管工作全面铺开。

(二)积极贯彻省属国有企业改革座谈会精神

浙江省属国有企业改革座谈会后,浙江省国资委就全力以赴地抓好会议精神的贯彻落实工作,动员全委干部把思想和行动统一到会议精神上来。一是从调查研究入手,深入了解和分析企业情况,认真听取企业和部门意见,积极谋划改革方案,提出了《关于加快推进省属国有企业改革的实施意见》上报浙江省委、省政府;二是全面部署省属企业的清产核资工作。从2004年7月份开始,经过组织动员、业务培训、账务清理、资产清查、证据收集、中介审计等程序,截至2004年底,各省属企业已基本完成清产核资的主体工作。在审核中发现了资产权属不清、管理链条过长、内控制度不完善等问题;三是指导浙江国信控股集团开展引进战略投资者工作。并对引进战略投资者改制方案进行分析、比较,为浙江省委、省政府做出最终决定将浙江国信控股集团划归浙江省能源集团管理的决策提供了有关信息;四是认真实施耀江集团的整体改制和首家省属企业国有产权公开挂牌转让试点工作。通过挂牌竞价转让,耀江集团的国有资产价值增值3010万元,增值率达到15.01%,有效地实现了

国有资产保值增值和有序退出。此外,截至2004年年底,浙江省轻纺集团整体改制取得阶段性成效,省盐业集团有限公司正在有序组建,杭州萧山国际机场引进境外战略投资者的改革已经启动。上述集团的改制改组工作,为全面推进省属国有企业改革积累了宝贵的经验;五是动员和推动省属国有企业改革。2004年9月3日,以贯彻落实温家宝总理视察浙江重要讲话精神为契机,浙江省国资委召开省属企业主要领导人员会议,推动省属国有企业改革。11月17日,省政府召开了省国资委成立后第一次省属国有企业改革和省级国资监管工作会议,落实加快推进省属国有企业改革的各项部署。

(三)制订出台了部分国资监管制度

组织力量对历年来涉及国资监管的法规制度和规范性文件进行了清理,并按照急需急办原则,拟订了10多个国资监管制度。其中,按照国务院和国务院国资委、财政部3号令的规定,在广泛征求企业和部门意见的基础上,制订印发了《关于进一步规范国有企业改制工作的意见》和《关于进一步规范国有企业改制工作的实施办法》等两个规范性文件,明确了企业改制程序、相关职责和责任追究,为规范全省国有企业改制和国有产权转让提供了制度保证。同时,对19项涉及出资人的非行政许可项目上报省审改办进行了清理确认等。

(四)衔接开展了国有资产监管工作

衔接授权经营考核和年薪核定新老办法,完成了列入授权经营的杭钢、能源等22家省属企业集团2003年度经营业绩的考核。据统计,2003年列入授权经营考核的22家省属企业集团年末资产总额1576.5亿元,同比增长21.5%;年末国有净资产529.8亿元,同比增长7.7%;实现利润总额81.6亿元,同比增长52.9%;净利润32.5亿元,同比增长60.8%;平均国有资产保值增值率9.1%;净资产收益率6.4%。根据国务院国资委等部门的统一部署,开展了企业国有产权转让管理、国有企业规范改制、维护职工权益等三个专项检查工作;对省属国有企业管理费用、委托理财等情况进行专题检查,针对委托理财发现的问题,研究制订了《浙江省国有企业委托理财管理制度》,以切实防范国有资产授权经营中的营运风险,维护国有资产安全。

(五)开展了省属企业党建工作专题调研

中共浙江省委52号文件下发后,为切实履行国资委党建工作的管理职能,首先从摸情况、打基础着手,开展了对省属企业党建工作情况的专题调研,积累了第一手资料。为规范企业领导人员管理,先后拟订了省国资委党委管理的企业领导人员任免工作程序和选拔任用管理等制度,并对长广、国信控股等部分省属企业集团领导班子和领导班子成员进行了考察。按照中央和浙江省委、省政府的统一部署,督促企业排查不稳定因素,做好防止群体性上访和处理信访突出问题的工作,重点做好企业部分军转干部的思想政治工作,及时化解矛盾,切实维护了企业稳定。

二、浙江省国资委监管企业建立和完善经营业绩考核体系情况

2004年,浙江省国资委在学习国务院国资委有关《中央企业负责人经营业绩考核暂行办法》的基础上,结合浙江省国资监管工作实际,进一步完善了经营业绩考核工作。2004年,对原有的经营业绩考核办法进行了修改和完善,规范了对单挂亏损企业和单挂不良资产的考核,增设了资产负债率、遵守财经法规情况等辅助考核指标,修改了风险抵押金兑现方式。并在此基础上制订了《省级授权经营集团经营业绩考核责任书》,与监管的19家集团公司正式签订了经营业绩考核责任书。为延续原有的考核周期,其中14家集团公司考核期限为2004～2006年度,1家集团公司考核期限为2004～2005年度,4家集团公司为2004年度。

2004年,浙江省省级实行经营业绩考核的企业,均由浙江省审计厅统一委托中介机构进行年报审计和经营业绩考核专项审计。为提高审计质量,强化风险责任意识,浙江省国资委要求企业法定代表人和财务负责人对提供给会计师事务所审计的各项资料的真实性、完整性进行承诺,参与审计的会计师事务所对年度审计报告和经营业绩考核专项审计报告的真

实性、合法性、公允性进行承诺,并分别出具了承诺函。

三、浙江省国有资产总量及结构分析

(一)浙江省国有资产总量及结构分析

1. 发展趋势——企业国有资产总量继续保持稳步增长的势头,但增长的速度已较前两年有所放慢。据国资年报统计,2004年浙江省企业国有资产总量为1979.65亿元,比上年增加150.33亿元,增长率8.22%,略低于2002年的9.56%和2003年的10.05%。

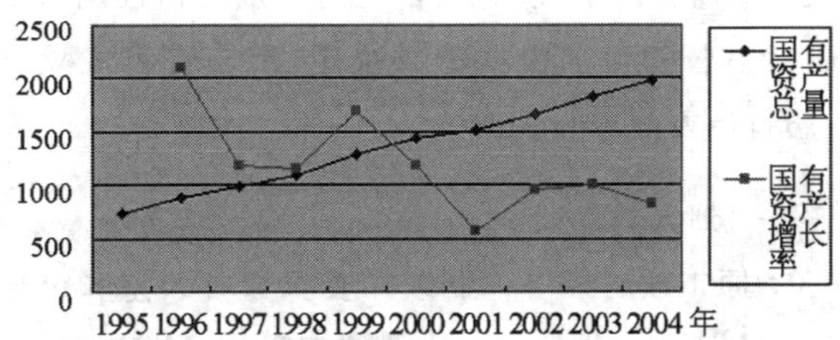

图1 1995~2004年企业国有资产总量变化情况图

2. 国有资产总量结构分析。

(1)从企业地区分布情况看,省级企业国有资产比重有所下降。2004年省级企业国有资产总量为734.70亿元,占全省37.11%,比上年下降3.76个百分点。其中,省国资监管企业国有资产总量为603.97亿元,占全省企业国有资产总量的30.51%,占省级企业国有资产总量的82.21%;省级其他企业国有资产总量为130.73亿元,占全省企业国有资产总量的6.60%。地方企业国有资产总量为1244.95亿元,占全省企业国有资产总量的62.89%。其中,宁波市以304.13亿元位居11个地市之首,杭州市以259.93亿元排在第二位,两市合计占地方企业国有资产总量45.31%,占全省企业国有资产总量28.49%。温州市、嘉兴市、绍兴市企业国有资产总量均超过100亿元,三市合计占地方企业国有资产总量45.31%,占全省企业国有资产总量29.13%。其他各市的企业国有资产总量均少于100亿元,其中,最少的为丽水市,企业国有资产总量仅为36.19亿元。

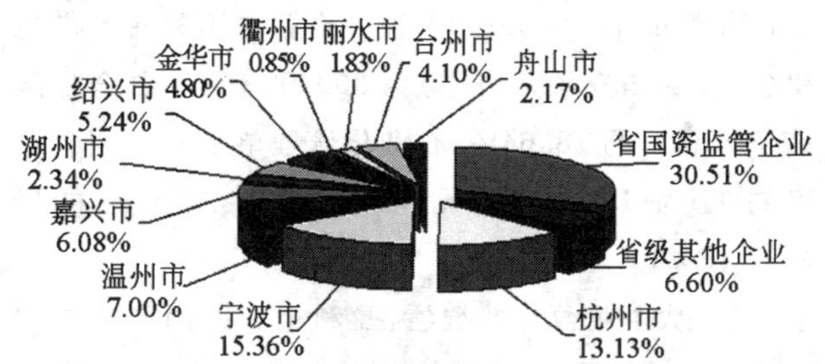

图2 2004年国有资产总量地区分布图

与2003年相比,地市企业国有资产增长较快。2004年同比增加163.33亿元,增长15.10%。其中,杭州增长最多,增长额为32.34亿元;绍兴、丽水增长最快,增长率分别达33.94%和33.37%。省级企业国有资产总体稳中有降(2004年下降13.00亿元,减少1.74%),但省国资监管企业国有资产总量有较大幅度增长,2004年同比增长11.98%。

(2)从企业产业布局情况看,国有资产逐渐由第一产业、第二产业向第三产业转移。2004年,第一产业国有资产总量为42.03亿元,仅占全省企业国有资产总量的2.12%,比上年的2.30%略有下降;第二产业国有资产总量为498.60亿元,占全省企业国有资产总量的25.19%,比上年28.15%下降了2.96个百分点;第三产业国有资产总量为1439.03亿元,占全省企业国有资产总量的72.69%,比上年的69.55%上升了3.14个百分点。

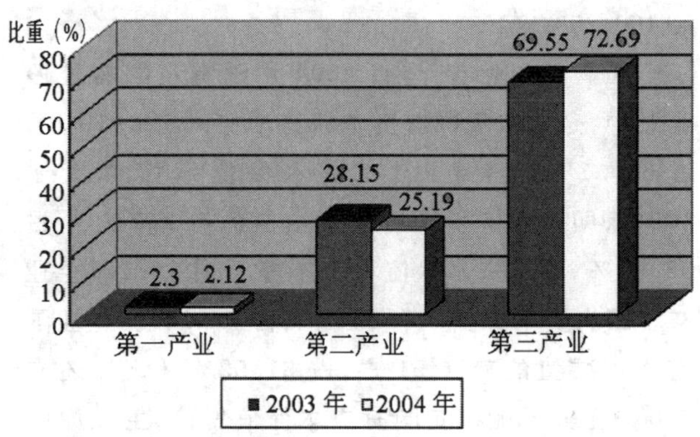

图3 2003~2004年国有资产总量产业分布图

(3)从企业组织形式情况看,国有独资企业、公司占用国有资产总量为1488.69亿元,占全省国有资产总量的75.20%;国有控股企业占用国有资产总量(已扣除国有法人资本)为369.09亿元,占全省国有资产总量的18.64%;企业化管理单位占用国有资产总量为121.87亿元,占全省国有资产总量的6.16%。

(4)从企业盈亏情况看,盈利企业占用的国有资产为1652.60亿元,是全省企业国有资产总量的83.48%,亏损企业占用的国有资产总量为327.05亿元,占全省企业国有资产总量的16.52%。

(二)浙江省国有资产保值增值综合分析

根据2004年度国有及国有控股企业国有资产统计报表统计,浙江省国有及国有控股企业年末国有资本及权益总额2097.91亿元,比年初1833.91亿元,增长13.41%;因客观因素影响,国有资本及权益增加197.02亿元,减少47.59亿元,扣除客观因素后,年底国有资本及权益1948.47亿元,国有资本保值增值率为106.25%,国有资产整体实现增值。

从各地区情况看,台州(108.77%)、宁波(108.65%)、绍兴(107.16%)、省级(106.87%)的国有资本保值增值率高于全省平均水平,杭州(106.19%)、金华(105.12%)、舟山(104.43%)、湖州(104.40%)、衢州(104.39%)、温州(104.03%)的国有资本保值增值率略低于全省平均水平;丽水、嘉兴市的国有资本保值增值率较低,仅为101.12%和100.25%。

从单户企业看,全省4604户国有及国有控股企业中,企业实现国有资本保值增值的有2915户,占63.31%。其中:国有资本保值增值率大于100%,即企业实现国有资本增值的有2574户,占55.91%;国有资本保值增值率等于100%,即企业实现国有资本保值的有341户,占7.41%。企业国有资本减值的有1451户,占31.52%。此外还有246户企业不能确定国有资本保值增值,主要原因是这些企业的年初国有资本及权益为0,属新成立或新报企业。

(浙江省国资委供稿)

宁波市

一、宁波市国资委组建情况

根据《中共浙江省委办公厅、浙江省人民政府关于印发〈宁波市深化完善政府机构改革方案〉的通知》(浙委办[2005]26号),设立宁波市人民政府国有资产监督管理委员会(以下简称市国资委)。市国资委为市政府直属正局级特设机构。市政府授权市国资委代表国家履行出资人职责,依法对市属经营性国有资产进行监督管理。根据市委决定,市国资委成立党委,履行市委规定的职责。

(一)划入的职能

1. 原市政府经济体制改革委员会办公室和市经济委员会承担的指导国有企业管理和改革的职能。

2. 市委有关部门承担的管理国有企业负责人和领导国有企业党建工作的职能。

3. 市财政局承担的管理经营性国有资产的职能。

4. 市劳动和社会保障局承担的拟定市属国有企业经营者收入分配政策、审核市属国有企业工资总额和主要负责人工资水平的职能。

(二)主要职责

1. 根据市政府授权,依照《中华人民共和国公司法》、《企业国有资产监督管理暂行条例》等法律、法规和市委、市政府有关规定,履行出资人职责,加强国有资产监督管理,维护所有者权益。

2. 贯彻执行国家国有资产管理的法律、法规和政策;受委托起草企业国有资产管理的地方性法规和规章草案;研究制订国有企业改革和发展的政策措施;依法对各县(市)、区国有资产的管理进行指导和监督。

3. 指导推进国有企业改革和重组,指导和促进国有企业的现代企业制度建设,完善公司治理结构;协调解决企业改革和发展中的重大问题,为企业提供必要的服务;推动全市国有经济结构和布局的战略性调整,促进国有经济的发展。

4. 负责审查所监管企业的长远发展规划、年度经营计划;审查所监管企业国有产权代表报告和重大事项报告;审查所监管企业重大投入项目,跟踪监测投资效果;拟定市级国有资产营运机构设立、变更、终止等方案,经批准后组织实施。

5. 建立和完善国有资产保值增值绩效考评体系,并组织实施;研究制订所监管企业经营者收入分配政策;参与对所监管企业实行"工效挂钩"的政策制订和方案审定,对国有企业工资总体水平进行监测。

6. 根据市委的规定,负责所监管企业党建工作;按照法定程序和管理权限,对所监管企业负责人进行任免、考核、奖惩;建立符合社会主义市场经济体制和现代企业制度要求的选人、用人机制,完善经营者激励和约束制度。

7. 代表市政府向所监管企业派出监事会或财务总监;负责监事会或财务总监的日常管理工作。

8. 会同有关部门研究制订国有资产经营预算管理办法;参与对所监管企业国有资产进行年度预算编制,报经市人民政府批准后按计划实施,负责收缴国有资产收益,纳入财政专户储存,并按规定报经市人民政府批准后使用。

9. 负责国有产权变动的审批和监管工作;建立和完善国有产权交易管理制度,培育发展和监督管理国有产权交易市场;加强国有资产基础管理工作,组织实施国有资产统计分析、审计评定、资产评估和清产核资工作;负责国有资产产权界定、产权登记、资产清算等工作。

10. 承办市委、市政府交办的其他事项。

二、宁波市国资委机构设置情况

根据以上职责,市国资委设7个职能处室。

(一)办公室

负责处理国资委机关日常事务工作;负责主任办公会议决定事项的督办工作;负责文秘、会议、机要、保密、信息、档案、信访、安全、财务、后勤保障等工作;负责国资委机关信息建设工作。

(二)政治处

根据法定程序和管理权限,负责所监管企业领导班子和有关领导人员的考察、考核工作,提出领导班子建设和领导人员任免、交流、奖惩的意见和建议;考察推荐监事及财务总监人选;负责所监管企业党建、思想教育、精神文明建设工作;协助有关部门做好专业技术职务考评工作;负责国资委机关党务及人事工作。

(三)政策法规处

研究起草有关国有资产管理和监督的地方性法规和规章草案;研究国有企业改革和发展中的有关法律问题;负责指导所监管企业法律顾问工作;承担国资委机关的有关法律事务;组织开展重大课题的调研;负责起草国资委机关的重要文稿,审核国资委机关出台的政策性文件。

(四)企业改革与发展处

研究提出国有企业中长期发展规划,推进国有企业现代企业制度建设,完善公司治理结构;协调解决企业改革与发展中的重大问题,帮助企业排忧解难;研究提出我市国有经济布局和结构调整的建议,指导所监管企业制订合并、分立、股份制改造、上市、合资等重组方案;拟定市级国有资产营运机构设立、变更和终止方案;审查所监管企业中长期发展规划和年度经营计划,审查所监管企业国有产权代表报告,审查所监管企业投资、担保等重大事项,跟踪监测投资效果。

(五)产权管理处

拟定国有资产产权管理制度;负责国有产权界定、登记、划转、处置及产权纠纷调处等工作;审核国有资本金变动、国有企业股权转让及发债方案;监督、规范国有产权交易;负责国有资产损失核销工作;组织清算和收缴被撤销、解散企业的国有资产;对所监管企业国有资产进行年度预算编制,负责收缴国有资产收益并纳入财政专户统一储存,并按规定报经市人民政府批准后使用。

(六)统评考核处

负责国有资产统计和所监管企业财务决算备

案、分析等工作，建立全市国有资本金统计信息网络，根据有关规定对外发布统计信息；负责经营性国有资产评估项目核准和备案工作；拟定国有资产授权经营方案；建立和完善国有资产保值增值绩效考评体系，并组织落实；研究提出所监管企业重大决策责任追究意见；研究制订所监管企业经营者收入分配政策；参与所监管企业实行“工效挂钩”的政策制订和具体实施方案的审定，监测监管企业工资总体水平。

（七）企业审计处（监事会工作处）

研究制订国有企业内部审计制度，指导所监管企业的内部审计和财务工作；负责所监管企业负责人经济责任审计；参与国有资产流失案件查处；根据《国有企业监事会暂行条例》，研究制订监事会的规章制度，负责监事会和财务总监的日常管理工作。

三、宁波市国资委人员编制和领导职数

市国资委机关行政编制35名，后勤服务人员编制5名。

领导职数：主任1名，副主任3名，总会计师1名；正、副处长12名。

委机关离退休干部工作人员编制按有关规定另行核定。

纪检、监察机构的设置、人员编制和领导职数按有关文件规定执行。

四、宁波市国资委职能定位

（一）监管范围和方式

市国资委的监管范围是市政府授权监管的市属企业经营性国有资产。具体范围包括经市政府授权经营的国有资产经营公司和政府投资性公司，以及尚未授权经营、由市有关部门和单位管理、兴办的国有企业、国有控股企业，事业单位改制后转为经营性国有资产的企业。市国资委由市政府授权履行出资人职责，对授权所监管企业实行管资产与管人、管事相结合的监管方式，对上述范围内的其他企业只对其资产实行监管。

（二）市国资委与企业的关系

按照政企分开以及所有权与经营权分离的原则，市国资委依法对企业的国有资产进行监管，履行国有资产出资人职责。市国资委不得直接干预企业的生产经营活动，使企业真正成为自主经营、自负盈亏的市场主体和法人实体。同时，要为监管企业提供必要服务，为促进企业发展创造良好的环境。企业应自觉接受市国资委的监管，不得损害所有者权益，努力提高经济效益，实现国有资产保值增值。

（三）市国资委与市财税局的关系

市国资委国有资产管理工作在财务会计方面执行国家统一的财务会计制度，业务上接受市财政部门监督；国有企业改革与发展的财政税收政策措施，包括国企改革成本支出、下岗职工基本生活保障费用、破产企业职工安置费等，由国资部门与财税部门协商解决。市国资委负责编制所监管企业国有资产经营预算草案，预算收入的征管和使用接受财政部门监督。

（四）市国资委与派出监事会的关系

根据《国有企业监事会暂行条例》的有关规定，市国资委代表市政府向监管的国有独资公司派出监事会。监事会的专职监事人选由市国资委实行组织推荐或向社会公开招聘确定；专职监事的具体考核、培训、任免工作由市国资委制订具体办法组织实施。

（撰稿人：殷家林）

安徽省

一、安徽省国有资产监督管理工作综述

2004年是安徽省国资委的组建之年、开局之年。按照省委、省政府“起好步，开好局”的要求，省国资委在抓好机构组建的同时，紧紧围绕依法履行出资人职责这一中心，扎实推进国资监管各项起步工作，取得了明显成效。一是切实加强国有资产法规体系建设。

先后出台了《安徽省企业国有资产评估管理暂行办法》等10多个规范性文件,拟订了《安徽省企业国有资产监督管理实施办法》等20多个国资监管基础制度和办法,初步确立了国有资产监督管理的基本制度框架。二是扎实推进国有资产基础管理。省属企业清产核资工作全面展开,企业财务动态监测体系初步建立。同时,国有资产产权界定、登记、划转、处置及产权纠纷调处等项工作进一步加强。三是认真落实国有资产经营责任。出台了《安徽省省属企业负责人经营业绩考核和薪酬管理暂行办法》,研究提出了省属企业工资调控指导意见,初步建立起省属企业负责人薪酬和工资总额宏观调控机制。四是不断改进国有企业监事会工作。明确监事会的主要职责和工作要求,在企业改革改组、重大投资、产权转让、资产处置、资产评估等方面不断强化监事会监督的方式方法,推动监事会由事后监督向事前、事中监督转变。五是进一步加强企业党建工作。围绕企业生产经营创新党建工作方式,组织实施"1212创优工程",加强企业职工思想政治工作,搭建了以计算机网络为主的思想政治工作平台,开设党建工作在线热点难点问题论坛,实现思想教育的互动。以诚信建设为重点,大力推进企业精神文明建设。切实加强企业领导班子建设,优化企业干部的知识和年龄结构,努力推动企业领导人员从行政管理向出资人管理的转变。建立省国资委党风廉政建设和反腐倡廉工作联席会议制度,认真贯彻落实党风廉政建设责任制,严格执行中央和省有关党政领导干部、企业领导人员廉洁自律的各项规定。不断完善维护稳定的工作机制,确保企业和社会稳定。六是狠抓机关内部建设。先后制订了《省国资委工作规则》等25项规章制度,成立了规划投资、业绩考核与薪酬管理等专门委员会,进一步加强政风建设,提高机关办事效率,健全机关工作规程和行为规范,确保新机构按新机制高效运转。

2004年,全省国有企业继续保持较快发展,活力进一步增强。708户国有及国有控股工业企业完成增加值612.9亿元,同比增长20.4%,占全省工业企业的56.6%;实现利润114.35亿元,同比增长32.7%,占全省工业企业的65.2%,各项主要经济指标创造了近年来最好水平。省国资委监管的省属企业实现了发展速度和经济效益的同步快速增长。37户省属企业全年完成增加值351.9亿元,同比增长29%;实现销售收入(净)1185.9亿元,同比增长49%;实现利润总额81.8亿元,同比增长45%;上缴税金80.4亿元,同比增长45%,对财政的贡献率达到23.1%。其中,仅占全省工业企业户数0.3%的14户省属工业企业,完成的销售收入、增加值、利润和税金,分别占全省工业企业的26%、28.5%、40.9%和37.7%。马钢集团、海螺集团、铜陵有色集团公司、徽商集团、江汽集团5户省属企业全年销售收入超过100亿元,其中,马钢集团全年销售收入超过200亿元。省属大型国有骨干企业的快速发展,对全省经济的带动作用明显增强,成为安徽国民经济发展中的突出亮点。

二、安徽省国有资产监管机构组建情况

2004年2月,按照党的十六大提出的进一步深化国有资产管理体制改革的要求,省委、省政府在新一轮政府机构改革中决定撤销省经贸委、省委企业工委,组建省国资委,同时成立省国资委党委和纪委。5月28日,省国资委正式挂牌成立。新组建的省国资委是省政府直属的特设机构,其主要职责是根据省政府授权,代表省政府对省属国有企业行使出资人权利。按照管资产、管人、管事相结合的原则,把原先分散在多个部门的管理国有企业资产、人事和一些事务等权限集中起来,统一归口管理。主要包括:原省委企业工委(省属企业国资办)的职责,原省经贸委承担的指导国有企业改革和管理的职责,省财政厅有关国有资产管理的部分职责,省劳动和社会保障厅的拟定省属国有企业经营者收入分配政策、审核省属国有企业工资总额和主要负责人工资标准的职责。

具体来说,省国资委主要有六大职责:一是根据省政府授权,依照《公司法》、《企业国有资产监督管理暂行条例》等法律法规履行出资人职责,指导推进国有企业的改革和重组;对所监管企业国有资产的保值增值进行监督,加强企业国有资产的管理;推进国有企业的现代企业制度建设,完善公司治理结构;参与指导企业直接融资工作;推动国有经济结构和布局的战略性调整。二是代表省政府向部分大型企业派出

监事会，负责监事会的日常管理工作。三是依照法定程序对企业负责人进行任免、考核，并根据其经营业绩进行奖惩；建立符合社会主义市场经济体制和现代企业制度要求的选人用人机制，完善经营者激励和约束制度。四是通过统计、稽核等方式，对所监管的国有资产的保值增值情况进行监管；建立和完善国有资产保值增值指标体系，拟订考核标准；维护国有资产出资人的权益。五是起草国有资产管理的地方性法规，拟订有关规章制度，检查其执行情况；依法指导全省国有资产监督管理工作。六是承办省委、省政府交办的其他事项。

依据工作职责，省国资委共设立18个职能机构，即办公室（党委办公室）、政策法规处、统计评价处、业绩考核处、企业分配处、产权管理局、规划发展处、企业改革处、企业改组处、企业分离脱钩处、监事会工作处、企业领导人员管理处、组织宣传处（党委组织部、党委宣传部）、群众工作处（党委群众工作部、党委统战部）、综合处、行政财务处、外事外经处、人事教育处。此外，保留离退休工作局，按照有关规定设立直属机关党委。同时，设立省国资委纪委。

省国资委在内设机构上，牢牢把握出资人职责定位这个根本，体现了四条工作主线：一是以国有资产管理为主线，包括规划发展、统计评价、业绩考核、企业分配等处室；二是以企业改革工作为主线，包括改革、改组、脱钩分离、产权管理等处室；三是以企业党建工作为主线，包括组织宣传、干部管理、群众工作等处室；四是以企业外部监督为主线，包括纪委（监察室）、监事会等。国资委处室职责环环相扣，形成业务流程，每一条工作主线，都按照不同环节，由不同部门组成相互制约的工作机制。

三、安徽省国有企业资产总量与结构分析

（一）资产构成基本情况

安徽省国有企业2004年资产总额为3744亿元，比上年增加478亿元，增长14.64%。其中流动资产为1610.23亿元，主要分布在存货、货币资金、其他应收账款和应收账款等环节，分别占全省国有企业流动资产合计的26.42%、20.91%、15.60%和11.84%。非流动资产为2133.77亿元，主要分布在固定资产净额、长期投资、无形资产及其他资产合计，分别占非流动资产的62.08%、14.77%和8.99%。2004年企业负债总额为2366.30亿元，所有者权益为1110.64亿元，少数股东权益为267.07亿元，资产负债率为63.20%。在负债总额中，流动负债为1545.35亿元，占负债和权益总额的41.01%；短期借款为570亿元，长期负债为820.86亿元。

2003～2004年资产构成表

单位：亿元

项目名称	2003年	2004年	增减(%)
总资产	3265.95	3744	14.64
其中：流动资产	1399.30	1610.23	15.07
长期投资净额	367.35	315.22	-14.19
固定资产净额	1352.85	1572.42	16.23
无形及其他资产合计	146.38	191.83	31.05
递延税款借项	0.07	54.30	77471.43
总负债	2098.37	2366.30	12.77
其中：流动负债	1309.96	1545.35	17.97
长期负债	788.30	820.86	4.13
所有者权益	940.80	1110.64	18.53
少数股东权益	226.78	267.07	17.77

（二）资产的增减变化及原因

2004年全省国有企业总资产为3744亿元，与2003年的3265.95亿元相比有较大增长，增长14.64%。

2003～2004年主要资产项目变动情况表

单位：亿元

项目名称	2003年	2004年	增减(%)
流动资产	1399.30	1610.23	15.07
长期投资	365.27	311.73	-14.19
固定资产	1352.85	1572.42	16.23
存货	323.65	425.41	31.44

续表

项目名称	2003 年	2004 年	增减(%)
应收账款	183.73	190.70	3.80
货币性资产	282.23	336.77	19.33

具体来说,以下主要项目的变动使资产总额增加:固定资产原价增加 264.34 亿元,固定资产净值增加 188.17 亿元,固定资产净值增加 188.16 亿元,存货增加 101.76 亿元,递延税款借项增加 54.24 亿元,无形资产增加 49.79 亿元,其他应收款增加 43.08 亿元,在建工程增加 35.87 亿元,预付账款增加 17.99 亿元,应收补贴款 14.54 亿元。以下主要项目的变动使资产总额减少:长期投资减少 53.54 亿元,应收票据减少 15.61 亿元,应收出口退税减少 5.79 亿元,固定资产清理减少 4.94 亿元,其他长期资产减少 3.03 亿元,一年内到期的长期债权投资减少 1.86 亿元,短期投资减少 1.33 亿元,长期待摊费用减少 1.31 亿元,其他流动资产减少 1.04 亿元。增加项与减少项相抵,使资产总额增长 478 亿元。

(三)资产结构合理性评价

总体来看,企业持有的货币性资产数额较大,占流动资产的 20.91%,表明企业的支付能力和应变能力较强。企业流动资产增长(15.07%)慢于主营业务收入增长(28.75%),并且资产的盈利能力有所提高。与 2003 年相比,企业资产结构趋于改善,基本合理。从资产各项目与主营业务收入的比例关系来看,2004 年应收账款所占比例基本合理,应收账款占主营业务收入的 9.55%;存货所占比例过高,存货占主营业务收入的 21.30%。

四、安徽省国资委监管企业国有资本保值增值综合分析评价

截至 2004 年底,省国资委监管的 37 户省属企业年末国有资本达到 589 亿元,比年初的 501 亿元,增加 88 亿元,扣除客观因素后,国有资本保值增值率达到 108.6%。37 户省属企业全年实现销售收入 1185.9 亿元,同比增长 49%;实现利税 173.6 亿元,同比增长 40.1%。从总体上看,省属企业运营规模增大、效益提升,贡献增加,影响进一步扩大。

(一)省属企业经营发展能力明显增强

从企业资产情况看,运营规模不断增大。截至 2004 年底,37 户省属企业运营的企业资产总额达到 2017 亿元,比上年末增加 224 亿元,增长 12.5%;负债总额 1172 亿元,比年初增加 143 亿元,增长 13.9%。企业资产负债率为 58.1%,比上年末的 57.4%,增加 0.7 个百分点。

从实现销售收入看,省属企业市场竞争能力进一步增强。37 户企业全年实现销售收入 1185.9 亿元,比上年的 796.9 亿元,增加 389 亿元,销售收入增长率达 49%。其中,14 户工业企业增加销售量较大,全年实现销售收入 938.8 亿元,比上年增加 331.2 亿元,其销售增长额占 37 户省属企业增长总额的 85%。全年销售收入超过 100 亿元的有 5 户企业,其中,马钢集团全年销售收入达到 273 亿元,徽商集团、海螺集团、铜陵有色、江汽集团 4 户企业销售收入都超过百亿,淮南矿业、淮北矿业 2 户企业销售收入超过 50 亿元。

(二)省属企业经济效益快速提升

37 户省属企业中有 29 户企业当年实现盈利,占全部企业户数的 78%。全年累计实现利润 81.8 亿元,比上年的 56.6 亿元增加 25.2 亿元,增长 45%。有 8 户企业实现利润超亿元,其中马钢集团、海螺集团分别实现利润 26.4 亿元、21.5 亿元,铜陵有色、高速公路、江汽集团、能源集团 4 户省属企业年实现利润超过 5 亿元。同时,省属企业扭亏工作取得明显成效,上年末亏损企业 15 户,2004 年减少到 8 户,亏损额也有大幅度下降。

(三)省属企业社会贡献大幅度增加

37 户省属企业实现应缴税金 91.8 亿元,比上年 67.3 亿元,增加 24.5 亿元,增长 36%。2004 年已上缴税金 80.4 亿元,比上年的 55.5 亿元,增加 24.9 亿元,增长 45%。当年上缴税金过亿元的企业有 10 户,具体是:马钢集团已缴税金 22 亿元、海螺集团 16.4 亿元、淮南矿业 9.4 亿元;上缴税金超过 6 亿元的有江汽集团、淮北矿业集团;上缴税金超过 4 亿元的有能源集团、铜陵有色集团;上缴税金超过 1 亿元的有高速

公路、徽商集团、皖北煤电。

此外，从完成的增加值和提供的职工收入看，省属企业保持了较快增长速度。2004 年完成增加值 351.9 亿元，比上年的 273.5 亿元，增加 78.4 亿元，增长 29%。37 户企业全年人工成本支出 121.5 亿元，比上年的 94.9 亿元，增加 26.6 亿元，增长 28%。

(四)省属工业企业影响力进一步扩大

与全省 4456 家工业企业相比，2004 年 14 户省属工业企业户数仅占 0.3%，但资产总额、销售收入、增加值、实现利润和应缴税金分别占全省工业企业的 30.3%、26%、28.5%、40.9% 和 37.7%。与上年相比，14 户省属工业企业占全省工业权重有所提高，资产总额提高 0.7 个百分点，销售收入提高 3.6 个百分点，工业增加值提高 6 个百分点，实现利润提高 4.5 个百分点，应缴税金提高 5.3 个百分点。

五、安徽省国资委监管企业产权制度改革情况

2004 年，安徽省国资委深入贯彻落实党中央、国务院和安徽省委、省政府关于深化国有企业改革的一系列方针政策，认真履行产权管理工作职责，加强指导，规范操作，严格监管，积极推进国有产权的流动重组，切实防止企业国有资产流失，确保国有资产保值增值。

一是认真宣传贯彻国资监管的各项政策和要求。安徽省国资委成立后，及时召开全省企业改革工作会议和省属企业工作会议，对深化国有企业改革、加强国资监管工作进行动员和部署。会同省直有关部门，先后向各市、省直有关单位和省属企业下发了《关于省属企业国有产权管理日常工作的通知》、《转发国务院国资委关于企业国有产权转让的有关问题通知》、《关于开展企业国有产权转让管理检查工作的通知》等文件，并认真组织实施，及时贯彻落实了国务院国资委和安徽省委、省政府的工作部署。

二是深入研究规范企业产权转让的管理制度。在深入学习《企业国有资产监督管理暂行条例》、《企业国有产权转让管理暂行办法》(国务院国资委、财政部第 3 号令)的基础上，结合安徽实际，拟订了《安徽省属企业国有产权转让暂行规定》、《安徽省产权交易管理暂行办法》、《安徽省产权交易机构产权交易规则》等文件，规范了企业产权转让行为。

三是严格执行国有产权转让的监管工作程序。在国有企业改革改制过程中，严格把握改革方案审批、审计评估、产权转让、变更登记等关键环节，按照规定的工作程序履行报批、审核、批准程序。会同省直有关部门组织开展了全省企业国有产权转让行为专项检查，督促各市、各部门和企业认真落实 3 号令精神，保证国有产权交易按照公开、公平、公正的原则进行。

四是依法加强企业国有资产评估项目的管理。为切实规范企业国有资产评估行为，保障国有资产所有者和经营者的合法权益，维护社会公共权益，根据《国有资产评估管理办法》(国务院 91 号令)等有关法规和规章，研究出台了《安徽省企业国有资产评估管理暂行办法》，明确规定了省国资委选择委托的资产评估机构的基本条件、费用支付方法及资产评估项目核准备案的办法。同时对于重要的评估项目，引入了专家论证工作机制，以保证核准备案工作的质量。2004 年，共计组织了对 40 个省属企业的资产评估项目进行评估核准与备案。40 个项目评估前净资产为 10 亿元，评估后净资产达 12.45 亿元，评估增值 23.83%。

五是实行企业国有产权转让的市场化运作。对国有企业改革重组过程中的国有产权转让行为，严格按照 3 号令的要求，实行进场公开交易和竞价交易。安徽省国资委成立以来，新批准进行的国有产权转让行为，全部要求向社会广泛披露信息，公开征集受让方，按照招投标、拍卖等形式竞卖。2004 年，全省共有 102 家国有产权交易项目在产权市场公开转让，涉及资产评估 20.55 亿元，成交价 23.83 亿元，平均增值 16%，较好地保证了国有资本的权益。

六是积极开展产权重组项目的招商引资。深入贯彻落实安徽省委、省政府关于加快省属企业产权多元化改革的战略部署，积极推动省属企业通过产权重组吸引外资。先后组织了所监管企业国有资产并购项目赴广东、香港开展招商活动，共计推出国有股权转让重点项目 43 个，涉及投资额 19 亿美元，其中，成

功签约10个项目,投资总额14.8亿美元,吸引境内外资金改革重组省属国有企业取得了实效。

六、安徽省国资委监管企业主辅分离辅业改制情况

2004年,省属企业主辅分离、辅业改制工作取得积极进展。省国资委坚持把发展主业作为做优做强企业的重大举措,大力推进省属企业主辅分离、辅业改制工作,使企业的主体更加精干,活力更加旺盛。及时转发了国家八部委关于主辅分离、辅业改制的实施办法,印发了《关于抓紧做好国有大中型企业辅业分离改制工作的通知》,同时实行企业主辅分离、辅业改制工作进展情况定期报告制度,督促省属企业紧紧围绕企业发展战略,抓紧制订主辅分离辅业改制总体方案,积极推进主辅分离工作。在工作中,始终要求企业把职工安置作为改制工作的重点,做到“三公开”、“两保证”,切实维护职工合法权益。通过实行主辅分离、辅业改制,一大批企业的辅业经营项目和机构已经转变为独立核算、自主经营、自负盈亏的经济实体,初步实现了与主业的分离。江汽集团在做强主业的同时,按照自主经营、自负盈亏和产权多元化的要求,积极推进并基本完成主辅分离、辅业改制工作;淮南矿业集团组建了东华物业公司,完成了物业管理系统企业的分离改革,共分离人员4531人、资产2.92亿元,所属企业的分离改制也已完成,分离在职职工2.7万人、资产11.3亿元;淮北矿业集团已分离出146个辅业企业,其中水泥、炸药、制药、机械加工等有竞争优势的辅业企业已完全面向市场自主经营,10家长期严重亏损的企业实施了关停,30多家小企业进行了股份制和租赁经营等多种方式的改革;皖北煤电集团利用“三类资产”兴办的恒力电业公司和顺祥煤层气公司,实现了以非公有制为主的产权多元化,安置职工150人,每年可享受税收优惠800多万元;马钢集团110户集体企业已顺利分离搬迁,其中78户完成改制,重组工作进展顺利;铜陵有色集团48户拟改制的辅业企业,也已完成9户。截至12月底,省属企业已分离辅业企业(含集体)149个,安置富余人员约4.76万人。其中,2004年分离改制的18户企业累计享受免征所得税达1650万元。安徽省的分离企业办社会职能和主辅分离、辅业改制工作得到了国务院国资委的充分肯定。

七、安徽省国资委监管企业重组与完善法人治理结构改革进展情况

以培育一批主业突出、拥有自主知识产权、具有核心竞争力的大企业大集团为目标,围绕重点骨干企业,按照“产业关联、产品相近、优势互补”的原则,大力实施企业并购重组,推进优质资产向优势企业和优势产业集中,促进国有经济布局战略性调整和国有企业战略性改组。江汽集团公司完成了对安凯集团公司的重组,为江汽集团公司快速发展打造了新平台;安兴联合总公司与安徽旅游集团公司的联合重组已经顺利完成;海螺集团公司顺利实现托管巢东集团公司;省建工集团公司、省粮食集团公司等企业内部子公司的重组已基本完成。江汽集团公司、省农垦集团公司、省军工集团公司等企业内部子公司的重组正在实施。省经贸投资集团公司与省机械进出口公司、中国电子科技集团公司38所与长安电子集团公司、马钢集团公司与合钢集团公司、国风集团公司与省医药集团公司、新安药业公司、省进出口公司等一批企业正着手进行联合重组。

建立和完善企业法人治理结构改革工作取得积极进展。安徽省改制企业普遍按照《公司法》的规定,设立股东会、董事会和监事会,规范构建各负其责、协调运转、有效制衡的公司法人治理结构。截至2004年底,省政府确定的全省409户国有大中型企业中,除中央企业和需要关闭破产的78户企业外,已累计完成公司制改革329户,改制面达99.4%,基本完成了省政府确定的国有大中型企业公司制改革任务。其中,252户企业实现了董事长与总经理分设,并由董事会聘任总经理;150户企业由总经理提请聘任副总经理和财务负责人;103户企业监事会中有不在公司内部任职的外部监事。上市公司按照《公司法》、《上市公司治理准则》的要求,普遍引入了独立董事制度,控股股东与上市公司的关系得到进一步规范,基本做到了业务、资产、人员、机构、财务“五分开”。在省国

资委监管的企业中，除7户工厂制企业外，31户省属企业全部建立了董事会；38户企业的监事会全部由省国资委代表省政府派出。

八、安徽省国资委监管企业建立和完善经营业绩考核体系情况

安徽省国资委在认真总结完善近三年来国有资产经营目标管理试点工作经验的基础上，积极开展国有资产经营业绩考核工作，确保国有资产实现保值增值。一是组织开展了2003年度国有资产经营业绩考核结果兑现工作。按照考核程序，首先，监事会依据企业自评报告和中介机构对企业年度会计报表的审计报告，对企业经营目标完成情况进行初审；其次，省国资委主任办公会议研究审议了各企业考核的初步结果；最后，报经省国有改革发展联席会议审议批准考核结果。二是根据《企业国有资产监督管理暂行条例》、《中央企业负责人经营业绩考核暂行办法》等有关政策规定，修订出台了《2004年安徽省省属企业负责人经营业绩考核和薪酬管理暂行办法》，明确企业负责人的年薪由基本年薪、效益年薪和奖励年薪三个部分构成。基本年薪是企业负责人年度的基本收入，根据企业经营规模、管理难度、所承担的经营责任和所在地区企业平均工资、所在行业平均工资、本企业平均工资等因素综合确定；效益年薪主要反映企业负责人在考核年度内与经营业绩挂钩计算的收入；奖励年薪是对企业当年新增净利润采取分档递减分段累进的方法计提。考核方式和考核计分办法以上年实绩为基数，采取环比方式计算。三是成立了省属企业经营业绩和薪酬管理委员会，作为指导省属企业经营业绩考核工作的决策和协调机构，从组织和制度上保证经营业绩考核工作的顺利实施。制订了《省属企业经营业绩考核委员会工作规则》，促进经营业绩考核工作实现规范化和制度化，保证业绩考核工作的公开、公平和公正。四是加强对监管企业经济运行状况的监控。为了确保国有资产保值增值，注重利用业绩考核手段加强对企业经济运行过程的监督，对企业运营中出现的突出问题，及时分析并提出对策建议。2004年开展了省属亏损企业专项调研，针对企业体制性亏损、政策性亏损、成本性亏损、负担性亏损、季节性亏损、突发性亏损、管理性亏损、经营性亏损等不同情况，分别提出了扭亏减亏措施和政策建议。截至2004年底，与上年同期相比，省属企业由亏损11户减少为亏损6户，亏损面比上年同期下降了15.8个百分点，省属亏损企业亏损额比上年同期减亏15755万元。

（撰稿人：卫　戍　马翠兵　宁　生
于　红　高维民　查汉斌　汪世末）

福建省

一、福建省国有资产监督管理工作综述

福建省人民政府国有资产监督管理委员会于2004年5月19日挂牌成立，正式对外办公。福建省国资委成立以来，作为代表福建省政府依法履行出资人职责的特设机构，在国务院国资委的指导下，在福建省委、省政府的领导下，认真履行好各项职责，确保开局起步工作的顺利开展。至2004年末，主要抓了以下工作：

（一）抓好制度建设，为国资监管工作提供依据

建立、完善国有资产监管的制度体系，将国资监管工作纳入法制化、制度化轨道。依照《企业国有资产监督管理暂行条例》和有关法律法规，就做好国有资产基础管理工作的衔接、加强对所出资企业发展战略规划编制的指导、加强企业国有产（股）权变动监管、推行国有产权交易进入市场制度、推进企业负责人管理制度改革以及加强对各级国有资产监督管理工作的指导和监督等六个方面的工作，以省政府的名义下发了《关于省属企业国有资产监督管理工作若干问题的通知》。制订了《省属企业国有资产产权变动产权登记暂行办法》、《关于加强国有企业产权转让和交易管理通知》、《省属企业发展战略和规划管理暂行办法》、《省属企业投资管理暂行办法》、《福建省企业国有资产统计办法》、《福建省国资委履行出资人职责

企业负责人薪酬管理意见》以及企业法律顾问管理等16项国有资产监管规范性文件。

(二)精心组织,做好省直部门管理企业的移交工作

2004年7月,福建省政府《关于省政府国有资产监督管理委员会履行出资人职责的首批企业名单的通知》(闽政文[2004]240号)出台后,我们积极做好所出资企业中原由部门管理的8家企业的移交工作,开展了移交企业专项调研,基本完成了企业的移交工作。

(三)加强产权监管,防止国有资产流失

加强国有资产基础管理,抓好资产评估和产权交易的监管,把产权管理的关口前移,明确规定产权交易必须进场,广泛征集受让方、公开竞价转让,经公开征集只有一个受让方、采取协议转让的,严格按国务院国资委3号令的规定办理,防止暗箱操作,实行"阳光交易"。建立资产评估机构信息库和专家库,规定评估机构选择确定必须公开招标,实行中介机构"红黄牌"警示、准入制度和重大项目专家审核制度,严格规范操作。按照国务院国资委、监察部、财政部、国家工商总局四部门《关于开展企业国有产权转让管理检查工作的通知》(国资发[2004]261)的要求,对2004年2月1日以来的国有资产转让行为进行重点检查,查找漏洞,防止国有资产流失。2004年,29家所出资企业中产权转让事项50宗,转让成交金额5.1亿元,比评估值增值16.1%。进入省产权交易中心交易成交112项,交易额21.18亿元,比评估值增值1.63亿元,增值率25%。

(四)加强投资监管,提高省属企业核心竞争力

根据《关于省属企业国有资产监督管理工作若干问题的通知》(闽政[2004]16号)要求,引导企业投资方向,提高主业核心竞争力,集中资源投向关系国民经济命脉的关键领域和福建省政府确定的重点产业,防范企业投资风险。针对省属企业房地产、金融投资存在的问题,根据福建省政府的要求,下发《关于严格控制省属企业投资房地产项目的通知》,控制新建、拟建房地产和新的金融投资项目,对省属企业房地产投资项目进行清理、整合。

(五)开展清产核资工作和下达国有资产保值增值考核指标,促进国有资产保值增值

按照依法依规、实事求是的原则,福建省国资委首次公开招标,统一委托中介机构开展清产核资工作,以摸清情况、夯实家底。建立了清产核资工作旬报制度,扎实做好省属企业的清产核资工作,为国有资产保值增值考核奠定基础。经福建省政府常务会议研究通过,对29家所出资企业分类下达了2004年保值增值指标,增值额为79589万元,其中,下达增值指标的19家,保值的3家,减亏的2家,减亏额为2026万元。同时,把企业管理费用列入考核指标,严格控制管理费用,特别是接待、出国、购车等费用,促进企业加强管理,提高效益,落实国有资产保值增值责任。

(六)规范薪酬管理,促进省属企业分配制度的改革

针对企业负责人激励约束机制不到位,以及企业自定薪酬等问题,按照激励与约束相结合、薪酬水平与风险责任相一致,效率优先、兼顾公平,兼顾出资人、企业负责人、职工三者利益的原则,制订出台了《福建省国资委履行出资人职责企业负责人薪酬管理意见(试行)》,首次对福建省省属国有企业负责人的薪酬标准进行统一规范。将企业负责人的基本薪酬按照国有净资产和营业额规模分为三类;薪酬由三个部分构成,即基本薪酬、效益薪酬和福利津贴,企业经营者的基本薪酬是参照国家企业类别确定,效绩薪酬则直接与企业的利润挂钩,并与净资产收益率、利润增长率、销售(营业)增长率、管理费用控制率、应收账款控制率等辅助指标相联系。对企业负责人的效益薪酬实现任期结算制,任期结束经审计后支付,对未完成经营业绩指标、造成经营亏损、虚增利润等的处理作了具体规定,充分体现了效率优先、兼顾公平的分配原则,将企业负责人经营业绩与薪酬奖惩相挂钩,强化了对企业负责人的激励和约束,促进了省属企业分配制度的改革。

(七)围绕国资监管工作的总体目标,加强企业领导班子建设

经中共福建省委批准,福建省国资委与省委组织部联合组织实施了对所出资企业领导班子及成员的考察。整个考察工作历时4个多月，较好地完成了考察任务。这次考察中有1180人参加了民主测评和民主推荐，共找了1003人个别谈话，召开了42场座谈会，471人参加了座谈。通过考察基本上掌握了被考察企业领导班子及其成员近几年的表现情况，对省管23家企业的班子，105个班子成员有了比较全面的了解，对企业国有资产运营情况也作了详细分析，同时还了解了一批有培养潜力的企业负责人后备人选，为进一步加强所出资企业的领导班子建设打下了基础。

(八)加强国资委机关建设，确保机关内部协调运转

一是加强机关内部制度建设，保证国资委机关的协调、高效运转。二是做好职能划转工作。三是做好国资委机关工会、共青团、妇女组织的组建工作。

二、福建省国有资产监督管理机构组建情况

根据中央的统一部署，经福建省委、省政府研究决定，2004年2月5日成立福建省国资委筹备组，经过3个多月的紧张筹备，5月19日福建省国资委挂牌成立，正式对外办公。

2004年4月5日，《福建省人民政府办公厅关于印发福建省人民政府国有资产监督管理委员会主要职责、内设机构和人员编制规定的通知》(闽政办[2004]62号)，确定了福建省国资委为福建省人民政府直属正厅级特设机构，代表省政府履行出资人职责，监管省属企业(不含金融类企业)的国有资产。同时，根据《中共福建省委关于成立中共福建省人民政府国有资产监督管理委员会委员会有关问题的通知》(闽委[2004]34号)，成立福建省国资委党委，履行中共福建省委规定的职责；成立中共福建省国资委纪律检查委员会，接受省纪委和省国资委党委双重领导。

九个设区市都有一定的存量国有资产，为促进这些资产的保值增值，福建省委、省政府明确要求，设区市一级都要建立国有资产监管机构。目前，设区市的国有资产监管机构正在抓紧组建中。

三、福建省国有资产总量与结构分析

2004年，福建省国资委按照国有资本“进而有为，退而有序”的战略调整，加大对国有资产的优化配置，努力促进企业提高经济效益，实现了国有资产规模的稳定增长。根据2004年国有资产统计范围的国有企业4478户显示，虽然企业户数与2003年相比减少283户，但年底合并国有资产总量1115.33亿元，比2003年增长6.5%。

福建省国资委所出资的29家企业及所属的691户子企业，分布于冶金、汽车、煤炭、石化等省重点支柱产业，国有资产总量为427.55亿元，占全省的38.3%；仍由行政主管部门管理的国有企业442户，国有资产总量为60.95亿元，占全省的5.5%。九个设区市国有企业3345户，国有资产总量为626.83亿元，占全省的56.2%，主要分布在沿海地区的福州市、厦门市、泉州市、漳州市。国有企业在福建省国有经济发展中仍然发挥着重要的作用。

2003～2004年国有资产行业分布结构表

单位：亿元

企业名称	2003年合并国有资产总量	2004年合并国有资产总量	增减(%)
合计	1047.18	1115.33	6.51
一、农林牧渔业	29.78	31.30	5.10
二、工业	283.22	308.19	8.82
三、建筑业	36.16	47.77	32.11
四、地质勘查及水利业	6.60	8.34	26.36
五、交通运输仓储业	212.43	285.27	34.29
六、邮电通信业	0.00	0.00	0.00
七、批发和零售、餐饮业	91.93	105.69	14.98
八、金融业	7.91	18.87	138.56
九、房地产业	63.53	71.77	12.97
十、信息技术服务业	1.72	2.00	16.28
十一、社会服务业	280.30	197.65	-29.49
十二、卫生体育福利业	0.03	0.01	-66.67
十三、教育文化广播业	23.78	28.16	18.42

续表

企业名称	2003年合并国有资产总量	2004年合并国有资产总量	增减(%)
十四、科学研究和技术服务业	2.38	5.56	133.61
十五、机关社团及其他	7.41	4.75	-35.90

从国有资产的行业分布情况来看,福建省国有资产主要集中在工业、交通运输业、批发和零售餐饮业、社会服务业,而在电力、邮政、铁路等行业中资产存量偏小。随着国有资产总量的稳步增长以及经济结构布局的合理调整,省属企业国有资产呈现出向重要行业、重要领域集中的趋势,国有经济的控制力、影响力和带动力有了新的提高,将为海峡西岸经济区建设注入新的生机。

四、福建省国有资产保值增值综合分析评价

(一)全省国有资产运行概况

2004年由于市场消费需求的增长,福建省国有企业实现销售收入1652.33亿元,比上年1470.3亿元增长12.4%,实现利润总额69.8亿元(合并),比上年增加6.9亿元,增幅11%。其中:省属企业实现利润33.3亿元,比上年减少3.05亿元,下降8.4%;九个市级国有企业实现利润36.5万元,比上年增加9.95亿元,增长37.5%。

从行业分布分析,利润主要来源于第一产业和第二产业,如煤矿开采、金属矿开采、金属冶炼和化学品制造等,处于第三产业的国有企业基本处于亏损或微利状态。

(二)福建省国资委所出资的29户企业情况

2004年末,29户所出资企业资产总额1293.84亿元,比上年1090.47亿元增加203.37亿元,增长19.6%。企业利润总额34.85亿元,比上年增长0.4%。其中:盈利企业22户,实现利润总额37.96亿元;亏损企业7户,亏损额3.11亿元。2004年末,29户企业国有净资产429.78亿元,比上年增加17.07亿元,增长4.13%。

五、福建省国资委监管企业主辅分离辅业改制概况

根据福建省委、省政府有关加快企业改革,加速企业经营机制转换的部署,省属国有企业有计划有步骤地做好"精干主业,分离辅业"的各项改革工作。"九五"期间,有3家国有大中型企业在分离企业办社会职能时实施主辅分离,并依照《公司法》将辅业改制为独立经营的有限责任公司,分离安置富余人员4463人。

为进一步加快省属国有企业的主辅分离辅业改制工作,福建省经贸委联合九部门制订下发了《关于国有大中型企业主辅分离辅业改制分流安置富余人员的实施细则》。根据中央和省里的文件精神,省属企业一方面进一步做好职工参与企业改制的宣传发动工作,另一方面根据中央和省里给的优惠政策,抓好改制工作的落实。有11家企业48个辅业拟实施主辅分离辅业改制,涉及职工达8000多人。在有关部门的大力支持下,目前有4家企业已完成主辅分离辅业改制工作。其余7家企业正抓紧制订改制实施方案。

(撰稿人:王建龙　林少金)

江西省

一、江西省国有资产监督管理工作综述

2004年是江西省国有资产管理体制改革取得突破性进展的一年。省国资委和部分设区市国资委的相继成立,标志着江西省国有资产管理体制已进入以"三分开、三统一、三结合"为主要特征的新阶段。在省委、省政府的领导下,江西省国资委依照"三定方案"所赋予的职责,深化国有资产管理体制改革,夯实国有资产管理基础,不失时机地推进国有企业改革和重组,加强企业党建工作,取得了良好成效。

(一)省属国有经济保持良好发展态势

2004年,省属重点国有及国有控股企业完成销售

收入582.5亿元,同比增长28.3%,实现利税总额67.6亿元,同比增长33.3%,实现利润总额29.5亿元,同比增长63%,累计完成增加值115.6亿元,同比增长31.33%。省国资委20户出资监管企业完成销售收入536.7亿元,同比增长25.3%;实现税金总额32.9亿元,同比增长17.4%;实现利润总额16.4亿元,同比增长56.2%;累计完成增加值110.8亿元,同比增长28.6%。其中,江西省冶金集团公司实现销售收入199亿元,同比增长43.3%,完成增加值36.4亿元,同比增长22%,实现利税15.6亿元,同比增长7%;江西铜业集团公司实现销售收入150.7亿元,同比增长41.4%,完成增加值30.5亿元,同比增长49.5%,实现利税20.7亿元,同比增长140%。总体而言,省属国有经济继续保持了强劲发展势头,取得了良好经济效益,在全省经济快速发展的大潮中充分显示出骨干作用。

(二)国有资产监管制度体系建设取得重大进展

一年来,省国资委共起草国有资产监管方面的制度、规范性文件近40件,涉及企业负责人管理、业绩考核、薪酬管理、企业改革、产权管理、清产核资、企业财务、企业法制建设、企业党建和内部管理等多个方面,其中《江西省国有资产监督管理委员会关于所出资监管单位重大事项报告制度的暂行规定》、《关于在省国资委履行出资人职责企业中推行企业总法律顾问制度的实施方案》、《关于加强省属国有资产评估监督管理若干问题的通知》、《江西省省属国有企业改革专项资金管理办法(暂行)》、《江西省省属企业负责人经营业绩考核暂行办法》等20余件已经颁布实施。《省国资委出资监管企业负责人选拔任用暂行规定》等10多件已经完成起草,有的已经上报省政府,进一步修改完善后将颁布实施。

(三)国有资产基础管理工作全面加强

2004年是省国资委的“基础建设年”,国资监管的各项基础工作全面展开。在省属国有企业中全面开展了清产核资工作。截至年底,共有713家省属国有企业开展了清产核资工作,占省属国有企业总户数的76%,涉及资产总额875亿元,占省属国有企业资产总额的75%。其中,省国资委出资监管企业中有438户开展了清产核资,占总户数的84%,涉及资产总额699亿元,占出资监管企业资产总额的90%。到目前,共有507户企业全面完成了清产核资,涉及企业资产总额494.77亿元,权益总额135.32亿元,经审核确认并核销资产损失34.95亿元。加强了对企业财务状况的监控,建立了省属国有重点企业和出资监管企业的财务快报制度,在江西铜业集团公司和省煤炭集团公司所属企业实行了新的会计制度。为明晰产权关系,对出资监管企业的对外投资情况进行了全面调查和清理,国有资产产权界定工作已经有计划展开,产权登记、资产处置和资产评估管理进一步完善和加强。对出资监管企业的发展规划和对外投资的管理工作开始启动,建立了重大投资项目季报制度和跟踪制度。业绩考核和薪酬管理的相关规章已经制订并经省政府批准实施。向国有企业派出监事会的前期准备工作基本完成,有关规章和工作方案已上报省政府。

(四)国有企业党建工作得到加强

一是加强了党的方针政策的学习和宣传。通过开展党委中心组学习活动和举办高层研讨会等形式,组织出资监管单位学习党的十六届三中、四中全会及省委十一届六次、七次全会精神,使党的路线、方针、政策在企业切实得到贯彻执行。同时认真做好省属企业“保持先进性”教育的各项准备工作。二是加强了省属国有企业干部队伍建设和党风廉政建设。对省盐业集团公司、外贸资产经营公司等6家公司领导班子进行了考察。根据省委、省政府和省纪委的要求,对企业党风建设及反腐倡廉工作和企业领导人员违反规定收送红包工作进行了专项检查和治理,取得了积极成效。三是加强了省属国有企业党的基层组织建设。根据省委30号文件精神,先后赴9个设区市,开展了出资监管企业及所属企业党组织交接工作,目前共有174个党委、2659个党总支(支部)和60685名党员的组织关系划归省国资委党委和所出资监管企业管理。

二、江西省市(地)级国有资产监督管理机构组建情况

组建设区市国资委,是国务院第378号令赋予的

一项重要任务,也是各设区市政府机构改革的重中之重,省委、省政府对此项工作高度重视。在2004年5月全省国有资产监督管理工作会议上,黄智权省长代表省委、省政府就设区市国资监管机构的组建工作做了全面布置。7月13日省委办公厅、省政府办公厅下发了《关于对市县政府部分机构进行调整的通知》(赣办字[2004]36号),明确要求设区市政府设立国有资产监督管理委员会,为市政府正县级特设机构,并要求机构调整于2004年10月底之前完成。各设区市党委、政府按照省委、省政府的统一部署和要求,加快了国有资产监管机构的组建步伐,赣州市、南昌市已设立国资委,并正式挂牌运转,上饶市已成立机构,九江、萍乡、新余的领导班子已基本到位,鹰潭市委、吉安市委已批准成立市国资委,正在加紧组建,其他设区市国资委的组建工作也正在积极筹备之中。

三、江西省国有资产总量与结构分析

截至2004年12月31日,江西省省属经营性国有资产总量(资产总额,下同)为1153.87亿元,同比增长4.14%,国有资本及其权益总额为307.49亿元,同比增长4.71%;江西省国资委出资监管企业经营性国有资产总量为844.01亿元,同比增长5.6%,占省属经营性国有资产总量的比例为73.15%,国有资本及其权益总额为193.14亿元,同比增长0.21%,占省属国有资本及其权益总额的比例为62.81%。

(一)江西省省属经营性国有资产行业分布情况

截至2004年12月31日,江西省省属经营性国有资产分布于三次产业,涉及13个大类,36个小类。其中,第一产业资产总额为6.51亿元,同比增长5.17%,占比为0.57%,比上年增加0.01个百分点,国有资本及其权益总额0.46亿元,同比增长100%,占比为0.15%,比上年增加0.07个百分点;第二产业资产总额792亿元,同比增长8.35%,占比为68.63%,比上年增加2.66个百分点,国有资本及其权益总额169.33亿元,同比增长2.2%,占比为55.07%,比上年减少1.34个百分点;第三产业资产总额为355.36亿元,同比下降4.17%,占比为30.8%,比上年减少2.67个百分点,国有资本及其权益总额137.7亿元,同比增长7.78%,占比为44.78%,比上年增加1.27个百分点。

(二)江西省国资委出资监管企业经营性国有资产行业分布情况

截至2004年12月31日,江西省国资委22家出资监管企业资产分布于第二产业和第三产业,涉及9个大类,24个小类。其中,第二产业资产总额为697.75亿元,同比增长8.78%,占比为82.67%,比上年增加2.41个百分点,国有资本及其权益总额为142.65亿元,同比增长0.69%,占比为73.86%,比上年增加0.36个百分点;第三产业资产总额为146.26亿元,同比下降7.32%,占比为17.33%,比上年减少2.41个百分点,国有资本及其权益总额为50.49亿元,同比下降1.14%,占比为26.14%,比上年减少0.36个百分点。

四、江西省国有资产保值增值综合分析评价

2004年江西省属国有及国有控股企业年末国有资本总额307.5亿元,年初国有资本总额293.7亿元,年末比年初增加13.8亿元,国有资本积累率5%;国有资本因客观因素增加额为23.4亿元,因客观因素减少额为27.6亿元,剔除客观因素后,国有资本年末比年初增加17.9亿元,国有资本保值增值率为106.1%。

2004年江西省22家省国资委出资监管企业年末国有资本总额193.1亿元,占省属企业的62.8%,年初国有资本总额192.7亿元,年末比年初增加0.4亿元,国有资本积累率0.2%;国有资本因客观因素增加额为12.7亿元,因客观因素减少额为26.2亿元,剔除客观因素后,国有资本年末比年初增加13.9亿元,国有资本保值增值率为107.2%,比省属企业平均多1.1个百分点。

五、江西省国资委监管企业产权制度改革情况

2004年,江西省国资委全面履行出资人职责,围

绕建立现代企业制度目标，认真贯彻执行国务院国资委《关于规范国有企业改制工作意见》等文件精神，坚持因企制宜，精心组织，规范操作，不失时机地推进各出资监管企业及其所属企业产权制度改革，按照“有进有退，有所为有所不为”的方针，通过股权置换、股权转让、增资扩股、合资合作等多种方式，积极抓好“四个一批”，即做强做大一批，重组新建一批，放开搞活一批，关闭破产一批，成效显著。

（一）积极推进产权管理制度建设，企业国有产权基础管理工作有序展开

省国资委始终把制度建设作为推进产权制度改革、规范国有产权转让行为的重中之重。根据国务院国资委制订的一系列政策规章，结合江西的实际，先后相应出台了若干具体的贯彻措施。同时，大胆探索，有针对性地制订一些地方规章和工作规则，如《关于加强省属国有经营性资产评估监督管理若干问题的通知》、《江西省省属企业国有资产产权界定操作办法》，起草了《关于规范企业国有产权转让若干问题的通知》等，基本做到了管理有法可依，工作有章可循。在此基础上，开展了一系列基础工作：国有资产产权界定工作有计划展开，完成了对省外贸所属金山针织厂和江西铜业集团所属7户集体企业的产权界定；对出资监管企业的对外投资情况进行了全面调查和清理；产权登记、资产处置和资产评估管理进一步完善和加强。

（二）积极推进股份制改革和发行股票上市，现代企业制度建设迈出新步伐

到2004年底，全省国有及国有控股大中型骨干企业大部分已改组为多元投资主体的公司，改制面近80%。绝大部分国有权益已经分布进入多元投资主体企业中。省属国有企业改制的股份有限公司共有36家，占全省总数的30%。全省24家上市公司中，省国资委出资监管企业控股的有12家，占50%；融资额和净资产总额分别占全省上市公司的60%以上。江西铜业、联创光电、安源股份、凤凰光学等一批企业进一步建立和完善了法人治理结构，经营机制得到了转换，管理水平大幅度提高，产品的技术含量和科技含量得到提升，企业规模迅速壮大，市场竞争能力大大增强，在全省国有企业中发挥了良好的示范作用。江西铜业集团加快建设现代企业制度，并积极投入控股上市公司“江西铜业”所募集的资金进行技术改造，扩大生产规模。与“江西铜业”上市前相比，集团净资产规模扩大8倍，铜冶炼能力和黄金产量分别提高了2.1倍和1.7倍，发展成为世界一流的铜冶炼企业。此外，赣南海欣药业股份公司、天施康中药股份有限公司等进入或已完成上市辅导期，充实了上市公司后备资源。

（三）积极推进国有产权有序流转，产权交易行为进一步规范

省国资委以建立现代产权制度为目标，积极推进国有产权的有序流转，并加强监管，初步形成了对企业国有产权交易的全程监管体系。围绕贯彻落实《企业国有产权转让管理暂行办法》（国资委、财政部3号令）和《江西省产权交易管理办法》（省政府第117号令），先后制订了一系列规范推进国有企业改制和产权转让的政策措施；选择确定了省产权交易所作为全省从事地方企业国有资产产权交易的唯一机构并向全省公告；建立了产权交易的月报和年报制度，汇总编制了《2004年产权交易情况统计表》，为产权交易的动态监管打下了基础；加大了国有产权转让的现场监管力度，妥善处理了一些群众举报案件，重点对萍乡长运公司等企业的产权转让进行了调查。全省国有产权转让进一步趋向规范，市场发现价格的作用初步显现。2004年省产权交易所共成交209宗，成交总额13.48亿元，分别增长116%和25.06%，成交价与评估值相比，平均增加13%。其中国有产权176宗，成交金额12.59亿元。全省国有产权进场交易率达到87%，其中省属国有产权全部实现了进场交易，设区市的国有产权进场交易比例逐步扩大。

同时，根据国务院国资委、国家监察部等四部委的统一部署，2004年9月至11月，省国资委会同监察、财政、工商等部门在全省范围内开展了产权转让和企业改制专项检查，全省11个设区市和包括出资监管企业在内的各省属企业进行了自查，四厅局联合检查组先后对南昌、景德镇、赣州、吉安等部分设区市及省直企业进行了抽查。通过专项检查，摸清了情况，明确了政策，对改革实践中的不规范行为进行了整改，企业改制和产权转让进一步趋向规范，得到了国务院国资委等四部委联合检查组的充分肯定。

(四)做大做强了一批大公司大集团

积极引导生产要素向江西铜业集团、新余钢铁公司、煤炭集团公司、江中集团公司等优势企业积聚，支持其发展壮大，江西铜业集团继2003年实现年销售收入超百亿元后，2004年继续保持强劲增长，实现销售收入160亿元，销售收入、工业增加值和利税总额都大大超额完成了三年翻番的目标；新余钢铁公司去年实现销售收入超过110亿元，顺利完成了省委、省政府下达的“三年翻番”任务。

(五)放开搞活了一批国有中小企业

2004年10月，以江西省对外经济贸易厅所属资产质量较好的省粮油、服装等5家进出口公司为基础组建的省外贸资产经营有限公司，与省外经贸厅脱钩，正式移交省国资委，纳入省国资委代表省政府履行出资人职责的企业名单。省外经贸厅其他直属企业全部委托省外贸资产经营有限公司监管，并基本完成改制，真正走向市场，职工得到妥善安置。省医药集团公司所属小型流通企业通过划转地方、出让等多种方式推进改制，也取得了良好效果。

(六)关闭破产了一批劣势企业

根据国务院国资委的统一部署，制订并上报了《江西省国有工业困难企业关闭破产工作总体规划方案》，积极争取2004年国家政策性破产项目8个，可核销银行呆坏帐9.9亿元。加大了政策性破产计划项目的实施力度，省稀有稀土金属钨业集团的5户企业、省煤炭集团的4户企业和江西缫丝厂、江西锂厂等11户企业已破产终结，核工业713矿等6户企业的关闭破产工作正在实施之中。在争取国家政策性破产的同时，通过积极与有关债权银行和资产管理公司沟通，在妥善安置职工的基础上，对部分企业实施了依法破产和关闭，加快了劣势企业退出。此外，为搞好省属国有企业的职工安置，设立了省属国有企业改革专项资金，促进了改制企业安置资金不足难题的解决。

六、江西省国资委监管企业主辅分离辅业改制情况

2004年，省国资委把对国有大中型企业实施主辅分离、辅业改制作为新形势下深化国有企业改革、精干壮大主业、提高核心竞争力的一项重要工作来抓。江西铜业集团、江西电化公司等20户国有大中型企业成功实施了主辅分离辅业改制，分离改制辅业企业25户，分流安置企业富余人员26938人，其中已安置上岗原企业富余人员8481人，享受所得税减免政策4000多万元，为进一步精干壮大主业和搞活辅业创造了良好的条件。省冶金集团公司所属企业、江西化纤化工有限责任公司实施主辅分离辅业改制的总体方案已经省有关部门批复。截至2004年底，省属企业移交地方政府的157所学校已有133所完成移交，在赣铁路系统11个卫生医疗机构和学校、幼儿园移交地方的工作全部如期完成。

七、江西省国资委监管企业重组与完善法人治理结构改革进展情况

(一)稳步推进企业改革重组

着眼于调整和优化国有经济布局，针对省属企业实际，坚持按照有进有退、优进劣退的原则，因企制宜，一企一策，多种形式推进省属企业改革重组。江中集团公司通过资本运作，成功重组江纸公司，成为继省冶金集团公司之后又一家旗下拥有两家上市公司的集团公司，公司实力明显增强。省煤炭集团公司积极推进资本运作和资产重组，资产结构和产业结构进一步优化，为下一步快速发展奠定了基础。江西国际信托投资公司顺利完成资产债务重组，整体资产质量显著改善，为公司今后的健康快速发展奠定了良好基础。省外贸资产经营公司和省盐业集团公司的组建工作相继完成，省投资公司与华赣公司已经省政府批准重组为省投资集团公司。

(二)完善公司法人治理结构进展概况

1. 劳动、人事、分配三项制度改革进一步推进，内部机制逐步转换。江中集团公司、江光集团公司、江铜集团公司新建项目和企业等实行劳动保障代理制

和人事代理制，建立了市场化用工机制。

2. 积极推进了企业总法律顾问制度建设，我省被国务院国资委确定为推行企业总法律顾问制度的5个试点省市之一。冶金集团公司、江光集团公司和萍矿集团公司推行企业总法律顾问制度工作方案已经批复实施。

3. 着力理顺出资监管企业与所投资企业的关系，推进多元投资主体企业建立健全法人治理结构。要求各出资监管企业明确与所属企业间的投资关系，在此基础上依据《公司法》建立股东会、董事会、监事会，并规范运作。江西铜业集团公司所投资的江西铜业股份有限公司和其他39家控股或参股公司都按照《公司法》的要求建立了股东大会、董事会、监事会，并按照公司章程的规定规范、有序运行。

4. 积极推进国有独资的出资监管企业进行公司制改革，建立规范的法人治理机构。2004年，新组建的江西省外贸资产经营有限公司和江西省盐业集团公司都按要求设立为国有独资公司，设立了董事会、经理层。董事长按省属国有企业领导人员管理有关规定产生，董事按《公司法》和集团公司章程的规定产生；经理层人员按《公司法》和集团公司章程的规定产生，由董事会聘任或解聘。外派监事会的工作也在积极筹备中。

5. 积极推进已建立法人治理结构的出资监管企业进一步规范运作。重点是对江中制药(集团)有限责任公司进行规范。纠正决策层与执行层过度重合的现象，减少交叉任职，引入外部董事，建立集体决策并可追溯个人责任的董事会议事制度，规范董事长与总经理的职权，加快外派监事会的进程，加强监督。

八、江西省国资委监管企业建立和完善经营业绩考核体系情况

(一)国资委建立对出资监管单位经营业绩考核体系的情况

江西省国资委自2004年4月挂牌以来，对出资监管单位的经营业绩考核情况和领导人收入分配进行了调查。9月，完成了《江西省省属企业负责人经营业绩考核暂行办法》和《江西省省属企业负责人薪酬管理暂行办法》的起草，争取尽早正式出台。考核的主要指标为国有资产保值增值率、利润总额、净资产收益率及主营业务收入平均增长率等。从2005年始，对所属出资监管单位进行年度经营业绩考核和任期经营业绩考核，并依据考核指标完成情况，决定企业负责人的薪酬。

江西省国资委出资监管的20家单位中，江西铜业集团公司、江西稀有稀土金属钨业集团公司、江西省煤炭集团公司3家单位经省政府批准实行了年薪制，每年由省国资委、省财政厅、省劳动和社会保障厅联合对其进行经营业绩考核。考核指标主要为国有资产保值增值率、利润总额，并辅之以安全生产、税费上缴、职工工资拖欠等辅助指标。

(二)出资监管单位建立经营业绩考核体系的情况

各出资监管单位根据自身的实际建立了经营业绩考核体系，对下属单位都有业绩考核的要求。

1. 考核指标以经济效益指标为主，辅以非经济效益指标；以定量指标为主，辅以定性指标。经济效益指标主要有利润、国有资产保值增值率、产品质量、应收账款控制率、销售收入、货款回笼、成本费用等；非经济效益指标主要有管理费上缴、生产安全、科技研发、企业稳定、改革改制情况等。

2. 考核通过签订《资产授权经营管理责任书》或正式文件下发等形式，明确规定下属单位的业绩考核目标。考核对象主要为企业法定代表人或董事长、总经理，单位主要负责人等。

3. 业绩完成情况与下属单位负责人的薪酬紧密挂钩。薪酬激励形式主要有年薪、一次性奖励、虚拟股权分红等。奖励对象主要为企业法定代表人或董事长、总经理，单位主要负责人等。

（撰稿人：徐卫和）

山东省

2004年，在省委、省政府正确领导下，在各市党

委、政府和省直有关部门共同努力下,我省国有资产管理体制改革迈出了实质性步伐,国有企业改革发展取得了显著成绩。全省国有企业认真贯彻落实科学发展观和国家宏观调控政策,以提升核心竞争力为重点,自我加压,奋力开拓,总体呈现改革不断深化、发展明显加速、效益大幅提高的良好态势。

一、国有资产管理体制改革全面启动,国资监管工作取得积极进展

第一,国资监管机构建设扎实起步。省国资委于上年6月正式挂牌成立。省政府批准设立国资委的11个市中,目前济南、青岛、烟台、临沂、泰安、枣庄、济宁等7个市已组建国资委,其他4个市国资委正在组建中。经批准不单设国资委、有关职能挂靠财政或经贸部门的市中,有的已经进行了职能划转和移交,其余的也明确了职能整合的工作思路。

第二,国资监管基础工作明显加强。省国资委把省属企业清产核资、建章立制等作为重点工作来抓。在全国率先采用公开招标方式,选聘了35家中介机构进驻63户省管企业开展清产核资工作。组成6个督导组巡回督导,并成立了资产损失审核认定专业小组,研究制订了资产损失核销办法。同时,制订出台了30多项规章制度,着力构建国资监管政策法规体系。各市国资监管机构在加强国资监管基础工作方面,也做了大量工作。

第三,国有资产监管进一步强化。国有企业监事会认真履行职责,已成为我省加强国有资产监管的重要力量。省管企业监事会完成了对9户企业的监督检查工作,有力地促进了国资监管工作。省国资委制订出台了省管企业负责人经营业绩考核暂行办法和薪酬管理暂行办法,济南、青岛、烟台等市在这方面也进行了有益探索。全省国资监管系统重视企业效能监察工作,加强了对所出资企业的财务监管。

二、国有企业改革不断深化,国有经济进一步发展壮大

一是企业改革步伐加快。国有大型企业股份制改革取得新突破。省属企业中,济钢股份、潍柴股份成功上市。全省76户境内上市公司中,有61户国有控股或参股公司,总股本330.6亿股,国有股本154.8亿股。多种形式推进中小企业改革取得新进展。截至2004年底,全省国有企业改制面达到89.6%,省属企业实行产权制度改革的达43.4%,大部分县属国有企业完成改制后进入完善提高的新阶段。主辅分离、辅业改制取得新成效。省属企业中,临沂矿务局等6户企业的主辅分离总体方案已经完成审批,其中潍柴第二发动机厂等20个辅业单位的改制分流工作已基本结束,1.7亿元国有资产全部退出,分流安置职工1.25万人。资源枯竭矿山和劣势企业关闭破产、分离企业办社会职能工作稳步推进。到2004年,国家共下达我省企业关闭破产项目122个,涉及资产总额74.7亿元,核呆金额38.9亿元。

二是调整重组力度加大。国有大型企业以引进战略投资者为重点,通过合资合作、相互参股、兼并收购等多种途径,扎实推进大公司、大集团建设。重汽集团、兖矿集团、山工集团、海信集团、青啤集团、浪潮集团等实现了与国际知名企业的合资合作。2004年,省国资委共批复了19户企业的改革方案,涉及资产总额130.18亿元,国有资产37.56亿元,在职职工8438人。省属企业中,重汽集团重组小鸭电器、商业集团重组渤海集团顺利完成,高速公路公司与路桥集团、新华鲁抗集团与上海医药集团的联合重组正在进行。

三是国有产权转让规范进行。2004年省国资委审批了13户省属企业的国有产权转让方案,涉及国有资产7.74亿元;核准评估报告22份,审增国有资产7686.04万元。切实加强产权交易机构建设,注重发挥鲁信、鲁财两家产权交易中心的作用。从省国资委成立至今,有18户省属企业国有产权在两家产权交易中心挂牌公示、公告交易,涉及改制企业净资产22.6亿元。

四是核心竞争力明显增强。2004年全省创出了一批新的重大技术成果。重汽集团自行研制的新一代华沃系列车型正式下线,标志着集团的重卡技术水平基本与国际先进水平接轨。兖矿集团水煤浆和粉煤气化研发项目中试成功,成为世界上唯一同时掌握

这两项技术的企业。

五是经济效益大幅提高。2004 年,66 户省管企业实现销售收入 1651 亿元,同比增长 51.8%;实现利润 82 亿元,同比增长 113.4%;上缴税金 112 亿元,同比增长 53.6%;资产总额达到 2787 亿元,同比增长 36%;所有者权益达到 673 亿元,同比增长 35.7%。全省国有及国有控股企业实现销售收入、利润等同比也有较大幅度的增长。

三、国有企业党建不断加强,企业领导班子建设取得新的成绩

企业党建工作取得新成效。全省国有企业普遍兴起了学习贯彻“三个代表”重要思想和十六届三中、四中全会精神的新高潮。省国资委党委举办了省管企业党委书记学习贯彻四中全会精神专题培训班。在省地铁局成功开展了保持共产党员先进性教育试点活动,为 2005 年全面开展党员先进性教育活动积累了宝贵经验。国有企业党组织紧紧围绕生产经营中心,积极探索党组织发挥政治核心作用的有效途径,有力地促进了企业党的思想、组织、作风和制度建设。

企业领导班子建设明显加强。省委组织部与省国资委党委联合召开了全省国有企业领导班子思想政治建设座谈会,部署开展了国有企业“四好”领导班子创建活动。省国资委去年共调整了 30 户省管企业的领导班子,涉及 107 名企业领导人员。健全国有企业纪检监察体系,积极推进源头防腐工作,指导企业查处了一批违法违纪案件。2004 年,省管企业各级纪检监察机构受理群众信访举报 2308 件,立案调查 263 件,给予 310 人党纪政纪处分,移送司法机关 35 人,挽回经济损失 955 万元。

企业文化建设取得显著成绩。全省国有企业深入开展了“企业学海尔、职工学许振超、创一流工作、创一流品牌、创一流环境”的“两学三创”活动。省国资委召开了省管企业文化建设经验交流会,举办了省管企业大型文艺晚会。成立了省管企业青年联合会,进一步加强了企业共青团工作。

企业集中处理信访突出问题及群体性事件工作取得阶段性成果。中央和省委部署开展集中处理信访突出问题及群体性事件工作以来,经过动员部署、集中清查劝返、集中解决问题、检查回访,中央和省交办的 33 起案件中,结服或办结 28 件,基本完成了第一阶段的任务。同时,采取有力措施及时处理群体性、突发性事件,来省进京上访案件大幅减少,有效地维护了全省改革发展稳定的大局。

(撰稿人:孙运伟)

青岛市

一、青岛市国有资产监督管理工作综述

2004 年是青岛市国有资产监督管理体制框架初步建立的一年。青岛市国资委按照《企业国有资产监督管理暂行条例》,牢牢把握依法履行出资人职责的根本,扎实起步,有力地促进了青岛市国有经济持续快速发展。

(一)国有资产保值增值

截至 2004 年底,27 户监管企业实现销售收入 1132.87 亿元,同比(下同)增长 25.97%;实现利润 35.36 亿元,增长 4.03%;上缴税金 46.60 亿元,增长 10.93%;资产总额达到 1390.71 亿元,增长 8.16%;所有者权益 504.11 亿元,增长 13.34%。国有经济覆盖面有序收缩,国有经济的影响力、控制力和带动力得到加强。

(二)国有资产监管体系建设

构建国有资产监管法规制度体系。对原有的政策法规和规章进行清理,制订并落实了政策法规起草工作计划;出台了《青岛市国有企业清产核资实施办法》、《青岛市市属国有(集体)企业财务决算审计工作规则》、《关于聘用中介机构管理办法》等 24 个规范性文件,废止文件 6 件,5 个政策法规已进入审核程序。

确定首批监管企业。2004 年 11 月,召开了全市市属企业国有资产监督管理工作会议,公布了市政府

确定的第一批由市国资委履行出资人职责实施监管的海尔集团公司等27户企业。

完善落实国有资产经营责任的相关制度。加强了国有资产保值增值考核工作,实现了国有资产保值增值和委托监管考核工作的平稳过渡;参照《中央企业负责人经营业绩考核暂行办法》,将原有的保值增值考核、年薪制考核和经济责任目标考核相结合,制订了不同类型企业的激励约束机制和工作程序,探索对国有企业负责人经营业绩考核制度和薪酬制度进行改革。

加强和改进监督工作。出台了《青岛市国有及国有控股企业外派监督机构工作暂行办法》,调整监管范围和方式,明确监事会、财务总监与被监督企业间的责权关系;坚持以出资人监督为主,以财务监督为核心,完善事前重参与、事中重规范、事后重跟踪的监督制度;加强了对企业改制、产权变动、产权交易、资本运营和经营管理等重大事项的监督。

(三)国有企业改革

明确国有企业改革的思路和重点,国有企业改革在大企业股份制改造、中小企业有序改制和劣势企业加快退出等3个层面上有序展开。为依法规范改制,市国企改革领导小组办公室增设监察审计组,由市监察局、市审计局负责人参加,参与国企改革的全过程,对各项工作随时进行监督检查。

国有大企业以引进战略合作伙伴为导向,加快股份制改造和现代企业制度建设。实现了青岛黄海橡胶集团整体划转中化集团、青岛国风药业公司与上海医药集团联合重组、青钢集团引进深圳意汇通投资有限公司启动中厚板项目等大企业集团的改革重组,对棉纺企业的调整重组方案进行了论证。国有中小企业加快改制退出。年内,通过改制、实施"青政办发[2000]45号文件"和破产等形式,共有132户企业进入改制退出程序。其中,通过实施职工买断和利用外资、民资等改制66户,实施"45号文件"利用土地安置职工36户,依法破产30户。截至年底,市属工交企业改退率为75.5%,财贸企业改退率为98%。资产经营公司改革取得进展,市机械工业总公司、市纺织总公司按照"发展稳定双线推进"方式,凯联集团、益青公司、海珊集团按照"突出优势分块发展"方式,中泰集团按照"整体打包退出"方式,交运集团按照母子结构的方式分别进行改革调整。加快劣势企业退出市场,通过建立"快速通道"促进困难企业分流安置职工,累计筹集资金14.9亿元,安置职工8.1万人,降低安置成本近千万元。

(四)国有资产基础管理

加强国有产权管理。出台了《青岛市企业国有产权转让管理暂行办法》,完善产权登记、产权界定、资产评估等基础工作,调整了产权交易流程,细化信息发布和挂牌公示程序。年内,市国资委会同市监察局、市工商局、市地税局等部门开展了产权交易市场的稽查工作。全年全市国有(集体)企业改制中产权转让全部实现了入市交易,实现国有产权交易额109亿元,增长22.79%;出台了《青岛市国有企业不良资产认定核销暂行规定》,明确不良资产处置标准,规范企业不良资产核销工作。

开展清产核资。从2004年12月开始,开展所监管企业清产核资工作,制订了相关配套规定和工作方案,建立了工作机构;完善了企业财务决算报表、国有资产统计报表和监督工作分析报表等制度,形成了国有资产监管基础数据库的基础框架;按季度对国有资产运营状况进行动态分析,完善国有资产统计评价体系。

(五)国有企业党的建设和队伍建设得到加强

认真贯彻全国国有企业领导班子思想政治建设座谈会精神,以建设"四好"班子为目标,集中开展了企业领导班子考核工作。企业领导人员的培养、选拔、管理、考核、监督机制不断完善,建立了300名国资系统后备干部人才库。对28个先进基层党委、41个先进基层党(总)支部、42名优秀共产党员和27名优秀党务工作者进行了表彰。

二、青岛市国有资产监督管理机构组建情况

2004年7月27日,市委、市政府下发《关于青岛市人民政府机构改革的意见》(青发[2004]12号),深化国有资产管理体制改革。撤销市国有资产管理办

公室,将原市国有资产管理办公室的职能,市经济委员会承担的国有企业改革和管理职能,市财政局承担的部分国有资产管理职能,市劳动和社会保障局承担的参与拟定国有及国有控股企业工资决定机制改革政策职能,市经济体制改革办公室承担的研究指导企业经营者分配制度改革工作等职能合并,组建青岛市人民政府国有资产监督管理委员会(以下简称市国资委),为市政府特设机构,正局级规格。市国资委代表市政府履行国有资产出资人职责,实行管资产与管人、管事相结合。

2004年8月16日,市国资委召开成立大会。2004年9月29日,《青岛市人民政府办公厅关于印发青岛市人民政府国有资产监督管理委员会职能配置内设机构和人员编制规定的通知》(青政办发[2004]74号),确定了市国资委的职能配置、内设机构和人员编制。根据市委决定,市国资委成立党委,履行市委规定的职责。市国资委的监管范围为市属企业国有(集体)资产。

(一)职能配置

划入的职能:

1. 原市国有资产管理办公室承担的职能。

2. 原市经济委员会承担的指导国有企业改革和管理的职能。

3. 原市经济体制改革办公室承担的研究指导企业经营者分配制度改革和国有企业股份制改造的职能。

4. 原市委工交工委承担的职能,原市委建设工委、原市委财贸工委、原市委对外开放工委承担的有关职能。

5. 市财政局承担的部分国有资产管理的职能。

6. 市劳动和社会保障局承担的参与拟订国有及国有控股企业工资决定机制的改革政策的职能。

(二)主要职责

根据以上职能配置,市国资委的主要职责是:

1. 根据市政府授权,依照《中华人民共和国公司法》、《企业国有资产监督管理暂行条例》等法律、法规,履行出资人职责,指导推进国有企业改革和重组;对所监管企业和企业化管理的事业单位国有资产保值增值进行监督,加强国有资产的管理工作。

2. 推动国有经济结构和布局的战略性调整;推进国有企业的现代企业制度建设,完善公司治理结构;推动国有企业对外经济合作与交流,提升企业核心竞争力。

3. 代表市政府向所出资企业派出监事会,负责监事会的日常管理工作。

4. 按照法定程序和职责分工,对企业负责人进行任免、考核,并根据其经营业绩进行奖惩;建立符合社会主义市场经济体制和现代企业制度要求的选人、用人机制,完善经营者激励和约束制度。

5. 通过统计、稽核等方式对市直企业国有资产的保值增值情况进行监管;建立和完善国有资产保值增值指标体系,拟定考核标准,维护国有资产出资人的权益。

6. 负责起草国有资产管理的地方性法规、规章,制订有关规范性文件;负责规范和发展各类产权交易市场,并进行监督管理;指定公物拍卖机构;依法对区市国有资产管理工作进行指导。

7. 承办市委、市政府交办的其他事项。

(三)内设机构

市国资委设13个职能处室:办公室(挂党委办公室牌子)、政策法规处(挂信访办公室牌子)、统计评价处(挂市清产核资领导小组办公室牌子)、业绩考核处、产权管理处、社会事业处、投资发展处、企业改革改组处(挂市国有企业改革领导小组办公室牌子)、综合调研室、监督工作管理处、企业领导人管理处(挂党委组织部牌子)、宣传与群众工作处(挂党委宣传与群众工作部牌子)、人事处。

机关党委。负责委机关和直属单位的党群工作。日常工作由人事处承担。

纪委机关。为便于市国资委纪委(监察机构)开展工作,市国资委纪委设综合室、一室、二室(均为副处级)。

(四)其他事项

1. 市国资委与企业的关系。按照政企分开以及所有权与经营权分离的原则,市国资委依法对企业的国有资产进行监管,依法履行出资人职责。市国资委不得直接干预企业的生产经营活动,使企业真正成为自主经营、自负盈亏的市场主体和法人实体,实现国有资产保值增值。企业应自觉接受市国资委的监管,不得损害所有者权益,同时努力提高经济效益。

2. 市国资委与市经贸委的关系。市国资委研究发展国有及国有控股企业和企业集团的政策,指导企业实施战略性改组,组织实施企业兼并破产工作,市经贸委配合。

3. 市国资委与市财政局的关系。市属国有资产收益资金纳入市财政预算管理,其使用由市国资委提出意见报市政府审定。市国资委负责所监管的国有资本经营预算的编制工作,作为全市总预算的组成部分,由市财政局统一汇总和报告,预算收入的征管和使用接受市财政局监督。

4. 全市集体企业产权界定工作由市国资委承担并组织实施。

三、青岛市国有资产总量与结构分析

(一)统计结果

根据国务院国资委的统一部署和青岛市国资委的工作安排,2004 年度全市共汇编市直及区、市所属国有独资及国有控股企业(以下简称国有企业)820 户,资产总额为 1341.52 亿元,国有资产总额(含国有法人资本)405.82 亿元。

2004 年度,统计范围内全市 67 家资产营运机构(主管部门)所属的国有企业为 820 户,其中市管 24 家企业所属 394 户,占全部国有企业户数的 48.05%;全市国有企业资产总额为 1341.52 亿元,比上年增长了 10.37%,其中市管企业资产总额为 1017.25 亿元,占全市国有企业资产总额的 75.83%;全市国有企业所有者权益总额为 492.04 亿元,比上年增长了 8.45%,其中市管企业所有者权益总额为 368.08 亿元,占全市国有企业所有者权益总额的 74.81%;全市国有企业国有资产总额为 405.82 亿元,比上年增长了 4.57%,其中市管企业国有资产总额为 290.47 亿元,占全市国有企业国有资产总额的 71.58%。

截至 2004 年底,统计范围内国有企业累计实现销售(营业)收入 860.76 亿元,同比增长 26.74%,其中市管企业累计实现销售(营业)收入 723.13 亿元,占全市实现销售(营业)收入的 84.01%;全市国有企业累计实现利润 25.06 亿元,同比增长 2.85%,其中市管企业实现利润 26.39 亿元,占全市实现利润的 105.31%;全市国有企业应缴税金总额为 53.88 亿元,同比增长 21.02%,其中市管企业应缴税金总额为 47.30 亿元,占全市国有企业应缴税金的 87.79%;全市国有企业从业人员总计 22.03 万人,其中市管企业从业人员为 15.79 万人,占全市从业人员的 71.67%。

(二)国有资产总量与结构分析

统计结果显示,青岛市企业资产总量中三项资产结构趋向合理,所有者权益中实收资本比重略有提高,从一定角度表明青岛市企业发展的活力及国有经济的控制力有所增强。从国有资产的分布情况看,青岛市国有资产正向市属大中型企业集中,并主要集中于工交类企业,已经构建起以工交业为代表的不同产业集群,基本反映出我青岛国有资产布局结构调整的成效。

1. 国有资产总量构成。全市国有企业资产总量构成。在统计范围内的 820 户国有企业 1341.52 亿元的资产总额中,流动资产为 640.06 亿元,比上年度增长了 13.48%,占总资产的 47.71%;固定资产总额为 490.34 亿元,占总资产的 36.55%;长期投资 168.28 亿元,占总资产的 15.54%;三项资产占总资产的 96.80%。

全市国有企业所有者权益构成。在统计范围内国有企业所有者权益 492.04 亿元的总额中,实收资本为 259.52 亿元,比上年增长了 5.38%,占所有者权益总额的 52.74%;资本公积为 188.95 亿元,占 38.41%;盈余公积为 38.60 亿元,占 7.84%;未分配利润为 4.96 亿元,占 1.01%。

2. 国有资产的分布结构。按区域分布情况。市直所属国有企业占用国有资产总额为 366.66 亿元,占全市国有资产总额的 90.35%;区、市国有企业国有资产总额为 39.16 亿元,占全市国有资产总额的 10.68%。区、市国有企业国有资产总额排序如下:崂山区国有资产总额为 11.75 亿元,胶南市国有资产总额为 7.80 亿元,胶州市国有资产总额为 5.60 亿元,即墨市国有资产总额为 4.39 亿元,平度市国有资产总额为3.49亿元，黄岛区国有资产总额为2.32亿元，莱西市国有资产总额为2.02亿元，保税区国有资产总额为1.51亿元，四方区国有资产总额为0.42亿元，城阳区国有资产总额为0.22亿元。

按行业分布情况。据年报统计，目前全市国有资产分布在13个门类的行业中，按国有资产总额的多少主要分布在：工业，300户国有企业资产总额为831.84亿元，国有资产总额为238.92亿元，占全市国有资产总额的58.87%；交通运输、仓储业，76户国有企业资产总额为162.36亿元，国有资产总额为60.76亿元，占全市国有资产总额的14.97%；社会服务业，107户国有企业资产总额为76.90亿元，国有资产总额为41.20亿元，占全市国有资产总额的10.15%；建筑业，88户国有企业资产总额为90.20亿元，国有资产总额为19.66亿元，占全市国有资产总额的4.84%。

按国有企业规模分布情况。69家大型国有企业国有资产总额为284.28亿元，占全市国有资产总额的70.05%；165家中型国有企业国有资产总额为91.20亿元，占全市国有资产总额的22.47%；586家小型国有企业国有资产总额为30.34亿元，占全市国有资产总额的7.48%。

四、青岛市国有资产保值增值综合分析评价

经2004年10月29日第35次市长办公会议确定，2004年度国有资产保值增值及行政事业单位经营性国有资产委托监管考核奖惩工作延续一年，在市委、市政府的正确领导下，经过各被考核单位的共同努力，青岛市国有资产保值增值考核的工作目标得以顺利完成。

据测算，2004年全市27家(其中实行考核奖惩的单位20家，只考核不奖惩的单位7家)被考核单位所属的177户企业，年末国家所有者权益达到268.41亿元(不含土地入账价值37.69亿元)，比年初增加30.5亿元，增值率为12.82%；扣除客观因素影响，年末国有权益比年初增加12.1亿元，保值增值率为105.08%，比年初核定的103.51%高1.57个百分点。比上年实际完成的104.79%提高0.33个百分点。27家单位中完成保值增值率指标的有21家，未完成保值增值率指标的有6家。

2004年度实行国有资产保值增值考核的27家单位，年末净资产收益率平均为4.32%；总资产报酬率平均为4.19%；资本积累率平均为5.08%；折旧提足率平均为99.68%。辅助指标全部完成的有18家，全部或部分未完成的单位有9家。2004年度实行考核奖惩的20家单位共实现地方财政贡献13.87亿元，比上年增长1.93%。

总的看，2004年度国有资产保值增值考核工作主要有以下几个特点：

一是考核工作更加制度化、规范化。在认真贯彻执行《青岛市国有资产保值增值考核工作程序》和《青岛市国有资产保值增值专项审计操作规范》的基础上，注意结合年度考核工作中出现的新情况、新问题，研究完善两个规范性文件的思路、对策，并将形成的思路、对策适时应用到考核工作的全过程，促进了考核工作的制度化、规范化。

二是考核工作对国有资产监督管理工作的配合更加密切。作为国有资产监督管理工作的一个重要环节，保值增值考核从多个方面加强了同监管工作的衔接、配合。自2002年保值增值考核与国有资产动态监控系统实现数据共享后，考核工作一直在动态监控中进行，这样做不仅保证了考核工作与国资监管工作的协调一致性，同时也增强了考核的真实性、准确性。另外，考核中还注意吸收国资监督人员参加，听取他们对被考核单位的意见，并结合中介机构的审计结果，对国有资产营运效果进行综合评价，从而实现了监督、考核和专项审计的有机衔接。

三是经济运行质量进一步提高，重点骨干企业继续保持良好发展态势。各资本运营机构通过积极调整产品、产业结构，强化内部管理，加大工作创新力度和市场开拓能力，经济运行质量和经济效益进一步提高，盈利能力显著增强。从保值增值考核的情况来看，优势企业继续保持了快速健康的发展态势。

五、青岛市国资委监管企业产权制度改革情况

(一)加强产权基础管理工作

一是摸清国有资产家底。摸清了2003年底全市

1149户国有(集体)资产存量、国有(集体)资产产权关系、组织形式,国有及国有控股企业现状,形成了《青岛市国有(集体)资产分析报告》,为今年开展青岛市国有经济布局结构调整工作提供重要依据;摸清了9家上市股份公司和48家非上市股份公司资产状况、股比结构、国有收益等情况;摸清了特困企业占有使用国有资产及职工人数等情况;摸清了结构调整中,应全部退出的非公司制企业、应全部退出的股份制、有限责任公司及其收益情况。

二是加强国有股权管理,积极服务国企改革。按规定程序,完成了各项国有(集体)资产处置、股权设置、资本金设置、股权转让的审批工作。

三是加强国有资产收益监管。为了规范国有资产收益管理,今年以来,根据市政府的要求,在调研的基础上起草了《关于加强国有产(股)权转让收入收缴管理工作的通知》,并以青政发[2004]24号予以发布。《通知》的下发执行,对加强青岛市国有资产收益的监管,加快推进结构调整工作具有重大现实意义。《通知》下发后,积极做好收益管理的基础工作,统计历年国有产(股)权收益情况,建立台账,开设专用账户,并组织专人负责收益收缴。

(二)加强国有企业改革过程中的审计评估管理

一是认真做好资产评估监督管理的各项工作。对经市政府批准的重大项目的评估结果按程序予以核准,对其他国有(集体)资产评估项目备案;根据市国资委《关于加强国有资产评估监督管理有关问题的通知》的有关规定,提出公开选取市属国有企业改制、国有产(股)权转让等重大经济行为的审计、评估准入机构的意见工作。

二是不断完善规章制度,加强对国有(集体)资产评估监管工作。根据国家国资委《关于规范国有企业改制工作意见》通知精神,提出了做好国有企业改制工作中资产清查、财务审计和资产评估衔接工作的意见,为全面贯彻落实《意见》中评估管理工作提供了切实可行的措施;深入企业指导改制工作,监督检查中介机构工作,较好地保障了重大经济行为的资产清查、资产评估工作。

(三)加强产权交易市场建设

一是产权交易业务进一步扩大。2004年,青岛产权交易所进一步规范产权交易程序,增强合同的实用性和规范性,加大同工商局等有关部门的协调力度,加强市场监控,形成了从产权入市、交割到产权有效投资等一整套完善的产权交易制度体系,促进产权交易业务再创新高。完成交易总额114.745亿元,比上年增长13.45%;项目数4742项,比上年增长22.79%。其中:国有资产交易额109.1138亿元,比上年增长24.94%;受让方是非国有的交易额为89.6454亿元。

二是建设闲置资产和产权两大“超市”,实现闲置资产和产权信息的大规模有效集合,打造产权交易新型服务平台,以“虚拟超市”的形式将闲置资产和企业产权进行集中,利用相对固定的相关媒体对外发布物资和国有产权转让公告及相关信息,公开征寻受让方,以拍卖、招标或协议转让等方式,实现对国有资产和产权的市场价格发现机制;同时利用青岛当地产业优势及青岛对日韩的地理优势,积极寻找投资者,在超市中公布投资意向,对资本运营进行撮合,充分发挥产交所综合性产权交易专业机构职能,为国有资本退出提供阳光通道。

三是继续推进非上市股权交易系统的交易功能发展,提升电子化服务水平,为产权市场搭建电子化服务平台。

四是加强黄河流域产权交易共同市场建设,黄河流域产权交易市场作为国内三大区域型产权交易市场之一,在提高黄河流域各省区之间资产流动效率,促进经济结构合理调整,扩大各省市资源配置空间,以市场化方式推动东西部地区产业资本转移等方面起着积极的推动作用。“青岛黄河流域产权交易共同市场有限责任公司”作为黄河流域产权交易共同市场的运行载体,是全国首家注册的区域性产权交易实体,已发展了包括西安、郑州、济南、山西、内蒙古等五省八市的10家产权交易机构为会员。

五是出台了《青岛市产权交易管理暂行办法》。为规范产权交易行为,促进产权合理流动和资源优化配置,维护交易各方的合法权益,起草了《青岛市产权交易管理暂行办法》,并以青政发[2004]5号文发布实施。

六、青岛市国资委监管企业重组与完善法人治理结构改革进展情况

青岛市政府国资委自2004年8月份成立以来，严格按照市委、市政府的部署和要求，依法代表市政府履行出资人职责，在大型企业、中小企业和困难企业、国有资产经营公司三个层面上坚定不移地推进国企改革，在监管企业重组与完善法人治理结构工作上取得了巨大进展。

（一）国企改革指导思想更加清晰，国有中小企业改制退出步伐加快，国有企业的影响力和控制力进一步增强

严格按照“有所为、有所不为”和“进而有为、退而有序”的指导方针，及时出台相关政策，研究改革过程中的热点、难点和对策，论证企业改革方案，协调解决推进中的障碍性问题，指导、检查、督促企业按计划推进等工作，国企改革步伐不断加快，按照市属工交527户企业总数计算，通过改制、实施45号文件和破产等形式，2004年累计改制退出398户（其中250户为改制企业、148户为破产和实施45号文件利用土地安置职工企业），改退率为75.5%；国有经济战线实现有序收缩，不断从竞争性行业退出，目前已从过去从事的195个减少到142个。国有资本总量已占全市限额以上工业资本总量的41%，在逐年降低的同时加快向大企业聚集，全市“十大”企业集团资产总额达到769亿元，占全市的30%，占国有及国有控股企业的73%。“十大”企业实现销售收入占全市比重的36%，实现利税和利润分别占全市的49%和43%。国有企业的影响力和控制力得到加强，布局趋向合理。

（二）积极推动大企业引进战略合作伙伴，实现产权多元化

在优势大企业引入战略投资伙伴扩股增资取得突破的基础上，积极推动利用外资、民资购并国有困难企业和进行股权多元化改造，一方面使企业获得发展的资金、技术、管理和市场网络，另一方面可以解决困难企业的改革问题。通过紧紧抓住重点和关键行业领域，积极推进国有经济布局战略性调整，实施国有控股和参股的股份有限公司国有股份的减持和退出，共有22户国有投资股份公司通过转让国有股权、引进外来资金增资扩股和盘活存量引进增量相结合等手段，多种途径实现减持国有股权，进一步实现产权多元化，健全公司治理结构。与此同时，积极推动困难大企业改革，通过多种政策并用，统筹兼顾，区别对待，探索出了既进行产权制度改革，转换经营机制，又盘活资产，同时使职工得到妥善安置，走出国有困难企业改革的新路子。

（三）对资产经营公司改革进行了有益探索和推进

在多次调研的基础上，结合各资产经营公司实际，按照“发展稳定双线推进、突出优势分块发展、整体退出引资重组、增量重组、母子结构”等多种方式逐一研究制订改革方案，青钢、机械、纺织按照“发展稳定双线推进”方式，凯联、益青、海珊按照“突出优势分块发展”方式，中泰集团按照“整体打包退出”方式，交运集团按照“母子结构”方式进行改革调整，多数改革方案已经进入论证阶段，其中凯联、机械、青钢、中泰4个资产经营公司的改革方案已经市长办公会研究通过，正在积极推进之中。

（四）严格国企改革操作程序，在实践中不断规范

在广泛调研和不断总结的基础上，对国有企业改制的全过程进行了规范，对批准制度、清产核资、财务审计、资产评估、交易管理、职工利益等多个环节，提出了明确的政策要求，及时研究出台了《关于调整市属国有（集体）企业改制程序的通知》，在国资委内部实行“一站式”办公，简化和规范了内部工作程序，加强了部门之间衔接，防止出现“掣肘”现象，实现从简、从快和高效运转。为使企业改革方案更具科学性和有效性，防止国有资产流失，组织研究出台了企业改制审计评估工作前置的文件，对拟进行改制企业，依法先行财务审计和资产评估，既缩短了操作周期、提高了工作效率，又为企业改革方案的选择和论证提供了科学依据。通过媒体，对从事审计、评估、法律事务的中介机构进行公开招标。同时按照公平、公正、公开的原则，建立国有产权市场化运作机制。将原来的国有资产“一对一”的协议转让方式，逐渐转变为“一对多”和招、拍、挂等转让方式。组织研究出台了《关

于加快实施国有产权公开转让有关问题的意见》,进一步加强了企业国有产权交易的监督管理,促进了企业国有资产的合理流动,防止了国有资产流失。

七、青岛市国资委监管企业建立和完善经营业绩考核体系的情况

市国资委成立以前,对国有企业的考核,并存着国有资产保值增值考核、经济责任目标考核和年薪制考核三种形式,三项考核在不同时期、不同范围内,对调动企业经营者的积极性,推动国有企业的改革发展,实现国有资产保值增值,起到了一定的作用,并在实践中积累了一些经验,形成了一些行之有效的做法,为全面推行新的业绩考核制度奠定了良好的基础。青岛市国资委成立后,为进一步规范对监管企业经营业绩的考核,建立有效的激励约束机制和薪酬分配制度,依据国务院《企业国有资产监督管理暂行条例》、国务院国资委《中央企业负责人经营业绩考核暂行办法》等有关规定,经过深入调研、反复论证、模拟测算和广泛征求意见,制订了《青岛市国有(集体)企业负责人经营业绩考核暂行办法》,并经市长办公会和市委常委会研究后出台实施。

《办法》承前启后,解决了长期存在的多头考核、指标重复和监管分散问题,实现了统一办法、统一考核、统一奖惩,标志着我市在考核制度上的新突破:一是区别不同行业、不同企业的具体情况,科学设置考核指标体系,既做到繁简适度,又具有较强的严密性、针对性和导向性;二是首次实现了全口径考核,督促企业负责人提高对国有资产的关切度,强化其担负的国有资产保值增值责任;三是以国有资产收益最大化为导向,同时适当考虑企业的社会贡献,包括地方税收贡献和企业职工收入增长水平等,体现了政府的管理导向和以效益为中心的原则;四是充分考虑监管企业的具体情况,根据"上封顶、下保底"原则,确定不同企业负责人的收入水平;五是坚持短期激励与中长期激励相结合的原则,鼓励企业着眼长远加快发展、做强做大;六是经营成果与奖惩及干部任用相结合。

《办法》出台后,为深入贯彻实施,积极做好相应的承接工作:一是启动业绩考核办法宣传计划,通过召开座谈会、举办培训班、媒体宣传等多种形式,将《办法》公诸于众,使社会各有关层面特别是监管企业深入了解《办法》的内在实质和重要意义,统一思想,达成共识,迅速形成有利于《办法》贯彻实施的舆论氛围和外部环境;二是抓紧部署监管企业提报年度经营业绩考核目标建议值,对目标建议值复核后签订监管企业经营责任书;三是启动企业负责人薪酬管理办法的制订工作,有机衔接业绩考核办法,建立规范完善的监管企业负责人薪酬管理体系,加强对企业负责人的薪酬管理,推动建立健全符合我市企业实际的激励约束机制;四是着手企业负责人中长期激励办法课题研究,在建立企业负责人业绩考核和薪酬管理机制的基础上,探索建立企业负责人长效激励约束机制的有效途径,研究制订适合我市企业改革发展现状的中长期激励办法,切实发挥中长期激励机制在推动企业发展中的重要作用。

(青岛市国资委供稿)

河南省

一、河南省国有资产监督管理工作综述

2004年,河南省国资委牢固树立科学的发展观,认真执行国家的各项宏观调控政策,按照省委省政府年初确定的目标任务,解放思想,开拓创新,使全省国有企业保持了较好的发展态势,国有资产整体运营质量继续得到改善,国有企业经济效益显著提高,国有企业改革和国有资产监督管理等工作提高到了一个新的水平。一是紧紧围绕出资人职责不断强化国有资产监管。在积极做好清产核资、国有产权登记等基础性工作的同时,进一步完善绩效评价和经营业绩考核体系,全面推行目标考核工作;加强对所出资企业重大事项监督管理,建立省属企业重大事项报告和备案制度;制订出台了《省属企业负责人薪酬管理办法》(试行),下发了《关于加强省属企业人工成本控制,规范收入分配有关问题的通知》,

严格控制人工成本;制订印发了《省属工业企业结构调整指导意见》,对符合国家产业政策和省属企业战略性结构调整方向的项目,积极予以支持。加强监事会工作,对省属企业普遍进行了监督检查,及时督促企业对违犯财务纪律和造成国有资产流失的问题进行了整改。二是紧紧围绕体制创新大力推进国企改革和发展。以产权制度改革为核心,以股份制和资产重组为主要形式,积极推动了全省国有企业改革工作的深入开展。全省多数市、县属工业企业改制工作基本完成,企业改制工作已从重点抓工业企业转向了全面推开商贸、粮食、建筑、交通以及科研机构、公用事业等非工业企业的改制。进一步推进了大中型企业主辅分离、辅业改制工作,企业分离自办中小学工作成效显著。重点企业引进战略投资者的步伐进一步加快。各地通过引资介入、国有股出让等形式,积极对重点企业实施改制重组。省属企业在引进战略投资者方面迈的步子更大。通过采取多种措施,做强做大了一批具有国际竞争力的大公司大企业集团,2004 年全省销售收入超过百亿元的大型企业集团有 5 户,其中 3 户是省属企业。进入全国 500 强的企业有 9 户,其中 4 户是省属企业。通过改组、联合、兼并、租赁、承包经营、股份合作、出售等多种形式,放开搞活了一批国有中小型企业,关闭破产了一批扭亏无望的企业。通过对国有经济的战略性调整和国有企业的改组改造,国有企业资产规模逐步扩大,国有资本控制力明显增强。三是积极探索国有企业领导人员管理新机制。坚持党管干部原则和市场化选聘企业经营管理者的机制相结合,积极研究与公司法人治理结构相适应的企业领导人员管理模式,使一批年富力强、学历较高、有实践经验的中青年同志走上了企业领导岗位。四是积极探索加强国有企业党建工作的新途径。以机构改革为契机,及时理顺了部分省属企业的党组织关系。根据企业改革发展的新情况,及时调整、健全基层党的组织,紧紧围绕生产经营扎实开展党的活动。加强省属企业党风廉政建设,深入开展效能监察,与省属重点企业第一责任人签订了党风廉政建设责任书。继续实行企业领导人员述职述廉制度,健全民主评议制度。

二、河南省市级国有资产监督管理机构组建情况

河南省国资委自 2003 年 12 月 6 日挂牌成立以来,各省辖市相继开展了深化国有资产管理体制改革工作。至 2004 年底,18 个省辖市中,郑州、开封、洛阳、平顶山、安阳、新乡、濮阳、漯河、三门峡、南阳、商丘、信阳、周口市、驻马店等 14 个市单独设立了市级国有资产监督管理委员会;鹤壁、许昌和济源等 3 个市未单独设立国有资产监督管理机构,而是挂靠在财政局,和财政局一个机构两块牌子;焦作市虽然明确成立了国资委,但很象一个议事协调机构,国资委主任由市长担任,市委副书记、组织部部长、各位副市长任副主任,有关 17 个职能部门的一把手为成员,国资委下设办公室(正处级建制),内设 6 个科室。在职能配置上,省辖市国资监管机构与省国资委的职能大同小异,其中郑州市除了具备省国资委所有职能外,增加了对市直机关、事业单位的国有资产进行监督管理,行使投资收益和处置权,并依据有关规定,指导、监督集体企业资产的管理和处置等职责,企业领导人员的考核任命由市委组织部全部移交至国资委;开封市增加了对行政事业资产的监管职责;新乡市增加了参与国有资产重大投资项目决策并对其投资效益跟踪监测,负责国有经济结构和布局的战略性调整,监管行政事业单位的国有资产、集体资产等职能;焦作市增加了监管行政事业性资产和政府资源性资产的职责;驻马店增加了对市直机关、事业单位的国有资产进行监督管理,指导、监督集体企业中的国有资产管理和处置,以及对金融(城市信用社)进行监管的职责。

三、河南省国有资产总量与结构分析

2004 年,随着国有经济的战略性调整,国有企业改革的深化,部分国有资本的退出,河南省国有企业国有资产总量近年来首次出现下降。截至 2004 年底,全省国有企业国有资产总量共计 1095.17 亿元,比 2003 年减少 78.5 亿元,减幅为 6.69%。其中工业企业占用 724.32 亿元,占 66.14%;金融企业占用

161.11亿元,占14.71%;地质勘察及水利业企业占用47.93亿元,占4.38%;交通运输仓储业企业占用46.27亿元,占4.22%;建筑业企业占用40.32亿元,占3.68%。截至2004年底,全省省直单位所属国有企业国有资产总量共计735.36亿元,同比增长9.49%,占省国有企业国有资产总量的67.15%;各地市国有企业国有资产总量共计359.81亿元,同比减少28.33%,占全省国有企业国有资产总量的32.85%。但国有经济质量和效益有所提高。2004年度全省国有企业实现主营业务收入1901.25亿元,比2003年增长14.47%,盈亏相抵后实现利润58.36亿元,比2003年增长36.33%。其中省国资委监管的15家重点工业企业,2004年度实现主营业务收入607.35亿元,比2003年增长39.51%,盈亏相抵后实现利润33.67亿元,比2003年增长138.63%。

随着国有经济结构调整步伐的逐步加快以及国有企业改革的不断推进,河南省国有企业国有资产分布格局呈以下几个特征:一是我省国有企业户数明显减少,2004年全省国有企业户数由2003年的7009户减为6465户,减少了544户,减幅为8.42%。二是全省国有企业国有资产呈下降趋势,2004年全省国有企业国有资产较上年下降了6.69个百分点,这也是多年来的首次负增长。三是国有资本在房地产业,批发零售、餐饮业,信息技术服务业等竞争行业已经逐步退出,其在上述产业投入资本占资产总量比率已降至1.13%。四是国有工业企业国有资产分布结构进一步优化,国有资产向基础产业和大型企业聚集步伐加快。如省国资委监管的15家重点工业企业,2004年末占用国有资产总量达316.44亿元,占全省国有企业国有资产总量28.89%,所占比率较2003年上升5.12个百分点。

四、河南省国有资产保值增值综合分析评价

截至2004年底,河南省国有企业国有资本及权益总额1089.07亿元,扣除各项客观影响因素后为1092.67亿元,与年初1092.74亿元基本持平,国有资本综合保值增值率为100%。其中省国资委监管的29家重点企业国有资本及权益总额470亿元,扣除各项客观影响因素后为483亿元,比年初466亿元增加17亿元,国有资本综合保值增值率为103.65%。具体分析,全省国有资本保值增值情况呈现如下特点:

(一)省属国有企业国有资本保值增值完成情况明显好于市、县属国有企业

2004年底,省属国有企业国有资本及权益总额734.9亿元,扣除各项客观影响因素后为730.49亿元,比年初增加31.31亿元,国有资本综合保值增值率为104.48%。市、县国有企业国有资本及权益总额354.17亿元,扣除各项客观影响因素后为362.18亿元,比年初减少31.39亿元,国有资本综合保值增值率为92.02%。

(二)全省国有控股企业国有资本保值增值完成情况好于国有独资企业和企业化管理事业单位

2004年底,国有控股企业国有资本及权益总额842.26亿元,扣除客观增减因素影响后为838.47亿元,比年初增加39.79亿元,国有资本综合保值增值率为104.98%;国有独资企业、公司及企业化管理事业单位国有资本及权益总额246.82亿元,扣除客观增减因素影响后为254.19亿元,比年初减少60.34亿元,国有资本综合保值增值率为80.82%。

(三)全省大型国有企业国有资本保值增值完成情况明显好于中小型企业

2004年底,大型国有企业国有资本及权益总额758.98亿元,扣除客观增减因素影响后为778.92亿元,比年初增加39.19亿元,国有资本综合保值增值率为105.3%;中小型国有企业国有资本及权益总额330亿元,扣除客观增减因素影响后为313.74亿元,比年初减少39.28亿元,国有资本综合保值增值率为88.87%。

(四)全省垄断性和竞争性行业国有企业国有资本保值增值完成情况明显好于公益性行业及其他行业

2004年底,垄断性行业和竞争性行业国有企业国有资本及权益总额952.54亿元,扣除客观增减因素影响后为959.07亿元,比年初增加1.7亿元,国有资本综合保值增值率为100.18%;公益性行业及其他行

业国有企业国有资本及权益总额136.54亿元，扣除客观增减因素影响后为133.59亿元，比年初减少1.79亿元，国有资本综合保值增值率为98.68%。

（五）全省一般生产加工行业和基础性行业国有企业国有资本保值增值完成情况好于商贸服务及其他行业

2004年底，基础性行业和一般生产加工行业国有企业国有资本及权益总额815.61亿元，扣除客观增减因素影响后为828.15亿元，比年初增加5.84亿元，国有资本综合保值增值率为100.71%；商贸服务及其他行业国有企业国有资本及权益总额273.46亿元，扣除客观增减因素影响后为264.51亿元，比年初减少5.93亿元，国有资本综合保值增值率为97.81%。

（六）全省亏损国有企业和资不抵债国有企业国有资本继续大幅减值

2004年底，亏损国有企业国有资本及权益总额108.32亿元，扣除客观增减因素影响后为104.71亿元，比年初减少67.56亿元，国有资本综合保值增值率为60.78%；资不抵债企业国有资本及权益总额为-239.12亿元，扣除客观增减因素影响后为-214.79亿元，比年初减少43.35亿元。

五、河南省国资委监管企业产权制度改革情况

继续坚持以产权制度为核心，以股份制和资产重组为主要形式，加快推进省属企业产权制度改革。2004年全省全年已改制终结的国有企业765户，从已改制企业所属行业看，工业企业381户，商业等非工业企业384户。从改制形式看，实行整体出让的108户，分拆出让的11户，股份制改造的285户，股权出让的18户，破产171户，实行退二进三等其他形式的172户。另外各地已论证审批正在改制的企业669户。

目前，全省多数县属工业企业改制工作已基本完成，企业改革工作已从重点抓工业企业转向了全面推开商贸、粮食、建筑、交通以及科研机构、公用事业等非工业企业的改制。主要采取了以下措施：一是加强产权管理规章制度建设，促进规范管理。2004年，先后制订印发了《关于加强省属企业国有产权管理工作的意见》、《关于加强企业国有产权交易监管有关工作的通知》、《加强企业国有产权转让监管工作的通知》、《河南省省属企业国有资产评估行为规范》、《资产评估机构选聘工作暂行办法》、《关于进一步规范企业国有资产评估管理工作的紧急通知》等制度性文件12件。二是积极创新国有资产评估监管工作，严把国有资产流失第一关。建立了评估机构公开选聘制度，在省属企业推行公开选聘资产评估机构；实行评估专家评审制度，从源头上防止评估不实问题的发生。2004年，共办理资产评估报告备案58宗，涉及账面资产80.2亿元，评估值79亿元。经过专家对评估报告的审核把关，有16个项目实现了评估增值，增值合计2.5亿元。三是加大产权转让监督检查力度，促进国有产权转让规范化。8月31日，召开了全省企业国有产权检查工作布置会议。自10月份起，抽调精干力量，组成四个联合调查组，从各地自查上报项目中选择了37个列入重点检查范围，重点检查占自查面近40%。10月15日至31日，在全省范围内开展了以贯彻落实3号令为内容，以规范企业国有产权转让管理为目标的专项检查工作。2004年2月1日以后，河南省共发生国有产权转让项目95个，其中协议方式转让65个，占68.4%；招投标方式转让9个，占9.5%；拍卖方式转让13个，占13.7%；其他方式转让8个，占8.4%。转让国有产权评估值合计289269.56万元，转让价款合计260211.47万元。

六、河南省国资委监管企业主辅分离辅业改制情况

省属工业企业和省重点企业积极推进主辅分离、辅业改制和分离办社会工作。截至2004年底，全省已有337个辅业单位从123户企业中分离出来，共分流安置富余人员44217人。一批大型企业的主辅分离总体方案已经论证批复。为推动省属企业分离办社会工作，省国资委会同财政厅、教育厅等单位于2004年初召开了由6个省辖市主管市长和经贸、财政、教育部门及5大煤炭集团负责人参加的会议，2004年9月11日又由史济春副省长主持专题会议，

进一步明确任务,落实责任主体,要求年底基本完成省市属企业办中小学校的分离任务。全省共有国有企业办中小学校458所,全年累计移交企业办学校324所,占全部应分离企业办学校数的70.7%。在尚未分离的134所学校中,省属企业所办中小学校4所,市属企业所办中小学校61所,中央企业所办中小学校69所。至2004年底,省属企业分离办学校工作和中石油、中石化两家中央企业所办60所学校的分离办社会试点工作已基本完成,铁路系统分离办学校工作也正在有序推进,各市正积极与铁路部门商谈。

七、河南省国资委监管企业重组与完善法人治理结构进展情况

河南省国资委按照党的十六届三中全会精神和"归属清晰、权责明确、保护严格、流转顺畅"的要求,以引进战略投资者为主要形式,推进省属国有大型骨干企业股权多元化改制,建立现代企业制度,不断完善公司法人治理结构,努力实现国有企业体制、机制和管理创新,切实提高企业的市场竞争能力和可持续发展能力。

2004年以来,河南省国资委把带动作用较强、影响较大的省属国有企业改革工作作为重中之重,通过引资介入、国有股出让等形式,对重点企业实施改制重组,实现强强联合和股权多元化,使企业继续做强、做大、做优。各省属企业在实施"引进来,走出去"的对外开放战略中,全年共与国内外签订合资合作项目25项,项目总投资122.11亿元,合同利用外资46.63亿元,对外投资意向22个。主要项目有:永城煤电集团与巴西CVRD、上海宝钢签署投资合作协议后,主业部分已全部实现了产权多元化;平煤集团在与中电投合作建设平顶山电厂的基础上,又通过增资扩股方式引进武钢投资资金6亿元,使武钢成为平煤集团的第三大股东;郑煤集团结合自身发展需要,确立了"以资源整合为主线,推动企业跨越式发展"的思路,与华润电力、中国国电、中国华电、华银电力、凯迪投资公司等一些大型企业签订了一系列战略合作协议,启动了多个合作项目,初步构筑了"煤电联营"的大集团框架,特别是在集团层面上与凯迪投资公司签订了股权重组协议,将实现集团层面上产权多元化;由永煤集团和义煤集团共同出资重组的义马煤气化工程已开工建设;鹤煤集团与外埠多家企业的合资合作项目进展顺利;中原大化与新加坡丰隆集团公司签订合资合作协定,由外方控股对中原大化进行资产重组,有关清产核资和资产评估工作已经结束,正与外方就出资比例和价格问题进行谈判;神马集团与德国PHP公司正式签约,双方就生产汽车安全气囊丝建立战略伙伴关系后,神马集团将成为我国首家汽车安全气囊丝生产企业;安彩集团先行改制的安玻公司正与美国高胜投资银行、日本住友公司、日本NEC公司等多家国际性知名公司积极接触,寻求战略合作伙伴;洛轴集团以主业资产与永煤集团重组后成立的LYC轴承公司生产经营形势持续好转,目前新组建的LYC公司正在与美国铁姆肯公司积极洽谈合作事项;郑州新郑机场与太古集团、东方航空的合作事项正在稳步推进。

截至2004年底,河南省国资委监管的15家工业企业全部建立了董事会。其中,平煤、郑煤、义煤、鹤煤、焦煤、一拖、洛轴、洛玻、洛铜和洛单按照国家的债转股政策实施了债权转股权,神马集团的债转股工作正在进行,形成了国有股权多元化的公司形态。在这11家债转股企业中,除省市财政外,其他大股东主要是四大国有商业银行成立的资产管理公司和国家开发银行,在这些企业中,河南省仍处于相对控股地位。安钢、安彩、中原大化和永煤4家省属企业在集团公司层面仍处于国有独资形式。2004年,河南省把省属企业改革工作作为重中之重,通过引资介入、国有股出让等形式,对重点企业实施改制重组,实现强强联合和股权多元化,目前,在省属工业企业二级子公司层面上已经有郑煤、神马、安彩、一拖和洛玻等企业拥有上市公司,在产权多元化方面也有安钢、永煤、郑煤、鹤煤、义煤等企业与国内外企业建立了多种形式的合作关系,中原大化、新郑机场、洛轴、洛单等企业的对外合资合作谈判也都有了实质性进展。通过这些以产权为纽带的合作项目形成的新公司,将使省属企业的法人治理结构逐步走向符合市场要求的轨道。

在18家省属非工业企业中,除中原证券和中原信托由于实现了股权多元化而建立了比较规范的法人治理结构外,国际合作公司、中原国贸公司、豫港公

司、豫新公司、豫泰公司作为国有独资公司初步设立了董事会，新郑机场、省建设投资公司、省建设总公司、省经济技术开发公司、省农业综合开发公司、省经济技术协作公司、郑州粮食批发市场、中原石油天燃气开发总公司、省地方铁路公司、河南电影制片厂等企业基本还处在国有独资状态，尚未通过改制建立规范的法人治理结构。在建投、经开、农开3家投资性公司和地铁总公司等企业的二级子公司中，则比较多地开始按照法人治理结构设置和运营。

原河南省各行业办移交省国资委管理的63户中小企业，改革改制工作也取得了较大进展。已基本完成改制退出国有的企业2户，已制订改制总体方案并批复立项的企业23户，已上报国务院国资委；拟合并进入政策性破产的企业2户，经批准合并组建省属企业资产经营公司的企业3户。鉴于省属中小企业的困难状况且大部分是商贸流通型企业的实际情况，河南省研究制订了中小企业改革的基本思路：国有资本原则上全部有序退出，按照先易后难的原则，注重实效，突出重点，分类指导，因企制宜，一企一策，成熟一个，改制一个，解决好人员安置、资产处置等难点问题，正确处理改革、发展、稳定的关系，确保人员稳定和改革的顺利进行，力争2年内完成公司制改造。根据调查摸底后掌握的企业资产、负债、人员等状况，拟定了整体推进63户企业产权制度改革的总体规划，并积极稳妥地组织实施。通过产权制度改革使原有的国有中小企业真正能够走进市场，从而使其法人治理结构按照市场规则真正得到规范。

在对国有企业领导班子的管理工作方面，河南省注意把党管干部原则与贯彻公司法和规范法人治理结构有机地结合起来。一是按照双向进入、交叉任职的原则，结合领导班子调整，将党委书记和董事长职务调整为由企业法人一人兼任，保证党组织能够以合法规范的方式加强对国有企业的领导，形成了以法人为核心的治理结构。二是严格贯彻省委确立的管少管好原则和法人治理结构分层管理的要求，把经理层的选择权交还给企业，充分尊重董事长对总经理人选的选择权。三是针对几家资产管理公司的要求，在工作中充分注意了与其他股东方的沟通与协调。四是初步按照管人管事管资产相统一的原则建立了对省管企业的资产经营责任制。

八、河南省国资委监管企业建立和完善经营业绩考核体系情况

积极探索，不断建立和完善经营业绩考核制度。在深入学习和调研的基础上，结合河南省实际，制订了《河南省省属国有企业负责人经营业绩考核暂行办法》，初步建立了省属企业负责人经营业绩考核体系。为进一步完善经营业绩考核体系，制订了《省属企业经营业绩考核财务指标审核工作规范》，规范审核工作任务、内容、要求、内部运转程序与后续管理。在总结2004年经营业绩考核试点工作经验的基础上，研究制订并下发了《关于在省属企业中全面推行目标考核工作有关问题的通知》，明确了年度和任期经营业绩考核的工作程序，并根据省属企业所处的不同行业、资产经营的不同水平和主营业务等不同特点，确定了省属重点企业的年度和任期考核分类指标，为推行任期考核奠定了基础。

积极推进经营业绩考核工作，落实国有资产经营责任。对安钢集团等11家企业负责人组织实施了年度经营业绩考核，与企业负责人签订了2004年度经营业绩责任书，具体落实了国有资产经营责任。2004年11家企业目标利润13.16亿元，实际完成29.99亿元，完成目标利润的227.89%。

各省辖市国资监管机构在省国资委的指导下，正在建立经营业绩考核制度，着手推进经营业绩考核试点工作。

（撰稿人：刘忠信）

湖北省

一、湖北省国有资产监督管理工作综述

2004年是湖北省国资委全面贯彻落实党的十六大、十六届三中、四中全会精神，着手履行出资人职责，为全面做好国有资产监督管理工作打基础、作准

备的起步和开局之年。一年来,在国务院国资委和湖北省委、省政府的正确领导下,湖北省国资系统以国有经济布局结构的战略性调整和国有资产保值增值为目标,以国有资产监管、国有企业改革与发展、企业党建为工作重点,经过一年的扎实工作,取得了明显的成效。

(一)初步建立起新的国资监管体制,国资监管各项工作实现良好开局

1. 初步建立形成了国有资产监管的体制框架。湖北省委、省政府深刻认识到,改革国资管理体制,实现政企分开、政资分开,是深化经济管理体制改革的一项重要任务,是推动政府依法行政、加快政府职能转变的重要举措,也是深化国有企业改革、建立现代企业制度、真正搞活国有企业的基础和前提。根据中央的统一部署,按照国务院国资委的要求,湖北省委、省政府在全国范围内比较早地组建成立了省国资委,指导和督促国资委迅速开始正常运转,在省政府的机构设置上第一次实现了政府的公共管理职能与国有资产出资人职能分开,实现了权利、义务和责任相统一,管资产与管人、管事相结合,标志着湖北省经济体制改革取得了重大突破,也标志着湖北省国有资产管理体制改革进入了一个新阶段。随着湖北省国资委“三定”方案的下发,湖北省国资委的职责和监管范围迅速得以明确,各项工作迅速开展。与此同时,湖北省还抓紧了市州一级国资委的组建工作。到2004年底,全省各市州国资委相继组建完成,至此,湖北省省、市两级国资监管体系框架基本建立。

2. 明确了湖北省国资委首批出资企业名单。湖北省国资委成立以后,集中了近两个月时间,对全省国有资产状况,特别是省级国有资产状况进行了全面调查摸底,初步掌握了全省国有资产的总量、分布及效益情况。在此基础上,湖北省政府于2004年7月12日下发了《关于公布省政府国有资产监督管理委员会履行出资人职责企业名单的通知》(鄂政办发[2004]106号),明确了省国资委首批履行出资人职责的28户企业名单(其中有8户是双管企业)。2004年8月9日,省政府专门召开“省政府授权省国资委履行出资人职责会议”,正式向省国资委授权,部署有关企业的交接、监管等工作。到2004年底前,28户监管企业相继划转到位。省国资委迅速对所监管的企业,按照所有权与经营权相分离,管资产和管人、管事相结合的原则,在维护所有者权益的基础上,充分尊重和维护企业的经营自主权,开始履行出资人职责,有序推进各项监管工作。

从2004年下半年开始,随着各市州国资监管机构陆续成立,各市州国资委都开始研究确定各自的首批出资企业名单。如,咸宁市在初步拟定首批16户由市国资委履行出资人职责企业名单的同时,市委、市政府还决定将市级行政事业单位非经营性国有资产交由国资委统一管理,还拟订了《关于市级行政事业单位国有资产统一管理的实施方案》。

3. 迅速展开了国资监管相关规章制度的建设工作。为规范国有资产监管工作,湖北省及市州国资委成立后,以国务院出台的《国有资产监督管理暂行条例》为基础,结合本省实际,突出抓了规范国企改制、产权管理、业绩考核等方面的规章制度建设。2004年先后出台了16项规章和规范性文件,其中包括:《关于进一步规范全省国有企业改制工作的实施意见》已由湖北省政府转发全省;《湖北省国有企业清产核资实施办法》、《湖北省国有企业负责人经营业绩考核暂行办法》等规范性文件均已经出台。同时,还编辑出版了《国有资产监督管理法律法规资料汇编》(第一册),并印发全省学习。各市州国资委成立后,也都相继出台了一批规范性文件。如宜昌市已出台了《宜昌市企业国有资产处置暂行规定》、《关于加强和改进企业国有资产评估工作的通知》、《关于企业国有资产统计报告工作的通知》等规范性文件。同时,全省还着力加强了企业法律顾问制度建设,出台了《湖北省国有企业法律顾问管理办法》等相关规章制度,国有企业依法决策、依法经营和依法维权的能力和水平有了进一步的提高。

4. 稳步推进并扎实做好国有资产监管的各项基础工作。2004年,湖北省国资委重点抓了五个方面的基础工作。一是启动了清产核资工作。对28家出资企业全面部署和开展了清产核资工作,为全面开展监管工作打下了基础。二是开展了业绩考核前期工作。根据《湖北省国有企业负责人经营业绩考核暂行办法》，先期完成了对所监管企业领导人和委内工作人员的业绩考核培训，并选取了10家有代表性的企业开展了业绩考核试点。完成了部分企业年薪制试点验收工作，为建立和完善考评、激励约束机制积累了经验。三是规范了产权管理。根据国有产权管理和产权交易的现有规则及办法，有序开展了产权界定、产权登记、资产评估等工作，规范了国有产权转让行为。同时，正在着手构建全省统一的产权交易市场体系。2004年，湖北省累计完成316宗企业国有产权转让事项，成交金额达50.19亿元。四是开展了向企业派出监事会的前期准备工作。制订了监事会试点工作方案，进行了相关工作人员的选拔工作。省政府批准成立了3个监事会。五是就国有资产经营机构建设和非经营性国有资产管理等重大课题进行了一系列的调研，提出了监管的意见和建议。全省各地在建立国资监管机构的同时，也不同程度地开展了国资监管的相关基础工作。咸宁市已初步摸清了市级经营性国有资产的基本情况；武汉市探索了向授权营运机构委派外部董事和财务总监，加强财务监控，并积极开展国有资产经营预算试点工作。

（二）继续深入推进了国有企业改革发展工作

湖北省国有资产管理体制改革为推进国有企业的改革和发展提供了新的动力和契机。随着全省各地国资监管机构的相继成立，根据湖北省政府授权和《条例》规定，明显加大了对国企改革和发展的指导力度，取得明显成效。

1. 顺利实施了"三个一批"战略。从2004年4月开始，湖北省委、省政府在继续推进国有中小企业改革的同时，正式将改革的重点转向了国有大型企业和骨干企业，并将实施"三个一批"战略（即：将一批大型国有企业改制成为混合所有制企业，将一批国有骨干企业转制成为民营企业，将一批民营企业培育成为湖北经济发展的排头兵）作为推进国有企业改革和发展的中心工作，作出了一系列重大部署，下发了《省人民政府关于实施改革与发展"三个三工程"的意见》（鄂政发[2004]17号）。为贯彻省委、省政府的部署，省国资委及时制订了《省国资委关于"三个一批"战略的实施意见》，着力抓了"三个一批"战略的实施。武汉、黄石、宜昌、襄樊、荆门等不少市州党委、政府都将实施"三个一批"作为一把手工程来抓，成立了工作专班，制订周密工作方案，落实领导责任制和部门责任制，精心组织，扎实工作，共同推进。经过全省各方面的努力，2004年实施"三个一批"战略取得阶段性成果，列入2004年目标的15户大型国有企业混合所有制改革和50户国有骨干企业的民营化改制任务全部完成。

2. 突破性地做好省属重点国有企业改制重组工作。湖北省省属国有企业改革的任务还比较重，特别是12家省属重点企业的改革一直是全省国企改革的重中之重，也是难点所在。为此，尽管省财政财力十分有限，湖北省仍在2003年拿出7亿元资金的基础上，2004年再拿出5.5亿元资金，专项用于省属重点国有企业改革。在湖北省委、省政府的坚强领导和省属重点企业所在地党委、政府的大力支持配合下，并通过强化领导挂点、专班帮促、多方协调等措施，2004年省属重点企业改革脱困和改制重组取得了重大突破，几个"老大难"的特困企业通过改革出现重大转机，相当一批企业从包袱变成了财富，成为湖北省经济新的增长点。蒲纺集团在湖北省、咸宁市、赤壁市三级政府的支持下，一部分引进外资进行重组，一部分实施破产，走出了困境，3000余名职工实现了再就业；荆襄集团通过破一块、改一块、分离一块、活一块的改革改制，使企业获得新生，债转股方案获得了国家批准，新公司组建即将完成，大峪口工程启动项目将试车投产，近1万名职工安置工作基本完成；大冶有色与中铝的合作已经正式签署协议，10万吨高精度铜板带新项目已经启动；省汽车集团启动了改制重组，所属当代公司8家企业进入三环集团，9家企业下放属地管理；鄂钢公司与武钢集团联合重组完成，鄂钢公司进入了武钢集团；湖北清江投资公司和省电力开发公司合并重组成为了湖北省能源集团有限公司；双环集团引进战略投资者工作启动，正在实施混合所有制改革；省建总公司和省工建总公司实施整体改制的初步方案完成；大冶特钢集团与中信泰富的战略重组及青岛双星集团托管东风轮胎厂也都在2004年取得实质性的进展。与此同时，在推进省直部门与自办企业或者经济实体的脱钩改制工作方面也得到有力推进。

3. 继续抓好国有中小企业改制并取得了新的成效。2004 年,湖北省各市州认真贯彻省政府《关于进一步规范全省国有企业改制工作的实施意见》,以产权改革为核心,以职工转变身份和重新安置为重点,加快了国有中小企业改制步伐,规范了国有企业改制和产权交易行为。十堰、襄樊、孝感等市规定拟对企业实施管理层收购的,由企业全体职工投票决定,未获得大多数职工同意的,原管理层不得参与收购;武汉、黄石、孝感等地多方面筹集资金,通过各种形式,妥善安置职工;不少市州还把是否有利于企业和地方经济的长远发展作为检验改制成功与否的重要标准,通过改制使一批企业获得新生,成为当地支柱企业。目前,全省市州国有中小企业改制面平均达 91.96%。

4. 切实推进大中型企业主辅分离、辅业改制工作并取得了新的进展。2004 年,湖北省国资委认真落实国务院及省委、省政府有关文件精神,切实推进并认真做好大中型国有企业主辅分离、辅业改制和分离办社会职能工作。截至 2004 年底,共有 36 所中央在鄂企业中小学、24 所省属企业中小学移交地方政府。15 户大型国有企业的 418 个辅业和社会职能单位中,有 150 个单位已经分离改制到位,占总数的 36%。东风汽车公司和中石化与地方政府签署了整体移交办社会职能的工作协议。

5. 扎实做好企业稳定工作。2004 年,湖北省国资委在企业稳定工作方面投入了很大的精力,重点抓了三个方面的工作:一是下大力做好企业改制中的稳定工作。在改制决策、改制方案、职工安置等方面,严格规范操作,切实维护职工合法权益。二是突出抓了集中处理信访突出问题及群体性事件工作,特别是确保了敏感时期和重大节日期间的企业稳定。三是切实做好企业军转干部和企业中小学离退休教师的稳定工作,加强了企业中法轮功人员的教育转化工作。经过各方面努力,2004 年湖北省企业稳定工作形势平稳,为湖北省国企改革和经济社会发展营造了良好的环境。

(三)深入做好国有企业党建工作

2004 年,湖北省国资委通过不断加强和改进企业党建工作,使国有企业党组织活力进一步增强,工作实效进一步得到提高,在国有企业的改革、发展和稳定工作中发挥了重要作用。

1. 着力增强了企业党组织和党员队伍活力。2004 年 8 月 25 日,湖北省委印发了《关于湖北省人民政府国有资产监督管理委员会党委工作职责及有关问题的通知》,理顺了省出资企业和中央在鄂企业党组织领导关系,明确了省国资委党委管理出资企业及中央在鄂企业党的日常工作的职能。完成了对 49 户中央在鄂企业及 20 户省出资企业的党组织关系交接工作;拟订了《关于加强和改进全省国有企业党的建设的意见》;加强了对企业党委换届和民主生活会的工作指导。企业党组织注重发挥政治核心作用,注重创新国有企业党建工作新机制,积极探索了在建立现代企业制度新形势下企业党组织发挥作用、参与企业重大问题决策的新机制,在企业生产经营、改革发展稳定中发挥了重要作用。开展了企业党员队伍整体状况的调查,为开展党员先进性教育作了前期准备。

2. 进一步加大了企业领导班子和人才队伍建设力度。2004 年,湖北省国资委完成了省出资企业领导班子及领导人员管理的交接工作,制订了省国资委党委管理的企业领导人员职务名称表,研究提出了《改革和完善国有企业领导人员选拔任用工作的意见》,完成了对部分出资企业领导班子的调查摸底、调整和组建。同时,省国资委、省出资企业和中央在鄂企业认真贯彻落实全国、全省人才工作会议精神,并就加强班子和人才队伍建设,学习贯彻十六届四中全会《决定》和《企业国有资产监督管理暂行条例》等,进行了大量的调研、座谈、规划、培训、落实等活动,收到了很好的效果。

3. 深入开展了企业宣传思想政治工作。为使"三个代表"重要思想的学习活动更加深入,湖北省国资委推动国有企业特别是大中型国有企业普遍开展了落实科学发展观的大学习、大讨论,涌现了 12 个大型企业理论学习的先进典型。坚持团结、稳定、鼓劲、正面为主的方针,围绕国资改革和国企改革,组织了一系列宣传报道活动,营造了良好的宣传舆论氛围;开展了以"做文明职工,铸诚信企业"为重点的文明创建活动,组织了以"创文明单位、铸诚信企业"为主题的庆祝建国55周年文艺调演，进一步加强和改进了企业精神文明建设。

4. 努力加强了企业职工民主管理和群众工作。围绕规范改制和加强管理，企业更加注重把建立现代企业制度与职工民主管理结合起来，做到了重大决策措施广泛征求职工意见，及时通报，充分沟通。特别注重将国有企业改制方案，提交职工代表大会讨论，将职工安置方案经过职工代表大会审议通过后才付诸实施；企业党建带团建、厂务公开和企业统战工作得到加强，涌现了一批先进典型。

5. 企业党风建设和反腐倡廉工作得到加强。2004年，省国资委督促各有关企业认真落实中纪委四次、省纪委六次全会精神和《省国资委2004年党风廉政建设和反腐败工作的意见》，利用正反两方面典型，大力开展了示范教育和警示教育活动。严肃查办了一批违纪违法案件，围绕企业改革发展的一些重要环节开展了效能监察。建立完善了企业负责人廉洁自律制度、诫勉谈话制度和述职述廉制度。

总之，2004年，湖北省国资系统通过深入推进国有企业改革和发展、强化国资监管和国有企业党的建设，全省国有经济保持了持续、快速、健康发展的良好势头。全省国有企业明显呈现出数量减少、质量提高、效益改善、结构优化、竞争力增强的良好局面。2004年全省国有及国有控股工业企业实现税金总额和利润总额分别比上年同期增长12.24%和46.15%；国有及国有控股工业企业实现税金和利润分别占全省规模以上工业企业的75%和73.2%。在全省规模以上工业新增利润中，有80.4%来自于国有及国有控股企业。与此同时，国有资本更多地向优势企业、支柱产业和基础产业集中，国有经济布局和结构进一步优化，国有经济的控制力、影响力和带动力进一步增大。钢铁、烟草、汽车、电力、交通等行业的国有资本集中度明显上升，一批优势企业在迅速发展壮大。这些都充分显示了改革给国有经济带来的巨大活力，也充分显示了国有经济对全省国民经济的贡献在进一步加大。

二、市州国资监管机构组建情况

2004年5月13日，省委办公厅、省政府办公厅联合下发了《关于市、州、县(市)机构改革的意见》(鄂办发[2004]36号)。意见明确要求，各市州要认真整合指导国有企业管理和改革、管理国有企业负责人和领导企业党建工作、管理国有资产等职能，结合当地实际，科学设立政府国有资产监督管理机构，要在对经营性国有资产进行监管的同时，积极探索加强对非经营性国有资产的监管，更好地发挥全方位监管国有资产的职能。原则上各市州应按照出资人职责与政府公共管理职能分开的原则，设立国有资产监督管理机构，为市州政府直属正县级特设机构，使用行政编制。直管市和县(市)可以在财政部门加挂国有资产监管机构的牌子，明确国有资产监管主体，切实加强对各类国有资产的监管。这个文件为全省市州及县(市)政府国有资产监督管理体制改革指明了方向。

从2004年下半年开始，湖北省政府陆续批复了各市州政府机构改革方案。由此，各市州政府本轮机构改革也陆续启动，各地国资监管机构逐渐组建成立。其中，荆门市在国资监管机构的设置、监管范围的授权、配套政策规章的出台等各方面进行了大胆的探索并取得了经验。如：荆门市针对全市特别是县(市)级国有资产的分布状况不同于省级，更不同于中央，其经营性国有资产在国有企业改革后已所剩不多，而行政事业性和资源性国有资产所占国有资产总量的绝大多数这一特殊情况，在加强经营性国有资产监管的同时，积极探索了对非经营性资产、特别是非经营性资产转经营性资产的有效监管问题，并在借鉴上海、重庆等地集中监管各类国有资产的经验基础上，以这次国资监管体制改革为契机，在全省率先建立起了集经营性、非经营性、公益性及资源性国有资产为一体的全方位监管体制，取得了良好的效果。与之相适应，荆门市国资委机关内设了11个科室，共配备了40个行政编制，为下一步全面履行好职能打下了良好基础。这在全省是一个大胆的创举。他们的做法得到湖北省领导的充分肯定，经验在全省得到推广。到2004年底前，荆门、咸宁、鄂州、随州等机构改革启动较早的市在全省率先成立了独立的国资监管机构，开始制订出台相关的规章制度，确定监管范围，为2005年的工作打基础，作准备。

三、湖北省企业国有资产营运分析

2004年全省企业国有资产营运呈现如下特点：

(一)改革重组力度加大

通过改革重组、主辅分离，国有资本更多地向优势企业和支柱产业集中，国有经济布局和结构进一步优化。到2004年底，全省共有国有企业2856户，比2003年的3436户减少580户，减幅16.88%。一批大型企业进行了改革重组，如鄂钢公司与武钢集团公司实现了联合重组；大冶特钢集团与中信泰富成功完成改制生组；大冶有色债转股工作取得了积极进展；双环集团、省建总公司、省工建总公司等企业改制、引进战略投资者稳步推进；省汽车集团、蒲纺集团、荆襄集团管理体制调整和重组工作平稳实现。二是一大批中小企业改革和破产工作进程明显加快。据统计，中小企业改制为民营化企业586户，改制后的企业发展呈现新的生机。

(二)企业国有资产分布趋向集中

到2004年底，湖北省企业国有资产总量(不包括中央在鄂企业)593.2亿元，其分布特征：

1. 国有资产集中于经济基础好的区域。省直企业、武汉市企业国有资产总量合计422.99亿元，占全省国有资产总量的71.32%。其中：省本级国有资产总量为202.31亿元，占全省国有资产总量的34.1%；武汉市国有资产总量220.68亿元，占总量的37.2%；地市县国有资产170.21亿元，仅占全省总量的28.7%。

2. 国有资产主要集中于工业行业。工业企业国有资产284.67亿元，占总量的47.99%；农林牧渔类企业24.79亿元，占总量的4.18%；建筑业41.39亿元，占总量的6.98%；地质勘查及水利企业9亿元，占总量的1.52%；交通运输企业39.76亿元，占总量的6.7%；批发零售及餐饮业26.17亿元，占总量的4.41%。

3. 国有资产越来越集中在大中型企业。全省大型企业83户，国有资产为157.19亿元，占总量的26.51%；

4. 国有资产仍然集中在国有独资企业。从组织形式分布情况来看国有独资企业尽管大量减少，但国有资产在全省企业国有资产中仍然占有较大比重，国有资产311.08亿元，占总量的52.45%；国有控股企业228.16亿元，占总量的38.46%；企业化管理事业单位53.96亿元，占总量的9.09%。

(三)大型企业经济效益明显提高

2004年湖北省国有企业完成销售收入1160.88亿元，同比增加167.57亿元，增长16.87%。实现利润-22.52亿元，同比增加-6.03亿元，负增长36.57%，全省平均净资产收益率为-4.5%，总资产报酬率为0.68%，企业已获利息倍数仅0.47。其中大型企业全年实现销售收入569.35亿元，占全省销售收入总额的49.04%，同比增长28.99%，大大高于平均销售增长率，全年实现利润同比增长1.91%，净资产收益率和总资产报酬率均高于全省平均水平，经济效益和盈利能力逐步提高。

四、湖北省国资委推进国有企业改革工作有关情况

2004年湖北省国资委在继续推进国有中小企业改革的同时，正式将改革的重点转向了国有大型企业和骨干企业，并将实施“三个一批”战略作为推进国有企业改革和发展的中心工作，加大工作力度，强化工作措施，国企改革取得了新的进展。

(一)列入“三个一批”的企业改制工作势头强劲

列入2004年改制为混合所有制的15户大型国有企业，基本完成了改制任务，其中东风汽车公司、武汉神龙汽车公司、百科药业集团、华新水泥集团等13户实现了混合所有制改制，荆襄集团、蒲纺集团等2户完成了移交属地管理和改制改组任务；列入改制为民营企业的50户国有骨干企业，其中湖北楚天高速公司、华工科技公司、十堰市汽车车架厂、湖北钢球厂等40户实现了民营化改制，白莲铝业公司、嘉鱼棉纺公司等10户实施了破产改制。

(二)省属重点企业改革脱困工作取得重大突破

省属重点企业的改革一直是湖北省国企改革的重中之重，也是难点所在。尽管省财力有限，仍在2003年筹措7亿元资金的基础上，2004年再安排5.5亿元资金，专项用于省属重点国有企业改革。通过采

取领导挂点、专班帮促、多方协调等措施，省属重点企业改革脱困和改制重组工作取得了重大突破，几个“老大难”的特困企业通过改革出现重大转机，相当一批企业从包袱变成了财富，成为全省经济新的增长点。与此同时，在推进省直部门与自办企业或者经济实体的脱钩改制工作方面也得到有力推进。

（三）中小企业民营化改制任务基本完成

2004年全省各地国有中小企业改革取得新的进展，改制率显著提高，改制速度进一步加快，改制工作进一步规范，部分市州国有资本已基本从中小企业和一般竞争性领域退出。截至2004年底，全省已完成规模以上国企改制为8087户，占比91.96%，改制企业退出国有控股地位为7367户，占改制企业的92.86%，县域经济民营化格局已经形成。

为把国企改革工作抓实抓好，湖北省国资委通过“五抓五促”，开创了国有企业改革脱困和改制重组工作的新局面：

1. 抓调整，促进优势企业做大做强。通过积极寻求战略合作伙伴，引进战略投资者等有效途径，采取攀大靠强、高效整合等模式，拿出一批优势企业、优良资产与国内外、省内外知名企业集团联合重组，实行有序进退，优化调整，促使企业迅速做大做强。冶金行业，重点狠抓武钢集团和鄂钢公司联合重组、大冶特钢集团和中信泰富改制重组、大冶有色与中铝的合作。鄂钢公司与武钢集团联合重组完成，鄂钢公司进入了武钢集团，并依托武钢集团的品牌、研发、管理及市场网络、原材料采购等方面的优势，保持了良好的发展势头；中信泰富收购大冶特钢集团的资金已拨付到位，大冶特钢集团45088名职工安置顺利完成，新企业的生产、销售、利税水平再创新高；大冶有色与中铝的合作已经正式签署协议，10万吨高精度铜板带新项目已经启动，企业在巩固铜产品开采、冶炼生产能力的同时，具备了有色金属产品深加工能力，产品附加值得到较大提高，市场空间进一步得以拓宽。汽车行业，主要采取收购当代公司股权的方式，将三环集团与省汽集团改制重组，整合资源，提升了全省地方汽车工业整体实力。电力行业，成立了湖北省能源集团有限公司，将湖北省清江水电投资公司和湖北省电力开发公司合并重组，整合地方发电资产，努力做大做强。

2. 抓脱困，促进特困企业走出困境。2004年，蒲纺集团、荆襄集团、省汽车集团的9家企业，通过转变国有职工身份，引进战略投资者，把包袱变成了新的经济增长点。蒲纺集团通过引进香港大诚公司等20多家中外客商，80%的存量资产被盘活；近万名职工完成了身份置换，3000余名职工实现了再就业。荆襄集团通过破一块、改一块、分离一块、活一块的改革改制，使企业获得新生。目前，荆源公司计划破产已终结，企业债转股方案已获国家批准，新公司正在组建，大峪口工程改造修复项目已达到装置联动试车条件，1万名职工安置工作已基本完成。省建总公司注重借靠外力，放大优势，引入了战略投资者浙江宝业集团投入2.3亿元参与企业的整体改制，全面推进以产权制度改革和职工身份置换为主要内容的改革。

3. 抓难点，促进企业改革顺利进行。在解决企业债务上，湖北省国资委积极利用政策性破产、依法破产、债务“缩水”等多种方式，积极化解企业债权债务。经过艰苦工作和不懈努力，使荆襄集团、省汽车集团当代公司等企业债转股分别“缩水”核销38.04亿和8.15亿元；省属企业在信达公司的债务“打包”工作取得重大进展；2004年政策性破产共争取7个国家批准新增项目，总计涉及职工2.68万人，可核销呆坏账额度12.78亿元。经过努力全省共列入国家核呆计划项目308个，涉及职工54.29万人。在破解职工安置难题上，全省各地积极探索出了房产置换、土地变现、破产拍卖、减免费用、政府让利等多种筹款方式，并通过付现安置、转股安置、资产安置、债权安置、投保安置等多种变通形式，妥善安置职工。全省共支付职工安置费182亿元，解除国有职工身份133万人，占职工总人数的74.69%。其中，省属企业支付职工安置费达8亿元，解除国有职工身份近6万人。在解决企业分离办社会问题上，根据大型国有企业分离企业办社会职能难度较大的实际，积极落实有关政策，采取不同的措施，一户一户积极推进。东汽和中石化等中央在鄂大型企业下属66所中小学校、省属企业24所中小学校已移交地方政府。15户大型国有企业的418个辅业和社会职能单位中，有150个单位已经分离改制到位,占总数的36%。

4. 抓稳定,促进广大职工合法权益得到充分保障。根据国家有关规定,结合湖北省实际,研究制订了《关于进一步规范全省国有企业改制工作的实施意见》(鄂政办发[2004]93号),在规范国有企业改制和产权交易行为及操作程序,努力防止国有资产流失的同时,要求妥善安置职工,切实保障职工的合法权益,保持企业和社会稳定。按照省委、省政府《关于依靠职工规范国有企业改制工作的意见》(鄂办发[2004]35号)精神,对涉及职工切身利益的问题予以高度重视,积极探索依靠职工规范国企改制的有效途径,切实保障职工合法权益。在蒲纺集团、荆襄集团、双环集团等企业出现不稳定群体事件后,通过与职工对话、开展深入细致的思想工作,化解了矛盾,保持了企业稳定。

5. 抓脱钩,促进政企分开和政府职能转变。湖北省国资委在全面调查、掌握省直部门脱钩企业的资产、人员、金融债务情况后,制订下发了《关于进一步推进省直党政机关与所办经济实体和管理的直属企业脱钩改制工作有关问题的通知》。省直脱钩工作已取得阶段性成果,省直52个部门列入应脱钩范围的260户企业,有97户基本完成了脱钩改制任务,分流、安置职工8.9万余人。其中,省水利厅、省农垦局、省冶金行业投资促进中心、省建设厅所属企业已基本完成改制任务。

五、湖北省国资委监管企业主辅分离辅业改制情况

(一)加强领导,明确责任

根据省委、省政府"三个一批"战略部署和2004年重要工作责任分工,2004年、2005年要基本完成全省国有大中型企业主辅分离和分离办社会职能工作,湖北省国资委建立了工作机制,并把此项工作作为改革脱困领导小组办公室例会上的一项重要内容统筹安排部署。各有关企业都明确了相应的机构和人员负责组织实施,鄂钢公司、三环集团、大冶有色、省建总公司和省工建总公司等重点企业还成立了专门的机构,抽调人员,集中办公。

(二)分类指导,一企一策

对企业"三类资产"即非主业资产、闲置资产和关闭破产的有效资产,通过合资、合作、出售等方式,改制为混合所有制和民营企业;对企业办医院、后勤服务单位,一部分移交地方管理,一部分改制重组为自负盈亏的经济实体。

(三)精心组织,督促协调

2004年初,省国资委会同省直有关部门举办了中省企业负责人主辅分离培训班。7月份,对全省主辅分离辅业改制工作进行了部署。之后,又会同省直有关部门,一家一家检查督促,研究和协调解决主辅分离辅业改制和分离办社会职能中的问题。同时建立企业季报制度,掌握企业工作进度,跟踪了解情况。

一年来,湖北省所出资企业主辅分离改制工作取得了一定成效。初步统计,截至2004年底,湖北省国资委所出资28户企业,有9户企业有辅业分离任务,共需分离辅业140个,已分离104个,占74%,分流安置富余人员近2万人。大冶有色公司有辅业单位25个,2003年、2004年先后对所属的建安公司、机修厂、运输公司等5家单位实行民营改制,对房地产、锅炉、洗浴室、绿化等单位进行重组,组建物业管理公司,对资源枯竭、扭亏无望的赤马山矿、新冶铜矿等实施破产,改制分流安置职工1.5万多人,所属社区正在积极移交地方。三环集团24家辅业,主要从事汽车、金属材料、成套设备贸易、投资咨询、房地产、酒店服务业,采取关停并转、出售、股份制改造等多种形式,已完成辅业改制16家。省汽车集团44户辅业单位,已全部完成改制工作。鄂钢公司有辅业20个,双环集团有辅业单位10个,都实行主辅分离,正在积极推进辅业改制工作。南方集团、省建总公司、省工建总公司基本完成了主辅分离改制工作。通过分离改制,一批企业主业进一步精干,辅业改制的企业也焕发了生机。2004年大冶有色实现利税比上年增长72%,利用"三类资产"组建的铜业公司效益较好,三环集团实现利税比上年增长7.3%。在2004年底省政府表彰的100名再就业先进集体中,鄂钢公司、南方集团、大冶有色、双环集团、三环集团等企业,因主辅分离改制和再就业工作成效显

著，受到表彰。

六、湖北省国资委监管企业建立和完善企业经营业绩考核体系情况

(一)建立全新的企业负责人经营业绩考核工作体系

履行好出资人职责，维护所有者权益，落实国有资产保值增值责任，建立有效的激励和约束机制，必须首先在把握好出资人定位的基础上，建立科学的业绩考核制度和体系。湖北省国资委于2004年10月18日正式出台了《省国资委所出资企业负责人经营业绩考核暂行办法》。《暂行办法》对业绩考核的原则、对象、指标、计分办法、奖惩方式及各项工作程序进行了规范。该《暂行办法》在牢牢把握出资人定位这个核心的基础上，第一，在建立科学监管、考核、激励、约束机制上下功夫；第二，紧紧抓住关键业绩考核指标。一方面，考核指标的选择充分体现出资人对企业负责人的共性要求。另一方面，也兼顾到企业的规模、行业差异等个性特点。第三，统筹考虑各项配套工作，使业绩考核与薪酬、战略、预算和人事等各项工作紧密结合，整体推进。为实现上述目的，在考核原则上，实行依法考核、分类考核和激励与约束并重；在考核方式上，实行年度考核与任期考核相结合、结果考核与过程评价相统一；在考核对象上，与国家和部分外省市有所不同，主要集中于所出资的国有及国有控股企业的党政一把手，即法人代表、专职党委书记和组织配备的总经理；在业绩考核指标上，设置了基本指标、分类指标，基本指标是共性指标，考核企业资产经营结果和效率，分类指标根据企业各自资产规模、行业、市场环境、社会贡献、历史包袱等情况分别确定；在考核定级上，根据企业实际完成目标值的得分情况，定为A、B、C、D、E五个级别，并与企业负责人的薪酬和任免挂钩。

(二)逐步完善企业负责人经营业绩考核工作机制

一是成立了湖北省国资委业绩考核工作委员会，由国资委一把手任主任委员，有关副主任任副主任委员，相关处室主要负责人任委员。下设办公室，负责日常工作。并明确了业绩考核工作委员会的职责和工作规则。二是成立了业绩考核专家组。为了保证业绩考核工作客观、公正，已聘请社会上财务管理、企业管理、行业预测和分析等方面专家，成立了专家组，对企业经营业绩及经营合同执行情况综合考评。三是建立了企业业绩考核工作队伍。各出资企业成立了主要领导负责，财务、生产、人力资源等部门负责人参加的经营业绩考核工作专班，以落实好每一个工作程序和每一项工作要求，从而保证工作质量和工作进度。四是开展业务培训，提高从业人员政策水平和业务素质。湖北省国资委在《考核暂行办法》颁布后，邀请业绩考核工作专家、武汉大学、中南财经政法大学多名知名教授，分别就业绩考核工作理论与实践、企业薪酬管理、企业人才战略等专题进行了授课，为开展业绩考核工作做好准备。

(三)实事求是，稳健起步，积极推动业绩考核工作

考虑到企业的管理水平、发展阶段、行业规模等千差万别，湖北省国资委制订了“稳健起步，总体推进”的原则，计划2005年首先推动年度经营业绩考核工作，以降低业绩考核工作起步风险，探索和积累经验。然后，在深入调查、总结经验的基础上，于2006年推动任期经营业绩考核工作。为搞好2005年度企业负责人经营业绩考核工作，2004年下半年召开多次专题会议进行部署。在协商企业的目标考核值中，始终坚持“科学合理、实事求是”的原则。按照“不低于上年，不低于前三年的平均值”的要求，由企业提出2005年拟完成的经营业绩考核目标建议值，在此基础上，反复论证、修改、调整。一是既坚持充分相信和依靠企业的做法，同时又坚持国资委作为出资人代表，有最终核定目标的权力；二是“精打细算”的方法，对各种数据的出处都要做到“言之成理”、“有事实依据”。三是规范工作程序，严格把关；四是精心组织，慎之又慎。通过上述工作措施，为2005年度经营业绩考核工作打下了比较好的基础。

(撰稿人：钱 滨 彭 瑜 杨想姣
蔡 平 徐春江 王运清 康伯发)

湖南省

一、湖南省国有资产监督管理工作综述

2004年,湖南省人民政府国有资产监督管理委员会(简称湖南省国资委)在国务院国资委和湖南省委、省政府的正确领导下,坚持以"三个代表"重要思想为指导,用科学发展观统领国企改革和国资监管工作全局,深化以产权制度改革为核心的省属国有企业改革,加快推进省属国有经济布局和结构的战略性调整,积极探索国资监管体制改革,着力建立健全全省国资监管体系的基本框架,各项工作取得积极进展和明显成效,实现了"起好步、定好位、开好局"的目标。

(一)国资监管组织体系建设情况

湖南省国资委于2004年3月16日正式挂牌成立。4月1日,"三定"方案由湖南省人民政府办公厅正式印发,设立湖南省人民政府国有资产监督管理委员会,为湖南省人民政府直属正厅级特设机构。湖南省人民政府授权湖南省国资委代表国家履行国有资产出资人职责。根据中共湖南省委决定,成立中共湖南省国资委委员会和中共湖南省国资委纪律检查委员会。

截至2004年底,湖南省14个市州上报的政府机构改革方案已经湖南省编办批复。其中,有5个市州国资委的"三定"方案已正式批复,开始履行出资人职责,积极有序地开展各项工作,有4个市州国资委正式挂牌运作,其他市州国资监管机构正在加紧组建之中。

(二)国资监管工作概况

1. 加快推进省属国企改革,促进省属国有经济布局和结构的战略性调整。

(1)出台省属国企改革政策。认真贯彻落实省委、省政府关于深化新一轮省属国企改革的精神,在深入调查研究的基础上,以省委、省政府名义出台了省属国企改革一系列政策性文件。另外,还出台了一系配套性政策文件。

(2)建立省属国企改革的组织体系。成立了省属国有企业改革领导小组。领导小组下设办公室(设在省国资委),从省直有关部门抽调精干人员进行集中办公,实行一站式服务。有改革任务的厅局、行管办、集团公司和各市州都分别成立国企改革领导小组及办公室,全省国企改革的组织体系全面建立并有序运转。

(3)审定改革总体方案。省属国有企业改革领导小组对47家厅局、行管办、大集团、大公司逐一上门现场办公,遵循国有资本"有进有退"的原则,按照"三个一批"(即发展壮大一批、转制搞活一批、关闭破产一批)的思路,审定改革总体方案(涉及全省457家国有企业),拟继续保持国有控股地位,做强做大的企业121家,占26.5%(资产约占65%);转制搞活的企业149家,占32.6%(资产约占20%);实施关闭破产的187家,占40.9%(资产约占15%)。

(4)积极推进省属企业的重组整合,培育大公司、大集团。组建了湖南有色金属控股集团有限公司,并启动煤业、黄金、化工等集团的组建工作;组织启动了一批企业的依法破产工作;妥善处理了株钢、湘华、株麻、湘东铁矿、湘锰、湘缆、湘纺等原省属企业破产的遗留问题。

(5)积极推进主辅分离、辅业改制工作。批复了湘钢、涟钢、衡钢、株冶、株硬等5户试点企业主辅分离辅业改制的总体方案。积极协调省属国有企业与当地政府之间的关系,推动企业分离办社会职能工作的有序开展。

(6)注重产权招商,积极引进战略投资者。2004年10月,成功举办了"2004湘洽会"湖南国有企业产权(股权)转让专题招商活动,共推介转让项目和签约项目171个,项目总金额339.2亿元。项目涉及机械、电子信息、冶金、交通、电力、纺织、建材、外贸、金融等诸多行业和领域。共有35个项目成功签约,签约总金额为105.54亿元,其中1亿元以上的项目22个。积极帮助企业寻找能带来新的管理、技术、项目和市场的战略合作伙伴。中汽长电与世界500强企业之

一的博世公司签约转让部分产权，华菱钢铁集团向世界最大的钢铁公司米塔尔钢铁公司转让所持华菱管线部分股权，通过加强战略合作，增强企业发展后劲。

2. 以加快四大体系、三大机制、两大制度的建设为重点，依法做好国资监管工作。积极推动市州国资监管组织体系建设，全省14个市州均已成立了国资监管机构，积极做好开局、起步工作。按照“科学监管、依法监管、效能监管、廉洁监管”的要求，加快国资监管制度体系建设，建立健全了产权管理体系、国资监管法规政策体系、经营者业绩考核体系、统计评价体系等四大体系；建立了企业负责人选任机制、企业负责人激励约束机制、出资人有效监管机制等三大机制以及授权经营制度、国有资本经营预算制度等两大制度（简称“四三二工程”），为全省国资监管工作的有序开展提供了强有力的制度保证。

第一，四大体系的建设情况。产权管理体系：开展了对监管企业及省直厅局、行管办所属企业的清产核资工作；经湖南省人民政府批准，省国资委组建了湖南省产权交易所，9月3日正式挂牌运作。国资监管法规政策体系：完成了《湖南省实施〈企业国有资产监督管理暂行条例〉办法》的起草和立项工作，出台了一批规范性文件；在15家重点企业中推行了总法律顾问制度；省国资委和省国企改革办分别聘请了法律顾问。经营者业绩考核体系：制订下发了《省属企业负责人经营业绩考核暂行办法》，与13家企业签订了年度经营责任书，与3家企业签订了任期经营责任书。统计评价体系：建立了一套较完整的财务快报系统，从6月份开始启动监管企业财务快报工作，并逐月对财务快报进行分析。

第二，三大机制的建设情况。企业负责人选任机制：对6户监管企业的领导班子进行了调整；完成了6户省属企业的6个高级经营管理职位的公开招聘工作；通过调整企业领导班子，优化公司治理结构。企业负责人激励约束机制：出台了《省属企业负责人薪酬管理暂行办法》，企业负责人薪酬由基薪、绩效薪酬、中长期激励等部分构成，先从年薪制开始，与业绩考核挂钩，坚持激励与约束对等的原则，每年一兑现。出资人有效监管机制：加强和改进监事会工作，以资产监督为核心、以财务检查为主要手段，积极探索监事会的体制创新，实行动态监管；积极探索建立干部管理部门、纪检监察部门与监事会的联动机制，实现有效监管。

第三，两大制度建设情况。授权经营制度：研究制订新的省属企业授权经营管理办法，拟对省国资委监管企业中省政府原来授权的企业进行清理，选择符合条件的企业重新进行授权。国有资本经营预算制度：建立国有资本经营预算制度的总体思路是“试点先行，分类推进，全面展开”，拟先编制企业国有资本经营预算，选择企业进行试点，条件成熟时，再编制国有资本经营预算。

3. 围绕中心，服务大局，切实加强和改进企业党的建设、党风廉政建设。一是适应现代企业制度的要求，不断改进和完善企业党的工作方式和方法，进一步加强了企业党的工作，制订印发了《国有企业党委发挥政治核心作用十二项制度》，及时总结和推广党建工作的典型经验。同时，深入调查研究，积极探索做好新形势下企业党建工作的新方法和新途径。二是大力开展党风廉政建设。省国资委建立了党风廉政建设责任制，向社会郑重作出了廉政承诺，主动接受包括监管企业在内的社会各方面的监督，促进了全省国资监管系统的党风廉政建设。省国资委与省纪委、省监察厅联合下发了《关于严肃纪律确保省属国有企业改革顺利进行的通知》，以确保改革规范有序地推进，防止国有资产流失。加强对原材料采购、产品销售、重大项目招投标、基建工程等环节的效能监察。

4. 切实做好维护企业稳定工作。先后成立了省国资委企业维稳工作领导小组及办公室、湖南省处理国有企业改制信访突出问题及群体性事件工作小组及办公室，建立健全企业维稳工作领导负责制，指导企业做好改革调整中的维稳工作预案，及时开展排查，清除不稳定因素，妥善处理不稳定事件，较好地维护了企业和社会的稳定。

（三）机关自身建设成效显著

为切实履行好国有资产出资人职责，确保国有资产保值增值，省国资委党委高度重视班子建设和提高干部队伍素质,机关自身建设取得了明显成效。省国资委党委班子团结务实,勤政廉洁,在工作中起到了率先垂范的作用。通过面向社会公开招聘公务员,改善优化机关干部队伍结构;通过抓学习,提高干部队伍素质;通过严格管理,培养干部队伍"能战斗、过得硬"的良好作风。以文明创建为导向,营造机关良好的氛围,树立了"勤政、廉洁、高效"的机关形象,被评为省直文明单位。

二、湖南省国资监管机构建设情况

(一)省国资委机构组建情况

2004年3月16日,湖南省人民政府国有资产监督管理委员会(简称湖南省国资委)正式挂牌成立。

4月1日,"三定"方案由湖南省人民政府办公厅正式印发,湖南省国资委为湖南省人民政府直属正厅级特设机构。湖南省人民政府授权湖南省国资委代表国家履行国有资产出资人职责。同时,根据湖南省人民政府授权,湖南省国资委还负责对湖南省直单位经营性国有资产(宾馆、酒店、培训中心等)进行监督管理。根据湖南省委决定,成立中共湖南省国资委委员会和中共湖南省国资委纪律检查委员会。

根据"三定"方案,湖南省国资委内设12个职能处(室),定编80名,其中行政编制61名,全额拨款事业编制19名(含机关后勤服务编制9名)。领导职数为:党委书记1名,副书记2名(1名由省国资委主任兼任,另1名兼任省国资委纪委书记);主任1名,副主任3名;总经济师1名。正副处级领导职数28名。2004年底,省国资委机关已到位72人。省国资委代表省政府向重点监管企业派出监事会。监事会共有编制30名,其中行政编制24名,事业编制6名,年底已到位24人。

(二)各市州国资监管机构组建情况

2004年,湖南省14个市州都已上报了政府机构改革方案,并已经过湖南省编办批复。其中长沙市、衡阳市、株洲市、湘潭市、永州市5市国资委的"三定"方案已正式批复,开始履行出资人职责,有序地开展各项工作。邵阳市、岳阳市、常德市、郴州市、娄底市、怀化市、湘西自治州7个市州国资监管机构的"三定"方案已分别上报各市州机构编制委员会办公室待批。

湖南省市州国资监管机构的组建模式:

1. 单独组建国资委,作为市州政府的正处级特设机构,管资产与管人、管事相结合。长沙市、衡阳市、湘潭市、常德市、张家界市、郴州市、永州市、怀化市、娄底市、湘西自治州等10个市州属于这种模式。

2. 株洲模式:组建市国有资产监督管理委员会,由市长兼任主任,有关副市长兼任副主任,下设办公室,为正处级议事协调机构,具体负责日常事务。

3. 益阳模式:保留现有的工商企业国有资产管理局,为市政府工作部门;成立行政事业国有资产管理局,为市政府直属正处级事业单位。

4. 邵阳、岳阳模式:在市财政局下设立国有资产监督管理局,分别为正处级和副处级机构。

三、湖南省企业国有资产总量与分布结构

2004年底,湖南省国有及国有控股企业3895户,同比减少959户,资产总额为2802.70亿元,比上年2481.29亿元,增长12.95%,负债总额为2003.68亿元,比上年1720.32亿元,增长16.47%,所有者权益总额为674.97亿元,比上年665.60亿元,增长1.41%。其中:省国资委监管企业资产总额为1161.49亿元,比上年941.58亿元,增长23.36%,负债总额为702.30亿元,比上年550.34亿元,增长27.61%,所有者权益总额为337.21亿元,比上年297.80亿元,增长13.23%。监管企业资产、负债、所有者权益占全省国有及国有控股企业的比重分别为41.44%、35.05%和49.96%。

2004年底,湖南省国有及国有控股企业国有资产总量650.93亿元,同比增加7.67亿元,增长1.19%。按规模分,大型企业164户,占总户数的4.21%;中型企业647户,占总户数的16.61%;小型企业3084户,占总户数的79.18%。占用国有资产总量情况:大型企业351.11亿元,占全省企业国有资产总量的53.94%;中型企业226.4亿元,占全省企业国有资产总量的34.78%;小型企业73.42亿元,占全省企业国有资产总量的11.28%。按隶属关系分,湖南省省直

企业 804 户，占总户数的 20.64%，国有资产总量 468.54 亿元，占全省企业国有资产总量的 71.98%；湖南省 14 个市州企业 3091 户，占总户数的 79.36%，国有资产总量 182.39 亿元，占全省企业国有资产总量的 28.02%。

湖南省企业国有资产分布结构的主要特征：一是国有资产主要集中在省直企业，而省直企业又主要集中在省国资委的监管企业。湖南省省直企业 804 户，占全省国有企业总户数的 20.64%，国有资产总量 468.54 亿元，占全省企业国有资产总量的 71.98%。其中，省国资委监管企业及其下属企业 390 户，占省直国有企业户数的 48.51%，占全省国有企业总户数的 10.01%，国有资产总量 335.90 亿元，占省直国有资产总量的 71.69%，占全省企业国有资产总量的 51.60%；省直非监管企业 406 户，占省直国有企业户数 51.49%，占全省国有企业总户数的 10.42%，国有资产总量 132.61 亿元，占省直国有资产总量的 28.31%，占全省企业国有资产总量的 20.37%。二是湖南省市州企业户数虽多，但企业规模偏小，占用国有资产总量较少。湖南省市州企业 3091 户，占湖南省国有企业总户数 79.36%，但其国有资产总量仅为 182.39 亿元，只占全省企业国有资产总量的 28.02%。其中：大型企业 43 户，占全省市州企业总户数的 1.39%，国有资产总量为 36.31 亿元；中型企业 401 户，占全省市州企业总户数的 12.97%，国有资产总量为 110.52 亿元；小型企业 2647 户，占全省市州企业总户数的 85.64%，国有资产总量为 35.56 亿元。三是国有资产分布不均衡，地区间国有资产存量差别较大。湖南省国有资产总量 650.93 亿元，省直企业 468.54 亿元，占 71.98%，市州企业 182.39 亿元，仅占 28.02%。市州国有资产主要分布在几个经济基础较好的市州。长沙市 90.29 亿元，占市州国有资产总量的 49.50%。另外，国有资产总量超过 10 亿元的市州分别为郴州市(20.67 亿元)、株洲市(14.98 亿元)、永州市(13.29 亿元)、衡阳市(11.93 亿元)、张家界市(11.92 亿元)、湘西自治州(10.70 亿元)。有个别市的国有企业由于效益较差、亏损严重，国有资产总量已出现赤字。四是湖南省市州国有资产总量整体呈下降趋势。2004 年度国有及国有控股企业户数较上年减少 959 户，国有资产总量较上年增长 1.19%。按隶属关系分，省直企业较上年上升了 11.64%，而市州企业较上年却下降了 18.42%。湖南省 14 个市州除少数几个市出现增长外，9 个市州国有资产总量出现不同幅度的下降，尤以岳阳市下降的幅度最大，下降 130.38%。五是国有资产总量向几个大行业集中。按行业分布看，湖南省国有企业 3895 户主要分布在 14 个大门类约 40 个行业。国有企业户数主要集中在工业(1106 户)、批发和零售业(964 户)、交通运输仓储业(667 户)、农林牧渔业(408 户)。而国有资产总量主要集中在工业、金融投资和房地产这三大门类，这三个门类 1226 户企业占全省国有企业总户数的 31.48%，但占用的国有资产总量为 457.13 亿元，占全省企业国有资产总量的 70.23%。而尤以工业行业较突出，其占用国有资产总量达 318.72 亿元，占全省国有资产总量的 48.96%。而工业行业中国有资产总量又主要集中在冶金业(114.66 亿元)、电力工业(58.72 亿元)、化学工业(25.60 亿元)、机械工业(24.83 亿元)和市政公用工业(24.74 亿元)。这说明全省加快了产业结构调整步伐，促进国有资产向优势行业集中。六是加快企业改制重组步伐，促进国有资产向大集团、大公司集中。国有控股企业共 951 户，占湖南省国有企业户数的 24.42%，但其占用国有资产总量为 430.60 亿元，占湖南省国有资产总量的 66.15%。国有独资企业、国有独资公司和企业化管理事业单位共 2944 户，占湖南省国有企业户数的 75.58%，但其国有资产总量仅占全省企业国有资产总量的 33.85%。

四、湖南省国有资本保值增值综合分析评价

剔除客观增减因素的影响，全省国有资产保值增值率为 98.76%，是经营减值，与全国全行业相比处于较差的水平。主要是因为市州企业经营减值所致。市州企业中经营积累总额为 6.1 亿元，而其经营减值总额达 36.5 亿元，两项相抵经营亏损为 30.4 亿元，直接影响了全省国有资产保值增值的水平。省直企业的保值增值率为 105.35%，实现了国有资产的增值，达到全国全行业的良好水平。监管企业年初国有资

本及权益总额297.03亿元,本年增加50.90亿元,减少12.46亿元,年末国有资本及权益总额335.47亿元,加上国家独享的其他国有资金0.43亿元,年末国有资产总量335.90亿元。2004年监管企业国有资本及权益主要变动因素如下:一是因政府投入、资产评估、清产核资及经营积累等因素共增加50.90亿元。主观因素增加即经营积累增加22.59亿元,占本年增加权益的44.38%;二是因改制、政府批准核销及经营亏损等因素共减少12.46亿元。主观因素减少即经营减值2.55亿元,占本年减少权益的20.47%。剔除客观增减因素的影响,监管企业国有资产保值增值率为106.76%,高出省直企业国有资产保值增值率1.41个百分点,高出全省企业国有资产保值增值率8个百分点,达到良好水平。

五、湖南省国资委监管企业产权制度改革情况

湖南省委、省政府决定新一轮省属国有企业改革以产权制度改革为突破口,拟用三年左右的时间,在省属国有企业中普遍建立起“归属清晰、权责明确、保护严格、流转顺畅”的现代产权制度。从2004年5月开始,湖南省国资委按照省委、省政府的要求,遵循国有资本“有进有退”的原则,按“三个一批”的思路推进省属国有企业产权制度改革。从已审定了改革方案、进入组织实施阶段的457家企业的情况看,继续保持国有控股地位、做大做强的企业121户,占26.5%;拟转制搞活,国有股全部退出或退到参股地位的企业149户,占32.9%;实施关闭破产的187户,占40.9%。

(一)全面推行国企产权主体多元化

在推进省属国企产权主体多元化改革上,坚持两个“毫不动摇”,即毫不动摇地巩固和发展公有制经济;毫不动摇地鼓励、支持和引导非公有制经济发展。在具体的运作上,遵循“有进有退”原则,大力发展国有资本、集体资本和非公有资本等参股的混合所有制经济,使股份制成为公有制的主要实现形式。比如,华菱管线改变国有股一股独大的结构,实现了股权多元化,取得了较好的效果。

(二)积极面向国内国际引进战略合作伙伴

抓住当前发达国家和我国沿海地区产业转移的有利机遇,推动企业开展招商引资工作,通过转让产权(股权),与规模实力雄厚、技术管理先进的著名跨国公司和国内优强企业结成战略合作伙伴,提升技术水平和核心竞争力。比如,华菱钢铁集团公司通过转让所持华菱管线部分股权,成功地与世界最大的钢铁公司——米塔尔钢铁公司结成战略合作伙伴,不仅拓展原材料采购渠道,学习了先进的物流和管理经验,而且还利用米塔尔钢铁公司的技术和实力新上了我国目前紧缺的钢产品项目,优化了产品结构,提高了企业竞争力。

(三)规范产权转让的交易行为

严格按照《规范国有企业改制工作意见》、《企业国有产权转让管理暂行办法》和湖南省有关政策规定,规范产权转让的交易行为。组建了湖南省产权交易所,建立了国有产权进场交易制度。国有企业转让产权(股权)中,持事先报告制度,由企业直接或经上级主管部门报经国资监管部门同意(必要时报省政府审批)后,才能启动操作。非上市国有企业的产权转让要进省国资委同意的产权交易市场交易,建立公开、公平、公正、竞争的程序和机制,实行“阳光操作”。

(四)妥善安置分流离岗员工

在产权制度改革中,依法依规依政策维护广大职工的合法权益。同时,通过政策鼓励和管理审批等方式,尽量多安排企业职工就业。对改制为国有及国有控股的企业,原则上要求安置原企业的所有职工就业;对转制搞活的企业,原则上要求安置原企业80%以上的职工就业;对整体购买破产企业资产设立的新企业或破产重组设立的企业,原则上要求安置原企业50%以上的职工就业。

六、湖南省国资委监管企业主辅分离辅业改制概况

湖南省属国有大中型企业有主辅分离、辅业改制任务的企业共31家,需分离的辅业单位291个,涉及总资产58.64亿元,净资产23.15亿元,职工人数

43559人。为推进主辅分离、辅业改制工作，省国资委出台了《省属国有企业改制工作职工分流安置和社会保障实施暂行办法》等一系列规范性文件，启动全省国有大中型企业主辅分离辅业改制工作。2004年，启动主辅分离、辅业改制的辅业单位还不到1/3，完成20家辅业单位的改制任务。

七、湖南省国资委监管企业重组与完善法人治理结构

2004年，湖南省国资委明确了重点监管企业的改革重组的思路和方案，已有37家监管企业改革重组的思路和具体形式经省属国有企业改革领导小组以现场办公形式审定。其中，发展壮大的33家，转制搞活的1家，关闭破产的2家，转体的1家。37家监管企业共有下属子公司285家，其中发展壮大126家，占44%，转制搞活103家，占36%，关闭破产56家，占20%。同时，按专业集中、优质资产整合的原则，整合成若干家国有控股大企业集团和资产经营公司，重点完成了省属有色企业的重组，组建了注册资本28亿元、总资产91亿元的湖南有色金属控股集团有限公司，着手对原有的综合性政府投资机构——湖南省经济建设投资公司进行规范的公司制改造，开展了组建民爆、煤炭、黄金、化工等集团的调研及方案设计工作。

结合企业改革重组，大力推进监管企业建立健全现代企业制度，完善法人治理结构。2004年，对中联重科集团、华菱钢铁集团、二十三冶建设集团、湖南路桥建设集团、湘潭电机集团等公司的改革方案进行了审议，就进一步完善法人治理结构提出了明确的要求。制订了《湖南省国资委监管企业公开招聘经营管理者办法(试行)》、《湖南省国资委监管企业中层管理人员竞争上岗办法(试行)》等企业领导人员管理制度，拓宽了选择企业经营管理者的视野和途径，面向全国公开招考了6名企业高级经营管理者。先后对12户企业的领导班子进行了调整配备，对其中6户企业的领导班子进行了整体调整。一部分企业试行了独立董事制度。继续实行外派监事会制度，扩大了外派监事会企业的范围。

八、湖南省国资委监管企业业绩考核体系建立情况

为了切实履行企业国有资产出资人职责，维护所有者权益，落实国有资产保值增值责任，建立有效的激励和约束机制，根据国务院《企业国有资产监督管理暂行条例》、湖南省人民政府《建立健全省国有资产监督管理体制的若干意见》等有关法规和文件，参照《中央企业负责人经营业绩考核暂行办法》，结合湖南省实际，湖南省国资委下发了《关于印发〈湖南省省属企业负责人经营业绩考核暂行办法〉的通知》，规范了湖南省国资委监管企业负责人经营业绩考核工作。

考核办法建立了年度考核与任期考核相结合、结果考核与过程评价相统一、考核结果与奖惩相挂钩的考核制度。年度经营业绩考核和任期经营业绩考核采取由省国资委主任或者其授权代表与企业负责人签订经营业绩责任书的方式进行。2004年9月14日，湖南省国资委主任莫德旺代表省国资委与华菱钢铁集团有限责任公司等13家企业的主要负责人签订了2004年度经营业绩责任书，与华菱钢铁集团有限责任公司、长沙中联重工科技发展股份有限公司、长丰(集团)有限责任公司等3家企业的主要负责人签订了2004年～2006年任期经营业绩责任书。11月初，省国资委与具备条件的其他24家监管企业签订了2004年度经营业绩责任书。

广东省

一、广东省国资委组建情况

根据《中共广东省委、广东省人民政府关于印发〈广东省人民政府机构改革方案〉的通知》(粤发[2003]17号)，广东省设立省人民政府国有资产监督管理委员会(以下简称省国资委)，为省政府直属正厅级特设机构。2004年1月17日，广东省政府办公厅印发了《广东省人民政府国有资产监督管理委员会职

能配置内设机构和人员编制规定》(粤府办[2004]14号)。2004年6月26日,省国资委正式挂牌成立。按照省委、省政府的要求,省国资委代表省政府履行出资人职责,维护国有资产出资人的合法权益。按照省政府授权第一批列入省国资委履行出资人职责企业20户。省国资委设置12个职能处室:办公室(党委办公室)、综合法规处、规划发展处、统计评价处、考核分配处、产权管理处、改革重组处、监事会工作处(财务总监办公室)、预算财务处、企业领导人员管理处(人事处)、党群工作处(机关党委办公室)和监察室。省委决定成立省国资委党委,负责省属企业及其他有关企业党的工作;成立省国资委纪委,负责指导全省国有企业纪检监察工作,以及省国有企业的党风廉政建设和领导人员廉洁自律工作。

全省21个地级市中,17个地级市已确定单独设立国有资产监督管理机构。

省政府授权省国资委主要履行六项职责:

(一)根据省政府授权,依照《中华人民共和国公司法》和《企业国有资产监督管理暂行条例》等法律、法规以及省政府有关规定履行出资人职责。

(二)指导推进国有企业改革和重组;对所监管企业国有资产的保值增值进行监督,加强国有资产的管理工作;推进国有企业的现代企业制度建设,完善公司法人治理结构;推动省属国有经济结构和布局的战略性调整。

(三)按照省委的规定,依照法定程序对企业负责人进行任免、考核并根据其经营业绩进行奖惩;建立符合社会主义市场经济体制和现代企业制度要求的选人、用人机制,完善经营者激励和约束制度。

(四)向所监管企业派出监事会和财务总监;负责监事会和财务总监的日常管理工作。

(五)通过统计、稽核对所监管国有资产的保值增值情况进行监管;建立和完善国有资产保值增值指标体系,拟订考核标准;负责监缴所监管企业国有资本金收益,并对资本收益的使用进行管理;维护国有资产出资人的权益。

(六)起草企业国有资产管理的行政法规,制订有关规章制度;依法对地方国有资产管理进行指导和监督。

二、广东省国资监管与国企改革发展

(一)省国资委机关工作要点

2004年上半年,省国资委的主要工作是筹组机构,调配人员,衔接职能等。下半年开始,主要抓了6个方面的工作:

1. 开展企业调研和外出学习考察。为全面了解监管企业的情况,国资委于6月至7月对20户省属企业进行了一次全面调研,深入了解企业现状和存在问题。为学习兄弟省市在国资监管和国企改革方面的经验,8月至9月,省国资委组织三个调研组,分赴京、沪、苏、渝、川五省市进行考察学习。

2. 组织企业清产核资。从2004年下半年开始,省国资委统一部署对监管企业开展清产核资,采取向社会公开招标的方式选择中介机构。

3. 完善资产经营责任制考核。完成省属企业2003年度及2001~2003年责任期资产经营责任制考核并兑现奖励;研究完善2005年省属企业经营业绩考核办法,吸取中央企业和其他省市考核体系的优点及TCL增值奖股先进经验,结合广东省企业实际,按照科学考核、分类考核的原则,制订了《广东省省属国有企业经营者经营业绩考核暂行办法》。

4. 加强预算管理和内部审计。努力落实"三定"方案赋予省国资委负责国有资产收益收缴的职能,积极探索国有资产收益收缴工作。组织指导监管企业的内部审计工作,与纪检等六部门联合印发了《广东省国有企业及国有控股企业领导人员任期经济责任审计操作办法(试行)》。

5. 加强干部培训工作。省国资委组建前后,举办了8期国资监管业务系列知识培训,包括国企改革、产权管理、发展规划、战略管理等内容,邀请国务院国资委领导和国内外有关知名专家授课,努力提高干部队伍素质。

6. 加强委机关和企业党建、纪检监察工作。党建工作方面,一是认真开展党风、党纪的学习教育活动,进一步提高党员干部践行"三个代表"重要思想的坚定性;二是组织机关全体党员干部和省属企业学习贯彻党的十六届四中全会和省委九届五次、六次全会精神，并召开了省属企业党委书记座谈会，结合国资改革和国企改革的实际，交流学习心得体会。纪检监察工作方面，着力探索从源头上预防和治理腐败现象的措施，建立健全监督制约机制；加强监督检查，规范各级经营班子的行为；加强效能监察工作；提高办案质量和效率，结合实际，举办省属企业防范国有资产流失研讨会。

（二）加快国企改革与发展

1. 规范改制工作。省国资委与省纪委、省监察厅联合下发《关于加强监督管理，确保国有企业改制工作健康有序规范进行的意见》，为国企的规范改制提供制度保证。

2. 推进国有劣势企业的关闭破产。制订全省2004～2005年度关闭破产工作规划；跟踪落实省属三大煤炭企业、原中央下放的有色金属资源枯竭矿山企业、军工企业的关闭破产工作；推进湛江市15家国有糖厂的转制。

3. 分离企业办社会职能。围绕贯彻落实国办发9号文，认真开展省属企业办中小学校退休教师待遇的情况调查；配合做好广州铁路局所办教育、医疗机构移交地方管理，以及中石化所办中小学校移交地方管理等工作。

4. 做好企业职工稳定工作。主要抓好企业关闭破产中的稳定工作，确保有关政策的落实；成立省处理突出问题及群体性事件信访联席会议国有企业改制工作小组（该小组办公室设在省国资委），做好企业改制中群众反复上访的突出问题的处理，维护社会的稳定。

广东省国有经济战略性调整取得了明显成效，一批竞争力强的龙头企业迅速发展壮大，一大批劣势企业平稳退出市场，国有企业总体实力不断增强，国有经济在国民经济中继续发挥主导作用。在2004年公布的广东企业50强中，国有及国有控股企业占21家，营业收入、资产总额、利润总额分别占50强的45.3%、34.5%、35.3%。在重大装备制造业、高新技术产业以及基础性、公益性和战略性产业中，省属国有企业举足轻重，有的在地市经济中居重要突出地位。据快报统计，2004年，省国资委履行出资人职责的20家省属企业资产总额3408亿元，实现销售（营业）收入1521亿元，所有者权益总额1121亿元，利润总额105亿元，税金总额116亿元。

三、广东省国有资产总量与分布

截至2004年年底，广东省企业国有资产总额11891亿元，所有者权益3561亿元。国有资产总额超过千亿元的有省属企业（3408亿元）和广州市（3277亿元）、深圳市（1888亿元）两个市，资产总额占了全省的72.1%；超过百亿元的有佛山市（606亿元）、珠海市（594亿元）、惠州市（443亿元）、江门市（234亿元）、肇庆市（196亿元）、汕头市（194亿元）、中山市（189亿元）、湛江市（130亿元）。这10个市加上省属企业，国有资产总额占全省的93.84%。其余地市国有资产总额在百亿元以下。

四、广东省国企改革与发展历史情况

（一）实施大企业集团和工业龙头企业发展战略

1996年，广东省开始实施大集团战略，确定83户省重点发展的大型企业集团。经过几年的努力，大集团工作取得了明显成效，涌现出一批以TCL、康佳、格力、中集、深能源、广州钢琴、华强、广州控股、广州药业、广州电梯、韶钢、广钢为代表的一大批优势企业。

2000年1月，省政府选定50户工业龙头企业为培育发展的对象，指导大集团和龙头企业以市场为导向，理清发展思路，制订发展规划，进行低成本扩张；指导和帮助大集团和龙头企业依据《公司法》健全法人治理结构，规范母子公司体制；通过优化结构，提高综合素质，增创体制、产业、科技和开放新优势，提高经济增长的质量和效益。2003年，50户工业龙头企业销售收入、工业增加值和利润总额分别占了全省工业的21.5%、18.9%和32.1%。

（二）实施三年改革与脱困工作

1997年，广东省国有及国有控股大中型工业企业1061户，其中亏损企业490户，分别占全国同期总数的6.29%和7.3%。根据广东省国有企业脱困任务重、脱困难度大的特点，省政府制订下发《关于全省国有大中型工业企业三年改革与脱困的实施意见》(粤府[1998]83号),经过三年的努力基本完成了预定目标。

1. 三个特困行业的脱困攻坚战取得预期效果。省属煤炭行业至2000年底已关闭资源枯竭煤矿14个,安置分流职工41419人,消灭亏损2054万元,基本完成国有资本从省属煤矿整体退出和全行业消灭亏损的目标;纺织行业至2000年底累计完成了压锭18.32万锭,安置分流职工42434人,实现整体扭亏为盈;制糖行业至2000年底累计关闭糖厂34户,压减生产能力5.62万吨/日,安置分流职工23000人,结束了持续4年的净亏损,实现整体扭亏为盈。

2. 国有大中型企业脱困效果显著。1997年列入国家6599户脱困考核目标的490户企业,到2000年底,已有355户脱困,脱困率达到72.45%,比国家下达的脱困290户的目标超65户。重点脱困的14户(亏损5000万元以上的大户),至2000年底,盈亏相抵后实现利润3.23亿元,有9户实现了大幅减亏或扭亏为盈的目标。

(三)推进结构调整工作

1. 淘汰落后生产力。1996年国务院先后批准广州、深圳、佛山、汕头、韶关、湛江等6个城市列入优化结构试点城市。广东省开始对一些资源枯竭、污染严重、工艺落后和生产能力过剩的行业,区别不同情况,分别进行淘汰、重组、转移和改革。经近几年的努力,关停了一批技术落后、浪费资源、不符合安全生产条件的小玻璃厂、小水泥厂、小炼油厂、小火电厂和小炼钢厂,并加快建材、冶金、石化、机械、轻工等行业结构调整的步伐。

2. 抓好劣势企业退出工作。2001年省政府出台了《关于加快省属劣势企业退出市场的试点意见》(粤府办[2001]72号),采取关闭、破产、注销、改制等形式,使劣势企业规范有序地退出市场。至2003年底,全省关闭、破产、注销国有劣势企业3000多户,核销银行和资产管理公司呆坏账近100亿元,分流安置职工30多万人。其中,省属劣势企业(不包括省属煤矿)共退出772家,筹集职工安置资金14亿元,其中省财政安排8亿元,共安置职工48966人。

3. 推进国有资产重组。广州市在这方面起步早、步伐快,对工业企业成功地实施了大重组,尤其是汽车、医药、轻工、钢铁、石化等行业的大重组,取得了良好效果。如广药集团重组白云山,使该企业逐步走出了困境。

省属企业资产重组也取得了良好效果。一是推进集团之间的板块重组。2000年将分离在省直50多个部门的1700户企业重组为24个集团,2003年重组为20个集团。二是推进集团内部的结构重组。以集团龙头企业和名牌产品为核心,整合产品同类、市场同向、工艺相近、技术相关企业。三是推进企业债务重组。抓住金融体制改革的机遇,加快处置企业的不良债务。

4. 发展支柱产业。广东省政府在结构调整中,十分注重支柱产业的培育。2001年发布《广东省工业产业结构调整实施方案》,明确重点发展九大重要产业:三大新兴支柱产业,即电子信息、电器机械、石油化工;三大传统支柱产业,即纺织服装、食品饮料、建筑材料;三大具有发展潜力产业,即汽车、医药、森工造纸。

五、广东省国资委加强国有产权管理工作情况

广东省从八十年代初便在深圳等市进行股份制试点,1992-1993年全省进行了大规模的试点。《公司法》颁布后,一大批国有企业通过中外合资、相互参股、收购兼并、资产重组等多种形式,改造为多元投资主体的有限责任公司或者股份有限公司,具备条件的国有大中型企业还实现了改制上市,规模较大、效益较好的大公司和企业则争取了境外上市。全省约780户国有及国有控股大中型工业企业中,超过70%进行了规范的公司制改造;国有控股的上市公司超过70户,国有资本超过170亿元。

在中小企业改革方面,广东省国有小企业改革起步较早,而且与集体小企业的改革同时推进。顺德市早在1993年就率先进行产权改革,肇庆市于1994年开始注资经营试点。省政府不失时机地对中小企业改革进行总结和指导。根据中央方针,广东省推进国有小企业改革的基本思路是:

——下放一个权力。把放开放活小企业的主动权和探索权下放给市县和广大企业，支持广大企业从实际出发进行改革探索，允许在探索中有失误和纠正失误。

——把好资产、债务、稳定三个关口。坚持依法办事，防止改制出现国有资产流失；保证银行债务不悬空，防止逃债、废债的现象出现；妥善安置好下岗职工和离退休职工，防止诱发不稳定因素。

——将“三个有利于”作为判别改革正确与否的标准。对于具体改革措施不争论，大胆试，试过之后再用“三个有利于”来衡量，好的大力推广，错的立即纠正。

——提倡多种形式。强调各市县在探索中要区别不同类型、不同条件、不同状况的企业，采取不同改革形式和措施，不搞一刀切，不搞一种模式，不下达指标，成熟一个改一个。

2004 年，国有企业产权改革工作主要抓了以下要点：

(一)加强国有产权基础工作和制度建设

1. 抓好产权登记基础工作。根据国务院国资委的要求，认真落实 2003 年企业国有产权登记信息汇总工作及部署 2005 年产权登记工作。一是转发国务院国资委《关于做好 2003 年企业国有产权登记信息汇总工作的通知》，完成 2003 年产权信息汇总工作；二是通过 2003 年产权登记信息汇总工作，对省属企业产权关系链条及整体架构进行初步统计；三是根据国务院国资委《企业国有资产产权登记业务办理规则》(国资产权[2004]315 号)，对新一轮产权登记工作进行准备与部署。同时积极调解企业产权纠纷，为 2005 年企业国有产权登记及换发产权证等工作做准备。

2. 抓好国有资产监督管理制度建设。一是对现有国有产权监督管理监管法规进行清理，研究新旧政策的衔接，拟编制《国有资产产权管理文件汇编》；二是会同省财政厅、监察厅和工商局制订和颁布了《广东省企业国有集体产权交易暂行规则》、《广东省企业国有产权转让管理实施意见》；三是起草《广东省产权交易会员管理暂行办法》、《广东省产权交易信息披露监督管理暂行规定》、《重大资产评估监督管理办法》及专家评审办法等配套文件。

3. 开展产权管理培训。为提高产权管理水平，邀请国务院国资委产权管理局有关领导，专题讲授了《现代产权制度与国有产权管理》和《加强企业国有产权转让监管，促进国有企业规范改制》两项课题。

(二)推进产权市场建设

筹建中的南方联合产权交易中心将使分散的、信息不对称的、以行政区域为依托的交易机构，转变为产权多要素的、以市场会员制为依托、辐射珠三角和泛珠三角地区、与国家产权交易平台对接的集中、统一、规范的产权交易市场，促进企业国有产权和其他要素产权的公正、规范、高效流转。2004 年，经与广州、深圳、珠海等产权交易中心协商，各方共同致力于筹建“南方联合产权交易中心”；经省政府召集的协调会议讨论，初步明确了南方联合产权交易中心的功能、定位、组建方式和监督管理等问题，经省政府常务会议讨论决策后，组建工作将全面展开；组织举办了“泛珠三角产权交易推荐会”，向九省区提出共同逐步建设“泛珠三角产权交易共同市场”的倡议并得到积极响应，推介了广东总金额达 350 亿元的 500 多个产权转让项目。

(三)开展产权转让检查

1. 组织全省企业国有产权转让自查和检查。一是组织各市、省属企业、产权交易机构对产权交易、转让程序执行、信息披露、职工权益保护、政策执行等情况进行自查；二是会同省监察厅、财政厅、劳动保障厅、工商局、总工会等有关单位组成 8 个联合调查组，对各市和省属企业调查；三是配合国务院国资委、财政部、监察部、国家工商总局等有关部门对广东省企业国有产权转让情况全面检查。

2. 有针对性地实施专项检查。一是与省市有关部门组成调查组，对国务院国资委领导和省委领导批办反映企业股权转让中存在的问题进行专项调查。二是对省属企业股权转让行为进行核查。

(四)推进产权转让进场交易

2004 年，广东省共完成产权交易项目 314 宗，交易总额115.46亿元,其中进场交易306宗,交易总额113.97亿元。广州、深圳、珠海三个产权交易中心共完成交易288宗,交易金额105.41亿元,占全省产权交易总额的91.30%。其中:广州完成交易127宗,交易金额30.18亿元;深圳完成交易140宗,交易金额69.10亿元;珠海完成交易21宗,交易金额6.13亿元。全省交易项目,按交易方式分,协议206宗,拍卖25宗,招投标4宗,其他79宗;按所有制分,国有占99%,非国有占1%。

六、广东省国资委组建前的国有资产管理体制

从20世纪90年代开始,广东省许多市开始把国有资产管理体制改革提上议事日程,积极探索建立新的有效管理体制。根据各地的实践,大体可分为以下几种形式:

一是珠海模式。1999年4月珠海市成立国有资产经营管理局,同时,设立中共珠海市委企业工作委员会、珠海市企业董事管理局,统称"一委两局",实行"三块牌子,一套班子"方式运作。国经局主要负责市国有资产经营管理工作,企业工委主要负责市属国有企业党组织工作,董事局主要负责市属国有企业董事会和成员管理工作。在建立和完善一委两局管理机构的基础上,搭建了以国有资产经营管理部门——资产运营机构——企业为主体的三层次架构。

二是深圳模式。20世纪90年代初,深圳市按照政府、资产经营公司、企业三个层次的国有资产管理、监督、营运体系的要求,成立市国有资产管理委员会,作为市政府国有资产管理方面的议事协调机构;成立市国有资产管理办公室,作为市政府主管全市国有资产的职能机构和市国资委的日常办事机构;成立市投资管理公司、建设投资控股公司、商贸投资控股公司等三家市级资产经营公司,作为代表市政府对授权范围内的国有资产行使出资者权利的企业法人,负责国有资产的投资运作和产权经营,保证国有资产的安全和增值。

三是以广州市为代表的模式。即成立国资委作为议事机构,由市财政局负责国有资产管理的基础工作;将各行业主管部门改组为资产经营公司,同时对具备条件的大型企业集团实行国有资产授权经营;政府各经济管理部门分别负责各系统国有资产运营的监管。董事长、总经理、财务总监、独立董事等包括授权集团公司下一级企业干部,按级别进行管理,一般董事则由授权公司自己任命。

四是以中山市、江门市等为代表的模式。即成立市公有资产管理委员会和公有资产管理委员会办公室,负责公有资产的管理,制订有关管理政策。中山市按照战线分布成立了9个资产经营公司,各委办监管所管战线资产经营公司。江门市于2003年8月已正式设立公有资产管理局(事业单位),统一负责对全市企业、行政单位的经营性和非经营性资产的监管。

五是省属企业的监管模式。2000年5月,广东省委、省政府决定将分散在政府50多个部门管理的,以及军队、武警、政法机关移交的共1546户企业,重组为3个资产经营公司和21个授权经营企业集团公司,省属资产经营公司和授权经营企业集团是省政府的授权投资机构,对其子公司主要实施产权管理、人事管理、决策管理、投资收益管理和财务管理。授权经营企业集团由省委组织部、省经贸委、省财政厅、省纪委、省审计厅五部门按职能分工监管。

(撰稿人:赵瑞云　邓　赛)

深圳市

一、深圳市国有资产监督管理工作综述

2004年,深圳根据中央关于国有资产监督管理体制改革的要求,结合自身实际,撤销了原来的市国有资产管理委员会及其办公室、体改办、企改办,在整合上述部门的职能基础上,吸收了组织部、劳动局、财政局等部门的部分职能,组建了新的市国有资产监督管理委员。撤销了市投资管理公司、市建设控股公司和市商贸控股公司3家市级资产经营公司,在这3家公司基础上组建新的市投资控股公司。将市投资控股

公司、原有的5户授权经营企业、18户市属一级企业等共计24户重点和优势企划归市国资委直接监管，市国资委统一行使出资人职责，实行管人、管事和管资产相结合，责任、权利和义务相统一，从而实现了“三层次”国有资产管理体制向“两层次”国有资产监管体制的重大转变。同时，按照深圳市委、市政府的要求，深圳市国资委还承担行政事业性国有资产监管任务。在前几年工作的基础上，深圳国资监管制度建设、国有经济战略性调整和改组、企业经营与发展、企业领导人员管理体制改革等方面的工作取得了新的进展。

（一）制度建设初见成效

按照依法有效履行出资人职能的要求和体制调整的需要，抓紧推进国有资产监管制度建设。深圳市国资委对原有的国有资产监管制度法规进行了全面清理，对与新体制不相适应的制度，研究予以废止；对需要保留的制度，认真进行修订完善。同时，抓紧研究制订新的监管制度，填补原体制下的制度空白。到2004年底，关于收益管理、企业领导人员选拔任用、产权代表决策、投资管理、经营业绩考核、财务总监管理、监事管理、产权变动监管、资产核销管理、资产评估管理、薪酬管理等方面的十几项监管制度已经基本成型。

（二）企业改革取得新的进展

按照2004年初确定的改革计划，深圳市继续采取整体改制、产权主体多元化、主辅分离、上市公司重组等多种方式推进企业改革工作。同时针对改制过程中存在的问题，通过深入调查研究，在土地资产处置、员工安置补偿、改制审批程序等方面进一步完善了相关政策，并开展对企业改革过程中政策落实情况的检查工作，加强企务公开，强化监督，规范操作。

（三）企业经营和发展工作稳步推进

坚持一手抓改革，一手抓发展，在推进改革的同时，狠抓经营管理不放松。一是采取有力措施，狠抓经营管理。先后连续召开经济运行形势分析会，找问题、查原因、敲警钟、研究对策；对企业经营情况进行全面检查，指导和帮助亏损企业研究整改措施；严格控制企业管理成本，整改薪酬违规问题；加强纪律约束，要求企业领导人员坚守工作岗位，严格控制出国（境）和请假离岗，强化生产经营管理。二是抓好一批重点项目建设，增强企业发展后劲。初步统计，2004年市属企业实际完成新增投资177.7亿元，包括投资额在500万元以上的项目共172项，涉及41个市重大项目。

（四）企业领导人员管理制度改革和领导班子建设有所突破

2004年，中共深圳市委发布《关于成立中共深圳市人民政府国有资产监督管理委员会委员会有关问题的通知》，对市属企业领导人员的管理权限作了重新划分。按照分工，市委负责管理7家金融企业的所有领导职位以及12家市国资委直管企业的董事长、党委书记职位，市国资委负责管理上述12家直管企业中除董事长、党委书记以外的其他领导职位和其余12家直管企业的所有领导职位以及市投资控股有限公司直属企业的董事长、党委书记职位。深圳市国资委从切实履行出资人职能出发，认真贯彻落实市委文件精神，按照管人管事管资产相结合的原则，积极探索与新的国资管理体制相适应的企业领导人员管理模式。与此同时，坚持深化企业干部制度改革，对一批企业的领导班子进行了调整和整顿，努力促进企业领导班子优化结构、提高整体素质，取得了显著成效。

（五）各项基础管理工作得到加强

深圳市国资委按照履行出资人职能的要求，努力做到不越位、不缺位，强化基础管理工作。一是加强投资管理。针对过去企业投资项目决策程序不规范、监管不到位、缺乏有效的责任追究机制等问题，抓紧研究提出了加强投资监管的基本思路，组织企业对新投资项目规范开展可行性研究论证工作、履行投资决策程序，控制风险，提高决策效率，取得了明显效果。二是加强国有资产收益管理。从切实落实出资人收益权出发，及时收缴企业应缴利润和国有产权转让收入，对历年欠缴利润情况进行了检查和催收。全年共收缴市属企业利润6.7亿元，国有产权转让款17.3亿元。三是完善产权变动管理。严格按照国家和我市的有关规定加强管理，确保国有产权交易100%进场。积极开展产权纠纷调解工作，彻底解决了竹园宾馆历时10年之久的产权纠纷问题。努力完善市产权交易中心“阳光交易”平台,该中心全年共完成交易140单,交易金额69.11亿元;同时开拓了出租小汽车营运牌照交易业务,在市场化出让政府特许经营权方面进行了探索。

(六)监督稽查力度加大

针对体制调整前出资人履职不到位、企业有规不依等问题,坚持敢抓敢管,敢于碰硬,开展各类专项检查工作,发现问题,严肃整改。一是加强审计监督工作。严格按照有关规定开展了企业年度审计、法定代表人任期责任审计、专项审计和审计调查工作,及时掌握情况,防范财务风险。组织完成了三家资产经营公司年度审计,委托国际知名机构对7户市属企业进行了年度审计,针对审计中发现的投资管理混乱、不良资产比例高、历史遗留问题多、会计核算不规范、工资性费用升幅较大等问题进行了专项整改。二是建立监事和财务总监外派制度。切断监事、财务总监与企业的利益关系,提高监督的独立性和有效性;完善监事和财务总监的重大事项报告制度,进一步强化监管责任。有针对性地实行财务部长下管一级制度。三是有针对性地开展专项检查工作。针对企业普遍存在或比较突出的问题(如乱投资、薪酬失控、违规进行资产处置和损失核销、违规购车、组织与业务无关的出国出境旅游等)进行专项检查或抽查,加强整改。四是严格规范市属企业涉及的中介机构选聘程序。对承担审计、资产评估、投资项目可行性研究等的中介机构实行“准入”和“禁入”制度,发现违规行为的,在一定期限内一律禁止其再参与市属国有企业的相关业务。

(七)行政事业性国有资产监管工作正式启动

负责行政事业性国有资产监管工作是深圳市国资委的一项全新职能。针对过去体制下行政事业性资产家底不清、使用效率低、存在浪费和流失现象等问题,市政府成立了行政事业性国有资产清产核资工作领导小组,召开了市行政事业性国有资产清产核资与资产评估工作动员大会,深圳市国资委抓紧从摸清家底入手,着手开展清产核资和各项监管工作,并抓紧研究制订行政事业性国有资产监管制度。

二、深圳市国有资产监管机构组建情况

2004年,中共深圳市委、深圳市人民政府决定设置市国有资产监督管理委员会,作为市政府直属特设机构。同时,市委决定设置市国资委党委,负责所监管企业党的工作。4月11日,市委、市政府宣布了市国资委的领导班子成员名单,市国资委的各项工作随即全面展开。7月30日,市国资委正式挂牌成立。

按照《印发深圳市人民政府国有资产监督管理委员会职能配置内设机构和人员编制规定的通知》(深府办[2004]67号)精神,在整合相关部门的职能基础上,深圳市国资委根据市政府的授权,履行国有资产出资人职责。主要职能包括:

1. 根据市政府授权,依照《中华人民共和国公司法》、《企业国有资产监督管理暂行条例》等法律和行政法规履行出资人职责;贯彻执行国有资产管理的法律、行政法规,起草国有资产管理的地方性法规、规章和政策;依法对区属国有资产的管理进行指导和监督。

2. 负责所监管企业和委机关党的建设工作。

3. 指导推进国有企业改革和重组,对所监管企业国有资产的保值增值进行监督,加强国有资产的管理工作;推进国有企业的现代企业制度建设,完善公司治理结构;推动国有经济结构和布局的战略性调整,促进国有经济的发展;形成国有资本有序流动的机制,建立与完善混合所有制经济以及与社会主义市场经济相适应的国有资产管理体制。

4. 按照市委的规定,通过法定程序对所监管企业负责人进行任免、考核并根据其经营业绩进行奖惩;建立符合社会主义市场经济体制和现代企业制度要求的选人、用人机制,完善经营者激励和约束制度;代表市政府向所监管企业派出监事和财务总监;负责监事和财务总监的日常管理工作;查处违纪、违规、违法行为。

5. 通过统计、稽核对所监管国有资产的保值增值情况进行监管;建立和完善国有资产保值增值指标体系,拟订考核标准。

6. 负责收缴所监管企业国有资本金收益和产权转让收益,并对资本收益的使用进行管理,维护国有资产出资人的权益。

7. 组织实施对行政事业性国有资产不同形式的监管工作。

8. 负责有关集体企业改革、发展和集体资产管理的战略研究、政策制订和指导工作。

9. 建立完善与企业对话沟通制度，提供高效优质服务。

10. 承办市委、市政府交办的其他事项。

市国资委下设12个处室，分别是办公室、党委办公室(挂党群工作处、机关党委办公室牌子)、政策法规处、企业领导人员管理处、规划发展处、企业改革处、监督稽查处(挂监事工作处、财务总监办公室牌子)、产权管理处、业绩考核处、统计评价处(挂预算财务处牌子)、社会事业处、集体企业工作处。人员编制99名，其中委领导8名，处室领导职数30名。

三、深圳市属国有企业国有资产总量及经营情况分析

截至2004年底，深圳市属国有企业总资产1567.05亿元，比年初增加120.14亿元，增长8.3%；净资产757.76亿元，比年初增加80.95亿元，增长12%，其中国有净资产422.42亿元，比年初增加23.35亿元，增长5.8%；资产负债率51.64%，比年初下降1.58个百分点。

2004年全年，深圳市属国有企业实现销售收入645.29亿元，比上年同期增加49.45亿元，增长8.3%(按可比口径，下同)；利润总额67.41亿元，比上年同期增加4.65亿元，增长7.41%。其中，国有净利润29.16亿元，比上年同期增加3.34亿元，增长12.93%。

2004年底，能源集团、盐田港集团、机场集团、燃气集团、水务集团和公交集团等基础设施、公用事业领域的6户重点企业国有净资产占市属企业国有净资产的54.11%。与新一轮国有企业改革开始的2000年底相比，该领域国有净资产比重提高了17.72个百分点。该领域6户重点企业合计实现销售收入214.43亿元，比上年增长15.04%；实现利润总额39.02亿元，比上年增长7.20%，拉动市属国有企业利润总额增长约4个百分点。销售收入和利润总额占市属国有企业总量的比重为33.23%、57.88%，分别比2000年底提高了18.29个百分点和30.1个百分点。

四、深圳市国资委监管企业调整与改组工作情况

一是完善了相关政策。出台了《关于处理房地产登记历史遗留问题若干规定》和《关于执行市属国有企业改革和发展相关配套政策的补充通知》。二是规范操作。在指导和推进企业改制过程工作中，严格按照国家和省市的相关规定，把好改制立项核准、清产核资、资产核销、审计评估、制订改制总体方案、企务公开、审批实施、产权交易、中介机构聘请等各个环节，依法合规地操作。三是探索创新改制模式。在南油集团改制中，研究采取了增资重组、引进战略投资者和员工持股改制相结合的新模式，实现了各方“多赢”的目标。四是下大力气推进先科集团、物资总公司等一批“老大难”企业的改制工作。

2004年，共完成8户原市属一级企业的整体改制，涉及总资产90亿元，员工1万名(其中户籍员工5500人)；完成了37户辅业企业的分离改制工作，扎实推进了一批困难企业的改制工作，为2005年全面完成国有经济战略性调整与国有企业战略性改组任务奠定了基础；完成了深万山等上市公司的重组工作，深万山的国有股权整体转让给德赛集团，一致药业国有股权整体转让给国药集团，深长城出让参股权引进战略合作伙伴工作进入尾声，深宝恒签订了出让国有控股权和引进战略投资者的框架协议。

五、深圳市国资委监管企业领导人员管理情况

一是按照现代企业制度要求，打破传统的企业领导人员任职方式，创新企业领导人员选拔任用机制。探索推行企业经营班子聘任制，取消职务终身制，对不适合担任现职的13名企业领导人员予以免职后，实行按岗取酬，不再给予原职级待遇；加强董事会建设，进一步减少经营班子成员在董事会的任职，推行外部董事制度，对10户企业董事会进行了调整。二

是针对部分企业领导班子存在的用人、重大决策、团结协作以及班子配备超职数、人浮于事等突出问题，加大整顿、调整力度，对近10户企业的领导班子进行了换届或届中考察，对一些企业的领导班子进行了调整或精简，对部分存在不团结现象的班子成员进行了诫勉谈话。经过调整，相关企业领导班子的结构得到优化，凝聚力和战斗力进一步增强。三是研究建立新的企业领导人员管理制度框架。制订了企业领导人员选拔任用暂行规定，进一步明确了管理权限，提出了职数控制、职位管理、人员交流、职位禁入的要求和实施办法，建立了经营管理职位的市场化选拔和聘任机制，对企业监事和财务总监实行外派管理机制。

（撰稿人：熊长江）

广西壮族自治区

一、广西壮族自治区国有资产监督管理工作综述

2004年是广西自治区国有资产监督管理体制框架初步建立的一年，也是国有企业改革和发展取得积极进展的一年。为切实做好开局之年的工作，自治区国资委认真按照自治区党委、自治区人民政府的决策部署，把探索新时期国资监管的方法途径、构建国资监管体制框架和加快推进国企改革作为工作重点，及时按照“权利、义务和责任相统一，管资产和管人、管事相结合”的原则，明确提出当前和今后一个时期的工作思路是：突出一个目标、抓好三个重点、建好五个体系，即以确保国有资产保值增值为目标，以推进国有资产管理体制改革、企业国有产权改革和区直党政机关政企分开工作为重点，努力建立健全权责明确的国有资产监管体系、有效运转的国有资本经营体系、公平公正的国有企业经营业绩考核体系、切实可行的企业经营管理者队伍选拔任用和奖惩的激励约束体系以及不断加强国有企业党的建设、精神文明建设、党风廉政建设和人才培养的工作体系。通过近一年的努力实践，在各级党委、政府的正确领导和各有关部门的大力支持下，自治区和各市国资委紧紧围绕自治区党委、自治区人民政府提出的实现经济发展“三突破”大局，扎实工作、稳健起步，积极探索、攻坚克难，实现了开好局、起好步的目标，为深化国有资产管理体制改革和国有企业改革奠定了良好基础。

在新的国有资产监督管理体制推动下，全区国有企业进一步深化改革、扩大开放，调整结构、加强管理，在激烈的市场竞争中，实现了快速发展。到2004年底，全区国有及国有控股企业实现增加值262.17亿元，同比增长31.4%；销售收入1032.81亿元，同比增长21.39%；实现利润总额41.38亿元，同比增长268.81%；应缴税金71.37亿元，同比增长18.12%。其中：自治区国资委19家监管企业累计实现增加值101.39亿元，占全区国有及国有控股企业的40.44%，同比增长48.82%；销售收入382.69亿元，占全区国有及国有控股企业销售收入的36.43%，同比增长28.22%；实现利润总额26.61亿元，占全区国有及国有控股企业实现利润总额的56.41%，同比增长60.30%；应缴税金22.97亿元，占全区国有及国有控股企业应缴税金的34.14%，同比增长12.71%；资产总额540.48亿元，所有者权益264.08亿元，分别比上年同期增长17.15%和17.83%。国有企业的快速、健康发展，为全区实现经济发展“三突破”目标以及加快广西经济发展、促进地方优势和支柱产业做大做强作出了重要贡献。

（一）深化国有资产管理体制改革的起步工作取得实质性进展

国有资产管理体制改革极具挑战性，极具探索性。围绕建立新的国有资产监管体制，自治区和各市国资委做了大量工作并取得了可喜成绩。

一是积极推进国资监管机构的组建。自治区国资委和国资委党委于2004年7月1日正式挂牌成立后，在抓好自身机构组建的同时，积极推动、指导各市建立健全国有资产监督管理机构，加快构建了权责明确、精干高效的全区国有资产监管组织体系。截至2004年底，全区14个地级市全部成立了国资委，其中，除钦州市外，其余13个市国资委的“三定”方案已

获正式批复，合计人员编制314人（其中行政编制252人，事业编制62人），至年底，人员已到位79.4%，实现了全区国有资产出资人的初步到位，为进一步落实国有资产监管责任打下了坚实基础。

二是加强国有资产监督管理的基础工作。自治区和各市国资委在机构组建过程中，把建章立制作为行使国有资本出资人的权利，尽快实现出资人职责到位，依法维护所有者和监管企业合法权益的重要保障。自治区国资委研究起草了《广西壮族自治区企业国有资产监督管理若干规定》、《广西壮族自治区企业国有产权转让监督管理暂行办法》和《广西壮族自治区关于国有企业改制规范操作的意见》等规范性文件，初步构建了全区国有资产监督管理的制度体系。南宁市根据《企业国有资产监督管理暂行条例》的要求，及时出台了13个相关文件，逐步把《条例》的规定落到实处。从2004年11月起，自治区国资委组织监管企业开展了清产核资工作，公开招标选定了区内外17家中介机构进驻监管企业，预计全部工作在今年3月底结束。与此同时，自治区国资委还把加强企业财务动态监测和产权管理作为日常监管的重要手段，建立了监管企业财务月报、统计年报、日常生产经营状况和重大事项报告制度，加强了对国有资产产权界定、登记、划转、处置、纠纷调处以及资产评估核准、备案等工作，有效防止了国有资产流失。按照自治区党委、自治区人民政府的统一部署，自治区国资委根据自治区党委、自治区人民政府《关于进一步加快政企分开的意见》（桂发[2004]18号）精神，研究提出了政企分开工作实施方案和配套政策，组织了新一轮自治区直属企业的调查摸底工作，扎实有序地推进自治区党政机关政企分开工作；积极组织开展自治区直属党政机关、经营开发类事业单位经营性国有资产调查摸底工作，为下一步履行好自治区党委、自治区人民政府赋予的国资监管职责打下了基础。

三是逐步理顺了国资监管机构与所监管企业的关系。自治区和各市国资委牢固树立出资人意识，准确把握职能定位，自觉做到不缺位、不越位、不错位，积极妥善地行使好出资人权利，同时，以管好管活资产和做大做强企业为出发点，积极探索有效的国有资产经营责任制度，把国有资产保值增值的责任真正落实到企业、落实到经营者，在国资监管机构和企业间形成了目标一致、运转协调、相互信赖的新型关系。

（二）国有企业改革取得了重大进展

根据自治区党委、自治区人民政府《关于加快企业国有产权改革的意见》（桂发[2004]17号）提出“到2005年底，全面完成国有企业以股份制为主要形式的企业国有产权改革”的部署，自治区和各市国资委按照“政府推动、企业为主、积极稳妥、一企一策”的原则，坚持有进有退、有所为有所不为，以产权制度改革为突破口，把国有经济布局的战略性调整同企业战略性改组、经济结构调整和产业升级结合起来，大力发展以股份制为主要实现形式的混合所有制经济，全区国有企业改革取得了新的进展。

一是企业国有产权制度改革全面推进。据统计，2004年全区有307家国有企业完成了产权制度改革，其中规模以上国有企业完成改制的有105家，截至2004年底，全区规模以上国有企业累计完成改制的有594家，占全区规模以上国有企业836家的71.05%，改制面比2003年底增加了22.25个百分点，目前还有56家规模以上国有企业正在开展改制的实施工作。

二是招商引资、引资嫁接取得新的成效。2004年以来，自治区和各市国资委采取开放式招商改制的方式，积极引进各类投资者参股、控股或完全持股国有企业，多次组织国有企业到区内外参加招商引资，以引资引强推动国企改革。特别是在加强与广东经贸合作方面，自治区国资委在2004年上半年组织了300多家企业与广东企业对接，进行项目招商、产权招商；在首届中国一东盟博览会上，组织了广西国有企业改革专场推介会，经过反复筛选和比较，精心准备了42项企业国有产权交易重点项目，涉及资产总额187亿元，所有者权益83亿元，会上签约人民币15亿元。玉林市国资委成立以来，先后完成区外和国外招商引资签约项目17个，签约投资14.4亿元，其中，在玉林市糖厂产权整体转让中，首期引进广东中谷集团资金5000多万元，实现了引进民间资本参与国有企业改革的新突破。

三是国有企业并购重组迈出新的步伐。自治区和各市国资委围绕自治区党委、自治区人民政府实现全区经济发展"三突破"和发展强优企业的决策部署，大力推进国有资产向优势产业和领域集中，向大型、特大型企业集中，普遍加大了国有企业重组和调整的力度。2004年以来，自治区国资委组织力量积极协调推进柳工集团与国际相关大公司、广西大锰公司与中信资源公司、广西田东石油化工总厂与中国石油南方勘探公司、广西三威林产工业有限公司引进战略伙伴重组改制以及玉柴集团引入战略投资者改组等一批事关广西经济发展大局的并购重组项目，取得了一定进展。其中，广西田东石油化工总厂以增资扩股方式与中国石油南方勘探公司的合作已经顺利完成。

四是国有企业改制和国有产权转让的规范力度进一步加大。自治区和各市国资委认真贯彻执行国务院办公厅转发的国务院国资委《关于规范国有企业改制工作的意见》、国务院国资委和财政部共同下发的《企业国有产权转让管理暂行办法》以及桂发[2004]17号文件，把规范改制和规范产权交易行为作为推进企业国有产权改革的核心工作，严格规范国有企业改制行为，切实把好行为审批、资产评估、资产定价和进场交易等4道关口，坚持"阳光操作"，采取拍卖、招投标、协议转让等方式依法依规进行产权交易，保证了企业国有产权改革的顺利进行。自治区国资委组建后，一直把建立和完善产权交易市场、构筑国有产权流动重组交易平台作为一项重要工作，在深入调查摸底的基础上，明确南宁市产权交易中心作为全区首家国有产权交易指定场所，为落实企业国有产权转让进场交易制度、规范产权交易行为奠定了基础；探索资产审计、评估机构的甄选机制，研究制订了《选择聘请国有资产审计评估机构实施方案》，按照公开、公平、公正和择优的原则，开展国有资产审计、评估机构的委托及其评估结果的核准备案工作，确保国有资产在流动中实现保值增值。据统计，自2004年2月1日《企业国有产权转让管理暂行办法》实施以来，全区共发生企业国有产权转让项目66个，资产评估值5.55亿元，实际转让金额6.52亿元，比评估值高出17.48%，有效避免了产权转让中的暗箱操作、低估贱卖等突出问题。

五是关闭破产以及主辅分离辅业改制和企业分离办社会职能工作继续稳步推进。到2004年底，全区已进入国家政策性破产程序但尚未终结的企业12家，准备进入破产程序的企业8家，2004年上半年自治区国资委争取了9家企业列入全国政策性关闭破产计划建议名单并已报送国务院。全区各市也结合本地实际，依法破产了一批困难企业，加快了劣势企业的退出步伐。在全区196家自办中小学校的国有企业中，累计已有117家企业所办中小学移交当地政府管理，占应移交总数的59.70%，进一步减轻了企业的负担。相当部分国有大中型企业制订了主辅分离辅业改制分流富余人员工作方案并抓紧实施，一些条件成熟的企业如广西建工集团有限责任公司、广西柳工集团有限责任公司、广西柳州钢铁集团公司、柳州五菱汽车有限责任公司、广西新发展交通集团有限公司等企业正在加快推进主辅分离辅业改制工作，使企业主业更加精干，竞争力得到进一步增强。其中，广西建工集团有限责任公司推进辅业改制工作取得了阶段性成效，集团公司及下属子公司的41个辅业单位完成了主辅分离工作，共分流安置职工3144人。

(三)国有企业党的建设得到加强

2004年以来，自治区和各市国资委切实把加强和改进监管企业党建工作摆在突出位置，坚持围绕中心、服务大局，拓宽领域、强化功能，扩大党的工作的覆盖面，不断推进党建工作的创新，为深化国有资产管理体制改革和国有企业改革提供了坚强的思想保证、政治保证和组织保证。

一是不断加强和改进新时期国企党建工作。自治区和各市国资委围绕企业体制、组织结构、经营机制的新变化，努力创建与现代企业制度相适应的党建工作新机制。深入组织兴起学习贯彻"三个代表"重要思想新高潮活动，以及深化和拓展"树立干部形象"集中学习教育活动。加强国有企业党的组织建设，积极推进"双向进入、交叉任职"的规范运作，指导国有企业党组织完善内部的议事和决策规则，不断探索创新企业党组织发挥政治核心作用的途径和方式。紧紧围绕企业改革发展大局，把推行党建目标管理责任制作为企业党建最基础的工作来抓，构建了一级抓一级、层层抓落实的党建目标责任体系，普遍在企业领导人员中实行一岗双责，同奖惩挂钩，使党建工作与企业发展形成了良性互动。部分市国资委组织开展了党建“先锋工程”、创建“智力型活力型”党支部、创建“学习型企业、学习型职工”等创建活动,有效地提高了企业党组织的创造力、凝聚力和战斗力。

二是加强国有企业领导班子建设。改革企业领导人员管理体制、加强企业领导班子建设是履行国资监管职责的重要内容。自治区和各市国资委组建以来,切实加强企业领导班子的思想政治建设,牢固树立科学的发展观和正确的政绩观,大力弘扬求真务实精神,增强了企业领导班子推进发展的能力。从制度建设入手,加强民主集中制建设,提高领导班子解决自身问题的能力。坚持把党管干部、党管人才原则与市场化配置人才的机制有机结合起来,不断深化国有企业人事制度改革,积极探索与现代企业制度相适应的企业负责人管理体制,普遍加强了企业领导班子的考察、调整和完善工作,进一步优化了领导班子结构;大力开展企业后备人才的推荐选拔工作,正式启动企业后备人才库的建设工作。南宁市国资委重视对企业领导班子的考察、选拔和任用工作,全年共调整充实了42家企业的领导班子,涉及调整人员102人,同时努力建立健全企业负责人激励约束机制,对企业负责人组织实施业绩考核,根据考核结果对企业负责人实施奖惩,先后在市自来水公司等3家企业推行了企业经营者年薪制试点。

三是实施“人才强企”战略,大力创新人才工作机制。自治区和各市国资委认真贯彻全国全区人才工作会议精神,大力组织实施“人才强企”战略,进一步推动了企业人才队伍建设。自治区国资委会同有关部门,继续组织实施企业经营管理人才培训计划、专业技术人才继续教育计划以及高技能人才培训工程,10家监管企业列入广西壮族自治区高技能人才试点企业;认真抓好人才小高地建设,在监管企业中,桂林矿产地质研究院的“广西特种新材料人才小高地”、广西柳工集团有限责任公司的“广西工程机械制造人才小高地”、柳州五菱汽车有限责任公司的“广西汽车产业人才小高地”被评为广西壮族自治区首批人才小高地;贯彻落实自治区党委关于把企业作为培养党政领导干部重要源头的指示精神,研究布置选调应届优秀大学以上学历毕业生到企业培养锻炼工作;广泛组织监管企业科技人员开展“智慧之光耀八桂”活动,在企业中进一步形成了“尊重劳动、尊重知识、尊重人才、尊重创造”的良好氛围。

四是切实抓好企业党风廉政建设和反腐倡廉工作。自治区和各市国资委切实加强反腐倡廉教育,深入贯彻落实“四大纪律”、“八项要求”、“三个不得”和“六项规定”,组织开展“学《条例》、守纪律”主题教育活动,增强了企业领导人员拒腐防变和廉洁从业意识;建立和完善党风廉政建设责任制,自上而下形成一级抓一级、一级对一级负责的责任网络;加强制度建设,健全完善了廉政鉴定制度、“三谈两述制度”和党内民主生活会制度,强化了企业领导人员廉洁自律的监督制约,规范了企业领导人员用权行为;加大案件查办力度,查处了一批违纪违法案件;加强效能监察,推动了企业管理水平和效益的提高,如广西柳州钢铁集团公司纪委2004年共参加招标项目2100个,通过招标降低成本4462万元,取得了较好的经济效益和社会效益。

五是努力维护监管企业和社会稳定。根据自治区、市集中处理信访突出问题和群体性事件联席会议的部署,自治区和各市国资委切实履行国有企业改制问题专项工作小组牵头单位的职责,精心制订工作方案,建立健全有关应急机制和工作预案,认真牵头组织排查梳理企业存在的不稳定因素,做好上访人员的政策解释和思想教育工作,层层落实稳定责任制,形成了领导有力、组织到位、反应及时的工作体系,及时掌握可能发生的群体性事件苗头,做到早发现、早报告、早解决,避免了大规模群体性上访事件的发生,对维护中国—东盟博览会期间的安全稳定以及全区社会稳定的大局做出了积极贡献。

二、广西壮族自治区地级市国有资产监管机构组建情况

截至2004年底,全区14个地级市全部成立了国资委,其中,除钦州市外,其余13个市国资委的“三定”方案已获正式批复,合计人员编制314人(其中行政编制252人,事业编制62人),至去年底,人员已到位79.4%,实现了全区国有资产出资人的初步到位。

三、广西壮族自治区国有资产总量与结构分析

据统计,2004年度,广西汇总国有资产总量(指所有者权益中国家拥有的权益数和其他国有资金的总额)889.70亿元,同比增长10.54%。其中:自治区本级国有资产总量461.88亿元,占51.91%,同比增长9.19%;各市国有资产总量427.82亿元,占48.09%,同比增长12.05%。

(一)按企业规模划分

广西大型企业国有资产总量422.43亿元,占全区国有资产总量的47.48%;中型企业国有资产总量273.91亿元,占全区国有资产总量的30.79%;小型企业国有资产总量193.36亿元,仅占全区国有资产总量的21.73%。其中,大、中型企业国有资产总量两项合计693.34亿元,占全区国有资产总量的78.27%,表明全区大、中型国有企业占有全区绝大部分国有资产总量,拥有举足轻重的地位。

(二)按组织形式划分

广西国有独资企业国有资产总量471.41亿元,占全区国有资产总量的52.99%;国有控股企业国有资产总量326.56亿元,占全区国有资产总量的36.7%;企业化管理事业单位国有资产总量91.73亿元,仅占全区国有资产总量的10.31%。全区国有独资、控股企业国有资产总量两项合计797.97亿元,占全区国有资产总量的89.69%,是全区国有资产总量的主要部分,占据主导地位。

(三)按所属行业划分

在全区主要行业中,广西农林牧渔业企业国有资产总量143亿元,占全区国有资产总量的16.07%;工业企业国有资产总量354.81亿元,占全区国有资产总量的39.88%;建筑业企业国有资产总量43.48亿元,占全区国有资产总量的4.89%;交通运输仓储业企业国有资产总量95.79亿元,占全区国有资产总量的10.77%;批发和零售、餐饮业企业国有资产总量3.09亿元,占全区国有资产总量的0.3%;房地产业企业国有资产总量37.55亿元,占全区国有资产总量的4.22%;社会服务业企业(含广西投资集团有限公司等属商业服务业的投资与资产管理行业企业)国有资产总量137.89亿元,占全区国有资产总量的15.5%。从行业占用的国有资产比例看,工业企业占用的国有资产总量最高,农林牧渔业企业和社会服务业企业两项合计国有资产总量占全区国有资产总量的31.57%。

四、广西壮族自治区国有资产保值增值情况综合分析

据统计,2004年度,广西汇总国有资产总量889.70亿元,比上年804.84亿元增长10.54%,国有资产保值增值率110.54%。其中:自治区本级国有资产总量461.88亿元,比上年423.04亿元增长9.19%,国有资产保值增值率109.19%;各市国有资产总量427.82亿元,比上年381.80亿元增长12.05%,国有资产保值增值率112.05%。

(一)按企业规模划分

全区大型企业国有资产总量422.43亿元,比上年339.95亿元增长24.26%,国有资产保值增值率124.26%;中型企业国有资产总量273.91亿元(因企业划型标准的变动及中型企业的改制而减少),比上年320.81亿元减少14.62%,国有资产保值增值率85.38%;小型企业国有资产总量193.36亿元(因企业划型标准的变动而增加),比上年144.08亿元增长34.2%,国有资产保值增值率134.2%。其中,大型企业国有资产保值增值率相对较高,表明全区大型企业国有资产质量较好,经营管理水平较高。

(二)按组织形式划分

广西国有独资企业国有资产总量471.41亿元,比上年434.61亿元增长8.47%,国有资产保值增值率108.47%;国有控股企业国有资产总量326.56亿元,比上年275.65亿元增长18.47%,国有资产保值增值率118.47%;企业化管理事业单位国有资产总量91.73亿元,比上年93.66亿元减少2.06%,国有资产保值增值率97.94%。全区国有独资企业保值增值率相对较高,也是全区国有资产总量的主要部分,今后应重点加以引导和监控。

(三)按所属行业划分

在全区主要行业中，广西农林牧渔业企业国有资产总量143亿元，比上年142.43亿元增长0.4%，国有资产保值增值率100.4%；工业企业国有资产总量354.81亿元，比上年327.42亿元增长8.37%，国有资产保值增值率108.37%；建筑业企业国有资产总量43.48亿元，比上年67.01亿元减少35.11%，国有资产保值增值率64.89%；交通运输仓储业企业国有资产总量95.79亿元，比上年71.71亿元增长33.83%，国有资产保值增值率133.83%；批发和零售、餐饮业企业国有资产总量3.09亿元，比上年7.72亿元减少59.97%，国有资产保值增值率40.03%；房地产业企业国有资产总量37.55亿元，比上年34.87亿元增长7.69%，国有资产保值增值率107.69%；社会服务业企业国有资产总量137.89亿元，比上年127.31亿元增长8.31%，国有资产保值增值率108.31%。从行业国有资产保值增值率比例看，农林牧渔业、工业企业、社会服务业企业等全区支柱产业和主要行业的国有资产保值增值率较高。

五、广西壮族自治区国资委监管企业产权制度改革情况

2004年，广西自治区国资委积极引导监管企业与国内大企业开展引资合作，完成了广西田东石油化工总厂产权多元化改制，引入外来资金1.24亿元；指导广西柳工集团有限责任公司、广西三威林产工业有限责任公司、广西大锰锰业有限公司与国外优强企业开展合作，实现投资主体多元化；指导企业债转股推进工作，柳州华锡集团有限责任公司的"债转股"工作进入最后冲刺阶段；广西鹿寨化肥有限责任公司的债务重组(债转股)工作正在推进之中。

六、广西壮族自治区国资委监管企业主辅分离辅业改制情况

2004年，广西自治区国资委监管企业基本制订了主辅分离辅业改制分流富余人员工作方案并抓紧实施，一些条件成熟的监管企业如广西建工集团有限责任公司、广西柳工集团有限责任公司、广西柳州钢铁集团公司、柳州五菱汽车有限责任公司等企业正在加快推进主辅分离辅业改制工作，使企业主业更加精干，竞争力得到进一步增强。其中，广西建工集团有限责任公司按照总承包、专业公司、劳务公司三序列实现两层分离，重组改制劳务公司和专业承包公司，集团公司及下属6家子公司的41个辅业单位完成了主辅分离工作，共分流安置人数3144人，主辅分离工作在2004年底全部完成，为集团公司及下属子公司的整体改制打下了良好基础。

七、广西壮族自治区国资委监管企业重组与完善法人治理结构改革进展情况

(一)企业重组情况

2004年，广西自治区国资委大力推进国有资产向优势产业和领域集中，向大型、特大型企业集中，组织力量对所监管的柳州五菱汽车有限责任公司、广西国际经济技术合作公司、广西大锰锰业有限公司、广西田东石油化工总厂、广西三威林产工业有限责任公司、广西鱼峰集团有限责任公司、广西柳州钢铁集团公司、柳州华锡集团有限责任公司、广西物资集团总公司等一批企业改革发展问题进行了深入研究，积极协调推进柳州华锡集团与中国五矿集团、柳工集团与国际相关大公司、法国康密劳公司与广西大锰公司、广西鱼峰集团公司与中国华润集团公司、广西田东石油化工总厂与中国石油南方勘探公司、广西三威林产工业有限公司引进战略伙伴重组改制以及玉柴集团引入战略投资者改组等一批事关广西经济发展大局的并购重组项目，取得了一定进展。其中，广西田东石油化工总厂以增资扩股方式与中国石油南方勘探公司的合作在中国一东盟博览会上正式签约；重组了广西机场集团管理公司，将柳州肉联厂划入广西柳工集团、广西光华化工厂划入广西田东石油化工总厂。

(二)完善法人治理结构改革进展情况

根据《国有企业监事会暂行条例》(国务院第283号令)、《企业国有资产监督管理暂行条例》(国务院第378号令)和《广西壮族自治区国有独资、国有控股骨

干企业监事会派驻暂行办法》(桂办发[2001]45号)等有关规定,为履行自治区人民政府赋予自治区国资委的职责,由自治区国资委代表自治区人民政府向自治区直属国有独资、国有控股企业派出监事会,从体制上、机制上加强对国有企业的监督,确保国有资产及其权益不受侵犯,2004年11月广西自治区国资委向自治区人民政府上报了《关于向自治区直属国有独资、国有控股企业派驻监事会的请示》(桂国资报[2004]99号),就派驻企业监事会的企业名单、派驻监事会的机构设置及人员配备、派出监事会的工作经费等具体问题进行专项请示。目前各项筹备工作已就绪,各种条件更加成熟。

附件:

2004年广西壮族自治区国有企业基本情况

一、广西壮族自治区国有企业基本情况分析

据统计,2004年,全区汇总各级国有非金融企业5150户,比上年的5505户减少355户,减少6.45%。其中:自治区本级企业727户,同比增长17.26%。各市企业4423户,同比减少9.46%。全区汇总资产总额2534.13亿元,同比增长18.81%。其中:负债总额1534.27亿元,同比增长17.21%;负债率60.54%,同比减少0.83个百分点;所有者权益981.63亿元,同比增长21.54%;国有资产总量889.70亿元,同比增长10.54%。

(一)全区国有企业分布情况

2004年,全区汇总企业户数5150户,分布情况如下:

按隶属关系划分,自治区本级727户,占14.12%;南宁市663户,占12.87%;柳州市289户,占5.61%;桂林市450户,占8.74%;梧州市205户,占3.98%;北海市155户,占3.01%;防城港市174户,占3.38%;钦州市344户,占6.68%;贵港市249户,占4.83%;玉林市451户,占8.76%;崇左市399户,占7.75%;来宾市137户,占2.66%;贺州市144户,占2.30%;百色市432户,占8.38%;河池市331户,占6.43%。

按企业规模划分,全区大型企业166户,占3.22%;中型企业464户,占9.01%;小型或不划型企业4520户,占87.77%。

按组织形式划分,全区国有独资企业3699户,占71.83%;国有控股企业687户,占13.34%,企业化管理事业单位764户,占13.83%。

按盈利或亏损划分,全区盈利企业2257户,盈利面43.83%;亏损企业2893户,亏损面56.17%。

按主要行业划分,全区农林牧渔业企业446户,占8.66%;工业企业1136户,占22.06%;交通运输仓储业企业1428户,占27.73%;批发和零售、餐饮业企业1457户,占28.29%。

(二)全区国有企业主要经济指标完成情况

全区国有企业主营业务收入(销售收入)1032.81亿元,同比增长21.93%;利润总额41.38亿元,同比增长268.81%;增加值262.17亿元,同比增长31.47%;实际上缴税金总额71.89亿元,同比减少18.94%。其中:自治区本级主营业务收入(销售收入)545.91亿元,同比增长22.56%;利润总额30.1亿元,同比增长85.57%;增加值123.42亿元,同比增长29.14%;实际上缴税金总额34.64亿元,同比增长26.93%。各市主营业务收入(销售收入)486.9亿元,同比增长21.23%;利润总额11.28亿元,于上年的-5.00亿元相比,扭亏增盈额为16.28亿元;增加值138.75亿元,同比增长33.62%;实际上缴税金总额37.25亿元,同比减少19.58%。

二、广西壮族自治区本级国有企业基本情况

据统计,2004年,广西区本级各级国有非金融企业727户,比上年的620户增加107户,增长17.26%;资产总额1052.12亿元,同比增长18.29%;负债率50.98%,同比减少0.52个百分点;国有资产总量461.58亿元,同比增长10.31%;主营业务收入(销售收入)545.91亿元,同比增长22.56%;利润总额30.10亿元,同比增长85.57%;增加值123.42亿元,同比增长29.14%;实际上缴税金总额34.64亿元,同比增长26.93%。

(一)企业分布情况

2004年,广西区本级各级国有非金融企业727户。按企业规模划分:广西区本级大型企业102户,占14.03%;中型企业221户,占30.40%;小型或不划型企业404户,占55.57%。按组织形式划分:广西区本级国有独资企业466户,占64.10%;国有控股企业196户,占26.96%;企业化管理事业单位65户,占8.94%。按盈利或亏损划分:广西区本级盈利企业349户,盈利面48.01%;亏损企业378户,亏损面51.99%。按主要行业划分:广西区本级农林牧渔业企业119户,占16.37%;工业企业161户,占22.15%;交通运输仓储业企业62户,占8.53%;批发和零售、餐饮业企业200户,占27.51%。

(二)资产总额分类情况

2004年,广西区本级资产总额1052.12亿元,同比增长18.29%。按企业规模划分:广西区本级大型企业资产总额575.52亿元,占本级资产总额的57.70%;中型企业资产总额287.89亿元,占本级资产总额的27.36%;小型企业资产总额188.71亿元,占本级资产总额的14.94%。按组织形式划分:广西区本级国有独资企业资产总额488.96亿元,占本级资产总额的46.47%;国有控股企业资产总额487.70亿元,占本级资产总额的46.35%;企业化管理事业单位资产总额75.46亿元,占本级资产总额的7.18%。

(三)国有资产总量分类情况

2004年,广西区本级国有资产总量461.88亿元,同比增长9.18%。按企业规模划分:广西区本级大型企业国有资产总量253.25亿元,占本级国有资产总量的54.83%;中型企业国有资产总量146.65亿元,占本级国有资产总量的31.75%;小型企业国有资产总量61.98亿元,占本级国有资产总量的13.42%。按组织形式划分:广西区本级国有独资企业国有资产总量223.77亿元,占本级国有资产总量的48.45%;国有控股企业国有资产总量192.93亿元,占本级国有资产总量的41.77%;企业化管理事业单位国有资产总量42.47亿元,占本级国有资产总量的9.78%。

三、广西壮族自治区国资委监管企业基本情况

据统计,2004年,广西区国资委19家监管企业资产总额540.48亿元,分别占全区和自治区本级国有企业资产总额的21.34%和51.37%;国有资产总量249.72亿元,分别占全区和自治区本级国有企业国有资产总量的28.07%和54.07%;销售收入382.69亿元,分别占全区和自治区本级国有企业实现销售收入的37.05%和70.10%;增加值101.39亿元,分别占全区和自治区本级国有企业实现增加值的38.67%和82.15%;利润总额26.61亿元,分别占全区和自治区本级国有企业实现利润总额的64.31%和88.41%。

累计到2004年底,广西区国资委19家监管企业资产总额540.48亿元,同比增长17.15%;负债总额262.78亿元,同比增长25.54%;所有者权益264.08亿元,同比增长17.83%;销售收入382.69亿元,同比增长28.22%;增加值101.39亿元,同比增长48.82%;利润总额26.61亿元,同比增长60.31%;从业人员99759人,同比增长1.64%。

(撰稿人:李庆生)

海南省

一、海南省国有资产监督管理工作综述

海南省国资委于2003年11月12日挂牌成立以来,认真贯彻省委、省政府的统一部署,坚持国资和国企改革必须服务于全省经济发展大局的原则,牢牢把握出资人的职责定位,以国有资产监督管理体制改革促进国有企业改革,实现了开好局、起好步的目标:一是强化了基础建设;二是实现了重点突破;三是确保了稳定;四是加强了党的思想建设和组织建设。2004年,由省国资委直接履行出资人职责的第一批重点国有及国有控股的19家企业全年实现销售收入44.48亿元,比上年同期增长34.78%;实现利润总额由上年的亏损1.77亿元扭转为盈利3.08亿元;企业国有产

权转让收入5.57亿元,比账面净资产增值2.07亿元,增值率59.1%。

(一)切实履行出资人职责,加强和规范国有资产监督管理

一是创建国资监管新体制基本框架。在省国资委机构组建之后,用较短时间完成了业务交接和职能整合,实现了机构到位、人员到位和职责到位。省政府公布了由省国资委履行出资人职责的第一批23家省属国有及国有控股、参股重点企业名单,明确了管资产与管人、管事相结合的权责关系。开展对省直党政机关以及履行行政职能的事业单位主办和管理的企业的清理移交工作,按照先管住、后改革,先清理、再整合的原则,在对省直29个厅局所属的280多家企业进行全面调查摸底基础上,基本完成了对列入移交范围的180多家企业的交接准备工作,为促进政企分开、理顺监管体制和对国有企业进行分类改制重组奠定了基础。

二是建章立制,强化清产核资、产权登记、资产评估等基础管理,促进了国资监管的规范化。先后出台或修订了近30项规章制度,覆盖了企业改制关闭破产、资产评估、产权交易、产权登记、业绩考核、薪酬管理、企业领导人员选拔任用、产权代表重大事项报告、党风廉政建设、维护稳定责任制等多个方面和多个环节。组织开展了省国资委监管的重点企业的清产核资工作,基本完成了30家省属重点国有企业及其下属分、子公司共247家企业的清产核资,并进行了资产核实批复工作。组织完成了2003年度省属企业国有资产产权登记和年检工作,并针对年检中发现的问题,督促有关企业进行资本金的核实,强化了产权登记管理。规范了资产评估的核准和备案制度,对本省从事评估业务的主要中介机构进行调查,建立了资产评估专家库和专家鉴定、抽查管理的工作机制,对国有资产项目评估值增减额较大的个案进行抽查,核准和备案了包括海南汽车项目等重大案例在内的30多宗资产评估项目,监督工作水平有了明显提高。进一步规范对企业资产处置的日常管理工作,按程序审批和核准了60余宗企业转让房地产、对外合作、对外租赁等资产处置业务。通过这些工作,增强了企业对出资人负责的意识,有效地遏制了在处置环节造成国有资产流失的现象,维护了国有资产权益。

三是通过预算管理、考核评价、薪酬分配等制度创新,落实国有资产经营责任制,初步形成对经营者的激励约束机制。在充分调研的基础上,选择了11家重点企业进行国有资本经营预算制度和资本收益监缴的试点。以经营预算为基础,制订合理的经营责任目标,建立了企业经营业绩考核制度,对省属企业进行了分类定级,并出台了企业负责人薪酬管理制度,逐步推行根据企业规模和效益拉开薪酬档次、根据经营业绩分别给予奖惩、在分配上形成对企业负责人的激励机制。同时进一步推行企业工资总额与经济效益挂钩的工作,进行公车改革试点,进一步规范企业分配制度。

四是继续加强和改进国有企业监事会工作,提高对企业财务监督的水平。根据《海南省国有企业监事会规定》(省政府第157号令)的要求,省国有企业监事会对22家省属国有大型企业进行全面监督和年度定期检查,向省政府报送了7家企业的年度监督检查报告。监督检查报告共披露企业财产不实或财务处理不当事项29项,涉及金额7.05亿元,揭示的重大事项39项,提出监事会建议39条,发挥财务监督的作用,维护了国有资产及其权益。

(二)国企改革取得了新的进展,促进企业发展和社会稳定

一是从战略上把握国有经济布局和结构调整的方向,明确了国有企业改革重组的总体规划。调研起草并经省委、省政府批准,出台了《海南省省属国有企业改革和资产重组工作方案》,提出了海南省今后4年国有资产管理和国有企业改革工作的指导思想、基本原则、目标与主要任务以及政策措施,对全省国有企业改革重组起到了极大的引导和推动作用。

二是全面加快省属总公司的改革步伐,稳妥推进中小企业退出国有的工作。基本完成省一轻总公司的破产清算和职工安置工作;成立了3个协调小组,负责推进省纺织、医药、二轻等3家总公司的改革工作,其中省二轻总公司整体改革实施方案已完成,省医药总公司已完成所属大部分企业的清产核资和资产评估，改制方案正在完善。省开发建设、建筑、建材、冶金、机械、海洋渔业等行业性总公司，也分别研究制订了总体改革方案，有计划有步骤地推进所属企业和总公司本部的改革重组工作。认真指导做好国有中小企业改制和关闭破产工作，完成了国基中小城镇建设有限公司、海南焱方实业公司等8家国有中小企业改制；对省水产加工厂等近40多家中小企业进行了改制立项，制订完善改制方案，分别进行了清产核资、审计评估、职工安置方案审议、审查和对外招商、招标等工作，为改制方案的实施操作奠定了扎实的基础。完成政策性破产项目的初审并上报国家有关部门，继续做好已列入政策性破产计划项目的破产工作。另外，还指导修改完善省粮食系统企业改革工作方案，促进省属粮食企业完成改革的主要工作；参加研究制订省农垦改革和兴隆华侨农场改革的方案，加快改革步伐。

三是妥善处理企业改革发展中的突出问题，维护了企业和社会的稳定。按照省政府的要求，运用产权管理和资本运作手段，调解和处理海南省经济建设中的若干遗留纠纷，提出了对粤海铁路贷款担保、海南高速公路投资补偿、机场股份公司和凤凰机场股权重组、美兰机场建设征地欠款、鹿回头国宾馆、三亚学院项目等问题的解决方案，其中一些已妥善解决。与司法、银行、资产管理公司等协商，妥善处理企业债务纠纷。针对企业改制重组和关闭破产中遇到的实际困难，主动协商财政、税务、劳动、保障、土地、房产、工商等部门，寻求社会多方面对企业改革的支持和配合，形成推动改革的合力，进一步落实有关优惠和扶持政策，为企业改制重组提供灵活便利的条件。基本完成了海南金轮股份有限公司债务重组及国投海南水泥有限公司债转股方案调整和债务重组，调整制订了武钢集团海南有限责任公司资产债务重组方案，上报国务院审批。明确责任，重点跟踪处理20多家企业的稳定问题，协调解决企业改制关闭破产过程中的遗留问题，维护职工合法权益，多渠道筹集改革资金，降低改革成本，妥善安置职工。建立了维稳工作机制，在省国资委管理的37家企业和国务院国资委监管的25家驻琼企业中建立起维稳联络员网络。按照省领导的批示，派出工作小组驻厂，切实做好叉河水泥厂破产和稳定工作，2900万元改革专项资金已到位，妥善处理叉河水泥厂的破产清算和职工安置问题，恢复生产自救，职工安置工作全面启动。认真做好军转干部稳定工作，协调解决职工生活困难补助问题等，有效化解了矛盾，维护了企业和社会的稳定。

（三）加强企业领导班子建设、党的建设以及党风廉政建设，为企业改革发展提供了组织保证和政治保证

一是按照建立和完善企业法人治理结构的要求，调整和充实企业领导班子。学习借鉴兄弟省市经验，在广泛征求企业意见的基础上，组织起草了《海南省省属国有及国有控股企业、国有参股企业领导人员管理暂行办法》等3个规范性文件，上报省委批准后颁布实施。做好企业领导班子调整充实的前期准备工作，完成了对所监管的35家企业领导班子及成员状况的调查摸底工作，在此基础上制订了《2004年省国资委监管企业领导班子调整充实工作方案》。结合民主推荐的情况，完成了海南金城资产经营管理有限责任公司、海南华盈发展投资有限公司、省纺织工业总公司等6家重点监管企业的党政领导班子的配备工作，还完成了与省委宣传部、文体厅共同监管的省文化投资管理有限公司董事长、法定代表人的考察任命工作。积极参与做好粤海铁路有限公司等参股企业的领导班子调整充实工作，按有关要求和程序推荐我省派出的董事会、监事会人选。一年来，共配备、调整和充实企业领导班子成员共32人。

二是积极探索党管干部原则与市场化配置企业经营管理者相结合的方式和途径，进行公开选聘企业高级经营管理者的试点工作。贯彻省委、省政府关于实施人才战略的精神，加大企业经营管理人才的引进力度，推动企业领导人员管理体制改革，起草了《面向社会公开选聘企业经营管理者的实施方案》，对海南产权交易所有限公司、海南水利电力发展有限公司、海南金城国有资产经营管理有限公司、海南华盈发展投资有限公司等4家企业6个高级经营管理职位进行公开选聘。全国各地报名应聘的人员有60名，其中外省报名人员20名,来自全国11个省区市。由于组织严密、措施得力、工作扎实、操作程序规范,加上有关部门和人员的紧密配合,顺利实现了预期目的,在社会上引起了较大的反响。

三是加强企业经营管理人员培训工作,建设企业人才队伍。认真落实全省人才工作会议精神,结合所监管企业实际,提出了抓好企业经营管理人才工作的实施意见。开展了所属企业高级专家、博士学位人员、留学归国人员情况的普查工作,及时将普查情况和58名高级专家等人员的资料报送省委组织部。组织举办了所监管企业及拟移交监管的省粮食局、省林业局、省文体厅、省扶贫办所属企业领导人员、财务负责人140多人参加的省国企改革和产权管理培训班,组织部分企业领导人员参加国务院国资委的业务培训班,选派委机关和部分企业纪检监察干部参加省委组织部、省委党校举办的纪检监察干部及《两个条例》学习培训班,举办了省属国有企业、中央和外省驻琼企业、海口市和三亚市国资委参加的现代公司治理高级研修班。

四是加强对企业党组织的管理。组织拟订了《关于建立健全企业党组织的工作方案》。指导中石化海南公司等中央驻琼企业的党组织做好换届工作。及时调整了部分企业党组织,积极做好省直单位所属企业移交中的企业党组织接收工作,认真指导省一轻总公司等企业实施破产后理顺公司总部及下属企业党组织和党员的管理关系,调整马村电厂等产权关系发生变化的企业的党组织关系,防止出现有党员无组织、有组织无上级现象,确保在国有资产管理体制改革和国有企业改革中党的工作不间断、党的组织不散、党员的作用有效发挥,工、青、妇等群众工作得到继续加强和改进。

五是加强纪检监察工作,促进企业党风廉政建设。印发了《海南省国有及国有控股企业2004年党风廉政建设和反腐败工作实施意见》。集中力量查处了一批违纪违法案件,严肃执纪,惩治违纪违法行为。共查结案件5件,给予党纪政纪处分7人。组织企业党员认真学习、宣传、贯彻党内监督和纪律处分两个条例,举办了国有资产监管与预防职务犯罪培训班,以正反两方面典型教育警醒企业党员干部规范用权行为,促进了企业领导人员廉洁自律。围绕企业清产核资,深入开展效能监察工作。加强了企业廉洁自律制度建设和对制度落实的监督检查。通过专项检查和年终考核,以及通过民主生活会、述职述廉、民主评议、谈话提醒等方式,检查规章的执行情况,维护了制度的严肃性,强化了对企业领导人员用权行为的制约。受理来信来访举报81件(次),认真处理每一件举报,有效地维护了党员、群众的检举权、控告权、申诉权、批评权,解决了大量党员、群众关注的热点和严重损害群众切身利益的问题。

省委、省政府领导多次听取了国有资产监督管理工作汇报,充分肯定了省国资委成立以来所开展的国资和国企改革工作,作出了一系列重要指示,为省国资和国企改革工作指明了方向。省人大还专门听取了省国资委的工作汇报,对省国资和国企改革工作给予了高度评价。

二、海南省地(市)级国有资产监管机构组建情况

(一)海口市国资委2004年4月29日挂牌成立

1. 人员编制　市国资委机关行政编制29名,机关工勤人员5名。其中:委(党委)领导6名,办公室8名(含工勤人员5名),政策法规科4名,统计评价科4名,产权管理科4名,组织人事科4名,纪检监察室4名。

2. 领导职数　委(党委)领导6名;科级领导13名,其中:办公室3名,政策法规科2名,统计评价科2名,产权管理2名,组织人事科2名,纪检监察室2名。

(二)三亚市国资委2003年12月31日挂牌成立

1. 市国资委机关行政编制21名。其中:主任1名,副主任2名;党委书记1名,副书记2名(其中一名兼纪委书记);科室领导职数6名;机关工勤人员财政拨款事业编制3名。

2. 内设机构:办公室(党委办公室)、产权管理科、法规科、组织人事科(党委组织部、宣传部、监事会)、监察科(纪委办公室)、统计评价考核科。

三、海南省国有资产总量与结构分析

根据初步的统计(统计口径为全省国有独资、国有控股、重点参股企业,包括海航股份、一汽海马等,与省财政厅的统计口径相同),2004年,海南省经营性国有资产的企业共有1320户,比上年统计1333户减少13户。其中盈利企业259户,亏损企业1061户(含利润总额为0,下同),亏损面达80.4%。全部资产总额905.4亿元,比上年824亿元,增加81.4亿元,增长9.8%;所有者权益总额236.5亿元,比上年的226.2亿元增加10.3亿元,增长4.5%。国有资产总量(实际拥有的国有权益)130.1亿元,比上年的131.3亿元,减少1.2亿元。企业本年盈亏相抵后实现利润总额2.8亿元,与上年比较实现了扭亏为盈。

资产按产业分布情况见表1:

表1　2004年国有资产按产业分布情况表

单位:户,亿元,%

项　目		第一产业	第二产业	第三产业
户　数	2004年	124	234	962
	占总数比重	9.4	17.7	72.9
资产总额	2004年	47.7	148.5	709.2
	占总数比重	5.3	16.4	78.3
	比上年增长	5.3	24.8	7.5
负债总额	2004年	30.2	118	520.7
	占总数比重	4.5	17.6	77.8
	比上年增长	-0.3	28.7	9.4
所有者权益	2004年	17.5	30.5	188.8
	占总数比重	7.4	12.9	79.8
	比上年增长	16.7	11.7	2.7
国有资产总量	2004年	17.4	11.9	100.8
	占总数比重	13	9	78
	比上年增长	18.4	-50	8.5

资产按行业分布情况见表2:

表2　2004年国有资产按行业分布情况表　单位:户,亿元,%

项　目		农业	工业	建筑业	交通运输	商贸业	其他行业
户　数	2004年	103	221	34	18	911	33
	占总数比重	7.8	16.7	2.6	1.4	69.0	2.5
资产总额	2004年	23.9	141.1	31.2	460.3	241.7	7.2
	占总数比重	2.6	15.6	3.4	50.8	26.7	0.8
	比上年增长	1.7	29.0	-0.6	5.9	10.9	0.0
负债总额	2004年	15.9	105.7	26.8	345.3	172.4	2.9
	占总数比重	2.4	15.8	4	51.6	25.8	0.4
	比上年增长	6.0	32.6	-1.1	7.8	13.0	-6.5
所有者权益	2004年	8.0	35.4	4.4	115.0	69.3	4.3
	占总数比重	3.4	15.0	1.9	48.6	29.3	1.8
	比上年增长	-5.9	20.0	2.3	0.6	6.0	4.9
国有资产总量	2004年	8.0	16.9	4.4	38.6	58.0	4.3
	占总数比重	6.0	13.0	2.8	30.0	44.0	2.7
	比上年增长	-3.6	34.8	2.3	11.3	7.1	4.9

以上资料表明：

1. 占有经营性国有资产的企业由1333户减少到1320户，表明国有资产在退出方面以及企业改革、改制、重组的力度加大。

2. 企业亏损面达到80.4%，说明总体上经营性资产效益差仍然是我省国有企业面临的主要问题。企业总体上实现盈利，与上年比较扭亏为盈，但这种改善是初步的，持续增长后劲有待加强。

3. 905.4亿元的资产总额，2004年才完成225.4亿元的营业收入，说明资产的利用效率不理想。

4. 各市县的企业户数共有1121户，占统计总户数的84.9%，省属企业的户数占总体的15.1%，拥有全省66%的国有资产总量和72.6%的资产总额，表明国有资产主要分布在省属企业。

四、海南省国有资产保值增值综合分析评价

全省国有资产总量130.1亿元，比年初131.1亿元，减少1亿元，扣除客观影响因素，国有资产保值增值率99.6%，比上年提高1.4个百分点。其中省国资委重点监管的企业，保值增值率达104.9%(扣除了客观影响因素)，其中资产保值增值率较高的企业有：海南钢铁公司161.9%(保值增值率，下同)，海南兴隆华侨农场109.4%，省林业总公司103.6%。

据统计分析，净资产收益率为0.83%，比上年的－6.6%增加7.43个百分点；总资产报酬率为0.97%，比上年的－0.32%增加1.29个百分点；成本费用总额占主营业务收入的比率为101.0%，比上年113.82%减少12.82个百分点。

全部企业利润总额2.8亿元，与上年的利润总额(－17.9亿元)比较实现了扭亏为盈。

盈利企业259户，实现利润总额11.4亿元，比上年3.7亿元增加7.7亿元。盈利前5名企业为：海南钢铁公司盈利3.1亿元；一汽海马汽车有限公司盈利1.9亿元；海口美兰国际机场有限责任公司盈利1.1亿元；海南航空股份有限公司盈利0.7亿元；椰树集团海口市罐头厂盈利0.6亿元。

亏损企业856户，合计亏损额为8.7亿元，比上年21.6亿元减亏13.1亿元。亏损大户前5名是：粤海铁路有限责任公司亏损1.7亿元，省冶金工业总公司亏损0.6亿元，海南明珠广场投资有限公司亏损0.3亿元，海南省房地产开发总公司亏损0.3亿元，省水产总公司亏损0.3亿元。

以上资料表明，全省国有企业的盈利能力有所增强，资产保值增值能力有了一定提高。

五、海南省国资委监管企业建立和完善经营业绩考核体系情况

2004年，为了切实履行企业国有资产出资人的职责，维护所有者权益，落实国有资产保值增值责任，建立和健全有效的激励和约束机制，省国资委根据《企业国有资产监督管理暂行条理》，参照《中央企业负责人经营业绩考核暂行办法》(国务院国资委第2号令)的有关规定，制订了《海南省省属企业负责人经营业绩考核暂行办法》，根据该考核办法，省国资委与海南钢铁公司、省汽车运输总公司、省林业总公司、兴隆华侨农场、省燃料化学总公司和省旅游总公司等6家企业的负责人签订经营目标责任状，开始对企业实施业绩考核。

《考核暂行办法》的主要内容：一是明确了考核的企业对象：省属国有及国有控股企业负责人，包括总经理、副总经理、总会计师等负责人；二是明确了考核的指标：业绩考核指标包括基本指标与分类指标，任期业绩考核的基本指标为国有资产保值增值率和三年主营业务收入平均增长率，分类指标由省国资委根据企业所处行业和特点确定；三是明确了考核结果的计算过程和奖惩办法。根据企业业绩考核得分，最终考核结果分为A、B、C、D、E五个级别。规定了各种级别对应的奖惩安排。

考核工作取得了良好效果。一是促使企业领导转换思想观念，解放思想，开拓创新，从被动地“你要我做”变成主动的“我必须做”、“我要去做”的积极心态，在工作中承担责任和风险，并得到相应的报酬，实现权、责、利相统一；二是督促企业加强管理，完善内部经营责任制。企业与省国资委签订经营责任书后，把压力变动力，在企业内部建立了激励和约束机制，把工作任务层层分解，促进了企业的发展；三是经济

效益明显改善。从考核指标看,签订经营责任书的6家企业全部完成了确定的利润目标,有的比目标值增长的幅度达25%以上。企业资产运行的质量有了明显提高。

六、海南省国资委监管企业产权制度改革情况

(一)产权管理基础工作

根据国务院国资委、财政部联合下发的《企业国有产权转让管理暂行规定》(国务院国资委第3号令),海南省制订了《海南省企业国有产权转让管理暂行规定》、《海南省产权交易监督管理办法》,分别以省政府第176、177号令发布。以股份制形式设立了海南产权交易所有限公司,于2004年11月28日正式挂牌运作,并出台了《海南产权交易所交易规则》等有关制度,规范产权交易的监管工作。2004年底,省政府办公厅转发了国务院国资委《关于做好产权交易机构选择确定工作指导意见的通知》,明确要求,全省企业国有产权交易活动必须在海南产权交易所进行。海南产权交易所成立,将成为全省国有产权交易的统一规范平台,有力促进全省产权交易市场体系的建设。

(二)重大产权重组转让

完成了汽车项目的重组,成立混合所有制的一汽海马汽车有限公司,推动全省汽车产业的新一轮扩张;加大电力行业改革步伐,海南省电力公司加入南方电网公司,加快与南方电网联网;成立海南水利电力发展有限公司,重组全省水电资源,向国电集团转让所持有的大广坝水电公司股权,启动大广坝水利电力二期工程;转让了中海能源股权,为华能集团在海南加大投资奠定了基础;完成了中海油重组八所港的基础工作,加紧推进八所港改扩建工程,为建设东方化工城提供有力支持;海南港航控股有限公司顺利挂牌,琼北三港整合进入实质性运作,促进琼北三港实现统一规划、统一建设、统一管理、统一经营,招商引资建设新的海南中心枢纽港区,把港航业做大为我省新的支柱产业;省汽运总公司、海南钢铁公司不断完善改革重组方案,并积极与海内外有实力的投资者进行了洽谈;海南发展控股有限公司挂牌成立,将构建成为我省重大建设项目的投融资平台和项目"孵化器"、推进器;转让洋浦电厂股权、重组洋浦土发公司以及华顺公司的重组工作也在稳步推进中。这些项目的推进,较好地实现了引进大公司大集团参与国有企业改革重组,发展壮大海南省经济实力的目标。

七、海南省国资委监管企业主辅分离辅业改制情况

海南省大型厂矿企业较少,有企业主辅分离工作任务的主要是海口港、八所港、海南铁矿等企业。2004年度,海口港集团公司、省海运总公司进行重组,八所港务总公司与中海石油化学有限公司进行重组,海南钢铁公司也在实施招商重组中,尚未进行主辅分离工作。其中,八所港务总公司实施了将子弟学校、职工医院两个企业办社会职能机构剥离,移交地方政府管理。其他行业主管局改制而设立的企业总公司、集团等,由于经营不善,主业不突出,市场竞争力差,在本省《省属国有企业改革重组工作方案》中都将其列为整体改制、退出国有的对象,不再组织进行主辅分离和辅业改制专项工作。

八、海南省国资委监管企业重组与完善法人治理结构改革进展情况

2004年度,省电力公司系统进行了重组,电网部分并入了南方电网公司,并研究实施海南电网与南方电网公司的电力联网。水电部分,经整合后成立了省水利电力发展有限公司,重组本省水电资源,调整全省小水电开发战略,启动大广坝水利枢纽二期工程。成立海南港航控股有限公司,对琼北地区的海口港、新港、马村港三港进行重组,实行统一规划、统一建设、统一管理、统一经营,招商引资建设新的海南中心枢纽港区。成立海南文化投资管理有限公司,以有线电视网络资产整合为核心,全面整合重组文化系统的国有经营性资产。成立海南高强实业有限公司,对本省司法系统履行特殊职责的经营实体进行整合。

新建和重组的企业,都按《公司法》进行规范,公

司章程的制订要求报经作为出资人的省国资委审批。公司相应建立董事会,完善法人治理结构。省国资委对省属独资企业和控股公司派出国有企业监事会,在部分重点企业试行派出财务总监制度。

(撰稿人:李华光　蔡　君　李建林)

重庆市

2004年,是重庆市国资委全面履行出资人职责的第一年。重庆市国资委坚持以邓小平理论和"三个代表"重要思想为指导,全面贯彻落实党的十六大、十六届三中全会和市委二届四次全会精神,以科学发展观统领国资监管和国企改革工作,牢牢把握全市经济工作大局,紧紧抓住履行出资人职责这个根本,突出增强企业核心竞争力、提高企业经济效益、实现国有资产保值增值这个目标,切实加强国有资产监督管理,加快推进国有经济布局和结构调整,全面深化国有企业改革,同步加强和改进国有企业党的建设,努力开创重庆市国有资产监督管理工作新局面。

一、重庆市国有资产监督管理工作综述

2004年,在重庆市委、市政府的正确领导下,全市国有企业认真贯彻落实党中央和市委、市政府的重大方针政策,锐意进取,开拓创新,奋力拼搏,推动国企改革发展再上新台阶,国资监管工作迈出新步伐,国企党建工作取得新成效。

截至2004年底,37户市属国有重点企业资产总额达到3255亿元,同比增长23.2%;所有者权益817亿元,同比增长43.7%。其中:重点工商产业集团实现营业收入596.4亿元,同比增长23.7%;在消化潜亏6.8亿元的情况下,实现利润15.5亿元,按可比口径同比增长51.4%;工业企业研发费占销售收入的比重从2003年的1.2%提高到1.5%。八大投资集团当年完成投资额223.6亿元,融资额224.4亿元,在建项目125个,较好地充当了重庆市基础设施、社会事业等领域重大项目的投融资和建设平台。

2004年,重庆市重点抓了五个方面的工作:

(一)积极推动结构调整

重庆市国资委针对重庆市国有企业规模不大、竞争力不强的现状,从产业关联度和集中度出发、从资本优化配置和集约配置出发、从体制和机制的适应性调整出发,通过市场机制和出资人调动,推动所属国有企业重组整合。积极争取国家计划破产、加大市计划和依法破产力度。针对重庆市企业集团管理链条过长、存续企业过多的状况,努力推动企业集团的内部整合。按照三级为限缩短集团管理链条的要求,对集团下属二级、三级及以下企业,存续企业(含空壳公司)和专业公司开展了专项清理。

(二)加快推进股份制改革

按照分类推进的思路,坚持把推进股份制改革作为深化国有企业改革的重中之重。积极引进开展招商引资工作,充分引入外资,推进国有企业的股份制改造。在加快推进股份制改革的同时,坚持把推进企业管理创新作为促进企业体制机制创新的重要内容,为加快企业改革发展注入了新动力。

(三)加大债务重组力度

在国务院的支持下,重庆市国资委以渝富公司为操作平台,通过资本运作解决回购款,对157亿元工行不良债务进行了打折回购,首批涉及117户市级国有企业共80.1亿元债务实现买断并得到有效处置。化医控股、机电控股、物资集团等企业集团也积极主动协商国有商业银行、四大资产管理公司,对80亿元银行不良贷款和债转股、债务剥离后的不良资产进行了有效处置。仅渝富公司对企业不良债务的打折回购,就使市级国有工商企业的资产负债率下降了10多个百分点,消化企业应提未提资金利息潜亏12亿元,化医、轻纺和机电三大控股集团资产负债率平均下降20%。

为加快重庆市地方金融企业的改革发展,重庆市商业银行与渝富公司实现了12.5亿元不良贷款的置换,重庆市信用联社加快基层信用社体制改革,获准25亿元央行票据贴现。市商业银行和信用联社不良贷款占比同比分别下降了8.7个百分点和13.7个百分点。

(四)不断强化党建工作

全面实施人才强企战略，深入开展“四好班子”创建活动，开展了企业家、科技工作者、财务工作者、技术能手、党务工作者、党员标兵、纪检监察机构、纪检干部等“八个十佳”先进典型推选表彰。全年新组建或调整充实了29户市属国有重点企业领导班子，新建和完善21户重点企业党委会和纪委会，全系统共发展新党员4115名，共培训各类经营管理人员1万多人次。

全面深化思想政治工作、企业文化建设和文明单位创建工作，开展了企业文化和企业先进管理的经验交流和现场演示，举办了“走进国企看发展、推进新型工业化”、“国企改革谱新篇、做强做大铸辉煌”大型宣传活动和全市国有企业迎国庆大型文艺汇演。通过中央、地方各大新闻媒体，对重钢集团、西铝集团、庆铃集团、四联集团等企业集团改革发展的艰难历程和成效进行了集中展示。

认真落实党风廉政建设责任制，从教育入手，强化效能监察，加大办案力度，推动企业党风廉政建设进一步加强。全系统效能监察工作共立项453个，提出监察建议575条，避免和挽回经济损失1.35亿元；新立案76件，结案56件，为企业挽回经济损失近2000万元。

(五)有序启动国资监管

适应国资管理体制改革渐进性特点，对重庆市级国有企业的国有资产提出了分级分类监管的思路；本着统筹兼顾、急用先立的原则，围绕企业财务决算审计、国有资产损失认定等制发了30多项基础性监管制度；全面启动了国有产权登记工作，加大了资产评估审查力度；产权交易通过联交所公开挂牌拍卖，全年实现交易额12.2亿元，成交价比评估值增加2.1亿元；启动了重点企业新一轮发展战略规划编制工作，对企业集团推行了企业负责人年度经营目标考核；初步构建了国有资产统计评价考核体系。

二、重庆市区县国有资产监督管理机构组建情况

2004年底，市国资委会同市编办、市财政局对区县国有资产监督管理情况进行了深入调研。根据调研结果，提出了重庆区、县(市)国有资产监督管理机构的设置意见，市政府已经采纳并分步实施。重庆市拟对国有资产总量较大的区县设立区县级国资委；对国有资产总量不大的区县要求明确国有资产监管主体，机构组织模式由地方区县自行确定，或成立国资委、国有资产经营管理公司、国资办或其他有效模式。根据市政府的统一部署，重庆市拟于2005年三季度完成重庆市区县级国有资产监督管理机构的组建工作。

三、重庆市国有资产总量及分布结构

2004年，重庆市按照国有资产向优势企业集中、资本向优秀企业家集中、资金向优势行业和优势产品集中的“三集中”原则，加大对国有资产的优化配置，推进国有资本有进有退的战略调整，促进企业努力提高经济效益，实现了国有资产规模的快速增长。纳入2004年国有资产统计范围的国有企业1980户，同比减少企业3户，国有资产总量达到893.1亿元，同比增加210.3亿元，增长30.8%。

重庆市国资委管理市属国有重点企业覆盖707户，国有资产总量为664.3亿元，占全市的74.4%；重庆市级主管部门管理的国有企业284户，国有资产总量为49.5亿元，占全市的5.5%；区县国有企业989户，国有资产总量为179.3亿元，占全市的20.1%。国有资产的分布现状，充分体现了市属国有重点企业在重庆市国有经济中的重要地位和支柱作用。

从分布的企业来看，重庆市属国有重点企业的国有资产主要集中在八大投资集团、六大工业集团和渝富资产公司。八大投资集团涉及高速公路、城市供排水、城市建设、土地储备等重点工程和重大项目的建设及经营管理。在政府授权资产的带动下，融资能力增强，实现了资本放大效应，资产规模急剧攀升，形成了具有特色的“重庆投资集团模式”，促进了重庆经济建设的快速发展。2004年末，八大投资集团的国有资产总量达到445.9亿元，占全市的49.9%，成为重庆国有资产的重要集聚地。投资集团的崛起，带动了国有资产总量的增长，其中重庆市城市建设投资公司的国有资产总量达到110.5亿元，位居重庆市之首，也

是唯一一户国有资产总量超过百亿元的企业。

2004年,重庆市国资委坚持从产品关联度和集中度出发,对国有资源进行了有效整合。组建了煤炭集团、渝富资产管理公司等,将建峰化工整体并入化医控股、重汽集团整体并入机电控股、包装公司并入轻纺控股,使工业集团壮大了实力、扩大了规模,促进国有资产总量向重点企业集中。2004年底,重钢集团、庆铃汽车、化医控股、机电控股、轻纺控股和煤炭集团等六大工业集团的国有资产总量达到139.9亿元,占全市的15.7%。渝富资产公司国有资产总量达到19.2亿元,成为国有资产又一新的增长点。

区县国有资产在渝中区、涪陵区、黔江区国有资产上升的带动下,实现较大幅度的增长。目前,区县国有资产总量在10亿元以上的有:涪陵区50.6亿元、渝中区20.7亿元、高新区15.7亿元、万州区14.6亿元、长寿区12.4亿元、合川市11.4亿元。

市级主管部门管理的国有企业,由于煤炭集团移交给市国资委管理,影响其国有资产总量减少。目前,市级主管部门管理的国有企业,国有资产较大的有市交通委员会11.3亿元、新闻出版局10.3亿元,重庆日报集团4.1亿元。

从国有资产的行业分布情况来看,重庆市国有资产主要集中在社会服务业、工业、交通运输业、房地产业、批发和零售餐饮业。社会服务业在综合性投资集团政府授权资产增加的带动下,国有资产总量强势增长,达到249.2亿元,所占比例达到27.9%,由2003年的第三位上升至第一位;工业由于部分亏损企业的退出,企业户数减少19户,国有资产总量为229.3亿元,所占比例降为25.7%,位居第二位;交通运输业企业户数同比减少,以及重庆高速公路公司的国有资产划转,国有资产总量下降到159.9亿元,所占比例下降到17.9%,位居第三位。

2004年,经过市场配置、科学调动和有效营运,重庆国有资产形成向市属国有重点企业工业集团、投资集团集中的格局,向重要行业、重要领域集中的趋势,在劣势国有企业退出步伐加快的前提下,国有资产总量持续增长,壮大和提升了国有经济实力,国有资产的战略调整,带来了结构布局的新变化,国有经济的控制力、影响力和带动力有了新的提高。

四、重庆市国有资产保值增值综合分析评价

2004年,重庆国有资产保值增值率为100.6%,较上年下降1.8个百分点,基本实现保值增值,但保值增值水平较低。实现国有资产保值增值的企业共有1104户,占55.8%;未实现国有资产保值增值的876户,占44.2%。导致国有资产保值增值水平低于2003年的主要原因:一是总体经济效益低于2003年;二是重庆国有资产总量增长快,基数增大,经济效益未能同步增长。

市属国有重点企业国有资产保值增值率为100.7%,同比减少2.4个百分点;市级主管部门管理的国有企业国有资产保值增值率为101.2%,同比减少0.3个百分点;区县国有企业国有资产保值增值率为100%,同比减少0.2个百分点。市属国有重点企业和市级主管部门管理的国有企业的国有资产保值增值水平均较低,而区县国有资产仅实现保值,未能实现增值。

从行业情况来看,实现国有资产保值增值的有工业、建筑业、社会服务业等11个行业,保值增值水平最高的为信息技术服务业,达到106.2%;工业由于重点企业效益稳步增长、扭亏成效显著,国有资产保值增值水平提高2.5个百分点,达到104.4%。交通运输业、批发和零售、餐饮业由于缺乏利润支柱企业,盈利能力不高,以及亏损企业较多,未能实现保值增值。

五、重庆市国资委监管企业产权制度改革情况

2004年,重庆市国资委围绕建立现代产权制度这个中心,以推动国有产权有序流转为重点,以产权制度改革为核心,突出抓好37户市属国有重点企业股份制改造和战略性重组工作,进一步增强了国有资本的控制力、影响力和带动力。到2004年底,城投公司、地产集团、高发公司、高投公司、重钢集团、机电控股、化医控股、庆铃集团、商业银行、信用联社等10户重点企业资产总额均超100亿元。重钢集团、商社集团销售收入首次突破100亿元大关。重钢集团各项

经济指标增幅首次超过同行业平均水平;化医、轻纺和机电三大控股集团结束多年高亏局面;物资集团、国际公司实现扭亏为盈;四联集团、水务控股、城投公司、地产集团、建投公司、商社集团、建工集团、港务集团、公交控股、农工商控股、信用联社和商业银行等一大批重点企业利润增幅均达两位数。

(一)推进国有企业战略性重组,培育大公司大集团

1. 推动市属国有重点企业的重组整合。坚持从产业关联度和集中度出发、从资本优化配置和集约配置出发、从体制和机制的适应性调整出发,通过市场机制和出资人调动,采取合并、重要资产(股权)划转、战略新建等方式,推动商社集团与重庆百货,机电控股与重汽集团,化医控股与建峰化工,招标局、政府采购中心和成套局,外贸公司、西技公司和地方外贸公司,城投公司与重庆国信,公交控股与客运索道公司,开投公司与轨道公司等18户企业集团实现发展型重组;推动国际公司与渝丰公司,建投公司与技改公司,轻纺控股与重庆包装,物资集团与经协办、农机局所属四户企业等10户企业集团实现兼并式整合;推动水投公司、渝富公司、联交所、商务集团、煤炭集团、渝粮集团和交运集团等7户企业集团实现战略新建。重组整合后的企业集团保持了良好的发展态势,销售收入同比增长22.3%,实现利润同比增长2.4倍。

2. 国有企业关闭破产工作取得重大进展。通过积极争取国家计划破产、加大市计划和依法破产力度,推动18户企业新进破产司法程序、26户企业实现破产终结。

3. 缩短企业内部管理链条,理顺产权关系。按照三级为限缩短集团管理链条的要求,对集团下属二级、三级及以下企业,存续企业(含空壳公司)和专业公司开展了专项清理,各企业集团制订了清理整顿三年规划。2004年已消灭存续企业和空壳公司96户,其中:二级企业34户,三级企业48户,四级及以下企业14户。

(二)全面推进以股份制为主要形式的产权制度改革,实现产权主体多元化

1. 对尚未改制的国有企业实施改制。通过采取国有股权部分转让、国有资本整体退出等方式,到2004年底,扣除已退出、拟退出市场的24户企业后,166户地方国有大中型企业中已有128户企业进行了公司制改革,改制面达到77.1%;扣除拟破产的13户企业后,91户市属国有大中型企业中已有66户改制,改制面达72.5%。其中,重庆磨床厂、重庆酿造调味品公司、碱胺公司等3户大中型企业的改制工作改革效果明显。

2. 引入战略投资者,实现投资主体多元化。鼓励符合产业发展方向的控股集团公司,面向国际、国内吸引战略投资者,进行股份制改制。到2004年底,轻纺控股成功引入苏格兰纽卡斯尔和香港查氏两大国际知名集团,全年引进外资6亿元,同比增长1.2倍;新上技改项目5个,计划投资11亿元,建成投产后将新增销售收入17亿元。机电控股全年引资总额超过前三年总和,推动22户企业实现改制重组,井口和茶园两大工业园区入驻或征地协议正式签订,30个重点骨干企业项目全面提速,可望为集团新增销售收入20亿元,尤其是成功引入国内最具实力的制冷设备优势企业—美的集团,重庆"美的工业园"3年后预期中央空调销售规模将达50亿元。

六、重庆市国资委监管企业主辅分离辅业改制概况

2004年,重庆市共完成重庆永荣矿业公司、重庆天府矿业公司等20户企业的主辅分离辅业改制工作,分流富余职工2374人,其中安置富余人员与新公司签订劳动合同和接续社会保险2162人。按照《劳动法》和有关政策规定,通过再就业基金和主体企业支付经济补偿金3060.5万元(其中再就业基金支付1463.6万元),以实物资产解决拖欠富余人员的工资、医疗费、集资款等255.4万元,补缴欠缴"两金"913万元,促进了国有大中型企业主业做大做强和下岗富余人员的再就业。

重庆市采取的主要措施是:

1. 基本模式:整体剥离、(劳动)关系变更、多元持股、主业扶持。原主体企业原则上不再控股或相对控股改制分离企业。

2. 三个优惠20%。(1)职工经济补偿金可用资产优惠20%支付。(2)职工购买国有净资产可优惠20%。(3)职工债务可用资产优惠20%清偿。

3. 分离改制的企业,符合贷款条件的,金融机构提供贷款支持;原主体企业或授权经营的集团公司、控股(集团)公司给予1~3年贴息支持。

4. 改制分离企业占用的原主体企业的行政划拨土地,可继续保留划拨方式;需出让土地使用权的,土地出让金可用于弥补职工经济补偿金和清偿各种欠费的不足。

5. 依法规范劳动关系。对从原主体企业进入改制分离企业的富余人员,由原主体企业与其解除劳动关系,并由改制分离企业与其重新签订3年以上(含3年)期限的劳动合同。

6. 尚未完成生活用水电气剥离工作的原主体企业,其改制分离企业的生活用水电气剥离纳入原主体企业剥离计划。尚未完成职工住房出售的原主体企业,其改制分离企业的职工住房继续向原主体企业租用;鼓励原主体企业向改制分离企业职工出售公有住房。

七、重庆市国资委监管企业重组与完善法人治理结构改革进展情况

(一)国企重组整合成效显著

重庆市国资委坚持从重庆市国有经济布局、产业特点、资源优势和行业发展出发,着眼于优化配置国有资源,以培育和发展大公司大企业集团为目标,大力推动重庆市市属国有重点企业及其下属企业的重组整合。2004年全年共实施重庆市市级国有重点企业重组整合23项,企业集团消除13户,新建7户;完成各类企业改制重组38户,消灭空壳公司96户,新设公司16户。通过对国有企业的有效整合,优化了资源配置,大大提高了国有资产利用率,增强了企业的市场竞争力。

(二)建立和完善公司法人治理结构工作稳步推进

1. 规范和完善法人治理。在重庆市属国有重点企业范围内开展了以推进独立董事制度和外部董事制度建设、减少董事会与经理层交叉任职为重点的专项治理工作,进一步规范和完善了公司股东会、董事会、监事会制度,进一步明确了经营管理者的权利、义务和责任。

2. 加大审查和指导力度。在企业改制重组的实施中严格把关,对以前实施改制的企业进行跟踪和研究,指导企业对体制建设尚不规范的方面进行整改完善。如严格审查了重庆城市建设投资公司、重庆渝富资产经营管理有限公司、重庆中梁山煤电气公司等公司章程。积极协调处理重庆农化集团公司外方投资者退出有关事宜,实现了民丰农化及万里电池两家上市公司的保牌。

八、重庆市国资委监管重点企业建立和完善经营业绩考核体系情况

对企业负责人进行经营业绩考核是国有资产监管机构履行出资人职责的一个重要方面,也是出资人考察企业经营管理者的重要方式。2004年度是重庆市国资委对监管企业进行考核的第一个年度,在构建企业负责人经营业绩考核体系和企业负责人激励约束机制,落实国有资产经营责任,推动国资委监管的国有重点企业负责人经营业绩考核工作方面作了一些探索。建立了基本的企业负责人经营业绩考核办法,确定了企业负责人2004年度的经营目标并与企业负责人签订了考核责任书,启动了企业负责人任期目标的制订工作。

(一)制订考核办法

根据《企业国有资产监督管理暂行条例》等有关法律法规,借鉴国务院国资委对中央企业负责人经营业绩考核办法,结合重庆市国有企业的实际情况,在深入调查研究、反复征求企业、大专院校、中介机构和有关专家意见的基础上,重庆市国资委于2004年2月10日正式出台了《重庆市国有重点企业负责人经营业绩考核暂行办法》,为搞好企业负责人年度考核与任期考核提供政策依据。

对企业负责人进行经营业绩考核是国有资产管理体制改革的一项制度创新。就经营业绩考核指标体系设计而言,既注重到短期业绩,也兼顾到长期业

绩;既有面上统一的要求,也考虑到各个行业各个企业的具体差别。考核的指导思想突出了以下几个特点:

第一,对企业实施的业绩考核,同以往考核相比,最大的突破是将管资产与管人、管事有机地结合。由出资人按照依法考核、分类考核和激励与约束相结合的原则,规范地进行考核,业绩考核采用签订经营业绩责任书的方式,使出资人与所出资企业之间体现出了更多的经济关系,就如同老板与老总的经济利益关系一样,而不是行政命令关系。

第二,考核办法的第二个根本的变革在于,对国有企业负责人经营业绩的考核,一改过去的"事后评价"为"事前目标",并且站在出资人的角度真正与绩效挂钩。考核指标最核心的一点是体现出资人对资本经营效率和对资本经营回报的关心。对企业具体的经营,由经营者按照市场的需求、按照市场的情况来自主决定,出资人并不干涉企业的自主经营,所以这和计划经济体制下的考核和(市场经济改革中的)过渡时期承包经营制的考核有着本质的不同。

第三,人格化、数字化以及考核与奖惩紧密挂钩是考核办法的另一大特点。所谓人格化就是说国有企业负责人的工作要向国资委负责,国资委是国有资产出资人的代表,相当人格化、相当明晰。数字化就是考核数据的定量,紧紧围绕国有资产运营效益和保值增值进行考核。各个企业的负责人在与国资委签订经营目标后,国资委就要按年度和任期两种方式进行考核,如果负责人完成经营目标,可拿到年度绩效奖励,如果目标完成不了,就要根据具体情况进行惩罚,甚至对其不再任命、续聘。

(二)完成了市属国有重点企业负责人2004年度业绩考核责任书的签订工作

建立了考核办法,如何准确地确定经营目标值,这向国资监管工作提出了较高的要求。在制订企业负责人经营业绩考核目标时,重庆市国资委在采用横向比较和纵向比较的方法,既同本企业历史纵向比较,又与全国、全市同行业企业进行横向比较,同时考虑宏观经济政策的影响和企业发展的周期性的基础上,确定了28户条件成熟的适合考核的市属国有重点企业负责人2004年度的经营业绩考核目标,国资委主任分别与其签订了《2004年度国有企业负责人经营业绩考核责任书》。根据统计,对企业签订的年度目标,共使用了近60项财务指标、统计指标和工程项目指标,在把握共性的同时,充分体现了企业的个性差异,稳健地迈出了国有企业负责人经营业绩考核的步伐,完成了理论到实践的跨越。在签订责任书的28户企业中,产业、控股类企业22户、投资类企业6户,除生产波动较大的重钢集团、庆铃集团和资产债务重组任务较重的机电、轻纺、化医三大控股集团外,其余企业签订的利润总额、实际上缴税利目标值同口径比2003年分别增长11%和7%。

由于考核目标明确,责任到位,2004年度各考核企业的经营业绩均有不同的增长。根据2004年度企业财务决算报表统计,22户产业、控股类企业2004年度完成主营业务收入516.38亿元,比上年同期增长75.48%;实现净利润9.63亿元,比上年同期增长18.16%;实际上缴税利36.74亿元,比上年同期增长44.25%。6户投资类企业2004年度资产规模增长254.35亿元,比上年同期增长13.21%。

(三)启动了任期目标制定工作

对企业负责人经营业绩的任期考核是企业负责人经营业绩考核体系的重要组成部份,随着企业负责人2004年度经营业绩责任书签订工作的完成,重庆市国资委结合班子换届调整,启动了企业负责人任期经营业绩目标的制定工作。根据企业所处的行业和特点,在综合考虑反映企业可持续发展能力及核心竞争力、企业发展战略及规划等因素的情况下,在委内相关处室、监事会和企业负责人充分沟通的前提下,已对具备任期考核条件的19户企业负责人初步拟定了任期经营业绩考核目标。

企业负责人经营业绩考核工作是一项系统工程,要真正建立起公平、公正的企业国有资产经营业绩考核体系,还需要建立健全与之相配套的统计评价制度、企业负责人奖惩制度、干部任期及考核制度、财务监管制度等,这就决定了企业负责人经营业绩考核工作是一个需要不断探索、不断总结完善的过程。一年的实践也反映出,无论是考核办法,还是考核目标的具体确定都还存在一些问题,如:如何解决考核与被考核对象的信息不对称问题;如何通过经营业绩的考核引导企业创新管理和提高可持续发展能力问题等等,需要进一步探索和完善。

(撰稿人:龚　政)

四川省

一、四川省国有资产监督管理工作综述

2004年是四川省政府国有资产监督管理委员会(以下简称四川省国资委)开始组建和正式运转的第一年。2月13日,中共四川省委宣布四川省国资委领导班子成立。7月16日,四川省政府办公厅下发通知,明确四川省国资委"三定"方案。8月18日,四川省国资委举行揭牌仪式,中共四川省委书记张学忠、省长张中伟亲自揭牌。在中共四川省委、四川省人民政府的正确领导下,在国务院国资委的有力指导下,四川省国资委以邓小平理论和"三个代表"重要思想为指导,深入学习贯彻党的十六大和十六届三中、四中全会精神以及省委工业工作会议、全国国有资产监管工作会议精神,牢固树立科学的发展观,切实加强执政能力建设,深入推进"三个转变",紧紧围绕依法履行出资人职责这个中心,紧紧围绕企业改革发展和国有资产保值增值这一主线,迅速打开工作局面,初步实现管资产、管人和管事的紧密结合,取得良好的开端。四川省国有企业保持了良好的发展势头,国有经济的主导作用继续加强,省属企业利润大幅增长。2004年,四川省国有经济完成的增加值占全省GDP的比重为61.8%,占居主导地位。2004年底29户省、市属重点国有及国有控股企业资产总额为1544亿元,比上年同期增长3.54%。其中,省属企业资产总额为876亿元,比上年同期增长9.37%,增幅高出29户企业增幅的5.83个百分点。省属企业全年实现利润10.59亿元,同比增长88.74%。

(一)努力构建国资监管法规体系

为规范文件起草工作,四川省国资委专门制订《关于立法和规范性文件的起草、制订规则》,统筹规划,着力构建我省国资监管体制框架。一是建立健全国有资产经营责任相关制度,研究起草《四川省国有企业负责人经营业绩考核暂行办法》和《省级国有资产授权经营规范意见》。二是规范国有企业改制工作和企业国有产权转让,代省政府起草《关于规范国有企业改制工作的暂行规定》、《四川省企业国有产权转让暂行办法》及操作细则,制订出台《关于规范所出资企业改制工作的试行意见》。三是就产权交易市场进行调研,形成《关于我省产权交易市场情况的报告》上报国务院国资委。提交《关于整合我省产权交易市场的建议》,就我省产权交易市场监督体系、交易所架构、如何整合现有交易所等提出建议。这些政策法规的出台,对深化我省国有资产管理体制改革和国企改革发展起到规范和保障作用。

(二)深入推进基础管理工作

一是建立全省国有企业财务状况动态监测工作体系,将"企业月度经济运行快报"体系和国务院国资委"企业财务快报"工作体系结合起来。二是抓紧开展企业清产核资的调查研究,明确省属企业清产核资工作思路、组织体系和政策框架。三是加强出资人财务监督,积极探索财务决算的布置、审核、批复、审计报告信息披露等省属企业财务决算的方式和方法。向省委、省政府提交了2003年度四川省国有企业资产质量状况分析报告。四是加强国有资产产权界定、登记、划转、转让、处置、评估核准、备案及产权纠纷调处等工作,加强上市公司国有股权的管理工作,企业自觉接受监管意识的普遍增强。

(三)切实加强资产监管

一方面,加大监管力度,及时纠正企业违规行为,为省委省政府分忧解难,把好国有资产保值增值关。及时制止川商集团骗贷问题;在乐山犍为电站的转让问题上严格把关,坚决不予审批;纠正长江集团与其内部人持股的长新公司及其加气站的关联交易的违规行为等,制止了国有资产流失。同时,按照"构建国有产权监督体系"的要求,完善监事会工作制度,规范监督工作,研究制订《完善我省省属国有产权监督的若干建议》和《四川省国有企业监事会内部工作规

范》,做到年初有计划,年底有考核。围绕日常监督这个重点,监事会通过列席派驻企业的会议、查阅资料、召开座谈会、个别谈话、调查了解等方式,对企业日常经营决策活动进行监督,防范风险。围绕财务监督这个核心,对企业的资产状况进行监督和检查。重点检查二级企业的应收款项和投资行为,形成专项报告48份,涉及19户省属企业的64个子公司。根据检查的实际情况,提出管理建议105条。围绕企业经营管理中的投资、改制、基建维修改建等事项实施重点监督,确定12户企业重点监督事项13项。全年形成专项检查报告26份,共查出企业存在的问题89条,有问题的资金49.37亿元,在监督检查过程中纠正1.6亿元。向省委、省政府提交《四川省省级国有企业2004年度监督检查情况综合报告》和《省国有企业监事会派驻企业改制及产权转让监督报告》。通过深入细致的工作,国有企业监事会已成为加强国有资产监管的重要力量。

(四)继续深化企业改革发展

一是积极指导全省国有企业深化改革,推进国有企业建立现代企业制度,探索公有制的多种有效实现形式,进一步规范国有企业改制和国有产权转让。制订下发《关于完善省属国有独资企业法人治理结构试点的暂行办法》和《关于开展所出资企业减少管理层次理顺母子公司体制试点的意见》。开展规范全省国有企业改制工作大检查,成立了国有企业改革咨询顾问委员会。2004年11月,国务院国资委等四部委联合检查组充分肯定了我省企业改制和产权转让情况。在国务院新闻办召开的新闻发布会上,国务院国资委主任李荣融对四川省国企改制和产权转让工作给予表扬。二是加大指导推进国有企业改革重组力度。研究制订《四川省国有困难企业政策性关闭破产工作总体规划方案》,完成德阳3户中央在川企业分离办社会的立项工作。指导各地按照成熟一户、操作一户原则,认真做好军工、煤炭、监狱企业以及地方重点企业的破产工作。协调解决9户企业在主辅分离、辅业改制中的问题和困难。积极做好妥善解决国有企业办中小学教师待遇问题工作。三是抓好国有经济布局和结构的战略性调整。根据省委、省政府关于做强做大企业集团的决定,提出发展具有国际竞争力的大公司大企业集团的措施。完成双流机场做强做大方案的制订和审核工作,引入香港机场、深圳机场等战略合作伙伴对双流机场进行股份制改造,使机场集团的发展跃上一个新台阶。积极参与化工控股集团改组调研工作,深入盐业集团调研,提交做强做大企业的专题报告。参与攀钢重组长钢工作,负责资产评估、股权划转和审核上报审批材料等工作,确保重组工作的顺利实施。对川航集团整体改制进行调研,反复研究,几易其稿,提出川航集团改制方案的专题报告。四是协调解决国有企业在改革发展中遇到的问题和困难。牵头成立中川国际过渡时期协调小组及工作小组,积极参与中川国际过渡时期的工作。支持省国资公司与开行四川省分行合作构建社区金融担保体系。协助省水电投资集团解决工作中遇到的问题,确保地方电力体制改革顺利进行。组建以来,国资委在稳定、信访等方面的工作压力明显增大,企业职工、群众的来信来访量成倍增加。按照省委、省政府的统一部署,抓好企业稳定和信访工作,突出重点,狠抓排查,深入基层调查核实有关问题,切实化解矛盾,努力维护国有企业改革发展稳定的大局。全年共接待企业职工群众来访一千余人次,处理来信八百余封。高度重视企业安全生产和环保工作,"抓企业、打基础、强监管",配合有关部门做好指导和督查工作。

(五)积极探索企业党的建设

着力在改进上下功夫,积极探索进一步加强和改进企业党建工作的方式方法,企业党的建设呈现出新的风貌。一是按照现代企业制度的要求,合理设置党组织,积极推行企业党组改党委工作。完成46户中央在川企事业单位、23户省属国有重要骨干企业党组织关系转交工作。二是以"四好"活动为载体,加强企业领导班子思想政治建设。以党员先锋工程为重点,创新党员先锋工程载体,加强双向培养。以创新机制、规范制度和探索载体为重点,强化党组织发挥政治核心作用的保障机制。认真组织系统内企业学习贯彻十六届三中、四中全会精神,加强基层党支部建设,在部分企业开展党员公示制试点工作,探索党建新载体,强化企业基层党组织建设。三是加强企业领导班子建设。组建以来,重点对长虹集团、四川机场集团等21户企业领导班子进行了调整、充实,进一步改善领导班子的年龄、文化和专业结构,企业领导班子整体素质得以提高。协助中央企业总部对在川的中铁二局、四川石油管理局等12户企业的领导人选进行考察。认真贯彻落实省委组织部《关于进一步做好对党政领导干部在企业兼职清理有关问题的通知》精神,对党政领导干部在企业兼职问题进行集中清理,根据不同情况,对兼职的14名领导干部分别提出处理意见。重视企业优秀年轻后备领导人员培养选拔工作,调整充实优秀年轻后备领导人员23名,使企业优秀年轻后备领导人员总数达到120名。四是加强企业党风廉政建设与反腐败工作。狠抓中纪委、省纪委三次全会精神的贯彻落实。加大监督检查力度,案件查处工作进一步加强。全年共处理信访件111件,初核案件线索7件,协助有关单位调查核实7件,指导企业办案3件。指导企业抓好效能监察工作,强化宣教工作,建立完善预防腐败的教育机制。

二、四川省国有资产监管机构组建情况

(一)制订落实"三定"方案

加强与四川省编办的沟通和衔接,研究制订"三定"方案;开展成立四川省国资委的各项筹备工作;研究制订机关干部岗位确定办法,对来自9个单位的128名干部职工分三批进行定岗定员,10月份实现机构到位,人员到位,职责到位,落实了"三定"方案。同时,配合四川省编办积极推动市州国资机构的组建工作。

(二)提高机关干部职工思想政治素质和业务素质

按照创建学习型机关活动的要求,以党委中心组织学习带动全体干部职工的学习,先后两次举办机关干部集中学习培训,系统学习党中央、国务院和省委、省政府的文件精神和有关国有资产监管的法律法规。通过系统深入的学习,提高了干部素质,统一了认识,明确了工作重点,为切实履行国资监管职责奠定了坚实基础。

(三)切实加强机关自身建设

按照"四好班子"建设要求,强化领导班子建设,领导班子公开作出五项廉政承诺。为保障国资委作为省政府特设机构的高效运转,出台了党委会议制度等机关工作制度。组建党的机关组织,建立委领导民主生活会制度和中心组学习制度,努力构建团结、学习、服务、清廉的机关。

三、四川省国有资产总量与结构分析

通过四川省2000年以来财政部年度会计决算报表汇总数据的分析研究,考察四川省汇编范围国有企业(以下简称企业)2003年度经营绩效,对比最近几年企业的资产运营结果,分析企业资产的分布结构、资产特征和资产运营过程中存在的问题。

截至2003年12月31日,四川省2003年度会计决算报表汇编有全省企业3586户,资产总额3521.38亿元,负债2188.76亿元,所有者权益1299.37亿元,实现主营业务收入1097.68亿元,利润总额21.29亿元,上缴税金63.86亿元,国有资产总量1133.60亿元。

(一)汇编户数情况

2000年以来,四川省积极实施西部开发战略,加大国民经济结构调整步伐,采用强强联合,组建集团公司方式,重组大中型企业;采取兼并、拍卖、破产和股份制改造方式,改革中小型企业;引导和支持民营企业以各种方式参与国有企业改革。企业总户数从2000年的5965户减少到现在的3586户,减少2379户,减少比率39.88%。

(二)企业经营与资产、负债及所有者权益情况

2003年,全省企业资产总额3521.38亿元,负债2188.76亿元,所有者权益1299.37亿元,实现主营业务收入1097.68亿元,利润21.29亿元,上缴税金63.86亿元,国有资产总量1133.60亿元。

按企业规模标准划分,大型企业占有总资产、净资产和国有资产总量最大,比例分别达到56.50%、70.86%和69.29%。但其效益表现却不尽如人意,反而是中型企业的表现更为出色,以占有资产总额27.97%、国有资产总量25.46%的水平,当年完成主

营业务收入、实现利润和上交税金比例分别达37.13%、76.32%和52.40%。小型企业占有的资产份额小，国有资产总量小，效益更差，当年实现利润占全省企业实现利润的比率为-12.50%。

（撰稿人：吴　江）

贵州省

2004年5月19日，贵州省人民政府国有资产监督管理委员会（以下简称贵州省国资委）挂牌成立。贵州省政府首批授权省国资委履行出资人职责和委托管理企业27户。截至2004年底，贵州省国有企业国有资产总量559.83亿元，其中省国资委履行出资人职责和委托管理企业国有资产总量421.29亿元，占全省国有企业国有资产总量的75.25%。

一、贵州省国有资产监督管理机构组建情况

根据党的十六大、十六届二中全会精神和中央批准的《贵州省人民政府机构改革方案》，2003年底，贵州省在政府机构改革中，设立了贵州省人民政府国有资产监督管理委员会，为省政府直属正厅级特设机构。同时，贵州省委决定成立贵州省国资委党委，履行省委规定的职责。

（一）贵州省国资委主要职责

根据贵州省委办公厅、省政府办公厅《关于印发〈贵州省人民政府国有资产监督管理委员会主要职责、内设机构和人员编制规定〉的通知》（黔委厅字[2004]9号），贵州省经贸委指导国有企业改革和管理，经营性国有资产营运监管的部分职责、原省委企业工委的部分职责、原省纪委企业工委的部分职责、省财政厅有关国有资产管理的部分职责、省劳动和社会保障厅的部分职责均划入省国资委。主要职责为：

1. 依照《中华人民共和国公司法》等法律和行政法规，对省政府授权监管的国有资产履行出资人职责。

2. 推进所监管企业的现代企业制度建设，完善公司治理结构；审核所监管企业的发展战略和规划，指导所监管企业进行结构调整；研究提出所监管企业发展大公司、大企业集团的政策、措施；指导、推进所监管企业的改革和重组；协调推进所监管企业的债转股工作；协助有关部门做好所监管企业关闭破产工作。

3. 制订所监管企业国有资产管理的有关规章制度；对所监管企业国有资产的保值增值进行监督，加强国有资产管理工作；负责统计、分析所监管企业国有资产和财务决算备案工作；组织实施所监管企业绩效评价工作；组织实施所监管企业清产核资和资产损失核销工作；对所监管企业国有资产进行预算管理；负责所监管企业国有资本收益收缴及支出管理。

4. 拟定所监管企业国有资产产权界定、登记、划转、处置及产权纠纷调处等方面的规章制度和管理办法；负责所监管企业国有资产产权界定、登记、划转、处置、评估及产权纠纷调处等工作；审核所监管企业资本金变动、股权转让及发债方案；负责所监管企业资产评估项目的核准和备案；对所监管企业重大投资决策履行出资人职责；监督、规范所监管企业国有产权交易。

5. 制订并组织落实所监管企业国有资产经营责任制度，研究和完善授权经营制度并对授权企业进行监督；制订所监管企业国有资产保值增值的考核标准和方法并组织实施；维护国有资产出资人的权益；研究提出所监管企业重大决策责任追究的意见和措施。

6. 调控所监管企业工资分配总体水平；审核所监管企业的工资总额、经营者年薪和其他主要负责人的工资标准。

7. 研究所监管企业改革和发展中的有关法律问题；负责指导所监管企业法律顾问工作。

8. 提出需由省政府派出监事会的国有企业名单；代表省政府向企业派出监事会；负责审核监事会监督检查报告和监事会的日常管理工作。

9. 通过法定程序对企业负责人进行任免、考核并根据其经营业绩进行奖惩；建立符合社会主义市场经济体制和现代企业制度要求的选人、用人机制，完善经营者激励和约束制度。

10. 承办省委、省政府交办的其他事项。

(二)内设机构

贵州省国资委内设12个职能处室:办公室(党委办公室)、法规和政策研究室、产权管理处、统计评价和国有资本经营预算处、业绩考核和分配处、规划发展和外事处、企业改革和改组处、监事会工作处、企业领导人员管理处、党建工作处(党委组织部、宣传部、统战部)、群众工作处(党委群众工作部、团省国资委企业工委)、人事教育处(机关党委办公室)。

设立贵州省国资委纪律检查委员会(监察室),内设综合室(案件审理室)、纪检监察室(正处级)。

贵州省国资委机关人员编制88名(行政编制68名,列入参照试行国家公务员管理制度范围人员编制20名)。其中:党委书记1名,主任1名(兼任党委副书记),副书记2名(其中1名兼任副主任,1名兼任纪委书记),副主任3名,总经济师1名,机关党委书记1名,巡视员或助理巡视员4名;正副处长(主任)29名(含纪委副书记、监察室主任1名),调研员或助理调研员10名。

省国有企业监事会编制单列,按照国家公务员管理,实行动态管理,现定编制30名。监事会下设若干办事处,每个办事处设主任1名(由专职监事兼任、处级)。现设6个办事处。

(三)市(地)级国有资产监管机构组建情况

贵州省市(地)级国有资产监管机构根据国有资产总量的情况,只在国有资产总量相对较多的贵阳市设立了国资监管机构,其他市(州、地)国有资产总量较少,国有企业经营性国有资产营运监管职责,明确由经贸委(局)承担。2004年6月23日,贵阳市委宣布了贵阳市国资委领导班子成立。7月22日,贵阳市委办公厅、市政府办公厅印发了市国资委“三定”规定。12月1日,贵阳市政府授权市国资委代表市政府对16户国有企业履行出资人职责。2004年底,贵阳市国资委基本完成组建工作。

二、贵州省国有资产监督管理工作综述

2004年,在贵州省委、省政府的正确领导下,贵州省国资委认真落实全国、全省国有资产监督管理工作会议的部署,把探索新时期国资监管的方法途径、实现国有资产保值增值和加快推进国企改革作为重点,积极推动各项工作,取得良好开局。2004年1月至12月,省国资委监管的27户企业累计实现销售收入293.99亿元,比2003年同期增长33.24%;盈亏相抵后累计盈利16.67亿元,比2003年同期增长79.63%;党的建设、精神文明建设等各项工作都取得了新的进展。

(一)以依法履行出资人职责为根本,努力推动国资监管基础管理工作有序开展

一是建章立制,依法规范国有资产监督管理。制发了《贵州省国资委制度建设规划》和《贵州省国资委规范性文件制订规则》,对全省国资监管制度建设进行全面规划和部署。起草的《贵州省企业国有资产监督管理实施办法》已列入省政府立法计划,并配套制订了《贵州省国资委监管企业法律顾问管理实施办法》等3个国资监管规范性配套文件。二是制发了《贵州省国资委监管及托管企业2004年清产核资工作方案》,在监管及托管企业全面部署和开展了清产核资工作。同时,开展了财务快报统计、财务统计分析和财务决算工作,初步建立了监管企业财务快报统计体系。三是围绕落实国有资产经营责任,推进监管企业负责人经营业绩考核体系的建设。制订了《贵州省国资委监管企业负责人经营业绩考核暂行办法(草案)》,选择赤天化等5户企业进行试运行。对监管企业中的7户年薪制试点企业经营业绩进行了考核,兑现了年薪。四是适应国有资产管理体制改革的需要,加强和改进国有企业监事会工作。理顺了国有企业监事会管理体制,监事会由省政府派出改为由省国资委代表省政府派出。根据对监管企业的持股比例,分别采取直接派出监事会和监事会主席联系两种方式对监管企业履行监督检查职责,对22户独资或控股企业直接派出监事会,对2户参股企业采取监事会主席联系方式履行监督检查职责。五是规范国企改制和产权交易行为,强化产权交易监管。对监管企业和部分市(州、地)国有企业改制、国有产权转让工作进行了专项检查。按有关规定选择了全省企业国有产权交易的机构,对全省企业国有产权转让场、转让方式、转让程序等作出了明确规定,推进国有产权有序

流转。

(二)以发展壮大地方优势企业、优势产业为主线,积极推进监管企业改革发展

一是积极推进监管企业现代企业制度建设。贵州钢绳股份公司等企业成功上市,贵州省监管企业中目前已有5家上市公司。各大型煤炭企业与电力企业、省外优强企业通过股份制合作,形成了煤电联营的良好格局。改制企业按照现代企业制度要求,不断完善法人治理结构,加快形成有效制衡的运行机制。同时,企业三项制度改革的力度进一步加大,促进了企业内部活力的增强。二是结构调整和资产重组进一步加快。贵州机场集团公司等企业与中央企业、省外优强企业成功重组,促进了企业实力的增强和管理水平的提高。监管企业重点建设项目进度进一步加快,技术改造的力度不断加大,全年监管企业完成固定资产投资86.31亿元,同比增长24.97%,一批重点项目建成运行,投资效益逐步显现。三是按照有进有退的方针,关闭破产工作稳步推进。制订了遵义铁合金集团公司等4户企业破产操作实施意见,其中,剑江化肥厂破产工作已于2004年底正式进入法律程序。

(三)按照加强党的执政能力建设的总体要求,大力加强和改进国有企业党建工作

一是加强企业领导班子建设。以贵州省委名义召开了全省国有企业领导班子思想政治建设工作座谈会,明确了全省国有企业领导班子思想政治建设的总体要求和主要任务。制发了《省国资委党委管理的企业领导人员职务名称表》,草拟了《省国资委党委管理的企业领导人员管理办法》,配合省委组织部对12户企业、120名企业领导人员进行了考察任免。考察确定了124名企业后备干部,初步建立了后备干部队伍。进一步加强企业领导人员培训,采取多种形式培训企业中层以上领导人员441人次。二是不断加强和改进新时期国企党建工作。认真做好保持共产党员先进性教育活动的前期准备工作,对省国资委系统企业党组织和党员基本情况进行了摸底排查和整改落实。理顺了中央在黔企业、省管企业党的组织关系,指导企业党委按照党章规定进行换届选举。继续在企业中深入开展"党员责任区"、"党员先锋岗"等争先创优活动,推动了党建工作与企业改革和生产经营有机结合。组建团省国资委工委,理顺了省国资委系统共青团组织的管理关系。举办了"省国资委系统迎国庆暨纪念邓小平诞辰100周年文艺演出"活动,展示了国有企业的风貌。三是切实抓好企业党风建设和反腐倡廉工作。组织省国资委系统6万余人参加两个《条例》知识竞赛,开展了勤政廉政先进人物评选和宣传教育、典型案例警示教育等活动。指导企业纪检监察组织开展效能监察,建立和完善管理制度114项。

三、贵州省国有及国有控股企业国有资产总量、营运状况和保值增值情况

贵州省2004年度汇编范围国有及国有控股企业2790户,资产总额1850.02亿元,负债总额1207.58亿元,所有者权益569.92亿元,资产负债率65.27%。其中:省国资委监管企业27户,资产总额1131.49亿元,占全省的61.16%;负债总额633.56亿元,占全省的52.47%;所有者权益428.96亿元,占全省的75.27%,监管企业资产负债率55.99%。

2004年度汇编范围国有及国有控股企业实现销售收入591.07亿元,利润总额10.91亿元。其中:省国资委监管企业实现销售收入293.99亿元,占全省的49.74%;利润总额16.67亿元,是全省的1.53倍。

2004年度国有及国有控股企业资产负债情况表

表1　　单位:亿元

全省及各市州地	资　产	负　债	所有者权益	资产负债率(%)
全　省	1850.02	1207.58	569.92	65.27
省本级	1273.37	746.88	454.56	58.65
其中:监管企业	1131.49	633.56	428.96	55.99
遵义市	42.26	37.39	4.87	88.48
六盘水市	29.68	20.47	9.21	68.98
贵阳市	338.12	263.61	73.98	77.95
黔东南州	26.83	25.48	1.34	94.98

续表

全省及各市州地	资　产	负　债	所有者权益	资产负债率(%)
黔南州	36.38	31.66	4.72	87.01
黔西南州	32.62	20.23	12.39	62.01
铜仁地区	21.68	21.50	0.18	99.16
安顺市	22.63	19.87	2.76	87.81
毕节地区	26.38	20.48	5.90	77.64

(一)国有资产总量与分布

2004年底,贵州省国有及国有控股企业国有资产总量559.83亿元,比2003年增加58.62亿元,增幅12%。其中:省本级450.86亿元,占全省国有资产总量的80.53%,比2003年增加50.37亿元,增幅13%;省国资委监管企业国有资产总量421.29亿元,占全省国有资产总量的75.25%,比2003年增加48.4亿元,增幅12.98%;9个市(州、地)国有资产总量108.97亿元,占全省国有资产总量的19.47%,比2003年增加8.24亿元,增幅8.18%。

2003～2004年国有及国有控股企业国有资产总量分布及变化情况表

表2　　单位:亿元

市州地	2003年	2004年	增加额	增幅(%)
贵州省	501.21	559.83	58.62	12
省本级	400.47	450.86	50.39	13
其中:监管企业	372.89	421.29	48.4	12.98

续表

市州地	2003年	2004年	增加额	增幅(%)
贵阳市	57.94	67.92	9.97	17
遵义市	5.85	4.87	-0.98	-17
六盘水市	9.18	9.21	0.02	0
黔东南州	0.73	1.35	0.62	84
黔南州	4.83	4.73	-0.1	-2
黔西南州	11.62	12.29	0.67	6
铜仁地区	0.7	0.18	-0.52	-74
安顺市	4.05	2.76	-1.3	-32
毕节地区	5.82	5.68	-0.14	-2

全省国有资产主要集中在省本级和贵阳市,两级国有资产总量为518.76亿元,占全省国有资产总量的92.66%,其余市、州、地极少,国有资产总量为41.06亿元,占全省国有资产总量的7.34%。全省国有资产总量分布极不平衡。

(二)国有资本变动情况

全省汇编范围国有及国有控股企业2004年度国有资产总量增加额为89.45亿元,减少额为31亿元。增加的主要原因是政府投入、税收返还、经营积累和各项政策因素,上述原因增加企业国有资本80.76亿元,占当年国有资本增加额的90.29%;国有资本减少的主要原因是经营减值、各项政策因素、清产核资、消化以前年度潜亏和挂账等因素,上述原因减少企业国有资本29.8亿元,占当年国有资本减少额的96.13%。

2004年度国有及国有控股企业国有资本及权益情况表

表3　　单位:亿元

项　　目	全　省	省本级	市州地
一、年初国有资本及权益总额	501.21	400.47	100.73
二、本年国有资本及权益增加	89.45	63.84	25.61
(一)国家、国有单位直接或追加投资	46.68	35.76	10.92
(二)无偿划入	2.66	1.73	0.94
(三)资产评估增加	1.66	0.23	1.43

续表

项　　目	全　省	省本级	市州地
(四)清产核资增加	0.12	0.00	0.12
(五)产权界定增加	0.19	0.13	0.06
(六)资本(股票)溢价	3.75	3.32	0.43
(七)接受捐赠	0.01	0.01	0.01
(八)债权转股权	0.23	0	0.23
(九)税收返还	4.20	4.02	0.18
(十)补充流动资本	0.06	0.00	0.06
(十一)政府确定的其他因素	5.14	3.77	1.37
(十二)经营积累	14.87	13.48	1.39
(十三)其他	9.87	1.39	8.48
三、本年国有资本及权益减少	31.00	13.42	17.58
(一)经国家专项批准核销	0.09	0.04	0.05
(二)无偿划出	0.52	0.12	0.40
(三)资产评估减少	0.12	0.01	0.11
(四)清产核资减少	2.33	2.17	0.16
(五)产权界定减少	0.18	0.11	0.07
(六)消化以前年度潜亏和挂账而减少	1.84	1.16	0.68
(七)因自然灾害等不可抗拒因素减少	0.08	0.03	0.06
(八)因主辅分离辅业改制减少	0.20	0.12	0.08
(九)政府确定的其他因素	1.28	0.42	0.85
(十)经营减值	17.58	5.65	11.92
(十一)其他	6.77	3.59	3.19
四、年底国有资本及权益总额	559.66	450.90	108.76
五、年底国有资产总量	559.83	450.86	108.97

(三)国有资本保值增值情况

2004年度汇编范围国有及国有控股企业国有资本保值增值率99.49%，没有实现保值，主要原因是各市、州、地企业亏损严重。按管理级次除省本级和省国资委监管企业国有资本实现增值外，其余各市、州、地均未实现保值，铜仁地区剔除国有资本客观增加因素后的所有者权益为负数。

表4　2004年度国有及国有控股企业国有资本保值增值情况表

全省及各市州地	国有资本保值增值率(%)
全　　省	99.46
省本级	101.95
其中:监管企业	101.09
六盘水市	97.76

续表

全省及各市州地	国有资本保值增值率(%)
黔西南州	97.69
毕节地区	95.50
贵阳市	89.99
遵义市	89.85
黔南州	82.20
安顺市	72.49
黔东南州	19.01
铜仁地区	-19.77

(四)国有资本运营情况

2004年度全省汇编范围企业整体效益较差,盈利能力不强,运营质量不高。

1. 财务效益状况较差。其中:净资产收益率为-0.01%,总资产报酬率为1.69%。

2. 偿债能力处于全国平均水平。其中:资产负债率65.27%,已获利倍数为1.58倍。但全省各地资产负债结构极不平衡,最低为省本级,资产负债率58.65%;最高为铜仁地区,资产负债率达99.16%。

3. 资产运营状况较差。其中:总资产周转率为0.34次,处于全国较差水平,流动资产周转率为0.87次,处于全国较低水平。

表5 2004年度国有及国有控股企业国有资本运营情况表

全省及各市州地	财务效益		偿债能力		资产营运	
	净资产收益率(%)	总资产报酬率(%)	已获利息倍数	资产负债率(%)	总资产周转率(次)	流动资产周转率(次)
贵州省	-0.01	1.69	1.58	65.27	0.34	0.87
省本级	1.72	2.53	2.62	58.65	0.35	0.97
其中:监管企业	1.62	2.49	2.79	55.99	0.28	1
贵阳市	-3.31	0.48	0.48	77.95	0.24	0.60
遵义市	-20.84	-0.71	-0.38	88.48	0.41	0.77
六盘水市	-2.00	0.57	0.71	68.98	0.42	0.72
黔东南州	-76.38	-0.85	-0.37	94.98	0.40	0.95
黔南州	-19.56	-0.46	-0.25	87.01	0.36	0.74
黔西南州	-2.37	0.31	0.29	62.01	0.31	0.79
铜仁地区	-300.54	-3.00	-1.10	99.16	0.42	0.86
安顺市	-37.23	-3.80	-2.67	87.81	0.41	0.84
毕节地区	-6.29	0.31	0.20	77.64	0.41	0.75

四、贵州省国有企业规范改制和产权转让情况

2004年,贵州省国资委按照建立健全现代产权制度的要求,积极推进产权制度改革,强化国有产权管理,规范企业国有产权转让行为,促进国有企业健康发展。

一是加强企业国有产权转让监管。根据《企业国有产权转让管理暂行办法》等有关规定,省国资委结合省情实际提出了贯彻落实《企业国有产权转让管理暂行办法》的意见。联合省有关部门对贵州省企业国有产权转让管理情况进行了专项检查,促进国有企业规范改制。二是按照国务院国资委《关于做好产权交易机构选择确定工作的指导意见》规定,开展了从事企业国有产权转让的产权交易机构的选择工作,引导贵州省产权交易市场健康发展。鉴于贵阳市产权交

易中心软硬件条件较好，符合《企业国有产权转让管理暂行办法》和《关于做好产权交易机构选择确定工作的指导意见》规定的基本条件，暂时选择贵阳市产权交易中心为从事贵州省企业国有产权交易活动的产权交易机构，时间为一年。产权交易平台的建立，企业国有产权转让监管的进一步加强，推进了企业国有产权进场交易，规范了企业国有产权转让行为，有效防止了国有资产流失，促进了国有产权的有序流动和企业的改革发展。2004 年 2 月至 10 月，贵州省共发生企业国有产权转让 22 宗，产权转让成交额 3.96 亿元，平均交易金额比资产评估值增加 29%。三是加大对监管企业对外投资、对外担保等重大事项的管理。实行监管企业重大对外投资核准和对外担保等重大事项备案管理制度，督促监管企业建立完善有关管理制度，建立决策机制，规范决策程序，加强企业内部管理和风险控制，促进企业提高决策的科学化、民主化和规范化水平，有效规避和降低了企业风险，提升了监管企业重大事项管理水平。

五、贵州省国资委监管企业改革改制和完善法人治理结构情况

2004 年，贵州省国资委按照发展壮大一批、改制搞活一批、关闭破产一批的思路，加大监管国有企业改革改制的力度，推进国有经济的结构调整，取得了积极进展。

（一）监管企业股份制改革迈出新的步伐

贵州省政府对贵州金元电力股份公司进行了增资扩股改制，按《公司法》规定，由省国资委出资 4000 万元投入贵州金元电力投资股份公司，对建设贵州省第二批电源点和西电东送战略实施起到了积极的推动作用。启动了遵义钛业股份公司的股份制改造，由遵义钛厂等六家企业共同发起，并由遵义钛厂控股，达成了设立遵义钛业股份有限公司的意向，完成了组建股份公司的方案和章程起草等工作，为把该企业打造成我国钛工业基地创造了良好条件。经中国证监会核准，贵州钢绳股份有限公司于 5 月 14 日在上海证交所上市，成功发行 A 股股票 7000 万股。到 2004 年底，贵州省国资委监管的 27 户企业中公司制法人治理结构有 26 户，工厂制企业 1 户，有 5 户上市公司。同时，省国资委按照建立现代企业制度的要求，进一步规范和完善监管企业法人治理结构，配合企业改制和重组，组建了贵州金元集团股份有限公司、贵州水红铁路有限责任公司、贵州饭店有限责任公司董事会，并按规定程序推荐任命了经理层负责人。调整充实和完善了贵州赤天化集团有限责任公司、水城钢铁（集团）有限责任公司、贵州盐业（集团）有限责任公司、贵州航空有限公司、贵州省贵财投资有限责任公司等 5 户企业法人治理结构。

（二）资产重组步伐加快，结构调整取得积极进展

根据贵州省经济结构调整的方向，省国资委与省发改委、省经贸委联合下发了《建设和培育销售收入百亿元大企业大集团的指导意见》（黔国资通[2004]87 号），明确了培育发展“百亿企业”的指导思想、目标任务和具体措施，并积极组织监管企业开展制订“十一五”规划和 2020 年远景目标规划，加快结构调整步伐。2004 年，贵州机场集团公司与首都机场集团实现了资产重组。根据民航体制改革的精神，贵州省将龙洞堡机场、磊庄机场及省内的支线机场的资产、债务、人员一并划拨转让给首都机场集团公司，新组建的贵州机场集团有限公司于 2004 年 12 月 30 日正式挂牌。将贵州水柏铁路有限责任公司的股权及管理体制进行调整，与铁道部授权的昆明铁路局重组成立了贵州水红铁路有限责任公司。重组后的公司日装车量由原来平均每天 10 余辆车提高到 100 余辆车，促进了企业经济效益的提高，并有力地带动了地方经济的发展。水城钢铁集团公司与首钢总公司资产重组、中国黄金集团公司整体接收贵州黄金公司等工作取得积极进展，合作双方就一些重大问题达成了共识。

（三）省属国有企业政策性关闭破产工作稳步推进

为推进省属企业实施政策性破产，省政府制发了《关于做好省属国有企业关闭破产工作的通知》（黔府发[2004]15 号），确定了省属国有企业政策性破产的各项政策规定。省国资委按照“整体推进，分步实施，成熟一户，操作一户”的原则，在充分调研的基础上，制订了《遵义铁合金集团公司等四户省属企业政策性

破产操作实施意见》,并经第63次省长办公会议审定通过后下发执行。制订和完善了遵义铁合金公司、贵阳耐火材料厂、贵阳制药厂和剑江化肥厂四户企业的破产实施方案、资金测算方案、职工安置方案,为启动四户企业的破产做了大量前期准备工作。根据破产企业的实际情况,剑江化肥厂已于2004年12月24日经法院宣告进入破产法律程序,破产实施工作稳步推进。

六、建立贵州省国资委监管企业负责人经营业绩考核体系

贵州省国资委成立后,把建立符合监管企业实际,体现权利、义务和责任相统一,管资产和管人、管事相结合的经营业绩考核体系,作为一项重要工作来抓。对监管企业中的7户年薪制试点企业的经营业绩进行了考核,兑现了年薪。在充分调查研究、广泛征求意见的基础上,制订了《贵州省国资委监管企业负责人经营业绩考核办法(试行)》,于2004年12月底报请省人民政府审批。

《考核办法》的制订主要遵循了四项原则:一是充分考虑监管企业负责人现行收入情况;二是采取纵向比较的办法,尊重企业生产经营特点、基础和条件等差异,在企业之间不简单划等、分级、排队;三是规范监管企业负责人薪酬管理,体现"关键在考核,重点在规范"的思想,逐步解决业绩与收入不相匹配以及企业和企业之间负责人薪酬管理不规范等问题;四是注重可操作性。

根据《考核办法》,省国资委监管企业负责人经营业绩考核分为年度考核和任期考核。年度考核包含基本指标、分类指标和共性指标三大类的考核内容,基本指标主要考核企业的利润总额、净资产收益率、国有资本保值增值率、成本费用利润率和流动资产周转率。分类指标考核根据企业所处行业和特点,综合反映企业综合管理水平、可持续发展能力和核心竞争力等方面的因素选择的两项指标。共性指标考核企业经营发展战略、经营管理水平、创新能力、党组织建设、维护稳定、安全生产、环境保护、重大事项请示报告执行情况等。任期经营业绩考核国有资本保值增值率、三年主营业务收入平均增长率、不良资产比率,同时引入三年年度经营业绩考核结果。考核程序分为八个步骤,即预报考核目标建议值、核定经营业绩考核目标值、签订经营业绩责任书、动态监控、总结分析、综合考核、意见反馈、实施奖惩。对企业负责人的奖励分为年度薪酬、经营管理奖励和中长期激励。其中年度薪酬分为基薪和绩效年薪。基薪控制在上年度本企业职工平均工资的4倍以下;绩效年薪基数为上年度本企业职工平均工资的8倍以下;经营管理奖励是针对企业除财务指标等可量化的指标外其他综合指标完成情况的奖励;中长期激励是为避免企业负责人短期行为而设置的一种激励措施。企业负责人基薪按月发放,绩效年薪与年度基本考核指标和分类考核指标完成情况挂钩,按其综合完成率计算,其中70%当期兑现,30%延期兑现。经营管理奖励与企业共性指标挂钩,按共性指标的完成情况计奖,其中70%当期兑现,30%延期兑现。绩效年薪和经营管理奖励年度预留部分,与任期考核结果挂钩,按任期考核指标综合完成率计算、兑现。

(撰稿人:滕　义　单衍忠　周爱民
黄　勤　潘维坤　彭　波　王　焱)

云南省

一、云南省国有资产监督管理工作综述

2004年是云南省国资委的组建、开局之年,也是云南省三年深化国企改革的最后一年。在云南省委、省政府的正确领导下,云南省国资委和省属企业坚持以邓小平理论和"三个代表"重要思想为指导,以促进全省经济快速、健康、持续发展为己任,以完成三年深化改革任务为动力,全面落实科学发展观,认真贯彻中央关于宏观调控的政策措施,抢抓时机,求真务实,开拓创新,取得了新的成绩和进步。

云南省国资委监管的36户省属企业(不含中国云南国际经济技术合作公司、云南日报报业集团、云南新华书店集团有限公司)2004年主要经济指标统计

显示,云南省属企业改革和发展取得了积极进展,呈现出主营业务收入快速增长、实现利润大幅提高、资产质量不断改善、运营效率进一步好转的良好态势。

主营业务收入保持快速增长。36户企业的主营业务收入,全年累计实现563.68亿元,比上年增加166.91亿元,增长42.07%。

实现利润大幅度提高。36户企业全年累计实现利润总额33.92亿元,比上年增加24.02亿元,增长了242.63%;实现净利润16.5亿元,比上年增加13.15亿元,增长392.54%。

资产质量和运营效率明显好转。36户企业的资产总额达到1203.2亿元,比上年增加144.05亿元,增长率为13.6%;净资产收益率为6.22%,资产保值增值率为104.86%。通过开展清产核资和执行新的会计制度,不良资产比率大幅下降,资产质量进一步改善。

截至2004年底,列入全省改革考核的195户省属企业中,已制订具体实施方案的191户,占97.9%;已转入实施的179户,占91.8%,其中已完成改革任务的143户,改制面达到73.3%。各州市国有企业深化改革工作也取得了重大进展。全省16个州市2351户国有企业,完成改革2072户,改革面达到88.1%。

一年来,云南省国资监管和国企改革工作主要是:

(一)加快实施了行业整合和大企业大集团战略

通过冶金、化工、制药、水泥、煤炭、橡胶等十大行业整合,云南省属企业经济效益总体得到大幅提升,资本结构显著优化,实力明显增强。云南省政府重点扶持的10户传统工业企业,利润较2001年翻了一番。昆钢成为云南省首家销售收入超过百亿元的省属工业企业,云铜进出口贸易总额突破5亿美元大关。云南石化、云天化、云锡、云南橡胶股份、东源煤业等一批主业突出、核心竞争力强、有创新能力和自主知识产权的企业集团初步形成,成为云南省经济发展的主力军和国民经济的支柱,进一步发挥了国有经济的控制力、影响力和带动力。通过行业整合带动了一批项目建设,如云天化50万吨合成氨项目、冶金集团曲靖有色基地项目、三环化工120万吨磷铵项目等一批重大工业建设项目相继开工,这必将形成云南省新的经济增长点。在做强做大的同时,加快了劣势企业的退出工作。2002年列入国家政策性破产的45个建议项目中,已有39个项目经批准正式下达计划,其中38户已完成破产工作,争取到中央财政补助资金18亿元。截至2004年底,云南省共有118户企业实施了依法破产。2004年又有32个项目列入了新增建议项目,拟核销呆坏账22.3亿元,涉及职工7.8万人。

(二)推进了以股份制改造为主要内容的体制创新

认真贯彻落实《关于规范国有企业改制工作的意见》,统筹规划,规范运作,加快股份制改造步伐,使股份制成为云南省属企业的主要实现形式。通过成功引进中国医药工业公司、中国兵器集团和香港瑞安等20多户有实力的境内外大企业大集团,参与云南省属企业的改制重组,有力地推进了国有企业的股份制改造,国有股"一股独大"状况正在发生改变,法人治理结构逐步完善,企业组织结构进一步优化。被誉为云南省国企改革"经典案例"的云南医药集团的改制重组,采取"增资扩股"方式成功引进了在国内最具实力和发展潜力的战略合作者——中国医药工业有限公司,为今后的云南企业改制,特别是企业集团层面的改制提供了成功的经验和做法。为做强做大东源煤业集团,云南省以雨汪煤矿采矿权作价入股,又成功引进了山东鲁能集团等知名企业,双方共同投资100亿元,组建独立的项目法人公司,对雨汪煤矿进行煤电一体化综合开发。2004年云南省的上市工作也取得了前所未有的好成绩:驰宏锌锗、文山电力、丽江旅游成功上市,盐化股份已通过发审委审核,云铜集团、云南冶金集团、昆钢公司等企业境外上市的前期准备工作进展顺利。

(三)进一步完善了国企改革的配套措施

加大了以减轻企业负担为重点的分离办社会、主辅分离辅业改制工作力度。截至2004年底,云铜、云南石化等7户大中型企业完成了主辅分离,共分离辅业单位84家,分离资产4.62亿元,安置职工4274人,一批先行改制的企业已经取得初步成效。全省大中型企业目前已分离中小学校133所、医院及医疗机构216所,企业负担得到进一步减轻。在努力为企业"减负”的同时,针对国企改革中出现的不稳定因素,云南省加强领导,健全机构,完善制度措施,部分企业离退休人员、退休教师集体上访等多起突发群体性事件得到及时、有效处置,确保了企业和社会的稳定。

(四)积极实施了“走出去”战略

2004年,面对异常激烈的市场竞争,一批云南省属企业积极实施“走出去”战略,加大对外投资力度,到省外、国外开发资源,寻求发展,进一步增强了资源控制力、开拓了国外市场,“走出去”战略初见成效。云铜、昆钢、云南农垦等企业加强了与越南、老挝等周边国家的资源开发合作,不断增强资源控制力,为实现可持续发展奠定了良好基础。云南建工集团在较短的时间内完成了老挝万象东昌酒店的承建任务,酒店成为老挝首都的一道亮丽风景线,云南建工集团也获得了老挝政府最高荣誉勋章“发展勋章”,赢得了国际声誉。

(五)进一步加强和改进了企业党建和思想政治工作

云南省国资委认真组织实施“云岭先锋”工程,广泛开展“三观”教育和“三个代表”重要思想在基层等活动。目前云南省属企业“云岭先锋”工程启动面已达93%,“五好五带头”、“五比五创”深入人心,基层党组织的凝聚力、战斗力和创造力得到提高,班子团结干事的机制进一步形成,民主决策、民主管理制度得到较好体现。通过“示范岗”、“示范窗口”、“示范责任区”等展示了党员队伍的良好风貌,涌现出一批先进典型。云铜、云天化等5家企业被云南省委表彰为学习实践“三个代表”重要思想先进集体,昆钢郝蜀东等3人被表彰为先进个人。总体上,云南省属企业已形成了以“云岭先锋”工程为龙头,扎实推进党的基层组织建设的新格局,“云岭先锋”工程取得了初步成效。此外,企业领导班子建设、党风廉政建设等工作也都取得了新的成绩。

2004年,随着云南省国资委的成立,云南省国资监管体制初步形成,各项工作顺利推进。一是机构顺利组建,法规体系逐步完善。云南省国资委在较短的时间内完成了组建工作,明确了开局之年的工作目标和任务,完善工作程序,确保了各项工作的快速起步和顺利开展。陆续出台了《云南省省属企业负责人经营业绩考核暂行办法》等近20个制度办法,逐步把国有资产监管和国有企业经营纳入法制化轨道。二是认真开展了清产核资、经营业绩考核、产权交易等各项基础工作。云南省国资委完成了31户企业清产核资初审工作。组织云天化等8户企业开展了企业财务预算试编工作。与昆钢等24户监管企业签订了2004年度经营业绩责任书。按照云南省政府授权,完成了对2003年省属15户年薪制试点企业经营者年薪收入的结算兑现工作。同时,进一步规范了云南省国有产权转让工作,加强了对国有产权交易的监管。截至2004年底,已办理资产评估核准和备案75件,评估前净资产账面价值30.92亿元,调整后账面价值33.77亿元,评估价值41.34亿元,评估增值7.57亿元,增值率22.42%,确保了国有资产的保值增值。三是加强了企业领导班子建设。按程序完成了云南机场集团等企业共42人次领导人员考察和任免工作,选聘符合条件的专业人员担任独立董事,开展了面向全省公开选拔云南农垦集团等4户省属企业领导人员的工作,进一步优化了企业领导班子结构。四是加强了自身建设。通过竞争上岗,强化学习,提高了人员素质;加强教育管理,初步形成了团结干事、求真务实的良好氛围。

2004年,云南省国资委和省属企业始终把贯彻落实云南省委、省政府关于深化国有资产监督管理体制改革和三年深化国有企业改革的决策部署作为一切工作的出发点,紧密结合工作实际,突出重点,求真务实,狠抓落实,确保了云南省委、省政府的决策部署在云南省国资委、省属企业得到全面、有效落实,这是工作取得明显成效的行动指南;随着云南省国资委的组建和国资监管框架的逐步完善,基本上解决了云南省国有资产监督管理主体缺位的体制弊端,有效消除了管资产和管人、管事相脱节的状况,规范了国有产权有序流转,这是实现云南省国有资本保值增值的体制保证;随着国企改革的不断深化,一些长期积累的深层次问题日益凸现,各种矛盾相互交织,极大地增加了改革的艰巨性、复杂性。工作中,云南省国资委坚持科学发展观,紧紧抓住主要矛盾和突出问题,通过“债务打包,缩水回购”、“引进战略合作者,参与集团改制重组”等方式，提高了企业的可持续发展能力，这是开展工作的有效手段；以实施“云岭先锋”工程为契机，积极适应新的形势和任务，围绕中心，服务大局，在改进上做文章，在创新上下功夫，企业党建工作活力进一步增强，为企业改革发展稳定发挥了积极作用，这是开展工作的思想政治保障。

二、云南省州市级国资监管机构组建情况

云南省16个州市国资监管机构的设立，除昆明市国资委为单设外，其他州市均按照云南省编办的批复在财政局加挂国资委（局）牌子，与财政局合署办公，实行“一个机构、两块牌子”，并适当增加科室和人员编制，国资委领导基本上实行“局长兼主任”的模式，由其中一位副主任主要分管国资委的工作。大部分州市在财政局内部增设1～3个科室，增加3～7名编制，有的州市通过增加部分事业编制解决行政编制不足的问题；有的州市不增加新的人员编制，新设机构编制在财政局内调剂解决；有的州市由于没有新增编制，则把对国有资产保值增值的职能分解到财政的各职能科室。昆明、保山、大理、丽江、楚雄、玉溪、红河等州市均成立了国资机构，其余州市按照云南省编办的批复正在抓紧组建。

三、云南省国有资产总量与结构分析

2004年，云南省国资委紧紧围绕国有资产保值增值工作目标，在云南省委、省政府的正确领导下，不断深化国企改革，积极推进国有企业战略性改组，建立和完善现代企业制度，整合重点行业，培育大企业、大集团，放开搞活中小企业，加大劣势企业整治和关闭破产力度，云南省国有资产布局和结构得到改善，运行质量有所提高，资产总量持续增长。2004年底，云南省国有企业2616户，资产总额2317.85亿元（其中：国有资产总量703.30亿元）。

（一）国有资产总量持续增加

2004年底，云南省企业国有资产总量比上年增加60.45亿元，增幅为9.40%。其中：省本级440.96亿元，增加100.09亿元，增幅为29.36%；州市级262.34亿元，减少39.64亿元，减幅为13.13%。

2003～2004年度国有资产情况对比表

表1 **单位：亿元**

省及州市级	2003年度	2004年度
省级	340.87	440.96
地州市级	301.98	262.34
合计	642.85	703.3

按相同口径计算，全省2616户国有企业2004年度国有资产增加额为176.71亿元，减少额为104.82亿元，净增加71.89亿元。

形成国有资产增值的主要原因是政府投入、无偿划入、经营积累、各项政策因素、资产评估，上述原因增加企业国有资本155.40亿元，占当年国有资本增加额的87.94%。造成国有资产减少的原因主要是无偿划出、产权界定、各项政策因素、经营减值，上述原因减少国有资本92.95亿元，占当年国有资本减少额的88.33%。

2004年度国有企业国有资本情况表

表2 **单位：亿元**

项　目	全　省	省本级	州（市）级
年初国有资本及权益总额	607.14	386.15	220.99
本年国有资本及权益增加	176.71	98.95	77.76
国家、国有单位直接或追加投资	49.24	26.64	22.6
无偿划入	27.91	14.02	13.89

续表

项　目	全　省	省本级	州(市)级
资产评估增加	27.4	12.29	15.11
清产核资增加	2.89	2.58	0.3
产权界定增加	1.6	0.21	1.39
资本(股票)溢价	4.48	1.39	3.09
接受捐赠	0.1	0.011	0.09
债权转股权	0.74	0.02	0.71
税收返还	4.67	4.57	0.1
补充流动资本	0.34	0	0.34
减值准备转回	0.05	0.05	0
会计调整	6.43	4.25	2.18
中央和地方政府确定的其他因素	20.2	9.12	11.08
经营积累	30.65	23.78	6.87
本年国有资本及权益减少	104.82	66.7	38.12
经国家专项批准核销	1.5	0.14	1.36
无偿划出	15.41	14.7	0.71
资产评估减少	3.58	0.75	2.83
清产核资减少	2.43	1.67	0.77
产权界定减少	12.77	6	6.77
消化以前年度潜亏和挂账而减少	1.59	0.21	1.38
因自然灾害等不可抗拒因素减少	0.59	0	0.59
因主辅分离减少	0.95	0.05	0.91
企业按规定上缴红利	1.54	1.11	0.43
资本(股票)折价	0.05	0.05	0
中央和地方政府确定的其他因素	45.45	35.71	9.74
经营减值	18.96	6.32	12.64
年底国有资本及权益总额	679.03	418.4	260.63
年底其他国有资金	24.27	22.56	1.71
年底国有资产总量	703.3	440.96	262.34

(二)国有企业户数减少

2004年全省国有及国有控股企业中,大型企业144户,占全省国有企业的5.5%,比上年减少0.69%;中型企业445户,占全省国有企业的17.01%,比上年减少30.25%;小型企业2027户,占全省国有企业的77.48%,比上年减少22.52%。

(三)国有资产地区分布不均匀

云南省国有资产主要集中在省本级和经济相对

比较发达的地区。2004年底,省本级和昆明、玉溪、曲靖国有资产共计593.93亿元,占全省国有资产总量的84.45%。

2003～2004年度国有企业国有资产地区分布情况表

表3 **单位:亿元**

全省及各州市	2003年度	2004年度
省本级	340.87	440.96
玉溪	34.76	35.26
德宏	4.3	5.06
丽江	5.12	8.88
思茅	7.51	2.97
版纳	6.06	4.69
文山	7.19	8.17
保山	10.07	24.49
临沧	4.47	3.32
怒江	2.77	2.02
昆明	138.81	85.1
红河	14.32	12.77
大理	14.07	13.93
楚雄	14.97	16.54
曲靖	30.37	32.61
昭通	4.73	4.13
迪庆	2.46	2.4
云南省	642.85	703.3

(四)国有资产在各行业的分布

2004年全省国有及国有控股企业中,工业企业708户,占全省国有企业的27.06%,比上年减少26.56%;商业及餐饮业462户,占全省国有企业的17.66%,比上年减少31.45%;交通运输仓储业290户,占全省国有企业的11.09%,比上年减少26.77%;农林牧渔业308户,占全省国有企业的11.77%,比上年减少14.21%;社会服务业347户,占全省国有企业的13.26%,比上年减少19.30%。

国有资产主要集中在工商企业。工业、社会服务业、交通运输业、金融业、建筑业国有资产总量达605.21亿元,占全省国有资产总量的86.05%。其中,工业企业国有资产总量占全省国有资产总量的45.67%,社会服务业占15.66%,金融业占12.24%。

2003～2004年度行业国有资产分布情况表

表4 **单位:亿元**

按所属行业分类	户数	国有资产总量
全省合计	2616	703.3
一、农林牧渔业	308	43.97
二、工业	708	321.21
三、建筑业	141	42.92
四、地质勘查及水利业	431	18.63
五、交通运输仓储业	290	44.92
六、邮电通信业	3	0.83
七、批发和零售、餐饮业	462	11.19
八、金融业	23	86.11
九、房地产业	69	3.86
十、信息技术服务业	12	-0.03
十一、社会服务业	347	110.15
十二、卫生体育福利业	13	0.54
十三、教育文化广播业	118	10.28
十四、科学研究和技术服务业	65	1.45
十五、机关社团及其他	14	7.36

(五)国有资产运行质量明显提高

1. 从经营效益状况上看,总资产报酬率、净资产收益率达到较好水平。2004年,全省国有企业总资产报酬率为2.80%,比上年提高1.34个百分点;净资产收益率为3.03%,比上年提高4.57个百分点。昆明、玉溪、红河等部分资产较大的地区在总资产报酬率和净资产收益率两个指标上都低于全省的最低水平(见图1)。

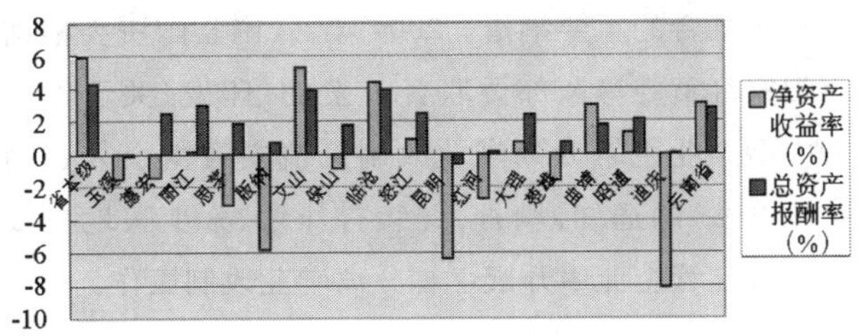

图 1　国有企业经营效益状况图

2. 从资产经营风险状况上看，全省国有企业资产负债率为 64.99%。各州市的资产负债率基本控制在 60%～80%之间，经营状况比去年有大幅度的好转（见图 2）。

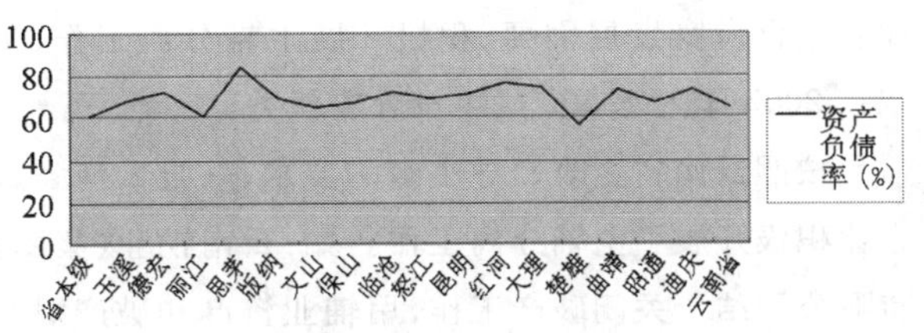

图 2　国有企业资产负债率状况图

3. 从资产营运状况上看，全省国有企业总资产周转率和流动资产周转率分别为 0.41%、0.93%。说明全省企业的资产管理质量的效率太低，企业的资产完成一次周转的速度慢，变现能力差，企业回收应收账款的时间长，这就要求企业必须以投入更多的流动资产作为流动资金补充，但是资金的投入也会造成资金的高度浪费，反而降低企业的盈利能力。（见图 3）。

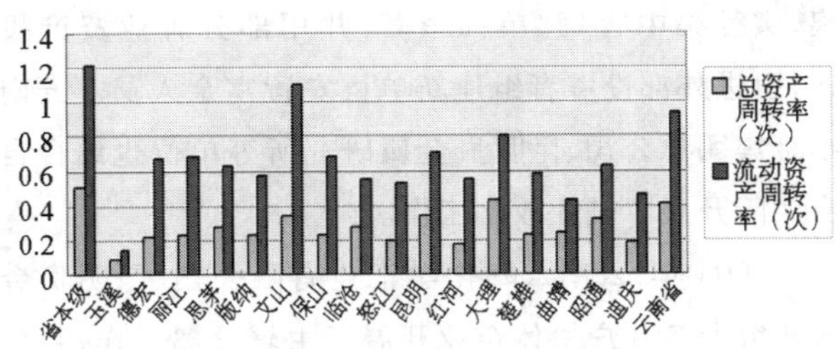

图 3　国有企业资产运营状况图

4. 从长期发展能力上看，全省国有企业销售（营业）增长率为 29.24%，资本积累率为 16.60%。说明全省的企业还是有很大的发展潜力，特别是省级企业中的大集团、股份公司，企业保全资本的能力很强，有一定的持续发展能力。部分州市，特别是经济较发达的地区不理想，严重影响到全省经济的长期平稳发展（见图 4）。

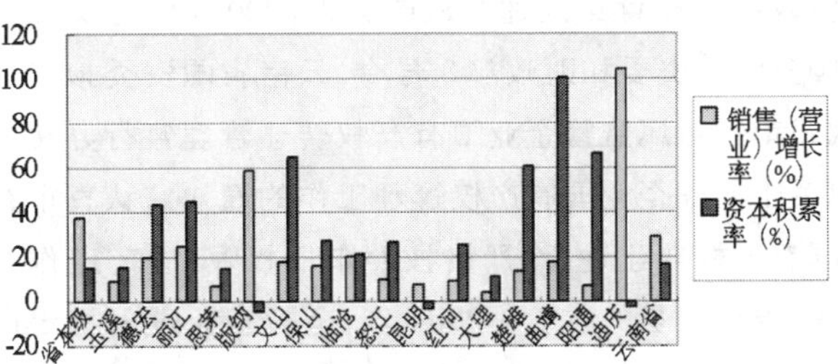

图 4　国有企业发展能力状况图

四、云南省国资委监管企业产权制度改革情况

2004 年，云南省国资委围绕国有经济布局和结构调整，以产权制度改革为核心，采取存量吸引增量的方式，大力引入战略合作者，积极推进产权多元化、大力发展混合所有制经济，在监管企业中构建合理的产权结构和法人治理结构，为全省经济持续健康快速发展作出了贡献。

（一）贯彻实施云南省委、省政府的行业整合要求，结合培育云南省大企业大集团战略，形成一批有竞争优势的龙头企业

为尽快形成一批主业突出、核心竞争力强、有自主知识产权、在全省国民经济中起主导和支撑作用的骨干企业，云南省委、省政府提出了淘汰过剩和落后的生产能力，对占有重要资源的企业进行重组，将重要、优质的资源配置到最具竞争优势的企业中的思路，制订了冶金、化工、制药、建材、煤炭、机械、电子、制糖、制茶、橡胶、流通、旅游等行业的整合方案，并开展了重点扶持发展 30 户工业企业的工作。2004 年，多数行业整合都进入实施阶段，锡、铜、化工、橡胶行业整合基本完成，行业整合取得显著成效，全省工业经济快速发展，工业增加值达到 1053 亿元，工业增加值在全省国民经济中的比重为 35.6%，工业经济效益指数从 148.7 提高到 218.7，居全国第三。30 户大企业销售收入首次超过 1000 亿元，工业增加值超过 500 亿元，利税超过 400 亿元。

(二)按照国务院国资委加强企业国有产权转让事项监管的要求,严格执行、规范操作

根据国务院办公厅转发国资委《关于规范国有企业改制工作意见的通知》(国办发[2003]96号文件)、国务院国资委和财政部3号令,云南省国资委拟订了《云南省省属监管企业国有产权转让管理暂行办法》、《关于做好企业国有产权管理工作的通知》,认真审查国有产权转让进行,严格按照审批权限,规范工作程序,强化交易的监管。2004年,全省企业进入指定产权交易机构的国有产权交易总额近15亿元,其中进场交易的重大的产权转让项目涉及有色、化工、医药等行业。为建设云南省企业国有产权转让统一市场平台,真正发挥产权交易市场集合信息、发现价格、撮合交易的功能,为全省企业国有产权的转让服务,云南省国资委在认真调研、反复论证的基础上,制订了《云南省产权交易市场整合构建方案》,并上报云南省政府审批。

(三)实施股份制改造,优化监管企业的股权结构

采取多种形式,推介一批大企业大集团对外招商,广泛吸纳各类资本参与省属企业股份制改造,采取多种方式降低国有股权比重,实现股权多元化,并争取一批企业上市,以此推动省属企业的股权结构调整工作。

省属企业列入改革考核的195户企业中,已完成改革的137户,改革面为70.3%,调整国有资产6.73亿元,吸引了大量社会资本注入,增强了企业的实力。

劣势企业稳步退出,国有资本不断优化。云铜、云锡、省有色地质局、省煤炭局所属的27户省属企业政策性破产工作已终结;省监狱管理局、省轻纺协会下属5户企业依法破产已告结束,妥善安置职工数万人,核销金融机构不良债权10多亿元,消灭一大批亏损源,有力地促进了结构的调整。

五、云南省国资委监管企业主辅分离辅业改制情况

国有及国有控股大中型企业主辅分离辅业改制分流安置富余人员工作,是国有大中型企业做精做强主业,增强市场竞争力,将企业改革与职工就业再就业有机结合的重要举措。2004年,云南省国资委根据原国家经贸委等八部委联合下发的《印发〈关于国有大中型企业主辅分离辅业改制分流安置富余人员的实施办法〉的通知》精神,继续有计划、分步骤地在云南省各监管企业中开展主辅分离辅业改制工作。

(一)主辅分离工作开展情况

在总结2003年工作经验的基础上,2004年,云南省深化国有企业改革工作领导小组要求各大中型企业都要抓紧进行主辅分离辅业改制分流安置富余人员工作。按照云南省企改领导小组的要求,云南省国资委和云南省企改办下发了《关于做好省属国有企业主辅分离工作的通知》,要求云南省属国有大中型企业要结合自身发展需要,积极开展主辅分离工作,争取在2005年内基本完成主辅分离任务。

按照云南省企改领导小组的要求,一批云南省属企业积极开展了主辅分离工作。如:云南铜业(集团)有限公司结合关闭破产工作,用辅业资产和破产财产中的有效资产安置职工,推进辅业改制分流安置富余人员。云南石油化工集团有限公司结合建立和完善母子公司体制,在二级单位进行股份制改革的同时,剥离辅业资产,实施辅业改制,分流安置富余人员。改制后,主业的资产结构、产业结构和组织结构都得到改善。云南建工集团总公司通过辅业改制使辅业单位搞活经营,改变亏损局面。云天化集团有限责任公司用主辅分离的办法和政策对核心企业的职工医院进行改制,解决了办社会职能分离问题。昆明钢铁集团有限责任公司将各分厂的机修和服务性单位剥离,实行集中管理,单独核算,并用部分辅业资产投入,引进外部投资者组建新单位安置富余人员。云南冶金集团总公司、昆明贵金属研究所等单位也结合自身实际开展了辅业改制工作。

2004年,云南云峰化学工业有限公司、昆明贵金属研究所等8户主体企业开展了主辅分离工作,共分离辅业单位20家,组建改制单位12家。主辅分离中分离辅业资产2.2亿元,安置职工1161人。截至2004年底,云南省已有云南铜业(集团)有限公司、云南石油化工集团有限公司等一批大中型企业完成主辅分离。省属企业共分离辅业单位110多家,组建改

制单位80多家。主辅分离中共分离辅业资产3.8亿元,安置职工4180多人。

(二)主辅分离工作的基本做法

1. 合理确定主辅分离的范围。在确定主业和辅业的划分方面,云南省采取由主体企业根据发展战略和行业特点,以及企业所处地域特点和资产状况,自主确定分离范围的办法,允许企业先选择改制条件较好的辅业单位先行进行分离工作。对尚未形成独立经营能力、暂不具备分离条件的辅业单位可先采取同业归并,独立核算、自主经营,租赁经营等方式进行过渡,待条件成熟时再进行改制。

2. 积极探索多种形式实施主辅分离。为探索不同情况企业分离辅业的途径,云南省鼓励企业根据所属辅业单位的具体情况选择主辅分离的具体方法。目前采取的方法主要有三类。一是用辅业资产安置继续在改制单位就业的职工,同时鼓励辅业单位的负责人或部分人员筹资购买一部分资产,用收回的资金安置自谋职业人员,并由购买者发起组建非国有的新企业。二是在用辅业资产安置职工的同时,吸纳外部投资者入股,组建新的民营企业。三是国有资产暂时不能全部退出的,由主体企业用辅业资产作为出资,引入外部投资者共同发起组建国有参股的新企业,吸纳主体企业的富余人员转岗就业。

3. 规范实施主辅分离。对实施主辅分离的企业,要求在实施前要认真做好前期工作。企业实施主辅分离,第一步要编制实施方案,明确分离的资产、人员范围,提出资产处置方案、人员安置方案和安置标准。第二步要做好方案的征求意见和报批工作,方案需经职代会或分流职工代表大会审议通过方能上报。第三步是方案的审批,审批时资产的处置由云南省国资委提出意见;职工的安置方案和安置标准由云南省劳动与社保厅提出意见;改制的形式、方法、政策等方面由云南省国资委提出意见,再由云南省国资委汇总各部门的意见批复实施。第四步是按批准的方案,规范地做好资产处置、人员安置等各项实施工作。第五步是按照“扶上马,送一程”的精神,建立主、辅之间的经营合作关系。

2004年,云南省通过总结交流试点经验,制订完善有关政策,加大宣传力度,明确部门分工等措施,使主辅分离工作由试点阶段转入向面上展开实施阶段。通过主辅分离,改善了一批大企业的组织结构、资产结构和人员结构,为大企业的发展和改革改组创造了条件。

六、云南省国资委监管企业重组与完善法人治理结构改革进展情况

(一)加大改革重组力度,做大做强监管企业

2004年云南省国资委成立后,严格按照各项法律、法规和政策,对云南省政府授权监管的企业认真履行出资人职责,并研究制订了监管企业总体发展规划。在企业改革重组方面,主要从以下四块进行规划:

1. 对具有一定优势又难以单独做强做大的企业,考虑与其他监管企业,或引入国内外战略合作伙伴,实施整合重组。

2. 对监管企业的辅业,通过实施主辅分离、辅业改制,进行民营化改造,实现国有资本的逐步退出,解决国有大中型企业长期存在的涉及领域过宽、管理幅度过宽、层级过多、核心业务不突出、竞争能力不强等问题。

3. 对监管企业下属一批劣势企业,通过政策性破产、依法破产和关闭等手段,退出市场,逐步消灭亏损源,优化国有经济结构。

4. 对一些没有存在必要的集团公司加大改革力度,在完成下属企业的改制重组任务后,转体成为行业协会,或划转其他公司管理。

(二)积极引进战略投资者参与监管企业的战略重组

云南省始终把引进国内外的战略投资者参与企业改制重组作为一个工作重点。在具体做法上,把握了以下三点:一是坚持两个原则,“出资人主导,竞争择优,市场运作,程序操作”和“公开、公平、公正”的原则。二是选择好战略投资者。战略投资者应该具备四个基本要素:有技术和研发能力、有品牌、有市场营销能力、有科学的管理和灵活的机制。三是设置好控

制点。战略投资者进入前，各级政府都会在政策上给予一定的优惠，但优惠政策绝不能只给予不索取，战略投资者也必须要对今后企业的发展作出承诺，确保国有资产保值增值。这不是对战略投资者进入的限制，而是确保企业在云南土地上健康稳步成长的必要条件。

从具体实施的情况看，三年来，全省共引进省内外、国内外战略合作伙伴 209 户，协议资金 100.5 亿元，实际到位 70.5 亿元。国内外一些知名企业如丹麦嘉士伯公司、印尼安达公司、香港嘉华集团和中国医药、四川宏达公司、双鹤药业、中化国际、浙江华立集团、四川新希望、上海锦江集团等，纷纷前来参与云南省国企改革，参与开发利用云南省的丰富资源。

云南省医药集团引进中国医药工业有限公司参与改制重组，是我省深化改革中引进战略投资者的成功典型。2004 年，中国医药工业公司等 4 家中国医药行业中的优强企业先后提出参与云南医药集团改制重组的意愿，但各家都表达了单独进入的意愿。根据云南省政府确定的“实现企业价值最大化、引入战略投资者最优化”的目标，云南省国资委组成云南医药集团改制重组工作班子，严格按照国家的法律和有关政策，通过规范、科学的优选论证比较，坚持公开、公平、公正的原则，历时三个多月，经过审核方案、专家听证、商务谈判三个阶段，最终确定中国医药工业公司作为战略投资者参与云南医药集团的改制重组，圆满完成优选战略投资者的工作。此次改制重组工作，为将来云南省的优质国有资本如何引进战略合作伙伴提供了参考和借鉴：一是明确的指导思想是改制重组的关键。二是程序化规范操作是改制重组的保证。三是设置控制点是必要的前提条件。四是妥善安置职工是顺利推进改制重组的重要保障。五是必须保护、控制企业无形资产，并充分尊重和考虑合作方的合理要求。六是高度重视现有品牌。

七、云南省国资委监管企业建立和完善经营业绩考核体系情况

2004 年 7 月 23 日，云南省国资委发布实施了《云南省省属企业负责人经营业绩考核暂行办法》，明确对云南省国资委履行出资人职责的企业负责人进行经营业绩考核，标志着云南省国资委监管企业负责人经营业绩考核体系的初步建立。

云南省国资委监管企业负责人经营业绩考核体系的主要内容和特点是：(1)把对企业的考核转化为对企业负责人经营业绩的考核，把经营责任落实于企业负责人。年度和任期开始时由省国资委与企业负责人以业绩合同（经营责任书）的形式约定负责人的经营业绩考核目标。(2)考核既有纵向的目标考核，也有横向的水平比较。期初预定目标，考核期结束时把实际经营成果和预定目标对照，进行加减分，此部分分值占 70%；其中年度考核指标中的三个指标（净资产收益率、总资产周转率和资产负债率）除了进行目标考核外，还需和全国同行业的标准值比较，根据比较结果加减分，此部分分值占 30%。纵横相结合，使企业不仅关注自身的发展历程，还关注自己在全国同行业中的水平和地位，进行赶超。(3)长期、短期相结合，考核分任期和年度两部分，彼此自成体系又相互联系。为保证企业可持续发展，考核把企业负责人的经营业绩划分为年度经营业绩和任期经营业绩，用不同指标进行考核，年度和任期考核相结合，可以有效避免经营者短期行为，也更为客观地评价经营者的业绩。(4)考核是对企业经营者进行激励约束机制的重要手段，年度业绩考核的结果和企业负责人的奖惩（绩效年薪）直接挂钩，任期业绩考核的结果作为兑现延期绩效年薪和任免企业负责人的主要依据之一。(5)考核重点维护所有者权益和落实国有资产的保值增值责任。年度考核重点关注出资人的资产收益，净资产收益率占年度考核成绩的 40%；任期考核重点关注国有资本保值增值率，占任期考核成绩的 40%。(6)考核实行分类考核，尊重企业的行业特点和实际经营水平。

依照《云南省属企业负责人经营业绩考核暂行办法》的规定，2004 年，云南省国资委首次和监管企业中 24 户企业的负责人签订了年度经营业绩责任书。经营责任书从利润总额、净资产收益率、销售回款率、总资产周转率和资产负债率共计 5 个指标对企业提出了考核要求。主要依据企业前三年的指标平均值确定考核责任目标，实现目标，可以得到考核基本分，不

能完成责任目标,予以扣减综合得分。

签订责任书的企业经过考核,从总体看,大部分企业都完成了责任目标,实现了加分。从指标看,所有企业都超额完成利润总额指标,并且获得了指标满分。净资产收益率和总资产周转率各有1户企业未完成目标,资产负债率指标有6户企业没有完成目标,销售回款率指标有3户企业未完成目标。从考核分数所处的级别看,有8户企业处于B级,有8户企业处于C级别,4户企业处于D级别,4户企业处于E级别,A级企业空缺。

通过考核工作,有效地促进了企业的经营管理,提高了企业的业绩水平。2004年度,考核企业合计实现利润总额35亿元,净利润18.53亿元,净资产收益率达到7.63%,总资产周转率0.61次,资产负债率61%,销售回款率接近100%,较好地完成了责任目标。纵向比较企业业绩实现情况好于以往任何年度,但是和全国同期同行业比较,则还有一定差距。企业的净资产收益率、总资产周转率和资产负债率三个指标处于全国同行业的平均水平或比平均水平稍低,只有2户企业的净资产收益率达到优秀水平。

(撰稿人:高建嵩)

西藏自治区

2004年,西藏自治区国有资产监督管理工作,在自治区党委、政府的正确领导下,在自治区有关部门的大力支持下,不断探索、不断实践,各项工作进展顺利,初步建立了国资监管工作的基本框架,国有企业改革工作稳步推进。

一、西藏自治区国有资产监督管理工作综述

2004年,是西藏自治区国有资产管理体制改革起步之年,实现了全区国资监管工作的良好开局。认真贯彻落实党中央、国务院和区党委、政府关于国有资产管理体制改革的安排部署,先后组建了自治区国资委和七地(市)国资委,坚持边组建、边实践、边探索,各项工作取得了较好的成绩。

一是完成机构组建,初步建立起全区国资监管体系。西藏自治区人民政府国资委于2004年2月17日挂牌成立,之后七地(市)国资监管机构也相继在年内组建,明确了工作职责,完成了主体上从原经贸委到国资委的平稳过渡,实现了相关职能的顺利整合和工作的有机衔接,全区初步建立起国资监管体系和运行机制。最近国务院国资委通报了全国各地国资监管机构组建情况,西藏自治区是全国在地市一级组建国资委的七个省区之一,得到了国务院国资委的充分肯定。

二是明确了监管范围和工作对象,确定了职责定位。在对区直181户国有及国有控股企业进行摸底调研的基础上,经西藏自治区党委、政府研究决定,明确由西藏自治区国资委首批履行出资人职责的企业17户,间接监管并委托行业主管部门履行出资人职责的企业65户。2004年9月自治区国资委与履行出资人职责的17户企业原主管部门完成了正式移交。与此同时,各地(市)国资委积极开展调研,有重点、有针对性地提出了授权监管方案。按照政府的要求,国资委履行出资人职责,做好授权企业国有资产的监管工作,指导全区国有企业改革和发展的职责定位得到了进一步明确。

三是注重学习,努力提高国资委系统自身素质。为掌握国资监管政策法规,提高业务能力和水平,西藏自治区国资委在工作运转起步之初,邀请了国务院国资委有关领导、专家为全区国资监管干部、重点国有企业管理人员进行专门培训,这种培训,在全国省级国资监管机构中也是较早的,得到了国务院国资委的重视,选派了六位司局级领导和几位处长,组成了一个实力很强的培训团,这为全区建立规范的国资监管体系打下了良好的基础。同时分期分批组织各部门负责人赴内地参加各种理论业务培训,积极选派监管企业部分负责人参加中组部举办的国有重要骨干企业领导人员专题研究班,这些务实有效的工作收到了非常好的效果,为全区国资监管工作奠定了良好基础。

四是加强法规制度建设,开展企业调查研究。在认真学习和贯彻《企业国有资产监督管理暂行条例》

等法规政策的同时，按照统筹兼顾、服务需要的工作原则，研究起草了有关国有企业改革、间接监管企业管理、负责人管理、业绩考核、清产核资等多项规章、制度，为自治区依法监管国有资产提供了法规制度保障。与此同时，深入各监管企业开展多项调查研究，积极组织监管企业清产核资，初步摸清了企业家底，国资监管基础工作取得了进展。结合调研，对各企业领导班子进行了初步考察，对部分企业领导班子及时进行调整充实，这项工作仍在进行之中。

五是积极推进企业改革发展，各项工作有序展开。坚持深化国企改革，完成了西藏公路总公司兼并林芝毛纺厂、西藏矿业股权转让及区物资总公司所属贸易中心、机电公司改制工作，成功完成了西藏明珠股份公司国有股权转让及资产重组，公司股票已复牌交易，成都西藏饭店整体移交区国资委。加大兼并破产力度，解决了18户内外贸破产企业所涉及的银行呆坏账核销遗留问题。加大企业技术改造力度，促进特色产业发展，高天公司日产2000吨水泥项目建成投入试运行，西藏矿业扎布耶锂资源示范工程建成投产，拉萨啤酒与丹麦嘉仕伯集团15万吨啤酒合资项目基本建成等等。截至2004年11月底，区国资委17家监管企业全年实现销售收入9.59亿元，实现利润总额1.02亿元，同比分别增长24.88%、181%；6家工业企业实现工业总产值4.06亿元，实现利润8513万元，上缴税金5047万元。11家非工业生产企业销售收入和营业收入5.2亿元，实现利润1699万元，上缴税金1550万元。

总之，经过一年的努力工作，全区国资监管体系框架已基本建立，各项工作起步扎实，运转顺利，为今后的国资监管工作奠定了扎实的基础。

二、西藏自治区国有资产监管机构组建情况

拉萨市：

于2004年9月10日正式挂牌，行政编制24名，事业编制8名，共有32名，其中委领导职数5名。内设8个科室，分别为办公室(政策法规科)、纪检委(监察室)、政工人事科、产权管理科、企业改革科、考核分配科、机关后勤服务中心、统计评价分配科。

日喀则地区：

于2004年8月17日正式挂牌，行政编制21名，事业编制5名，共有26名。其中县级领导职数4名，内设机构科级职数15名。现有职工24名，其中县级领导4名，科级干部11名，科办员3名，工人6名。内设6个职能科室，分别为办公室、企业负责人管理科、统计评价科、企业改革科、产权管理科、政工人事科。

山南地区：

于2004年10月29日正式挂牌，行政编制16名，事业编制9名，后勤事业编制2名，共有27名，其中委领导职数7名。内设8个科室，分别为办公室、政工人事科、产权管理局、企业改革局、业绩考核和统计评价局、监事会工作局、纪检委(监察局)、培训中心(事业单位)。

林芝地区：

于2004年6月26日正式挂牌，行政编制7名，其中委领导职数3名，事业编制1名。内设5个科室，分别为办公室(含财务室、后勤管理服务中心)、政工人事科(含纪检监察室、企业负责人管理科)、企业改革科、产权管理科、统计评价科(含业绩考核科、监事会工作科)。

昌都地区：

于2004年7月9日正式挂牌，行政编制21名，事业编制5名，共有26名，其中县处级领导职数4名，内设机构科级职数16名。内设7个科室，分别为办公室、政工科、企业负责人(党建工作科)、企业改革科(政策法规科)、产权科(监事会工作科)、统计评价科(考核分配科)、企业培训信息中心(事业)。

那曲地区：

于2004年7月30日正式挂牌，行政编制17名，事业编制8名，共有25名，其中委领导4名，内设机构科级职数11名。内设5个科室，分别为办公室、统计评价科、产权管理科、企业改革管理科、企业领导人负责科。

阿里地区：

于2004年8月正式挂牌，行政编制22名，事业编制1名，共有23名。其中委领导职数4名。内设6个科室，分别为办公室、企业负责人管理科(分配科)、产

权政策法规科、统计考核评价科(企业党群工作科)、企业改革科(监事会工作科)、纪检组。

三、西藏自治区国有资产总量与结构分析

近年来,随着改革的逐步深入,西藏自治区国有资本在结构布局、集中度、控制力等方面发生了深刻的变化,西藏自治区国有企业的管理体制和经营机制发生了深刻变化,对全区经济的影响力和带动力增强,市场竞争力明显增强。2004 年以来,自治区国有企业改革又有新的进展,政企分开迈出重大步伐,国有经济布局和结构得到改善,股份制改革步伐加快,现代企业制度建设逐步推进,企业整体素质不断提高,经济效益大幅度增长,为自治区经济发展和社会进步作出了重要贡献。西藏自治区国资委在自治区党委、政府的正确领导下,在有关部门的大力支持和企业的共同努力下,从理顺体系,营造机制,动态监管,强化班子等四大工作入手,以制度建设为基础,不断探索,不断实践,边实践,边提高,努力构建国有资产管理的新机制,大力推进国有企业的改革,促进企业加快调整,不断加强国有企业党建工作,推动国有企业取得了良好的经营业绩。2004 年底,西藏自治区国有资产监督管理委员直接、间接监管的国有企业及各地市国有资产监督管理委员会监管的国有及国有控股企业(不含自治区电力总公司,下同)实现主营业务收入 39 亿元,较上年的 33 亿元,增加 6 亿元,增长 18.18%;实现利润总额 3 亿元,较上年的 2 亿元,增加 1 亿元,增长 50%;国有资产保值增值率为 102.94%,实现了国有资产的保值增值。

2004 年西藏自治区国有资产总量与分布结构:

根据西藏自治区党委、政府授权,西藏自治区人民政府国有资产监督管理委员直接监管的国有及国有控股企业 17 户,间接监管的国有及国有控股企业 65 户;七地市国有资产监督管理委员会根据地市行署授权,监管的国有及国有控股企业 123 户,总计 205 户企业。这 205 户国有及国有控股企业,国有资产总量 45 亿元,较上年 42 亿元,增加 3 亿元,增长 7.1%。国有资产总量的增长,标志着自治区国有经济实力有所提高。

2004 年国有资产分布情况表

序号	企业类别	企业户数	比重(%)	国有资产总量(亿元)	比重(%)
1	直接监管企业	17	8.5	17	37.8
2	间接监管企业	65	32.7	11	24.4
3	各地市监管企业	123	58.8	17	37.8
合计		205	100	45	100

从上述国有资产总量的比重来看,其中直接监管的 17 户国有及国有控股企业国有资产总量占的比重较大,户数占 205 户企业的 8.5%,而国有资产总量达 17 亿元,占 37.8%。间接监管的 65 户企业,国有资产总量为 11 亿元,占 24.4%。各地市监管的 123 户企业国有资产总量为 17 亿元,占 37.8%。反映出西藏自治区国有资产监督管理委员会直接监管的 17 户企业总体规模、经济实力高于间接监管的 65 户企业及各地市监管的 123 户企业。

西藏自治区国有资产监督管理委员直接监管的这 17 户企业中,国有资产又主要集中在西藏天路交通股份有限公司、西藏矿业发展股份有限公司、西藏高争建材股份有限公司、西藏高争(集团)有限责任公司、西藏公路工程总公司、西藏矿业发展总公司、成都西藏饭店、西藏国有资产经营公司、拉萨饭店、藏通贸易公司 10 户企业,其年底国有资产总量都在亿元以上。

2004 年,是西藏自治区国有资产监督管理委员会机构的起步、开局之年,是理顺体系,营造机制,建立国资委工作基本框架之年,千头万绪。虽然,西藏自治区国有监督管理委员会在加强企业监督管理方面下苦功夫,千方百计采取措施,促使企业提高经济效益,取得了较好的经营成果,但存在产业结构不合理,经营常年成本过高,经济效益低下的问题。

四、西藏自治区国有资产保值增值综合分析评价

2004 年,西藏自治区国有资产监督管理委员会直接监管 17 户、间接监管 65 户及各地市国有资产监督

管理部门监管123户国有及国有控股企业国有资本保值增值率为102.94%。其中17户直接监管企业国有资本保值增值率为101.6%;65户间接监管企业国有资本保值增值率为104.05%,各地市国有资产监督管理委员会国有资本保值增值率为105.08%。从总体来看,企业基本上实现了国有资本的保值增值。但从企业分户情况来看,形势仍不容乐观,部分企业仍没有扭转亏损局面。

五、西藏自治区国资委监管企业产权制度改革情况

为加强西藏自治区国有企业国有资产监督管理,结合西藏实际情况,依据国务院国资委《企业国有产权转让管理暂行办法》(国资委、财政部令第3号)、《企业国有资产监督管理暂行条例》等有关产权管理的政策法规,于2005年4月份印发了《自治区国资委监管企业国有产权管理暂行办法》;对所监管企业资产评估项目进行核准和备案;对所监管企业国有资产建立国有资本经营预算制度管理,监督资本收益的使用;审核所监管企业资本金变动、股权转让及发债方案;监督、规范国有产权交易。

六、西藏自治区国资委监管企业重组与完善法人治理结构改革进展情况

按照2004年国有企业改革的总体要求,在国务院国资委的正确指导和西藏自治区党委、政府的直接领导下,西藏自治区国资委监管企业重组与法人治理结构改革工作进展顺利,取得了一定成效。

(一)对部分企业进行了改制和重组

1. 对西藏自治区物资贸易中心进行了股份合作制改制。西藏自治区物资贸易中心是一家建立于计划经济早期的老国有内贸企业,企业规模小,管理方式落后,机制不灵活。在市场经济环境下,难以应对激烈的市场竞争。结合企业的实际情况,确定了以股份合作制为其改制形式。改制后企业经营管理机制得到了转换,职工工作积极性大为提高,企业效益逐渐改善,改制取得了良好效果。

2. 西藏昌都地区水泥厂改制工作进展顺利。根据西藏高争对昌都水泥厂彻底改制的方案及请示,西藏自治区国资委依据有关政策及实际情况要求企业对改革方案进行调整后,于2004年9月16日下发了《关于同意昌都地区水泥厂改制的批复》。昌都地区水泥厂在企业改制领导小组的督促和指导下,紧张有序地按《国务院办公厅转发国务院国有资产监督管理委员会关于规范国有企业改制工作意见的通知》要求和自治区有关规定开展了改制前的宣讲、调研、征求意见等工作,为改制的具体实施奠定良好的基础。

3. 西藏公路工程总公司兼并林芝毛纺厂工作基本完成。林芝毛纺厂是一家成立于1966年的国有老企业,为西藏的经济建设和人民的生活需要做出了积极贡献。随着市场经济的发展和国家对纺织行业的调整,林芝毛纺厂主业急剧萎缩,处境艰难。为使其成功摆脱困境,充分利用闲置资产寻求发展,选择了西藏公路工程总公司对林芝毛纺厂实施整体兼并。在优势互补的基础上,充分盘活闲置资产,以保障职工的权益,保证国有资产的保值增值。

4. 西藏矿业发展总公司国有法人股股权转让工作进展顺利。为了解决西藏矿业发展总公司运营资金紧缺、经营困难的问题,并清还所欠西藏矿业发展股份有限公司借款,同时,通过引进新股东,解决西藏矿业发展股份有限公司"一股独大"的问题和进一步优化法人治理结构,拟对西藏矿业发展总公司持有的西藏矿业发展股份有限公司部分国有股权进行转让。西藏自治区国资委与相关部门组成了专题工作组,并对有意参与股权受让的企业进行了考察,择优确定了受让企业,制订了相关方案。已向国务院国资委进行了申报。

(二)针对性地开展了调查研究工作

1. 摸清企业改革和发展的状况是做好企业重组工作的重要前提条件之一。2004年,西藏自治区国资委对监管的国有企业有重点地开展了调查工作,在摸清企业改革状况和存在问题的基础上,研究企业重组计划。并根据国家和自治区有关政策,结合企业改革的实际情况,起草了《西藏自治区国有企业改革指导

意见》。

2. 按照2004年西藏自治区政府工作报告提出的重点,抓好藏医药企业的兼并联合,尽快形成几家具有核心竞争力的藏药企业集团,做大做强藏医药业的精神,西藏自治区国资委对全区藏药生产企业进行了调研。并在全面了解全区藏药生产企业的现状及相关情况的基础上,引导藏药生产企业向集团化方向发展,使藏药生产企业就组建藏药集团达成共识,对于下一步进行实质性重组具有积极意义。

七、西藏自治区国资委监管企业建立和完善法人治理结构改革进展情况

在去年建立监管企业经营业绩考核体系的基础上,2005年,充分征求了有关部门和企业意见,经国资委研究,并在自治区政府的高度重视下,正式出台了《自治区国资委监管企业负责人经营业绩考核暂行办法》、《2005年度企业负责人经营业绩责任书》。

为进一步落实国有资产经营和保值增值责任,推动企业负责人经营业绩考核工作,在各监管企业的支持配合下,开展了企业负责人经营业绩考核等方面的调研,并针对部分企业近三年生产经营情况,按照年度经营目标不低于前三年平均值,不低于上一年度实际完成值的"两个不低于"原则,在充分尊重企业意见的基础上,提出了2005年度经营业绩目标,并与条件成熟的13家监管企业负责人签订了2005年度经营业绩责任书。

在推进企业负责人经营业绩考核过程中,将继续按照社会主义市场经济体制的要求,根据《公司法》、《企业国有资产监督管理暂行条例》,逐步完善企业负责人经营业绩考核体系,为顺利履行出资人职责,为妥善解决我区国有企业存在的突出问题,提供有力保障,为提高西藏自治区企业参与市场竞争能力奠定基础。

(撰稿人:旺　珍)

陕西省

2004年6月22日,陕西省人民政府召开机构改革工作会议,宣布组建成立陕西省人民政府国有资产监督管理委员会(简称省国资委),由常务副省长陈德铭同志(现任省长)兼书记,邱世杰同志任主任、副书记,蒋跃同志任常务副书记、副主任(正厅级)。省国资委为陕西省人民政府直属正厅级特设机构,代表省政府履行出资人职责,监管范围是省属所有企业的国有资产。同时,根据陕西省委决定,省国资委成立党委,履行省委规定的职责。2004年10月,省政府将第一批120户企业划归省国资委监管,其资产总额为1228.42亿元,占省本级企业1419.25亿元资产总额的86.55%;企业国有资产权益为356.42亿元,占省属企业国有资产权益389.34亿元的91.54%;产业涉及电力、机械、电子、石化、医药、煤炭、建筑、旅游、印刷、冶金、农牧、仓储等多个行业。一年多来,省国资委在省委、省政府的正确领导和国务院国资委的精心指导下,牢牢把握依法履行出资人职责、确保国有资产保值增值这个根本,紧紧围绕加强国有资产监管体系建设,深化省属国有企业改革和维护企业社会稳定这三大中心任务,锐意进取,开拓创新,恪尽职守,扎实起步,积极推动各项工作,取得了良好开局。

一、国有资产管理体制改革进展顺利

省国资委成立后,紧密围绕国有资产监管体系建设开展了大量的工作,取得了较好成效。一是新的国有资产监管体系框架基本建立。按照国务院《关于设立市(地)级国有资产监督管理机构的指导意见》精神,积极指导各地市建立管人、管事和管资产相结合,责任、权利和义务相统一的国资监管机构。全省除延安、铜川市未成立国资委外,其他市和杨凌示范区已完成了国资监管机构的组建,初步形成了省国有资产监管体系框架。二是国有资产监管

政策法规建设取得进展。相继出台了《陕西省国有企业清产核资实施办法》、《省属企业改制重组程序》、《陕西省国有企业改制及设立股份有限公司工作办法》、《省国资委立法工作规则》、《省属企业负责人业绩考核暂行办法》等18部规范性文件。另外,《陕西省企业产权交易管理办法》、《陕西省实施〈企业国有资产监督管理暂行条例〉办法》等已被列入了省政府2005年规章计划,正在抓紧论证。三是省属企业经营考核和分配工作进一步规范。省国资委一成立,就花大量时间重点摸清和建立了企业负责人经营业绩考核基础工作数据库,结合实际情况确定了考核的基本原则和基本思路,并开始逐步规范企业业绩考核和分配工作。《省属企业经营者业绩考核和薪酬分配办法》已多次征求了有关方面的意见并报省国企领导小组研究通过,由省政府审定后出台。四是国有资产基础管理工作全面展开。稽察特派员制度向监事会制度改制的方案已经省政府批准并加紧实施,省属企业清产核资和推行新会计制度工作任务已完成过半,国有资产产权界定、登记、划转、处置、资产评估、统计评价及产权纠纷调处等工作也得到了较大程度的加强,有力的夯实了国资监管工作基础。

二、陕西省省属国有企业改制重组成效明显

2004年,省国资委以全省深化国有企业改革为契机,加大了推进省属国有企业改制重组的力度。一是企业改制步伐加快。据不完全统计,2004年底前,陕西省国有大中型企业公司化改制面已达73.1%,尤其是省属重点企业改制态势良好。省属75户试点企业中,基本完成改制的43户,占57%;已立项的27户,占36%;未立项的5户,占7%。二是部分省属重点企业通过资产重组进一步做强做大。2004年以来,陕西建设集团股份公司在上交所成功挂牌上市,中国铝业公司对陕西有色金属集团公司进行资产重组,陕西煤业集团公司完成组建并正式运营,浙江广厦集团重组陕西路桥工程公司,略阳钢厂引进民营企业东岭集团,合资共同组建陕西略钢有限公司,省高速公路集团兼并重组陕国投,南京斯维特集团重组长岭集团并且恢复冰箱生产。目前,陕汽与美国康明斯、秦川机床与中国通用、西安冶金机械厂与中钢集团、宝鸡机床与西部万向、陕印与香港万裕也成功签约合作。通过资产重组,这些企业显现出了勃勃生机。三是国有困难企业的兼并破产工作稳步推进。从2000年以来,国家批准陕西省省属24户企业实施政策性破产,共涉及职工12.79万人,资产总额69.67亿元。截至2004年底,9户已经终结破产,共争取中央财政补助25亿元,核销银行呆坏账和资产管理公司损失26亿元;7户已进入破产程序;剩余8户将根据争取中央、省财政托底资金情况尽快启动。除政策性破产外,陕西焦化厂和陕西兴秦化纤厂的依法破产试点也取得了圆满成功。四是积极推动国有大中型企业主辅分离和辅业改制工作。此项工作主要集中在破产企业的存续单位和重组单位中,另外少部分国有企业在改制的同时,也对辅业单位进行了改制。通过改制,有13户大中型企业完成了主辅分离、辅业改制,新改制成立了26个单位,分流安置富余人员9224人,享受税收减免470万元。

三、国有企业党建工作得到加强

围绕服务国资监管和国企改革中心任务,省国资委从成立一开始就大力推进国有企业党的建设工作。一是理顺企业党的隶属关系和领导干部管理体制。根据省委[2004]18号文件精神,及时理顺了部分省属企业和中央在陕企业的党组织及纪检、群团组织的隶属关系,并明确了省国资委党委管理的部分省属企业领导人员的范围和程序,为顺利开展国有企业党的建设奠定了坚实基础。二是切实加强企业党组织建设。先后组织企业认真开展了"三个代表"重要思想和十六届三中、四中全会精神学习贯彻活动、以创建"四好领导班子"为主要内容的争先创优活动、党委书记讲党课活动、"七一"表彰活动和先进性教育等大型活动,还会同省委组织部成功召开了全省国有企业领导班子思想政治建设座谈会;在充分调研的基础上提出了《关于加强和改进全省国有企业党建工作的实施意见》,并经省委同意进行了转发。三是认真做好企业

领导班子调整工作。按照省委的统一部署,对省属企业经营管理人才队伍建设情况进行深入的调研,并在此基础上,本着"稳定班子,确保平稳过渡;突出重点,狠抓薄弱环节"的工作思路,制订了企业领导班子调整计划,并按计划安排及时对"一把手"缺位、班子"软弱"或人员不齐的企业领导班子进行了调整。经过调整,稳定了班子,优化了结构,企业的整体战斗力进一步增强。四是稳步推进国有企业的纪检工作和党风廉政建设。省国资委系统各级纪检监察机关共受理群众来信来访和电话举报1492件(次),办理923件,办结751件;全系统效能监察立项154项,提出监察建议170项,为企业挽回损失、增加效益2.22亿元。此外,还按照省委要求,组织开展了国企改革发展先进典型宣传报道活动。企业统战工作、群团等工作也进一步得到加强。

四、国有企业稳定工作力度加大

按照省委、省政府的要求,省国资委从组建一开始,就把维护企业和社会稳定工作放在了重要位置。及时成立了维护稳定工作领导小组,建立了维护稳定工作责任制,对监管企业不稳定性因素进行了排查,并认真制订了处理突发性群访事件的工作预案,努力维护企业稳定。2004年6月以来,累计处理信访件300多件,接待上访群众100多批、300多人次,完成省有关领导批办的信访件10多件,完成中央联席会议交办的信访件8件,省联席会议交办的信访件20多件,有效地化解了部分不稳定事件的发生。在咸阳华润、陕西精密、陕西钢厂、略阳钢厂、长岭集团等企业由于多方面原因发生较大规模的群体性事件后,能在省委、省政府的坚强领导和各有关部门的大力配合下,沉着应对,妥善处置,化解矛盾,理顺情绪,有力地维护了企业和社会大局的稳定。

五、国有企业发展取得较好成绩

2004年,省属企业克服种种不利因素,奋力拼搏,加快发展,生产经营状况进一步好转,整体经济效益大幅度提高,其中省属112户国有和国有控股企业实现利润47亿元,同比增长206.7%,创历史最高水平。与此同时,企业国有资产取得较快增长。据对省属112户企业统计,截至2004年12月底,总资产为1535.4亿元,比上年增加324.7亿元,增长21.8%;所有者权益409.7亿元,比上年增加112.6亿元,增长27.5%;总负债1125.7亿元,资产负债率73.3%,比上年下降3个百分点。

(撰稿人:韩绍安　李全喜)

甘肃省

一、甘肃省国有资产监督管理工作综述

(一)甘肃省国有资产管理简要回顾

新中国建立初期,甘肃省国有资产来源于四个方面:一是陇东老区的公营企业资产;二是没收原国民政府甘肃当局的公营企业和官僚资本的资产;三是通过走国家资本主义道路及和平改造方式,将民族资本改造为国有资产;四是依法宣布土地、矿产、水流、森林、山岭、草原、荒滩等自然资源为国有资产。同时,将利用国有资产建立起来的企业分别隶属于各级政府内部设立的各种经济管理部门,并且将国有资产所有权进行分解,一部分交由业务归口的综合部门行使,另一部分则由行政隶属部门行使。

1958年～1975年,我国在经济管理体制上经历了权利"两收两放"的历程。但企业作为政府机构附属物的地位始终未变,只表现为国有资产规模时增时减。改革开放以来,甘肃国有资产管理体制经历了两个阶段:1978年～1984年,其特征是对企业"扩权让利";1985年～1988年,其特征是实行企业承包经营责任制。

1989年10月16日甘肃省财政厅国有资产管理处成立,至2000年5月17日甘肃省委、省政府宣布撤销甘肃省国有资产管理局为止,经历了10年专职化管理阶段,初步建立了国有资产统计评价体系、产权登记体系、资产评估管理体系、国有资产保值增值考核

体系、产权纠纷调处和国有资产流失查处工作体系，有效地维护了国家所有者权益，制止了国有资产流失。

2001年甘肃省政府机构改革，将原国资局的部分职能分解到甘肃省财政厅企业处、统计评价处。即：企业处承担国有企业的产权登记、改革重组及评估等职责；统计评价处承担财务信息收集、保值增值、绩效评价及行政事业单位国有资产管理职责。

2004年3月29日甘肃省政府国资委正式挂牌成立，按照"政资分开"、"政企分开"原则从国有资产管理体制上实现了管资产与管人管事相结合，权利、义务和责任相统一的国有资产管理体制，标志着甘肃省国有资产监督管理工作迈入新的阶段。

（二）甘肃省国有资产基本状况

2004年，甘肃省国有及国有控股汇编企业2398户，资产总额1539.9亿元，所有者权益432.7亿元，其中省级资产总额1141.8亿元，所有者权益350.6亿元；完成增加值153.7亿元，比上年的100.2亿元增加53.5亿元，增长53.4%，其中省级企业完成121.8亿元，比上年增长41.2%；主营业务收入731.7亿元，比上年增加198.8亿元，增长37.3%，其中省级企业主营业务收入595.4万元，比上年增加196.5亿元，增长49.2%；净利润-1.9亿元，净利润与上年同期相比较增幅较大，其中省属部分大企业利润稳步持续增长是主要原因。

（三）甘肃省政府国资委国资监管工作开展情况

在推进国有企业深化改革方面：一是推动70户下划企业加快改制。2004年8月份召开了下划企业改革发展经验交流会议，提出了《关于下划企业进一步改革发展的指导意见》，用10项鼓励政策推动下划企业加快改革改制步伐，有条件的转入非公经济发展轨道。二是全省企业破产重组工作有序推进。2004年5月份召开全省企业破产重组工作会议，计划年内终结15户，启动15户，依法破产3户。三是引进大企业大集团重组甘肃国企。中铝集团控股兰铝公司29%股份；青岛啤酒出资6048万元，持有甘肃农垦啤酒50%股权；广东键力宝、成都成电正元公司出资1.6亿元，持有西北永新集团42.32%股权。宝钢、太钢、华能、神华、美国国民油井公司、TCL等一批省外、国外大企业大集团正在与甘肃国企商洽产权重组发展事宜。

在依法有效加强国有资产监督管理方面：一是对47户省属国有企业开展清产核资工作。从2004年4月份开始布置、安排，年内完成20户企业的审核批复工作，为加强国有资产监督管理夯实基础、摸清"家底"。二是建立省属企业财务快报工作体系。2004年9月，安排布置了省属企业财务快报编制工作，为动态监测国有资产运行状况奠定了基础。三是制定了《甘肃省上市公司国有股权转让工作规程(试行)》，使上市企业国有股权转让有法可依。四是研究提出了《省属企业负责人经营业绩考核暂行办法》，为业绩考核奠定制度基础。

在加强企业党建和领导班子建设方面：一是提出了《关于加强和改进国有及国有控股企业党的建设工作的意见》。二是考察、调整了华煤集团、靖远煤业、窑街煤电、刘化公司、兰拖、陇港公司等企业领导人员。三是对省属企业领导班子和领导人员进行了年度考核。

二、甘肃省各市自治州国资监管机构组建情况

甘肃省共有14个市、2个自治州，截至2004年底，有10个市、2个自治州组建了国有资产监督管理机构，2个市正在组建之中。市、自治州国有资产监督管理机构组建情况如下：

（一）单独设立国资监管机构的有兰州市、酒泉市、嘉峪关市、庆阳市、定西市

1. 兰州市国有资产监督管理机构设置情况。(1)根据2004年9月14日《兰州市人民政府办公厅关于印发兰州市人民政府国有资产监督管理委员会职能配置内设机构和人员编制规定的通知》(兰政办发〔2004〕117号)，兰州市人民政府国有资产监督管理委员会(以下简称兰州市政府国资委)，为兰州市人民政府直属特设机构。兰州市人民政府授权兰州市政府国资委代表国家履行出资人的职责。根据兰州市委决定，兰州市政府国资委成立党委，履行兰州市委规定的职责。兰州市政府国资委监管的范围是兰州市

属国有(国有控股)及重点集体企业的国有和集体资产。(2)内设机构。设9个职能处室:办公室(党委办公室)、政策法规处(研究室)、企业领导人员管理处(党委组织部)、宣传工作处(党委宣传部)、群众工作处(党委统战部、信访室)、监事会工作处、统计考核分配处、产权管理处、企业改革发展处(兰州市企业兼并破产和职工再就业工作办公室)。兰州市政府国资委纪委(市监察局驻市政府国资委监察室)设综合室、案件检查室、案件审理室,科级建制。(3)人员编制和领导职数。兰州市政府国资委机关人员编制72名,其中:行政编制50名,事业编制22名(含机关后勤服务人员编制7名)。领导职数(含党委)7名,内设机构领导职数26名。

2. 酒泉市国有资产监督管理机构设置情况。(1)根据2004年10月18日《酒泉市人民政府办公室关于印发酒泉市人民政府国有资产监督管理委员会职能配置内设机构和人员编制规定的通知》(酒政办发〔2004〕150号),酒泉市人民政府国有资产监督管理委员会(以下简称酒泉市国资委),为酒泉市政府直属正县级特设机构,酒泉市政府授权酒泉市国资委代表国家履行国有企业资产出资人职责。(2)内设机构。设3个职能科室:办公室、企业工作科、统计稽核科。(3)人员编制和领导职数。酒泉市国资委编制12名,其中:行政编制5名,事业编制6名,后勤编制1名。领导职数3名,科级领导职数3名。

3. 嘉峪关市国有资产监督管理机构设置情况。(1)根据2004年10月26日嘉峪关市人民政府办公室《关于印发〈嘉峪关市人民政府国有资产监督管理委员会职能配置内设机构和人员编制方案〉的通知》(嘉政办发〔2004〕100号),嘉峪关市人民政府国有资产监督管理委员会(以下简称嘉峪关市政府国资委),为嘉峪关市人民政府直属正处级特设机构。嘉峪关市人民政府授权嘉峪关市政府国资委代表国家履行出资人的职责。(2)内设机构。设2个职能科(室):办公室、国有资产监督管理科。(3)人员编制和领导职数。嘉峪关市政府国资委机关行政编制6名,后勤服务事业编制2名。领导职数2名,科级领导职数2名。

4. 庆阳市国有资产监督管理机构设置情况。(1)根据2004年11月25日《庆阳市人民政府办公室关于印发〈庆阳市人民政府国有资产监督管理委员会职能配置、内设机构和人员编制规定〉的通知》(庆政办发〔2004〕160号),庆阳市人民政府国有资产监督管理委员会(简称庆阳市政府国资委),为庆阳市人民政府直属正县级特设机构。庆阳市人民政府授权庆阳市政府国资委代表国家履行出资人的职责。(2)内设机构。内设5个职能科室:办公室、发展改革科、产权管理科、人事教育科、综合管理科。(3)人员编制和领导职数。庆阳市政府国资委机关行政编制4名,事业编制14名。领导职数4名,科级干部职数10名。核定机关后勤事业编制2名。

5. 定西市国有资产监督管理机构设置情况。(1)根据2004年11月15日《定西市人民政府办公室关于印发定西市人民政府国有资产监督管理委员会职能配置、内设机构和人员编制方案的通知》(定政办发〔2004〕125号),定西市人民政府国有资产监督管理委员会(以下简称定西市政府国资委),为定西市政府直属特设机构。定西市人民政府授权定西市政府国资委代表国家履行出资人的职责,定西市政府国资委成立党委,履行定西市委规定的职责,定西市政府国资委的监管范围是定西市属企业的国有资产。(2)内设机构。设5个职能科室:办公室(党委办公室)、企业负责人管理科、统计评价科、产权管理科、企业改革科。(3)人员编制和领导职数。定西市政府国资委机关行政编制8名,事业编制12名。领导职数5名,科级干部职数8名。

(二)与经委一套机构,两块牌子的有天水市、白银市、金昌市、临夏回族自治州、甘南藏族自治州

1. 天水市国有资产监督管理机构设置情况。(1)根据2004年7月19日《天水市人民政府办公室关于印发天水市经济委员会(天水市人民政府国有资产监督管理委员会)职能配置内设机构和人员编制规定的通知》(天政办发〔2004〕98号),天水市人民政府国有资产监督管理委员会(以下简称天水市政府国资委),为天水市政府监督管理国有资产的直属特设机构。天水市经委与天水市政府国资委,实行一个机构、两块牌子。(2)内设机构。设10个职能科室:办公室、综合科、企业领导人员管理科、产权管理科、统计考核分配科、企业改革改组科、政工科(党委办公室)、经济运行科、技术创新科、非公有制经济科。(3)人员编制和领导职数。天水市经济委员会(天水市人民政府国有资产监督管理委员会)机关行政编制34名,后勤事业编制8名。领导职数8名,科级领导职数14名。

2. 白银市国有资产监督管理机构设置情况。(1)根据2004年12月23日《白银市人民政府办公室关于印发白银市人民政府国有资产监督管理委员会职能配置内设机构和人员编制方案的通知》(市政办发〔2004〕149号),白银市人民政府国有资产监督管理委员会(以下简称白银市政府国资委),为白银市人民政府直属正县级特设机构。白银市人民政府授权白银市政府国资委代表国家履行出资人职责。(2)内设机构。设7个职能科室:办公室、党群工作科、人事科、监事会工作科、统计考核科、产权管理科、企业科。(3)人员编制和领导职数。白银市政府国资委机关行政编制15名,其中领导职数4名,科级领导职数7名,机关后勤事业编制4名。

3. 金昌市国有资产监督管理机构设置情况。(1)根据2004年12月30日《金昌市人民政府办公室关于印发金昌市经济委员会(金昌市人民政府国有资产监督管理委员会)职能配置内设机构和人员编制方案的通知》(金政办发〔2004〕143号),金昌市人民政府国有资产监督管理委员会(以下简称金昌市政府国资委),为金昌市人民政府直属正县级特设机构。金昌市人民政府授权金昌市政府国资委代表国家依法履行国有资产出资人的职责。金昌市经济委员会与金昌市人民政府国有资产监督管理委员会一套机构、两块牌子。(2)内设机构。设7个职能科室:党委办公室(纪检监察与其合署)、办公室、经济运行科、技术装备与能源科、监管科、企业改革科、绩效评价科。(3)人员编制和领导职数。金昌市经委、金昌市政府国资委行政编制16名,事业编制4名(对照国家公务员制度管理),其中:县级领导职数4名,科级职数8名。另核定工勤人员事业编制3名。

4. 临夏回族自治州国有资产监督管理机构设置情况。(1)根据2004年12月21日《临夏回族自治州人民政府秘书处关于印发〈临夏回族自治州经济委员会(临夏回族自治州国有资产监督管理委员会)职能配置内设机构和人员编制规定〉的通知》(临州府秘〔2004〕141号),临夏回族自治州经济委员会(临夏回族自治州政府组成部门)和临夏回族自治州国有资产监督管理委员会(临夏回族自治州政府直属特设机构),两个委员会合署办公,一个机构、两块牌子。(2)内设机构。设8个职能科室:人事秘书科、经济运行科、环境保护和资源利用科、技术创新与发展规划科、政策法规信息科(研究室)、非公有制经济科、国资管理科、企业党建科。(3)人员编制和领导职数。临夏回族自治州经济委员会(临夏回族自治州国有资产监督管理委员会)机关行政编制25名,其中:领导职数5名,科级干部职数17名。保留2002年核定的后勤事业编制7名,离退休干部服务人员编制2名。

5. 甘南藏族自治州国有资产监督管理机构设置情况。(1)根据2004年11月2日《中共甘南藏族自治州委秘书处甘南藏族自治州人民政府办公室关于印发甘南藏族自治州经济委员会(甘南藏族自治州人民政府国有资产监督管理委员会)职能配置内设机构和人员编制方案的通知》(州委秘发〔2004〕89号),甘南藏族自治州经济委员会,加挂甘南藏族自治州人民政府国有资产监督管理委员会牌子(以下简称甘南藏族自治州政府国资委)。(2)内设机构。设7个职能科室:办公室(党委办公室)、经济运行科、技术创新科、工业发展科、环境和资源综合利用科、国有资产监督管理科、改革规划科。(3)人员编制和领导职数。甘南藏族自治州经济委员会、甘南藏族自治州政府国资委机关编制28名,其中:行政编制21名,事业编制3名,机关后勤事业编制4名;县级领导职数5名,科级领导职数12名。

(三)一个党委,两个行政机构的有武威市

(1)根据2004年11月30日《武威市人民政府办公室关于印发武威市经济委员会、武威市人民政府国有资产监督管理委员会职能配置内设机构和人员编制规定的通知》(武政办发〔2004〕131号),武威市人民政府国有资产监督管理委员会(以下简称武威市政府国资委),为武威市政府直属特设机构。武威市政府国资委与武威市经济委员会机关合署办公。武威市人民政府授权武威市政府国资委代表国家履行出资人的职责。武威市政府国资委的监管范围是武威市属企业的国有资产和武威市直单位经营性国有资产。在组建过程中,武威市经委和武威市政府国资委组成一个党委,武威市政府国资委和武威市经委行政机构是两套机构,两套人马,两块牌子,两个地方办公,相互独立行使各自职责。(2)内设机构。设4个职能科室:综合办公室、产权管理科、考核评价监督科、企业改革改组科(加挂武威市企业兼并破产协调小组办公室牌子)。(3)人员编制和领导职数。武威市政府国资委机关行政编制9名,事业编制6名。其中:领导职数3名,(兼任武威市经济委员会副主任,武威市经济委员会党委副书记),科级干部职数6名。

(四)隶属市财政局,业务属市经委的有张掖市

(1)根据2004年11月2日《张掖市人民政府办公室关于印发张掖市人民政府国有资产监督管理委员会职能配置内设机构和人员编制规定的通知》(张政办发〔2004〕158号),张掖市人民政府国有资产监督管理办公室为张掖市政府部门管理机构,副县级建制,隶属张掖市财政局管理。(2)内设机构。内设3个职能科室:综合管理科、企业资产管理科、行政事业资产管理科。(3)人员编制和领导职数。张掖市人民政府国有资产监督管理办公室核定事业编制10名,其中,领导职数3名,主任1名(由张掖市财政局领导兼任),专职副主任1~2名,科级领导职数6名。

三、甘肃省国有及国有控股企业资产运营状况综合分析

2004年,甘肃省继续实施"工业强省"战略,国有企业改革进入体制转换和结构调整攻坚阶段。甘肃省国有及国有控股企业在省委、省政府的高度重视和正确领导下,加大改制重组力度,锐意进取,开拓创新,加快改造和发展步伐,国有企业的整体效益明显改善。

(一)国有企业户数继续减少,国有控股等股份制企业户数增加,国企改革、重组不断深化

2004年甘肃省汇编国有及国有控股企业2398户,比2003年度的2704户减少306户,减幅达11.32%。其中:当年因新设和分立等因素增加的国有企业117户,因改制、撤销、破产等因素减少423户。

1. 按隶属关系划分,共计汇编省属企业543户,占全部汇编企业的22.6%,比2003年的567户减少24户,减幅达4.23%;地县企业1855户,占全部汇编企业的77.36%,比2003年的2137户减少282户,减幅达13.20%。

2. 按组织形式划分,国有独资企业724户,占30.19%,比2003年增加160户;非公司制独资企业915户,占38.16%;股份有限公司24户,占1%;有限责任公司328户,占13.68%;股份合作制企业33户,占1.3%;合资合作企业19户,占0.79%;企业化管理的事业单位308户,占12.8%;其他企业47户。

3. 按企业规模划分,大型企业138户,占5.75%;中型企业278户,占11.59%;小型企业1982户,占82.7%;

4. 按盈亏状况划分,盈利企业775户,占全部汇编企业的32.32%;亏损企业1502户,占全部汇编企业的62.64%,比2003年减少366户,盈亏相抵持平的企业121户,占5%。

从以上分析看出,2004年甘肃省国有及国有控股企业的户数继续减少。主要原因是近几年来,随着中小企业破产、兼并、出售和改制、改组步伐加快,以产权制度为重点的国有企业改革取得实质性进展,国有企业破产重组工作稳步推进,劣势企业退出机制逐步形成,国有经济的布局、结构得到显著调整。

(二)国有资产总量持续上升,国有资本保值增值任务繁重

近年来,在国家实行的一系列宏观经济政策措施的推动下,甘肃省国有企业产业结构和经济效益逐步得以改善,国有资本总额实现逐年稳步增长,根据统计数据反映,2004年甘肃省汇编的2398户国有及国有控股企业国有资产总额4304668.8万元,比上年增加232985.2万元,增幅5.7%。

2004年汇编企业国有资本主要变动情况如下:(1)因政府投入、资本评估及经营积累等因素共计增加国有资本614273.3万元。一是国家投资、无偿划入、税收返还和债转股等政府投入或政策因素增加企

业国有资本226634.9万元,占当年国有资本增加额的36.9%;二是企业经营盈利补充国有资本172636.2万元,占当年国有资本增加额的28.1%;三是产权变动中因资产评估使国有资本增加47729.9万元,占当年国有资本增加额的7.70%。以上三个因素占当年国有资本增加额的72.7%。(2)因经营亏损、改制、国家专项核销等因素共减少国有资本484895.1万元。一是经国家专项批准核销及无偿划出国有资本9062.5万元,占国有资本减少额的2%;二是因资产评估、清产核资、产权界定因素减少国有资本58848.6万元,占当年国有资本减少额的12%;三是因经营亏损因素抵减国有资本217742.1万元,占当年国有资本减少额的45%;四是其他因素减少国有资本199225.9万元,占当年国有资本减少额的41%。

2004年甘肃省国有及国有控股企业国有资本保值增值率为98.89%,当年企业经营积累转增国有资本不抵经营亏损减少的国有资本,抵扣率超过79%,这些都说明甘肃省国有资本保值增值工作的任务还很繁重,国有企业应从提高经营效益入手,逐步实现国有资产由“国家投入推动型”向“企业经营增长型”的增长模式转变,继续加大对亏损企业和低效行业的整治力度,降低制约国有资产壮大的减值因素,努力实现国有资本的保值增值。

(三)资产总量持续增长,资产运营能力呈上升趋势

2004年底,甘肃省国有及国有控股企业资产总额为15398698.5万元;比上一年的14432759.7万元,增加965938.8万元,增长6.7%,其中,省属企业11418633.8万元,地县企业3980064.6万元。统计数据显示,甘肃省大中型企业资产总额增长较快,资产负债率不高,小型企业虽然户数最多,与上一年同期相比,其资产总额增长率提高3.9个百分点,负债总额增加了4个百分点,资产负债率达到84.6%,比上一年有所上升。说明目前虽然企业遇到许多问题和困难,但是国有大型骨干企业的发展潜力还是巨大的,国有大中型企业仍然是甘肃省经济发展的支柱。

从统计数据来看,2004年负债总额为10603498.3万元,比上一年9989219.8万元,增加614278.5万元,增长6.1%。其中省属企业7445219.1万元,地县企业3158279.2万元。2004年企业资产负债率为68.7%,比全国资产负债率平均水平低0.5个百分点,处于平均水平。2004年汇编企业总资产报酬率为1.6%,比上年提高1.66个百分点;主营业务利润率为16.36%,比上年提高1.82个百分点;成本费用利润率为0.82%,比上年提高0.83个百分点。

以上分析说明,甘肃省国有企业经营状况有所改善,资产运营能力增强,资产获利能力相对提高,企业的偿债能力有所改善,为甘肃省国有企业改革和发展提供了良好条件。

(四)甘肃省国有企业资产运营中存在的问题及建议

2004年甘肃省国有及国有控股企业在改革和发展中取得阶段性成果的同时,还存在不少问题,特别是一些深层次的矛盾还没有从根本上解决,国有经济战略性调整和国有企业改革仍然是甘肃省经济体制改革的主要任务。一是以产权制度改革为中心的体制创新相对滞后。投资主体多元化,是规范法人治理结构,形成激励与约束相对称的管理机制的基础。从甘肃省国有企业改革的实践看,产权不清就难以“用人”,难以“制衡”,监督也会流于形式,三项制度改革也无法取得实效。对国有企业来讲,随着市场化程度的提高,保持企业竞争优势,吸收国际、国内资本以及民间资本投入,必须深化产权制度改革,规范法人治理结构,形成激励和约束相对称的经营管理机制。二是甘肃省国有经济布局不合理。2004年度汇编的国有及国有控股企业,几乎涉及了90%以上的行业分类,使有限的国有资本几乎遍及了所有的工商领域,不仅无法实现规模经济,严重损害了现有国有企业的竞争能力和国民经济的整体效益,而且导致市场经济条件下国家应有的功能严重错位,许多政府该办的事情没有办好。由于国有经济仍然在许多产业“一统天下”,限制了非公有制经济的发展空间,使得巨大的民间资本和国际资本无法启动,所以,退出部分竞争性领域和对国企进行资产重组,仍是甘肃省国有经济布局调整、国企改革重点工作之一,也是激活甘肃省经济发展活力的重要途径之一。三是企业负债沉重,经济效益还有待进一步提高。2004年甘肃省国有及国有控股企业负债总额达到10603498.3万元,资产负债率为68.7%,比上年同期有所下降;但企业资产的流动比率和速动比率都有所下降,分别为86.97%和59.72%,充分说明了甘肃省国有企业偿债能力还亟待改善,企业发展能力还不够强。2004年全省资产损失及挂账总额达到476329.4万元,其中,企业的经营性亏损挂账达到264243.4万元,这些都严重影响了企业生产经营资金的周转。

强化国有资产管理机制,增强国有企业活力,是诸多因素共同作用的结果。因此,国企改革是一项艰巨复杂的系统工程,绝不可能"一改就灵","一股就灵",针对企业在资产管理中存在的一些问题,应做好以下几方面的工作:一是按照建立现代企业制度的要求,加快国有企业改革的步伐。在较短的时间内,通过规范改制,促进企业产权主体多元化,完善法人治理结构和企业运作机制;二是尽快建立财务预算管理体系,利用预算对企业内部的各种财务及非财务资源进行分配、考核、控制,以便有效地组织和协调企业的生产经营活动,完成既定的经营目标;三是进一步完善企业各项规章制度,一个高效率运转的企业必然有一整套保证运转的规章制度,科学的规章制度可以加速良好机制的形成,从而最大限度地发挥各个环节职工的积极性;四是完善国有资产监督管理的有效形式,建立与现代企业制度相适应的国有资产管理、监督、营运以及企业财务管理新机制。要进一步加强企业管理,特别是要加强财务管理和成本管理,树立企业管理以财务管理为中心的理念,建立一套科学的、适合企业特点的管理、监督和约束机制,进一步提高企业成本管理水平,解决企业普遍存在的决策随意、制度不严、纪律松懈、管理水平低下的状况。

四、甘肃省国资委监管企业产权制度改革情况

甘肃省是西北老工业基地,国有经济比重大、非公有制经济比重小,传统产业比重高、新型产业比重低。近年来,随着"工业强省"三大结构调整工程的实施,省属多数大中型国有及国有控股企业基本建立起了现代企业制度,形成了一批竞争力强、发展前景好、在全省经济发展中起骨干作用的大企业、大集团,一些长期亏损、扭亏无望、资源枯竭的劣势企业正在通过破产、重组逐步退出市场。但从总体上看,投资主体单一、历史包袱沉重、产权制度改革滞后等问题比较突出。对此,甘肃省委、省政府非常重视,明确提出,用3年左右的时间,使70%左右的省属国有大中型企业完成产权结构多元化的股份制改革。经过近一年时间的努力,甘肃国有企业产权制度改革取得了新的进展。

(一)产权改革的制度建设取得新进展

一是为加强产权市场管理,规范产权交易行为,培育发展产权交易市场,促进资产合理流动,优化资源配置,提高资产营运效益,根据国家有关规定,结合甘肃实际,制订了《甘肃省产权交易管理暂行办法》。二是为促进股份制企业股权的规范化管理,保障包括国有股在内的全体股东权益,强化对非上市股份有限公司和有限责任公司监管,制订了《甘肃省股权登记托管服务管理暂行办法》。三是为确保上市公司国有股权转让工作依法、有序、规范进行,制订了《甘肃省上市公司国有股权转让工作规程(试行)》,从股权转让方案提出、受让方选择、方案评审、监管部门审核、政府审批、签订合同、预付款的缴纳、报国务院国资委审批、付款及股权过户、监督管理等方面进行了规范。四是为加强甘肃省企业国有产权交易的监督管理,规范企业产权转让行为,促进全省产权交易市场的健康发展,甘肃省政府国资委会同省工商局、省监察厅联合下发了《关于加强企业国有产权交易管理工作的通知》,明确提出各持有国有资本的企业向境内外法人、自然人或其他组织有偿转让所持企业国有产权,必须坚持公开、公平、公正的原则,采取拍卖、招投标、协议转让以及国家法律、行政法规规定的其他方式,进入依法设立并经国有资产监督管理机构认定的产权交易机构进行。五是为加强非上市国有控股和参股公司的股权管理,规范国有股权转让行为,甘肃省政府国资委会同省工商局联合下发了《关于加强非上市国有控股和国有参股公司股权托管工作的通知》,明确

要求非上市国有控股和参股有限责任公司的全部股份、非上市国有控股和参股公司内部职工持股会的全部股份,委托经授权部门批准、依法设立的股权登记托管机构托管。股权集中托管后,公司股权的转让、赠与、继承、司法判决、质押及相关股权变动,由托管机构统一办理有关手续。

(二)产权结构多元化改革有了实质性进展

一是经甘肃省人民政府批准并报请国务院国资委审批,兰州三毛纺织(集团)有限责任公司将其所持兰州三毛实业股份有限公司28%的国有法人股转让给上海开开实业股份有限公司,其股权转让工作已基本完成。受让方全面接管企业生产经营后,转换了经营机制,加强了销售工作,拓宽了经营渠道,改变了国有企业在计划经济下的一些运作方式,给企业注入了活力。二是甘肃农垦啤酒股份有限公司与青岛啤酒股份有限公司以增资扩股方式进行资产重组,青岛啤酒股份有限公司持有甘肃农垦啤酒股份有限公司50%的股权,成为公司第一大股东。新公司以建章立制、规范管理、流程再造、成本费用预控为突破口,全面导入青啤先进的管理理念和管理模式,企业经济效益大幅度提高。新公司注册成立的第一个月即实现利润209万元,2004年累计上缴利税7600万元,较上年同期增长58%。三是酒泉钢铁(集团)有限责任公司将其所持山西宏阳钢铁有限责任公司77.5%的国有股权及钢研院的资产转让给酒泉钢铁(集团)有限责任公司控股的甘肃酒钢宏兴股份有限公司。此次转让不仅有效地解决了母子公司之间潜在的同业竞争问题,而且提升了上市公司盈利能力和研发能力。四是兰州铝业股份有限公司资产重组进展顺利。兰州铝业股份有限公司为了解决氧化铝供应和后续发展项目的资金问题,更好地促进该公司做大做强,于2004年初提出了转让部分国有股权的意见。经过一年多的努力,2004年12月29日甘肃省政府以甘政函〔2004〕129号《关于同意转让兰州铝业股份有限公司国有股的批复》,原则同意兰州铝厂向中国铝业转让兰州铝业部分国有法人股。本次股权转让可以有效地解决兰州铝业股份有限公司面临的氧化铝资源短缺问题,同时为后续项目的建设提供了资金保证。

五、甘肃省国资委监管企业主辅分离辅业改制工作情况

为确保全面实现"376"国企改革攻坚目标,去年下半年以来,甘肃省围绕监管企业主辅分离改制分流工作,重点在规范操作程序、全面调查摸底、重点企业推进几方面加大了工作力度。一是研究制订企业主辅分离辅业改制工作指导意见。提出分年度主辅分离改制分流工作任务,明确处置关键问题的政策依据,建立规范操作程序及方案报批确认工作流程,强调统筹规划,分步实施,因企制宜,稳步推进。明确监管企业中凡辅业资产既为主体企业服务,又面向外部市场,资产质量较为优良,且能够支付职工经济补偿,有懂市场、会经营、具有开拓精神的经营群体,职工具有承受能力和改革意识的企业要率先启动,优先进行主辅分离改制重组。二是对企业辅业资产情况进行全面调查摸底。甘肃省国有大中型企业主辅分离辅业改制工作任务十分繁重:截至2003年底,在拟由省政府国资委监管的47户企业中,三类资产总额为181.5亿元,占全部资产总额的21.1%,涉及职工14.7万人,占职工总数的47.6%。其中26户工业企业三类资产总额为177.5亿元,占工业企业资产总额的25.6%(构成:86%为非主业资产、8%为闲置资产、6%为破产有效资产),三类资产涉及职工12.5万人,占工业企业职工总数的53.2%(构成:58%为非主业人员、40%为破产企业人员);涉及破产的10户企业三类资产总额为53.4亿元,占破产企业全部资产总额的23.0%,涉及职工8.1万人,占破产企业职工总数的69.9%。在已下划市、州管理的原省属70户国有大中型企业中,三类资产总额为12.1亿元,占全部资产总额的21.9%,涉及职工2.1万人,占职工总数的26.3%。其中涉及破产的27户企业三类资产总额为6.9亿元,占破产企业全部资产总额的39.8%,涉及职工1.6万人,占破产企业职工总数的57.1%。三是重点推进兰铝、兰炭、兰石等10户监管企业主业规范重组、辅业改制分流工作。随着新的国有资产监管体制的建立以及国企改革政策规定的不断完善,甘肃省企业改革进程明显加快,已经形成辅业改制分离建立"自主经营、自负盈亏、自我约束、自我发展"新机

制,主辅分离改制分流工作全面启动的格局。目前甘肃省企业在主辅分离辅业改制重组中的主要做法:一是主业突出、具有品牌产品、技术含量高、管理先进、具备经营规模、发展态势较好的企业,主要以机制创新、技术创新和管理创新为动力,通过以优势资产与科研院所重组合作,引进外资、职工入股,规范组建产权多元化的公司制企业,培育新的经济增长点。二是辅业剥离与改制重组、资本运营有机结合,创造条件使企业中能够独立对外、面向市场的生产、生活辅助部门与经营主体相分离,由无偿服务转为有偿服务,由单独为企业服务转向面向社会服务,通过经营者和职工持股、引入社会资本,改制组建公司制企业,实现产权制度与经营机制的根本转变。三是尚不具备整体改制条件的企业,通过对内部二级单位,实施主辅界定、辅业分块搞活、改制重组,构建自主经营、自负盈亏的经济实体,促其由生产型向生产经营型转变,成为具备市场竞争能力的法人实体。四是暂不具备主辅分离辅业改制重组条件的企业,通过实行租赁、承包、托管、分立等方式,推进内部结构调整和资产重组,为今后实施主辅分离辅业改制创造条件。五是产品无市场、技术落后、长期亏损、资产质量低劣、扭亏无望的企业,按照“先重组、后改制、先安置、后破产”的原则,通过对有效资产进行重组改制,确保职工得到妥善安置。

据不完全统计,2004 年甘肃省正在实施主辅分离辅业改制的 36 户国有大中型企业中,完成辅业改制企业 45 户,分流安置富余人员 14433 人,其中在改制分流企业安置的富余人员为 12268 人,已经享受所得税减免 240 万元。其中:拟由省政府国资委监管的企业中完成辅业改制 39 户,分流安置富余人员 11092 人,在改制分流企业安置的富余人员为 9980 人,已经享受所得税减免 240 万元。

六、甘肃省国资委监管企业改制重组和完善法人治理结构进展情况

近年来,甘肃省委、省政府制订和采取了一系列政策和措施,加大国有企业改革力度。2003 年 12 月,甘肃省委、省政府制定了《关于深化国有企业改革的意见》,提出深化国有企业改革要以完善社会主义市场经济体制、建立现代产权制度为目标,3 年时间完成三大任务,即:大多数国有企业基本完成股份制改造,建立省、市两级国有资产监管新体制,建立符合现代市场经济体制要求的企业经营新机制。

2004 年 2 月 28 日,省委、省政府召开了全省深化国有企业改革工作会议,会议提出了以产权制度改革为突破口,以股份制为主要形式,以国有大中型企业为重点,力争用 3 年左右的时间,完成我省国企改革的阶段性目标。

2004 年 3 月,甘肃省人民政府国有资产监督管理委员会成立后,为贯彻落实省委、省政府《关于深化国有企业改革的意见》,围绕省委、省政府提出的“改革抓企业”战略决策,起草并经省委、省政府颁布实施了甘肃省国有企业改革“376”攻坚计划,即:从 2004 年到 2006 年,用 3 年的时间,使 70%左右的省属国有及国有控股大中型企业通过股份制改制,实现产权结构多元化,主辅分离辅业改制和逐步分离企业办社会职能;70%左右的已调整下划市、州管理的国有中小型企业完成改制,退出国有经济序列,转入非公经济发展轨道;70%左右改制的国有及国有控股企业职工实现身份转换;66 户长期亏损、扭亏无望和资源枯竭的国有企业实施政策性破产和依法破产,退出市场。

根据省委省政府制订的“376”国企改革攻坚计划,从 2004 年到 2006 年,甘肃省政府国资委监管的 48 户企业中,将有 35 户左右的企业完成产权多元化的改革。在监管的 28 户国有大中型工业企业中,已改制为有限责任公司的 10 户,其中大多数改制为几个国有股东重组的公司或国有独资公司,包括金川集团公司、靖远煤业、兰石集团、窑街煤电、西北铁合金、甘肃铝业、兰新通信、连城铝业、刘化集团、甘肃稀土等;主业改制为股份有限公司的 11 户,其中已上市的 9 户企业是酒钢宏兴、兰州铝业、长城电工、兰光科技、海龙科技、祁连山、三毛派神、西北化工、长风特电等,另外 2 户企业是兰州蓝天浮法玻璃股份有限公司和华亭煤电股份有限公司等。2 户实施政策性破产的企业是中国有色第二十一冶金建设公司和中国有色第八冶金建设公司。2004 年重点进行规范股份制改革的酒钢、金川、兰铝、华煤集团、窑街煤电、靖远煤业、

兰新集团、西北永新、长城电工、甘肃稀土、兰碳等10户企业,按照5月份全省国有企业股份制改革会议要求,正在进行清产核资。围绕做大做强,大多数企业通过引进外部资本、重组、整合区域资源,进入了利用资本市场融资的快车道和建立现代产权制度的新轨道。宝钢、太钢作为战略投资者,参与金川公司股份制改制签订了框架性协议,金川公司通过向宝钢转让不低于10%的股份,实现强强联合,联手开拓国际市场;兰州兰铝与中国铝业签订了资产重组的协议,中铝受让兰铝29%的股份,成为兰铝股份的第一大股东,兰铝拥有13.4%股份,为第二大股东,实现上下游产业的资源整合,转让资金主要投入兰铝的重点技术改造项目和支付企业改革的成本;华能、鲁能、神华、四川鑫福集团参与华煤集团股份制改革,进行了初步协商,为华煤建成千万吨级的大型煤炭企业、提高国际竞争力创造了有力条件,四川鑫福的5000万元资金已到位;正在商谈和下一步重点推进的有长城电工与TCL,西北化工与浙江吉利、广东健力宝、四川正元的并购重组;兰州三毛、兰州民百的股权转让已获得国务院国资委批准;农垦啤酒与青岛啤酒资产重组已签订了协议;青岛啤酒增资6048万元,拥有农垦啤酒50%的股权;靖远煤业制订了整体改制方案,实施主辅分离、辅业改制,拟通过受让长风特电股份、增发新股、做精主业。2004年底启动的甘肃机械集团、电子集团、医药集团和建材国资公司改革重组及人员分流工作正在有序推进。

(撰稿人:袁恒涛　温建军　蒲培文　任　忠　孙　浩)

青海省

一、青海省国有资产监督管理工作综述

青海省政府国有资产监督管理委员会(以下简称青海省国资委)经青海省委、省政府批准,于2004年4月18日挂牌成立。截至2004年12月底,青海省国资委履行出资人职责的企业为18户。18户企业的国有净资产71亿元,控制的总资产321亿元,职工4.9万人,产业涉及机械、化工、医药、煤炭、冶炼、水电、房地产、运输、机场、农牧、施工等多个行业。在全省国有资产监督管理工作中,认真实施《企业国有资产国监督管理暂行条例》,青海省国资委正确行使国有资产的监督管理职能,按照新的国有资产管理体制的要求,坚持管人、管事和管资产相结合的原则,认真履行出资人职能,按照国务院国资委的要求,围绕青海省委、省政府确定的改革目标和任务,大力推进国有经济布局结构的调整,加快省属企业国有资本调整工作,在产权制度改革、清产核资、制度建设和企业领导班子建设、党建工作等方面取得一定进展和成效。

(一)围绕依法履行出资人职责,国资监管工作扎实起步

一是建立和完善了国有资产监管的政策法规体系。按照国务院国资委的《企业国有资产监督管理暂行条例》,结合青海省实际,起草了《青海省实施〈企业国有资产监督管理暂行条例〉办法》,经青海省政府批准实施。先后制订了《青海省企业国有产权转让管理办法》、《关于进一步规范我省国有企业改制工作的意见》、《青海省省属企业监事会管理暂行办法》、《青海省国有企业清产核资实施办法》等10多个规范性配套文件,使管资产、管人、管事有法可依。积极推动企业法律顾问制度建设,指导企业依法维护权益。加强了企业在改制重组、合同管理、投资、担保等方面的法律风险防范机制建设。二是进一步落实国有资产经营责任,完善业绩考核和激励约束机制。青海省国资委在原有业绩考核和绩效评价工作的基础上,结合业绩考核的共性和企业的个性,完善了业绩考核指标体系,制订了《省属国有企业负责人经营管理业绩考核及年薪制暂行办法》。对16户企业负责人的经营业绩进行了考核。同时,针对企业分配中存在的问题,在坚持"两低于"的前提下,指导企业完善收入分配关系,逐步形成了自上而下的企业内部激励和约束机制。三是加强国资监管的基础工作。按照"管资产从摸清家底入手"的工作思路,及时组织开展了近年来规模最大的青海省属企业清产核资工作,到2004年底基本完成了青海省国资委履行出资人职责的18户

企业的清产核资,对资产损失进行了审核和批复,为摸清家底,夯实基础,减轻企业负担创造了有利条件。同时,建立了青海省属企业财务快报、财务预决算、企业绩效评价等制度。制订了《青海省省属企业投资管理暂行办法》和《青海省省属企业担保管理暂行办法》,对企业重大投资和担保抵押行为进行了规范。建立了企业资产处置和国有产权转让进场交易制度,并对部分资产和产权在青海产权交易市场进行了公开竞价转让,国有资产管理基础工作逐步得到规范。

(二)以深化产权制度改革为核心,积极推进国有资本调整和国有企业改革

一是加快实施了《省属企业国有资本调整方案》。通过增资扩股、股权转让、股份制改造等多种方式,积极引进外资、中央大企业资本、民营资本和其他社会资本,企业的资本结构显著优化,实力明显增强。西部矿业有限责任公司定向增发19000万股人民币非流通股,募集近6亿元资金,其中,引进外资1亿多元,实现了股权多元化。青海省投资集团有限公司引进国内外战略投资者投入20亿元资本进行增资扩股,整体改制工作已经启动;西宁特殊钢集团有限责任公司通过引进省内外投资者投资入股,加快了新项目建设;青海盐湖工业集团有限公司向中国化肥集团转让了盐湖钾肥20%的国有股权、青海省企业技术创新投资管理有限责任公司向中国国药集团转让了青海制药集团47.1%的国有股权,盘活了存量资产,实现了强强联合。各企业在资本结构调整过程中,按照青海省发展特色经济的总体要求,把筹集的资金集中投向了特色经济、优势产业,建设了一批对全省工业发展具有带动力的重大项目,水电、煤炭、钢铁、特色动植物资源深加工以及盐湖资源综合利用等项目建设取得明显进展,有的已经形成生产能力,成为新的经济增长点。据统计,截至2004年底,18家企业承担的工业项目22项,占全省的29%,投产或部分投产的7项,完成投资27亿元;在建及续建14项,投资额76亿元;筹备建设的8项,投资额105亿元。各州、地、市也加大了国有企业改革力度,除粮食以及公益性企业外,其他国有中小企业通过改制,实现了国有资本的退出。二是加大了企业内部资产和产业整合力度,主业更加突出。按照精干主体、突出主业的要求,青海省三江集团有限责任公司将属下30家子公司归并成19家,把企业经营领域由涉及9个行业逐步调整为集中发展牛羊肉深加工、马铃薯深加工等4项核心业务。西部矿业有限责任公司采取划转、转让、合并、清算注销等方式,将15个子公司整合为4个,主业由涉及9个行业调整缩减为6个,进一步突出了主业,精干了主体,盘活了存量,提高了运营效率。三是企业改革继续深化,一些重点和难点问题有了新的突破。以深化国有资产管理体制为契机,在积极推进所监管企业制度创新的同时,进一步加大了指导国有企业改革重组的力度。2004年完成了西宁特殊钢集团有限责任公司、青海煤业集团有限责任公司等企业的主辅分离工作;解决了青海水泥股份公司资产重组后的遗留问题,分流安置富余职工2000多人,企业负担进一步减轻。通过采取分离改制、债务打包、缩水回购等措施,解决了芒崖石棉矿等企业的历史债务问题,为企业改制重组创造了条件。同时,进一步规范了企业法人治理结构,推动企业加快内部三项制度改革,加强财务、成本、资金、质量管理等基础工作,提高管理水平,促使企业逐步走上规范、健康的发展轨道。

(三)加强企业党建和干部队伍建设

按照"建立管资产和管人、管事相结合的国有资产管理体制"的要求,制订了《青海省省属国有企业负责人管理暂行办法》,初步建立了考察选拔任免企业领导人员与市场配置相结合的选人用人新机制,对所出资企业领导人员的管理范围、选拔任用条件、资格、程序等做出了具体规定。2004年共考察任免和调整企业负责人12名。制订了《青海省省属国有企业党组织工作暂行办法》,推进"双向进入、交叉任职"的党建工作领导制度,加强和改进了企业党的建设,进一步明确了企业党建工作总的要求和目标任务,对更好地发挥党组织在企业生产经营中的政治核心作用起到了积极的推动作用。切实加强了企业党风廉政建设和反腐败工作,加大了监察和查处违法违规行为的力度,促进了企业党风廉政建设和反腐败工作的深入开展。同时,认真开展民族团结进步创建活动,制订并贯彻落实了《关于在省属国有企业开展民族团结进步创建活动的安排意见》，建立了开展民族团结进步活动的长效机制，为推动“三个文明”共同进步奠定了基础。

青海省国资委今后的工作重点，一是深化改革，进一步落实省属企业国有资本调整方案。对省属国有资产经营公司进行重组整合。深入企业，加大监督和检查力度，督促企业的国有资本调整工作，尽快实现省属企业产权多元化，做强做大国有企业。二是继续健全制度，完善程序，抓好基础管理工作。三是按期完成省属经营性资产的清产核资工作，根据清产核资情况，对经营性资产进行调整和重组。四是加强企业国有资产授权经营管理，规范授权经营公司与所出资企业的产权关系，减少管理层级，提高国有资本运营效率。五是完善国有资产出资人管理，有效落实国有资产出资人的资产收益权。六是加强企业领导人管理。对企业领导人全面进行培训。在考察考核的基础上，核定资产经营公司和企业集团领导班子成员职数，并逐步推行公开考聘企业经营管理者制度。在省属企业有条件的二、三级企业中推行企业领导人员聘任制。七是进一步加强企业党的建设。把党的工作与生产经营管理相结合，把党管干部的原则与维护企业用人权相结合，把精神文明建设与企业文化建设相结合，把民主管理监督与维护经营管理者经营管理权相结合，大力加强企业领导班子建设和人才队伍建设。坚持“一岗双责”，落实党风廉政建设责任制。

二、青海省国有资产保值增值综合分析评价

根据青海省国资委2004年度地方国有及国有控股非金融企业(不含中央驻青企业，以下简称国有企业)国有资产统计报表数据显示，2004年度青海省地方国有企业，通过深化改革和结构调整，整体经济实力增强，经营效益大幅度提高，资产运营质量好转，国有资产实现了保值增值。

(一)青海省国有企业基本情况

2004年度青海省国有资产统计报表汇编地方国有企业552户，比上年净减少20户，减幅为3.5%；资产总额4392348万元，比上年增长18.6%；国有资产总量1087643万元，比上年增长37%；实现利润总额120156万元，比上年增长166.6%。

●1087643万元国有资产总量中，按企业规模划分：大型企业345241万元，占全部国有企业的31.7%；中型企业519443万元，占47.8%；小型企业222959万元，占20.5%。

●按企业所属行业划分：工业666718万元，占全部国有企业的61.3%；农林牧渔业28765万元，占2.6%；建筑业37870万元，占3.5%；交通运输业46244万元，占4.3%；贸易餐饮业6909万元，占0.6%；房地产业37934万元，占3.5%；社会服务业87329万元，8%；其他行业175874万元，占16.2%。

(二)国有资产保值增值整体综合分析评价

2004年青海省年底国有资本及权益总额1087520万元，比年初959578万元，增长13.3%，因客观因素影响国有资本及权益增加163371万元，减少69928万元，扣除客观因素后，年底国有资本及权益994077万元，国有资产增值34499万元，国有资产保值增值率103.6%。比上年增加2.6个百分点。整体国有资产实现增值，在全国国有企业中处于平均水平，从上年处于较低水平上升到平均水平。

因客观因素影响国有资本及权益增加的163371万元中，资产评估增加112035万元，占68.6%；国家、国有单位直接或追加投资18272万元，占11.2%；资本(股票)溢价9580万元，占5.8%；其他因素增加23484万元，占14.4%。

因客观因素影响国有资本及权益减少的69928万元中，无偿划出18595万元，占26.6%，经国家专项批准核销5584万元，占8%，其他因素减少45749万元(含资产评估、消化以前年度潜亏和挂账、会计调整等因素)，占65.4%。

552户国有企业中，国有资产增值的企业174户，占总户数的31.5%，国有资产保值增值率113%；国有资产保值的企业110户，占19.9%，国有资产保值增值率100%；国有资产减值的企业249户，占45.1%，国有资产保值增值率88%；不能确定国有资产保值增

值的企业19户,占3.5%(新成立、组建的企业,年初数为0)。增值企业年底国有资本及权益总量占全部国有企业年底国有资本及权益总量的比重为79.7%,保值企业为4.6%,减值企业为14.7%,不能确定保值增值企业为1%。

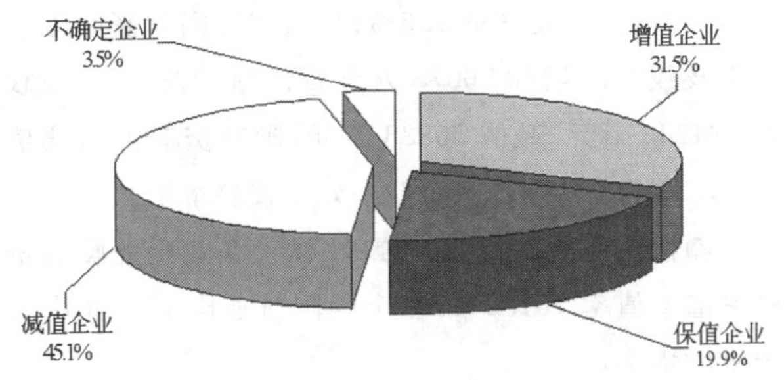

国有资产保值增值按企业户数分布图

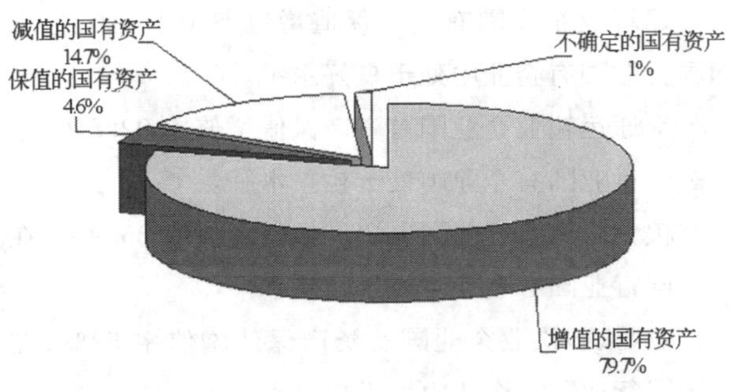

国有资产保值增值按国有资产总量分布图

552户国有企业中,国有资产保值增值情况在全国同行业同规模国有企业中处于优秀水平的企业71户,占总户数的12.9%,国有资产保值增值率118.4%;处于良好水平的企业14户,占总户数的2.5%,国有资产保值增值率106%;处于平均水平的企业67户,占总户数的12.1%,国有资产保值增值率103.3%;处于较低水平的企业137户,占总户数的24.8%,国有资产保值增值率100.9%;处于较差水平的企业139户,占总户数的25.2%,国有资产保值增值率90.8%;不能确定的企业124户,占总户数的22.5%(新成立、组建的企业和国有资本及权益年初或年底为负数的企业)。处于优秀水平的企业年底国有资本及权益总量占全部国有企业年底国有资本及权益总量的比重为48.7%,处于良好水平的企业为6.5%,处于平均水平的企业为14.9%,处于较低水平的企业为17.3%,处于较差水平的企业为13.1%,不确定企业为-0.5%。

从以上分析中看到,青海省国有企业2004年国有资产整体上实现了保值增值,虽然保值增值的整体水平不高,但保值增值的面比较广。国有资产保值增值率103.6%,在全国国有企业中处于平均水平。但保值增值的企业为284户,占总户数的51.4%,保值增值的国有资产占全部国有资产的比重为84.3%。保值增值水平在全国同行业同规模国有企业中,处于平均水平以上的企业152户,占总户数的27.5%,处于平均水平以上企业的国有资产占全部国有资产的比重为70.1%。

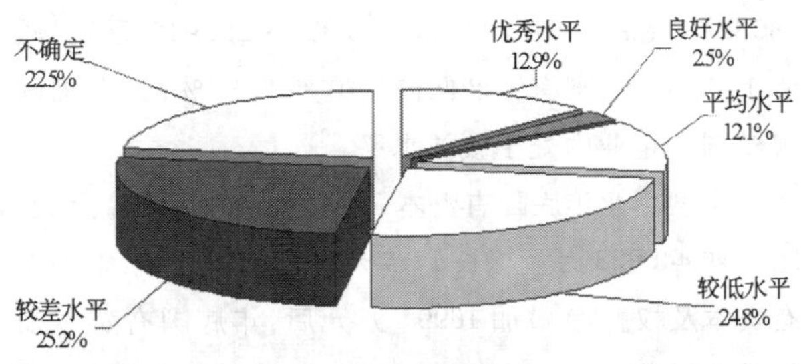

国有资产保值增值水平按企业户数分布图

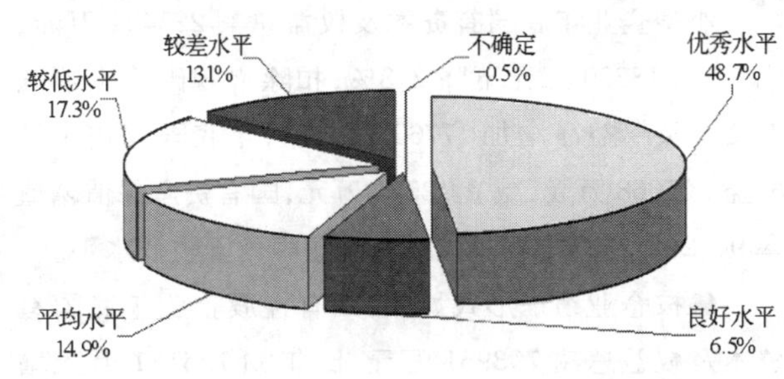

国有资产保值增值水平按国有资产总量分布图

(三)国有资产保值增值分类分组的分析评价

●按隶属关系划分:省国资委监管企业年底国有资本及权益总额707648万元,比年初676595万元增长4.6%,扣除客观因素影响国有资本及权益净减少15810万元后,年底国有资本及权益723458万元,增值46863万元,国有资产保值增值率106.9%,在全国国有企业中处于良好水平。

省级部门管理的企业年底国有资本及权益总额

88364万元，比年初90150万元下降2%，扣除客观因素影响国有资本及权益净增加601万元后，年底国有资本及权益87763万元，减值2387万元，国有资产保值增值率97.4%，在全国国有企业中处于较差水平。

州地市县属企业年底国有资本及权益总额291508万元，比年初192832万元增长51.2%，扣除客观因素影响国有资本及权益净增加108652万元后，年底国有资本及权益182856万元，减值9976万元，国有资产保值增值率94.8%，在全国国有企业中处于较差水平。

●按企业规模划分：大型企业年底国有资本及权益总额351628万元，比年初294416万元增长19.4%，扣除客观因素影响国有资本及权益净增加58682万元后，年底国有资本及权益292946万元，减值1470万元，国有资产保值增值率99.5%，在全国同规模国有企业中处于较差水平。

中型企业年底国有资本及权益总额512461万元，比年初446923万元增长14.7%，扣除客观因素影响国有资本及权益净增加16994万元后，年底国有资本及权益495467万元，增值48544万元，国有资产保值增值率110.9%，在全国同规模国有企业中处于优秀水平。

小型企业年底国有资本及权益总额223431万元，比年初218239万元下降2.3%，扣除客观因素影响国有资本及权益净增加17763万元后，年底国有资本及权益205668万元，减值12571万元，国有资产保值增值率94.2%，在全国同规模国有企业中处于较低水平。

●按企业组织形式划分：国有控股企业年底国有资本及权益总额793951万元，比年初725131万元增长9.5%，扣除客观因素影响国有资本及权益净增加28581万元后，年底国有资本及权益765370万元，增值40239万元，国有资产保值增值率105.5%，在全国国有企业中处于良好水平。

国有独资企业年底国有资本及权益总额267710万元，比年初207139万元增长29.2%，扣除客观因素影响国有资本及权益净增加64700万元后，年底国有资本及权益203010万元，减值4129万元，国有资产保值增值率98%，在全国国有企业中处于较差水平。

●按企业盈利或亏损划分：盈利企业年底国有资本及权益总额766705万元，比年初644002万元增长19.1%，扣除客观因素影响国有资本及权益净增加57371万元后，年底国有资本及权益709334万元，增值65332万元，国有资产保值增值率110.1%，在全国国有企业中处于优秀水平。

亏损企业国有资本及权益总额320815万元，比年初315575万元增长1.6%，扣除客观因素影响国有资本及权益净增加36073万元后，年底国有资本及权益284742万元，减值30833万元，国有资产保值增值率90.2%，在全国国有企业中处于较差水平。

●按企业所属行业划分：农林牧渔业企业国有资产保值增值率101.2%，在全国同行业国有企业中处于平均水平。

工业企业国有资产保值增值率107.5%，在全国同行业国有企业中处于良好水平。

建筑业企业国有资产保值增值率104.5%，在全国同行业国有企业中处于良好水平。

交通运输业企业国有资产保值增值率92.8%，在全国同行业国有企业中处于较差水平。

粮食仓储业企业国有资产保值增值率36.9%，在全国同行业国有企业中处于较差水平。

贸易、餐饮业企业国有资产保值增值率62%，在全国同行业国有企业中处于较差水平。

房地产业企业国有资产保值增值率98.2%，在全国同行业国有企业中处于较低水平。

信息技术服务业企业国有资产保值增值率101.1%，在全国同行业国有企业中处于较低水平。

文化广播业企业国有资产保值增值率93.3%，在全国同行业国有企业中处于较差水平。

科学研究及技术服务业企业国有资产保值增值率103.3%，在全国同行业国有企业中处于平均水平。

社会服务业企业国有资产保值增值率94.6%。在全国同行业国有企业中处于较差水平。

上述11个经济行业中，国有资产保值增值的5个，减值的6个；在全国同行业国有企业中处于平均水平以上的4个，处于平均水平以下的7个。

●工业企业按行业具体划分：煤炭工业企业国有资产保值增值率100.6%，在全国同行业国有企业中处于较差水平。

冶金工业企业国有资产保值增值率101.3%,在全国同行业国有企业中处于较差水平。

建材工业企业国有资产保值增值率109.2%,在全国同行业国有企业中处于优秀水平。

化学工业企业国有资产保值增值率115.5%,在全国同行业国有企业中处于优秀水平。

食品工业企业国有资产保值增值率91.5%,在全国同行业国有企业中处于较差水平。

纺织工业企业国有资产保值增值率104.3%,在全国同行业国有企业中处于良好水平。

医药工业企业国有资产保值增值率100.4%,在全国同行业国有企业中处于较低水平。

机械工业企业国有资产保值增值率98.6%,在全国同行业国有企业中处于较低水平。

电力工业企业国有资产保值增值率118.7%,在全国同行业国有企业中处于优秀水平。

市政公用工业企业国有资产保值增值率108.7%,在全国同行业国有企业中处于优秀水平。

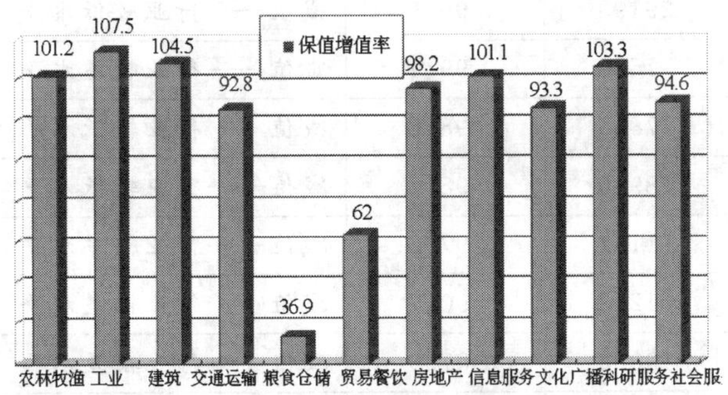

国有资产保值增值按行业分析评价示意图

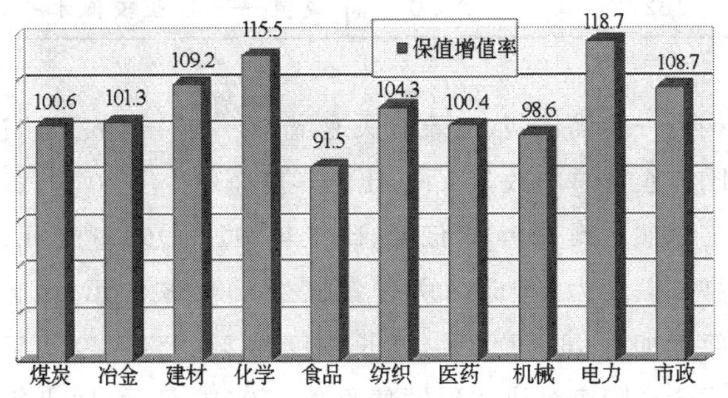

国有资产保值增值按工业具体行业分析评价示意图

上述10个工业行业中,国有资产保值增值的有8个,减值的2个。在全国同行业国有企业中处于平均水平以上的5个,处于平均水平以下的5个。

(四)青海省国资委监管企业国有资产保值增值分析评价

青海省国资委监管的企业是青海省国有经济各行业的骨干龙头企业,是构成青海省经营性国有资产的主体,国有企业经济效益的源泉和主要增长点。据2004全省国有资产统计报表数据,省国资委监管的18户企业集团公司资产总额321.16亿元,占全省国有企业资产总额的73.1%;国有资产总量70.76亿元,占全省国有企业国有资产总量的65.1%;实现利润12.79亿元,是全省国有企业实现利润的106.4%;因此,国资委监管企业国有资产保值增值情况,对全省国有企业整体国有资产的保值增值影响极大。

18户监管企业年底国有资本及权益总额707648万元,比年初676595万元增长4.6%,扣除客观因素影响国有资本及权益净减少15810万元后,年底国有资本及权益723458万元,增值46863万元,国有资产保值增值率106.9%,在全国国有企业中处于良好水平,高于全省国有企业的平均水平。

18户企业中,国有资产保值增值的11户,占总户数的61.1%;保值增值企业年底国有资本及权益520290万元,占18户企业国有资本及权益总量的73.5%。

18户企业中,国有资产保值增值情况在全国同行业同规模国有企业中处于优秀水平的企业5户,占总户数的27.8%;处于良好水平的企业1户,占总户数的5.6%;处于平均水平的企业2户,占总户数的11.1%;处于较低水平的企业6户,占总户数的33.3%;处于较差水平的企业4户,占总户数的22.2%。

2004年国资委监管企业保值增值排序分析表

单位:万元

企业名称	年初国有资本及权益总额	年底国有资本及权益总额	客观因素增减额	扣除客观因素后国有资本及权益总额	国有资本保值增值率(%)	评价结果
合计	676595	707648	-15810	723458	106.9	增值——行业良好水平
盐湖集团	145847	163333	-10429	173762	119.1	增值——行业优秀水平
西部矿业	41584	55958	8114	47844	115.1	增值——行业优秀水平
水电集团	25688	29797	1000	28797	112.1	增值——行业优秀水平
投资集团	123177	135735	584	135151	109.7	增值——行业优秀水平
芒崖石棉矿	9148	9917	0	9917	108.4	增值——行业优秀水平
建设集团	1863	1933	0	1933	103.8	增值——行业良好水平
创投公司	34771	31591	-4305	35896	103.2	增值——行业较低水平
路桥集团	26490	27112	0	27112	102.3	增值——行业平均水平
煤业集团	11425	12229	546	11683	102.3	增值——行业较低水平
三江集团	40411	28793	-12357	41150	101.8	增值——行业平均水平
金诃藏药	10563	10587	0	10587	100.2	增值——行业较低水平
投资控股	29220	27945	-1254	29199	99.9	减值——行业较低水平
青鹏集团	7655	6234	-1352	7586	99.1	减值——行业较差水平
物产集团	18063	16903	-942	17845	98.8	减值——行业较低水平
机电公司	19217	16407	-2559	18966	98.7	减值——行业较低水平
西宁特钢	72975	71132	-35	71167	97.5	减值——行业较差水平
运输集团	4647	4513	300	4213	90.7	减值——行业较差水平
民用机场	21706	25732	6660	19072	87.9	减值——行业较差水平
未纳入合并报表2户						
西部铝业	13385	13305	79	13306	100.0	保值——行业较差水平
重型机床	18839	18412	140	18272	97.0	减值——行业较低水平

三、青海省国有企业资产营运情况分析

根据青海省国资委编制的2004年度全省国有资产统计报表数据显示,2004年度青海省地方国有及国有控股非金融企业(不含中央驻青企业,以下简称国有企业),在国家一系列宏观调控政策的推动下,通过深化改革和结构调整,整体经济实力进一步增强,生产稳步发展,资产营运质量继续提高,分布结构进一步优化,营运效益快速增长。2004年底,全省国有企业总户数552户,比上年度净减少了20户;资产总额达到439.23亿元,比上年增加了68.9亿元,增长幅度为18.6%;所有者权益109.88亿元,比上年增加了23.79亿元,增长幅度为27.6%。2004年度全省国有企业实现销售收入150.12亿元,比上年增加了33.2亿元,增长幅度为28.4%;实现利润12.02亿元,比上年增加了7.51亿元,增长幅度为

166.5%。这是继2001年度青海省国有企业整体扭亏为盈后,国有企业实现利润连续第三年大幅度增长,国有资产营运效益又上了一个新台阶,再创历史新高。2004年度青海省地方国有企业国有资产营运情况分析如下:

(一)国有企业总户数继续减少

2004年度,全省国有资产统计汇总报表汇编地方国有企业户数552户,比上年净减少20户,减少幅度为3.6%。其中:因新设、分立、事业单位改制、化转等因素增加72户,因改制、撤销、破产、合并重组、歇业等因素减少92户。2004年全省地方国有企业总户数仍呈继续减少的态势,但比近几年减少的幅度有所下降。

在汇编的552户企业中,按规模划分:大型企业31户(占5.6%),中型企业77户(占14%),小型企业444户(占80.4%)。同上年相比大型企业减少了14户,中型企业增加了20户,主要是今年按国家有关新的企业规模划分标准重新划分形成的;小型企业减少了26户,主要是企业改制,破产、重组、出售等原因形成的。按行业划分:工业143户(占25.9%),建筑业14户(占2.5%),农林牧渔业31户(占5.6%),交通运输业30(占5.5%)户,仓储业79户(占14.3%),贸易和餐饮业111户(占20.1%),房地产开发业23户(占4.2%),社会服务业46户(占8.3%),其他行业75户(占13.6%)。按隶属关系划分:省级部门管理的企业85户(占15.4%),省国资委18户监管企业的子企业141户(占25.5%),州地市县属企业326户(占59.1%)。

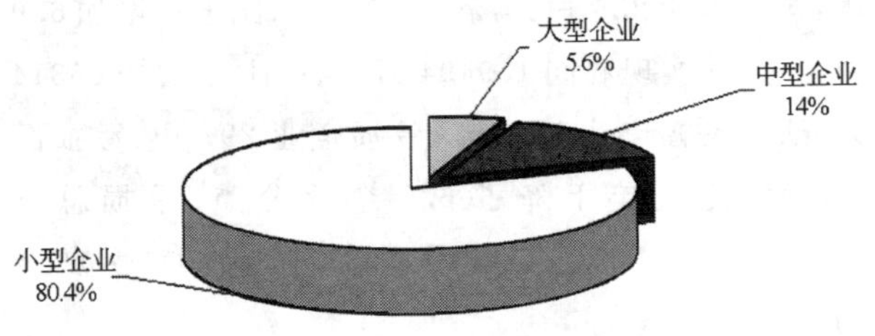

国有企业户数按企业规模分布图

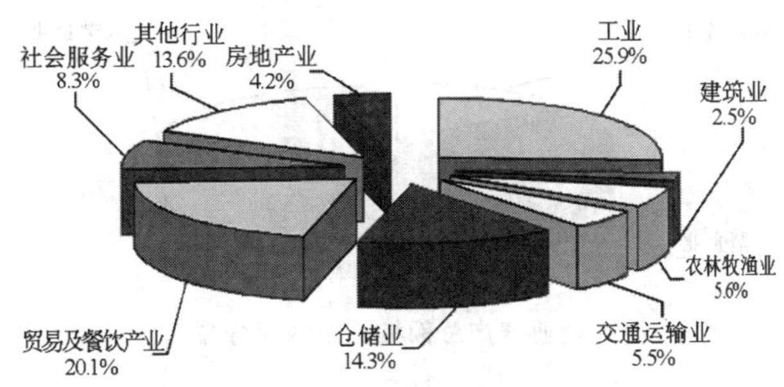

国有企业户数按行业分布图

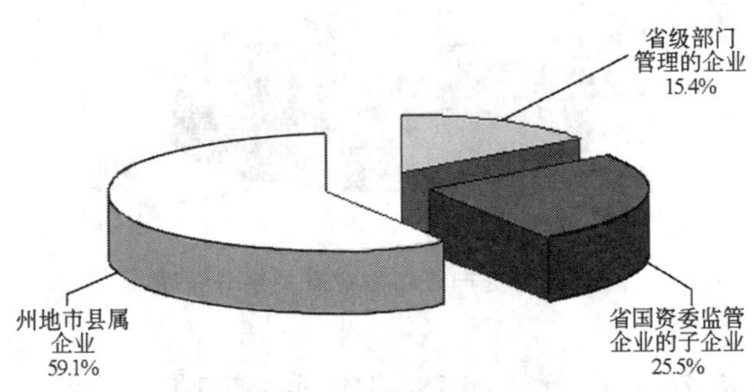

国有企业户数按隶属关系分布图

(二)国有企业资产规模稳步增长

2004年底,552户国有企业资产总额439.23亿元,比上年增加了68.9亿元,增长幅度为18.6%,国有企业资产规模继续稳步增长。

●按规模划分:大型企业204.48亿元(占46.6%),中型企业165.01亿元(占37.6%),小型企业69.74亿元(占15.8%)。

●按行业划分:工业319.25亿元(占72.7%),建筑业20.43亿元(占4.7%),农林牧渔业8.71亿元(占2%),交通运输业8.51亿元(占1.9%)户,仓储业12.25亿元(占2.8%),贸易和餐饮业5.36亿元(占1.2%),房地产开发业15.77亿元(占3.6%),社会服务业21.48(占4.9%),其他行业27.47亿元(占6.2%)。

●按隶属关系划分:省级部门管理的企业25.40亿元(占5.8%),省国资委监管企业321.16亿元(占73.1%),州地市县属企业92.67亿元(占21.1%)。

(三)企业国有资产结构进一步优化

2004年底,青海省地方国有企业国有资产总量

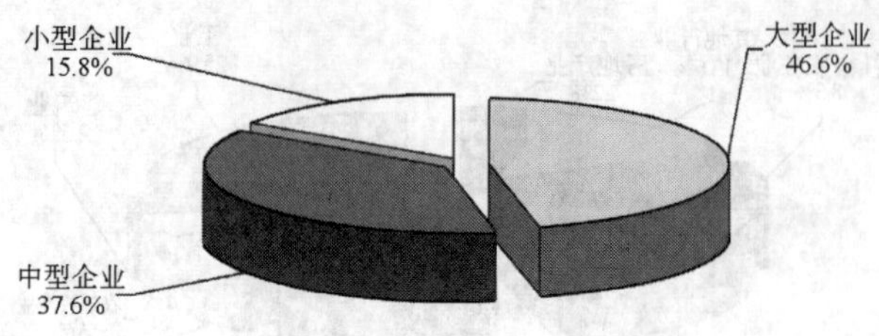

国有企业资产总额按企业规模分布图

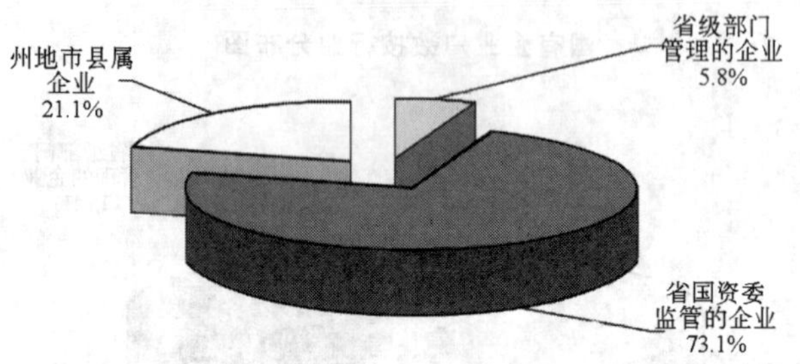

国有企业资产总额按隶属关系分布图

108.76亿元，比上年79.41亿元，增加了29.35亿元，增长27%，增长幅度大大高于资产总额的增长幅度，随着国有企业改制、改革和结构调整，国有资产逐步向国民经济的基础领域和优势行业转移，国有资产的分布进一步合理，结构进一步优化。

●按隶属关系划分：省国资委监管企业国有资产总量70.76亿元，占全部国有企业国有资产总量的65.1%；省级部门管理的企业8.84亿元，占8.1%；州地市县属企业国有资产总量29.16亿元，占26.8%。

●按企业规模划分：大型企业国有资产总量34.52亿元，占全部国有企业国有资产总量的31.7%；中型企业51.94亿元，占47.7%；小型企业22.30亿元，占20.5%。

●按企业组织形式划分：国有控股企业国有资产总量79.41亿元，占全部国有企业国有资产总量的73%；国有独资企业29.35亿元，占27%。

●按企业所属行业划分：国有工业企业国有资产总量66.67亿元，占全部国有企业国有资产总量的61.3%；农林牧渔企业2.88亿元，占2.7%；建筑企业3.79亿元，占3.5%；交通运输企业4.62亿元，占4.2%；贸易、餐饮企业0.7亿元，占0.6%；房地产开发企业3.79亿元，占3.5%；社会服务企业8.73亿元，占8%；其他行业企业17.58亿元，占16.2%。

●工业企业按行业具体划分：冶金、化学、电力三大行业国有资产总量46.93万元，占全部国有工业企业国有资产总量的70.4%，比上年增加8.4个百分点；煤炭、建材、食品、纺织、医药、机械、市政公用等七个行业国有资产总量19.14亿元，占17.6%，比上年减少7.9个百分点；其他工业企业国有资产总量0.6亿元，占0.9%。

（四）国有企业经营效益增长势头强劲

2004年在青海省国有企业紧紧抓住市场有利机遇，认真落实国家宏观调控政策，进一步深化企业改革，加快经济结构调整，积极转变经济增长方式，经济效益增长势头强劲。2004年度全省地方国有企业实现利润120156万元，比上年45076万元，增加75080万元，增长幅度为166.6%。这是全省国有企业2001年整体扭亏为盈以来，连续第三年大幅度增长。2004年度实现利润是2001年的19倍，年平均增长幅度为166.9%。

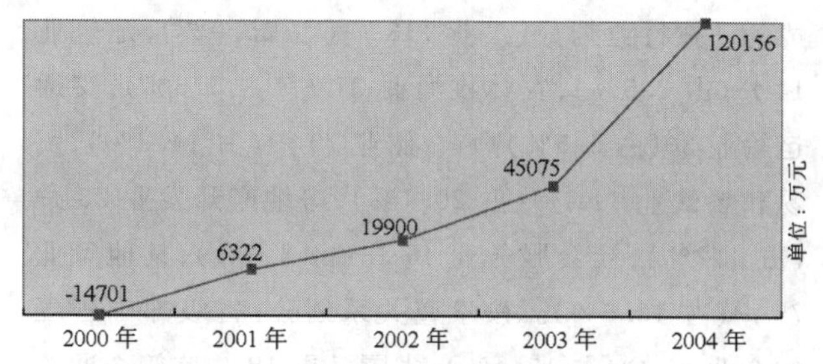

2000～2004年国有企业实现利润增势图

●从盈亏企业状况分析看，552户汇编国有企业中：盈利企业255户，盈利面46.2%，比上年增加6.9个百分点，实现利润159494万元，比上年增加66314万元，增长幅度为79.7%；亏损企业297户，亏损面53.8%，比上年下降了6.9个百分点，亏损总额39339万元，比上年增亏1234万元，增亏幅度为3.2%。

●从隶属关系分析看，省属企业实现利润127515万元，比上年增加81385万元，增长幅度为176.4%；州地市县属企业发生亏损7359万元，比上年增亏6304万元，增亏幅度597.5%。

●从企业规模分析看,大型企业实现利润67954万元,中型企业实现利润62609万元,大中型企业实现利润比上年增加83598万元,增长幅度为178%。小型企业发生亏损10408万元,比上年增加亏损8518万元,增亏幅度450.7%。

●从企业组织形式分析看,2004年度全省国有控股企业实现利润132303万元,比上年增加70062万元,增长幅度112.6%;国有独资企业发生亏损12148万元,比上年减少5018万元,减亏幅度为29.2%。

●从企业所属行业分析看,2004年度,国有工业企业实现利润额最多,当年实现利润123744万元,占全部国有企业实现利润的103%;农林牧渔业实现利润589万元(占0.5%);建筑业实现利润2543万元(占2.1%);社会服务业实现利润3728万元(占3.1%);交通运输业亏损3394万元;贸易、餐饮业亏损3746万元;仓储业(主要是粮食仓储企业)亏损6711万元;房地产业亏损1069万元。

●在10个具体工业行业中:冶金、化学、电力工业企业保持较强的盈利能力,实现利润大幅度增长。三大行业分别实现利润41535万元、51855万元、21718万元,分别占全部工业企业实现利润的33.6%、41.9%、17.6%,分别比上年增长715.4%、411.4%、62.9%。煤炭工业实现利润826万元(占0.7%、增长23.8%),建材工业实现利润1420万元(占1.1%、增长56.7%),纺织工业实现利润9081万元(占7.3%、增长149.4%)。食品工业发生亏损1394万元(比上年增亏48%),医药工业发生亏损82万元,机械工业发生亏损599万元(比上年增亏70.2%),市政公用工业发生亏损1267万元(比上年减亏12.1%)。

●青海省国资委监管的18户企业,2004年度实现利润总额128393万元(纳入合并报表的数据,下同),占全省国有企业实现利润总额的106.9%。其中实现利润总额排名前五位的分别是:盐湖集团52121万元(占监管企业实现利润总额的40.6%),西部矿业36651万元(占28.5%),投资集团32131万元(占25%),西钢集团3347万元(占2.6%),路桥集团2483万元(占2%),5户企业共实现利润总额126733万元,占监管企业实现利润总额的98.7%。其余13户企业,有9户盈利,4户亏损,盈亏相抵后实现利润1660万元,只占监管企业实现利润总额的1.3%。

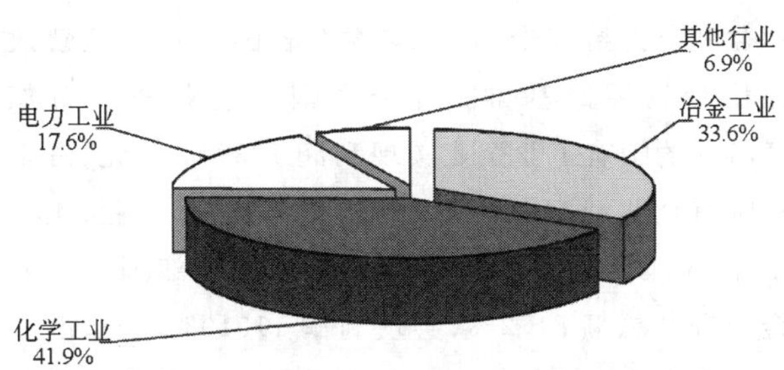

国有工业企业实现利润按行业分布图

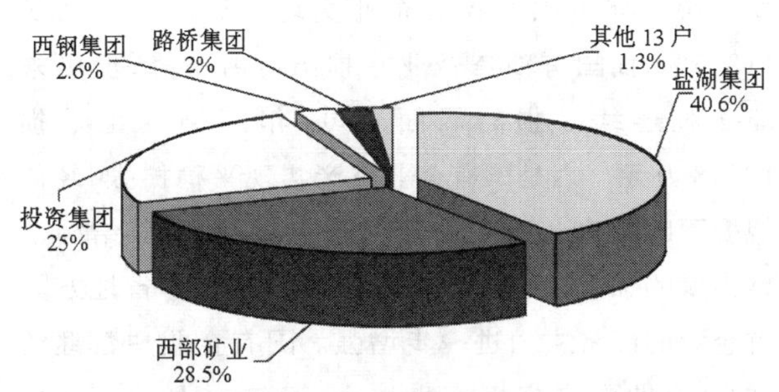

青海省国资委监管企业实现利润分布图

(五)国有企业资产运营状况的主要特征

综合上述数据图表和2004年度国有资产统计报表的汇总数据分析,2004年度青海省地方国有企业经营效益情况有以下主要特征:一是国有企业整体经济效益普遍有所提高。一方面国有企业盈利面增加,另一方面国有企业亏损面大幅度下降;一方面国有盈利能力强劲的国有控股企业,其盈利能力继续增强,另一方面,多年来亏损严重的国有独资企业,其亏损大幅度下降;分行业看,国有资产集中的行业利润增长势头强劲,多数行业保持利润增长,亏损的行业面少且绝对亏损额较小。二是省国资委监管企业是青海省地方国有经济的效益主体。2004年度省国资委监管企业实现利润128393万元,弥补省级部门管理企业和州地市县属企业的亏损后,使全省国有企业整体实现利润120156万元。三是大型骨干企业集团是我省地方国有企业利润的主要增长点。

2004年度实现利润比上年实现利润的增加额最多的是盐湖集团(增加40771万元)和西部矿业(增加28686万元),2户企业共计比上年增加利润69457万元,占全省地方国有企业利润增加额75080万元的92.5%。四是青海省国有资产集中的行业国有企业盈利能力持续走强,是支撑全省国有企业经营效益稳步发展的基础。占全省国有企业资产总额72.7%的国有工业企业实现利润123744万元,占全省国有企业利润总额103%。其中:冶金工业、化学工业、电力工业三大行业资产总额占全部国有工业企业资产总额81.2%,实现利润115108万元,占全部工业企业利润总额93%。五是国有控股企业经营效益强于国有独资企业经营效益的态势依然没有改变。2004年度国有控股企业实现利润比上年增长112.6%,而国有独资企业亏损虽有所下降,但仍未能摆脱连续亏损的局面,2004年度仍发生亏损12148万元。六是国有企业资产实现平稳扩张,经营规模不断提高。近年来随着国有企业改革、结构调整力度的加大、西部大开发战略的实施,全省地方国有企业的经济实力进一步增强。国有企业户数继续减少,企业资产规模逐步扩大,经济实力进一步增强。2004年度全省国有企业户均资产总额7957万元,比上年增加1483万元,增长了22.9%,比1995年清产核资时的2266万元,增长了2.5倍。全省国有经济正在逐步从“大而全、小而全”的散乱布局向集中重点、注重规模、提高质量的层面转变。七是国有企业负债水平趋于合理,偿债能力有所增强。近年来国有企业随着债转股的政策实施,以及企业股票上市、资产重组、结构调整,融资渠道进一步拓宽,加之经济效益的逐步改善。资产负债率呈下降趋势,资产负债水平趋于合理。2004年度全省国有企业资产负债率63.9%,比上年68.9%下降了5个百分点,下降幅度为7.3%。比2000年72.9%下降了9个百分点,下降幅度为12.3%,年平均下降幅度3.2%。八是国有企业不良资产及潜亏挂账呈下降趋势。多年来,困扰青海省国有企业发展的瓶颈,不良资产及潜亏挂账即通常所说的国有企业历史包袱,近年来呈逐年下降的趋势。2004年度全省地方国有企业不良资产及潜亏挂账共计249226万元,比2003年351730万元下降了29.1%,比2002年415965万元下降了40.1%,年平均下降幅度为22.6%。其原因:(1)国有企业资产重组、破产、改制,部分历史包袱沉重,亏损严重的企业退出国有企业序列,使得国有企业整体的资产运营质量进一步优化。(2)国有企业实现利润弥补了部分以前年度亏损挂账。(3)企业在损益中自我消化了一部分。九是国有企业创税能力继续增强。2004年全省国有企业产销衔接良好,企业上缴税金稳步增长,全省国有企业实际上缴利税95595万元,比上年80929万元,增加14666万元,增长18.1%。十是财务效益指标良好。2004年度全省国有企业净资产收益率6.6%、总资产报酬率4.7%、已获利息倍数2.7倍、主营业务利润率21.2%、资产负债率63.9%,流动资金周转率0.89次,主要财务效益指标均好于上年水平创历史新高。在国务院国资委全国地方国有企业主要财务指标排序中,全国31个省市区,青海省地方国有企业户数、资产总额、净资产、所有者权益、销售收入、国有资产总量均排在第30位,仅高于西藏自治区;利润总额、净利润排在第19位;企业盈利面排在第17位;资产负债率排在第8位;总资产报酬率排在第2位;净资产利润率、销售利润率排在第1位。

(六)影响青海省国有企业可持续发展的问题和隐患

2004年度青海省国有企业从总体发展态势看,在整体实力、经济效益、资产运营质量上都得到了较大的提高,其综合经济效益是近年来最好的一年。但由于长期形成的深层次原因,以及长期亏损形成的历史包袱,青海省国有企业还存在很多问题和隐患,影响了国有企业可持续发展的前景。主要是:

1.国有企业经营效益增长靠政策因素和内部挖潜形成的比重较大。近年来,青海省地方国有企业整体经营效益好转主要因素,一是由于资产重组,体制改革力度加快,一批亏损严重、资不抵债和市场竞争的弱势企业从国有企业中退出,使国有企业整体的资产结构得以优化,经营效益随之好转。二是企业实行减员增效、政府完善社会保险制度和支持企业剥离办社会职能,减轻了企业负担,减少了企业的成本费用。三是企业加强内部经营管理,促进了经济效益的提高。2004年度全省地方国有企业实现销售收入150.12亿元,比上年增长了28.4%;成本费用总额为139.71亿元,比上年增长22.9%,低于销售收入增长幅度5.5个百分点。四是全省国有企业经济效益的提高对市场环境改善的依赖度较强。2004年主导产品销售价格和市场需求的扩大对青海省几个骨干龙头企业,如西部矿业、西宁特钢、盐湖集团等经济效益提升影响较大。从以上分析中可以看出:近年来青海省地方国有企业效益好转,利润增加,从整体上看主要是企业资产重组、体制改革、政府扶持、减员增效等政策因素以及市场环境改善形成的,但政策因素和市场环境的改善对企业经营效益的发展毕竟是有限度的,企业可持续发展最终还要靠企业不断扩大市场营销,不断提高和开拓企业的市场份额,不断增强市场竞争力来实现。

2. 历年来的亏损形成的包袱仍比较沉重。青海省国有企业近年来整体经济实力、经营效益逐年好转,2004年增长势头强劲。但由于历年来的连续亏损形成的包袱仍比较沉重,资产损失和潜亏挂账等不良资产虽有所下降,但规模仍然较大,2004年底全省国有企业不良资产和亏损挂账总额为24.93亿元,占资产总额比重为5.7%,占所有者权益的比重为22.7%,其中:经营亏损挂账16.06亿元,为当年实现利润的133.6%。

3. 有相当比重的国有企业仍在严重经营困境中徘徊。2004年在全省国有企业中,仍有占53.8%的企业发生亏损,亏损总额继续增加。州地市县属国有企业,国有小型企业整体经营亏损成倍增加。从行业上看交通运输业、贸易、餐饮业、粮食仓储业、房地产业,以及工业企业中的食品工业、医药工业、机械工业、市政公用工业整体经营亏损。省国资委监管的18户企业中也有相当比重的企业和子企业发生亏损。这些国有亏损企业的存在和亏损数额有增无减严重制约了青海省地方国有企业整体可持续发展的能力。此外部分空壳企业(即损失挂账大于所有者权益的企业191户,占总户数的34.6%)以及资不抵债企业(即负债总额大于资产总额的企业104户,占总户数的18.8%)的存在,是青海省国有企业整体经营效益进一步提升的巨大隐患。

4. 国有企业效益增长的基础仍不牢固。从2004年青海省地方国有企业经营效益运行状况看,青海省国有企业效益增长的不平衡现象仍很突出,效益增长主要依赖西部矿业、盐湖集团、投资集团、西宁特钢等几个大型企业集团。其他大多数企业则处于微利或亏损状态,这几家企业效益状况的变化决定了全省国有企业整体经营效益的变化。

5. 国有大型企业集团还不够强大。如前所述,近年来,通过结构调整、资产重组和企业深化改革、强化经营管理,青海省地方大型国有企业的骨干作用显著增强,成为全省国有经济发展壮大的希望所在。但和全国水平相比,青海省国有大型企业资产规模还不够强大,市场竞争能力和盈利能力还较弱,还有较大的差距。

四、加快国有企业改制重组步伐健全完善法人治理结构

2004年,在青海省委、省政府的正确领导下,青海省国资委认真贯彻党的十六大和十六届三中全会通过的《完善社会主义市场经济体制的决定》精神,坚持有进有退、有所为有所不为的原则,以国有企业结构调整为重点,以产权制度改革为核心,进一步转变观念,拓宽思路,强化措施,加大力度,不断完善政策,积极推进国有企业改革和国有经济布局结构的调整,认真研究解决企业改革和发展中遇到的新情况、新问题,正确处理改革、发展和稳定的关系,促进了全省工业经济的健康持续协调发展。

(一)进一步加大结构调整力度,使一批劣势企业退出市场竞争

截至2004年底,依法实施破产重组的省属国有企业120户,2004年当年进入破产程序的6户,青海东风曲轴有限公司、青海汽车配件公司、青海肉食品集团公司、解放军第3419工厂、青海农牧机械总公司、青海第一建筑工程公司等,这些企业破产清算工作正在进行。民和镁厂于2004年7月列入全国破产

计划,中央财政需补贴费用已经财政部驻青专员办审核,关闭破产的前期准备工作已经完成,并上报全国企业兼并破产和职工再就业工作领导小组申请启动破产程序。拟破产的青海第一机床厂、青海第二机床厂、青海山川集团公司、青海水泥厂、青海省第三汽车运输公司等10户企业,已上报全国企业兼并破产和职工再就业领导小组列入全国关闭破产总体规划。今年着重抓了以下几项工作:一是继续妥善解决破产企业遗留问题,主要是协调解决与职工切身利益息息相关的生活区水网改造、电网改造、危房改造的遗留问题,以及房改房和不符合房改条件的职工住房的维修问题,协调有关部门逐步解决破产企业生活区"煤改气"问题,维护好企业的稳定;二是积极协调法院做好已经进入破产程序的省属破产企业的破产清算工作,指导破产财产的变现、资产重组、人员的安置、职工债权的偿还等工作,努力加快破产清算进度,减少破产清算费用,尽快终结破产程序;三是积极协调,努力争取民和镁厂等企业进入国家计划破产范围之内,实施政策性破产;四是对破产重组企业进行"回头看",指导重组企业规范运作,帮助解决企业生产经营过程中遇到的实际问题,使这些企业尽快摆脱困境,走上正常发展轨道。

通过破产重组,坚决淘汰了一批扭亏无望的劣势企业,使产品无市场、技术落后、管理混乱、长期亏损、扭亏无望、无发展前景的国有企业退出了市场竞争,净化了市场竞争的环境。大部分企业破产重组以后,实现了企业所有制结构、经营机制、职工身份的根本转变,使国有资本平稳有序退出一般性竞争领域,改变了企业单一的所有制结构,企业管理体制、经营机制、用工机制和职工的思想观念发生了了根本性转变,企业和职工建立了新型的劳动关系和分配关系,摆脱了对国家的长期依赖关系,走上了市场化、社会化择业的道路。有相当一部分企业重组后,甩掉了债务包袱,提高了经济运行的质量,走上了正常发展轨道,成为新的经济发展的亮点。

(二)以产权制度改革为主要内容的国有企业改革取得较大进展

据初步调查统计,目前,青海省国有企业改制面已经达到了95%以上,其中,实行股份制的占35%,实行股份合作制的占28%,出售拍卖的占17%,实施兼并、承包、租赁等形式的接近20%。通过多种形式的改制重组,企业的所有制结构发生了很大变化,多数企业实现了投资主体多元化,初步建立了产权清晰、责权明确、政企分开、管理科学的现代企业制度。

一是以投资主体多元化为重点,本着"积极推进,务求规范,一企一策,分类指导"的原则,稳步推进国有大中型企业改革,取得好的效果。

对经营业绩良好,有发展前景、企业负担较轻的少数企业通过发起或募集的方式,改制为国有控股和参股的股份有限公司。青海省已有9家公司上市融资,在与国际市场接轨和我国资本市场不断培育、发展、完善的过程中,经受了市场的考验,不断创造新的经营业绩,得到不同程度的发展,呈现出良好的发展前景。西部矿业、青海路桥等一批准备上市的企业,在新的市场形势下,按照市场经济规律和新的政策法规要求,积极做好前提工作,上市工作不断取得新的进展。对符合国家产业政策,在青海省及整个行业中占有重要地位,经济效益较好的企业,如青海盐湖工业集团有限责任公司、西部矿业有限责任公司、西宁特钢集团公司等企业,按建立现代企业制度的要求,通过招商引资,吸引省内外资金,改制为多个法人持股的有限责任公司,实施国有资产授权经营。对经营状况较好,具的一定的发展潜力,但债务及企业办社会等负担较重的企业,如青海青稞酒集团有限责任公司、青海省盐业股份有限公司等,采用剥离辅助、精干主体、分块搞活等方式进行了改制,使企业重新焕发活力,增强了发展后劲,提高了经济效益。

目前,青海省93%以上的地方国有大中型企业已改组为有限责任公司或股份有限公司,其中70%的地方大中型企业实现了投资主体多元化,初步建立现代企业制度。

二是采取多种形式,放开搞活中小企业。2000年以来,青海省不断完善加快国有中小企业改革的政策措施,有力推动中小企业的改革和发展。在具体工作中,采取了"四个一块"的办法,即通过产权置换和经营权转让,退出一块;引导鼓励非公有制经济参与国有企业改革,发展混合所有制经济,联合一块;对发展前景好和素质较高的企业,通过扶持、重组,培育一块;通过引进省外资金、技术、人才,共同发展,引进一块。通过改革,企业所有制结构向多元化转变,国有资本不断从中小企业退出,个体、私营、联营、股份制等其他所有制经济不断发展壮大,非公经济得到长足发展,已经成为解决劳动者就业和安置下岗职工的重要渠道。

(三)国有大中型企业主辅分离工作进展顺利

为了搞好国有大中型企业,培育优势特色企业和支柱产业,青海省国资委认真贯彻国家经贸委等八部门印发《关于国有大中型企业主辅分离辅业改制分流安置富余人员的实施办法的通知》(国经贸企改[2002]859号)精神和青海省的实施意见,结合青海企业的实际,在西宁特钢集团、丁香集团等企业先行试点的基础上,完成了青海水利水电集团雪龙滩水电厂招待所、黎明化工有限公司等一批重点企业的主辅分离工作。积极利用国有大中型企业的非主业资产、闲置资产和关闭破产企业的有效资产,改制创办面向市场、独立核算、自负盈亏的法人实体,分流安置企业的富余人员和关闭破产企业的职工,减轻了企业负担,优化了企业的资产负债结构,转变了职工的思想观念,转换了企业经营机制,精干了生产经营主体,提高了经济运行的质量和效益,为做大做强优势企业创造了条件。

(四)国有大中型企业建立现代企业制度步伐加快

针对青海省国有企业及国有资本比重过高的问题,青海省国资委按照建立"产权清晰、权责明确、政企分开、管理科学"现代企业制度的要求,坚持以产权制度改革为重点,通过国有股权转让、法人相互参股、外商或境内自然人投资入股、债转股、职工持股以及股票上市等多种形式实现投资主体的多元化,规范建立现代企业制度,建立了比较完善企业法人治理结构,不断适应了市场经济的发展。

2004年,青海省政府国有资产监督管理委员会正式成立,从管理层次上,解决了出资人缺位的问题。青海省国资委对18户省属国有资产经营公司及大型企业和企业集团实行国有资产的授权经营,明确了国有资产保值增值责任,并制订了一系列加强国有资产监管法规,对国有控股参股的股份制企业委派产权代表,行使出资人的职责。对授权经营企业实行派出财务总监、监事和独立董事制度,国有企业出资人缺位的问题得以解决。各授权经营企业在青海省国资委的监督下,对其全资、控股、参股企业中的国有资产和国有股权行使出资人的权利,依法经营、管理和监督,并相应承担保值增值责任。通过向子公司委派产权代表,参与企业的重大决策,监管国有资产的经营,选择和考评全资、控股子公司的经营者;通过对持有的国有产权、股权的运作,实现资产结构和产业结构的优化组合。目前,大部分企业能够按照《公司法》规定和建立现代企业制度的要求,设立股东会、董事会、监事会、经理层,建立完善企业法人治理结构。

18户省属国有资产经营公司及大型企业和企业集团所属从事商品生产和经营的国有企业和国有参股的企业,拥有法人财产权,具有法人资格,对授权占用的国有法人资本依法自主经营、自负盈亏、照章纳税,具体负有国有资产保值增值责任。同时,加强管理,转换经营机制,理顺产权关系,按现代企业制度进行公司制改制。企业重大决策事项,能够按照规定召开股东会、董事会研究确定,大部分企业的股东会、董事会的职责得到落实,监事会行使了相应的职权,初步形成内部有效的制衡机制。

总之,2004年,青海省国有企业结构调整工作稳步推进,职工得到妥善安置,遗留问题不断得到解决,取得了阶段性成果;以产权制度改革为核心的国有企业改革取得突破性进展;国有资本从一般竞争领域有序退出,非公有制经济快速发展,以公有制为主体,多种经济成分得到共同发展;企业效益明显提高,经济运行的质量改善,工业经济逐步走上健康、快速、持续发展的良性轨道,为新型工业化奠定了基础,为创建和谐社会创造了条件,有力地促进了青海的资源开发和社会进步。

五、青海省国有企业产权制度改革情况

(一)青海省国有企业的基本情况

青海省是一个经济基础薄弱,经济总量较小的地区。在青海经济发展中,国有企业仍然发挥着主导作用。青海省国资委成立于2004年4月,经青海省政府授权监管18户企业。截至2004年底,18户企业总资产316.85亿元、所有者权益114.98亿元,其中国有净资产71.25亿元,企业职工人数4.8万人,产业涉及机械、化工、医药、煤炭、冶炼、水电、房地产、运输、机场、农牧、施工等多个行业。18户企业2004年实现工业增加值40.44亿元,同比增长54.79%;实现销售收入108.9亿元,同比增长56.24%;实现利润12.84亿元,同比增长1.6倍。工业增加值、销售收入、利润分别占到全省工业的25.76%、29.83%和36.35%。

(二)国有企业产权改革情况

1. 围绕发展特色经济,加大结构调整步伐。(1)大力发展资源丰富、市场前景广阔的电力、石油天然气、盐湖化工、有色金属等支柱产业和冶金、医药、建材、农畜产品加工等优势产业。政府在上市融资、兼并重组、减员增效、债转股、技术改造等方面重点支持,加快了这些产业的发展步伐。经过多年培育和调整,一批以我省优势资源为依托的大企业及企业集团不断发展壮大,特色经济已初具规模。(2)加大国有企业整合力度,破产淘汰一批落后企业。2000年以来,青海省对436户国有企业实施了依法破产。目前已列入全国破产兼并计划的破产企业6户,被兼并企业6户,核销银行呆坏账准备金约8亿元。全省破产企业共涉及职工10.43万人,占全省国有企业职工总数的38.8%,其中省属国有企业111户,涉及职工6.22万人,离退休人员2.71万人,涉及资产55.9亿元。

妥善解决破产企业职工安置和社会保障问题,做到有序退出。为保证结构调整工作的顺利进行,通过完善养老保险、下岗职工基本生活保障、城镇居民最低生活保障三条保障线,妥善解决破产企业职工的安置和生活保障问题,几年来,省属国有破产企业提前退休职工8165人;有偿解除劳动合同,领取一次性安置费的34966人;重组企业安置人员11005人;进入再就业服务中心领取基本生活费的906人,企业职工基本上得到了妥善安置。在省财政十分困难的条件下,对省属破产企业的人员安置和社会保障的方面的支出达8亿多元。为解决省属国有破产企业的遗留问题,包括水、电、暖分离改造、危房改造和物业管理启动,省财政补贴1.1亿元。

在结构调整中注重培育新的经济增长点。通过盘活破产资产,培育新的经济增长点,保持社会稳定的原则,积极利用破产企业有效资产创造就业岗位,制订了一系列优惠政策,吸引省内外有实力的企业收购重组青海省国有破产企业,尽快形成新的经济增长点。2000年以来,青海省成功举办了四届"东部民营企业参与西北经济结构调整投资贸易洽谈会",通过政府搭台,企业唱戏,不断加强与东部地区民营企业的联系。据统计,平均落实引进资金均在55亿以上。通过结构调整,部分国有资本退出了一般性竞争领域,改变了企业单一的所有制结构,多数国有企业职工摆脱了对政府的长期依赖思想,走上了市场化、社会化择业道路。

2. 积极推进国有企业建立现代企业制度。一是坚持政企分开,省级机构改革时,撤销一些原企业主管部门,新组建了若干个国有资产经营公司,行使国有资产出资人职能,实现了政府对企业由行政管理向资产管理转变。二是实施公司制改革,现全省2/3的大中型企业已改组为有限责任公司或股份有限公司。三是完善法人治理结构,建立了股东会、董事会、监事会、经理层及相应运行机制,并在逐步实现运行规范化。四是针对一批企业有重改制形式、轻机制转换,内部三项制度改革没有到位,导致企业管理滑坡和效益下降的问题,加大了企业管理整改的力度,制订了加强企业管理整改意见。完善了对企业经营者的业绩考评制度,加强对经营者和企业领导班子的激励和约束。引导企业结合转机建制、下岗分流和减员增效,进一步深化内部人事、劳动和分配制度改革,调动职工的积极性和创造性。使多数企业建立了较为规范的法人治理结构,加大了内部三项制度改革力度,企业经营机制正在得以转换,企业管理有一定加强,涌现出了一批改制快、管理好、效益高的企业。

3. 积极分离企业办社会职能,认真落实债转股政策,为国有企业减轻历史负担。针对青海省国有大中型企业办社会和历史债务负担过重的问题,积极对省属国有企业自办的中小学校、医院及公安机构进行分离,为保证分离工作顺利进行,财政对困难企业和破产企业分离过程中费用补助已达6000多万元。积极争取和落实债转股政策,青海盐湖工业集团公司等5户企业被国务院确定实施债转股,总额度为131412万元,目前5户企业新公司组建工作已全部如期完成。

4. 进一步加快社会保障体系建设。几年来,青海省积极采取措施,加快社会保障体系建设,不断扩大养老金社会化发放和城镇最低生活保障覆盖面,为企业离退休人员、破产企业下岗职工和城镇失业人员提供了基本生活保障。据统计,自2000年以来,全省各级社保部门已为4.58万名国有破产企业职工办理了一次性安置手续;为1.26万职工办理了提前退休手续,并全部纳入养老保险社会统筹,按时足额发放养老金;国有破产企业的4.58万名职工参加了医疗保险;破产企业1～4级工伤人员也全部移交当地社保部门管理。目前,全省有17.03万城镇低收入居民被纳入低保范围,享受最低生活保障,并把解决困难企业中特困职工的最低生活保障问题作为重点,基本上做到了应保尽保。全省企业养老保险覆盖面达到了90%以上,社会发放率达到了100%,国有企业下岗职工全部进入再就业服务中心,从而保证了企业改革的顺利进行。

(三)青海省国资委成立以来,在国有企业产权制度改革方面所做的工作

1. 2004年4月青海省国资委成立以来,围绕省委省政府确定的工作目标和任务,明确了企业国有产权制度改革的思路。即:要用三年左右的时间,初步建立青海省国有资产监督管理体制框架;要进一步深化国有资产管理体制和国有企业改革;加快推进国有经济布局调整,发展和壮大国有经济;用三年时间完成国有企业股份制改造,实现国有企业股权多元化改革目标;依法加强对国有资产监督管理,确保国有资产保值增值。按照这一总体要求,青海省国资委确定了近期企业国有产权制度改革的基本思路,即在加强监管的同时,要以深化产权制度改革核心,以股份制为重点,积极推动全省国有经济布局和结构战略性调整,深化国有企业改革,做强做大国有企业,为青海省经济发展做贡献。国有资本调整和企业改革的具体思路有以下三个方面:

一是以做大做强特色产业为重点,推动国有资本从一般性竞争领域退出,向基础产业、支柱产业和优势产业集中,引导社会资本向这些产业流动,发挥国有资本对经济发展的带动力和影响力,集中力量发展特色经济。

二是以做强做大优势企业为重点,推动国有资产从中小企业退出,向具有竞争优势和品牌优势的企业聚集,放大资产总量,加速企业的扩张,提高规模化生产、集约化经营水平。

三是对资不抵债、发展无望的企业依法实施破产。

2. 制订实施《省属企业国有资本调整方案》,积极推动企业国有资本调整和企业改革。青海省国资委成立后,提出了《青海省2004年企业国有资本调整工作意见》,要求18户企业依据本企业特点和所处行业的优势,在大量调研的基础上,制订《企业国有资本调整方案》,明确企业的发展思路、目标任务、主业定位、项目建设、股权多元化、三项制度改革、政策扶持等。方案制订完成后,青海省国资委组织有关方面专家反复论证后,报青海省政府批准实施。方案实施一年多来,企业国有资本调整和企业改革取得明显进展:

一是青海省投资集团有限公司、青海盐湖工业集团有限公司、西部矿业有限责任公司等10多户企业通过增资扩股、股权转让、股份制改造等方式,积极引进外资、民营资本和其他社会资本,盘活存量和引进增量30多亿元,加快了工业项目建设,推动了股份制经济的发展。

二是企业内部资产和产业整合力度加大,主业更加突出。青海省三江集团有限责任公司将下属30家子公司归并成19家,把企业经营领域由涉及9个行业逐步调整为集中发展4项核心业务。西部矿业有限责任公司采取划转、转让、合并、清算注销等方式,将15个子公司整合为4个,主业由涉及9个行业调整缩减为6个。其他企业也不同程度地对内部资产和产业进行了整合,使各企业主业进一步突出。

三是2004年完成了西宁特殊钢集团有限责任公司等6户企业的主辅分离工作,企业负担进一步减轻;对一批亏损严重,扭亏无望的劣势企业,依法进入破产程序。通过采取分离改制、债务打包、缩水回购等措施,解决了部分困难企业的历史债务问题。

3. 加强了产权转让的基础管理工作,建立和完善了国有资产产权管理制度。一是起草了《青海省实施〈企业国有资产监督管理暂行条例〉办法》,经省政府批准实施。二是经省政府同意,制订下发了《关于进一步规范我省国有企业改制工作的意见》、《青海省企业国有产权转让管理办法》、《青海省省属企业投资管理暂行办法》、《青海省省属企业对外担保管理暂行办法》,规范了企业的行为。三是确定了青海省产权交易市场为我省企业国有产权转让进场交易试点机构,对部分资产通过公开竞价拍卖等方式进行了转让。

4. 已完成的企业产权制度改革工作。一是青海西部矿业有限责任公司对西部矿业股份有限公司实施了定向增发19000万股人民币非流通股,引进中外战略投资者,成立了中外合资公司;向华宝信托投资有限责任公司减持了10%的部分国有股权。募集9亿多元资金用于十多个新项目的资本金投入。

二是青海省投资集团公司整体改制及引进国内外战略投资20亿元的增资扩股的方案正在实施阶段。

三是青海盐湖工业集团有限公司向中国化肥集团转让盐湖钾肥股份有限公司20%的国有股权,实现了钾肥生产和经销企业的强强联合,转让收入6亿元用于氯碱项目的资本金投入。

四是青海企业技术创新投资管理有限责任公司向中国国药股份有限公司转让青海制药集团47.1%的国有股权,实现了麻醉药生产和经销企业的强强联合。

六、青海省国有大中型企业主辅分离辅业改制情况

2004年,青海省认真贯彻国家经贸委等八部门印发《关于国有大中型企业主辅分离辅业改制分流安置富余人员的实施办法的通知》(国经贸企改[2002]859号)精神,和青海省《关于转发国家经贸委等八部门印发关于国有大中型企业主辅分离辅业改制分流安置富余人员的实施意见的通知》(青经贸企改[2003]171号),按照青海省委、省政府关于进一步加快国有资本调整工作的要求,以精干主业,促进企业做大做强为目标,加强指导,完善措施,严格把关,改进服务,利用"三类资产"(非主业资产、闲置资产和关闭破产企业的有效资产)改制创办面向市场、独立核算、自负盈亏的法人实体,稳步推进青海省国有大中型企业主辅分离工作,分流安置企业富余人员,取得了积极的效果。

(一)工作进展情况

为了积极稳妥地推进国有大中型企业主辅分离工作,在调查研究的基础上,先行确定西宁特钢集团、青海丁香粮油集团、青海煤业集团公司、青海重型机床有限公司等企业作为主辅分离、辅业改制、分流富余人员的试点单位,积极参与指导方案制订、资产的界定和划分、人员安置等工作,充分利用政策,研究解决改制过程中出现的新情况新问题,顺利完成了西宁特钢集团西钢工贸公司、西钢工程设计咨询公司,青海丁香粮油集团运输公司的改制分离,明晰了产权,安置了人员,建立健全了法人治理结构。在总结经验,改进措施的基础上,积极推进主辅分离改制工作,取得较大进展。青海黎明化工有限公司所属黎明化工实业公司和修建车间从母体剥离,剥离资产750万元,分流安置富余人员151人,成立了青海维达化工有限责任公司,精干了生产经营主体,减轻了企业负担,为招商引资,做大做强主业奠定了基础。青海省水利水电集团公司按照做大做强水力发电企业,分离施工企业的思路,对所属青海水利水电工程局以承担债权债务、安置全部职工方式实施主辅分离改制,安置职工521人,改制为青海水利水电工程局有限责任公司,初步建立了现代企业制度;对所属雪龙滩水电厂招待所实施了主辅分离改制,安置富余人员40人,减轻了企业负担,使雪龙滩水电厂轻装上阵,摆脱了连续亏损的局面,走上了正常发展轨道。青海物产集团所属青海物产租赁有限公司连续亏损,经营情况每

况愈下，集团公司参照主辅分离政策，以承担债权债务，安置职工方式改制为全部由职工持股的股份合作制企业，转换了职工身份，转换了经营机制，使企业焕发了新的活力。青海省农机总公司破产后，青海机电国有控股公司对州、县农机公司按照人随资产走的原则全部实施主辅分离改制，已经完成了玉树州等部分州、县农机公司的改制工作，国有资本顺利退出，职工得到妥善安置。在试点企业和已改制企业的带动下，青海省大部分企业的主辅分离工作已经启动，有一部分企业已经上报了改制方案，还有一部分企业正在做前期准备工作，主辅分离工作进展顺利，初见成效。

(二)主要做法

1. 加强指导，精心组织。政府有关部门充分认识到主辅分离的重要意义，高度重视，精心组织，并作为深化企业改革，做大做强国有大中型企业的一项重要措施来抓，加强了对改制工作的政策指导。对企业主辅分离改制方案严格把关，反复论证，在广泛征求意见的基础上，由青海省经委、国资委、社保厅联合审批。

2. 有计划有步骤地组织实施。为了做到积极稳妥，平稳过渡，青海省国资委在先行试点，总结经验的基础上，在下发的《关于进一步加快国有资本调整工作的意见》中对主辅分离工作提出了具体要求，省属18户企业上报并青海省经委和国资委联合批复的国有资本调整实施方案中对主辅分离工作作出了具体的计划，使这项工作得以有计划有步骤地进行，避免了盲目性。

3. 严格把握政策界限。在方案的制订过程中，青海省国资委要求企业必须按照原国家经贸委等八部门《印发关于国有大中型企业主辅分离辅业改制分流安置富余人员的实施办法的通知》和青海省的贯彻实施意见，严格界定"三类资产"属性，改制方案由经委把关，人员安置方案由社保厅审查，资产处置由青海省国资委具体负责，上报的改制方案必须广泛征求职工意见，并经职工代表大会讨论通过，正确处理改革、发展、稳定的关系，维护了国家、企业、职工三者的合法权益和企业的稳定。

4. 严格按照程序办事，规范改制行为。一是按照国有资产管理的有关政策规定，对涉及改制的企业及资产进行财务审计、清产核资、资产评估。二是认真核实人员、工资、工龄，合理确定经济补偿金的标准和数额。三是核实和落实债权债务，依法保护债权人利益。四是依法规范劳动关系，认真做好职工各项社会保障的接续关系，以及党团组织、职工档案、退休职工管理工作，妥善解决遗留问题。

5. 加强宣传，认真做好改制企业职工的政治思想工作，让职工了解政策规定，积极支持改革，参与改革，确保改制工作顺利实施。

(三)取得的效果

1. 进一步精干了生产经营主体，突出了主业，提高了主业资产的质量，增强了企业发展的后劲，从而提高了企业的核心竞争力，为企业做精做强奠定了基础。

2. 分流安置了企业的富余人员，减轻了企业负担。

3. 使职工转变了观念，消除了对国有企业的依赖思想，促进了企业劳动用工制度的改革。

4. 理顺了产权关系，转换了经营机制，完善了法人治理结构，初步建立了现代企业制度，使企业真正成为面向市场、独立核算、自负盈亏的法人实体和市场竞争主体。

(四)存在的问题

在政府有关部门的大力协助和企业的积极努力下，国有企业主辅分离工作取得积极进展，但也存在一些问题，主要表现在：一是部分企业对主辅分离工作重视不够，积极性不高，进展较慢；二是一些企业辅业资产质量不高，自身造血功能差，暂时难以分离；三是由于辅业经济效益差，长期享受主业补贴，职工改制的积极性不高，暂时无法改制；四是还有少数企业的辅业资产与主业交织在一起，生产的产品与主业息息相关，无法实施彻底分离。这些问题的存在在一定程度上影响了工作的进程，使企业难以减轻负担，走上快速发展轨道。

总之，从总体上看，青海省国有大中型企业主辅分离，辅业改制，分流安置富余人员工作已经全面展开，并取得了积极的进展。但是，我们面临的任务还很重,必须进一步加大力度,尽快全面完成国有大中型企业主辅分离工作。

七、青海省国资委监管企业建立和完善经营业绩考核体系的情况

(一)青海省国资委监管企业经营业绩考核体系的主要内容

青海省国有企业负责人业绩考核及年薪制是于1999年开始的。实施多年来,根据企业内外部环境的变化,在不断总结经验的基础上进行了多次修改完善,使之在建立和完善企业负责人激励约束机制、调动企业经营者积极性、推动企业发展发挥了重要的作用。根据《青海省国有企业经营者考评和奖惩办法(试行)》的规定,考核体系如下:

1. 年薪制对象:

由省国资委履行出资人职责的国有独资企业法定代表人和专职党委书记;国有控股企业中由国有股权代表出任的企业法定代表人、专职党委书记。

2. 考核内容:

经营业绩考核指标:

利润增长率、净资产收益率、销售(营业)增长率、国有资本保值增值率、总资产周转率、职工平均工资增长率等六项指标

考核指标计分办法:

利润增长率基本分20分、净资产收益率为15分、销售(营业)增长率20分、国有资本保值增值率15分、总资产周转率10分、职工平均工资增长率20分。企业负责人完成上述指标目标值时,得基本分,低于目标值时,按完成目标值的比例计分。

3. 年薪收入。企业负责人年薪由基薪和风险收入两部分构成。

(1)基薪是企业负责人年度的基本收入,主要根据企业所承担的经营规模和全省企业职工平均工资、本企业职工平均工资等因素综合确定。

企业负责人的基薪按下列办法确定:

基薪测算公式:

$I=(0.4W_1+0.6W_2)\times R\times L$

式中:I:经营者年基薪

W_1:上年度全省企业职工年平均工资

W_2:上年度本企业职工年平均工资

R:综合调节系数　　$R=\sum Xi_n$

①X为生产经营规模调节系数(按下表测定):

资产总额期初数	国有净资产期初数	销售(营业)收入期初数	利润总额期初数	生产经营规模调节系数(X)
30亿元及以上	5亿元及以上	5亿元及以上	5000万元及以上	2.5
10～30亿元	3～5亿元	1～5亿元	1000～5000万元	2.25
10亿元及以下	3亿元及以下	1亿元及以下	1000万元及以下	2

②i_n为生产经营规模调节系数权数,确定如下:

$i_1=0.2$,按资产总额测定的权数;

$i_2=0.3$,按国有净资产测定的权数;

$i_3=0.3$,按销售(营业)收入测定的权数;

$i_4=0.2$,按利润总额测定的权数。

L为其他调节系数,调节值在1～1.4范围,主要考虑企业经营难度、行业特点等因素,由省国资委确定。

企业领导班子其他成员的基薪由企业根据其任职岗位、责任、风险、贡献大小确定,合理拉开差距,原则上不超过企业负责人基薪的70%。

(2)风险收入以考核年度经过审核认定的企业净利润(亏损企业按净减亏额)1%计算,并根据年度经营业绩考核指标综合得分和绩效评价得分的比例确定。计算公式如下:

风险收入=考核年度企业净利润(亏损企业按净减亏额)×1%×考核指标综合得分比例×绩效评价得分比例

企业负责人风险收入分配系数为1;企业领导班子其他成员的分配系数可根据其责任和贡献,由企业在0.7以下确定。

经考核,应兑现给企业负责人的风险收入当期兑现的50%;其余50%部分存入省国资委风险抵押金专户,待三年后经审计、考核,如确无潜亏及其他损害国有资产所有者权益等遗留问题时,可按抵押本息支付给企业负责人。试行期权(股)激励试点的企业可将剩余部分转化为企业负责人个人在本企业的股权(具体办法另定)。

4. 考核程序和方法。按照《青海省国有企业经营者考核和奖惩办法(试行)》(青国资委[2002]01号)的规定,考核组分为三个小组,进行了认真的分工,并明确了责任。为保证考核结果的公正和真实,确定了有资质的会计师事务所,对各企业2004年财务决算进行了审计,业绩考核与监事会工作处结合日常对企业的监管情况,对考核指标完成情况的真实性逐户提出了审查意见,在此基础上,考核小组对企业经营者业绩指标完成情况进行了审核,结合经营业绩考核指标(省国资委《关于下达2004年经营业绩考核指标的通知》青国资[2004]117号下达指标)的完成情况,最终确定了应扣除的客观因素和考核结果。

在考核方法上,依据企业的年度财务决算报表和中介机构的审计报告,对国有资产保值增值、盈利或减亏额、净资产收益率销售(营业)收入指标的完成情况进行了审核和计算,并按各企业的实际情况扣除经我委批准的资产评估、资产划转、资产清查、企业改制等影响企业国有资产增减和净利润(亏损)增减的客观因素;并对各企业的年度平均工资进行了审核,核定了经营者基薪,考核了养老保险的上缴情况。同时,考核组赴企业听、查、看、问卷调查、召开职工座谈会、查看生产现场,经营者述职,职工民主测评和考核小组评价打分等方式,企业经营者个人素质能力和企业整体管理水平作出了综合评价。

(二)2004年度的考核情况

1. 考核的范围。纳入2004年经营业绩考核范围的企业是:青海投资集团公司、青海盐湖工业集团有限公司、西部矿业有限公司、青海物产集团总公司、青海三江集团公司、西宁特殊钢集团有限公司、青海水利水电集团有限公司、青海公路桥梁集团有限公司、青海煤业集团有限公司、芒崖石棉矿、青海汽车运输集团公司、青海投资控股有限公司、青海民用机场有限公司、深圳青鹏集团公司共14户。

2. 考核结果。2004年青海省国资委成立以来,围绕省委、省政府确定的改革目标和任务,正确行使国有资产出资人职责,通过进一步深化企业改革,实施企业国有资本调整方案,落实企业负责人经营责任,充分调动了企业经营者和员工的积极性,各企业通过强化企业内部管理,加快项目建设,调整产品结构,开拓市场,使2004年经济效益大幅度增长,资产质量明显提高,各项经济指标完成均创历史最好水平,为青海省经济发展作出了贡献。

(1)国有资产实现了保值增值。2004年青海省国资委履行出资人职责的18户企业年底资产总额为314.13亿元,比上年增加了38.13亿元,增长13.82%;净资产为67.59亿元,比上年增加了5.74亿元,增长了9.27%,资产负债率为76.9%;年底国有资产实现保值增值109.27%,比2003年增加了1.87个百分点,国有资本的经营规模和带动力明显提高。

(2)主要经济指标完成创历史最好水平。2004年青海省国资委履行出资人职责的18户企业完成销售收入108.94亿元,比上年增加39.22亿元,增长率56.24%;实现利润总额12.94亿元,比上年增加7.97亿元,增长160.36%,实现利润占全省工业企业实现利润的36.69%;实现工业增加值40.44亿元,比上年增长54.79%,占全省规模以上工业企业实现工业增加值的25.48%;净资产收益率为7.1%,比上年增长4.6%,经济效益和运行质量大幅提高,经济实力明显增强。

3. 年薪计算结果。经考核,纳入考核范围的15户企业全年应兑现基薪为60.75万元;应兑现风险收入200.13万元;合计应兑现年薪260.88万元。

4. 年薪制的作用及实施效果。经营者业绩考核是落实国有资产经营责任的核心。从几年来业绩考核的总体情况看,企业经营业绩考评和年薪的试行,使企业经营者权、责、利相统一,激励和约束机制发挥了有效作用,充分调动了企业负责人的积极性,促进了企业不断深化改革、加强管理、抓好项目建设和技术进步等工作，有力地推动了企业的发展。如2004年，列入考核范围的企业总体指标完成情况良好，各项指标均创历史最好水平。国有资产保值增值率为109.27%；企业实现销售收入比上年增长56.24%；企业实现利润增长160.36%。

(1)年薪制的实施，初步建立了青海省国有及国有控股企业经营者的激励与约束机制，业绩与收入挂钩。过去没有实行年薪制前企业经营者的权、责、利三者是不对等的。实行年薪制后企业经营者权、责、利三者均衡。企业经营者有多大的权力，就要承担与此相对应的责任，并享有与此相适应的利益。通过实施年薪制，建立了对企业经营者的激励和约束机制，进一步规范了企业经营者的行为、完善企业经营管理、提高企业经营者的素质。

(2)改变了有些企业自定薪酬、高低不一的失控状况。过去的国企自己定薪酬，与企业效益的关联度不相适应，经营者的工资能高不能低，没有认真贯彻执行“两个低于”的要求(工资总额的增长幅度要低于经济效益的增长幅度，职工工资水平增长幅度要低于劳动生产率增长幅度)。通过实行年薪制，这一问题得到了有效的遏制。

(3)国企经营者激励不足的矛盾有所改变。过去相当一部分国有企业经营者的收入与企业的规模和经营业绩相脱节，水平偏低，使企业经营者的积极性没有得到应有的发挥，通过实施年薪制，在严格业绩考核的基础上，对完成资产保值增值业绩优秀的经营者给予与其贡献相称的报酬和奖励，要把短期激励与中长期激励有机结合起来，形成了实现国有资产保值增值目标的激励体系，收入与绩效挂钩，最大限度地调动了企业经营者的积极性和创造性。

5. 进一步完善国有企业经营业绩考核体系。从2004年度业绩考核的情况看还存在以下问题：

(1)企业的短期行为时有发生。目前只对企业负责人业绩指标完成情况实施年度考核，容易助长负责人的短期行为，注重短期业绩、短期偿债能力、保值增值能力，使企业对当期应消化的潜亏长期挂账，应计提的减值准备不提，甚至折旧都不能足额计提，造成核算不实，经营成果失真等问题。

(2)企业、行业之间的差别难以体现。企业情况千差万别，同一个考核办法对企业行业之间的不同、资产规模的不同难以体现兼顾，造成一些企业之间的不合理的差距。

(3)除经营者以外，其他领导班子成员应兑现的年薪难以合理确定。企业领导班子成员任职过多。国企的经营班子包括董事长、副董事长、总经理、副总经理、“三总师”、党委书记、副书记、工会主席等，一般至少有十几人甚至更多，如果都要享受高的年薪、奖励待遇，一些企业难以承受。

(4)对企业一些负责人的考核缺乏科学依据，如专职党委书记。企业经营者的考核有经营指标，而专职党委书记就缺乏科学的考核指标，难以做到公平。

(5)一些企业负责人收入与职工收入差别过大。青海省企业负责人最高年薪收入与本企业职工平均收入相差20多倍。企业负责人年薪到底确定什么样的水平为好，是一个很复杂而敏感的问题，还有待于进一步研究和探索。

(6)经营者中主要经营者与一般经营者的收入难以拉开收入差距。企业负责人之间的薪酬差距不合理，该高的不高，该低的不低，经营者薪酬水平与其承担的责任不相适应。在年薪收入上的差别很小，体现不出公平效率的原则。

根据几年来实施企业负责人经营业绩考核和年薪制的工作实践，青海省企业负责人业绩考核评价体系和年薪制办法也还有许多方面需要不断改进和完善。

一是完善考核指标体系。考核指标体系的设置要坚持全面、科学以及简明、易于操作的原则，在实践中，要逐步把经营业绩考核与企业绩效评价工作结合起来，使经营业绩考核工作更加扎实、科学。

二是经营业绩考核既要体现企业的共性，也要体现行业特点。在制订国企负责人年薪水平的时候，不能把完全竞争的行业与资源垄断行业相比，我们必须综合评估市场突变因素、历史原因、企业所处发展阶段等多种因素。

三是把短期激励和中长期激励相结合，建立经营者持股和期权制度，形成有利于最大限度实现国有资产保值增值目标的激励体系。建立中长期激励机制，是当前国有企业面临的亟待解决的问题,应按照积极稳妥的原则,探索企业经营者股权激励机制,建立合理有效的经营者激励约束机制。

四是指导和引导企业集团建立其他班子成员的激励考核办法,明确责、权、利关系。建立一套使领导班子成员任务到人、责任到人、利益和风险共享的激励与约束机制考核办法,充分调动班子其他成员的工作积极性,避免干多干少一个样,干好干坏一个样,根据贡献大小合理拉开收入差距,不搞平均主义。

五是逐步建立起年度考核与任期考核相结合、结果考核与过程评价相统一、业绩考核与奖惩紧密挂钩的业绩考核制度。按照年度基本指标和任期基本指标两项指标考核企业负责人的经营业绩,并通过分类指标处理不同行业和企业的特点,衔接企业短期发展和中长期发展目标,实现考核和薪酬的紧密挂钩。从而强化激励约束机制。从长远来看,将有利于为国有企业造就一个高素质的职业经理人群体,为国有企业提高经营效率,提高核心竞争能力提供有力保障。

(撰稿人:于洪洋)

附件　　**青海省国资委履行出资人职责的18户企业的基本情况表**

	总资产(万元)	总负债(万元)	国有净资产(万元)	资产负债率(%)	实现产值(万元)	实现利润(万元)	职工人数(人)
青海省投资集团有限公司	960167	672958	135735	70.09	19083	32131	8429
青海盐湖工业集团有限公司	497490	263101	163333	52.89	117004	52121	3803
西宁特殊钢集团有限责任公司	554127	381565	84517	68.86	226752	3387	6832
西部矿业有限责任公司	525255	352572	55958	67.12	397777	36651	5867
青海省公路桥梁工程集团有限公司	127875	88690	27112	69.36	81528	2483	2478
青海投资控股有限公司	53978	16608	27945	30.77	1313	79	2059
青海省水利水电(集团)有限责任公司	101407	71609	29797	70.62	15296	1473	1261
青海省三江集团有限责任公司	87092	50475	28793	57.96	12306	823	6984
青海机电国有控股公司	47371	12552	34819	26.50	9458	-817	1100
青海省建设工程集团有限公司	8430	6497	1933	77.07	16700	70	224
青海煤业集团有限责任公司	32336	18760	12229	58.01	15051	441	3953
芒崖石棉矿	34200	24283	9917	71.00	15537	214	1993
青海省物资产业集团总公司	29818	8917	16903	29.90	4840	328	722
青海省汽车运输集团有限公司	19727	15168	4513	76.88	3172	-352	2200
海金诃藏医药集团有限公司	11296	491	10804	4.35	554	24	43
青海省企业技术创新投资管理有限责任公司	78822	43588	31591	55.30	17	1529	109
深圳市青鹏集团有限公司	14218	6945	6234	48.85		-85	95
青海省民用机场有限责任公司	27971	2240	25732	8.01		-2633	536

宁夏回族自治区

宁夏回族自治区国有资产监督管理委员会于2004年1月18日正式挂牌成立，在自治区党委、政府的领导下，认真贯彻落实党的十六大和十六届二中、三中、四中全会和全国国有资产监督管理工作会议精神，依法履行职责，推动国有资产管理体制改革，促进国有企业改革与发展，加强国有企业党建工作和领导班子建设，开局之年各项工作取得积极进展。

一、宁夏回族自治区国有资产管理体制改革情况

紧紧把握依法履行国有资产出资人职责这个根本，加快建立新的国有资产监管体系基本框架。一是加强国有资产监督管理法规体系建设。及时向所出资企业转发了国务院和国务院国资委关于加强国有资产监督管理的一系列法规规章和政策措施，并结合宁夏回族自治区实际，围绕企业改革、产权管理、考核分配、财务监督以及党的建设等，制订出台了17项配套措施和管理办法，进一步理顺了与企业的关系，促进了政企分开、两权分离，使各项监管工作依法开展，有章可循。二是建立企业经营业绩考核体系。围绕落实国有资产经营责任，制订出台了《区管企业负责人经营业绩考核办法》，并与宁夏煤业集团等8家企业负责人签订了年度经营业绩考核责任书，收到良好效果。三是强化国有资产基础管理工作。着眼于规范企业财务管理，建立了区属企业财务快报体系，开展了监管企业国有资本保值增值确认工作。着眼于加强产权管理，完成了与自治区财政厅就企业国有资产管理方面的企业改制、产权登记、资产评估等文件、资料和档案的接收工作。完成了32户企业资产损失核销和资产处置工作，对10户企业的投资和股权变动行为进行了规范，对15户企业的产权权属进行了划转、界定。制订了《企业国有产权转让管理暂行办法》的补充意见，组织开展了全区企业国有资产产权登记信息汇总和企业国有产权转让管理检查工作，确定了产权交易机构，提出了自治区企业国有产权交易制度体系建设意见。着眼于摸清家底和规范企业投资理财行为，有针对性地开展专项调查工作。一方面对自治区厅、局、委、办所办企业的基本情况、财务状况、经营管理等进行了全面调查，初步摸清了情况，一些企业国有资产流失的问题被及时制止。针对宁夏水产研究所违规出售国有土地进行全面调查，向自治区政府提出相关情况报告和处理意见，挽回了国有资产损失。另一方面对监管企业1995年1月至2003年12月形成的对外投资和委托理财情况进行了全面摸底调查，并对存在的问题进行了分析，提出了整改意见和措施，起草了《自治区区属国有企业对外投资和委托理财管理暂行办法》，提交自治区政府审议后实施。这项工作引起了自治区党委、政府的高度重视，对加强监管企业对外投资和委托理财管理工作起到了有力的促进作用。四是进一步改进监事会工作。适应国有资产管理体制改革的需要，在借鉴兄弟省市经验的基础上，制订了《关于加强和改进监事会工作的意见》，力求在监督方式、监督质量、监督时效等方面有新的突破。代表自治区人民政府依法向所出资企业派出了监事会，对圣雪绒集团、商业集团、物资集团、银川橡胶厂、青铜峡铝厂、西北轴承集团、吴忠仪表集团、宁夏国际投资控股公司等8户企业的经营管理和财务活动情况进行了实地检查，提交了监督检查报告，并对检查发现问题的处理提出了意见。

二、宁夏回族自治区国有企业改革情况

一是积极推进企业改制重组。组织实施了奔牛集团、共享集团、昊盛集团、建材集团、圣雪绒集团等25户企业的改制工作；完成了恒力集团、沙湖旅游股份有限公司等企业的股权转让；利用煤业集团破产企业的有效资产，重组设立了宁夏金贺兰煤业有限公司、宁夏石沟驿煤业有限责任公司等12户企业。二是继续抓好关闭破产工作。筛选了11户特困企业申请列入国家政策性破产计划，指导和组织实施了7户企业政策性破产和依法破产。在调查摸底的基础上，

又上报了14户企业的政策性破产计划。同时,针对企业破产清算工作中出现的问题,制订下发了《关于企业破产工作中几个问题的通知》,对破产企业财务处置、资金管理、职工安置等作出了明确规定,有效防止了国有资产流失,维护了职工合法权益。三是加快推进企业主辅分离辅业改制。自治区国资委成立以来,把分离企业办学校,减轻企业负担作为深化国有企业改革的一项重要工作来抓,提出了三年内将全区企业办中小学全部移交属地政府管理的工作目标。2004年,全区完成了宁夏煤业集团公司等企业办的27所企业办中小学的移交,移交教职工1845人,学生7350人,移交医院2所,移交医务人员482人,基本实现了年度移交工作计划,为如期完成移交目标和深化国有企业改革创造了良好条件。四是加大对国有企业改制工作的规范力度。对2000年以来全区实施重组改制和关闭破产企业的职工安置情况进行了全面检查,并有针对性地制订了整改措施。组织开展了规范企业改制专项检查,及时发现并纠正了一些企业不规范的做法。组织开展了债转股企业清理检查工作,研究提出了进一步规范债转股工作的政策和措施。五是努力维护企业和社会稳定。坚持把维护企业稳定作为一项重要工作,认真处理群众来信来访,特别是针对企业改制重组、兼并破产、主辅分离以及职工下岗分流安置中的热点难点和群众来信来访所反映的突出问题,积极主动开展工作,一些矛盾和问题及时得到了化解。按照全国集中处理信访突出问题及群体性事件电视电话会议精神,对监管企业改制过程中存在的问题和不稳定因素进行了全面调查摸底,并成立了国有企业改制信访突出问题及群体性事件工作小组,制订了工作计划和预案,全力维护企业和社会稳定,确保各项改革措施的顺利实施。

三、加强和改进企业党建工作情况

以加强党的执政能力建设为动力,组织机关干部和监管企业认真学习"三个代表"重要思想和党的十六届四中全会精神,指导实践,推动工作,收到一定实效。加强企业领导班子思想政治建设,健全委党委中心组学习制度。在区管企业深入开展创建政治素质好、经营业绩好、团结协作好、作风形象好的"四好"领导班子活动。广泛开展向许振超、李斌、牛玉儒同志学习活动,进一步激发了广大党员职工爱岗敬业、艰苦奋斗、拼搏奉献、开拓创新精神。加强对监管企业领导班子的考察调整,先后对13户企业48名领导班子成员进行了考核调整,一批有专业技术和开拓创新精神的优秀年轻人才走上了领导岗位。加强企业后备人才队伍建设,在职工民主推荐和组织考察的基础上,确定了29名正职后备管理人员和111名副职后备管理人员,形成了大学本科以上学历为主体,35岁左右梯层结构的后备经营管理人才队伍。结合庆祝建党83周年,表彰了5个先进基层党组织、29名优秀共产党员和19名优秀党务工作者。结合企业实际,制订了《区管国有企业基层党组织建设工作规则》,规范了企业党的组织设置、换届选举以及党员的发展、教育、管理和监督工作。认真组织开展"以创建基层党组织建设先进企业"活动,建立目标责任制形成了"层层创建、联创共建"机制。狠抓企业党风建设和反腐败工作,组织监管企业领导班子认真学习《中国共产党党内监督条例(试行)》和《党员领导干部选拔任用工作监督检查办法》,层层落实党风建设责任制,增强了企业重大决策、干部任用等事项的透明度,增强了企业领导人员廉洁自律、自觉接受监督的意识。加强效能监察工作,积极探索建立与现代企业制度相适应的教育、制度、监督并重的惩治和预防腐败体系,制订了《宁夏回族自治区国资委监管企业效能监察实施办法(试行)》。配合自治区纪委、监察厅对3家试点企业开展效能监察工作情况进行了督促检查,对4户监管企业4名主要负责人任职期间的经济责任进行了审计。

四、宁夏回族自治区国有资产总量与结构分析

随着宁夏全区经济体制改革进一步深化,国有企业资产实力逐年加强,为国有经济在国民经济中主导作用的发挥奠定了重要的物质基础。截至2004年底,全区地方国有及国有控股企业有590户(不含金融企业,下同),资产总额5475880万元,比上年增长6.3%,净资产1999239万元,比上年增长6.8%,净资

产中国有资产总量为1471609万元,比上年增长6%。

国有资产分布结构特征为(净资产中国有资产总量):

(一)第二产业占有国有资产总量最大

全区地方国有企业在以工业及建筑业为主的第二产业分布有217户,国有资产总量1008396万元,同比增加33494万元,增长3.4%,占全区国有资产总量的68.5%。

2004年国有资产产业分布表

项　目	合计	第一产业	第二产业	第三产业
构　成		农林牧渔业	工业及建筑业	交通运输业、商业及服务业
户数(户)	590	46	217	327
国有资产总量(万元)	1471609	72106	1008396	391107
同比增加额(万元)	82656	14649	33494	34513
增长率(%)	6	25.5	3.4	9.7

(二)国有企业和国有资产在工业领域分布最多

宁夏地方国有企业主要分布在国民经济的12个行业中。工业行业,有179户企业,占总户数的30.3%,国有资产总量952377万元,较上年增加30408万元,增长3.3%,占全区企业国有资产总量的64.7%。其中煤炭、冶金、电力三个行业占工业行业国有资产总量的78.8%。反映出宁夏实施西部大开发战略,基础设施领域的基本建设投资扩大,财政资金的基建支出规模也不断增加,促进了国有资产总额的大幅增长,为宁夏经济发展提供了有力的原料及能源基础保障。

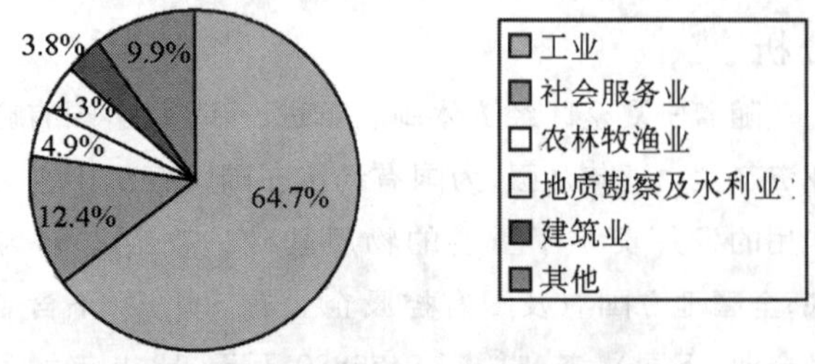

2004年主要行业国有资产结构分布图

(三)国有资产主要集中在自治区国资委监管企业

宁夏自治区国资委监管的20户企业集团属各级独立核算企业有182户,国有资产总量991594万元,同比增加75565万元,增长8.2%,占全区国有资产总量的67.4%。自治区属非监管企业125户,国有资产总量224917万元,同比增加5255万元,增长2.4%,占全区国有资产总量的15.3%。市县属企业283户,国有资产总量255098万元,同比增加1837万元,增长0.7%,占全区国有资产总量的17.3%。自治区国资委监管企业占有的国有资产总量最大、增速最快,是宁夏地方国有企业的主力。

2004年国有资产按隶属分布表

项　目	合计	监管企业	区属非监管企业	市县属企业
户数(户)	590	182	125	283
国有资产总量(万元)	1471609	991594	224917	255098
同比增加(万元)	82656	75565	5255	1837
增长率(%)	6	8.2	2.4	0.7
占全区总量比率(%)	100	67.4	15.3	17.3

(四)国有企业以小型企业居多

宁夏全区590户地方国有企业,大型企业(含特大型)有36户,占总户数的6.1%;国有资产总量847127万元,增长8.3%,占全区国有资产总量的57.5%。中型企业120户,占总户数的20.3%;国有资产总量404316万元,减少0.7%,占全区国有资产总量的27.5%。小型企业434户,占企业总户数的73.6%;国有资产总量220165万元,增长10.3%,占全区国有资产总量的15%。宁夏自治区国有企业以小企业居多,且多数为市县属企业,大型企业占有多数国有资产。

2004 年国有资产按企业规模分布表

项　目	合计	大型企业	中型企业	小型企业
户数(户)	590	36	120	434
国有资产总量(万元)	1471609	847127	404316	220165
增长率(%)	6	8.3	-0.7	10.3
占全区总量比率(%)	100	57.5	27.5	15
占总户数的比率(%)	100	6.1	20.3	73.6

五、宁夏回族自治区地方国有企业资产运营成果分析

(一)企业资产总额增加、质量有待提高

2004 年底,宁夏全区地方国有企业资产总额 5475880 万元,同比增加 326563 万元,增长 6.3%。国资委监管企业资产总额同比增加 230096 万元,增长 7.2%,占全区地方国有企业资产增加总额的 70.5%。自治区属非监管企业资产总额增长 9.6%,市县属企业资产总额增长 2.1%。全区地方国有企业资产损失及挂账金额 591088 万元,超过资产总额的 10%。其中自治区国资委监管企业资产损失及挂账金额占资产总额的比率为 9.1%;区属非监管企业 14.6%;市县属企业 12.9%。资产损失及挂账金额占资产总额比率普遍较高。全区国有企业综合资产负债率 63.5%,比上年下降了 1.8 个百分点。资产负债率大于 60% 的企业有 235 户,占 39.8%;小于 60% 的企业有 259 户,占 43.9%;资不抵债企业有 96 户,占 16.3%。

(二)资产周转较慢、运营效益不高

宁夏全区地方国有企业总资产周转率为 0.43 次,与上年同期相同。流动资产周转率 0.88 次,同比减少 0.02 次。应收账款周转率 3.98 次,同比加快 0.55 次。资产周转较快的是自治区属非监管企业,总资产周转率为 0.51 次;周转较慢的是国资委监管企业为 0.39 次。总资产报酬率为 1.2%,净资产收益率为-0.2%。总资产周转率、总资产报酬率、净资产收益率和全国国有企业综合值比较,均处于较低水平。

2004 年资产运营效率表

项　目	合计	监管企业	区属非监管企业	市县企业
资产负债率(%)	63.5	61.3	64.8	68.9
总资产周转率(次)	0.43	0.39	0.51	0.5
流动资产周转率(次)	0.88	0.74	1.09	1.2
应收账款周转率(次)	3.98	3.21	5.09	6.33
总资产报酬率(%)	1.2	1.2	2.1	0.7
净资产收益率(%)	-0.2	0.40	1.0	-3.1
资产损失及挂账比率(%)	10.8	9.1	14.6	12.9

(三)销售收入有明显增长

宁夏全区地方国有企业实现销售收入 2296370 万元,增长 18.3%。其中:自治区国资委监管企业实现收入 1298802 万元,同比增长 15.6%,低于全区平均增速 2.7 个百分点;自治区属非监管企业实现收入 393760 万元,增长 26.4%;市县属企业实现收入 603808 万元,增长 19.3%。自治区国资委监管企业实现收入占全区地方国有企业收入总额的 56.6%;市县属企业实现收入占全区收入总额的 26.3%;区属非监管企业收入占收入总额的 17.1%。工业企业实现收入总额 1437925 万元,占收入总额的 62.6%;批发和零售、餐饮业占 13.3%;建筑业占 11.2%。房地产业收入增长 238.7%。

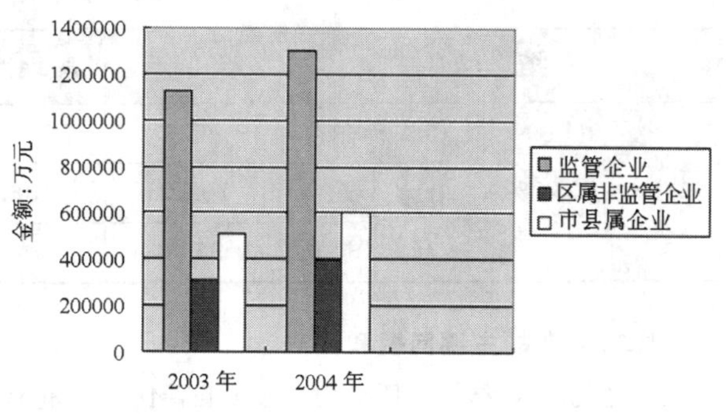

2003—2004 年销售收入对比图

(四)盈利面扩大、盈利额增加

剔除吴忠仪表集团不可比因素,宁夏全区国有企业盈亏相抵实现利润 3378 万元,较上年减亏 40342 万

元,实现了扭亏为盈。258户企业盈利,占总户数的43.7%,比上年增加9户,盈利金额72476万元。312户企业亏损,比上年减少3户,亏损金额92755万元。剔除吴忠仪表集团不可比因素,自治区国资委监管企业实现利润8757万元,同比减亏41091万元,增长127.1%。自治区属非监管企业实现利润4181万元,同比增加3619万元,增长644%。市县属企业实现利润一9561万元,同比增加亏损4369万元,增亏84.1%。盈利企业主要分布在工业、房地产业、交通运输仓储业、农林牧渔业等行业。

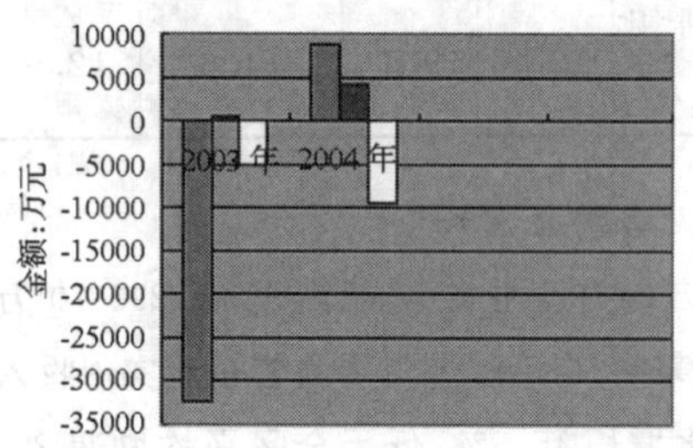

2003～2004年实现利润对比

六、宁夏回族自治区国有资产保值增值综合分析

(一)企业国有资产保值增值面过半,但总体水平不高

宁夏全区国有企业国有资本综合保值增值率为96.7%,比上年的97.9%,下降1.2个百分点。590户企业中实现保值增值的企业304户,保值面达到51.5%。国资委监管企业国有资本综合保值增值率为97.8%,其中有93户实现保值,占监管企业总户数的51.1%;自治区属非监管企业国有资本综合保值增值率为97.6%,其中有70户实现保值,占非监管企业总户数的56%;市县属企业综合国有资本保值增值率为91.8%,其中有141户实现保值,占市县属企业总户数的49.8%。国有企业保值增值率超过100%的有5个行业:房地产业保值增值率为111.3%;广播文化教育业为104.1%;科学研究和技术服务业为102.3%;农林牧渔业为101.1%;其他行业为103.7%。从全区看,地方国有企业亏损面较大,部分企业资不抵债,亏损减值成为影响企业国有资本保值增值的主要因素。

2004年国有资本保值增值表

项　目	全区	监管企业	区属非监管企业	市县属企业
企业数(户)	590	182	125	283
保值增值数(户)	304	93	70	141
保值面(%)	51.5	51.1	56	49.8
保值增值率(%)	96.7	97.8	97.6	91.8

2004年国有资本保值增值主要行业对照表

指　标			合　计	房地产业	广播文化业	科技服务业	农林牧渔业	其他行业
保值增值率(%)	实际值		96.7	111.3	104.1	102.3	101.1	103.7
	标准值	最高	108.4	106.3	111.8	112.4	106.6	109.7
		最低	97.4	94.5	89.8	94.7	93	98.1

(二)存在的主要问题和困难

1. 企业产业结构矛盾突出。宁夏自治区国有企业结构尚欠合理,调整步伐缓慢,国有资产在竞争性行业以及长期处于经营低效的领域仍有较大数量的分布。

2. 国有资产的增长对政策性因素的依赖程度仍处于较高水平。国家实施积极的财政政策、债转股等政策性因素对促进国有企业发展发挥了重要作用,因此表现出国有资产增长对政府投入及其他政策因素过分依赖。2004年因政府投入等政策性因素增加的国有资产占全部国有资产增加额的四成以上。

3. 国有资产运营的风险性因素仍然较多。目前,全区国有企业的资产负债状况虽然有所改善,但不少企业仍处于高风险经营区域,尚有近百户企业资不抵债或处于空壳状态。高负债和大量不良资产带来的财务风险,影响着国有企业健康发展。

4. 经营减值成为全区国有企业突出的问题。2004年全区亏损企业仍然较多,亏损面超过了50%,亏损金额达15亿元(含吴忠仪表所属亏损企业)。因经营减值引起国有资产减少达7亿多元,超过经营积累的2.6倍。经营减值已严重影响国有资产保值增值。

七、宁夏回族自治区地市级国有资产监管机构组建情况

宁夏回族自治区有银川市、石嘴山市、吴忠市、固原市、中卫市5个地级市。银川市国有资产监督管理委员会于2004年11月正式挂牌成立,行政编制18人,按照《企业国有资产监督管理暂行条例》之规定履行出资人职责。石嘴山市于2004年10月成立了国有资产监督管理委员会,下设办公室,拟定行政编制4人,与市财政局合署办公。吴忠市于2004年7月成立了国有资产监督管理委员会,主任由市长担任,成员由财政、发改委、建设局等部门负责人组成,下设办公室,办公室主任由市财政局长兼任,同时组建了市国有资产经营有限公司。固原市在市财政局内设经济建设科,具体负责市本级的国有资产管理。中卫市由市财政局负责国有资产监管工作。各市在推进国有资产监管体制改革方面做了积极探索,加强了机构建设,摸清了家底,建立了制度。但是,除银川市外,其他各市政府和国有资产管理部门对企业国有资产管理实行传统的行政性管理的格局尚未从根本上改变,以出资人管理为中心的制度框架尚未形成,国有资产管理体制深层次的一些矛盾还没有彻底解决,依法履行出资人职责、依法对国有资产进行监督管理的工作还没有完全到位。

八、宁夏回族自治区国资委监管企业建立和完善经营业绩考核体系的情况

宁夏自治区国资委成立之初就高度重视企业负责人经营业绩考核工作。主要开展了以下几方面的工作:一是抓好制度建设,初步构建业绩考核工作的制度体系。起草了《宁夏区管企业负责人经营业绩考核试行办法》。2004年6月,该《办法》由宁夏自治区人民政府办公厅正式转发各监管企业执行。从结构和内容上看,该办法与《中央企业负责人经营业绩考核暂行办法》大致相同,但结合宁夏企业的实际情况,也进行了一些局部调整,主要是:(1)两项基本指标("年度利润总额"和"净资产收益率")的权重为各占40分,分类指标占20分;(2)企业负责人的基本年薪,按本企业上年人均工资的1.5~3倍,由国资委会议集体研究,每年核定一次;(3)绩效年薪与年度考核结果挂钩。考核结果划分为A、B、C、D、E五个级别,80分为E级,81~90分为D级,91~100分为C级,101~110分为B级,111~120分为A级。从E级到A级,绩效年薪分别是基本年薪的0~3倍,基本年薪与绩效年薪之和不超过上年人均工资的12倍。二是签订经营业绩责任书,落实国有资产经营责任。为配合《考核办法》的实施,下发了《关于报送企业收入分配情况的通知》,对监管各企业近三年的工资分配和负责人薪酬情况进行了调查摸底。同时,收集整理了各企业近三年的财务报表和相关统计资料,为确定业绩考核指标和企业负责人收入分配政策提供了依据。从2004年2月中旬开始,利用一个多月的时间,根据企业提出的考核指标建议值,分别同企业负责人协商、沟通了2004年度考核指标,并研究确定了各企业负责人的基本年薪。2004年4月,在宁夏全区国有资产监督管理工作会议上,宁夏自治区国资委分别与宁夏煤业集团、铝业集团等8户相对成熟、具备考核条件的监管企业签订了2004年度经营业绩责任书,开始试行业绩考核工作。同时,对未签订责任书的其他企业,国资委也与其负责人沟通了考核指标的意见和建议,为下一步全面推开业绩考核工作面奠定了基础。三是加强经营业绩考核工作的动态监控。在重点查阅有关企业的基础资料,分析研究各企业主要财务指标快报,了解掌握企业生产经营情况的基础上,对企业上半年考核指标的完成情况、主要经营特点、存在的问题以及下半年市场环境、经营形势、预计完成指标情况和拟采取的措施等进行综合分析,形成了上半年经营业绩

责任书执行情况分析报告。对签订责任书的8户企业1—10月份经营指标及全年预测完成情况进行了调查了解，并听取了企业有关负责人员对经营业绩考核工作的意见和建议，形成了当前经营指标完成情况及全年预测的报告。此外，2004年，考核分配处配合企业领导人员管理处，对部分监管企业领导班子进行了考核，以逐步推进业绩考核工作与企业领导班子调整、任命等工作的衔接。

（审稿人：刘语平　核稿人：张炯
撰稿人：张治金　李雪芳）

新疆维吾尔自治区

一、新疆维吾尔自治区国有资产监督管理工作综述

2004年10月15日，新疆维吾尔自治区国有资产监督管理委员会（简称自治区国资委）正式成立，国有资产监督管理工作开始起步。一是研究制订部分新疆维吾尔自治区国有资产监督管理规章制度，出台了《新疆维吾尔自治区国有企业清产核资实施办法》、《新疆维吾尔自治区国有资产监督管理委员会直接监管企业负责人2005年度经营业绩考核实施意见》，起草了《新疆维吾尔自治区实施＜企业国有资产监督管理暂行条例＞办法》和《新疆维吾尔自治区国有企业监事会暂行办法》，已报自治区人民政府审批。

二是抓紧地、州、市国有资产监督管理机构的组建工作。认真贯彻落实国务院办公厅转发国务院国资委《关于设立市（地）级人民政府国有资产监督管理机构的指导意见》和中共中央政治局委员、新疆自治区党委书记王乐泉同志的批示，自治区国资委会同自治区有关部门组织了5个调研组，分赴南北疆，了解各地国有资产状况，听取对组建地、州、市级国有资产监管机构的建议。新疆首府乌鲁木齐市已组建了国有资产监督管理委员会。

三是开展清产核资工作。为提高工作效率，尽快开展各项工作，自治区国资委决定先开展初步的清产核资工作，即对近年来从未进行过审计、评估和稽察的6户企业，组织中介机构进入，开展全面的清产核资；对近年来开展过审计、稽察及经营管理较为规范、没有资产流失反映的其他23户企业，限期开展资产自查，自查结果报国资委审核。2005年将开展全面清产核资工作。

四是继续抓紧推进国有企业政策性破产、主辅分离辅业改制以及分离企业办社会等工作。天山塑料厂列入国家关闭破产工作计划，天川集团第二毛纺厂、新矿集团苇湖梁煤矿和化工集团有机化工厂等3户企业进入破产程序。

五是抓紧部署了直接监管企业负责人2005年度经营业绩考核工作。结合实际，新疆国资委确定在监管企业先行开展年度经营业绩考核。参照国务院国资委和其他省区国资委开展业绩考核工作的经验和做法，在摸底调查和企业自报的基础上，初步测定了各企业2005年度考核指标。

六是加强调研，理清工作思路。自治区国资委成立后，立即组成了6个调研组，由委领导带队，到29户直接监管企业进行调研，了解企业的基本情况，听取企业对国资监管工作的意见和建议，在此基础上明确和制订了2005年监管企业改革改制、结构调整、资产监管、激励约束、企业党建等方面的工作重点和措施。

七是扎实开展维护企业稳定工作。2004年自治区国资委针对影响企业稳定的突出矛盾和问题，采取有力措施，扎实推进维护企业稳定工作。自治区国资委作为新疆自治区党委集中处理信访突出问题领导小组办公室国有企业改制问题工作小组的牵头单位，会同小组的其他单位，建立了工作组织机构、工作体系和运行机制，深入区属26家企业和自治区有关厅局，对企业的稳定情况和存在的突出问题，进行了摸底排查，基本掌握了影响企业稳定、职工群众反映强烈的突出矛盾和问题，经过梳理归纳，按照“区分情况、把握重点、加强协调、督促解决”的总体思路，提出了解决问题的对策建议。在充分掌握情况的基础上，督促落实自治区联办批转的43件信访案件，妥善处理自治区有关厅局、行办管理的企业职工群众上访突出问题，平息了群体性上访事件。为解决2004年冬

困难企业取暖问题,根据新疆自治区党委领导的要求,自治区国资委会同自治区维护企业和社会稳定办公室,落实了600万元资金,并在深入调研的基础上,提出了对困难企业的补助方案,分两批解决了一些困难企业冬季取暖问题。

二、新疆维吾尔自治区国有资产监督管理机构组建情况

新疆维吾尔自治区党委、人民政府对改革自治区国有资产监督管理体制,组建自治区国有资产监督管理委员会非常重视,多次召开党委常委会、机构编制委员会会议进行研究。为加强领导,还成立了国有资产管理体制改革协调领导小组,深入自治区各有关部门和内地省区调研,借鉴好的经验,听取各方意见,研究制订改革方案。中共中央政治局委员、自治区党委书记王乐泉同志多次听取汇报并就一些重大问题作出指示。

根据中共中央办公厅、国务院办公厅关于印发《新疆维吾尔自治区人民政府机构改革方案》的通知(厅字[2004]10号),新疆维吾尔自治区党委、人民政府决定,设立新疆维吾尔自治区人民政府国有资产监督管理委员会,为自治区人民政府直属正厅级特设机构。自治区人民政府授权自治区国资委代表国家履行出资人职责。同时,新疆自治区党委决定,自治区国资委成立党委,履行自治区党委规定的职责。2004年10月15日,中共新疆维吾尔自治区国有资产监督管理委员会委员会、新疆维吾尔自治区国有资产监督管理委员会正式挂牌成立。根据自治区党委办公厅、自治区人民政府办公厅关于印发《新疆维吾尔自治区人民政府国有资产监督管理委员会主要职责、内设机构和人员编制规定》的通知,将自治区经贸委指导国有企业改革和管理的职责,原自治区企业工委的职责,自治区财政厅承担的国有资产(国有资本金)产权登记、产权界定、资产评估、效绩评价、流失查处的职责以及自治区劳动和社会保障厅拟定区属国有企业经营者收入分配政策、审核区直属国有企业工资总额和主要负责人的工资标准的职责划入自治区国资委。自治区国资委履行出资人职责的范围为自治区区本级经营性国有资产。根据新疆实际,将自治区区本级100户企业的经营性国有资产首批纳入自治区国资委监管范围,监管办法采取两种形式:一是由自治区国资委实行管资产与管人、管事相结合。二是实行委托管理,由自治区国资委履行管资产的职责,管人、管事的职责暂由自治区国资委委托原主管部门管理。自治区国资委内设11个职能机构:办公室(党委办公室)、企业领导人员管理处(教育培训处)、规划发展处、企业改革处、业绩考核与分配处、统计评价处、产权(股权)管理处(对外经济联络处)、监事会工作处(国有企业监事会管理工作办公室)、党建工作处、宣传与群众工作处(党委统战部)、政策法规处(研究室);设立机关党委(人事处)。机关行政编制78名,监事会主席和派出监事行政编制35名,共设7个监事会。

根据《自治区党委关于成立中共新疆维吾尔自治区国有资产监督管理委员会委员会有关问题的通知》,自治区国资委党委的主要职责:保证党的路线方针政策和自治区党委、自治区人民政府的有关指示、决定在国资委直接监管企业中贯彻执行;讨论和决定自治区国资委的重大问题;负责国资委直接监管企业党的建设、社会主义精神文明建设和思想政治工作,协助自治区党委组织部抓好自治区国有企业党建工作;负责自治区国资委直接监管企业领导班子建设,协助自治区党委组织部做好自治区党委管理的企业领导人员的管理工作;负责自治区人民政府派出的国资委直接监管企业监事会监事的管理工作;监督检查国资委直接监管企业领导人员遵纪守法、廉洁自律的情况,加强党风廉政建设;指导国资委直接监管企业的群团工作、知识分子工作、统一战线工作及人事制度改革等工作;完成自治区党委交办的其他工作。自治区国资委党委委员11名,其中书记1名,副书记4名,纪委书记1名(由党委副书记兼任)。

三、新疆维吾尔自治区国资委监管企业产权制度改革情况

2004年,新疆维吾尔自治区国有资产监督管理委员会按照自治区党委、自治区人民政府关于经济发展

的总体要求及国有企业改革重组的整体规划，进行了一系列以产权制度改革为核心的改制重组工作。通过对直接监管国有企业的划转、兼并、重组等措施，巩固和壮大了优势企业在国民经济发展中的主导作用，盘活了企业的存量资产，优化了资本结构，促进了国有经济结构调整。

(一)通过无偿划转的方式来整合优势资源，实行产业互补，使优势企业实现低成本扩张

将新疆焦煤(集团)有限责任公司和新疆西域水泥有限责任公司整体资产无偿划转给新疆八一钢铁(集团)有限责任公司，使八钢集团能够充分利用上游原材料和下游附加产品的资源，形成了完整的产业链。

(二)通过收购兼并重组的方式，盘活存量国有资产，增强国有企业的活力

新疆八一钢铁(集团)有限责任公司收购新疆天山汽车厂破产企业资产，并联合新疆供销社重组新疆纺织工业(集团)公司经营性资产，使上述两家困难企业生产经营状况得到明显改善。

新疆药业(集团)有限责任公司对所属的新疆新特药民族药公司、克拉玛依市医药公司、喀什地区医药药材公司、新疆药业(集团)有限责任公司业务部进行重组，集中优势资源，壮大企业市场竞争的实力。

(三)通过企业国有产权转让，实现产权主体多元化，促进国有经济结构调整，建立健全法人治理结构

新疆粮油(集团)有限责任公司、新疆化工(集团)有限责任公司分别将所持有的新疆金西域科技农业发展股份有限公司的股权和新疆石油化工机械有限责任公司国有产权转让给民营企业，增强了企业活力，促进国有资本的流动和重组，推动混合所有制经济发展。

(四)通过对国有控股的股份有限公司国有股权管理，增强股份公司的核心竞争力、抗风险能力和驾驭市场的能力

新疆八一钢铁(集团)有限责任公司控股新疆阿拉山口口岸工贸股份有限公司，新疆风能公司为第一大股东的新疆金风科技股份有限公司增资扩股，新疆天山建材(集团)有限责任公司控股新疆国统管道股份有限公司，提高了股份公司产业升级的能力和国有资本的运营能力。

四、新疆维吾尔自治区国资委监管企业主辅分离辅业改制情况

截至2004年9月30日，自治区国资委直接监管的29户企业共需分离的“三类资产”资产总额192825万元，负债101495万元，净资产91330万元，涉及职工11118人。其中：非主业资产总额180215万元，负债101495万元，净资产78720万元，涉及职工11118人。非主业资产中：辅业资产总额114935万元，负债76928万元，净资产38007万元，涉及职工5096人；后勤服务机构资产总额42713万元，负债15116万元，净资产27597万元，涉及职工2078人；其他资产总额803万元，负债1034万元，净资产－231万元，涉及职工67人；学校35所，资产总额7774万元，负债1416万元，净资产6358万元，涉及职工2076人；医院26家，资产总额13990万元，负债7001万元，净资产6989万元，涉及职工1801人。闲置资产总额12513万元，净资产12513万元。关闭破产企业有效资产总额97万元，净资产97万元。

2004年，新疆维吾尔自治区人民政府确定新疆建工(集团)有限责任公司和新疆天山建材(集团)有限责任公司的所属学校作为企业分离办学校工作试点，移交属地乌鲁木齐市管理，并于2004年底完成移交工作。这7所学校涉及职工675人，离退休人员557人。截至2004年底，已有24所企业办的学校已移交政府或列入政府接收计划。

积极推进驻疆中央企业分离办社会试点工作。2004年5月19日，新疆维吾尔自治区产权领导小组组织召开了驻疆中央企业分离办社会职能试点工作会议，安排部署了中央企业分离办社会试点工作，并成立了试点工作领导小组。涉及的有关地、州、市也相继成立了领导小组，协调移交试点工作具体实施事项。针对中油集团公司驻疆企业所反映的问题，逐条进行了研究，并形成书面答复意见，对顺利完成试点工作起到了重要的指导作用。截至2004年9月28

日,有关地、州、市已同中油集团公司驻疆单位签订了移交协议。共计移交中小学 58 所,涉及教职工 5707 人,离退休人员 1933 人。移交公安 4 所,涉及职工 578 人。

五、新疆维吾尔自治区国资委监管企业重组与完善法人治理结构进展情况

2004 年自治区国资委重点推进公司制企业建立和完善责权统一、运转协调、有效制衡的法人治理结构工作。

一是对已改制企业法人治理结构的建立、完善和运行情况进行检查,逐个解剖分析,按照现代企业制度的要求,分企业提出改进和规范的意见。

二是指导尚未进行公司制改革的企业,加快制订改制方案。

三是要求公司制企业切实发挥董事会对发展战略、重大项目以及选聘经营层的决策作用,建立集体决策和可追溯个人责任的董事会议事制度。

四是继续深化三项制度改革,推动企业逐步实行经营层竞争上岗,探索高级管理人员市场化配置的方法。

(撰稿人:张　涛)

新疆生产建设兵团

一、新疆生产建设兵团国有资产监督管理工作综述

2004 年,是兵团国资委正式成立后运行的第一年。一年来,兵团国资委认真落实全国国有资产监督管理工作会议精神,按照兵团党委五届六中全委(扩大)会议的要求,认真开展国资监管起步工作,各项工作稳步推进。

(一)兵团国有企业改革工作情况

1. 积极推进兵团工业结构调整,组建一批优强企业集团。围绕把企业做大,把产业做强,把结构调优的工作方针,深化以产权制度改革为核心的国企改革政策,积极推进产业结构,企业组织结构,所有制结构的调整。经过几年的努力,产业升级步伐加快,国有资产的布局和结构以及运行质量明显改善,国有企业的活力和竞争力显著增强,产品结构更加优化。

一是产业结构得到升级。近几年来,兵团积极实施优势资源转换战略,按照“强纺织、精食品、拓建材、大力发展节水器材”扩大行业的工业结构调整战略目标。加大了对优势产业扶持力度,以增量带动存量资产的调整,实施了跨师、跨地区、跨所有制、跨行业的联合重组,产业规模和集中度明显增加。已形成以中基公司为龙头的番茄制品产业;以伊力特为龙头的白酒产业;以新天集团为龙头的葡萄酒产业;以冠农果茸股份公司为龙头的果蔬加工产业;以青松建材股份和伊力特南岗公司为龙头的水泥产业;以天业集团为龙头的全国最大农用节水器材生产和研发基地。并正在实施伊力特集团为龙头的兵团糖业集团;以新赛股份公司为龙头的兵团油脂集团。

二是企业组织结构进一步优化。通过改革和调整,在大力加快推进产业快速发展的同时,企业规模不断扩大,企业的知名度和影响力大大增强。已经形成新天、天业、青松、伊力特、中基、冠农、新农开发、天富、新赛、保险公司、建工集团、旅游、商贸集团等数十家有实力的大企业和企业集团。其中销售收入 10 亿元以上的企业集团已经有 6 家。这些大企业和企业集团的发展,极大地增强了兵团国有经济的控制力、影响力和带动力。

三是所有制结构趋于合理。在坚持公有制为主体,国有经济占主导地位的前提下,积极探索公有制经济的有效实现形式。在石河子市及三个新建市实施了多种所有制共同发展,形成国有及国有控股、参股、民营、私营等多元投资格局,所有制结构有了很大变化。同时各师中小企业和团办企业采取了更加灵活的所有制形式增强了兵团经济的活力。

四是国有资产质量和运行效率提高。按照兵团产业结构调整的要求,在大力扶持优势产业发展的同时,加快了劣势企业退出市场的步伐。紧紧抓住国家出台的国有企业改革脱困的政策机遇,实施了对国有

工业企业债转股，减员增效，政策性破产改革措施，减轻企业负债110多亿元，消灭亏损30多亿元，国有工业企业负债率下降约16个百分点，除纺织行业外，主要行业均实现盈利，2004年兵团工业实现利润15400万元，扭转了长期亏损的局面。

2. 稳步开展国有劣势工业企业实施关闭破产工作。兵团国有企业关闭破产工作在国家有关部门的大力支持下，在兵团兼并破产和再就业工作协调小组指导下，经过成员单位和各师的共同努力，紧紧抓住国家政策机遇，加快兵团劣势企业退出市场步伐，初步解决了长期困扰兵团国有企业发展的难点问题。

截至2004年底，兵团有71户师直国有工业企业实施了破产，核销银行呆坏账和债务101.46亿元，其中实施政策性破产的国有大中型企业35户，涉及制糖、纺织、食品、机械及化工、煤炭等十多个行业，核销银行呆坏账等债务79.71亿元，消除累计亏损31.54亿元。争取到中央财政用于职工安置补偿专项补助资金17亿元，对61525名破产企业职工进行了妥善安置。坚持“破产并举”相结合，企业破产后70%进行了重组，盘活了破产企业有效资产，大多数职工实现了再就业。实施政策性破产使兵团国有及国有控股独立核算工业企业资产负债率由1997年82.38%下降为2003年67.09%，下降了16个百分点，国有工业呈现发展态势。

按照国务院国资委的统一部署，兵团上报了国有工业企业政策性破产四年规划并经审核确定。2005年至2008年，兵团将有35户国有企业实施破产，重点在纺织、食品、煤炭、建材等行业，涉及职工总人数73109人，资产总额29.56亿元，负债总额38.84亿元，其中银行债务17.19亿元。随着兵团关闭破产四年规划的实施，将彻底解决长期困扰兵团国有大中型企业发展的一系列重点和难点问题，国有企业负担大大减轻，国有工业结构调整将取得明显成效，国有企业的整体实力将不断增强。

3. 加快了企业主辅分离、辅业改制、分流安置富余人员及分离企业办社会职能工作步伐。近几年兵团在深化国有企业改革的同时，积极推进企业主辅分离、辅业改制、分流安置富余人员及分离企业办社会职能，做了大量的工作，取得了一些成绩。

兵团党委对企业主辅分离、辅业改制、分流安置富余人员及分离企业办社会职能工作十分重视，兵团出台的《关于加快兵团国有企业改革和发展的意见》及其配套文件(即兵团“1+8”文件)专门针对这些工作进行了部署，提出了具体的工作要求。原国家经贸委等八部委《关于国有大中型企业主辅分离，辅业改制分流安置富余人员的实施办法》(国经贸企改〔2002〕859号)下发后，兵团结合自身实际，及时下发和与自治区联合下发了兵团贯彻国家859号文件的通知，提出了推进兵团大中型国有企业主辅分离，辅业改制分流安置富余人员的具体办法。文件下发后，促进了兵团分离企业办社会职能工作及主辅分离工作的开展。国有企业的资产质量和经济效益提高，主业不突出的问题有所缓解，增强了国有大中型企业的竞争力。

4. 兵团分离企业办社会工作进一步加快。目前兵团分离企业办社会工作推进较快，许多国有企业所办的学校、医院等机构已进行了分离，尚未分离的也将尽快完成分离工作。但主辅分离、辅业改制工作因富余人员安置、报批程序复杂等原因影响，较其他改革相对滞后，下阶段我们将加大工作力度，加快推进国有企业主辅分离工作的开展。据不完全统计，截至2004年底，全兵团已分离部分资产8814.65万元，涉及职工1951人，其中已安置1371人，分离学校27所，分离医院18家，分离其他社会职能21家。目前尚未分离的部分涉及资产14773万元，涉及职工4479人，学校24所，医院33家，其他社会职能60家。2005年计划分离的涉及资产12889万元，职工3564人，分离学校18所，分离医院18家，分离其他社会职能50家。

(二)兵团国有资产监督管理工作情况

1. 对监督企业2004年年度决算的审计工作。根据《企业国有资产监督管理暂行条例》、《企业财务会计报告条例》等相关法规，由兵团国资委代表兵团对所监管企业及其子公司2003年年度资产、负债、损益及国有资产的保值增值情况进行审计。

审计的范围包括兵团国有资产经营公司、新天(集团)公司和纳入两公司报表合并范围的部分子企业。审计的方式，为了体现公正、公平和行使出资人的权利,年度财务决算审计委托中介机构进行,国资委跟踪检查和监督。出具的报告有母、子公司审计报告、注册会计师对企业内部控制存在的重大缺陷及其影响而提出管理建议书。

资产、负债、所有者权益及损益的认定。从2003年12月开始到2004年4月,历时5个月,在跟踪检查和听取报告的基础上依据中介机构提交的审计报告起草了监管报告。经中介机构审计,兵团国资委认定,兵团国资委监管的2家企业2003年度财务状况及经营成果为:国资公司资产总额为1065662万元,负债总额为788569万元,所有者权益为232694万元,资产负债率为74%。净利润为10856万元,比2002年9815万元增加1041万元,增长了10.60%。新天公司资产总额为600042万元,负债总额为497395万元,所有者权益为52532万元,资产负债率为82.9%。净利润为6480万元,比2002年4839万元,增加1641万元,增长了33.91%。

组织对所监管企业的财务决算审计是国有资产监督管理的重要手段。根据国务院国有资产监督管理委员会颁布实施的《中央企业财务决算审计工作规则》,兵团国资委将进一步加强审计监管工作,提高审计在国有资产监督管理中的作用。

2. 狠抓了基础性国资管理工作。一是对兵团国有企业国有资产产权占有、变动、注销情况进行了汇总。其中:共有72户企业申办占有产权登记,57户企业申办变动产权登记,37户企业申办注销登记。分析汇总了产权登记的数据,编写了分析报告报国务院国资委。办理兵直行政事业单位资产处置18项,涉及金额794万元。还开展了非经营性资产转经营性资产工作,对师及兵直企业产权登记工作进行了检查、指导。

二是资产评估工作。起草下发了《关于兵团国有资产评估管理有关事项的通知》。全兵团共完成资产评估项目的备案工作139项,并进行了统计分析,编写了分析报告报国务院国资委,对资产评估项目进行了抽查。

三是国有股权管理工作。审核上市公司国有股权转让、配股、股权质押、国有资本设置、国有股权和资产划转等45项。按照国家的有关规定和兵团的实际情况,对上市公司的国有股权变动提出意见,认真审查有关资料,及时报国务院国资委审批。对改制企业国有股权的设置,严格执行国家有关规范改制和国有资产管理的有关规定,保证了企业改制规范进行。参加了建工师改制工作,多次到企业调研、沟通、协调顺利完成资产划转工作,划转资产总额2.67亿元,负债2.24亿元,所有者权益4300万元,核销不良资产3196万元。

经兵团2004年9月10日第十一次司令员办公会同意起草出台了《兵团国资委监管企业国有产权代表报告制度》,已连续两年召开监管企业产权代表报告会。

二、新疆生产建设兵团国有资产监督管理机构的组建情况

2003年9月,兵团党委根据党的十六大关于改革国有资产管理体制的精神,按照国务院公布的《企业国有资产监督管理暂行条例》的具体要求,筹备组建了兵团国有资产监督管理委员会。由原兵团经贸委和原兵团国资办部分职能合并。

2004年11月,兵团国资委"三定"方案批准实施。国资委内设办公室、政策法规处、业绩考核处、产权管理处、企业改革处、企业改组处、监事会工作处、企业领导人员管理处、党群工作处、监察处等10个处(室),编制45人。截至2004年底,兵团所属的14个师除农八师外(八师国资委正在筹建),其余13个师国资委已组建成立,人员也陆续到位,各师国资委职能正在理顺之中,领导班子和工作人员已基本到位,工作全面展开。

三、新疆生产建设兵团国有资产总量与结构分析

纳入兵团2004年度企业国有资产统计报表汇总范围的单位有:农业师13家,建筑师1家,兵团国资公司、新天公司、中基公司、兵团直属企业等18家。纳入统计范围的企业共572户,比上年492户净增加80户。

(一)资产情况

2004年底资产总额9914753万元,较上年8497052万元增加1417701万元,增长16.68%。其

中:流动资产5659284万元,比上年同期增长17.37%,占资产总量的57.1%,比上年同期增长了0.7个百分点;长期投资649131万元,较上年同期增长22.31%,占资产总量的6.5%,较上年同期下降了0.3个百分点;固定资产3373112万元,比上年同期增长15.12%,占资产总量的34%,比上年同期下降了0.5个百分点。无形资产及其他资产233226万元,比上年同期增长8.8%,占资产总量的2.4%,比上年同期下降了0.1个百分点。

(二)负债情况

2004年底负债总额7538592万元,比上年6292997万元增加1245595万元,增长16.52%。其中:流动负债6395223万元,比上年同期增长21.4%,占负债总计的84.8%,较上年同期增长了1.1个百分点;长期负债1143233万元,比上年同期增长11.55%,占负债总计的15.2%,比上年同期下降了1.1个百分点。

(三)所有者权益情况

2004年底所有者权益总额2088304万元,比上年1980844万元增加107460万元,增长16.68%。其中:实收资本1842802万元,较上年同期增长3.05%;资本公积629674万元,比上年同期增长16.44%;盈余公积457437万元,比上年同期增长10.34%;未分配利润-481100万元,比上年同期增亏67766万元。

2004年底所有者权益中国有资本总量1993752万元,国有资本增值89545万元,比上年增长4.7%。国有资本占所有者权益的比重为95.4%,比上年下降了0.7个百分点。

其中:实收资本1415184万元,比上年增长2.3%;资本公积600960万元,比上年增长13.5%;盈余公积436577万元,比上年增长8.7%;未分配利润-458969万元,比上年增亏61756万元。

四、新疆生产建设兵团国资委监管企业的产权制度改革情况

(一)进一步规范企业国有产权转让行为

为贯彻落实《企业国有产权转让管理暂行办法》,2004年9月10日,经兵团第十一次司令员办公会同意,颁布了《兵团企业国有产权转让管理办法(暂行)》(以下简称办法),下发了《关于贯彻〈兵团企业国有产权转让管理办法〉有关问题的通知》、《关于开展企业国有产权转让管理检查工作的通知》、《进一步规范兵团企业国有产权转让工作的通知》等文件,促使兵团企业国有产权转让早日纳入规范化、法制化轨道。同时指定新疆联合产权交易所为兵团企业产权交易机构。新疆联合产权交易所是兵团控股企业,注册资金1000万元,具有现代化的办公设备和场所,面向社会招聘工作人员21名。目前,交易所的各项工作正在稳步开展。

按照国务院国资委、财政部、监察部、国家工商总局对国有产权交易情况进行检查的要求,2004年9月国资委联合兵团财务局、监察局对兵团企业国有产权交易情况进行了专项检查。

(二)监管企业的改制重组稳步推进

中华联合财产保险公司的股份制改革方案已获中国保监会批准,改制工作正平稳有序地进行。兵团国有资产经营公司继续推进子公司的重组工作。兵团石油公司对德盛公司的加油站进行了整合,进一步理顺兵团石油成品油流通市场。兵团国有资产经营公司完成了对二钢剩余破产资产的重组,在维护二钢地区稳定方面做了大量的工作。继续对商贸、物产集团所属企业和歇业企业的有效资产进行重组,盘活资金,分流人员。同时,积极培育新的经济增长点,投资控股了新疆金诚住房置业担保公司,并积极推动天康公司和中国彩棉集团的上市申报工作。

(三)监管企业继续完善各项规章制度,理顺委托代理关系,强化激励与约束机制

兵团国有资产经营公司结合近三年的制度运转实践,对制度进行修改完善,各项规章制度已达40余项。加强对经营者业绩考核和薪酬管理,兵团国有资产经营公司与子公司签订了经营目标责任书,对不断强化激励与约束机制起到了极为重要作用。兵团国有资产经营公司继续完善产(股)权代表报告制度和财务总监制度,定期召开了季度、半年产(股)权代表报告会及各类专题座谈会,还非定期地听取了单个产权代

表专项汇报,2004 年财务总监共提供报告 615 份。

五、新疆生产建设兵团国资委监管企业重组与完善法人治理结构进展情况

兵团国资委目前监管的企业中涉及企业重组的只有兵团国有资产经营公司一家企业。该公司 2001 年 12 月组建以来,对其所属企业在摸清家底、充分论证的基础上开展了一系列的改制重组工作,主要包括:一是针对兵团商贸、物产两集团长期亏损的现状,对其进行了停业重组,通过采取整合股权、清理库存商品、内部往来和债权债务,分流人员以及实施预算管理等措施,堵住了国有资产的"出血点"。二是对原兵团房地产开发总公司、徕远房地产公司、华域房地产公司进行了重组,组建了房地产开发集团公司。三是整合了兵团的旅游产业,组建了新疆绿洲国际旅游(集团)有限公司。四是与中石油合资组建了新的兵团石油有限公司,2004 年实现利润 3796 万元。五是对新疆通用航空公司进行了增资扩股,扩大了企业规模。三年来共重组改制 57 家企业,其中 2002 年 36 家,2003 年 12 家,2004 年 9 家,共培育龙头企业 20 余家,形成了一批具有一定竞争实力的龙头骨干企业。通过重组改制,这些企业的治理结构、经营模式、经营理念、融资环境等都发生了重大变化,企业竞争力显著增强,兵团国有资产经营公司也取得了巨大的发展,总资产达 160 亿元。此外,各监管企业均能按照《公司法》及现代企业制度的要求,建立健全了公司法人治理结构,制订和完善了各项规章制度,董事会、监事会、经营层机构健全,各层次分工负责,权责明确,运营规范,现代企业制度在监管企业中基本建立。

六、新疆生产建设兵团国资委监管企业建立和完善经营业绩考核体系的情况

由于兵团核定国资委"三定"方案时间较晚,许多业务工作尚未展开。2004 年主要是开展建章立制工作,兵团国资委参照国务院国资委《中央企业负责人经营业绩考核暂行办法》,按照国有资产保值增值以及资本收益最大化和可持续发展的要求,依法考核企业负责人的经营业绩。考核企业负责人的经营业绩,实行年度考核与任期考核相结合、结果考核与过程评价相统一、考核结果与奖惩相挂钩的要求,起草了《兵团国资委监管企业负责人经营业绩考核暂行办法》。

(撰稿人:胡　康)

中央企业改革与发展概况

第四篇

中国核工业集团公司

【概况】 2004年,是中央和国务院对核工业发展作出新的战略决策,对核电发展作出重大部署的一年。这一年中,中国核工业集团公司制定了新的战略目标和规划思路,改革发展取得了新进展和新成效,全年的各项主要工作目标和重点工作任务全面完成,并实现了“三年两步走”的经济发展目标,经济状况取得了历史性的转折。

截至2004年底,中核集团公司有成员企事业单位110个、在职职工9万多名,与1999年集团公司成立之初相比,减少了136个单位、7万多人;拥有资产总额1150亿元,与1999年相比增长了110%。

【主要经济指标】 2004年,中国核工业集团公司完成合并主营业务收入比上年增长26%,超额完成年度预算的10.7%。完成工业增加值比上年增长51%,是年度计划的135%。

全年中核集团公司实现合并利润总额比上年增长226%,超额完成年度预算的105%,圆满实现了“补前持平”的经济发展目标。

2004年,中核集团公司全系统员工收入水平进一步提高,比上年增长19.5%,增长幅度是集团公司成立以来最大的一年。员工人均工资水平和增长幅度,均高于国资委管理的中央企业的平均水平。

【重大项目进展】

1. 核电、核燃料、核应用技术三大产业有序发展,安全生产再创佳绩。核电运行水平稳步提高,运行业绩进一步改善,全年共发电220亿千瓦时,比上年增长48%。其中,秦山一期全年发电27亿千瓦时,全年负荷因子超过99%。截至2004年年底,秦山一期在第8个燃料循环中连续运行400天,并创造了安全运行1331天的国内核电站运行最好成绩。秦山二期全年发电88亿千瓦时,1号机组负荷因子达到82%,2号机组5月3日投入商业运行以来保持稳定运行。秦山三期全年发电105亿千瓦时,负荷因子达到86%。整个秦山核电基地5台机组的能力因子指标已连续两年超过WANO中值水平。大亚湾、岭澳核电站运行情况良好。投运核电机组对缓解华东和华南地区的电力供应紧张局面发挥了重要作用。田湾核电工程正在建设之中,1号机组有望2005年投运。

核燃料生产建设顺利进行。全年按合同完成核电站燃料组件的生产任务。顺利完成大亚湾核电站乏燃料组件的运输和接收任务。田湾核电站核燃料组件生产线进入施工阶段。

铀矿地质勘查在中央财政支持下,找矿经费明显增加,全年完成了15万米钻探工作量。重点勘查区成果显著,区域评价获得较好的找矿线索,地质资源量有新的增加。铀矿冶按计划完成天然铀生产任务,水冶生产技术更新换代全面完成。国外铀资源开发取得突破性进展。

2004年,中核集团公司自筹资金用于支持核应用技术产业的发展。全年核应用技术产业实现销售收入14亿元。同位素与放射性药物、射线应用仪器、氟化工等产品继续保持市场优势。聚丙烯酰胺系列产品生产线全面建成并生产出合格产品。组建了中核华康辐照公司。

在后处理中试厂、快堆和新堆工程建设中,中核集团公司进一步加强了指导协调,业主单位加强了管理,三大控制措施得到落实。后处理中试工程各项节点全部按计划或提前完成。快堆工程按计划完成施工设计及各项任务,进入全面安装阶段。新堆工程主体设备已经安装,工程进展顺利。

核电站、研究堆以及核燃料生产设施安全稳定运行,未发生核事故、辐射事故、严重的环境污染事故和重大安全生产事故,全系统发生的重伤以上安全生产事故降到了历史最低,实现了安全生产管理目标。

2. 落实了一批新的项目,项目开发工作取得重大进展。核电新项目取得突破。浙江三门项目、岭澳二期扩建项目获得国务院核准立项,浙江三门核电项目前期工作进展顺利,加强了与地方政府和投资方的沟通与协调。秦山二期扩建项目、广东阳江项目得到国家核电自主化领导小组同意,秦山二期扩建工程厂址前期工作已经展开。秦山一期扩建项目厂址复核工作圆满结束,列入浙江省“十一五”规划中开展前期工作的预备项目。2004年5月,中核集团公司与巴基斯坦原委会正式签署了合作建设恰希玛二期核电站的商务合同,现场前期工作已经开始。

中核集团公司自筹资金着力打造自主核电技术品牌,开展了中国百万千瓦级核电站三环路和四环路两个方案(CNP1000、CNP1500)的自主初步设计工作。CNP1000初步设计于2004年10月通过了集团公司组织的专家审查,CNP1500初步设计2004年年底已全部完成。发挥主导作用,全过程参与了第三代核电技术国际招标标书的编写和审评工作,并于2004年9月28日对外发标。"大型先进压水堆核电站示范工程"已通过国家有关部委的综合论证。

核应用技术产业化项目获得国家专项支持。辐照交联发泡材料、大功率辐照加速器等4个项目列入发改委的民用非动力核技术产业化专项。化学发光免疫分析测定盒等项目列入国家重点新产品计划。

【产权制度改革】 在上级的支持和基层单位的艰苦努力下,中国核工业集团公司2004年完成了14户企业的破产终结,超额完成了国防科工委下达的12户指标,是十大军工集团中唯一超额完成关闭破产任务的单位。截至2004年年底,中核集团公司拟关闭破产的33户企业全部列入国家计划,其中28户基本完成破产终结。10户关闭破产企业的异地搬迁方案全部获得国防科工委等4部委的批准。四〇四厂整体脱困工作基本完成年度计划目标;八二一厂的调整改革方案获国务院批复后,资产变现工作已开始实施。事业单位的调整改革取得新进展。苏州核工业总医院立足自我滚动发展,开始尝试对地方医疗机构进行并购重组。

【主辅分离辅业改制】 "主辅分离、辅业改制",对中核集团公司精干主业,加快发展,集中力量做强做大主业,提高核心竞争力具有重要意义。2004年,中核集团公司主辅分离改制总体方案得到国资委等3部委批复,第一批17个项目启动,5个试点项目按计划完成。物贸企业调整改制按计划进行,4户企业完成注销终结。

【主要管理经验】 根据新的管理理念和管理模式要求,中核集团公司加强了制度建设和制度管理。对总部部门主任和成员单位主要领导进行了制度宣贯,并加强了执行情况的检查,促进了制度的落实。中核集团公司总部全面开展了预算和合同授权管理。

以预算为龙头的财务管理得到加强。2004年,总部预算授权工作取得突破,成员单位经营业绩考核得到落实,预算管理进一步完善。制定了统一的集团会计制度,全面完成清产核资工作,为规范核算、加强管理和促进发展奠定了基础。为了最大限度地发挥资金使用效率,降低融资成本,中核集团公司对10个成员单位进行了资金集成管理的试点,这是集团化管理的重大突破。按照"管理为效益服务"的原则,审计工作发挥了积极作用。

人力资源管理迈出新步伐。2004年,中核集团公司召开了首次人才工作会议,制定了"十一五"人才规划纲要。加强了企事业领导人员年度和任期目标责任制,除关闭破产、无实质经营业务的单位外,所有成员企事业单位的经营者都签订了年度经营业绩责任书,并普遍实行了企业经营者年薪制和事业单位领导人年度奖励办法。完成了22个成员单位领导班子的换届调整工作。面向社会公开招聘华康公司主要经营者。国家批准的14个核特有工种职业技能鉴定站正式挂牌,完成了600名新技师的培训、取证工作。继续加强委托清华大学培养定向生和核燃料工程硕士研究生工作,与上海交大、天津大学签署了合作培养人才协议。

中国航天科技集团公司

【概况】 2004年,中国航天科技集团公司以"三个代表"重要思想为指导,树立和落实科学发展观,克服困难,不畏挫折,顽强拼搏,奋勇前进,导弹武器系统、宇航技术与产品和航天民用产业三大主业均取得了新业绩;预先研究取得了重要成果;基础能力建设不断加强;改革调整稳步推进与落实;人力资源和人才队伍建设成绩显著;企业文化建设和信息化建设得到加强;经济运行态势良好,经济效益持续提高,完成了国有资产管理委员会、国防科技工业委员会的考核指标，为国防现代化建设和国民经济建设作出了新的贡献。

【重大决策】 2004年4月，中国航天科技集团公司召开了第二次财经工作会议，全面分析了集团公司经济发展面临的形势，确定了到2010年前总资产达到1000亿元、总收入达到1000亿元的经济发展目标。

2004年8月，中国航天科技集团公司召开了人才工作会议，确定了当前及今后一个时期，落实人才强企战略的总体要求，即"以邓小平理论和'三个代表'重要思想为指导，坚持党管人才原则，以人为本，以创新机制为动力，在提高人力资源整体素质的基础上，重点培养造就一批高层次、复合型人才，积累高度密集的人才优势，占领人才竞争的制高点，为集团公司可持续发展提供强有力的人才保证和智力支持"。以及"力争在今后3至5年内形成以高层次人才为龙头，以中青年为骨干，领导干部、出资人代表、科技人才、技能人才、管理人才五支队伍协调发展、结构优化的新时期一流的航天人才队伍，建立起具有航天特色、充满活力的人才培养、选用、评价、激励的新机制"的总体目标。

2004年12月，中国航天科技集团公司召开了第三次工作会议，作出了《加速发展民用产业的决定》，明确了到2005年的发展任务和目标，确定了重点发展的主导民品和优势民品，以及卫星应用、信息技术、新型材料与先进能源、航天特种技术应用、汽车零部件及特种车辆等重点发展领域，提出了进一步深化改革、规范管理、集成优势、夯实基础的措施。

【经济效益】 截至2004年底，集团公司总资产达到726亿元，同比增长8.2%，全年国有及国有控股单位(不包括中兴通讯、德尔福万源公司、万源金德公司)完成工业总产值142.9亿元，比上年增长16.1%，完成增加值69.4亿元，比上年增长24.1%，完成主营业务收入323亿元，比上年增长15.5%，28户国家预算内工业企业中，盈利企业为26户，亏损企业为1户，全年盈亏相抵工业企业实现利润1.69亿元。

【科研生产】 2004年，中国航天科技集团公司圆满完成了8箭10星的发射任务，将1996年以来长征系列运载火箭连续成功的记录续写为41次。

中国航天科技集团公司研制的探测二号、资源二号03星、风云二号C星、实践六号、试验二号以及两颗返回式科学实验卫星等8颗均发射成功，在轨运行正常，交付用户，在轨的18颗各类卫星均稳定运行。同时，长征二号丙运载火箭成功地将哈尔滨工业大学和中国科学院研制的探索一号卫星和纳星一号送入太空。

此外，2004年中国航天科技集团公司共获得国家科学技术进步二等奖2项；获国防科学技术奖一等奖7项，二等奖21项，三等奖66项。申请专利108件，其中发明专利67件。

【航天民用产业】 2004年，中国航天科技集团公司加快了民品企业的资产重组，进一步深化体制改革、创新经营机制，实施了卫星应用资源重组；以北京神舟航天软件技术有限公司为核心进行了航天软件重组；完成了航天科技国际集团有限公司与中国银行(香港)有限公司的债务重组；实施了航天科技通信有限公司股权重组的相关工作；通过中国中信集团公司的加盟，鑫诺卫星通信有限公司完成重组，并当年实现盈利。同时，以上市公司为核心，开展了民品结构调整和企业重组，陕西航天动力高科技股份有限公司与宝鸡水泵厂合资组建了宝鸡航天动力泵业有限公司；中国天地卫星股份有限公司收购了正太量子数码公司；中兴通讯股份有限公司完成了H股的增发工作。此外，集团公司继续开展了公司的清理整合工作，本级公司的清理整合按计划完成。

【国际合作和外经外贸】 2004年，中国航天科技集团公司(含控股公司)实现外贸进出口总额为9.28亿美元，比上年增长了3.99%。其中：出口总额为3.82亿美元，比上年增长-1.36%；进口到货总额为5.46亿美元，比上年增长了8.1%。

【改革脱困】 2004年，中国航天科技集团公司按照第二次工作会《纲要》确定的建立母子公司体制的要求，积极稳妥地推进了院、基地、公司调整改革与专业重组工作。062基地更名为四川航天技术研究院；组建了航天空气动力研究院；并购了泰安特种车厂；完成了长城工业总公司拆分工作，新长城工业总公司正式挂牌。同时，企业改革脱困工作进展良好，完成了铜江机械厂、明江机械厂的破产终结。

【财经管理和制度建设】 2004年，中国航天科技集团公司进一步加强了财务监督检查，向航天时代电子公司、航天工程咨询中心、财务公司等多家单位委派了总会计师，撤销了各院级结算中心、资金处；收回了国泰君安委托理财债权1.5亿元，有效地化解了资金风险；集团公司预算管理延伸到了三级，首次下达了成员单位预算控制指标。同时，集团公司按照国资委要求，积极努力地开展了清产核资工作；对集团公司所属成员单位的银行账户进行逐户审批，撤销217户，调整159户，建成三套网银结算系统，进一步加大了资金集中力度；完成财务信息化一期工程，全面转入二期工程建设。

【人力资源和人才队伍建设】 2004年，中国航天科技集团公司认真贯彻落实党中央、国务院关于进一步加强人才工作的决定和国资委关于加强中央企业人才工作的指导意见，加强了领导干部队伍建设，合理调配了干部资源；加强了科技人才队伍建设，进一步推进了队伍的年轻化，提高了学历层次；加强了出资人代表的队伍建设，选拔、任用了亚太公司、航通公司、神舟软件、东方红卫星公司、鑫诺公司、财务公司、中国天地卫星、兰天达等公司19名高管人员；加强了技能人才队伍建设，共有6人获全国技术能手称号，1人夺得中华技能大奖，唐建平班组被国防科工委授予“国防科技工业职工技能模范班组”；加大了人才引进的力度，共引进高校毕业生1932名(含自培研究生)，其中博士生87名、硕士生781名、本科生926名，接收高校高层次毕业生人数创历史新高。与此同时，中国航天科技集团公司有17人被评为国家级突出贡献专家；28人入选国家级新世纪百千万人才工程；新增49人享受政府特殊津贴；1人当选全国优秀科技工作者；2人获何梁何利科学与技术进步奖。

【信息化建设和企业文化建设】 2004年，中国航天科技集团公司深入开展了企业理念识别系统的提炼和推广工作，并正式颁布实施。

在信息化建设中，中国航天科技集团公司制定了《中国航天科技集团公司“十一五”信息化建设规划》，明确了“十一五”期间集团公司信息化建设的思路、原则和目标。在2004年的工作中，重点从工程信息化建设、管理信息化系统建设、基础条件建设入手，完成了32家AVIDM框架软件应用单位软件安装工作；组织航天时代电子公司进行了“供应链平台建设”试点工作；主干网汇聚点设备安装到位，同各院级单位宽带连通；西安地区、上海地区、成都地区城域网建设初具规模；各单位局域网基本建立，大部分单位同集团网络连通。

2004年航天发射情况表

运载火箭	发射地点	发射时间	卫星名称	备注
长征二号丙	西昌	2004.04.18	探索一号 纳星一号	成功
长征二号丙SM	太原	2004.07.25	探测二号	成功
长征二号丙	酒泉	2004.08.28	第19颗返回卫星	成功
长征四号乙	太原	2004.09.09	实践六号A、B星	成功
长征二号丁	酒泉	2004.09.27	第20颗返回卫星	成功
长征三号甲	西昌	2004.10.19	风云二号C星	成功
长征四号乙	太原	2004.11.06	资源二号03星	成功
长征二号丙	西昌	2004.11.18	试验二号	成功

中国航天科工集团公司

【概况】

1. 公司2004年度发展概况。2004年，航天科工集团公司在党组的正确领导和全体员工的共同努力下，紧紧围绕发展这一主题，做了大量艰苦的工作，取得了显著成绩。经济总体水平保持稳定增长；科研生产任务取得突破性进展；民用产业发展取得重要进展，运营形势总体良好；集团公司的发展目标和战略定位进一步明确；改革与调整工作积极稳妥地推进；企业文化继续推进，集团公司整体政治形势保持良好态势；集团公司综合管理水平进一步提高；人才队伍建设稳步加强，“人才强企”战略深入人心；党的建设和思想政治工作稳中有进。

2. 国有资本保值增值情况分析。航天科工集团公司2004年年初国有权益总量为122亿元，本年增加国有权益23.3亿元，其中因客观原因增加国有权益10.77亿元，本年减少国有权益4.86亿元，其中因客观原因减少国有权益1.06亿元，年末国有权益总量为140.5亿元。剔除客观因素影响，因主观经营因素净增加国有权益8.7亿元，国有资本保值增值率为107.2%，达到军工行业良好水平。

【主要经济指标】

1. 2004年度主要经济指标完成情况。2004年，集团公司经济发展继续保持良好态势，主要经营计划指标完成情况较好。全年完成工业总产值149.64亿元（现价），同比增长10.75%。其中军品产值和民品产值分别占工业总产值的55.18%和44.82%。全年完成营业（销售）收入282.35亿元，同比增长13.73%。完成产品销售收入167.86亿元，同比增长1.05%。其中军品销售收入和民品销售收入分别占销售收入总额的53.83%和46.17%。实现利润结余总额10.54亿元，同比增长12.49%。随着经济的快速增长，集团公司的整体实力不断增强，2004年总资产达到563亿元，所有者权益达到141亿元。集团公司已经由一个综合实力较弱、基础条件较差、亏损比较严重的企业集团，发展成为综合实力有较大提高、凝聚力大大增强的大型企业集团，为集团公司实现全面、协调、可持续发展奠定了基础。

2. 经营业绩与财务分析。截至2004年12月31日，集团公司所属国有及国有控股企事业单位资产总额563亿元，负债总额391亿元，净资产总额140.5亿元，少数股东权益31.5亿元，资产负债率69.4%。全年实现主营业务收入282亿元，同比增长37.7亿元，销售增长率为15.4%；其中军品销售收入同比增长16亿元，军品销售增长率13.1%。

主营业务收入行业分布构成如下：

2004年主营业务收入行业分布构成表

序号	明细项目	主营业务收入				同比增长（%）
		本年数		上年数		
		金额（万元）	比重（%）	金额（万元）	比重（%）	
	合计	2823531	100.0	2446673	100.0	15.4
1	军品研制及生产	1423219	50.4	1258204	51.4	13.1
2	通讯及电子设备制造	228351	8.1	228467	9.3	-0.1
3	汽车零部件及特种车制	147941	5.2	151866	6.2	-2.6
4	专用设备制造	104390	3.7	96099	3.9	8.6
5	航天工程及技术研究、服务	1396	0.0	2471	0.1	-43.5
6	其他民品行业	917098	32.5	708839	29.0	29.4

2004年航天科工集团公司根据国资委对清产核资结果批复，在当期损益中消化以前年度潜亏0.76亿元的基数上，实现利润总额10.5亿元，实际完成利润总额11.26亿元，净资产收益率5.8%，完成了年初国资委下达的经营业绩目标。

2002～2004年收益水平比较表

指　　标	2002年	2003年	2004年	军工行业平均值	军工行业优秀值
国有资本保值增值率(%)	112.1	107.8	107.2	103.1	109.8
净资产收益率(%)	5.5	4.7	5.8	3.4	10.1
资产负债率(%)	68.4	66.7	69.4	68.5	39.8
收入增长率(%)	20.9	28.5	15.4		
利润增长率(%)	6.5	66.5	12.4		

【重大项目进展】 为实现集团的可持续发展，推进体制改革工作，集团公司按照“尊重历史、着眼现实、与时俱进”的原则，对近几年事业部管理体制改革工作进行认真的调研和总结，提出了集团公司体制改革调整和完善的思路。该思路经集团公司党组多次研究并征求集团公司领导干部会与会代表的意见后，进行了修改完善。于2004年8月26日正式印发，10月1日起正式启动实施。

改革调整方案的主要内容：

1. 第一事业部调整方案。

(1)卫星产业发展及调整。集团公司卫星产业正处在战略培育期，内部资源匮乏，特别是具有实践经验的卫星平台总体技术人员匮乏。第一研究院(事业部)要想在卫星领域内形成产业化，首先必须突破卫星平台总体技术，带动相关的载荷技术，形成卫星产业链。卫星产业按照事业部制管理，卫星应用产业化可以根据市场需要成立公司，按公司制管理。

A. 构建卫星研发中心(总体设计部)

集团公司将组织集团内具有总体设计经验的工程技术骨干人员，以卫星平台研制任务为牵引，采取国际合作等多种形式，培养总体设计队伍，并在时机成熟时组建卫星研发中心(总体设计部)。

B. 卫星总装调部

集团公司以航天科工卫星技术有限公司为平台，将该公司作为集团公司卫星的总装、总测、总调和产业化的承担单位，集团公司不再另行成立卫星总装调部。

C. 北京航天测控技术开发公司除了发展现有专业、技术和业务外，要在第一研究院(事业部)统筹规划下，逐步开拓卫星产业相关领域。

D. 由第一研究院(事业部)管理的卫星应用单位有：北京航天奥特科技有限责任公司、北京天纳斯卫星导航技术有限公司、航天科工世纪卫星有限公司。

(2)信息应用产业发展及调整。第一研究院(事业部)信息应用产业的发展思路与其他民用产业一样采取股份公司制形式运行。

由第一研究院(事业部)管理的信息产业单位有：天通计算机应用技术中心、华迪计算机有限公司。

(3)其他单位的调整。

A. 068基地：考虑到068基地主营产品既不是卫星产业也不是信息产业，068基地不再委托第一研究院(事业部)管理，由集团公司总部直接管理。

B. 云南航天总公司：考虑异地管理及实际情况，云南航天总公司不再委托第一研究院(事业部)管理，由集团公司总部直接管理。

C. 719厂：考虑到原719厂已破产，其托盘公司成都航天通信设备有限责任公司(现719厂)已进入“航天通信”上市公司，不再委托第一研究院(事业部)管理。

D. 航天信息股份有限公司：“航天信息”作为上市公司，按照《公司法》、《证券法》等国家有关法律、法规，由集团公司总部直接管理，不再委托第一研究院(事业部)管理。

2. 第二事业部调整方案。

考虑到异地区域管理，为缩短管理链路，贵州航天工业有限公司(061基地)整体改造为军民结合的子集团，具有自主的区域管理权，由集团公司总部直接管理，但其导弹武器系统纳入第二研究院(事业部)产业管理范畴。

贵州航天工业有限公司(061 基地)按要求进行能力结构调整、军民品分离(分立)、主辅分离辅业改制等工作,成立民用产业(含服务业)的顶级公司,由贵州航天工业有限公司(061 基地)按照《公司法》有关要求进行管理。

3. 第三事业部调整方案。

(1)第三研究院(事业部)的总装调部,除了总调上升外,逐步将总装、部装一同上升,建立统一的总装调部(含部装和一定的机加)。

(2)考虑到 111 厂主营产业与第三研究院(事业部)产业的关联度不大,同时为逐步做大其汽车发动机产业。因此,111 厂不再委托第三研究院(事业部)管理,将其建成以汽车发动机为主的军民结合型的专业公司,由集团公司总部直接管理。

4. 第四事业部调整方案。

(1)第四研究院(事业部)要按照"两头在内,中间在外"的思路,探索新型项目管理模式,在型号管理运行模式上做到扁平化。

(2)307 厂(南京晨光集团有限责任公司,以下称晨光集团)整体进入第四研究院(事业部),其中军品合同由第四研究院(事业部)统一签订,并执行第四研究院(事业部)的计划管理。晨光集团的民品、三产部分将按照《公司法》有关规定进行管理,并按照公司制运行。考虑到地区性管理和晨光集团的地位,晨光集团的领导干部由第四研究院(事业部)提出建议,由集团公司任免。晨光集团在南京地区仍以一个整体、一个形象统一对外。

(3)为促进航天固体运载火箭有限公司发展,该公司型号科研生产纳入第四研究院(事业部)型号管理渠道。运载公司对外作为独立法人的单位,负责集团运载市场的开拓和经营管理。

(4)关于中国三江航天工业集团公司(066 基地):

考虑到异地区域管理,为缩短管理链路,中国三江航天工业集团公司(066 基地)整体改造为军民结合的子集团,具有自主的区域管理权,由集团公司总部直接管理,但其武器系统纳入第四研究院(事业部)产业管理范畴,建立联合协调机制。

中国三江航天工业集团公司(066 基地)按要求进行能力结构调整、军民品分离(分立)、主辅分离辅业改制等工作,并按照《公司法》的有关规定进行管理。

(5)为保证 824 厂破产工作的顺利完成,824 厂、航天科工武汉磁电有限责任公司暂由集团公司总部直接管理,第四研究院(事业部)积极配合 824 厂完成破产工作;待 824 厂完成破产工作后,再研究航天科工武汉磁电有限责任公司的归属问题。

(6)考虑异地管理及实际情况,河南航天总公司不再委托第四研究院(事业部)管理,由集团公司总部直接管理。

【法人治理结构】 长城总公司体制问题经过多年的努力,2004 年在国资委组织下,经过多轮多方的研究、讨论、协商,于 3 月份确定了长城公司拆分重组的原则,4 月份长城总公司向国资委上报拆分方案,5、6 月份对拆分方案提出我集团的意见;7 月份两集团联合向国资委上报了《关于对〈中国长城工业总公司财务拆分方案〉有关问题的请示》,7 月 30 日,国资委、国防科工委下发《关于中国长城工业总公司拆分重组有关问题的批复》(国资发改革[2004]255 号),同意将原中国长城工业总公司拆分重组为中国长城工业总公司和中国精密机械进出口总公司,其中中国精密机械进出口总公司归中国航天科工集团公司管理。

国防科工委于 2004 年 12 月 30 日以《国防科工委关于组建中国航天科工集团公司第四研究院的批复》(科工改[2004]1693 号)文件,批准组建中国航天科工集团第四研究院。同意航天科工集团公司将中国航天科工集团第四总体设计部、中国航天科工集团十七研究所、三〇七厂等单位整合组建研究院,主要负责东风某系列导弹武器系统及其扩展型的研制生产任务。

集团公司主管人员的的薪酬包括基薪、绩效薪金和中长期激励单元三部分组成。由国资委按照"中央企业负责人薪酬管理暂行办法"确定。

【产权制度改革】

1. 为了促进现代产权制度的建立,根据国资委、财政部 3 号令的精神,中国航天科工集团公司制定并出台了《中国航天科工集团公司国有产权转让管理暂行办法》和《中国航天科工集团公司公司制企业治理准则》等制度性文件,预期将对中国航天科工集团公司所出资企业的国有产权有序流转和现代企业制度的建立起到积极作用。

2. 根据国家关于加快建立现代企业制度的有关文件精神，由中国航天科工集团公司所属061基地相关企业经改制重组设立的贵州航天电器股份有限公司经中国证监会批准，于2004年7月26日在深圳证券交易所中小企业板成功上市，从而使中国航天科工集团公司所控股的上市公司增加到6家。

3. 2004年9月，根据国防科工委有关批复精神，中国航天科工集团公司所属全资企业沈阳航天新乐有限责任公司经资产置换进入航天通信控股集团股份有限公司，实现了国防科技工业系统保军企业上市零的突破。

4. 为促进产业整合，建立现代企业制度，由中国航天科工集团公司所属061基地、068基地和航天科工深圳(集团)有限公司经整合存量资产共同发起设立的深圳市航天科工电机有限公司于2004年6月28日正式挂牌成立，公司注册资本8000万元。

5. 2004年11月12日，中国航天科工集团公司与中信公司签署合作协议，决定对中国航天科工集团公司控股的华迪计算机公司进行增资扩股。增资扩股完成后，中国航天科工集团公司持股42%，中信公司持股38%，航天世纪投资咨询有限公司持股20%。

【主辅分离辅业改制】 国务院国资委、财政部、劳动和社会保障部等三部门分别于2004年3月份和2004年11月份批复了中国航天科工集团公司第一、第二批改制项目共30个，第一批共6个项目全部改制为非国有法人控股企业，涉及总资产31317万元，净资产11603万元，涉及分流人员2711人。第二批共24个项目，涉及改制单位的总资产21007万元，涉及净资产9802万元，涉及分流人员1776名。

第一批实施主辅分离的企业中，柳州长虹汽车配件有限公司已经完成资产评估，柳州长虹汽车配件有限公司因目前军品形势较好，民品经营暂时遇到困难，考虑到职工的承受能力，其改制工作暂缓实施，待对其民品的支持力度加大，并经营有所好转后再尽快推动。湖南泰山机械制造厂改制及职工安置方案已经职代会审议通过；湖南长宇机械制造总厂因其经营困难，拟走破产道路。贵州群建齿轮有限公司和成都航天通信设备有限公司是利用破产资产安置下岗职工，其改制工作都基本结束，申请免税正在办理之中。

第二批实施主辅分离的企业正在积极稳妥地推进此项工作，前期，转发国家批复文件后，考虑到年底年初的“两节”、“两会”，为稳定起见，主要是做好改制前各种准备工作，包括政策宣贯、职工思想动员、细化改制方案、资产清查等一系列活动。近期，正布置各单位上报实施方案。

2004年下半年，在集团公司统一部署下，所属各单位结合自身发展规划和科研生产实际情况，对主辅分离工作进行了积极谋划。资产运营部研究制订了集团公司主辅分离顶层设计方案，对各单位情况进行了梳理和指导，先后两次组织南北两个片会进行培训和研讨；组织机关相关综合部门对各单位上报的60个项目进行了集中审查和研讨。第三批主辅分离改制分流工作方案将于2005年上半年报国家有关部门审批。

中国航空工业第二集团公司

【概况】 中国航空工业第二集团公司(简称中航第二集团公司，英文全称China Aviation Industry Corporation Ⅱ，简称为AVIC Ⅱ)是经国务院批准在原中国航空工业总公司所属部分企事业单位基础上组建的特大型国有企业，是国家授权投资的机构。作为由中央管理的特大型国有重要骨干企业，中航第二集团公司负责研制生产直升机、运输机、特种作战飞机、教练机、强击机、支线飞机、通用飞机、无人驾驶飞行器、战术导弹、特种飞行器等军民用航空器和相关发动机、机载设备等航空产品。

中航第二集团公司拥有并管理中国直升机设计研究所、中国特种飞行器研究所、中国南方航空动力机械研究所3家科研所、中国航空工业经济技术研究院1家综合研究院以及中国航空工业规划设计研究院等20家其他企事业单位。此外，中航第二集团公司旗下还拥有6家国内A股上市公司和一家香港H股公司，分别为哈飞股份(600038)、东安动力(600178)、洪都航空(600316)、昌河股份(600372)、成发科技(600391)、南方摩托(000738)和中航科工(2357)，并持有中国航空技术进出口总公司和中国航空工业供销总公司各50%的股份。

中航第二集团公司的主要航空产品有：直8、直9、直11系列直升机，与欧洲直升机公司合作研制、生产的EC120直升机，强5系列强击机，运8系列运输机，运12系列飞机，与巴西航空工业公司合资的安博威公司生产的ERJ145支线飞机，运5、N5系列通用飞机，K8、初教6系列教练机，上游等系列导弹和无人驾驶飞行器，涡桨、涡轴涡扇系列航空发动机和系列航空机载设备。同时还生产汽车，主要车辆产品有：赛豹、赛马、路宝、北斗星、爱迪尔等轿车，中意、民意，海豚、海象、锐意等微型客车和微型货车。此外，还有南方、洪都等摩托车和其他机械产品。

2004年，在党中央、国务院、中央军委的正确领导下，在国家有关部门的大力支持下，中航第二集团公司广大干部职工认真贯彻落实科学发展观，团结一心，真抓实干，按照“优化结构、壮大主业，深化改革、精干主体”的思路，围绕完成全年主要经济指标、产业结构调整、企业改革脱困等任务开展工作，特别是通过“危机感、紧迫感和责任感”的学习教育活动，激发了全体干部职工的积极性、主动性和创造性，全年各项工作均取得了较好的成绩。

【主要经济指标】 2004年，中航第二集团公司的经济总量继续保持增长势头，完成了与国资委签订的各项经济责任指标。按原行业会计制度口径，中航第二集团公司完成现价工业总产值309亿元，比上年增长5.3%；实现销售收入360.7亿元，比上年增长11.3%；实现利润总额7.5亿元，外贸出口产品交付额10.9亿美元，比上年增长20.8%。在职职工人数为17.45万人，在岗职工人数为13.28万人。

【重大项目进展】 2004年，中航第二集团公司在完成国家武器装备研制任务方面，实现了三机首飞、一机定型、三机试飞；在民用航空产品的研制方面，实现了一机首飞、两机取证，即直8F直升机实现首飞；直9H425直升机取得CAAC型号合格证、A2C轻型水上飞机取得CAAC生产许可证。同时，中航第二集团公司还在其他方面也取得了较大进展，ERJ145飞机市场营销取得进展，向南方航空公司交付5架飞机；EC120产业化项目验收和轻型直升机产业化项目立项；与欧洲直升机公司签署了6吨级直升机合作框架协议；与阿古斯塔公司签署了A109E直升机合资生产合同；在哈航建设HC120总装生产线，首架直升机实现首飞。

【法人治理结构】 根据党中央、国务院的有关规定，中航第二集团公司设党组，实行总经理负责制，党组书记由中共中央任免、总经理由国务院任免。

【企业改革】 中航第二集团公司政策性破产、债转股和主辅分离三方面的工作取得了较大进展。

在政策性破产工作方面，下属企业中有5户企业进入法律程序，其中4户终结，1户接近终结；新列入破产计划的8户企业已召开职代会，其中6户完成破产前期准备工作，并通过五部委审核，3户进入法律程序。

在企业债转股工作方面，下属企业中有4个企业的债转股项目今年已经进入实际操作阶段，涉及转股额度1.995亿元，第二批军工债转股涉及的22个项目已按国资委的要求编制债转股方案上报。

中航第二集团公司在主辅分离工作中，按照企业改革“一厂一策”的精神，认真研究各个企业的不同状况，制订不同的改革方案，并积极探索新思路、新办法，取得了一定的效果。第一批主辅分离多个项目方案已获批准，进入实施阶段。

【主要管理经验】 中航第二集团公司在结构调整方面取得了阶段性成果，对原哈飞、昌河、东安三个企业的经营布局和管理进行了调整，实施了航空与汽车业务的分离，初步理顺了汽车、汽车发动机的生产关系。同时又对河南新乡地区一个公司、四个工厂的资源和产品进行了整合。

中航第二集团公司通过实施成本工程和全面预算管理，有效保障了集团公司经济运行顺畅及经营目标的实现；开展了清产核资工作，进一步摸清了家底；初步完成财务信息网络平台的搭建，与重要的子公司实现了连通。对重点型号主要配套单位质量与可靠性工作进行检查，推进了二型直升机质量整改工作；

承担军品任务的单位完成国军标9000认证和换版认证，转包生产企业开展了贯彻AS9100标准和特殊过程评定；在10个试点单位开始推行6西格玛管理。

中国船舶工业集团公司

【概况】 2004年，中国船舶工业集团公司（以下简称中船集团公司）认真贯彻党的十六届三中全会、四中全会精神，广大职工精神振奋，斗志昂扬，克服钢材大幅涨价等不利因素，改革和发展步伐不断加快，年度计划全面完成，各方面工作都取得了显著成绩，为进军世界造船集团五强目标、为把我国建设成为世界第一造船大国奠定了坚实的基础。

中船集团公司2004年完成工业总产值260亿元，完成计划123.4%，同比增长23.2%。其中：造船产值192亿元，同比增长25.9%；修船产值18亿元，同比增长50.4%；配套产值29亿元，同比增长31.8%；非船产值21亿元，同比下降11%。大型钢结构等非船项目业务也进展顺利，产值与效益实现同步增长。2004年，实现出口产值121亿元，同比增长34.4%；工业增加值43亿元，同比增加24.6%；主营业务收入281亿元，同比增长18.1%；补贴后实现利润总额为3.3亿元，比2003年增长116.87%。扣除各种客观增减因素后，2004年度国有资本保值增值率为102.23%，实现了国有资产的保值增值。

【生产经营】 2004年，中船集团公司经济运行发展势头良好，造船完工和承接船舶吨位完成了双300的目标，造船完工吨位超过了原中国船舶工业总公司年产量最高纪录，造船生产实现了新的历史性跨越。

2004年造船完工104艘，完工吨位数首次突破300万吨大关，达357万吨，比上一年度增加了140万吨，同比增长64.5%；承接船舶订单158艘、507万吨，其中出口船86艘、447万吨；承接合同订单额为479.4亿元，其中船舶产品393.7亿元，船舶配套产品44.7亿元，修船产品20.8亿元，非船产品20.2亿元；手持船舶订单299艘、1309万吨，同比分别增长21.5%和12.6%，其中出口船180艘、1121万吨，同比分别增长23.3和19.1%；新开工船舶407.9万吨，同比增长3.3%。在357万吨造船产量中，出口船舶263.5万吨，占73.8%，主要出口德国、比利时、希腊、瑞士、丹麦、瑞典等欧洲国家。

除造船主业外，中船集团公司主要配套企业任务饱满，生产总量快速增加，2004年承接船舶配套产品同比增长51.5%。共完成柴油机生产298台、计93.2万千瓦，同比分别增长71.3%和38.3%。沪东重机股份有限公司完成了首台VLCC主机的制造，填补了国内空白，并承接了目前国内单机功率最大的柴油机。

中船集团公司所属的上海外高桥造船有限公司2004年完工船舶10艘、计174万吨，居国内各大船厂之首，交付7艘、122万吨；沪东中华造船（集团）有限公司2004年完工船舶23艘、计102.9万吨，年产量再一次突破100万吨，并成功承接了世界上建造难度最大的液化天然气（LNG）船和国内最大的8530TEU集装箱船，其中LNG船当年实现开工建造；江南造船（集团）有限责任公司军民品生产按计划稳步推进，全年实现产值57亿元，造船完工50.3万吨，承接船舶订单72.3万吨，均创历史最好水平。

【重大项目进展】 2004年，中船集团公司在建和新建项目约60个，预计完成固定资产投资15亿元，各项重大项目工程顺利推进，为中船集团公司实现五强目标提供了坚实的基础。

2004年，中国最大、最现代化的外高桥造船基地二期工程获国家发改委批复，获得国家1.2亿元资本金支持，外高桥造船基地的建成并迅速投产，为中船集团公司以及中国船舶工业积累了快速、高效建设现代化大型船厂的宝贵经验。

2004年，国家发改委正式批准中船集团公司长兴造船工程立项，将建设4个大型造船坞，规划造船能力450万吨，这是我国船舶工业新一轮规划中批复的第一个重大建设项目，标志着长兴工程这一举世瞩目的世纪工程迈出了关键一步。截至2004年底，长兴工程围堰吹填项目5个标段已全面竣工；舾装码头在2004年底也已开工，居民动拆迁工作已全面启动。

中船集团公司龙穴造船工程也于2004年8月通过了中咨公司对项目建议书的评审，围堰吹填工作已开始施工。建成后，龙穴造船基地将形成200万～300万吨的造船能力，将成为华南最大、国际一流的现代化造船基地。

2004年10月28日，中船集团公司挂牌成立了船舶及海洋工程研发中心。该研发中心的成立，标志着中船集团公司以集团研发中心和企业技术中心为主体，其他研发力量为重要补充的两级创新体系框架基本形成，为集团公司优化科技资源、实行开发相对集中创造了条件，也为实施集团公司新的管理模式迈出了重要一步。

中船临港工程于2004年11月通过中咨公司对项目建议书的评审，项目融资工作按计划进行。建成后，将形成年产低速柴油机100万马力的能力，成为中国最大的船用低速柴油机制造基地。

中船浦东工程于2004年8月30日取得包括项目可行性研究、建设用地规划许可证在内的政府批文，明确中船集团公司公司为上海船厂区域地块的开发主体，并拿到了土地证。

2004年，中船集团公司新产品船舶的开发取得突破，被誉为世界造船“皇冠上的明珠”液化天然气船(LNG)已有2艘开建。

【法人治理结构】 根据中船集团公司结构调整的整体思路，集团公司下属上海船厂、澄西船舶修造厂进行跨省市重组改制，组建上船澄西船舶有限公司，为进一步构建中船集团公司崇明造修船基地奠定了基础。为了做强做大集团公司的船用配套业务，优化产业结构，南京绿洲机器厂与镇江中船设备公司镇江船舶辅机厂开始实施重组改制，重组框架方案也已经得到集团公司批复，具体的实施方案按照框架方案的原则正在制定之中。按现代企业制度的要求，广州黄埔造船厂改制成国有独资公司——广州中船黄埔造船有限公司的改制工作接近尾声。至此，中船集团公司29户预算内工业企业有27户基本结合自身发展需要，通过整体、分立破产、兼并重组、公司制改制、债转股、主辅分离辅业改制等途径进行现代化改制，改制面达93%；其中，资产总量和销售收入占集团公司90%以上的重要骨干企业已经按公司制建立了现代企业制度。

2004年中船集团公司针对上市公司、股权多元化公司、国有独资公司及工厂等不同性质的企业在法人治理结构与规范运作方面的情况，按现代企业制度要求着手修改、完善集团公司管理的相关文件与程序，使之更加规范。在完善公司治理结构中如何发挥党委的领导和参与重大决策上中船集团公司做了大量工作和尝试。集团公司于2003年底开始在沪东中华、江南等骨干企业进行试点，对公司章程进行了修改。如增加了“党委书记作为公司政治上的第一责任人，代表党委参与企业重大问题的决策，保证党的路线、方针、政策在公司内得到贯彻执行”；为规避造船经营中的风险，提高决策效率，在董事会设立了常务委员会，授权其负责重大生产经营决策，并在章程或董事会实施细则中明确等。

中船集团公司结合国资委《关于中央企业建立和完善国有独资公司董事会试点工作的通知》文件的精神，对江南等重点企业着手进行董事会建设的试点，主要建立董事会专门委员会等相关工作。与此同时，根据国资委《中央企业负责人薪酬管理暂行办法》、《中央企业负责人薪酬管理暂行办法实施细则》，中船集团公司2004年制定了《中国船舶工业集团公司企业负责人年薪试行办法》，将集团公司下属单位的业绩考核与薪制兑现挂钩，按照实际完成情况，兑现奖罚。

【产权制度改革】 根据国资委和财政部第3号令《企业国有产权转让管理暂行办法》的要求，为规范企业国有产权转让行为，加强企业国有产权交易的监督管理，促进企业国有产权的合理流动，防止企业国有资产流失，中船集团公司积极落有关政策，研究集团公司国有产权转让指导意见和操作细则；并对北京、上海、天津三家产权交易所进行实地考察，了解有关产权交易的具体程序，并在北京和上海两地的产权交易所申请会员单位，为国有产权转让提供一个规范透明的运作平台。

【主辅分离辅业改制】 中船集团公司首批主辅分离改制项目均已完成清产核资工作，大部分改制企业基本完成资产评估，并且已经进入具体实施方案的制订阶段。截至2004年底，共有7家企业的15个改制项目经职代会同意上报了改制实施方案，占首批改制项目的33%，基本完成预期目标。在大力推进首批项目改制工作的同时，中船集团公司积极组织相关企业上报第二批主辅分离方案，年底前顺利完成集团公司第二批主辅分离辅业改制方案的编写，并上报国资委、财政部和劳动社会保障部三部委进行审批，第二批方案总共有14家94个项目，涉及三类资产总额15.54亿元，净资产总额约7.27亿元，在册职工9929人，拟分流职工8823人。

中船集团公司总共16户企业、133个项目将进行主辅分离辅业改制，总共涉及资产总额约21.2亿，净资产总额9.07亿元，在册人数13700名（拟分流职工12165名，拟内退职工1535名），分别占集团公司总资产、净资产总额和在册职工总人数的3.44%、7.1%、16.3%。

（撰稿人：安晓非　柳岩华）

中国船舶重工集团公司

【概况】 2004年，是中国船舶重工集团公司全面、持续、快速发展的一年。集团公司全体员工认真实践“三个代表”重要思想，树立和落实科学的发展观，以做强做大主业，加快推进改革脱困，加强科技管理创新，提升科研生产能力为重点，团结拼搏，真抓实干，主要经济指标持续快速增长，经济效益进一步提高，集团公司进入改革创新大发展的新阶段。

全年共完成工业总产值257亿元（现价，下同），比上年增长25%。其中：船舶产值138亿元，比上年增长26%；修船产值12亿元，比上年增长10%；船舶配套产值34亿元，比上年增长47%；非船产品产值73亿元，比上年增长28%。出口产值53亿元，比上年增长13%。完成工业增加值59亿元，比上年增长18%。实现营业收入419亿元，比上年增长37%，其中主营业务收入402亿元，比上年增长39%。实现利润5.4亿元，同口径比较，比上年增长230%。

2004年集团公司工业生产总体上大幅增长，全年造船开工71艘、317万吨，吨位数比上年增长65%。造船完工50艘、214万吨，吨位数比上年增长30%，创历史新高，其中出口船22艘、111万吨，吨位数比上年减少1.8%。大连新船重工有限责任公司全年完工船达到167万吨，产量、效益全国第一。船舶生产进一步提速，首制船周期可控率提高，批量船建造周期进一步缩短。3.5万吨化学品船4#船比1#船缩短94天，3.52万吨散货船2#船比1#船缩短92天，15.9万吨原油轮3#船比1#船缩短150天，VLCC5#船比1#船缩短261天。

全年完成船舶配套产值34亿元，比上年增长47%。主要船舶配套产品船用柴油机全年完工719台/87万千瓦，功率数比上年增长107%；锚绞舵机完工471台，比上年增长102%。宜昌船用柴油机厂成功研制了我国首台电控共轨低速柴油机。船用辅机、齿轮箱、增压器、阀门、推进器等均有大幅度增长。大连船用推进器厂成功交付世界最大级别的船用螺旋桨，单桨成品重量近100吨。

全年完成非船产品产值73亿元，比上年增长28%。主要非船舶产品蓄电池、自动化物流系统、厚壁管、液压支架等传统优势产品保持30%以上快速增长，小径流增压器增长103%，风力发电齿轮箱等一批新的经济增长点正在形成（见表1）。隔河岩二级升船机、重庆轻轨、三峡液压启闭机等一批重点工程项目进展顺利。院所科技产业化取得新进展，钛合金制品、防腐工程、特种金属制品、余热锅炉等产品产值均超过亿元。

表1　2004年主要非船舶产品生产情况表

产品名称	单　位	产　量	比上年增长（%）
蓄电池	万只/万KVA·h	623/510	15.4/31.8
复印机	台	4627	-36.7
铁路货车	辆	862	-23.1
烟草机械	台（套）	2292	8.6
自动化物流	套	16	60.0
液压支架	架	1071	41.5
煤气表	万只	73.5	17.2
厚壁无缝钢管	吨/根	19903/2571	39.6/31.2

续表

产品名称	单　位	产　量	比上年增长(%)
增压器	台	2065	23.1
小径流增压器	台	20288	102.7
齿轮箱	台	1114	45.2

【生产经营】 2004年集团公司把握宏观经济环境向好、船舶市场需求旺盛的有利时机，抓住船价持续上涨的市场机遇，加大承接力度，进一步实现了船舶经营、生产的国际化、大型化、批量化。30万吨超大型油轮(VLCC)、11万吨成品油船、17.4万吨环保型双壳散货船、4250箱集装箱船等批量船型累计承接数量分别达到15艘、32艘、8艘和29艘。同时，承接了JU2000钻井平台、海洋工程工作船、烟大火车轮渡和不锈钢化学品船等一批高技术、高附加值新船型。全年共计承接船舶订单121艘/602万吨，合同金额278亿元。在船舶接单量大幅增加的同时，修船、配套和非船任务也显著增加。成功承接了国内功率最大、代表当今世界船用主机先进水平的8K90MC-C型主机，单机功率3.6万千瓦。全年共承接各类合同金额416亿元，比上年增长49%。截至2004年底，集团公司手持合同总金额546亿元，手持船舶订单1006万吨，骨干船厂和主要船舶配套企业保证了三年的生产任务。

【规划建设】 2004年，集团公司完成固定资产投资29.4亿元，其中基本建设22.8亿元，技术改造6.6亿元。大连造船重工有限责任公司新建30万吨大坞、大连新船重工有限责任公司30万吨大坞接长工程建成投产；渤海船舶重工有限责任公司30万吨船坞建设工程开工；青岛北船重工有限责任公司一期两个船坞已经完成主体浇注；711所柴油机研发中心、武汉重工铸锻有限责任公司低速机曲轴项目进入实施阶段。集团公司与山东、青岛、河北等有关省市签署了全面合作协议，与鞍钢集团联合成立钢材加工配送中心。

【科技开发】 加快重点关键领域技术创新，加强了油船、散货船、集装箱船系列的优化开发，开展不锈钢化学品船、火车渡船、LNG船、自升式钻井平台、铝合金高速客船等高技术高附加值船舶开发，厂所合作开展船用电力推进系统自主研发、船用低速柴油机零部件国产化研制，推进中草药自动生产线、脱硫设备等非船产品技术开发。715所承担的国家863项目"高精度水下定位导航系统"入选2004年中国十大科技进展。加强技术创新体系建设，集团公司民船设计研究中心成立并承担了多项国家重点科研项目，成立了重庆海装科技研发中心，国家级企业技术中心增加到6个。集团公司科研经费投入35.2亿元，15项科研项目列入国家重点科研计划。研究论证了集团公司长期民品科技发展纲要，制定并实施了技术创新评价、知识产权、专利管理、重大专项等科技管理办法，启动实施知识产权推进工程。新获专利80项，获国防科学技术奖66项。

【改革调整】 加大力度，推进资源重组。风帆股份有限公司上市发行A股，募集资金4.3亿元，实现了集团公司上市公司"零"的突破。大连造船重工有限责任公司与大连新船重工有限责任公司资源共享、优势互补、降本增效、做强做大，显示出良好的成效。加大对内对外合资力度，全年完成合资增资项目22个。加快改革脱困，完成2户企业整体破产、8户企业军民分立，稳步推进10户企业的债转股。以承债方式划并了中国水产大连渔轮公司，由大连造船重工有限责任公司托管。昆明船舶设备集团公司医院、重庆华渝仪表总厂天然气管线设施划给地方管理。

【法人治理结构】 中国船舶重工集团公司于1999年经国务院批准成立，由原中国船舶工业总公司所属大部分企事业单位组成，为国有独资、中央管理的特大型企业，国资委是出资人代表。集团公司未设董事会，实行总经理负责制，总经理是集团公司法定代表人；国资委向集团公司派驻监事会。集团公司设有党组，负责对重大事项的集体决策。

集团公司制定了各项会议、决策和管理制度，有效地保证了总经理负责制和党组集体领导作用的发挥。集团公司设有科学技术委员会和预算管理委员会，分管负责科技发展决策、咨询和全面预算管理的组织、领导与协调工作。

集团公司总部现设有办公厅、规划发展部、资产部、军工部、科技部、生产经营部、人事部、财务部、审计部、政治工作部、纪检监察部共11个职能部门。

目前,集团公司总部主要管理到二级单位;5个地区分公司作为总部派出机构协助对所在地区工业企业进行管理,不构成一个单独的管理层次。二级单位以下的层次由二级单位直接管理,现已要求进行清理规范,逐步使管理链条不超过三级。

【企业管理】 进一步加强制度建设,制定了《军工产品质量监督管理暂行办法》、《民用船舶经营风险控制管理暂行办法》、《技术创新评价办法》、《知识产权管理暂行规定》以及党风廉政建设、总部管理改革等方面共20多项规章制度。财务管理方面,稳步推进全面预算管理,加强预算控制,强化预算约束力;各成员单位从2004年开始执行新会计制度,加强资金管理和风险控制,严格控制对外担保、对外借款、理财投资等财务行为。进一步完善安全生产规章制度,推进"5S"管理。继续推进质量体系标准转换和质量文化建设,成员单位全部通过了2000版质量管理体系的认证。

加强和改进领导班子建设和干部管理工作,对24个单位的领导班子进行了考核,调整领导干部152人次,进一步改善了领导班子的年龄结构和知识结构,一批政治上靠得住、工作上有本事、作风上过得硬的中青年干部走上了领导岗位。深化用工和分配制度改革,继续推行成员单位经营管理者年薪制,开展经营业绩考核。专业技术人才队伍和技工队伍建设取得明显成效,1名同志荣获全国十大杰出青年称号,5名同志入选新世纪百千万人才工程国家级人才,16名同志荣获国防科技工业有突出贡献中青年专家称号,3名同志获全国技术能手称号。

(审稿人:莘国梁　撰稿人:朱雪松)

中国兵器装备集团公司

【概况】 中国兵器装备集团公司是经国务院批准组建的特大型企业集团,是国家授权投资的机构,受国务院直接管理。公司注册资本120亿元,员工17万人。拥有长安汽车有限责任公司、中国嘉陵集团、建设工业(集团)有限责任公司等全资工业企业51家,研究院所4家,研发中心3家,拥有中国北方工业公司等多家全资或控股的商贸企业,在全球30多个国家和地区建立了生产基地或营销机构,产品销往世界100多个国家和地区,形成了特种装备、汽车、摩托车、汽车摩托车零部件、光电及新产业等五大领域。目前,已拥有近100万辆汽车生产能力,产品涵盖了中高档轿车、经济型轿车、多功能车、微车、微客、微货、特种车在内的全系列、全领域。摩托车具备了400万辆生产能力,一批汽车零部件和光电生产企业初具规模。培育出了"长安汽车"、"嘉陵摩托"、"建设摩托"、"大阳摩托"、"天兴仪表"、"冰山光学玻璃"等一批著名品牌。同时与美国福特、美国天合、李尔、日本铃木、日本雅马哈等世界500强中的数十家企业进行了长期有效的合作,培育出了长安福特、长安铃木、建设雅马哈、北方易初等众多知名合资合作企业。

【主要经济指标】 全年销售汽车58万辆,产销量处于国内第三位;全年销售摩托车306万辆,处于全国第一位。

完成销售收入达到643.5亿元,实现利润总额3.63亿元。

工业企业完成销售收入499.63亿元,增加值94亿元,累计上交各种税金41亿元。

资产总额达到779.26亿元,资产负债率74.67%。

年末国有资本及权益为111.10亿元,国有资本保值增值率为104.94%,实现国有资本的保值增值。

【重大项目进展】 兵器装备集团公司为进一步扩大汽车产能,先后实施了长安奥拓轿车15万辆扩张项目、长安工业园项目、长安铃木扩产工程、南京长安技改和奥拓15万辆变速箱技改项目。长安奥拓轿车15万扩建项目是国家批准的重点技术改造项目,总投资25亿元,项目建成后形成年产24万台发动机的生产能力,整个项目预计在2005年12月全部完工。长安工业园项目总投资9亿元,生产能力为12万辆/年,一期已于2004年9月完工投产。长安铃木扩产工程,项目总投资11亿元,项目建成达到年产6万台发动机的能力。南京长安技改项目,总投资2亿元,建成CV6汽车生产线,预计2005年12月完工投产。奥拓15万辆变速箱技改项目,总投资5亿元,项目正在进行当中。为了提高摩托车的科研开发水平,实施了嘉陵集团公司摩托车技术中心建设项目,总投资1.7亿元,预计2007年12月可交付使用。为积极发展高新技术,集团公司实施了"大屏幕投影电视机光学塑料非球面镜头"生产技术改造项目,总投资1.9亿元,目前此项目已基本建成;为提高企业信息化管理水平,实施长安公司ERP项目,总投资1.2亿元,该项目拟于2005年底竣工验收。

【法人治理结构】 集团公司设党组,实行总经理负责制,党组书记由中央任免,总经理由国务院任免。所属企业已基本建立了法人治理结构。集团公司设战略管理委员会、科学技术委员会两个咨询机构。设办公厅、发展计划部、财务与审计部、人力资源部、资本运营部、科技质量与信息部、国际合作部、党群工作部(监察部)、汽车部、特种产品部、摩托车光电部、西南地区部等部门。

对集团公司总部部门和工作人员的业绩考核,主要依据《中国兵器装备集团公司总部部门和工作人员考核办法》,重点对照集团与各部门签订的目标责任书进行考核。对集团公司各企业负责人的业绩考核,主要依据《中国兵器装备集团公司企业经营者年收入办法》,将企业经营者收入分为职务收入和风险收入两部分。职务收入根据企业的经营规模、工业增加值、企业类型、国有资产保值等要素确定,风险收入根据企业当年经营效果确定。

集团公司现在的工资分配制度是全员岗位绩效工资制,其主要特点是"统一的工资模式,不同的工资标准,灵活的分配方式,多种的收入水平"。

为加强董事事务管理,进一步规范法人治理结构,集团公司成立了董事事务办公室,搭建了一个出资人(集团公司)与各成员单位董事会(监事会)工作联系与信息沟通的平台。集团公司向企业选派了一大批资深董事人员,并定期组织专业培训,董事事务工作水平明显提高。

【产权制度改革】 集团公司不断深化产权制度改革,大力推进机制和体制创新,完善法人治理结构,促进集团持续、快速、协调、健康发展,基本形成了"军民分立、主辅分离、投资多元、上市融资"的良性经营发展格局。除一家企业外,集团公司已完成了全部工业企业的公司改造。集团公司实行总会计师委派制,提高了集团的调控能力,提高了财务信息的真实可靠性。集团公司调整了总部机构,优化了职能,重新研究确定总部的管理定位和管理职能,重新设计集团公司的管控模式,重新划定母子公司的责权范围,重新设计管理运营流程,重新修订完善有关规章制度。集团公司成立了资本运营部,大力推进"业务整合与资产重组",启动了"龙腾工程"。在产业重组上,长安集团收购江西江铃股份公司,建设集团收购株洲南方雅马哈公司,武汉滨湖机械厂划归集团公司管理。

【改革脱困】 2004年集团公司改革脱困工作在结构调整、减员增效、卸掉包袱、快速前进的重要工作中成绩显著。集团公司积极按照"整体规划、分类指导、规范运作、积极推进"的指导方针推进改革脱困工作。全面贯彻落实中央军工企业改革脱困文件精神,推动集团公司深化改革,提高核心竞争能力,促进集团公司所属企业建立和完善现代化企业制度,转换企业机制;实际操作中切实保障广大职工的利益,保持社会稳定。集团公司关闭破产工作实现"两个突破"和"三个创新",实施精细化管理,建立责任制,破产进程取得历史性突破,工作任务已经完成三分之二。主辅分离改制分流工作根据国家相关文件精神全面推进,通过改制转变了干部、职工的思想观念,增强了改革意识;精干了主体,转换了企业经营机制和体制,使企业经营状况呈现出良好的发展势头;积极推进分离企业办社会和债转股工作,将大大减轻企业的负担。

【主要管理经验】 在战略管理上,集团公司通过对外部环境和内部条件分析,按照科学发展观的要求,提出了"六年两步走翻两番"的"622"战略。实践证明,"622"战略符合集团实际,战略的牵引对企业发展的拉动作用非常明显。在合资合作上,集团公司与一批跨国集团建立了战略合作关系,使集团公司产业不断升级;在管理模式上,集团公司确立了"2+4+5"母子公司管理体制,不断完善集团公司的管理机制;在企业文化建设上,集团公司大力倡导执行文化,提出了"敢为人先,争创一流,拒绝借口,立即行动"的执行文化核心理念,集团公司的执行力大大提高。

中国电子科技集团公司

【概况】 中国电子科技集团公司是经国家批准组建的大型国有企业集团,也是国家批准授权的投资机构之一。集团公司注册资本47.7亿元。截至2004年底资产总额358.76亿元,比上年增长14.36%。现有员工5.3万人,专业技术人员占职工总数的52.9%,其中中国工程院院士10人、正高级职称人员772人。集团公司下属二级事业单位包括46家电子科研院所、信息化工程总体研究中心,二级公司14家,三级公司186家,上市公司2个:即上海华东电脑股份有限公司、安徽四创电子股份有限公司。

中国电子科技集团公司研究领域覆盖了电子信息技术的各专业门类,具备从电子元器件、整机到系统工程的综合技术创新开发、系统集成能力。现拥有13个国家级重点实验室、12个国家级与9个部级质量检测机构,拥有一批国内一流的中试线、生产线、装配线和机加工中心,形成了完整的研究、设计、试制、生产、试验、检测和服务能力体系,在大型综合电子信息系统以及指挥控制、电子战、情报侦察、预警探测、通信导航、信息安全、计算机、仪器、电子元器件等领域具有明显优势。

2004年是集团公司改革发展之年,任务繁重而艰巨。集团公司坚持以邓小平理论和"三个代表"重要思想为指导,以树立和落实科学发展观为契机,紧紧抓住发展这个第一要务,牢记使命,突出主业,以人为本,推进改革,取得了可喜成绩。国家重点工程和任务均按计划完成,经济运行保持快速平稳增长,经济效益达到历史最好水平,人才队伍建设取得较大进步。2004年集团公司总收入比上年增长了21%,总结余比上年增长了49.7%。2004年集团公司获得国家科技进步奖3项;获得国防科学技术奖76项,其中特等奖1项、一等奖8项、二等奖25项。

【生产经营】 中国电子科技集团公司坚持军民结合、寓军于民、军民互动、协调发展的方针,充分发挥在军工电子技术领域的比较优势和集成能力,大力发展高科技的民品产业。2004年,组织实施国家发改委产业化项目12项,争取到以离子注入机、划片机为代表的国家"863"项目20多个。国家在电子装备制造业投资最大的"863"集成电路制造装备重大项目之一——"100nm大角度离子注入机项目"按计划实施。在北京市、奥组委的支持下,一批奥运项目相继启动,科技奥运专项"奥运场馆中央智能监控和管理系统"入围"北京科技奥运亮点工程","奥运竞赛软件系统测试项目"已批准立项。积极参与中欧伽利略合作项目,与航天科技、航天科工、卫星通信公司联合组建了中国伽利略卫星导航有限公司,伽利略卫星导航应用测试与认证系统、星载太阳能电源系统等9个项目已完成国内立项,国内产品采购工作正有条不紊地展开。

中国电子科技集团公司按照党的十六大精神和上级的要求,加快观念转变,加强内部管理,积极推动企业改革和机制转换。进一步完善国有资产保值增值责任制和以结余、净资产收益率为核心内容的集团公司经营业绩考核体系,重点是突出经济效益、国家任务完成率和资产保值增值的要求,采取了年度业绩与任期目标责任相结合的办法,力求解决速度与效益、短期行为和长期统筹安排的问题;开展全面预算管理,规范经济行为,加强事前控制;对集团公司和研究所直属公司进行了清理整顿,减少企业管理层次,加强了项目投资管理,促进了集团公司向产权关系清晰、管理层次精简、组织结构合理、主业突出、竞争力强的现代企业集团转变。各成员单位根据各自的实际情况,积极推进主辅分离辅业改制工作,探索人事、劳动、分配三项制度改革,增强企业的活力。

【企业管理】 中国电子科技集团公司紧紧围绕发展方针和战略,加快人才队伍建设。加强了各级领导班子建设,对各成员单位领导班子进行业绩考核与奖励,对有突出贡献的单位和个人进行重点表彰。同时,着力建设优秀经营管理人才、专业技术人才、高级技能人才三支队伍。在加强党建工作中,涌现出一大批先进集体和先进个人,先后有4个单位被评为中央国家机关精神文明先进单位,7个单位和43人获得全国信息产业系统先进集体和先进个人称号,1个单位荣获全国"五一"劳动奖状,3人被评为中央企业劳动模范。

面对新机遇、新挑战,中国电子科技集团公司坚持发展这个第一要务,以科学发展观为统领,积极实施"三大方略",壮大主业,深化改革,夯实基础,谋划未来,推动集团公司健康、持续、快速发展。以国防现代化为己任,确保国家重点工程和任务的全面完成;以市场为导向,加速民品产业发展,不断提高规模经济和经济运行质量;以改革为动力,推进体制改革和机制创新,加强管理;以人为本,加快建设高素质的经营管理人才、高层次专业技术人才和技能人才队伍;以扩大出口规模和效益为中心,加强合作,积极实施"走出去"战略,努力开拓国际市场。以保持共产党员先进性教育为重点,进一步加强、改进企业党建工作、领导班子建设和企业文化建设,不断促进物质文明和精神文明协调发展,不断提高广大员工的收入,满足广大员工日益增长的物质和精神文化生活需要。同时,强化监督机制,做好反腐倡廉工作。

中国石油化工集团公司

【概况】 2004年是中国石油化工集团公司(以下简称"石化集团")各项工作取得重要进展的一年。这一年,世界经济保持较好增长势头,国内经济继续平稳快速发展,国际油价持续震荡攀升,国内成品油市场需求旺盛,全球化工进入新一轮上升周期,为石化集团扩大市场、提高效益提供了有利条件。同时,国家从宏观调控需要出发对成品油价格从紧控制,加大了石化集团保市场、增效益的压力。面对复杂的形势,石化集团在党中央、国务院的正确领导和有关部门的大力支持下,认真贯彻中央宏观调控各项政策措施,坚持"保安全、保市场、保稳定、增效益"的工作方针,一手抓资源,一手抓市场,生产经营和经济效益呈现良好势头,企业管理、依法治企、企业文化建设和人才队伍建设等进一步加强。

【主要经济指标】 生产经营创历史新高。石化集团全年生产原油3861.21万吨、天然气58.63亿立方米,分别增长1.18%和10.29%;加工原油1.41亿吨,增长13.88%;生产乙烯425.49万吨,增长2.60%;国内销售成品油9459万吨,增长24.6%,其中零售5325万吨,增长37.1%。

石化集团全年合并报表实现销售收入6342.87亿元,同比(下同)增长35.92%;实现利税941.87亿元,增长33.01%;其中实现利润432.30亿元,增长49.23%。石化股份公司经济效益增幅较大,油田、炼化、销售三大盈利支柱初步形成。非上市部分持续减亏增盈,企业层面合并报表首次实现扭亏为盈。资产负债表和损益表见附表。

【重大项目进展】 2004年,石化集团公司工程建设取得丰硕成果,各项重点工程的建设按计划目标全面推进。全年共有37套炼油化工生产装置建成投产,16个炼油化工项目通过竣工验收。

1. 油田重点产能建设工程。胜利油田王庄郑36、41区块产能建设55口井完钻,新建产能26.5万吨/年;塔河油田8区产能建设34口井完钻,新建产能58.8万吨/年;塔河油田2区奥陶系产能建设16口井完钻,新建产能17.51万吨/年。胜利电厂二期工程4#机组建成,于2004年3月总启动成功后投入试运行。

2. 炼油重点建设工程。西安清洁燃料技改工程2004年6月建成投产;塔河炼油改造工程11月建成投产;上海高桥炼油改造12月建成投产;扬子炼油厂800万吨/年原油改造工程建成,部分装置投产;金陵加工含硫油改造工程和湛江东兴炼油厂改扩建工程基本建成;广州生产清洁燃料改造工程2004年10月开工建设;青岛大炼油工程完成总体设计;镇海800万吨/年炼油改造工程通过国家竣工验收。

3. 化工重点建设工程。齐鲁乙烯二轮改造完成并于2004年10月一次投料成功;赛科乙烯工程于12月30日机械完工;扬巴一体化乙烯工程基本建成;茂名乙烯二轮改造12月开工建设;巴陵、湖北、安庆、金陵4套化肥改造工程进入施工安装高峰;燕山乙烯二轮改造工程、上海石化乙烯二轮改造工程、扬子乙烯二轮改造工程和川维天然气乙炔工程通过国家竣工验收。

4. 物流重点建设工程。原油、成品油管线物流建设力度加大。甬沪宁原油管道全线投产，杭州湾海底原油管道复线和石脑油管道全面建成；沿长江五省的仪征—长岭原油管道2004年10月开工建设；西南成品油管线线路工程基本完工，柳州以南段具备投油条件；珠江三角洲和鲁皖成品油管线2004年6月陆续开工建设；册子岛码头及配套油库、管线建设积极推进。年底自有加油站总数达到2.7万座。

【企业改革】 各项改革稳步推进。改制分流有序展开，中小学和公安机构移交基本完成，加上其他减员分流形式，石化集团年末职工总数降至77.5万人。石化股份公司重组成立了沥青、催化剂分公司，实施了茂炼转债的回购整合，完成了部分化工、催化剂、加油站等资产的收购和井下作业系统的分离，推进了部分省市石油公司销售体制改革试点，基本完成了炼化企业外贸机构整合。石化集团公司成立了西部石油工程技术服务管理中心，云南等10家销售存续企业基本完成退出任务，通过实施与开行、建行的“股转债”协议，石化集团公司在石化股份公司的持股比例提高到67.92%。社区收费等改革开始起步。

中国海洋石油总公司

【概况】 中国海洋石油总公司（简称中国海油）是中国三大国家石油公司之一，是国务院直属特大型企业，注册资本500亿元，在职各类合同制员工3.75万人，总部设在北京。

作为大型国有企业，近年来中国海油在保证完成国有资产保值增值任务的同时，以上游产业为核心，积极拓展、不断完善产业链条，正在从一家纯上游业务公司，发展成为上下游一体化的综合型能源公司。中国海油现已形成石油勘探开发生产、专业技术服务、基地服务、化工化肥、天然气及发电、金融服务六大业务板块，呈现出各板块良性互动的良好发展态势。

中国海油的海上油气勘探、开发、生产和销售业务由其持股70.6%的上市公司——中国海洋石油有限公司（简称中海油）负责。中海油是中国最大的海上石油及天然气生产商，也是全球最大的独立油气勘探及生产集团之一。中海油在中国海上拥有四个主要产油地区：渤海湾、南中国海西部、南中国海东部和中国东海。中海油也是印度尼西亚最主要的海上原油生产商之一，同时还在澳大利亚等地拥有部分上游资产。

2004年中国海油全年油气产量达到3648万吨油气当量，比2003年增长312万吨，增幅9%，其中国内原油产量2472万吨，比上年增长11，快于全国3%的增长速度。同时储量增长保持较好势头，2004年中国海洋石油有限公司在国内外新增探明储量241.7百万桶油当量，实现储量替代率173%。截至2004年12月31日，中海油拥有净探明储量约22亿桶油当量。

【主要经济指标】 2004年中国海洋石油总公司经济效益继续保持高速、高效增长。全年实现销售收入709.2亿元，利润242.2亿元，上缴税金120.9亿元，分别比上年度增长32%、62%和80%。截至2004年底，公司总资产增至1532.6亿元，国有资产总量为830.7亿元，年初为684.7亿元，年末比年初增加了146.0亿元（2003年增加额为93.56亿元），国家资本金保值增值率为21.3%（2003年为15.83%），扣除客观因素后，国家资本及其权益为799.1亿元，国家资本金保值增值率为16.7%。

公司的利润总额居中央企业第5位，总资产列中央企业第12名。中国海油良好的发展业绩赢得了资本市场的充分肯定，国际权威资信评定机构标准普尔及穆迪分别给予公司BBB+和A2的评极，均等同于中国主权评级，这也是中国公司目前所获得的最高外部权威机构评级。

2004年，中国海油旗下的三家上市公司表现优异。中国海洋石油有限公司股票当年上涨37%，市值达到1816.8亿元，海油工程股票全年涨幅66.11%，中海油服总市值达到101亿元。截至2004年底，三家上市公司的总市值接近2000亿元，是净资产的3.3倍。

【重大项目进展】 2004年，公司在油气产业继续保持快速增长的同时，上、中、下游产业实现了良性互动，各项业务全面发展，一系列重大项目的实施和顺利进展，增强了企业的总体竞争力，为未来企业效益的持续稳定提高奠定了基础。

液化天然气(LNG)项目是公司重点发展的领域。2004年公司沿海天然气战略取得了重大突破。中国海洋石油总公司与浙江省政府在京签署了《关于浙江省引进液化天然气及应用工程项目的合作协议》，协议的签订标志着浙江LNG项目的正式向前推进。公司所属中海石油天然气发电公司与上海申能集团签署了上海LNG项目的合作协议，合资成立上海液化天然气有限责任公司。

2003年已开工建设的广东、福建两大LNG项目也有重大进展。广东LNG签署了包括下游售气合同、融资合同在内的一系列合同，标志着广东LNG进入全面实施阶段。2004年国家发改委正式核准福建液化天然气总体项目一期工程，由此福建LNG项目成为国家正式批准的第二个LNH项目。福建LNG还签署了下游用户及电厂与电网购电协议，将转入全面建设阶段。两省项目一期工程将分别于2006年6月和2007年初建成投产，届时将向广东、福建、香港等地每年提供80亿方天然气，有效缓解该地区能源紧缺状况。

公司所属的中海石油化学公司，是国内最主要的化肥生产商之一，拥有国内最大的大颗粒尿素生产基地。中海化学2004年生产大颗粒尿素142.1万吨，其中出口60万吨；实现含税销售收入23.12亿元，利润7.87亿元。大颗粒尿素显示了较强的国际竞争力。2004年新建二期项目一次投料成功，投产第一年就达到设计生产能力，实现了当年投产、当年达产、当年实现利润的目标。

2004年，作为全国最大合资项目的中海壳牌石化项目进展顺利。详细设计全部完成，设备采购及安装顺利进行，工程进度完成86%。该项目预计将于2005年底全面建成投产，每年将生产230多万吨各类高附加值的石化产品。由中国海油独资建设的南海石化炼油项目获得国家批准。该项目位于中海壳牌石化项目西侧，项目建设内容包括13套主要生产装置及与工艺装置相配套的油品储运、公用工程和辅助生产设施等。这一国内单套最大的炼油厂每年能加工海洋高含酸重质原油1200万吨，总投资167亿元，预计在2008年建成投产。

2004年，为保障国家能源安全战略的实施，增强企业在国际市场的竞争力，公司加大了实施走出去战略的力度，调整了海外发展战略，从过去的收购单项油气资产转变为收购单项资产与收购海外公司相结合。2004年中国海油通过旗下的中国海洋石油有限公司不断寻求海外发展机会，取得了一系列实质性进展。

2004年5月，中海油完成了对BG集团在印度尼西亚Muturi合同区20.77%权益的收购，公司在Muturi合同区中的权益由此增加至64.77%，从而使公司在印度尼西亚东固天然气项目中的权益由12.5%增加至16.96%。

2004年12月，中海油完成对澳大利亚西北大陆架天然气项目权益的收购。根据计划，澳大利亚西北大陆架天然气项目于2006年开始向位于广东的中国第一个液化天然气接收终端供应液化天然气。

中海油与新加坡GOLDEN AARON PTE公司以及中国寰球工程公司结成联合体，与缅甸国家石油公司签署了三个石油产品分成合同，本公司担任作业者。合同勘探面积达8万多平方公里，接近公司在渤海海域勘探面积的两倍。

此外南海争议区油气资源开发在2004年获得突破性进展，中国海油与菲律宾签署了联合勘探作业协议，这不仅标志着中菲南海合作的正式启动，也为中方与马来西亚、印尼、越南等国家开展多边合作，落实“搁置争议、共同开发”原则起到了良好的示范作用。

【法人治理结构】

1. 法人治理结构。中海油的法人治理结构由三个层面组成即：党组、管理委员会以及投资和预算审查委员会。

党组是党中央的派出机构，发挥领导核心作用。党组的任务是在推动企业发展过程中，贯彻执行党的路线、方针、政策，讨论和决定重大问题，团结职工完成党和国家交给的任务；负责对直管干部的任免，研究重要岗位干部的培养方案；对直管干部违规、违纪等问题作出处理决定；指导机关和所属单位党组织的工作。

管理委员会是中国海油行政方面的最高决策机构。其主要职能是负责中国海油重大发展战略的制订与调整,作出重大经营决策,决定重大改革事项,制订中国海油投资决策政策和重要奖惩政策等。经管理委员会研究未决的重大事项,由党组做最终决策。管理委员会由总经理任主席,副总经理、总经理助理任常任委员,同时,根据工作需要设非常任委员,一般为中国海油机关相关部门负责人。

投资和预算审查委员会是中国海油重要投资决策的审批机构。负责贯彻中国海油投资管理政策,对投资方向、投资程序等工作进行宏观管理;按照科学程序审查投资额在1亿元人民币或1200万美元以上的投资项目、股权受让和资产并购等;审查批准中国海油年度预算,审核中国海油年度计划预算执行报告。特别重大项目由委员会形成初步审查意见,上报管理委员会决策。投资预算审查委员会主任由主管战略规划工作的副总经理担任,成员包括中国海油党组成员、总经理助理、战略规划部总经理,以及与项目相关的单位、部门负责人,必要时,邀请公司内、外的专家。

科学、民主的集团法人治理结构和健全的程序有效避免了投资决策失误。这些年来,中国海油在上游和中下游等各领域的重大项目没有一例投资决策失误。

2. 公司组织结构。中国海油领导层有总经理一名,副总经理五名,党组纪检组长一名,总经理助理一名,总师三名(总经济师、总法律顾问、总会计师)、副总师两名(副总工程师、副总经济师)。

中国海油总公司机关作为中国海油的战略规划中心、投资决策中心、资源配置中心和支持服务中心,目前设置有15个部门。分别是:总经理工作部(办公厅)、人力资源部、计划部、财务管理部、发展研究室、资金管理部、资产管理部、科技发展部、炼化管理部、集团采办部、信息管理部、法律部、健康安全环保部、审计监察部、思想政治工作部。

【资产重组】 2004年,中国海洋石油总公司对所属的基地系统的五大公司进行了大规模的资产重组。基地系统是中国海油整体产业结构中的一个重要板块,然而由于计划体制造成的机制落后、负担沉重和地域分散等问题,使得基地系统一度落后于中国海油集团整体的快速发展。

中国海油在重组改革中,突破了原有基地公司和二、三级单位的地域性分割,组建了中海石油基地集团有限责任公司,实现了基地系统组织机构一体化、经营战略一体化、资产组合一体化和制度建设一体化。基地集团的组建将过去地域性的块状组织结构重组为条块结合、以条为主的组织结构,按照产业职能和发展方向,划分为9个专业公司。实行"一级所有、授权经营"的管理体制和"二级管理、三级核算、队(车间)为基础"的经济核算方式,各专业分公司是利润中心,地区公司是成本中心,整个基地集团统负盈亏。

同时对过去企业办社会的部分,按照区域重组原则,压缩规模,努力实现成本最小、效益最大、管理最顺。在整体上实现可持续发展的能力。

这次战略性重组一方面跨地区整合了经营部分的资源,迅速壮大了各产业的规模和能力,提高了产业的集中度和与市场的匹配程度。另一方面使企业办社会部分的规模更小、职能更清晰,更有利于矿区服务职能走上产业化、市场化的道路。从而大幅度地优化了基地板块的资产,奠定了专业化、规模化的基础,为打造具有较强市场竞争力的基地服务产业迈出了最重要的一步。

【主要管理经验】 2004年,中国海洋石油总公司能够创造良好的生产业绩,保持经济效益的高速、高效增长,各项业务取得全面发展,公司明确的发展战略和科学的运营方式是重要的保障。在公司的科学化、规范化管理方面,主要有以下几点经验值得总结。

第一,推进"人才兴企"战略,人才战略是公司的核心发展战略之一。2004年,总公司紧紧围绕企业发展战略制定了人力资源规划,推进"人才兴企"战略,取得了明显的成效。一方面组织实施了公司有史以来最大规模的干部考察工作,为管理人才的选拔、任用、交流及后备人才的培养打下了坚实的基础。另一方面专业人才队伍的建设得到了加强,成立了勘探、开发、工程等六个核心专业人才工作小组,完善了专业人才队伍管理的组织体系。

2004年公司还首次统一组织了全系统的应届大学生集中招聘，总公司领导亲自率团赴全国8所院校招聘，与900多名大学生签订了聘用合同，既为公司未来的大发展储备了新生力量，又提高了中国海油在高校和社会上的影响力。

第二，落实“科技领先”战略。2004年是公司落实“科技领先”战略的第一年，是公司科技发展“自主创新”转型的起步阶段。公司召开了科技大会，建立了科研机制，制定了科技规划的总体框架，选择了未来5年科研重点攻关的课题和方向。公司还建立了新的科技创新平台，四大重点实验室的挂牌成立及与中科院合作研究协议的签署，标志着总公司科技研发模式进入了新的阶段。

第三，以全面建立现代企业制度为目标，深化企业改革。2004年公司对基地集团实施了战略性重组，成立基地集团公司，这是向全面建立现代企业制度迈进的重要一步，也是落实科学发展观，贯彻协调发展战略的重大举措。

2004年公司经过较长时间调研，反复论证，处理好改革、发展与稳定的关系，以解放基地系统因地域分散、市场分割、布局分散等因素而受到抑制的生产力为基本出发点，以促进总公司协调发展，实现集团价值最大化为目标，对基地系统实施专业化改组，提高了基地系统产业水平，提升了企业市场竞争能力。

2004年公司启动了中海油服、工程和化学公司的用工与薪酬制度改革。3家单位结合自身特点，设计了切实可行的改革方案，进行了3条线的岗位划分，着力探索建立管理、技术和操作3类岗位的独立晋升通道和薪酬制度。这一制度设计，使专业人才和技能人才看到了自己成长的空间，出现管理人员“回流”科研、技术岗的可喜现象。

（撰稿人：孙鹏）

中国南方电网有限责任公司

【概况】 中国南方电网有限责任公司（以下简称公司）是根据国务院《电力体制改革方案》（国发[2002]5号）、《关于组建中国南方电网有限责任公司有关问题的批复》（国函[2003]114号）和国家发展和改革委员会《关于印发〈中国南方电网有限责任公司组建方案〉和〈中国南方电网有限责任公司章程〉的通知》（发改能源[2003]2101号）等文件精神，由广东省、海南省和国家电网公司在广西、贵州、云南所属电网资产为基础组建的国有企业，由中央管理，在国家实行计划单列，财务关系在财政部单列。经国务院批准，2002年12月29日挂牌成立，2004年6月18日完成工商注册登记。公司总部设在广州市。

公司经营范围：依法经营公司及有关企业中由公司投资形成并拥有的全部资产；投资、建设和经营管理南方区域电网，参与投资、建设和经营相关的跨区域输变电和联网工程；从事电力购销业务，负责电力交易和调度，管理南方区域电网电力调度交易中心；根据国家有关规定，经有关部门批准，从事国内外投融资业务；经国家批准，自主开展外贸流通经营、国际合作、对外工程承包和对外劳务合作等业务；从事与电网经营和电力供应有关的科学研究、技术开发、电力生产调度信息通信、咨询服务和培训等业务。经国家批准或允许的其他业务。

公司的宗旨是：对中央负责，为五省（区）服务。公司的战略总体目标：打造经营型、服务型、一体化、现代化的国内领先、国际著名企业。南方电网的发展目标是：把南方电网建设成为统一开放、结构合理、技术先进、安全可靠的现代化大电网。

【主要经济指标】 截至2004年底，公司资产总额2460.47亿元，资产负债率60.0%，职工总数13万人。2004年公司系统实现售电量3082亿千瓦时，完成年计划的104.1%，比上年增长19.7%；西电东送电量418.43亿千瓦时，完成年计划的113.0%，同比增长57.0%；应急调峰电厂发电量117亿千瓦时。实现主营业务收入1567亿元，完成年计划的103.9%，同比增长23.6%。应收电费余额30亿元，比年初减少17.1亿元。实现利润总额40.71亿元；净资产收益率2.02%。工业企业全员劳动生产率190.83万元/人·年。完成固定资产投资331亿元，其中电网建设投资282亿元；投产220千伏及以上输电线路4953公里,变电容量1885万千伏安,换流容量300万千瓦。

【重大项目进展】

1. 惠州抽水蓄能电站是目前国内在建的最大抽水蓄能电站,是中国南方电网公司成立后第一个电网公司控股的大型调峰调频项目。电站位于博罗县城郊,距广州112公里,水库淹没土地5416亩,永久占地4076亩。电站安装八台30万千瓦的立轴单级可逆混流式机组,总装机容量240万千瓦,设计年抽水用电量60.03亿千瓦时,年发电量45.63亿千瓦时。工程总投资概算81.34亿元。2005年1月10日正式开工建设,目前正在进行土建部分的工作,预计2008年底首台机组投产发电,2011年全部建成。作为广东省重点建设项目,惠州蓄能电站将以500千伏一级电压接入广东电网系统,将有助于解广东电网的调峰问题。

2. 贵州至广东±500千伏直流输电工程是实施国家"西电东送"战略的重点工程,工程投资概算56.3亿元。该工程西起贵州省安顺市的高坡换流站,途经贵州、广西、广东三省(区),东至广东省肇庆市的肇庆换流站,直流输电线路全长882千米,额定容量为双极300万千瓦,是世界上容量最大、技术设备最先进的直流输电工程之一。贵广直流工程首次采用了载流能力为3000安培的带正向保护的光直接触发换流阀;安顺换流站海拔1420米,是世界上海拔最高的换流站。工程于2001年11月25日正式开工,2003年5月开始设备安装、调试,2004年5月完成极二系统调试,5月31日22时8分极二解锁成功,顺利投入试运行,增加西电送广东能力150万千瓦。9月24日,贵广直流双极投入试运行,增加西电送广东能力3000万千瓦。10月24日19时35分,该工程双极连续一个月的试运行胜利完成,正式投入商业运行,标志着西电东送南部通道全面建成,提前十五个月实现了"十五"期间向广东新增1000万千瓦输电能力的目标。

3. 柳贺罗二回工程是2004年南方电网公司重点工程之一。该工程从广西柳州沙塘变电站经广西贺州开关站到广东佛山罗洞变电站,沿途穿越广西、广东两省(区)14个县(市、区),线路全长475.47公里,沿线扩建了柳州、贺州、罗洞三个变电站,新建杆塔1039基,总投资达8亿多元。工程于2003年9月30日开工,2004年1月中旬进入铁塔组立阶段,各变电站2月份开始电气安装。5月22日各标段陆续开始竣工验收,竣工验收总体情况良好,分部工程验收合格率100%,优良率达95%以上。在6月22日至24日的启动过程中,线路和一次设备均一次带电成功。6月26日7时15分,柳贺罗二回工程结束24小时试运行,宣告正式投产。该工程的投运使西电送广东能力增加40万千瓦。

4. 天广四回500kV输变电工程作为"十一五"再向广东新增送电1030万千瓦的第一个电网建设项目,天广四回交流输变电工程对南方电网"十五"和"十一五"西电东送战略的实施起着承前启后的作用。工程投资概算19.98亿元,该工程西起云南省罗平,东至广东茂名,线路全长854.537公里,铁塔1851基,工程扩建罗平、百色、南宁、玉林、茂名五个变电站,新建百色串补站,跨越云南、广西、广东三省(区)。其中罗平至百色段采用了紧凑型线路的设计,这是南方电网首次在长距离、大容量、高海拔工程中的应用,不但减小了线路走廊,而且提高了输送容量及云电出口的稳定极限。工程于2004年7月29日正式开工建设,百色串补站2005年2月开工,2005年6月17日全线一次带电成功,2005年6月26日正式投入运行,该工程的投运增加云电送出能力120万千瓦。

【法人治理结构】 根据中委[2002]392号、国人字[2002]107号、组任字[2002]173号文件的任职通知,袁懋振为公司党组书记、董事长;王野平为公司党组成员、董事、总经理;赵建国、肖鹏、周继太、王久玲、祁达才为公司党组成员、董事、副总经理。根据国资任字[2004]131号、国资党任字[2004]92号文件的通知,祁达才同志任公司总会计师,王玉霜同志任公司党组成员、党组纪检组长。

公司主要成员单位包括广东电网公司、广西电网公司、海南电网公司、贵州电网公司、云南电网公司、南方电网公司超高压输电公司等6个电网运营企业,鲁布革电厂、天生桥二级电站、广州抽水蓄能电厂等3个发电企业,以及南方电网财务有限公司。

公司本部设有11个部局,包括行政部、战略策划部、计划发展部、市场交易部、人事部、财务部、安全监察与生产技术部、国际合作部、监察局、审计部、党群工作部；以及南方电网电力调度通信中心、电力交易中心、技术研究中心、信息中心。

公司主管人员经营业绩考核体系与薪酬严格按照国资委的有关规定执行。

【产权制度改革】 在国家有关部门和广东、海南省委、省政府的关心支持下，经过各方努力，公司于2004年6月18日完成了工商登记注册工作，领取了企业法人营业执照，并及时申领了企业机构代码证，公司的法律地位正式确立。公司下发了《关于印发分子公司登记注册若干问题意见的通知》，按照公司的统一部署和要求，超高压公司、贵州、海南、云南和广西电网公司先后完成了工商变更登记。经国务院国资委协调，公司的产权登记工作也办理完毕。

厂网分开。根据财政部提出的“先签订移交协议，后解决意见分歧”的要求，云南、广西和贵州电网公司积极与各发电集团公司就发电资产第二阶段资产财务、劳动工资和保险移交进行了多次的协商。云南电网公司已经与所有相关的发电集团公司签订了移交协议。贵州电网公司与有关发电集团公司草签了资产财务及劳资保险移交协议。广西电网公司与有关发电集团公司签订了移交备忘录。

农电体制改革。公司坚持以国务院国发[1999]2号文和国发[2002]5号文的精神为指导，坚持公司化改制方向，积极依靠各级地方政府，加大了沟通和协调力度，保证农电体制改革工作有序稳步地进行。截至2004年底，在南方电网公司系统的342个县级供电企业中，改为省公司的分公司或子公司的有99个，进行了股份制改革的有63个，继续维持代管的有180个。

广东省人民政府决定将50个代管县整体交由广东电网公司直管，目前正在按政策和程序开展接收工作。

【主辅分离辅业改制】 按照国务院电力体制改革工作小组的要求，公司多次组织有关部门和省级电网公司有关人员对电力体制改革小组办公室提出的《电力主辅分离改革实施意见》进行了认真研究和讨论，结合公司实际情况，提出了意见和建议。

【主要管理经验】 总结2004年的工作，有五条宝贵的经验：

1. 必须坚持以科学发展观为指导。把保证电网安全和电力供应作为重中之重，兼顾各项工作；统筹社会效益和经济效益，统筹电网发展和电源建设，统筹外延发展和内涵发展，统筹公司发展和人的发展，妥善处理好各方面的利益关系，才能促进南方电网全面协调可持续发展。

2. 必须坚持用大政方针统揽全局。着力于从实际出发抓好贯彻落实，统一思想，协调步伐，凝聚人心，才能保证公司系统朝着正确的方向和明确的目标前进。

3. 必须坚持求真务实。认认真真履行自己的职责，踏踏实实办好自己的事情，实实在在创造自己的业绩，才能取得各方面的理解和支持，赢得各方面的尊重和肯定。

4. 必须坚持以人为本。重和谐的氛围，气顺劲顺，群策群力，才能发挥整体合力，干好事业。

5. 必须坚持开拓进取。在困难面前保持更加旺盛的斗志，在成绩面前保持更加清醒的头脑，居安思危，艰苦奋斗，改革创新，才能不断取得新成绩，实现新发展。

中国华能集团公司

【概况】 2004年，华能集团公司认真贯彻党中央、国务院一系列指示精神，全体员工在集团公司党组的正确领导下，振奋精神、顽强拼搏，努力克服电煤供应紧张的困难，确保了迎峰度夏和安全稳定发电，超额完成了国资委下达的各项考核指标，向建设具有国际竞争力的大企业集团迈出了新的步伐，为电力工业和国民经济发展作出了新的贡献。

2004年，针对全国煤电油运全面紧张的局面，华能集团公司提出了“五个绝对不允许”的要求，即绝对不允许发生重大责任事故；绝对不允许发生重大伤亡、重大设备损坏事故；绝对不允许在重要时间和重要地点发生重大事故；绝对不允许发生有重大社会影响的事故；绝对不允许因为燃料供应问题而影响安全生产。

华能各单位认真落实集团公司的部署，进一步规范安全管理制度，积极开展安全大检查，狠抓设备治理，实现了“不发生电力生产人身死亡及设备损坏事故，不发生重大设备事故、重大火灾事故、重大交通事故”的安全目标，圆满完成了迎峰度夏和安全稳定发电的任务，为缓解煤电油运紧张局面作出了应有的贡献。

同时，华能有效地提高设备利用效率，火电企业机组等效可用系数达到 92.7%，比上年同期增长 1.2%；水电企业机组等效可用系数达到 94.65%，比上年同期增长 1.36%。发电利用小时达到 6106 小时，比全国平均水平多 646 小时，其中火电 6197 小时，水电 5013 小时。

【主要经济指标】 华能集团公司全体员工全力以赴、真抓实干，千方百计、克服困难，狠抓电量、成本、电价、电费回收等关键环节，在努力实现稳发、满发、超发电量的同时，优化调整发电量结构；在巩固加强资金集中管理的同时，加强对资金集中支付的管理；积极争取和落实国家电价政策，加大电费回收力度；强化企业管理，严格控制各项支出，取得了良好的经营业绩。

2004 年，华能集团公司实现发电量 1947.8 亿千瓦时，同比增长 11.7%，约占全国发电量的 9%；销售收入达到 538 亿元，同比增长 19.3%；利润同比增长 14.5%；资产总额达到 1563 亿元；超额完成了国资委下达的利润总额、净资产收益率、发电量和流动资产周转次数等考核指标，经济效益持续稳定增长，整体实力又迈上了一个新台阶。

到 2004 年底，华能全资、控股电厂运行装机容量达到 3356.66 万千瓦，约占全国总装机的 7.6%，其中火电装机 3105.18 万千瓦，水电装机 250.4 万千瓦，风电装机 1.08 万千瓦。

【基本建设】 2004 年，华能集团公司严格按照国家要求，加快电源项目建设，有 7 台共 193.3 万千瓦新机组投入商业运行。

第一座采用国产超临界 60 万千瓦机组的发电厂——华能沁北电厂一期工程 2 台机组历时不到 28 个月，正式投入生产，得到了中央领导同志、有关部门和地方政府的高度赞扬与充分肯定，标志着我国燃煤发电和电站设备制造水平迈上了新台阶。国内首座采用气压式调压井技术的华能自一里水电站攻克技术难题，提前投入生产。“西电东送”标志性工程之一、目前世界上最高双曲拱坝的华能小湾水电站工程，提前一年于 10 月 25 日成功实现大江截流。我国第一个国产百万千瓦等级的超超临界发电机组项目——华能玉环电厂的建设进展顺利。

华能集团公司认真落实科学发展观，严格遵守国家项目审批程序，积极稳妥地推进项目前期工作，完成了有关电源项目的可研报告和项目建议书批复，为公司持续、健康、稳定发展创造了条件。

【资本运营】 2004 年 3 月 23 日，华能集团公司收购中海能源股份有限公司 31.14% 的股权，从而控股中海能源和海口火电公司，并且将两家公司合并为一家由华能绝对控股的公司，增加了公司在海南电力市场的份额。4 月 16 日，华能集团公司和其控股的华能国际电力开发公司分别向华能国际电力股份有限公司转让井冈山电厂 90%、邯峰电厂 40%，珞璜电厂 60%、岳阳电厂 55% 和营口电厂 100% 的股权。10 月 26 日，华能集团公司向华能国际电力股份有限公司转让四川水电公司 60% 和平凉电厂 65% 的权益。

巩固实施“走出去”战略的成果，通过设立驻澳大利亚代表处、向 OzGen 项目选派董事和经营管理人员，组织技术和财务专家组赴电厂解决设备和经营问题，为提高电厂的经营管理水平打下了基础。

【采取措施保电煤供应】 2004 年，电煤价格大幅度上涨，电煤质量下降。华能集团公司电煤供应面临着前所未有的严峻形势。集团公司认清形势，及时研究，精心部署，为了确保煤炭长期、稳定、有效供应，制订了依靠政府、稳定市场，落实责任、兑现合同，加强管理、降低消耗三条近期措施；建立供应主渠道、签订中长期合同，优化电厂布局、调整发电能源结构，关注国际市场、适时采购煤炭三条中长期措施；加快开发煤电联营项目，加大矿、路、港、航项目投资力度，与国外企业探讨合作三条战略措施。

在党中央、国务院的高度重视下，在国家发改委、铁道部、交通部、有关地方政府和煤炭、航运企业的大力支持下，2004 年华能系统电厂没有因为电煤供应而发生停机现象，确保安全稳定发电。

中国华电集团公司

【**概况**】 截至2004年底，中国华电集团公司所属企业146家，集团公司直接和为主管理的企业84家，其中分公司、代表处等分支机构10家，内部核算电厂12家，全资子公司16家，控股公司26家，年末职工总人数82425人。公司发电资产分布在北京、上海、重庆、河北、内蒙古、辽宁、黑龙江、江苏、浙江、安徽、福建、山东、湖北、湖南、河南、云南、贵州、四川、广西、陕西、宁夏、青海、新疆等省(市、区)。公司资产总额1180亿元，比2003年增长23.26%。2004年全年投产发电容量211.1万千瓦，开工项目950万千瓦。年末运行发电设备容量3072万千瓦。

【**主要经济指标**】 2004年完成发电量1384亿千瓦时，同比增长10.88%；实现销售收入354.5亿元，同比增长18.41%；实现利润总额12亿元，同比增长23%；实现净利润6802万元，同比增长2.56倍；净资产收益率0.45%，比上年提高0.34个百分点；流动资产周转率完成2.08次，比上年有所改善。供电标准煤耗率367.14克/千瓦时，比上年减少3.2克/千瓦时；发电标准煤耗率340.66克/千瓦时，比上年减少3克/千瓦时。

【**重大项目进展**】 认真贯彻落实国家宏观调控政策，合理调整开工规模和投资规模。通过国家项目建议书批复7项553万千瓦，经国家核准项目4项95万千瓦，通过国家评估7项720万千瓦；批复13个环评项目1319万千瓦，批复15个水保项目1540万千瓦。在争取怒江、金沙江中游、北京热电油改气扩建、大渡河泸定水电等重要项目开发权上取得积极进展。与印尼国家电力公司签署了战略合作框架协议，开展了具体项目的前期工作，对外投资取得进展。

全年累计投产10台发电机组共211.1万千瓦。其中，火电149.5万千瓦，水电61.6万千瓦。公司最大的在建电源项目构皮滩水电站于11月份实现大江截流。

2004年投产容量表

项目名称	投产容量(单位MW)	投产时间
四川华电宜宾发电有限责任公司技改#11机	100	2004年1月
新疆华电哈密发电有限责任公司#6机	135	2004年4月
洪家渡电站建设公司#1机	200	2004年7月
四川广安发电有限责任公司#3机	300	2004年7月
湖北西塞山发电有限公司#1机	330	2004年7月
四川广安发电有限责任公司#4机	300	2004年10月
洪家渡电站建设公司#2机	200	2004年11月
洪家渡电站建设公司#3机	200	2004年12月
湖北西塞山发电有限公司#2机	330	2004年12月

四川广安发电有限公司二期扩建工程是邓小平同志百年诞辰的献礼工程，#3、#4机组分别于7月21日和10月26日通过168小时满负荷试运，从主厂房浇第一罐砼到首台机组投产的工期为19.4个月，整个工程的工期为22.7个月，分别比定额工期提前5个月、10个月。贵州洪家渡水电站自2001年10月截流，2004年7月首台机组投入运行，仅2年9个月时间，后两台机组也于年内顺利投产，工程进度属国内先进水平，比审定总工期提前了2年。

根据国资委的批复，将煤炭开发作为公司主业之一。与大型煤炭企业建立战略合作关系，投资建设贵州平坝、云南镇雄2个煤炭项目，参与东明露天矿、巴盟巴音呼都格煤矿等5个项目的前期工作。

成功发行30亿元企业债券，为加快“西电东送”电源项目的建设，促进乌江流域水电项目的滚动开发，以及“西气东输”配套发电项目建设筹集了资金。

控股子公司华电国际电力有限公司增发A股56900万股,于6月23日通过证监会发审委审查。

【法人治理结构】 中国华电集团公司是国有独资企业,不设股东会和董事会。国务院国有资产监督管理委员会行使出资人职责。根据《中国华电集团公司章程》,公司实行总经理负责制,总经理是法定代表人。副总经理根据公司章程的规定和总经理授权履行相应职责,协助总经理工作,并对总经理负责。

结合实际工作需要,集团公司本部机构在2003年的设置基础上,对审计部与监察部实现分设,综合产业部与开发投资公司分设,成立科技环保部、社保中心和信息中心,成立集团公司战略办公室、改制重组办公室。进一步调整完善了分支机构管理授权。

【产权制度改革】 积极推进厂网分开第二阶段资产财务移交工作,与有关电网企业签署了移交工作协议书。根据区域性资产特点和发展需要,将福建地区发电资产、四川地区内核电厂分别重组为有限公司,促使其实现自求平衡、自我发展。将北京第二热电厂、湖北青山热电厂、黑龙江佳木斯发电厂和北京密云水电厂等4家内部核算电厂改制为公司制企业,为其提高竞争能力和发展活力创造体制条件。

【主辅分离辅业改制】 积极研究主辅分离、改制分流有关政策,对公司企业主辅分离、辅业改制工作进行调研,形成了集团公司主辅分离改制分流初步方案。在公司系统大力开展主辅分离辅业改制政策宣传活动,引导企业干部员工进一步统一思想,提高认识。

【主要管理经验】 2004年,中国华电集团公司坚持以邓小平理论和"三个代表"重要思想为指导,树立和落实科学发展观,认真贯彻中央宏观调控的政策措施,积极应对燃煤供应紧张、水电来水锐减、发电成本大幅攀升的困难和冲击,以改革创新、协调发展为工作主线,统筹推进战略实施、安全稳定、扭亏增盈、电源建设、改制重组、综合产业等重点工作,经受住严峻考验,保持了安全生产和队伍稳定,发电量和销售收入实现较快增长,资产质量和运营效率有所提高,电源建设取得重要进展,经济效益快速稳定提高,全面完成了国资委下达的考核目标。

坚持"两条腿走路"的经营策略,把对外改善经营环境与内部加强挖潜增效紧密结合起来,增强抗御风险能力、提高竞争能力。大力开展扭亏增盈工作,公司系统全年减亏4亿元。发扬"三千"精神开展"三电"工作,从2004年7月份开始,公司发电量增长连续超过全国当月平均水平,10月份增长27.32%,创公司单月增长最高纪录。抓住争取电价政策和执行电价到位两个关键环节,全年上网电价比上年提高13.5元/兆瓦时。

坚持树立和落实科学发展观,把合理增加总量与着力调整结构统筹结合起来,推进公司做强做大、持续发展。以发展战略统揽全局,全力突破战略重点项目。在电源结构上形成高效火电、大中型水电和其他能源的合理比例。在区域结构上形成战略区域、重点区域互为支撑的格局。在华东、西北、西南等地根据资源特点和市场需求,按照坑口、路口、港口和"西电东送"布点并取得突破。在产业结构上形成以电为主体,燃料、金融及其他优势产业为补充的格局。

坚持用战略统领各项工作,把全面实施与抓切入点结合起来,努力提升资产质量、实现发展战略目标。科学系统地编制了公司2010年发展战略规划,制定了"358"战略计划及相关措施,明确了每一个阶段要实现的重要指标。以营运改善和对标管理作为战略实施的切入点,开展了营运改善试点及经验推广工作,制定了不同类型电厂营运改善的指标体系以及主要指标的对标标准,形成了营运改善工作指导意见,为实现公司的愿景目标奠定了基础。

坚持改革的方向,把体制改革与改善经营结合起来,转换经营机制、增强企业活力。加大改制重组力度,为逐步理顺集团运作机制,进一步完善管控模式作了有益探索。成立福建、四川发电有限公司,将4家内部核算电厂改制为公司制企业。研究调整了分公司的授权。成立了投资决策、预算管理机构,强化了内控管理。

坚持依法经营的方针,把企业自我约束和加大监督力度结合起来,防范经营风险、确保国有资产保值增值。巩固完善集团公司党风廉政建设领导体制和工作机制,突出监督与内控制度建设,加强了招标监督和信访监督。充分发挥审计在经营管理工作中的监督保障和信息反馈作用。按时完成了清产核资工作。积极配合监事会开展工作,自觉接受监事会的监督和指导。在全公司系统开展财务稽查,查清薄弱环节,提出处理建议并下达稽查整改意见,取得良好效果。公司系统严格执行财经纪律,保持了依法经营、稳健经营的良好局面。

坚持以人为本的理念,把班子建设、队伍建设和企业文化的推进结合起来,为事业发展提供精神动力和根本保障。

中国国电集团公司

【概况】 中国国电集团公司是在原国家电力公司部分企事业单位基础上组建的国有企业,是电力体制改革后国务院批准成立的五大全国性发电企业集团之一,是经国务院同意进行国家授权投资的机构和国家控股公司试点企业,注册资本金120亿元。

中国国电集团公司从事电源的开发、投资、建设、经营和管理,组织电力(热力)生产和销售;从事煤炭、发电设施、新能源、交通、高新技术、环保产业、技术服务、信息咨询等电力业务相关的投资、建设、经营和管理;根据国家有关规定,经有关部门批准,从事国内外投融资业务;经国家批准,自主开展外贸流通经营、国际合作、对外工程承包和对外劳务合作等业务;经营国家批准或允许的其他业务。

中国国电集团公司实行两级法人、分层授权、垂直管理的管理体制,目前设立了华北、东北、华中、华东、西北、川渝、山东、云南、贵州、广西10个分公司,组建了国电物资有限公司、国电燃料有限公司、国电财务有限公司、国电科技环保集团有限公司四个专业化公司,拥有国电电力发展股份有限公司、国电长源电力股份有限公司两家国内A股上市公司,以及以发展风电主业的龙源电力集团公司。

【主要经济指标】 截至2004年底,中国国电集团公司拥有3个全资企业、28个内部核算单位、54个控股企业和12个参股企业。集团公司可控装机容量为2930.39万千瓦,其中,火电装机容量2583.5万千瓦,占88.2%,水电装机容量323.53万千瓦,占11%,风电装机容量17.76万千瓦,占0.6%,其他5.6万千瓦,占0.2%。目前,集团公司在全国21个省(自治区、直辖市)中拥有电源点,加上规划电源点,则在全国25个省(自治区、直辖市)拥有电源点。到2004年底,公司资产总额1007亿元。

2004年,中国国电集团公司在党中央、国务院的正确领导下,在国家综合部门的指导和地方政府的大力支持下,以开展"管理效益年"活动为中心,努力加强对存量资产的科学管理和集约经营,大力推进增量资产的理性扩张和健康发展,圆满完成了年初下达的各项任务。集团公司系统安全生产形势平稳,没有发生重大及以上人身和设备事故,没有发生影响电网安全稳定的设备事故。全年全口径发电量完成1681亿千瓦时(含山东菏泽、聊城),同比增长22.6%;完成上网电量1560亿千瓦时,同比增长22.9%;供电煤耗完成365.7克/千瓦时,同比下降5.6克/千瓦时;机组平均利用小时达6000小时,同比增加300小时,其中火电机组6250小时;全年新增发电容量396万千瓦,到2004年底,集团公司系统可控容量达到2930万千瓦;实现产品销售收入340亿元,同比增加79.5亿元,增幅30.5%;实现利润总额18.6亿元,比国资委下达的考核指标增长24%,全面完成了国资委下达给集团公司的四项资产经营考核指标,净资产收益率、流动资产周转率也得到进一步优化。到2004年底,集团公司资产总额1007亿元,同比增加196亿元,增长24%。

【主要管理经验】 2004年,中国国电集团公司通过进一步落实各级党组织中心组学习制度、民主生活会制度和党风廉政建设责任制度,深入开展"为发展作贡献,为党旗增光辉"主题活动、保持共产党员先进性教育活动准备工作和"管理效益年"活动的宣传舆论工作,促进了集团公司系统的精神文明、企业文化、党建和思想政治工作,以及工会和共青团工作的全面协调发展。2004年,集团公司被国家精神文明建设协调领导小组授予"中央国家机关文明单位"称号。

附表:中国国电集团公司2004年合并利润表

2004年合并利润表

企财02表

编制单位:中国国电集团(合并)　　2004年12月31日　　金额单位:元

项　　目	行次	上年同期数	本年实际数
一、主营业务收入	1	26208782235.42	33343684184.68
其中:电力产品	2	25146246976.37	31641972300.64
热力产品	3	635086544.12	831824600.08
其　他	4	427448714.93	869887283.96
减:主营业务成本	5	22648370445.23	28878937608.44
其中:电力产品	6	21422942753.03	27197996740.12
热力产品	7	904215991.38	1229955044.05
其　他	8	321211700.82	450985824.27
主营业务税金及附加	9	272535447.17	360342304.00
其中:电力产品	10	260820433.00	325974085.69
热力产品	11	2897238.12	8445527.90
其　他	12	8817776.05	25922690.41
经营费用	13	7309409.81	
其中:电力产品	14	3969201.60	
热力产品	15		
其　他	16	3340208.21	
二、主营业务利润	17	3280566933.21	4104404272.24
其中:电力产品	18	3458514588.74	4118001474.83
热力产品	19	－272026685.38	－406575971.87
其　他	20	94079029.85	392978769.28
加:其他业务利润	21	85886129.00	151792238.17
减:管理费用	22	252968021.77	539480659.37
营业费用	23	16749318.36	129549918.94
财务费用	24	2057581524.14	2117016560.39
其中:利息支出	25	1806605313.24	1982411842.43
利息收入	26	42455114.12	50341139.16
汇兑净损失	27	223864847.80	124248558.52
其　他	28	5566.20	
三、营业利润	29	1039148631.74	1470149371.71
加:投资收益	30	459480206.08	542877291.42

续表

项　　目	行次	上年同期数	本年实际数
期货收益	31		
补贴收入	32	18275449.20	47721772.46
营业外收入	33	30445423.24	67533901.33
减:营业外支出	34	123835753.36	265012256.26
四、利润总额	35	1423513956.90	1863270080.66
减:所得税	36	333748634.50	367214854.07
少数股东损益	37	848727625.83	1212198381.59
加:未确认的投资损失(以"+"号填列)	38	50608805.41	-19436169.35
五、净利润	39	291646501.98	264420675.65

中国电力投资集团公司

【概况】 中国电力投资集团公司是在原国家电力公司部分企事业单位基础上组建的国有企业,经国务院同意进行国家授权投资的试点机构和国家控股公司的试点。集团公司注册资本金人民币120亿元,集团公司实行总经理负责制,总经理是集团公司的法定代表人。

截至2004年底,集团公司资产规模达到1030亿元,可控装机容量为27958.9MW,权益容量22257.2MW。其中火电机组18723.3MW,占集团公司可控装机容量的66.97%;水电机组7884.8MW,占集团公司可控装机容量的28.2%;核电机组1350.8MW,占集团公司可控装机容量的4.83%。

集团公司包括133家成员单位,15家参股单位。职工总数79405人。

集团公司现有资产分布在全国23个省、市、自治区。在香港注册的中国电力国际有限公司和中国电力国际发展有限公司,搭建了集团公司境内外资本运作和国际化发展的平台,所拥有的"中国电力"红筹股业绩优良;上海电力股份有限公司、山西漳泽电力股份有限公司和重庆九龙电力股份有限公司健康发展;拥有在电力设备成套服务领域中业绩突出的中国电能成套设备有限公司;拥有流域开发的黄河上游水电开发有限责任公司和五凌电力有限公司;拥有12个已建成的1000MW以上的大型电厂;拥有原国家电力公司全部的核电资产。

【主要经济指标】

——完成发电量1306.35亿千瓦时,比上年增长6.59%;

——实现销售收入288亿元,比上年增长14%;

——实现利润14.65亿元,比上年增长6%;

——净资产收益率比上年提高0.4个百分点;

——资产总额突破1000亿元,达到1030亿元;

——投产容量134.1万千瓦。

【生产经营】 项目报批和工程建设进展顺利。集团公司按照国家产业政策和发展规划合理布局,为后续发展创造条件。工程建设投产计划按期完成,在建项目积极推进,开工项目的各项准备条件及时得到落实。

核电开发建设迈出关键性一步。集团公司成为国内开发、建设和运营核电的三家集团之一。成立了中电投核电有限公司,正在形成一整套核电管理和技术支持体系。山东海阳和辽宁大连核电项目纳入国家"十一五"规划。与部分省区签订了内陆核电开发协议,并高质量地开展了前期工作。

水电开发良性循环机制逐步形成。在国务院领导和有关部委的关怀支持下,黄河上游水电公司的资产划转、巨额欠费、增值税政策等问题得到妥善解决，取得了龙羊峡以上电站开发权，公伯峡水电站1、2号机均提前一年投产发电，拉西瓦项目获得国家立项批复，黄河上游流域资产重组即将完成。长江沅水流域的开发建设和资产重组顺利推进，三板溪等水电项目建设按计划进行，挂治、东坪水电站得到核准。广西长洲水利枢纽工程成功实现外江截流，全面转入主体施工阶段。

相关产业实现新的跨越。集团公司与内蒙古霍煤集团成功重组，白音华、淮南、平顶山等煤电基地开发按计划推进，煤电一体化发展起步良好。中电投财务公司获准成立。重庆远达环保产业有了新的突破，第一个火电厂烟气脱硫技术及装置产业化项目通过国家综合验收，工艺技术设计和研发能力达到国内领先水平。

海外发展和资本运作成效显著。“中国电力”红筹股在香港成功上市，搭建了集团公司境内外资本运作和国际化发展的平台，是集团公司实施国际化发展战略的重大突破。中电国际上市自集团公司成立就开始筹划，2004年2月10日正式启动，到2004年10月15日中国电力国际发展有限公司(简称中国电力)在香港联交所主板挂牌上市交易。股票名称为“中国电力”，是境外上市的红筹股，在亚、欧、美三大洲的路演推介中，外界反响就非常热烈，上市一周来市场表现突出。集团公司境内三个上市公司健康发展，上海电力再次入选上证180和上证50指数样本股，山西漳泽电力再次入选深证100指数样本股，重庆九龙电力业绩平稳上升。中电投2003年企业债券在上海证交所成功上市，首次派息工作圆满完成。中电国际收购了芜湖三期51%的股权。郑州热电厂圆满移交地方企业，在空壳电厂职工合理安置问题上进行了有益探索。

【安全生产】 安全长效管理机制逐步建立。集团公司坚持“安全第一、预防为主”的方针，坚持以人为本的理念，加强安全文化建设，发布并宣贯《安全政策声明》，以安全、健康、环保为目标的员工工作环境和预控式管理模式正在形成。

工程建设实现了安全管理目标。集团公司坚持严格要求、严格管理、严格监督的原则，认真开展“安全无违章工地”和“安全生产月”活动，及时纠正不规范管理行为和习惯性违章，加强对危险源的辨识与控制，工程安全管理水平不断提高。

安全生产指标有显著改善。集团公司强化安全生产，确保责任落实到位，尤其在发电企业体制改革过程中，加强指导、协调，保证了新旧管理机制和管理方式的有效衔接。加强设备治理，优化调度管理，提高运行检修质量。科学制定应急预案，认真落实季节性反事故措施。落实掺烧褐煤的安全技术措施。一年来，集团公司系统未发生年度安全目标控制五类事故，机组非计划停运次数同比下降53%，一般设备事故同比降低47.6%，在化解不利因素、控制各种风险的同时，安全管理水平稳步提高。

【增收节支】 集团公司各单位全面落实“增收节支50条措施”，开源节流，挖潜增效。强化计划与预算功能，落实资产经营责任，统筹安排资金规模和投向，不断提高资金使用效率。加大成本管控力度，重点强化了燃料量、质、价管理，成本费用得到有效控制。科学安排运行方式和检修时间，提高运行和检修质量，机组经济运行水平不断提高。完善营销策略，积极参与区域电力市场试点，竞价和市场开拓能力有显著提高。落实责任，电热费回收取得成效。理顺价、税关系，厂网价格分离工作全部完成，在争取和落实电价、热价政策上有所突破。完成清产核资工作。加强依法治企，实施财务整顿，强化审计和效能监察工作，企业运作进一步规范，经营风险得到有效控制。

全年采取减少非停、缩短检修工期等措施使电量增发实现增效4.8亿元；节能降耗、控制支出，修理费、材料费节约2.41亿元。集团公司以增收节支为手段，加强管理，提高效益，不仅部分缓解了电煤涨价带来的经营压力，而且完成了年度资产经营指标，有力地保证了集团公司的经济稳定运行。

【改革创新】 主辅分离、运检分离在系统内全面推开。集团公司发电企业运行、检修、辅业体制性分离基本完成。清河、黄河两个改革试点单位，内部加强管理，外部拓展市场，效率、效益显著提高。在体制改革的同时，积极转换经营机制，进行人事、劳动用工和分配三项制度改革，集团公司工效挂钩方案已经部署，对二级单位主要负责人的年薪管理开始实施。

专业化、集约化运作机制不断完善。发电运行分公司首个试点项目白鹤二期1号机已成功投入商业运行。工程建设管理分公司第一个实行工程建设委托制管理的贵溪项目取得良好成效,得到地方政府和建设部等有关方面的认可。资金结算管理中心科学管理,规范运作,资金集成作用得到进一步发挥。改革和规范原有的燃料管理方式,构筑三级燃料管理体系,既降低了成本,也保障了燃料的连续稳定供应。

业绩评估工作稳步推进。集团公司完成了通辽发电总厂等8个试点单位的综合评估,部分企业实施了预评估、专项评估和自我评估。通过业绩评估,先进管理理念和方法得到传播与应用,企业管理水平和队伍整体素质不断提高。

制度建设和流程优化工作以点带面,有序进行。集团公司对这项工作进行了总体部署,《规章制度管理制度》已经修改发布,8个试点单位的工作初见成效。集团公司规章制度体系进一步修改完善,工作效率和质量得到提高。

【科技创新】 2004年度科技开发项目70项,其中国家科技部863配套项目2项。科技项目的立项紧紧围绕提高效率、改善环境、降低成本、提高劳动生产率和管理水平为目标、把解决工程建设、生产、经营中的重大和突出问题作为重点。优先考虑了环保、节能、运行检修、设备管理及新技术地应用和成果转化方面的项目。

"燃煤锅炉超低负荷洁净高效控制与运行技术的研究及应用"、"燃煤电站高效低NOX排放系统技术开发"两个863项目进展顺利,已取得阶段性成果。

"燃煤锅炉超低负荷洁净高效控制与运行技术的研究及应用"及"少油点火"科技项目的研究和实施对集团公司节能起到示范作用,其研究成果的实际应用燃油量可比正常用油量减少70%以上。

"燃煤电站高效低NOX排放系统技术开发"、"核废料处理研究"等项目的研究将提升集团公司的环保技术水平,根据集团公司的发展战略为集团可持续发展提供必要的技术支撑和技术储备。

"提高循环流化床锅炉运行安全经济性研究"、"锅炉优化燃烧研究与实施"等项目密切结合生产运行实际,其研究成果将大大提高现有机组的运行管理及经济运行水平,提高效率。

"自主知识产权100MW循环流化床锅炉研制及示范"等三个项目分获中国电力科技进步一、二、三等奖。

平圩、姚孟等一批新项目采用600MW超临界机组,为结构调整打下基础。通辽三期600MW空冷机组、阚山600MW超超临界机组、分宜大型循环流化床锅炉等项目的国产化研制工作,为国家火电技术升级进行示范。

科技管理制度进一步得到完善,组织制定了《中国电力投资集团公司科技进步奖励办法》和《中国电力投资集团公司科技项目管理办法》,使集团公司系统的科技进步工作有章可循,健康发展。

中国长江三峡工程开发总公司

【概况】 2004年是三峡工程在全面实现二期工程蓄水、通航、发电三大目标之后,转入三期工程建设,进入边建设、边运行阶段的第一年。广大三峡建设者发扬顽强拼搏的精神,使三峡工程实现了进度、质量、投资三控制的目标,为三峡工程提前蓄水到156米奠定了坚实的基础。

三峡工程综合效益开始逐步显现。2004年,三峡工程安全度过9月份出现的历史上同期第三次大洪水,为下游拦蓄洪水4.95亿立方米,减轻了下游防洪的压力。全年三峡工程新增投产发电机组5台,超过计划目标。三峡电厂已有11台机组投产运行。截至12月31日,已实现连续安全生产407天,全年共发电391.4亿千瓦时。双线五级船闸通航能力得到了提高,全年实现安全通航361天,船闸共运行8700闸次,通过船舶7.5万艘次、旅客172万人,船闸年过坝货运量达到4309万吨。

【固定资产投资】 2004年,三峡工程完成投资111.56亿元,完成投资计划117.26亿元的95.14%。其中:建安工程完成16.99亿元,占计划19.14亿元的

88.76%；机电设备费20.39亿元，占计划14.02亿元的145.51%；金结设备费1.51亿元，占计划0.96亿元的157.45%；其他费用1.51亿元，占计划2.21亿元的71.99%；基本预备费0.88亿元，占计划4.90亿元的18.02%；水库淹没处理补偿费24.63亿元，占计划25.00亿元的98.51%；库区移民包干外补偿费15.17亿元，占计划7.00亿元的216.69%；价差预备费24.41亿元，占计划22.00亿元的110.97%；贷款利息5.99亿元，占计划22.04亿元的27.17%。截至2004年12月31日，三峡工程共完成投资1115.75亿元。其中：枢纽工程静态投资403.69亿元，占枢纽工程概算500.9亿元的80.6%；库区移民完成静态投资328.11亿元，完成库区移民概算400亿元的82%。

2004年，三峡工程共到位固定资产投资资金143.19亿元，占年计划151.28亿元的94.65%。其中：三峡专项基金到位73.00亿元，占计划71.23亿元的102.49%；利用外资19.78亿元，占计划19.70亿元的100.40%；其他资金50.41亿元，占计划60.35亿元的83.52%。截至2004年12月31日，三峡工程固定资产投资资金共到位1181.82亿元。

【完成工程量】 2004年三峡主体工程完成：土石方开挖13.05万立方米，占计划11.15万立方米的117.06%；土石方填筑26.48万立方米，占计划13.59万立方米的194.83%；混凝土浇筑292.67万立方米，占计划261.81万立方米的111.79%；固结灌浆3.07万米，占计划1.30万米的236.70%；帷幕灌浆0.88万米，占计划1.17万米的75.10%；接缝灌浆0.65万平方米，占计划0.61万平方米的106.48%；钢筋制安4.42万吨，占计划5.20万吨的85.12%；混凝土防渗墙0.30万平方米；机电安装3.68万吨，占计划2.92万吨的126.03%；金属结构安装1.85万吨，占计划0.86万吨的215.00%。

【重大项目进展】 右岸大坝工程的右厂排坝段～右厂23#坝段甲块达高程94.0m～120.0m，乙块达高程85m～126.0m，丙块除个别坝块外，全部到达顶高程82.0m；右厂24#坝段～右非1#坝段甲块已达高程122.0m～147.8m；乙块已达高程113.0m～138.6m，丙块除右非1外，其余全部到顶。

右厂24#坝段～26#坝段拦污栅已达高程113.75m～123.65m，深槽部位拦污栅平台(98m)已形成。

右厂16#坝段～安Ⅲ坝段帷幕灌浆正在施工，第一排主帷幕已全部完成，其中安Ⅲ坝段帷幕灌浆已全部完成。

右厂15#、16#及右厂24#～26#压力钢管上平段、全部压力钢管下平段及24#～26#机下弯段已吊装完成。

高程120m栈桥已推进至右厂23#实体坝段；高程82m栈桥已推进至右厂20#实体坝段。

右岸电站厂房上游墙穿墙钢管已全部吊装就位。肘管钢衬及肘管二期混凝土回填全部完成，锥管段(高程42m～50m)混凝土抓紧施工，以尽快形成宽槽。

15#～18#机组段Ⅲ区已达高程59.45m～63.21m，19#～24#机组段Ⅲ区已达高程64.21～66.97m，其中安Ⅲ段高程为57.5m；25#～26#机组段Ⅲ区高程分别为73m和75.27m。右安Ⅰ和安Ⅱ边墙已达高程90m～105.6m。

左岸机组安装10#、7#、11#、8#、12#水轮发电机组分别于4月7日、4月30日、7月26日、8月24日和11月19日投产发电，超过计划目标；9#定子正在下线，转子正在进行叠片；13#机定子下线完成，转子正在进行磁极挂装；14#机定子正在下线，转子支架焊接完成。

临时船闸改建冲沙闸工程甲块已浇至高程152.76m，乙块已浇至高程151.28m。

电源电站工程除引水洞、尾水洞剩部分未开挖外，其余部位已完成开挖，年底主厂房开始浇筑混凝土。

右岸地下电站尾水渠开挖除预留石埂外，其余部位已开挖至设计高程52m，1#施工支洞已开挖完成。

【工程质量管理】 2004年，中国三峡总公司在三峡工程建设中开展"消灭顽症，誓创一流"的劳动竞赛活动，提高了参建人员的质量意识；坚持质量"零事故"管理目标，认真落实质量专家组意见，加强全员质量意识教育，工程施工质量稳步提高。2004年，三峡工程共进行4863个单元工程质量评定，其中优良单元4498个，优良率92.49%。以两院院士潘家铮为组长的国务院三峡工程质量检查专家组认为，2004年三峡工程各项工作取得了"满堂红",工程质量是优良的,运行是安全的,与二期工程相比,工程质量已登上新台阶。

【电力生产与营销】 2004年,三峡电厂和葛洲坝电厂利用开展输电、并网电厂安全性评价和贯彻质量、环境和职业安全健康标准认证等手段,大力实施新设备反事故措施和老设备技术改造,汛前以较高质量完成40多台次设备大小修,30多项大型设备技术改造,使设备保持良好的状态和较高的可靠性。三峡电站全年机组等效可用系数达96.82%,其机组年平均利用小时数达6682.41,全年非计划停运由2003年的4.17次/台年下降为2.36次/台年;葛洲坝电站全年机组等效可用系数达92.11%,其机组年平均利用小时数达6412,全年非计划停运次数仅为1.33次/台年,居同类机组领先水平。三峡—葛洲坝梯级枢纽全年发电561.7亿千瓦时,超额完成年度发电计划。其中三峡电站发电391.6亿千瓦时,水能利用提高率达4.6%,节水增发电量17.2亿千瓦时,提前40天完成年度发电任务;葛洲坝电站发电170.1亿千瓦时,水能利用提高率达8%,节水增发电量12.5亿千瓦时,提前35天完成年度发电任务,并创电站投产发电以来年发电量历史最高纪录。全年实现电力销售收入68.63亿元。

【国际合作与交流】 2004年,中国三峡总公司全年办理来自40个国家和地区(不含中国)的180批次外事来访团组,2865人次。实际接待169批次来访团组,2777人次。其中,接待副部级以上政府官员和国际知名人士122人次。全年受理因公出国申请和出访邀请团组82个,现已出访团组46个,出访216人次。对外发放邀请函42份,共计邀请56人次来三峡执行合同任务。

附表:1. 三峡工程固定资产投资完成汇总表
2. 三峡总公司固定资产投资资金到位情况表
3. 三峡主体工程完成工程量情况表

附表1　　三峡工程固定资产投资完成汇总表

单位:万元

项　　目	年计划	本年完成	占年计划(%)	自开工累计完成
总投资	1172564	1115175	95.14	11157512
建安工程	191354	169851	88.76	2805459
机电设备费	140160	203946	145.51	610745
金结设备费	9600	15116	157.45	156236
其他费用	22050	15847	71.99	368658
基本预备费	49000	8828	18.02	95799
水库淹没处理补偿费	250000	246274	98.51	3281131
价差预备费	220000	244130	110.97	2159810
贷款利息	220400	59875	27.17	1414230
库区移民包干外补偿费	70000	151682	216.69	265445

附表 2　　三峡总公司固定资产投资资金到位情况表

单位:万元

项　目	年计划	本年完成	占年计划(%)	自开工累计到位
资金到位	1512840	1431870	94.65	11818152
三峡专项基金	712300	730017	102.49	5299517
利用外资	197000	197794	100.40	770292
其他资金	603540	504059	83.52	828343

附表 3　　三峡主体工程完成工程量情况表

项　目	单位	年计划	本年完成	占年计划(%)	自开工累计完成
土石方开挖	万 m^3	11.15	13.05	117.06	13919.32
土石方填筑	万 m^3	13.59	26.48	194.83	5294.01
混凝土浇筑	万 m^3	261.81	292.67	111.79	2577.85
固结灌浆	万 m	1.30	3.07	236.70	47.54
帷幕灌浆	万 m	1.17	0.88	75.10	25.80
接缝灌浆	万 m^2	0.61	0.65	106.48	40.72
钢筋制安	万吨	5.20	4.42	85.12	49.76
混凝土防渗墙	万 m^2		0.30		28.04
机电安装	万吨	2.92	3.68	126.03	9.71
金结安装	万吨	0.86	1.85	215.00	17.71

(撰稿人:史香丽　乔仁贵)

中国电信集团公司

【概况】 2004 年,中国电信各级企业坚持以科学发展观为指导,按照国家推进信息化、建设电信强国的部署和要求,进一步抓住机遇,加快发展,深化改革,强化管理,企业综合实力稳步提高,为促进经济发展、社会进步和实现国有资本保值增值作出了新的贡献。

1. 各项指标全面完成,企业实力进一步增强。2004 年,中国电信集团实现通信主业业务收入 1572 亿元,比上年增长 8.7%,利润总额达到 320 亿元,比上年增长 40%,国资委业绩考核目标圆满完成。2004 年底中国电信合并资产总额为 5407 亿元,国有资产保值增值率达到 107.89%;净资产收益率达到 7.58%。各项主要业务稳步增长,截至 2004 年底,新增固定电话用户 2736 万户,达到 1.89 亿户;新增宽带用户 692 万户,达到 1427 万户。

2. 各项改革稳步实施,企业迸发出新的活力。一是成功收购湖北等 10 省(区、市)公司,中国电信通信主业整体上市目标基本实现。二是公开选拔、竞争上岗进一步深化,初步建立市场配置与组织配置相结合的领导人员选拔任用机制,员工职业发展通道进一步拓宽。三是流程重组在南方所有本地网全面启动,进展顺利;营销再造(MR)试点工作取得成功。四是建立了较完善的业绩考核制度，制定和实施对下级单位负责人的业绩考核办法和奖励兑现办法，各相关部门对被考核单位指标完成情况进行考核评分，并根据考核结果兑现奖惩措施。五是本着“归属清晰，权责明确，保护严格，流转顺畅”的原则，加强产权管理制度建设，相应修改和制定了一系列有关产权管理的办法；深入开展了集团各级法人单位的重组整合工作，原则上将法人链条控制在4级以内，使集团所属各级企业数量有较大幅度减少。

3. 各项管理不断强化，企业运作更加规范。财务管理进一步强化，基本建立责权利相统一的责任预算体系，提高了预算执行的均衡性；资金集中管理更加科学；进一步加强了对成本费用尤其是对人工成本、行政管理费用和修理费用的控制，强化了成本、业务发展和收入的动态关联。内控制度建设取得阶段性成果。网络发展、运行维护、企业信息化、审计等管理工作进一步加强。初步建立以单位综合造价为基础的投资预算管理模式和网络能力预警机制。集中采购范围不断扩大。健全大客户响应机制，大客户业务开通时限达到国内领先水平。本地网综合化集中维护改革加快推进。强化法律风险管控，依法治企水平进一步提高。

4. 服务水平不断提高，社会满意度保持领先。健全服务标准规范和监督机制，扩大渠道覆盖面，强化窗口管理，规范前后端作业接口与流程。广泛听取社会监督员、政府部门和新闻媒体的意见，着力解决服务热点问题。大客户服务水平明显提高，初步建立三级端到端的快速响应和支撑体系，对大客户故障申告实行一点受理、闭环管控，为跨国客户提供一站式服务。用户满意度比上年提高1.5个百分点，在信息产业部申诉中心立案的越级投诉下降20%，连续三年在各运营商中保持最低。积极开展打击色情淫秽网站专项行动，大力推进“绿色上网”，促进互联网产业健康发展。认真做好互联互通工作，努力维护市场秩序。积极开展“村通”工程，得到各级政府和社会各界的好评。

5. 辅业改制工作稳步推进。按照“总体设计、分步实施，先试点、后推广，先小后大，先易后难”的总体原则，确定了“理顺产权、调整结构，有进有退、合理流动，保持稳定、规范改制，放开搞活、走向市场”的辅业改制工作思路，成立了中国电信主辅分离辅业改制项目机构，选定新疆、宁夏、四川、贵州、江苏、湖北六省(区)的16家企业作为辅业改制的试点单位，制订了《中国电信集团公司辅业改制分流总体方案》，得到国资委、劳动和社会保障部、财政部的联合批复。各试点企业根据自身特点，制订了改制实施方案，完成了清产核资、财务审计、资产评估和法律调查等工作，为下一步辅业改制工作的深入推进打下了坚实的基础。

6. 各项工作扎实推进，企业凝聚力进一步增强。加强党建工作和领导班子建设，班子的凝聚力、战斗力进一步增强。加强党风廉政建设，坚持标本兼治、综合治理，惩防并举、注重预防，突出重点、整体推进，把握教育、制度、监督三个关键环节，重点开展了领导人员廉洁自律、信访核查和案件查处、效能监察、源头防腐等工作。启动人才建设五年计划工程，开展多层次、多形式的人员交流，加强员工培训，深入推进持证上岗工作。颁发企业文化纲要，开展了广泛的宣贯活动。加强思想道德教育，在江西老区建立了革命传统教育基地。坚持以人为本，全心全意依靠员工办企业。强化法律风险管控，依法治企水平进一步提高。狠抓安全生产，确保通信安全畅通和员工生命财产安全。

【重大事件】 中国电信宽带用户突破1000万户。2004年4月，中国电信宽带业务实现历史性突破，用户总数达到1000万户，约占全国宽带用户数近70%。

近年来，中国电信采取措施，大力发展宽带业务，既高度重视业务与内容的捆绑和组合，又积极解决宽带终端瓶颈问题，加强与厂商合作，降低用户门槛，同时，加大业务宣传推广力度，重视做好服务工作，使宽带业务得到迅猛发展，用户数量由2002年的250万户迅速提高到2003年的735万户，宽带业务发展成为重要的业务新增点，成为拉动收入增长的主要力量。截至2004年底，中国电信宽带用户已达1427万户。

中国电信成功配售新股融资17.25亿美元。2004年5月19日，在全球股市普遍下滑，融资环境发生不利变化的情况，中国电信果断抓住股市波动下滑瞬间反弹的机会，仅用6小时就成功完成H股全球配售。本次配售预计融资15亿美元，由于投资者认购踊跃，实际发行规模上调了15%，最终成功增发58.5亿新股，实现融资17.25亿美元。这次配股是今年以来亚洲最大的股本发行，也是中国企业在国际资本市场上融资最大的一次H股配售。为此，黄菊副总理作重要批示："祝贺配售成功。希望以此为新的起点，继续深化改革，转换经营机制，为发展我国电信业作出更大的贡献。"在全球股市普遍下滑的情况下，成功增发新股，充分体现了国际资本市场对中国电信未来发展的信心和对中国电信经营管理业绩的认可。

中国电信整体上市目标基本实现。2004年6月，中国电信股份公司从中国电信集团公司收购了湖北等10省电信资产，基本实现了通信主业整体上市的目标。

中国电信首次上市是2002年11月，首批上市的资产包括上海、江苏、浙江、广东四省(市)电信业务资产。随后，上市公司分别于2003年12月和2004年6月，成功收购其余16省电信资产，收购完成后，除西藏外，南方20省通信主业资产全部注入上市公司。至此，按照"整体上市、分步实施"的原则，中国电信集团公司成立之初确定的整体上市目标基本实现，成为在国际上具有较高知名度和较强影响力的企业，向着建设世界级现代电信企业集团目标迈出了坚实的一步。

中国电信广东省公司业务收入实现"一天一个亿"。2004年，广东电信全年完成业务收入366.1亿元，同比增长7.2%，增幅创公司化以来新高，实现了业务收入"一天一个亿"的历史性跨越。广东电信坚持"保存激增并举"的业务拓展策略，取得明显成效。一是大力发展小灵通和宽带业务，有效激发了增量。通过对小灵通网络进行突击优化，并开发推广短信、彩铃等小灵通增值业务，小灵通业务获得了快速发展。同时，广东电信发起了"宽带超两百万"行动，实现宽带用户突破200万户大关。二是推进营销模式的创新，较好地保持了存量。广东电信发挥多业务优势，实施产品组合策略，推行以面向客户的产品组合或套餐为主的业务管理模式，降低单一产品销售的风险与被动，推出了多种品牌套餐，有效延长了用户的单次通话时长，减缓用户流失。在卡类业务方面也进行了新的探索，保卫了流动市场的整体份额。此外，广东电信还建立了一套存量流失预警机制，指导分公司在资源有限的情况下，抓住重点开展客户营销。通过以上措施，保证了业务收入的有效增长。

中国网络通信集团公司

【概况】 2004年，是中国网通的决战之年，是中国网通发展历程中不平凡的一年。在党中央、国务院的关怀下，在国资委、信息产业部等部委的大力支持下，通过22万员工的艰苦努力，中国网通顺利完成了改制上市、扭亏增盈的既定任务，取得了显著的成绩，为中国网通的长远发展打下了良好的基础。

2004年中国网通集团完成主营业务收入879.2亿元，同比增长5.67%；实现利润48.2亿元。业务发展方面，城乡电话用户新增1628万户，总数超过1.1亿户，其中无线市话用户达到2267万户。宽带接入用户新增513万户，总数达到864万户。来电显示用户新增1961万户，总数达到6896万户，渗透率达到62.49%。

境外上市是中国网通2004年的重中之重，也是落实国务院《电信体制改革方案》的一项关键任务。按照国务院批准的上市方案及集团党组的统一安排，首批上市的北方6省(市)分公司、南方2省(市)分公司、国际分公司及亚洲网通于11月在境外上市，使中国网通成为1999年以来唯一以红筹股方式在境外上市的大型国有企业。

2004年11月16日、17日，中国网通分别在纽约证交所和香港联交所挂牌上市，共筹集资金13.1亿美元。在纽约证交所和香港联交所，中国网通首日交易股价分别上涨14%和9%，上市取得了理想的结果。

在改制上市过程中，中国网通积极探索建立现代企业制度。建立了董事会与管理层分设的、比较规范的企业治理结构。建立了"总分式"企业内部架构，为公司的规范化管理和长远发展创造了有利条件。明确了总部各部门内设机构、职责和编制，调整了对各直属单位的管理模式。按照上市公司的要求，集团所属企业顺利完成了机构和人员重组。

【企业管理】 2004年完成了原吉通公司债权债务清理工作，制订实施了《中国网通集团财务融合重组实施方案》，实现了集团公司和网通(控股)公司资本层面的融合。

建立企业长效激励机制，以保留和吸引优秀人才；建立了以全面预算管理、固定资产投资管理等内容的财务集中管理体制；加强通信工程建设管理，规范了通信工程建设行为；建立健全了企业信息化组织机构，制定了企业信息化规划；组建了计费结算、采购物流等工作机构；对电话号簿业务管理体制进行了调整；审计体制改革取得新进展，对北方各省级公司全面实行内部审计机构和审计人员派驻制管理，增强了审计工作的独立性和权威性；实业改革取得新进展，制订了《中国网通集团主辅分离辅业改制分流安置富余人员总体方案》。

为实现企业管理系统化、逻辑化和清晰化，2004年8月，集团公司启动了人力资源、财务、市场营销、计划建设和网络运行维护等五项制度的统一工作。截至2004年底，“五统一”第一阶段工作基本完成，实现了全员职位与薪酬、会计政策和会计科目体系等管理办法和制度的统一。

企业通信能力进一步增强。长途传输网已覆盖除乌鲁木齐、西宁、银川、拉萨外的所有省会城市以及东南沿海发达地区。IP骨干网新增了39个骨干节点，使企业具备了在全国开展IP业务的能力。国际通信通达范围进一步扩大。互联网国际出口带宽达到17.8G，与中国电信互联带宽达到22.5G。稳步整合IP网、传输网和语音网，为统一规划集团骨干网络和省内干线及本地网络创造了条件。

全网长途交换网络接通率达到98.50%，干线传输系统网络可用率达到99.97%，电路开通及时率达到96.29%。初步建立了业务响应体系，促进了客户差异化服务。企业技术创新不断加强，进行了3G网络技术试验，提出了NGN发展策略。IP v6、宽带无线接入、SCDMA等新技术的跟踪研究取得进展。IP承载网、无线市话短信互通等应用技术有效地发挥了作用。

2004年7月22日，中国网通正式成为北京2008年奥运会固定通信服务合作伙伴。利用成为奥运合作伙伴的契机，中国网通在全国范围开展了以“中国网，宽天下”为核心的形象宣传工作，提高了企业品牌影响力。

在全国范围内初步统一了客户服务流程，建立了“10060”服务系统。集团总部建立客户投诉中心，开通了“10064”总部客户投诉接入号码，以便及时了解和监控客户投诉处理情况。

宽带内容服务取得进展。组建中国网通游戏中心，成立中国网通宽带联盟、中国固网及无线市话终端联盟。

2004年，中国网通全体干部职工深入学习贯彻“三个代表”重要思想和党的十六届三中、四中全会精神，达到了统一思想、促进工作的效果。组织开展了“创先争优”活动，涌现出一批先进基层党组织、优秀共产党员和优秀党务工作者。认真落实中央纪委三次全会精神和国资委纪委的工作部署，开展党风廉政教育活动，加大了信访举报和案件查办工作力度，积极开展效能监察工作，促进了经营管理活动正常开展。大力开展学习王树明同志先进事迹的活动，进一步提高了员工队伍素质。开展了西柏坡“两个务必”传统教育、捐助中国网通南泥湾希望小学、广安中学信息科技教育基地和“西部计划大学生志愿者”等活动。

截至2004年底，集团共获得地市级以上文明单位826个。57个集体荣获全国“青年文明号”称号，37个集体和51名个人受到国资委和全国总工会的表彰。

中国联合通信有限公司

【概况】 中国联合通信有限公司(以下简称中国联通)经国务院批准于1994年7月19日成立。目前，中国联通由国家股和13家股东单位组成，是一家具有多元股权结构的有限责任公司。公司注册资本163亿元,其中国家资本金占79.7%,其余13家股东占20.3%。

历经十年发展,中国联通建成了大规模综合通信网,通信能力不断增强。公司建成了覆盖全国的GSM和CDMA移动通信网络,建成了国际领先的多业务统一网络平台,成功引入CDMA技术,独创"机卡分离"、"虚拟无线漫游"和"世界风"双模技术。目前,公司已拥有世界上最大的CDMA移动通信网、世界第三大移动电话用户群和世界第二大CDMA用户群。截至2004年底,公司总资产达到2262.4亿元,比初创时期1995年的21.1亿元增长了100多倍,比1998年公司重组前的172.4亿元增长了近12倍。2004年,中国联通在"中国企业500强"中位列第27位;连续两年入选《福布斯》世界企业500强,其中2004年在入选的全球69家电信服务提供商中居第28位。

【改革与发展】 2004年是中国联通发展进程中充满挑战和不平凡的一年。一年来,在党中央、国务院和国家有关部委的关心和大力支持下,中国联通积极应对各种困难和挑战,全面提高网络基础,想方设法开拓市场,千方百计提升效益,为完成年度生产经营任务付出了艰辛的努力。

适应市场变化和激烈的市场竞争,中国联通积极推进营销模式转型,充分发挥综合业务优势,积极开展精细化营销。推出了基于CDMA 1X网络的"警务新时空"、"海洋新时空"、"联通掌上股市"等多种行业应用;全面整合"联通无限"移动数据业务,将其提升为面向用户内容消费的新媒体门户品牌"uni",为用户提供丰富、精彩的信息增值服务;大力发展"掌中宽带"业务,使其成为一个面向广大笔记本电脑用户无线上网的高端产品品牌;成功推出了"世界风"双模手机业务,弥补了GSM和CDMA之间的技术鸿沟,使广大用户真正能够"一机在手、畅游全球"。

根据总体发展战略,中国联通加快了CDMA"目标网"的建设步伐,CDMA精品网络基本建成,网络覆盖和质量明显改善。挖掘GSM网络现有资源潜力,根据市场需求对GSM网络进行了补充完善。截至2004年底,公司CDMA无线容量累计超过7000万户,GSM交换机累计运营容量达到8500多万户,制约业务发展的网络覆盖问题基本得到解决。为适应业务发展和保障网络安全的需要,中国联通继续完善基础传输网络、数据固定通信网络,陆续建成开通了GSM和CDMA网管系统。中国联通创建的多业务统一网络平台(China Uninet)荣获国家科技进步一等奖,这是我国电信行业第一个获国家进步一等奖的项目。

为了实现有效发展,中国联通深入开展精细化营销管理工作,推进服务质量分析与管理,大力开展"满意在联通"活动。成功推出的"世界风"和"宝视通"业务,分别荣获2004年"中国营销盛典"之"企业营销创新奖"和2004年"商业创新大奖"之"产品创新奖",提升了公司的美誉度。围绕加强内控、提升效益,公司积极推进各项工作,公司的管理水平进一步得到提高。

【主要经济指标】 2004年,在全体员工的共同努力下,中国联通继续保持了发展势头。截至2004年底,公司全年实现主营业务收入726.2亿元,比上年同期增长8.8%,电信行业收入市场占有率为14%。移动电话用户净增2118.9万户,用户总数达到1.13亿户,移动电话用户市场占有率为32.7%。其中:GSM用户净增1193.4万户,GSM用户总数达到8506.9万户;CDMA用户净增925.5万户,CDMA用户总数达到2831.3万户。全年完成国内国际长途电话去话时长240.5亿分钟,同比增长21.2%;净增互联网用户119.2万户,累计达到1362.5万户。

表1　　2004年主要财务情况表

单位:亿元

项　目	2004年	2003年
主营业务收入	726.2	667
利润总额	27.5	47.3
总资产	2262.4	2130.4
净资产	886.3	844.2
资产负债率(%)	60.8	60.4

表 2　　2004 年业务发展情况表

单位:万户

项　　目	2004 年	2003 年
移动电话用户总数	11300	9219
其中:GSM 用户数	8506.9	7313
CDMA 用户数	2831.3	1906
长途去话时长(亿分钟)	240.5	194
互联网用户数	1362.5	1240

【重大项目进展】 资本运营取得新的进展。根据对资本市场整体情况的判断,中国联通不失时机地继续开展资本运作,经中国证监会和中国联合通信股份有限公司("联通 A 股公司")董事会及股东大会批准,顺利完成了迄今为止国内证券市场规模最大的一次配股行动,配售联通 A 股公司股票 15 亿股,筹集资金 45 亿元,为公司的进一步发展提供了资金支持。

境外拓展进展顺利。2004 年,公司向澳门特别行政区政府提交投标澳门 CDMA 牌照标书,并于 2005 年 3 月中标,获得了澳门 CDMA 运营牌照。这标志着公司的境外拓展战略取得重要进展,对公司拓展业务区域、积累海外运营经验,提升公司整体效益等方面具有重要意义。2004 年 10 月 15 日,中国联通股份有限公司(联通红筹公司)与联通国际共同出资 1000 万澳门元设立中国联通(澳门)有限公司。

【法人治理结构】 中国联通成立以来尤其是 1999 年重组以来,在党中央、国务院和国家有关部门的关心支持下,彻底清理"中中外"项目,对资产进行战略性重组,完成了在香港、纽约和上海的三地上市和"两次注资"。在改革和发展过程中,中国联通逐步建立健全了公司股东大会、董事会,建立了各司其职、各负其责的公司管理体制,成立了公司发展战略咨询委员会。在上市公司引入独立董事并积极发挥他们的作用,设立了以独立董事为主任的薪酬委员会、审计委员会,逐步建立起了规范的法人治理结构和现代企业制度。中国联通的一级法人体制逐步完善,公司已成为按照现代企业制度和国际规范治理的综合电信运营企业。

十年奋斗,奠定了中国联通进一步发展壮大的坚实基础。面向未来,中国联通正积极致力于创建国际一流电信运营企业,努力为建设电信强国,推动国民经济和社会信息化作出新的更大的贡献。

中国移动通信集团公司

【概况】 2004 年,中国移动通信集团公司贯彻科学发展观,大力实施"服务与业务领先"战略重点,坚持市场化改革取向,坚持精细化运营管理,坚持差异化营销服务,在企业改革、网络建设和业务发展等方面都取得了令人瞩目的业绩,很好地实现了年度发展目标,圆满完成了国资委下达的绩效考核任务。

整体效益稳步增长。中国移动通信各项运营指标均完成年初计划,运营收入、利润总额、EBITDA 稳步增长,完成主营业务收入净额 1983 亿元,比上年同期增长 15.5%。新增客户数量持续保持高水平,客户总数达到 2.2 亿户,客户和收入市场份额基本稳定,客户规模继续保持市场主导地位。政府部门增配了公司发展所需的频率、码号、IP 地址等资源,134 号段开通启用。公司效益处于行业领先位置,在中央企业中名列前茅。全年上交各种税金约 237 亿元,直接吸纳和带动创造了大量就业岗位,为社会作出了较大贡献。

【业务经营】 市场营销服务成绩突出。服务与业务领先优势不断巩固,企业价值得以提升。中国移动通信集团公司成为北京 2008 年奥运会移动通信服务合作伙伴。有效推进差异化经营策略,客户品牌体系基本形成。"全球通"推出的"我能"形象得到目标客户认可;"动感地带"影响力明显加大,客户规模迅速扩大,成为品牌营销的成功案例;"神州行"确立了新品牌形象,正在按统一要求加快整合地方品牌。服务水平又有提高,推出了一系列 VIP 客户服务新举措,跨区服务初见成效,开通免费境外客服热线,在 127 个国家和地区提供漫游问候短信服务。自有渠道建设按计划进行,完成了 1860/1861 集中化改造和综合服务网站建设。一级业务运营支撑中心投入运行,省级经营分析系统全面启用,加强了BOSS系统和经营分析系统的互动,计费结算质量进一步提高。

新业务发展成效显著。以客户需求为导向的新业务发展体系初步建立,新业务收入比重稳步提高,成为公司收入增长的主要动力。短信业务稳步增长,WAP、彩铃、手机钱包、IVR等业务成为增长新亮点,注册客户和使用客户快速倍增。积极配合国家打击淫秽色情网站专项行动,得到政府相关部门肯定。移动梦网合作管理得到加强,管理措施进一步完善,移动梦网业务投诉率大幅度降低。针对集团客户的行业市场开发初显规模效应,海关、金融、公安、电力、石化等十大行业应用示范基地建设取得成果。业务研发能力迅速增强,新产品市场研究工作机制初步建立,加强了产品开发和储备,定制终端合作迈出步伐。

网络质量优势得以保持。兼顾业务需求和投资效益,加大了网络发展和管理力度,网络通信能力、覆盖水平和通信质量继续保持领先。GSM国际漫游通达184个国家和地区,GPRS国际漫游通达73个国家和地区。提前完成省际传送网"十五"规划目标,城域传送网建设取得突破。建成了全球规模最大的以IP为承载的长途软交换网。精耕细作,挖掘潜力,交换机实装率和无线利用率又有提高。以提高客户感知为目标,持续开展了网络优化工作,在高话务量、高利用率的情况下,网络接通率、掉话率等仍维持高质量。积极推进维护体制改革,国际、干线、数据网两级维护管理模式初见成效。全面启动各专业网管及电子运行维护系统升级改造工作,立体化网络维护支撑系统初步构建。加强了网络与信息安全管理,积极做好应急通信保障。编制完成了《中国移动技术发展路标(2004版)》。在3GPP、OMA、ITU等国际标准化组织中的影响力提高,提交标准文稿249篇并通过115篇。增强了互联互通意识,积极推进网间互联和业务开放,强化网间业务及质量分析,确保了网间互联质量。

【主要管理经验】 完成了内蒙古等十省、区移动通信公司、中京邮电通信设计院以及总部部分资产的重组上市工作,最终实现了国务院关于中国移动通信集团公司"整体上市、分步实施"的战略目标。精细化管理不断深化,管理创新取得新成果。公司战略管理体系基本建立,成立了中国移动战略决策咨询委员会,战略分析预警能力增强,战略管理推广力度进一步加大。组织了首届管理创新成果奖评选活动,在通信行业和国家相关管理创新评比中,获奖数量名列行业第一。全国MIS系统全面启用,总部知识管理系统投入使用,企业信息化应用进一步拓宽。建立投资及网络能力预警机制,分析型投资管理模式进一步完善。积极推动集中采购,投资成本明显下降。全面预算管理项目得到逐步推进,业绩考评的导向作用更加显著。资金、资产管理工作取得明显成效,资金调度体系运作顺畅。法律事务工作水平提高,基于风险控制的内部审计和会计检查工作得到重视和加强。继续完善和推进人力资源提升项目,职位、薪酬、绩效管理工作得到分层次深化实施。明确了人工成本管理思路,规范了劳动用工行为,推进用人和薪酬的市场化。人事制度改革进一步深化,岗位公开竞聘的范围进一步扩大,层次进一步提高。存续企业管理基本走上正轨,制定下发了存续事务管理办法,组织开展了清产核资检查,加大了业绩考核力度,存续企业的稳定与发展为主业发展创造了良好环境。

通过全集团上下卓有成效的工作,中国移动通信集团公司经受住了激烈的市场竞争,管理水平和整体素质再次得到广泛认可,连续第四年进入《财富》世界500强。所属上市公司中国移动(香港)有限公司获得多项荣誉:其中包括被国际知名《金融时报》选入其"全球500大企业";首次进入《商业周刊》"全球1000最佳价值公司"榜,成为榜上排名最高的中国公司;第三次被著名商业杂志《福布斯》选入其"全球400家A级最佳大公司"榜,是中国公司中唯一连续三年入榜的公司。

中国电子信息产业集团公司

【概况】 2004年中国电子信息产业集团公司(以下简称中国电子)围绕全面提升企业核心竞争力,坚持改革,加强管理,求真务实,开拓创新,经营状况明显改善;资产、债务、企业等重组成效显著;资产负债结构更趋合理，资产质量进一步提高，国有资产保值增值率为101.04%；主要生产经营指标和产品产量与2003年相比有明显的上升；企业改革与发展的各项工作取得了可喜成绩。

【主要经济指标】 主要资产负债情况：

2004年主要资产负债表

单位：亿元

项　目	2004年	2003年	增减额	增减(%)
资产总额	406.31	356.64	49.67	13.9
负债总额	272.90	240.04	32.86	13.7
所有者权益	51.34	45.84	5.5	12
少数股东权益	82.07	70.76	11.31	16.0

实现收益情况：2004年，实现主营业务收入340.83亿元，比上年增加33.33亿元，增长10.8%；实现利润总额5.29亿元，和上年相比增加1.01亿元，增长23.6%；实现净利润5904万元，与去年同口径实现净利润亏损1.04亿元相比，增盈1.63亿元。如下表所示。

2004年实现收益情况表

单位：亿元

项　目	2004年	2003年	增减额	增减(%)
主营业务收入	340.83	307.50	33.33	10.8
主营业务成本	297.37	265.46	31.91	12
主营业务利润	42.97	41.89	1.08	2.6
其他业务利润	2.13	2.32	-0.19	-8.2
营业费用	14.60	15.84	-1.24	-7.8
管理费用	24.59	23.96	0.63	2.6
财务费用	3.47	2.86	0.61	21.3
投资收益	0.407	2.11	-1.703	-80.7
利润总额	5.29	4.28	1.01	23.6
所得税	2.00	2.95	-0.95	32.2
少数股东损益	3.48	2.79	0.69	24.7
净利润	0.59	-1.04	1.63	-

资产保值增值情况：2004年年末中国电子合并国有资本及权益总额为513429.93万元，与年初国有资本及权益总额458389.19万元相比净增加55040.74万元，剔除客观因素后，2004年国有资产保值增值率为101.04%。

职工人数情况：

2004年职工情况表

项目	人数(人)	占职工人数比重(%)
职工	38019	
在岗职工	33734	88.7
女性	16660	43.8
工人岗位 (技术工人)	16832 (9738)	44.3 (占工人岗位57.9)
研究生及以上	1415	3.7
大学本科	8257	21.7
大学专科	4576	12.0
教授级	60	0.2
副教授级	1156	3.0
中级	4215	11.1

【重大项目进展】 2004年，中国电子在资产重组和产业发展方面顺利完成了一系列重大改革举措。一是根据企业发展重点，制定了企业近、中期发展战略规划，确定了3～5年近期发展规划思路和10～15年远景发展目标。二是与国家广播电影电视总局合资组建了“中国有线电视网络有限公司”。通过对广电项目投资，带动制造业发展，拓展机顶盒、智能光交换技术和设备、网管软件开发及应用、施工工程等领域的市场，以提升中国电子主导产业及核心技术的产业化水平和市场竞争能力。三是“中国电子”在香港成功上市，实现了国有资产大幅增值和国有企业与国际市场接轨。四是将上市公司“三星石化”顺利更名为“中电广通”，使其成为中国电子在国内的融资平台和广电项目的运作主体。五是顺利完成了对南京长江电子机器制造集团和南京电子管厂的资产重组和企业改制。

【法人治理结构】 组织结构：中国电子现有全资企业16家、控股企业21家、参股企业4家、上市公司

7家,总部设10个部门。

企业负责人激励机制:为适应企业改革和发展的需要,促进国有资产保值增值,建立有效的企业负责人激励与约束机制,2004年,中国电子根据国资委有关文件精神,结合企业实际,制定了《中国电子企业负责人薪酬管理暂行办法》、《中国电子企业负责人薪酬管理暂行办法实施细则》和《中国电子企业经营业绩考核及企业负责人奖惩暂行办法》。

办法规定,企业负责人薪酬由基薪、绩效薪金和中长期激励三部分构成。其中,基薪主要根据企业所承担的战略责任、经营管理难度、上年度经营规模及相关方面的职工平均工资等因素确定;绩效薪金根据企业负责人当年经营业绩考核确定;中长期激励办法将根据企业实际情况另行制定。

【产权制度改革】 根据国资委3号令和《关于规范国有企业改制工作的意见》,制定了《推进和规范国有企业改制工作的指导意见》和《关于在中国电子系统采用招投标的方式选择中介机构的通知》等产权制度改革的相关办法;为使其所属企业按照现代企业制度规范运作,修改完善了《中国电子董事工作管理办法》和《加强控大股企业董事会建设指导意见》等办法,明确了公司制企业股东会、董事会、经理层的权责利;并对其12户二级参股企业进行了清理、20户三级及三级以下企业的改制方案进行了审核及资产评估立项。

【主辅分离辅业改制】 2004年4月中国电子第一批主辅分离改制分流方案获国资委批准。根据该方案,剥离辅业资产近3000万元,分流安置704人,支付经济补偿金4435万元,拟组建14个非国有控股的辅业公司。

【主要管理经验】 中国电子在企业重组、改制和管理方面成效显著。一是所属中国计算机软件与技术服务总公司,通过上市公司"中软股份"对其整体收购,成功实现了整体改制,从而在全资企业体制和机制创新进行了大胆尝试。二是中国电子顺利重组了南京两个地方国有企业,实现了中央企业和地方国有企业资产的优化组合。三是积极推进系统内财务信息化平台和资金集中结算平台建设。旨在加强财务信息流量监控、数据分析和风险防范能力,节约营运成本,提高资金使用效率,实现资金效益最大化。

中国第一汽车集团公司

【概况】 2004年,一汽拥有27家全资子公司,20家控股子公司,固定资产总额1023.6亿元,员工13.24万人。

2004年是一汽战略实施的关键年,是百万辆管理的挑战年,是体系能力、重点工程与企业文化建设的推进年,是产品开发一代、准备一代、生产一代的过渡年。全体员工面对市场的巨大变化和严峻考验,努力践行企业方针,为实现销售突破百万辆的目标顽强拼搏,经营、管理和发展取得了历史性、创造性和开拓性的成绩。全年销售汽车100.72万辆,实现销售收入1173.8亿元,实现利税136亿元,实现利润46.1亿元。

2004年5月15日,中共中央总书记、国家主席胡锦涛在吉林省委书记、省人大主任王云坤、省长洪虎等领导的陪同下视察一汽。

在第一轿厂门前,一汽集团公司总经理竺延风向总书记一一介绍摆放在那里的十几款一汽样车。总书记对民族品牌红旗轿车非常关心,询问了有关红旗轿车的情况。进入一轿厂总装车间后,竺延风总经理向总书记汇报了一汽的发展情况,随后陪同总书记一行参观了红旗轿车装配线。竺延风总经理向总书记介绍了一轿厂厂房、红旗车生产线的有关情况,总书记微笑着向生产线上的工人致意,并不时地停下来与工人亲切地交谈,询问他们的工作和生活情况。

在一汽一大众公司,竺延风总经理向总书记汇报了一汽的体系能力,党建工作、企业文化建设等方面的工作。听完汇报,总书记在竺延风总经理的陪同下参观了奥迪、捷达轿车装配线。随后,胡锦涛总书记又在参观车上通过电视画面先后听取了铸造一厂、技术中心、解放公司总装配厂、丰越公司的汇报,现场气氛非常热烈。最后,胡锦涛总书记对员工们说:"我很高兴再次来到一汽,衷心地祝贺一汽广大职工在改革发展中取得的新成就,希望同志们再接再厉,与时俱进，开拓创新，为中国汽车工业再创辉煌。”

【销售指标】 全年销售各类汽车 100.72 万辆，同比增长 11.92%。轿车在总体市场增速放缓的情况下全力拼抢，实现销售 64 万辆，同比增长 10.58%，第一次占据了全国首席的位置。中重型卡车、改装车抓住市场释放的机遇乘势而上，经过艰苦努力，销售达到 18.7 万辆，同比增长 23.23%，进一步巩固了全国的领先地位。轻型卡车开始重新夺回竞争优势，实现销售 7.3 万辆，同比增长 23.53%。客车体系在市场开拓上取得进步，销售整车与底盘突破 1 万辆。微型车单一产品实现销售 9 万辆，虽然同比下降 4.25%，但突破了原定计划。一年赢得了四项全国第一：销售总量全国第一；轿车销量全国第一；载货车销量全国第一；整车出口全国第一。特别是百万辆的坚决提出和成功突破，实现了一汽几代建设者的追求和梦想，提升了一汽市场地位、产品认可度和品牌价值，为一汽的快速产出和效益提升创造了规模平台，为应对更加严酷的挑战、打硬仗苦仗锻炼了队伍，为供应商、经销商及国际合作伙伴进一步扩大与一汽的合作奠定了信心基础。

【海外市场开拓】 2004 年，一汽经营国际化步伐不断加快，市场运作能力稳步提高，经营指标大幅度提升。自主品牌整车出口 10200 辆，整车出口额 5301 万美元，零部件出口额 6859 万美元，分别增长 86.65%和 60.93%，全年出口贸易额 1.21 亿美元，同比增长 107.5%，超过历史最好水平。出口产品涵盖了微型车、轻型车、客车及客车底盘、中重型卡车和轿车等五大系列。微型车、客车及客车底盘成为出口的主力产品，重型卡车出口可喜增长，自主品牌轿车首次实现对国外民间市场的批量出口。整车出口突破万辆，标志着一汽进出口事业开始由单纯贸易型向品牌营销型转变，面向国际市场的体系能力迈出了一大步。

【新产品投放】 2004 年，第一汽车推出了解放“奥威”重型卡车、红旗明仕 2004 版、红旗世纪星“卓越者”、马自达 6 轿车 2.0L 豪华型、捷达 2004 年新型轿车、宝来 TDI 柴油轿车、奥迪 A6 轿车 2.5DI 柴油型，开迪 CADDY 多功能轿车、威乐 VELA、夏利 N3、花冠轿车、解放 COACHA 客车新产品，深受用户欢迎。其中解放“奥威”重型卡车的推出不仅丰富了解放的产品线，也确定了解放卡车崭新的市场形象；花冠轿车的下线给国产轿车市场带来新的亮点；马自达 6 轿车 2.0L 豪华型投放市场引人关注，红旗世纪星“卓越者”在外观、内饰、安全性、舒适配置等方面有了全面提升；宝来 TDI 柴油轿车在动力性、经济性和注重环保等方面达到国产轿车的新高度；奥迪 A6 轿车 2.5DI 柴油型被称为“绿色环保先锋；威乐 VELA 性能、质量为国内同类车上乘。

【经营管理】 为了在市场竞争中生存和发展，经过认真地探索和实践，初步形成了具有一汽特色的经营管理运行控制体系。一汽运控系统在组织运控、绩效考评、预案合成、企业组织、信息系统、质量管理等 9 项重点工作中积累了经验，形成了对子公司、分公司运行控制模板和评价标准，职能的体系作用不断发挥出来。同时扎实了“0”和“1”的基础工作，加强了班组建设，推行了 TPS(丰田生产方式的英文缩写)管理。全集团在一个统一的战略规划和年度目标下平稳运行、持续发展，母子公司管理关系进一步理顺，集团意识、协作精神得以体现和发扬，更加健康的经营局面开始展示出来。

1. 四大基地建设为未来“新一汽”奠定了雄厚的基础。仅一年时间，解放卡车新厂、一汽轿股新厂、一汽一大众二厂、天津一汽丰田二厂等四大基地的现代化厂房顺利竣工，原有设备的搬迁就绪，新设备的安装陆续到位，调试工作进展顺利，其中轿股新厂、一汽一大众二厂已经投产。标志着“新一汽”框架的主要基地的成功建设，实现了工厂建设与管理能力的质的飞跃，创造了一汽以及行业上的建设奇迹。四大基地的建设是一汽抓住了一次稍纵即逝的战略机遇，促进了企业结构的调整、合作领域的扩大和产品线的拓展，使企业获得了参与未来竞争的巨大舞台。

2004 年 7 月 15 日，一汽轿车股份有限公司在长春新技术产业开发区新基地举行建成投产仪式。一汽集团“十五”规划的重点项目——投资 18 亿元、占地面积 88 万平方米、年生产能力达 10 万辆以上的现代化一汽轿车新基地正式建成投产。一汽集团公司总经理竺延风、党委书记赵方宽等领导参加了投产仪式。一汽轿车股份有限公司新基地自 2003 年 7 月 15

日奠基开工至今，实现了“边生产、边建设”的计划要求。目前，正在运转的新生产线经过试运行，日产量已经达到120辆。在一年的时间内完成新基地建设并形成了生产规模，这在国内是绝无仅有的，同时也标志着一汽轿车规模化生产和自主品牌经营开始驶入快车道。

2004年12月7日，一汽集团公司在长春举行一汽一大众轿车二厂建成投产剪彩仪式。德国总理施罗德，中国副总理曾培炎，德国内政部部长席力，德国联邦议院副议长弗尔墨，德国驻华大使丹泽，国务院副秘书长汪洋，国家发展改革委员会副主任张国宝，中共吉林省委书记王云坤，吉林省代省长王珉，长春市市长祝业精，德国大众汽车公司总裁毕瑞德博士，副总裁魏智博教授，第一汽车集团公司总经理竺延风与党委书记赵方宽等出席了剪彩仪式。

新建成的一汽一大众公司轿车二厂占地66万平方米，总建筑面积35万平方米，主要厂房为冲压、焊装、油漆、总装四大车间。工厂的规划建设，秉承了一汽一大众公司先进的经营管理理念、严格的生产控制标准和质量控制体系，建筑理念与先进的国际汽车造型理念相结合，性格与风格和汽车工厂兼容并蓄。与传统的工厂设计不同的是，轿车二厂设计突出了以人为中心，把人作为生产力的第一要素，不仅提供一流的生产环境，而且按人性化的生产方式进行生产。

建成投产后的一汽一大众公司轿车二厂前期以生产PQ35平台为主的产品车型，预计年产轿车能力达33万辆，使得一汽一大众公司的产能实现翻番，达到66万辆的规模，跃居全国第一。未来一汽一大众公司将生产大众品牌、奥迪品牌的系列产品。她的建成是世界汽车工业制造水平的体现，是中国汽车工业新亮点，也预示着一汽一大众成功的未来。一汽一大众公司轿车二厂将以科技、活力、现代的气息展现给世人。剪彩仪式上，第一汽车集团公司总经理竺延风、德国大众汽车公司总裁毕瑞德博士、吉林省代省长王珉、德国总理施罗德先后致辞。

2. 新一轮战略规划坚定了实现“三化”的信心。目前，全体员工正在为建设“三化”(规模百万化，管理数字化，经营国际化)新一汽而努力工作。由于有了近几年连续不断艰苦工作打下的良好基础，经过周密酝酿和认真研讨，制定出了新一轮中长期规划，明确了“规模百万化”的标志是自主品牌产品销量达到100万辆。提出了“决战2009，自主100万辆”的奋斗目标，通过对各体系的定位和战略任务的分解，进一步统一了“干三化、干自主”的意志，坚定了企业未来发展的信心和决心。

3. 进一步强化党建思想政治工作。一汽集团公司党委以“我为‘三化’做了什么”为主题进行教育和推进TPS工作为主线，紧密结合经济工作抓落实。全年举行了61场“三化”战略宣讲会，直接听众6500余人。报纸、电视、网络宣传“三化”战略，描绘新一汽的美好蓝图，分析了有利条件和面临的挑战，提出了人人为实现“三化”干好本职工作的明确要求。坚持党建工作与经济工作有机融合，成立了推进TPS领导小组和工作机构，提出要把推行TPS作为一项长期的战略目标和职能业务工作来抓，在集团公司、子公司、分公司自上而下形成体系，从理念到行动循序渐进，推行到位。进一步实现了党委工作与经济工作的有机结合，为全年目标和任务的完成实施了有效的思想资源配置，员工的思想资源已经转化为生产力。

（撰稿人：张宝成）

东风汽车公司

【概况】 2004年全集团生产汽车53万辆，销售52.3万辆，同比分别增长7.28%和6.78%；实现销售收入932亿元，超出目标82亿元，同比增长17.69%；在消化巨额材料涨价成本和汇率减利因素后约实现利润(快报)42.2亿元。

从分车型产销情况看，载货车产销分别完成24.5万辆和24.4万辆，同比分别增长12.26%和11.7%。其中：重型车产11.4万辆、销11.1万辆，同比分别增长35.38%和33.7%，总量位居第二；中型车产6.7万辆、销6.6万辆，同比分别增长8.78%和5.51%；轻型车产6.3万辆、销6.6万辆，同比分别下降11.98%和10.18%，总量退居行业第三。客车产销分别完成6.9

万辆和6.7万辆，同比分别增长22.9%和19.37%。轿车产销完成21.5万辆，同比分别下降1.69%和1.01%。

综合集团当期经营业绩，国资委考核的四项指标（利润、净资产收益率、成本费用占营业收入比重、流动资产周转率）基本完成。收入和利润等效益目标完成较好，销售额继续稳居行业第三。总体看，经营工作中强调和贯彻了优先做强、追求质量与效益，较好实现了质量与数量、速度与效益的统一，经营继续保持稳定增长。

【生产经营】

——东风有限花都工厂15万辆轿车生产能力全面建成；襄樊工厂10万辆中高档轿车改造项目已经完成，投放不久的“天籁”获得良好市场反映，后续产品作出相应安排；商用车D310驾驶室及T1、T2平台整车项目取得阶段性重要成果；Dci11发动机适应性开发按计划进行；乘用车研发中心和30万台的轿车发动机新工厂开工建设。

——神龙二期工程全面开工，主体厂房基本完成，主要设备完成定货招标。标致品牌的导入取得初步成功，标致307在竞争激烈的局面下投放获得市场接受。

——东风本田汽车一期3万辆能力建成投产，12万辆扩能工程完成前期准备，于2004年5月先期投放的CR－V成为市场同类产品之秀，并获得良好的效益回报。

2004年全公司完成投资60亿元，新增整车能力24万辆，综合产能达到81万辆/年。新产品投放节奏相应加快，以EQ1230、EQ1290、EQ1242等为代表的新型商用车赢得用户青睐；乘用车按照商品计划有序导入，产品系列由2003年的9个拓展到13个。

【发展战略】

——根据“金三角”计划，继完成与日产的合资重组后，实施了对郑州日产的收购，相应取得51%的股权。同时，与雷诺乘用车和商用车的合作也取得重要进展，其中商用车以柳汽为主体的合资合作基本谋定。

——零部件加速推进国际合作，热系统、车桥、座椅、仪表、粉冶等一批合资合作项目取得实质进展，有力地带动了业务重组，推动了产品发展向乘用车领域延伸。

——作为公司整体“做强做大”的重大举措，主辅分离和辅业改制工作取得实质进展，并走在中央企业前列。《辅业改制总体方案及实施细则》获得国家批复，9家首批改制单位的方案已经确定并进入实施阶段。十堰、襄樊两个管理部辅业改制的思路基本明确。完成了普教、公安等社会职能、资产和人员的平稳划转。

——在加速推动电动车、特种商用车、军用车研发的同时，轿车的自主研发着手展开。提升自主研发能力和发展自主品牌的第二战略途径加速部署和规划。

——着眼建立现代企业制度，进一步拓宽市场融资渠道的公司海外上市工作，基本完成内部准备。

【主要管理经验】

——以国际合作和战略重组为契机，架构的混合控股型集团公司管理体制进一步完善，相应的管理流程基本理顺和明确。财务管理、投资规划管理、人力资源管理、科技管理等有所创新，新的运营管理模式正在加速探索之中。

——调整了公司研发体系，对多元合作下强化研发管理和资源共享进行了初步探索，为增强自主研发能力奠定了基础架构。

——通过全面国际合作，不仅导入更多的先进产品技术和发展资金；更重要的是，同时引进国际管理人才、先进管理理念和管理手段，已经见效的是QCD改善、KPI考核、量化管理，财务统一管理等的推行，有力地促进了各项管理改革创新，企业的基础管理明显强化。

【重大事件】

东风达到世界500强标准。9月5日，在“2004中国企业500强发布会暨高层论坛”上，由中国企业联合会、中国企业家协会发布的《中国企业发展报告》(2004)显示：东风公司在中国企业500强中排名为第18位，首次达到世界企业500强的标准。

东风商用车2004年产销量首次突破20万辆，重卡产销量突破10万辆，位列世界中重型汽车厂前三位。同时，“东风”牌载重卡车被用户推选为中国载重卡车市场产品质量用户满意品质、信誉第一品牌。

东风辅业改制取得实质性进展，学校、公安、黄龙疗养院移交地方。11月10日，公司襄樊基地中小学、公安机构正式移交襄樊市政府；11月11日，公司十堰基地中小学、公安机构正式移交十堰市政府；12月22日，黄龙疗养院成建制正式移交给十堰市政府；同时，其他辅业单位开始拟定详细的改制方案。

东风新品次第上市，产品研发工作取得重大进展。3月11日，"东风汽车"推出我国第一款自主研发的中置客车，获首届全国客车大赛银奖；5月12日，东风本田CR-V上市，并被《汽车族》杂志"中国2004年度车型"评选为SUV组年度车型；8月20日，东风标致307闪亮登场；9月28日，"东风有限"推出国内顶级排量的高端轿车"天籁"；3月25日，"东风有限"乘用车研发中心落户花都；东风康明斯第70万台发动机下线，12月2日，东风公司与美国康明斯公司在武汉共建柴油发动机研究中心；12月21日，总投资30亿元的"东风有限"乘用车公司发动机工厂在广州花都动工兴建，东风旗下乘用车全面国产化迈出关键步伐。

中国第一重型机械集团公司

【概况】 中国第一重型机械集团公司(简称中国一重)，其前身为第一重型机器厂，始建于1954年，是中央管理的涉及国家安全和国民经济命脉的国有重要骨干企业之一。

经过50年的不断建设，中国一重形成了完整的产品和工艺研发、设计的强大综合技术创新体系，具备炼钢、铸造、锻造、焊接、热处理、机械加工、装配、检测计量和包装发运等配套齐全的先进生产装备和能力，可一次提供钢水700吨、最大铸件500吨、最大钢锭300吨，拥有重型装备出海组装发运基地和码头。其产品包括冶金机械设备、矿山机械设备、锻压机械设备、大型铸锻件、工矿配件、石化和煤液化重型容器、核电设备以及其他重大技术装备。

中国一重已取得了ASME、压力容器、民用核承压设备及英国LR、美国ABS、挪威DNV、中国CCS船级社等多项制造许可证，拥有完整的质量保障体系和检测手段。先后与西马克、三菱重工、日立造船、通用电器、P&H矿山设备、法马通、克鲁索、奥钢联、台尔尼、斗山重工等国际知名公司建立了广泛的合作关系。

2004年，中国一重完成了《集团公司发展战略》的编制工作；发起和组建了重型技术装备国家工程研究中心——天津重型装备工程研究有限公司；注册成立了一重集团大连国际科技贸易有限公司；对有限公司组织结构和一些部门的职能进行了调整；推进了定编定员和收入分配再调整工作。生产方面，在由于外部原因的影响、冲减近4亿元当期产值的情况下，积极采取措施，共实现商品产值22亿元。制造完成了以宝钢"十五"规划项目和鞍钢精品工程等为代表的成套设备，以及新疆独山子、苏丹加氢等压力容器产品。与奥钢联合作生产出口欧洲的连铸设备，制造周期短、产品质量高，为集团公司实施借船出海战略奠定了坚实的基础。经营方面，承揽到了出口越南的3300mm中板轧机、梅钢的1422mm热连轧机、鞍钢的1500mm冷连轧机、奥钢联的连铸机扇形段等冶金轧制设备，以及中石油大连分公司重达1420吨的千吨级加氢反应器等石化容器设备，并在北京人民大会堂与中国核工业集团签订了巴基斯坦恰希玛核电二期工程制造项目。同鞍钢、中石化等重点用户建立了战略合作伙伴关系。国际贸易取得了较大突破，累计签订直接出口合同1976万美元、进口合同960万美元，并同奥钢联、西马克等公司建立了长期、稳定的合作关系。

【主要经济指标】 2004年，中国一重实现商品产值22亿元，完成机器产品产量8万吨，实现销售收入16.9亿元，实现利润1350万元。商品产值首次登上了20亿的平台，利润完成了考核指标的156.3%，同比增加了6066万元。全年共签订经营订货合同34亿元，实现销售回款23.4亿元。2004年末，集团公司总资产为541278万元，同比增加108245万元，增长了25%；负债总额为453212万元，同比增加98106万元，增长了27.6%；所有者权益为52125万元，同比增加

4660万元，增长了9.8%。2004年度实现经营积累912万元，国有资产保值增值率为101.92%，实现了国有资产的保值增值。2004年末，集团公司在册职工人数为14881人。

【重大项目进展】 2004年，集团公司完成了电网二期改造、6×18米五轴联动数控龙门铣安装、加氢公司冶金设备厂房建设及煤液化现场组焊基地建设等100多项工程的技术改造工作。全年技术改造投入2.3亿元。振兴东北老工业基地第一批项目——《发展国家重大技术装备战略规划及中期总体技术改造项目》，通过了由国家发改委组织的“项目可行性研究报告”专家评审会及中国国际工程咨询公司的项目评估；通过了由国家环保总局组织的“项目环境评价”；项目承贷工作稳步推进，中国农业银行、中国民生银行分别出具了项目贷款承诺函，其额度45000万元；国家发改委批复《项目可行性研究报告》，并落实国家补助金15000万元；委托编制了项目《初步设计》。科研新产品开发方面，共下达项目计划67项，申报各类科技攻关项目40余项，获得科技拨款1500多万元，其中特厚大锻件和主螺栓研制项目，在激烈竞争中一举中标，为专项工程及在未来核电市场占据竞争优势奠定了基础。

【法人治理结构】 中国一重是按《企业法》注册的国有独资企业，实行总经理负责制。下设中国第一重型机械(集团)有限责任公司等6个控股子公司、1个分公司、4个子企业和3个参股公司。中国第一重型机械(集团)有限责任公司下设一重大连加氢反应器制造有限公司等子公司和子企业。

2004年，集团公司根据发展规划和年度生产经营目标，开展了对所属单位负责人的年度业绩考核工作，制定了能够体现各单位特点的考核指标，形成了一个百分制的考核评分体系。第十四届三次职工代表大会后，集团公司与纳入考核范围的所属单位正式签订了2004年度生产经营目标责任书。为使业绩考核能够发挥作用，集团公司制定了《中国一重集团公司中层领导人员年责任收入实施办法(暂行)》，明确规定了所属中层单位党政正职、行政副职的年责任收入与业绩考核结果挂钩，各单位按照班子成员分管工作的不同，将业绩考核指标分解到每个人，使经营责任得到了落实。

2004年，集团公司分配制度改革初步走出了传统的等级制工资分配模式，推行了以“工效挂钩”为主线，多种分配形式并存的分配制度，强化了激励机制，体现了“岗位竞争上岗、收入凭贡献多少”的竞争意识，发挥了工资促进生产的经济杠杆作用。

【产权制度改革】 2004年，集团公司加大了辅业资产的处理力度，如：将自办电视网络以150万元转让给富拉尔基区政府；将居民区和部分公用设施供热管网以评估值1550万元，转让给黑龙江亚电鑫宝有限责任公司等等。为提升主业竞争力，集团公司对子企业重型锻造厂和重型铸造厂的资产进行了重组，将重型锻造厂持有的第一重工股份有限公司和齐齐哈尔海威有限公司的股权，转让给其控股子公司一重大连国际科技贸易有限公司。根据债转股协议规定，集团公司将对外投资的股权转让给其控股子公司中国第一重型机械集团有限责任公司。

【主辅分离辅业改制】 2004年，集团公司根据国务院《关于国有大中型企业主辅分离辅业改制分流安置富余人员的实施办法》和集团公司的发展需要，确定了14户改制分流单位，制定并上报了《中国第一重型机械集团公司主辅分离辅业改制分流总体方案及第一批分流方案》，得到国资委、财政部和劳动社会保障部联合批复。截至2004年底，列入总体改制方案的工程公司、幼儿园、房产管理、供热管网、中晟工业服务有限公司、机械装备厂小件车间等6家辅业单位完成了改制工作。此外，集团公司于2004年4月与地方政府就自办电视网有偿移交和人员安置问题签订了有关协议，并于5月份完成了整体移交。

【主要管理经验】 生产管理方面，在原有年度和季度计划基础上，强化了对当月商品的预出产控制；根据集团公司现有的产出能力和制造周期，制定了产品生产的期量标准，为编制生产计划提供了更加充分的依据；注重合同、设计、采购、热加工毛坯、冷加工、装配、发运之间的衔接和协调，保证了每部分能力都可均衡发挥作用；完善了生产例会制度，快速处理生产中出现的技术和质量问题；强化了生产过程中的成本意识，对边角余料的再利用及回收工作迈出了实质性步伐；加大了外协扩散力度，尤其是进行了整台设备扩散，推动了集团公司产出水平的提高。经营销售方面，加强了订货管理，实现了集团公司经营订货工作的协调统一；加大了走访用户和货款回收的力度；对市场变化情况及时作出反应，最大限度地降低各种风险带来的损失；通过实行末位淘汰制、加强培训和考核，进一步提高了经营人员的整体素质。

中国第二重型机械集团公司

【概况】 中国第二重型机械集团公司，始建于1958年，1971年投产，1999年被列为39户关系国民经济命脉和国家安全的重要骨干企业，是我国最大的重型机械制造企业和重大技术装备国产化基地之一。其主营活动包括：矿山、冶金、化工、锻压、核岛等专用、成套设备制造与技术研究，大型金属铸、锻加工。截至2004年底，拥有资产总额47亿元，各类设备8600余台，员工13253人。

2004年，中国第二重型机械集团公司围绕“技术改造求发展、结构调整添实力、经济运行重质量、高产低耗增效益、8760”的公司方针目标实施内部管理，在重大装备研制、技术改造与结构调整等方面取得突破性进展，经营生产跃上新台阶，各项指标创历史最好记录，全面实现了国有资产保值增值目标，企业的综合实力和发展后劲明显增强，企业形象显著提升。

【主要经济指标】 2004年，中国第二重型机械集团公司主要经济技术指标均创历史最好纪录。完成机器产品产量7.08万吨，比上年增长60.57%；实现销售收入21.04亿元，比上年增长53.02%；完成工业增加值7亿元，比上年增长113.62%。实现利税总额1.68亿元，比上年增长71.24%；实现利润总额1832万元，比上年增长196.44%。利润总额、净资产收益率、成本费用总额占主营业务收入、流动资产周转率等4项指标均全面超额完成国务院国资委考核目标。

2004年，公司出产的重点成套产品主要有：喻为“中国轧机之王”的宝钢5米轧机、泰钢950轧机、邯钢1765轧机、南钢立辊等8套重大技术装备，并为电站制造厂提供了1.4万兆瓦的铸锻件。特别是宝钢5米轧机的装配，从第二片机架进装开始到发运仅用了37天，打破了国外专家需两个半月的预言，为我国的装备制造业争了光。温家宝总理、黄菊副总理先后在2004年8月、10月视察二重时都给予了高度赞扬。

2004年，该公司取得了新疆八一钢厂1750轧机、太钢2250轧机、国丰1450薄板坯连铸连轧、湘钢3800中厚板轧机、涟钢冷轧、本钢冷轧等国家重大技术装备订单，并进入加氢产品市场。全年经营订货额比上年增长83%，创历史最好水平。同时，进一步完善了售后服务体系，为用户提供了及时周到的服务。

【重大项目进展】 2004年，是中国第二重型机械集团公司的“技改年”。全年完成固定资产投资5.11亿元，完成重点单项工程160余项，施工建筑面积32258m²，新增大中型设备50余台(套)，其中数控设备20台(套)。

“平改电”工程改造成功。项目中80吨电炉及相关配套工程(除尘系统、水处理系统、起重系统)完成安装并投产；220千伏输变电新建工程于2004年4月投入运行；新增2000m³制氧机完工投用。

“九五”改扩建工程。经过近5年时间施工，工程项目于2004年底全部完工，进入竣工验收阶段。项目累计完成投资18000余万元，新增设备113台(套)、改造设备33台(套)，新增建筑面积6569m²。

重容技改项目。该项目是公司“提高国家重大技术装备设计制造水平项目”中的重点子项目之一，重容车间厂房基础施工于2004年5月完成，6月进入厂房钢结构施工，基建工程年底竣工，部分设备进入安装。

厂区危旧房及道路改造。该项目是公司利用自筹资金为解决劳动保护和安全生产问题、提升企业形象的“绿色”工程，继前期完成生产现场治理和车间外墙装饰后，2004年对厂区内10余条道路进行了翻修，扩大了绿化面积，修建了职工文体活动中心，在塑造新的企业形象的同时，为企业员工营造了一个安全、环保的工作和生活空间。

针对国家重点工程项目，积极开展对外技术交流与合作。全年完成科研16项，技术开发6项。国家发改委批复了二重集团公司提高国家重大技术装备设计制造水平技术改造可行性研究报告，项目涉及投资9.8亿元。

按照公司信息化总体规划，继续扩展局域网规模，全年新增信息点64个，光纤线路23条，实现了车间、工段、库房、探伤站、检查站、财务组等基础信息点的接入。截至2004年底，二重网络光纤布线总长达到20000米，上线信息点1600个。

【改革与管理】 公司在前期已经完成内部母子公司体制构建和社会职能移交的基础上，2004年重点推进主辅分离、辅业改制工作，根据原国家经贸委等八部委[859]号文件精神，按照国务院国资委的批复，对集团公司控股的6家子公司完成了资产评估与改制分流实施方案的制订；继续深化公司内部三项制度改革，推行工效挂钩的分配制度、员工业绩考核制度和岗位工资制度，实施"人才素质工程"，有4位员工在中央企业职工技能大赛中分获金、银、铜奖；完善了企业中长期发展战略纲要；全面完成企业清产核资，并从2004年1月1日开始执行新的《企业会计制度》，推行全面预算管理，确保成本费用受控；开发并完成了质量NCR网上评审工程，废品损失率下降为0.58%，继续保持产品质量稳定上升趋势。

2004年，中国第二重型机械集团公司荣获"全国质量管理先进企业"称号，国家知识产权局"第一批全国企事业专利试点工作先进单位"称号，"钢卷无芯移送式热卷箱"荣获中国专利优秀奖，二重"厂徽"获得"四川省著名商标"称号，二重科协荣获国家及四川省、德阳市优秀科协称号。

鞍山钢铁集团公司

【概况】 截至2004年底，鞍山钢铁集团公司(以下简称鞍钢)共有控股子公司3个；全资子公司27个；直属单位25个。在职职工14.44万人，其中在岗11.23万人，在岗职工中从事钢铁生产的3.03万人。离退休职工10.74万人。厂区占地面积177平方公里。集团公司有6座大型铁矿山、5个选矿厂、3条球团生产线、1个炼铁厂、2个炼钢厂、9个轧钢厂以及焦化、耐火、机械、动力、运输、修建等辅助配套单位和技术中心、设计研究院、自动化公司等科研、设计单位。具有年产钢1130万吨、铁1190万吨、钢材1165万吨的综合生产能力。已全面通过ISO9002质量体系认证，船用钢通过九国船级社认证，石油管通过API认证，钢铁产品全部通过ISO14001环境管理体系第三方认证。能够生产700多个品种、25000多个规格的钢材产品，应用于冶金、石油、化工、煤炭、机械、水电、铁路、汽车、造船、建筑、电子、航空、航天、轻工、国防等行业。固定资产原值669.6亿元、净值370.5亿元。主体生产设备中烧结机8台、焦炉15座、高炉11座、转炉9座、连铸机10台、板材轧机9套、线材轧机1套、管材轧机3套、型材轧机4套、发电机组18套、制氧机组8套，高炉鼓风机组15套。

2004年，鞍钢以"三个代表"重要思想为指导，认真贯彻党的十六大、十六届三中、四中全会精神，实践科学发展观，不断提高驾驭市场经济的能力，生产经营创出历史最好水平，改革改造实现新突破，精品基地初步形成，创世界品牌初见成效。提前实现了第五次党代会提出的第三步奋斗目标，进入到国际先进钢铁企业行列。2004年10月，国际专业调查分析机构美国《钢动态》(WSD)对世界22家主要钢铁企业国际竞争力进行评选，鞍钢列第8位。

【生产经营】 2004年鞍钢生产经营实现跨越式发展。铁、钢、材产量首次全面超1000万吨。全年共生产钢1133.33万吨，生铁1156.97万吨，钢材1059.75万吨，铁矿石2901.47万吨，铁精矿1388.52万吨，人造富矿1894.04万吨，焦炭495.17万吨，钢坯1129.40万吨。与上年相比：钢增产115.65万吨，铁增产132.22万吨，钢材增产102.67万吨，铁矿石增产205.27万吨，铁精矿增产75.78万吨，人造富矿增产215.27万吨，焦炭增产28.51万吨，钢坯增产115.65万吨。

企业效益大幅度提高。全年实现利税147.93亿元、实现利润108.38亿元，比上年同期分别增长209.28%、78.17%；产品销售收入净额为501.42亿元，同比上升59.49%；上缴税金总额为62.36亿元，同比上升61.22%；实现工业增加值248.17亿元，同比上升 124.71%。销售收入再创历史新高，实现利税、实现利润创历史最好水平。

2004 年，鞍钢充分发挥"九五"以来技术改造优势，大力调整产品结构，扩大出口。开发、推广新产品 194.73 万吨、创效 8.46 亿元，分别比上年增长 74%、26%。产品实物质量达到国际先进水平的比例为 72.6%。板管比 82.41%。高附加值产品比例为 61.74%，比上年提高 17.74 个百分点。生产集装箱板 87.32 万吨，同比增加 28.61 万吨；船板 66.19 万吨，同比增加 33.77 万吨；轿车板 15.67 万吨，其中 05 级轿车面板 1.46 万吨，已用于国内多个品牌轿车，并首次出口北美市场。自主研制开发了替代进口的三峡右岸水轮机蜗壳钢板，供货 1.2 万吨。自主开发生产了国内最高钢级的 X80 管线钢。抓住国际市场价格上扬机遇，大力出口热轧板、冷轧板、镀锌板、彩涂板等高附加值产品。全年完成钢材出口和加工出口专用材 300 万吨，占钢材总销量的 28%，全国排名第一。出口创汇 7.91 亿美元。用户遍布美国、英国、意大利、日本、韩国等 30 多个国家和地区，鞍钢产品的国际影响和信誉进一步提高。

【技术改造】 2004 年，鞍钢技术改造取得了新成绩。鞍矿大选厂总体改造年底竣工，年生产能力 340 万吨。弓矿 2 号球团线 11 月份试生产，年设计能力 200 万吨。7 号高炉改造性大修 9 月份投产，最高日产已达到 6540 吨，利用系数达到 2.53。二炼钢厂转炉底吹和气动挡渣工程竣工投产。冷轧硅钢 1 号热处理线 6 月份竣工投产，年设计能力 20 万吨，生产的高附加值冷轧硅钢片供不应求，2 号热处理线年设计能力 20 万吨，12 月份热负荷试车，1500 连轧机组已进入调试，年设计能力 100 万吨。与德国蒂森克虏伯公司合资在大连建设的镀锌板生产线 6 月份正式投产，产品已进入福特、奥迪、宝马等轿车面板市场。ϕ140 自动轧管机组大修改造工程年底热负荷试车，年设计能力 25 万吨。一发电 2.5 万千瓦锅炉改烧高炉煤气机组 9 月底热负荷试车成功。2004 年 11 月 28 日，国家发改委批准鞍钢西区建设和老厂改造规划，西区的新 2 号高炉、新 3 号高炉，炼钢、连铸、2150 热轧，2130 冷轧等工程全面展开。

鞍钢坚持用高新技术改造传统产业，经过"九五"以来的改造，矿山系统实施提铁降硅，铁精矿质量达到国际先进水平。铁焦烧系统实现冷矿比 100%，2 座新焦炉建成投产，世界一流水平的新 1 号高炉建成投产。炼钢系统实现全转炉、全连铸、全炉外精炼的国际先进炼钢工艺。以 1780 热连轧生产线、1700 中薄板坯连铸连轧生产线、2 条冷轧生产线、3 条镀锌板生产线、2 条彩涂板生产线、1 条冷轧硅钢生产线、1 条钢轨万能轧制生产线、1 条无缝管连轧生产线、中板和宽厚板生产线为代表的轧钢系统整体技术装备达到世界一流水平，形成了从热轧板、冷轧板到镀锌板、彩涂板、冷轧硅钢的完整产品系列。

【企业改革】 2004 年，鞍钢企业改革进入新阶段。一是积极推进钢铁主业重组。为了打造主业突出、具有国际竞争力的大型企业集团，将钢铁主业整合为国有控股的上市公司，实现投资主体多元化，鞍钢在资金实力不断增强的情况下，回购了资产管理公司所持新钢铁公司股权，使其成为鞍钢集团的全资子公司。以上市的新轧钢公司为平台，采用"定向增发＋大比例配股"的方式，整体收购鞍钢持有的新钢铁公司 100% 股权，推进钢铁主业系统整合和重组。

二是实施辅业改制。对建设总公司、机械制造公司、实业公司、房地产开发总公司、电气公司、汽车公司、钢绳厂 7 家单位实施模拟改制，在取得良好效果的基础上，根据国资委、财政部、劳动和社会保障部联合下发的《关于鞍山钢铁集团公司主辅分离辅业改制分流安置富余人员总体方案的批复》精神，正式启动辅业改制工作。为进一步精干主体，实施专业化管理，组建了生产协作中心，10 月 9 日正式运行。

三是分离企业办社会职能。将鞍钢铁西医院、立山医院、长甸医院、曙光医院、精神康复医院、结核防治所、卫生防疫站、鞍矿东鞍山医院、鞍矿齐大山医院等九家医疗机构成建制移交鞍山市政府管理。

四是完善分配机制，坚持效益优先、兼顾公平原则，建立以岗薪工资为主体的基本工资制度，进一步规范了子公司、直属单位正职领导收入分配办法，使分配政策与总体改革发展要求和市场变化相适应。鞍钢《岗位价值型薪酬分配体系的设计与实施》获第十一届国家管理创新成果一等奖。

【企业管理】 鞍钢以企业核心管理制度为基础，

对各类专业管理制度进行清理整合，构建了覆盖13个专业类别、172项专业管理制度的制度体系，初步实现了有章可循、有法可依。制定实施《鞍山钢铁集团公司领导干部贯彻执行规章制度问责制度(试行)》，增强了规章制度的执行力度。财务工作取得新成绩，开展清产核资，基本处理了历史遗留问题；加强银行账户管理，通过清理不合规银行账户，控制资金风险，提高了资金集中使用效率。积极构建标准化体系，从满足用户需要出发，制定发布了46项内控标准，主导产品全部按高于国标和国际标准的内控标准组织生产，品种和产量覆盖了鞍钢产品的近50%。完善点检定修制，提高精密点检能力，设备运行质量明显提高。信息化建设取得新进展，鞍钢综合管理信息系统(ERP)项目进展顺利，基本设计已经完成；完成数据库逻辑设计和数据字典设计，并已通过评审。加强保密工作，形成管理网络，明确了保密范围，通过了国家武器装备科研生产单位保密资格审查认证。厂区物资持出实现微机管理。厂容厂貌不断改善，厂区绿化覆盖率达到34.2%，比上年提高1个百分点，鞍钢被全国绿化委员会授予“全国绿化模范单位”称号。

【非钢产业】 2004年，鞍钢非钢产业取得新进展。建设总公司生产经营取得历史性突破，完成总产值27.9亿元，超全年计划14.4亿元。机械制造公司不断开拓水电等其他行业的市场，全年实现销售收入11.33亿元。国贸公司面向国际国内两个市场，大力开展矿石、废钢、焦煤、钢材对外代理业务，对外销售收入实现14.24亿元。与中远集团合资组建中远鞍钢航运有限公司，自我海运能力逐步形成。与冀东水泥合资建设的年产140万吨水泥熟料生产线于6月建成并达产。设计研究院积极开发拥有自主知识产权的专利技术，“采用液相催化氧化法进行气体脱硫的工艺方法和装置”获国家级专利优秀奖。自动化公司努力开拓外部市场，全年共签订外部工程4216万元，占合同总额的23%。房地产开发总公司全年实现总产值4.47亿元，同比增长60.4%，其中外部市场实现产值2.1亿元。技术输出取得突破性进展。鞍钢成套“交钥匙”工程——济钢1700(ASP)中薄板坯连铸连轧工程奠基开工，鞍钢成为国内首家具有成套技术输出能力的钢铁企业。

【职工生活】 在企业效益不断增长的基础上，职工生活水平进一步提高。全年职工人均收入比上年增加3826元，增长23.7%。先后两次较大幅度提高了全民离岗居家休息人员待遇，全年增发工资4800万元。在纪念鞍钢解放后开工55周年之际，对全民离退休人员和离岗居家休息人员一次性发放慰问金4438万元。完成住宅建设13.83万平方米。为78户特困职工解决了住房。加大对困难职工群体帮扶力度，全年走访慰问困难职工27358人次，发放救济金845万元；走访慰问困难退休人员17750人次，发放救济金710万元。

(撰稿人：文宣)

上海宝钢集团公司

【概况】 2004年，上海宝钢集团公司以跻身世界500强为新的起点，以完善国有资产管理体制和现代企业制度为重点，围绕新一轮发展第一阶段的各项任务，全力推进一体化改革和宝钢股份增发收购；加快钢铁精品基地和新技术、新工艺、新材料研发基地建设，精心组织好生产经营，全面完成了年度各项任务。全年国有资产保值增值率为113.90%。

12月6日，美国标准普尔宣布，将宝钢的信用评级从“BBB”调升至“BBB+”。同时，还将宝钢集团持有85%股权的上市公司——宝山钢铁股份有限公司信用评级从“BBB”调升至“BBB+”。其信用评级展望均为“稳定”。2004年宝钢粗钢产量首次突破2000万吨。宝钢股份在全球同行中吨钢盈利能力最强。在国际钢铁动态咨询公司的排名中，宝钢综合竞争力在全球钢铁企业中名列第3位，并被世界钢铁权威杂志《世界钢铁业指南》认为是未来最具发展潜力的钢铁企业。宝钢与钢铁主业相关联的信息技术、工程技术、贸易、金融和资源综合利用等相关多元产业也取得了相当规模的发展。

【主要经济指标】 2004年实现合并销售收入1617.57亿元，同比增长34.33%；实现利润总额

219.43亿元，同比增长66.58%；完成固定资产投资175.76亿元，同比增长20.35%。全年产铁1637.81万吨，同比增长8.58%；产钢2141.20万吨，同比增长7.77%；商品钢材产量2126.45万吨，同比增长9.48%；累计销售商品钢材2122.78万吨，同比增长9.50%。完成坯材出口225.71万吨，同比增长42.85%；出口创汇14.57亿美元，同比增长83.95%；完成"加工出口专用钢材"销售78.29万吨，同比增长41.96%。

【重大项目进展】 宝钢股份与新日铁、阿赛洛合资的宝日汽车板工程于2002年12月23日开工建设。酸轧机组于2004年7月15日开始单试，12月23日热负荷试车成功。宝钢股份宽厚板轧机及配套连铸工程于2002年12月23日开工建设，2004年12月12日宽厚板连铸机进入热负荷试车。宝钢股份4350立方米高炉工程，进入设备安装、高炉本体耐材砌筑、管道安装。宝钢股份中口径直缝焊管项目于2004年8月3日开始打桩建设，截至年底，主厂房钢结构安装过半。一钢公司不锈钢冶炼扩建工程：设计年产72万吨不锈钢连铸坯，70万吨不锈钢热轧卷。截至2004年底，主体工程处于设备基础施工，钢结构制作、安装及电缆、管道敷设。宁波宝新不锈钢四期项目于2003年12月工程奠基，至2004年底4号轧机具备无负荷联动试车条件、5号轧机开始单体试车、6号轧机设备基础完成、7号轧机开始基础施工，全部建成后宝新公司不锈钢生产规模将达到60万吨。上海克虏伯(二期一阶段)不锈钢工程，3号冷轧机设备安装基本完成。建成后冷轧不锈钢产量将达到29万吨，表面等级为BA和2B。

【法人治理结构】 集团公司董事会作为集团公司决策机构，下设战略发展咨询委员会。全年共召开7次董事会会议，组织通信表决3次，审议通过21项董事会决议。集团公司设监事会。监事会由国务院委派人员组成，并有职工代表参加。集团公司对下属子公司派出监事会，对派驻单位有关国有资产运营安全和保值增值状况开展监督评价工作。宝钢股份增发募集资金收购集团钢铁主业资产各项工作准备就绪；与一体化运作相配套的法人治理机构调整，完善董事会试点工作以及企业组织机构的调整正在有序推进。年内出台了主管人员绩效考核办法，对子公司经营者全部实行年薪制。上半年，集团公司机关31个主管岗位实施竞聘上岗。

【产权制度改革】 年内制定《企业国有产权转让管理暂行办法》，规范了产权交易方法，促进辅业资产退出。全年完成7家企业改制、资产处置及在产权交易所挂牌交易工作。特别是上海宝钢建设有限公司在产权交易过程中，通过控股权转让、经营骨干参股、同股同价等做法，解决了国有资产保值、增值与保护经营者积极性的难点问题；通过公开招标，资产实现溢价30%。年内还完成一钢公司、浦钢公司、五钢公司债转股股权回购工作。

【主辅分离辅业改制】 集团公司成立了主辅分离、辅业改制领导小组和工作小组，各子公司也建立健全相应组织体制，形成一体化工作网络，进行资产、人员、业务"三清"，制定《关于主辅分离、辅业改制工作的若干意见》，编制《主辅分离辅业改制总体方案》，确定改制目标、范围和流程。按照国家有关政策规范操作，完成上海金属软管公司、一钢设计院、一钢建设公司、二钢新城金属制品公司、上海冶金工程承包公司、二钢物业管理等企业改制分离，涉及总资产7.16亿元、净资产1.18亿元、职工2088人。江西人民机械厂的政策性破产正在实施中。

【主要管理经验】 2004年初，集团公司明确提出强势推广宝钢股份现代化管理的要求，进一步统一思想，确定了推广的组织体制和实施计划。各钢铁子公司按照统一部署，全面推广。3月起，一钢公司、五钢公司、梅钢公司等6家子公司分别成立推进领导小组和推进工作小组，进行管理自查诊断工作；规划管理变革方案；9月起实施管理变革。各职能部门联合组成管理协调办公室、管理指导组和管理培训组提供推进保障服务。管理协调办公室积极落实管理变革各项准备工作，建立起月报跟踪机制实施跟踪管理，召开推广工作座谈会，深入进行现场调研，协调推进过程中遇到的具体问题。管理指导组牵头组织力量编写完成近70万字、覆盖宝钢股份几乎所有管理内容的宝钢股份现代化管理蓝本。同时派出技术专家对各重点推进单位进行指导、交流。管理培训组按6家子公司需求进行培训策划，根据管理蓝本教材，完成对近千人次作业长及推进人员的培训。2004年底，一钢公司等6家重点推广子公司初步建立起集中一贯、精干高效的管理体制。

武汉钢铁(集团)公司

【概况】 武钢是新中国成立后由国家兴建的第一个特大型钢铁联合企业，现有在岗职工近9万人，是中国重要的板材生产基地，现已具备年产钢铁各1000万吨的综合生产能力。2004年，武钢积极贯彻落实国家宏观调控政策，把握发展机遇，精心组织生产，优化品种结构，降低成本费用，深化企业改革，生产经营保持了持续发展的良好态势，各方面工作取得了突出成绩。

2004年铁、钢、材产量分别达到886.11万吨、930.57万吨和861.44万吨，比上年同期分别增长10.47%、8.46%和24.13%，其中"双高"产品达到385.81万吨，产量比为54.02%。全年实现销售收入390亿元，实现利润70亿元，实现利税107亿元，分别比上年增长42.86%、161.19%和88.21%。非钢产业实现利润6.78亿元，比上年增长5.28%。在65项主要技术经济指标中，有37项超过上年水平。其中，吨钢综合能耗为775.65千克/吨，比上年同期降低6.55千克/吨；吨钢可比能耗为773.65千克/吨，比上年同期下降2.63千克/吨；综合成材率达到94.11%。二炼钢1号转炉以30368炉的炉龄再创世界纪录。

【重大项目进展】 一冷轧、6号高炉、10号焦炉、二硅钢一期工程、二炼钢2号连铸机改造等一批重要技改工程相继竣工投产；产销资讯系统二期工程上线试运行；二冷轧、二硅钢、三炼钢扩建、二烧结改造、工业港改造、鄂州500万吨球团厂等一批重点工程均按计划进度有序推进。

【产权制度改革】 顺利实现钢铁主业的整体重组上市；集团公司和股份公司机关机构及职能已初步调整到位；经国务院国资委批准，武钢与鄂钢联合重组工作进入实质性操作阶段。

【主辅分离辅业改制】 辅业改制首家试点单位武钢房地产开发有限责任公司正式挂牌；分离企业办社会工作进展顺利。

【主要管理经验】

1. 以市场为导向，加强生产组织管理。一是适应市场调整品种结构。针对钢材市场出现的波动，武钢及时减产或停产价格下滑幅度较大的个别品种，集中有限的钢坯生产效益较好的板材品种，扩大管线钢、船板、容器钢等高效益品种钢和专用钢的比例。二是围绕产能扩大组织生产。针对原燃料供应紧张给高炉生产带来的困难，及时调整炉料结构，加强炉前管理，精心组织生产。抓好品种钢的冶炼，确保杭州湾大桥、管线钢、集装箱用钢等国家重点工程及"双高"产品的供应。重点抓好一冷轧、二热轧的生产与达产工作，充分发挥投资效益。三是加大设备、安全、能源、供应等专项管理力度，为生产顺行创造稳定和谐的环境。

2. 实施差异化战略，努力开拓国内外市场。一是不断延伸战略供应链，开发直供终端市场，与东风汽车公司建立起战略合作伙伴关系，与中石化签署了战略合作框架协议。同时，建立起下游行业的数十家直供客户。二是积极参与国内外大工程、大项目、大用户用钢竞争，提高市场占有率。连续承接了陕京管线、中哈管线、苏丹管线等10余条管线的供货权，实现销售量70余万吨，市场占有率高达45%。桥梁及建筑用钢取得杭州湾大桥、奉化大桥、北京电视中心等工程用钢的供货权。压力容器钢成为国内唯一选用于国家战略石油储罐工程建设项目的材料。同时，抓住机遇，扩大出口，全年创汇3.28亿美元。三是加强战略资源基地建设。武钢通过长期协议和投资开矿的形式，与澳大利亚、南非、巴西、印度及国内平煤、鹤煤等公司进一步加强合作，建立稳定的战略资源供应基地。

3. 坚持科学发展观，高起点地进行技术改造和技术进步。武钢始终围绕调整结构、增加品种、提高质量、降低消耗方面加快技术改造和技术进步。一是瞄准世界一流水平，在建二冷轧、二硅钢等一批有竞争力的重点工程，使武钢的生产规模和装备水平跃上新台阶，为把武钢建成我国汽车板的主要生产基地和全球最具竞争力的冷轧硅钢片生产基地打下基础。二是落实国家钢铁产业政策，加速淘汰落后的生产工艺，重点实施了焦炉、高炉、烧结系统的技术改造项目。三是运用先进技术改造一冷轧、二炼钢2号连铸机等工艺装备，促进其快速升级换代。四是适应调整结构的要求，重点开发石油管线钢、压力容器钢、高层建筑用钢、军工钢等新品种，提升武钢的核心竞争力。

4. 完善现代企业制度，积极实施重组、改制和分离企业办社会的改革。为全面提升钢铁主业的综合竞争力，武钢作出钢铁主业重组的决策，研究制订了钢铁主业资产重组、整体上市的方案，实现了钢铁主业整体上市，成为国内第二大钢铁上市公司。按照现代企业制度的要求，完善主业重组后的母子公司体制，对集团公司和股份公司机关机构及职能进行调整。同时，按照"统筹兼顾、分步实施、规范操作、先易后难、稳步推进"的总体思路和工作步骤，积极而稳妥地推进辅业改制。在改制过程中坚持一手抓改制，一手抓生产经营，确保两不误，实现两促进。首家试点单位——武钢房地产开发有限责任公司完成国有产权交易暨产权交割手续，并正式挂牌。根据中央精神，积极向国资委、国家财政部申请将武钢纳入第二批分离企业办社会试点单位，并加强与地方政府的沟通和协商，争取在分离企业办社会职能方面得到地方政府更多的支持，尽快将中小学教育整体向地方移交。此外，抓住机遇，积极推进与鄂钢的联合重组工作。

5. 推进管理创新，强化以财务、成本为重点的科学管理。一是突出预算管理。在国内经济快速增长和宏观调控的形势下，实行预算的动态控制，调整预算目标，合理制定并实施实现利润目标的有效措施，严格控制预算外支出，保证了武钢生产经营有序地进行。二是不断深化"成本效益纵深行"活动。武钢把"对标挖潜"作为"成本效益纵深行"活动的主要环节来抓，将成本目标定位在国内外先进水平上，激励全员对标找差距，实行有序推进动态考核，全年降成本费用6.8亿元。三是创新现代内部审计机制和技术办法。以"参与合作式"的新型工作方式为纽带，将管理审计、内部控制审计、绩效审计贯穿于企业管理的各个环节，实现了增值型审计。该项管理荣获2004年全国现代化管理成果一等奖。

中国远洋运输(集团)总公司

【概况】 中国远洋运输集团(以下简称中远集团)是以水上运输、船舶及浮动装置制造与修理、物流及与运输相关的配套服务为主业的跨国企业集团。

经过四十多年的发展，中远集团在航运主业上形成了明显的竞争优势，目前经营着600余艘现代化商船，3500多万载重吨，年货运量超过2亿吨，远洋航线覆盖全球160多个国家和地区的1300多个港口，船队规模国内排名第一位，世界排名第二位。中远集团还拥有海外机构数百家，分布于全球50多个国家和地区，形成了完善的全球业务网络，在致力于为全球客户提供航运、物流等优质服务的同时，还广泛提供船舶和货物代理、船舶修造、贸易、金融、IT等多个行业的服务。

2004年是中远发展进程中非同寻常的一年。在国务院国资委的正确领导下，中远集团坚持"调整、巩固、提高"六字方针，各项工作都取得了重大进展：全面超额完成国资委下达给中远集团的2004年经营业绩考核指标，利润总额突破120亿元，成为中央企业中利润贡献最多的几家企业之一，树立了中远良好的企业形象，COSCO的品牌知名度和影响力进一步扩大。

【主要经济指标】 运力：截至2004年12月31日，中远集团拥有和控制船舶达633艘，3533万载重吨，成为中国第一、世界第二大的航运企业。

运量：共完成海运量2.7亿吨，同比增长23%。

周转量：完成13758亿吨海里，同比增长27%。

【重大项目进展】

1. 航运业核心竞争力进一步增强，真正成为中远集团的创效主力军。各航运公司抓住机遇，外拓市场，内抓管理，效益显著提升。同时，航运主业进入资本市场取得实质性进展。经过反复研究论证，中远集团在2004年初作出了“集装箱运输相关业务及资产进入资本市场”的战略决策。经过多方努力，克服种种困难，按计划较好地完成了各项工作。另外，在集团的统一部署下，中远海内外各上市公司依托资本市场对内重组整合，对外联合兼并，实现了资本的放大和公司价值的提升，树立了“中远系”上市公司良好的市场形象。

2. 与大客户战略合作取得突破性进展。2004年，中远集团分别与鞍钢、宝钢、首钢、中石化、中核、海尔、长虹、TCL、华能等大企业签署了全面合作的战略框架协议。通过培育长期稳定客户，规避了风险，锁定了效益。同时与大连市等地方政府也建立了战略合作关系。

3. 按期完成主辅分离改制分流年度任务。

【法人治理结构】 中远集团在2004年进一步深化人事制度改革：继续进行集团总公司的机构调整，并在全系统范围内公开招聘集团总公司安全技术监督部总经理和副总经理，中国远洋物流有限公司、中远船务工程集团有限公司等单位也加大了竞争上岗和社会公开招聘的力度，拓宽人才选拔的渠道，解决专业和高层人才紧缺的问题；配合国资委对中央企业经营业绩的考核，中远集团调整了直属企业领导人员年薪兑现管理办法；继续推进海外薪酬制度改革，推行了中远德国、美国、新加坡公司的驻外员工工资属地化改革；继续加强高层次核心人才队伍的建设，以“三个三百”人才工程为抓手，重点开展了“三个三百”人才工程、高级财务管理人员、码头管理骨干的培训。

【主辅分离辅业改制】 2004年初，中远集团召开主辅分离改制分流工作动员会。此后，出台了关于人事问题、劳动保险统筹问题的两个指导意见，测算了中远集团改制分流的总人数和总成本，为高效有序地推进主辅分离改制分流工作奠定了基础。在各相关单位的共同努力下，中远集团主辅分离改制分流的年度任务基本完成，广州远洋运输公司、中远船务工程集团有限公司已经初见成效，中远造船工业公司已开始实施，对中远集装箱运输有限公司和上海远洋运输公司的功能定位进行了划分和重组，新的上海远洋运输公司已正式运转。广州远洋运输公司、中远集装箱运输有限公司、大连远洋运输公司、青岛远洋运输公司方案汇总而成的《中远集团主辅分离改制分流总体方案及第一批改制分流方案》已上报国资委等三部委审批。在推进中，中远集团注意保护职工群众的合法权益，重视做好群众来信来访工作，及时处理各类突发事件，确保了企业改革、发展的稳定局面。

【主要管理经验】 中远集团领导班子团结带领广大船岸职工，同心同德，大胆创新，顽强拼搏，各项工作都取得了重大进展。2004年的工作成绩的取得，总结起来，有以下几点体会：

一是正确运用马克思主义的立场、观点和方法来指导工作，不断提高工作的系统性和预见性。企业领导人员运用马克思主义实践观、认识论和群众观，增强工作的系统性、原则性、预见性和创造性，提高发现问题、分析问题和解决问题的能力。

二是重视研究市场经济规律，不断解放思想、转变观念、开拓创新。几年来，中远集团提出的“从全球承运人向以航运为依托的全球物流经营人转变”、“从拥有向控制转变”、“建立数字化企业和综合管理体系”、打造“资本中远”和“百年中远”等等，都是中远集团掌握并运用规律的重要成果。

三是重视研究发展战略，为企业发展提供长期科学的指导。采用“内外脑”相结合的方法，制定了集团的总体发展战略和分产业发展战略，不但为集团的发展提供了科学指导，也为今后的壮大指明了正确的方向。

四是在抓好生产经营的同时，注意抓好资本经营，实现生产经营和资本经营的双轮驱动。面对严峻的市场环境，中远集团转变经营思路，适时提出企业发展所需资金“5∶4∶1”的战略目标，借助资本市场，筹集资金，转变机制，规范管理，迅速发展壮大企业。

五是坚持走科技兴企之路，努力提高企业科技创新能力。以推进中远集团信息化建设为主线，全面提升中远集团具有自主知识产权的科技创新能力和核心竞争能力。

六是坚持走人才强企之路，真正做到以人为本。坚持人力资源配置从行政平台转向市场平台、企业和员工实现“双赢”的原则，用“赛马”方式选择人才，用科学手段评价人才，以人为本，调动广大员工特别是企业经营者的积极性。

七是全面加强党的建设和思想政治工作，全心全意依靠职工办企业。

八是不断创新企业监督工作体制和机制，为企业改革发展提供有力的保障。

中国海运(集团)总公司

【概况】 中国海运集团(以下简称中海集团)是根据交通部决定，经原国家经贸委批准，于1997年由原交通部直属的航运企业上海海运(集团)公司、广州海运(集团)有限公司、大连海运(集团)公司，以及中国海员对外技术服务公司和中交船业公司重组而成，是中央管理的国有重要骨干企业之一。

中海集团以中国海运(集团)总公司为核心企业，麾下由集装箱运输、油运、货运、客运、特种货运输等五大专业船公司组成主力船队，并拥有综合物流、码头经营、金融投资、工程劳务、供应贸易、信息技术等陆岸多元产业及70余家境外企业和机构。截至2004年底，集团总资产达564.14亿元，总负债298.52亿元，资产负债率52.9%，经营各类船舶413艘，总计1274.57万载重吨，境外企业和机构分布在32个国家和地区，营销网络遍及76个国家(地区)的259个网点。

中海集团始终坚持以建设世界一流航运企业为目标，坚持以效益为中心，做大做强航运主业，协调发展相关产业。短短7年，实现了集装箱运输从几乎白手起家到拥有包括世界上最大的8500TEU集装箱船在内的船舶100余艘，总箱位近30万TEU，在国际班轮公司排名中位列第8位，年运输量超过450万TEU。2003年被美国航运杂志评为年度国际班轮公司收入利润率排名第一，2004年6月中海集装箱运输股份有限公司在香港H股(02866)成功上市，成为境内第一家海外上市的集装箱运输企业，并成为全球市值第五的班轮公司。

截至2004年底，集团控股的上市公司3家，除中海集装箱运输股份有限公司外，另两家分别为中海发展股份有限公司[香港H股(1138)和上海A股(600026)]、中海(海南)海盛船务股份有限公司[上海A股(600896)]。

中国海运集团以丰富的航运经验，先进的管理水平，优秀的人才队伍，良好的服务信誉，同国内外航运业和社会各界互惠互利，携手并进。2004年，中海集团被中宣部和国资委评为国有企业改革发展重大典型。

【主要经济指标】 2004年全球经济强劲复苏，海洋运输需求明显增长，船舶运力紧张，运价指数一路走高。我国经济在宏观调控下继续保持健康平稳发展，沿海运输总体需求旺盛，煤电油运供求形势严峻，航运市场出现少有的旺盛局面。中海集团抓住市场机遇，一举创下集团成立以来的最好业绩，提前一年完成集团“十五”发展规划确定的目标。

2004年集团完成客运量279.32万人次，客运周转量2.53亿人海里，分别同比增长18.83%和15.08%；完成货运量26861.62万吨，同比增长9.31%，货运周转量4512.62亿吨海里，同比增长16.20%。其中：集装箱运输451.36万TEU，同比增长28.22%；煤炭运输10870.43万吨，同比增长16.97%；石油运输6400.93万吨，同比增长2.20%。

全年实现营业总收入369.63亿元，较上年增长34.48%，利润总额75.15亿元，为上年的3.79倍，国有资产保值增值率为154.8%。

【重大项目进展】 2004年中海集团整合下属公司人力资源，重组相关资产，成立了国内最大的船舶管理企业——中海国际船舶管理有限公司。中海国际船舶管理有限公司将坚持做强做大土业方针，在船舶管理、劳务输出、工程承包、教育培训等方面，紧紧依托集团优势，适应国内外市场需要，实行规模化经营、专业化分工、现代化管理，成为集团新的支柱产业。

中海集团成功地收购了上海粤海长兴船务工程有限公司，成立了中海长兴国际船务工程有限公司。中海长兴国际的开业显示中海长兴岛修(造)船基地建设已正式拉开序幕，不久的将来，一个为洋山深水港配套的现代化大型修(造)船基地将耸立在东海之滨。

同时，中海集团积极响应国家能源发展战略要求和市场的需求，积极参与国内 LNG 运输项目前期筹备工作，成功地进入了 LNG 运输领域，为保障国家能源供应，创建“世界一流的航运企业”打下了基础。

【法人治理结构】 中海集团不断深化改革，进一步完善法人治理结构，规范董事会、监事会和经营者权责，形成三者间有效制衡机制，建立健全董事会制度，严格董事会领导下的总经理负责制，实行干部聘任机制，坚持和完善民主集中制决策制度。

为进一步加强经营管理，提高效益，中海集团努力完善内部经营业绩考核机制，以与经营者签订生产经营目标责任书的形式对境内下属一级公司经营者实行年薪制考核，并扩大到对境外部分单位进行试点考核，充分体现了业绩与奖惩挂钩原则。

【产权制度改革】 中海集团自成立以来，坚持以资产为纽带，按照“规模化、专业化、集约化”原则，适应市场经济需要进行资产配置和重组，理顺产权关系，形成了结构合理、产权清晰，主业与相关产业相互支持，优势互补的产业体系。同时，中海集团不断探索深化国有企业产权改革之路，积极推进股份制改革，主力船公司——中海集装箱运输股份有限公司的上市，成功实现了集团集装箱运输产业投资多元化，极大地增强了可持续发展能力，标志着集团发展跨入了新的里程碑。

【主要管理经验】 中海集团取得的令世人瞩目的成就离不开明确的战略目标和先进的经营管理。

1. 中海集团始终坚持“一业为主，积极发展与主业相关产业”的战略和“两个大局”的思想，坚定不移地做大做强主业，形成了以集装箱运输核心产业为推动，进而带动其他产业的发展，这是中海集团几年来快速发展的基础和重要保证。

2. 坚持民主集中决策制度和灵敏决策机制，实行重大决策可行性报告和项目后评估制度，并成立专家委员会，对重大事项进行集体审议，有效避免个人行为，确保了决策质量；同时为适应市场变化，努力提高决策效率，促进集团快速健康发展。正是这一科学的决策机制，使中海集团抓住市场机遇，成功地实施反周期运作，在航运低谷期租入和建造大量新船大船，以低成本扩充运力，提升国际竞争力，一举奠定了发展的基础。

3. 强化资金管理，防范财务风险。为充分发挥资金的规模优势，减少体外循环，提高资金使用效率，中海集团以组建结算中心为起点，利用计算机网络和电子银行技术成功开发全球现金管理系统和资金管理结算系统，开始了加强资金监管，实行资金统一运作的实践，逐步建立了营运资金“集中存储，收支监管，统一运作”，信贷资金“统一管理，统一平衡”的管理模式，大力拓展融资渠道，打破对单一融资渠道和单一银行的依赖，建立了以三大商业银行为主，其他中小商业银行为辅的信贷体系。并利用资本市场，发行股票和公司债券，实现融资渠道的创新和突破，为集团的迅速发展提供了可靠的资金保证。同时，中海集团严格规章制度和审批流程，建立资金风险控制委员会，将资金管理和风险控制纳入集体领导、民主决策的制度化轨道，确保了资金安全。

中国航空集团公司

【概况】 中国航空集团公司(以下简称“中航集团”)中航集团成立于 2002 年 10 月，是以原中国国际航空公司为主体，联合中国航空总公司和中国西南航空公司等企业组建的大型国有航空运输企业，是经国务院批准进行国家授权投资的机构和国家控股公司的试点单位。主要经营范围包括：经营集团公司及其投资企业中由国家投资形成的全部国有资产和国有股权，飞机租赁，航空器材及设备的维修。

2004 年，是中航集团取得丰硕成果的一年。中航集团紧紧抓住国民经济高速增长，市场需求比较旺盛的有利时机，以提升企业的核心竞争力为重点，通过加强结构调整，合理配置资源，优化企业的产业链、价值链，积极推进北京枢纽建设，促进航空主业稳步发展；同时强化经营管理，严格成本控制，实现了运输生产快速增长，经济效益大幅度提高。公司的生产经营迈上新台阶，资本运营取得历史性突破，企业的综合实力和盈利能力显著增强，服务水平显著提升，实现了跨越式发展。

截至2004年底，中航集团的所属主业公司拥有各类飞机151架，经营国际国内航线300多条，在全球101个主要城市设有营业部或商务代表，加上控股、参股航空公司的100多架飞机，综合实力在世界航空企业排名进入前20位。集团公司资产总额771.97亿元，负债总额535.53亿元，少数股东权益81.29亿元；所有者权益155.15亿元。资产负债率为69.37%。

中航集团2003年末国有资本及权益总额为82.62亿元，2004年期初调整后国有资本总额为64.67亿元，2004年国有资本及权益增加94.42亿元，减少3.94亿元，年末国有资本及权益总额为155.15亿元，扣除客观增减因素后，2004年度的国有资本保值增值率为133.59%，处于行业优秀水平。

2004年，在民航总局组织的“旅客话民航”活动中，中航集团主业公司——中国国际航空股份有限公司在国内航空运输企业中名列第一，获得“用户满意优质奖”和“服务品牌优胜奖”；中航集团另一专业公司——民航快递有限责任公司在2004年度先后获世界品牌实验室、世界经济论坛、世界经理人评比的“中国500最具价值品牌”；人民日报市场信息中心等单位评比的“中国物流市场服务用户满意品质信誉第一品牌”；北京中物协经济发展研究中心、中国物流行业协会评比的“安全、快捷、诚信服务满意单位”等多项殊荣。

【主要经济指标】 2004年度，在确保飞行安全的前提下，中航集团下属主业公司全年共飞行51.02万小时，事故征候万时率和严重差错万时率分别为0.255和0.43，航班正常率为79.8%。全年完成运输总周转量67.51亿吨公里，运送旅客2450万人次、货邮66.53万吨，分别同比增长了29.8%、35.7%、17.9%。正班载运率和客座率分别达到63.4%和72%。另外还执行专机和政府包机22架次，圆满完成政府的专包机任务。

2004年度，中航集团共实现主营业务收入363.74亿元，比上年增加106.78亿元，增长42%；实现利润总额30.03亿元，比上年增加32.38亿元，完成年初经营目标的278.8%。运输生产和利润指标均创造公司的历史最好成绩，也创造了国内民航运输企业年度盈利的最高纪录。

【法人治理结构】 2004年是中航集团确定的“深化改革发展年”。集团公司以三项制度改革为主线，大力加强干部队伍和人才队伍建设，积极推行市场化的用人机制和分配激励机制，认真探索并稳步推进企业改制、改革过程中的管理创新、制度创新、机制创新，为实现集团战略发展目标提供坚强的人才保证和智力支持。

在人事管理方面，积极推进干部人事制度改革、用人机制改革。集团公司机关及下属各企业主要通过内部竞聘、社会招聘和人事代理的方式选拔配备各级管理人员，同时配合国资委进行了集团副总经理的首次社会招聘工作。按照“市场化、动态化、规范化、属地化”原则，建立人力资源配置、开发、使用和回报更加贴近市场化的新机制，通过市场手段，推进人员能进能出、干部能上能下、待遇能升能降的机制创新，促进员工合理流动。

在薪酬制度方面，集团公司根据国家的分配政策，继续对下属企业实行工资总量管理，强化“工资总量增长和个人工资增长都要与企业效益增长紧密挂钩”的机制，坚持“为岗位付薪、为个人能力付薪、为绩效付薪”的原则，构建吸引、保留和激励各类人才为企业发展创造价值的新型薪酬结构体系。

在绩效考核方面，通过建立和完善集团公司业绩考核评价体系，实现业绩考评科学化、规范化，并以此建立起中航集团有效的激励机制和约束机制。中航集团根据2004年年初国资委确定的考核指标，分别与各二级企业签订了经营业绩责任书，并加强了对各二级企业的月度考核和生产经营监控。通过上下共同努力，中航集团全面超额完成了国资委确定的“利润总额”、“净资产收益率”这两项基本指标以及“运输周转量”、“资产负债率”这两项分类指标。

【产权制度改革】 中航集团在整合主业资产，顺利实现主业一体化运营后，又按照资本经营与生产经营同步进行的战略，进一步优化主业资产，推动主业公司改制上市。2004年中航集团的资本运作取得重大突破。经过精心策划、周密准备、严密组织，集团完成了对主业公司（国航股份）的股份制改造，并于12月15日在香港和伦敦证券交易所成功挂牌上市，共融资12.4亿美元，折合人民币102亿元。国航股份上市创造了股票市场的“三个之最”：一是近17年来世界范围内航空公司首次公开上市募集资金最多；二是近期航空股上市中溢价最高，达到129%；三是机构投资者认购倍数最高的中国海外上市国企之一。国航股份的成功上市，是中航集团发展史上的一个重要里程碑，为集团进一步深化企业改革、建立规范的法人治理结构奠定了坚实的基础，也为集团搭建了一个良好的国际资本运作平台，对促进航空主业持续、健康发展，提高集团核心竞争力，拓展集团的发展空间，具有重要的战略意义。

【主辅分离辅业改制】 中航集团依照“做强做大做优主业，开放搞活辅业”的原则，组织主辅分离辅业改制工作。为保证此项工作稳步推进、顺利实施，2004年3月中航集团成立了主辅分离辅业改制分流办公室，建立了改制办的工作制度和主辅分离改制分流固定联系人工作制度，并聘请中介机构担任法律顾问。

通过组织对集团所属二、三级企业的调查摸底，结合集团重组合并初期的经验，按照“使各专业公司形成一业为主，相关业务为辅”的思路，以加快推进各专业公司的市场化为目标，设计了中航集团主辅分离改制分流总体方案。经与国资委、劳动社会保障部、财政部等主管部委多次沟通，并经三部委及有关专家的论证，中航集团辅业改制分流总体方案已获上述三部委的认可。围绕总体方案的动员、宣传、学习等工作也正在积极筹划之中，为进一步贯彻、落实辅业改制分流工作做好了前期准备。

自中航集团改制工作启动以来，已经审议、核准了18家企业的处置、改制的预案，批准中航集团资产管理公司加入产权交易所经纪人会员，建立并完善了辅业改制分流的机制，取得了一定的经验。同时，为配合国航股份上市工作，研究确定了剥离出主业的资产整合模式，为国航股份上市工作的顺利实施提供了相应的保障。

【主要管理经验】 (1)坚持“协调发展保安全、科学管理出安全”的理念，实施安全管理责任制，落实安全管理规章制度，全面加强了日常生产运行监控。强化主业运行统一指挥功能，组建了欧洲、北美、澳洲分控中心，对各主要分公司实施签派一体化放行。加强一体化维修管理，基本形成了机务整体运营格局，提高了维护能力和维修质量，安全品质有效提升。有针对性地抓好国航内部条块安全管理关系的调整和衔接，避免了管理空档，保持了航空运输安全平稳态势。(2)大力调整机队结构，宽、窄体飞机所占比例趋于合理。(3)围绕核心枢纽建设，努力完善航线网络、销售网络，提高运营的效率和效益。(4)加强基础管理，严格成本控制。(5)集团各专业公司积极挖潜创收，拓展集团减亏增利空间。(6)利用集团公司的现金注资和资产置换，美元利率持续走低，集团整体贷款利率下浮10%等有利时机，通过调整债务结构以及币种结构，降低借款利息支出。(7)推进所属酒店“一体化”经营，做到统一培训、统一采购、统一标准、统一标识；通过“机票加酒店”以及组织空勤人员疗养等方式推动辅业与主业的互动。

中国东方航空集团公司

【概况】 中国东方航空集团公司(China Eastern Air Holding Company，缩写:CEAH)是以东方航空集团公司为主体，于2002年10月兼并中国西北航空公司、联合云南航空公司组建而成、属国资委直管的国有大型航空运输企业。

东航集团公司注册资本25.58亿元，截至2004年底，总资产为555.57亿元(经审计，下同)；集团从业人员3.7万人；拥有大中型运输飞机(在册)172架，通用航空飞机22架；经营国内外航线676条，其中国内航线(含港澳地区)534条，国际航线142条。

东航集团还经营通用航空、航空食品、金融期货、酒店管理、房产物业、票务旅游、广告传媒、进出口业务、免税品、设备制造等多种辅业，拥有全资企业7家、控股企业20余家及参股企业10余家，其中中国东方航空股份有限公司是在上海、香港、纽约三地挂牌的上市公司，东航集团占61.64%的股权。

【业务经营】 2004年，东航集团按照国资委、民航总局有关指示精神，积极深化内部改革，稳妥推进主业合并、辅业整合工作，经济效益显著提高，各项工作呈现出崭新面貌，并荣获中国民航协会“百万旅客话民航”活动旅客运输量800万人次以上组航空公司服务质量评比“三连冠”、“中央企业先进集体”、共青团中央“全国青年文明号十年成就奖”等多项荣誉称号。

认真贯彻落实党中央国务院和民航总局指示精神，努力维护安全稳定大局。2004年，东航集团共完成飞行547939小时，同比增加32.2%；飞行309915架次，同比增加20.6%。其中：航空运输主业完成飞行542660小时，同比增加31.3%；飞行296088架次，同比增加31.5%。全年完成通用飞行5279小时、13827架次。

2004年，东航集团通过签订安全责任书，修订以《运行手册》为代表的规章体系和合并运行补充审定工作计划，完成IOSA安全审计工作，开展持续性安全监察活动等一系列措施，不断完善安全管理制度，改善安全生产环境。

积极参与上海枢纽港建设，确保增产增收目标实现。2004年，东航集团完成运输总周转量56.98亿吨公里，旅客运输量2864万人次，货邮运输量82.81万吨，同比分别增长43.16%、38.49%和36.47%。全年实现主营业务收入290.45亿元，实现利润总额13.01亿元，净利润6.14亿元，创造出历史最好水平，航空运输主业统一运行的规模效应初步显现。

2004年，东航集团认真落实上海市和民航总局的部署，积极推进上海枢纽港建设，使东航集团在上海的市场占有率有了明显提高。“95108”呼叫中心正式运转，提升了服务质量。常旅客数量增长迅速，突破400万人。实现电子客票收入4亿多元。完善航线网络建设，促进中转产品的开发推广。上海两个机场的中转量已由年初的每天200人达到年底的近2000人，全年达到22万人次以上，上海航空枢纽的中转功能得以初步显现。

【主辅分离辅业改制】 加快推动主辅业重组进程，发挥集团规模优势。2004年，东航集团以东航西北公司、东航云南公司同东航股份公司实现合并运行和深化辅业整合为主线，加大力度，加快进程，把东航集团的改革工作不断地引向深入。

深化主业一体化工作。2004年10月1日，实现了集团旗下东航股份公司、西北公司、云南公司的主业合并运行，进一步深化了主业“五统一”工作。2005年6月30日，东航集团航空运输主业资产正式合并，标志着东航主业一体化工作进入崭新阶段。

同时，加快辅业整合工作，航空食品、票务旅游、进出口、传媒、酒店、金融等各辅业板块都取得了积极成果。通过主辅业结构优化调整，东航集团各板块初步显现出资源集约化经营后的整体优势。

【主要管理经验】 大力推进内部改革工作，提高企业管理水平。在深化管理体制改革方面，主要开展了以下工作：

一是落实集团管理定位工作。完成了《中国东方航空集团公司整体定位方案》，为集团管理升级奠定了基础。二是统筹制订集团发展战略规划，全方位启动集团“十一五”发展战略规划工作。三是完善对投资企业董事会的管理，建立和完善法人治理结构。四是充分发挥内部审计职能，防范企业经营风险，维护国有资产安全。五是完善集团形象识别系统，并在集团机关中实施方针目标考核，对树立企业形象、提高管理效能产生了积极影响。

2005年是东航集团安全文化建设年。东航集团将深入贯彻党的十六大和十六届四中全会精神，坚持科学发展观和做强做大主业方针，以确保安全稳定为前提，以西北公司、云南公司注资完成和上海枢纽港、北京基地建设为重点，以管理机制创新为手段，以深化企业改革为动力，壮大综合实力，提升核心竞争力，增强企业凝聚力，为东航集团实施“十一五”发展规划、进入新一轮发展周期而努力。

中国南方航空集团公司

【概况】

1. 历史沿革。中国南方航空集团公司的前身是中国南方航空公司，成立于1991年2月1日。1992

年12月20日，民航广州管理局实施体制改革，中国南方航空公司与民航广州管理局正式分开，成为自主经营、自负盈亏的经济实体，直属民航总局管理。1993年1月，中国南方航空公司被国家批准更名为中国南方航空(集团)公司，并以公司为核心企业组建中国南方航空集团。1993年10月，中国南方航空集团成立，为国务院首批55家试点企业集团之一。为进一步转变经营机制，建立现代企业制度，1995年3月成立了中国南方航空股份有限公司。南航股份公司承接集团航空及相关业务、资产及负债，南方航空(集团)公司则保留非航空及相关业务、资产及负债。中国南方航空股份有限公司由南方航空(集团)公司全资拥有，1997年7月31日，中国南方航空股份有限公司在香港联合交易所及美国纽约证券交易所同时上市，共筹集资金7.19亿美元。南方航空(集团)公司成为中国南方航空股份有限公司的母公司，拥有22亿股的内资股，占总股本的65.2%。2001年4月1日，南方航空(集团)公司与中国南方航空股份有限公司正式分设，各自独立经营。2002年10月11日，南方航空(集团)公司联合中国北方航空公司及新疆航空公司组建新的中国南方航空集团公司。2003年7月11日，中国南方航空股份有限公司10亿A股上市成功，募集资金27亿元，国有股权从65.2%下降到50.3%。

2. 经营概况。中国南方航空集团公司在国内航空公司中拥有最大的运输机群、最多的运输基地、最广泛的国内航线网络和最密集的航班频率。中国南方航空集团公司旅客运输量连续25年居国内各航空公司之首。截至2004年底，南航集团拥有运输飞机231架、航线540条、年旅客运输量超过4000万人次；员工40392人。

南航集团2004年完成旅客运输量3978万人，货邮运输量69.2万吨，运输总周转量65.3亿吨公里，分别占全民航的33.0%和25.4%、28.4%。2004年全集团完成主营业务收入354.73亿元，主营业务成本282.43亿元，实现利润总额-347.0万元。

3. 经营范围。主营：国际、地区、国内定期、不定期航空客、货、邮和行李运输；通用航空业务；航空速递业务；飞机、发动机和航材及相关设备的维修；航空客、货销售和地面服务代理。

兼营：航空地面设备制造和维修；航空食品、纪念品、机上用品、免税品及商品生产、零售、批发；航空培训与咨询；飞机租赁；航空油料；航空运输及相关业务的国际合作；进出口业务；信息技术；金融产业；国际、国内广告业务；房地产开发经营，物业管理，工程监理；旅游业；酒店业、饮食业；机场与机场设施经营管理；公路、水路联运及速递派送；招标投标、劳务输出；仓储及物流相关设备；出版业。

【主要经济指标】 2004年南航集团合并会计报表由广东羊城会计师事务所有限公司进行审计，截至2004年12月31日，南航集团经审计后的资产总额为681.06亿元，负债总额为545.36亿元，少数股东权益为80.75亿元，所有者权益为54.95亿元；资产负债率为80.08%。

2004年全年实现主营业务收入354.73亿元，同比增长38.72%；主营业务成本282.43亿元，同比增长37.50%；经营费用28.07亿元，同比增长31.75%；管理费用17.68亿元，同比增长28.21%；财务费用15.34亿元，同比增长-26.32%。

利润总额为0.03亿元，净利润-1.11亿元。

(资产负债表和利润表见附件)

【重大项目进展】 主业注资胜利完成。自2002年10月新的南航集团公司成立以来，公司按照国务院的要求，积极推进主业“一体化”工作。由于受各种条件的限制，公司的一体化进程分“运行一体化”和“资本一体化”同时进行，“运行一体化”的工作在2003年下半年已基本完成，“资本一体化”的工作一直在加快推进，经过两年多的努力，《产权交易方案》在去年10月得到了国资委批准。10月29日，公司抓住这一有利时机，及时在三家主业公司实行了一体化管理，为最终完成产权交易，全面实行运行和资本的一体化作好了充分准备。12月31日，南航股份公司临时股东大会批准了将北方航、新疆航的主业资产注入南航股份公司的方案，主业注资工作胜利完成。主业“一体化”的全面推进，将使联合重组的资源优势得到充分发挥，为集团公司做大做强奠定了坚实的基础。

【法人治理结构】 目前集团公司为国有独资公司，没有建立董事会。根据国务院对集团公司成立的批复，集团公司实行总经理负责制，总经理为集团公司的法定代表人。集团公司设副总经理若干名，副总经理根据总经理授权履行相应的职责，对总经理负责。集团党组和总经理办公会议为集团公司最高决策机构。总经理办公会议由总经理主持，副总经理和有关负责人参加。总经理、副总经理对职权范围内决定的重大问题，承担相应的责任。

公司决策根据重要程度分为重大决策和一般决策。重大决策内容包括公司战略规划、重大人事任免、重大改革、资产重组、重大固定资产投资、重大对外投资、经营方针和考核方式的重大改变、重要规章制度的修改等对公司发展产生重大影响的决策事项。一般决策为其他重要程度较轻或金额较小决策、日常事项决策。决策事项由相关职能部门首先作出调研，准备相关材料并提出决策意见。属于一般决策事项的，报集团公司分管领导审批后下发执行；属于重大决策事项的，提交集团公司党组会议或总经理办公会议，由集团公司领导班子和相关职能部门负责人共同讨论决定。

国资委代表国务院派出监事会对公司的经营管理进行外部监督。公司纪检监察和审计部门对公司及成员企业的经营管理进行内部监督。

国资委对中国南方航空集团公司负责人实施年度经营业绩考核和任期经营业绩考核，并分别签订了业绩责任书。年度经营业绩考核有利润总额、净资产收益率、运输总周转量、资产负债率四项指标；任期经营业绩考核有国有资本保值增值率、三年主营业务收入平均增长率、全员劳动生产率三项指标。

中国南方航空集团公司为完成国资委下达的经营责任目标，高度重视内部经营业绩考核工作，建立健全经营业绩考核制度，加强对集团成员企业的经营监控。

参照国资委颁布的《中央企业负责人经营业绩考核暂行办法》制定了《中国南方航空集团公司经营业绩考核暂行办法》，于 2004 年 1 月 1 日开始实施。成立了经营考核委员会(非常设机构)，由分管经营的副总经理担任委员会主任，成员由公司相关职能部门负责人组成，共同履行日常经营业绩考核职责。

对各成员企业实施了年度经营业绩考核。年初分解下达年度经营业绩责任目标，并正式签署经营业绩责任书，将经营业绩考核的结果与成员企业的工资总额以及成员企业负责人的绩效薪酬挂钩。各成员企业再将经营责任目标分解下达，实现了经营压力逐级传递。对成员企业的经营实施动态监控，每月对总体经营情况进行总结分析，对针对成员企业经营中存在的突出问题提出指导性意见。

【产权制度改革】 现代产权制度是所有制的核心，而股份制既是公有制的主要实现形式，也是现代产权制度的重要内容。南航股份公司在 A 股上市之后，其非国有股已近 50%，但国有股仍然占居绝对控股地位。下一步，还要积极创造条件，在政策和法规的许可下，深化股份制改造，使主业公司国有股做到相对控股。新组建的八家辅业公司，要通过产权制度的改革，全部改为混合所有制经济，除国有资本外，还可以有外资、民营资本，甚至个人资本。做到归属清晰，权责明确，保护严格，流转顺畅。通过建立现代产权制度，增强国有资本的影响力、控制力和带动力，确保国有资产的保值增值，确保股东利益的最大化。

【主辅分离辅业改制】 2003 年，集团公司按照有进有退，有所为有所不为的原则，在充分调研的基础上，制订了辅业的改革重组方案和实施计划，对各辅业公司的发展战略、业务重点、产权结构、管理模式、组织结构作出设计，并制定了富余人员分流安置办法。辅业改革按 9 个业务单元，以其中的优势企业为龙头组建专业公司，进行资产、业务和人员的结构优化，实行专业化管理、市场化经营和一体化运作。集团内所有属于各辅业公司的业务和资源，由各辅业公司统一开发和使用。目前，9 个辅业公司都已挂牌成立，主辅分离重组企业(股权)共 98 家，分流员工 3297 人。集团现有人数 40392 人，航空主业员工 36981 人。主辅分离后航空主业人机比由 192 : 1 降至 158 : 1；人座比由 1 : 0.8 上升为 1 : 1.02。

2004 年，南航各成员企业按照改革重组整体方案的要求，明确了各辅业公司的资产、人员和业务范围，各辅业公司逐步整合了相关的资产、业务和人员，按照现代企业制度的要求建立起公司治理结构和各项规章制度，按照“资产随业务走，业务随人员走”的原则确定了辅业公司管理的资产和业务范围。辅业改革逐步向市场化经营，专业化管理，规范化运作的方向转变，辅业公司经营成果总体上好于预期。

【主要管理经验】

1. 坚持"安全第一，预防为主"的方针，正确处理安全与发展和效益的关系。安全是航空公司生存的基础，是第一位的工作。纵观14年飞行安全的历史，既有辉煌，也有伤痛。南航曾4次夺得飞行安全最高奖——金鹏杯，新疆航在50年飞行实践中形成的安全经验成为南航的宝贵财富。经验和教训告诉我们，必须正确处理"安全与速度"、"安全与质量"、"安全与效益"的关系。公司从2000年开始的"安全基础工程"，从打好思想、作风、技术基础入手，通过改革安全管理体制和运行机制，使安全基础得到夯实，安全状况有明显改观。虽然生产在发展，环境在变化，但是，"安全第一"的地位不能变，安全基础还要继续夯实，安全工作必须不断加强。

2. 加快推进改革重组，提高管理水平和创新能力。改革是企业发展的动力，创新是企业生存的基础，在经济和社会发生转型的时候，需要改革创新，在企业发展的不同历史阶段，也需要不断地改革创新。南航过去的14年，可以说是不断改革、不断创新的14年。从最先引进波音737、757、777飞机到成立先进的飞机维修公司(GAMECO)和飞机发动机维修公司(MTU)；从较早引进先进的模拟机训练系统，到自主建立飞行员培训学校；从最先使用电脑销售机票到建立统一的运行控制中心等多方面，南航始终走在全行业的前头。未来企业的发展壮大也必须由改革创新来实现，加快主业整合，全面推进主业一体化运行和管理，深化辅业改革，促进辅业良性发展是我们当前改革创新的主要方向。

3. 坚持增收与节支并重。重点抓好创新营销机制，加强成本管理和风险管理。通过坚持市场化道路，注重发挥市场配置资源的作用，充分利用市场资源发展自己，是南航的又一条基本经验。2004年，南航进行了营销体制改革，全面推行了"航线经理制"和"客户经理制"，为南航的主营业务收入大幅增长提供了有效的激励机制。另一方面，成本管理能力对航空企业的竞争力越来越重要。完善全面的财务预算管理制度，通过全员参与、全额控制、全程控制执行全面的财务预算管理，强化全员的成本控制意识和预算意识，做好投资项目的事前预算、过程监控和事后评估和考核，并对成本费用层层分解，建立责任人制度，狠抓成本管理。南航集团通过增收和节支两条线的努力，提高企业的经济效益。

4. 理顺主辅业业务关系、合理设计主业公司和辅业公司间的交易模式，建立彼此互惠的合作关系来实现双赢和共同发展。由于南航紧密相关多元化型的业务结构，南航辅业公司与南航的主业公司——南航股份公司之间建立规范合法的交易关系十分重要。南航集团作为上市公司的控股股东，在主辅业公司的战略定位、业务发展和交易模式设计、内外部市场竞争方式选择等问题上严格遵守上市公司交易规则，合理考虑相互利益关系，既保证了集团公司对各成员企业的足够的控制力，又促进了它们各自协调发展。

附表：1. 资产负债表

2. 利润及利润分配表

附表1 **资 产 负 债 表**

企财01表

编制单位：中国南方航空集团公司 **2004年12月31日** **金额单位：元**

项　　目	行次	年初数	年底数
货币资金	1	3856905222.56	3586215612.41
短期投资	2	21865575.51	792808723.50
应收票据	3	0.00	0.00

续表

项　　目	行次	年初数	年底数
应收股利	4	2933486.22	4480458.52
应收利息	5	60000.00	0.00
应收账款	6	1009118403.48	1674910089.95
其他应收款	7	1926210916.31	2147071047.50
预付账款	8	341322926.95	273197540.02
期货保证金	9	0.00	0.00
应收补贴款	10	0.00	0.00
应收出口退税	11	123385.01	128354.28
存货	12	2505208827.81	1498480315.22
其中:原材料	13	18217479.93	4393241.00
库存商品(产成品)	14	1997169.83	1053746.11
待摊费用	15	279252934.49	347109010.77
待处理流动资产净损失	16	2431610.30	0.00
一年内到期的长期债权投资	17	0.00	0.00
其他流动资产	18	465004396.35	382713912.99
流动资产合计	19	10410437684.99	10707115065.16
长期投资	20	1283785107.90	1424613003.86
其中:长期股权投资	21	1183706379.03	1324510318.61
长期债权投资	22	100078728.87	100102685.25
*合并价差	23	0.00	0.00
长期投资合计	24	1283785107.90	1424613003.86
固定资产原价	25	63724271487.90	71038582475.35
减:累计折旧	26	19818045236.25	22333002022.64
固定资产净值	27	43906226251.65	48705580452.71
减:固定资产减值准备	28	1849620231.98	175340168.92
固定资产净额	29	42056606019.67	48530240283.79
工程物资	30	1730000.00	0.00
在建工程	31	6337168520.11	6283705644.69
固定资产清理	32	3109017.12	1911570.37
待处理固定资产净损失	33	36192.00	0.00
固定资产合计	34	48398649748.90	54815857498.85
无形资产	35	497803574.36	955098889.61

续表

项　　目	行次	年初数	年底数
其中:土地使用权	36	491039120.59	954465655.26
长期待摊费用(递延资产)	37	322538577.63	138279477.47
其中:固定资产修理	38	894883.82	1259278.03
固定资产改良支出	39	0.00	0.00
其他长期资产	40	111153274.42	64697614.09
其中:特准储备物资	41	0.00	0.00
无形资产及其他资产合计	42	931495426.41	1158075981.17
递延税款借项	43	0.00	0.00
	44		
	45		
资 产 总 计	46	61024367968.20	68105661549.04
短期借款	47	11385988150.00	16232220903.41
应付票据	48	447778000.00	137000000.00
应付账款	49	1820163774.37	2788489298.45
预收账款	50	527753856.73	931786166.08
应付工资	51	106372832.22	182687639.58
应付福利费	52	143702545.44	85021447.45
应付股利(应付利润)	53	1092152.98	2070398.12
应付利息	54	0.00	0.00
应缴税金	55	56279031.67	325986396.25
其他应交款	56	153201650.99	410071014.40
其他应付款	57	1857870030.43	2882818422.88
预提费用	58	3099175015.02	3780727507.06
预计负债	59	0.00	0.00
递延收益	60	0.00	0.00
一年内到期的长期负债	61	1985895000.00	3691000000.00
其他流动负债	62	907563622.78	607748671.28
流动负债合计	63	22492835662.63	32057627864.96
长期借款	64	10178676460.97	12134000000.00
应付债券	65	0.00	0.00
长期应付款	66	14099503363.36	9538000000.00
专项应付款	67	51819908.04	0.00

续表

项　　目	行次	年初数	年底数
其他长期负债	68	406626000.00	524000000.00
其中:特准储备基金	69	0.00	0.00
长期负债合计	70	24736625732.37	22196000000.00
递延税款贷项	71	391638000.00	282000000.00
负　债　合　计	72	47621099395.00	54535627864.96
*少数股东权益	73	7580687074.63	8074713476.32
实收资本(股本)	74	3061275897.32	3061275897.32
国有资本	75	3061275897.32	3061275897.32
集体资本	76	0.00	0.00
法人资本	77	0.00	0.00
其中:国有法人资本	78	0.00	0.00
集体法人资本	79	0.00	0.00
个人资本	80	0.00	0.00
外商资本	81	0.00	0.00
资本公积	82	6837877119.73	6880905656.87
盈余公积	83	0.00	0.00
其中:法定公益金	84	0.00	0.00
*未确认的投资损失(以"-"号填列)	85	-2069254656.24	-2332432039.22
未分配利润	86	-2007076862.24	-2114187307.21
其中:现金股利	87	0.00	0.00
外币报表折算差额	88	-240000.00	-242000.00
所有者权益小计	89	5822581498.57	5495320207.76
减:未处理资产损失	90	0.00	0.00
所有者权益合计(剔除未处理资产损失后的金额)	91	5822581498.57	5495320207.76
负债和所有者权益总计	92	61024367968.20	68105661549.04

附表 2　　利润及利润分配表

企财 02 表

编制单位:中国南方航空集团公司　　2004 年度　　金额单位:元

项　　目	行次	上年实际数	本年实际数
一、主营业务收入	1	25571588747.75	35472759589.72
其中:出口产品(商品)销售收入	2	0.00	0.00
进口产品(商品)销售收入	3	0.00	0.00

续表

项　　目	行次	上年实际数	本年实际数
减:折扣与折让	4	0.00	0.00
二、主营业务收入净额	5	25571588747.75	35472759589.72
减:(一)主营业务成本	6	20540963189.86	28242845256.42
其中:出口产品(商品)销售成本	7	0.00	0.00
(二)主营业务税金及附加	8	281592414.36	1037620524.11
(三)经营费用	9	633233203.17	18165118.86
(四)其他	10	365378160.95	148357.77
加:(一)递延收益	11	0.00	0.00
(二)代购代销收入	12	5062288.44	44952858.23
(三)其他	13	0.00	0.00
三、主营业务利润(亏损以"-"号填列)	14	3755484067.85	6218933190.79
加:其他业务利润(亏损以"-"号填列)	15	410878497.94	176869960.58
减:(一)营业费用	16	1498120226.31	2789397264.13
(二)管理费用	17	1463890183.97	1853252883.20
(三)财务费用	18	2082982820.92	1533600881.58
其中:利息支出	19	1638490088.65	1456539517.07
利息收入	20	38133230.52	47348246.79
汇兑净损失(汇兑净收益以"-"号填列)	21	451461074.88	80251049.03
(四)其他	22	0.00	0.00
四、营业利润(亏损以"-"号填列)	23	-878630665.41	219552122.46
加:(一)投资收益(损失以"-"号填列)	24	33022942.98	119365468.95
(二)期货收益	25	0.00	0.00
(三)补贴收入	26	16876293.25	5911840.00
其中:补贴前亏损的企业补贴收入	27	0.00	0.00
(四)营业外收入	28	58157515.71	158957937.41
其中:处置固定资产净收益	29	32434248.55	10235393.48
非货币性交易收益	30	0.00	0.00
出售无形资产收益	31	0.00	0.00
罚款净收入	32	1288049.02	1090644.58
(五)其他	33	0.00	0.00
其中:用以前年度含量工资结余弥补利润	34	0.00	0.00
减:(一)营业外支出	35	276148162.12	507257086.22

续表

项　目	行次	上年实际数	本年实际数
其中:处置固定资产净损失	36	224226751.72	52173250.43
出售无形资产损失	37	0.00	0.00
罚款支出	38	2611574.10	10832615.00
捐赠支出	39	0.00	0.00
(二)其他支出	40	0.00	0.00
其中:结转的含量工资包干结余	41	0.00	0.00
五、利润总额(亏损总额以"-"号填列)	42	-1046722075.59	-3469717.40
减:所得税	43	-599043277.76	96117068.45
*少数股东损益	44	383467299.70	272243517.94
加:*未确认的投资损失	45	287490137.20	260397647.03
六、净利润(净亏损以"-"号填列)	46	-543655960.33	-111432656.76
加:(一)年初未分配利润	47	-1445039420.81	-2007076862.24
(二)盈余公积补亏	48	0.00	0.00
(三)其他调整因素	49	-18381481.10	4322211.79
七、可供分配的利润	50	-2007076862.24	-2114187307.21
减:(一)提取法定盈余公积	51	0.00	0.00
(二)提取法定公益金	52	0.00	0.00
(三)提取职工奖励及福利基金	53	0.00	0.00
(四)提取储备基金	54	0.00	0.00
(五)提取企业发展基金	55	0.00	0.00
(六)利润归还投资	56	0.00	0.00
(七)补充流动资本	57	0.00	0.00
(八)单项留用的利润	58	0.00	0.00
(九)其他	59	0.00	0.00
八、可供投资者分配的利润	60	-2007076862.24	-2114187307.21
减:(一)应付优先股股利	61	0.00	0.00
(二)提取任意盈余公积	62	0.00	0.00
(三)应付普通股股利(应付利润)	63	0.00	0.00
(四)转作资本(股本)的普通股股利	64	0.00	0.00
(五)其他	65	0.00	0.00
九、未分配利润	66	-2007076862.24	-2114187307.21
其中:应由以后年度税前利润弥补的亏损(以"+"号填列)	67	0.00	0.00

续表

项　　目	行次	上年实际数	本年实际数
补充资料：	68	—	—
一、出售、处置部门或被投资单位所得收益	69	0.00	0.00
二、自然灾害发生的损失	70	0.00	0.00
三、会计政策变更增加(或减少)利润总额	71	0.00	0.00
四、会计估计变更增加(或减少)利润总额	72	0.00	0.00
五、债务重组损失	73	0.00	0.00
六、其他非经常性损益	74	0.00	0.00

注：表中带＊项目为合并会计报表专用。

中国中化集团公司

【概况】 中国中化集团公司(简称“中化公司”)是国务院国有资产监督管理委员会监管的国有重要骨干企业，前身为中国化工进出口总公司，至今已有55年的历史。

中化公司已15次入围《财富》全球500强企业排名，在2004年发布的排行榜中列第270位，同时在国内500强企业排行中列第8位。

中化公司在石油、化肥、化工领域实施全球化运作，是中国四大国家石油公司之一，也是中国化肥行业具有领导地位的化肥供应商和主要的磷肥生产商，旗下上市公司中化国际(控股)股份有限公司(中化国际，股票代码：600500)是上证50指数企业。“中化”(SINOCHEM)品牌是中国驰名商标，并在全球业界享有良好声誉。

近年来，适应经济全球化和中国市场经济发展的需要，中化公司加快由传统进出口企业向产业服务型企业进行战略转型，在石油、化肥、化工三大核心领域逐步形成了集资源获取、研发、生产、进出口贸易和终端销售于一体、全球协同运作的较为完整的产业价值链。围绕核心业务的发展，公司在金融、物流和高新技术领域也取得了长足进步，经营持续快速增长，核心能力日益增强。

【主要经济指标】 2004年，中化公司在上年提出“建设具有全球地位伟大公司”远景目标的基础上，又制定了“五年再造一个新中化”的具体目标。在全球经济回暖、中国经济快速发展的宏观环境下，公司加速推进企业战略转型，持续深化管理创新和经营模式创新，全面培育核心能力，企业在激烈的市场竞争中继续快速成长。

2004年，中化公司实现销售收入203.81亿美元，实现净利润2.30亿美元，其中净利润比上年增长了86.10%。在盈利水平跨上新台阶的同时，公司经营成果内涵发生可喜变化，盈利结构进一步优化，运营效率和经营质量提高，经营安全得到保障，企业实现并继续保持着健康、快速、持续发展态势。

【重大项目进展】 2004年，中化公司全面展开转型战略，加快转型步伐，在石油、化肥、化工各核心领域分别取得重要进展。

在石油业务方面，中化公司加强对勘探开发业务的技术研究和项目管理，实现了海外油田的稳定增产，初步形成了具有中化特色的勘探开发业务框架，为继续向石油上游延伸奠定了基础。公司在巩固和加强原油进口及国际转口业务的同时，加大了对国内成品油市场的开发力度，与法国道达尔集团等签署加油站合作开发协议，在环渤海湾地区打造成品油终端销售网络。在管理和运营现有200余万立方米罐容的储运基地的同时，由中化公司承建的舟山国家石油储备基地正式动工，进展顺利。

作为有50多年石油业务发展历史的国家石油公司，中化公司近年通过向石油产业链上下游延伸，巩固并强化了石油业务优势，奠定了石油业务长期发展的产业基础。同时，通过参与国家重大能源规划和战略研究、承建国家石油储备基地和积极参与国际能源业界的各种活动，为促进国家能源发展作出了贡献，并扩大了企业影响。

在化肥业务方面，中化公司加大对化肥上游资源的获取力度，壮大基层销售网络，全面完善产业布局，强化对产业链关键环节的控制能力，保持了在国内化肥市场的主导地位。公司继续巩固与国外大供应商的战略合作，从全球范围获取优质肥料弥补国内化肥资源的不足，继续保持了中国最大化肥进口商的地位。继2003年投资云南、贵州后，公司又在山东、重庆投资了两个百万吨级肥料生产基地，并参股盐湖钾肥、天脊中化高平、云南三环等企业，国内化肥生产能力迅速扩大到450万吨以上，并成为国内唯一同时拥有氮肥、磷肥、钾肥、复合肥生产能力的企业。依托强大的资源获取优势，公司加快营销网络布局，完善直销模式，化肥营销网络已覆盖全国主要农业省份，营销网络销售量进一步提高。“中化SINOCHEM”被国家工商行政管理总局认定为化肥类商品全国驰名商标，中化化肥品牌日益成为中国农资领域优质产品和优质服务的代表。

化肥业务具有战略意义的进步，使中化公司形成了包括资源控制、研发、生产、销售、农化服务各环节的完整的化肥产业链，为中国农民提供高品质的化肥产品和服务，促进中国农业的发展。

在化工业务方面，中化公司大力支持旗下的上市公司中化国际加强董事会领导，建设规范的法人治理结构，使其逐步形成了上市公司制度优化能力和人力资源优化能力，业绩连年增长，连续4年入选《财富》中国上市公司百强，并入选上证50指数。中化国际在国内上市公司中首家聘请标准普尔公司进行治理评级，以国际标准检验、衡量公司的治理水平。公司拥有自主知识产权的2万吨/年PTMEG生产装置试车成功，第二个拥有自主知识产权的项目ABS开工建设，战略转型迈出了实质性步伐。中化公司控股的西安环保化工5000吨/年HFC－134a生产装置如期完工并开始1万吨/年装置扩建，主营产品HFC－134a市场占有率增长到30%，企业迅速发展。

在核心业务加快向上下游延伸的同时，中化公司积极转变在石油、化肥、化工品流通领域的经营模式，培育出了一批具有一定规模、盈利能力突出的核心商品。2004年，公司来自流通领域业务盈利大幅增长，而且在这部分盈利增量中，十大主营商品盈利占到了93%。其中：公司原油、成品油的进口、转口数量达3400万吨，较上年增长6%；化肥继续保持全国进口主渠道地位；焦炭、燃料油、医药、橡胶及制品、塑料及制品、染料颜料、化工原料、农药的经营量，均居全国领先地位。

中化公司包括信托、租赁、保险、基金等内容的金融业务经过几年的探索和积累之后，已经步入了成长期，在为公司核心业务提供协同支持的同时，逐步显现出长远的战略价值。

核心业务领域战略转型步伐的加快，促使中化公司业务内涵和盈利结构正在发生质的变化，公司所追求的具有市场化经营能力、在重要领域具有重要影响力和控制力的经营内涵已初见雏形，初步构筑起了企业未来发展的战略框架。2004年，贸易业务在中化公司总盈利结构中的比例下降到了74%，生产、金融服务等业务盈利比例提高到了26%，公司向产业服务型企业转型的努力已经显现出了成果。

【主要管理经验】 2004年，中化公司根据企业战略发展的需要，进一步深化管理改善，将运营管理和风险管理的重点融入业务操作全过程，在所有经营单元全面启动业务流程优化工作，推动各经营单元加强风险控制、降低营运成本、提高运作效率、增强自我管控能力，为业务发展提供了规范的程序保障和过程保障。公司不断延伸管理链条，加大对核心业务上游投资项目和下游营销网络的管理力度，加强对企业转型过程中新风险点的控制和防范，做到业务延伸到哪里，管理延伸到哪里。随着实业投资项目的增加，公司将安全生产工作纳入企业风险管理系统，形成了覆盖全集团的安全生产管理体系，全面检查评估企业安全生产状况，不断进行隐患整改，保证企业在安全的环境下健康发展。

人才资源是企业最为宝贵的财富。2004年，中化公司继续推进以“诚信、合作、善于学习；认真、创新、追求卓越"为核心内容的企业文化建设，以促进员工价值和企业价值共同提升的理念创新人力资源管理，加大人才资源开发力度，坚持引进、培养、淘汰并举，促进了员工队伍有序流动和不断优化。广大员工在公司加速发展过程中锻炼成长，在实践中增长才干，在奋斗中体现价值，为企业加速发展作出了重要贡献。

当前，中化公司已步入战略转型的关键时期。公司将努力抓住世界经济复苏和中国全面建设小康社会带来的机遇，按照"建设具有全球地位伟大公司"和"五年再造一个新中化"的目标要求，牢固树立和落实科学发展观，围绕战略转型的主题，加强运营管理和战略管理，走质量效益型发展道路，推动中化事业迈上新的台阶。

通过战略转型，未来的中化公司将以能源、农业投入品和化工产业为核心，以金融服务为支持，形成较为完整的价值链和相互支撑的产业群，成为相关行业中国经济可持续发展的重要依靠力量，建成具有全球竞争力和影响力的国际企业集团，为国家经济发展和社会进步作出更大贡献。

（撰稿人：张兴华）

中国粮油食品（集团）有限公司

【概况】 中国粮油食品（集团）有限公司（简称"中粮集团"，英文简称"COFCO"）集贸易、实业、金融、信息、服务和科研为一体，业务涉足农产品、食品、地产、酒店、金融服务等领域，是中国最大的进出口公司之一，也是中国最大的食品生产企业。1994 年以来，一直名列《财富》杂志全球企业 500 强行列。

目前，中粮下设 6 大业务群：中粮粮油进出口公司主要从事粮、油、糖等大宗农产品进出口业务；中国粮油国际有限公司（香港上市公司，香港交易所编号"506"）主要经营食品的贸易和生产加工；鹏利国际集团有限公司主要经营地产、酒店和物业管理；中粮金融中心主营人寿保险、保险经纪、期货经纪等业务；中国土产畜产进出口总公司主要从事茶叶、木材、松香、羊绒、皮张等产品进出口贸易；中粮发展有限公司主要负责培育具有发展前景的产业。

中粮的使命是奉献营养健康的食品、高品质的生活空间及生活服务，使客户、股东、员工价值最大化。

【生产经营】

1. 粮油贸易。2004 年，中粮实现农产品出口 90558 万美元，进口 371030 万美元，合计 461588 万美元。由此，中粮自 1952 年成立后，52 年里进出口额累计 1514 亿美元，其中，出口总额累计 794 亿美元，进口总额累计 720 亿美元。

2. 食品加工。油脂：中粮拥有的 9 家油脂企业全年生产、销售豆粕 317 万吨，市场占有率 15%，居全国第一；销售"福临门"牌食用油 43 万吨，市场占有率达 18%，居全国第二。油脂业务全年销售收入达 149 亿元，同比增长 27.35%。

面粉：2004 年，中粮日处理小麦 4950 吨，年销售额达 22 亿元，分别比去年同期增加 30.26%、49.66%。

酒业：2004 年，"长城"荣膺中国驰名商标称号，全年葡萄酒销量超过 6 万吨，销售收入突破 14 亿元，市场占有率接近 40%。

巧克力：2004 年市场占有率上升到 12.2%，位居全国第二。

饮料：中粮可口可乐全年销售量突破 1 亿标箱。截至 2004 年，在中国大陆现有 28 家可口可乐装瓶厂中，中粮已参与了 17 家可口可乐装瓶厂的投资，其中控股经营 6 家（天时拥有全国 14 个省的可口可乐系列产品特许销售权。

啤酒原料：全年销售麦芽 26 万吨，占全国商品麦芽市场份额的 15%，居同行业第一。

3. 酒店地产。凯莱国际酒店有限公司被"中国企业文化促进会"、"中国企业报社"、"中国质量与品牌杂志社"及"中国十大影响力品牌推选组织委员会"评为中国饭店集团行业十大影响力品牌，旗下南昌凯莱晋升为 5 星级城市酒店，接受委托管理的西安天域凯莱大酒店（四星）、松花江凯莱广场大酒店（四星）、重庆万洲大酒店(四星)也相继开业。

4. 金融服务。继广州之后,2004年中英人寿北京、成都公司相继开业,完成了其在北方、南方和西部三个目标市场三角形格局的搭建。同年2月27日,中粮与美国怡安保险集团(AON)合资成立的首家合资保险经纪公司——中怡保险经纪公司也在上海隆重开业。由此,中粮在完善其保险产业链、打造金融帝国的路上更进了一步。

【重大项目进展】

1. 更名与重组。经国务院国有资产监督管理委员会批准,并经国家工商局"更名为"中国粮油食品(集团)有限公司",简称中粮集团。更名后,中粮集团的债权债务及经营范围不变。

2004年,经国务院批准,中粮对中国土产畜产进出口总公司实行重组,重组后的中国土产畜产进出口总公司成为中粮全资二级子公司。

2. 亚洲最大蒸谷米加工项目投产。2004年11月6日,总投资2.3亿元的亚洲最大、中国唯一的蒸谷米加工厂——中粮(江西)米业有限公司在江西进贤县正式投产。这个由中粮、江西省、国家专项资金共同构筑的中国目前投资最大的大米加工基地,可年加工处理原粮40万吨,年产蒸谷米18万吨、白米6万吨。

3. 南王山谷酒庄。2004年7月26日,投资1.38亿元的南王山谷酒庄投资项目正式启动。项目集苗木开发、葡萄种植、葡萄酒产销科研、葡萄庄园观光旅游、葡萄酒文化传播于一体,占地66万平方米,可年产高档酒1000吨左右。将于三年内建成。

4.(中粮)沈阳食品工业园。2004年5月,沈阳东大、沈阳香雪2公司新厂一期工程破土动工。新厂位于沈阳市农业高新技术开发区,占地200亩。整个项目完成后,将达到日处理小麦1300吨,成为单设中,2006年将投入生产。

5. 甘肃中粮可口可乐饮料有限公司破土动工。2004年5月26日,中粮可口可乐饮料有限公司投资1200万美元、设计年生产能力达2400万标准箱的甘肃中粮可口可乐饮料有限公司在兰州高新技术产业开发区正式破土动工。这是可口可乐在中国西部建设的第一家装瓶厂。

中国五矿集团公司

【概况】 中国五矿集团公司原名中国五金矿产进出口总公司,成立于1950年,是中国金属矿产品流通领域最大的综合性企业集团,主要从事钢材、有色金属及矿产品的生产和贸易,并参与金属期货、证券、保险和国际货运等领域的投资和经营。1992年,公司被国务院确定为首批55家企业集团和7家国有资产授权经营单位之一。1999年,公司被列入由中央管理的国有重要骨干企业。

中国五矿在国内拥有98家全资和合资企业,在境外22个国家和地区拥有45家海外公司和机构,控股参股五矿发展股份有限公司等17家境内外上市公司、东方有色集团有限公司和五矿资源有限公司2家香港上市公司以及五矿有色金属股份公司等3家股份公司,建立了全球化的营销网络。同时,公司在国内外拥有200万吨氧化铝的年生产能力和450万吨铁矿石、270万吨铁精矿年生产能力,并控有占全国20%的钨资源量。

【生产经营】 2004年是五矿集团公司成绩卓著的一年,全年营业额规模再次突破100亿美元大关,达到150亿美元,再创历史新高,比上年净增33亿美元,增长28.6%,商品贸易额、出口额和国内贸易额均创历史新高。钢材进口在全国继续保持领先地位,6个品种排名全国首位,钢材的总贸易量达到1074万吨,占中国表观消费量的3.4%;2004年集团有36个大商品进入全国进出口排名前10位,其中11个排名全国第一,分别是钢材、铬铁、氧化铝3个进口商品和硅铁、氟石、碳化硅、锑锭、氧化锑、氧化钨、仲钨酸铵、碳化钨8个出口商品,另有6个商品排名第二,8个商品排名第三。随着竞争力的增强,中国五矿在全国大企业中的排名继续位居前列,在商务部组织的2004年中国最大500家进出口企业排名中名列第8位,在中国企业联合会公布的2004年中国企业500强中排名第22位。

2004年，中国五矿集团公司按照企业发展战略与规划，积极抓住国有资产重组机遇和市场机会，继续通过投资与资产重组推进企业战略转型。启动实施了将集团铝业务及资产注入香港东方鑫源的注资重组项目，推进集团境内外资产重组与资本运作；在国务院国资委的指导下，全面完成邯邢冶金矿山管理局与五矿集团公司的重组与整合；加强紧缺矿产资源的海外开发，成功收购美国SHERWIN氧化铝厂控股股权，拥有了年产160万吨氧化铝生产能力；加大五矿钢材营销网络的建设步伐，至2004年底已在全国主要中心地区建立12个一级营销网点、近百个二级营销网点及一个钢材加工配送中心。所有这些投资举措都有力推动了中国五矿集团公司由贸易型企业向以资源为依托企业的战略转型。

中国五矿未来将以资源为依托，致力于构建完整产业链，积极开发我国急需的金属矿产资源，健全营销网络，努力发展成为国际化的金属和矿业集团。

中国通用技术(集团)控股有限责任公司

【概况】 中国通用技术(集团)控股有限责任公司(简称“中国通用技术集团”)成立于1998年3月，是经国务院批准，在原外经贸部6家直属企业基础上组建的国有独资公司，是中央直接管理的国有重要骨干企业。中国通用技术集团主要从事重大技术装备和机电产品贸易、关键设备制造、医药生产及贸易业务，并提供金融、物流、广告展览等相关配套服务。该集团作为我国重大技术装备和机电产品贸易行业的排头兵，是我国最大的引进先进技术和重大技术装备服务商，是我国最大的国际招标采购服务商，是我国最主要的大型及成套设备出口、国际工程承包、对外经济技术合作企业，是我国最重要的机电产品进口、分销及技术服务企业；同时，是我国最大的医药保健品外经贸企业。

截至2004年底，集团共拥有境内二级经营机构(包括子公司和事业部)20家，境外机构(包括集团公司直属和由各公司管理)30家，形成了比较完备的全球经营网络。所属中国技术进出口总公司、中国机械进出口(集团)有限公司、中国仪器进出口(集团)公司均具有50余年的经营历史，是新中国成立最早的从事技术装备和机电产品对外贸易和经济技术合作的专业公司，一直是我国该领域的主渠道和主力军。所属中技国际招标公司、中机国际招标公司、中仪国际招标公司是我国最早从事国际金融组织和外国政府贷款及内资项下招标采购的专业招标机构，拥有机电产品国际招标、工程建设招标等多项甲级招标资质和政府采购资质，国际招标业务市场占有率国内第一。所属中国医药保健品进出口总公司是中国最大的医药保健品外经贸企业。

【主要经济指标】 2004年，集团全面超额完成了国务院国资委下达的年度考核目标，经营规模和利润均比上年有较大幅度增长。全年实现进出口经营额67.84亿美元，同比增长31.9%，其中海关进出口额28.18亿美元，同比增长12.7%。境内外合计实现营业收入103.97亿元，比2003年增长24%。按照年初与国资委签订的目标责任书口径，将执行《企业会计制度》影响利润的因素还原，全年实现境内外业绩利润总额60649万元，比2003年增长27%；实现境内外业绩净利润55317万元，比2003年增长61%。整体实现资本保值增值率107.78%，按照国资委确定的国有资本保值增值考核标准，属行业良好水平。截至2004年12月31日，集团境内外资产总计187.80亿元，从业人员5041人。根据商务部发布的排名，2004年集团名列中国进出口额最大的500家企业第28位，中国出口额最大的200家企业第62位。

【中长期发展规划】 2004年，根据国务院国资委部署及企业自身发展需要，中国通用技术集团组织专门力量，经过充分的内外部调查研究，制订了集团中长期发展规划——《2004～2010年发展规划和2020年发展目标纲要》，并获国资委组织的专家论证通过。《纲要》明确了集团到2020年发展的总体目标和任务是，牢牢把握企业发展的主动权，贸易引领产业协同发展，通过提升服务能力、延伸产业价值链、拓展经营领域，实现经营模式转型和企业转型，成为在国际技术和机电产品贸易、关键设备制造和医药健康的特定领域具有较强竞争优势的大型企业集团；提出要选择优势业务，集中优势资源，构建由核心业务、战略业务、新兴业务三个层面业务构成的能够推动集团可持续发展的业务组合，并确定重大技术装备和机电产品贸易作为核心业务，关键设备制造和医药健康作为战略业务，高新技术商业化等作为新兴业务；明确了作为集团传统业务和核心业务的贸易业务经营模式向中国“四个第一”转型的目标，即：成为中国引进国外先进技术和重大技术装备的第一窗口，中国为客户进口机电仪产品提供全方位增值服务的第一平台，中国在出口成套设备和承包海外工程方面实施项目管理的第一总包商，中国从事出口商品供应链管理的第一集成商。

【重大项目进展】 2004 年，为加快发展、做强做大，中国通用技术集团在主业发展、资本运作、财务管理、资产管理、信息化建设、薪酬改革等方面采取了一系列重大决策，推进了一系列重大项目，并收到较好成效。

在重大技术装备进出口贸易和工程承包领域，面对日趋激烈的竞争形势，中国通用技术集团大力推进业务转型和创新，努力为客户提供增值服务，全年集团进出口成交总额达到 126 亿美元，是集团成立以来的最高水平，同比增长 67%，其中进口成交 117.4 亿美元，出口成交 8.7 亿美元。集团全年成交 1 亿美元以上的重大招标采购和技术引进项目 23 个，累计金额达 100.9 亿美元，其中包括燃气轮机电站二捆招标采购和技术引进，青藏线交流传动内燃机车采购，大功率交流传动电力、内燃机车招标采购和技术引进，时速 200 公里铁路动车组招标采购和技术引进等一系列备受国内外关注的重大能源、交通建设项目。集团调配最优秀的人力资源组成精干的项目团队，突破简单招标代理模式，按照项目管理的理念和模式创造性地做好这些大项目的实施工作，维护了国家利益，赢得了业主满意。集团全年成交 1000 万美元以上的重大出口和工程承包项目 8 个，累计金额达 3.01 亿美元，其中包括金额 1.16 亿美元、备受中圭两国政府关注的圭亚那糖厂改造项目。与此同时，集团在海外总承包的大型成套设备和工程建设项目执行工作捷报频传，孟加拉巴拉普库利亚煤矿和坑口电站建设项目（两个项目合计金额 4.15 亿美元）工程施工和设备安装进展顺利，为 2005 年顺利移交打下了坚实基础。

为加快培育医药产业，集团对医药板块核心企业——中国医药保健品进出口公司进行了改制，并通过集团上市公司中技贸易收购医保公司的优质资产，使集团医药产业获得了通过资本运作加快发展的平台。同时，调整了集团医药板块管理体制，在原有通用医药控股公司之外成立了医药事业本部，以推进医药板块在收购、兼并、整合行业资源和迅速拓展业务方面向纵深发展。进一步加大了对外部资源的整合力度，在对多个医药收购项目充分比较论证的基础上，实施了对西安利君制药有限责任公司部分股权的收购。

为进一步强化财务管理，提高管理水平，中国通用技术集团着力抓了三件大事：一是抓住债券市场发行的有利时机，于 2004 年 3 月 31 日以较低成本成功发行了 10 亿元企业债券并随后在上海证券交易所上市交易，拓宽了集团融资渠道，降低了融资成本，为集团在资本市场开辟了新的平台。二是按照国资委的统一要求，对集团全系统开展了周密细致的资产清查工作，并按照有关政策的规定对清查出的资产损失进行了申报，进一步夯实了集团资产基础。三是根据国资委关于中央企业实施《企业会计制度》的统一要求，全面启动了《企业会计制度》实施工作。

中国通用技术集团高度重视包括投资企业产权和各类债权在内的资产管理。集团加大了对重点控股投资企业技术改造投入，对控股投资企业实行全面预算管理和建立绩效考核体系，促进了投资企业平稳较快发展。在前几年工作的基础上进一步加强了债权管理，下大力气抓好逾期应收账款包括账销案存欠款的清收工作，2004 年集团全系统共清回欠款 1.31 亿元。这些举措优化了集团资产质量，提高了资产运营效益。

中国通用技术集团近年来高度重视企业信息化建设并不断加大投入，把它作为提升企业管理水平和运行质量的一项基础工程来抓。经过持续不懈的努力,2004年集团信息化建设取得突破性进展。一是完成了集团电子政务系统的建设和推广,实现了十几家子公司和11个职能部门办公环境一体化。目前,该系统和外网系统内容丰富、运行平稳、运用越来越深入,已成为集团沟通、交流、共享的统一平台。二是完成了集团贸易板块ERP项目的系统选型、系统开发、系统定型、试点公司初始化和上线试运行工作,为2005年ERP系统的推广奠定了坚实的基础。

2004年,中国通用技术集团在激励机制建设方面迈出了重要步伐。在2003年实施总部组织机构、职位体系调整和人员竞聘上岗的基础上,2004年集团总部全面实施了"以职位和能力为基础,以绩效为导向"的比较科学的薪酬体系,部分子公司也根据自身实际情况推行了薪酬改革。

【主要管理经验】 中国通用技术集团在推进发展中坚持做到:一是坚持突出主业,牢牢扭住主业发展不放松。针对集团一部分干部员工在市场环境发生重大变化、市场竞争日益激烈的情况下对外经贸主业的存在价值和发展前景产生疑问的苗头,集团管理层结合制定中长期发展规划,审时度势,提出了"归核"战略,强调重大技术装备和机电产品贸易业务仍然是集团生存发展的根基,对这个主业要坚定不移地予以发展,只能强化,不能削弱,及时统一了干部员工的思想。在实践上,对外经贸业务的市场开发和业务创新优先配置资源,不断加大投入和政策支持,促进了外经贸主业的持续发展。二是坚持把推进企业整体转型作为促进发展的根本举措。针对国有外经贸企业集团在国内经济市场化和全球经济一体化环境中在经营管理诸方面存在的一定程度不适应情况,集团管理层提出要从企业业态、经营模式、体制机制、人才队伍等方面推进企业的整体转型,通过根本转型为可持续发展奠定基础,并在四个转型方面进行了不懈探索。三是坚持加强风险管理。集团管理层充分认识到加强风险管理是促进企业可持续发展、保障国有资产保值增值必不可少的重要举措,坚持完善和落实各项规章制度,搭建系统的风险管理体系,构建科学民主的决策机制和规范有序的运营机制,充分发挥法律、审计工作的职能,严密防范业务经营、对外投资中的风险,保证了企业的健康发展。集团因此被国家审计署授予2002至2004年度"全国内部审计先进单位"的光荣称号。四是坚持加强企业文化建设。2004年,中国通用技术集团企业文化建设迈出了具有里程碑意义的重要一步。经过全体干部员工充分酝酿,集团正式将"追求完美,创造卓越"作为自己企业文化的核心理念予以推广,颁布了《集团企业文化建设纲要》并切实组织实施。结合中央关于构建和谐社会的要求,集团管理层提出了构建"和谐通用"的理念并得到了全体员工的热烈反响和大力实践。企业文化建设对于提升集团的凝聚力、活力、创造力和核心竞争力发挥了十分重要的作用。

未来几年,中国通用技术集团将以全面实施企业中长期发展规划为契机,牢固树立和全面落实科学发展观,全力推进企业业态、经营模式、体制机制、人才队伍的转型,进一步加快发展的速度和做强做大的步伐,努力向中国"四个第一"和具有国际竞争力的大型企业集团的目标迈进,为国民经济发展作出新的更大贡献。

中国储备粮管理总公司

【概况】 中国储备粮管理总公司成立于2000年5月,是经国务院批准,在原国家粮食储备局部分职能机构和所属部分企事业单位基础上组建的大型国有企业,注册资本166.8亿元。作为国务院国有资产监督管理委员会管理的中央企业之一,中国储备粮管理总公司属于涉及国家安全和国民经济命脉的国有重要骨干企业,是国家授权投资机构的试点单位,享受国务院确定的国有大中型重点联系企业的有关政策,在国家计划、财政中实行单列。公司实行总经理负责制,总经理为公司的法定代表人。

中国储备粮管理总公司在搞好国家粮食储备、服务国家粮食宏观调控、维护粮食市场稳定等方面负有重大责任,"确保中央储备粮数量真实、质量良好,确保国家急需时调得动、用得上,实现国有资产保值增值,维护国家粮食安全"是总公司的根本任务。

2004年是中国储备粮管理总公司由初创期顺利迈向发展期的一年，是公司改革和发展取得积极进展的一年。公司坚持以科学发展观为指导，以实现“两个确保”为中心，健全管理体系，改革运行机制，增强调控手段，壮大企业实力，出色完成宏观调控任务，顺利实现年度工作目标，垂直管理体系在粮食宏观调控中的中坚和骨干作用充分显现，市场竞争力进一步提高。

【主要经济指标】 2004年是国资委对中央企业实施业绩考核的第一年，总公司认真落实国有资产经营责任制度，建立和完善经济效益目标考核体系，分解落实年度经营业绩考核指标，以强化预算执行为手段，在费用包干政策下，积极探索增收节支和国有资产保值增值新途径，全面完成了国资委三项业绩考核指标。

截至2004年底，中国储备粮管理总公司资产总额达到755亿元。经济效益保持了稳步增长，2004年全年实现利润4亿元左右，超额完成国资委下达的考核指标；吨粮费用控制在国资委下达考核指标范围内；净资产收益率高于国资委下达的考核指标，资产质量和运营效率进一步改善。

【重大项目进展】 物流体系建设顺利起步。在重点保证中央储备粮仓储设施设备维修改造的前提下，加大自有资金投入，集中力量推进东北物流体系建设，打造大连、营口两个物流平台。以股份制形式组建的“营口中储粮储运有限责任公司”实现当年运营当年盈利。上收天津、连云港转运站，完善了港口库布局。利用国债资金新建了一批地坪、罩棚，完善了仓房的保温隔热设施，直属库仓储条件得到改善，功能进一步提升。

科技储粮位居全国粮食行业先进水平。2004年，全系统加大科技投入，在低温储粮、保水技术、生物综合治理的推广及科技储粮示范工程建设等方面取得新突破。辽宁、成都、福建等分公司开展保水试验，湖北分公司进行温控储粮技术研究。这些技术的推广应用保证了粮食品质，降低了粮食损耗，缩小了新陈品质价差，实现了较好的经济效益。针对仓储技术难点，全系统开展了20多项技术攻关，并承担了3项国家科技攻关课题和1项国家高技术现代农业专项课题的研究，其中大部分已经取得了阶段性成果，特别是小麦新陈快速检测技术、新型脂肪酸测定仪研究成果达到国内领先水平，太阳能低温储粮、粮面平整机等多项技术和产品已经获得专利。

【主要业务活动】 努力完成宏观调控任务，为维护粮食市场稳定作出积极贡献。2004年，中国储备粮管理总公司作为早稻、中晚稻最低收购价政策执行主体，坚决贯彻国务院决定，主动结合轮换收购，引导市场价格，在没有动用中央财政补贴的情况下，通过轮换引导早稻、中晚稻价格一直保持在最低收购价水平之上，有效节约了政策操作成本，实现了中央提出的促进粮食增产、促进农民增收的政策目标。2004年，为平衡国内粮食供求，国家决定进口部分小麦，明确由总公司负责接收入库。全系统服从大局，雷厉风行，克服一系列困难，保证了进口粮的顺利接收，整个接收入库工作安全、及时、顺利，并严格按照中央储备粮标准进行管理。为保证国家应急动用中央储备粮时能够调得动、调得快、用得上，总公司在对产销形势和粮价走势分析判断的基础上，完善了应急预案，保证国家宏观调控措施在最短时间内见到成效。

仓储管理更加规范，科技含量明显提高，中央储备粮成为放心粮。目前，总公司已有直属库251个，仓容总规模达到527亿斤。公司系统完善了若干仓储管理制度，切实做到“管理制度化，工作有目标，检查有指标，奖惩有依据”，直属库成为“两个确保”的坚定执行者和国家实行粮食宏观调控最可靠的力量。同时，直属库租仓储粮工作稳步推进，代储中央储备粮置于严格有效的监管之下，科技储粮居于全国粮食行业先进水平，制度健全、手段先进、专业技术人员充实的内部质量监控体系初步建立。中央储备粮的质量持续改善，中储粮的品牌价值和公信度也随之不断提高。

轮换的市场化运作水平提高，风险控制能力增强。中国储备粮管理总公司密切关注和分析预测粮油市场变化，及时制定轮换策略，继续加大总公司、分公司统一运作的力度，坚持掌握粮源和锁定风险并重，市场化运作水平和效果整体得到提升。在轮入方面，继续围绕粮源推进订单农业，建立以农村经纪人为主体的农村收购网络，扩大向农民直接收购的比例。在轮出方面，进一步拓宽渠道，积极推动加工轮换，通过加工实现增值。有十多个分公司进行了购销合作，初步发挥了系统资源优势，为轮换购销开辟了一条有效途径。

企业人事、劳动用工和分配制度三项制度改革顺利推进，管理机制更具活力。总公司、分公司和直属库的三项制度改革严格执行“公平、公正、公开”的原则，改革平稳顺利推进。中国储备粮管理总公司围绕建立科学的决策机制、高效的执行机制和有力的监督机制，按照综合协调、业务管理和服务保障三大职能协调配合的要求，对总公司本部原有机构进行了调整，使机构设置更加适合企业特点和发展要求。在总公司本部、各分公司机关全面开展竞争上岗，优化人力资源配置，并初步建立了与绩效挂钩的薪酬分配办法。改革使企业管理机制更具活力，员工进取精神进一步得到激发，企业凝聚力更加增强。

（撰稿人：顾洪明）

国家开发投资公司

【概况】 国家开发投资公司成立于1995年5月5日，是国务院为推进投融资体制改革，批准成立的由中央直接管理的国有投资控股公司。

国家开发投资公司注册资本金58亿元，截至2004年底，公司通过投资部和全资子公司参股242家企业，其中控股61家，员工总数3万余人；资产总额799.24亿元，所有者权益183.93亿元，当年实现利润26.20亿元。

国家开发投资公司成立10年来，根据国家经济发展战略、产业政策和区域规划的要求，对国家基础性、资源性产业项目和高新技术产业项目进行控股、参股投资，通过股权经营，实现了国有资本的保值增值，为增强国家宏观经济调控能力，促进国有经济布局和结构的战略性调整作出了应有的贡献。

【业务经营】 2004年，国家开发投资公司紧紧围绕构建实业投资、金融服务、资产管理和咨询服务“四位一体”的业务框架，加大投资力度，累计完成长期投资23.5亿元，多项业务取得了历史性重大突破。

一是实业开拓力度空前加大，资源开发获得重大突破。

电力业务：国家开发投资公司通过理顺二滩公司的股权管理关系，有力地促进了雅砻江流域水电梯级开发；雅砻江流域锦屏一级、锦屏二级、官地、桐子林四个总装机1140万千瓦的梯级水电站前期工作全面展开；两台单机容量100万千瓦超超临界燃煤机组的天津北疆电厂，完成了工程项目核准所需的主体报告、专题报告和分项报告的评审工作；一批新建、扩建项目的前期工作正有序展开。截至2004年底，国家开发投资公司发电装机容量达到1646万千瓦，全年累计发电746亿千瓦时。国投华靖电力公司、二滩水电公司、国投大朝山水电公司、华夏电力公司等成为利润超亿元的企业。

煤炭业务：国家开发投资公司在国家确定的十三个大型煤炭基地内积极开发资源，分别与新疆和山西阳泉等地方政府签署了开发合作协议。国家开发投资公司所拥有的煤炭资源总储量已达135亿吨。同时，积极探索煤电一体化的运作模式，以独有的优势，发挥煤电运协同效应。强化安全生产管理，实现了经济效益和安全生产双丰收，全年生产原煤1300万吨，其中，国投新集能源、微山崔庄煤矿、国投郑州能源等投资企业实现利润均超过亿元。

港航业务：全年实现利润1.2亿元，创历史最好成绩。港口项目确权累计完成22.5亿元，占全部划转港口基金的56%。海南洋浦港吞吐量从上年的100万吨跃升到200万吨，首次实现盈利；改制规范后的张家港港成为利润过亿元的港口；远东航运公司抓住市场机遇，积极组织煤炭运输，实现利润突破4000万元。港航业务开拓取得重要进展，在环渤海地区取得龙口港开发主导权；控股建设镇江大港三期；积极参与发改委运煤“第三通道”课题调研工作；分别与京唐港、曹妃甸港达成了合作开发意向。

化肥业务：通过收购重组，成功控股新疆罗布泊钾盐公司，化肥业务实现了重大突破。拥有的钾盐资源工业储量占全国总储量的一半以上，五年内将形成120万吨硫酸钾生产能力，成为全国最大的硫酸钾生产基地。同时,提出了整合贵州瓮福磷肥等四大磷肥企业、做大做强磷肥产业的重组整合思路和方案。

创业投资:积极挖掘国债项目潜力,培育新的利润增长点,实现利润1.7亿元。深圳康泰生物制药进行了生产线改造;国投中鲁公司成功上市;在海正药业的股份实现12倍增值转让。

汽零业务:扬州亚普、长春海拉、沙市法雷奥等企业,继续在汽车油箱、车灯和车用空调领域中保持重要市场份额。在我国汽车工业平均利润率整体下降的情况下,国家开发投资公司汽车零部件业务盈利水平仍然较好。

二是金融业务取得历史性突破。国家开发投资公司成功收购了弘泰信托投资有限责任公司,组建了国投弘泰信托投资有限公司,成功控股非银行金融机构;与世界著名金融机构瑞银集团(UBS)共同组建了国投瑞银基金管理有限公司,成为中国加入WTO后首家外资持股比例达到49%的基金公司;作为董事单位参与渤海银行的组建工作。在证券市场持续低迷的情况下,短期理财保持了比较好的收益水平。

三是咨询业务实现了零的突破。中投咨询公司顺利组建,以过硬的队伍、一流的专业水平取得了火电、煤炭专业咨询国家资质,成为国家发改委委托投资咨询评估的35家咨询机构之一,并向投资咨询、工程咨询、管理咨询和工程监理为一体的综合性咨询业务方向发展。

四是资产管理业务取得了实质性突破。积极探索并成功迈出了立足市场、立足社会处置资产的坚实一步。并在国资委的信任与支持下,为共同探索国有经济产业布局与结构调整做了大量准备工作,国家开发投资公司以独特作用以及在资产处置上的业绩和表现,成为国资委第一家开展资产托管业务的公司,受托管理资产业务已进入实质性阶段。全面完成收缩任务,累计完成销号项目280个,处置资产20亿元,回收的资金有力地支持了公司主业的发展。

10年来,国家开发投资公司积极推进现代企业制度,大力进行结构调整,努力提高资产质量,增强盈利水平,大胆探索以资本为纽带的母子公司管理体制和经营机制,形成了独具特色的国有投资控股公司的经营理念、运行模式和管理经验,是我国最大的一家国有投资控股公司,成为中国国有投资控股公司的排头兵企业。近年来,国家开发投资公司认真总结管理创新的实践经验,《大型国有投资控股公司的资本经营》、《以流程控制为主的投资决策体系的构建与实施》相继获得第十届、第十一届全国企业管理现代化创新成果一等奖,成为连续两年获此殊荣的中央企业。

招商局集团有限公司

【概况】 创立于1872年的招商局是中国民族工商业的先驱,被誉为“中国民族企业百年历程缩影”,现为国家驻港大型企业集团、香港四大中资企业之一。进入新世纪以来,招商局集团在新的发展战略的指导下,立志创造招商局历史上的第三次辉煌。经过3年重组调整,目前主要从事交通运输及相关基础设施建设、经营与服务;金融资产投资与管理;房地产开发与经营等三大核心产业。在集中力量做强做大主业的产业政策指导下,各核心产业已经建立了颇有影响的行业地位:在港口业,招商局国际已发展成为中国领先的公共码头运营商、全球第三大公共码头运营商,拥有全国性的沿海集装箱主枢纽港战略布局,已进入香港恒生指数成份股行列;在远洋能源运输业,招商局拥有目前中国最大的远洋能源运输船队;在物流业,招商局是中国领先的现代物流服务商;在公路业,招商局是目前中国经营性收费公路企业中投资范围最广、参股公司最多的公路投资经营企业,也是唯一对经营性收费公路中的中央投资及收益进行集中管理的全国性跨区域中央国有企业,同时控股新加坡证券交易所最大的收费公路上市公司;在金融业,招商局是招商银行、招商证券的创办者和最大股东;在房地产业,招商地产已发展成为全国性品牌房地产开发商、中国一流的房地产上市公司。

2004年,招商局向创造第三次辉煌的宏伟目标扎实迈进，在经常性利润和核心产业拓展上，都取得了战略性的重大突破，并且在企业制度建设、文化建设上也取得了新的进展，集团的综合竞争力迈上了一个新的台阶。2004年，招商局集团在保证资产质量提高的基础上，很好地实现了国有资产的保值增值，资产保值增值率为126.91%。

【主要经济指标】 2004年，随着投资扩张，集团资产规模迅速扩大，年末总资产达到649亿元，比上年末增加120亿元，增幅为22.70%。年末集团净资产219.05亿元，比上年末增加46.45亿元，增幅26.91%，净资产的增长全部来自当年创造的利润。2004年，集团盈利再创历史新高，共实现利润总额61亿元，经常性利润53.92亿元，净利润43.1亿元，净资产利润率达到19.02%。经常性利润和核心产业利润已成为集团稳定的盈利主体，均占利润总额的90%以上。

2004年部分主营业务经营情况表

主营业务	业务指标	数量	单位
港口业务	港口集装箱吞吐量	1280	万标准箱
港口业务	港口散杂货吞吐量	3571	万吨
能源运输	原油运量	2902	万吨
金融业务	招商银行自营贷款余额	3738	亿元人民币
房地产开发	物业结转面积	26	万平方米
房地产开发	物业累计出租面积	850	万平方米
房地产管理	物业管理面积	1080	万平方米
物流业务	物流运输周转量	55792	万吨公里

招商局集团在我国国民经济运行中发挥着重要作用，在国际工商界具有广泛影响。

招商局集团总部部室11个，注册的各级全资、控股及重要参资实体公司228家，其中一级公司11家，集团下属公司中共有上市公司22家。招商局集团企业职工总数(从业人员数)为19599人。

【重大项目进展】 2004年是经营取得全面丰收的一年，也是集团核心产业拓展取得重大战略性突破的一年。集团全面完成投资计划，并且推动完成了一些筹划多年、酝酿已久的重大项目。这些重大项目的突破性进展，为集团核心产业的发展取得了新的资源和空间。

1. 港口业的拓展。2004年有两项重大突破，一是入股上海国际港务集团；二是重组控股南油集团。集团投资55.7亿元，成功入股上港集团，占股30%，成为上港集团的第二大股东。通过这项收购，集团基本完成了中国集装箱枢纽港网络的战略布局工作，对于巩固集团作为中国领先的公共港口营运商的地位和影响力具有重要意义。集团以增资扩股的方式成功控股南油集团，这对于全面完成深圳西部港口的整合，更好地发展集团在深圳的港口、物流业务，创造了条件，预计将产生可观的协同效应。2004年，集团还与深圳市签署了全面合作的战略框架协议，为集团日后在深圳的进一步发展奠定了基础。

2. 前海湾项目、光明南项目。成功地与深圳市正式签署了前海湾项目土地转让的一揽子协议，这为前海湾项目的成功开展，并为集团在深圳西部的战略性发展夯实了基础。汽车交易中心项目进行了深入的市场调研和项目推介工作。光明南项目已取得用地蓝线图，并展开了规划设计和工程前期准备等工作。

3. 能源运输业的重组与发展。能源运输业务上市工作按计划推进，完成了集团内部油轮资产的整合，并引入了中石化等战略合作伙伴，发起设立了招商局能源运输股份有限公司。根据上市及船队总体发展要求，投资订造了40万载重吨油轮。继中石化后，又扩大了与中化在原油运输方面的合作，为服务国家能源需要做了有益的探索。LNG广东项目已开始造船。

4. 地产业的发展。2004年，地产公司在对外拓展、加大土地储备方面取得了明显的成效，全年共在北京、重庆、深圳、苏州、天津等地获得土地116万平方米。

此外，招商局国际公路业务分拆上市也如期于2004年内完成。正是这些工作的有效开展，为集团未来可持续发展奠定了坚实的基础。

【法人治理结构】 持续改善业绩考核体系，提升企业经营水平。集团自2001年开始对高级管理人员进行系统的业绩考核(KPI)。2004年，集团已建立起相对规范、科学及制度化的考核体系，明确了集团与下属经营者的责权利边界，将市场竞争压力进行了合理的内部传递，对促进集团近年来经营业绩的提升起到了积极的作用。

推进年薪制改革。2004年，进一步完善了集团的薪酬分配体系，规范了各公司的分配行为，使得各公司的薪酬管理水平得到了进一步提升、薪酬管理的力度得到了进一步加强；通过薪酬制度改革方案的实施，集团已初步建立了公司高管人员的激励机制和薪酬管控机制。

【产权制度改革】 2004年度集团产权制度改革主要集中于产权转让工作。因资产优化、产业结构调整等需要，集团所属公司按有关规定对外转让所持有的11个项目股权。

【主辅分离辅业改制】 自2001年以来，集团进行了大规模的资产重组和产业结构调整，取得了明显成效。2004年，继续积极推进资产优化工作，提升集团资产质量，全年共清理公司64个，处置闲置住宅单位146套，完成重大项目18个，特别是一些历时多年、影响较大的重大项目取得突破性的进展。

【主要管理经验】 坚持规模、质量、效益均衡发展的指导思想，坚定地走培育核心产业之路；坚定地走专业化经营之路；坚定地走协调发展之路；坚持不懈地抓好经常性盈利的工作；坚持重视提高过程管理水平；坚持重视加强企业作风建设。

中国节能投资公司

【概况】 中国节能投资公司发展定位为节能环保领域全国最强最大的投资控股型集团公司，主营业务是节能环保领域的投资与资产管理。

公司主要产品和服务是向社会提供节能环保公共产品和公共服务，即通过运营和发挥国有资本在节能环保领域投资与资产管理的主导作用和辐射作用，为行业和区域经济提供能源节约、环境保护从规划、投资、建设、运营、管理及相关配套的一体化服务，推动国家节能环保领域的重大项目建设和产业结构调整，并高效有机地整合节能环保领域政策、技术、市场资源，发挥集团资产运作功能，贯彻实现国家发展循环经济、结构调整等宏观调控意图，弥补市场调节失灵。

公司现已形成较为完整的主业架构，功能完善的业务平台，产业链经营能力和较强的一体化服务能力，投资发展了一批实力强、规模化、专业化的节能环保（热电联产和资源综合利用、新能源和可再生能源、水务、固体废物处理、绿色照明、节能环保建筑材料、专业咨询）骨干企业和代表项目，在参与国家、地方和行业的节能环保开发与建设中，提供从项目调研、开发、技术装备引进，到投资、融资、建设、运营、管理、移交、软硬件配套及相关政策研究等完整意义上的一体化投资与资产管理服务。

按新制度，公司2004年度销售收入为64.15亿元。实现利润总额14963万元、总资产报酬率3.20%；净利润13169万元（含少数股东损益）、净资产收益率2.52%（含少数股东权益）。

【重大项目进展】 2004年公司对外投资的主要领域集中在节能环保主业，包括污水处理项目、固体废弃物处理项目、能源综合利用项目等，总投资近11亿元。

2004年开工建设一批节能重点项目，进一步巩固了公司在国内同行业的综合优势，投资建设潍坊热电项目，投建新疆托里100兆瓦风电场一期、张北满井100兆瓦风电场一期工程，并完成项目前期；天然气CNG项目建成加气站11座，并在海南、山东打开市场。

实施资源综合利用开发，对推动各地节能环保事业发挥重要作用。粉煤灰节能建材项目已累计建成年产销5.1亿块节能墙体标砖能力，实现经济效益1000万元，且环境效益明显，产品用于节能建筑700万平方米、年消纳粉煤灰27万吨、保护土地250亩；松藻煤矿2×150兆瓦、水江煤矿1×30兆瓦两座坑口煤矸石发电项目已如期建设。

实施城市固体废弃物无害化处理和环保水务开发，进一步确立公司在国内环保市场的领先地位。固废处理方面，建成运行了三峡库区规模最大的重庆同兴垃圾焚烧发电厂，新增投产了上海江桥垃圾焚烧发电二期扩建项目,奠基开工了国内乃至世界最大的生活垃圾焚烧处理项目——日处理量达3000吨的上海闵行垃圾焚烧厂,系统内建成和在建项目总计形成日处理城市生活垃圾达8000吨的能力。环保水务方面,下属中环保水务投资公司等,在厦门、南京、重庆、蚌埠、湘潭、苏州等大中城市开工新建或整合并购了一批大型水务项目,公司系统建成和在建项目预计可达到300万吨/日供排水处理能力。

实施循环经济园区示范和节能环保技术孵化工程。在杭州开工建设9.6万平方米节能环保科技孵化大楼列入杭州国家高新技术产业园区,投资建设的苏州国家环保科技园和吴中环保工业园、北京顺义环保科技园、深圳京能科技园一期等均已建成投入使用。中环公司承担的"有毒有害固体废弃物处理设备引进技术国产化及示范工程国债项目"通过验收,开发地方危险废物和医疗废物处理市场取得了阶段性进展。

在技术开发方面,总公司负责制定产业和技术发展方向,组织项目调研和筛选立项,二级公司负责科技开发的具体组织、实施和管理。2004年,投入研究开发的资金总额达1680万元。

【法人治理结构】 中国节能投资公司严格按照《中央企业负责人薪酬管理办法》管理企业负责人薪酬。根据该办法规定,节能公司7名领导班子成员(包括总经理、党委书记、副总经理、总会计师、纪检委书记)全部纳入中央企业负责人薪酬管理范围。接到国资委企业分配局对薪酬标准的批复后,公司依照核定的基薪按月发放薪酬,实现规范管理。企业负责人绩效薪酬待2004年经营业绩考核完成后,递延发放。

【产权制度改革】 中国节能投资公司积极实施以股份制改革和完善法人治理结构为主要内容的国有企业改革,大力推动公司总部向投资控股集团转型的工作进程。目前,公司要求系统内有条件的企业,要充分运用股份制这一国有经济的主要实现形式,积极吸引国内外战略投资者、优质民营资本进入节能环保产业,实现投资主体多元化。通过改革,引入新的资金、新的股东、新的业务资源、先进的管理机制、鲜活的企业文化、优秀的人才队伍、现代企业的经营理念,从而达到为企业注入活力、提升效益的作用。

【主要管理经验】 2004年中国节能投资公司坚持以邓小平理论和"三个代表"重要思想为指导,认真贯彻落实党和国家的一系列宏观经济决策和重大产业政策,按照国资委、国资委党委、监事会和公司工作会议提出的要求,坚持"改革、调整、创新、发展"的方针,以提升经济效益为中心,以实施低成本扩张、壮大控股规模、金融资本与产业资本互动、投资主体多元化为手段,以深化改革、调整重组、推动创新、强化监管、促进发展为着力点,努力提高增长的速度、质量和效益,主要经营指标创造了历史最好水平。2004年工作中,主要的成功管理经验有:

1. 以经营指标为核心,抓分解、抓落实,抓企业内部挖潜,提升经济效益,从全方位采取措施保证年度经营指标的实现。

2. 不断加大主业投资力度,推动公司主导产业的建设进展。2004年,先后新增投资,开工建设了一批节能、资源综合利用开发、城市固体废弃物无害化处理、环保水务开发重点项目,对推动各地节能环保事业发挥重要作用,巩固了公司在国内同行业的综合优势。

3. 按照公司战略规划、加大结构调整力度,优化公司产业结构、突出主业、区域布局结构取得新的成效。按照资产密集、资金密集、产业关联的原则,公司总部及各二级公司实施了一系列调整举措,努力提高资产集中度、业务集中度,在主导产业链横向扩张、纵向延伸的建设中获取规模效益和聚集效益。

4. 加大体制改革力度,推动公司向规范化的投资控股集团转型迈出新的步伐。按照国有资产管理体制改革要求,确保国有资产出资人职责权益层层到位,投资经营上要从长期拥有向阶段性持有转变,从产品经营、资产经营向资本运营升级,通过段性持股、股权转让、置换、变现和回购等资本运营手段,实现国有资本流动增值。

5. 加大产融资本互动力度,通过加强银企合作、充分发挥信托公司金融平台作用、资本市场直接融资和利用国外资金等方式,公司多渠道融资工作取得新的突破。

中国高新投资集团公司

【概况】 中国高新投资集团公司(以下简称“高新集团公司”)成立于1986年,实收资本29.39亿元。原为国家计委轻纺出口产品基建项目办公室,履行国家轻纺产品出口基地建设的政策性投资职能。1999年,国家发改委、财政部授权高新集团公司为高新技术产业化示范工程的国家出资人代表。2003年8月,高新集团公司吸收合并复兴浆纸有限公司后,成为国家计划单列企业集团。截至2004年底,拥有全资、控股公司20家、参股公司48家,资产总额41.8亿元。目前已形成高新技术产业投资、林浆一体化和资本经营三大主业,其中包括拥有自主知识产权的有色金属加工、不锈钢金属纤维、真空陶瓷、数控机床功能部件、生物制药、中药现代化、工程塑料、磁性材料、发光材料、精细化工、生物芯片等高新技术产业领域,以及国际贸易、仓储物流、房地产及景区开发等多个行业。

2004年完成主营业务收入18.9亿元,比上年增长15%。实现利润比上年增长38%。

【重大项目进展】 一是实施战略性重组,吸收合并复兴浆纸公司。为加快实现高新集团公司发展成为国家重要骨干企业的战略目标,按照国资委有关加强中央企业战略性重组、增强国有经济的控制力、带动力和影响力、做大做强主业、培育一批具有国际竞争的大公司大企业集团的指示精神,吸收合并了同属国资委管理的复兴浆纸有限公司,同时承继国家重点林浆一体化建设项目。截至2004年底,高新集团公司已完成了项目可行性研究报告和环境影响评价报告的编制、报审程序,开展了合作意向谈判和项目总体实施方案论证等工作,启动了配套林业基地建设、项目设计、设备和服务供应商选择等前期筹备工作。二是加大资本经营力度,高新张铜股份公司上市工作取得突破进展。高新张铜股份公司是国内生产规模和占有市场份额最大的铜管制造企业。2001年12月,完成整体股份制改制。2002年3月,进入辅导期。2003年6月,完成江苏省证监局的辅导验收。2003年10月,上报国家证券委申请发行A股股票。2004年7月,通过了国家证券委发审委审核。目前正等待批准发行。三是贯彻落实国资委要求,完成清产核资工作。按照国资委关于中央企业开展清产核资工作的要求,2004年6月,高新集团公司向国资委上报了《中国高新投资集团公司清产核资工作报告》,报告提出了公司申报待核销净损失的处理预案和清产核资工作完成后建立核销资产的“账销案存”的具体措施。四是明确发展方向,着手编制高新集团公司2006～2010年发展规划。根据《关于开展中央企业发展战略与规划编制工作的通知》文件精神,集团公司董事会决定启动2006～2010年发展战略与规划和2010远景发展目标编制工作。规划编制工作将紧紧围绕中央关于深化国企改革的有关精神,准确把握国资委提出的加强企业发展战略和规划管理的指导意见,切实增强规划编制的前瞻性、科学性和可操作性。五是提高竞争力,扩张仓储物流项目经营规模。宁波保税区仓储物流项目扩建后,经营面积将达到25万平方米,居于宁波物流业的龙头地位。该项目计划2005年9月竣工并投入使用,物流业务可辐射浙江及福建、江西、安徽等省的部分地区。

【法人治理结构】 一是组织结构框架。总部设有两室六部,分别是党委办公室、总经理办公室、人力资源部、综合业务部、资金财务部、投资银行部、高技术项目部、实业部。二是进行董事会试点工作。2004年,国资委确定高新集团公司为中央企业董事会试点单位之一。按照国资委关于董事会试点工作的指示精神,高新集团公司修订了《高新公司章程》、《高新公司工作规则》、《董事会会议制度》和《总经理办公会议制度》等文件。同时,按照现代企业制度要求,不断深化全资、控股公司法人治理结构改革,基本形成了下属公司股东会、董事会、监事会、经理层各负其责、有效制衡、协调运转的公司治理机制。三是开展经营业绩考核工作。多年来,高新集团公司通过与各下属公司负责人签订经营目标责任书的方式,初步建立了国有资产绩效评价考核机制。随着国资委对中央企业年度和任期经营业绩考核工作的深入开展,有力促进了高新集团公司业绩考核管理水平的提高。依据国资委颁布的《中央企业国有资产经营业绩考核办法》并结合高新集团公司业务发展目标和特点，修订了《高新集团公司业绩考核管理办法》，《办法》进一步明确了下属公司的责任主体，规范了业绩考核程序，增设了业绩考核指标，并对强化下属公司运行的跟踪监控、指标结果确认和指标评分方法提出了较为科学、可行的办法。四是加强企业负责人管理。按照国资委关于加强中央企业负责人和企业员工收入分配调控方面的指示精神，坚持效率优先、兼顾公平、维护稳定的原则，《高新集团公司业绩考核管理办法》重点完善了各企业负责人的薪酬管理，基本形成了企业负责人收入与责任、贡献和效益挂钩联动的分配调控机制。

中国国际工程咨询公司

【概况】 中国国际工程咨询公司(简称中咨公司)成立于1982年8月，是国资委管理的国有重要骨干企业。现任总经理(法定代表人)、党组书记包叙定。

中咨公司是国内成立较早、规模最大的综合性工程咨询机构，为中央政府在许多重大建设项目的投资决策和实施管理，为国家有关部门制定宏观经济政策、投资政策及区域、产业和重点产品发展政策等领域发挥了重要的参谋作用，同时也为各省(区、市)、地区、企业、银行等各类用户提供了大量的咨询服务。

中咨公司具有甲级工程咨询、工程设计、工程监理、工程招标代理、工程造价、信息系统工程监理及信息系统集成等专业资质，并于2000年12月通过了ISO9001质量体系认证；在国家工商行政管理总局注册，注册资金5.2亿元；公司还在世界银行、亚洲开发银行、非洲银行登记。公司本部现有职能部门18个，职工300人。公司现有子公司、控股公司、合资公司8家。

业务范围：承担为政府和国家有关部门制定宏观经济政策，投资政策，区域、产业、重点产品发展政策等，提供政策咨询服务；在工程咨询方面，进行投资机会研究、预可行性研究、可行性研究、项目评估、专题研究、工程设计及设计咨询、造价咨询、招标代理、工程监理、项目管理、中期评价、工程验收及工程审计、后评价；承担地区规划、行业规划和管理咨询等业务。

2004年，公司围绕国家经济建设形势需要，坚决贯彻落实宏观调控政策，坚持以为政府科学决策提供优质、高效的咨询服务为中心，加强业务组织和管理，集中力量、突出重点、提高效率、狠抓质量，做好国家重点项目咨询评估工作，全年共完成各级政府和企业等各类客户委托的咨询业务1286项，涉及项目投资总额2.4万多亿元。

为体现国家“有保有压”的调控方针，公司加强了基础设施项目咨询服务力度，仅在煤、电、油、运等基础设施方面，就完成了装机规模9172万千瓦电源、6845万吨煤矿开采能力建设项目评估任务，分别比2003年增长11%和31.5%；完成了7115公里铁路、2418公里高速公路、9个机场、2225万标准集装箱和1.5亿吨货物吞吐能力的港口建设项目评估；完成新增炼油能力2100万吨、新增乙烯能力240万吨以及2584公里原油管线、1198公里天然气管线和1336公里液化天然气管线项目的评估工作。为有效缓解制约经济发展的瓶颈作出了积极贡献。

2004年公司承担的对国民经济和地区社会发展有重大影响的项目较多，比如南水北调东线和中线工程、绕月探测工程、造船基地建设、哈萨克斯坦—中国原油管道、广东阳江百万千瓦压水堆核电站、武汉至广州及郑州至西安铁路客运专线、上海浦东机场扩建、三峡库区地质灾害防治、全国病险水库除险加固、奥运场馆建设等。这些项目投资巨大、涉及面广、关系复杂、工作难度大，公司给予了高度重视，评估中注重项目对经济安全、资源利用、生态环境、优化布局、公共利益等方面的影响，认真处理好宏观与微观、长远规划与近期发展的关系，扎扎实实地做好调研和论证工作，实事求是地提出切实可行的咨询意见和建议，为国家重大项目的实施解决了诸多疑难复杂问题。

【主要经济指标】 公司全体职工团结一致，奋力拼搏，业务工作取得新成绩，管理和改革工作取得新进展,圆满实现了年初确定的各项目标。

业务完成量迈上新台阶。2004年公司接受各类咨询任务1892项,比上年增长13.5%。完成了一大批对国民经济、社会发展和国防建设有重大影响的项目以及一批重要课题研究。

业务收入继续保持增长。2004年全公司实现营业收入46371万元,实现利润总额3375万元。

国有资产实现保值增值。2004年度国有资本保值增值率为102.08%,其他主要经营指标见下表:

指　　标	2004年	比上年增长(百分点)
国有资本保值增值率(%)	102.08	0.28
净资产收益率(%)	2.09	0.32
主营业务利润率(%)	27.6	-2.33
盈余现金保障倍数	—	—
资产负债率(%)	27.58	4.57

【主要管理经验】 为适应投资体制改革和国有资产监管体制确立的新形势、新要求,公司以建立现代企业制度为目标,以适应两大体制改革要求,进行了公司组织机构和分配制度的两大改革。

1. 以全面提升市场竞争力为目标,实施组织机构改革。一是强化业务管理机构,精简压缩管理部门,将原有的8个管理部门压缩为4个;二是调整、充实业务部门,针对业务发展需要,新成立了政策研究、招标代理、项目管理及信息化咨询四个业务部;三是落实部门负责人经营责任,建立了有效激励机制,调动了各级人员的积极性。

2. 以实现有效激励为目标,实施分配制度改革。建立以岗位为基础的薪酬制度,实现有效的工资总额控制,实行固定收入与岗位挂钩、浮动收入与完成业务情况和公司效益挂钩,初步建立起符合现代企业制度、具有中咨公司特色的新型收入分配体制。

公司这次改革是以全面适应社会主义市场经济体制为战略取向,总体设计、配套建设、改革体制、创新机制,初步确立了公司面向市场、协调运转的组织架构和管理模式,为实现公司的战略转型奠定了坚实基础。一年来的实践证明,这次改革是及时的、正确的、有效的。

中谷粮油集团公司

【概况】 中谷粮油集团公司(以下简称"中谷集团")是国资委监管的大型粮食流通企业,主要从事粮油及饲料的国内国际现货和期货贸易、仓储、加工、中转运输、科技开发和工程承包等。

2004年粮油市场行情急剧变化,部分粮油企业遭受重创。在这样的情况下,中谷集团继续坚持做强做大主业、提高核心竞争力的战略方针,通过加大实业投入、整合优化资源配置、加强市场分析预测、完善内部管理流程、不断扩大国际交流与合作等手段,经受住了市场考验,取得了较好的经营成果。

2004年,中谷集团完成粮油商品经营量1013万吨,同比增长6.4%;实现销售收入134.36亿元,同比增长6.96%;实现进出口总额10.15亿美元,在2004年中国进出口额最大的500家企业中名列第113位;实现税前利润6977万元,资产的保值增值率为109%,完成了国资委下达的指标。

【生产经营】

1. 粮油贸易。面对2004年粮油市场变化和市场风险增大的形势,中谷集团通过多种形式,认真分析判断市场走势,适时地调整了经营策略。同时通过优化购销网络、规范粮食收购销售流程、加强贸易与储备和加工的结合等措施,千方百计降低成本,完善资金安全管理,化解贸易风险,保证了粮油贸易的顺利开展。

2. 实业加工。2004年中谷集团的粮油加工能力得到进一步提升。其中:油脂油料年加工能力达到136万吨,形成了从初榨、精炼到小包装功能较为完整、具有相当规模的油脂油料加工产业链;同时,中谷集团的两个大米加工厂也相继建成投产,年加工能力达到11万吨,填补了中谷集团粮食加工的空白。随着粮油加工实业项目陆续投产,中谷集团"香谷坊"系列产品在2004年投放市场。

3. 储备粮管理。中谷集团代储中央储备粮油的管理工作做了进一步规范和加强，得到了财政部、国家粮食局和中国储备粮管理总公司的认可和好评。2004年，结合贯彻《中央储备粮管理条例》，《中谷粮油集团公司国家储备粮库"规范化管理达标粮库"考核办法》于2004年正式印发执行，使规范化管理制度化、日常化。2004年，中谷集团承储的187.4万吨中央储备粮和6万吨储备油，全部达到国家要求，宜存率达到100%。在储备轮换中，为适应市场变化，中谷集团及时果断地调整了轮换方式，控制了轮换风险，降低了轮换成本，取得了较好的经济效益。

4. 国际交流与合作。2004年，根据实施"走出去"的战略指导方针和集团公司发展的实际需要，中谷集团积极与巴西、缅甸、越南等国政府的相关部门和有关企业进行接洽，商讨进行项目投资合作事宜。中谷集团巴西公司已在巴西注册，与缅甸企业合作生产碾米设备项目达成了合作意向，为越南国家粮食储备库建设提供工程技术咨询和设备供货合作项目也取得较大进展，从而为中谷集团利用国外资源、发挥自身优势、提升整体实力开辟了新的渠道。

5. 内部管理。(1)清产核资和依法保护企业合法利益。2004年，按照财政部、国资委清产核资统一部署，中谷集团对所属74家企业的资产进行核查清理，共核销资产损失2.9亿元。与此同时，中谷集团继续在处理积压案件、解决经济纠纷方面加大力度，共收回涉案资金或资产2.14亿元，免除经济责任2.48亿元。经过清产核资和依法处理历史遗留经济案件，中谷集团进一步夯实了资产，卸掉了部分历史包袱，企业发展后劲得到了增强。

(2)产业链整合。2004年，中谷集团重点整合了油脂、油料产业链，将从事油脂油料贸易、加工的4家子公司的资产、业务、人员进行全面整合，集国内国际贸易、加工、销售为一体的油脂、油料产业链初步形成。

(3)风险控制。中谷集团开展了以业务合同、对外投资、对外担保、资金、存货、期货、贸易及证券业务为主要内容的经营风险大检查。通过检查，及时发现了经营管理中存在的问题，规范了经营管理流程，加强了企业管理执行能力，进一步完善了风险控制防范机制。在此基础上，中谷集团还多次开展了各种法律培训，提高了经营人员依法经营和用法律保护自身利益的能力。

【重大项目进展】

根据中谷集团积极发展实业加工和完善粮油物流体系的战略要求，2004年，中谷集团的各项重大建设项目都取得了较大进展。

1. 实业加工项目：总投资1577万元的中谷集团安徽粮油有限公司合肥精米加工厂项目(一期工程，225吨/日)于2004年7月正式投产，到2004年末加工稻谷3.3万吨；总投资865万元的东莞中谷油脂有限公司250吨/日成品油小包装项目于2004年5月开工，2004年底完成投资522万元；总投资3241万元的东莞中谷油脂有限公司600吨/日精炼扩建工程项目2004年底共完成投资3195万元；总投资9981万元费县中植油脂有限公司800吨/日花生仁项目到2004年底共完成投资8149万元。

2. 物流项目：总投资500万元安徽中谷国家粮食储备库站台仓项目于2004年10月开工，到2004年底已完成投资164万元；总投资3900万元的浙江中转库项目2004年正式立项。

中国华孚贸易发展集团公司

【概况】 2004年，中国华孚贸易发展集团公司在国资委和国务院驻集团监事会的正确领导和有力指导下，在国家有关部委的大力支持和帮助下，集团各子公司和全体职工以"三个代表"重要思想和科学发展观为指导，认真贯彻落实国资委的业绩考核指标和各项工作要求，按照集团公司确定的"三条主线、三个重点"的工作任务与具体目标，积极进取，稳健发展，各方面都得到了可喜成绩，呈现出销售收入和利润总额较大幅度增长，各项业绩考核指标全面完成，国有资产得到保值增值的良好局面。

【主要经济指标】 按可比口径计算，2004年度中国华孚贸易发展集团公司实现销售收入 39.4 亿元，比 2003 年度增长 33.6%；实现利税总额 4684 万元，比 2003 年度增长 39.5%；利润总额完成 1276 万元，比 2003 年度增长 1.06 倍。全年销售食糖 136 万吨，比上年增加 12.3 万吨，增长 9.9%；屠宰生猪 35.5 万头，比上年增加 10.9%。由集团和日方合资连锁经营的华堂商场 2004 年实现销售款 14.9 亿元，实现利润 5500 万元，分别比上年增加 24% 和 1.37 倍。国资委考核我集团的利润总额、净资产收益率、三项费用占主营收入比重和流动资产周转次数等 4 个业绩考核指标均全面完成。

【重大项目进展】 总投资额 2.35 亿元的国家直属储备糖库新建及改扩建项目取得重要进展。新建宁波直属糖库、青岛直属糖库完成前期工作，为 2005 年开工作好准备。廊坊、天津（西营门）、武汉（滠口）等直属糖库的改扩建工程基本完工。

利用国债贴息贷款技改项目提升“中食”牌放心肉的生产能力，同时进行中糖物流建设、开发生产小袋糖。2004 年这两个项目进展顺利，生猪屠宰加工项目进入实施阶段，物流项目进入起步阶段，“中糖”牌小袋糖达到生产 5000 吨的生产能力，比上年增加 2.5 倍。华孚集团自有品牌在市场的影响逐步扩大。市场份额增加，被越来越多的消费者所接受。

2004 年 9 月 26 日，集团公司下属国内贸易工程设计研究院举办了成立 50 周年纪念活动。作为全国流通基础设施（食品加工、常温库、低温冷库、石油储运、超市、批发市场等）建筑设计、工程承包和监理等专业技术力量最强、历史最悠久的综合性科研工程机构，截至 2004 年底，全院培育出全国设计大师 2 人，部级专家和享受政府特殊津贴的专家共 32 人，教授级高级工程师 51 人，高级工程师 240 余人，有国家一级注册建筑师、一级注册结构工程师 42 人，注册监理、造价工程师和审核员、施工项目经理等各类国家注册资格人员 40 多人。全年签订合同 127 个，完成经营收入 1.16 亿元，完成 37 亿元基建投资额的设计、咨询、工程承包和监理业务。2004 年该院跻身全国勘察、设计百强之列（排名第 73 位）。

集团公司下属中国糖业酒类集团公司主办的全国糖酒商品交易会，是全国规模最大、影响最大的国内商品交易会之一，每年春秋举办两届。每届交易会的客商超过 10 万人。2004 年春季交易会在四川成都举行，秋季交易会在吉林长春举行，分别成交 108 亿元和 120 亿元，促进了全国糖酒商品的交易流通和食品行业的发展。

集团公司下属国贸食品科学研究所 2004 年克服分散多处办公带来的不便，努力完成国家质检总局下达的任务和 57.3 万吨出库储备糖的质量检测工作，检测和研发业务基本没有受到影响。特别是在年底解决了困扰多年的办公用房问题，顺利完成了房屋购置、装修等工作，为下一步发展打下了良好的基础。

华堂商场 2004 年的销售额达到 14.9 亿元，实现利润 5500 万元，分别比上年增加 24% 和 1.37 倍，呈现出良好的发展态势。年底在大兴开设了第四家连锁商场。参股的成都洋华堂已开店两家并实现盈利。

集团公司参股经营的中日合资 7-11 便利连锁店自 2004 年 4 月 15 日开设第一家门店以来，发展很快，已经在北京东部城区开设了 10 家店，得到北京市民的认同。

集团和各企业领导高度重视安全生产工作，落实国务院通知和中央企业安全生产工作会议精神，严格执行国家有关规定，层层落实安全生产岗位责任制，并加强监督检查，确保了职工生命和企业财产的安全。

挂靠在集团各企业的制冷、肉类、蔬菜和副食、酒类等行业协会，积极开展经济、技术和信息交流服务活动，做了大量工作，也为扩大华孚集团影响和增加企业实力起到了积极作用。

【政策性业务】 2004 年集团的政策性业务工作量大，时间紧，要求高，但集团上下紧密配合，克服困难，取得了新成绩。46 万吨进口古巴糖直接入储，使国家储备糖在库规模一度达到历史最高水平。下半年，按国家部署，集团公司下属华商储备商品管理中心分 5 批向市场拍卖 57.3 万吨国家储备糖，包括 2002 年、2003 年收储的 38 万吨国产成品糖，出库平抑糖价，稳定了市场，保护了糖农和制糖企业的利益，调控效果明显，出色地完成了国家下达的任务。首次启用华商中心开发的远程电子交易网进行拍卖交易，提高了效率，增加了透明度，节省了费用，受到国家有关部门的肯定和经营者的欢迎。国家储备肉猪牛活体储备增加更新出入库(栏)次数,2004 年实际规模达到 13.95 万吨,为历史最高水平。国家储备肉在抗击禽流感、部分地区救灾等稳定市场,保障供应中显示了重要作用。

【企业管理】 2004 年,国资委对集团公司领导人员实行经营业绩考核责任制,同时,集团公司也建立了对子公司经营班子的经营业绩考核体系与年薪制管理办法,出台了相应的考核办法。根据财务决算结果决定对子公司经营班子的奖惩,使经营业绩与个人收入直接挂钩。

中国华孚贸易发展集团公司把深化企业人事、劳动、分配三项制度改革作为目前企业改革的重点工作来抓,结合集团公司内部资源的优化整合、重组,坚持以改革统领全局,通过改革促进发展、保持稳定。2004 年上半年,集团所属华孚商贸有限公司、北京中商铁菜蔬有限公司两家子公司合并重组为华孚中商铁菜蔬有限公司,以重组为契机,进行“三项制度”改革试点。具体采取企业领导班子成员民主推荐,中层干部竞争上岗,职工双向选择,部分职工解除劳动合同,身份置换、办理内退等改革措施,精简了管理机构和人员,初步做到了管理人员能上能下,职工能进能出,转变了观念,增强了竞争意识和风险意识,在集团内引起了强烈反响。在总结试点企业经验做法的基础上,从 2004 年 11 月开始,“三项制度”改革在集团本部及各子公司全面推开。

中国诚通控股公司

【概况】 中国诚通控股公司(以下简称“中国诚通”)成立于 1992 年,是国务院国有资产监督管理委员会管理的大型企业集团,主营业务为资产经营管理、综合物流服务和生产资料贸易。截至 2004 年底,拥有员工 1.8 万人,管理资产总额达 170 亿元,二级子公司 10 家,三级子公司 46 家。全年物流业务完成货物吞吐量 4300 万吨,完成营业收入 96.6 亿元,共计实现利润 2.09 亿元。在 2004 年中国企业 500 强排名中列 193 名,服务业 500 强中列 82 名,物流及仓储服务业中列第 2 名,在国资委 2004 年绩效考核中被评为 B 级。2004 年 6 月,国资委确定中国诚通与神华、宝钢等 7 家企业作为国有独资公司建立和完善董事会试点企业。

【主要经济指标】 截至 2004 年 12 月 31 日,中国诚通实现营业收入 96.6 亿元,比上年增长 42.9%;实现利润总额 2.09 亿元,增长 329.94%,提前实现了集团 2002 年提出的 5 年内利润实现翻两番的发展目标。这一历史性的突破对集团发展具有里程碑意义,实现了较好的经济效益和良好的社会效益。

1. 从主营业务收入的构成状况看,购销、物流业务居于主导地位。其中购销业务实现收入 78.8 亿元,比上年同期增长了 23.4 亿元,占集团 2004 年主营业务收入总额的比例为 82%。物流业务实现收入 10.5 亿元,比上年同期增长了 3.1 亿元,占集团 2004 年主营业务收入总额的 11%。

2. 截至 2004 年底,资产总额为 80.23 亿元,与 2003 年相比增加了 4.52 亿元,增幅达 5.63%,主要增加项目是应收款项、预付款项和存货项。负债总额为 41.02 亿元,资产负债率为 51.13%,其中流动负债为 38.85 亿元,占负债总额的 95%,速动比率 100.02%,流动比率 120.99%,负债比例合理,偿还能力强,在同行业处于控制较好水平。

3. 国有资本保值增值情况。中国诚通为国有独资公司,全部所有者权益都为国家所有者权益。2004 年年末国家所有者权益 31.1 亿元,上年同期国家所有者权益为 28.9 亿元,本期增加 2.2 亿元。剔除客观因素后,集团的国有资产保值增值率为 107.69%,与相关行业相比,国有资产保值增值率较为理想。

【重大项目进展与年度重大事项】 2004 年 6 月,国资委确定中国诚通与神华、宝钢等 7 家企业作为国有独资公司建立和完善董事会试点企业。

2004 年,中国诚通董事会制定集团《发展战略纲要》,提出集团未来 5 年发展目标,即:到 2008 年,集团实现年度营业收入 200 亿元,利润总额 3 亿元,人均收入 5 万元。整个集团实现股权多元化、分配业绩化、用工市场化、管理科学化,成为行业领导者。

2004 年,中国诚通不断完善公司治理结构,致力于增强公司透明度,按照上市公司要求编制了公司年报并在集团网站公开披露。

【法人治理结构】

1. 董事会。2004年6月,中国诚通被列为国资委首批7家中央企业建立和完善国有独资公司董事试点企业之一。按照试点工作要求,中国诚通重新组建了董事会,率先制定出公司治理的整套制度。2004年,中国诚通共召开16次董事会,审议了44项议题,包括审核公司发展战略;审议集团2003年财务决算和2004年预算方案;研究选聘经理层和二级公司负责人;审议高管薪酬方案;研究董事会建设工作;审议二级公司重组改制方案;审议重大投融资事项等事项。董事会形成纪要16期,形成决议30项。

2. 监事会。中国诚通监事会是国资委派驻企业的监督机构,代表出资人对企业经营管理及企业经营效果进行独立的监督和评估。依照国资委监事会换届轮换机制,国资委派驻集团新一届监事会38办于2004年2月份进驻中国诚通,履行监督职能。

3. 经营班子。中国诚通经营班子是集团经营管理机构,负责执行董事会决议,由总裁、副总裁、总会计师组成,实行总裁办公会议制度。

【产权制度改革与主辅分离辅业改制】 截至2004年年末,中国诚通60%以上主营资产已进入上市公司。拥有中国诚通发展有限公司(香港主板上市公司,股票代码:0217)和中储发展股份有限公司(上交所上市公司,股票代码:600787)等多家上市公司。旗下中国物资开发投资总公司、新华通投资发展有限公司和中国新元资产管理公司主要从事资产经营管理业务,在并购重组和不良资产处置方面积累了丰富经验。

【主要管理经验】

1. 利用物流网络优势,注重挖掘自身实力。中国诚通拥有遍布全国中心城市和交通枢纽城市的大中型仓储物流中心网络,仓储占地总面积1500万平方米,是中国最大的仓储物流企业。近年来,中国诚通成功实现了从传统仓储企业向现代物流企业转变,在全国建起规模最大、遍布最广的现代物流中心,形成了集仓储、运输、加工、分销等供应链管理的综合物流服务功能。中国诚通采取现代金属分销模式,在全国各地建立了20多家大型生产资料现货交易市场,年交易额近1000亿元,并在集团网站公开发布了“诚通钢材现货市场交易价格指数”。

2. 树立客户至上意识,打造品牌优势。为加快向具有国际先进水平现代物流企业集团转变进程,中国诚通不断提升管理和运营水平,提供物流、贸易与分销服务、质押监管等配套及延伸服务,积极寻求建立战略合作关系,较好地满足了客户多元化、个性化的需要,从而建立起庞大、稳定的客户群,在海内外业界和社会上均有着良好的品牌效应,在社会上和广大客户中树立了较高的企业信誉。

3. 不断探索新型业务模式,增强业务拓展能力。“仓单质押融资”新型业务模式,既可以帮助客户解决期间的临时资金周转,也可向上端拓展为生产方提供“买方信贷”等积极的金融服务业务;培育中的“再生资源业务”,正在供应链的下端探索资源的回收利用,积极开展“循环经济”业务;发展中的现货市场正在积极改造、提升功能,向具有现代服务业特征的“商务区”演变。

4. 积累经验,提高资产运营能力。中国诚通下属中国物资开发投资总公司集聚了一批熟悉资本市场运行规则、有较丰富投行业务经验的人才,是集团研究资本市场和金融服务业务,研究企业并购及业务整合重组的专业队伍。新华通公司是国内最早从事不良资产处置业务的公司之一,参与了近60亿元人民币不良资产的处置,先后与通用、美林、摩根斯坦利、摩根大通等国外投资者合作,具有项目招标、不良资产商业化运作的经验。中国新元资产管理公司是集团专事非主业资产、不良资产的平台公司,在企业破产清算、资产运营等方面积累了一定的经验。中国诚通正在积极探索市场化运做不良资产的有效途径,力争在国有经济结构调整和中央企业重组中发挥应有的作用。

(撰稿人:常学智)

附表:1. 国有资本保值增值情况表
2. 资产负债表
3. 利润及利润分配表
4. 现金流量表
5. 所有者权益(或股东权益)增减变动表

附表 1

国有资本保值增值情况表

2004 年 12 月 31 日

编制单位:中国诚通控股公司　　金额单位:万元

项　　目	金　额
一、年初国有资本及权益总额	288769.17
二、本年国有资本及权益增加	22412.76
(一)国家、国有单位直接或追加投资	0.00
(二)无偿划入	435.58
(三)资产评估增加	13784.25
(四)清产核资增加	0.00
(五)产权界定增加	0.00
(六)资本(股票)溢价	0.00
(七)接受捐赠	0.00
(八)债权转股权	0.00
(九)税收返还	0.00
(十)补充流动资本	0.00
(十一)减值准备转回	0.00
(十二)会计调整	1076.00
(十三)中央和地方政府确定的其他因素	55.00
(十四)经营积累	7061.93
三、本年国有资本及权益减少	195.59
(一)经国家专项批准核销	0.00
(二)无偿划出	0.00
(三)资产评估减少	0.00
(四)清产核资减少	0.00
(五)产权界定减少	94.43
(六)消化以前年度潜亏和挂账而减少	0.00
(七)因自然灾害等不可抗拒因素减少	0.00
(八)因主辅分离减少	0.00
(九)企业按规定上缴红利	0.00
(十)资本(股票)折价	0.00
(十一)中央和地方政府确定的其他因素	52.75
(十二)经营减值	48.41
四、年末国有资本及权益总额	310986.35

附表 2

资 产 负 债 表

企财 01 表

编制单位:中国诚通控股公司　　2004 年 12 月 31 日　　金额单位:万元

项　　目	行次	年初数	年底数
货币资金	1	143014.29	118796.10
短期投资	2	6251.47	31006.41
应收票据	3	12615.07	8824.30
应收股利	4	0.00	75.42
应收利息	5	0.00	0.00
应收账款	6	28139.13	28712.40
其他应收款	7	70656.87	72020.66
预付账款	8	120098.45	127518.97
期货保证金	9	1450.21	632.18
应收补贴款	10	0.00	0.00
应收出口退税	11	54.33	11.40
存货	12	53625.11	81441.31
其中:原材料	13	2244.81	1200.11
库存商品(产成品)	14	39702.23	49078.60
待摊费用	15	937.99	900.16
待处理流动资产净损失	16	0.00	0.00
一年内到期的长期债权投资	17	0.00	0.00
其他流动资产	18	722.98	52.84
流动资产合计	19	437565.90	469992.13
长期投资	20	79476.12	65519.16
其中:长期股权投资	21	79471.62	65519.16
长期债权投资	22	4.50	0.00
*合并价差	23	17.07	321.10
长期投资合计	24	79493.18	65840.26
固定资产原价	25	296907.54	310755.91
减:累计折旧	26	78625.21	82126.97
固定资产净值	27	218282.33	228628.93
减:固定资产减值准备	28	4270.09	5399.31
固定资产净额	29	214012.24	223229.62
工程物资	30	0.00	0.00

续表

项　　目	行次	年初数	年底数
在建工程	31	8289.47	19773.86
固定资产清理	32	0.72	0.00
待处理固定资产净损失	33	0.00	0.00
固定资产合计	34	222302.43	243003.49
无形资产	35	16799.29	22513.26
其中：土地使用权	36	13290.91	11147.99
长期待摊费用(递延资产)	37	906.21	641.89
其中：固定资产修理	38	0.00	0.00
固定资产改良支出	39	0.00	0.00
其他长期资产	40	0.00	260.00
其中：特准储备物资	41	0.00	0.00
无形资产及其他资产合计	42	17705.51	23415.15
递延税款借项	43	0.00	0.00
	44		
	45		
资产总计	46	757067.02	802251.03
短期借款	47	84692.35	88301.81
应付票据	48	96963.62	104071.01
应付账款	49	29716.37	36844.36
预收账款	50	58768.29	38231.91
应付工资	51	1619.08	2649.13
应付福利费	52	2082.65	3073.80
应付股利(应付利润)	53	332.94	273.79
应付利息	54	0.00	0.00
应缴税金	55	1447.38	3649.81
其他应交款	56	259.67	296.16
其他应付款	57	103630.10	104700.80
预提费用	58	988.93	1121.86
预计负债	59	0.00	3488.09
递延收益	60	0.00	0.00
一年内到期的长期负债	61	897.12	1745.44
其他流动负债	62	41.73	20.00

续表

项　　目	行次	年初数	年底数
流动负债合计	63	381440.25	388467.96
长期借款	64	4355.22	16262.91
应付债券	65	0.00	0.00
长期应付款	66	18781.77	1999.16
专项应付款	67	640.00	2744.71
其他长期负债	68	0.00	0.00
其中:特准储备基金	69	0.00	0.00
长期负债合计	70	23776.99	21006.78
递延税款贷项	71	1091.28	701.94
负债合计	72	406308.52	410176.68
*少数股东权益	73	61989.33	81088.01
实收资本(股本)	74	254910.87	256016.56
国有资本	75	254910.87	256016.56
集体资本	76	0.00	0.00
法人资本	77	0.00	0.00
其中:国有法人资本	78	0.00	0.00
集体法人资本	79	0.00	0.00
个人资本	80	0.00	0.00
外商资本	81	0.00	0.00
资本公积	82	110239.79	124452.16
盈余公积	83	0.00	0.00
其中:法定公益金	84	0.00	0.00
*未确认的投资损失(以"-"号填列)	85	-8840.19	-8843.70
未分配利润	86	-67541.30	-60638.67
其中:现金股利	87	0.00	0.00
外币报表折算差额	88	0.00	0.00
所有者权益小计	89	288769.17	310986.35
减:未处理资产损失	90	0.00	0.00
所有者权益合计(剔除未处理资产损失后的金额)	91	288769.17	310986.35
负债和所有者权益总计	92	757067.02	802251.03

附件 3

利润及利润分配表

企财 02 表

编制单位:中国诚通控股公司　　2004 年度　　金额单位:万元

项　　目	行次	上年实际数	本年实际数
一、主营业务收入	1	676193.81	965804.84
其中:出口产品(商品)销售收入	2	0.00	0.00
进口产品(商品)销售收入	3	0.00	28296.39
减:折扣与折让	4	0.00	3875.15
二、主营业务收入净额	5	676193.81	961929.70
减:(一)主营业务成本	6	624782.12	895700.43
其中:出口产品(商品)销售成本	7	0.00	0.00
(二)主营业务税金及附加	8	2780.15	3844.24
(三)经营费用	9	0.00	0.00
(四)其他	10	0.00	0.00
加:(一)递延收益	11	0.00	0.00
(二)代购代销收入	12	27.60	0.00
(三)其他	13	3.82	0.00
三、主营业务利润(亏损以"-"号填列)	14	48662.95	62385.03
加:其他业务利润(亏损以"-"号填列)	15	4165.33	3998.45
减:(一)营业费用	16	13074.69	17268.46
(二)管理费用	17	43194.70	38861.86
(三)财务费用	18	3941.70	4495.25
其中:利息支出	19	2461.34	5477.54
利息收入	20	572.55	1713.23
汇兑净损失(汇兑净收益以"-"号填列)	21	0.90	0.68
(四)其他	22	0.00	0.00
四、营业利润(亏损以"-"号填列)	23	-7382.80	5757.92
加:(一)投资收益(损失以"-"号填列)	24	7504.39	21245.19
(二)期货收益	25	-36.10	-118.14
(三)补贴收入	26	2.65	151.65
其中:补贴前亏损的企业补贴收入	27	0.00	0.00
(四)营业外收入	28	9439.08	875.00
其中:处置固定资产净收益	29	4124.78	515.29
非货币性交易收益	30	0.03	0.00

续表

项　　目	行次	上年实际数	本年实际数
出售无形资产收益	31	0.00	0.00
罚款净收入	32	0.79	18.36
(五)其他	33	0.00	0.00
其中:用以前年度含量工资结余弥补利润	34	0.00	0.00
减:(一)营业外支出	35	4665.50	7009.04
其中:处置固定资产净损失	36	2345.43	4754.55
出售无形资产损失	37	0.00	0.00
罚款支出	38	20.66	85.26
捐赠支出	39	11.39	1.95
(二)其他支出	40	0.00	0.00
其中:结转的含量工资包干结余	41	0.00	0.00
五、利润总额(亏损总额以"-"号填列)	42	4861.72	20902.58
减:所得税	43	2026.60	4715.96
*少数股东损益	44	2854.12	9713.45
加:*未确认的投资损失	45	-609.36	477.87
六、净利润(净亏损以"-"号填列)	46	-628.36	6951.03
加:(一)年初未分配利润	47	-91825.56	-67541.30
(二)盈余公积补亏	48	0.00	0.00
(三)其他调整因素	49	24912.63	-48.41
七、可供分配的利润	50	-67541.30	-60638.67
减:(一)提取法定盈余公积	51	0.00	0.00
(二)提取法定公益金	52	0.00	0.00
(三)提取职工奖励及福利基金	53	0.00	0.00
(四)提取储备基金	54	0.00	0.00
(五)提取企业发展基金	55	0.00	0.00
(六)利润归还投资	56	0.00	0.00
(七)补充流动资本	57	0.00	0.00
(八)单项留用的利润	58	0.00	0.00
(九)其他	59	6.59	0.00
八、可供投资者分配的利润	60	-67547.89	-60638.67
减:(一)应付优先股股利	61	0.00	0.00
(二)提取任意盈余公积	62	0.00	0.00

续表

项　　目	行次	上年实际数	本年实际数
（三）应付普通股股利（应付利润）	63	0.00	0.00
（四）转作资本（股本）的普通股股利	64	0.00	0.00
（五）其他	65	－6.59	0.00
九、未分配利润	66	－67541.30	－60638.67
其中：应由以后年度税前利润弥补的亏损（以"＋"号填列）	67	2020.91	1979.96
补充资料：	68	－	－
一、出售、处置部门或被投资单位所得收益	69	0.00	0.00
二、自然灾害发生的损失	70	0.00	0.00
三、会计政策变更增加（或减少）利润总额	71	－536.54	－172.33
四、会计估计变更增加（或减少）利润总额	72	0.00	0.00
五、债务重组损失	73	0.00	0.00
六、其他非经常性损益	74	－10.75	0.00

注：表中带＊项目为合并会计报表专用。

附表 4

现　金　流　量　表

企财 03 表

编制单位：中国诚通控股公司　　2004 年度　　金额单位：万元

项　　目	行次	金额
一、经营活动产生的现金流量：	1	－
销售商品、提供劳务收到的现金	2	1140366.01
收到的税费返还	3	383.63
收到的其他与经营活动有关的现金	4	148048.45
现金流入小计	5	1288798.09
购买商品、接受劳务支付的现金	6	1091000.13
支付给职工以及为职工支付的现金	7	33152.03
支付的各项税费	8	16670.55
支付的其他与经营活动有关的现金	9	139504.45
现金流出小计	10	1280327.17
经营活动产生的现金流量净额	11	8470.92
二、投资活动产生的现金流量：	12	－
收回投资所收到的现金	13	126304.44
其中：出售子公司所收到的现金	14	6639.36

续表

项　　目	行次	金额
取得投资收益所收到的现金	15	4272.68
处置固定资产、无形资产和其他长期资产所收回的现金净额	16	1162.62
收到的其他与投资活动有关的现金	17	3537.12
现金流入小计	18	135276.86
购建固定资产、无形资产和其他长期资产所支付的现金	19	21546.93
投资所支付的现金	20	155232.69
其中：购买子公司所支付的现金	21	2015.83
支付的其他与投资活动有关的现金	22	103.99
现金流出小计	23	176883.61
投资活动产生的现金流量净额	24	-41606.75
三、筹资活动产生的现金流量：	25	-
吸收投资所收到的现金	26	4885.02
借款所收到的现金	27	140526.21
收到的其他与筹资活动有关的现金	28	2266.50
现金流入小计	29	147677.72
偿还债务所支付的现金	30	131056.91
分配股利、利润或偿付利息所支付的现金	31	5709.30
支付的其他与筹资活动有关的现金	32	1993.87
现金流出小计	33	138760.08
筹资活动产生的现金流量净额	34	8917.64
四、汇率变动对现金的影响	35	0.00
五、现金及现金等价物净增加额	36	-24218.19
补充资料：	37	-
一、将净利润调节为经营活动现金流量：	38	-
净利润	39	6951.03
加：* 少数股东损益	40	9713.45
减：* 未确认的投资损失	41	477.87
加：计提的资产减值准备	42	6810.15
固定资产折旧	43	8080.30
无形资产摊销	44	479.20
长期待摊费用摊销	45	327.18
待摊费用减少（减：增加）	46	379.96

续表

项　　目	行次	金额
预提费用增加(减:减少)	47	208.46
处置固定资产、无形资产和其他长期资产的损失(减:收益)	48	22.95
固定资产报废损失	49	39.40
财务费用	50	4576.91
投资损失(减:收益)	51	-23164.77
递延税款贷项(减:借项)	52	0.00
存货的减少(减:增加)	53	-10432.43
经营性应收项目的减少(减:增加)	54	-31704.34
经营性应付项目的增加(减:减少)	55	36955.06
其他	56	-293.73
经营活动产生的现金流量净额	57	8470.92
二、不涉及现金收支的投资和筹资活动:	58	-
债务转为资本	59	0.00
一年内到期的可转换公司债券	60	0.00
融资租入固定资产	61	0.00
其他	62	0.00
三、现金及现金等价物净增加情况:	63	-
现金的期末余额	64	118796.10
减:现金的期初余额	65	143014.29
加:现金等价物的期末余额	66	0.00
减:现金等价物的期初余额	67	0.00
现金及现金等价物净增加额	68	-24218.19

注:表中带 * 项目为合并会计报表专用。

附表 5

所有者权益(或股东权益)增减变动表

企财 04 表

编制单位:中国诚通控股公司　　2004 年度　　金额单位:万元

项　　目	行次	本年数	项　　目	行次	本年数
一、实收资本(或股本):	1	-	转增资本(或股本)	34	0.00
年初余额	2	254910.87	分派现金股利或利润	35	0.00
本年增加数	3	1105.69	分派股票股利	36	0.00
其中:资本公积转入	4	0.00	年末余额	37	0.00

续表

项　　目	行次	本年数	项　　目	行次	本年数
盈余公积转入	5	0.00	其中：法定盈余公积	38	0.00
利润分配转入	6	0.00	储备基金	39	0.00
新增资本(或股本)	7	0.00	企业发展基金	40	0.00
本年减少数	8	0.00	四、法定公益金：	41	–
年末余额	9	256016.56	年初余额	42	0.00
二、资本公积：	10	–	本年增加数	43	0.00
年初余额	11	110239.79	其中：从净利润中提取数	44	0.00
本年增加数	12	14212.37	本年减少数	45	0.00
其中：资本(或股本)溢价	13	0.00	其中：集体福利支出	46	0.00
接受捐赠非现金资产准备	14	0.00	年末余额	47	0.00
接受现金捐赠	15	0.00	五、未分配利润：	48	–
股权投资准备	16	14212.37	年初未分配利润	49	－67541.30
拨款转入	17	0.00	本年净利润(净亏损以"—"号填列)	50	6951.03
外币资本折算差额	18	0.00	盈余公积补亏	51	0.00
其他资本公积	19	0.00	其他调整因素	52	－48.41
本年减少数	20	0.00	本年利润分配	53	0.00
其中：转增资本(或股本)	21	0.00	年末未分配利润(未弥补亏损以"—"号填列)	54	－60638.67
年末余额	22	124452.16		55	
三、法定和任意盈余公积：	23	–		56	
年初余额	24	0.00		57	
本年增加数	25	0.00		58	
其中：从净利润中提取数	26	0.00		59	
其中：法定盈余公积	27	0.00		60	
任意盈余公积	28	0.00		61	
储备基金	29	0.00		62	
企业发展基金	30	0.00		63	
法定公益金转入数	31	0.00		64	
本年减少数	32	0.00		65	
其中：弥补亏损	33	0.00		66	

中国华星集团公司

【概况】 2004年，面对市场的剧烈变化，中国华星集团公司坚持贯彻集团确定的“一点三新”（一切以投资回报为出发点，努力创建新体制、新业务和新文化）发展思路，完成了国资委下达的各项经营业绩指标，在国有资产保值增值、企业改制、完善企业管理和企业文化建设等方面做了大量工作与探索，取得了一定成效。

集团定位于国有资产经营管理公司，主业有：汽车销售与服务、房地产开发、循环经济等。到2004年底，集团所属一级子公司23家，其中全资企业2家，控股企业7家，参股企业14家，职工总数2850人。

【主要经济指标】 截至2004年12月31日，集团资产总额550732万元，负债总额335249万元，所有者权益215483万元；资产负债率60.87%；净资产收益率4.48%；集团实现销售收入445858万元，利润总额13694万元。

【产权制度改革】 深化改革，实施产权多元化改造，建立规范的法人治理结构，初步完成了集团所属汽贸集团公司整体改制的前期准备工作。为实现集团关于发展汽车贸易服务主业、做强做大华星汽贸的发展战略，集团决定通过招商引资，对华星汽贸从整体上全面改制，在具体实施和操作中，集团严格按照《公司法》和国资委《关于规范国有企业改制工作的意见》等法律、法规的规定和要求，完成报批、清产核资、财务审计、资产评估等改制相关工作。

【主要管理经验】 落实国有资产保值增值责任，加强对国有资产监管力度，通过规范产权转让，调整投资结构，防范风险，确保国有资产流动而不流失，促进集团步入良性循环，实现可持续发展。

一是从管理制度、决策程序上落实好责任制。集团实行总经理负责制，经营班子各成员按照分工，各自履行职责，分别负责集团所投资企业的保值增值和经营指标完成情况。加强对委派董事（监事）的绩效管理，定岗到人，责任到人，加大对国有资产安全性、有效性监管力度。同时，从资产处置、并购、股权转让、增资等环节严格把关，防止国有资产流失，增强集团控制力。

二是随时掌握集团所投资企业的业务方向和经营业绩，适时调整集团投资结构，切实维护出资人和企业职工的合法权益。第一，集团所投资的企业经过一段时期后，对个别业务方向不明确、经营业绩不理想、有潜亏风险的，为防止国有资产流失，集团及时转让所持有的股份，按照国资委规定，在产权交易所挂牌交易，做到公开公正，实现股权转让预期收益。第二，对主业明确、管理规范、发展势头良好的企业，为提升国有资产控制力，集团适时增加投资，加大股权，促进集团投资结构合理，提高国有资产经营效益。第三，抓住时机，收购一些企业，培育集团新的利润增长点，实现集团快速扩张战略，加强集团的控制力、影响力。

三是加强对委派董事、监事的管理。制定了《中国华星集团公司委派董事、监事管理办法》，同时颁发了《中国华星集团公司关于加强委派董事管理的意见》作为配套措施，对管理办法中有关内容做了进一步明确，如：述职、考核、对企业经营者管理者激励、约束、培训等，使其更具可操作性，对委派董事、监事的管理更加规范。

中国中煤能源集团公司

【概况】 中国中煤能源集团公司是国资委管理的两家大型煤炭企业之一，前身是1982年7月成立的中国煤炭进出口总公司。1999年5月重组，2003年更为现名，简称中煤集团公司。中煤集团公司重组近六年来，经过持续不断的结构调整和资产重组，实现了由单一贸易型企业向以煤炭生产和贸易为主，集煤焦化、煤机装备、煤矿建设、煤层气开发为一体的大型煤炭集团的转变。2004年，中煤集团公司按照国资委的工作部署和国家关于建设煤炭大集团的要求，抓住国民经济快速发展和煤炭市场好转的机遇，确定企业定位和发展战略，明确主营业务，编制中长期发展规划，进一步深化企业改革，加快结构调整，推进主业发展，加强生产经营，实现了连续第六年的持续快速发展，进入行业领先地位。中煤集团公司总资产为455亿元，在册职工9.7万人，所属全资子公司和控股公司19户、均股公司2户、境外机构和公司6户以及参股企业10户，旗下有2户企业在境内上市。列2005中国企业500强第58位，全国煤炭行业100强第2位。

【主要经济指标】 2004年，中煤集团公司取得了较好的经济效益，主要经济指标均创历史最好水平。一是主要产品产量快速增长。完成原煤产量5187万吨，比上年增加755万吨，增长17%；煤炭贸易量9437万吨，增长13.9%；焦炭产量126.7万吨，增长64.3%；煤气产量2.24亿立方米，增长10.5%；煤机产量12万吨，增长23%；发电量17.6亿度，增长41.7%；二是产值、收入、进出口额、实现利润大幅提高。完成工业总产值153亿元，增长20.2%；施工产值38亿元，增长54%；销售收入389亿元，增长55.3%；进出口额23.8亿美元，增长46.7%；实现利润总额23.9亿元，同口径相比增长4倍。三是原煤生产百万吨死亡率与施工企业死亡率控制在考核指标以内。原煤生产百万吨死亡率为0.058，比控制指标0.4降低0.342；施工企业万米掘进死亡率为0.65，比控制指标1.0降低0.35。四是资产运营状况进一步好转。国有资本保值增值率为110%，提高6个百分点；净资产收益率达到8%以上，提高5个百分点；成本费用占主营业务收入比重控制在95%以下，降幅超过4个百分点；流动资产周转率达到1.6次，加快0.3次。五是对经济和社会发展的贡献增大。社会贡献总额63亿元，增长60%，其中上缴税金总额23亿元，增长100%。六是职工生活继续改善，职工收入有较大幅度提高。集团公司在岗职工人均收入达到1.9万元，增长19%。

【重大项目进展】 2004年，中煤集团公司突出主业发展，优化投资结构，提高生产能力，共批准投资项目51项，总投资53.8亿元。其中，属于增强煤炭生产、煤炭贸易、煤焦化、煤机装备、煤层气以及坑口电站的项目共37项，投资额35.8亿元，占总投资的67%。大屯公司电解铝项目增加资本金及批准铝板带、铝箔等项目可研，投资额17.2亿元；用于生产辅助设施的投资项目10项，投资额8000万元。2004年，华晋公司沙曲矿、中煤进出口公司刘家口选煤厂、太原煤气化公司“两矿三厂”等7个项目先后投产；平朔公司安家岭露天矿、中煤焦化控股公司汾阳龙泉焦化厂等7个项目转入试生产；平朔公司井工矿建设、华晋公司王家岭矿筹建、张家口煤机公司圆环链技改一期工程等都取得了积极的进展。这些项目为中煤集团公司发展主业提供了有力支持。

【法人治理结构】 中煤集团公司重组以来，致力于建立以资产为纽带的母子公司体制，履行对国家出资人的经营责任，对二级企业行使出资人权利。2004年，根据国资委《关于中央企业建立和完善国有独资公司董事会试点工作的通知》的精神，中煤集团公司在所属企业加大了推进现代企业制度建设、建立完善的法人治理结构工作的力度。一是对大屯公司、煤气化公司、华晋焦煤公司等已经实现产权多元化，并根据股本比例设立了董事会的单位进行了完善和规范。二是对还没有建立董事会，但对国有经济需要控制的投融资等重大事项较多的大型国有独资骨干企业进行了建立董事会的试点工作，维护出资人权益。先后在平朔煤炭工业公司、中国煤矿工程机械装备集团公司等单位建立了董事会，形成出资人、董事会、监事会、经理层各负其责，协调运转，有效制衡的运行机制。截至2004年底，中煤集团公司21户全资子、控股和均股企业中有10户建立了董事会。

【主辅分离辅业改制】 2004年初，根据原国家经贸委等八部委联合下发的859号文件精神和国资委的部署，中煤集团公司对主辅分离辅业改制进行了研究，制定了工作计划，成立了领导小组和办事机构，对主辅分离改制的企业范围界定、资产处置、人员安置和补偿金支付标准等事项作出了明确规定，并召开专门会议进行了部署。同时，深入有关单位调研，广泛听取各方面意见。在此基础上，结合企业实际，研究制定了《中煤集团公司关于进一步推进主辅分离辅业改制分流安置富余人员工作的暂行规定》。2004年8月，集团公司主辅分离改制分流总体方案和第一批实施方案上报国资委并于年底得到批复，开始组织实施。总体方案统计应纳入分离改制的“三类资产”11.09亿元，其中非主业资产10.46亿元，闲置资产0.63亿元；涉及职工10351人，占职工总数的10%。

【主要管理工作】 一是实施集团公司发展规划，突出发展主业。中煤集团公司在制定《2004～2020年发展规划》的基础上，编制了安全生产、资本运营、人力资源、科技、信息化、企业文化六个配套子规划，编制上报了平朔等四个矿区总体规划及资源规划。开展矿区接续资源的采矿权和探矿权的申请工作，增加矿区煤炭资源储备。突出主业发展，优化投资结构，加大煤炭主业投资力度，项目投产后可新增煤炭生产能力1995万吨，新增原煤入洗能力3130万吨。二是优化资源配置，资产整和重组取得新进展。按照国资委《关于推动中央企业清理整合所属企业、减少企业管理层次有关问题的指导意见》，对部分所属企业进行较大规模的整合重组，近年来撤并三级以下公司470个。三是抓好安全监察和管理，安全基础工作得到加强。加大安全投入，进一步改善了安全生产条件。有8个井工矿装备了瓦斯监测监控系统。煤矿生产、建设企业完善了全部112台在用矿井提升绞车的九大安全保护装置。以“一通三防”、提升运输等为重点，开展多次安全大检查。集团公司成立安全监察局，各主要矿、处设立安监站(处)，对施工项目实行安监人员委派制，初步建立了安全监察体制。加强安全质量标准化管理建设和安全教育培训工作，建立完善各项安全管理制度，推动了安全生产长效机制建设。四是加强生产经营管控，提高了经济效益和经济增长质量。认真执行国家宏观调控的决策和部署，努力做好电煤供应，电煤合同兑现率达到102%。加强高产高效矿井建设和企业技术创新体系建设，平朔公司安太堡矿、大屯公司姚桥矿、太原煤气化公司嘉乐泉矿等一批矿井被评为行业高产高效矿井，张家口煤机公司技术中心被认定为国家级技术中心。建立资金收支与监控体制，构建网上银行管理平台，实现了资金集中管理。实行总法律顾问制度，开展设备物资集中招标采购，加强审计监督和效能监察工作，保证了国有资产安全，提高了防范经营风险的能力。五是加强领导班子建设，为企业快速协调发展提供保证。根据企业整合重组的需要和领导班子建设的实际情况，加大对企业领导人员的调整和交流力度，进一步优化了班子结构。加强对领导班子和领导人员经营业绩的考核，制定了《所属企业负责人薪酬管理暂行办法》和《企业负责人年度经营业绩考核暂行办法》，完善了企业激励和约束机制。推进选人用人制度改革，集团公司总部及所属企业工作先后两次面向社会公开招聘急需人才。加强对各级管理人员和员工的培训及再教育，提高队伍素质。与高校联合办学，为企业定向培养急需适用人才。

煤炭科学研究总院

【概况】 煤炭科学研究总院(以下简称煤科总院)成立于1957年，是煤炭行业唯一的大型综合性研究开发机构，1999年整体转制为中央直属国有重要骨干企业。总部设在北京，拥有一个上市公司，下属6个分院、4个研究所，分布在北京、上海、重庆、西安、太原、抚顺、唐山、南京、杭州、淮北、常州等11个大中城市。截至2004年底，职工人数10600多人，其中在职员工5600多人(离退休职工3800多人)。在职员工中有科技人员3600多人，高级职称以上人员1200多人，中国工程院院士3名，外聘兼职院士6名。有3个博士点、8个硕士点，已培养硕士研究生265名和博士研究生46名。拥有7个国家级、6个行业产品检验中心和国家矿山安全计量站。成立四十多年来，取得科研成果5000余项，获国家级和省部级奖励1000余项，专利500多项。具有特殊凿井与基础加固、煤炭洗选、煤炭综合利用、安全工程、安全监控、通信、地质勘探及中小型煤矿技术改造等方面的甲级咨询证书和乙级设计证书，环境污染评价甲级证书，地基与基础一级施工证书，并具有技术进出口经营权。

【主要经济指标】 2004年，煤科总院继续保持快速跨越式发展势头，主营业务收入216259万元，同比增加91984万元，增长74.0%；利润总额达到41222万元，完成国资委下达指标(7300万元)的564.7%，同比增加33609万元，增长441.5%。经济实力进一步增强，职工收入同步增长。

2004年初，煤科总院国有资本及权益总额为61329万元，2004年末国有资本及权益总额95787万元，扣除客观因素后国有资本及权益总额95537万元，国有资本保值增值率为155.8%，处于科研设计类企业优秀水平。

2004年末，煤科总院资产总额为322848万元，其中：流动资产205059万元，占资产总额的63.5%；固定资产103559万元，占资产总额的32.1%；长期投资13141万元，占资产总额的4.1%。年末资产总额与年初相比，增加73020万元，增长29.2%。年末所有者权益95787万元，与年初相比，增加34458万元，增长56.2%。负债总额198764万元，其中：流动负债139097万元，占负债总额的70.0%；长期负债59666万元，占负债总额的30.0%。年末负债总额与年初相比，增加34156万元，增长20.7%。

2004年度，煤科总院资产负债率61.6%；股东权益收益率42.4%，净资产收益率36.0%，处于行业优秀水平。

【重大决策】 2004年煤科总院严格遵照院长办公会和党政联席会议事规则，科学、民主决策，做出以下一系列重大决策：

1. 制定了科技、人才、产业三大发展规划，修订了"6860"发展战略，为总院发展明确了新的方向和目标。

2. 拆资4000万元，支持煤科总院上海分院进行江山大厦续建工程，年底此款已全部收回，最大限度地挽回江山大厦的经济损失。

3. 同意天地科技股份有限公司与路宝集团合资兴建路宝洗煤厂。

4. 同意抚顺分院的产业基地建设和投资方案，并决定为其提供1000万元贷款担保，支持其进行产业基地建设。

5. 按照财政部、国资委的要求，煤科总院决定从2004年1月1日起，与其下属分院所一起，实行统一的《企业会计制度》。

6. 同意太原分院在太原市经济技术开发区购地97亩建设产业基地。

7. 决定成立北京安全技术研究所，作为煤科总院独立核算二级单位独立运营，做大做强安全板块。

8. 决定对在京单位产业进行重组，将机电设备制造中心和埃科达公司整建制并入多经工贸公司，确立了多经工贸公司以产业经营为主和后勤服务为辅的经营新定位。

9. 计划出资200万元，与新疆乌鲁木齐矿业(集团)有限责任公司等四家公司共同发起设立一家股份有限公司，支持大型煤炭企业改制上市。

10. 同意煤科总院杭州所成立"杭州德尔福漆业科技有限责任公司"，加快二级企业的股份制改造步伐。

【重大项目进展】 2004年，煤科总院重大项目进展情况如下：

1. 产业基地建设情况。为适应产业迅速发展的需要，转制以来，煤科总院及其分院所相继进行了产业基地建设，目前已建和正在建的产业基地面积总计约650亩。重庆分院安仪厂改造建设工程已全面完成，并已形成了年产值近5000万元的稳定生产加工能力。唐山分院选煤设备车间改造全面到位，目前已经形成了年产值8000万元以上的能力。上海分院和天地上海分公司联合建设的126亩产业基地一期工程已经结束。抚顺分院产业基地完成了几条现代化生产线的建设。西安分院146亩产业基地完成了勘探设计工作。太原分院完成了太原经济技术开发区产业基地选址征地工作。

2. 王坡煤业有限公司建设工程。由煤科总院和天地科技股份公司联合控股的王坡煤业有限公司是2002年煤科总院与晋城市泽州县联合共建的高产高效矿井。2004年已完成矿井建设工程并开始投产，矿井的年产能力由60万吨提高到150万吨。自2004年4月18日试生产以来，不到一年的时间安全生产煤炭120万吨，创利5000多万元，为地方增加财政收入上亿元。

【法人治理结构】 煤科总院法人治理结构共分三级：总院——分院所、总院控股子公司——分院所控股子公司。

为加强对二级法人的管理，强化激励与约束机制，科学评价二级单位负责人年度经营业绩，2004年8月，煤科总院修订了《煤科总院京外分院所单位负责人年度业绩考核与奖励暂行办法》，对各分院所一定经营期间的资产运营、财务效益等经营成果，进行定量和定性的对比分析，对分院所负责人的经营行为作出真实、客观、公正的综合评判，并按照评价结果计发奖金。

煤科总院职工薪酬主要由岗位工资和年终奖金构成，职工通过公开竞聘上岗，根据所在岗位承担的工作量、重要性、责任、风险等要素确定其岗位工资；通过考核，根据职工岗位工作的完成情况计发年终奖金，职工收入完全与身份脱钩。岗位浮动薪酬制度于2002年开始启动，2003年底全面完成，2004年全面实施。

【产权制度改革】 2004年，为适应改革发展的形势，煤科总院专门开展了为期2个月的总体改制调研工作，并聘请专业咨询机构参与论证，基本把握了总体改制的政策环境、市场动态、自身的优势和不足等，对总体改制的途径、方法、步骤、目标和改制前景等有了清晰认识，为总体改制作好了战略准备。

【主辅分离辅业改制】 2004年煤科总院在主辅分离辅业改制方面进行了专门研究和积极探索。但是，煤科总院的业务范围几乎涵盖了煤炭工业科技的所有领域，多数专业居于行业领先地位，主业和辅业的界线不易界定，主辅分离工作无法推进。另外，在后勤服务业方面，由于煤科总院后勤服务人员的薪酬远高于社会同类人员标准，身份置换难度很大，而且，后勤服务工作面窄量小，脱离母体难以生存发展，不符合主辅分离辅业改制的基本条件。因此在当前条件下，煤科总院主辅分离的任务不重，但难度较大，所以主辅分离工作没有启动。

【主要管理经验】

1. 实行有效的薪酬激励体系。煤科总院2002年启动岗位浮动工资制度改革工作，通过合理定岗定编，强化劳动力资源配置，引入IPE系统(国际职位测评系统)，从7个大因素、16个子因素对岗位进行系统的评估，科学确定岗位工资系数。这项工作2003年底全面完成。至此，煤科总院建立起一套规范的员工薪酬激励机制，“因事设岗”、“以岗定薪”、“岗变薪变”，打破了平均主义，使员工对总院贡献与个人的收入紧密联系起来，极大地调动了广大员工的工作积极性和创造性，带来了总院经济的不断繁荣与员工收入的稳步增长，为实现总院稳步持续发展打下了坚实的制度基础。

2. 通过ISO 9000质量管理体系认证，提升企业管理水平。煤科总院认真组织ISO 9000系列质量管理体系认证工作，积极推动质量管理的“规范化、制度化、标准化”建设，提升产品质量和市场竞争力，提高企业化运作水平。截至2004年，除个别单位外，煤科总院及下属分院所大都已经顺利通过了认证，从而大大提高了煤科总院的企业化管理水平，进一步加快了企业制度化建设的步伐。

3. 稳步推进客户关系管理系统(CRM)建设。为全面加强市场营销的管理，建立一个高效、先进的营销管理平台，2004年煤科总院在全院范围内完成了客户关系管理系统建设。通过这个系统，煤科总院实现了全国客户资源的集中管理和销售的过程化控制，从而有效地实现了整个集团客户资源的共享，为各单位进一步加强市场营销工作提供了有力的手段和管理平台。

4. 转换经营机制，发挥综合优势，探索科技型企业发展新路子。煤科总院紧紧抓住煤炭经济形势好转的有力时机，充分发挥科技型企业的综合优势，深刻挖掘内部潜力，调动各方面的积极性，积极面向市场，全力服务于煤炭企业，探索新的经营模式，强化自主创新能力，增强核心竞争力，进一步做大了市场，做强了主业，增强了实力，取得了跨越式发展，为转制科研院所的持续创新和稳步发展探索了一条新路子。

中国机械装备(集团)公司

【概况】 中国机械装备(集团)公司[简称国机集团]是中央管理的，集科、工、贸、金于一体的国有大型综合性的企业集团。截至2004年底，国机集团的总资产达到290.8亿元，净资产36.7亿元。2004年度经营额375亿元，主营业务收入267亿元，进出口总额27.6亿美元。在全国百强企业中排名第84位，在国资委管理的36家商贸类中央企业中，2004年国机集团的利润总额排名第4位，销售收入排名第6位。

近几年，根据总体发展战略的要求，国机集团进行了一系列内部重组，目前拥有全资及控股子公司54家，其中工贸公司23家，科研院所20家，勘察设计单位5家，生产企业2家，服务企业2家，财务公司和施工企业各1家，海外常驻机构60多家。从业人数3.8万人。拥有从事产品技术开发研究的国家级研究院所20家，国家级和部级工程技术中心16个，质检中心40个，生产力促进中心6个，全国标准化委员会21个和博士后科研工作站7个。

【竞争优势】 经过几年的发展，国机集团已形成几大竞争优势：

1. 具有较强的国内外大型工程承包经营能力，已成为我国机械行业最大的国际工程承包企业。工程承包和设备成套作为国机集团的核心业务具有突出的竞争优势，开创了许多我国工程承包和成套设备出口国外的先例，率先实现了第一套电站成套设备出口、第一套30万kW发电机组出口、第一套燃煤发电机组出口、第一家打入孟加拉通信工程市场，为我国成套设备打开国外市场作出了贡献。尤其在国外电站工程承包方面，国机集团已经成为国内最大的承包商，占全国总出口装机容量的90%以上，总出口量超过1600万kW。在电力工程、冶金矿山、石油化工、交通运输、轻工纺织、汽车工程、环保工程等行业和领域完成了上百个大型工程总承包和设备成套项目，积累了丰富的工程总承包经验，在国内外市场上享有盛誉。在2004年度“ENR全球225强国际承包商”排名中，名列第37位，其中在进入排名的47家中国公司中名列第3位，在以机电设备为主的国际工程承包领域中国机集团在国内名列第一位。

2. 机电产品出口和国内贸易已形成相当规模，在全国机电行业已经成为最大的出口创汇企业之一。在没有国家特殊扶持政策和垄断保护的情况下，以市场为导向，以技术创新为动力，积极寻求商机，努力开拓国际市场，通过在自由竞争市场中的奋力搏击，业务销售网络已遍布世界140多个国家和地区，开创了机电产品出口的大好局面。国机集团以良好的服务态度和较高的产品质量获得了客户较高的评价，赢得了良好的声誉，为国家机电产品出口的快速增长作出了贡献。在2005年5月商务部公布的“2004年中国出口额最大的200家企业”排名中，国机集团名列第25位；在“2004年中国进出口额最大的500家企业”排名中，名列第34位。

3. 拥有雄厚的高新技术与产品研发实力。国机集团是我国高新技术和重大装备开发研制的重要力量，科研开发覆盖了电工电站、重型机械、石化通用、机床工具、工程农机、仪器仪表、环保设备、地质装备、物流运输、机械基础件、汽车装备、工业与民用建筑等领域，先后获得国家和省部级科技奖励近3000项。近两年来，成功研制出拥有自主知识产权的“世界首台万吨铝挤压机”、“大型板坯连续成套设备”、“神舟号飞船专用轴承”、“大型摊铺机”、“大型环保设备”、“大型板壳式换热器”、“谷物冷却设备”、“数控冲床”、“多功能集成差压传感器”、“联想电脑公司集成化物流系统”等一系列高新技术产品，标志着国机集团科技创新及产业化迈出了新的步伐，为国家的科技进步作出了重要贡献。

4. 工程设计力量强大。在工程勘察和设计领域，国机集团集中了机械工业最强的勘察设计力量，其中多家跻身“全国勘察设计百强单位”行列。具有承担机械、化工、石油、医药、电力、冶金、轻纺、商物粮、市政公用和建筑等行业的工程咨询、设计、勘察、施工、监理及工程总承包能力。在2004年度“ENR国际200强工程咨询设计公司”排名中名列第94位，在12家入选的中国公司中列第4位。

5. 丰富的人力资源。国机集团具有一批较高知识层次的专业技术和专业管理人员。在国内外承揽一系列重大项目的过程中形成了一批既掌握专业知识，又熟悉国内和国际市场，具有很强市场开拓能力的综合性人才；在科研开发中形成了一批既有理论基础又有丰富实践经验，且在行业中有较高知名度的专家、教授；在生产实践中形成了一大批生产、施工经验丰富的熟练技术工人。在集团公司1.2万工程技术人员中，有中国工程院院士1人，国家有突出贡献的中青年专家11人,“百千万人才工程”第一、第二层次人选10人,享受政府特殊津贴专家221人,获得国家和省部级科技奖励千余项。

6. 拥有较强的信息、销售和服务网络。经过多年发展,国机集团所属子公司投资设立了60多家海外机构,销售网络遍布140多个国家和地区,并在长期的发展过程中,建立起一大批长期的合作关系,形成了广泛的项目信息渠道,积累了丰富的国际营销经验和市场开拓能力。

7. 较强的融资能力。国机集团不断拓展和加深与银行、证券、保险机构的合作,先后与中国银行、中国进出口银行和招商银行等金融机构签订了银企合作协议,融资能力大大增强,为国机集团开展工程承包业务提供了强有力的资金保证。同时,通过组建和规范运作国机财务有限公司,充分发挥其特有的金融功能和作用,吸收并集中成员单位的闲置资金,提高了资金使用效率和效益,降低了整体财务费用,增强了国机集团资金的统一运筹能力。

【生产经营】 2004年国机集团取得了良好的经营业绩,全面超额完成了各项计划指标,经营工作迈上新台阶。完成经营额375亿元,同比增长51%,完成全年计划的138%;完成主营业务收入267亿元,同比增长30%,完成全年计划的124%;完成进出口总额27.6亿美元,同比增长22%,是全年经营计划的117%。

2004年,国机集团工程承包及进出口业务继续保持良好发展势头。国机集团及所属企业所开展的重大国际工程承包项目成为国家领导人国务活动中重点推进的合作项目,全年完成工程承包及进出口贸易28.7亿美元。火电成套设备、水电成套设备、数字通信网络成套设备的出口处于全国前列。目前正在执行的工程承包项目合同额超过40亿美元,比2003年同期增长87%,全年完成营业额6.2亿美元,累计完成营业额18亿美元。2004年,新签工程承包和设备成套项目95个,签约合同金额13.5亿美元,为企业经营业务的持续、稳定发展奠定了坚实、可靠的基础。

非实体经营取得突破性进展。先后有部分非实体经营项目进入实施阶段,特别是菲律宾北吕宋铁路一期一段项目合同已于2004年7月23日正式生效,这是国机集团第一个正在执行的非实体经营项目,它标志着国机集团非实体经营业务取得了突破性进展。同时,也门萨那纺织厂援外项目也于2004年9月对外签约生效,开始实施。此外,还有一批非实体经营项目进入项目论证和可行性研究阶段。目前跟踪的非实体经营项目金额近80亿美元,为国机集团的业务发展奠定了良好基础。

高新技术产业实现了业务发展与科技进步双丰收。国机集团所属企业认真贯彻集团公司科技大会精神,落实科技发展规划,全面完成了年度科技工作。2004年,国机集团科技投入4.5亿元,有力地促进了国机集团的科技进步。获得国家与省部级科技奖46项,其中西安重型机械研究所研制的世界首台万吨铝压机获得国家科技进步一等奖,获得国家专利73项,制定国家标准和行业标准233项。国机集团高新技术产业的经营额、主营业务收入和利润总额等经济指标的增长速度都超过了30%。13家科研院所主营业务收入超过亿元。

【改革重组】 2004年是国机集团资本运营工作重在实施的一年,资本运营迈出新步伐。重组工作方向明、推进快、实施稳,实现了由被动向主动的转变。在内部重组方面,按照集团公司确定的发展战略,加大了重组力度,实现了重组工作由强弱结合到强强联合的转变,重组工作从形式到内容更加丰富。例如,推进了机械工作部第四设计研究院、第五设计研究院、中国汽车工作咨询发展公司、北京汽车工业发展研究所等四家企业的重组工作,取得了阶段性成果;推进了中国机械设备进出口总公司、中国机械对外经济技术合作总公司,以及中设江苏机械设备进出口公司等企业的重组,将中国机械对外经济技术合作总公司重组进入中国机械设备进出口总公司,将中设江苏机械设备进出口公司提升为国机集团子公司进行管理,有利于中国机械设备进出口总公司和中设江苏机械设备进出口公司在各自的主业范围内更好的发展,成为国机集团一体两翼主业架构的重要支柱。通过内部重组,优化了资源配置,盘活了存量资产,改善了资产质量,提高了企业整体竞争力。在外部重组方面,国机集团及时抓住中央企业实施战略性重组的机遇，按照优势互补、提高集团整体竞争力的要求，顺利实现了中国进口汽车贸易中心、中机国际工程设计研究院重组进入国机集团。

积极推进企业上市是国机集团的重点工作。2004年，集团公司采取多种方式争取企业上市，取得了实质性进展。天津工程机械研究院收购了上市公司“中发展”，并经国资委审核批复，于12月28日完成了股权过户手续，成为国机集团第一家上市公司。经证监会股票发行审核委员会审议，中工国际工程股份有限公司和洛阳轴承研究所轴研科技首次公开发行股票的申请获得批准，正在积极进行发行前的准备工作，2005年将上市发行。企业上市工作的成功开展，对国机集团实现持续、快速发展具有重大意义。

积极整合外部资源，战略合作成果显著。积极推进战略合作，培育新的经济增长点是国机集团的重要工作之一。2004年，政府有关部门及一些国内外企业将国机集团作为重点公司和合作伙伴。国机集团与广东省就汽车行业方面的合作进行了深入探讨，在合作开展汽车及零部件检测、国机集团参股广州汽车集团股份有限公司、共同举办广东汽车会展等方面达成了共识，相关工作正在积极推进。国机集团将通过进一步加大与外部资源的战略合作，拓展业务领域，培育新的经济增长点，加快发展步伐。

【发展战略】 2004年，国机集团完成了2004～2006年三年发展规划。该规划确定了国机集团近期与远期的发展目标，明确了企业发展的战略定位与指导思想。2005年，集团公司将出台《战略管理暂行办法》，把集团公司总体战略规划与子公司发展规划的制订和实施纳入制度化管理和监控的轨道上来，用制度化、程序化的管理办法来监督、评估战略实施效果，从而达到集团公司战略发展的协同性和资源配置的有效性，增强集团核心竞争力，实现集团公司价值的最大化。

国机集团发展战略的总体思路是：经过十多年的努力到2020年，把国机集团发展成为以人为本，以市场为导向，以创新为动力，以工程承包为主体，以国内外贸易、高新技术产品开发与生产为两翼，管理科学，资本结构多元，集工、贸、科、金为一体的跨国企业集团。

机械科学研究院

【概况】 2004年，机械科学研究院在保持技术、经济稳定发展的基础上，明确战略，深化改革，强化管理，紧密围绕“一个基础、三条主线”工作思路，正确处理改革、发展与稳定的关系，各项技术经济指标再创历史新高。资产总量、主营收入和利润总额三年实现翻一番；改革改制取得战略性突破，北京地区资源整合迈出实质性步伐；发展战略、企业文化不断提升；集团管理、国际合作不断强化；人才队伍建设紧密围绕“人才强企”战略，彰显“科技以人为本”的卓越追求，再结硕果。

2004年，机械科学研究院在先进制造技术、制造业信息化技术、机电一体化高新技术、新材料及工程应用技术等四大领域中的22个方向继续开展了研究攻关，全年在研项目达485项，其中国家高技术研究发展项目计划(863计划)17项；国家科技攻关计划4项；基础研究计划15项；研究开发条件建设计划22项；科技产业化环境建设计划18项；国家标准计划225项；国家发改委项目14项；国防科工委项目77项；地方及其他项目93项。

2004年，机械科学研究院认真贯彻落实全国人才工作会议和中央企业人才工作会议精神，围绕“人才强企”战略，求真务实，努力打造高素质人才队伍。有9名专家享受政府特殊津贴，1人入选“首批新世纪百千万人才工程国家级人选”，推荐13人作为2004年度“享受政府特殊津贴专家”的候选人。35人经院评审具备研究员任职资格。机械科学研究院在京单位共接收应届高校毕业生75人。利用院现有博士、硕士学位授权点招生58人，授予学位36人。

2004年，机械科学研究院国际合作工作异彩纷呈，硕果累累，亮点频现。组建了中韩技术合作中心，建立了与韩国的长期合作平台；组织召开了中美工程技术研讨会，推动国际先进制造技术向我国转移，促进新技术领域的开拓；分别与俄罗斯、波兰、瑞典等国

5所重要机械制造技术研究机构签订合作协议,大大提升了机械科学研究院在国际同行中的地位,为重大科技项目的技术合作与技术引进开辟了新的渠道。

【主要经济指标】 2004年,机械科学研究院集团总资产、主营业务收入、利润总额、净利润分别达到17.97亿元、9.78亿元、5535万元、5181万元,与2001年比较,三年实现了翻一番。全院2004年各项技术经济指标均超过了年度目标,具体见下表。

2004年主要技术经济指标表

项　目	计划目标	实际完成	完成率(%)
利润总额(万元)	3910	5535	142
主营业务收入(万元)	80200	97847	122
净资产收益率(%)	7.78	12.70	161
资产保值增值率(%)	107	114.11	107
科技投入总额(万元)	5200	8418	162
科技产出总额(万元)	29320	43728	149
成果奖项(项)	29	22	141
授权专利(项)		19	
新签合同额(万元)	98181	158030	161
其中:科研合同额(万元)	5481	5852	107
政府投入科研项目(项)	/	186	/

【重大项目进展】

1. 芜湖长江大桥的大跨度低塔斜拉桥板桁组合结构建造技术获得国家科技进步一等奖。芜湖长江大桥是二十世纪末我国建成的一座集新结构、新材料和新技术于一体的特大型桥梁,钢梁在国内首次采用全封闭整体焊接节点。受铁道部委托,院哈尔滨焊接研究所承担了该桥焊接技术攻关,全面优质完成任务,研究成果在钢梁的焊接生产中得到成功应用,获得显著的经济效益和社会效益。

2. 磁悬浮快速列车轨道梁加工用液压同步顶升系统的研制。该成果是现代高新技术与传统技术的完美结合,推动了液压机具行业和超高压液压技术的进步。可广泛用于同类超大吨位、安装位置受到限制、控制精度高的大多数场合。该装置获中国机械工业科学技术三等奖。

3. 透平压缩机宽型线叶片模锻——辊锻复合成形工艺与装备技术。该项目创造性地采用模锻为辊锻制坯的工艺,解决了宽型线叶片宽度方向材料的流动成形的难题,实现了宽型线叶片节能节材、低成本、高效、高精度生产。该成果获中国机械工业科学技术二等奖。

4. 三峡电站水轮发电机过流部件的铸造技术及产品。该项目采用自行开发的电渣熔铸凝固模拟软件(ESRC-3D),对三峡导叶铸件进行工艺模拟得出最佳工艺参数,指导生产。该成果获沈阳市科技振兴奖第一名。

【发展战略】 在国资委的积极引导下,机械科学研究院集团非常重视企业的长期发展,在集团架构初步形成的基础上,不失时机地组织制定企业发展战略。2004年委托新华信管理咨询公司对机械院集团的"发展战略、企业改制和管理提升"提供咨询服务。通过梳理,明确了机械科学研究院集团的愿景、性质、定位、目标、战略选择等。新制定的发展战略和发展思路得到了各方面的认同,对集团的管理提升、改革和发展工作起到了指导和促进作用。

【改革改制】 公司制改革工作是2004年机械科学研究院三条工作主线之一。通过进行改制调研,编制完成了"机械科学研究院改革方案",包括机械院集团公司制改革工作的思路、内容、方法、原则和目标;集团的最终改制模式;京内资源整合方案;京外单位改制方案;集团改制的整体安排等等,有力地推动了改制的进程。

2004年北京地区资源整合迈出了实质性步伐,产业、研发、行业、物业四大业务板块基本形成,离退休人员、人才交流集中管理,产业、行业、物业等板块已开始运行,并在逐步完善到位。

中国中钢集团公司

【概况】 中国中钢集团公司(简称中钢集团,英文缩写 SINOSTEEL)是国资委管理的中央企业。主要从事冶金矿产资源的开发、开采及加工利用;冶金原料及相关产品的贸易及物流;冶金技术的研发、应用及服务等,是一家集资源、贸易、科技和专业服务为一体的大型企业集团。中钢集团所属二级单位 45 家,其中境内 30 家,境外 15 家,职工总数 6700 人。

中钢集团是中国最早"走出去"开发矿产资源的国有大型企业之一,在澳大利亚、南非等地成功建设了铁矿、铬矿资源基地,为国家可持续发展储备了丰富的矿产资源。

中钢集团拥有覆盖全球的营销网络和物流服务系统,是中国主要钢铁生产企业的原料供应商和产品代理商,与国内外多家企业建立了长期战略合作关系。铁矿石、铬矿、直接还原铁、萤石、焦炭、锰矿、废钢、钢材、镁砂、稀土等贸易经营居于国内前列,在业界具有重要影响。

中钢集团所属 6 家科研院所在探矿、选矿、热工、环保、耐火材料、金属制品等领域,有较强的科技研发实力;拥有多项自主知识产权,多个国家级研究中心、硕士学位授予机构和博士生培养点;建有多条科技成果转化生产线,其产品畅销国内外市场。

中钢集团具备工程项目总承包和综合配套能力,是国内外多家成套设备和装备技术公司的代理商,曾为国内多家大型钢厂的技术改造和项目引进提供融资、招标等专业服务,拥有钢铁行业唯一一家承担国家发改委委托投资咨询评估任务的咨询机构。

【主要经济指标】 2004 年中钢集团实现销售收入 201 亿元,比上年同期增长 52.2%;实现利润 10.2 亿元;完成进出口总额 16 亿美元,比上年同期增长 53.67%。

资产总额由 2003 年 116.5 亿元增加到 2004 年 130 亿元,同比增长 11.65%,净资产总额由 2003 年 24.5 亿元增加到 2004 年 28.7 亿元,同比增长 17.35%,财务费用同比减少 5.62%,资产负债率同比下降 1.07%,净资产收益率同比增长 9.46%,流动资金周转率同比增加 0.53%。

【重大项目进展】 2004 年,中钢集团采取积极有效措施,坚持以提高经济效益为中心,适时调整铁矿石、焦炭、铁合金、钢材等核心商品的经营策略,提高当期盈利水平,对集团销售规模和利润的增长产生了至关重要的作用。集团从长远发展出发,重视加强与国内主要钢铁生产企业建立长期战略合作关系和长期业务合作关系。已分别与重钢、邯钢、湘钢、武钢、通钢、唐钢、建龙、济钢、马钢等十几家钢铁企业签署了长期战略合作协议、恰那铁矿长期供货协议及非恰那矿供货协议等。同时在稳定巩固老客户的情况下,积极推进建立新的客户群工作,为集团长远发展创造良好条件。成立企业联合发展工作委员会,进一步增强集团企业布局和经营结构调整的前瞻性,与多家相关企业商谈联合重组事宜,力争通过企业联合、兼并重组、委托管理、股权控制等方式,强化集团向上下游领域延伸的业务链,以进一步壮大集团实力。

【经营战略】 积极实施专业化经营战略,努力提高企业核心竞争力。2004 年,中钢集团研究制定了专业化经营管理办法,确定各公司的核心业务及核心商品,调整业务范围和内部机构设置,大力实施专业化经营。经过多方面共同努力,集团初步形成了贸易、炉料、钢材、设备、投资、货运、招标、期货八大专业公司。同时与国际化经营相配套,海外企业的专业化经营工作已经起步,京外企业的专业化经营也在认真研究当中。

大力推进国际化经营战略,建立健全全球化运作体系。中钢集团先后成立了海外控股公司,即中钢国际有限公司。同时为提高资金的使用效率,降低资金的使用成本,成立了海外财务公司,即胜融兴业公司。中钢国际作为集团国际化经营的平台,实现了国内业务和国际业务的紧密结合,实现了业务和资金的全球化运作,这为集团实现海外上市打下了较好的基础,对集团的长远发展具有重要的战略意义。

【结构调整】 积极推进人才结构调整,大力加强各级领导班子和干部队伍建设,提高人员综合素质。2004 年,中钢集团共调整各级领导班子人员 177 人,其中调整一把手 35 人,京内各单位(部门)间人员流动 168 人。调整后,京内八大公司中层干部的平均年龄由原来的 48.9 岁下降到 44.5 岁,一把手的平均年龄由原来的 52.3 岁下降到 42 岁。集团总部全年共举办各种培训班 7 次,参加人员 450 人次,安排相关岗位人员派出参加培训人数达180人次，提高经营管理者素质。同时京内招收新员工42人，改善人员结构。

做好清产核资工作，积极慎重地处置不良资产，为企业健康发展铺平道路。2003年底集团共有企业71家(国内60家，海外11家)，2004年采取多种方式歇业关闭、清理整顿，通过总裁办公会已落实处置与改革方案的子公司共47家，其中无偿划转地方3家，清算关闭30家，改革调整9家，新设立5家，按照积极慎重的原则妥善安置职工近600人。既保证改革的推进，又保障社会的稳定。截至2004年底，集团共有企业43家(国内31家，海外12家，包括4个代表处)，总数减少28家，其中转入资产管理公司19家，亏损企业减少43家。共处置不良资产16亿元(关闭、转让、改制子公司)，核销历史资产损失8.9亿元，当期消化处理历史潜亏4.3亿元，收回历史欠款3100万元。落实新会计制度，开展清产核资，初步摸清了企业家底和资产状况。同时按照集团业务发展和需要，对地方机构进行重新规划和布局，新设部分经营机构，逐步形成由实业贸易企业(含生产企业)、科技企业和物流运输企业构成的地方机构三大系统。

中国冶金建设集团公司

【概况】 中国冶金建设集团公司(中文简称中冶集团，英文简称MCC)是国务院国有资产监督管理委员会监管的特大型企业集团。其前身是中国冶金建设公司，于1982年经国务院批准组建，1994年组建中冶集团时更名为中国冶金建设集团公司。1998年，中冶集团公司开始正式按现代企业集团制度规范运作，以资产为纽带，形成母子公司体制。作为集团母公司，中冶集团管理经营近70家全资和控股子公司，其中包括18个国家级研究院、国家甲级勘察研究院、国家甲级设计研究院和专业科技型企业、10个国家一级、2个国家特级工程承包企业。中冶集团是集科研开发、咨询规划、勘察测绘、监理设计、建筑施工、房地产综合开发、设备安装、设备制造与成套、资源开发、工业生产、技术服务与进出口贸易于一体，多专业、跨行业、跨国经营，集科工贸为一体的综合性特大型企业集团。中冶集团曾获国家发明奖20多项，国家科技进步奖130多项，省部级科技进步奖700多项，国家优秀设计工程奖100多项，省部级优秀设计奖600多项，国家优秀工程奖30多项，建筑工程鲁班奖18项，中国詹天佑土木工程大奖1项，省部级优质工程380多项。

中国冶金建设集团公司是国际知名承包商，国家重点资源类企业、技术装备制造及服务企业和房地产开发商，其所属全资子公司均为国家的骨干企业。其所属的主要子公司有：中冶集团建筑研究总院、北京冶金设备设计研究总院、武汉冶金建筑研究院、沈阳勘察研究总院、中冶集团武汉勘察研究院有限公司、北京钢铁设计研究总院、中冶京诚工程技术有限公司、重庆钢铁设计研究总院、中冶赛迪工程技术股份有限公司、武汉钢铁设计研究总院、中冶南方工程技术有限公司、包头钢铁设计研究总院、中冶东方工程技术有限公司、马鞍山钢铁设计研究总院、中冶华天工程技术有限公司、鞍山焦化耐火材料设计研究总院、中冶焦耐工程技术有限公司、鞍山冶金设计研究总院、中冶北方工程技术有限公司、长沙冶金设计研究总院、中冶长天国际工程有限责任公司、中国第一冶金建设公司、中国第三冶金建设公司、中国第五冶金建设公司、中国第十三冶金建设公司、中国第十七冶金建设公司、中国第十八冶金建设公司、中国第十九冶金建设公司、中国第二十冶金建设公司、中国第二十二冶金建设公司、中国华北冶金建设公司、上海宝钢冶金建设公司、上海宝冶建设有限公司、中国京冶建设工程承包公司、上海中冶集团职工医院、中冶集团连铸技术工程股份有限公司、上海中冶国际经济贸易有限公司、中冶集团资源开发有限公司、中冶高技术工程有限责任公司等。

中冶集团公司总部在国内外设置的主要经营机构有：中冶集团海外工程公司、中冶集团国际工程公司、中冶集团国际资源开发公司、中冶集团国内工程承包公司、巴基斯坦中冶资源开发股份有限公司、中冶集团设备技术成套公司、香港南华国际工程有限公司、北京中冶建设出租汽车公司、中冶集团实业投资管理有限公司等，集团还在中国香港、印度尼西亚、越南、柬埔寨、缅甸、巴基斯坦、伊朗、印度、菲律宾、尼日利亚、津巴布韦、南非、莫桑比克、新加坡、马来西亚、泰国、阿尔及利亚、巴布亚新几内亚、澳大利亚、巴西、美国等国家和地区设有分公司或办事处。

中冶集团拥有雄厚的融资实力，具有先进的工程技术，建立了全球性经营网络。自2004年起，中冶集团由平移延伸式发展进入提升创新式发展，目前又进一步提出了做强做大、持续发展，在2010年营业收入达到1300亿元以上，进入世界500强的企业奋斗目标，并确立了支撑新发展的四大板块：经营主业为EPC工程总承包、矿业资源开发、技术装备制造和房地产开发。中冶集团公司涉及钢铁、市政、交通、电力、化工、矿山、轻工、环保、电子、有色、航天航空等多个领域。

【主要经济指标及经营情况】 截至2004年底，集团公司资产总额480亿元，集团从业人员总数9.7万人，拥有各类技术和管理人员45000多人(其中高级职称7000多人)。作为国家特大型企业集团，中冶集团以做强做大、长富久安为目标，大力推进制度、机制创新，大力推进企业内部改革，在股权结构、改制形式、内部管理、中长期激励约束机制等方面有新的突破，其活力和持续发展能力不断增强，竞争能力和发展质量不断提高。中冶集团各企业注重提升经营功能，加快转变经营方式，大力拓宽主业，经营规模不断扩大，营业业绩连创历史新高——2004年全集团营业收入达到537亿元，比1998年增长了335.5%；上个世纪末改变了长期亏损的历史，在消化大量改革成本和处理遗留问题的情况下，2004年实现利润8.9亿元，利税总额26.9亿元，比1998年增长近229%；全员劳动生产率达到52万元/人·年以上，是1998年6万元/人·年的8倍多；人均收入近3万元，约是1998年的5倍。在由美国ENR杂志2004年排出的全球最大工程承包商225强中，中冶集团排名第28位；在由中国企业联合会、中国企业家协会排出的中国企业500强中，中冶集团排名第41位；在由美国《工程新闻记录》杂志和中国《建筑时报》联手推出的“2004年中国承包商、工程设计企业双60强”中，中冶集团位居2004年中国承包商60强第4名。中冶集团多次进入设计企业国际200强行列。

【改革与管理】 中冶集团大力推进区域资源整合，截至2004年底，集团所属勘察、设计单位基本完成改制和整合任务，依据《公司法》，将主营业务相关业务人员和资产，以中国冶金建设集团公司为主发起人，以股份有限公司的形式进行改制。已完成改制的企业有：武汉勘察设计研究总院改制为中冶集团武汉勘察研究院有限公司；上海宝冶主业改制为上海宝冶建设有限责任公司；重庆钢铁设计研究总院改制为中冶赛迪工程技术股份有限公司；长沙冶金设计研究总院改制为中冶长天国际工程技术有限责任公司；北京钢铁设计研究总院改制为中冶京诚工程技术有限公司；武汉钢铁设计研究总院改制为中冶南方工程技术有限公司；马鞍山钢铁设计研究总院改制为中冶华天工程技术有限公司；鞍山焦耐总院改制为中冶焦耐工程技术有限公司；鞍山冶金设计研究总院改制为中冶北方工程技术有限公司；包头钢铁研究总院分立组建中冶东方工程技术有限公司；沈阳勘察研究总院改制为中冶沈勘工程技术有限公司。中冶集团所属改制企业个数约占原所属子公司个数的一半，已改制企业的国有资产额占全集团的近1/3，所涉及的员工占集团在岗人员的近1/4，改制企业经济运行良好，集团改制工作稳步推进。

在加大改制力度的同时，中冶集团加强了对内部资源的优化整合，将集团中多家连铸工程业务进行整合成立了中冶连铸技术工程有限公司，将集团在上海的外经资源重组，组建中冶上海国际经济贸易有限公司；将一冶、三冶、十七冶、二十冶、华冶等5家企业的路桥资源整合，成立了中冶集团路桥公司；将二十冶设计院和华冶设备厂与北京冶金设备研究总院重组合并，增强了设备院科研开发、设备制造与成套和工程总承包能力。将秦皇岛院与北京钢铁设计研究总院实施战略整合。集团还在总部所属直营公司向法人实体改制方面迈出了步伐，以原中冶集团房地产开发公司为基础吸收社会资源组建中冶集团房地产开发有限公司；为适应中冶集团房地产业务的需要，成立了中冶新奥房地产开发有限公司。同时，将中冶上海公司交由上海中冶国贸托管，组建设备配件公司交由资源开发公司管理，完成了北钢院与京诚公司、宝冶、十七冶等单位部分内部资产的重组。对于施工企业,中冶集团坚持把两层分离和改革经营方式紧密结合起来,施工企业积极推进项目管理,推行两层分离,加速了向智力密集型的技术公司、管理公司转变,提升了在价值链中的地位,劳动生产率大幅提高。中冶集团公司具备总承包管理能力,1999 年以来,中冶集团公司按照建立产权关系、运作规范化、资产一体化经营、管理集约化和积极主动适应外部变化的方针,以提高国际竞争能力和持续发展能力为目的,积极探索,不断改革对子公司的管理,对集团公司总部经营和管理机构按照现代企业集团的模式进行重大改革,并在结构调整、专业重组、经营机制、主辅剥离、减人增效等改革方面取得重大进展,教育、医疗、保险等社会化进程逐步加快。

【主辅分离辅业改制】 中冶集团在对全集团三类资产进行调研摸底的基础上,编制了集团公司主辅分离改制分流安置富余人员的总体方案。同时对主辅分离改制工作的总体目标、集团主业划分、三类资产的界定原则、分流人员的范围、分流安置的措施和政策措施、改制企业资产的处置和债权处理、改制分流的工作的原则,改制分流形式及实现产业多元化的方式等都做了具体规定,明确了总体安排,主辅分离和改制工作已全面展开,进入了稳步推进阶段。

【企业文化】 大力加强企业文化建设,以企业文化引领企业创新提升式发展,增强企业的核心竞争力。近年来,中冶集团的企业文化建设工作取得了可喜成就。继 2003 年获得"中国企业文化建设先进单位"光荣称号后,中冶集团在 2004 年又获得了"中国企业文化建设特殊贡献单位"、"中国企业文化建设十大杰出单位"荣誉称号,目前中冶集团又获得了"全国十大文化推动力企业"殊荣,《中冶集团通讯》荣获"全国优秀内刊特等奖"。中冶集团通过推广 VI 视觉识别系统等多种形式使广大员工积极参与文化建设,强化了集团意识,推进了集团观念上的整合,把整个中冶人更加紧密地联系在一起,有效地提升了集团的竞争能力和在社会上的影响力,"MCC"品牌的中冶集团标识荣获 2004 年全国优秀企业标识奖,在首届中国品牌大会上,荣获"中国用户满意品牌"光荣称号。

冶金自动化研究设计院

【概况】 2004 年,冶金自动化研究设计院在国资委的指导下,围绕全院"改革发展年"和逐步建立现代企业制度的奋斗目标,深化机制改革、进一步加强管理,生产、科研、技术、工程任务全面完成。生产经营平稳发展,新签合同 59728 万元,实现利润总额 2236 万元。科研技术开发取得重要成果,"大功率交交变频同步电机调速系统"获 2004 年度电工新产品技术开发奖一等奖。"首钢 3500mm 中厚板轧机核心轧制技术和关键设备研制"获中国钢铁工业协会、中国金属学会冶金科学技术一等奖。"大型提升机自动化控制及交交变频调速系统"获中国机械工业科学技术三等奖。获准国家项目 4 项,申请了 9 项发明专利和 2 项实用新型专利,获准软件著作权 20 项。工程项目在专业批量、核心技术、实施标准化方面都实现了重大突破。在 2003 年度工程勘察设计企业前 100 名中排序 36 名;2003 年工程总承包百强单位排序 61 名。截至 2004 年 12 月 31 日,全院国有资本及权益总额为 22558 万元,国有资本保值增值率为 108.5%。全院现有在职员工 1110 人,其中中级以上职称占 40%,享受政府特殊津贴 73 人。

【主要经济指标】 2004 年,全院努力克服国家加强宏观调控政策带来的影响,积极开拓市场,调整经营策略,生产经营平稳发展,独立承担大型成套自动化工程项目的能力有所增强,赢利能力有明显增长。截至 2004 年 12 月 31 日,全院新签合同额 59728 万元,百万元以上的合同项目有 91 项,千万元以上工程项目有 9 项,均创下历史新高。

2004 年主要经济指标完成情况表

单位:万元

名　　称	2004 年	2003 年	同比率(%)
主营业务收入	36346	38158	-4.7

续表

名　　称	2004年	2003年	同比率(%)
主营业务利润	5383	6271	-14.6
利润总额	2236	2236	0
净利润	1359	878	54.8

【重大项目进展】 国家高技术产业发展重大专项"冶金自动化综合控制系统高技术产业化示范工程",于2004年12月12日通过了由中国钢铁工业协会组织的专家验收。项目实际完成投资12759.59万元,占计划投资99.45%。新增开发和生产仪器设备543台(套),利用原有设备110台(套),已形成年产5万块控制板卡,2000个控制箱柜的生产能力,全面完成了项目要求的建设内容。项目完成了冶金自动化控制系统和大中功率交流调速系统产品的产业化开发,研究了冶炼智能控制系统、大型热连轧机两级自动化系统、大功率交变频调速系统等,取得了1项发明专利,5项实用新型专利,30项软件著作权,申报8项发明专利,达到了产品性能指标。验收专家组认为:项目带动了国内冶金行业自动化技术发展,提升了我国行业综合竞争实力,产生了显著的经济效益和社会效益,起到了产业化建设的示范作用。

【法人治理结构】 研究院设党政联席会,实行院长负责制,院长是法定代表人。企业的重大事项由党政联席会集体决定。院领导班子和领导成员接受国资委管理。直辖7个职能部门,8个全资子公司,7个控股子公司和8个分公司。

该院废除了多年沿用的承包制,自2004年1月1日起,正式实行全面预算管理。2004年5月10日,颁布了《冶金自动化研究设计院二级单位企业负责人经营业绩考核暂行办法》,规范了年度经营业绩责任书的签订,院核定各二级单位企业负责人年度经营业绩考核目标值、分别签定《年度经营业绩责任书》。对各二级单位经营业绩的执行情况进行动态跟踪,通过院定期例会通报各二级单位经营业绩考核目标值完成情况。对院二级单位实行年度经营业绩考核,同时参照国资委对企业负责人有关管理办法对二级单位负责人进行管理。

【主要管理经验】 为了顺应建立现代企业制度的要求,2000版质量管理体系将院职能部门的管理纳入了其中,使管理工作有章可循、有法可依、有据可查。经过一年多的运行,质量意识已渗透到相关岗位的各个工作环节中,员工对质量管理体系的重视程度均比以前有了提高,能够主动执行质量管理体系文件,并结合内/外审出现的问题,联系实际情况,及时对体系文件的可操作性进行优化完善。从而,规范了管理,明确了职责,切实提高了工作效率,全院的管理正朝着科学化、规范化、有序化方向发展。

中国化工集团公司

【概况】 中国化工集团公司经国务院批准,于2004年5月9日正式挂牌运营。按照国务院和国资委的批复要求,积极推进"减员、减债、改革、发展、国际化经营、作风建设"六项重点工作,取得了显著成绩,使集团公司的组建和发展获得了良好开局。

提出了集团公司"老化工、新材料"的发展定位,即传承几代化工人的基业,在重组改造国有化工企业的过程中发展我国化工新材料、基础化工原料及化肥农药产业,并适当向上下游延伸。制定了集团公司中长期发展战略与规划。总体目标是用3～5年时间,争做行业排头兵,成为具有国际竞争力的大公司、大集团。将围绕突出主业、壮大核心业务,通过资源整合、企业重组,组建十大专业公司、十大产业基地和30个地方化工集团。

【生产经营】 2004年,集团公司共实现销售收入152亿元,比上年同期增长53%;实现利润总额2.27亿元,同比持平;资产总额230亿元,同比增长16%。经济运行质量进一步提高,全年集团公司净资产收益率提高0.4个百分点,流动资产周转率提高0.7次,成本费用占主营业务收入比重降低0.3个百分点,超额完成国资委下达的年度经营业绩考核指标。

为了不断提高参与国际竞争的能力,集团公司决定采取"投入增量、盘活存量"的方式,对符合集团公司产业发展方向,规模较大、具有资源优势和产业基础条件，有较好发展潜力的化工企业进行重组。根据产业布局的需要，积极在条件成熟的地方设立分公司或组建地方化工集团。黑龙江分公司(中国化工黑龙江化工局)已经成立，为地方化工集团的组建探索了新的模式。

根据集团公司实行的是"投资控股、管理经营"，实现的是"资产资本化、资本证券化"的运营模式，着力优化组织结构、产业布局和产品结构，集团公司的重组实施方案已获得国资委批复。根据集团公司总体构架，对专业公司的管理关系进行了调整；对成立子公司、分公司工作加强了规范与管理；对所属企业的管理层级和企业改制情况进行全面调查研究，对三级以下企业进行了认真清理，今年已经清理123家。

在理顺组织结构、规范母子公司体制的基础上，全系统有关单位还开展了以产权制度改革为核心的现代企业制度建设。按照占职工总数1/3的经营者群体及不可替代的骨干人员持有20%股份的原则，开展了经营者持股试点。控股的5家上市公司按照国家的政策要求，进一步完善法人治理结构，规范投资行为，提高透明度和规范化运作水平，妥善处置遗留问题，使上市公司经济运行质量和效率进一步提高，增强了经营收益和再融资能力。

进一步深化人事、劳动、分配三项制度改革。加强了对企业负责人的业绩考核，及时调整不称职的干部，对一些企业领导岗位实行了公开招聘，并坚持实行动态考核、末位淘汰的人员管理机制。系统内大部分企业建立了工资与效益挂钩的分配机制。

主辅分离、辅业改制取得新的进展。集团公司继2003年第一批22个改制项目获得批准之后，今年又上报了第二批改制方案共21个项目。在已经获得批复的43个辅业改制项目中，已经完成了20个，832名职工与原单位解除了劳动关系。通过辅业改制等多种途径，全年共分流富余人员4470人，被国务院授予"全国再就业先进企业"荣誉称号。

积极盘活存量资产。集团公司利用政策性破产方式解决企业历史遗留问题，今年有3个破产项目列入国家计划，涉及银行债务6亿元，已经达成处置协议的有3亿多元。加强股权管理，积极盘活和收回"拨改贷"、"特种拨改贷"和经营基金，股权变现9874万元，提高了资产的流动性和集中度。利用国家政策减债8741万元，盘活土地、厂房设备等各类资产2.4亿元。

【重大项目进展】 2004年集团公司固定资产投资完成18.89亿元。其中天津、上海、南通、兰州、沈阳五大化工新材料基地建设完成投资9.12亿元，太原化工3万吨/年TDI整改、沈化集团3万吨/年PVC糊树脂和4万吨/年环氧丙烷及聚醚、济南石化5万吨/年气体分离、辛集化工5万吨/年碳酸钡和1万吨/年碳酸钾及1.5万吨/年碳酸锶、湖南昊华1500吨/年灭克磷和30吨/年苯磺唑、中昊晨光院1500吨/年氟橡胶、中昊宣化公司5000吨/年乳化炸药、海洋院1.5万吨/年水性防腐涂料等项目建成投产。新建和续建重点项目13万吨/年丙烯酸及酯、4万吨/年聚甲醛、10万吨/年有机硅、12万吨/年苯酚丙酮、3万吨/年丁二烯和2万吨/年二氟一氯甲烷等项目顺利推进。通过建设与改造，有力地促进了集团公司产品结构调整和规模升级，有机硅、双酚A等产品的生产规模、技术水平位居国际、国内前列，化工新材料、有机化工原料的比重已增加到了75%。

集团公司全年共完成科研成果242项，获奖28项，申请专利63项，获得授权专利27项。长沙院完成的"罗布泊地区钾资源综合利用开发研究"项目获得国家科学技术进步一等奖。星火5万吨有机硅单体生产技术实现了6项创新，申报了8项专利，形成了有自主知识产权的成套技术与装备。连云港院的"贵州瓮福磷矿肥结合工程"获得建设部优秀工程设计奖。加快了科技成果产业化步伐，拥有自主知识产权的光气法1万吨/年PC项目完成工程设计，已开始建设，500吨/年CD-3项目建成投产并开始进一步扩能，利用自主开发的双氧水成套技术建成了10万吨/年双氧水项目。这些项目的实施，提高了企业参与市场竞争的能力。

在国防科工委的支持下，集团公司所属单位共承担国家军工配套重点科研计划项目128项，承担重点国防军工基本建设项目15项，承担了70%以上的国防军工化工的科研生产任务，保证了高新工程和国家重点武器装备的需求。

【国际化经营】 集团公司和各专业公司广泛寻

求与国外企业进行合资合作,取得较大进展。全系统共签订中外合资合作项目17个。先后同美、英、德、日、韩等国的30多家化工企业进行技术交流,已与外方签订了PTMEG、苯酚丙酮、丁二烯、1,4-丁二醇、工业硅、聚甲醛、丙烯酸及酯等十多项技术引进合同,并开始执行。与法国罗地亚公司组建全球有机硅战略联盟,已达成合作协议。

全年进出口贸易额4亿美元,比上年增长59.8%。其中出口1.8亿美元,比上年增长81%。形成了双酚A、感光化学品、硅铁、钡锶盐、橡塑机械等出口创汇的拳头产品。

附表:1. 资产负债表

2. 利润及利润分配表

附表1

资 产 负 债 表

企财01表

编制单位:中国化工集团公司 **2004年12月31日** **金额单位:元**

项 目	行次	年初数	年底数
货币资金	1	2407276925.49	2852396336.75
短期投资	2	114606653.30	27111977.03
应收票据	3	215592095.80	272245377.14
应收股利	4	283766.85	2966.85
应收利息	5	0.00	0.00
应收账款	6	1394742310.47	1731131507.61
其他应收款	7	1280184904.45	1881337090.37
预付账款	8	923946744.36	1141683164.24
期货保证金	9	0.00	0.00
应收补贴款	10	1225421.87	-270953.00
应收出口退税	11	35148186.88	7932774.46
存货	12	2703528913.71	3657641869.52
其中:原材料	13	660713922.25	1038049507.46
库存商品(产成品)	14	365459306.34	524894954.10
待摊费用	15	18146928.58	31612735.55
待处理流动资产净损失	16	0.00	0.00
一年内到期的长期债权投资	17	12357.00	0.00
其他流动资产	18	4903260.85	919387.18
流动资产合计	19	9099598469.61	11603744233.70
长期投资	20	2917388482.63	2772412968.26
其中:长期股权投资	21	2911967113.44	2768422768.26
长期债权投资	22	5421369.19	3990200.00
*合并价差	23	12782329.63	11583067.63
长期投资合计	24	2930170812.26	2783996035.89
固定资产原价	25	9038138387.84	9967758490.07

续表

项　　目	行次	年初数	年底数
减:累计折旧	26	2654830193.98	2933304284.24
固定资产净值	27	6383308193.86	7034454205.83
减:固定资产减值准备	28	99679214.87	105628249.35
固定资产净额	29	6283628978.99	6928825956.48
工程物资	30	28884372.94	51134409.81
在建工程	31	1181951608.20	1223398438.05
固定资产清理	32	4388271.40	3621621.77
待处理固定资产净损失	33	0.00	0.00
固定资产合计	34	7498853231.53	8206980426.11
无形资产	35	248580781.27	319948263.12
其中:土地使用权	36	123938634.11	99787705.51
长期待摊费用(递延资产)	37	22669975.26	41678214.77
其中:固定资产修理	38	0.00	0.00
固定资产改良支出	39	0.00	0.00
其他长期资产	40	1017563.08	2040875.08
其中:特准储备物资	41	0.00	0.00
无形资产及其他资产合计	42	272268319.61	363667352.97
递延税款借项	43	126877.66	126877.66
	44		
	45		
资　产　总　计	46	19801017710.67	22958514926.33
短期借款	47	4745070224.51	7199858659.91
应付票据	48	242294955.59	295098630.00
应付账款	49	1611479258.10	1919313533.13
预收账款	50	1428097594.83	1439565064.64
应付工资	51	138916656.99	140534222.73
应付福利费	52	142542835.07	174766226.98
应付股利(应付利润)	53	17353076.14	18238012.29
应付利息	54	693108.73	1095890.47
应缴税金	55	162070375.28	97205517.70
其他应交款	56	35717884.15	42602286.91
其他应付款	57	1675131051.04	1685091321.77
预提费用	58	153602646.87	143228295.25
预计负债	59	6500000.00	6500000.00
递延收益	60	0.00	0.00

续表

项　　目	行次	年初数	年底数
一年内到期的长期负债	61	44700000.00	57150000.00
其他流动负债	62	6259935.52	8194166.60
流动负债合计	63	10410429602.82	13228441828.38
长期借款	64	1565842498.69	1663151964.79
应付债券	65	40000.00	0.00
长期应付款	66	346358632.51	367270467.94
专项应付款	67	196759257.49	232172582.12
其他长期负债	68	51827310.60	65837610.42
其中:特准储备基金	69	0.00	0.00
长期负债合计	70	2160827699.29	2328432625.27
递延税款贷项	71	0.00	0.00
负　债　合　计	72	12571257302.11	15556874453.65
*少数股东权益	73	1799704576.22	1768405717.15
实收资本(股本)	74	6425924546.38	6425924546.38
国有资本	75	6425924546.38	6425924546.38
集体资本	76	0.00	0.00
法人资本	77	0.00	0.00
其中:国有法人资本	78	0.00	0.00
集体法人资本	79	0.00	0.00
个人资本	80	0.00	0.00
外商资本	81	0.00	0.00
资本公积	82	0.00	76915260.58
盈余公积	83	0.00	20125525.63
其中:法定公益金	84	0.00	0.00
*未确认的投资损失(以"-"号填列)	85	-461606511.40	-484527661.02
未分配利润	86	-534033157.71	-404973871.11
其中:现金股利	87	0.00	0.00
外币报表折算差额	88	0.00	0.00
所有者权益小计	89	5430284877.27	5633463800.46
减:未处理资产损失	90	229044.93	229044.93
所有者权益合计(剔除未处理资产损失后的金额)	91	5430055832.34	5633234755.53
负债和所有者权益总计	92	19801017710.67	22958514926.33

附表 2

利润及利润分配表

企财 02 表

编制单位:中国化工集团公司 2004 年度 金额单位:元

项　　目	行次	上年实际数	本年实际数
一、主营业务收入	1	9935115349.36	15205721640.29
其中:出口产品(商品)销售收入	2	505641281.66	905208838.99
进口产品(商品)销售收入	3	372348490.13	122408821.29
减:折扣与折让	4	2131.05	0.00
二、主营业务收入净额	5	9935113218.31	15205721640.29
减:(一)主营业务成本	6	8487068569.94	13176375030.41
其中:出口产品(商品)销售成本	7	371608031.48	806748535.15
(二)主营业务税金及附加	8	72652275.39	141825202.11
(三)经营费用	9	0.00	0.00
(四)其他	10	0.00	0.00
加:(一)递延收益	11	0.00	0.00
(二)代购代销收入	12	6031261.34	4585896.40
(三)其他	13	435548.99	0.00
三、主营业务利润(亏损以"-"号填列)	14	1381859183.31	1892107304.17
加:其他业务利润(亏损以"-"号填列)	15	141214993.09	147392401.28
减:(一)营业费用	16	279287201.24	340646128.09
(二)管理费用	17	1017140523.08	1353400976.73
(三)财务费用	18	223901617.19	328704338.60
其中:利息支出	19	157439077.72	264561125.53
利息收入	20	8451307.61	25643698.63
汇兑净损失(汇兑净收益以"-"号填列)	21	718760.93	122874.83
(四)其他	22	0.00	0.00
四、营业利润(亏损以"-"号填列)	23	2744834.89	16748262.03
加:(一)投资收益(损失以"-"号填列)	24	43011454.22	6253351.76
(二)期货收益	25	0.00	0.00
(三)补贴收入	26	193732145.03	174453271.52
其中:补贴前亏损的企业补贴收入	27	0.00	0.00
(四)营业外收入	28	52505013.95	95351359.56
其中:处置固定资产净收益	29	0.00	0.00
非货币性交易收益	30	0.00	0.00

续表

项　　目	行次	上年实际数	本年实际数
出售无形资产收益	31	0.00	0.00
罚款净收入	32	0.00	0.00
(五)其他	33	7153943.62	5432049.16
其中:用以前年度含量工资结余弥补利润	34	0.00	0.00
减:(一)营业外支出	35	37593599.97	70652444.32
其中:处置固定资产净损失	36	0.00	0.00
出售无形资产损失	37	0.00	0.00
罚款支出	38	0.00	0.00
捐赠支出	39	0.00	0.00
(二)其他支出	40	5490603.77	324547.97
其中:结转的含量工资包干结余	41	0.00	0.00
五、利润总额(亏损总额以"－"号填列)	42	256063187.97	227261301.74
减:所得税	43	54585576.73	72498819.86
*少数股东损益	44	99866934.18	54488295.03
加:*未确认的投资损失	45	43210455.59	28785099.75
六、净利润(净亏损以"－"号填列)	46	144821132.65	129059286.60
加:(一)年初未分配利润	47	－678854290.36	－534033157.71
(二)盈余公积补亏	48	0.00	0.00
(三)其他调整因素	49	0.00	0.00
七、可供分配的利润	50	－534033157.71	－404973871.11
减:(一)提取法定盈余公积	51	0.00	0.00
(二)提取法定公益金	52	0.00	0.00
(三)提取职工奖励及福利基金	53	0.00	0.00
(四)提取储备基金	54	0.00	0.00
(五)提取企业发展基金	55	0.00	0.00
(六)利润归还投资	56	0.00	0.00
(七)补充流动资本	57	0.00	0.00
(八)单项留用的利润	58	0.00	0.00
(九)其他	59	0.00	0.00
八、可供投资者分配的利润	60	－534033157.71	－404973871.11
减:(一)应付优先股股利	61	0.00	0.00
(二)提取任意盈余公积	62	0.00	0.00

续表

项　目	行次	上年实际数	本年实际数
(三)应付普通股股利(应付利润)	63	0.00	0.00
(四)转作资本(股本)的普通股股利	64	0.00	0.00
(五)其他	65	0.00	0.00
九、未分配利润	66	-534033157.71	-404973871.11
其中:应由以后年度税前利润弥补的亏损(以"+"号填列)	67	0.00	0.00
补充资料:	68	—	—
一、出售、处置部门或被投资单位所得收益	69	0.00	0.00
二、自然灾害发生的损失	70	0.00	0.00
三、会计政策变更增加(或减少)利润总额	71	0.00	0.00
四、会计估计变更增加(或减少)利润总额	72	0.00	0.00
五、债务重组损失	73	0.00	0.00
六、其他非经常性损益	74	0.00	0.00

注:表中带*项目为合并会计报表专用。

中国化学工程集团公司

【概况】 2004年是中国化学工程集团公司为实现做精做强做大战略目标的开局之年,年初国资委对公司主要负责人进行了调整,为企业的改革和发展注入了新的活力,公司认真贯彻落实国资委的各项决策和部署,进一步开拓经营,加强管理,深化改革,各项工作都取得了明显成效。

生产经营实现了历史性突破。全年完成总产值168亿元,同比增长39%;主营业务收入98亿元,同比增长71%,实现利润同比增长5倍多,各主要经济指标均实现了历史性突破,较好地完成了国有资产保值增值的任务。收入的结构也得以进一步调整,其中所属设计企业的总承包收入已占其总收入的40%,境外收入占总收入的30%。

确立了集团公司的发展目标和战略定位。2004年,在深入调查研究的基础上,明确提出了把集团公司做精做强做大的战略目标和将公司建成"投资融资、项目管理、工程建设"一体化、具有国际竞争力的工程集团公司的企业定位和发展方向。结合编制新一轮企业发展战略和规划,明确了以化工和石油化工、环保为主营业务板块,提出了年度目标、三年中期目标和2010年远景目标,并初步确定和谋划了实施的措施与途径。

【改革改制】 建立并运行国有资产管理机制。按照国资委的要求,认真履行职责,管资产和管人、管事相结合,权利和义务、责任相统一,切实做到维护所有者权益和企业作为市场主体依法享有的各项权力。按照统筹兼顾、急用先立的原则,制定发布了一批企业管理规章制度和管理办法,以建立健全各项制度为切入点,强化国有资产的监督管理。2004年,先后制定下发了20多项管理规章,并根据新的定位和总体工作思路,对以前的有关规定进行了修订、完善,对实施国有资产的分级管理和监管机制起到了指导、规范和保障作用,较为有效地实施了领导、指导、协调和服务职责。

推进企业结构调整和建立现代企业制度。努力寻求跨越式发展的途径,探索引入能够促进强强联合的战略投资者,谋划本行业和跨行业的资源整合与重组。并首先促进集团公司所属企业间的重组,如管件公司并入五环公司、连云港公司并入第三建设公司的顺利实施。组织编制主辅分离改制分流总体方案，并对所属企业的改革改制进行分类指导和试点，东华工程科技股份有限公司和五环科技股份有限公司已分别完成上市辅导工作，目前正积极寻机上市；南海公司的法人治理结构得到规范。在积极深化企业产权制度改革的同时，进一步推动企业深化内部改革，转换经营机制，全面开展了清理劳动合同、规范劳动关系工作，2004年共实现减员5770人。

逐步建立企业激励和约束机制。全面开展了企业负责人经营业绩考核工作，与所属企业主要负责人签订了年度经营业绩责任书，下发了企业负责人薪酬试行办法，并着手建立战略规划引领下的年度考核和任期考核相结合的经营业绩考核体系，进一步完善企业负责人激励机制。同时，开展财务监事工作，督促各企业尽快完善制度，加大管理力度，确保国有资产的保值增值。

面对石油和化学工业进入快速发展期的重要机遇，中国化学工程集团公司正努力通过内部资源的整合、行业资源的整合以及与国外工程公司的优势资源的整合，力争将公司发展成为在国内服务于产业集团、在国际服务于跨国公司，并能与国际工程公司竞争与合作的化工、环保工程集团公司。

中国化工供销(集团)总公司

【概况】 中国化工供销(集团)总公司(以下简称集团总公司)是国务院国有资产监督管理委员会管理的国有重要骨干企业，其前身是化工部供销局，成立于1956年，1987年注册成立公司，实行企业化经营，1994年被国家授予自营外贸权，现有持续经营的二级境内全资子公司9家，控股公司4家，境外全资子公司1家，截至2004年底，拥有国家资本金8.03亿元，总资产18.47亿元，职工总数1013人，大专以上学历的占49.16%。

【主要经济指标】 2004年，集团系统认真落实科学发展观，深化企业改革，调整经营结构，完善内控机制，主营业务继续巩固发展，经营运行质量显著提高，全面完成了国资委下达的各项年度经营业绩考核指标，主营业务收入70.3亿元，利润总额5702.3万元，净利润1924.8万元，净资产收益率4.18%，国有资产保值增值率105.40%，实际上交税金总额3.1亿元，人均利润6.3万元，全员劳动生产率54.5万元，均创近6年来最好水平，进出口总额3.3亿美元，在商务部公布的2004年中国企业进出口总额500强中排名列第379位。

【改革与发展】 一是发展战略研究不断深化。集团总公司认真开展企业布局和结构调整调查，研究制定了集团系统《企业经营业务调整方案》、《发展战略与规划》及《2005～2010年人力资源发展战略》，进一步明确了集团战略定位、发展战略、中长期发展目标以及2004～2006年改革发展调整重点和实施措施。与此同时，还积极探索与同类型中央企业在“平等自愿，重在重组”的基础上，优势互补，联合重组，提升企业核心竞争力的方式和途径。

二是集团结构调整稳步进行。集团总公司贸易核心企业——中化物产股份有限公司大力实行“扁平化”体制，推行“市场化”机制，实施“精细化”管理，不断完善ERP管理信息系统，强化经营全过程控制，逐步量化到品种，细化到合同，考核到个人，继续巩固和不断完善改制成果，主营业务收入突破50亿元，净资产收益率达到14.93%。仓储主业两个控股公司，按照董事会决议，一套班子，合署办公，突出主业，加强管理，精简机构，减员增效，努力为液体化工仓储业务全面整合创造条件。继续清理整顿非主业企业，妥善安置职工，集合企业资产，充实壮大主业，促进企业优胜劣汰机制的形成。

三是企业经营机制加快转换。根据国资委关于《中央企业负责人经营业绩考核暂行办法》，集团总公司研究制订了集团企业负责人薪酬方案，完善了民主评议制度，修订了全资子公司经营者年薪制和薪酬管理考核办法，加强了各企业工资总额的规范管理。按照市场机制，结合企业特点，积极推进内部改革，加强职工业绩考核工作，在加大对优秀人才激励的同时，妥善分流安置富余职工，调整辞退不称职的职工，促进企业的经营机制逐步与市场经济接轨。

四是预算管理体系逐步完善。集团总公司坚持以资本增值为导向，以强化主业为核心，细化到品种，落实到企业，责任到部门或个人，严格投融资、对外担保和重大资本性支出的预算管理及过程控制，加强日常运营监控和经济活动分析，自上而下建立起以利润总额、净资产收益率为基本指标，以经营现金净流量、成本费用占主营业务收入比率、流动资产周转率和企业个性指标为辅助指标的企业年度财务预算管理考核体系。

五是内部审计工作力度加大。2004年，集团总公司重点开展了经营工作专项审计、年度经营目标完成情况抽查审计、停业整顿公司收支抽查审计、库存商品实地盘点清查审计和内控制度执行情况审计等11个审计项目，提出审计建议50项，并结合实际，制定了《内部审计规范》和《经济责任审计实施办法》，使内部审计工作逐步纳入制度化、规范化的轨道。

六是ERP系统建设迈出步伐。集团总公司积极研究运用现代信息技术，目前南北外贸专版ERP管理系统和中国网通MPLSVPN网络系统已在集团总公司本部以及下属8个二级子公司和6个三级分公司投入运行，为集团系统逐步实现实时数据传输的决策支持、运营监督、内部控制和效绩管理评价系统积累了经验，创造了条件。

七是清产核资工作进展顺利。按照国资委统一部署，集团总公司认真组织集团系统30户企业全面开展了清产核资工作。经国资委批复，原会计制度清查的资产净损失和按《企业会计制度》预计的资产损失，通过核减权益或转为资产减值准备基数等渠道予以处理，夯实了国有资产管理基础，从2004年1月1日起，集团系统全面执行《企业会计制度》，实现了各类企业财务制度和会计指标的统一规范管理。

八是企业文化建设扎实推进。集团总公司积极开展“争先创优”活动，作出了关于表彰集团系统5个“先进集体”和10名“优秀员工”的决定，努力营造培养先进，鼓励先进，学习先进的企业氛围，全面树立“以人为本”的治企理念，采用多种方式，多渠道、分层次强化财务、人力资源、审计、危险化学品管理等方面负责人、主管人员、业务骨干、从业人员的职业素质培训，培训人员达1000多人次，努力创建“学习型企业”，积极培养“学习型职工”。

中国轻工集团公司

【概况】 中国轻工集团公司是隶属于国务院国有资产监督管理委员会监管的中央企业，是经国务院批准的国家120户大型试点企业集团之一。

2004年，集团公司全系统按照年初确定的工作指导思想和经营计划安排，全面贯彻党的十六大和十六届三中、四中全会精神，落实国资委对中央企业提出的工作要求，紧紧围绕经济效益这个中心任务，结合自身实际，加快改革发展步伐，突出主业，坚持做强、做精、做实、做久，各项工作取得了一定的成绩，实现了2004年度的工作目标。

在经济指标方面，2004年集团公司实现销售额27亿元，利润总额5612万元，净资产收益率1.9%，流动资产周转率1.5次，全面超额完成了国资委下达的年度业绩考核任务。

【生产经营】 集团公司充分发挥经营轻工行业专用原材料的传统业务优势，继续巩固贸易的主业地位。面对近年来原材料价格起伏不定，市场竞争日趋激烈的现状，集团公司按照“安全、效益、规模”的经营原则，巩固和发展现有的经营渠道和协作方式，密切关注和把握市场的变化，在规避各类经营风险的前提下，坚持巩固和发展与国内外大供应商和生产厂商的联合，稳固和扩大经销网络，提高经济效益，扩大经营规模。

集团公司控股的中轻物产股份有限公司在多年稳步发展的基础上，2004年又取得了良好的经营业绩，全年实现销售收入和利润总额分别占集团公司全系统的60%和57%。面对复杂多变的市场环境，股份公司各业务部门有效地把握住市场节奏，抓住了机遇，在塑料化工、生物化工、油脂、浆纸等重点品种上取得了良好的效益。由股份公司控股的三家生产企业2004年又有新的进展，全年实现产值比上年增长

43.7%,极大地增强了集团公司实业收入比重,强化了集团公司主业中的实业基础,使集团公司“科工贸”一体化得到了进一步的发展。

集团公司充分利用制浆造纸、日用化学、食品发酵、皮革制鞋四个研究院在科研开发、技术服务、中介服务以及人才队伍、行业声誉等方面的优势,制定和完善了各研究院的发展规划。各研究院坚持各自的主营业务方向,进一步深化内部改革,转换内部机制,不断探索新形势下科研院的发展之路,抓好研究中心、工程中心和服务中心建设,推动以研带产,以产促研良性循环的形成,在加强应用技术研究,推动“科工贸”一体化,加快科研产业化步伐,发挥资源整合优势,提高中介服务水平,增加经济效益等方面取得了长足的进展,为进一步壮大科研院的实力,全面提升集团公司的科技水平作出了应有的贡献。

【企业管理】 集团公司按照国资委的统一部署,在2004年保质保量完成了清产核资工作,摸清了家底,对各类资产和历史遗留问题进行了认真的清理和归类,并制定了清产核资后续管理工作办法;为加强对下属公司的管理,集团公司制定了区域公司重组改制和规范管理实施要点,按照国资委的要求,实施扁平化管理,建立现代企业制度,实施多元化的产权结构,对有条件的区域公司开始启动重组改制工作;集团公司不断深化用工、人事和分配三项制度改革,逐步建立与经营、科研和生产特点相适应的基本工资制度和分配方式;集团公司党委按照国资委党委的要求,制定了2004年党委工作要点,坚持围绕企业中心工作,以改革的精神,求真务实地抓好党建工作,积极探索建立适应国有资产管理体制改革和现代企业制度要求的国有企业党建工作新体制、新机制,集团公司的杨承杰和任梦燕两位同志分别被授予了“中央企业劳动模范”和“中央企业优秀共产党员”称号。

中国轻工业对外经济技术合作公司

【概况】 中国轻工业对外经济技术合作公司(简称中轻对外公司,英文缩写CLETC)成立于1983年4月,是经国务院批准,在国家工商行政管理总局登记注册,目前,隶属国务院国有资产监督管理委员会管理的国有外经贸骨干企业之一。

公司以工程承包与贸易和商业服务业为主营业务,成立20多年来,紧紧抓住国家改革、开放和发展的历史机遇,解放思想,与时俱进,开拓创新,充分依靠轻工行业优势,大力推进公司的建设和发展,目前已成为集国际工程承包与贸易和商业服务业等业务于一体,客户遍及五大洲、具有一定规模、一定实力和一定国际影响力的国有独资企业。

中国轻工业对外经济技术合作公司自成立以来,累计对外签订各类合同3000多项,总额20多亿美元;共计完成境内外各类工业工程承包项目400多个,包括各类援外项目及在中国境内承担的世界银行和亚洲开发银行等外资工程项目;累计派出工程技术人员,轻纺企业工人等各种劳务人员上万人次;进出口贸易总额10多亿美元,为我国轻工行业的发展及对外经济技术合作和交流作出了历史性的贡献。

【生产经营】 2004年,公司全体员工在国资委的领导下,发扬“讲团结、顾大局、比贡献”的精神,响应公司领导班子提出的“二次创业”号召,克服国内外种种环境变化带来的困难,在业务开拓发展、管理体制创新等方面都取得了重大进步,经营业绩也有很大提高,较好地完成了年初制定的各项经营目标。

截至2004年12月31日,公司系统累计新签合同额8546万美元,比上年度增长78%;实现营业额7150万美元,比上年度增长37.8%;实现利润3000余万元;公司的资产总额达到6.9亿元,其中净资产达到2.7亿元。

1. 工程承包与贸易业务方面,在党中央“走出去”战略的指引下,在我国领导人和政府有关部门的大力支持和帮助下,公司与中技贸易公司组成了中方企业联合体,在世界银行贷款圭亚那糖厂(日榨甘蔗8400吨)建设项目招标中中标(合同已正式签定),合同总金额约1.1亿美元。与阿塞拜疆政府、埃塞俄比亚政府草签了有关纺织厂改造项目协议;对其他一些轻工行业的合作项目,包括糖厂、造纸厂、盐厂的项目展开了论证。公司一般进出口贸易有较大幅度增长,2004年进出口总额完成5479万美元,比上年度增长74%。公司积极参加我国援外项目的投标,中标数目比上年度有较大幅度的增长。

2. 商业服务业业务方面,对外劳务合作是公司的主要业务之一,公司牢牢把握诚信服务、科学管理原则,改革收费办法、加强管理服务力度,在市场竞争十分激烈的情况下,凭着公司在日本劳务市场多年积累的良好信誉,保持了年末在外劳务人数的较高水平。同时,在选派人基地的管理上采取了优胜劣汰的动态管理机制,保证了外派人员的素质,为公司赢得了声誉,为公司对外劳务业务的持续、稳定、快速发展创造了条件。

【企业管理】 根据国务院国有资产监督管理委员会的要求,公司成立了由主管领导挂帅的公司发展规划编制小组,经过充分的调研和全面的论证,完成了公司的发展规划的编制工作。规划提出了公司的发展战略,明确了公司发展的目标、发展阶段和任务,规划的编制也为公司突出主业,优化资源配置,为实现公司的快速发展奠定了基础。

中国轻工业对外经济技术合作公司积极推进ISO 9000国际质量管理体系的全面落实。自获得ISO 9001:2000质量认证证书以来,年内先后三次对质量管理情况进行检查、评审,发现问题及时纠正,为确保公司质量体系的贯彻实施和有效运行,结合公司实际情况,制定了《中轻对外公司日常质量管理办法》及《中轻对外公司质量考核办法》。经过船级社质量认证公司的严格审核,公司又获得英国皇家质量认证机构认可的UKAS证书。

公司执行财务预算制度,实行定期财务分析制度。通过定期通报公司财务收支情况,提高了管理的透明度,加大了财务监督的力度,使公司领导班子成员和部门经理的成本核算意识大大增强,使公司的财务管理制度有了根本的改善。

公司还加大了引进人才工作的力度,先后通过招聘、调入等方式引进了专业知识较强、具有一定工作经验和特长的业务骨干,改善了公司员工队伍结构。同时,加强了对在职员工的培训工作。专业涉及财务管理、项目管理、人力资源管理、外语等,此外,还组织多种岗位、技能培训80多人次。

当前,随着世界经济一体化的全面推进和市场经济的不断发展,中国轻工业对外经济技术合作公司正处在成长的黄金时期。全体员工正在公司领导班子的带领下,团结一致,改革进取,按照公司发展战略指明的方向,为实现公司的发展目标而努力奋斗。

(撰稿人:胡俭会)

中国盐业总公司

【概况】 中国盐业总公司是全国食盐生产经营的专营主体,全国最大的盐生产企业和销售企业和盐行业唯一一家由国务院国有资产监督管理委员会监管的中央企业。

2004年中国盐业总公司累计实现销售收入25亿元,同比增长19.91%。全年盐产量历史性地突破500万吨,达到528.84万吨,同比增长75.9%。全年批发销售盐153万吨,比上年增加22万吨。利润突破亿元大关,迈上新台阶,实现利润总额1.3亿元,同比增长44.66%。截至2004年12月31日,全公司总资产达到44.5亿元,同比增长18%。

【生产经营】 2004年,中国盐业总公司坚持以科学发展观为指导,团结一心,全面谋划,知难而进,维护食盐专营,保证了盐源紧张情况下的全国食盐供应,食盐流通现代化稳步推进,克服交通运力紧张、煤电汽以及原材料大幅涨价等不利因素,各方面工作都取得了可喜成绩。

维护完善了食盐专营,推进了食盐流通现代化。中国盐业总公司积极主动配合国家发改委工作,就深化改革,完善食盐专营问题向国家发改委提供了专题报告。9月份配合国家发改委召开全国整顿和规范食盐市场秩序工作会议,向全行业提出要求,严肃专营规定和纪律。11月份召开各省区市盐业公司经理座谈会,贯彻落实中央领导指示和国家发改委要求,通报专营的形势和各方面的反映，交流各省情况，针对专营工作中存在的问题，提出改进和整顿的重点，统一行业的思想和行动，维护专营大局，确保食盐市场供应。大力推进食盐流通现代化。4月份组织召开了全国食盐生产经营暨推动食盐流通现代化工作会议。全年完成6家国家食盐配送中心的组建和挂牌工作。为了严格食盐计划管理，2004年进行了食盐运输准运证微机管理的试点工作。召集西藏、四川、新疆、云南、青海等五省区召开了支援供应西藏碘盐协调会，协调确定了四省区供应西藏碘盐的数量和价格，帮助西藏加快普及碘盐的步伐。完成了由国家发改委盐业办提出的《食盐定点生产企业质量管理技术规范》国家标准的制定、审定、申报工作；与农业部、中国农业科学院畜牧研究所合作，完成了《畜牧盐》国家标准初稿；完成了《盐业配送中心建设和管理规范》及《盐业物流信息系统实施规范》两个行业标准的制定工作；进行了江苏、河南、山东、黑龙江、辽宁等省18家“AAA”食盐批发企业达标验收工作；组织全国海湖、井矿盐质检中心对全国三级碘盐实验室进行了标样考评，收集数据2000多组，提高了盐业质检三级网络的监测水平。

在盐的供求关系发生变化的情况下，保证了全国的食盐供应。由于化工两碱用盐企业的发展和盐北方海盐受天气影响季节性减产，同时由于铁路运输紧张、公路严格限载，使部分地区食盐市场出现波动，引起了国务院领导同志的高度重视，多次明确批示，要求中盐总公司采取措施，确保全国食盐供应。中国盐业总公司及时分析全国食盐市场供应和存盐情况，对存盐不足两个月正常销量的省提出要求，市盐业公司发出了《关于密切关注市场动态，确保食盐供应的紧急通知》。2004年调整和增加了北京、上海、天津、河北、广东、重庆、山东等七省市食盐计划10多万吨。针对山东、河北、天津等省以海盐为原料加工食盐相继停产的问题，重点进行了协调解决，维护了这些地区食盐市场的稳定。

资本扩张和资产重组有新突破，基建、技改迈出较大步伐，技术装备水平不断提高。2004年成功兼并联合了新干、枣阳、榆林、西安、金州等盐业企业，使总公司资产总额突破40亿元，达到44.5亿元。2004年全年完成固定资产投资2.8亿元，具有世界先进水平的60万吨真空制盐项目建成投产。

【改革改制】 中国盐业总公司进行了机构调整、竞聘上岗和薪酬三项制度改革。改革初步实现了建立一个适应总公司战略发展需要，统一指挥，责权清晰，精干高效的总部管理机构；形成一个管理人员能上能下、职工能进能出、收入能增能减的充满生机和活力的选人用人机制；建设一个讲政治、懂经营、善管理的管理团队的目的。

建立和完善企业约束和激励机制，按照现代企业制度的要求，进一步完善了法人治理结构，各控股企业均召开了董事会，重大投资、重大经营活动能够按要求提交董事会决策，会议的质量和效果不断提高。在抓好企业标准制度建设的同时，以突出设备安全管理、全面质量管理和现场环保管理为主线，强化违章违纪登记扣分与事故责任追究两项制度，推行以绩效考核为主要手段的目标管理，建立有效的约束激励机制，加强了企业管理。

中国恒天集团公司

【概况】 2004年，中国恒天集团公司继续大力推进改革，按照年初计划开展各项工作，全面完成了全年工作任务。集团生产经营平稳运行，发展战略稳步实施，扭亏增盈取得成效，资产重组有所突破，科技研发明显进步，内部管理继续加强。年中，选举产生了中共中国恒天集团公司第一届委员会，班子建设得到完善，党建工作不断加强。

在中国企业联合会、中国企业家协会公布的2004中国企业500强名单中，中国恒天集团公司名列第184位。

集团公司2004年度保值增值率为102.74%，完成了国有资产保值增值任务。

【主要经济指标】

1. 2004年度主要经济指标完成情况。

2004 年度主要经济指标完成情况表

年度指标	年度计划	累计完成	完成计划(%)	比上年增长(%)
销售收入(万元)	1000000	1070400	107.40	12.7
利润总额(万元)	18500	29167	157.66	101.8
进出口额(美元)	50000	5.5	110.00	5.80
净资产收益率(%)	0.8	2.52	315.00	3.15
成本费用利润率(%)	2.5	2.73	109.20	1.32

2. 经营业绩和财务分析。2004 年是国资委对中国恒天集团公司进行经营业绩考核的第一年，中国恒天集团公司全面完成了国资委下达的各项考核指标，经济效益稳步增长，主要经营指标再创新高，经济运行质量明显提高。实现销售收入 107.04 亿元，同比增长 12.7%；实现利润总额 29167 万元，同比增长 101.8%，完成国资委下达考核指标 18500 万元的 157.7%；实现净利润 8633 万元，同比增加 10738 万元；净资产收益率为 2.52%，同比提高 3.15 个百分点，完成国资委下达考核指标的 315%；成本费用利润率为 2.73%，同比提高 1.32 个百分点，完成国资委下达考核指标的 109.2%；共实现进出口额 5.50 亿美元，完成年度目标 5 亿美元的 110%，同比增长 5.8%。亏损额减少了 17730 万元，亏损面降至 13.64%，同比下降 31.14%。

【重大项目进展】

1. 重大决策情况。

(1)重组整合集团公司纺机出口资源，将中国纺织机械和技术进出口公司、宏大国际贸易有限责任公司及经纬纺织机械股份有限公司的纺机出口业务整合到中国纺织机械和技术进出口有限公司。

(2)把中国纺织机械和技术进出口公司改制为中国纺织机械和技术进出口有限公司。

(3)制订集团总部与中纺机集团整合实施方案。

(4)参加国资委统一组织的在全球范围内公开招聘集团公司副总经理活动。

(5)在集团内部公开竞聘 2 个子公司的 3 位副总经理职位。

(6)对中服股份进行资产重组，将中纺机集团所持上海金汇投资实业有限公司 60.05% 股权和北京京德顺房地产开发有限公司 44% 的股权与中服股份吴江分公司净资产以及吴江吴伊时装面料有限公司 75% 的股权进行置换，提高上市公司资产质量。

2. 重大项目进展情况。中国恒天集团公司于 2004 年 7 月向商务部上报了《关于中国纺织机械(集团)有限公司在柬埔寨投资建设三万锭纺织厂开展境外加工贸易业务的请示》，商务部已于 9 月以《商务部关于同意设立宏大(柬埔寨)纺织有限公司的批复》(商合批[2004]687 号)批复同意，目前中国纺织机械(集团)有限公司正在向中国进出口银行办理相关贷款手续。

【法人治理结构】

1. 公司组织结构。

中国恒天集团公司组织机构如下：

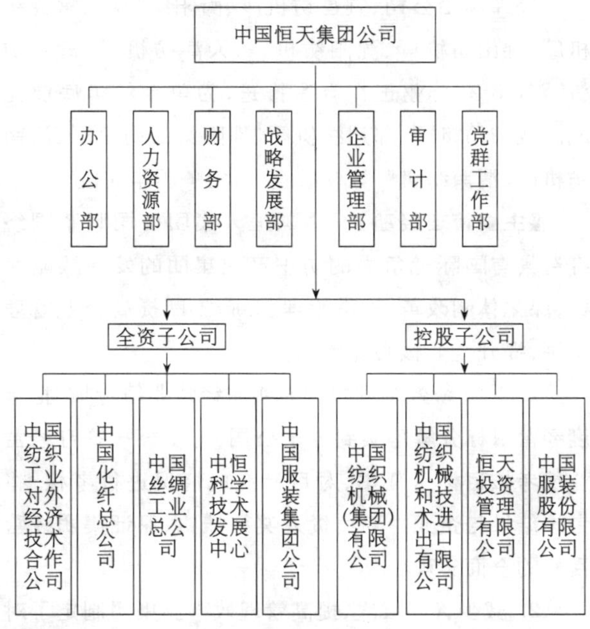

2. 主管人员经营业绩考核体系。按照《中国恒天集团公司子企业负责人经营业绩考核办法》，集团公司与各子公司签订经营业绩责任书，对各企业业绩完成情况进行考评。

3. 主管人员薪酬制度。中国恒天集团公司实行国资委统一制定的薪酬管理办法。根据国资委的薪酬管理办法，中国恒天集团公司制订并申报了集团公司领导班子成员 2004 年基薪方案，经批准后执行，企业负责人薪酬与企业经营业绩考核结果挂钩。

【产权制度改革】 以纺机出口业务整合为契机，对中国纺织机械和技术进出口公司和中国纺织工业对外经济技术合作公司的资产和业务进行了调整，由中国恒天集团公司和经纬股份共同出资，将中国恒天集团公司所属子公司中国纺织机械和技术进出口公司改制成为中国纺织机械和技术进出口有限责任公司，2004年完成了董事会、监事会组建和改制新公司的注册登记。

【主辅分离辅业改制】 中国恒天集团公司主辅分离改制分流总体方案涉及21家纺机企业，现已对常州纺仪厂、无锡纺机试验中心、青岛纺机厂、常州印染机机械试验中心、太仓纺仪厂等5家企业的主辅分离改制分流实施方案进行了批复，天复所所属三家子公司已完成改制。邯郸纺机厂、广州针机厂的实施方案已经过论证，现进入审计评估阶段。

经纬集团公司、宜昌纺机厂、衡阳纺机厂、常德纺机厂、佛山纺机厂、沈阳纺机厂、天津纺机厂、黄石纺机厂等8家企业正在有序推进，力争今年年底前完成。咸阳纺机厂、郑州纺机厂、邵阳第二纺机厂、河南纺机厂、渭南纺机厂等5家企业，力争明年完成。

【主要管理经验】 中国恒天集团公司紧紧围绕打造具有国际竞争力的纺织产业集团的发展战略目标，深化体制改革，推进管理创新，不断提高企业管理水平，提升企业核心竞争力。

1. 建立绩效管理机制。实施经营业绩考核，把年度经营目标分解落实到各子公司，与子公司签订经营业绩考核目标责任书，对目标完成情况进行考核，将考核结果与企业主要负责人奖惩挂钩，保证集团经营目标的全面实现。

2. 减少管理层次，提高管理效率。集团制定了对所属企业进行清理整合的实施意见，加大对集团所属四级以下公司清理整顿力度，缩短管理链条，理顺组织关系，有效控制了经营风险，力争在3年内将集团管理层次减少到三级。

3. 全面加强经营风险管理。对新投资项目，严把立项审批、可研论证和项目批准三个环节。对原有投资项目积极进行清理，清理整顿了一批投资项目和公司。对存货和应收账款，严格控制两项资金占用规模。在内部审计工作方面，健全规章制度，规范内部审计工作，这些措施有效控制防范了经营风险。

4. 狠抓扭亏增盈和成本控制，提高经济运营质量。集团专门组织人员深入亏损企业调研，摸清根源，找出对策，分类指导，狠抓落实，通过努力，减少了亏损面和亏损额。在强化日常成本核算和管理的同时，从工艺设计、材料采购、存货控制、生产管理、销售策略及资金成本等方面全方位、全过程地实施成本控制，取得了明显成效。纺机生产企业加大了集约化经营力度，集中采购不断提高，有效降低了采购成本，提高了经营效益。

5. 加强产品研发和技术创新，提高产品市场竞争力。进一步加快科技创新步伐，加大了科研开发的投入力度和对科技人员的激励力度，研发了一批具有自主知识产权的新产品，得到了市场和行业认可。集团目前正在研究制定科技发展规划。

6. 推进用人制度改革。为加快推进干部选拔任用机制改革，积极引入竞争机制，参加了国资委面向海内外公开招聘高级经营管理者的活动，公开招聘一名副总经理，并在集团内首次推行公开竞聘子公司领导，公开招聘了3名子公司副总经理，推动了用人制度的创新。

7. 积极开拓国内外市场。纺机生产企业推进国内纺机营销网络的整合优化，加强关键客户管理，建立科学良性的客户关系，强化售前售后全方位服务。纺机出口企业在巩固传统纺机出口市场的同时，实施多层次市场开拓战略，加强与生产企业合作，加强国外营销网络和售后服务体系建设，创新营销思维，大力开拓新老国际市场，积极推介出口纺机新产品，利用多种渠道扩大出口。

中国纺织科学研究院

【概况】 中国纺织科学研究院坚持以建设纺织高新技术产业集团和行业技术开发基地为目标，加强了以研究开发中心、生产力促进中心为主的院级研发体系的建设；明确了纺织机电产品与工程、纺织新材料、纺织化工三大板块为主业的发展战略。院研究开发中心采取产学研相结合的形式，从事行业共性、关键性、前瞻性的应用基础研究和技术开发，在为院属企业、合作企业提供中长期技术支撑的同时，积极为纺织行业的技术进步和产业升级服务。生产力促进中心面向纺织企业提供技术咨询、技术服务，促进院科技成果转化，同时通过设立在院的国家棉纺织产品质量监督检测中心、纺织工业标准化研究所开展纺织标准、计量、检测等公益性服务。2004 年 9 月，经国家认证认可监督管理委员会批准并授权，由院投资控股的国内唯一的专业从事纺织和服装产品检验认证的服务机构——"中纺标(北京)检验认证中心有限公司"成立。至此，院全资、控股企业共计 15 户。2004 年，各子公司面对行业固定资产投资减缓、原材料和能源大幅度涨价的经营形势，充分发挥自身优势，加大产品结构调整和科技投入力度，发挥新增生产能力的作用，加强和完善营销网络，努力减少成本费用，均较好地完成了全年预算指标，保持了平稳的发展态势。

【主要经济指标】 全院科技投入首次突破 3700 万元。共承担科技部、商务部、国家及北京市自然科学基金委、中石化以及院自选等科研及技术开发项目共计 58 项，完成成果鉴定或结题评议 20 项。新申请专利 8 项。其中"塔式聚酯技术与装备的开发"项目通过 PCT 途径申请了国际发明专利。共获省部级和行业科技成果奖 5 项，被中国纺织工业协会授予"科学技术贡献奖"。

全年主营业务收入 9.7 亿元，利润总额 7212 万元。总资产 162578 万元，净资产 37030 万元，全年净资产收益率 14.71%。国有资产保值增值率 116.23%。全员劳动生产率 112697.64 元/人。

【重大项目进展】 以"特种纤维"、"生物医用材料"、"特种纺织材料"为重点的多项科研开发项目取得较大突破。

1. 国家技术创新计划项目"塔式聚酯技术与装备的开发"，通过与上海金山石化合作，成功实现了大容量聚酯生产装置的国产化，使实施重大装备国产化成为可能，不仅申请了国际专利，而且实现了工程化，已签订合同作为援外项目出口埃及。

2. "十五"国家"863"科技计划项目"高性能聚乙烯纤维干法纺织成套技术的开发"在建成年产 30 吨高性能聚乙烯纤维扩试生产装置的基础上，已正式投产试车运行，打通了工艺流程，多数指标已达到规定要求。

3. "转移法反光材料的研究"完成科技成果鉴定。其技术及产品的主要性能指标达到了国际先进水平，具有自主知识产权，填补了国内空白。

4. "复合型导电纤维"项目，已开始投料试生产并实现了连续运行，其产品体积电阻率与国外同类产品的技术水平相当，并已用于军服面料。

5. 复合纺成套技术以交钥匙工程的形式，已累计在国内 7 个省 10 多家企业进行推广应用，创经济效益近 2 亿元。

为实现院"十五"发展计划，推进院区整体规划的实施，促进院主导企业的结构调整和产业的升级，经过院领导班子慎重研究和中丽制机化纤工程技术有限公司董事会反复论证，公司在通州次渠北京光机电一体化产业基地购置了 128 亩土地，并开始启动其新建生产基地和整体搬迁计划。同时院区也着手规划科研办公大楼和两栋职工住宅楼的建设方案。

【企业改革】 1. 继续推进产权制度改革。对投资企业产权设置进行全面调整。注销了无主导产品、经营不善的全资企业；以科技成果产业化为基础，组建由院控股，经营、科技骨干参股的有限责任公司。目前，二级子公司中，除从事国际贸易和后勤服务业务的两个全资企业外，其他均为股权多元化的有限责任公司。2. 推行二级子公司负责人经营业绩考核制。通过董事会对公司经营班子下达年度经营业绩指标并进行考核，经营班子的效绩年薪与考核结果挂钩。3. 进一步推进建章立制工作。经过各职能部门广泛征求意见，反复补充修改，已形成一整套涉及科研管理、财务管理、行政管理等多方面内容的院级规章制度。4. 积极推进和完善劳动合同制的配套工作。妥善解决了在册不在岗职工的历史遗留问题；新一轮的劳动合同签订工作顺利完成。5. 规范工资总额计划指标的使用。本着"两个低于"的原则，初步建立了收入分配调控机制及约束机制。6. 进一步建立和完善选人用人新机制。采取组织考查、民主推荐、竞聘上岗等多种形式选拔人才，使一批优秀青年走上领导岗位。

中国材料工业科工集团公司

【概况】 中国材料工业科工集团公司(以下简称:中材料集团)是国务院国有资产监督管理委员会直接管理的中央企业,是我国建材行业的重点企业集团,是我国非金属材料行业唯一拥有系列核心技术和完整创新体系的集产品制造、科研、设计、工程建设及装备制造和国际贸易于一体的企业集团,连续多年跻身中国500强。

中材料集团主要从事非金属材料及高性能复合材料的研发、生产、销售;非金属材料工程建设总承包;非金属矿产品及制品的探采选和深加工。

中材料集团经过几十年的技术积累,形成了六大国家级核心技术——连续玻璃纤维、定长玻璃纤维和非通信光导纤维技术;玻璃钢/复合材料技术;光通信、激光及超硬材料人工晶体技术;特种陶瓷与工业陶瓷技术、新型干法水泥工艺与装备技术、非金属矿工艺与装备技术。在玻璃钢/复合材料、特种玻璃纤维及制品、人工晶体材料、特种陶瓷材料等领域具有自主知识产权,系列产品技术指标达到或超过国际先进水平;非金属矿产品深加工技术居国内领先地位。

中材料集团实行母子公司的组织结构,拥有一批具有现代企业制度和强市场竞争力的产业化平台,着力打造的中材国际、中材科技、中材高新、中材水泥、中材玻纤、中国非矿等股份(有限责任)公司,已建立起完善的现代企业制度和规范的企业法人治理结构,形成以经营者年薪为主、中长期激励为辅的企业激励机制,同时又集合了集团人才优势、技术优势和产业优势,是中材料集团核心竞争优势的综合体现。

中材料集团致力成为全球知名高品质非金属材料供应商、世界一流材料工程系统集成服务商、高效非金属矿探采加工产品开发商。

【生产经营】 2004年是中材料集团的产业发展年,集团上下致力于调整完善企业结构,着力培育核心竞争力,强化管理,务实创新。2004年中材料集团生产经营业绩突出,全年落实生产经营合同及新签生产经营合同总额同比大幅度增长,国际市场地位显著提升。中材料集团所属中材国际工程股份有限公司承接了迄今我国最大的国际工程总承包项目——沙特阿拉伯南方水泥公司日产5000吨水泥工程,合同总金额20亿元人民币。

2004年中材料集团资产总额达到76亿元,同比增长26%;实现主营业务收入同比增长55%;实现利润总额同比增长79%;净利润同比增长47%;国有资本保值增值率108%;超额完成了年初确定的各项经济指标。

【三大主导产业】 中材料集团所从事的三大主业是非金属材料制造业、非金属材料工程业和非金属矿业。

中材料集团在我国非金属材料工业领域中具有完整的科研、设计、制造体系,拥有亚洲最大的熔融石英陶瓷辊生产线、国内最大的铅酸蓄电池隔板制造基地、国内最大的高强特种纤维制造基地和国内先进的连续纤维制造基地、拥有国际领先的非线性晶体生长基地、国内最大的高品质水晶生长基地、国内规模最大的耐磨氧化铝陶瓷制造基地、万吨级合成云母制造基地、高品级汽车复合材料制品、高压复合气瓶生产基地、国内最大的高岭土深加工生产基地、国内最大的原生天然金刚石矿。中材料集团的非金属材料及制品自2002年以来,每年增长率分别达到24%、32%、43%,呈加速增长态势,众多产品被广泛应用于航天、航空、冶金、化工、机械、建材、汽车、交通、生物、医药、电子、通信、环保等领域,在国内占有重要地位。

中材料集团具有勘探、科研、设计、装备制造、工程建设与总承包全套服务系统,以EPC方式提供一条龙服务,在国内水泥工程建设市场占有90%以上份额。中材料集团是国内唯一能够自主提供全套大型新型干法水泥生产线工程建设总承包的系统集成服务商,自主开发建成世界最大规模的日产万吨级水泥生产线,其工艺技术和各项经济技术指标均达到世界先进水平,工程建设管理模式与国际全面接轨,其建设工期、工程造价、工程质量控制等已形成很强的全球竞争优势,在亚洲、非洲、美洲、欧洲具有稳的、日益增长的市场份额，目前国际市场用户已占50%。

非金属矿勘探、采矿、选矿、加工、研发、设计等综合实力居国内领先地位，分布在全国各地的建材地质勘探队伍，掌握全国非金属矿资源状况，并拥有一百多项矿权，这是集团在非金属矿行业竞争中具有得天独厚的优势。拥有全国仅有的两家从事非金属矿开发利用的科研、设计院所——苏州非金属矿工业设计研究院和咸阳非金属研究设计院，掌握最新的非金属矿物深加工技术和产品。“资源＋技术”成为我集团发展非金属深加工的基础，是集团今后把握战略性资源、开发高效非金属矿深加工制品，发展高新技术、高成长性产业的优势。中材料集团拥有国内最大的高岭土生产加工企业、国内最大的原生天然金刚石矿及国家非金属矿深加工工程技术研究中心、国家级的非金属矿产品和石材质量监督检测中心。

2004年三大主业发展情况表

主业名称	主营业务收入（亿元）		利润总额（亿元）	
	总额	增长率(%)	总额	增长率(%)
非金属材料工程业	41	61	1.8	85
非金属材料制造业	10	43	0.8	37
非金属矿业	7	6	0.3	64

【重大项目进展】 中材料集团和所属各单位始终把技术进步作为重点工作，以六大核心技术拉动三大主业发展。2004年中材料集团科研开发和军工配套项目121项。其中主要科研项目有：国家“863”项目12项，矿产资源保护项目10项；国家发改委“2004年重点行业结构调整及重大装备本地化国债项目”10项；军工配套项目20项。“煤系高岭土煅烧增白技术”、“膨润土干法提纯技术”等三项国家级科研项目已经完成，进入验收阶段；“低介电玻璃纤维的研究”、“石英/高强2号变厚度混杂玻璃布的研究”通过专家评审；完成了国家技术创新“绿色环保建筑砌块”项目、国家级新产品“微孔硬硅钙石相硅酸钙耐高温材料”项目、技术开发研究专项“立式内模振动排水管生产设备的开发研究”项目、完成了社会公益研究专项“废泡沫塑料在环保型墙体材料中的应用研究”项目。2004年中材料集团科研开发类项目获得省部级奖项20项，其中国家科技进步二等奖2项，国防科技进步二等奖2项。

2004年中材料集团开展的主要设计项目121项，主要工程勘察项目167项；开展的国土资源大调查项目8项；新发现大中型矿产地82处；新查明矿产资源71处。2004年获国家及建材行业优秀工程设计奖43项，其中全国优秀工程设计奖银奖2项，铜奖2项，建材行业优秀工程设计一等奖13项。2004年中材料集团新获准专利23项。

【主要管理经验】 2004年中材料集团良好的经营业绩得益于驾驭国内外市场能力和企业管理水平的提高。

一是狠抓市场开拓，增收节支，降低成本。国家实施宏观调控对工程产业产生较大影响，面对大批已签订的合同业主不能如期开工的形势变化，集团加大国际市场开拓力度，充分利用主办“国际水泥论坛”的有利因素，加大与国际同行的交流与合作，努力开拓国际市场。2004年国外工程项目合同额所占比例超过合同总额的30%，降低了对国内市场的依赖程度。同时继续开发新的国内市场，保持了较高的国内市场占有率。各单位面对煤、电、油、运供应紧张，大幅涨价的不利局面，采取多种措施，加大大宗材料和设备采购招标环节的控制，加强对项目部的监管，增收节支，降低成本，取得了较好的成效。

二是加强经营目标管理，完善绩效考核体系，强化经济运行质量监控。全面实行所属单位领导班子经营目标责任制，进一步完善“目标责任—审计监督—考核奖惩”的效绩管理制度。在所属企业单位实行了年薪制，全面签订《2004年经营目标责任书》，取得很好的成效。中材料集团加强统计工作基础建设，加强统计队伍建设和统计信息自动化建设，提高统计数据及时性和准确性，提高经济运行分析水平、强化经济运行质量监控。

三是进一步完善安全生产管理体系，杜绝重大安全事故发生。全面执行《安全生产法》和有关法律法规，建立健全安全生产责任制和企业内部的各项规章制度，利用非煤矿山安全生产专项整治、危险化学品管理、尾矿库汛期安全、开展安全生产月活动、加强夏季安全生产工作、开展冬季安全生产大检查等一系列安全专项工作,全方位加强安全生产工作。在国家安全生产监督管理局的大力支持下,积极整合安全生产资源,成立了国家“建筑材料工业安全工程技术研究中心”,为提升中材料集团安全生产管理水平创造了更好的条件。

四是加强国有资本和财务管理。继续建立和完善财务动态监测体系,通过《集团财务动态》定期进行月度财务状况和季度经济形势分析,充分发挥了财务动态监测体系的预警作用;加强财务决算管理,规范和完善决算编报、审核、分析、批复等工作,财务信息质量大幅提高;通过清产核资工作,核实资产数量,为集团长远发展夯实基础;制定并修订了31个财务管理制度,财务管理基础工作进一步加强。

五是加强审计监督,构建完整的集团内部审计工作体系。进一步完善了“以年度例行审计为基础、经济责任审计为重点、项目及专项审计为补充”的集团审计工作体系。加强审计队伍建设,做到了审计机构、人员、工作三到位,全年共完成各类审计项目70个。强化了对领导干部进行经济责任审计,形成“年度要审、到届就审、离任必审”的原则。在中央六部委召开的全国经济责任审计会议上,中材料集团荣获全国经济责任审计先进单位。

六是集团信息化建设进展较快。中材料集团总部成功实施了公文流转网络办公,无纸办公、远程移动办公。在集团范围内推广使用信使、手机短信平台,使集团和各单位之间的信息交流更加直接、快捷。通过各种培训,集团信息化建设队伍的素质不断提高,提高了效率,降低了成本。

中国建筑材料集团公司

【概况】 2004年,中国建材集团认真执行国家宏观调控政策,加快内部结构调整,加大资源整合力度,强化管理,进一步扩大国内国际市场,克服并有效消除了煤、电、运制约和原材料涨价等不利因素的影响,主营业务收入大幅增长,各项经济指标又创新高,经济效益和社会信誉显著提高,呈现出持续稳定快速发展的良好势头。

中国建材集团以善用资源、服务建设为产业理念,以合作和创新意识培育核心专长,2004年,在原有以产品类别划分的八大业务平台的基础上,进一步突出主业,建立起建材制造单元,科研设计、成套装备和工程服务单元,建材进出口和商业流通单元三个战略业务单元,成为集建材制造、科工、流通为一体的主业鲜明的国家级综合性建材产业集团。2004年集团主营业务收入占营业收入比例达到97.77%。

经过20余年的发展,中国建材集团已积累形成了诸多方面的优势:国家“十五”规划提出的建材行业要大力发展的新型墙体材料和新型干法水泥均为集团的主导产品和发展重点;新型建筑板材及制品的产销量和出口量占全国第一,玻璃纤维及制品的产销量和出口量为亚洲第一,水泥、玻璃钢产品的产销量在同类企业中位于前列;建材系统12个具有甲级工程设计资质的科研设计院所和12个专业化装备加工企业,搭建起行业内最具实力的水泥、玻璃、建筑卫生陶瓷、新型建材、复合材料等门类齐全、产品配套、装备优良的综合服务平台,并在国内外承担多项大型工程项目,建设起了一批现代化的工厂。

2004年,中国建材集团进一步加大了对科研开发的投资力度,全年投入科研开发项目经费1.15亿元。科研开发共立项147项,其中国家级科研开发项目18项,省级科研开发项目6项,企业自立开发项目123项。重点开展了新型干法水泥、优质浮法玻璃、玻纤池窑拉丝、石膏板、卫生瓷、非金属矿物提纯等方面的技术和应用工作,取得一系列重要成果,使其技术和装备跃上新台阶,部分达到国际先进水平。其中获省部级以上科研成果奖13个,其中国家级二等奖1个,省部级二等奖4个,省部级三等奖8个。申请专利47项,获得授权专利47项。编制完成了《薄板钢骨建筑体系技术规程》并通过了建设部专家的认证。科研开发和技术创新为集团拥有更多的具有知识产权的核心专长和核心技术作出了积极的贡献,成为集团具有强势竞争力的重要业务平台。

按照国家宏观调控和产业政策的导向,中国建材集团充分发挥中央大型企业的控制力、影响力、带动力和行业引领者的作用，通过整合行业存量资源，进行资产重组，加强结构调整，为提高行业集中度作出积极努力。近年来，河北鑫磊水泥集团、湖南韶峰水泥集团、山东安厦水泥集团、威海西港玻璃钢船厂、苏州天丰新型建材公司等一批行业和地方的大中型企业相继进入中国建材集团。在国资委的协调帮助下，2004 年 12 月，中国建筑材料科学研究院和中国轻工业机械总公司两家中央企业重组并入中国建材集团成为全资子公司。这些战略合作伙伴的进入和资源的整合，为中国建材集团在做大做强的道路上实现新的跨越将发挥重要作用。

2004 年，中国建材集团继续坚持国际化发展战略，巩固和加强与世界知名企业的合作。先后与法国圣戈班集团、日本三菱集团成员企业签署了合作协议并展开全面合作，并着力抓好国内市场的国际合作。集团所属各单位加大“走出去”的步伐，充分发挥各自优势，创造品牌效益，取得了显著成绩。特别是科研院所以比较优势技术为龙头，带动具有自主知识产权的建材成套工程技术、装备出口和国际承包工程，在东南亚、南美、中东等国际市场大显身手，进一步扩大了中国建材集团在国际市场上的影响力和竞争力。去年集团共承担境外玻璃、水泥工程项目 21 个，国内外资项目 4 个，技术支持工程 2 个，并合作获得中国援助安哥拉的 5 条年产 3000 万块黏土砖的生产线工程。

2004 年，中国建筑材料集团公司年初国有资本总量为 254679 万元，年末国有资本总量为 267171 万元。其中客观性因素增加为 5027 万元，客观性因素减少为 1733 万元，扣除客观性因素后，2004 年末国有资本总量为 263877 万元。中国建筑材料集团公司保值增值率为 103.6%。

【主要经济指标】 2004 年末，中国建筑材料集团公司资产总额为 143.85 亿元，比上年同期同口径增长 28.22%，主要是由于负债增加引起的；2004 年末净资产为 26.72 亿元，比上年同期同口径增长 4.91%，其中 2004 年度实现净利润 1.08 亿元；主营业务收入为 81.83 亿元，比上年同期同口径增长 66.74%，主营业务收入较上年度大幅度增长的主要原因是大量在建项目本年度投产；利润总额为 3.38 亿元，比上年同期同口径增长 63.13%。

表 1　　2004 年主要经济指标完成情况表

指标名称	单位	2004 年	比 2003 年增长（%）
资产总额	亿元	143.85	28.22
净资产	亿元	26.72	4.91
主营业务收入	亿元	81.83	66.74
利润总额	亿元	3.38	63.13
进出口贸易额	亿美元	4.6	58.4

表 2　　2004 年主要产品产量完成情况表

产品名称	单位	产量	比 2003 年增长（%）
纸面石膏板	万平方米	4046.2	12.0
水　泥	万吨	517.4	19.6
玻璃纤维纱	吨	124372.2	16.6
玻璃纤维制品	吨	9710.3	27.9
玻璃纤维薄毡	万平方米	5351.6	51.5

【重大项目进展】 2004 年，中国建材集团加快了项目建设速度的步伐，完成投资总额 30 多亿元。其中北新建材集团年产 3000 万平方米石膏板三线、年产 3 万吨岩棉和年产 180 万平方米外墙板；中联水泥公司南阳日产 6000 吨新型干法水泥一期工程、鲁南日产 5000 吨新型干法水泥熟料生产线、巨龙日产 5000 吨新型干法水泥熟料生产线和鑫厦日产 5000 吨新型干法水泥一期工程；中国玻纤年产 6 万吨和 3 万吨两条池窑玻璃纤维；中建材矿业公司年产 30 万吨精选取砂共 10 个大型项目陆续建成投产。这些建材制造业务平台上关键项目的建成投产，对中国建材集团的业务结构调整和主营业务发展壮大具有十分重要的意义，作为新的经济增长点，将有力地支持集团在经营业务收入和利润上实现新的跨越。

【法人治理结构】 根据国资委对中央企业考核工作的要求，结合集团原有考核体系的基本框架，中国建材集团对《中国建材集团公司所属企业经营者年度业绩考核办法》中的年度考核指标、考核程序、计分方法、考核等级评定等项内容进行了修改完善，使《考核办法》既符合国资委的要求，又切合各企业的实际，同时更具有可操作性。在2004年年初的集团工作会上，中国建材集团作为国资委授权的国有法人资本代表，与各所属企业签订了《2004年度经营目标责任书》。通过签订经营目标责任书，将2004年度集团整体经营计划及目标进行了分解，并层层落实到各级企业的经营任务中，使经营目标的明确和业绩考核的落实有机结合，对集团超额完成2004年度经营计划起到了积极的促进作用。

【主辅分离辅业改制】 中国建材集团近两年结合主辅分离辅业改制和业务清理整合、减少管理层次、强化管理、分离办社会职能等工作的开展，在集团范围内已陆续整合了40余家企业，其中部分企业作为辅业予以分离并实施了经营者持股的改制且效果良好。集团公司在已有的工作基础上又对进一步做好主辅分离辅业改制等一系列工作进行了具体详尽的安排部署，重要的子集团的相关工作将在2005年内完成。

中国有色矿业集团有限公司

【概况】 2004年中国有色矿业集团有限公司成功地实现了第三个“翻一番”，即：资产总额从1997年前的2亿元猛增到14亿元，1999～2000年的两年间又翻了一番、达到了31亿元，2001～2004年的四年间再翻了一番、达到了64亿元；与之同步，主营业务收入从1997年的1.5亿元增长到2000年的12.7亿元和2004年的44.3亿元，利润总额实现了大幅度增长。2004年海外资源开发继续向纵深发展，实施“一二三”发展战略连续取得新的重大突破，“走出去”排头兵的优势得到了充分发挥。2004年11月6日，全国人大常委会委员长吴邦国专程视察了公司所属赞比亚谦比希铜矿，听取了情况汇报，为谦比希湿法炼铜厂和硫磺制酸厂挥土奠基，题写了“励精图治、大展宏图”八个大字，并要求把谦比希铜矿建成中国海外最大的有色金属工业资源基地。2004年12月28日，经国务院国有资产监督委员会批准和国家工商行政管理总局核准，公司更名为中国有色矿业集团有限公司。

【主要经济指标】 2004年末资产总额达到64.02亿元，所有者权益16.0亿元，2004年实现收入44.30亿元，实现利润总额2.70亿元，上缴税金总额1.19亿元，在国外生产有色金属产品产量（金属含量）3.90万吨，全年净资产收益率6.31%，全面完成了与国资委签订的四项年度经营指标，实现了较好的经济效益和良好的社会效益。

简要分析：

1. 利润总额比2003年同期增加1.50亿元，主要是主营业务利润和投资收益增加形成。2004年由于部分工程承包项目进入结算高峰、国内外贸易和房地产业务量加大以及赞比亚谦比希铜矿投产后营业情况良好，与2003年相比，主营业务收入增长60%，主营业务成本增长55.39%，主营业务利润增长123.02%，主营业务利润增加2.61亿元。

2004年实现投资收益2.18亿元，比2003年增加1.25亿元。其中集团公司总部转让“中色股份”股权收益4195万元；中色股份公司转让民生银行股权收益1.58亿元。

2. 资产和负债增减情况分析。2004年末总资产64.02亿元，其中流动资产、固定资产、长期投资分别为总资产的65.03%、20.73%、3.95%，资产的流动性较好。与2003年相比，资产总额增加12.25亿元，其中流动资产增加11.10亿元，主要增加项目是货币资金、应收账款。流动资产中应收账款、其他应收款、存货分别占全部流动资产的26.16%、14.93%、22.30%，说明占用在这些项目上的资金较多，应加强对应收款项和存货的管理，加快周转，提高资产收益。

2004年末负债总额39.83亿元，其中流动负债和长期负债分别占负债总额的66.14%、33.82%。与2003年相比，负债总额增加了9.12亿元，其中流动负债、长期负债分别增加4.99亿元、4.13亿元。全年资产负债率62.22%，流动比率1.58，速动比率1.23，负债比例合理，偿债能力较强。

3. 国有资本保值增值情况。公司为国有独资公司,全部所有者权益都为国家所有者权益。2004年末所有者权益16.0亿元,年初所有者权益14.88亿元,扣除客观因素后国有资本保值增值率为106.57%,与同行业比较处于较好水平。

【重大项目进展】 缅甸达贡山镍矿在2004年3月—5月完成了现场考察、资源可靠性和勘探评价等前期工作,7月两国总理出席了中缅双方《关于缅甸达贡山镍资源勘探和可行性研究协议》的签字仪式,中国有色矿业集团有限公司获得了缅甸投资委员会颁发的投资许可证和生产综合许可证。9月设立了达贡山镍矿项目部和驻仰光办事处,同时开展了现场测量和勘探工作。

2004年4月创建了赞比亚中国产业园,先后组织了近30家国内企业赴现场考察,制定了园区初步规划,截至12月31日,园区内已成功建成了机修厂、炸药厂、钢球厂、水处理厂和中赞友谊医院等企业,完成了10万吨粗铜冶炼项目的可行性研究和立项,湿法炼铜厂和配套的硫磺制酸厂已动工建设。

2004年6月中国有色矿业集团有限公司、中国国家开发银行与波兰铜业公司正式签署了三方关于合作开发铜矿的协议,内容包括在赞比亚—刚果铜矿带及世界其他地区开展找矿和开发矿山,并就中国有色矿业集团有限公司拥有的谦比希铜矿和波兰铜业公司拥有的基姆匹铜矿进行合作。10月三方进行了工作会谈,成立谦比希铜矿东南矿体地质勘探联合工作组,开始进行工作设计。

2004年由中国有色矿业集团有限公司为主发起人牵头组建的中色国际矿业股份有限公司出资认购了澳大利亚ORD公司26%的股份,成为该公司的第二大股东,为国内第一家国有资源类企业以风险勘探公司的形式在海外挂牌上市、成功进入国际矿业资本市场奠定了基础。

【产权制度改革】 2004年中国有色矿业集团有限公司重新修订了《中长期发展战略规划》,加大了海外开发、资源整合、内部改革和优化结构的力度。

2004年中国有色矿业集团有限公司完成了所控股的中国有色金属建设股份有限公司所持民生银行股权的转让,获得了较大的投资收益。同时,完成了投资民生人寿保险公司的运作,预期收益良好。

2004年收购并重新组建了大连五矿中色进出口有限公司。中国有色矿业集团有限公司所控股的广东洋迪实业有限公司进一步增资扩股;编制上报了《中国有色矿业集团有限公司主辅分离、改制分流总体方案》和《泰中有色金属国际有限公司上市工作报告》,制订了中国十五冶金建设有限公司主辅分离辅业改制工作的基本方案。

【主要管理经验】 中色建设非洲矿业有限责任公司推进标准化管理,狠抓节能降耗,各项生产技术指标和经济效益明显提高。全年采矿量、完成掘进工程量、采购氧化矿和销售铜精矿数量全面超额完成计划,实现销售收入5200万美元和产品零库存,完成了当年还贷580万美元的任务。

蒙古图木尔廷-敖包锌矿土建、安装工程2004年全面开工,超额完成了全年施工计划,为确保2005年8月建成投产奠定了基础。

泰中有色金属国际有限公司2004年实现了产能扩大,全年实现产量1.9万吨,成为泰国最大的铅生产企业。税后利润1400万元,创造了历史最好水平。

2004年中国有色金属建设股份有限公司在伊朗的工程执行合同总额达3亿美元。阿拉克铝厂、佳加姆氧化铝厂和哈通·阿巴德铜厂三大项目连创佳绩,其中伊朗铜厂项目于2004年12月竣工投产,其采用的闪速熔炼技术是我国经过引进、消化和改造,并首次成功地向海外输出的当今世界领先技术。越南生权铜矿项目完成了采选厂设计、第一批设备的发运和首期土建工程,为今后的项目执行创造了良好的条件。

中国十五冶金建设有限公司圆满完成了2004年计划任务,各项指标均大幅度超出年初计划,工程质量一次交验合格率达100%,创地(市)级以上优良工程24项。

2004年中国有色矿业集团有限公司进行了较大规模的市场化人才招聘工作,聘请外部咨询机构进行总部人力资源管理诊断,重新梳理了业务流程,为组织结构调整、薪酬设计和人员竞聘上岗奠定了基础。

2004年进行了全面的清产核资,基准日为2003年12月31日,2003年年度报表合并的子企业全部纳入清产核资范围。经国资委批复,清产核资净损失

1788万元，其中按原会计制度清查净盘盈2998万元，按《企业会计制度》预计损失4786万元，清理了应收账款比例过大、积压物资处理不及时和内部控制制度不严等问题，为全面执行《企业会计制度》打下了基础。

2004年加强了对国有资本的监管。修订和完善了原会计核算制度和财务管理制度；制定了强化内部审计监督的办法，重点加强了对长期投资的监控。2004年完成了赞比亚谦比希铜矿复产建设项目的竣工决算，上报并等待国家验收；同时总结了经验教训，为加强海外建设项目的管理，特别是加强投资控制提供了范例。

2004年度加大了质量管理和安全生产工作力度，通过了质量管理体系复评换证审核和安全生产许可证的申请审核，依法取得了新的质量管理认证证书和安全生产许可证。

附表：1. 资产负债简表

2. 利润简表

3. 国有资本保值增值情况表

附表1

资 产 负 债 简 表

编制单位：中国有色矿业集团有限公司　　2004年12月31日　　金额单位：元

项　目	年初数	年末数	项　目	年初数	年末数
流动资产	3052412573.66	4162702124.27	流动负债	2135125894.98	2634395919.07
货币资金	832652563.78	1151591939.02	短期借款	508615090.53	339331876.50
应收账款	632721577.80	1088901010.65	应付账款	571650446.39	828285384.48
存货	750424605.95	928446833.86	预提费用	11903853.91	9574952.02
长期投资	234900055.36	253153430.22	长期负债	933625251.61	1346895159.64
固定资产	1198117720.81	1327299551.76	长期借款	899742315.59	1295443791.42
固定资产原价	1127860469.41	1528586562.13	专项应付款	29520000.00	42203114.02
减：累计折旧	379420590.45	462822711.66	少数股东权益	618296294.87	820169151.07
固定资产净值	748439878.96	1065763850.47	所有者权益	1488352247.84	1598607016.76
在建工程	459881175.93	271792535.37	实收资本	995936376.61	995936376.61
无形资产及其他资产	691497752.95	658440553.77	资本公积	295730946.88	308106552.43
无形资产	31928912.77	31767477.85	盈余公积	179455527.66	199007799.42
长期待摊费用	656881319.92	622097829.65	未分配利润	34051905.31	111904239.42
资产总计	5176928102.78	6401595660.02	负债和所有者权益总计	5176928102.78	6401595660.02

附表2

利 润 简 表

编制单位：中国有色矿业集团有限公司　　2004年度　　金额单位：元

项　目	行次	上年实际数	本年实际数
一、主营业务收入	1	2766999562.96	4427163650.72
二、主营业务成本	2	2500341779.02	3885325048.89

续表

项　　目	行次	上年实际数	本年实际数
三、主营业务利润	3	212001007.41	472798047.41
四、营业利润	4	43343647.08	82417219.28
五、投资收益	5	93035395.03	217968896.83
六、利润总额	6	120229842.52	270203628.73
七、净利润	7	47217065.99	97404605.87

附表 3

国有资本保值增值情况表

2004 年度

编制单位:中国有色矿业集团有限公司　　　　金额单位:元

补充资料	行次	金　　额
一、年初国有资本及权益总额	67	1488352247.84
二、本年国有资本及权益增加	68	110269288.92
(一)国家、国有单位直接或追加投资	69	-
(二)无偿划入	70	-
(三)资产评估增加	71	49849.99
(四)清产核资增加	72	-
(五)产权界定增加	73	-
(六)资本(股票)溢价	74	-
(七)接受捐赠	75	-
(八)债权转股权	76	-
(九)税收返还	77	-
(十)补充流动资本	78	-
(十一)减值准备转回	79	-
(十二)会计调整	80	1410275.56
(十三)中央和地方政府确定的其他因素	81	10930000.00
(十四)经营积累	82	97879163.37
三、本年国有资本及权益减少	83	14520.00
(一)经国家专项批准核销	84	-
(二)无偿划出	85	-
(三)资产评估减少	86	-
(四)清产核资减少	87	-
(五)产权界定减少	88	-

续表

补充资料	行次	金　额
(六)消化以前年度潜亏和挂账而减少	89	-
(七)因自然灾害等不可抗拒因素减少	90	-
(八)因主辅分离减少	91	14520.00
(九)企业按规定上缴红利	92	-
(十)资本(股票)折价	93	-
(十一)中央和地方政府确定的其他因素	94	-
(十二)经营减值	95	-
四、年末国有资本及权益总额	96	1598607016.76

北京有色金属研究总院

【概况】 截至2004年12月31日,北京有色金属研究总院(下称“有研总院”)总资产22.67亿元,同比增长14%;净资产12.2亿元,同比增长2.6%,实现了国有资产保值增值(见表1,表2)。全年总收入14.5亿元,同比增长11.2%;上缴税金2886万元,同比增长73%。进出口贸易总额4840万美元,其中出口创汇2950万美元,增幅31%。纵向科研经费到款1.3亿元,比2003年增长8.3%。

表1　　2004年资产负债表

单位:元

	年初数	年末数
流动资产	905740297.96	1083090471.47
长期投资	237352921.99	195818024.03
固定资产	928536303.85	966454720.52
无形资产及其他资产	22896307.32	21267454.08
资产总计	2094525831.12	2266630670.10
流动负债	615923424.12	728728259.64
长期负债	166289185.29	315366857.81
少数股东权益	416981546.57	434555284.06
所有者权益	767927898.41	787980268.59

表2　　2004年国有资产保值增值情况表

单位:万元

	年初数	年末数
国有资本及权益	76792.8	78798.0
资产保值增值率		102.63%

2004年全院在研课题255项,签订“四技”合同55项。获北京市科技进步奖、中国有色金属工业科学技术奖9项,其中一等奖2项,二等奖4项;申请专利62项,授权专利33项;通过部级鉴定和验收成果36项;制定国家标准10项;发表科技论文200篇,出版专著4部。

2004年有研总院获多项奖励和荣誉称号:屠海令同志荣获2004年度“何梁何利科学技术进步奖”;苏小平同志被授予“国防科技工业有突出贡献中青年专家”荣誉称号;熊柏青、马元同志获得政府特殊津贴;庄卫东、阮仁满、熊柏青同志入选首批“新世纪百千万人才工程国家级人选”;汪礼敏同志被评为“中央企业劳动模范”;冯春贵同志被评为“有色金属行业技术能手”;惠松骁同志荣获“中央企业青年岗位能手”称号;能源中心被评为“中央企业青年文明号”。

【重要大事】 国务委员陈至立同志来院视察。2004年2月3日,国务委员陈至立同志在全国政协副主席、中国工程院院长徐匡迪,科技部部长徐冠华,国务院国有资产监督管理委员会党委书记李毅中,国务院副秘书长陈进玉等陪同下视察有研总院。陈至立同志对有研总院50多年来为有色金属工业、国防军工所做出的贡献，以及近几年在科技成果转化、体制改革等方面的工作进展给予了充分肯定，并对今后的发展做出了重要指示，鼓励全院职工加倍努力，为国家创新体系建设和走新型工业化道路做出更大的贡献。陈至立同志的视察，对转制院所深化改革、继续得到有关方面的大力支持，以及发挥转制院所在全面建设小康社会中不可替代的作用产生积极而深远的影响。

国务院国有企业监事会进驻有研总院。2004 年 4 月，以马忠智主席为首的第二届监事会正式进驻有研总院，行使为期三年的国有资产监督、指导职能。驻院期间，监事会十分关注有研总院的改革和发展工作，听取了院领导的工作汇报，对全院生产、经营情况进行了为期 2 个多月的全面调查，圆满地完成了第一年的任务。

【主要经济指标】 2004 年国资委下达有研总院的业绩考核指标是：利润总额 4000 万元；净资产收益率 3.03%；科技投入增长率 5.99%。

有研总院(集团)年终财务决算报表显示利润总额为 3908 万元，加上各项减值准备影响额 766 万元和用于离退休人员增资 353 万元，调整后的利润总额业绩考核指标完成额为 5027 万元，业绩考核指标完成率为 125.68%。

有研总院(集团)年终财务决算报表显示净利润为 2062 万元，加上各项减值准备影响额 766 万元和用于离退休人员增资 353 万元，调整后实现净利润 3181 万元。清产核资前的国有资本及权益为 89533 万元，按调整后的净利润和清产核资前的国有资本及权益计算的净资产收益率为 3.49%，超过业绩考核指标 0.46 个百分点。

完成科技投入 8339 万元，比 2003 年增长 1859 万元，科技投入增长率为 28.7%，超过考核指标 22.7 个百分点。

积极开拓国际国内市场，不断扩大产品的市场占有率，主营业务收入稳步增长。2004 年实现主营业务收入 91231 万元，比 2003 年增长 16419 万元，增幅达 21.95%；实现主营业务利润 13979 万元(见表 3)，比 2003 年增长 6154 万元，增幅为 78.65%。

表 3　　2003～2004 年利润完成情况表

单位：元

	2003 年	2004 年
主营业务利润	57372514.43	139789519.08
利润总额	21703460.02	39080444.66
净利润	11758429.00	21229826.00

主营业务利润大幅上升的主要原因是：在积极开拓国内外市场，扩大销售收入的同时，努力加强生产环节的控制和管理，严格控制各项成本支出，主营业务利润率由 2003 年的 10.46% 上升至 2004 年的 15.32%。2004 年全院成本费用总额为 90480 万元，比 2003 年增长 14.13%，但比主营收入的增长低 7.82 个百分点。成本费用利润率由 2003 年的 3.27% 上升到 4.32%。全院 2004 年度三项费用合计比 2003 年度增长 3935 万元，同比增长 42.35%。其中：营业费用增长 30.3%，主要是加大了市场营销力度和对外宣传力度；管理费用增长的主要原因是离退休人数不断增加，用于离退休人员的开支增长较多(见表 4)，全年用于离退休人员的各项支出共计 3829 万元，较上年增长 13.4%；随着各所属公司产业规模的扩大，对流动资金的需求也不断增加，银行短期借款较 2003 年增长了一倍，加之银行利率上调，导致财务费用上升较快。

表 4　　职工人数情况表

截至 2004 年 12 月 31 日

类别	人数
从业人员	2616
其中：在职职工	2212
临时员工	404
离退休人员	1406

【重大项目进展】

1. 生物冶金技术与工程化研究取得突破。“云南墨江年产 5000 吨镍矿生物冶金工业试验”获得成功，这是我国首次进行镍矿生物冶金的工业化试验，正在建设 10 万吨矿石级的生物提镍工厂；电位调控浮选技术在锡铁山铅锌矿物分离中获得成功,每年可为企业增加上千万元的效益。

2. 能源技术与材料的研究继续保持国内领先水平。“863”电动汽车专项“燃料电池城市客车用镍氢动力电池及其管理系统”和“解放牌混合动力城市客车用锂离子电池及其管理系统”全面完成合同任务,获得科技部滚动支持。镍氢动力电池的研究进展顺利,在清华大学研制的混合动力城市客车600公里运行过程中,性能测试良好。

3. 金属结构材料的研究达到国际先进水平。记忆合金空间解锁机构研制成功,并首次在我国军事卫星中获得应用;“863”课题“超高强度高韧性铝合金的研究开发和产业化”取得重要突破,成功开发了当前国际上综合性能优异的快速凝固超高强铝合金。

4. 微电子与光电子材料研究获得重要进展。“6英寸重掺砷硅单晶及抛光片”课题获得北京市科学技术一等奖,该课题采用具有自主知识产权的掺砷方法,攻克了晶体生长及切、磨、抛、清洗和环境治理等关键技术难题,形成了从单晶到晶片加工的成套产业化技术;“863”重大专项课题“12英寸硅单晶抛光片的研制”申请专利11项,通过科技部组织的中期评估,获得滚动支持;采用直拉法首次在国内研制出直径390毫米的锗晶体,成功获得口径260毫米的CVD硫化锌头罩以及直径120毫米的白宝石晶体,为国防事业作出积极贡献。

5. 信息功能配套材料的研究成果显著。“彩色等离子体显示屏(PDP)用荧光体产业化前期关键技术开发”项目通过鉴定,申请发明专利11项,掌握了制备PDP用荧光粉的全套工程化技术,并在有研总院建成国内第一条PDP荧光粉中试线,产品性能指标达到国际先进水平;开展了光纤通信用高纯镀膜材料及靶材的工程化制备技术研究,形成小批量生产,产品销往国外。

【法人治理结构】 2004年,国资委出台了《中央企业负责人经营业绩考核暂行办法》,并在中央企业全面开展了经营业绩考核工作。2004年,有研总院按照国资委的工作部署,制定了《北京有色金属研究总院(集团)各单位及负责人年度经营业绩考核暂行办法》,并结合各二级单位、全资子公司和控股公司的发展实际,本着分类指导、区别对待的考核原则,分别与各单位签署了2004年度经营业绩考核责任书,兼顾了经济效益和技术创新两个方面,保护了各方面的积极性。从一年的执行效果来看,充分说明了建立健全经营业绩考核体系的重要性,充分反映了业绩考核的导向作用和激励约束效果。

【产权制度改革】 2004年,有研总院围绕突出核心主业、增强创新能力,继续加大调整力度。通过资产置换,将原半导体材料股份有限公司(有研硅股)控股的国瑞、国晶辉公司转变为院控股的二级公司,这一举措不仅有利于有研硅股集中力量发展硅材料产业,也有利于缩短管理链条,增强控制力,促进化合物半导体、红外光学材料科研与产业的快速发展。

为理顺产权关系,推进现代企业制度建设,在北京恒源粉末合金厂的基础上,成立了有研粉末新材料(北京)有限公司。经国资委批准,以有研总院复合中心所属的SMT焊粉生产线为基础,试点骨干员工持股,组建北京康普锡威焊料有限公司,推动研发成果向生产力的转化。

【企业管理】 2004年,有研总院继续加强财务、审计、法律和公司清理工作。召开了第一届财务工作会议,全面总结了近年来全院财务管理所取得的成绩和存在的问题,提出了今后财务工作的指导思想;集团账户运行良好,不仅有效发挥了集团资金的整体效益,而且还加强了对子公司的财务监管;根据国资委的部署,开展了清产核资工作,资产质量有所改善;实行了新的企业会计制度。全年完成资产和财务审计18项,审计金额3.1亿元。根据国资委有关文件精神,成立了法律事务部,在业务咨询、合同审查、法律培训、案件诉讼等方面开展工作,效果明显。继续清理全资公司,规避经营风险,完成了有自公司等6个公司的清理和工商注销手续。

2004年,有研总院始终坚持以人为本,牢固树立安全责任重于泰山的思想。召开了安全工作会议,与各单位负责人签订了《安全责任书》,开展了安全培训,进一步提高了职工的安全防范意识和处理应急事故的能力。组织开展“安全知识展览”、“安全月”和“加强文明科研、文明生产、确保安全”的安全大检查。

北京矿冶研究总院

【概况】 2004年是该院启动十年规划的第一年，也是该院历史上发展态势和国内外经营业绩最好的一年。全院克服了原材料价位居高不下，煤、电、油、运全面紧张造成的困难，在激烈的市场竞争中使主要技术经济指标创历史最好水平。全院主营业务收入达7.62亿元，与2003年同比增长40.80%，全院实现利润同比增长86%以上。

2004年，是国资委对中央企业负责人实施经营业绩年度考核的第一年。全院实际完成的利润总额超过考核指标的55%，全院科研投入增长率大于16%，已超过目标值。

整体情况表明，该院已完成了国资委在2004年度的经营业绩考核指标，向国资委上交了一份满意的答卷。

【生产经营】 2004年是该院发展史上值得纪念的一年。该院控股的北矿磁材科技股份有限公司于2004年5月12日于上海证券交易所A股股票挂牌上市。这是北矿磁材发展的又一个崭新的里程碑。

在生产经营方面，原料价格大幅上涨，能源和运输紧张与满足客户需求形成了很大矛盾。面对这种形势，公司董事会和经理层努力寻求各种渠道，较好地解决了原料来源问题，全年公司主营业务收入20026万元，净利润2208万元，上市后摊薄每股收益0.22元。

上市后的北矿磁材如何加快发展，这是全院职工乃至广大投资者十分关注的问题。为此，公司董事会和经理层在广泛调研的基础上，总结列出促进北矿磁材可持续发展的15项战略发展课题，目前已提交论证，这为公司今后的发展奠定了基础。

按照国资委的统一部署和要求，全院开展了清产核资工作，该项工作具有政策性强、涉及面广、工作量大、时间紧迫和任务繁重的特点。

该院专门成立了院清产核资领导小组，负责全院清产核资工作的组织与协调。此项工作涉及院及下属所有的二级机构及企业。全面完成清产核资工作，使全院真正摸清了家底，合法、合规地处理了历史上长期遗留的问题，为执行新会计制度，实现对国有资产保值增值具有重大意义。

经过干部、职工的共同努力，长达一年的清产核资工作已顺利完成。目前已收到国资委《关于北京矿冶研究总院清产核资结果及执行〈企业会计制度〉的批复》(国资清办〔2004〕1211号)。

【科研工作】 2004年，全院科研工作在申请立项、签订项目数量、科研到款等各方面均取得了较好成绩，比2003年有显著增加，除获奖科研成果等级及数量以外，其他各项均创历史最好水平。

全院新批准立项和新签订合同的科研项目共285项，其中国家和地方政府资助项目25项，企业委托项目212项，院科研基金48项。

2004年，国家发改委组织实施10个国家重大产业技术开发专项。该院派出了由多学科组成的高水平科技队伍，积极参加了"资源勘探开发与高效利用关键技术"、"资源综合利用关键技术"、"环境保护关键技术"和"工业节水关键技术"4个专项的前期调研和申报论证工作，取得了较好的效果。

2004年，国家科技部部署国家"十五"科技攻关计划滚动项目中两个重大专项正式启动。以该院为主要承担单位参加了"大型固体矿产资源勘探与开发利用关键技术"重大专项中3个项目的论证，参与了其他2个项目的研究工作；以该院为主、联合江西铜业集团公司共同申报了"水安全保障及研究"重大专项中"大型矿业节水治污技术综合集成研究与工程示范"并获批准。

在加强与地方政府和企业合作方面，2004年又有了新的进展。院领导带队到不少地方和企业调研和考察，加强了与十几个省(区、市)政府的沟通，扩大了与江西铜业公司和金川有色金属公司等十几个矿冶企业的合作，承担和完成了一大批高水平的研究课题，为企业带来显著的经济效益，促进了地方经济和社会的发展。

2004年全院共26项科技成果获得了省部级和社

会力量奖，其中北京市科学技术进步奖4项、河南省科学技术进步奖1项、国家安全生产管理科学技术进步奖1项、中国有色金属工业科学技术进步奖14项。全院申请了专利8项，获授权专利11项。

【科技产业】 全院科技产业克服了原材料涨价，煤、电、油和交通运输紧张以及流动资金不足等困难，超额完成了当年的任务，并取得前所未有的好业绩。

全院以科技产业为主的15个单位总产值为7.70亿元，比2003年增长30.80%，销售收入为6.80亿元，同比增长33.15%。

该院进一步扩大材料产业基地建设，冶金材料公司在河北永清建设的生产基地已投产。在矿冶四部投资建设的年产800吨特种粉体材料工程目前已全面展开，其中硼粉生产线已建成投产。

【工程设计】 该院充分利用甲级设计资质的平台，抓住机遇大力开拓工业设计市场，全院全年承担工程设计和咨询项目总计111项(新开91项，比2003年增长26%)，其中工业项目93项(新开78项，比2003年增长129%)。

上述设计项目涉及有色矿山和冶金、黑色矿山和冶金、黄金、市政、建筑、环境、非金属和化工工程等10个行业，涵盖了全院所有的设计资质范围，并按规定承揽了部分资质范围外和超资质等级的工程设计项目，这表明该院工程设计业务发展的领域和范围较为广泛。

2004年度开展工程设计和工程咨询业务的一个突出特点是，注重发挥全院的综合实力优势，院内多部门横向联合设计。另一个突出特点是，注重科研、设计向设备成套、项目管理和工程承包的“产业链”延伸，尽可能在同一项目中谋取可能延伸的市场和利润空间。

【国际化经营】 为落实十年规划中关于加快全院国际化进程的总体要求，2004年初该院成立了国际部，以促进全院国际化经营业务的开展。一年来全院各有关部门抓住机遇、加大对外开拓力度，在国际贸易、涉外科研与工程服务等方面取得了一系列新的突破，国际化经营在全院工作中的比重得到进一步提高。

全院进出口贸易克服了原材料涨价、出口退税率下调等不利因素的影响，继续保持快速增长的态势。全院进出口贸易总额首次突破2000万美元，与2003年同比增长45.89%。

该院在开展国际科技合作与交流方面也十分活跃。全年出访团组45个，160人次；出访了24个国家和地区。同年接待了来自18个国家和地区的58个团组，158人次外宾。其中，国际科技合作的成果之一，是该院与澳大利亚联邦科学院(CSIRO)矿冶研究所建立了全面合作伙伴关系。

中国国际技术智力合作公司

【概况】 中国国际技术智力合作公司(简称：中智公司)是国务院国有资产监督管理委员会管理的169家国有重点骨干企业之一，公司总部设在北京，在境内及海外地区设有60家分支机构。

中智公司适应中国服务业产业结构的提升和新型经济增长方式的转变，集中发展以人力资源服务为主的智力服务产业，以人力资源服务、投资服务、国际贸易服务为主要经营领域，在人力资源服务主营领域集中发展外企人力资源服务、人力资源管理咨询服务、人力资源出国服务三项核心业务，已形成人才、资源、网络、规模、经验、品牌的巨大优势和影响力。

中智公司2003年度经国资委评价确认为服务行业优秀企业，为2003年度56家中央优秀企业之一。2004年继续被评价确认为服务行业优秀企业。

【主要经济指标】 经国资委审核确认，中智公司2004年度国有资本保值增值率为114.1%，再次处于服务行业优秀水平。2004年，中智公司实现主营业务收入12.04亿元，比上年增长45.3%，实现利润总额5700万元，比上年增长20.7%，实现净利润4456万元，比上年增长15.9%。

【业务发展】

1. 外企人力资源服务。中智公司是外企人力资源服务领域最具市场指名率和竞争力的服务组织，中智在北京、上海、天津、广州、深圳、大连、杭州、成都、武汉、南京、西安、苏州、青岛、厦门、沈阳等130余个城市向6300余家跨国公司、外资企业和代表机构派遣了12万余名中高级技术管理人员和雇员，并提供统一、规范、高效的人力资源外包服务。

2. 人力资源管理咨询服务。中智公司向党政机关、事业单位、中外企业、机构在人事测评推荐、薪酬绩效、专业培训、专业管理等领域提供深层次人力资源管理咨询服务，为境内外客户提供深度增值服务，扩大客户的依赖度，取得了新的市场份额和增值利润。

3. 人力资源出国服务。公司变革创新业务模式，注重市场、网络、质量、技术要素，放大团队品牌效应，在境外日本、新加坡、以色列、欧美、港澳和其他具备技术智力交流条件的76个国家和地区，向三产产业、科技商贸业的企业机构累计派遣了50000余名技术管理人员和其他劳务人员。2004年公司对外劳务合作营业额为3.71亿美元，居行业第一位。

4. 投资服务。中智公司帮助中国的成长型企业进入国际资本市场，积极引进国际资本和技术，在高新技术领域开展风险投资业务，为各类企业机构的重组、兼并、融合提供专业性咨询服务。2004年公司在光电子器材全球航海雷达定位系统的风险投资业务取得显著成效。

5. 国际贸易服务。中智公司帮助中国的成长型企业及其产品进入阿联酋、加拿大等海外经贸市场，为外资在华企业提供贸易代理服务，引进国内需要的世界先进技术和产品。2004年，中智公司作为"中国商品(迪拜)分拨中心"的招商总代理，成功招商近3000个商铺，当年输出中国商品5亿美元，为集团国际贸易服务板块的长远发展积累了招商经验，培养了核心团队。

【主要管理经验】 2004年公司确定集团发展战略，明确了中智的战略定位、目标和策略。

中智公司的发展战略定位：集中发展以人力资源服务为主的智力服务产业，在投资服务和国际贸易服务领域实施适度多元化。

中智公司的总体目标：在智力服务新型产业凝聚核心竞争力；在人力资源服务领域实现最大规模效应；在投资服务和国际贸易服务领域形成强大平台。

公司紧紧围绕核心业务开展经营活动，取得了优良成果。公司精简工作流程，注重实效。公司注重人才和关键岗位人员的价值，形成整体和谐氛围。

中国远东国际贸易总公司

【概况】 中国远东国际贸易总公司是经国家主管部门批准，于1985年1月成立的以经营进出口业务为主的综合性贸易公司，1999年3月划归中央企业工作委员会管理，自2003年3月起，为国务院国有资产监督管理委员会直接管理的中央企业。

公司自组建以来，在国家极少投资的情况下，取得了较好的业绩，企业总资产和规模得到发展壮大，现已发展成为以对外经贸业务、国际、国内采购招投标、政府采购招投标为主，兼营内贸、房地产开发、酒店、高等教育等行业，在国内外拥有10余家子公司、投资公司的综合型贸易公司。曾连续多年进入中国500家最大服务行业和中国进出口额最大500家企业。

自营和代理除国家组织统一联合经营的16种出口商品和国家实行核定公司经营的14种进口商品以外的商品及技术的进出口业务，开展"三来一补"、进料加工业务；对销贸易和转口贸易；汽车(含小轿车)的销售；包括机电产品、工程招标在内的多项国际、国内招标代理业务；仓储服务；信息技术和对外经济贸易咨询服务，医疗器械类。

兼营：上述外贸业务进口商品的国内销售(国家有专项专营规定的除外)。

【生产经营】

1. 主营业务。

(1)进出口与国内贸易。公司长期从事各类经贸业务，拥有熟练掌握专业技能的人才队伍和组织实施各类贸易业务的丰富经验，由于公司一贯坚持优质服务，保持了良好的信誉。2004年，公司在矿产原料市场的焦炭、稀土材料经营，轻工产品市场的服装、鞋帽、工艺品经营，农业资料、农产品市场的农药开发、蔬菜出口以及汽车贸易等方面，均有较好的表现。2004年主营业务收入同比增长57%，进出口总额同比增长270%。公司为进一步扩大自营业务规模，积极筹划建立了出口基地，树立了出口的品牌产品，逐步成为具有一定竞争力的外经贸进出口企业。

(2)国际招投标与政府采购招标。下属的中国远东国际招标公司具备国家财政部颁发的《获准中央政府单位政府采购招标业务代理机构登记备案资格》、《外国政府贷款项目采购资格证书》；国家商务部颁发的《国际招标机构甲级资格证书》、《甲级资格技术改造项目设备招标代理机构资格证书》；国家建设部颁发的《工程招标代理机构甲级资质证书》资质；原国家经贸委颁发的《技术改造项目设备招标代理资格证书》；是目前我国招标行业中资质全，等级高、实力强、占有市场份额较大的专业化国际招标公司之一。

招标公司拥有一支具备国际贸易、国际金融和理工科专业学历及从业能力强的专业队伍，通过参加财政部、发改委以及联合国、世行、亚行举办的招标投标业务高级培训班的学习，获得了上述单位颁发的从业合格证书。经过长期的工作实践，全体业务人员都已具备承担各类规模和行业的项目招标、采购代理的工作能力，并积累了丰富的经验。

招标公司为扩大招标代理工作的规模和体现优质服务的宗旨，在全国35个城市设立了专业办事处，真正做到了客户利益至上，实现了对客户的门到门的服务。

截至2004年，公司已在交通、通讯、机械、化工、计算机、能源、市政、农业、环保、医药、教育及基础工程等众多领域开展了招标采购代理业务，合同金额已达上百亿元。

2. 兼营业务。

(1)酒店业。公司所属的北京燕山大酒店，以优质服务，在商务酒店客户群中赢得了良好信誉，以年平均73%的客房利用率，保持着北京西部地区商务酒店规模效益前5名的位置。2004年，酒店顺利通过旅游饭店星级复核，年接待商务旅客69962间夜。

(2)高等教育。公司举办的从事学历教育的普通高等院校“中国防卫科技学院”，每年均能完成招生计划。2004年继续取得长足发展，实现了教育能力和招生水平的同步增长。2004年该校成为英语四、六级考试考点和专业英语四、八级考点并成功组织了考试。

【机构与改革】

1. 改革。

2004年公司结合清产核资工作对下属企业进行了清理整顿，加强并充实了主要子企业领导团队的配备，强化了主营业务的开拓和管理，同时撤销了一些经营不善的企业。

2. 部门及分支机构。

公司总部设职能部门为5部2室，即财务部、人力资源部、综合业务部、法律事务部、企业管理部、办公室、监察审计室。

公司设有全资子公司14家，控股公司4家，参股公司5家。

中国经济技术投资担保有限公司

【概况】 中国经济技术投资担保有限公司(简称“中投保”公司)是由国务院国有资产监督管理委员会管理的中央直属重点国有企业，是国内首家以信用担保为主要业务的全国性专业担保机构。公司由财政部和原国家经贸委共同发起组建，于1993年注册成立，注册资本金6.645亿元。

公司的经营宗旨是：以担保和投资为手段，促进企业技术进步和科技成果转化，推进中小企业的创立与发展；提升企业信用，促进资金融通和商品流通，提高资源配置效率，推进社会信用体系建设，为市场经济和社会发展服务。在全国范围内开展为促进市场经济服务的贸易融资及履约、建设工程、财产保全、世行节能项目融资、海事担保等商业性担保业务。

公司先后设立了上海分公司、北京分公司、大连分公司和上海华东分公司等4家分公司和5家子公司，投资5家参股公司，初步形成了以担保、投资为主导，涵盖资产管理、咨询、投资顾问、风险投资、基金管理、证券、软件等领域的集约经营模式。

【生产经营】 2004年,公司共承做担保业务1355项,新增担保金额54亿元。共实现经营收入14166万元,比上年增长了30%。实现利润2100万元。

截至2004年底,公司资产总额(预计,下同)为21.94亿元,其中所有者权益10.04亿元,负债总额11.9亿元。

2004年,公司继续以推动行业发展为己任,发起并主办了2004中国担保论坛,在国内外业界产生了良好的影响。面对宏观经济形势的变化,公司适时调整了业务策略,公司主营的钢材市场担保、进口汽车担保、诉讼保全担保等业务都实现了平稳发展。公司把增强业务能力,构建业务体系,取得规模效益作为核心目标,加大了自身建设和业务建设的力度。与此同时,公司进一步巩固、发展改革成果,围绕建立科学、高效的市场化运营机制,增强市场竞争能力,对公司各项改革管理制度进行了系统的整合。公司自身建设不断加强,业务能力显著提升,行业影响继续扩大,管理水平明显提高,党建工作和精神文明建设再上新的台阶。

中国地质工程集团公司

【概况】 2004年,中国地质工程集团公司坚持"认清形势防风险,改革创新抓机遇,以人为本促发展,严格管理增效益"的方针,在国资委的正确领导下,集团公司贯彻落实科学发展观,调整结构,主辅分离,发展主业,强化管理,经济效益明显提高,资产质量得到提升,国际、国内市场进一步拓展,实现了集团公司持续健康发展。2004年,集团公司国有资产保值增值率123.44%,达到了建筑业全行业的优秀值水平,位居中国对外承包工程企业排名第13名。

【生产经营】 2004年,中国地质工程集团公司累计新签合同额43.04亿元人民币,完成产值及收入31.30亿元人民币,实现利润4087万元,与2003年同比分别增长了35.8%、13.4%和117.9%。

2004年主要经济指标完成情况表

主要经济指标	2004年	比上年增减(%)
主营业务收入(万元)	239160	32.18
利润总额(万元)	4087	117.86
净利润(万元)	3455	132.03
国有资本保值增值率(%)	123.44	13.25
净资产收益率(%)	17.79	339.26
全年平均在岗职工人数(人)	2465	

经营业绩与财务分析:

集团公司主业非常突出,收入的主要来源是工程承包(85.07%)。2004年,集团公司主业经营取得历史性的突破,海外工程项目新签合同额3.5亿美元,营业额与利润创历史最好水平。

2004年集团公司合同额为总资产的2.1倍、净资产的13倍;营业额及收入为总资产的1.5倍、净资产的10倍,上述指标均达到国际同行业的先进水平。

【重大项目进展】 2004年,中国地质工程集团公司在"有效益的规模"战略方针下,整合资源,积极巧夺国内、国外两个市场,企业核心竞争力得到提升。

海外工程方面,突出"水"领域,斯里兰卡KG1供水项目、菲律宾NIA灌溉项目、阿尔及利亚CONSTANTINE管网维修项目及污水处理厂项目、哈萨克斯坦水电站维修项目等均进展良好。

国内工程方面,以道路建设为主,在河南、广东、天津、安徽等地承揽了数项大型项目,合同额、营业额和利润额均创历史最好水平,集团公司国内工程市场份额迅速扩大。

【业绩考核体系】 中国地质工程集团公司认真开展业绩考核工作,进一步完善了企业内部考核办法。2004年,集团公司对总部8个部室,12个直属子公司,部分分公司和国外经理部进行了考核。主要做法是:1. 根据集团公司发展规划、被考核单位和人员的经营目标及工作指标,制订了考评工作实施方案,并分别于年中和年底进行了两次考核。2. 集团公司成立了以党委书记为组长，纪委书记、主管业务的副总经理为副组长，各职能部室负责人参加的考核领导小组，设立了考核工作办公室，以加强对考核工作的组织领导及工作指导。3. 集团公司坚持公平公正、坚持考评即沟通、坚持考评与待遇挂钩、坚持“先考核、再审计、后奖惩”的原则，比较科学、客观地对所属部室、单位的经营业绩和员工的工作成果进行了考核，掌握了参加考核单位的主要经营情况、完成指标情况及存在的主要问题，并及时提出了要求和改进意见，促进了业务的发展。4. 考核结果得到有效应用。通过考核，完成承包合同指标的单位和个人，经审计后兑现奖金；完不成任务的单位和个人不发奖金或扣发工资，并对承包责任人进行调整。

通过考核体系的实施与不断完善，集团公司上下形成了统一的价值观，每个层面的员工变压力为动力，工作更加努力，责任感进一步增强，管理素质进一步提高，成为一支团结进取、能吃苦善战的团队。

【企业改制】 中国地质工程集团公司坚持改革发展创新，规范企业改制，推进主辅分离。在确保国有资产不流失、企业内部持续稳定的前提下，积极推进产权制度改革，建立现代企业制度。第一，集团公司按照发展战略规划，继续减持下属企业中地海外工程建设公司和中物北京储运股份公司国有股份，收回了部分国有资产。第二，以经营效益为指标，整顿国内分支机构，关闭了 9 家经营不良的分支机构，对市场前景好的分支机构有的进行了公司制改制，有的加强了市场规范化管理。第三，集团公司本着“积极、稳妥、规范、合法”的方针，认真研究、审核下属企业兰州有色冶金设计研究院改制方案，经国资委等部委批准，兰冶院作为集团公司第一家主辅分离辅业改制分流的二级中央企业，于 2004 年 10 月更名为兰州有色冶金设计研究院有限责任公司并正式挂牌。改制后职工的积极性普遍提高，经营规模和经济效益明显上扬，企业内部稳定，运行态势良好。

【企业管理】 2004 年，中国地质工程集团公司重点加强了在建项目跟踪管理、金融资源开发、成本控制、现金流量管理、风险控制与管理等，取得了明显成效。同时，集团公司贯彻“开源节流”方针，加强办公经费预算管理，强化了制度管理，狠抓中层干部综合管理素质培养，举办了首期海外高级经理研讨班，使集团公司经营管理水平逐步向国际现代化大企业迈进。

中国建筑科学研究院

【概况】 中国建筑科学研究院创建于 1953 年，原隶属于建设部。2000 年 10 月 1 日起，由科研事业单位转制为科技型企业，划归国资委管理。2001 年 8 月取得企业法人执照。

该院是全国建筑行业最大的综合性研究和开发机构，主要任务是面向全国的建设事业，以建筑工程为主要研究对象，以应用研究和开发研究为主，致力于解决我国工程建设中的技术关键问题；负责编制与管理我国主要的工程建设技术标准和规范；开展行业所需的共性、基础性、公益性技术研究；承担国家建筑工程、空调设备、电梯和化学建材的质量监督检验和测试任务。

院设有建筑结构、地基基础、工程抗震、建筑材料及制品、建筑物理、空气调节、建筑防火、建筑装修等研究所和建筑机械化研究院、深圳分院、上海分院、检测实验中心、标准规范研究中心等研究单位以及科技干部培训中心，还在珠海、中山、厦门、天津等地设有科研设计开发部门，在 79 个研究领域开展科学研究工作。

院全资和控股公司有：建研科技股份有限公司、中国建筑技术集团有限公司、建研地基基础有限责任公司、建研建筑设计研究院有限公司、北京建筑机械化研究院、建研抗震工程技术有限公司、北京昆仑建筑工程材料有限公司、建研凯勃建设工程咨询有限公司、中国建设物资北京公司。2004 年成立了建研防火设计性能化评估中心有限公司、建研城市规划设计研究院有限公司。

国家建筑工程技术研究中心和国家建筑工程质量监督检验中心、国家空调设备质量监督检验中心、国家电梯质量监督检验中心、国家化学建筑材料测试中心(建工测试部)设在该院。国家级太阳热水器检测中心已通过后期评估及验收。建设部防灾研究中心、建设部供热质量监督检验中心、建筑行业生产力促进中心,以及建设部建筑工程技术标准归口单位、建设部空调净化设备标准技术归口单位、建设部机械设备与车辆标准技术归口单位也设在该院。

全院现有职工2008人,离退休职工723人。

【经营管理】 2004年,全院干部职工继续发扬“爱国爱院,团结奋进”的院风,坚持“创新、质量、效益”的办院方针,在国资委、国务院监事会的领导和关怀下,圆满地完成了全年的工作目标,取得了较好的成绩。经济效益稳步提高,国有资产持续增长。全年新签合同额19.98亿元,实现主营业务收入19.8亿元,国有资本保值增值率109.73%;建立健全现代企业制度,逐步完善法人治理结构。继续完善、制订新的适应企业发展的规章制度。对物理所、空调所、防火所实行经营技术骨干风险抵押的企业运行办法。全院各单位全面实行企业会计制度。组织全院第3次清产核资工作。继续加大审计监督力度,开展对院属企业负责人的任期经济责任审计;积极承担科研任务,推动行业科技进步。2004年,全院在研科研项目(含科研和标准规范)248项,全年新开科研项目86项,完成项目49项。11项成果荣获华夏建设科技奖;继续做好标准规范的研究与编制工作。2004年中国建筑科学研究院有36项准规范批准立项,12项标准规范获批准发布,完成了6项标准规范的审查或报批工作;加强工程质量检测工作,当好建设行业技术依托。2004年,中国建筑科学研究院以四个国家级质检中心为主体,积极开展检测工作。受商务部委托,组织院建工检测中心、结构所、抗震所、设计院等单位的专家组团前往阿富汗调查共和国医院坍塌事故,前往印尼、泰国执行印度洋海啸灾后重建评估任务。完成了中国驻美国大使馆、首都机场扩建等工程的质量检测等任务;承接了如国家博物馆改造工程、中国疾病控制中心等知名建筑的设计任务以及大型建筑工程的施工任务;积极开展对外科技、贸易、经济技术交流与合作。与俄罗斯NIIZHB、越南IBST、欧盟、日本JICA、联合国计划开发署进行了科技合作。2004年院内各单位经贸类项目收入约合人民币1090.2万元;进出口项目收入32.8万美元。

按照建立现代企业制度的要求,不断探索符合自身特点的企业领导体制和管理模式。对部分二级单位实行了改造,尝试产权结构多元化的改革,初步建立了现代企业运行机制。各独立法人单位根据自身特点,制定了相应的规章制度,并根据市场变化决定本企业的经营方针,从而提高了工作效率,增强了市场应变能力。大多数改制单位的企业规模不断扩大,市场占有率不断扩展,经济效益不断增长,回报不断增加,为中国建筑科学研究院逐步做大做强奠定了基础。

在考虑中国建筑科学研究院的发展上,正确把握科技型企业的定位,既考虑经济效益,也考虑社会效益;既考虑眼前利益,又考虑院的长远发展和后劲。加强科研工作,积极承担国家自然科学基金、国家863项目和部委重大科技攻关项目;不断拓宽研究开发领域,开发市场需求的新技术、新产品;同时积极实施“走出去”战略,与国际上有关机构进行技术合作和研究;加强标准规范的研究、编制和管理,不断加大对标准规范编制和管理工作的投入;加强国家质检中心的建设和投入,开拓了新的领域。

中国北方机车车辆工业集团公司

【概况】 2004年,是集团公司发展史上不平凡的一年。一年来,全集团干部职工面对机车车辆市场波动,原材料、能源价格上涨,改革改制进入攻坚的新形势,振奋精神、不畏艰难、真抓实干,按照年初确定的工作思路,大力开拓市场,努力挖潜增效,着力引进技术,加快自主研发,稳步推进改革,不断加强管理,各方面工作取得了新的进展,生产经营取得了难得的好成绩。

【生产经营】 2004年,受各种因素综合影响,企业生产组织难度加大,产品成本剧增,经营压力加重。面对严峻的经营形势,集团公司组织各企业展开了扭亏增盈攻坚战。各企业一方面采取各种措施,层层传递经营压力，想方设法挖潜增效，努力降低成本，把客观因素带来的不利影响降到最低；一方面抓住新的市场机遇，积极组织抢进度，努力克服生产不均衡等困难，保质保量保合同，实现增产增收。全集团新造电力机车143台，同比增长2.9%。新造内燃机车339台，同比减少4.2%。新造客车996辆，同比增长24%。新造货车12774辆，同比减少15.5%。新造城轨车辆108辆，同比减少20.6%。检修电力机车116台、内燃机车475台、客车2119辆、货车22102辆，分别同比增长33.3%、12.6%、33.9%、10.2%。国际贸易稳步增长，一批出口机车车辆陆续交付，出口收汇6316.7万美元；新签约出口项目成交额达18699.3万美元。集团全年实现销售收入153.5亿元，比上年增加23.8亿元，增长幅度为18.4%；实现利润总额7685万元，比上年增加2898万元；2004年末资产总额242.5亿元。

【改革改制和结构调整】 集团公司制定出台了一系列规范企业改制的指导意见和管理办法。推进企业主体改制，大连厂改制设立为有限公司。长机厂政策性破产前期工作已经完成，法院正式宣布破产，进入实质性操作阶段。长客厂和长机辆公司客车修理业务重组工作取得突破，长春轨道交通设备有限责任公司正式组建并开始运作。贯彻落实859号文件，第一批主辅分离辅业改制方案中的大多数拟改制单位完成资产评估等前期工作；第二批主辅分离辅业改制方案获得批复，进入实施阶段；第三批方案基本形成。各企业三项制度改革不断深化，绝大多数企业以岗位工资为主的分配制度改革基本到位。企业经营管理者年薪制在扩大试点的基础上全面推开。

【技术引进和对外合作】 集团公司紧紧抓住技术引进、技贸结合带来的历史性机遇，按照铁道部的统一部署，积极参与，精心组织，迅速行动。制定实施了“机车、动车组及其关键部件技术引进、消化吸收及国产化实施方案”，形成了以长客股份、大连机辆、同车公司三个主机企业为龙头，永济厂、四方所、大连所为主要关键部件及关键技术消化吸收方的技术引进总体分工布局。组织各有关企业围绕三大重点项目做了大量的前期准备工作，技术引进工作取得初步成果。长客股份公司与阿尔斯通公司合作获得了60列200km/h动车组合同，同车公司与阿尔斯通公司合作获得了180台八轴大功率交流传动电力机车合同授标，大连机辆公司与东芝公司合作获得了60台六轴大功率交流传动电力机车合同。大连机辆公司与GM公司合作竞标大功率交流传动内燃机车的工作也在紧张的谈判当中。同时，制动系统、牵引变压器两大重要系统和部件的技术引进和对外合作谈判工作也取得阶段性成果。

【新产品自主研发】 各企业坚持市场导向，围绕“客运快速高速、货运快捷重载”，落实机车车辆现代化“十字”方针和“四化”目标要求，加大新产品新技术自主开发力度，不断改进、完善、提高既有产品的性能和质量。全年开发研制机客货车新品种和动车组、城轨车辆共31项，研发关键部件和关键技术35项。“中华之星”高速动车组完成了50万公里运行考核。“长白山号”210km/h动力分散型交流传动电动车组通过铁道部组织的设计技术评审并完成有关试验。SSJ3型120km/h交流传动货运电力机车、“天梭号”交流传动客运电力机车投入运用考核。DF7J型交流传动调车机车完成运用考核。25T型提速客车研制成功并批量投入铁路第五次大提速运营，得到用户好评。重庆跨座式单轨城轨车辆投入试运营。350t落下孔车、新型沥青罐车、大容积轻油罐车、出口澳大利亚五单元关节车等新产品完成试制和试验。载重70T级通用敞车、棚车、罐车通过铁道部组织的设计方案审查。微机网络控制系统、直通式电空制动系统、160km/h货车转向架等关键技术和部件的开发取得了重大进展。以技术引进为契机，集团公司着力推进技术创新体系建设，研发中心、研究所、企业技术中心在核心技术研发和人才队伍建设等方面取得长足进步，为集团下一阶段引进技术、消化吸收奠定了基础。

【企业技术改造】 重点技术改造项目实施取得新进展，长客股份公司快速客车、大连机辆公司大功率内燃机车、唐山厂摆式列车、二七机车厂交流传动调车机车、同车公司交流传动货运机车、永济厂交流电机等第七、第八批国债技改项目实施的主要工作基本完成。制订申报了东北老工业基地调整改造轨道交通装备制造业总体项目方案，沈车公司提高提速货车检修工艺水平、齐车公司提高货车制造工艺水平、大连机辆公司扩大产品出口、长客股份和大连机辆公司技术中心项目等5个项目，获得东北老工业基地调整改造第一、第二批国债项目支持。牡丹江厂赖氨酸项目技改攻关方案基本形成。哈车公司搬迁改造新厂建设工程基本完成，具备了试生产条件。济南厂旅客列车集便系统地面接收装置、西安厂提高铁路罐车制造水平、永济厂大功率风力发电电机产业化、四方所轨道车辆减振和车载网络产品产业化、集团公司企业信息化建设工程项目等六个国债项目，正在国家发改委审批。二七机车厂、太原厂利用西班牙政府贷款进行技改工作取得新进展。

【人才队伍建设】 集团公司和所属各企业人才强企的观念进一步增强，与市场经济相适应的人才选用、开发培养、考核评价、激励约束机制不断完善。召开了集团公司首次人才工作会议，表彰了18名优秀科技工作者标兵、82名优秀科技工作者、100名拔尖技术能手，出台了一系列加快人才队伍建设的政策措施。开展各级各类岗位培训，举办了34期企业领导干部、后备干部和业务骨干培训班，培训干部共1061人次；各企业培训职工15.5万人次。全年招聘本科以上毕业生近千名，其中有部分硕士研究生；评聘高级职称600名。深入实施高技能人才工程，评聘高级技师68名，技师470名，3人获全国技术能手称号，4人获中央企业技术能手称号。集团公司荣获“国家技能人才培育突出贡献奖”。

【企业管理工作】 加强战略规划和管理。制定实施了集团公司战略规划管理办法；研究形成了集团《“十一五”规划》草案；制定了《关于振兴东北老工业基地组织实施指导意见》，提出了振兴东北地区企业的战略措施。集团公司《母子公司管理制度体系和程序规范》完成制订和汇编。效绩目标责任制得到落实，在促进企业加强经营管理、扭亏增盈等方面发挥了明显效用。企业管理层级清理工作开始启动。财务管理逐步加强，全面预算管理稳步推进。清产核资工作基本结束，清产核资结果得到国资委批复。制定了集团统一的《会计核算办法》。落实审计和效能监察计划，审计监督和效能监察进一步加强，取得明显成效。坚持贯彻“从严抓质量”的方针，产品实物质量在改进中提高，货车造修质量在铁道部组织的对标中均获得较好成绩，新造电力机车在第二次机车展示会质量评比中名列前茅。加强安全生产管理，开展安全生产大检查，整改安全隐患，保持了安全生产的稳定局面。信息化建设取得新进展，财务物流一体化信息工程成功启动，试点企业推行效果较为明显；铁路机车车辆虚拟样机系统工程深入实施；绩效目标考核信息系统、投资项目管理信息系统和标准资料管理信息系统开发完成并投入应用。

附表：2004年主要产品产量完成情况表

附表 **2004年主要产品产量完成情况表**

单位名称	新造					修理						钢水（吨）
	内燃机车（台）	电车机车（台）	客车（辆）	货车（辆）	吊车（台）	内燃机车（台）	电车机车（台）	蒸汽机车（台）	客车（辆）	货车（辆）	吊车（台）	
合计	339	143	1104	12774	4	475	116	38	2119	22102	2	157716.6
齐车公司				5024	2					2732		60645.6
哈车公司												
牡丹江厂								38				3338
长机辆公司									145			
长客厂									553			
长客股份公司			794									
沈车公司				1141		61				12314		13531.8

续表

单位名称	新造					修理						钢水（吨）
	内燃机车（台）	电车机车（台）	客车（辆）	货车（辆）	吊车（台）	内燃机车（台）	电车机车（台）	蒸汽机车（台）	客车（辆）	货车（辆）	吊车（台）	
沈制厂												
大连机辆公司	186	56	4	685		91						22957.5
唐山厂			306			121			900			4447
天津厂												6621.5
二七机车厂	153					70						
南口厂												
同车公司		87										7715
太原厂				1099			103			3004		8482
永济厂												8087.2
济南厂				1916								2517
西安厂				2909					521	4052		12624
兰州厂					2	132	13				2	6750

中国南方机车车辆工业集团公司

【概况】 2004年，集团公司面临铁道部机车车辆招标品种、厂修规程、货款支付办法发生变化，原材料、运输、动能价格持续上涨，改革成本支出加大，流动资金贷款增加，财务费用上升，欧元升值影响等经营困难，采取有力措施，积极应对，主动出击，取得比预期要好的成绩。销售收入稳步增长，赢利水平有所提高，各项经营指标全面刷新纪录。全年实现销售收入174.98亿元，提前一年超额完成集团公司“十五”发展战略提出的销售收入目标；实现利润15962万元，利润总额首次过亿元。全年亏损企业减为4个，亏损总额减少45.5%，江岸厂、浦镇厂、洛阳厂实现扭亏为盈；集团公司年人均主营业务收入16.6万元，同比增长28.8%；实现净利润2083万元，净资产收益率2%，实现了国有资产保值增值，完成国资委经营业绩考核指标。

【机车车辆】 各厂所、公司千方百计克服市场波动带来的困难，强化生产组织协调，确保合同兑现。全年新造内燃机车496台、客车611辆，同比分别增长19.2%和1.8%；新造电力机车176台、货车10381辆，同比分别下降16.2%和15.8%；修理电力机车76台、客车2425辆、货车30017辆，同比分别增长81.0%、53.9%和10.2%；修理内燃机车712台、同比下降10.3%。积极开拓路外和国外机车车辆市场取得明显成效，全年向非国铁市场提供机车239台、客车91辆、货车2687辆，同比分别增长23.8%、10.0%和85.2%；其中，为国外用户提供机车48台、货车938辆。石家庄厂年厂修货车突破1万辆，资阳厂全年新造机车突破300台，诞生一批新的产销纪录。

【城轨地铁】 集团公司从发展战略高度重视城轨地铁项目，并作为重要经济增长点，强化组织协调，加大市场开发力度，取得了新的突破。四方股份公司中标广州4号、5号线地铁车辆300辆，浦镇厂中标上海1号延长线地铁车辆128辆，株洲所在香港地铁应急通风电源招标中中标。集团公司获得了43.9亿元的国内合同订单，占当年城轨地铁市场的72.2%。浦镇厂为上海明珠线提供的168辆地铁车辆全部交付，南京地铁1号线已交付1列地铁车辆。株机厂为上海明珠线二期提供的第一列地铁车辆下线，产业优势已开始显现。

【对外贸易】 努力开拓国际市场，加大国际市场协调力度，出口贸易快速增长，外经外贸工作呈现良好态势。据初步统计，集团公司全年签订出口合同金额22732万美元，收汇20207万美元，合同金额同比分别增长6.2%和128.6%，第一次双双突破2亿美元大关。国际化经营开始迈步，株辆厂在巴西筹备合资建厂，并与美国Gunderson公司签署了货车部件长期生产合作意向；株洲所与三菱公司地铁车辆交流传动系统合资方案已初步确定。"中国南车"品牌影响力在南美、中亚、东南亚迅速扩大，"南车"产品在出口国成为主型轨道运输装备，并被印上纪念邮票和纪念徽章。

【主辅分离改制分流】 集团公司积极稳妥推进主辅分离改制分流工作，制定主辅分离改制分流《总体规划》和《主辅分离企业改制分流方案》，获国家有关部委批准。截至2004年底，集团公司已正式批复改制分流具体方案的企业有58户(其中6户改制为国有法人控股企业，47户改制为非国有法人控股企业，重组、注销5户企业)，分流安置人员8000余人，32户企业正式挂牌经营。制定并上报集团公司第二批75户企业主辅分离改制分流方案，并得到国资委正式批复，部分单位已经启动第二批改制分流工作。集团公司和株机厂、四方有限公司获全国再就业先进集体称号，株辆厂、四方有限公司、株机厂、成都厂等单位改制分流取得了一批好经验。社会职能的移交工作开始起步，部分企业完成中小学和医院移交地方工作。

【结构调整】 根据国家"发展具有国际竞争力的大公司大企业集团"的精神，按照"整机产品集约化、重要零部件专业化、一般零部件市场化、后勤辅助社会化"的思想，稳步推进结构调整。株洲所与北京机械厂实现资产重组，北京南车时代重工机械有限公司已生产出产品；株洲南车电机公司、石家庄国祥公司建设进展顺利，推进了关键部件专业化生产。铜陵厂铸造业务引进战略合作伙伴，当年实现扭亏为盈；四方有限公司、武昌厂等企业通过引进战略合作伙伴，石家庄厂通过改制整合正着手铸造搬迁。各厂所、公司结合主辅分离改制分流，大力进行内部业务整合，突出了主营业务，提高了市场竞争力。

【三项制度改革】 在总结平推三项制度改革经验的基础上，积极评价改革效果，完善改革措施。各厂所、公司加强劳动合同管理，全年解除劳动合同1750人，并结合主辅分离改制分流，实现净减员4618人，集团公司年末员工人数下降为103850人。人事制度改革又有新突破，洛阳厂、石家庄厂、四方股份公司和南方汇通公司公开选拔行政副职，戚墅堰厂、襄樊厂和浦镇厂完成领导班子竞争重组，首次面向社会公开招聘厂级领导副职，拉开干部人事制度市场化改革序幕。分配制度改革持续深入，完善岗位工资制办法，在各厂所、公司实施岗位工资制；完善经营者年薪制办法，扩大实施范围，16家企业实施经营者年薪制。

【新产品开发】 集团公司为适应铁路跨越式发展形势，以客运高速、快速和货运快捷、重载为重点，加快新产品开发。全年组织集团公司及以上科技立项89项，试制新品种机客货车和动车组整车共12项，研发重要零部件和关键技术77项，满足铁路运输需要。在铁路第五次大提速中，铁道部开行的19对一站直达式特快列车，有18对列车牵引由集团公司机车产品担当；520辆新型25T客车中，集团公司生产246辆，占47.3%，充分展示了集团公司科技创新实力。开展新产品运用考核，"中华之星"和"先锋"号电动车组，顺利完成铁道部50万公里试运行考核任务，基本达到鉴定要求。株机厂出口乌兹别克斯坦和哈萨克斯坦机车、资阳厂装用引进美国GM公司径向转向架技术的新型大功率内燃机车受到用户好评；戚墅堰厂与奥地利AVL公司合作完成的4705千瓦(6400马力)柴油机通过UIC360小时耐久性试验，经济性指标达到国际先进水平；研制了不锈钢及碳钢的C80货车和25吨轴重货车转向架；C80铝合金货车、双层集装箱平车实现产业化，及时满足铁路运输需要。认真落实《铁路机车车辆现代化实施纲要》，制定集团公司引进技术国产化计划，开展产品与国际先进水平对标工作。在铁道部的统一组织下，集团公司组织四方股份公司、株机厂、戚墅堰厂等就引进时速200公里动车组、电力机车和内燃机车，与日本联合、德国西门子、美国GE公司进行艰苦细致的谈判，目前动车组和电力机车技术合同已经签订，内燃机车合同仍在谈判中，谈判的总体情况得到铁道部的肯定。

【技术改造】 集团公司以建设世界一流生产基地为目标，多方筹集资金，加快企业技术改造。全年技术改造共计完成投资9.5亿元，其中重点技改项目11项，投资7亿元。原国家经贸委立项的8个国债项目已基本完成；发改委立项的浦镇厂城轨一期、株洲所网络与控制系统项目已进入待验收阶段，株机厂城轨一期、浦镇厂城轨二期项目基本实施完毕；商务部立项的四方有限公司钢结构项目基本实施完毕，资阳厂曲轴项目正在实施。积极组织新项目申报，集团公司向国家发改委申报的9个国债项目中，株机厂城轨二期、四方有限公司客车修理等6个项目已被发改委立项审核。投资管理不断加强，切实开展项目清查、验收检查和审计，利用外资项目管理收到实效。

【产品质量】 “十五”质量攀登计划，加快产品质量与国际接轨步伐，集团公司被评为全国质量效益型企业。各厂所、公司质量意识增强，不断提升设计工艺制造水平和产品质量，“先油漆后组装”工艺在机客车新造厂普遍推广。制定并实施“提升货车修造质量计划”，促进了产品质量提高。加强售后服务，了解用户需求，强化质量整改，受到用户好评。特别是在铁路第五次大提速中，戚墅堰厂、株机厂、四方股份公司、株洲所等单位领导亲临运输第一线，赢得用户赞扬。质量体系建设取得新进展，集团公司所属企业均通过ISO 9000-2000认证，16家企业通过ISO 14000环境管理体系认证。

【企业管理】 重视战略动态管理，加强企业发展战略的研究、制定和实施，战略意识、大局意识和长远意识明显增强。根据集团公司发展目标和国资委要求，编制集团公司发展战略和子战略，制定各职能战略。加强轨道装备制造产业发展研究，为国家制定产业政策提供参考意见。部分厂所、公司根据集团公司及本企业发展规划，制定详细的实施计划，确保发展战略执行。集团公司以财务管理为中心，以资金管理为重点，推进管理创新，2项管理成果荣获国家级管理成果一等奖。加强经营风险控制，开展财务风险警示，规范集团公司担保业务，有效控制经营风险。强化资金管理，加快资金回笼，提高资金运营效率，资金周转加快。严格成本管理和费用控制，加大成本否决和效益考核力度，集团公司全年管理费用有所降低。集团公司总部帮助各厂所、公司缓解资金困难，为下属20家企业提供贷款担保56.4亿元，内部资金调剂11亿元，年末债务保理11.6亿元，为困难企业减免利息900万元。完成第二次清产核资工作，共计清查损失2.7亿元，预计损失0.7亿元；开展清产核资后期管理，加大不良资产处理力度，盘活不良资产0.7亿元。加强财务基础工作，全面实施财务预算管理。强化审计监督，全年完成审计项目318个，查出问题金额9377万元，审计确定调账金额2615万元；审计合同20463份，送审标的金额100.2亿元，审减金额2009万元；审计工程预算4073份，标的金额7.3亿元，审减金额4760万元。深入开展“三重一大”、工资资金管理、清产核资效能监察，取得明显实效。全面学习贯彻国家安全法规，落实安全生产责任制，全年无死亡事故发生，实现了安全生产年目标。

【员工培训】 各厂所、公司采取多种方式加大员工培训力度，完善科技人员和关键岗位人员激励政策，稳定和吸引关键人才。继续实施“工程师晋升通道”计划，促进专业技术人员快速成长。加强员工培训，组织各类管理班、技术班培训干部618人次，其中，在国家行政学院和国内有关院校培训198人，海外培训420人。认真贯彻国家高技能人才培养精神，落实高技能人才培养计划，积极开展职业技能鉴定和技能竞赛，洛阳厂张素丽荣获第七届“中华技能大奖”，集团公司获国家技能人才培育突出贡献奖；组织参加中央企业技能大赛，在79个参赛单位中获团体总分第二名，荣获优秀组织奖；四方股份公司设立首席制造师，戚墅堰厂设立首席技师，株辆厂率先建立网络培训学院。

【信息化建设】 按照统筹规划、分步推进、重点突破的原则，进一步加快信息化建设步伐。编制上报《中国南车集团信息化建设立项报告》和《中国南车集团信息化建设可行性报告》，总结推广洛阳厂生产制造系统、眉山厂财务物资系统和株辆厂ERP系统开发经验；有11家企业物资流、财务流信息整合通过集团公司验收。进一步完善集团公司办公自动化(OA)系统,集团公司总部和大部分厂所基本实现无纸化办公,开展集团公司视频会议系统调试。加强集团公司外网建设,完善了集团公司网络管理办法。

【精神文明建设】 以"三个代表"重要思想为指导,围绕集团公司改革和生产经营中心,大力加强和改进思想政治工作,精神文明建设取得新成果。继续深入开展"十好"领导班子创建活动,领导班子思想作风建设不断加强,领导干部勤政、廉政、优政的风气逐步形成。围绕企业改制分流、三项制度改革等重点难点工作,加大宣传和思想政治工作力度,确保企业改革发展的稳步推进。加强企业文化建设,"诚信、敬业、创新、超越"的企业精神和"求新、求快、求实、求优"的企业作风更加深入人心。坚持依靠群众,实行厂务公开,民主管理逐步深化。开展群众性经济技术创新活动,激发广大员工积极性和创造性。有7名员工荣获中央企业劳动模范,2个企业荣获中央企业先进集体称号。继续落实对广西那坡、靖西两县的定点扶贫措施,深入开展"送温暖"活动。在广大青年中继续开展"南车集团十大杰出青年"评选活动,激励广大青年在改革发展中发挥生力军和突击队作用。企协、科协、体协、老干部等各方面工作都取得了新的进展,有力地推动了集团公司改革发展稳定工作。

中国铁路通信信号集团公司

【概况】 中国铁路通信信号集团公司(以下简称"通号集团",英文缩写"CRSC")始建于1953年4月。通号集团是集科研设计、器材制造、施工安装于一体的国有大型企业集团。集团公司总部设在北京,对下主要履行资产管理、人力管理、战略管理三大职能,并兼有资产经营和生产经营功能。截至2004年底,集团公司下设3家分公司、16家全资子公司、2家控股公司及3家参股公司,集团共有二级和三级中外合资企业12家,其中包括中国铁路第一家中外合资企业——卡斯柯信号有限公司。

通号集团主要从事铁路、公路、地铁、工矿企业、机场、港口等领域通信、信号、机电、自动控制系统和产品的研究开发、工程勘测设计、器材制造和工程施工,具有国家甲级勘测、工程咨询和工程总承包资质,铁路电务工程和电信工程专业承包一级主资质、机电安装工程专业承包三级兼项资质。通号集团是中国铁路引进新技术、合作开发、合资经营、劳务输出等国际经济技术贸易活动的主要企业之一,具有对外进出口经营权和对外工程承包权。

多年来,通号集团大力开展技术创新,自主开发出近百项通信、信号、驼峰、计算机连锁、城市交通自动化系统集成技术和WG—21A、ZPW—2000、地铁、列车等具有自主知识产权的高新技术,为铁路干线及地铁轻轨生产了上百种先进的通信信号产品和设备,承建了近千项国家铁路、城市铁路、地方铁路、高速公路、厂矿、机场、港口等通信信号、机电、电力技术改造工程,工程设计、施工水平一直处于国内同行业的领先水平,在我国铁路干线、铁路提速、地铁轻轨等重点工程建设中发挥了重要作用。通号集团的产品和技术已应用于亚、非、欧有关国家铁路及地铁建设中,伊朗德黑兰地铁通信信号工程的成功中标及顺利开通,表明通号集团正在全面走向国际市场。

截至2004年底,集团资产总额37.09亿元,净资产15.29亿元。在职职工12974人,其中专业技术干部4312人,工人8031人。

【主要经济指标】 2004年,通号集团总体运营呈现产销两旺态势。集团上下紧紧抓住铁路跨越式发展的市场机遇,充分发挥"三位一体"的综合优势,实现了生产经营的快速增长。集团实现营业收入27亿元,完成年度计划的123%,同口径比2003年增长33.6%,创集团历史新高。人均营业收入175837元,为年度预算的137%。实现利润总额12179万元,为年度预算的121.8%,人均利润7,999.83元。净资产收益率5.86%,为年度预算的164.1%。实现利税总额36181万元。净资产收益率和人均销售收入达到通号集团历史最好水平。劳动生产率(增加值)47362元/人。

截至2004年末,集团资产总额370865万元,负债总额217950万元,资产负债率58.77%。所有者权益

144815万元，少数股东权益8101万元。产权比率142%。

【重点工程业绩】 2004年共签订合同6095项，合同总额27.4亿元，比上年增长29.78%。

铁路市场方面，紧紧抓住铁路跨越式发展的市场机遇，加大生产经营力度，有针对性地进行了市场开拓，相继中标京沪线、大秦线、陇海线、柳黎线、武九线、郑徐线、京九线、宣杭线、新荷线、南疆铁路、朔黄线、浙赣线等重点工程。依靠自行研制开发的ZPW—2000A自动闭塞系统，通号集团企业在铁路第五次大提速建设中共签订合同约5亿元人民币。在铁路第五次提速大会战中，通号集团充分发挥科研设计、器材制造、施工安装"三位一体"优势，为铁路提速和新图顺利实施作出了重大贡献，受到了铁道部的通电表扬。

城市轨道交通市场上，相继签约大连快轨延伸线信号系统总承包合同、天津地铁一号线工程信号系统合同、香港地铁电缆供货及继电器维修服务合同，广州地铁二号线东延伸线信号系统合同，相继中标武汉轻轨一期工程通信系统安装工程、天津地铁一号线通信和自动售检票(AFC)系统设备安装工程、上海市轨道交通四号线AFC系统安装工程、上海市轨道交通三号线北延伸工程信号系统配套设备采购及系统安装工程、上海市轨道交通三号线自动售检票(AFC)系统运营维护项目、上海地铁三号线交流配电柜改造工程等城轨工程项目。

海外市场上，与中信集团公司签订了伊朗地铁北延伸线项目无线车载设备供货及ATP/twc车载设备安装分包合同，与伊朗地铁公司签订了无线车载设备供货及安装合同。

【法人治理结构】 中国铁路通信信号集团公司为国有独资企业，受《中华人民共和国全民所有制企业法》规范，实行总经理负责制，集团公司总经理办公会为最高决策机构；执行层为集团公司各职能部门、事业部和各子(分)公司；监督层外部为国资委派出的国有企业监事会(其中有集团两名职工代表参加)，监督层内部为纪检、审计和职代会。

【重组改制】 企业重组改制全面启动。按照集团公司制定的总体改制方案，集团大部分企业都已开始进行具体方案研讨与设计。

主辅分离辅业改制工作按计划进行。2004年1月，《通号集团主辅分离辅业改制分流安置富余人员总体方案》和《通号集团主辅分离辅业改制分流安置富余人员首批改制单元方案》获得了国资委、财政部、劳动和社会保障部的批复同意。2004年，集团第一批9家改制分流单位全部依法工商登记注册，年末全部享受到相关税收优惠政策，改制后的新公司经营状况良好，职工思想稳定。

按照国资委《关于中央企业报送主辅分离改制分流第二批实施方案有关事项的通知》等有关文件及已批复的通号集团总体改制方案的精神，集团公司制定了主辅分离、辅业改制分流第二批实施方案，并于2004年11月上报国资委、财政部、劳动和社会保障部。天水铁路电缆工厂等8户二级企业的31个单位被纳入第二批改制范围，它们将改制为36户非国有法人控股企业。第二批辅业改制共涉及资产19974万元，净资产13027亿元；共分流安置富余人员约2393人，其中进入非国有法人控股企业1721人，内部退养672人，用于与职工有偿解除劳动合同的经济补偿金为7953万元。

开始实施优势企业的试点改制，研究制定出了试点企业改制实施方案，待方案完善后将上报国资委主管部门批复。

（撰稿人：赵秀梅　任苏宪　许晓平）

中国铁路工程总公司

【概况】 中国铁路工程总公司的前身为铁道部基本建设总局，成立于1950年3月，1979年对外称中国铁路工程总公司，1989年铁道部基建总局撤销，正式成立中国铁路工程总公司。2000年9月，中国铁路工程总公司与铁道部脱钩，归中央企业工委管辖，后又归国务院国有资产监督管理委员会管理。经深化改革企业重组，2004年末，中国铁路工程总公司有成员单位45个，其中全资子公司12个，控股子公司20

个，分公司2个，指挥部和事业单位11个。总公司总部业务处室26个。全公司从业人员29.2万人，其中干部10.8万人，工人18.4万人。有中国工程院院士3人，勘察设计大师7人，国家级专家8人，省部级专家65人，享受政府特殊津贴266人，高级技术职务7840多人，中级技术职务2.9万人。有技术等级的工人13.6万人，其中高级技工6.7万人，技师2850人，高级技师244人。资产总额790亿元，机械设备4.44万台(套)，原值98.5亿元，净值54.3亿元，总功率228万kW。

经建设部和外经贸部核准，中国铁路工程总公司具有工程总承包特级资质和多项专业工程总承包及对外承包工程资质。主营土木工程建筑总承包，铁路、公路、市政、房建、水电、管道工程和工业设备安装总承包，房地产开发经营、工程勘测设计、技术咨询、工程监理、科学研究和工程机械、设备、器材生产销售等。

【主要经济指标】 2004年中国铁路工程总公司共完成营业额960.33亿元，比2003年增加245.33亿元，同比增长34.3%，为年度计划805亿元的119.3%，在连续7年实现跨越式发展的基础上，再创历史最好水平，完成企业营业额继续位居全国建筑业第一。全年新签合同额1396亿元，比上年增加362亿元，同比增长35%，为年度计划1005亿元的138.9%，呈现大幅度增长势头。

2004年海外经营共完成营业额6.78亿美元，同比增长22%。新签合同额13.96亿美元，同比增长62%。

全公司实现利润9.43亿元，同比增长19.4%。企业资产总额达到790亿元，比上年增长10.6%；实现保值增值率103.78%。全公司从业人员年平均工资20937元，同比增长26%。其中，在岗员工平均工资22665元，同比增长16%(见表1)。

表1　2004年完成主要指标表

指　　标	单位	数　值
财务效益指标		
净资产收益率	%	4.20
股东权益收益率	%	3.71
总资产报酬率	%	1.80
国有资本保值增值率	%	103.78
主营业务利润率	%	8.71
成本费用利润率	%	0.97
盈余现金保障倍数	%	350.57
资产运营指标		
总资产周转率	次	1.25
流动资产周转率	次	1.67
存货周转率	次	6.77
应收账款周转率	次	5.28
资产损失及挂账占资产总额的比率	%	0.03
偿债能力指标		
资产负债率	%	77.64
现金流动负债比率	%	2.99
速动比率	%	81.60
已获利息倍数	倍	3.01
经营活动产生的现金流量净额	万元	178837.2
发展能力分析		
主营业务收入增长率	%	46.37
资本积累率	%	5.78
三年资本平均增长率	%	13.44
三年主营业务收入平均增长率	%	41.68
技术投入比率	%	0.20
职工状况		
从业人员总数	万人	29.20
工资总额	亿元	52.89
平均工资	元/人	20937.00
其中：职工工资总额	亿元	51.66
职工平均工资	元/人	17613.00
在岗职工平均工资	元/人	22665.00

【重大项目进展】 年内先后承揽了杭州湾跨海大桥、武汉天兴洲大桥和武汉长江隧道，北京、天津、

广州地铁等一大批技术含量较高、有较大社会影响的工程。建立健全了工程项目管理体制和运行机制，全面推行项目法施工，促进了重点工程建设。青藏铁路重点难点工程相继突破，铺架工程顺利推进；兰武二线乌鞘岭隧道实现了阶段性目标；渝怀线圆梁山隧道提前贯通；在建的北京、天津、重庆地铁，东海大桥、杭州湾大桥和城市轻轨等重点工程进展顺利。安全质量管理有序可控，责任事故死亡率控制在0.08‰以下，连续6年保持基本稳定。已完工程5163件，合格率100%。获得中国建筑工程鲁班奖7项，国家优质工程奖6项，詹天佑土木工程大奖6项，火车头优质工程奖26项，全国优秀焊接工程奖4项。设计系统年内完成了京沪高速铁路，武广、郑西、石太、福厦等客运专线和京津城际铁路等项目的初步设计；完成了洛湛、遂渝、铜九、黔桂、京沪和沪杭电化等一大批铁路重点工程的勘察设计工作；完成了北京、上海、广州地铁，东海大桥、澳凼大桥等公路、市政建设重点工程设计，设计出一大批有影响的重大工程项目。获省(部)级优秀勘察设计奖20项、优秀标准设计奖21项；国家级优秀勘察设计奖5项、优秀标准设计奖6项。

【法人治理结构】 通过公司改制，现代企业制度逐步建立，在已改制的企业内，实现了控股经营，股东会、董事会、监事会逐步建立和完善。年内主要成员单位法人治理结构业绩情况(见表2)。年内对总公司企业负责人(领导班子)实行了“年薪制”。在总结子公司“年薪制”试点经验的情况基础上，改革了企业负责人分配制度，制定并实行了《中国铁路工程总公司企业负责人薪酬管理暂行办法》。全公司建立了以岗位工资为主的基本工资制度，实现了以岗定薪，岗变薪变。

表2 **2004年主要成员单位法人治理结构业绩情况表**

单位：万元

公司(单位)名称	类型	持股比例(%)	资 产	所有者权益	主营业务收入	利润总额	从业人数(万人)	所在地	法定代表人姓名
中国海外工程总公司	子公司	100.00	204033.82	24134.22	122789.24	1280.16	0.23	北京	方远明
中铁一局集团有限公司	子公司	88.18	640187.87	131112.64	991357.43	5568.99	2.33	西安	刘景书
中铁二局集团有限公司	子公司	98.00	985046.01	213697.38	911415.03	7414.27	1.64	成都	黄西华
中铁三局集团有限公司	子公司	87.49	704600.42	113943.93	1004007.64	3987.83	1.84	太原	刘成山
中铁四局集团有限公司	子公司	62.42	675138.39	151233.61	1112537.36	6377.02	2.83	合肥	程聚生
中铁五局(集团)有限公司	子公司	65.28	695250.87	134783.86	620950.15	6742.26	2.15	贵阳	罗立生
中铁六局集团有限公司	子公司	94.83	341275.42	51384.77	419515.92	3681.70	1.27	北京	卢建中
中铁七局集团有限公司	子公司	86.95	238991.30	41268.14	303382.26	650.12	0.84	郑州	张志明
中铁八局集团有限公司	子公司	86.82	407532.08	48738.13	436302.00	10223.60	3.87	成都	张 敏
中铁九局集团有限公司	子公司	92.31	218977.96	44859.02	215284.63	1.75	1.48	沈阳	柳汉桥
中铁十局集团有限公司	子公司	87.24	248079.25	30334.69	361802.15	116.26	1.25	济南	程广朝
中铁大桥局集团有限公司	子公司	81.61	613501.48	121593.17	700646.82	6095.24	1.54	武汉	梅 权
中铁电气化局集团有限公司	子公司	89.27	535981.04	103048.79	385487.14	4849.53	1.66	北京	高树堂
中铁建工集团有限公司	子公司	80.40	475385.07	47328.47	571725.30	4142.00	0.67	北京	段秀斌
中铁隧道集团有限公司	子公司	79.82	510808.51	79426.40	592581.55	6465.40	1.62	洛阳	周世祥
铁道第二勘察设计院	子公司	100.00	106957.76	11608.91	93479.52	2085.55	0.46	成都	漆宝瑞

续表

公司(单位)名称	类型	持股比例(%)	资 产	所有者权益	主营业务收入	利润总额	从业人数(万人)	所在地	法定代表人姓 名
铁道第三勘察设计院	子公司	100.00	101922.81	22985.58	95507.21	3927.00	0.45	天津	刘为群
中铁工程设计咨询集团有限公司	子公司	88.23	38921.21	17645.44	25807.30	1522.51	0.15	北京	刘 辉
中铁大桥勘测设计院有限公司	子公司	45.63	6027.76	3359.10	11796.29	428.37	0.06	武汉	秦顺全
中铁电气化勘测设计研究院	子公司	100.00	9501.78	1986.78	5667.01	147.69	0.03	天津	赵印军
北京电铁通信勘测设计院	子公司	100.00	3263.12	1013.66	4284.04	111.77	0.03	北京	周耀忠
中铁西南科学研究院	子公司	100.00	7417.00	3209.79	7498.71	96.02	0.04	成都	梅志荣
中铁西北科学研究院	子公司	100.00	12959.69	3404.53	14170.01	304.00	0.05	兰州	王应先
中铁工程机械研究设计院	子公司	100.00	3583.75	1991.05	7359.24	142.53	0.03	武汉	唐智奋
昆明铁路局勘测设计院	子公司	100.00	1345.23	1008.63	1881.58	91.71	0.02	昆明	朱 雁
成都铁路局勘测设计院	子公司	100.00	3256.78	2349.87	3555.44	65.56	0.03	成都	林祥华
中铁山桥集团有限公司	子公司	94.87	157046.40	47523.39	80057.69	3017.83	0.50	河北	吴兆安
中铁宝桥并宝桥社区集团	子公司	92.43	144315.82	54760.13	69578.09	2124.48	0.37	宝鸡	曹连生
中铁宝工有限责任公司	子公司	94.72	24542.51	8883.23	7066.60	-2651.36	0.20	宝鸡	李焕成
武汉中铁工程机械厂	子公司	100.00	17133.35	2276.49	5406.44	－0.54	0.06	武汉	朱 洁
华铁工程咨询公司	子公司	100.00	1129.64	324.23	2954.14	103.95	0.03	北京	幺少英
北京程诚源财务服务中心	子公司	100.00	6465.49	5987.26	720.72	142.65	0.01	北京	杨 良
北京燕丰饭店	子公司	100.00	3615.32	3338.72	1353.92	57.39	0.02	北京	米嘉祥
中铁华丰房地产公司	子公司	60.00	20362.41	793.92	0.00	－206.08	0.00	北京	王子光
中国铁路工程总公司总部			70735.45	－116061.09	206336.94	6515.09	0.12	北京	秦家铭
合 计			8235292.77	1415276.84	9394265.51	85622.25	27.88		

【产权制度改革】 在2003年企业重组的基础上，进一步推进企业改革改制，完成了中铁工程机械租赁中心与中国海外工程总公司的并入式重组。设计要素进一步完善，铁道专业设计院、北京、太原、郑州、济南设计院重组成为中铁工程设计咨询集团有限公司；西安、武汉、沈阳、呼和设计院分别并入铁二院、铁三院；昆明、成都设计院分别委托中铁五局、八局进行股权管理。公司制改革不断深化，中铁工程设计咨询集团有限公司于2004年7月1日正式注册，中铁大桥局股份有限公司于2004年10月挂牌，铁二院、铁三院、中铁西北、西南研究院等设计科研单位改制紧锣密鼓地向前推进。

【主辅分离辅业改制】 主辅分离、管理层和劳务层分离取得初步成效。总公司主辅分离改制分流总体方案和两批实施方案获得国资委批复；铁二、三院所属医院、学校按照铁道部要求统一向当地铁路局办理了移交，部分企业分离办社会职能取得了新进展；中铁大桥局、中铁四局等单位已开始组建非国有控股的劳务公司，为优化企业组织结构，增强市场竞争力创造了条件。

【主要管理经验】 加强了企业战略管理，总公司完成了10～15年的远景发展目标和3～5年发展规划编制工作。强化了财务和风险管理,进一步规范了投资、对外担保、证券等高风险业务。开展清产核资,进行了实物盘点、长期挂账清查、竣工项目收支统计工作,全公司清产核资结果已得到国资委批复。"双清"效能监察取得新成果,全年共收回2003年前形成的外欠款85.78亿元。

2004年全公司59家企业申请的111项资质得到批准,中铁六、七、八、九、十电气化局集团公司全部取得铁路工程施工总承包特级资质,18家勘察设计企业新增勘察设计资质34项,企业资质的升级增项增强了总公司的市场竞争能力。法律顾问工作取得显著成效,年内全公司法律事务部门共承办法律事务18953件,涉及标的额722亿元,通过各种法律手段依法为企业挽回或减少经济损失15.6亿元,节省外聘律师费用6500万元。信息化建设迈出新步伐,2004年总公司名列中国企业信息化500强第14位。年内全公司有1家企业荣获全国质量管理优秀企业、4家企业荣获全国优秀施工企业、2家企业荣获全国用户满意企业称号;2名企业领导荣获全国优秀施工企业家称号;获得省部级优秀质量管理成果奖64项,全国优秀质量管理成果奖5项。

中国铁道建筑总公司

【概况】 中国铁道建筑总公司(以下简称总公司)是经国家批准,具有铁路工程施工总承包特级,市政公用工程施工总承包一级,土石方工程、提防工程、隧道工程专业承包一级资质和拥有对外经营权的国有特大型建筑施工企业集团。其前身系中国人民解放军铁道兵,1984年1月1日集体转业并入铁道部,改称铁道部工程指挥部;1989年7月1日成立中国铁道建筑总公司。2000年9月28日与铁道部脱钩,划归中央企业工委管理;2003年3月转归国务院国有资产监督管理委员会管理。

下辖21个集团公司(公司)、4个设计院、2所院校。截至2004年底,有经建设部核准的施工总承包特级资质企业18家,施工总承包一级资质企业69家,专业承包一级资质企业21家,公路工程施工总承包一级资质企业59家,市政公用工程施工总承包一级资质企业66家,房屋建筑工程施工总承包一级资质企业34家,铁路工程施工总承包一级资质企业15家,水利水电工程施工总承包一级资质企业15家;经建设部审核批准的项目经理6000余人,其中国家一级项目经理3820人,国家一级执业资格建造师822人。总公司本级及一批所属企业通过质量、环境和职业健康安全管理体系认证。

年末职工总数227538人,其中干部83648人,工人143890人。干部中专业技术干部68157人,占干部总数的89.4%,其中高级技术职务7027人,中级技术职务24138人,初级技术职务33635人。工人中技术工人106339人,占工人总数的73.9%,其中初级工6134人,中级工25394人,高级工30771人,技师4303人,高级技师309人。工人平均年龄37.58岁。

年末资产总额579.37亿元,其中固定资产105.73亿元,流动资产450.38亿元,其他资产23.26亿元。实有机械运输设备38846台(套),其中主要施工机械设备9897台(套),进口机械设备1186台(套),设备原值90.98亿元、净值47.5亿元,总功率2372773千瓦,技术装备率2.37万元/人,动力装备率11.86千瓦/人。

认真贯彻党中央关于"走出去"的发展战略,积极开拓国际建筑市场,经营范围遍及世界40多个国家和地区,在20多个国家和地区设有常驻机构,连续9年入选"全球225家最大承包商"和"国际225家最大承包商"。

【生产经营】 2004年,总公司坚持以改革总揽全局,以发展为第一要务,聚精会神抓经营,一心一意谋发展,生产经营再创历史最好成绩。

主要经济技术指标大幅提升,经济运行质量明显提高。全年新签合同额1462.99亿元,为年度计划的181%,比2003年同期增长33%;完成企业总产值932.22亿元,为年度计划的116%,比2003年同期增长34.2%;实现利润总额9.44亿元,为年度计划的110%,比2003年同期增长33.8%,三项主要指标再创总公司历史新高,其中新签合同额居国内建筑业首位。全系统坚持"适度规模，精耕细作，最佳效益"的经营方针，总结推广中铁十二局集团公司全面推行责任成本管理的经验，加强预算管理和成本控制，企业经济运行质量明显提高，净资产收益率6.86%，产值利润率1.02%，国有资产保值增值率108.1%。

积极探索经营工作新模式，资本经营取得新突破。总公司坚持生产经营与资本经营协调发展的经营指导思想，依托主业，以基础设施建设为重点，积极探索企业经营的新思路、新模式，稳妥推进资本经营。截至2004年底，全系统以BT、BOT、BOO模式和房地产开发，共签约资本运作项目26项，投资规模276.3亿元，总公司投入资本金81.7亿元。其中：BOT项目6项，投资140亿元；BT项目5项，投资40.2亿元；BOO项目3项，投资38.3亿元；房地产项目12项，投资57.8亿元。目前，这些项目运作正常，前景看好，以资本经营带动了企业生产经营，创造了新的效益增长点，得到国资委、建设部的肯定。

坚持"走出去"发展战略，海外经营取得新成绩。全系统坚持"国内外并举"的经营思路，全年新签海外经营合同额5.5亿美元，比2003年同期增长9.5%。中国土木工程集团公司发挥海外经营优势，以在建、援外和政府互动项目为重点，新签海外经营合同额3.95亿美元。中铁十八局集团公司实现海外经营滚动发展，经营范围拓展到12个国家和地区，新签海外经营合同额1.2亿美元。中铁十一、十三、十四、十五、二十局集团公司等单位相继走出国门，涉足国际建筑市场。特别是中铁十四局集团公司工程人员6月10日在阿富汗遭遇恐怖袭击后，总公司快速反应，沉着应对，妥善处理善后事宜，展示了企业整体素质和应对突发事件的能力，受到外交部、商务部、国资委等部委赞扬。

整合企业内部资源，企业改革取得新进展。年内将海外公司并入中国土木工程集团公司，增强了海外市场竞争能力；将铁道部新划入的9个工程建设集团公司和11个设计院，重组整合为中铁二十一至二十五局集团公司和4个设计院，进一步完善了总公司设计、施工、监理总承包产业链条，优化了市场竞争格局。先期改制的10余个集团公司，通过修订完善公司章程及董事会、监事会、经理层议事规则和工作程序，法人治理结构逐步规范。新组建的5个局集团公司年内完成企业改制，建立现代企业制度的基本框架。4个设计院正抓紧进行改制的前期准备工作。主辅分离改制分流工作有序推进，第一批主辅分离辅业改制方案已经国资委、财政部、劳动和社会保障部批复，29家单位共改制分流7718人。总公司总医院年底移交北京市，与朝阳医院进行整合重组。企业三项制度改革继续深化，年内对5个新组建局集团公司的行政副职在全系统进行公开选聘；普遍推行全员劳动合同制，建立内部劳务市场，初步形成能进能出的用人机制；国资委对总公司领导班子实行年薪制，总公司坚持对所属企业经营管理者进行经营业绩考核，建立激励约束机制；全系统基本建立以岗位工资为主的内部工资分配制度。

科技攻关硕果累累，科技创新取得历史佳绩。全年有32项科技成果通过省部级鉴定、评审，其中3项居国际领先水平，9项达到国际先进水平，9项居国内领先水平；有37项科技成果获省部及以上科技进步奖，其中"秦岭特长铁路隧道修建技术"获国家科技进步一等奖暨"全国十大建设科技成就奖"；有35项工法被认定为铁道部部级工法，始终保持行业领先水平；科技创新、成果鉴定和获奖工法创总公司历史最好成绩。此外，获全国优秀工程建设标准设计铜奖2项，优秀工程设计软件金奖1项、铜奖2项，优秀工程设计银奖1项、铜奖2项，优秀工程勘察金奖1项。科技攻关成绩显著，青藏铁路大规模人群施工高原病防治及劳动卫生研究取得重大成果，攻克青藏铁路高寒冻土、高原缺氧、环境保护三大世界性难题；建成中国首座双层钢筋混凝土斜拉桥——澳门西湾大桥，全国最大跨度（主跨197米）的上承式钢筋混凝土箱形拱桥——贵州六圭河公路特大桥，桩长全国第一、主跨220米的东营黄河大桥；攻克150米超高层钢结构综合施工技术，开发出100毫米厚板焊接工艺，解决超高层双曲面钢结构件精确定位施工难题；突破亚洲第一长隧——兰武二线乌鞘岭隧道膨胀性软弱围岩施工难关，顺利完成掘进任务；自主开发的900吨级客运专线箱梁运架设备，在铁路行业率先进行样机试制。

重点工程进展顺利，工程质量稳中有升。青藏铁路线下主体工程全部完工，安多—拉萨段铺轨于12月8日顺利抵达古露站，提前实现铺架年度调整目标。遂渝铁路线下主体工程全部完工，铺架按期到达接轨点。乌鞘岭右线隧道提前贯通。北京中关村金融中心主体工程完工，北京、上海、广州、南京、深圳地铁超额完成年度施工计划。职工因工责任事故死亡率为0.048‰，实现年度安全生产目标。全系统分项工程、单位工程合格率均达100%，年内获中国建筑工程鲁班奖6项，国家优质工程金质奖1项、银质奖10项，中国市政金杯示范工程奖3项，詹天佑土木工程大奖3项，省市优质工程奖52项，火车头优质工程奖14项，评出总公司优质工程48项。

2000～2004年主要经济技术指标完成情况比较表

项　　目	2004年	2003年	2002年	2001年	2000年
承揽任务总额(亿元)	1462.99	1098.66	580.86	408.66	372.14
企业总产值(亿元)	932.22	694.51	462.73	376.79	316.62
其中：施工产值(亿元)	854.23	638.68	431.96	346.11	288.44
实现利润(万元)	94408	70541	56211	29112	16436
全员劳动生产率(元/人年)	202330	165889	139011	133021	120671
工程成本降低率(%)		－3.0	5.0	7.45	7.08
产值利润率(%)	1.02	1.04	1.21	0.77	0.52
净资产收益率(%)	6.86	2.76	3.32	2.15	2.54
国有资产保值增值率(%)	108.1	103.9	105.3	102.7	102.1
工程质量优良率(%)	100	97.8	95.9	96.3	95.1
职工因工死亡(人)	11	6	1	8	20
职工人均年收入(元)	18816	15802	13300	12057	10680
职工人均住房面积(m^2)		11.72	10.55	9.81	8.28

注：按国家规定2004年工程质量优良率改为合格率。(总公司财务部、计统部、安质部提供)

【企业改革】 企业整合重组。4月，根据国资委批复精神，将总公司海外公司并入中国土木工程集团公司，整合海外经营机构，增强了总公司海外经营实力；将原铁路局划入的9家工程(建设)集团公司与总公司原有的6家控股子公司整合重组，组建中铁二十一至二十五局集团公司，完善了总体经营布局；将原铁道部、铁路局划入的11家设计院与总公司原有设计院整合重组为铁道第一、第四勘察设计院和铁道建筑研究设计院、上海铁路城市轨道交通设计研究院，完善了产业链条，增强了总公司整体竞争能力。

建立完善现代企业制度。已建立现代企业制度的中铁十一至二十局集团公司等单位，按照《公司法》和《公司章程》，进一步修订完善各项规章制度，规范法人治理结构运作。新组建的中铁二十一至二十五局集团公司，年内完成企业改制，初步建立现代企业制度的基本框架。4家设计院正积极开展企业改制的前期准备工作，铁道第四勘察设计院的改制方案年内已报总公司审批。

主辅分离改制分流。5月26日，总公司召开主辅分离减员增效工作会议，研究制定全系统主辅分离减员增效的总体目标、主要措施和相关配套政策。7月2日，印发《中国铁道建筑总公司主辅分离辅业改制分流安置富余人员实施办法》，确定到2008年全系统职工总数由22万人减到15万人的总体目标。9月22日，《中国铁道建筑总公司主辅分离改制分流总体方案及第一批分流方案》上报国资委、财政部、劳动和社会保障部联合审批。第一批改制分流单位共29家，国有资产总额9.76亿元，拟分流安置职工7718人。

【企业管理优秀成果】 经中国施工企业管理协会审核批准，中铁十四局集团公司、中铁十六局集团公司、中铁十七局集团公司二公司、中铁二十局集团公司一公司荣获2004年度“全国优秀施工企业”称号，中铁十七局集团公司董事长瞿观鄞荣获2004年度“全国优秀施工企业家”称号，总公司系统路冰、张日洲、章德贤、陈云、林仰栋荣获“全国工程建设企业优秀项目经理”称号；中铁十二局集团公司建筑安装公司、中铁十九局集团公司四公司荣获2004年度“全国用户满意企业”称号，中铁二十二局集团公司等单位承建的昆石高速公路8～2标段等3项工程荣获“全国用户满意工程”称号；中铁十二局集团公司荣获2004年度“全国质量管理优秀企业”称号，总公司系统朱绵环、刘百成荣获“全国质量管理先进个人”称号；冯跃龙等129人荣获“全国公路工程建设优秀项目经理”称号；李炜等73人荣获“全国铁路工程建设优秀项目经理”称号；中铁十四局集团公司开发的《工程项目零距离管理》成果荣获2004年度“全国工程建设企业管理创新成果一等奖”。

【国家优质工程】 2004年，总公司系统获国家优质工程大奖23项，再创历史最好水平。其中：中铁十六局集团公司承建的川藏公路二郎山隧道、中铁十八局集团公司承建的西安绕城高速公路北段、铁道第四勘察设计院设计的宜昌夷陵长江大桥等3项工程荣获詹天佑土木工程大奖；中铁十四局集团公司承建的济南军区221工程、中铁十六局集团公司承建的川藏公路二郎山隧道和参建的北京地铁八通线综合工程、中铁十七局集团公司承建的内昆铁路花土坡特大桥、中铁二十局集团公司承建的乍嘉苏高速公路浙江段工程和中铁二十四局集团公司承建的南昌铁路局科技大楼等6项工程荣获中国建筑工程鲁班奖；中铁十九局集团公司参建的南京长江二桥荣获国家优质工程金质奖；中铁十一局集团公司承建的长荆铁路钟祥汉江特大桥，中铁十二局集团公司承建的昆石高速公路小团山隧道，中铁十二、十五局集团公司承建的渝合高速公路西山坪隧道，中铁十四局集团公司承建的山东国际航空培训中心和杭宁高速公路浙江段工程，中铁十五、二十三局集团公司承建的神延铁路羊马河隧道，中铁十六、十四局集团公司承建的南京新庄立交桥，中铁十七局集团公司承建的罗昌高速公路马尾互通式立交桥，中铁二十、十五局集团公司承建的朔黄铁路黄骅港特大桥，中铁二十五局集团公司承建的广州内环路工程等10项工程荣获国家优质工程银质奖；中铁十二局集团公司承建的昆明掌鸠河引水供水净水厂建筑安装工程、中铁十三局集团公司承建的哈尔滨尚志大街—海城大街路桥工程、中铁二十局集团公司承建的苏州官渎里立交桥荣获中国市政金杯示范工程奖。此外，获省市优质工程奖52项，铁道部火车头优质工程奖14项。

【科技创新成果】 2004年，全系统广大职工围绕把总公司建成“建筑业排头兵、国际化大集团”战略目标，加大科技攻关和技术创新力度，增强企业核心竞争力，科技创新成果显著。年内，有14项科研成果荣获国家实用新型或发明专利；有37项科研成果获省部以上科技进步奖，其中西康铁路秦岭特长隧道综合施工技术获国家科技进步一等奖，29项科技成果获省部科技成果奖，12项科技成果获中国铁道学会科技进步奖，评出总公司科技进步奖50项；有36项工法被评为铁道部部级工法；勘察设计单位获铁道部工程勘察设计优秀计算机软件奖5项，获铁道部优秀标准设计奖14项。

年内有32项科技成果通过专家鉴定评审。其中，中铁十四局集团公司开发的“广州地铁三号线广州东站开挖综合技术研究”、“轨道电路专用枕研制”和中铁二十三局集团公司开发的“PC轨道梁制造技术”成果居国际领先水平；中铁十一局集团公司开发的“重庆市轻轨新线一期工程PC轨道梁架设与安装技术”、中铁十二局集团公司开发的“青藏高原多年冻土区路堤施工技术研究”、中铁十三局集团公司开发的“软土地层铁路站场下浅埋大跨暗挖地下通道综合施工技术”、中铁十四局集团公司开发的“电气化铁路复线A级石方开挖工程综合爆破技术研究”、中铁十五局集团公司开发的“路基边坡压实机研制”、中铁十七局集团公司开发的“深圳地铁复杂区间隧道综合施工技术”、中铁建设集团公司开发的“超高层钢结构综合施工技术研究”和铁道第一勘察设计院开发的“铁路勘测设计一体化、智能化研究”成果达到国际先进水平；中铁十一局集团公司开发的“赣龙铁路吊钟岩拱桥劲性钢骨架转体施工技术”、中铁十二局集团公司开发的“青藏铁路高原多年冻土区桥涵施工技术研究”、中铁十三局集团公司开发的“复杂条件下大跨度双线铁路连续刚构桥综合施工技术”、中铁十七局集团公司开发的“电气化铁路接触网综合施工技术”、中铁十八局集团公司开发的“苏州索山大桥90米主跨自锚式悬索桥施工成套技术研究”和“青藏铁路桥面系钢结构防腐涂装体系试验研究”、中铁十九局集团公司开发的“扬中夹江二桥综合施工技术”、中铁二十二局集团公司开发的“韶关五里亭大桥施工技术”和铁道第四勘察设计院开发的“伞形单元构应用研究”成果居国内领先水平；中铁十一局集团公司开发的“构皮滩乌江大桥综合施工技术”和“武汉城市轨道交通工程施工综合技术”、中铁十二局集团公司开发的“榆次八层钢结构框架工程制作安装技术”、中铁十八局集团公司开发的“铁路路基施工质量管理系统”和昆明中铁大型养路机械集团公司开发的“CD08—475型道岔捣固车国产化研制”成果达到国内同类技术先进水平。

【铁路工程施工】 全年完成铁路工程投资190.49亿元，为施工总产值的22.3%。重点工程施工情况：

青藏铁路格尔木—拉萨段　线路全长1142公里，其中格尔木—南山口为有线改造，长32公里；南山口—拉萨为新建铁路，长1110公里。铁路位于青藏高原的高平原地区，海拔4000米以上地段960公里，最高海拔5072米，连续多年冻土地段553公里，是世界上海拔最高、冻土地层最长的高原铁路。高寒缺氧、多年冻土、环境保护是铁路建设面临的三大世界性难题，自然环境十分恶劣，施工条件极为艰苦。总公司系统承担青藏铁路格拉段16个标段共591.357公里的线下土建工程和安多—拉萨段441.656公里的铺架工程施工任务。其中，铁道部确定的6大试验段中的5段试验工程、海拔4400米以上的471公里线路和全线最高段——唐古拉山口越岭无人区段164公里线路均由总公司系统承建。2001年6月29日工程开工。2004年为青藏铁路建设整体推进年，上场施工人员31586人，机械设备7139台(套)，全年完成工程投资19.5亿元，为年度计划的128%。完成主要工程量：土石方921.88万立方米，为年度计划的143.91%；桥梁19043延长米，为年度计划的103.34%；涵洞4709.5横延米；铺轨231.4公里，架梁362孔，预制桥梁579孔。冻土、植被、水源及野生动物受到良好保护，环境保护工作受到国家有关部委高度评价，卫生保障实现急性高原病“零死亡”目标，已完工程合格率100%、优良率90%以上，圆满完成年度施工任务。

渝怀铁路　全长624.523公里，总投资198.4亿元。总公司系统承担重庆市境内15个标段共234.87公里的线下土建工程施工和398.333公里的铺架工程施工任务，合同投资48亿元。年内线下主体工程全部完工。12月8日，铺架工程比合同工期提前7个月零17天顺利到达接轨点。

遂渝铁路　新建铁路127.8公里，增建二线17.4公里，总长145.2公里，总投资46亿元。合同工期2002年12月至2006年2月。总公司所属中铁十一、十二、十三、十五、十七、十八、十九、二十局集团公司共承担58.384公里的线下土建工程和66公里的铺架施工任务，合同投资12.49亿元。年内线下主体工程全部完工，铺架工程于10月2日提前到达终点。

赣龙铁路　系江西赣州—福建龙岩铁路，全长290.1公里，总投资51.86亿元。2001年12月8日开工，计划2005年4月建成通车。总公司所属中铁十一、十四、十六、十七、十八、十九局集团公司共承担120.27公里的施工任务，合同投资12.52亿元。年内主体工程全部完工，12月30日全线铺通。

浙赣铁路　东起浙江杭州，西至湖南株洲，线路全长942公里，总投资95.76亿元。合同工期2003年10月～2007年10月。总公司所属中铁十一、十二、十四、十五、十六、十七、十八、十九、二十、二十二、二十三、二十四、二十五局集团公司共承担30个标段641.5公里的施工任务，合同投资约45亿元。重点工程：温厚特大桥长3000延长米，年内完成810延长米，占设计量的30%；灵溪特大桥长1027.9米，年内完成518延长米，占设计量的50%；抚河特大桥及抚支河左线特大桥、抚支河右线特大桥钻孔桩基础全部完成，正进行墩台、墩身施工；上金隧道长4800延长米，年内完成成洞3158米，占设计量的87%。

宜万铁路　东起湖北宜昌，西至重庆万州，线路全长386公里，总投资172.5亿元。合同工期2003～2008年。总公司所属中铁十一、十二、十三、十四、十五、十六、十七、十八、十九、二十、二十一、二十三局集团公司共承担约190公里的施工任务，合同投资50.14亿元。重点控制工程：马鹿箐隧道长7879延长米，年内全断面开挖920米，完成成洞602延长米，占设计量的8%；齐岳山隧道长10326长米，完成成洞1813延长米，占设计量的17.6%；野山关隧道长6892处长米，完成成洞1034延长米，占设计量的15%；别岩槽隧道长3722延长米，完成成洞1720延长米，占设计量的46%。

【路外工程施工】　年内全系统完成路外工程投资663.7亿元，为施工总产值的77.7%。其中，公路工程占施工总产值的37.7%，工业与民用建筑工程占9.2%，市政工程占8.3%，水利电力工程占3.9%，地铁、机场、码头、矿山工程占3.1%，其他工程占15.5%。重点工程施工情况：

北京地铁五号线　南起丰台区的宋家庄，经刘家窑、蒲黄榆、棋院、天坛东门、磁器口、崇文门、东单、灯市口、东四、张自忠路、北新桥、雍和宫、和平里北街、和平里西桥、北土城东路、干杨树、大屯站、公路一环、大羊坊、立水桥、太平庄等站，西止太平庄北站，全长27.6公里，设24座车站。地处老城区的8座车站采用暗挖法施工，建设规模创国内外地铁建设史记录。总公司所属中铁十四、十六、十七、十八局集团公司共承担8.7亿元的施工任务。合同工期2003年8月至2005年7月。工程施工进展顺利，年内主体工程大部分已完工。

北京地铁十号线　西起海淀区的蓝靛厂，沿四环路、巴沟路、海淀南路、知春路、土城北路向东，斜穿东北角的太阳宫，沿东三环路向南，经南三环分钟寺沿龙爪树路、石榴庄路向西到丰台区宋家庄，全长32.72公里。工程分二期建设，一期工程自蓝靛厂至劲松站，长24.91公里，合同工期2003年3月至2006年7月。总公司所属中铁十二、十四、十六、十八、十九、二十局集团公司共承担19亿元的施工任务。年内工程施工进展顺利，圆满完成年度施工计划。

深圳地铁一期工程　总公司所属中铁十二、十三、十五、十六、二十局集团公司承担香蜜湖、大剧院、福民、华强、华侨城东等5座车站和老街—大剧院、香蜜湖—车公庙、华强—岗厦、华桥城—世界之窗、科学馆—华张路等5个区间的施工任务，合同投资7.18亿元。年内主体及附属工程全部完工，12月28日一期工程全线通车。

南京地铁一号线　总公司所属中铁十三、十四、十六、十七、十九局集团公司承担汉口路、新街口、张府园、迈皋桥、南京站、奥体中心等车站和相关区间施工任务，合同投资4.65亿元。南京站站下穿南京站7股线路，施工难度大、风险高、工期紧。6月26日，一号线全线贯通。

东莞运河樟村水质净化工程　系亚洲最大的污水处理工程，日污水处理量360万吨，厂区建筑面积22.86万平方米，工程分两期施工。一期工程日污水处理量260万吨，建筑面积18.08万平方米，总投资4.5亿元。由总公司所属珠海铁城实业公司承建。年内工程竣工并投入使用。

北京中关村金融中心　系集餐饮、会议、观光为一体的功能齐全、配套设施完善的国际甲级写字楼。由中铁建设集团公司承建。工程由塔楼、配楼、连廊三部分组成，占地1.76公顷，总建筑面积11.18万平方米，总投资4亿元。其中：塔楼地下4层、地上35层，建筑面积7.9万平方米，总高150米；配楼地下3层、地上8层，建筑面积2.9万平方米。塔楼主体为超高层钢结构，箱型钢柱采用座标定位，南北两侧钢柱四层一折，整个塔楼外形呈纺锤状，造形别致。年内主体工程全部完工。

香港九号货柜码头　中国土木工程集团公司承建，合同投资50961万美元。2000年5月12日开工，2004年11月11日竣工。本年完成营业额6648万美元，开工累计完成营业额43909万美元。

澳门西湾大桥　北起澳门半岛融和门，南止凼仔岛码头，全长1825米，总投资5.6亿澳门元。由中铁澳门有限公司与中铁大桥局集团公司联合体承建。澳门端设互通式立交桥和A、B两座匝道桥；主桥由北引桥、正桥、南引桥组成，正桥为110+180+110米预应力混凝土斜拉桥。该桥为上下两层行车道混凝土斜拉桥,在世界上属首次采用;斜拉桥主塔采用“M”造型,别具一格,是斜拉桥的首创;作为多索面混凝土斜拉桥采用10米大索距,形如竖琴,技术领先,景观效果良好。12月19日大桥正式竣工,为澳门回归五周年献上一份厚礼,国家主席胡锦涛亲临现场出席该桥落成典礼。

澳门关闸边检大楼　澳门回归后特区政府投资兴建的第一项大型工程,由中国土木工程集团公司与珠光工程有限公司联合体承建,合同投资1.35亿澳门元。占地面积3.8万平方米,建筑面积2.8万平方米,旅客双向通关能力30万人次/日,车辆双向通关能力2.4万辆/日。2001年12月28日开工,2004年2月交付使用。

桂林至梧州高速公路阳朔—平乐段　线路全长39.4公里,总投资14.38亿元。由中国土木工程集团公司总承包施工,合同投资9.2亿元。主要工程量:土石方664.97万立方米,沥青混凝土路面73.77万平方米,混凝土路面4.36万立方米,桥梁8座2408.06延长米,隧道4座2154延长米,桥涵127座5147.7横延米,分离式立交桥12座897.25延长米。2004年12月20日开工,计划2006年8月竣工。

【境外工程施工】　2004年,新签境外工程合同额5.5亿美元,完成境外工程营业额3.8亿美元。

尼日利亚通讯委员会总部大楼工程　位于尼日利亚首都阿布贾市中心,合同投资1707万美元。2003年12月18日开工,计划2005年8月竣工,由中国土木工程集团公司承建。本年完成营业额504万美元。

尼日利亚财政大楼工程　为10层办公大楼,合同投资1943万美元。2004年12月19日签约,计划2007年1月竣工,由中国土木工程集团公司承建。

阿拉伯联合酋长国桥梁工程　位于阿联酋首都阿布扎比市,合同投资2502万美元。2002年5月开工,2004年2月竣工,由中国土木工程集团公司承建。

博茨瓦纳洛巴策医院工程　位于博茨瓦纳首都哈博罗内市以南70公里的洛巴策镇,占地面积12.7万平方米,24栋功能各异的建筑,总建筑面积4万平方米,合同投资6000万美元。2004年5月开工,计划2007年5月竣工,由中国土木工程集团公司承建。

尼日尔津德尔供水工程　为中国政府援建项目,日供水量4500立方米,合同投资6633万元。2003年11月6日开工,计划2005年4月竣工,由中铁二十局集团公司承建。截至2004年底,完成工程总投资的90%,水源地联络管网管道安装、水源井及水厂土建工程全部完工,10月输水管道成功通水。

沙特阿拉伯利雅得大桥　桥长350米,宽34.7米,总投资1600万美元。合同工期2003年5月至2006年5月。由中铁十八局集团公司承建。本年完成土石方60万立方米,制梁场及部分桩基工程已完工。

阿曼库瑞亚特—苏尔公路工程　线路全长27.74公里,总投资5911万美元。合同工期2003年10月至2006年10月。由中铁十八局集团公司承建。截至2004年底,累计完成投资5300万元,完成土石方106万立方米,涵洞开工48座,完成22座。

(撰稿人:刘贤福　杨启燕)

2004年总公司施工企业主要经济技术指标完成情况统计表

单位 \ 指标数量	承揽任务(万元)	企业总产值(万元)	施工产值(万元)	实现利润(万元)	全员劳动生产率(万/人年)	工程质量合格率(%)	国有资产保值增值率(%)	净资产收益率(%)	产值利润率(%)
总公司合计	14629869	9322155	8542349	94408	202330	100	108.1	6.86	1.02
中铁十一局集团公司	815458	620492	581250	6152	184341	100		5.42	1.00
中铁十二局集团公司	1363118	811646	805680	8880	154882	100		7.13	1.07
中铁十三局集团公司	971527	594829	589875	4877	214825	100		7.19	0.80
中铁十四局集团公司	1249550	614232	611180	7631	243337	100		9.57	1.25

续表

单位	承揽任务（万元）	企业总产值（万元）	施工产值（万元）	实现利润（万元）	全员劳动生产率（万/人年）	工程质量合格率（%）	国有资产保值增值率（%）	净资产收益率（%）	产值利润率（%）
中铁十五局集团公司	971460	554592	538238	4872	246431	100		5.44	0.92
中铁十六局集团公司	908069	666503	654322	6619	253577	100		6.55	1.04
中铁十七局集团公司	1168377	681517	670323	5808	181879	100		6.87	0.83
中铁十八局集团公司	1241018	705592	649698	6807	205281	100		6.55	0.94
中铁十九局集团公司	1214537	755440	754011	6453	209844	100		8.55	0.85
中铁二十局集团公司	1382158	821749	787901	8918	219842	100		14.01	1.07
中铁二十一局集团公司	372094	221826	220419	1166	160175	100		5.87	0.52
中铁二十二局集团公司	430336	297301	277454	2043	237423	100		4.24	0.72
中铁二十三局集团公司	397844	229659	197613	2039	171733	100		3.95	0.93
中铁二十四局集团公司	448188	384915	342772	1809	169484	100		1.53	0.44
中铁二十五局集团公司	375666	241826	230856	1687	137526	100		2.63	0.70
中铁建设集团公司	331356	308608	306746	6768	100842	100		10.74	1.96
中国土木工程集团公司	373242	384258	319211	1699	1352545			21.56	0.70

（总公司中计统部、安质部、财务部）

中国普天信息产业集团公司

【概况】 中国普天信息产业集团公司(以下简称“中国普天”)是专注通信领域的设备制造和服务提供商,主要业务涉及通信系统、终端、配套设备、行业应用及增值服务等领域,能提供完备的通信系统、信息服务及整体解决方案,产业规模和实力位居国内前列。

中国普天现为国务院国有资产监督管理委员会管辖的中央特大型企业,曾隶属邮电部、信息产业部,是国内最早涉足通信设备制造的企业。目前,中国普天在中国最具经济活力的长江三角洲、珠江三角洲、京津冀经济圈以及中国中西部地区均设有重要的通信制造产业基地,并有6家企业在香港、上海、深圳等地上市。截至2004年底,中国普天的员工总数为3.7万人。

中国普天正在积极从事WCDMA、CDMA2000、TD-SCDMA三种制式端到端的3G移动通信网络整体解决方案研发,提供完整的NGN软交换及宽带综合接入解决方案。中国普天连续多年保持国内产业规模最大的手机制造商地位,普天及其合资公司年产销GSM、CDMA、PHS和SCDMA等各类手机产品超过5000万部。中国普天同时还承担国际通信工程总承包、国际招投标及产品进出口等业务,拥有国家商务部授予的国际招标代理资质。

【生产经营】 2004年,中国普天的产业规模和经营能力进一步提升,主业产品的市场占有率得到巩固,自主品牌和新产品的销售收入稳步增长。在终端产品方面:普天珠海产业基地生产的智能卡销量位居中国第一,全球第七,并在中小企业板成功上市;普天小灵通稳居国内市场占有率第三名;手机产业规模稳定增长,自主品牌手机产销量均较上年同期有所增长。在元部件和配套产品方面:光通信设备、光缆、通信电缆、通信电源销量同比均有较大增长。在通信系统、行业信息化应用等方面也取得了较大进展,TD-SCDMA系统已完成信产部组织的外场实验进入联调阶段,为产业的发展和调整作了准备。

2004年,中国普天的战略调整取得新的进展,努力集中资源培育和发展普天股份产业平台,集团不断将优质资产注入普天股份。这是中国普天积极贯彻国资委要求,利用普天股份这一产业运作平台,进一步深化改革、调整结构、强化主业的有效举措。中国普天进而在普天股份的平台上成立系统事业本部、终端事业本部和国际事业本部,以事业本部形式发展重要产业,努力把握即将到来的以3G和NGN网络建设为标志的新一轮市场机遇。

【产业发展】 2004年,中国普天制定了产业发展规划,将通信产品制造、通信产品贸易、相关技术研究及服务确立为集团主业,并得到了国资委的审核和确认。在此基础上,普天明确了主业发展的五个产业板块,即系统产业、终端产业、配套设备产业、行业应用产业以及增值服务产业。根据集团产业发展规划,将人力、技术、资金、市场等资源向主业集中,加快产业结构调整。

在系统产业方面,通过自主研发和合资合作的方式,加强了在3G布局和下一代网络(NGN)技术及产业的战略准备,与加拿大北电网络公司拟设立合资公司研发和生产TD-SCDMA和WCDMA系统产品;与韩国三星公司设立了合资公司主攻WCDMA系统;与英国马可尼合资生产NGN的核心软交换产品和宽带接入产品。在终端产业方面,积极推进移动终端产业链的资源整合,出任中国移动存储器标准工作组组长单位,设立重庆普天茂富合资公司组建国内第一条移动存储卡生产线并产业化;探索移动终端研发、采购、制造、销售一体化的产业管理,开始实施分段专业化和售后服务的外包;此外,向市场推出了普天牌SCDMA无线市话(小灵通)产品,形成新的增长点。在行业应用产业方面,响应国家“以信息化带动工业化”的号召,重点在金融、公安、工商、税务、交通等领域进行产业布局,获得了公安部第二代身份证和读卡器的定点生产资格,取得了税务总局税控POS机的定点生产资格,在金融ATM机、工商监控系统、智能交通系统(ITS)领域也取得了新进展。

通过产业结构调整,达到了弥补产业空白、拓展已有产业领域的目标,从而使中国普天整体产业竞争力和企业可持续发展能力得到了提升。

【管理创新】 2004年,通过认真贯彻落实中央经济工作会议和中央企业负责人会议精神,中国普天坚持科学发展观,提高经营能力,努力推动集团的改革和发展。集团优化了财务管理体系、法律体系、人力资源体系、市场体系、研发体系,推动了集团经营管理转变。

通过对优化管理体系的工作总结和对现实形势的深刻分析,普天集团形成了两个“三位一体”的管理思路,即实施集团产业规划、企业组织结构调整和投资指导“三位一体”的资源配置战略控制机制,提高集团产业的竞争力;实施全面预算管理、关键业绩指标考核及经营者薪酬管理“三位一体”的协同管理机制,加强企业的经营目标责任管理。这两个“三位一体”的管理思路将在2005年推进实施,推动集团产业经营和企业管理的协调发展,进一步提高集团的可持续发展能力。

企业文化建设也是中国普天2004年设定的一项重点工作。中国普天大力提倡以沟通文化、执行文化、业绩文化为核心的普天企业文化。将企业文化及其管理理念深入到集团整个管理团队之中,体现出集团经营者对战略执行的深入理解和创造新业绩的激情追求。

【海外拓展】 中国普天拥有20多年的国际业务丰富经验,遵守国家商务政策法律,充分尊重合作伙伴的文化与利益,广泛开展国际业务,与爱立信、索尼爱立信、诺基亚、松下、摩托罗拉、北电网络、马可尼、三洋、得州仪器等建立了长期友好的战略伙关系,成功创建国内通信行业第一家中外合资企业并相继成立了几十家中外合资公司。

2004年,中国普天及其合资企业在国际市场上不断创造良好业绩,特别是普天自主的通信系统产品在国际市场继续取得了新突破。在加勒比海地区,与古巴签订了2700万美元的第三期合同,基本站稳了古巴市场;在非洲地区,GSM和CDMA产品进入尼日利亚、埃塞俄比亚、津巴布韦等国家；在南亚地区，在尼泊尔、越南、斯里兰卡等国家的市场拓展也有所收获。此外，中国普天还取得了国际招标资格，通过内部的收购重组，成立了国际事业本部，对集团国际业务的开展起到了积极的推动作用。

截至2004年底，中国普天进出口总额45.4亿美元，出口总额21.4亿美元，产品和服务已销往非洲、东南亚、欧美的40多个国家和地区，并在尼日利亚、津巴布韦、印度尼西亚、俄罗斯、古巴、哥伦比亚、委内瑞拉、巴基斯坦、伊朗等国家和地区建设通信系统工程，提供系统解决方案。

面向未来，中国普天将不断优化配置资源，集中精力做强主业，竭诚为用户创造价值，为实现电信强国和电子强国的目标做出新的更大的贡献！

中国邮电器材集团公司

【概况】 2004年，在邓小平理论和"三个代表"重要思想指引下，中国邮电器材集团公司全体干部职工牢固树立和落实科学发展观，坚持企业的可持续发展，坚持以人为本、效益优先的发展原则，正确处理发展、改革和稳定的关系，妥善处理规模、效益和风险的关系，全面超额完成了国资委下达的年度经济考核指标，在经营、管理和党风廉政建设各方面都取得了新的成绩，集团公司继续保持了在国内通信终端产品销售和通信工程建设领域的领先地位和作用。

2004年，集团公司完成销售收入152亿元，实现利润2.17亿元；净资产收益率7.53%，全面超额完成了国资委下达的各项经济指标。2004年，集团公司系统销售手机1210万部，连续6年手机销售量占国内当年新增手机用户的20%以上；销售电话机176.5万部，销售小灵通手机135万部，销售传真机3.68万部；此外，还销售了汽车、邮政用自行车、仪器仪表等其他通信产品。

2004集团公司系统承担各项通信建设工程任务2667项、设计项目5025项、设计会审一次通过率95%以上，监理项目146项，继续保持工程质量合格率100%和优良品率95%以上的好成绩。集团公司在主营业务通信终端产品销售和通信工程建设方面，继续保持了同行业领先地位。

2004年集团公司外贸业务市场范围由邮电行业拓展到邮电系统外，产品范围由通信产品拓展到石化、原材料等。在经营模式上，由传统的代理制逐渐探索新的方式，搭建资金和物流平台，取得了较好的效果。全年共签订外贸合同1.3亿美元、内贸合同6亿元。

在国际展览业务上，集团公司成功承办的"2004年中国国际通信设备技术展览会"，是当年亚洲规模最大、最具影响力的国际通信展。来自23个国家或地区的600多家单位参展，展出面积达到55000平方米，展示范围涵盖了当今信息通信的各个领域。温家宝总理、曾庆红副主席、黄菊副总理、陈至立国务委员和其他领导人参观了展会，报纸、杂志、电台、电视台、网站等100多家专业和社会媒体多层次、全方位、大规模地报道了本届展会，近30万人次到会参观。此外，集团公司还成功地在苏州举办了全国通信产品展示交易会，受到生产厂商和各地客户的好评。

【主要经济指标】

1. 主营业务收入及利润完成情况。2004年集团公司完成主营业务收入152亿元，比2003年的151.6亿元略有增加，增加额为0.4亿元，增长了0.26%；实现利润总额2.17亿元，为新制度口径，还原为原制度利润总额2.81亿元，比2003年的2.43亿元增加0.38亿元，增长了13.52%。

2004年集团公司净资产收益率为7.53%，比2003年的7.38%增加了0.15个百分点。2004年度集团公司在主营业务收入与2003年基本持平、略有增加的情况下，按相同口径实现利润总额较2003年度有较大幅度的增加，总体创收能力有较大程度的提高。

2. 资产、负债、所有者权益构成及其变动情况。2004年集团公司资产总额为75.6亿元，其中流动资产为65.5亿元，占资产总额的86.64%，长期投资1.9

亿元,占资产总额的2.5%,固定资产为7.8亿元,占资产总额的10.3%。2004年集团公司负债总额为58.3亿元,其中流动负债57.8亿元,资产负债率为77.06%,国有资产保值增值率为107%,比2003年的106.7%增加了0.3个百分点,在物资贸易行业属良好水平。

【营销网络】 2004年,集团公司进一步加大了营销网络和售后服务网络的建设力度。目前企业自有移动通信终端产品零售网点上百个,加上联营、合资、合营及以批发业务为纽带的其他分销商网络,形成了覆盖全国三级以上城市的,以PTAC中国邮电器材为核心的联合多所有制分销商、零售商的一个统一的销售网络。集团公司坚持同心多元化经营战略,围绕手机经营,开展物流配送业务,和与手机销售网络相配套的维修网络建设。目前在全国拥有维修网点54个,从事维修服务的人员500多人,工程师200多人,年维修手机100万部以上。

【主要管理经验】 2004年,在国资委的统一指导下,在国企监事会的支持帮助下,集团公司正确处理经营规模、经济效益和风险防范三者间的关系,进一步加大了以资金管理为中心的财务管理,从企业财务、业务信息联网入手,以提升财务管理水平,达到动态、实时监控为目标,在系统内全面实现了财务信息联网,使集团公司财务部门初步实现了对企业投资、融资、借贷、应收、库存和费用的计算机管理,有效地监控了企业资金使用、投融资和业务经营活动,为企业防范经营风险打下了基础,有效地提升了财务管理水平,使企业的基础更加扎实,为企业的持续、健康、稳步发展奠定了基础。

附表

2003～2004年度企业主要经济指标完成情况表

单位	2003	2004
主营业务收入(万元)	1515918	1520394
利润总额(万元)	24361	21708
资产总额(万元)	719536	756118
利税总额(万元)	46641	39837
所有者权益(万元)	165762	157564
净资产收益率(%)	7.38	7.53
资产负债率(%)	74.55	77.06
国有资本保值增值率(%)	106.7	107
年底职工人数(人)	9555	10862

中国卫星通信集团公司

【概况】 中国卫星通信集团公司(简称中国卫通)是根据国务院电信体制改革的总体部署,于2001年12月19日正式挂牌成立的国有重要骨干企业,是我国六家基础电信运营企业之一。

2004年是中国卫通深化改革、调整结构、强化管理迈出重要步伐的一年。按照一年有变化、两年有突破,三年见成效的阶段性目标,中国卫通积极进取,开拓创新,各项工作都取得重要进展和可喜成绩。

销售收入快速增长,经营质量不断提高。2004年销售收入比2003年同期增长89.88%。经营质量不断提高,业务创新、结构调整成效显著,圆满完成年度经营考核任务指标。

收入结构发生巨大变化,业务单一、市场单一的情况得到明显改善。中国卫通按照发展战略的思路进行业务创新和调整结构,不断开拓市场、丰富用户结构层次,IP电话等新业务收入比重不断上升,明显改善了业务单一、市场单一的情况。中卫国脉通信股份有限公司的销售、集成、寻呼、800MHz数字集群通信,四维测绘总公司的电子地图、卫星影像测量、GPS导航定位等都组成了2004年的新增销售收入。

【重大项目进展】 直播星项目取得重大进展。经过三年多的不懈努力,2004年6月11日,在巴黎法国总理府,中国卫通与阿尔卡特公司草签了订购“中星九号”广播电视直播卫星项目合同,这是卫星能力建设的重大突破,意味着中国卫通培育以直播星为重点的新经济增长点迈开了重要的步伐。12 月 23 日，中国卫星通信集团公司与中国航天科技集团公司正式签署组建中国直播星公司发起人协议，并向国家发改委上报了直播星项目可行性报告。

开拓广电市场取得重大进展。中国卫通紧紧抓住广电总局数字电视、有线收费电视的发展机遇，与上海文广新闻传媒集团签署合作协议，共同推进全国有线数字付费频道集成运营平台建设。在广电总局“第四颗可传输广播电视节目卫星”招标中，中国卫通“中卫一号”卫星成功入选，标志着中国卫通服务于广播电视传输进入了一个新的发展阶段。

讲政治、顾大局，做好农村党员远程教育和普遍服务。利用卫星通信的独特优势，中国卫通积极配合山东省党委和政府，致力于农村党员远程教育工作，先后完成了三期农村党员远程教育工程 6800 多个终端站点的建设任务，为农村党员教育和农业信息化作出了贡献。同时，中国卫通利用 ACeS、“全球星”卫星移动通信手段和宽带卫星通信系统，积极参与“村通工程”，圆满完成 58 个行政村通话年度任务，赢得了当地政府和村民的好评，为解决农村通信普遍服务问题作出了贡献。在 2004 年中国国际通信设备技术展览会上，温家宝、曾庆红、黄菊、陈至立等中央、国务院领导对中国卫通所做的工作予以充分肯定。

稳步推进 IP 电话业务能力建设。经过一年努力，网络覆盖国内 200 多个城市，并可通达世界上绝大部分国家和地区。进一步强化了业务支撑系统的建设，进行承载网设备升级和传输电路扩容，增强了网络安全性。完成了北京机房的搬迁工作，使网络运行环境得到了根本的改善。

加快卫星导航定位建设步伐。中国卫通统筹规划，在充分论证的基础上，陆续完成 16 个省运营中心的建设任务；并根据市场和用户需求不断改进完善“中寰无限”卫星导航定位综合信息服务平台，提高了平台的稳定性和实用性；同时进一步深挖社会资源，在产品、销售、渠道建设、招商引资方面进行了有益尝试，取得了良好进展。同时结合“中寰无限”的独特优势，积极开拓国家基本建设项目，取得实质性进展，一举中标三峡通航船舶卫星导航定位项目，预计总装船量 10000 台。

继续扩大国产数字集群试验范围。为进一步验证系统的成熟度和探索数字集群运营模式，中国卫通对国产数字集群进行了扩容，扩大了覆盖城区的范围，并组织开展了广泛的市场调研，进行了小范围用户试用，为业务正式运营做好各项准备。中卫国脉通信股份有限公司加大数字集群的投入，上海外环线内信号覆盖率已达到 95%。通过开展数字集群建设，中国卫通不仅积累了工程建设项目管理经验，而且还逐渐培养了一批数字集群的专业技术队伍和工程维护队伍，增强了企业市场竞争的实力。

【企业重组】 顺利完成收购中卫国脉通信股份有限公司相关工作。根据中国卫通业务结构调整的总体布局，中国卫通 2004 年正式完成联通国脉通信股份有限公司收购工作（更名为“中卫国脉通信股份有限公司”）。收购中卫国脉公司是中国卫通业务结构调整、企业转换经营机制的需要，是建立资本运作融资平台的需要，是中国卫通进入上海发展业务和提高中国卫通知名度的需要。

整合卫星空间段资源。为了实现对东方通信卫星有限责任公司资产的有效整合，形成中国卫通转发器业务统一对外占领市场、避免集团内部竞争的格局，将成员企业中国通信广播卫星公司的卫星资源和转发器业务全部划转到东方通信卫星有限责任公司并完成了增资和相关资产的划转工作。从 2004 年的实践看，统一了卫星资源、人力资源、市场资源配置，真正实现了卫星空间通信领域的合力，增强了企业的竞争力，取得了较好的成效。

加快中宇通信公司重组步伐，适时组建若干专业公司，为业务发展创造条件。中国卫通正根据信息产业部许可证管理规定，完成对中宇卫星移动通信公司的控股。同时，为加快转换经营机制的步伐，中国卫通组建了中寰卫星导航通信有限公司和四方科润通信有限公司，分别专营卫星导航定位业务和以融合通信为手段、以虚拟呼叫中心为重点的增值业务，初步建立起适合市场竞争的管理体制。

【主要管理经验】 中国卫通始终将合理的组织架构、科学的业务流程、有效的管理制度视作结构调整的重要保证，重点抓了八个方面的工作。一是加强规划和计划管理，科学地提出了符合中国卫通业务发展现状的量化指标;二是调整、完善中国卫通部门组织架构;三是加强绩效考核工作,实施岗位动态管理,增强了员工的岗位责任感;四是建立以网上银行为模式的财务结算体系,理顺缴拨款流程,提高工作效率;五是建立财务预算体系,开展月、季经营分析制度;六是加强合同管理和现金流往来管理,对工程合同付款委托中介机构出具审计报告,据此累计核减合同款达19.35%;七是改版更新中国卫通信息管理系统和外部网站,提高了企业信息化应用水平;八是启动了企业管理创新和中国卫通总部ISO9000质量标准化认证工作。同时,中国卫通的所属公司和省级公司在加强企业内部管理、理顺代理商关系、强化渠道建设等方面也做了大量工作。

【开拓海外市场】 中国卫通紧密结合自身业务特点和相关资源,通过较为丰富的运作国际市场的经验,认真贯彻信息产业"走出去"战略。几年来,先后开展了卫星国际专线,境外转发器出租,以及国际卫星通信系统集成服务等面向海外市场的业务,形成了一定的规模。其中卫星专线业务已经开通的电路通达美国、俄罗斯、菲律宾、苏丹、哈萨克斯坦、尼日利亚、刚果(布)以及中国香港和台湾等国家和地区,服务的对象有外资在华企业、在境外设有分部或项目的中国大型企业。同时,卫星转发器出租业务目前已在巴基斯坦、印尼、尼泊尔、新加坡和中国香港等国家和地区开拓了部分用户,在巴基斯坦争取到了中卫一号卫星的落地权,截至2004年底,境外用户租用中卫一号卫星的带宽达66.7MHz。

电信科学技术研究院

【概况】电信科学技术研究院前身为邮电部邮电科学研究院,成立于1957年,是国内规模最大、实力最强的通信科研机构。2000年10月,电信科学技术研究院正式转制成为大型科技企业,归口中央企业工委管理。2003年开始归国务院国有资产监督管理委员会管理。

2004年,电信科学技术研究院根据我国通信产业发展以及市场的需求,结合自身实际进一步明确了以TD-SCDMA(时分同步码分多址)第三代移动通信系统、SCDMA综合无线接入系统、通信专用集成电路、软件及军工电子产业、交换产业五大支柱产业为主的重点产业格局。在此基础上,努力打造自主知识产权和核心技术,加速新产品的产业化开发,积极开拓国内外市场,各重点产业稳步发展,在微电子、TD-SCDMA、SCDMA(同步码分多址技术)产业上取得了突出的经营业绩。

截至2004年底,电信科学技术研究院国有权益159590万元,比年初增加14681万元,其中属客观因素增加8176万,经营性增加8397万,客观因素减少1892万。

【主要经济指标】 2004年,电信科学技术研究院在实际工作中全面贯彻落实了年初制定的指导方针,全年实现销售收入366756万元,较2003年增长38.69%,实现利润总额17336.44万元,净利润2950.38万,净资产收益率4.53%。

2004年底电信科学技术研究院总资产达1037644万,比2003年末的933636万增加104008万,增长11.1%,其中流动资产增加98852万,固定资产和在建工程增加5067万元。

2004年电信科学技术研究院实际交纳各项税费总额26349万元,其中增值税16675万元,营业税2960万元,所得税2831万元。

2004年电信科学技术研究院在保持较高增长的同时,仍然注重可持续发展能力的培育,在新产品、新技术、新工艺开发上保持了较高的科研投入,科研投入占当年销售收入的14.5%,比2003年增长9.9%。

职工人数情况如下表:

类　别	人数	学　历	人数
2004年底从业人数	8884	研究生	1334
2004年底职工人数	9468	本科生	3617
其中:在岗职工	8884	专科生	1437
下岗职工	684	中专生及以下	2452
年底:离休人数	116	合计	8884

续表

类　别	人数	学　历	人数
退休人数	3049		
年　龄	人数	构　成	人数
55 岁以上	1	管理人员	1208
50～54 岁	496	工程技术人员	5875
40～49 岁	1091	其中：研究开发人员	2609
30～39 岁	2156	销售人员	684
29 岁以下	5140	专职审计人员	18
合计	8884	专职纪检监察人员	8
		合计	7793

【重大项目进展】 2004 年，由电信科学技术研究院下属大唐移动通信设备有限公司组织研发的，具有自主知识产权的 TD-SCDMA 第三代移动通信系统得到国家有关部委的重视和支持，取得了重大进展。在完成了第二阶段的系统（准商用）产品开发后，系统设备在北京、上海建立了试验网，并参加了由信息产业部组织的外场试验，经测试 TD-SCDMA 系统完全符合我国 3G 专家组制定的测试规范，取得相当理想的效果。目前，电信科学技术研究院已向 TD-SCDMA 产业联盟的有关企业转让了相关技术。

由电信科学技术研究院下属的北京信威通信技术股份有限公司研发生产的 SCDMA 无线接入系统，于 2004 年被信息产业部推荐为国家实施“村村通工程”的首选产品并被国家科技部评为技术进步二等奖。根据电信运营商建设“村村通工程”的需求，信威公司在原 1800MHz SCDMA 系统的基础上用较短的时间又开发了 400MHz SCDMA 系统，并在陕西省榆林地区进行了现场试验，现已投入使用。目前，400MHz SCDMA 已通过信息产业部产品定型鉴定，具备了大规模生产和使用的条件。

电信科学技术研究院控股的大唐科技股份有限公司承担国家 863 超大规模集成电路设计专项的重点课题“面向通信的综合信息处理器 SOC（片上系统）平台”（简称 COMIP）取得突出成果。COMIP 芯片的诞生打破了国外少数厂家在 SOC 平台领域一统天下的格局，并被美国新思科技公司列入其“杰出芯片全球宣传计划”，在全球推广。目前该芯片已成功的应用于无线移动通信双模手机，以及大唐科技股份有限公司自主开发的固网可视智能电话“画中话”和新一代家庭娱乐中心“娱乐宝”等新产品中。

2004 年，电信科学技术研究院下属的电信科学技术第一研究所圆满完成所承担的上海市城市应急联动与社会综合服务系统工程，受到上海市的好评。

电信科学技术研究院大力发展软件产业，积极参与国家信息化办公室电子政务总体规划，努力向成为国家电子政务的技术支撑单位目标迈进。

2004 年，电信科学技术研究院共申报专利 140 项，已授权 54 项，被国家知识产权局确立为专利试点企业。

【法人治理结构】 电信科学技术研究院作为全民所有制企业，隶属于国资委管理；同时，按照《公司法》等有关法律法规的要求，在下属上市及未上市的公司均设立了股东会、董事会、监事会和经营管理层等，按照现代企业制度对下属公司实行管理。

电信科学技术研究院通过实行年薪制将经营层的经营业绩与考核挂钩，年薪主要包括基薪、年度绩效奖、特别奖等内容。

年度绩效奖是鼓励经营者努力完成全年经营业绩目标而设立的奖励报酬。考核结果在奖励分数线以上的企业，电信科学技术研究院根据考核结果核发年度绩效奖，奖励幅度根据企业经营风险和难度（包括各种综合因数）确定，设置不同的奖励幅度。

特别奖主要为强化国有资产增值保值、资本收益最大化及投资回报理念，对提升整体业绩、改善资产质量和产业发展有重大贡献的企业经营者而设立。

【产权制度改革】 多年来，电信科学技术研究院始终走在全国大院大所改革的前列。按照国家科技体制改革的方针政策和现代企业管理模式，2001 年以电信科学技术研究院为母公司组建了大唐电信科技产业集团，包括 2 个上市公司（大唐电信科技股份有限公司、大唐高鸿数据网络有限公司），北京大唐移动通信设备有限公司、北京凯通达电信高科技总公司等 5 个独资、合资或控股公司，以及 8 个研究所。近年来，电信科学技术研究院正在努力寻找多种途径实现投资主体多元化，调整和优化产权结构。

2004年6月，电信科学技术研究院下属大唐电信科技股份有限公司的控股子公司大唐微电子获得了美国华平投资集团7000万美元投资。2004年11月，上海贝尔阿尔卡特公司宣布将向电信科学技术研究院下属大唐移动通信设备有限公司投资2.5亿元以促进TD－SCDMA研发和产业发展。

【主辅分离辅业改制】 2004年5月12日，电信科学技术研究院召开了主辅分离、辅业改制研讨会，要求进一步解放思想、转变观念、增强改革的紧迫感、危机感和责任感，求真务实、与时俱进，不失时机的推动改革工作。与此同时，注意理顺和处理好产权关系、劳动关系，以稳定为主线，以辅业改制为契机，以改革创新为动力，确保企业持续稳定地发展。

2004年9月，电信科学技术研究院实现了主辅业分开管理，成立了集团控股公司筹备工作组和经济发展事业部。其中：集团控股公司筹备组以私募融资为重点推进主业公司和重点产业的发展；经济发展事业部按照国家精神进一步做好辅业改制、公司清理、盘活存量资产等工作。

【主要管理经验】 切实加强战略管理。电信科学技术研究院从2001年起开始执行战略决策程序，通过每年度的战略质询会、财务预算会议、每季度的经济运行分析会等对全院及下属公司的战略从制定、实施、监督三个环节进行全方位管理；同时并强调战略的滚动制定与危机管理，并根据外部环境的变化及时开展各项专题战略研究，保证了既定战略的顺利实施。

不断深化改革，实行主辅分离。根据国资委进一步深化改革、突出主业、主辅分离的指导思想，2004年电信科学技术研究院实现了主业与辅业的分开管理，进一步理顺管理关系，取得了良好效果。

中国水利投资公司

【概况】 2004年是中国水利投资公司历史上具有划时代意义的一年。这一年发生的两件大事将对中国水利投资公司产生十分深远的影响。一是在国家发展和改革委员会的努力推动和国务院国有资产监督管理委员会、财政部、水利部的大力支持下，中国水利投资公司作为“中央水利资产投资主体和运营主体之一”的定位得到国务院批准，多年来困扰中国水利投资公司的重大难题终于找到了答案。二是国务院批准了中国水利投资公司与中国水利电力对外公司的重组，水利系统两大龙头企业经历6年多的分离，再次走到一起，实现优势互补、强强联合。重组后中国水利投资公司的总资产达到80亿元，净资产40亿元，在资产扩张的同时将两个公司在国内外水利水电投资、建设领域的业绩和优势相结合，极大地提高了中国水利投资公司的综合实力，拓展了中国水利投资公司的发展空间。

【生产经营】 2004年，在国务院国有资产监督管理委员会的监督和指导下，经过全体员工的共同努力，中国水利投资公司超额完成了年度经营任务，全年实现利润总额2045万元，超过计划指标745万元；净资产收益率0.6%，略高于计划指标；国有资本保值增值率100.54%。主营业务利润率、成本费用利润率、主营业务收入增长率等均高于行业平均值。

2004年度，中国水利投资公司已有水电、风电投资项目业绩喜人，在建项目进展顺利。其中新疆金风科技股份有限公司实现2.5亿元的经营收入，净利润4170万元，分别比中国水利投资公司投资前的1999年增长250倍和155倍，并为2005年储备了5亿元的订单，被《中国企业家》杂志评为“中国最具成长性的中小企业”第5名；总装机32000kW的云南大梁子水电站关键工程引水隧洞年底贯通；总装机120000kW的云南腊寨电站完成了立项审批；城市供水项目的考察、筛选全面铺开，部分项目进入具体谈判阶段；公司拨改贷和经营性基金的清理回收情况达到历年最好水平，全年共收回本息2088万元、资金占用费1604万元。

【主要管理经验】 2004年中国水利投资公司注重加强内部管理。按照国资委关于编制企业年度预算的精神，中国水利投资公司总结近几年实行预算管理的经验和不足，进一步明确了预算的责任主体和责任人的职责权力。公司总体经营预算由领导班子组织制定，经职工代表大会审议后执行；公司内控预算由公司与各责任主体采取层层分解并签订经营目标责任书的方式予以落实。对于经营收入、利润总额、管理费用等主要内控经营预算指标，2004年度实行了严格的确定和变更程序，确保了预算的严肃性和执行力度。该制度的强化，增强了子企业的经营责任和经营动力，有力地确保了总公司年度各项目标的实现。此外，按照国资委的要求和部署，2004年度中国水利投资公司完成了全公司范围的清产核资工作；建立了财务纪律执行情况的定期内审制度；拟订了《产权转让管理制度》，强化资产的监管；进一步完善了《股权管理制度》，明确股权代表委托授权程序，年底严格考核兑现奖惩，作为公司投资企业管理核心制度的股权代表负责制渐趋成熟。

中国水利投资公司注意加强现有人才培养与开发，2004年度按照“创造学习型企业，争做知识型员工”的要求，根据不同业务的需求，在京单位的在岗人员102人中，有67人次参加了不同形式的培训；通过举办股权代表、董事、监事培训班，提升投资项目管理人员的业务能力，强化项目管理制度；通过外派中层管理人员到投资项目任职，加强项目管理人才的储备，为中国水利投资公司的主业投资发展打下扎实的人才基础。

中国种子集团公司

【概况】 中国种子集团公司成立于1978年，以种子的科研、开发、生产、经营为主业。经过二十多年的发展，中国种子集团公司已经成长为以种业为主，并涉及农业产前、产中、产后不同领域，拥有二十多个下属企业的大型农业企业集团，是我国种子行业的龙头企业。2002年，中国种子集团公司被评为国家农业产业化重点龙头企业，2003年，中国种子集团公司被农业部种子协会授予“全国种业50强企业”称号。

中国种子集团公司主要经营杂交玉米种子、杂交水稻种子、棉花种子、“双低”油菜种子、蔬菜花卉种子、草坪及牧草种子、绿色食品、农化产品等。其中杂交玉米种子、“杂交”水稻种子、“双低”油菜种子、草坪及牧草种子市场占有率均居国内前列。

【生产经营】 2004年中国种子集团公司围绕增强主业集中度，加快优势产业发展的思路，结合产业特点及运营需要，对业务重叠、规模偏小、效益预期不理想和增长前景不明朗的业务与经营单位实行撤并；对符合产业发展方向的主业，通过同业合并、增资等形式扩大规模，增强市场竞争力和抗风险能力。经过调整和整合，有限的资源配置更加合理，主业集中度进一步增强，产业脉络逐步清晰。2004年中国种子集团公司在玉米、水稻、蔬菜、油菜、草业、棉花和种衣剂“6+1”主业协调发展的基础上，玉米、水稻和蔬菜种子三大核心业务的支柱作用日益明显，其他主营业务稳步发展，全年超额完成各项计划指标，全面实现国有资产的保值增值。

【基础建设】 中国种子集团公司的基础设施建设紧紧围绕主业展开，2004年，中国种子集团公司在河西走廊地区共落实玉米制种面积二十多万亩，保证了玉米种子业务的稳定发展。为了应对日益加剧的基地竞争，逐步形成合理的生产基地布局，在保持西北制种基地稳定发展的同时，中国种子集团公司开始在东北和华北等地建立新的玉米种子生产基地。2004年底，中国种子集团公司四川绵阳水稻种子加工中心一期土建工程已完工，主要设备安装完毕，并进入试运行阶段，将为水稻种子产业的发展提供坚实基础。

2004年中国种子集团公司网站进行了全面改版，栏目更加丰富，内容更新加快，客户认同度不断增加，网站全年点击次数超过30万次，在有关中央媒体发起的“推荐优秀农业网站”评选活动中，中国种子集团公司网站入选“中国农业网站100强”之列。

【科研创新】 中国种子集团公司十分注重自身科研能力的提升，2004年中国种子集团公司调整科研管理体制，采取了以事业部、子(控股)公司为主体的按产品线实行上中下游全程管理，研发、生产、销售一体化的科研管理模式，从而完善了从育种到营销的完整产业链条。2004年中国种子集团公司共有16个杂交玉米品种通过省和国家级审(认)定；2个杂交水稻品种通过省和国家级审定，并完成了与日本三井化学株式会社杂交粳稻的科研任务；中国种子集团公司还育成具有自主知识产权的蔬菜新品种7个，合作培育蔬菜品种13个。为了进一步提高科研水平，更好地吸收和利用社会科研力量，2004年，中国种子集团公司成立了包括两名院士在内的由国内知名专家组成的“专家顾问委员会”，分别在信息沟通、项目论证、技术交流等方面发挥专业指导和咨询作用。

【企业管理】 2004年，中国种子集团公司围绕规范化管理的总体目标，共制定和修订了17项内部规章制度，这些制度主要涉及财务管理、科研开发、合同管理、审计监察、考核奖惩、成本控制和后勤管理等方面的管理活动，内部管理体系得到了进一步充实。同时，中国种子集团公司进一步强化了对制度执行情况的监督检查，通过建立部门责任制，严格规范工作程序，及时纠正各种违章现象，增强了规章制度的执行力度。

2004年，中国种子集团公司加强了以合同管理为核心的风险管理，还加强了内部监督管理体系建设，在二级企业建立了审计员和监察员队伍。审计工作已经开始从单纯的事后监督，逐步渗透到经营管理的各个环节，成为日常监督管理的重要手段。

中国中纺集团公司

【概况】 中国中纺集团公司(简称“中纺集团”)成立于1951年，前身为中国丝绸公司和中国杂品公司；1961年两公司合并更名为中国纺织品进出口总公司。1951～1987年，中纺总公司受国家委托对全国的纺织品进出口贸易实行行业管理；六十年代初期，主要承担对前苏联40％的还债任务和开拓对资贸易两大重任。1980年开始，为了缓解国内原料短缺，增加出口货源，调剂市场品种等，公司还承担国家计划内进口棉花、羊毛和化纤等纺织原料的任务。

1988年根据国务院12号文件关于加快和深化外贸体制改革的要求，各专业外贸总公司与省市分公司脱钩。自此中纺总公司逐步向自主经营、自负盈亏、自我约束的方向进行转变。1992年开始，公司加大自营出口工作力度，取得显著成效，由管理型向经营型的转换迈出了实质性步伐。

1998年，“两纱两布”联合经营统一成交体制取消，公司的行业管理任务彻底结束。同时，受亚洲金融危机的影响，公司的进出口规模急剧下滑，经济效益也受到相当的影响。

近几年，面对不断变化的复杂形势和严峻的挑战，公司一直都在积极、艰苦探索应对措施，谋求改革发展的新途径。2001年，公司聘请罗兰贝格咨询公司协助进行未来五年的发展战略规划。2002年是战略规划实施的第一年，经营结构和管理结构进行了大规模的调整。同年，聘请翰威特公司进行了系统的薪酬和绩效管理体系设计。

2005年5月，公司经过讨论并报国资委和国家工商总局批准，将名称变更为“中国中纺集团公司”。

【生产经营】 中纺集团主要生产、销售、进出口服装、纺织半成品、羊毛、化纤、棉花、粮油等业务；此外，还有部分物业管理、自有房屋出租和出售。

中纺集团的战略定位是：成为一家在大宗原料和纺织服装产品以及上、下游产业中占据领先地位，并且致力于“跨国经营的企业集团”，并对未来两年战略规划目标的实施进行了阶段性安排。

目前，集团下属40余家子公司、海外企业以及30家各类生产企业，从事大宗原料、纺织品半成品及成衣的生产和销售，拥有分布在海内外的棉田、棉纺厂、印染厂、针梭织成衣、粮油生产基地。

中纺集团是中国最大的棉花贸易商、大豆贸易商、腈纶进口商，中国羊毛进口名列前茅者，中国棉花交易市场发起人之一，澳大利亚羊毛拍卖市场重要的采购商和中国知名羊毛进口商，中国最大的成衣出口商之一。在公司年近20亿美元的销售额中，大宗原料和服装等国际贸易额约占60％，国内购销和生产已达到近40％，利润也一直保持较好的水平，初步展现了集团化发展的良性态势。

中国工艺品进出口总公司

【概况】 据海关数据统计,2004年公司完成进出口总额148843万美元,同比增长24.7%。其中:完成出口75470万美元,同比增长0.66%;完成进口73373万美元,同比增长65.3%。是1996年以来完成进出口总额最高的一年。2004年公司在中国进出口额最大的500家企业排行榜上位居第68位,在中国出口额最大的200家企业排行榜上位居第70位。

出口商品仍以纺织品、家具、鞋帽、编制品、箱包、珠宝等传统商品为主,变化不大。出口地区以美国、日本、欧盟、中国香港、英国为主。进口商品以矿物燃料、油及产品、木制品、音像、电机、汽车、光学仪器、棉花、塑料、食品工业废料、纸制品为主,其中矿物燃料、矿物油及其产品增长最为强劲,同比增长131.82%。进口地区以东南亚、德国、俄罗斯、中国台湾为主,占进口总额的85.07%。贸易方式以一般贸易为主,其他贸易方式占有率很低。其中出口一般贸易占出口贸易总额的99.03%,进口一般贸易占进口贸易总额的98.82%。

【重组脱困】 2004年公司的中心工作和首要任务是实施重组方案。

年初,遵照国务院批准的国资委上报的中艺总公司重组方案,公司认真制定了《中国工艺品进出口总公司重组方案实施意见》,强调:重组是总公司生存发展的关键,走出困境的唯一希望,也是全体员工的根本利益之所在,公司上下必须统一思想,提高认识,切实把重组作为当前和今后一个时期的中心工作和首要任务,全力以赴,全面推进。实施重组方案的时间十分紧迫,必须以"只争朝夕"的精神,制定措施,排出进度,狠抓各项工作的落实。实施重组是一项复杂的系统工程,必须精心部署,统筹安排,处理好重组工作中的诸多矛盾关系,抓好不同工作阶段的重点工作,协调一致,有序推进,以重组带动各项工作的开展,以各项工作的开展保障重组的推进。

总公司成立了重组工作领导小组,负责领导重组工作的全面开展。领导小组下设了4个工作小组,每个小组均由总公司领导班子成员分工负责,总公司相关职能部门负责人参与具体工作。根据重组方案提出的主要工作内容,抓紧制订出了具体工作方案,使各项工作从一开始就有明确目标、有具体措施、有进度要求。从而,给做好全年各项工作打下了较好的基础。目前,各项具体工作正在有条不紊地进行,部分工作已取得了较大进展。

【企业管理】 为了防止在重组中出现管理失控、国有资产流失的问题,公司注意以资产监控为核心内容、以制度建设为基本措施,加强企业管理。清产核资工作全面铺开,为进一步强化管理打下了较好的基础。有针对性地向重点子公司派出调研小组,帮助清理、核查、回收有关的资金资产。采取具体措施,加强对现有国有资产使用处置的管理措施,以规范子公司涉及资金、资产的使用和处置行为,确保国有资产的完整、安全。

为探索构建与重组新情况相适应的管理控制系统。公司成立了管理制度体系建设领导小组,专门聘请了咨询机构开展调研设计。公司制度建设领导小组对制度的框架、初稿反复进行研讨,并邀请京、内外部分二级公司总经理对制度几次进行论证。制度共分20项。为便于执行操作,分为新设公司层面和总公司层面两部分。

1. 新设公司层面。由新设公司执行的制度主要有《控股公司预算管理制度》、《控股公司财务管理报告制度》、《控股公司高管层效绩考核制度》、《控股公司高管层任免制度》、《控股公司高管层工作报告制度》5个制度,另外提出《控股公司股东会议规则》、《控股公司董事会议事规则》、《控股公司监事会议事规则》及《控股公司总经理工作规则》4个议事规则以及由控股公司参考执行的《控股公司薪酬与效绩考核制度建议》、《控股公司业务管理制度建议》、《控股公司财务管理制度建议》3个制度。

2. 总公司层面。总公司以《产权代表管理办法》为依据,相应制定了《对控股公司预算管理制度》、《对控股公司财务报告管理制度》、《对控股公司高管层效绩考核制度》、《对控股公司高管层任免制度》、《对控股公司审计管理制度》6个制度以及《总公司资源管理办法》、《总公司培训管理办法》2个办法。

与此同时，总公司慎重设计了比较规范的分立服务协议，正逐一指导进行签订。

中国对外贸易运输(集团)总公司

【概况】 中国外运(集团)总公司是一家具备一定储运能力的综合物流服务商。截至2004年12月31日，公司共有在职员工35838人，资产总额318.83亿元，所有者权益123.41亿元。拥有国际海洋船舶总运力800余万载重吨，84个车队或汽车运输公司，4000多辆运营车辆，128个仓储企业，存储总面积490万平方米，77条铁路专用线，总长度达69千米；20座自营码头，泊位56个，岸线总长3797米。初步形成了中国外运主营业务服务体系，即1. 水运业务服务体系(包括：水路货运代理、水路货物承运、船务代理、船舶经营和管理等)；2. 空运业务服务体系(包括：航空货运代理、航空快递等)；3. 陆上物流服务体系(包括：铁路货运代理、公路货物运输、仓储码头、陆上项目物流等)；4. 多式联运和供应链管理服务体系。

2004年中国外运(集团)总公司圆满完成了与国资委签订的《企业负责人经营业绩责任书》确定的各项指标，实现主营业务收入344亿元，比上年增长39.17%，实现利润总额26.2亿元，比上年增长156%。

【改革与发展】 一是成立了改制分流工作小组：一年来，子公司共上报了20多家辅业企业改制实施方案，集团总公司已将其中比较成熟的18家上报国资委等三部委待批，并正式向子公司批复了10家辅业企业改制方案。

二是批复子公司转让股权及重要资产用于分流安置职工或者发展外运主业：一年来，共计批复了28个企业产权和重要资产转让项目，并批复解决了部分企业股权的内部划转项目，协助处理了十几个涉及企业产权、资产的各类案件。

三是加大机构清理工作：采取辅业改制方式清理了10家企业，将5家非主业三级企业划归地方管理或委托地方政府给予清理，完成2家资不抵债企业的依法破产工作，还通过转让资产安置人员及其他多种方式清理了一大批没有市场前景的企业，并于年底初步完成了整个集团的组织机构统计工作。

2004年，中国外运集团总公司历时一年的清产核资工作，得到了国资委的高度认可，并作为典型在有关会议进行了经验交流。

2004年，中国外运集团总公司在建立科学、合理的经营结构和相应的管理架构上进行了积极的探索。空运货运业务实现了作业流程的统一，并成功推出了中外运自已的快件品牌“e速发展”。在转变观念，统一思想的基础上，集团的船、货代，陆运业务均对建立相应提升经营的组织架构提出了系统设计方案。

以海运项目为切入点的流程标准化工作稳步推进。在完成一期的系统需求分析和业务流程设计的基础上，海运项目二期在基点公司的大力配合下，已经完成了船代、货代管理流程设计和业务功能详细设计。为保证项目按照计划在2005年完成业务系统的设计、开发、试点运行，并开始在全国各省市公司进行推广实施奠定了坚实的基础。

2004年中国外运集团在国家信息化测评中心举办的中国企业信息化500强评比中荣列第58位，并获企业“最佳信息化战略奖”的称号。

全面预算管理工作在2004年得到进一步的完善和提高。集团总公司将全面预算与会计核算及其他管理手段有机结合，确立了全面预算管理的核心作用。通过将预算指标与内部管理相结合，实现了预算事前编制、事中控制、事后分析的过程控制，使全面预算成为保障集团战略目标达成的管理工具和组织手段。通过加强绩效考评与全面预算的联系，使各级公司领导对其年度工作的目标更加清晰。

中国丝绸进出口总公司

【概况】 中国丝绸进出口总公司是中国成立较早的外贸公司之一。公司注册资本1.5亿元。公司现拥有全资子公司22个,控股企业1个,国内参股企业43个,在世界丝绸主销国家和地区设立贸易机构5个。公司现有职工543人。

公司经营范围:茧、丝、绸、服装及其他丝绸制品的出口,人造丝、合纤丝、纺织机械和染化料等商品的进口;水产品、农产品、工艺品等其他商品的进出口贸易;开展"三来一补"、进料加工业务;经营对外劳务合作业务,向境外派遣工程、生产及服务行业的劳务人员(不含海员);汽车(含小轿车)销售;对外咨询服务、展览及技术交流服务;杂志出版、广告和房地产等。

公司主营业务:茧丝绸原料商品和丝绸服装服饰成品的国内国际贸易。

作为以丝绸商品的国内国际贸易为主业的专业进出口企业,中国丝绸进出口总公司为中国丝绸事业的发展和国际合作作出了巨大贡献,创造了十分可观的社会效益和经济效益。公司还为我国蚕桑业的发展、丝绸工业的技术改造和技术进步、丝绸商品的科研开发和对外贸易发挥了重要作用。

2004年公司全年实现销售收入20.28亿元,进出口总额20658万美元。年总资产20.8亿元,净资产9.4亿元。

【生产经营】 1. 整合业务资源、调整组织结构,成立经营事业部。2004年,总公司将国内外子公司中相同的业务整合,分为丝绸、服装、综合、物流和投资五个业务板块,成立了事业部,实行专业化经营,以提高公司的竞争力,取得更高的市场份额和经济效益。事业部的主要工作是:一、承担对下属经营单位的指导和组织作用,及时了解和掌握下属经营单位的经营状况和财务状况,核定下属经营单位的经营指标。二、认真贯彻落实总公司的各项管理和经营指令,将总公司的有关决议部署到下属经营单位并监督执行。三、做好各方面的协调工作和服务工作,帮助各下属单位解决问题,保证本业务板块预算指标的完成和下属各经营单位的自身发展,并为板块的业务进一步整合进行了探索。2004年,各事业部在运行中,积累了一定的经验,发现了一些存在的问题,为组织结构的进一步调整和业务的进一步整合打下了基础。

2. 加大实业投资力度,增强竞争优势。为巩固业务、主动转型,应对无配额时代国内外纺织、服装市场的激烈竞争,丝绸、服装、物流事业部均根据自身特点,加大了投资力度,开发新产品、创办新实体。2004年,丝绸事业部在广西自治区成立好来公司、参股广西自治区大宗工业品交易市场,筹建平南缫丝厂和桑蚕生产基地;服装事业部创办了杭州中丝服装公司、上海中唐公司、北京中泰服装公司3家合资企业;物流事业部在北京建起了寄售保税库、在马鞍山建立了合资企业。这些实体的建立提高了公司的核心竞争力。

3. 完成公司薪酬改革。2004年,在完成事业部组织机构调整和一系列的人员调配、干部任免后,公司经过大量考核、协调和多次修改、调整,制订出了新的《总公司薪酬方案》和《总公司经营单位基薪、绩效年薪提取办法》,并召开职工代表大会,审议并通过了《方案》和《办法》。在这两个文件的指导下,通过公司领导主抓、人事管理部牵头和各二级单位的全力配合,顺利完成了公司薪酬制度的改革,保证了组织机构和管理职能的及时到位。

【法人治理结构】 公司是母子结构的公司体制。总公司未设立股东会、董事会,实行总经理负责制,下设5个事业部,总经理办公会是公司的决策机构,总经理领导班子负责日常经营管理工作;国资委派驻监事会,公司在监事会内有2名内部监事。

中国轻工业品进出口总公司

【概况】 中国轻工业品进出口总公司(以下简称公司)是具有50多年历史的大型国有外贸企业,为发展我国外贸事业作出了积极的贡献。伴随着我国社会主义建设和改革开放的前进步伐，公司逐步发展成以进出口贸易为主业、以轻工产品的生产和加工为依托，同时兼营内贸、运输、物业管理的综合型企业。公司的主营商品有纸浆、有色金属、鞋类、服装、塑料制品、包袋、光伏产品等，在纸浆进口业务等方面，公司在国内同行业中占据重要地位。截至2004年底，公司现有境内二级企业17家，三级企业10家，境外二级企业10家，总资产36.1亿元，所有者权益14.2亿元，在职员工2050人，主要以外语、外贸、财经和管理人才为主，专科以上学历者占其61.1%。

【生产经营】 2004年，公司在党的十六大精神指引下，以完成国资委下达的考核目标为中心任务，团结拼搏，开拓创新，使经营规模和经济效益又迈上一个新台阶。全年共实现主营业务收入61.1亿元，比上年增长18.18%，实现进出口额58078万美元，比上年增长9.19%，其中出口完成32576万美元，比上年20.02%，进口实现25502万美元，比上年实绩下降2.08%。尽管存在因部分原材料和能源价格上涨导致成本增加的不利因素，几项主要经济指标仍较上年取得进步，其中主营业务收入达到611321万元，增长18.26%，主营业务利润31268万元，增长12.51%，所有者权益增长4.17%，总资产周转次数增长16.67%。

2004年，公司在发展实业和多元经营方面也做了积极的工作，以科工贸一体化为引领，在充分调查研究的基础上，启动了科技含量高且有广阔市场前景的太阳能电池芯片生产项目，目前已经完成前期论证和准备工作，进入了具体操作阶段，为了进一步开发新的规模和效益增长点，启动并完成了达力科服装厂的扩建工作，基本满足了当年出口发展的需要。先期建成的几家实业型生产企业也都运转良好，实现了预期的经营规模和经济效益。

【产权制度改革】 2004年，公司在业务调整和产权改革方面取得实质性进展。根据长远发展需要，本着资源优化配置原则，在对现有业务进行调整重组的基础上，组建了中轻阳光进出口有限公司、昆仑国际贸易有限公司、中轻物流有限公司三家二级企业，和中轻金石进出口有限公司一家三级企业。对新组建的企业实行了多元投资主体的产权模式，其中中轻阳光进出口有限公司、中轻物流有限公司和中轻金石进出口有限公司为国有资本与主要经营者入股，昆仑国际贸易有限公司为国有资本和社会法人资本入股。

随着产权改革的推进，有效地激发了企业的发展活力，几家改制企业的发展情况良好，从业务经营到内部管理，以及职工精神面貌，都呈现出蓬勃向上的气象。

【企业管理】 2004年，公司在深化改革、推进内部运行机制方面做了大量工作，积极推进人事制度改革，在搞好业绩考核和综合考察的基础上，对中层干部的任用实行了优胜劣汰，注意提拔年轻干部，结合聘任制的实施，对部分中层领导职位和管理岗位实行了竞聘上岗，从而优化了干部队伍构成；积极推进分配制度改革，本着向社会劳动价值标准靠拢和向业务一线，向业绩优秀人员倾斜的原则，在工资发放方面，确定了职能部门以岗位工资为主，经营部门以效益工资为主的分配制度；在奖金发放方面，制定了以工效挂钩为基本思路的奖金发放办法。新的分配方式较好地体现了按劳分配多劳多得的原则，对于充分调动员工积极性，稳定业务骨干队伍发挥了一定作用。

2004年，公司在加强管理和制度建设方面继续取得进步。本着强化管理的需要，制定和实施了内部工作目标考评管理办法，围绕国有资产保值增值的中心任务，在认真总结经验的基础上，进一步健全了对二级经营单位实施的经济效益综合指标考核体系，促进了业绩考核的规范化；在2003年通过ISO9001质量认证的基础上，结合管理实践，做了积极的改进工作，使质量管理体系得到进一步完善，对于搞好企业建章立制，促进科学化和制度化管理，发挥了积极作用。为了进一步加强财务管理，开展了第三次清产核资工作，使企业资产状况进一步清晰。根据形势发展和上级要求，实行了新的《企业会计制度》。公司财务管理更加规范。进一步完善了资金监督机制，内控机制、风险防范机制；进一步加强了资金运作管理，通过积极调剂闲置资金使用，从而降低了银行贷款规模，节省了利息费用；实行了全面预算管理；为了降低经营成本，改进和强化了费用管理，从而促进了增收节支。

2004年，公司员工努力学习党的十六大和十六届四中全会精神，表现出高昂的政治热情。公司着眼于长远发展，坚持以人为本，在加强员工队伍建设方面做了积极工作，与国家行政学院合作开办的部门经理培训班，以及其他类型专业技能学习班，提高职工素质，取得良好效果。公司以“不断追求新境界”作为企业文化的核心，在培育中轻特色的价值体系和团队精神方面作了大量工作。完成了企业文化理念手册的修订，学习贯彻企业文化理念的活动正在积极展开，各经营单位子文化建设也有了良好的开端。作为职工思想工作和文化建设重要园地的《中轻报》，在传达上级精神、沟通职工思想方面，发挥了积极作用。

2004 年主要经济指标完成情况表

序号	项　　目	上级下达目标值	2004 年	2003 年	比目标值增减(%)	比上年增减(%)
1	进出口总额(万美元)		58078	53188		9.20
2	其中：出口(万美元)		32576	27142		20
3	进口(万美元)		25502	26046		-2
4	主营业务收入(万元)		611321	516915		18.26
5	主营业务利润(万元)		31268	27792		12.51
6	利润总额(万元)	6000	7400	7871	23.32	-6
7	总资产(万元)		360915	309260		16.70
8	总负债(万元)		217814	172239		26.46
9	所有者权益(万元)		142188	136497		4.17
10	净资产收益率(%)	3.2	4.10	4.21	5.63	-2.61
11	总资产报酬率(%)		2.57	3.33		-22.82
12	总资产周转次数(次)		1.82	1.56		16.67
13	成本费用利润率(%)		1.22	1.53		-20.26

中国成套设备进出口(集团)总公司

【概况】 中国成套设备进出口(集团)总公司(简称中成集团)，前身为中国成套设备出口公司，1959 年 11 月 9 日经国务院批准成立。现为国务院国有资产监督管理委员会归口管理的国有外经贸企业。以成套设备及技术进出口、工程总承包和实业投资为主营业务。

截至 2004 年底，中成集团拥有总资产 55.32 亿元，所有者权益 6.14 亿元，是全国进出口额最大的 500 家企业之一。1996—2003 年中成集团连续八年入选美国《工程新闻记录》杂志评出的全球最大 225 家国际承包商。

中成集团拥有境内全资子公司 9 家、分公司 4 家、控股公司 8 家(包括 1 家上市公司)、参股企业 5 家；境外全资子公司 7 家、控股公司 4 家。从业人员 2120 人。

【主要经济指标】 2004 年，中成集团主营业务继续保持上升势头，新签合同额 43.7 亿元，比上年增长 28.01%；完成主营业务收入 28 亿元，比上年增长 28.01%；实现利润 5665 万元，比上年增长 41.24%。国有资产保值增值率为 101.03%，实现了国有资产的保值增值。2004 年主要经济指标完成情况如下表。

2004年主要经济指标完成情况表

指标名称	单位	2004年	比上年增减(%)
资产总额	万元	553195	39.29
所有者权益	万元	61376	1.15
主营业务收入	万元	280078	28.01
利润总额	万元	5665	41.24
净资产收益率	%	3.79	3.7
总资产报酬率	%	2.16	0.54
国有资本保值增值率	%	101.03	1.03
进出口贸易额	万美元	29969	20.72

【重大项目进展】 2004年，中成集团控股的中成进出口股份有限公司与有关方签署了股权转让协议，投资1.71亿元收购了东方鼎鑫水泥有限公司39%的股权。该企业拥有两条日产5000吨（其中一条在建）和两条日产2500吨熟料新型干法水泥生产线，主要产品为低碱高标号水泥，结合华北地区未来几年南水北调工程等经济发展热点，发展前景良好。

中成集团租赁经营的马达加斯加糖联和多哥糖联生产经营继续保持稳步发展。2004年榨季，马达加斯加糖联共收获原料蔗198668吨、入榨蔗185102吨，压榨抽出率、产糖率、安全生产率和白糖产量等各项重要生产技术指标均创历史新高。中成集团于2003年开始租赁经营的贝宁糖联项目和塞拉利昂糖联项目的恢复生产工作进展顺利。2004年，贝宁糖联种植甘蔗3458公顷，完成了生产工艺改造、设备调试和试榨工作，本年度实际完成项目投资额为1156万美元，累计完成项目投资额1516万美元；塞拉利昂糖联全面展开农场的大面积甘蔗种植工作以及工厂和生活设施的重建工作，种植甘蔗1200公顷，供水、供电、设备更新等各项恢复工程已基本竣工，本年度实际完成项目投资额为460万美元，累计完成项目投资额635万美元。截至2004年底，中成集团在非洲糖联的项目总投资达2900万美元，具有甘蔗种植面积1万公顷，年产甘蔗81万吨，糖8万吨，酒精9600立方米的设计生产能力，初步形成了规模效应。

2004年，中成集团实施的成套设备及技术进出口、国际承包工程和经援项目共40个，分布在34个国家和地区。中标签约的项目有埃塞俄比亚纺织厂、摩洛哥医疗设施等项目，新签合同额5096万美元；在建的中非班吉体育场等项目进展顺利；孟加拉磷肥厂项目的各项工作按计划进行；斯里兰卡农村电网项目施工全面展开；安提瓜医疗中心项目第二阶段施工前的准备工作正在进行。一般贸易业务在加强风险控制的前提下，以现有的成熟国别市场为重点并继续深度开发，发展主营商品，培育自有品牌，逐步形成了电表等出口商品的竞争优势。

【法人治理结构】 1994年国务院批准中成集团为全国百家现代企业制度试点单位。中成集团按照国有独资公司的构架，经外经贸部、国家体改委批准，设立了公司董事会，为构筑公司制企业的法人治理结构奠定了基础。总公司领导办公会遵循民主集中制的原则，对公司日常经营管理工作中的重大事项进行集体决策；国资委派驻的监事会以财务监督为核心，对公司的经营管理、国有资产保值增值等方面情况进行全面的监督检查，对促进公司完善法人治理结构发挥了重要的作用。

中成集团的控股子公司均已按照《中华人民共和国公司法》、《中华人民共和国证券法》、公司章程等规范性文件的要求，建立了较为完备的法人治理结构，中成集团通过派出董事和监事对这些企业的经营活动进行监督管理，行使股东权利。

【主辅分离辅业改制】 根据国资委对中央企业主辅分离、辅业改制工作的要求，中成集团从战略发展的全局出发，初步拟定了《主辅分离、辅业改制工作总体方案》，提出了实施主辅分离、辅业改制工作的总体思路和设想。2004年，中成集团彻底清理了一些经营状况不佳、发展前景不好的公司和驻外机构；根据"资产、人员、业务、财务"分开的原则，理顺了中成天津公司与中成股份公司天津分公司、中成上海公司与中成股份上海分公司的产权关系；实施了中成吉林仓库和中成凭祥分公司等部分地方公司资产转让和人员安置工作。经过内部组织机构的调整和优化资源配置，中成集团作为控股公司的组织架构已基本形成，为今后的发展奠定了坚实的基础。

【主要管理经验】 近年来，中成集团按照建立现代企业制度的要求，完善了组织结构和决策体系，明确管理职责、权限和关键业绩目标，形成了以战略管理、全面预算管理、绩效评价为一体的相对完善的管理监控体系，使公司的管理水平上了一个新台阶。

加强财务管理，不断完善管理制度。中成集团已经建立起全面预算管理体系，与之相配套的运行监控机制也在日益完善，通过制定和规范工作报告制度，建立了经营情况统计分析系统，为经营决策提供了较为可靠的依据；完成了清产核资工作，对历史遗留的不良资产进行了全面清理，提高了资产质量，夯实了发展基础；开始实行新的企业会计制度，重新制定了《会计核算办法(试行)》、《资产减值准备计提与资产核销管理暂行办法》、《固定资产管理办法》等文件，顺利实现了会计制度的转换。

加强战略管理，制定实施策略。中成集团在总结评估《中国成套设备进出口(集团)总公司2000～2010年发展战略》实施情况和研究分析内外部经营环境变化的基础上，制订了《中成集团2004～2006年发展规划(草案)》，拟定了经营结构调整重点和实施计划，进一步明确了中成集团的发展战略定位和企业发展目标。

加强绩效管理，建立有效的绩效评价体系。中成集团初步建立了以业绩考核制度为核心的激励约束机制，对经营单位按照《子公司负责人经营业绩考核暂行办法》进行定量考核，考核指标少而精，考核内容清晰，可操作性强，准确衡量经营者的业绩；对综合管理部门颁布实施了《综合管理部门绩效考核暂行办法》，建立了以部门和员工个人绩效为依据的考核激励体系，进行多层次和全方位的考核，进一步调动了员工的主动性和积极性。

中国出国人员服务总公司

【概况】 2004年中国出国人员服务总公司紧密结合国资委有关国企改革的总体部署，在加快自身现代企业制度改革和机制创新、落实科学发展观等方面，进行了积极的探索和尝试。

公司坚持“以提高企业核心竞争能力为中心，以深化改革为动力，以逐步建立符合公司可持续发展需要的组织架构、人才架构和业务板块为原则，安全运营、创造环境，推动公司持续、健康、稳定地发展”的总体思路，以求真务实的态度积极妥善处理各类制约企业发展的问题，加速推动企业经济增长方式的转变，保证公司主业效益稳定增长。2004年公司总资产16.31亿元，实现销售收入11.6亿元，销售净利率比2003年增长17.4%。国有资产保值增值率达到102.31%，持续实现了国有资产的保值增值。

在服务经营方面：

服务经营作为中国出国人员服务总公司的传统政策性业务，具有不可替代的市场优势，特别是国内免税业务和国外免税业务，由于有国家特许经营政策的支持，发展前景十分广阔。2004年，总公司充分发挥服务经营的传统优势，把转变观念、转变经营方式和市场化经营作为中心工作，积极创造市场需求，在服务经营领域取得了新的突破。

在国内免税业务即传统的免税外汇商品业务的开展中，总公司坚持规范发展，转换经营机制，确定了特许加盟店的新型系统网络建设模式，先后在杭州、郑州、青岛、大连等地相继开设了加盟免税店，使免税商品经营额大幅增加，同比增长76%。

在国外免税业务方面，配合并服务于国家“走出去”战略的进一步实施，国外免税业务呈现出广阔的发展空间。公司从管理和市场两个方面入手，对内加强货源、成本、质量跟踪管理，建立快捷的品质、服务保障体系；对外在努力深挖已有市场的同时，积极开辟新的市场领域，并把服务国外大型承包工程项目作为主攻方向，取得了显著的进展。

在对外劳务合作业务开展中，由于国际反恐大环境和国别劳务政策调整的因素，2004年我国几大海外劳务市场均受到较大影响。对此，公司及时调整业务主攻方向，在巩固原有市场，提高经营效益，开发新的劳务市场方面采取多种措施，开辟了新的日本研修生市场和渠道，实现了劳务业务的持续稳定发展。

在商品经营方面：

一是坚持合作发展，形成优势互补、共同发展的经营格局。2004年中国出国人员服务总公司根据自身优势和特点，将合作发展作为强企战略的主攻方向，即通过与国际知名企业建立长期的战略伙伴关系，在营销网络和相关服务领域创建优势品牌，形成优势互补、共同发展的经营格局。

二是坚持品牌化经营。瑞嘉地板业务是中国出国人员服务总公司完全自我发展的成熟品牌。为加速市场化改造、提高创利水平和竞争力，总公司在2004年对瑞嘉地板业务加快了产销一体化运作，以既有品牌为基础，努力拓宽品牌线并培育新的品牌，进一步提高了网络运营质量和效能。

三是抓住机遇，挖掘潜力，努力提高工贸企业盈利能力。2004年，总公司积极推动所属工贸企业利用国家宏观调控政策和市场机会，调整经营策略，分析预测市场价格波动规律，掌握成本、销售的主动权，强化了成本控制，成为总公司新的利润增长点。

【考核体系与薪酬制度】 公司领导按照国资委《中央企业负责人经营业绩考核暂行办法》和《中央企业负责人薪酬管理暂行办法》的规定，由国资委进行考核并核定薪酬。

境内经营单位，由总公司综合考核其财务效益状况、资产营运状况和发展能力状况，并根据经营单位的业务特点和管理情况设置考核指标；对经营单位业务经营全过程进行监督。

经营业绩考核结果与经营者和员工的收入水平挂钩。以考核指标的完成情况决定经营者和员工的收入水平，拉开了不同经营业绩单位之间的收入差距。并通过对经营指标的逐月考核，按月核定工资总额指标；年终根据经营业绩进行工资总额决算。

通过业绩考核，强化了经营者的激励与约束机制。公司建立了根据年终综合绩效确定经营者年收入水平的激励机制。

【主要管理经验】 2004年中国出国人员服务总公司将管理与改革工作的核心，放在加强对国有资产管理体制改革重要性的认识上。认真落实《企业国有资产监督管理暂行条例》，履行条例规定的相关责任义务，自觉接受国资监管机构依法实施的监督管理，努力维护所有者权益。根据国资委对企业改革的总体要求，通过转换企业运营机制，积极建立以资产为纽带的管理体系，为进一步做强主业，壮大企业发展规模，为企业持续、健康、稳健发展，打下坚实基础。

1. 深化人力资源开发管理，为全面提升员工队伍的整体价值创造条件。公司从人才兴企的战略角度出发，围绕职业化员工队伍建设的需要，努力优化员工队伍结构和人力资源布局。根据经营发展需要，总公司强化对各经营单位人才管理工作的指导，选择引进急需业务管理人才充实到关键岗位，有力促进了业务开展和管理水平的提高。根据国资委对企业工资总额工效挂钩的管理原则，公司加强了员工绩效考核管理和工资总额与经营业绩挂钩管理，基本实现了经营单位和员工的收入水平同单位和个人的绩效一致，并通过考核反馈进一步明确员工能力提升、绩效改善的重点和方向，对员工的培养和使用起到了积极作用。

2. 以财务管理为核心，改革管理模式，提高资金使用效率。近年来，随着公司经营实力的壮大，公司系统各单位在经营方式、组织形式方面向多样化、跨地区、跨所有制形式的趋势发展。为了进一步保证资金安全，公司积极探索适应公司发展的资金管理模式。在“突出资金管理，实现集中监控”的管理原则下，公司对财务管理结构和管理模式进行了一系列改革，从分散管理形态逐步过渡到对在京单位实行集中管理、对京外单位及控股企业委派财务总监的管理办法。这种改革，达到了松紧适度的管理效果，有助于贯彻公司的一体化管理思想，对规范流程，强化监控，严格控制成本，确保安全运营起到了积极的作用。

3. 利用信息技术推进科学管理，促进公司一体化管理思想的尽快实现。公司积极贯彻中央提出的“以信息化带动工业化”发展战略，根据公司一体化管理进程的需要，积极推进信息工作和经营工作的良性互动，扎扎实实地做好信息化建设的各项工作。

2004年，公司在信息建设方面，初步完成了京内外经营单位进出口管理财务软件项目的系统升级和不同业务运作模式的财务管理模块开发；建立了财务数据中心，实现了数据编码、科目体系、核算方式的三统一，为搭建集团化财务管理平台创造了技术条件。

4. 凝炼企业文化，建立学习型企业。根据中央企业人才工作会议精神，公司围绕人力资源开发管理目标，进一步加强企业文化建设，通过培育具有时代特色的企业精神和经营理念，形成良好的企业价值观和品牌文化，教育广大职工自觉地把自身利益和企业利益联结在一起，为公司的改革发展贡献力量。

以创建职业化员工队伍为出发点，公司有针对性地开展员工职业化教育和“创建学习型组织，争做知识型员工”活动，进行了多层面、多方式的培训工作；以提高企业战略管理能力为目标，公司领导层参加了国资委组织的不同形式的研讨会；以提升中层管理人员的职业素养和业务技能为目标，公司举办了多期职业经理人系列培训、研究生课程班以及各类政策理论和业务技能的培训学习；以加速新员工对公司企业文化的融入为目的，组织新员工进行岗前拓展培训课程，对提升员工的业务水平产生了积极效果。

中国生物技术集团公司

【概况】 中国生物技术集团公司(原中国生物制品总公司，下称中生集团)为国务院国有资产监督管理委员会管理的国有重要骨干企业，现下辖原隶属于国家科技部的科技外贸型企业中国科学器材进出口总公司和原隶属于国家卫生部的北京、长春、成都、兰州、上海、武汉等六个生物制品研究所及一家上市公司即北京天坛生物制品股份有限公司。中生集团有职工近万人，其中科技人员4000多名，是集科研开发、生产、经营为一体的全国最大的生物技术企业集团。

2004年中生集团在国资委的正确领导下，坚持以邓小平理论和“三个代表”重要思想为指导，树立和落实科学发展观，围绕制度创新、技术创新和管理创新，进一步深化改革、强化管理、调整结构，各方面工作都取得了新的成效。各项经济指标在连续两年全面攀升的基础上又创历史新水平，2004年实现主营业务收入26.82亿元，比2003年增长16.91%，利润总额2.22亿元，比2003年增长125%。总体呈现出销售收入快速增长、实现利润大幅度提高、资产质量不断改善的良好态势。

【科研开发】 中生集团科研实力雄厚，科研成果丰硕，拥有十多项具有自主知识产权的研究成果，近年来，有十余项成果获国家科技进步一等奖和二等奖，数十项成果获国家技术发明奖、“杜邦科技创新奖”和省部级奖励。2004年，中生集团在研课题172项，其中承担国家科技部课题18项，国家发改委产业化项目3项；共有15个项目完成临床研究，21个项目获得了临床研究批件。近年来，中生集团加强知识产权保护力度，截至2004年底，共获得国内专利11项、国际专利2项，还有41项国内专利和4项国际专利正在申请中。2004年中生集团招收硕士研究生38人，博士研究生4人，在读研究生到达116人。2004年初，中生集团还在北京成立了研发中心，在确定了首批攻关课题后，组织全系统技术骨干组成研究组开始实施技术攻关。

【生产经营】 中生集团具有强大的产业化能力，现生产着各类预防、治疗、诊断用生物医药产品200多种，其中国家一、二类新药就有23种。2004年，中生集团累计生产各类预防性生物制品5.5亿人份，血液制品累计投浆1000余吨。另外，中生集团还圆满完成了国家特种生物制品生产和储备任务。

生物制品的质量，关系到社会公众用药安全，关系到防疫治病的大局，也关系到企业的生命。中生集团始终把质量工作摆在突出的位置。2004年中生集团强化进行了疫苗菌毒种专项整顿，进一步加强了血源质量管理，对部分车间进行GMP改造，按期通过了GMP认证和复查。同时，质量保证体系建设和日常GMP管理进一步落到实处。2004年中生集团各企业产品质量保持稳定，临床使用中未发生严重的副反应和不良反应，未发生重大质量安全事故。

2004年中生集团强化安全生产管理，通过召开安全生产工作会议、制定安全生产管理制度和检查细则以及相继开展的安全生产自查和大检查等一系列工作，使各企业领导和职工进一步树立了“以人为本，安全第一，预防为主”的理念，更加重视安全生产管理，从具体岗位和一线职工抓起，严格落实各项安全生产规章制度，强化日常监督检查，对安全生产的漏洞和隐患予以切实治理。2004年中生集团各企业安全生产形势总体良好，没有发生重大人身伤亡和重大财产损失的安全生产事故，为企业生产经营活动正常进行创造了良好的安全环境。中生集团的安全生产管理工作正在向更严格、更规范、标准化、建立长效机制的方向前进。

中生集团所属中国科学器材进出口总公司是国内最早获得外贸权的企业之一，在科学器材、化学试剂、实验动物以及高新技术产品的进出口业务领域，在国内外享有很高的声誉。中科器公司面对进出口行业激烈的竞争，销售收入7.1亿元，比2003年增长9.2%，进出口总额13130万美元，比2003年增长18.8%，取得了较好的业绩。

【项目投资】 近年来，中生集团共投资12.4亿元用于GMP改造，共有53个车间、176个品种通过了国家GMP认证。至2004年，大规模的GMP改造已近尾声，基建、技改等固定资产投资开始向扩大重点产品生产规模、提高产品质量上转移。2004年中生集团固定资产投资新开工项目14个，续建项目15个，当年完成投资总额2亿多元；同时，还投资近1亿元购置了冻干分装线等一批关键工艺设备，这些设备的引进和使用，在很大程度上解决了生产质量和规模两个方面的瓶颈问题，提高了中生集团的装备水平和市场竞争力。

中生集团将今后的发展重点定为从传统生物技术向现代生物技术转型，从预防类生物制品领域为主向以生物制药为主的多元化产业转型，从仿制为主向拥有自主知识产权的技术创新转型，从以国内市场为主向国际化经营转型，使中生集团逐步成为拥有著名品牌和自主知识产权、主业突出、核心能力强、能参与国际竞争的大型企业集团。

中国唱片总公司

【概况】 中国唱片总公司(China Record Corporation简称CRC)亦称中国唱片社，是中国规模最大、历史最悠久的国家级音像出版机构，总部设在北京。中唱前身是20世纪20年代在上海建立的孙中山先生命名的大中华唱片厂。1949年5月解放军接管大中华唱片厂，1950年1月改为人民唱片厂，1958年成立中国唱片社，隶属中央广播事业局。1999年1月，根据“国脱钩组(1999)1号”文件，中国唱片总公司与国家广播电影电视总局脱钩。目前注册资本为15059万元，全资子公司6个，控股公司13个，三级公司2个，参股公司2个。中唱已为700多家文艺团体、4000多位艺术家录制了唱片、录音带、录像带、光盘类节目计53000多片(盒)号，总销量达10亿张(盒)，产品销售遍布全国，积累和珍藏了12万块唱片模板(母版)。新世纪，中唱正在围绕音像制作、影音科技、音像物流、音像传媒、演艺经纪、音乐教育六大主业板块全面开拓，努力建设一流的音乐娱乐文化产业集团。

【企业改革】 2004年，中唱进一步完善各项管理制度，根据市场经济运行规律和国家有关法规政策，制定修订了重大投资决策、资金管理、存货管理、新会计核算办法、固定资产管理、合同(协议)管理、董事会股东会议事规则等方面的管理制度，加强了内部控制制度建设，努力推进现代企业法人治理结构构建。积极推动企业改制，起草制定了《中国唱片总公司体制改革和机制创新总体规划》，初步为中唱的改制明确了方向，划分了阶段。新成立的中唱英皇、中唱嘉年等公司，均采取了现代企业法人治理结构和股权结构。北京中唱时代音像出版有限公司积极推动增资扩股，做大企业资产规模。起草了《中国唱片上海公司整体改制方案(草案)》，具体改制工作也在逐步推进中。

【生产经营】 2004年度实现主营业务收入1.81亿元，与去年同期相比增加205万元，增长1.15%；主营业务成本完成1.24亿元，比上年同期减少448万元，减少3.5%；实现主营业务利润4707万元，与去年同期相比增加597万元，增长14.5%；实现利润总额823万元，与去年同期相比增加696万元，增长548%(2003年各项经营指标为调整后的上年实际数)。2004年国有资产保值增值率为100.94%，实现了国有资产的保值增值；净资产收益率为2.05%。

2004年制作出版推出了《唱片百年经典》、《梅兰芳唱腔珍版典藏》、《中唱典藏系列》、《古典音乐动漫系列》等许多音像精品。出版音像制品片(盒)号数量达1490个,其中音带222个,CD912个,VCD246个,DVD110个。在文化部和新闻出版总署等上级主管单位举办的评奖活动中屡获大奖。在新闻出版总署和教育部联合举办的第五届"全国优秀教育音像制品奖"评选活动中,中唱获得两项大奖;在首届中国国际音像博览会"国内优秀音像制品奖及优秀音像分销单位奖"评选活动中,中唱有7部作品获奖,占获奖总数的7%;在新闻出版总署主办的第三届"国家音像制品奖"评选活动中,中唱有3部作品获奖,占获奖总数15%;在中共中央宣传部、新闻出版总署、教育部、中国科学技术协会和中国音像协会五部委联合组织的"向全国青少年推荐100部优秀音像制品"的活动中,中唱有9部作品入选。

成功举办了2004年"维也纳中国新春音乐会",在国内外引起了热烈反响,是中国民族音乐走向世界的成功实践。为纪念邓小平同志诞生100周年,在人民大会堂举办了"中国人民的儿子"大型诗歌朗诵交响音乐会,得到社会各界的高度赞扬。为庆祝建国55周年,在中山音乐堂举办了"我爱你,中国"大型交响音乐会,在音乐形式上进行了新的突破。另外,中唱紧贴演出市场,举办了一系列商业演出,在西安举办了周华健"朋友"大型演唱会、北京举办了王杰"2004北京演唱会"以及圣诞夜举行的芭蕾舞剧《卡门》等,这些演出都在业内产生了很好的影响,为中唱发展演艺经纪积累了丰富的经验。为了加快演艺经纪板块的发展,中唱还与著名娱乐企业香港英皇集团合作成立了中唱英皇北京文化发展有限公司。

按照国资委"主辅分离,精干主业"的总体要求,2004年总公司辅业深化体制改革,加快调整步伐,着力于"三大难题"的解决,支持主业发展,各项工作取得了重要突破。由中唱控股的中唱实业投资有限公司正式成立,公司成立后按照总公司战略要求,通过地产开发、物业管理等,筹措资金,同时吸纳安置富余人员,加快辅业改制和调整步伐,支持主业发展。因各种原因推延数年的广州天元大厦在2004年年底完工并交付使用,销售顺利。北京唱片厂与部分员工有偿解除劳动合同,西红门盒带加工车间整体出让,上述结构调整将有利于北京唱片厂的进一步改制。

【企业管理】 为企业的发展清除障碍,解决长期遗留的历史问题,按照国资委《国有企业清产核资办法》及其他有关规定,在全公司范围内进行了清产核资工作。2003年开始的清产核资的主体工作已于2004年8月基本结束。本次清产核资共涉及公司体系内22家企业,共清查出资产损失(盈亏相抵)为63340214.51元。其中:(1)按原制度清查出的资产损失金额35754383.47元(其中资产损失38653531.67元,负债潜亏挂账损失3733781.96元,负债盈余6632930.16元);(2)按《企业会计制度》清查出的资产损失金额27585831.04元。通过此次清产核资,如实反映了企业管理中存在的问题,真实反映了企业的财务状况,对2005年中唱执行新的会计制度,建立更为完善的资产和财务监管体系,制定了固定资产管理等15项财务管理新制度,加快企业的机制创新和资源重组创造了良好的条件,也为中唱的进一步改革与发展奠定了好的基础。

2004年中唱先后出台了《中国唱片总公司职工招聘与录用暂行办法》等10项人力资源管理制度。调整了职工的四项保险和养老保险金的缴费基数及离退休职工养老金。引进人才,建立了更为科学的人才选用模式。逐步建立了中唱的人才信息网络和人才档案库,先后招聘引进了40多名有一定工作经验、素质良好、年纪轻、学历较高的经营管理型人员,改善了公司的人才队伍结构。同时还清退冗员,继续实施减员增效,与北京唱片厂72名职工解除劳动合同,解决了唱片厂包袱过重的问题。继续落实有毒有害退休政策,为符合有毒有害提前退休条件的职工办理了退休手续,减轻了企业人员负担,优化了人力资源结构。

【品牌建设与国际合作】 2004年是中国唱片业诞生100周年,新中国唱片事业55周年,也是中唱成立55年,中唱协同各单位组织了一系列活动,产生了强烈的社会影响。协办了由中宣部、文化部、新闻出版总署、中国音像协会在京隆重举办的"纪念中国唱片百年座谈会",与会代表包括中宣部副部长李东生等各部委领导、著名艺术家、音像产业界代表等150

人左右。中共中央政治局委员、中宣部部长刘云山同志参观了中唱举办的纪念展并详细听取了汇报；在中国唱片业的诞生地上海小红楼举办了纪念中国唱片百年座谈会；精心制作，推出了大型出版物《唱片百年经典》，得到了业内人士和广大消费者的高度评价。以此为契机，大力提升了中唱的知名度和品牌价值。2004年中唱强化了企业文化建设，制定了《中国唱片总公司企业文化建设规划》，对中唱的企业文化建设进行了系统的论证与部署。制作出版了中国唱片总公司CD－ROM宣传片，年初创办了《中国唱片》报，继续强化中唱的品牌宣传。

2004中唱加大了国际交流，与一些世界重要文化企业建立了良好的合作关系。俄罗斯柴可夫斯基音乐基金会、日本文化产业代表团、韩国文化交流财团等来自欧洲、亚洲、美洲各国的行业组织、著名企业及个人多次访问中唱，就文化产业领域的合作进行了充分的交流，达成了诸多合作意向，为中唱进一步引进战略投资共同开发中国市场和中唱音像产品走向世界奠定了一个良好的基础，也有利于在世界范围内更好地推广中唱品牌。与此同时，中唱还与国外的著名娱乐企业成立了合资公司，充分利用彼此的优势资源，相互补充实现效益最大化。特别是与韩国的SM公司、日本的AVEX公司建立了更为紧密的合作关系，双方就培养艺人、音像制品的代理展开全面合作，从而开拓了视野，扩展了中唱的发展空间。

中国林业国际合作集团公司

【概况】 该集团公司主要经营速生丰产林培育，国外森林资源开发，对外工程承包、劳务合作及技术引进，木竹及其制品、人造板、家具、木片、林化产品、林木种苗、花卉等产品的生产销售及进出口，森林旅游、森林食品药材及各类商品的经营贸易。经营业务覆盖林业资源培育和开发利用的全过程，在国内20多个省（区、市）和巴西、加蓬、俄罗斯等国建有生产基地或经营贸易网点。

除2个境外企业外，该集团公司所属9个境内全资子公司本部经营业务多以贸易和投资管理为主，产品生产和加工主要在三级企业进行。所属企业直接生产并同时进行贸易的产品主要有：锯材、人造板、木片、家具、林化产品、花卉、水果及渔类产品等，而木材、林木种苗、成品油、汽车、钢材、煤炭、纸张等经营业务则主要是进行国内贸易和进出口。目前，该集团在一些经营领域包括林木种苗、林化产品、木片等产品的进出口业务方面具有一定的优势和实力。

【主要经济指标】 2004年该集团实现主营业务收入22.72亿元，比上年同期18.24亿元增加4.48亿元，增长24.54%。实现利润总额1988万元，同口径比上年同期1042万元增加946万元，增长90.79%。7个国内子公司和2个境外公司均完成或超额完成了年初确定的利润预算指标，净资产收益率、流动资产周转率、成本费用率均好于上一年，经济运行总体保持了良好状态。

截至2004年底，该集团公司在职职工4411人，离退休职工2938人。其中集团公司和二级子公司本部在岗职工306人，大专以上文化程度的人员占90%，职工的知识结构、年龄结构相对合理。该集团党员2674人，其中在职职工党员1832人、离退休职工党员842人。

2004年底，该集团纳入合并范围的37户企业会计报表反映的资产总额为25.76亿元，其中：流动资产14亿元，占54%，固定资产4.82亿元，占18.63%；负债总额17.9亿元，净资产7.17亿元，资产负债率69.51%（附：资产负债表、利润及利润分配表）。

【改革与发展】 在重点工程建设方面。经过不懈的努力，目前湛江木浆项目原料林基地建设工程已经进入实质性运作阶段。所属子公司中国国营林场开发总公司及雷州林业局计划再投资1.9亿元，营造40万亩桉树丰产林的项目，被国家开发银行列为2004年支持和发展项目，并于2004年12月份获得总行贷审会通过，取得了第一笔2000万元的贷款。为了实现“再造一个雷林”的目标，经过深入细致的可行性调研论证，确定了以广西岑溪市作为新建30万亩速生丰产林基地的主体,并与岑溪市人民政府签订了合作协议。

所属三级子公司杭州千岛湖发展公司按照股改上市工作方案要求,以调整结构和整合产业链为突破口,积极研发新的水产品加工项目,打造"淳"牌系列产品品牌,有力地推动了企业效益和社会知名度的提高。全年实现主营业务收入8001万元,同比增加119万元,实现利润总额852万元,同比增加191万元,同时,公司被评为浙江省农业龙头企业,"淳"牌有机鱼获得2004年中国林产品交易会金奖。

在开发和利用国外森林资源方面。该集团通过与缅甸林业部及国家木材公司进行高层互访、考察,向缅甸林业部无偿提供20台原木运输车等一系列活动,在加强中缅两国林业合作、贸易往来和在缅甸投资建厂等方面达成了共识,为进一步做强做大缅甸木材进口业务奠定了坚实的基础。目前该集团是唯一纳入缅甸国家林业部计划内供货的中国企业,贸易前景十分看好。

为积极参与中俄两国政府经济合作框架协议项下对俄森林资源开发项目,2004年6月上旬,该集团组织了由相关各类专业人员组成的项目考察组赴俄罗斯托木斯克州进行了实地考察,并与俄方签署了合作意向书,初步确定了较为可行的建设项目和实施方案。

在发挥中央企业自身优势方面,利用中央企业的先进技术、知名品牌、销售网络,实现了企业的低成本向外发展。2004年12月份,所属子公司中国林产工业公司通过管理及技术入股与河北省迁西县金信矿业有限公司、福建福人木业有限公司签订了联合建设集速生丰产林基地和人造板材综合加工为一体的年产10万立方米刨花板项目联营协议。该项目总投资1.3亿元,计划在2006年1月正式投产,按规模和市场测算年获利在2000万~3000万元。

2004年3月份该集团与其他公司合作,在北京国际展览中心成功地举办了"第十届国际木工机械及家具生产设备展览会",共有来自21个国家和地区的400余家参展商参展,展场面积达35000多平方米,成为迄今为止国内参展规模最大的一届国际木工机械及家具生产设备展览会。

在健全制度和清产核资等方面。一是该集团先后制定下发了《子公司负责人经营业绩考核暂行办法》、《因公出国审查管理办法》、《国公普遍护照管理办法》、《减值准备办法》、《固定资产管理办法》、《企业会计核算办法》、《"账销案存"资产管理暂行办法》等多项管理制度。二是完成了清产核资工作,2004年申报处理的资产损失合计29171.75万元,其中:按原会计制度清查出的资产净损失13367.70万元,按新的《企业会计制度》预计的资产损失15804.05万元。三是按照国资委的要求,通过深入的调研和论证,编制了《集团公司2004~2006年发展规划和2020年远景目标》,提出了该集团发展战略思想和总体思路,规划了2020年远景目标和企业发展5年目标,明确了2004~2006年发展调整重点与实施计划。

在加强企业党的建设方面。该集团各级党组织把加强思想建设放在首位,在抓好党委中心组学习的同时,坚持党建工作与经营管理工作相结合,紧密联系实际,解决突出问题,有效推动工作。2004年该集团广大干部职工特别是各级领导干部认真学习贯彻、广泛宣传《中国共产党党内监督条例(试行)》和《中国共产党纪律处分条例》,以落实"四大纪律八项要求"和"三个不得"为重点,认真抓好领导干部廉洁自律工作,进一步增加了企业领导人员的廉洁意识和自律能力,发挥了党组织的政治核心作用。深入开展"树组工干部形象"集中学习教育活动,打牢了组工干部公道正派的思想基础。2004年9月,该集团所属二级子公司中国国营林场开发总公司总经理马克臣同志被国资委、人事部评为"2004年中央企业劳动模范",2004年6月,该公司所属雷州林业局遂溪林场党支部被国资委党委授予"先进基层党组织"称号。

资 产 负 债 表

企财 01 表

编制单位：中国林业国际合作集团公司　　2004 年 12 月 31 日　　金额单位：元

项　　目	行次	年初数	年底数
货币资金	1	258712565.53	275458669.37
短期投资	2	9570796.56	4840246.14
应收票据	3	10000.00	2640334.94
应收股利	4	14692937.31	11692937.31
应收利息	5	0.00	0.00
应收账款	6	102394382.59	140549135.91
其他应收款	7	218254014.05	222368627.96
预付账款	8	278865777.17	303616969.50
期货保证金	9	0.00	0.00
应收补贴款	10	0.00	1690186.51
应收出口退税	11	8510168.63	1287179.31
存货	12	203756319.64	247351811.48
其中：原材料	13	49241954.11	37694111.05
库存商品(产成品)	14	140062592.93	129043533.56
待摊费用	15	1211293.35	1620157.97
待处理流动资产净损失	16	3303698.37	0.00
一年内到期的长期债权投资	17	0.00	0.00
其他流动资产	18	212608410.20	192355607.96
流动资产合计	19	1311890363.40	1405471864.36
长期投资	20	573331989.44	597724788.32
其中：长期股权投资	21	413875271.12	435186370.34
长期债权投资	22	159456718.32	162538417.98
*合并价差	23	－3454236.41	－1112836.03
长期投资合计	24	569877753.03	596611952.29
固定资产原价	25	642552861.14	677288876.86
减：累计折旧	26	195836343.32	221314423.69
固定资产净值	27	446716517.82	455974453.17
减：固定资产减值准备	28	521452.72	3860578.53
固定资产净额	29	446195065.10	452113874.64
工程物资	30	0.00	15000.00
在建工程	31	33195425.48	30552199.38

续表

项　　目	行次	年初数	年底数
固定资产清理	32	69615.45	121702.84
待处理固定资产净损失	33	0.00	0.00
固定资产合计	34	479460106.03	482802776.86
无形资产	35	47096811.33	60390946.95
其中：土地使用权	36	13707316.60	13382904.72
长期待摊费用（递延资产）	37	6619746.27	3309256.41
其中：固定资产修理	38	0.00	0.00
固定资产改良支出	39	0.00	0.00
其他长期资产	40	35987349.19	27112349.19
其中：特准储备物资	41	0.00	0.00
无形资产及其他资产合计	42	89703906.79	90812552.55
递延税款借项	43	3440.85	3346.21
	44		
	45		
资　产　总　计	46	2450935570.10	2575702492.27
短期借款	47	376485599.28	482610000.00
应付票据	48	62234136.35	66948747.50
应付账款	49	132468205.83	127058225.59
预收账款	50	199461844.21	238022517.08
应付工资	51	29011076.82	19262024.33
应付福利费	52	－1826643.20	－2338716.06
应付股利（应付利润）	53	3632602.62	151480.23
应付利息	54	0.00	0.00
应缴税金	55	－23492467.10	－3640847.76
其他应交款	56	3401469.69	3412264.60
其他应付款	57	139930777.14	132796539.87
预提费用	58	3701137.87	5156268.59
预计负债	59	0.00	0.00
递延收益	60	0.00	0.00
一年内到期的长期负债	61	17000000.00	0.00
其他流动负债	62	1462504.80	558617.16
流动负债合计	63	943470244.31	1069997121.13

续表

项　　目	行次	年初数	年底数
长期借款	64	569423849.81	555907428.48
应付债券	65	0.00	0.00
长期应付款	66	8948214.04	7353024.98
专项应付款	67	19405386.42	18686235.27
其他长期负债	68	137214128.16	137509942.61
其中:特准储备基金	69	0.00	0.00
长期负债合计	70	734991578.43	719456631.34
递延税款贷项	71	0.00	944709.41
负　债　合　计	72	1678461822.74	1790398461.88
*少数股东权益	73	67224629.31	67976160.65
实收资本(股本)	74	624486658.96	636486658.96
国有资本	75	624486658.96	636486658.96
集体资本	76	0.00	0.00
法人资本	77	0.00	0.00
其中:国有法人资本	78	0.00	0.00
集体法人资本	79	0.00	0.00
个人资本	80	0.00	0.00
外商资本	81	0.00	0.00
资本公积	82	67854486.23	74161963.60
盈余公积	83	0.00	0.00
其中:法定公益金	84	0.00	0.00
*未确认的投资损失(以"-"号填列)	85	0.00	-427210.06
未分配利润	86	-356777.55	-6959434.54
其中:现金股利	87	0.00	0.00
外币报表折算差额	88	13264750.41	14065891.78
所有者权益小计	89	705249118.05	717327869.74
减:未处理资产损失	90	0.00	0.00
所有者权益合计(剔除未处理资产损失后的金额)	91	705249118.05	717327869.74
负债和所有者权益总计	92	2450935570.10	2575702492.27

利润及利润分配表

企财 02 表

编制单位:中国林业国际合作集团公司　　2004 年度　　金额单位:元

项　　目	行次	上年实际数	本年实际数
一、主营业务收入	1	1824114471.94	2271833895.95
其中:出口产品(商品)销售收入	2	161364944.58	150891208.43
进口产品(商品)销售收入	3	96202862.04	149591119.17
减:折扣与折让	4	0.00	0.00
二、主营业务收入净额	5	1824114471.94	2271833895.95
减:(一)主营业务成本	6	1614760673.14	2023288695.31
其中:出口产品(商品)销售成本	7	131854779.68	122775566.64
(二)主营业务税金及附加	8	9690373.15	7152089.07
(三)经营费用	9	0.00	0.00
(四)其他	10	3657050.24	2984450.69
加:(一)递延收益	11	0.00	0.00
(二)代购代销收入	12	1989848.89	1364611.78
(三)其他	13	2185200.00	0.00
三、主营业务利润(亏损以"-"号填列)	14	200181424.30	239773272.66
加:其他业务利润(亏损以"-"号填列)	15	33242676.86	23988488.82
减:(一)营业费用	16	76194422.50	96127126.59
(二)管理费用	17	142433306.21	151942609.66
(三)财务费用	18	21500984.74	29900328.59
其中:利息支出	19	0.00	0.00
利息收入	20	0.00	0.00
汇兑净损失(汇兑净收益以"-"号填列)	21	0.00	0.00
(四)其他	22	0.00	0.00
四、营业利润(亏损以"-"号填列)	23	-6704612.29	-14208303.36
加:(一)投资收益(损失以"-"号填列)	24	15341899.82	18393393.89
(二)期货收益	25	0.00	0.00
(三)补贴收入	26	5707243.46	6347437.13
其中:补贴前亏损的企业补贴收入	27	0.00	0.00
(四)营业外收入	28	6666361.52	5618033.59
其中:处置固定资产净收益	29	1249493.54	127331.10
非货币性交易收益	30	0.00	0.00
出售无形资产收益	31	132211.81	1394485.89

续表

项　　目	行次	上年实际数	本年实际数
罚款净收入	32	1127514.45	49023.50
(五)其他	33	0.00	0.00
其中:用以前年度含量工资结余弥补利润	34	0.00	0.00
减:(一)营业外支出	35	6112421.57	11609069.30
其中:处置固定资产净损失	36	206931.82	151970.80
出售无形资产损失	37	0.00	0.00
罚款支出	38	67118.38	8744.72
捐赠支出	39	161730.50	617678.00
(二)其他支出	40	4479035.16	7858.84
其中:结转的含量工资包干结余	41	0.00	0.00
五、利润总额(亏损总额以"-"号填列)	42	10419435.78	4533633.11
减:所得税	43	10433311.70	9349420.33
*少数股东损益	44	2457039.12	2214079.83
加:*未确认的投资损失	45	0.00	427210.06
六、净利润(净亏损以"-"号填列)	46	-2470915.04	-6602656.99
加:(一)年初未分配利润	47	2136467.49	-356777.55
(二)盈余公积补亏	48	0.00	0.00
(三)其他调整因素	49	0.00	0.00
七、可供分配的利润	50	-334447.55	-6959434.54
减:(一)提取法定盈余公积	51	11165.00	0.00
(二)提取法定公益金	52	11165.00	0.00
(三)提取职工奖励及福利基金	53	0.00	0.00
(四)提取储备基金	54	0.00	0.00
(五)提取企业发展基金	55	0.00	0.00
(六)利润归还投资	56	0.00	0.00
(七)补充流动资本	57	0.00	0.00
(八)单项留用的利润	58	0.00	0.00
(九)其他	59	0.00	0.00
八、可供投资者分配的利润	60	-356777.55	-6959434.54
减:(一)应付优先股股利	61	0.00	0.00
(二)提取任意盈余公积	62	0.00	0.00
(三)应付普通股股利(应付利润)	63	0.00	0.00

续表

项　　目	行次	上年实际数	本年实际数
（四）转作资本（股本）的普通股股利	64	0.00	0.00
（五）其他	65	0.00	0.00
九、未分配利润	66	－356777.55	－6959434.54
其中：应由以后年度税前利润弥补的亏损（以"＋"号填列）	67	0.00	0.00
补充资料：	68	—	—
一、出售、处置部门或被投资单位所得收益	69	0.00	0.00
二、自然灾害发生的损失	70	0.00	0.00
三、会计政策变更增加（或减少）利润总额	71	0.00	0.00
四、会计估计变更增加（或减少）利润总额	72	0.00	0.00
五、债务重组损失	73	0.00	0.00
六、其他非经常性损益	74	0.00	0.00

注：表中带＊项目为合并会计报表专用。

中国医药集团总公司

【概况】 2004年是中国医药集团总公司经济效益和各项工作取得重要成果的一年。按照集团总公司一届三次职代会暨2004年工作会议的要求，树立科学发展观，落实中央关于宏观调控的政策措施，积极进取，开拓创新，各方面工作都取得了可喜成绩，呈现出销售收入快速增长、实现利润大幅提高、资产质量不断改善的良好态势。2004年度集团总公司国有资产保值增值率为109.36％，超过行业良好水平。

中国医药集团总公司以"关爱生命，呵护健康"为企业理念，以创建跨国医药集团为目标，以中西药品、医疗器械、化学试剂和中药材及饮片的生产经营、科研设计和投资为核心业务，拥有全资及控股子公司10家，零售连锁药店近千家，在国内拥有生产企业、科研院所、药材种植基地和设在北京、天津、上海、广州、深圳、沈阳、西安、石家庄、昆明、哈尔滨、武汉、重庆、成都、南宁等各大、中城市基本覆盖全国的营销网络，控股和参股23家中外合资医药生产企业，与世界上100多个国家和地区的上千家企业建立了贸易与合作关系。

经过几年的不断整合和重组购并，集团现拥有独资控股制药工业企业13家，其中包括在国内有一定影响的"云南白药"股份有限公司和深圳药厂。2004年工业产值达到23亿元。已形成原料药、注射剂、口服液和中药饮片四大板块，近百个品种，其中冻干粉针剂工艺、中药提取技术和中成药制剂技术、中药饮片炮制工艺处于国内领先水平，并拥有包括"云南白药""联邦止咳露"等一批知名产品品牌。

【主要经济指标】 中国医药集团总公司2004年完成销售收入176.95亿元，同比增长43.19％；实现利润2.92亿元，同比增长76.13％；实现利税总额6.53亿元，进出口总额4.02亿美元。到2004年底，资产总额达126.77亿元，净资产22.48亿元。净资产收益率6.94％，国有资本保值增值率为109.36％，超过行业良好水平，显示了中国医药集团良好的发展前景。

【重大项目进展】 重点建设项目进展顺利。2004年有3.7亿元资金投入项目建设。集团总公司加强了对在建项目的指导，建立项目负责人制，及时协调解决项目建设中的问题。国药工业麻药二期工程项目主体结构已经完工。国药股份北京物流中心已进入试运行阶段,即将完成竣工验收。国药控股上海物流中心于2004年12月底完成土建和设备安装。中国药材亳州中药饮片物流中心于2004年5月16日正式开业。川抗所海康制药项目全部完工。集团信息化建设项目中的办公自动化系统、人力资源管理系统、网络财务管理系统正在按计划实施,财务合并报表系统已在全集团应用,药品分销系统、零售连锁信息系统、物流信息系统开始启动。

【法人治理结构】 中国医药集团总公司被国资委列为中央企业建立和完善国有独资公司董事会第一批试点单位。集团总公司董事会为中国医药集团总公司最高决策权力机构,下设三个专业委员会:战略委员会、提名委员会和薪酬与考核委员会。中国医药集团总公司坚持董事会制度,对集团的发展战略、重大投融资、企业改制和内部三项制度改革等重大问题及时进行研究和决策,体现了中国医药集团总公司在重大问题上的集体决策和必要的制衡与监督。对经理层,以选聘、考核、激励为重点,实行经营者完成目标责任为基础的年薪制。

【产权制度改革】 中国医药集团总公司成立以来,准确定位,坚持创新和改革,持续改制,发展至今已拥有10家二级公司和136家三级公司。二级公司中有1家控股上市公司,5家控股有限公司,1家控股中外合资公司,3家国有独资公司。目前,集团二、三级公司中共拥有国药股份、一致药业、云南白药三家上市公司。

2003年,中国医药集团总公司和中国药材集团公司两大公司重组,重组后的第一年,药材集团在加快改革步伐的同时实现了扭亏为盈,2004年实现盈利1000万元;引进复星集团民营资本,注册成立的国药集团医药控股有限公司,成功完成了深圳一致药业股权收购,初步建成一个战略明确、产权清晰、管理有序、核心突出、品牌统一、文化鲜明的集团型控股公司。

2004年9月,中国医药工业公司和民营企业东盛集团合作,成立了中国医药工业有限公司。同时,注资7.5亿元,成功完成云药集团收购工作,实现了工业公司历史性的跨越。

中国医疗器械工业公司对本部经营性资产进行改制,成立了国内医疗器械营销领域第一家中外合资企业——国药集团联合医疗器械有限公司,增强了市场竞争能力;国药展览公司同英国励展公司合作,合资成立了国药励展有限公司,提高了展会品牌,扩大了展会规模。

此外,中国医药集团总公司所有二级公司都已进入改制程序。有改制任务的65家三级公司中,52家已完成改制,其余正在改制进程中。

中国国旅集团公司

【概况】 中国国旅集团公司,英文全称:CITS GROUP CORPORATION,是经国务院和国务院国资委批准,由中国国际旅行社总社(简称国旅总社)与中国免税品(集团)总公司(简称中免总公司)合并重组成立的。2004年11月10日,中国国旅集团公司正式宣告成立。

中国国旅集团公司是集旅行服务、免税品经销、旅游景点开发与管理、交通运输、电子商务等综合服务内容于一体的国有重点大型企业(集团),注册资本3.9亿元。“中国国旅、CITS”是中国驰名商标和海内外知名品牌,在2004年6月世界品牌实验室(WBL)和世界经济论坛(WEF)公布的中国500个最具价值品牌中,“国旅”品牌名列第53名,旅游服务类第1名,品牌价值达88.81亿元。

中国国旅集团公司下属三大板块子公司:中国国际旅行社总社、中国免税品(集团)总公司和即将组建的中国国旅地产与物业管理公司。

截至2004年底,中国国旅集团公司拥有全资及控股企业89家,其中包括一级企业2家(国旅总社、中免总公司)、境内二级全资、控股企业71家、境内三级企业7家,境外全资及控股二级企业9家;从业人员3516人。

【主要经济指标】 2004年,中国国旅集团公司实现营业收入37.49亿元,比2003年增长56.01%;实现利润总额9,421万元,比2003年增长853.54%。

主要原因是由于2003年遭受"非典"疫情的打击，旅游业务大幅下降，与之密切相关的免税品销售业务也受到重大不利影响。随着2004年旅游业的逐渐恢复，旅游和相关业务均比2003年有了显著提高。

截至2004年底，中国国旅集团公司的资产总额为33.77亿元，资产负债率为65.15%。2004年度集团合并报表调整后的年初所有者权益总额为9.5亿元，年底所有者权益总额为10.37亿元，年底数较年初数增加0.87亿元，主要是资本公积、盈余公积及未分配利润增加所致，剔除客观因素影响，国有资本保值增值率为105.4%。

【重大项目进展】

1. 集团公司组建。2003年12月，经国务院和国务院国资委批准，中国国际旅行社总社与中国免税品(集团)总公司实行强强联合，进行企业重组，组建中国国旅集团公司。

2004年5月17日，《重组总体实施方案》上报国资委并获得批准。

2004年9月16日，国资委颁发国资任字[2004]73号任免通知，中国国旅集团公司董事会、临时党委正式成立。

2004年11月10日，中国国旅集团公司正式宣告成立。

2. 国旅王府大厦建设。中国国旅集团公司所属国旅总社国旅王府大厦工程于2004年7月竣工，该大厦位于北京市东单北大街1号，总建筑面积为39356.57平方米。

【法人治理结构】 2004年6月，国资委将中国国旅集团公司列入第一批(七家)中央企业建立和完善国有独资公司董事会试点单位。2004年9月，国资委颁发任免通知，成立中国国旅集团公司董事会。2004年10月，集团公司董事会聘任了集团公司经营班子和董事会秘书。2004年11月，国资委批准了《中国国旅集团公司章程》。《公司章程》规定中国国旅集团公司董事会由9名董事(含国资委选聘的外部董事和职工民主选举产生的职工董事)组成，设董事长1人，副董事长1人，董事长为公司的法定代表人。此外，《公司章程》对有关董事会的职责、组成、下设专门委员会和办公室、重大事项决策制度、会议制度、董事的权利与义务、责任，董事会秘书的职责，董事会与出资人的关系、与总经理的关系等进行了规范。

按照国资委的要求，中国国旅集团公司正在积极推进国有独资公司董事会试点的有关工作。下一步，将进一步完善董事会建设，正式组建各专门委员会，继续制定和完善有关规章制度，完善董事会运作制度，确保董事会对公司进行有效的战略控制和监督，顺利推进国有独资公司董事会试点工作的开展。

【主要管理经验】 2003年受"非典"疫情影响，中国国旅集团公司下属国旅总社的旅游业务和中免总公司的免税品销售业务受到重大不利影响，经营业绩滑向谷底。2004年成为中国国旅集团公司努力摆脱困境、加快恢复业务的关键一年。随着旅游业逐渐恢复，集团公司克服了年初禽流感和"非典"余波的影响，紧紧围绕两项主营业务——旅行社业务和免税业务的成长，一方面改善现有业务，挖掘增长潜力；另一方面，通过优化组合创造新价值。经过努力，集团公司的经营业绩比2003年有了大幅度提高。

能够完成集团公司2004年各项经营指标的关键在于以下三个方面：

一是观念创新。根据中国旅游业和免税业的发展趋势，深入研究旅游客源市场的市场规律和市场特征，全面树立市场化观念和市场竞争理念，制定出适合集团公司的发展战略。

二是管理变革。通过聘请专家咨询，进行管理诊断，对组织架构、业务流程、人力资源和绩效考核体系等进行变革，解决企业体制和机制中长期存在的深层次问题，提升企业的核心竞争能力和抗风险能力。

三是业务开拓。通过大胆开拓和业务创新，发现能够提升集团公司业绩的新的经营增长点，真抓实干、积极主动出击，真正实现公司业绩质的飞跃。

中国新兴(集团)总公司

【概况】 2004年，中国新兴(集团)总公司认真贯彻"三个代表"重要思想和科学发展观，不断推进改革与发展步伐，大力开拓市场，强化管理，提高效益，生产经营取得了可喜成绩，圆满完成了年度业绩考核目标和各项工作任务，实现了国有资产的保值增值。2004 年，国资委下达集团的业绩考核目标是：利润 11480 万元，净资产收益率 3.02%，成本费用利润率 2.03%，集中管理资金增长率 7%。根据决算情况，按照原会计制度口径考核，截至 12 月底，集团实现利润 15570 万元(其中利润总额 15252 万元，消化以前年度潜亏及挂账 318 万元)，超过业绩考核目标 4090 万元；净资产收益率 5.85%，比考核目标高 2.83 个百分点；成本费用利润率 2.69%，比考核目标高 0.66 百分点；集中管理资金增长率 69.66%，比考核目标高 62.66 个百分点。

【主要经济指标】 2004 年，按照企业会计制度核算，中国新兴(集团)总公司(含所属企业)完成营业收入 57.37 亿元；实现利润 12445 万元；税后净利润 6946 万元；缴纳税金总额 25317 万元；人均创利 14573 元，人均纳税 18646 元。

2004 年底资产总额 66.25 亿元，负债总额 53.67 元，所有者权益总额为 12.58 亿元，资产负债率 81.02%。当年国有资本保值增值率为 107.02%。

2004 年，集团建筑房地产、进出口贸易及医药三大主业累计完成销售收入 50.86 亿元，占所属企业全部销售收入的 87.46%，实现利润 1.61 亿元，占所属企业全部利润的 86.98%，为促进集团经济效益持续增长作出了突出贡献。

【法人治理结构】 中国新兴(集团)总公司是以资本为纽带的母子公司管理体制，未设立股东会和董事会，实行总经理负责制，总经理为法定代表人。集团公司模拟公司制企业，建立了党政联席会、总经理办公会和党委会"三会"决策制度；党政联席会议是集团最高决策机构，总经理办公会决策日常经营管理事项，党委会决定党的各项工作。目前，根据国资委要求，集团公司对各二级企业经营者推行经营业绩考核办法，在考核的基础上实行年薪制。

中国新兴(集团)总公司组织结构一览表

母公司	全资子公司	控股子公司
中国新兴(集团)总公司	中国新兴建设开发总公司	上海新兴医药股份公司
	中国新兴进出口总公司	上海均茂置业有限公司
职能部门	中华保得交通总公司	参股公司
办公室	北京戎利实业总公司	中国永裕新兴医药有限公司
计划发展部	中国新兴保信建设总公司	
财务部	中国兴利房地产开发公司	
人事劳资部	中国新兴矿产化工公司	
党务工作部	中国新兴实业发展公司	
纪检监察部	江苏淮海盐化厂	
体制改革办公室	新兴宾馆	
总法律顾问室	新兴集团培训中心	

【清产核资】 2004 年，根据国资委统一部署，集团公司认真组织了清产核资工作，重点抓了核对账目、资产清查、价值重估、损益认定和资金核实五个阶段的关键工作。集团参加清产核资的企业共计 223 家，其中纳入集团清产核资合并报表范围并按单位进行清理的企业 96 家，未纳入集团清产核资合并报表范围、按长期投资项目进行清理的单位 127 家。经审计，截至 2003 年 12 月 31 日，集团公司合并资产总额 70.24 亿元，负债总额 49.89 亿元，少数股东权益 1.94 亿元，所有者权益总额 18.41 亿元。通过清产核资，集团公司进一步摸清了家底，彻底清理了历史包袱，总结了经验教训，为完成新旧会计制度接轨、完善业绩考核体系创造了条件，也为推动企业长远发展夯实了基础。

【企业管理】 2004 年，集团公司全面加强了企业管理工作，编制了集团"十一五"发展计划及 2020 年远景规划，为集团企业规划了远景蓝图。继续完善预算管理，结合业绩考核，将国资委对集团下达的考核目标层层分解落实到各级企业，定期召开预算执行情况分析会,进一步强化预算控制。继续加强集团财务结算中心对资金的集中管理,将资金集中管理增长率纳入考核指标,各驻京企业积极清理银行账户,按要求把资金集中到结算中心统一结算,使集团集中管理的资金比前三年平均水平增长69.66%。为推动煤炭业务成为新的经济增长点,下大力加强管理,定期召开煤炭企业生产经营情况分析会,分析形势,发现问题,排忧解难,全年新增煤炭营运资金3800万元,有力保证了煤炭企业经济效益的提高。加强领导班子考核管理,对6家企业的10多名领导成员进行了调配。认真开展效能监察和内部审计,对9家单位进行了经营者经济责任审计、财务收支审计和专项审计。加强安全生产工作,组织了集团煤炭企业安全生产专项检查。加强法律顾问制度建设,积极为所属企业提供法律咨询和服务。通过采取一系列扎实有效的管理措施,促进了企业效益增长和管理水平提高。

【产权制度改革】 2004年,集团公司进一步加快产权改革步伐。根据国资委有关文件精神,结合所属企业的实际情况,集团公司修订制发了《集团企业改制工作程序》、《产权转让管理办法》等相关文件;认真抓好企业改制中的财务审计、资产评估及产权交易等关键环节,进一步规范改制行为,保证了集团公司改制工作的健康发展。集团企业也积极推进改制工作,全年有8家企业提出了改制申请,部分三级企业已做好改制前期准备工作,目前正在进行财务审计和资产评估。集团所属兴利房地产公司去年11月将其所属海南新兴港务公司的部分股权在国资委指定的天津交易中心挂牌交易,成为集团公司股权转让挂牌交易的第一家。

【三项制度改革】 2004年,集团及所属企业三项制度改革取得了积极进展。集团公司修订了《企业经营者年度经营业绩考核和年薪制暂行办法》,将原来主要以利润为主的考核办法,调整为以利润总额、营业收入、净资产收益率及成本费用率等多指标综合考核体系。认真落实《领导班子行政副职竞聘上岗办法》,组织4家二级企业进行了行政副职公开竞聘,有6名同志经竞聘走上了领导岗位。建筑施工企业大力推行项目经理风险抵押、管理人员竞聘上岗制度,使企业内部形成了鼓励竞争、按贡献分配和利益风险共担的良好氛围。集团所属新兴房地产总公司、新兴宾馆、戎利公司、上海新兴医药股份公司等企业积极推行减人增效,妥善安置富余职工139名。另外,集团企业还在合同制管理、医疗改革、员工离岗退养及交纳"四险一金"等方面做了大量工作,推动了企业改革与发展。

利润及利润分配表

企财02表

编制单位:中国新兴(集团)总公司　　2004年度　　金额单位:元

项　　目	行次	上年实际数	本年实际数
一、主营业务收入	1	4777452623.42	5737464738.04
其中:出口产品(商品)销售收入	2	598109174.66	700027904.24
进口产品(商品)销售收入	3	54472707.34	265158615.90
减:折扣与折让	4	0.00	0.00
二、主营业务收入净额	5	4777452623.42	5737464738.04
减:(一)主营业务成本	6	4249417852.92	5152712566.89
其中:出口产品(商品)销售成本	7	530485056.32	658050017.78
(二)主营业务税金及附加	8	119631792.33	134618575.77
(三)经营费用	9	0.00	0.00

续表

项　　目	行次	上年实际数	本年实际数
(四)其他	10	0.00	0.00
加:(一)递延收益	11	0.00	0.00
(二)代购代销收入	12	9530661.97	9038676.09
(三)其他	13	0.00	0.00
三、主营业务利润(亏损以"-"号填列)	14	417933640.14	459172271.47
加:其他业务利润(亏损以"-"号填列)	15	38725452.18	45581912.21
减:(一)营业费用	16	114781854.53	132057484.53
(二)管理费用	17	214745489.49	242247646.10
(三)财务费用	18	32396977.17	34599976.00
其中:利息支出	19	36223054.36	41562827.66
利息收入	20	9175894.26	7472562.12
汇兑净损失(汇兑净收益以"-"号填列)	21	-106500.05	-257488.17
(四)其他	22	0.00	0.00
四、营业利润(亏损以"-"号填列)	23	94734771.13	95849077.05
加:(一)投资收益(损失以"-"号填列)	24	-15315669.52	17614078.66
(二)期货收益	25	0.00	0.00
(三)补贴收入	26	4244210.10	7199858.25
其中:补贴前亏损的企业补贴收入	27	1536341.99	2798040.63
(四)营业外收入	28	9239062.79	8823163.13
其中:处置固定资产净收益	29	524468.18	4018758.87
非货币性交易收益	30	0.00	0.00
出售无形资产收益	31	0.00	427453.78
罚款净收入	32	24861.49	164875.13
(五)其他	33	1378.92	0.00
其中:用以前年度含量工资结余弥补利润	34	0.00	0.00
减:(一)营业外支出	35	5100287.91	5035746.83
其中:处置固定资产净损失	36	1603118.45	1123835.03
出售无形资产损失	37	0.00	0.00
罚款支出	38	300508.34	353785.26
捐赠支出	39	1266083.00	1116563.29
(二)其他支出	40	0.00	0.00
其中:结转的含量工资包干结余	41	0.00	0.00

续表

项　　目	行次	上年实际数	本年实际数
五、利润总额(亏损总额以“－”号填列)	42	87803465.51	124450430.26
减:所得税	43	44646636.65	45189507.20
＊少数股东损益	44	3432674.03	5384225.77
加:＊未确认的投资损失	45	4050196.64	－4418455.87
六、净利润(净亏损以“－”号填列)	46	43774351.47	69458241.42
加:(一)年初未分配利润	47	－285554914.86	－216489119.06
(二)盈余公积补亏	48	0.00	0.00
(三)其他调整因素	49	40121850.15	－9963468.88
七、可供分配的利润	50	－201658713.24	－156994346.52
减:(一)提取法定盈余公积	51	7415202.91	0.00
(二)提取法定公益金	52	7415202.91	0.00
(三)提取职工奖励及福利基金	53	0.00	0.00
(四)提取储备基金	54	0.00	0.00
(五)提取企业发展基金	55	0.00	0.00
(六)利润归还投资	56	0.00	0.00
(七)补充流动资本	57	0.00	0.00
(八)单项留用的利润	58	0.00	0.00
(九)其他	59	0.00	0.00
八、可供投资者分配的利润	60	－216489119.06	－156994346.52
减:(一)应付优先股股利	61	0.00	0.00
(二)提取任意盈余公积	62	0.00	0.00
(三)应付普通股股利(应付利润)	63	0.00	0.00
(四)转作资本(股本)的普通股股利	64	0.00	0.00
(五)其他	65	0.00	0.00
九、未分配利润	66	－216489119.06	－156994346.52
其中:应由以后年度税前利润弥补的亏损(以“＋”号填列)	67	0.00	0.00
补充资料:	68	—	—
一、出售、处置部门或被投资单位所得收益	69	0.00	6604198.16
二、自然灾害发生的损失	70	0.00	0.00
三、会计政策变更增加(或减少)利润总额	71	－11442786.06	－25631040.61
四、会计估计变更增加(或减少)利润总额	72	0.00	0.00
五、债务重组损失	73	0.00	0.00
六、其他非经常性损益	74	4138774.88	4982134.54

注:表中带＊项目为合并会计报表专用。

资 产 负 债 表

企财 01 表

编制单位:中国新兴(集团)总公司　　2004 年 12 月 31 日　　金额单位:元

项　　目	行次	年初数	年底数
货币资金	1	825238212.46	762854930.87
短期投资	2	14688035.91	3872727.51
应收票据	3	3722560.09	17823035.85
应收股利	4	0.00	20475.00
应收利息	5	0.00	0.00
应收账款	6	1965637709.95	1859311598.02
其他应收款	7	307643582.43	508538023.06
预付账款	8	209930396.06	317667232.18
期货保证金	9	0.00	0.00
应收补贴款	10	0.00	303395.22
应收出口退税	11	52069809.51	7962421.21
存货	12	1643530025.40	1858309027.26
其中:原材料	13	147056085.85	79589002.55
库存商品(产成品)	14	205642692.42	152954254.31
待摊费用	15	6418464.81	2546471.35
待处理流动资产净损失	16	0.00	0.00
一年内到期的长期债权投资	17	0.00	0.00
其他流动资产	18	2637396.89	1008000.00
流动资产合计	19	5031516193.51	5340217337.53
长期投资	20	146498774.83	197846709.97
其中:长期股权投资	21	146498774.83	187536709.97
长期债权投资	22	0.00	0.00
*合并价差	23	0.00	0.00
长期投资合计	24	146498774.83	197846709.97
固定资产原价	25	1513982511.96	1550440271.54
减:累计折旧	26	580927914.89	622744750.22
固定资产净值	27	933054597.07	927695521.32
减:固定资产减值准备	28	15088803.85	16283522.09
固定资产净额	29	917965793.22	911411999.23
工程物资	30	0.00	0.00
在建工程	31	85193538.15	81813062.62

续表

项　　目	行次	年初数	年底数
固定资产清理	32	2546172.85	889694.44
待处理固定资产净损失	33	0.00	0.00
固定资产合计	34	1005705504.22	994114756.29
无形资产	35	56148714.65	31545122.78
其中：土地使用权	36	38297665.20	12277181.05
长期待摊费用（递延资产）	37	47623811.25	33650039.99
其中：固定资产修理	38	6062873.69	2528716.73
固定资产改良支出	39	5568236.50	1098434.98
其他长期资产	40	42389951.36	27193131.98
其中：特准储备物资	41	0.00	0.00
无形资产及其他资产合计	42	146162477.26	92388294.75
递延税款借项	43	0.00	0.00
	44		
	45		
资　产　总　计	46	6329882949.82	6624567098.54
短期借款	47	732568413.58	633072250.57
应付票据	48	157115055.93	147144575.18
应付账款	49	1269777927.62	1309736488.21
预收账款	50	807502910.26	911757120.98
应付工资	51	293059480.32	269933583.96
应付福利费	52	139962040.24	142088686.17
应付股利（应付利润）	53	1666954.96	5811954.96
应付利息	54	0.00	0.00
应缴税金	55	127990897.22	183743189.13
其他应交款	56	9941340.75	21526777.47
其他应付款	57	1003258153.41	1243951456.99
预提费用	58	118471501.33	79649406.45
预计负债	59	4827586.74	4827586.74
递延收益	60	0.00	0.00
一年内到期的长期负债	61	0.00	0.00
其他流动负债	62	120481.10	120481.10
流动负债合计	63	4666262743.46	4953363557.91

续表

项　　目	行次	年初数	年底数
长期借款	64	251801545.00	170791000.00
应付债券	65	0.00	0.00
长期应付款	66	14352392.78	43039535.50
专项应付款	67	0.00	546000.00
其他长期负债	68	193944282.44	199381910.14
其中:特准储备基金	69	0.00	0.00
长期负债合计	70	460098220.22	413758445.64
递延税款贷项	71	0.00	0.00
负　债　合　计	72	5126360963.68	5367122003.55
* 少数股东权益	73	123140742.72	95066585.20
实收资本(股本)	74	1366393611.43	1367393611.43
国有资本	75	1366393611.43	1367393611.43
集体资本	76	0.00	0.00
法人资本	77	0.00	0.00
其中:国有法人资本	78	0.00	0.00
集体法人资本	79	0.00	0.00
个人资本	80	0.00	0.00
外商资本	81	0.00	0.00
资本公积	82	0.00	16742127.06
盈余公积	83	0.00	0.00
其中:法定公益金	84	0.00	0.00
* 未确认的投资损失(以“-”号填列)	85	-69523248.95	-64762882.18
未分配利润	86	-216489119.06	-156994346.52
其中:现金股利	87	0.00	0.00
外币报表折算差额	88	0.00	0.00
所有者权益小计	89	1080381243.42	1162378509.79
减:未处理资产损失	90	0.00	0.00
所有者权益合计(剔除未处理资产损失后的金额)	91	1080381243.42	1162378509.79
负债和所有者权益总计	92	6329882949.82	6624567098.54

中国保利集团公司

【概况】 2004年，中国保利集团公司各级领导和员工积极进取、努力奋斗，主营业务快速发展，经济效益显著提高，各项工作取得了很大成绩。贸易主业军民品进出口业务取得新进展，明确了以军民品贸易为主，积极拓展外向型、资源型的贸工一体化发展思路；房地产主业逆势而上，保利集团公司被国资委确定为五家可对其他中央企业房地产业务进行重组的企业之一，保利房地产股份公司顺利通过证监会的上市审核，并在土地储备、开工面积、销售收入和税前利润方面取得了跨越式发展；培育中的文化产业品牌效应迅速扩大，保利文化艺术有限公司被文化部命名为文化产业示范基地。

2004年，保利集团公司总资产增长33%，销售收入增长31%，利润总额增长63%，集团整体保持了较强的盈利能力，具备了实现快速、稳定、健康、可持续发展的基础。

【主要经济指标】

1. 主要经济指标完成情况。

表1　　2004年主要经济指标完成情况表

项　　目	业绩考核指标	2004年完成数据	增长比率(%)
利润总额(万元)	34000	53879	158.47
净资产收益率(%)	2.81	5.41	192.41
成本费用利润率(%)	8.30	11.66	140.50
流动资产周转率(次)	0.40	0.59	150.00

从上述数据看，保利集团公司全面完成了国资委下达的2004年度考核指标。

2. 经营业绩与财务分析。

(1)资产情况。截至2004年12月31日，保利集团公司资产总额159.44亿元，比2003年增长26%；负债总额85.87亿元，比2003年增长20.19%；所有者权益51.61亿元，比2003年增长19%；少数股东权益21.96亿元，比2003年增长28%。

2004年，保利集团公司的资产负债率54%，偿债能力较强，具有良好的筹资能力和空间。国有资产保值增值率104%，具有较好的资产保值增值能力。经过2004年的清产核资，保利集团公司的资产质量优良。资产负债指标详见下表：

表2　　2004年资产负债情况表　　单位：亿元

项　　目	2004年数据	比2003年增长额	比2003年增长率(%)
总资产	159.44	33.38	26
总负债	85.87	20.19	31
少数股东权益	21.96	4.77	28
所有者权益	51.61	8.42	19
资产负债率(%)	54		
资产保值增值率(%)	104		

(2)盈利情况。

2004年，保利集团公司实现主营业务收入51.16亿元，比2003年增长31%；利润总额为5.39亿元，净利润2.36亿元，比2003年分别增长63%和47%，盈利水平大幅提高。集团公司利润主要来源于主营业务利润，利润质量较高。各项盈利指标详见下表：

表3　　2004年盈利指标完成情况表　　单位：亿元

项　　目	2003年	2004年	增长额	增长率(%)
主营业务收入	39.12	51.16	12.04	31
主营业务成本	30.34	37.32	6.98	23
主营业务利润	7.92	12.39	4.47	56
营业利润	2.37	5.3	2.57	94
利润总额	3.31	5.39	2.08	63
净利润	1.61	2.36	0.75	47

【重大项目进展】 2004年，保利集团公司共投资各类项目64个，其中在建(续建)项目24个，新建项目40个，实际完成投资39.7亿元，回笼资金22.54亿元。部分重点业务和项目进展情况如下：

保利科技公司军民品贸易业务快速增长，截至2004年12月31日，共签署进出口合同3229个，实现进出口总额15.7亿美元(据有关部门统计，名列全国500强进出口企业第63位)，其中军品占进出口总额90%以上，为我军装备现代化作出了突出贡献。

北京新保利大厦项目位于北京东二环商务带，总建筑面积10.8万平方米，总投资14亿元，是保利集团公司在北京建设的标志性甲级写字楼。截至2004年12月31日，项目累计投资6亿元，三个核心筒高度已达90米，外围钢构架安装至15层，压型钢板达第10层。

深圳保利文化广场项目位于南山商业文化中心区，总建筑面积10.6万平方米，是集文化、娱乐休闲、商业于一体的综合性文化产业投资项目。2004年主要进行施工图设计和基坑开挖工作。

重庆保利生态体育公园位于重庆北部新区，占地面积3279亩，建设40万平方米的房地产项目和西部一流的高尔夫球场(作为2005年亚太市长峰会的配套设施)。2004年完成了球场深化设计和工程招投标工作。

广州保利国际广场项目位于琶州会展中心区，是目前广州智能化程度最高和最生态环保的写字楼。项目总建筑面积18万平方米，总投资14亿元。截至2004年底，累计完成投资1.93亿元。

沈阳保利花园项目总投资18亿元，累计完成投资2.25亿元，其中本年完成投资1.66亿元。项目首期9.2万平方米，于2004年3月19日动工，6月正式销售，截至2004年12月底销售8.07万平米。

北京保利垄上别墅项目占地面积856亩，总建筑面积为35.4万平方米，总投资17亿元，分三期建设。项目于2004年9月16日开工，截至2004年底累计投资5.1亿元。

武汉保利文化广场项目位于武昌区洪山广场南侧，项目总建筑面积12.6万平方米，总投资为9.3亿元。2004年主要进行项目前期准备和规划设计工作。

广州保利酒店项目位于中信广场东北角，总建筑面积为6万平方米。截至2004年12月底，项目完成投资1.71亿元，基本完成了地下室基础施工；与美国Starwood公司签署了引进“威斯汀”酒店品牌管理的协议。

【法人治理结构】 保利集团公司实行董事会领导下的总经理负责制，经理班子成员包括总经理、副总经理和总会计师。本部设企业发展部、财务部和综合事务部三个部门。集团公司下属五家子公司，分别是保利科技有限公司、保利南方集团有限公司、保利文化艺术有限公司、保利上海集团有限公司、香港嵘高贸易有限公司。

保利集团公司坚持以法人治理结构为核心的现代企业制度，形成了股东会、董事会、监事会、总经理、总会计师各司其职、分级管理、责权利分明的法人治理体系。集团公司董事会是集团公司最高决策与权力机构，负责对集团改革发展和重大经营活动作出决策。重大问题经集团公司党组、董事会联席会议决策后，由总经理主持经理办公会议落实执行，经理班子通过坚持每周经理办公会议制度，及时讨论集团公司经营管理问题，广泛交流项目信息。

子公司均设立董事会，董事会成员和总会计师由集团公司委派，企业总经理由董事会聘任。企业经营班子执行集团公司董事会和本企业董事会的决议，管理本企业日常经营事务，研究、制定、执行、上报本企业经营计划及重大事项。

【产权制度改革】 2004年，保利集团公司按照国资委产权制度改革的要求，努力推进股份制改造和投资主体多元化工作。保利房地产股份公司上市工作取得阶段性突破，2004年6月顺利通过证监会审核，上海水族馆等项目成功在新加坡公开发行上市。

2004年6月，保利集团公司制订了股份制改造总体原则和方案并付诸实施。保利通信公司、保利智典公司、保利华中公司等一批企业股份制改造和产权多元化工作已经落实；集团各企业新上项目按照采取吸收外部资本和产权多元化方式组建。

【主辅分离辅业改制】 2004年，保利集团公司根据859号文件精神，结合企业自身情况，将所属上海保利科技有限公司、深圳深远贸易有限公司作为首批实施主辅分离、辅业改制试点企业，设计完成了改制方案，并将有关材料上报国资委、劳动和社会保障部、财政部等部门，待批准后实施。

【主要管理经验】

1. 突出主业，经济效益显著提高。集团公司通过企业整合和资产重组，贸易和房地产主业地位进一步突出，投资向房地产主业集中，规模和实力明显增强，经济效益显著提高。

2. 积极开展资本运作，推进投资主体多元化。2004年，集团公司全力做好保利房地产股份公司上市工作，努力推进股份制改造和投资主体多元化，充分发挥香港上市平台作用，进行关联交易和资产置换，实现企业间联动效益。

3. 抓好清产核资，夯实企业发展基础。2004年，集团公司按照国资委的统一部署和要求，认真组织和实施了清产核资工作，经国资委批复确认，集团公司合计净盘盈7.14亿元。通过清产核资，解决了许多历史遗留问题，盘活了存量资产，夯实了企业发展基础。

4. 不断加强制度建设，进一步提高管理水平。一是贯彻国资委经营业绩考核办法，将企业计划、全面预算和业绩考核等管理方法有机结合，把考核目标进行层层分解，落实到每一个企业，全面提高企业效益。二是加强项目管理，切实建立起项目负责制。三是进一步规范了财务决算审计管理，建立健全审计监督工作体系，充分发挥审计监督作用。四是加强对各企业贷款、抵押、担保等融资业务的管理和监督，严格控制财务和资金风险。五是加强以人为本的企业文化建设，构建较完整的薪酬及福利保障体系，探索公开、公平、竞争、择优的用人机制，建立精干、高效的管理机构和科学、合理的管理体制。

中国新时代控股(集团)公司

【概况】 中国新时代控股(集团)公司(以下简称集团)成立于1980年，是为国防科技工业提供综合服务的经营型集团公司，现为国务院国家资产监督管理委员会管理的中央企业。

2004年，是集团实施二次创业发展战略的第二年。集团各级领导班子和广大员工认真贯彻科学发展观，努力提高执行能力，坚持改革创新，坚持以发展为第一要务，狠抓经营预算计划的完成，狠抓业务市场的拓展，狠抓内部管理水平与质量的提高，狠抓以企业文化为核心的思想政治工作，集团各方面工作都取得了令人振奋的成绩，主要经营指标均再创历史新高，用三年时间使利润总额翻了两番、增长五倍，一批经营单位业绩实现历史性突破，骨干企业、支柱企业初步形成。集团呈现出发展快、效益高、经营质量好、运行成本省的喜人局面，基本形成了人人想干事、认真努力干事、千方百计干成事的生气勃勃的良好氛围。

【主要经济指标】 2004年，集团(未含国际工程公司)实现主营业务收入10.889亿元、利润总额1.706亿元、净利润3089万元，分别比上年增长38.70%、171.90%和130.52%，分别完成年初计划的146.72%、212.54%和189.05%。

对照国资委考核评价指标体系，集团是利润总额超目标责任3倍以上的中央企业之一，净资产收益率、总资产报酬率、保值增值率在中央企业中均处于优秀水平。

【重大项目进展】 2004年，经国务院批准，集团与中机国际工程咨询设计总院成功重组，中机总院并入集团并更名为中国新时代国际工程公司，集团工程技术服务业形成了从勘察、设计、咨询、招投标、监理到工程总承包的完整业务链。

【法人治理结构】 总裁办公会议是集团日常经营管理工作的决策机构，总裁为企业法定代表人，对经营管理工作负全责。

集团实行母子公司管理体制，母公司对子公司拥有“三大职能”——重大问题决策中心、资产财务管理中心、人力资源配置中心；实行“四个统一”——基本管理制度统一、资产财务管理统一、人事管理统一、企业文化统一；加强“五项管理”——重大经营决策管理、资产财务管理、人事管理、经营预算管理、信息系统管理。子公司是经营责任主体，有“四项任务”——利润中心、成本中心、抓发展、抓队伍建设。这样既明确和强化了集团作为出资人的地位作用，也调动了子公司自主经营的积极性、创造性。

集团实行以岗位为核心的薪酬结构，薪酬由基本薪酬加激励薪酬构成，基本薪酬由岗位工资和绩效工资组成，绩效工资与预算完成情况挂钩，激励薪酬（奖金等）与净利润和特殊或重大贡献挂钩。集团坚持“总量控制，结构一致，管好班子，企业内部分配形式和数额由子公司自主确定”的原则，对薪酬实行集中统一管理，既能激励经营积极性，又能科学合理地调控成本。

【产权制度改革】 2004年，集团按照“产权清晰、权责明确、政企分开、管理科学”的现代企业制度要求，大力推进股份制改造，先后顺利完成新时代健康产业公司股份制改造的整改工作、中国新时代公司的股份制改造工作、华达玻璃钢公司股权多元化工作。

【主要管理经验】 2004年，集团各级班子和广大员工坚持改革创新，努力拼搏，做了大量有效工作，积累了一些管理经验。归纳起来，主要有七个方面：

1. 以有效经营资源为核心，坚定不移地实施发展战略。集团的发展战略为：全面贯彻党的十六大精神，依托特殊经营资源，大力发展国际贸易，积极开拓现代服务业务，审慎投资高新技术，适度开展资本经营，努力优化经营结构，切实提高经营效益，力争在五年内使公司成为资产规模大、优势企业多、盈利能力强、有较强综合实力、较高社会知名度、鲜明文化特色、积极为国防科技工业提供支持和保障服务的控股集团公司。同时培育出一支敬业精干、善于经营、凝聚力强的员工队伍。

2. 以年度经营预算为核心，狠抓经营，严控风险，千方百计创效益。集团明确了经营预算编制原则，细化了五个方面的内容，大力宣讲和树立经营预算的严肃性和权威性，并在年终将经营预算执行结果作为对经营负责人业绩考核的主要依据。各经营单位坚决、自觉贯彻集团经营管理意图，以利润为核心安排各项工作，开源节支取得了明显成效。

集团高度重视以财务为核心的经营风险管理，不断完善和健全经营过程中有关营运、信用、财务、授权风险等方面的风险预警机制，特别是注意健全重大经营问题决策程序。同时，加强对经营预算执行情况的阶段性分析，对重大经营问题及不良趋势及时提醒，特别是对经营中发生的新情况、新问题及可能产生较大偏差的重大项目，坚持跟踪监控，及时提出改进意见和措施，防范经营风险。

3. 以确保出资人权责到位为核心，坚定推进母子公司管理体制的有效运行。主要做了三项工作：一是明确母子公司的各自定位和责任。二是对重大问题决策及运转管理、人事管理、财务管理等有效运行的重要方面进行细化、制度化，并坚决贯彻执行。三是以工作流程标准化为核心，加强制度建设，加大执行力度。

4. 以建立现代企业制度为核心，慎重决策，规范操作，扎实开展二、三级企业投资主体多元化改制。

5. 以岗位为核心，积极进行内部管理机制创新。主要做法是：一是坚决实行一对一岗位负责制。二是坚持竞聘上岗和业绩考核，实行末位淘汰。三是坚持“效率优先，兼顾公平”原则，建立以岗位为核心的激励与约束相结合的分配机制。

6. 以“干事，干成事”为核心，形成特色企业文化，发挥思想政治工作效力。主要做法是：(1)融入经营，服务经营。(2)狠抓观念与理念转变。(3)狠抓思想与工作作风建设。(4)狠抓“干事，干成事”的工作氛围。

7. 以提高执行能力为核心，充分发挥领导班子的核心作用。主要做法是：一是慎重决策，言必信，行必果。二是坚持搞好一班人团结，做到集体决策、各负其责、协作配合。三是抓好一把手团队素质建设。四是廉政、勤政。

（审稿人：刘森　撰稿人：程华）

珠海振戎公司

【概况】 珠海振戎公司是经国家批准，于1994年成立的执行国家专项任务的国有重点企业，现由国务院国有资产监督管理委员会管理。公司成立十几年来，以增强国防综合实力、振兴国家能源工业为己任，发扬自力更生、艰苦奋斗的创业精神，锐意进取、不断开拓。2003年，公司共完成进出口贸易额近26亿美元，位列全国进出口500强第22位，并以营业额排名全国最大企业集团第52位。2004年，公司进口原油1186万吨，共完成进出口贸易额近36亿美元，各项排名有望再创新高。截至2004年底，公司共进口原油近7000万吨，贸易额超过150亿美元，上缴国家利税超过150亿元人民币，不仅为国防科技事业和国家能源建设作出了重大贡献，还在伊朗等中东国家创建了一个长期稳定的原油供货渠道，并带动了国内相关产品对这些国家的出口。

【生产经营】 公司主营业务为政府项下的原油进口业务。除主营业务外，公司还涉足石油产品的贸易业务，包括燃料油、成品油的进口贸易、液化石油气的进口及批发零售业务；同时，还进行其他商品的进口代理业务，包括汽车的进口代理业务及仪器仪表的进出口代理业务；公司还涉足高新技术领域，如通信软件开发应用、咨询服务等。公司主营业务产值和利润占公司产值及利润的95%以上。

珠海振戎公司总部设在北京，共有员工78人。公司内设十多个部室，下设北京帅府饭庄、北京康巴拉科技有限公司、广东振戎能源有限公司、北京振戎融通通信技术有限公司及境外的西萨摩亚振戎有限公司、香港振戎国际石油有限公司、香港天宝能源有限公司、与中石化合资组建的中石化云南大理振戎石油化工有限公司，以及驻伊朗、伊拉克办事处等十几个子公司和办事处。

公司2003年度国有资本保值增值率为112.8%，处于全行业的优秀水平，国有保值增值情况很好。

中国海洋航空集团公司

【概况】 中国海洋航空集团公司(简称中海航集团)2004年以“发展、提高”为主线，以“做实、做强”为目标，深化改革，加强管理，取得了良好的经济效益和社会效益。根据国资委对中央企业2004年12月财务状况统计排名，在资产总额10亿～50亿元之间的57户企业中，按销售收入增长率排名，中海航集团列第37位；在建筑行业14户企业中，按利润总额排名，中海航集团列第10位。

【主要经济指标】 2004年资产总额19.4亿元，负债总额12.1亿元，少数股东权益2.8亿元，所有者权益4.5亿元。全年完成主营业务收入13.6亿元，比上年增加3.3亿元，增长32%；实现利润总额10208万元，比上年增加3869万元，增长61%；净利润3731万元，比上年增加1407万元，增长61%；上交税金8588万元，比上年增加1731万元，增长25%。国有资本保值增值率为108.5%，比上年度国有资本保值增值率104.2%增长了4.3个百分点，与国资委统计评价局《2005年企业绩效评价标准值》中公布的大型建筑行业优秀值108%持平；资本积累率为8.4%，比大型建筑行业平均值4%高4.4个百分点；净资产收益率为11.8%，比大型建筑行业优秀值8.2%高3.6个百分点。2004年年底职工人数4244人。

2004年主要经济指标比较表

单位：万元

项目	2004年	2003年	增减额	增减(%)
资产总额	193569	174713	18856	10.79
负债总额	120854	99814	21040	21.08
少数股东权益	28139	20179	7960	39.45
所有者权益	44575	54721	-10146	-18.54
主营业务收入	136394	102686	33708	32.83
利润总额	10208	6339	3869	61.03
净利润	3731	2324	1407	60.54
上缴税金	8588	6857	1731	25.24
国有资本保值增值率(%)	108.51	104.19	4.32	
资本积累率(%)	8.39	2.52	5.87	
股东权益收益率(%)	8.71	4.30	4.41	
年底职工人数(人)	4244	4536	-292	-6.44

【改革与发展】 以培育主业、发挥优势为重点，大力推动中海航集团发展战略及其战略调整的实施进程，改革管理模式，优化内部结构。将原来由5个子公司分散管理的7个工程分局、1个工程公司统一划归工程建设总局管理，实现了中海航集团内部工程

企业的集中统管，形成了整体优势，增强了竞争实力。将原由国际航运公司管理、与航运业无业务关联的6个企业进行剥离，进一步优化了航运主业的专业化结构，提高了专业化管理水平。将同一区域内的2个物流企业的分别管理模式，调整为合并管理模式，缩短了管理链条。深入进行“三项制度”改革，在集团各企业全面推行竞聘上岗，并在部分企业进行了市场选聘经营管理者的尝试。进一步改革了工资制度，制订并实施了《中海航企业负责人经营业绩考核办法》，与各子公司负责人签订了年度企业经营者业绩考核责任书，并将业绩考核责任制推广到三级企业，各项指标层层落实到基层单位，完成指标与经营者薪酬挂钩，调动了企业经营者的积极性。

【生产经营】 中海航集团所属企业抓住市场有利时机，加快发展步伐。其中蓝星股份公司2004年玻璃产量比上年增加13.97%，平均产销率达到101.57%，利润增长57.5%；重点开发了欧洲、北非及南美等高端市场，全年累计出口交货值1721万美元，比上年增长1.74%。投资建设的蓝星股份公司“三线”项目，实现了当年上马、当年建成投产的目标。海运企业瞄准市场，调整战略，营业收入比上年增长51%，净利润比上年增长122%。工程企业发挥水工优势，全年中标合同总造价12.61亿元，比上年增加了8.09亿元，增长幅度为179%，创历史最好水平。酒业制造、出租车运输、房地产开发、住宿餐饮等20家企业的生产经营稳定发展，经济效益均比上年有所提高。海虹酒业公司销售收入创历史最好水平，生产的“沙家浜”啤酒还荣获“江苏名牌产品”称号；海南的房地产开发取得了显著成效；安徽的制药企业走出了产品销售不畅的困境。

【企业管理】 中海航集团坚持以财务管理为中心，采取有力措施，控制成本费用。全集团2004年成本费用占主营业务收入的比重为94.64%，比上年下降了1.54个百分点。加强风险管理，对重点投资新上项目，坚持科学论证、集体研究、慎重决策和严格程序，防范了风险。加强对所属企业财务状况和资产质量的监督，进一步完善会计、审计等管理制度，撤销审计部，成立了董事会领导下的“审计委员会”，强化了审计监督职能，全年开展审计项目23个，发现问题42条，提出审计建议60条，保证了国有资产安全。按照国资委部署，开展清产核资，搞实了资产，摸清了家底，为企业轻装上阵、加快改革发展步伐创造了良好条件。大力推进“制度、技术、管理”创新，制度化建设凸现现代企业制度要求和中海航集团特色；积极引导企业走“科技强企”之路，支持蓝星股份公司开展自主创新，低辐射镀膜玻璃(LOW－E)技术走在了国内同行业前列；管理创新取得显著成效，其中在全集团建立的OA办公和视频网络会议系统，进一步提高了管理水平。

【教育培训】 中海航集团2004年共选送出国考察培训37人次，派出参加短期培训1500人次，企业内部各类培训3400人次，106人取得岗位(职业)资格证书，25人晋升了高级职称。引进了部分管理和专业技术人才，接收具有本科以上学历的大学生52人，并加强对各类人才的教育、培养和使用，进一步提高了中海航集团员工的整体素质，为企业的可持续发展注入了新的活力。

【主辅分离辅业改制】 以“瘦身”为手段、突出主业为目的，认真贯彻落实859号文件精神，制订了《中海航主辅分离改制分流总体方案》暨第一批实施方案。在获准进行辅业改制的14家企业中，年内完成2家，其余大多数企业已进入了方案的实施阶段。同时，中海航集团把推行公有制的多种有效实现形式，作为企业实现投资主体多元化改革的方向，积极探索企业产权制度改革，为骨干企业上市创造了条件。

中国建筑设计研究院

【概况】 2004年，中国建筑设计研究院根据国资委下达的“经营业绩目标值”和院(集团)预算指标，始终坚持以经济工作为中心，及时召开“院属公司工作会议”和“中期经济工作会议”等，明确任务，分解目标值；集团内全面实行经营业绩考核制度，强力推行《企业会计制度》和预算管理制度，强化财务管理和成本控制，建立了企业数据月报制度和院(集团)财务运行动态报告制度；提高了院（集团）的管理能力和水平，国有资产保值增值率继续提高。

中国建筑设计研究院承担了国家大量的重点设计工程和援外工程设计。2004年设计项目获部级二等奖6项，部级三等奖9项，获市级一等奖8项，市级二等奖9项，市级三等奖8项。科研工作继续支撑主业发展，推动行业进步。2004年科研项目获部级一等奖3项，部级二等奖2项，部级三等奖2项，另外：有1个项目作为参加单位获得部级一等奖；2个项目作为参加单位获得部级二等奖，1个项目作为参加单位获得部级三等奖。

【主要经济指标】 2004年，中国建筑设计研究院顺利完成了各项经济指标：主营业务收入净额完成104949万元，比上年的97032万元，增加7917万元，同比增长8.16%，是院（集团）成立以来第二个超过10亿元的年份，比2001年的67135万元增长56%，平均每年增长14%；2004年共完成利润总额10518万元，比上年的8488万元增加2030万元，同比增长23.92%，比2001年的5976万元增长76%，平均每年增长19%，超过收入平均增长5个百分点；国有资产保值增值率为120.65%，同比增长0.83%。

【重大项目进展】

1. 2004年，中国建筑设计研究院在建筑设计方面，重点配合国家体育场和首都博物馆建设；完成中央纪律检查委员会办公大楼、内蒙古自治区党政办公大楼、北京市人民检察院、中石化总部大楼、山东广电中心、大庆市教育文化中心、神舟科技大厦等重点项目的签约及设计。在市政工程设计方面，为“西气东输”和“南水北调”工程提供了强有力的政策支持和技术支持，承担了近百项工程的设计、咨询任务。

2. 2004年，中国建筑设计研究院进一步加大了科技奥运项目的科研开发力度；参与编制《国家中长期科学技术发展规划战略研究》、《国家中长期科学技术规划纲要》，主持制订完成《建设事业技术政策纲要》等重大科技任务，为国家和行业的科技发展作出了贡献；编制《全国城市天然气利用规划》，提供国家西气东输工程的政策引导和政策支持，组织编制和修订《城镇燃气设计规范》，做好国家西气东输工程的技术引导和技术支持；编制《老年人居住建筑设计标准》，开展“全国民用建筑工程设计技术措施”研究，重视小城镇科技发展重大项目的研究；完成《全国重点文物保护单位保护规划编制审批管理办法》、《全国重点文物保护单位保护规划编制要求》、《中国建筑史·清代建筑》、《吐鲁番地区文物保护和旅游发展总体规划》、《集安高句丽王城、王陵和贵族墓葬保护规划》等项目。

【主要管理经验】

1. 进一步完善专业化改革。中国建筑设计研究院继续完善专业化改革，先后两次组织召开“专业运作模式研讨会”，组织有关人员制定相关制度，举办三次项目经理培训班，逐渐统一思想。经过共同努力，专业之间的配合越来越顺畅，专业院的优势逐渐显露，得到了广大甲方的支持和认同，也得到了上级主管部门不同程度的首肯。

2. 主要院属公司积极推进管理创新。在院（集团）的指导下，中国建筑设计研究院各院属公司重视经营管理创新，积极制定经营发展战略，管理水平、经营规模和效益又有了新的提高和发展；重视、加强制度管理，不断完善、推行量化管理和业绩考核，使企业的管理更加科学、有效。例如：中国市政工程华北设计院，全方位调查开展市场调研，制定发展计划；城市建设研究院，调整生产组织机构，重点培育市政公用类项目的核心竞争力，发展环卫并成为主业；深圳华森建筑与工程设计顾问有限公司，瞄准优势市场，主攻珠江三角和长江三角两大热点区域。

3. 加强集团财务管理。2004年中国建筑设计研究院先后制定了《院（集团）会计核算办法》，《院（集团）资产减值准备计提与资产核销暂行办法》等五项规定，从制度上保证了集团财务统一管理。院（集团）成立了预算管理委员会，第一次在全集团范围内全面推行预算管理，将各预算指标分解到各单位、各部门，加强对成本费用控制，使成本费用的增长速度低于收入的增长速度。及时成立“院清产核资领导小组”，对36家公司进行了全面的清产核资工作，核实了集团的资产质量，为执行《企业会计制度》打下了基础。

4. 重视企业文化建设。中国建筑设计研究院组织成立“企业文化建设工作小组”，梳理了院50多年的历史积淀形成的文化精华和成功经验，起草院（集团)企业文化建设框架和企业文化建设宣传提纲讨论稿;开展了“企业靠我发展,我靠企业生存”的专题宣传活动,展示企业的技术实力和人才实力,培养企业精神,塑造企业形象;制定了“戴念慈建筑奖”评选条例和“功勋员工”评选条例,并进行第一次“戴念慈建筑奖”和“功勋员工”评选工作,傅熹年院士荣获我院第一位“戴念慈建筑奖”光荣称号;编辑出版了《建筑人生》,开展了“企业文化大家谈与管理创新”论文评选活动,并编辑出版论文集。

中国电子工程设计院

【概况】 2004年,是中国电子工程设计院(以下简称设计院)主营业务重组改制后的第一年,也是改制初见成效的一年。在党的十六大和十六届三中、四中精神指导下,设计院领导班子带领全体员工解放思想,积极进取,开拓创新,各方面工作都取得了可喜成绩,全面超额完成各项经济指标,全院收入、利润、对国家的贡献都实现历史性的突破。

目前设计院拥有7家控股公司、3家参股公司、3家全资子公司和9个直属机构。主要业务经营范围为:电子信息、通信、广播影视、生物医药、新能源、新型显示器件等高新技术产业以及大型公共建筑、住宅小区的工程咨询、设计、总承包、监理、环境影响评价和工程造价咨询;高新技术产业及园区的规划编制;特种工程专业施工,特种工程装饰设计及施工。

【生产经营】

1. 财务状况。2004年,设计院营业收入5.77亿元,增长率为78%。其中:工程咨询、设计、监理及其他技术服务收入占总收入的43%,工程类收入占总收入的57%;利税总额7159万元,增长率为62.10%;净资产收益率20.13%;国有资产保值增值率119.60%。

2. 重大项目进展。在2004年设计院共完成风云三号气象卫星应用系统工程、第五代薄膜晶体管液晶显示器件项目等可行性研究报告103项,完成投资额210.6亿元;完成井冈山博物馆、HANA微电子(嘉兴)有限公司、北京京东方TFT等初步设计、施工图设计294项,投资额约为560.1亿元。

3. 项目获奖情况。国际工程界权威杂志美国《工程新闻记录》(ENR),首次评出2004年度中国工程设计、承包企业双60强,设计院跻身其中。

杭州士兰集成电路有限公司集成电路芯片生产线项目获全国优秀工程设计银奖;

富通集团有限公司光纤预制棒科研基地项目获全国优秀工程设计铜奖;

上海国家软件出口基地建设方案咨询报告获全国优秀工程咨询成果一等奖;

另有8个项目获得省部级优秀工程设计奖励。

【主要管理经验】 2004年,设计院实现了跨越式增长,营业收入和利润大幅提高,主要源于以下几方面:

1. 开拓业务领域。在设计收入平稳增长的同时,工程管理和工程总承包、装饰工程、特种工程等收入大幅增长,首次超过咨询设计收入,从设计型企业向工程公司的转变初见成效。

2. 坚持体制改革,实现了骨干员工持股的多元股本结构,实行经营业绩考核,激发了广大干部和员工的责任感和工作热情。

3. 不断创新发展,坚持走国际工程公司和技术进步道路,同时加大人才队伍建设力度,积极引进高端人才,努力开拓高端市场。

4. 加强财务管理,建立全面财务预算制度,严格控制成本,保证了利润的大幅提高。

中煤国际工程设计研究总院

【概况】 生产经营保持快速增长势头,经济效益再创历史最好水平。全年实现总收入54380万元,比上年增长52.65%;总支出48641万元,比上年增长38.97%;利润总额6492万元,比上年增长455.82%;净利润5617万元,比上年增长569%;净资产收益率

16.84%,比上年增长422%;合同额达191131万元,比上年增长68%。列煤炭工业百强企业71位。

结构调整成效显著,企业竞争力不断增强。围绕"为工程全过程提供服务、创建国际型工程公司"战略目标进行结构调整。一是调整专业结构。在保持传统设计优势同时,努力发展特色专业,做精做细市场,树立企业品牌形象,露天矿井设计、水煤浆工程等已经成为全国品牌专业。二是调整市场结构,积极开拓国内、国外两个市场。该院紧紧抓住煤炭工业发展及大型煤炭基地规划的发展机遇,进一步扩大国内市场占有率,在全国设计咨询市场占有率达70%,部分优势专业市场占有率达90%。该院同时把握国际化市场竞争给企业带来了发展机遇,积极参与国际市场竞争,同多个国家建立了长期合作关系。三是调整产业组织结构。为实现产业结构调整的目标,该院积极组织相关培训,倡导工程公司生产组织结构调整试点工作,2004年工程总承包合同额比上年增长一倍多。

企业管理水平普遍提高,市场经济适应能力不断加强。2004年该院继续进行管理体制调整,实行"三条线(生产、资产和资金)"管理。内部组织结构的调整及北京分部、市场部的相继成立是落实三条线管理的具体举措。

强化人事制度改革,人力资源结构不断优化。该院参照国资委经营者业绩评价系统,结合企业实际情况,完善企业评价体系,建立了从企业经营者、经营管理副职、机关职工等不同层次的考核评价体系,特别是随着所属企业经营者考核评价管理办法的不断完善,将企业发展战略和经营管理者个人利益有机统一起来,有力地推动了企业战略实施。为推进转型经济时期国有企业人事制度改革,该院双管齐下:一方面对在职高层管理人员实行末位淘汰,另一方面采用市场化的用人机制,从社会公开招聘高层管理人员。2004年,1位连续两年考核未达标的副院长被解聘,3名通过市场化的招聘方式的高级经营管理者被聘用。该院加大人力资源结构调整力度,优化企业长、中、短期劳动合同职工比例,根据三类人员分别设计激励机制。人力资源结构调整稳定了企业技术骨干,使企业能够随市场环境调整而调整人力成本,降低长期企业经营风险。

【主要经济指标】 2004年该院结构调整成效显著,生产经营形势持续走好,经济效益成倍增长,创历史最好水平,超额完成年度既定目标。2004年各项主要经济指标完成情况如下:

利润总额6258.47万元,净利润5354.21万元,平均所有者权益(不含少数股东权益)31802.97万元(其中:年初所有者权益27786.63万元,年底所有者权益35819.13万元),净资产收益率为16.84%;主营业务收入53197.37万元,平均总资产66331.06万元。总资产周转率0.8;成本费用47065.4万元,成本费用占主营业务收入比率为88.47%。具体统计数据见附表1。

【重大项目进展】 受国家发改委委托,该院牵头编制国家大型煤炭基地规划工作。该院组织行业专家参加此次规划编制,在详细调研的基础上,完成了国家13个大型煤炭基地规划和国家煤炭基地总体规划。在征求各地发改委等部门意见后,进行了修改完善。2004年底,国家发改委能源局组织业内专家进行了最终审定,正式批文即将下达。

受国资委规划发展局委托,该院先后承担了中央管理的勘察设计企业国有经济布局和结构调整以及企业结构调整研究、中央管理的煤炭工业企业国有经济布局和结构调整以及企业结构调整研究专项任务,专项任务已于2004年底通过验收。

【法人治理结构】 该院实行院长负责制,院务会是企业最高决策机构,院务会由企业党政领导组成,在国资委授权范围,决定企业重大事项,并直接对出资人负责。企业执行机构是院长办公会,负责执行院务会各项决议。企业监督机构为国务院国有企业监事会,按照国资委有关文件要求,国有企业监事会中的职工代表(兼职监事)由企业职工代表大会选举产生。

【产权制度改革】 作为完全竞争行业企业,该院在积极推进主业产权制度改革的同时,对于新设立的子公司,均要求按照现代企业制度要求,完善公司治理结构。为扩大建筑设计专业竞争优势和市场占有率,2004年,该院对原沈阳设计院厦门建筑设计分院、温州建筑设计分院及南京设计院上海建筑设计分院进行重组,成立中煤工程集团杭州中宇建筑设计公司。公司股权结构为:国有法人股本占51%,经营者和技术骨干占39%,战略投资人占10%。

【主辅分离辅业改制】 扎实推进企业主辅分离、辅业改制工作是该院2004年工作重点之一。该项工作具有涉及人员多、涉及范围广、政策性强、推进难度大等特点。该院在保障改制职工合法权益的前提下,按照规定程序加大对物业、出版等辅业部门改制的同时,积极做好职工思想工作,确保企业稳定。目前《主辅分离辅业改制分流安置富余人员总体方案特别做好方案(第一批)》已经上报国资委、国家财政部、国家劳动和社会保障部。

【主要管理经验】 管理创新是企业效益的源泉,企业必须建立管理创新机制。由于历史的原因,国有企业积累了很多矛盾,影响企业稳定,制约企业发展,而管理创新是解决企业深层次矛盾的根本手段。必须注重管理理论的研究,同时将企业管理理论与本企业管理实践有机结合起来,锁定市场经济环境下企业形态和目标,结合企业实际,注重改革的程序安排,是改革有序进行,以实现改革、发展、稳定的和谐统一。

发展战略定位和控制是企业管理的核心。企业发展战略是企业管理的核心,如果说激励机制是保证职工能跟你干的话,企业发展战略则是解决往哪里打的问题。确定企业发展战略是对企业负责人正确判断企业内外部环境和决策水平的考验。

竞争是提高管理效率的有效途径。市场经济条件下,竞争对于转变观念、提高企业效率具有重要意义。而创造公平的竞争环境、制定公正的评价标准、建立公开的信息制度披露是实现竞争的根本保障。

企业制度建设是防范企业风险的根基。国有企业制度缺失、制度软化是国有企业管理中的一大弊端。必须在完善企业治理结构的同时强化企业制度建设和管理,改人治为制度管理,这对于理顺企业内部管理关系、重新塑造企业文化、防范企业风险、提高企业效率具有重要意义。

附表　　2004年主要财务指标完成表

主要财务指标	2004年实际值	2003年实际值	比2003年增长
主营业务收入(万元)	53197.00	34339.00	0.55
利润总额(万元)	5891.40	1265.20	3.66
净利润(万元)	4987.10	959.40	419.81
净资产收益率(%)	16.84	0.73	16.1(百分点)
总资产周转率(次/年)	0.80	0.50	0.30
成本费用占主营业务收入的比率(%)	88.93	96.38	-7.4(百分点)
平均所有者权益(万元)	35413.90	28201.70	25.57
国有资产保值增值率(%)	117.68	103.04	14.64

中国海诚国际工程投资总院

【概况】 中国海诚国际工程投资总院(简称中国海诚)是由原轻工业部八个甲级设计院联合改制成立的,是国务院国资委直接管理的中央企业。现已成为提供工程咨询、工程设计、工程监理、工程安装、工程施工、工程总承包、装备制造、对外贸易、房地产与物业管理等全过程服务的大型集团企业。在半个多世纪的发展历程中,海诚人用智慧和汗水打造了我国轻工业走向辉煌的坚实基础,足迹遍及神州大地和世界各地,共完成咨询、设计项目三万余项,其中国内大型企业集团、中外合资和外商投资项目万余项,境外工程跨欧、亚、非、拉美四大洲20多个国家和地区,共200余项。

中国海诚国际工程投资总院拥有九家直属企业并控股三家股份公司。法人代表陈鄂生。

2004年是我院在完成主要改制任务的基础上,改革、发展和稳定取得积极进展的一年。在党中央、国务院和国资委的正确领导下，全院广大干部职工坚持以邓小平理论和“三个代表”重要思想为指导，全面贯彻落实党的十六届三中、四中全会精神，树立和落实科学发展观，按照“与时俱进、以人为本、深化改革、科学管理，加快发展”的要求，上下齐心，团结奋进，开拓创新，求真务实，各项工作都取得了显著成绩，很好地实现了国有资产保值增值的目标，全院呈现出良好的发展态势。

【生产经营】 2004年，全院各单位坚持发展是硬道理，咬定发展不放松，在增加营业额上做文章，在增加效益上下工夫，目标明确，措施具体，工作得力，经营生产在2003年取得好成绩的基础上，2004年又创佳绩。全院超额完成与国资委签订的2004年度《中央企业负责人经营业绩责任书》中所规定的各项经营业绩考核指标。各存续企业积极拓展业务，培育新的经济增长点，经营状况比2003年有了明显好转；海诚股份公司抓住机遇，加快发展，经营业绩比2003年有了大幅度增长，创历史新高。全院2004年完成主营业务收入9.82亿元，同比增长40%；实现利润总额2646万元，同比增长10%。

【企业改革】 2004年，海诚股份公司顺利通过了中国证监会上海证监局的辅导验收，严格按照《公司法》等有关规定规范运作，为上市打下了良好的基础。同时，存续企业的改制工作也有了较大进展。各存续企业按照总院的要求，坚持从实际出发，能马上改的就抓紧改，暂时改不了的就缓一缓再改。据统计，全院各存续企业原有二级企业63个，通过清理整顿，关停、注销和正在办理注销的有42个，仍在运行的21个中已完成改制任务的有12个，占57%，正在改制的有8个，占38%。在改制过程中，始终坚持三条原则：一是确保国有资产不流失，二是要有利于发展，三是要考虑多数职工的利益。利用存续企业原有资源的改制，总院控股要在60%以上；其他新组建的公司总院要保持控股地位，至少控股51%。改制后的企业体制新、制度活、职工干劲足，效果十分明显。为做强总院主业，实现规模效益，在深化内部改革的同时，总院在研究总体发展战略的基础上，通过两项重大举措实现了外延扩展。一是以建筑安装为主业的中国轻工建设工程总公司经国资委批准划转我院，从而扩大了我院主营产业链，有利于实现资源的优化配置，进一步拓展市场。二是对长沙长泰输送包装设备有限公司进行收购增资扩股，使之成为总院控股的二级公司，对扩大长泰产品业务，进而把它做大，使之成为总院的一项主营业务，为将总院做强做大创造了条件。

【主要管理经验】 2004年，总院及各所属企业认真贯彻执行国资委一系列规章制度的要求，并在密切结合和贴近本企业实际，逐步积累新体制下企业管理经验的基础上，进一步建立健全了各项规章制度，大力推行民主管理、科学管理、依法管理，使管理逐步纳入了规范化、制度化、科学化的轨道。

为加强财务管理，制定了全院统一的《会计核算办法（试行）》；为统一和规范清产核资后核销资产的管理工作，切实保全国有资产，总院结合实际制定了相关的管理办法；为建立有效的直属企业负责人激励与约束机制，促进企业的健康与可持续发展，制定了《总院直属企业负责人收入分配暂行办法》；为加强内部审计监督，总院制定了《内部审计管理实施办法》。

为实现全院整体利益的最大化，总院加大了各企业间协作配合和沟通联系的协调工作力度，开展了“手拉手”活动。特别是通过海诚股份董事会加强了对海诚股份的协调和指导。2004年，股份公司内部各子公司之间的协调工作在2003年收到初步成效的基础上取得了更为显著的效益，各公司也就此达成了共识，协调工作更加积极主动，协调范围也逐步扩大。

中国冶金地质勘查工程总局

【概况】 中国冶金地质勘查工程总局（简称中国冶勘总局）成立于1952年，主要从事国家公益性地质工作和战略性矿产资源勘查与开发。截至2004年底，中国冶勘总局共有职工总数3万人，资产总额30.18亿元。主要产业有地质勘查及其延伸的岩土工程和地理信息业、以超硬材料为主的工业企业。

2004年，中国冶勘总局完成对外经营总收入16.75亿元，同比上年增长35.96%，实现利润总额

4004.09万元，同比上年增长19.02%。其中，地质勘查及延伸业总收入12.86亿元，利润总额1261万元；工业企业总收入3.01亿元，利润总额2839万元；其他产业总收入0.87亿元，利润总额-96.3万元。净资产收益率达2.79%。

【重大项目进展】

1. 地质勘查项目。2004年实际执行各类国家地质勘查项目共87项。安排钻探56000m、坑探2980m、浅井2350m、槽探91250m³，实际完成钻探进尺10万余米，较近年有大幅增长。除安排较多的国家战略性矿产勘查工作项目外，还承担了国有大型矿山资源保护、矿山环境治理和危机矿山接替资源找矿的项目，开辟了新的地质勘查工作渠道，扩大了工作范围。国家地质项目计划全面完成，地质勘查作为中国冶勘的主业也进一步得到加强。

2004年在新疆、西藏、青海、内蒙古、河北、山东等地区重点部署的矿产勘查和战略性资源评价取得重大进展。新疆哈巴河县托库孜巴依金矿地质普查有望探明一中、大型金矿。西藏南冈底斯中段铜矿普查，新发现达孜县羌堆斑岩型铜矿，初步估算铜金属资源量大于30万吨。内蒙古东乌旗阿尔哈达银铅锌矿普查有望获得铅锌矿资源量(332+333+334)50万吨。冀东沉积变质铁矿区勘查中，在刘官仁矿区获铁矿资源量(332+333+334)近1亿吨。淄博新立庄地区富铁矿普查7个钻孔到工业矿体，初步估算铁矿资源量(332+333)近1000万吨。新疆鄯善县康古尔金矿带小尖山金矿普查扩大了资源量。此外，在2004勘查工作中，还发现河北省涞源县朱家庄锰银矿，新疆和静县乌斯腾沟铁锰矿，松树达坂锰矿，内蒙古额尔古纳市莫尔道嘎金(银)矿，福建龙溪县大蛇-黄狮格金矿等一批新的矿产地。

执行的西藏南冈底斯中段曲水、桑日一带铜金矿资源评价，青海阿尔金山南缘断裂小赛什腾铜矿资源调查评价等地质调查工作也取得明显进展，发现并确定的小赛什腾斑岩铜矿有望达大型规模。

国外风险地质勘查工作稳步推进。2004年继执行中央财政安排的蒙古、秘鲁、越南等国境外风险勘查项目后，进一步将境外风险勘查拓展到吉尔吉斯、马来西亚、缅甸等中亚和东南亚地区。目前通过勘查在国外获得探矿权15处，面积213.24km²。为实施国家“两个市场”和“两种资源”的战略打下了基础。

一是通过工程施工发现并确定了具有进一步开展勘查工作价值的矿体和矿化带，评价并提交了一批资源评价报告和资源量；二是扩大了区域找矿潜力和远景，为下一步勘查工作打下了基础；三是通过执行国家矿产勘查计划新增加了一批优良的矿权资产。此外，在滇东、闽中、桂西南和晋东北等地还新发现一批有找矿潜力的锰银金矿产地。

通过地质市场和积极运作矿权，在山西、河北、甘肃、新疆等地以矿权转让和引资，与一批国有大中型企业和民营企业开展了合资、合作勘查。2004年以矿权和地质勘查技术服务吸引社会资金近4亿元，实现了地质勘查工作成果的转化并取得了较好的经济效益。

2. 黑旋风科技园建设。2004年，由中国冶勘总局投资兴建的亚洲最大的锯片基体生产基地——宜昌黑旋风科技园建设全面铺开，进展顺利，一期工程已全面封顶，整个土建工程各个标段的进度、质量、成本等都达到设计要求。

【产权制度改革】 2004年，中国冶勘总局加大结构调整力度，推进产权多元化和体制创新。总局与部分局院合资组建的正元国际矿业有限责任公司完成了在国家工商管理总局的名称预注工作。宜昌黑旋风锯业公司的股份制改造及上市工作全面启动，将进入上市的辅导期。燕郊晶日金刚石工业有限公司与韩国晓成公司合作组建了燕郊晶成金刚石工具有限公司。中国冶勘总局山东局对所属岩土总公司进行改制，成立了正元建设工程有限公司。

【主辅分离辅业改制】 2004年，中国冶勘总局继续推进事企分离工作，大多数局院事企分离工作基本完成，一局、山东局、中南局等单位进一步界定了基地管理的职责，明晰了事企之间服务与被服务的经济契约关系，制定了事业和企业的运行机制和管理办法。山东局、中南局成立局基地管理中心，统管各基地管理处，在“两个确保”的前提下，制定了物业开发的发展目标。

【主要管理经验】

1. 实行授权经营责任制，加速推进企业化经营。

总局与各局院长签订了年度授权经营责任书。各局院结合本单位的实际，自我加压，采取不同形式层层分解落实责任、指标，确保了全年目标任务的完成。

2. 实行全面预算管理，初步建立了企业化运行机制。各局院、重点企业普遍成立了预算管理委员会等组织机构，制定了全面预算管理办法，对事业单位和企业的各项成本费用、经营指标、对外投资、基本建设等，全部纳入预算管理，加强预算编制，建立考核制度，强化执行监控。通过加强预算管理，不仅促进和带动了各项管理工作，而且提高了经济运行质量。

3. 深化人事、劳动和分配制度改革，初步建立了适应市场经济的人力资源管理模式。总局修订下发了《中国冶勘总局深化人事劳动分配制度改革方案》。各局院、重点企业按照总局的总体要求，结合自身实际积极推进人事、劳动和分配制度改革。在干部人事管理方面，积极实施人才强企战略，重点加强五类人才队伍的建设；推进档案管理职工事业身份、干部行政级别和事业工资标准；坚持按需设岗，竞聘上岗，实行了聘任制、任期制。在劳动用工方面，实行了人事代理、全员劳动合同制等，依法规范了合同制职工的管理。在分配方面，普遍实行年薪制、岗位绩效工资等多种分配形式，拉开了收入差距，工资的激励作用逐渐体现。

中国煤炭地质总局

【概况】 2004年是实现“十五”计划的关键一年，也是煤炭地质单位深化改革、加快发展的重要一年。在国务院国资委的正确领导下，在国家有关部门的大力支持和帮助下，经过广大煤炭地质工作者的不懈努力，煤炭地质经济与事业继续保持了良好的发展态势。一是主业发展迅猛。全系统共获得各类探矿权40处，其中，煤炭37处，面积3200多平方公里，预获资源量267亿吨，全年地质勘查及延伸业实现经营收入8.50亿元，同比增长30.7%，占四项主营业务收入的59.9%。二是科技创新和国际合作进一步加强。利用先进新技术改造提升传统地质勘查业，主业竞争实力进一步增强，并走出国门，相继在欧美、南亚等地区的一些国家以及澳门等地承揽了水源井工程、燃煤电厂工程、高速公路和酒店基础建设工程，具有自主知识品牌的印刷新材料相继出口德国、土耳其等国家和地区。三是加强党的建设和精神文明建设，积极开展宣传教育、厂务公开和职工喜闻乐见的精神文明创建活动，引导广大职工积极投身改革，促进了煤炭地质经济与事业的全面发展。

【主要经济指标】 2004年，全局实现总收入19.29亿元。其中，经营收入14.60亿元，比2003年12.82亿元增长13.88%，超额完成全年13.07亿元的经营收入目标。在经营收入中主营业务收入14.20亿元，比2003年12.25亿元增长15.9%。实现利润总额3443万元，较2003年2076万元增长65.85%。全局在职职工平均工资收入14723元，较2003年增长2687元。

【重大项目进展】 充分发挥维护煤炭资源保障职能作用。针对我国煤电油运紧张、煤炭供需矛盾突出暴露出来的煤炭资源保障程度低、地质勘查工作滞后等一系列问题，先后向国务院、全国大型煤炭基地建设座谈会提交了《我国煤炭资源保障存在的突出问题及建议》和《加快、加强煤炭地质勘查，确保大型煤炭基地建设的资源需求的建议》，得到了温家宝总理的高度重视。温家宝总理，黄菊、曾培炎副总理都相继作出了重要批示。同时，受国家发改委、财政部、国土资源部、国家煤矿安全监察局、中国地质调查局和中国煤炭工业协会的委托，组织开展了煤炭资源国家规划区划分，全国煤炭资源“十一五”规划研究等工作。

圆满完成国家地质工作任务。2004年，全局共承担国家地质项目29项，并全面完成了各项地质勘查计划指标和地质任务，工作质量优良，地质成果显著，预获煤炭资源量50多亿吨，煤层气资源量160亿立方米。同时充分发挥专业优势，努力缓解煤炭资源紧张状况，支持地方经济建设，先后参与并完成了多项煤炭资源勘查、水资源勘查、采区三维地震，以及煤矿堵排水工程。其中，山西省朔南矿区麻家梁井田精查项目，为国家探明储量26亿吨。

科技创新取得新成果。按照《中国煤炭地质总局科技发展专项资金管理暂行办法》规定，启动了首批8个科技发展专项项目。组织开展了《东部深部煤炭资源三维地震勘探技术》、《西部煤炭资源高精度三维地震勘探技术》、《煤矿地球物理综合地质保障技术》等3个《国家重大产业技术开发专项》项目的申报，并通过了国家发改委的初审。《中国洁净煤地质研究》项目通过了中国煤炭工业协会鉴定，在煤中有害元素分布特征、迁移潜势和洁净煤资源评价等方面取得重大进展，达到了国际先进水平。

【企业改革】 事企分体运行在三级单位全面推开，并在此基础上，开展了清理整合企业、减少管理层次工作，对直属的广东煤炭地质局、水文地质局进行了专业化重组。同时，积极探索股份制改革，制定了《煤炭地质企业改制工作程序及审批规定》，并在广西、浙江煤炭地质局部分下属经营性单位进行了改制试点。组织开展了总局在京单位改革发展大讨论活动，制定下发了《总局在京单位职工内部退休指导意见》和《关于深化总局机关及在京单位收入分配制度改革的指导意见》，为下一步深化在京单位改革奠定了基础。

【主要管理经验】 加强制度建设，不断提升管理水平，是总局多年来保持经济发展良好态势的一个成功经验。2004年，总局又根据新形势、新任务、新目标的需要，对已有制度进行了修订完善，并在充分调研、反复审议的基础上，制订并出台了一系列新的管理制度与办法，形成了战略管理、财务管理、企业化管理、地质工作管理、机关事务管理，以及业绩考核、收入分配、人才队伍建设等方面一整套的管理制度，推进了管理的制度化、规范化、科学化，促进了煤炭地质经济的快速发展和经济效益的不断提高。

（撰稿人：于运强　董　明）

中国民航信息集团公司

【概况】 2004年是中国民航信息集团公司组建以来改革发展实现重要突破的一年，也是为企业长远发展开篇布局的一年。这一年，在国资委、民航总局的正确领导下，集团公司党委带领全体员工团结奋斗，积极进取，扎实工作，确保了信息系统安全平稳运行，生产经营取得可喜成绩。

作为中国航空旅游业信息技术服务领域的专业化大型集团公司，中国民航信息集团公司始终以推动和发展中国航空旅游信息化为已任，全力支持行业的高速发展，为国内航空运输企业、机场、销售代理人、旅游企业及民航相关国际组织提供低成本、高质量、专业化的信息技术服务。2004年，受益于国民经济的稳步增长和国内航空旅游市场的持续繁荣，中国民航信息集团公司取得了良好的经营业绩，各项经济指标亮点频出：全年完成主营业务收入14.8亿元，同比增长38.13%；完成利润总额5.1亿元，同比增长99.63%，完成国资委考核指标169.43%；净资产收益率为4.83%，完成考核指标的178.89%；流动资产周转率为0.35，完成考核指标的118.5%；国有资产保值增值率达到105.7%。经营效益取得较大幅度增长，超额完成了国资委下达的各项考核指标。

中国民航信息集团公司以航空旅游业为依托，以客户需求为基准，通过改革、开放、竞争、合作，全面提升企业核心竞争力，与客户实现双赢、共同发展。通过多年的努力，已在国内航空旅游信息服务市场占据了主导地位，形成了规模经营。2004年，集团各主要生产系统的业务处理量继续保持稳定增长。其中：计算机订座系统全年处理旅客量12738万人次，同比增长37.32%；外航订座量达到480万航段，同比增长18.81%；机场旅客处理系统处理旅客量10227万人次，同比增长42.52%；国内客货收入结算系统分别处理14754万个和1092万个交易，同比增长75.68%和55.11%；国际客货收入结算系统分别处理5863万个和486万个交易，同比增长56.76%和25.26%；国际清算交易额达到15.35亿美元，同比增长36.47%；BSP处理量达到6470万张，同比增长23.83%，再次刷新了主要业务系统处理量的历史最高纪录。

中国民航信息集团公司运营的业务信息系统是国家信息办重点监管的八大行业信息系统之一。安全生产是民航现代化建设事业不断顺利发展的基本前提,也是行业监管部门和客户对中国民航信息集团公司的基本要求。在民航总局、国家安全生产监督管理局和国家信息办的直接领导下,集团站在维护国家和行业信息安全的高度,牢固树立"把安全放在首位"的理念,通过采取严格责任管理、健全管理制度、规范管理流程、加强监督检查等各项措施,圆满完成了2004年黄金周和"两会"等重点时段安全保障工作,确保了整个行业的信息安全和资金结算安全。

【改革与发展】 一年来,在较好完成生产任务和经济效益的同时,中国民航信息集团公司坚持贯彻和落实科学发展观,抓改革、促发展、谋大局、求共赢,围绕着深化内部改革、加快企业发展做了大量工作,形成以发展为目的、以思想作风建设为保证、以改革为动力的"品"字形工作格局,取得了改革和发展的新成就。

一是认真研究制定集团发展战略,确定长远发展目标。制定中国民航信息集团公司中长期发展战略,是落实科学发展观,实现集团全面、协调、可持续发展的关键,是集团2004年重点工作之一。集团发展战略的调研、制定工作自2004年4月正式启动,历时半年圆满完成,整个组织过程体现出三大特点:

1. 集团公司党委高度重视。集团公司党委以把中国民航信息集团公司做强做大、逐步发展成具有国际竞争力的大企业大集团为基点,立足于新形势发展要求,引入专家、广泛调研、科学论证,以高度的责任感和紧迫感,对发展战略制定工作给予了极大的关注。

2. 发动干部员工积极参与。充分发扬民主,大兴调研之风,三条线同时推进发展战略调研、制定工作,从不同层面、不同视角分析企业发展的优势与劣势:集团公司党委发起"我为集团发展献计策"征文活动,征集广大干部、员工征文400多篇;专业咨询公司走访政府机关和公司客户近百人次,对集团公司、成员企业领导班子和主要部门负责人进行个人深度访谈约90人次;集团公司规划部门召开员工座谈会访谈200余人次,座谈汇总约700条建议。

3. 引入专业咨询公司。在事关未来发展的重大决策中,集团公司通过引入专业咨询公司,保证战略调研、制定过程的科学性、客观性和中立性。咨询公司通过周密的内部访谈、客户访谈及行业调研,遵循科学方法所提出的战略目标统筹兼顾,充分考虑了客户、出资人、行业监管者和内部员工四个方面的利益统一;形势分析客观准确,指出了航信集团目前面临严峻的生存挑战;战略思路清晰明确,提出了总体战略、业务战略和组织结构建议;实施建议操作性、针对性较强,阐明了关键任务、优先顺序和时间进度。

在发展战略调研、制定整个过程中,集团公司党委坚持专业咨询公司与发动干部群众相结合,把调查研究、战略制定的过程变成一次发动群众进行内部宣传的过程。这样一个全员、立体的过程,充分实现了专家与群众、调研与动员、内部与外部、民主与集中的紧密结合。

2004年11月,《中国民航信息集团关于发展战略的实施意见》正式出台,标志着集团新的使命和愿景的正式确立:即中国民航信息集团公司将成为领先的信息技术及商务服务提供商,在稳固中国市场主导地位的基础上,致力于成为亚洲一强,推动中国(和亚洲)航空和旅游业的发展。集团将支持航空和旅游业的高速增长,成为保障国家信息安全的重要组成部分;为国资委和其他出资人提供长期、稳定的回报;为客户和消费者提供高效、高质量和低成本的信息服务;为员工提供有吸引力的工作环境和良好的发展空间。

二是深入开展三项制度改革,机制创新实现突破。2004年,中国民航信息集团公司以中央企业人才工作会议精神为指导,积极探索坚持党管干部与市场化选聘经营管理者相结合的新机制,实现了干部选拔任用的新方法。2004年9月,集团公司在主要成员企业——中国民航信息网络股份公司和中国航空结算中心开展了领导班子竞聘选任工作,获得了圆满成功。11月,进一步开展中层干部和技术负责人的竞聘选任工作。通过竞聘选任,集团中层管理者整体平均年龄由44岁下降到38岁,研究生、本科学历比例分别达到43%和83%,比竞聘选任前分别提升了25和9个百分点。集团公司在干部选聘方面进行的大胆改革与实践,拉开了集团三项制度改革的序幕,体现出集团公司将以改革的精神解决发展中存在的矛盾和问题。

通过认真总结经验,集团公司还拟订出台了《管理人员职位管理暂行规定》、《经营管理人员内部竞聘工作暂行规定》、《党群干部公开选拔任用工作暂行规定》,为成员企业负责人管理、后备干部管理和中层干部选任提供了制度依据。

中国航空油料集团公司

【概况】 中国航油新加坡公司期权亏损事件发生后,中国航油集团公司一方面按照国际惯例和市场规则,认真做好新加坡公司重组工作,一方面正视问题,化解危机,加快改革,依法治企,全面提升集团公司管理水平,各项工作呈现良好发展态势。

增强风险防范意识,提高依法经营能力。中国航油在年初工作会议上就明确提出,要把今年作为规范管理年,依法治企年,要认真总结新加坡公司期权亏损事件教训,堵塞管理漏洞,加强对企业重大经营领域风险的防范与控制,建立有效的防范机制。为此,集团公司加大了对内控制度的完善和执行力度,要求各级领导干部要树立规则意识、制度意识,要敬畏规则而不能无视规则。积极开拓渠道,采取多种形式搞好领导干部法制教育和培训,增强了各级领导学法用法的自觉性,主动做到"决策先问法、违法不决策",公司上下形成了学法、懂法、守法的良好氛围,有效推进了集团公司依法经营、依法治企工作。

扎实开展思想政治工作,保持职工队伍稳定。为防止新加坡公司期权亏损事件在中国航油干部职工中引起思想波动,对安全生产和队伍稳定产生不利影响,集团公司各级党组织积极开展思想政治工作,引导广大员工正确对待危机,认真做好本职工作。集团公司还以中国航油成立十五周年为契机,以"众志成城,振奋精神,以改革为动力,谋求更大发展"为主题,广泛开展纪念活动。通过组织演讲报告团深入基层进行巡回演讲,抒发了中航油人的自豪和激情,报告团所到之处掌声雷动,受到了广大员工的热烈欢迎。大家纷纷表示,报告团的演讲增强了全体员工立足岗位、心系航油、忠诚公司的坚定信念,中国航油一定会战胜挫折,再创新的辉煌。

高度重视安全工作,确保安全形势平稳。为防止新加坡公司危机事件给中国航油供油安全造成负面影响,集团公司及时召开党政联席会议,专题听取安全工作汇报。针对民航供油安全面临的问题,部署了在全公司范围内,积极开展以杜绝"三违"为重点的安全生产专项整治活动。集团公司领导亲自带队,深入重点机场油库、航空加油站开展安全检查,堵塞管理漏洞,加强对各单位应急反应预案的检查指导,强化安全责任和各项措施的落实。

【业务经营】 多方筹措航油资源,满足民航发展需要。当前民航已进入新一轮快速增长期,带动了航油需求的不断上升,这给国内航油资源配置工作提出了严峻挑战。中国航油充分估计困难和可能出现的问题,统筹规划资源供应渠道和运输配送方案,根据不同地区资源配置特点,制订周密的配置计划和应急预案。在国际油价居高不下、国内资源供应紧张的情况下,特别是在"春运"、"五一黄金周"期间,一些枢纽、重点旅游城市机场再创供油新高的局面,中国航油及时采取措施,多次扭转了内陆地区机场供油告急的不利局面,千方百计保障供油。中国航油还积极扭转新加坡危机事件给供油业务造成的负面影响,及时向国内外航空公司发函、承诺,确保航油稳定供应;同时加强了与国内金融机构的沟通,消除误解,确保了购油资金的筹措。

加快推进改革改制工作,稳步实施集团公司发展战略。将中国航油集团公司全资拥有的中国航空油料总公司,改制为中国石油、中国石化参股的有限责任公司,联手打造"航油国家队"的工作进展顺利。5月16日,中国航油有限责任公司股东预备会暨首次股东会在北京召开,三方股东签署了中国航油有限责任公司组建协议和章程草案,通过了组建工作的下一步安排,选举产生了一届董事会董事和监事会监事。这标志着改制工作已近尾声,新公司即将挂牌运营。集团公司在做优做强航油业务的同时,还积极拓展地面成品油和航运业务,上年底成立的陆地石油公司,正在加快对集团公司范围内其他成品油业务进行整合,开拓成品油终端销售业务;海天航运公司已有序接管国内航油水路运输业务，并稳步向国际航油运输代理业务拓展，中国航油三足鼎立的发展战略得到有效实施。

中国电力工程顾问集团公司

【概况】 2004年，中国电力工程顾问集团公司在国资委、监事会的正确领导下，坚持以“三个代表”重要思想为指导，认真贯彻党的十六大精神，围绕做强做大主业和增强市场竞争能力，紧紧抓住改革发展带来的机遇，进一步深化改革，强化管理，开拓经营，推进科技创新，加强和改进党的建设、精神文明建设和企业文化建设，全面完成了2004年工作任务，各项经营指标均创历史新高。

2004年，中国电力工程顾问集团公司再度入选全球150强工程设计商，名列第66位；入选“中国工程设计企业60强”，名列第一位。中国电力工程顾问集团公司所属各单位继续进入中国勘察设计单位百强行列。

2004年资产保值增值情况表

单位：万元

一、2004年年初国有资产总量	40644.60
二、2004年年底国有资产总量	51099.95
三、因客观因素增加值	1170.83
（1）税收返还	718.07
（2）中央和地方政府确定的其他因素	452.76
四、因客观因素减少值	0
五、扣除客观因素后国有资本及权益期末数	49929.12
六、国有资产保值增值率	122.84%

【主要经济指标】

1. 2004年度主要经济指标完成情况。2004年集团公司签订合同总额94.6亿元，同比增长106.8%；合同净额56.7亿元，同比增长57.4%。完成产值39.5亿元，同比增长36.6%。实现收费35.5亿元，同比增长55.4%；净收费27.5亿元，同比增长37%。全员人均完成产值51.1万元/(人·年)，同比增长28.9%。

2004年集团公司实现营业收入268748.30万元，比上年同期增加了67.46%，利润总额16081.95万元，比上年同期增加了61.09%，净利润9284.53万元，比上年同期增加了59.09%。集团公司的合同签订额、产值、收入都创历史新高。

2004年主要经济指标完成情况表

单位：万元

利润及利润分配表主要项目	2003年	2004年	增长额	增长率(%)
主营业务收入	160486	268748	108262	67.46
利润总额	9983	16082	6099	61.09
少数股东损益	1725	2210	485	28.09
所得税	2423	4588	2165	89.35
净利润	5836	9285	3449	59.09

2. 主要业绩指标完成情况表。

2004年主要业绩指标完成情况表

主要业绩指标	数值
1. 财务效益指标	
净资产收益率(%)	21.30
股东权益收益率(%)	20.24
总资产报酬率(%)	5.38
国有资本保值增值率(%)	122.84
主营业务利润率(%)	28.02
成本费用利润率(%)	6.34
盈余现金保障倍数(倍)	14.17
2. 资产运营指标	

续表

主要业绩指标	数值
总资产周转率(次)	0.90
流动资产周转率(次)	1.23
存货周转率(次)	59.3
应收账款周转率(次)	87.31
资产损失及挂账占资产总额的比率(%)	0
3. 偿债能力指标	
资产负债率(%)	83.92
现金流动负债比率(%)	43.93
速动比率(%)	91.1
已获利息倍数(倍)	3329.22
经营活动产生的现金流量净额(万元)	131564
4. 发展能力分析	
主营业务收入增长率(%)	67.46
资本积累率(%)	25.72
三年资本平均增长率(%)	8.41
三年主营业务收入平均增长率(%)	29.45
技术投入比率(%)	5.59

【重大项目进展】 规划研究工作。集团公司围绕电力工业改革发展,全年共开展了30项重大规划研究,完成23项,其中:受国家发改委委托,开展了《电力工业"十一五"规划及2020年远景目标研究》补充修改、《电力工业产业政策研究》、《核电发展规划研究》等工作。

勘测设计工作。集团公司全年共完成发电勘测设计项目302项,27421万千瓦,完成电网勘测设计项目220千伏及以上送电工程勘测设计项目176项,22885公里,完成220千伏及以上变电工程勘测设计项目193项,8042万千伏安。

咨询(评审)、评估工作。集团公司全年共完成发电咨询项目共327项,21059.5万千瓦;核电、脱硫等咨询项目61项;评估项目6项。经评审核减发电项目投资31亿元。电网咨询项目共完成220千伏及以上输变电工程评审140项,其中输电线路15874公里;变电6317万千伏安。经评审核减输变电项目投资16亿元。核电咨询项目,共完成江西、安徽等6个省(市、区)内陆核电厂址资源的调查工作,并提出了调查报告。审查了湖北省核电项目初步可行性研究报告,对江西、安徽等9个省(市、区)的10个核电项目进行了厂址预评审或厂址复查工作。

工程总承包、工程监理工作。集团公司全年共开展工程总承包项目21项,完成产值1.49亿元,其中新签项目17项,总合同额47.28亿元;开展工程监理项目105项,完成产值1.43亿元,其中新签项目48项,总合同额1.83亿元。

科技创新取得新成果。2004年,集团公司共投入9308万元,比2003年增加科技投入2420万元,增加35.1%。开展科研、标准化和信息项目共653项,开展集团公司重点科技项目15项。信息化建设迈出新的步伐,在三维设计应用、综合数据库建立、企业信息平台和信息资源中心的建设等方面取得较大进展。

2004年集团公司组织评选科学技术奖,共评出集团级科学技术奖15项,推荐8项获奖项目参加中国电力科学技术奖的评选,其中1项获得一等奖,另有6项分获二、三等奖。集团公司各单位在2004年期间共获得其他各类奖项70项,其中省级优秀设计一、二等奖14项;电力行业优秀设计18项、优秀勘测2项,优秀软件2项;电力行业优秀工程咨询成果奖11项,并有4项被推荐参加全国优秀工程咨询成果奖的评选。

【法人治理结构】 集团公司实行总经理负责制,总经理是集团公司的法定代表人。集团公司总经理办公会议研究决定集团的重要事项,集团公司根据管理和发展的需要,设置总部管理机构,并在总经理的领导下开展工作。集团公司与各子企业实行以资本为纽带的母子公司体制。按照《企业国有资产监督管理暂行条例》要求,集团公司对国有资产承担保值增值责任,依照法定程序检查、考核子企业业务经营和国有资产保值增值状况。

以建立"层次分明、科学规范、高效务实"的集团公司总部为目标,按照高效精干原则,完成了集团公司总部与咨询公司的机构和业务重组,明确了总部各部门职责,理顺了内部管理和生产关系,为构建集团公司经营控股型的总部,更好履行出资人职责创造了有利条件。

【产权制度改革】 目前,集团公司7户子企业中除华北电力设计院工程有限公司外,其他6户子企业均为国有独资企业。原国家电力公司以《关于划转华北电力设计院工程有限公司44%股权的批复》(国电财[2002]841号)批准将华北电力集团公司持有的国电华北电力设计院工程有限公司44%的股权划转给中国电力工程顾问(集团)有限公司。中国电力工程顾问集团公司组建后,已根据国函[2003]26号、原国经贸电力[2003]269号以及国电财[2002]841号等文件精神完成了账面资产划转。

2004年3月国资委改革局函复了集团公司深化体制改革总体方案。根据国资委的函复意见和国家有关文件精神,集团公司制定并印发了《体制改革、主辅分离工作指导意见》。根据国务院批复的集团公司《组建方案》,办理了集团的注册登记,进行了各单位的更名工作。

【主辅分离辅业改制】 集团公司主辅分离改制分流工作共涉及拟改制企业29家,三类资产6399万元(账面净值),人员1516人,占集团总人数的19%。

根据国资委《关于对中国电力工程顾问集团深化体制改革方案请示的复函》(改革函[2004]18号)精神,集团公司制定并下发了关于《中国电力工程顾问集团体制改革、主辅分离工作指导意见》。

2004年12月,集团公司以《关于中国电力工程顾问集团公司主辅分离改制分流总体方案的请示》(电顾计发[2004]39号)向国资委、财政部及劳动和社会保障部上报了主辅分离改制分流总体方案,目前正在等待批复。

【主要管理经验】 战略研究取得了重要成果。完成集团公司《内部访谈和外部调研情况报告》、《战略环境分析报告》和《总体发展战略报告》、《业务发展战略报告》、《职能发展战略报告》初稿。集团公司发展战略与规划主体报告已上报国资委。

建立健全了规章制度。集团公司制定和颁发了《集团公司子企业负责人管理办法》、《集团公司特级专家、专家评选办法》、《集团公司外事工作管理规定》、《会计核算办法》、《科学技术奖励管理办法》、《技术开发费管理和使用规定》、《纪检自办案件和审批案件审理程序暂行办法》、《效能监察办法》、《党风廉政建设责任制实施办法》等系列规章制度,规范了集团公司的管理工作。

启动了集团公司分配制度改革。提出了分配制度改革的指导思想和总体思路,并聘请有关管理咨询公司设计了薪酬改革方案,组织各单位对阶段性薪酬方案进行了研究和讨论,待修改完善后实施。为规范年金制度,实现了集团公司企业年金的归集管理,并取得了较好的收益,截至2004年底归集年金达4000万元。

加强了人力资源的管理和开发。制定并印发了《集团公司关于进一步加强人才工作的意见》。分别对西南院、东北院进行了换届考核;对华北院进行了届中考核;对部分子企业的领导班子成员进行了调整。继续开展挂职锻炼,推选1名院级干部到西部地区挂职,从部分单位选拔人员到国家机关和集团公司本部挂职,从集团公司本部选派有关人员到子公司挂职。

建立和完善了集团公司各类专家和人才的推选机制。中南院谢国恩、西南院熊显彬被授予全国工程设计大师;集团公司总部吴云入选首批新世纪百千万人才工程国家级人才;东北院安利群被评为中央企业劳动模范,中南院电网工程分公司被评为中央企业先进集体;西北院张文斌被评为全国电力行业优秀企业家,华东院被评为全国电力行业优秀企业。各单位还分别获得所在省、有关行业协会劳动模范、优秀企业家等称号。各项荣誉的获得,有效提高了集团公司的社会影响力。

完成了集团公司清产核资产工作,清查账面资产总额24.03亿元,所有者权益4.05亿元,核实损失4305.29万元,清产核资产工作报告已获得国资委批复。

加强了质量管理工作。组织进行了集团公司设计质量检查。检查结果表明目前集团公司产品质量稳定、受控、良好,未发生因勘测设计产品质量原因引发的重大质量安全事故。

审计监督进一步完善。全年完成审计项目77

项,其中经济责任审计3项,提出并采纳审计建议105条,促进增收节支551万元;加快审计手段现代化建设,委托开发的《审计信息统计分析系统》已投入使用,提高了审计工作效率。

中国水电工程顾问集团公司

【概况】 集团公司是2002年在电力体制改革中经国务院批准、在原国家电力公司所属中国水电顾问有限公司及有关企事业单位基础上组建、国资委管理的国有企业,也是国内唯一一家从事水电及风电发展规划、项目勘测设计、技术咨询的国有大型企业集团。主要从事水电和新能源等发电项目的勘测设计、咨询、监理、施工、项目管理、总承包及相关技术和中介业务等,以及河流(河段)水电规划;从事水电站、新能源及相关产业的开发、投资、经营和管理等业务。

成员单位:中国水电顾问集团北京勘测设计研究院、西北勘测设计研究院、华东勘测设计研究院、中南勘测设计研究院、成都勘测设计研究院、贵阳勘测设计研究院、昆明勘测设计研究院及中国水利水电建设工程咨询公司等8个全资企业和水电水利规划设计总院1个事业单位组成。

人员状况:到2004年底,集团公司共有在职员工11057人,其中:中国工程院院士1人,国家工程设计大师5人,勘察大师1人,享受政府特殊津贴专家131人,国家有突出贡献的中青年科学技术管理专家5人,享受教授、研究员待遇的高级工程师577人,高级工程师2239人,工程师1730人。离退休人员8450人。

【生产经营】 在党中央的英明决策、国资委的正确领导和社会各界关心与大力支持及企业广大干部员工的辛勤努力下,集团公司自成立以来得到了快速发展,“十五”以来,开工建设的水电项目80%的在建工程施工图设计及水库移民综合监理工作、60%工程监理工作和80%水电站前期勘测设计工作由集团公司承担。企业的市场占有率大幅提高、社会地位进一步提高、员工的收入较大提高。

2004年共签订合同约65亿元,为2003年实际签订合同50亿元的130%,主要指标:资产总额488752.29万元,主营业务收入320455.01万元,利润总额7724.86万元,净利润5138.92万元,全员劳动生产率30万元/人·年,净资产66194.45万元,净资产收益率8.91%,技术投入比率5%,流动资产比率1.19%,国有资产保值增值率107.8%。自2002年底集团公司成立至今,短短两年时间,集团公司的经营收入增长了202.55%,利润总额增长了222.23%,资产总量增长了203.51%,劳动生产率增长了200%。实现了资产规模、营业收入利润总额、员工劳动生产率等指标均比2002年翻了一番,提前一年完成“十五”发展目标。

按国际规则要求,2003年第一次参加了美国ENR全球最大150家工程咨询设计公司的排名评比,9家中国公司入选,集团公司名列第76位,在“2003年度中国工程设计企业60强”中名列第2位。集团公司在国际和国内的知名度及影响力大大提升。

积极推进水电发展规划和有关政策研究。根据预测,2010年,我国全社会用电量将达到2.7万亿kW·h左右,装机6亿kW以上;2020年,全社会用电量将达到4.2万亿kW·h左右,装机9亿kW以上。根据初步规划,预计到2010年水电装机容量达到1.6亿kW,占电力总装机容量的27%,水电开发程度达29.5%;到2020年水电装机容量达到3亿kW,占电力总装机容量的33%,水电开发程度达55%。2004年,集团公司严格按照国家西部大开发战略、“西电东送”工程及水电发展规划的要求,牢固树立和认真落实科学发展观,在水电前期工作中,坚持全面规划、统筹兼顾、综合利用、讲求效益,正确处理好需要与可能、近期与远景、整体与局部、干流与支流、上中下游、资源利用与环境保护等方面的关系。开展了四川省水电开发及市场消纳规划研究和雅砻江干流梯级水电站开发时序研究、澜沧江梯级电站环境影响研究及评价、电力建设项目水土保持规范研究等。结合大规模水电建设和市场机制环境下移民工作面临的新形势，认真做好水电移民政策研究，为国家完善水电移民政策提供了重要的决策依据，为水电可持续发展拓宽政策空间作出了积极努力。

积极参与市场竞争，经营业绩显著，公司实力进一步增强。2004年，水电勘测设计市场竞争进一步加剧，集团公司各子公司之间的竞争趋于有序、向着健康方向发展，而集团公司与外部市场主体的竞争日益激烈、复杂。在激烈的市场竞争中，集团公司步调一致、开拓进取，社会资源优势、人才优势、技术优势、信息优势等得以充分发挥，经营业绩和经济效益都有较大幅度增长。在激烈的竞争中，占据了水电工程勘测设计、审查、咨询、监理等较大的市场份额，同时，工程安鉴、风电及安全评价市场得以进一步巩固和扩大，为集团公司新的跨越，奠定了坚实的物质基础。按照集团公司确定的战略目标，2005年达到国内一流的第一步战略目标已提前一年实现。

投资建设水电项目，走实体化发展道路，持续发展能力增强。为了积蓄优良资产，增强实力，集团公司成立后积极投资开发水电站工程项目。到2004年底，集团公司拥有已建在建项目权益容量超过50万kW，正在开展前期工作项目的权益容量已超过100万kW。由集团公司相对控股投资的美姑河柳洪水电站工程进展顺利，首台机组将于2006年8月提前发电。美姑河后续梯级项目的前期工作正有序推进。同时，集团公司正在积极争取四川绰斯甲河（河流总装机规模约100万kW）水电项目开发权，流域规划工作正在紧张的进行中。

经国资委批准，集团公司委托昆明院参股投资云南地方电力建设，为集团公司把握市场机会、进一步开拓云南水电工程勘察设计市场和总承包市场、增强可持续发展能力、在西部大开发中更好地发挥作用奠定了物质基础。

【企业改革】 落实“859”文件精神，积极推进辅业改制工作。认真贯彻国家有关部委改革政策精神，统一思想认识，结合自身实际，按照国资委“精干壮大主业、放开搞活辅业、移交社会职能”的目标要求，合理界定主营业务和辅业范围，围绕做大做强水电勘测、设计、咨询、评估、科研、监理、投资及建设项目管理等主业，放开搞活岩土施工、基础处理、建筑、加工、修造、试验及后勤服务、多种经营等辅业的战略构想，完成了主辅分离辅业改制分流安置富余人员总体方案的制定和报批工作。组织召开宣贯会，认真传达国资委、财政部、劳动社会保障部关于集团公司主辅分离辅业改制方案的联合批复精神，出台集团公司主辅分离辅业改制实施意见，明确了集团公司主辅分离辅业改制范围、政策基础、工作流程、任务目标及进度要求。集团公司共有53家辅业单位及其4000余从业人员将与主体企业剥离，走上与主业相辅相成、共同发展的道路。集团公司主辅分离辅业改制有了一个很好的“绿色通道”，主辅业协调发展、共同强大的愿望有了一个良好的开端。

在推进主辅分离的同时，部分子公司（设计院）积极探索辅业单位实行投资主体多元化、建立现代产权制度的改革步伐，使部分辅业单位的产业结构、资产结构、组织结构和队伍结构得以进一步调整优化。

根据中央关于企业办社会职能移交的有关试点意见，中南院积极与地方政府和教育部门协商，就中南院子弟学校的移交方案达成协议，并经集团公司上报国资委。目前，中南院正按国家有关社会职能移交新的政策精神及财政部、国资委的要求，抓紧修改完善移交方案。

深化内部改革，进一步增强活力。制定并实施《中国水电工程顾问集团公司工资改革方案》，从按级别定薪改为按岗位定薪，进一步完善集团公司分配方式，调整分配结构，理顺分配关系，使收入分配朝着企业化管理迈出关键的一步。根据《中央企业负责人经营业绩考核暂行办法》和《中央企业负责人年薪制暂行办法》等有关规定，并结合集团公司实际情况，修订了子公司经营者年薪制管理办法，在考核体系中增加流动资产周转率、技术投入比率两项考核指标，年薪考核指标进一步完善。

深化人事制度改革，积极探索新的体制、机制和管理模式。由对从业人员从行政职务、技术职务、工人技术等级的纯级别管理，转为对所聘任的岗位进行管理，逐步淡化各类级别。华东院对行政、党委、工会的职能机构进行整合，干部交叉任职，对调整后的职能部门实行领导干部竞争上岗。对实行模拟公司制运作的二级生产经营部门，聘任经营领导班子。西北院、成都院、中南院、贵阳院、昆明院、北京院对管理部门进行精简，减少管理层次和管理人员，中层干部和员工实行竞争上岗和聘任上岗，废除职务和岗位终身制。

【主要管理经验】 按照集团化管理的要求，紧紧围绕集团公司的中心工作，强化了管理出效益的服务宗旨，切实实现了集团公司利益的最大化。

严格资产和财务管理，进一步夯实发展基础。认真落实清产核资工作，全面核实资产质量。集团公司共有58家单位进行了清产核资，清查出资产损失12931.8万元，真实反映了集团公司的资产质量、财务状况、经营成果，进一步消化了历史包袱，强化内部管理，提高市场竞争力。出台集团公司预算管理、投资管理规定，加强财务资金管理，完善财务收支预算、资金、对外投资，以及信贷担保等管理制度，进一步完善了内部控制制度，提高了预算的科学性、计划性和全面性，为集团公司实施全面预算管理及执行《企业会计制度》奠定了基础，确保资产和资金安全。各子公司建立统一的结算中心，取消多头开户，提高资金的使用效率。增加资产收益，增强自有资金实力。加强财务信息化管理，提高财务管理效益。

推进人才强企战略，加强人才队伍建设。会同地方党委组织部门先后完成贵阳院行政、党委、工会领导班子换届、成都院行政领导班子届中个别调整工作。受国家电力监管委员会党组委托，完成对大坝安全监察中心总工程师人选的考核工作。修订《2010集团人才发展战略》，着力抓好技术“高、精、尖”人才的培养，初步建立起近300人的“高、精、尖”技术人才后备队伍，集团公司按专业、后备人才类别已分别建立数据库；为鼓励“高、精、尖”人才脱颖而出，出台《集团公司“高、精、尖”人才奖励办法》，规定两院院士，国家工程勘察大师、设计大师，获得各类自然科学奖、发明奖、科学技术进步奖等科技类奖项人员奖励标准。改组了集团公司技术经济委员会，进一步整合集团公司的技术经济力量，更好发挥集团整体的技术和经济优势。先后组织完成工程系列、政工系列等职称的申报和评审工作。2004年，144人被批准享受教授、研究员同等有关待遇，296人被评为高级工程师，6人通过高级政工师评委会的评审，待报国资委审批。截至2004年底，集团公司已拥有国家工程勘察设计大师7名，国家有突出贡献的中青年科技管理专家5名，享受政府特殊津贴专家132名，具有各类执业资格人员850名，高级及以上专业技术人员3500名，集团公司的技术人才优势进一步得到加强。

严格内控管理，认真做好审计监督。制定了《集团公司审计工作发展目标》、《集团公司内部审计工作规定》等8项审计管理制度，初步构筑了相对完善、比较先进、符合内部管理需要的集团公司审计制度体系框架。坚持以财务审计为基础、以经济责任审计为重点、以落实审计成果为归宿的内部审计监督机制，实行审计工作的闭环管理。全年完成各类审计106项，提出审计意见和建议375条，截至2004年底已经落实了350条，内部审计的监督、评价及服务职能得到有效发挥。

严格产品质量管理，信息化建设有了新进展。严格贯彻执行《建设工程勘察质量管理办法》、《水电建设工程质量管理办法》等一系列质量管理规定，严格产品过程控制，提高质量管理体系运行的有效性，确保持续改进；组织召开了集团公司质量工作会议，研究了进一步提高勘测设计产品质量的对策，确保了产品质量，提高了顾客满意度。

集团公司综合业务网络工程已投入运行，通过网络视频系统及时传达国资委会议精神和召开专题会议，加强了互联网站信息交流。各子公司高度重视企业信息化建设，“综合信息管理系统”进一步完善，各种信息资源有效共享，大大提高了管理水平和工作效率，为实现“集团化管理，多元化经营，股份制改造，信息化建设”的集团战略构想奠定了坚实的基础。

坚持厂务公开，积极支持工会、职代会民主参与企业管理。涉及员工切身利益的奖金分配、工资制度改革、住房公积金管理、企业改革等重要管理制度出台前均通过职工代表联席会议的讨论。坚持厂务公开制度，增加企业管理透明度，广泛接受员工监督，企业民主管理水平进一步提高。

中国水利水电建设集团公司

【概况】 中国水利水电建设集团公司(英文简称:Sinohydro)是跨国经营的大型综合型工程建设企业(集团),是我国水电资源开发和江河治理的主要力量,主要从事水利水电及相关工程总承包、机电设备制造、投资开发及进出口贸易业务等。

近几年,中国水利水电建设集团公司(以下简称集团公司)进入持续快速发展阶段,2004年继续保持良好发展势头。一年来,在国资委的正确领导下,集团公司以"三个代表"重要思想为指导,以建设具有国际竞争力的大型企业集团为主线,圆满完成了年度各项任务,呈现出经营规模大幅增长、资产质量有所改善、利润计划超额完成,以及经济增长方式进一步转变、产业结构进一步优化、管理创新取得新成果的良好发展态势,企业综合实力、国际竞争力和抗御风险能力进一步增强。

【主要经济指标】 2004年,完成企业总产值250.6亿元,同比增长31.4%;新签工程合同额同比增长16.6%;全员劳动生产率20.3万元/人·年,同比增长36%;净资产收益率、资产保值增值率、主营业务收入利润率同比均有大幅提高。集团公司超额完成了年初与国资委签订的经营业绩责任书中的各项指标,主要经营指标再创历史最好水平。其中资产保值增值率达到114.2%,较好地履行了国有资产的保值增值的责任。从财务指标分析看,通过2004年的努力,集团公司盈利能力指标和偿债能力指标进一步向好,但仍存在较大潜力。特别是由于建筑市场不尽规范,导致工程标价偏低,对集团公司的盈利能力造成很大影响。

【重大项目进展】 集团公司参与了三峡工程、"南水北调"、"西电东送"等一批国家重点工程建设项目的建设,参建的工程中仅特大型、大型水利水电工程就达20余座,总装机容量4000多万千瓦。在工程建设中,集团公司以高度的责任感和使命感,牢固树立"创精品、树品牌"的指导思想,科学组织施工,保证了一批国家重点工程建设项目的顺利实施,较好地发挥了"中国水电建设第一品牌"优势和主力军作用。2004年,集团公司共完成大中型水电机组装机57台,装机容量556.55万千瓦,占当年全国大中型水电机组装机总容量766.3万千瓦(72台)的73.93%,为我国水电建设事业的发展作出了新的贡献。

【法人治理结构】截至2004年底,集团公司和大部分成员企业为国有独资企业,按照有关法律实行总经理负责制。2004年,对所属中国水利水电基础工程局(以下简称基础局)、富春江水电设备总厂(以下简称富春江厂)进行了改制,其中基础局改制为混合所有制企业,集团公司占25%的股份(国有股),改制后的名称为"中国水电基础局有限公司";富春江厂改制为中外合资企业,日本东芝公司占80%股份,集团公司占20%的股份(国有股),改制后的名称为"东芝水电设备(杭州)有限公司"。此外,截至2004年底,集团公司共投资组建了6个控股子公司和5个参股子公司。以上改制企业和投资形成的子公司均实现了产权多元化,建立了规范的法人治理结构。

【主辅分离辅业改制】 2003年6月,国资委、财政部、劳动保障部批准了公司第一批53家改制分流的企业(单位),涉及三类资产19.11亿元,职工8870人,其中的48家企业(单位)将改制为非国有控股企业。2004年,集团公司制定了改制分流总体方案,积极推进第一批改制企业(单位)的改制工作。2004年底,集团公司向国资委申报了第二批拟改制分流企业的名单,涉及企业(单位)26个,资产总额3.83亿元,净资产1.82亿元,职工2853人。

【主要管理经验】 加大行使出资人权利的工作力度。按照国资委对中央企业经营业绩考核的要求,实施以资产收益为核心的资产经营责任制,层层落实出资人权益。行使选聘经营者的权利,加强对成员企业领导班子成员的选聘、考核、监督和培训。行使重大决策权,积极发挥在实施发展战略、改革重组等方面的主导作用,发挥在重大投资、经营活动中的决策与管理中心作用,使集团公司整体竞争力明显提高,规模效益得以显现。对控股和参股子公司,依法建立健全法人治理结构,行使出资人权利。

构建符合集团公司发展战略的经营方向和布局。按照集团公司发展战略，推进集团公司总部经营业务的重组，注册成立了中国水电建设集团国际有限公司、投资有限责任公司、租赁有限责任公司，参与组建“中国水务投资公司”，对组建路桥等专业公司进行了研究论证。截至2004年底，集团公司初步形成了以资产经营为主线，以构建规范的母子公司经营体制为目标，资本经营、资产经营和生产经营并举，主业突出，产业多元化的经营新格局。

实施统一的市场经营战略。在国际市场开发方面，发挥集团公司（母公司）在国际化战略中的龙头作用，对成员企业开拓国际业务实施“四个统一”，即：统一对外经营业务；统一配置对外经营资源；统一使用“Sinohydro”品牌；统一开展对外联合与合作。通过“四个统一”，优化资源配置，降低交易成本，提高国际竞争力，有力推动了国际化战略的实施。2004年新签国际工程合同额达到10亿美元，同比增长31.4%，创历史最好水平。与此同时，国际投资业务有了一定进展，正在运作的BOT项目取得实质性成果。在国内水电建设市场，积极维护国内建筑市场竞争秩序，加大国内市场开发的统筹协调力度，努力规避内部无序竞争；主动加强内外联合，发挥品牌优势，体现规模优势，竞争力进一步增强，市场份额逐步扩大。

以投资开发为突破口，大力推进产业结构调整。全年新增投资项目规划总投资约47.1亿元，新增规划电力权益装机容量54.01万千瓦。截至2004年底，集团公司共计投资项目7个，其中控股项目2个；参与投资的电力项目规划装机容量350.1万千瓦，集团公司权益装机容量约114万千瓦。同时，拓展了新的开发领域，参股开发了燃气发电项目，启动了风电项目的投资开发，积极向水务等市场前景好的投资领域拓展。

创新企业各项管理。在投资管理方面，健全投资决策程序，加大对投资行为的监管力度，保证了投资业务的规范运作。在财务管理方面，全面完成清产核资工作，健全预算管理控制体系，推进财务管理信息系统建设，集团模式下的财务管理体制逐步完善。在资金管理方面，资金集中管理的程度提高，成效初步显现；企业信用程度提高，银企关系进一步深化。在设备管理方面，开展集团租赁业务，优化了设备资源的配置。在项目管理方面，层层落实安全生产责任，着力推进安全生产管理的标准化、规范化，集团公司整体安全生产状况平稳。在科技管理方面，对科研项目的管理进一步加强，科技专家委员会的作用得到发挥。

（撰稿人：赵新华）

中国黄金集团公司

【概况】 集团公司全年生产黄金39吨；实现主营业务收入51.58亿元，同比增加20亿元，完成年度预算的174.6%；实现利润2.89亿元，同比增加1.02亿元，完成年度预算的144.5%。

为适应母子公司体制的管理模式，进一步规范对子公司的各项管理，集团公司继续完善了各项规章制度，如《中国黄金集团公司人事工作议事规则（试行）》、《中国黄金集团公司矿山地质工作管理办法（试行）》、《中国黄金集团公司技术改造项目管理办法》、《中国黄金集团公司资本收益分配管理办法（试行）》、《中国黄金集团公司对外投资管理办法（试行）》等，这些制度内容涵盖了出资人的各项职能，共30余件。

【企业管理】 2004年是集团公司实行全面预算管理的第三年，预算管理的覆盖面由2002年的83%扩大到100%。在总结前两年预算管理的基础上，2004年提高了预算管理的广度和深度。在广度上，集团公司所有子公司都实施了全面预算管理，对不能正常生产的企业也有预算指标，三级公司也全部纳入预算管理，形成了集团公司、子公司、三级公司三级预算体系。在深度上，按照国资委的要求，采用合并报表和单户报表同时预算模式，以合并报表预算为主。提高了预算管理的科学性和权威性，预算指标设置更趋于合理，更具可操作性和执行性。同时加大了预算执行过程中的控制力度。进一步完善了预算考核体系，结合国务院国资委对中央企业负责人业绩考核办法，对子公司预算考核的原则、内容、奖罚进行了补充和完善，建立起适应集团公司长远发展的激励与约束机制。通过三年的全面预算管理，促使企业普遍加强了基础管理工作。

财务管理和监管进一步加强。首先是积极探索出资者财务有效管理办法，以财务集中管理思想为出发点，紧紧围绕建立集权财务管理体制，不断完善财务总监委派制。财务总监通过监督、协调与服务的有机结合，在提高企业财务管理水平，确保国有资产保值增值方面发挥了无法替代的积极作用。其次是强化了资金集中管理。在要求子公司上收其二级非法人单位银行账户的基础上，结合集团公司黄金交易“四统一”的要求，进行交易的集中资金结算，与北京市工商银行签订了综合授信合同，对纳入“四统一”的子公司实行统借统贷。三是从出资人的角度，实施了对企业税后收益的集中管理。四是进一步理顺了投资管理体制，加强了子公司的对外投资管理。出台了《中国黄金集团公司对外投资管理办法(试行)》，对投资行为从立项、论证、审查、实施整个过程进行管理，初步改变了对外投资的随意性、盲目性。五是在2003年进行了清产核资的基础上，根据国资委的统一部署，集团公司2004年又组织开展了大规模的清产核资工作，夯实了资产，摸清了家底。

为使审计工作适应新形势，并规范审计工作，2004年集团公司新制定和完善了《内部控制评审办法》、《经济效益审计办法》和《黄金行业审计标准》等规章制度。2004年，集团公司组织开展了20户企业的审计工作，并正式下达了年度效益审计计划，使效益审计制度化。开展了与社会审计部门共同审计的试点，收到了良好的效果。内审工作也得到了有关子公司的高度重视。

【科技兴企】 2004年，集团公司科技进步工作取得了丰硕成果。集团公司研制成功的具有自主知识产权的生物氧化提金技术通过了由中国工程院常务副院长王淀佐为主任委员的鉴定委员会的鉴定，专家认为：该项技术达到国内领先水平，具有国际先进水平，其中，菌种氧化活性、温度适应范围已具有国际领先水平。国资委主任李荣融同志获知这个消息后作出重要批示：“祝贺你们取得的成果，望进一步完美工艺、完善管理，继续开发新菌种，再上新水平。”

各子公司根据自身实际，组织力量开展科研攻关。据不完全统计，2004年集团公司科技项目60余项，总投资1800余万元，技术改造项目54个，总投资1.16亿元。在上海证券交易所上市的控股子公司中金黄金股份有限公司(简称“中金黄金”，代码600489)组建了专家委员会，聘请王淀佐、古德生、邱定蕃等16位全国知名专家为公司献计献策，成为企业不可或缺的“外脑”。

在技术改造方面，贵州金兴黄金矿业有限公司“西部难处理金矿资源原矿沸腾焙烧提金工艺项目”被国家发展改革委列为2004年高新技术产业化项目，该项目的建成，将对实现我国西部地区大量蕴藏的难选冶金矿资源的产业化开发，起到非常积极的作用。

【做强做大主业】 作为资源型企业，黄金地质储量影响到集团公司做强做大，也关系到企业后劲问题。为此，集团公司加大了地质资源管理力度，严格规范矿山类子公司地质探矿、资源管理、资源消耗、探矿资金投入以及新增储量的审查和批准等行为。首次对集团公司矿山类企业2004年地质探矿设计进行了审查论证，下达了集团公司2004年地质探矿投资和探矿工程计划。2004年，集团公司完成探矿增储金金属量50吨，并控制了一定数量的资源量，这是集团公司(包括以前的总公司)成立以来的最好成绩。同时，集团公司积极向国家有关部委争取政策支持，取得了财政部、国家发展改革委黄金地勘专项资金项目、财政部资源补偿费保护项目、财政部、国土资源部2004年度地质灾害和环境治理项目的大力支持，缓解了部分资源危机矿山探矿资金不足的矛盾，为集团公司的探矿增储工作奠定了良好的资金基础。

在集团公司的统一部署下，从事黄金主业的子公司积极做强做大。辽宁天利公司竣工投产，使集团公司具有了处理难选冶黄金资源的能力，增强了集团公司在国内黄金行业内的影响力和控制力。

集团公司在黄金市场上的市场占有率和影响力进一步增强。2004年，集团公司通过上海黄金交易市场共销售黄金29.986吨，稳居中国黄金市场第一供应商的位置。

在做强做大主业上，集团公司继续加紧落实四项基金出资人职能。除了回收现金以外,山东龙口金裕黄金矿业公司、云南镇沅金矿等单位的四项基金已转为集团公司股权。经过集团公司和有关子公司的共同努力,集团公司2004年在涉及四项基金的所有诉讼中均告胜诉。

【企业改革】 三项制度改革工作取得新进展。2004年初,集团公司总部改变以往运营管理模式,对职能部门及职责进行调整,组织了新一轮中层管理人员竞聘上岗工作。大力推进子公司领导人员竞聘上岗工作。集团公司先后组织了几个子公司领导人员副职的竞聘工作。各子公司也不同程度地推进三项制度改革,绝大多数企业进行了用人、用工及分配制度改革。

为了进一步整合资源,2004年集团公司大力开展子公司整合工作。完成了3家存续企业交给中金黄金托管工作。3家控股子公司(三鑫公司、鑫泰公司、金曦公司)的股权向中金黄金转让工作也已基本完成。确定了陕西、广西境内资产整合方案。完成了中金辐照公司对深圳华大、深圳经济发展公司的整合工作。一些子公司也对下属企业或所在区域的企业进行了整合。企业整合打破了原有的地域和隶属关系的限制,按专业化分工原则,做到资源合理配置,同时缩短了管理链条,便于出资人真正到位,实施有效监管。

为加强对企业改革及主辅分离工作的领导,集团公司成立了企业改革工作领导小组。完成了集团公司主辅分离改制分流总体方案和第一批改制分流单位方案的编制工作。

资源枯竭企业的破产关闭工作继续推进。黑河金矿的破产程序已经终结。白水金矿的破产经费已下达企业。解决了岫岩金矿退休人员保险纳入省级统筹问题,其他人员有望纳入鞍山市地方统筹,为启动该矿破产工作解除了一大障碍。

中国储备棉管理总公司

【概况】 2004年在国家有关部门的指导和支持下,中国储备棉管理总公司(以下简称中储棉公司)全体员工坚持以邓小平理论和"三个代表"重要思想为指导,学习贯彻党的十六届三中、四中全会精神,按照树立科学发展观的总体要求,努力消除棉花市场跌宕起伏等不利因素的影响,艰苦创业,扎实工作,较好地完成了国家下达的棉花市场调控任务,企业建设取得了长足发展,全年实现商品销售收入37.8亿元,代储代运业务收入1084万元。截至12月底完成国家储备棉入库任务逾30万吨;进口棉花26.8万吨;在上年建成7个直属库的基础上,2004年又有5个直属库建成竣工并投入使用,使仓容能力达到60万吨以上。

【企业建设】 中储棉公司承担着国家对棉花市场调控的职能,正处于始创阶段。按照国资委规划局的要求,中储棉公司委托中国市场学会编写了中储棉公司发展战略,邀请国家发展改革委、财政部、农业发展银行等部门同志作为课题组成员。课题组根据国务院确定的中储棉公司职能定位及职责,在分析公司外部环境和内部条件的基础上,提出了公司使命、战略选择、目标体系和实施模式。按照中储棉公司组建方案和企业规范化管理的要求,制定了中储棉公司"三定"方案,对各部门职能、人员编制及岗位职责作了明确规定。各直属库和信息中心也根据自身特点,制定了相应的岗位责任制度和工作规范。建立健全公司管理的各项规章制度,解决公司管理环节不通畅的问题,通过规范管理流程,逐步增强企业凝聚力。

【储备棉经营管理】 1. 努力完成2003年度储备棉轮入计划。自2004年3月以后,由于棉花供求状况发生了新的变化,使国内棉花市场价格持续下降。为了稳定棉花价格,8月中旬国家发展改革委下达给中储棉公司2003年度储备棉轮入计划35万吨,按照公开、公平的原则,在全国棉花市场公开竞价。从8月23日起至10月18日,共签订储备棉购销合同12.9万吨,占国家轮入计划的36.9%,这部分棉花在2005年2月底前已全部入库。随后,有关部门决定将中储棉公司和中纺棉公司积压的部分进口棉集中转为国家储备,并将年度棉花轮入计划调整为45万吨。为完成进口棉花转储任务,确保棉花质量,中储棉公司按照《国家发展改革委关于轮入2003年度国家储备棉有关问题的补充通知》精神和进口棉的特点,进一步细化了储备棉入库各环节的相关制度和操作规程，积极配合国家商检部门进行复核。

2. 做好2004年度储备棉收储工作。2004年度新棉上市后，棉花购销价格继续大幅下跌，棉农利益受到严重损害，为促进我国棉花产业长期稳定发展，稳定棉花收购价格，11月初国家下达给中储棉公司30万吨的新棉收储计划。中储棉按有关部门的要求，发布了《关于2004年度采购国家储备棉的公告》、《2004年度国家储备棉竞价采购办法》，从11月9日起到12月底，通过全国棉花交易市场实际成交储备棉2.75万吨，对稳定棉花市场价格起到了积极作用。

3. 按照国家批准的棉花进口配额积极组织进口，弥补国内棉花市场缺口。2003年度国内棉花市场严重供不应求，国家加大了棉花进口配额的发放量，以弥补国内供求缺口。2003年10月至2004年2月，中储棉公司先后3次向国家有关部门申领棉花进口配额33.3万吨(其中自营29.6万吨)，2004年3月前，中储棉公司实际对外订货26.8万吨，完成自营进口配额计划的91%，在进口棉到货量大、集中的情况下，较好地完成了接港、发运、销售、移库等工作，确保了棉花进口工作有序进行。

【直属库建设管理】 1. 加快直属库建设，合理调整布局。各直属库筹建处在确保工程质量的前提下，狠抓工程进度，推动工程建设顺利进行，2004年内，5个直属库陆续通过国家有关部门组织的验收。根据全国棉花资源和进出口情况，在原有储备库点的基础上，中储棉公司向国家棉花储备库建设领导小组建议新建广东1个、新疆2个直属库点。这3个新增库点落实后，将使中储棉公司直属库数量达到15个，仓容能力达到80万吨左右。

2. 加强直属库管理队伍建设，规范直属库管理。按照“建成一个、规范一个”的要求，中储棉公司确定了武汉、岳阳、泾阳、九江、绍兴、天津等6个直属库的领导班子。同时努力做好直属库的增收节支工作，已竣工的直属库认真执行中储棉公司制定的人员招聘计划，严格控制招工人数，努力降低运营费用。具备一定条件的直属库按照中储棉公司相关开拓经营的指导性文件，利用现有设施条件，千方百计开展代储代运业务。

【市场信息服务】 2004年初，中储棉花信息中心成立，使中储棉公司的信息工作得到进一步加强。一年来，中储棉公司利用中国棉花网的优势，时刻关注棉花形势，分析市场变化趋势，预测棉花价格走势，定期向有关部门提出市场分析报告。全年共编发《中国棉花市场信息》48期。在棉花播种、生长、收获季节，分别派出调查组深入农村、棉花企业、纺织企业、外贸企业调研，了解棉花资源和需求情况，利用直属库实地调查，定期汇报，掌握第一手资料。进一步拓展资讯服务方式，开发建设了中国棉花期货网，提供及时、全面、准确的棉花市场信息服务产品。

按照国家发改委批复精神，中储棉信息中心将建设国家棉花市场信息监测网络体系作为工作重点，初步建立了14个区域办事处、164个监测站、8600个信息联系点，并开发监测系统信息平台、完善监测网络组织制度建设，初步具备较系统的监测能力。通过开发国家棉花市场信息监测系统信息报送平台，制定了系统运行管理办法及信息报送等制度。通过棉花市场信息系统建设，不仅为国家有关部门及相关企业提供了决策依据，而且也扩大了中储棉公司的知名度和影响力。

中国印刷集团公司

【概况】 中国印刷集团公司于2003年2月国务院批准组建成立，主要成员单位包括11家全资企业、5家控股及参股企业。16家成员单位中有13家是由原3家总公司所属二级公司临时升格形成的。

2004年，印刷集团进入实质性运行阶段，集团公司广大干部职工在领导班子的带领下，以新的动力和更大的热情，为生存与发展而努力奋斗，开创集团公司改革发展新局面。2004年，印刷集团通过加强基础管理与建设，健全了组织机构，完善了各项规章制度，以印刷、PS版、媒体、物流四大经济板块为重心，优化资源配置，加大了企业改革重组的力度，高度重视财务工作，抓好财务基础管理工作，加强财务信息化建设，通过2003年会计决算、清产核资摸清家底，构建起印刷集团会计核算体系和财务管理框架，为企业生产经营管理走上稳定的良性发展道路奠定了基础。

中国印刷集团公司2004年底资产总额13.25亿元，负债总额8.06亿元，所有者权益5.17亿元。2004年度实现主营业务收入6.58亿元，同比增长10.22%。

【经营范围】 新组建的中国印刷集团公司主要从事出版物、包装装潢印刷品及其他印刷品的生产经营；印刷及相关专业的图书、期刊、音像、电子、网络出版物的出版发行；纸张、纸浆、印刷复制设备、印刷器材、装帧材料的生产经营；承办国内外印刷复制设备、器材、出版物、艺术品等展销，代理或协助外商在国内外举办上述范围的展销；印刷、复制、信息、媒体行业的新技术、新工艺、新设备、新材料及相关领域的研究开发、生产、经营、技术服务，印刷及相关领域的技术培训、咨询、交流、服务，印刷质量检测标准化等行业服务；广告代理、办公用品、宾馆、招待所、餐饮业的经营及房地产开发、房屋出租、物业管理；印刷品、印刷复制设备、印刷器材、纸张及相关领域的进出口经营；国内外投融资等业务。

【法人治理结构】 中国印刷集团公司是母子结构公司体制。集团公司未设立股东会、董事会，实行总经理负责制，总经理领导班子管理决策。国资委派驻监事会，集团公司在监事会内有2名兼职监事。

【考核与责任制度】 建立公平公正的绩效管理体系和有效的激励、约束机制，对下属企业负责人的经营业绩，采用目标管理的绩效考核办法，实行年度考核与任期考核相结合、结果考核与过程考核相结合、考核结果与奖惩挂钩的考核制度。使企业负责人明确生产经营目标，保证国有资产的保值增值以及资本收益最大化，达到可持续发展的要求。

1. 建立目标管理体系。根据国资委2004年经营业绩考核工作会议精神，由集团公司领导研究集团发展方向，自树考核目标；然后将目标逐级分解到二级单位，由二级单位领导根据集团的分解目标，制定本单位的目标和实施方案；同时将目标继续逐级分解到三级单位，以确保全年考核目标的完成。将压力真正传递到基层单位，形成上下一心的良性互动机制。

2. 建立考核与责任制度。制定集团公司的发展战略和规划，对集团公司的宏观经济环境、行业现状和趋势、主业的竞争能力等进行系统论证和分析，确定集团公司的发展定位和工作重点，为经营业绩考核奠定基础。

针对下属企业不同的经营状况和业务范围，制定切实可行的有针对性的绩效考核办法。与下属单位企业负责人签订《企业经营业绩责任书》，确定考核期限、考核内容、考核与奖惩办法、各方责权利等内容。

考核采取加大可量化指标的考核比重，结合民主测评的方式进行。对超额完成任务者加大奖励力度，对未完成任务者给予扣发奖金、降职以至撤职的处罚。

3. 严格考核程序。在考核过程中，严格考核程序，公开考核结果，加强监督和检查的力度。建立绩效考核小组，成立以集团公司领导牵头、人力资源部负责、相关专业人员共同参与的考核小组。同时建立绩效考核的绩效评审和申诉系统。为绩效考核公正性提供保障。

4. 做好绩效总结。绩效总结是各层次之间的绩效面谈和沟通，也是上下级之间管理信息的交流和激励互动，还是对绩效管理体系、水平的必要检测。因此，对考核结果作全面的回顾和深入的总结成为集团公司考核和责任制度的必经程序。

【产权管理】 2004年，集团公司规范了资产及产权管理工作，统一投、融资审批，统一固定资产处置审批。

2004年，集团公司加大了产权管理力度。完成了二级单位的国有资产产权变动登记，理顺了集团公司与二级单位的产权关系。并制定了《中国印刷集团公司国有资产产权管理办法》，使公司国有产权登记管理、国有资产评估管理、国有产权转让管理工作有章可循。

为加强对外投资的内部控制，规范对外投资行为，防范对外投资风险，正确引导投资方向，提高对外投资效益，2004年10月份，集团公司下发了《中国印刷集团公司投资管理暂行办法》（中印集司[2004]148号），为集团公司及其全资子公司、控股子公司对外投资提供了制度保障。

攀枝花钢铁(集团)公司

【概况】 至2004年底,攀钢(集团)公司拥有总资产4184516.26万元,负债2875219.13万元,少数股东权益609881.22万元,所有者权益699415.91万元。资本保值增值率104%,实现了国有资产的保值增值。

【生产经营】 2004年,攀钢克服了原燃料和运输紧张、限电、生产与建设同步进行等不利因素影响,在4号高炉大修,铁、钢产量减少幅度较大的情况下,优化资源配置,调整品种结构,狠抓高附加值、高技术含量的"双高产品"生产,公司21项主要产量指标中16项优于上年,其中钢、热轧板卷、冷轧板卷、发电量等12项产品产量创历史最好水平。全年完成铁519.91万吨、钢598.20万吨、钢材542.64万吨。重点钢材品种热轧板、冷轧板、重轨、无缝钢管产量分别达到239.03万吨、108.90万吨、56.80万吨和67.04万吨,同比分别增长44.84%、49.09%、34.93%和18.23%;钒钛产品产量有较大幅度增长,结构进一步优化,三氧化二钒、钒氮合金、钛白粉产量分别达到5299吨、1757吨和54400吨,同比分别增长38.32%、212.63%和19.70%。2004年,(集团)公司全年产品产销率达99.83%,货款回笼率大于100%。全年出口钢材(坯)36.2万吨、钒制品3118吨、钛白粉2877吨,出口创汇22835万美元,同比增加9020万美元。攀钢全年实现工业总产值250.54亿元,比上年增长46.70%;实现销售收入252.94亿元,同比增长41.80%;实现利税31.1亿元,比上年增长33.76%;其中利润11.53亿元,同比增加56.66%,利润首次突破10亿元大关,经济效益再创历史最好水平。

【科技攻关与新产品开发】 2004年,攀钢科技工作围绕市场营销的重点和难点,在确保重轨、汽车大梁板、深冲用钢板等优势品种在国内市场上优势地位的同时,以家电用高表面质量冷轧钢板、铁路造车用高强耐候钢材、铝锌合金及有机涂镀层板和机械制造用优质钢板、特钢等品种的开发为重点。全年新产品试制及推广量达80万吨,其中热轧产品22万吨,冷轧产品24万吨,型线产品12万吨,重轨产品22万吨。科技攻关努力以产业化、工程化为目标,开拓钒钛资源综合利用新途径,提高综合利用水平,实现了以窑炉运行周期为核心的钒氮合金产业化工程技术、以所属单位氧化反应器运行周期为基础的氯化法钛白生产技术、以提高精矿品位为目标的钒钛磁铁矿阶磨阶选技术、以走向市场为方向的钒钛磁铁矿小高炉冶炼技术等关键工艺技术的重点突破。铁精矿阶磨阶选技术的应用,使铁精矿品位提高了1.5个百分点;钒氮合金TBY炉龄达到230天,创下历史新高;氯化钛白氧化反应器运行周期取得历史性突破,接近世界水平;纳米二氧化钛制备及技术研究完成了喷雾剂扩大试验;5月12日,运转了32年的1150初轧机退出历史舞台,攀钢实现全连铸。2004年公司通过各级科技成果鉴定214项,其中省部级12项,厅市级46项,(集团)公司级156项。获各级科技进步奖90项,其中:获中国冶金科学技术奖4项,四川省科技进步奖7项,攀枝花市科技进步奖24项,评定(集团)公司级科技进步奖55项。"钒氮合金产品研发及产业化技术研究"获中国冶金科学技术奖特等奖、四川省科技进步一等奖;"陡坡铁路运输系统研究"获中国冶金科学技术奖特等奖、四川省科技进步二等奖;"时速200公里客运专线钢轨开发"获攀枝花市科技进步一等奖。攀钢全年申请专利64项,其中发明专利申请24项,实用新型专利申请40项。获得专利权57项,其中:发明专利4项,实用新型专利53项。全年实施专利项目68项,实现效益5969万元。

【企业改革与企业管理】 2004年,攀钢加快了企业改革工作步伐。一是攀钢实施了(集团)公司机关改革。按定员和岗位的基本要求与人员随业务划分相结合的原则,将(集团)与新钢钒两级机关的机构、职能、人员分开,(集团)公司机关管理部门由28个减少到21个,管理人员由原来的781人减少到348人,(集团)公司、新钢钒公司两级机关总定员数由改革前的781人减少了191人。对编余人员,通过采取推荐到基层工作、轮岗培训、干部退二线、离岗休息等措施,平稳、妥善地进行了分流安置。同时,还配套进行了干部人事制度改革,对(集团)公司、新钢钒公司两级机关20个处级领导岗位的人员在全公司进行了公开招聘,择优聘用。二是稳步推进主辅分离辅业改制工作。编制完成了《攀钢主辅分离辅业改制分流总体实施意见》,并上报国资委;确定了机制分公司、生活服务公司、国际旅游公司及攀成钢川冶厂等4家第一批试点单位,开展了试点单位的资产结构、人员状况、经营能力等情况的调查摸底,编制完成了试点单位分离改制实施方案,并已获国资委批复同意。同时,企业整体管理水平不断提高。战略管理上启动了本部冶炼系统扩能和成都冷轧、镀锌项目等一批战略性、全局性项目。企业信息化建设取得新进展。整体产销系统完成了主机系统安装调试、主干网络设计施工等工作;财务管理信息系统完成了总体方案设计、系统平台建设等工作;炼钢、热轧、冷轧L3系统完成了详细设计、应用程序编制、系统调试等工作;医保系统于2004年6月1日切换成功,正式上线投运。完善资金管理模式,进一步规范关联交易;集中力量开展清产核资工作,清产核资结果已上报国资委;加大投资管理力度,加强对重点工程项目的财务核算、监督,努力控制投资风险。健全完善各级质量责任制和质量考核体系,强化过程质量控制,产品质量稳步提高。加强安全管理,严格贯彻《安全生产法》,加大对违章的处罚力度,安全形势基本稳定受控,较好地实现了安全工作目标。

【三期工程建设】 2004年,(集团)公司共完成三期工程投资16.7亿元,累计投资49.7亿元。攀锦钛业3万吨/年氯化钛白扩能改造、18万吨/年高钛渣、新3号高炉易地大修、转炉易地大修、2号方坯连铸等项目已开工建设,进展顺利。新1号、2号焦炉易地大修、白马铁矿、攀成钢Φ340mm机组等项目稳步推进,30万吨/年热轧酸轧板生产线于2004年5月建成投产,冷轧30万吨/年3号镀锌线已进入设备安装阶段,成都45万吨/年镀锌项目顺利开工;4号高炉系统大修仅用50天圆满完成,比计划工期提前14天,减少了铁产量损失。截至2004年底,三期工程累计已有全连铸、热轧技改、轨梁万能轧机、冷轧酸轧联机改造、冷轧热镀铝锌机组、三氧化二钒扩能改造、钒氯合金生产线、微细粒级钛精矿等8项钢铁钒钛标志性工程建成投产,并有7个项目基本实现达产达效目标,为公司加快产品结构调整、增加产品附加值、提高资源综合利用水平发挥了重要作用,显现出良好的投资效益。

【资本运营与资产重组】 2004年,攀钢资本运营工作取得新成效,公司整体实力进一步增强。一是顺利完成了对长钢的资产重组。通过与各金融股东的艰苦谈判,积极争取政策支持,2004年6月30日,正式重组长钢,成立了攀钢集团四川长城特殊钢有限责任公司(简称"攀长钢")。攀长钢注册资本总额为16.2亿元,攀钢通过债权转股权、接受川投集团股权划转等方式,攀枝花钢铁(集团)公司持股16.84%,攀枝花钢铁有限责任公司持股32.10%,攀钢共持有攀长钢48.94%的股权,成为第一大股东。二是实现了对渝钛白的控股。2004年7月19日,通过再次收购中国长城资产管理公司持有的900万股渝钛白国有股,攀钢持有渝钛白的股权比例达到29.8%,成为渝钛白第一大股东。2004年10月13日,沪深股市第一家钛领域股票渝钛白(000515)正式改名为"攀渝钛业"。三是新钢钒可转债转股工作圆满完成。2004年4月,新钢钒提前行使赎回权。钢钒转债从2003年7月22日开始转股,历时8个多月,99.5%的转债转换成公司股票,在中国证券市场发行的可转换公司债券中,创下了"存续期最短、转股最快、赎回量最少"三个第一,有效降低了新钢钒融资成本和经营风险。四是收(回)购攀钢有限责任公司金融股东股权。2004年11月1日,攀钢(集团)公司与国家开发银行股权转让协议暨攀成钢搬迁项目借款合同签字仪式在成都锦江宾馆举行。攀钢购回国家开发银行持有的31.5亿元攀成钢股权,同时,国家开发银行为攀成钢搬迁项目提供21亿元贷款。

(撰稿人:黄长银)

鲁中冶金矿业集团公司

【概况】 鲁中冶金矿业集团公司是一座集采矿、选矿、球团、轧钢、磁材、铜材、运输、机修、动力、建筑、安装为一体且辅助设施成龙配套的国有大型地下黑色冶金矿山企业，隶属国务院国有资产监督管理委员会管理，党群工作以上海市管理为主。集团公司地处山东省莱芜市，占地4.5平方公里，矿区有矿无山，环境优美，交通快捷便利。

2004年是集团公司生产经营取得较好成绩的一年，也是集团公司上下凝心聚力、拼搏奋斗的一年。一年来，集团公司坚持以邓小平理论和"三个代表"重要思想为指导，认真贯彻党的十六届三中、四中全会和中央企业负责人会议精神，以生产经营为中心，以二期工程建设为重点，抓住机遇，积极进取，开拓创新，团结奋进，各项工作都取得了较好成绩。采选主体生产保持了良好发展势头，提前76天完成了全年生产计划。二期工程建设取得新进展，全年井下完成掘支2382米，完成计划的144%。经营实现历史性突破，超额完成了国资委承包指标，利税突破亿元大关。2004年底集团公司国有资产总额53832万元，比上年同期的47874万元增加了5958万元，实现国有资产保值增值率112%。企业改革和管理取得了新进展。集团公司2004年被山东省企业信誉评级委员会评为"AAA特级信用"企业，被山东省工商行政管理局、山东省企业信用协会评为"省级守合同重信用企业"。

【主要经济指标】 2004年，集团公司生产矿岩量224.2万吨、铁精矿84.64万吨，生产块矿19万吨。全年销售铁精矿87万吨。实现工业总产值84524万元，比上年增加36937万元；实现工业增加值56607万元，比上年增加32095万元；流动资产54606万元，比上年增加20016万元；无长期负债；流动负债52603万元，比上年增加14099万元；资产负债率49.32%，比上年增加4.88%；实现主营业务收入86206万元，比上年增加40032万元；利润总额6251万元，比上年增加4851万元。经营实现了历史性突破。

【重大项目进展】 2004年公司重点进行了二期工程和球团工艺改造工程建设。二期工程是鲁矿集团生存和发展的基础，工程总投资6.16亿元。2004年集团公司加强工程的科研、规划、设计、施工等工作，积极与设计单位进行沟通协调，不断优化设计，满足施工需要。施工单位科学安排，合理组织，制定优惠政策，使工程建设保持了快速、健康的发展势头。2004年计划掘进1650米，实际完成2382米，完成投资715万元，设备设施计划583万元，实际完成投资850万元，均超额完成了计划。为盘活球团矿厂的固定资产，集团公司在充分调研、论证的基础上，决定将球团矿厂的"冷固结煤基回转窑直接还原工艺"改为"链篦机—回转窑直接还原工艺"，用自产的铁精矿生产直接还原铁。改造投资2200万元，计划2005年7月份投入生产。工艺改造于2004年10月26日全面展开，进展顺利。

【法人治理结构】 集团公司分两级管理，下设生产经营和服务单位15个，职能部门17个。公司在上海设有办事处。集团公司领导班子设总经理(法人代表)1名，副总经理4名，总会计师1名，党委书记1名，党委副书记、纪委书记1名。主体采选单位实行集中统一管理，相对精干。经营和服务性单位实行资产经营承包管理，正推向市场，自负盈亏，逐步与主体分离。

集团公司建立了主管人员经营业绩考核体系与薪酬制度，主要考核责任人负责单位的产量、效益、安环、综合治理四个指标，单位责任人对这些指标的完成全面负责，并作为考核依据。单位主要责任人年终奖惩与单位各项考核指标的完成情况挂钩。各单位主要责任人和集团公司机关中层管理人员的收入由基本收入和风险抵押金奖罚收入两部分组成。机关中层管理人员的收入与公司各单位主要责任人平均收入挂钩。

【主辅分离辅业改制】 2004年，集团公司多次组织有关单位、部门人员参加主辅分离改制分流政策的培训，深入学习国家关于主辅分离辅业改制方面的政策精神，引导员工转变思想观念，在集团公司上下营造一种良好的改革氛围。对全公司的各类资产进行了一次全面彻底的清查，为下一步实施改制分流作好充分准备。完成了部分人员内部退养。2004年底，对符合内部退养条件的462名员工实行了内退。完成了集团公司《主辅分离改制分流总体方案》的编制、上报工作，方案已于2004年11月经国资委批复(国资分配[2004]1017号)。

【主要管理经验】 一是贯彻企业管理以财务管理为中心，财务管理以资金管理为重点的理念，加强了财务、资金管理。按照国资委和财政部的要求，认真开展了清产核资工作；推行了全面预算管理，实现了预算编制、执行、调控和考核的全过程管理；编制完成了会计核算办法，执行了新会计制度；严格财经纪律，开展了清查“小金库”工作。二是加强安全管理。严格落实安全生产责任制，修订了岗位规程和安全技术操作规程，强化员工安全教育和培训，全面深入地组织了安全检查，申请了非煤矿山安全生产许可证，职业安全健康环境一体化管理体系通过了认证中心的监督审核。三是深挖内潜，降本增效。积极开展“对标挖潜”、“双增双节”、合理化建议、创建无泄漏工厂活动；进一步扩大议标采购范围，推行“代储代销”制，减少了储备资金占用；全面进行了清仓查库工作。四是提高产品质量。健全了质量管理网络，扎实推进ISO9000贯标工作，确保体系有效运行，提高产品市场竞争力。

【发展思路】 主业做优做强，辅业改制搞活。加快二期工程建设，注重开拓和利用外部资源，实现公司可持续发展。

近期目标：完成产品结构调整。实施主业的股份制改革。初步建立起现代企业制度。二期工程建成投产。充分利用外部资源。实现矿产量翻番。提高经济效益。对国家作出更大贡献。员工实际收入有较大提高。

附表：1. 资产负债表

2. 国有资本保值增值结果测算表

3. 利润及利润分配表

附表1

资 产 负 债 表

企财01表

编制单位：鲁中冶金矿业集团公司　　2004年12月31日　　金额单位：万元

项　　目	行次	年初数	年底数
货币资金	1	7235.13	7370.73
短期投资	2		
应收票据	3	5850.64	18161.49
应收股利	4		
应收利息	5		
应收账款	6	1947.55	7279.90
其他应收款	7	1232.47	2809.30
预付账款	8	5274.13	3281.32
期货保证金	9		
应收补贴款	10		
应收出口退税	11		
存货	12	11564.82	15704.14
其中：原材料	13	5026.32	5273.43
库存商品（产成品）	14	6535.61	9031.19
待摊费用	15	3.61	
待处理流动资产净损失	16		
一年内到期的长期债权投资	17		
其他流动资产	18		
流动资产合计	19	33108.33	54606.98
长期投资	20	1070.29	1076.88

续表

项　目	行次	年初数	年底数
其中:长期股权投资	21	1070.29	1076.88
长期债权投资	22		
*合并价差	23		
长期投资合计	24	1070.29	1076.89
固定资产原价	25	88348.74	92095.33
减:累计折旧	26	31754.14	36414.57
固定资产净值	27	56594.59	55680.76
减:固定资产减值准备	28	8400.00	8400.57
固定资产净额	29	48194.59	47280.18
工程物资	30		
在建工程	31	4265.17	3692.43
固定资产清理	32		
待处理固定资产净损失	33		
固定资产合计	34	52459.76	50972.62
无形资产	35		
其中:土地使用权	36		
长期待摊费用(递延资产)	37		
其中:固定资产修理	38		
固定资产改良支出	39		
其他长期资产	40	14000.00	
其中:特准储备物资	41		
无形资产及其他资产合计	42	1.40	
递延税款借项	43		
	44		
	45		
资产总计	46	86639.78	106656.47
短期借款	47	7678.00	4348.00
应付票据	48	1080.00	
应付账款	49	3312.08	3767.21
预收账款	50	4487.90	1699.17
应付工资	51	2205.94	15896.60
应付福利费	52	-317.44	213.61
应付股利(应付利润)	53		
应付利息	54		
应缴税金	55	7094.37	12759.56
其他应交款	56	832.99	729.84

续表

项　　目	行次	年初数	年底数
其他应付款	57	8729.85	13189.16
预提费用	58		
预计负债	59		
递延收益	60		
一年内到期的长期负债	61	3400.00	
其他流动负债	62		
流动负债合计	63	38503.70	52603.15
长期借款	64		
应付债券	65		
长期应付款	66		
专项应付款	67		
其他长期负债	68		
其中:特准储备基金	69		
长期负债合计	70		
递延税款贷项	71		
负　债　合　计	72	38503.70	52603.16
*少数股东权益	73	262.49	221.03
实收资本(股本)	74	58126.73	58126.73
国有资本	75	58126.73	58126.73
集体资本	76		
法人资本	77		
其中:国有法人资本	78		
集体法人资本	79		
个人资本	80		
外商资本	81		
资本公积	82	8.10	116.81
盈余公积	83		
其中:法定公益金	84		
*未确认的投资损失(以"-"号填列)	85		
未分配利润	86	-10253.14	-4411.26
其中:现金股利	87		
外币报表折算差额	88		
所有者权益小计	89	47873.59	53832.28
减:未处理资产损失	90		
所有者权益合计(剔除未处理资产损失后的金额)	91	47873.59	53832.28
负债和所有者权益总计	92	86639.78	106656.47

附表 2

国有资本保值增值结果测算表

金额单位:万元

填报单位:鲁中冶金矿业集团公司　　2004 年度　　标准值行业:001

计算项目	行次	金额	确认指标	行次	实际值	行业标准				
						优秀值	较好值	平均值	较低值	较差值
一、年初国有资本及权益总额	1	47874	一、主要指标	30						
二、本年国有资本及权益客观因素增加	2	117	国有资本保值增值率(%)	31	112.2	109.7	107.8	105.1	101.8	98.6
(一)国家、国有单位直接或追加投资	3	0	二、参考指标	32						
(二)无偿划入	4	0	净资产收益率(%)	33	11.4	12.3	9.0	6.5	2.8	-2.2
(三)资产评估增加	5	0	盈余现金保障倍数	34	2.3	9.7	6.1	2.4	1.4	-2.1
(四)清产核资增加	6	0	资产负债率(%)	35	49.3	40.2	50.3	61.4	78.6	90.3
(五)产权界定增加	7	0	利润增长率(%)	36	400.8	0.0	0.0	0.0	0.0	0.0
(六)资本(股票)溢价	8	0	三、所处行业水平	37	增值——行业优秀水平					
(七)接受捐赠	9	0	有关情况说明:							
(八)债权转股权	10	0								
(九)税收返还	11	0								
(十)补充流动资本	12	0								
(十一)减值准备转回	13	0								
(十二)会计调整	14	0								
(十三)中央和地方政府确定的其他因素	15	117								
三、本年国有资本及权益客观因素减少	16	0								
(一)经国家专项批准核销	17	0								
(二)无偿划出	18	0								
(三)资产评估减少	19	0								
(四)清产核资减少	20	0								
(五)产权界定减少	21	0								
(六)消化以前年度潜亏和挂账而减少	22	0								
(七)因自然灾害等不可抗拒因素减少	23	0								
(八)因主辅分离减少	24	0								
(九)企业按规定上缴红利	25	0								
(十)资本(股票)折价	26	0								
(十一)中央和地方政府确定的其他因素	27	0								
四、年底国有资本及权益总额	28	53832								
五、扣除客观因素后国有资本及权益总额	29	53715								

附表 3

利润及利润分配表

企财 02 表

编制单位:鲁中冶金矿业集团公司　　2004 年度　　金额单位:万元

项　　目	行次	上年实际数	本年实际数
一、主营业务收入	1	46174.24	86206.31
其中:出口产品(商品)销售收入	2		
进口产品(商品)销售收入	3		
减:折扣与折让	4		
二、主营业务收入净额	5	46174.24	86206.31
减:(一)主营业务成本	6	33864.74	40200.04
其中:出口产品(商品)销售成本	7		
(二)主营业务税金及附加	8	847.28	1462.63
(三)经营费用	9		
(四)其他	10		
加:(一)递延收益	11		
(二)代购代销收入	12		
(三)其他	13		
三、主营业务利润(亏损以"-"号填列)	14	11462.22	44543.64
加:其他业务利润(亏损以"-"号填列)	15	-105.28	-2018.11
减:(一)营业费用	16	250.19	982.69
(二)管理费用	17	8696.39	33342.55
(三)财务费用	18	1009.59	854.38
其中:利息支出	19	685.30	764.24
利息收入	20	53.45	48.84
汇兑净损失(汇兑净收益以"-"号填列)	21		
(四)其他	22		
四、营业利润(亏损以"-"号填列)	23	1400.78	7345.92
加:(一)投资收益(损失以"-"号填列)	24	3.50	-24.01
(二)期货收益	25		
(三)补贴收入	26	980.00	
其中:补贴前亏损的企业补贴收入	27		
(四)营业外收入	28	0.03	4.60
其中:处置固定资产净收益	29		2.00
非货币性交易收益	30		
出售无形资产收益	31		

续表

项　　目	行次	上年实际数	本年实际数
罚款净收入	32	0.03	
（五）其他	33		
其中：用以前年度含量工资结余弥补利润	34		
减：（一）营业外支出	35	1136.05	1075.01
其中：处置固定资产净损失	36	53.13	364.48
出售无形资产损失	37		
罚款支出	38	0.09	0.07
捐赠支出	39	95.43	123.33
（二）其他支出	40		
其中：结转的含量工资包干结余	41		
五、利润总额（亏损总额以“－”号填列）	42	1248.26	6251.50
减：所得税	43	307.64	451.39
＊少数股东损益	44	－575126.99	－417723.80
加：＊未确认的投资损失	45		
六、净利润（净亏损以“－”号填列）	46	998.14	5841.88
加：（一）年初未分配利润	47	－9735.07	－10253.14
（二）盈余公积补亏	48		
（三）其他调整因素	49		
七、可供分配的利润	50	－8736.93	－4411.26
减：（一）提取法定盈余公积	51	151.62	
（二）提取法定公益金	52	151.62	
（三）提取职工奖励及福利基金	53		
（四）提取储备基金	54		
（五）提取企业发展基金	55		
（六）利润归还投资	56		
（七）补充流动资本	57		
（八）单项留用的利润	58		
（九）其他	59		
八、可供投资者分配的利润	60	－9040.17	－4411.26
减：（一）应付优先股股利	61		
（二）提取任意盈余公积	62	1212.97	
（三）应付普通股股利（应付利润）	63		

续表

项　　目	行次	上年实际数	本年实际数
(四)转作资本(股本)的普通股股利	64		
(五)其他	65		
九、未分配利润	66	-10253.14	-4411.26
其中:应由以后年度税前利润弥补的亏损(以"+"号填列)	67		
补充资料:	68	—	—
一、出售、处置部门或被投资单位所得收益	69		
二、自然灾害发生的损失	70		
三、会计政策变更增加(或减少)利润总额	71		66.44
四、会计估计变更增加(或减少)利润总额	72		-3987.05
五、债务重组损失	73		3.59
六、其他非经常性损益	74	-1136.02	-1269.32

注:表中带*项目为合并会计报表专用。

长沙矿冶研究院

【概况】 长沙矿冶研究院创建于1955年,定名为"中国科学院矿冶研究所",曾先后隶属于中国科学院、国防科工委、冶金工业部、国家冶金工业局。1999年7月,经国务院批准,转制成为中央直属大型科技企业。2000年5月正式在国家工商行政管理部门登记注册。先后由中央企业工作委员会、国务院国有资产监督管理委员会管理。

长沙矿冶研究院主要业务涉及电子基础材料、电源材料、超硬材料、行业共性技术研究等四大领域。主要产品包括电解金属锰、四氧化三锰、软磁铁氧体磁芯、氢氧化镍、钴酸锂、触媒合金片、人造金刚石及制品等。

经过转制后几年时间的发展,长沙矿冶研究院已基本完成企业集团的组建工作。现院集团公司已拥有14家子公司及子公司以下企业,形成"母公司—子公司—子公司以下企业"的三级架构。其中,母公司设12个职能管理部门、控股子公司5家、直属单位13个。

【生产经营】 2004年,长沙矿冶研究院全年实现主营业务收入为105267万元,比上年增长49981万元,增长率为90%,实现净利润2026万元,比上年增长730万元,增长率为56%。

2004年,长沙矿冶研究院共承担科研课题205项,其中纵向项目50项,横向项目155项,共获得奖励成果3项,其中国家奖1项,行业奖2项;鉴定成果4项;授权专利7项。所承担的项目基本按年度计划进行,执行状况良好。特别是近几年承担的国家科技攻关项目"鞍山贫赤(磁)铁矿选矿新工艺、新药剂、新设备研究及工业应用"在2003年被评为中国钢铁协会科学技术特等奖,2004年获国家科技进步二等奖。大型横向项目"AE-HLC型乳化炸药及其全连续自动化生产工艺设备",短短几年时间已在国内推广签订了62个合同,已建成投产40条生产线,在建的生产线20多条,行业覆盖率达60%。已投产的生产线每年给市场提供近20万吨乳化炸药,创产值7.68亿元,利税1.15亿元。

【法人治理结构】 转制后,长沙矿冶研究院按照集团公司的模式运作和发展,初步建立三个层次的母子公司管理体制。母公司作为国有独资企业,建立了院长负责制的科研、生产和经营管理决策系统,院长办公会为最高决策机构。院党委会讨论决定党的思想建设、组织建设等有关事宜。院党政联席会议讨论决定母公司的二级干部管理等有关事宜。凡涉及职工利益的重大事项,如劳动、工资、住房、医疗的改革方案,发展规划制定等,都交职代会审议、决定。子公司依法建立规范的法人治理结构,依据《公司法》和公司章程进行公司管理。母公司依法对子公司行使出资人权利。

【主要管理经验】 2004年,长沙矿冶研究院进一步加强内控体系建设。一方面建立健全财务管理制度,共出台了涉及资金管理、财务审批权限、财务经理委派、固定资产管理、应收账款管理等在内的10余项规章制度,侧重对企业的资金、购销、投资、资产、成本及费用预算等经济活动的基础管理、依法运作情况和企业各项经济活动,行使监督权和检查权。另一方面加强对子公司的集中管理,主要是组成集财务稽查、责任审计和效能监察三位一体的联合审计组对子公司进行财务审计、干部离任经济责任审计。在检查财务工作的真实性、合法性及合规性基础上,加强了对货币资金、采购控制、销售与回款等方面的审查,从而促使企业进一步提升管理水平,提高经济效益。纪检监察部门以干部履职情况、资金运作、规章制度实施情况为重点开展效能监察。

中国乐凯胶片集团公司

【概况】 中国乐凯胶片集团公司是我国影像信息记录产业中规模最大、技术力量最强、产品品种最多、市场覆盖面最广、跨地区跨行业的现代化企业。公司产品涉及图像记录、印刷材料、精细化工、膜材料及涂层材料等四大类产品系列100多个品种,除满足国内市场外,还出口欧、美、亚、非等72个国家和地区。公司先后通过了ISO9001/2000版质量管理体系认证和ISO14001环境管理体系认证。

根据国资委要求及市场变化、数字技术快速发展的形势,结合企业实际,乐凯集团公司不断审视"图像信息、印刷材料、精细化工、膜材料及涂层材料"四大类产品系列的战略定位,发展的方向更加明确,目标更加清晰。

关于"图像信息":一是以全面推进与柯达合资合作项目为契机,组织力量快速消化吸收柯达提供的技术,取得一定进展;二是以满足生产柯达配方产品的需要为目标,完善质量检验手段,实施工艺装备水平的系统提升;三是充分利用乐凯品牌和营销渠道,整合资源,提升了系统服务能力。四是快速发展数码及传统与数码结合的产品。

关于"印刷材料":一是抓住中国经济高速增长期,千方百计拓展PS版、印刷胶片市场,为调整优化产品结构提供保障;二是加快现有产品质量改进,积极开发市场需求的新产品。三是着眼未来,针对下一代数字印刷新产品的快速发展,集中力量开发CTP版材和柔性树脂版材。

关于"膜材料及涂层材料":一是与天津远大公司就租赁大拉幅线签订了合同,为扩大产能创造了条件。二是加快进入偏光片用TAC膜产品领域,偏光片TAC膜批量供应市场;三是上海纸业公司积极开发专用高档纸市场,成功开发了彩喷纸市场。

关于"精细化工":在搞好图像信息、印刷材料类产品配套服务的前提下,加快开发社会产品,增加社会产品比重,总体经营业绩明显提高,第二市场开发取得了一定进展,对日本出口的产品趋于稳定。

【主要经济指标】 2004年,实现工业总产值179596万元,同比增长11%;完成销售收入174418万元,同比增长6.3%;实现利润29154万元,同比增长155%;完成出口4537万美元,同比增长35.1%;完成感光材料销售7223万平米,同比增长14.2%。

主导产品销量实现增长:彩色胶卷完成2885万卷,同比增长4.6%;彩色相纸完成3402万平米,同比增长22%;PS版完成2353万平米,同比增长14.4%;印刷胶片完成914万平米,同比增长4.3%。

【重大项目进展】 与柯达合资合作项目进展顺利。2004年初,乐凯与柯达公司一揽子合作合同获得国家有关部委批准正式生效,合作项目按合同计划要求全面展开;柯达公司向乐凯提供了彩色胶卷、彩色相纸配方及相关技术资料;先进乳剂生产线(AEC)建设、东方线提升、汕头线提升按计划启动，实施进度基本按合同计划进行。

【薪酬制度】 为建立有效的企业经营管理者激励与约束机制，加强集团公司子企业经营管理者工资收入管理，培养高素质职业化的经营管理者队伍，促进企业改革发展和国有资产保值增值，乐凯集团公司制定了《经营管理者薪酬管理办法》。经营管理者薪酬由基本工资、责任工资、企业年金三部分构成。

基本工资是经营管理者年度的基本收入，主要根据企业资产规模、经营规模、经济效益、所承担的战略责任和集团公司职工的平均工资等因素综合确定；责任工资是体现企业经营管理者的劳动贡献和经营业绩，按集团公司每年制定的《经营责任书》考核确定；企业年金是对经营管理者建立的长期激励项目。

【产权制度改革】 近年来，乐凯集团公司加大了产权制度改革的力度，下属子企业、分公司、事业部正在逐渐从现有的单一的国有产权制度转变为产权制度多元化的模式，为集团公司发展战略的实施提供必要的制度保障。1998年，由乐凯集团公司独家发起的乐凯胶片股份有限公司在上海证券交易所上市，向社会公开募集资金。2001年，乐凯集团公司对年产1500平方米聚酯片基生产线按照国家有关政策实施债转股，与中国华融资产管理公司、中国信达资产管理公司共同出资设立乐凯薄膜有限公司。公司先后出资设立了国有法人控股，外资、民营资本、自然人参股的乐凯数码影像有限公司、乐凯光学电子有限公司、上海乐凯纸业有限公司等八家公司制企业，利用社会资金和外资实现投资主体多元化经营。2003年，乐凯集团公司分两步向伊士曼柯达公司转让乐凯胶片股份有限公司13%和7%国有法人股的方案获得国家批准，实现了在彩色感光材料领域的对外合资。

【主辅分离辅业改制】 根据国资委批复的《中国乐凯胶片集团公司主辅分离改制分流总体方案》以及第一批和第二批主辅分离辅业改制分流方案（国资分配[2004]14号和1001号），公司已完成乐凯有机车间、乐凯福利公司等8户企业的改制。

改制后的新公司产权关系明晰，除保定乐福经贸有限公司和保定乐凯综合服务有限公司乐凯集团公司国有资产全部退出外，其他均为乐凯集团公司参股但不控股的股权多元化的有限责任公司。其法人治理结构均已到位。职工与原企业解除了劳动合同，与改制后的新公司签订了为期三年的劳动合同，并按政策规定获得了经济补偿金，同时均在自愿的基础上将补偿金转为对新公司的等价股权。新公司为职工接续了各种社会保险关系。未进入新公司的个别职工亦按政策得到了安置。职工在改制过程中思想稳定。改制后的企业经营状况良好，经营者、职工积极性有了很大提高，经营机制发生了转变，促进了责任到位。目前，改制后的保定市乐凯化学有限公司、保定乐福经贸有限公司等8家运作良好。

【主要管理经验】 为了提升集团公司的整体管理水平，提高综合竞争能力。乐凯集团公司年初就作出整体安排，依靠标准和制度，提高公司的管理效率和管理水平。

在标准和制度建设中，充分体现集团公司不同职能部门在各自专业中管理秩序、管理业务的规范化，保证公司每个环节、每个岗位、每个人乃至每项管理活动和每项操作，都是合理和高效率的，并且都能充分体现集团公司的发展战略、围绕公司总目标协调运作。

为确保管理体系运行的有效性，管理评审从八个方面明确了2004年重点改进的内容。针对不同内容落实责任单位，运用“过程方法”，实施“方案管理”，并提出改进工作的具体要求。职业健康安全和环境提出了更加明确的指标控制要求，各子公司以集团公司《安全生产责任制》标准为框架，结合自已的实际分别建立标准，并将责任从最高领导一直连续分解落实到操作工人，将所有岗位，每位员工的安全生产职责作了明确规定，并将目标指标层层分解。从而保证集团公司总体目标的实现。通过绩效监视和测量，2004年集团公司无火灾、爆炸、中毒事故发生；重伤事故率为零；轻伤事故3起，轻伤事故率为0.05‰（月平均）。

集团公司各子公司的改制，使其面向外部市场，呈现出产品多样化、污染种类复杂化的倾向。集团公司除在投产前加强环保“三同时”管理进行监督外，同时制定集团公司“污染物监测一览表”，对污染物排放制定了超标增收排污费的规定，对污染物排放实行污染物种类控制，排放浓度、排放总量双达标的管理，使环境管理更加规范。

展望未来，乐凯集团公司将秉承“载录时代信息、服务现代生活”的企业使命，紧跟时代步伐，以顾客满意为宗旨，打造出信息记录产业系统服务商的新形象，在未来的中国乃至世界影像业市场上创造更为辉煌的业绩。

沈阳化工研究院

【概况】 2004年，沈阳化工研究院坚持以经济效益最大化为工作中心，强化科研对产业发展的技术支持，强化体制和运行机制改革管理对中心工作的配套支持。在上级领导的支持和帮助下，科研工作取得新进展，产业发展取得新突破，改革管理工作又有新举措。

通过强化管理、增收节支，克服了市场竞争激烈，生产原材料和运费大幅度涨价等不利因素，沈阳化工研究院主营业务收入在连续五年快速增长的基础上，又有新的提高，利润总额取得较大幅度的增长。沈阳化工研究院的科研及产业事业发展又跃上了一个新的台阶。

1. 科研工作取得新成效。2004年上半年申报国家科技攻关项目滚动计划，组织了11个课题，29个专题的论证，共有5个课题15个专题列入国家“十五”后期科技攻关计划，比“十五”前期增加一倍以上。申报国家科技部技术创新、技术平台以及省市科委项目9项。完成并通过验收一项国家“863”计划课题工作。

2004年共下达科研计划145项，其中列入国家、省、市以及院科研投入资助项目共35项，均按计划进度进行；全年签订技术合同39份，合同成交额比2003年增长11%。科研工作面向企业生产，共提供7个产业化项目，通过工业化工艺试车，在质量和成本等方面均有明显的改进和提高。

2004年合成新化合物1008个，对1600个化合物进行了普筛；并有460个化合物进入了初筛，120个化合物进入了复筛，24个化合物进入了深入筛选，10个化合物进入了更深入的开发研究。

全年申请专利8项，新授权10项，实审8项，答复实审4项。

2. 产业发展取得新突破，生产计划超额完成。2004年，生产豆草特、拿扑净等10多种剂型产品，完成产值比2003年同期增长14.66%；完成产量2678.19吨，比2003年同期增长41%。

市场营销工作取得新进展2004年，面对市场瞬息变化和激烈的竞争，积极调整产品销售策略，采取包装多样化、销售方式多样化、品种多样化的措施，提高了市场营销份额，取得了很好的成效；建立较为完善的市场营销网络，拓宽营销渠道，扩大原药销售量，原药销售量达到总销售量的22%；建立区域管理制度，规范了市场销售行为。实行区域层层负责制，通过市场拆分，管理细化，使销售管理更加细致、严谨和规范。

沈阳化工研究院充分利用其在国内外有较高知名度和联系广泛的综合优势，进一步加快国际市场的开拓，积极开展对外贸易，一是加大具有自主知识产权专利产品的推广力度。二是加快产品的境外登记，为今后的长远发展奠定了基础。三是积极寻找国际合作伙伴和新的商机，建立国外销售网络。使出口业务连续三年跨越式发展。2004年全院产品出口总额达到1.45亿元。对外贸易的快速发展既弥补了国内销售市场的不足，也加快了沈阳化工研究院产品市场国际化的进程。

3. 改革工作有新举措。优化科研管理结构。为充分发挥科研技术优势，加快沈阳化工研究院的产业发展，尽快提高整体经济效益水平，2004年对科研管理机构进行了调整，按产业链的管理模式，对各研究专业进行了重新整合，对农药专业实行专题组核算制，加强农药科研与院产业紧密结合；成立了全资的设计工程中心和控股的博美达化工有限公司。设计工程中心按市场化模式运作，将化工综合开发各专业的人才资源和技术资源重组为相互配套的工程化研究室、设计室和生产车间，以发挥各专业的综合作用。博美达公司以医药中间体阻燃剂为主导产品，形成该院产业发展的又一个新的经济增长点。

4. 加强内控制度建设，推进院各项事业的全面发展。全面开展预算管理工作。根据国资委的要求，为有效开展预算管理工作，2004 年成立了院预算管理工作委员会，制订了 2004 年全院预算计划，并将预算指标分解到各部门，在实施过程中，对各单位预算执行情况进行了全程监控，并定期适度地对预算指标进行了调整和跟踪考核，同时，结合 2004 年全院预算指标完成情况，制订了 2005 年全院及各单位的预算计划，从而切实发挥了预算工作在企业经营过程中的宏观调控作用，促进了企业经营管理工作。

完善竞争机制，加强员工能力素质建设。2004 年，在总结与完善中层干部竞聘机制的基础上，进行了新一轮的中层经营管理岗位竞聘，通过竞聘工作的开展与完善，使新聘和续聘干部增强了压力感和紧迫感，增强了做好本职工作的责任意识，达到了预期的目的。

按照院培训计划安排，组织了 11 名科研、经营管理骨干赴日本、韩国相关企业进行专业考察培训。继续开展了对院中层管理人员的短期脱产培训，在培训内容设置上，紧密结合院工作的实际，进行了《院2005～2020年发展规划》及《内控制度建设与执行》的学习和讨论，取得了比较满意的效果。

根据国资委的要求，还组织了技术工人技能比赛，通过在化学工、实验员和焊工工种范围内的技能公开比赛，激发了技术工人提高岗位技能的积极性，促进了技术工人素质、能力和实际操作水平的提高。

5. 国有资产保值增值情况。按照国资委的要求，2003 年底，开展清产核资工作，清产核资工作结果经国资委审核已批复，核减国有权益 4342 万元。调整会计差错，使院国有权益增加 124 万元，本年年初比上年年底国有权益总量增加 4466 万元。本年度比上年国有权益增加 5219 万元。

2004 年初，国有权益为 13978 万元，本年国有权益增加 5219 万元。扣除其中：接受实物资产捐赠增加资本公积、减值准备转回增加权益及地方政府拆迁安置补偿费净值和地方政府征地支付土地出让金等客观因素 1525 万元后，本年底国有资本及权益总额 17756 万元；当年国有资本保值增值率为 127%。

【主要经济指标】 1. 利润实现分配及企业亏损情况。2004 年度，沈阳化工研究院顺利完成各项生产任务。2004 年实现主营业务收入 25000 万元，比 2003 年同期增长 47%；实现利润总额 5259 万元，比 2003 年同期增长 128.65%，向国家上缴税金 338 万元。

(1)利润分配情况。本年度院本部及各子公司收支合并后，实现净利润 5135 万元，提取法定盈余公积 575 万元，提取法定公益金 291 万元，其余转入未分配利润。

(2)利润表中主营业务收入比上年同期增长 49%；主营业务成本比上年同期增长 42%。主营业务成本的增长比主营业务收入增长低 7 个百分点。经营费用比上年增加 35%。主要是本年度强化销售力度及开发国际市场，前期费用投入较大。

2. 资金增减和周转情况。

(1)“预付账款”年底余额比上年同期增长 179%。主要由于生产基地扩建，设备预付款增加。

(2)“存货”年底余额比上年同期增长 47%。主要是扩大生产规模，产量增加。另外农药的销售季节是每年的 1、2 季度，所以年底“存货”余额相对较大。

(3)“流动资产”占“总资产”的比率为 64%；“速动比率”为 84%；“流动比率”为 135%。

3. 固定资产更新、使用、折旧。2004 年，沈阳化工研究院继续加大对科研仪器设备、试验楼改造、生产设施建设的投入，全院固定资产总投资 3900 万元。

固定资产逐年加大投资，提高了固定资产的成新率，从而提高了固定资产的利用效率和工作效率，为科研、生产顺利进行提供了保证。

沈阳化工研究院从 2001 年度开始对固定资产全额提取折旧，2004 年提取折旧 1099 万元，比上年同期增长 46%。2003 年底，院本部及所属子公司根据国资委的要求开展清产核资工作。院成立固定资产专家技术鉴定小组，对固定资产的使用情况进行评定、测算。根据实际情况，确定了固定资产新的折旧标准(固定资产折旧年限缩短)，已将此标准上报国资委、财政部备案。按照新的折旧标准，本年提取折旧增加 133 万元。

4. 负债及所有者权益增减变动。

(1)“流动负债”占“负债合计”的 98.16%，“资产负债率”为 48.35%，“银行短期借款”占“总资产”的比率为 13.8%。

(2)"应付账款"年底余额比去年同期增加 722 万元。主要是由于生产规模的扩大,当年购入原材料款未付,所以"应付账款"余额增加。

(3)每年科研、生产所需贷款基本由院本部负责协调、筹集资金,能按时付息,及时还贷,从不拖欠。连续多年被银行评为信贷信誉等级 AAA。

(4)企业未从事证券买卖、期货交易、房地产开发等业务。

(5)会计政策变更对利润总额的影响。

根据国资委(国资清办[2004]1101 号)文件批复,从 2004 年 1 月 1 日起执行《企业会计制度》。2003 年底,清产核资按《企业会计制度》预计损失 303 万元(应收款项计提减值准备)。本年度只对应收款项计提减值准备,冲回减值准备 84 万元,当年提取减值准备 40 万元。固定资产折旧年限变更,当年增加折旧额 224 万元,对当年利润总额影响 180 万元。

5. 人员情况。

2004 年职工情况表

类别	人数		学历	全公司	
	学历	人数		本部	全公司
年底从业人数	1322	1515	研究生	44	50
年底职工人数	1021	1214	本科生	299	356
其中:在岗职工	1021	1214	专科生	178	206
下岗职工			中专生及以下	500	602
年底:离休人数	50	50	合计	1021	1214
退休人数	880	880			
年龄	人数		构成	全公司	
	构成	人数		本部	全公司
55 岁以上	15	16	管理人员	187	275
50~54 岁	132	138	工程技术人员	479	544
40~49 岁	502	560	其中:研究开发人员	344	355
30~39 岁	215	243	销售人员	28	36
29 岁以下	157	257	专职审计人员	3	3
合计	1021	1214	专职纪检监察人员	2	2
			合计	699	860

6. 资产负债表(附后)。

7. 国有资本保值增值结果测算表(附后)。

8. 利润及利润分配表(附后)。

【重大项目进展】 2004 年 6 月沈阳化工研究院与韩国大鹏商式株式会社等合资成立沈阳博美达化学有限公司,沈阳化工研究院以技术和设备入股,占总股本的 40%,控股该公司。

利润及利润分配表

企财02表

编制单位:沈阳化工研究院　　2004年度　　金额单位:万元

项　　目	行次	上年实际数	本年实际数
一、主营业务收入	1	17049.10	25418.62
其中:出口产品(商品)销售收入	2		
进口产品(商品)销售收入	3		
减:折扣与折让	4		
二、主营业务收入净额	5	17049.10	25418.62
减:(一)主营业务成本	6	13467.98	19190.55
其中:出口产品(商品)销售成本	7		
(二)主营业务税金及附加	8	98.66	97.47
(三)经营费用	9		
(四)其他	10		
加:(一)递延收益	11		
(二)代购代销收入	12		
(三)其他	13		
三、主营业务利润(亏损以"-"号填列)	14	3482.46	6130.60
加:其他业务利润(亏损以"-"号填列)	15	427.21	-41.49
减:(一)营业费用	16	537.91	728.34
(二)管理费用	17	3144.77	3895.42
(三)财务费用	18	86.09	201.78
其中:利息支出	19		
利息收入	20		
汇兑净损失(汇兑净收益以"-"号填列)	21		
(四)其他	22		
四、营业利润(亏损以"-"号填列)	23	140.90	1263.58
加:(一)投资收益(损失以"-"号填列)	24	63.36	547.23
(二)期货收益	25		
(三)补贴收入	26	1975.54	2011.59
其中:补贴前亏损的企业补贴收入	27		
(四)营业外收入	28	224.22	1477.78
其中:处置固定资产净收益	29		
非货币性交易收益	30		
出售无形资产收益	31		
罚款净收入	32		
(五)其他	33		
其中:用以前年度含量工资结余弥补利润	34		
减:(一)营业外支出	35	191.49	41.51

续表

项　　目	行次	上年实际数	本年实际数
其中:处置固定资产净损失	36		
出售无形资产损失	37		
罚款支出	38		
捐赠支出	39		
(二)其他支出	40		
其中:结转的含量工资包干结余	41		
五、利润总额(亏损总额以"－"号填列)	42	2212.53	5258.67
减:所得税	43	24.54	28.73
*少数股东损益	44	14.84	94.75
加:*未确认的投资损失	45		
六、净利润(净亏损以"－"号填列)	46	2173.15	5135.19
加:(一)年初未分配利润	47	6119.54	3615.90
(二)盈余公积补亏	48		
(三)其他调整因素	49	－4305.25	
七、可供分配的利润	50	3987.44	8751.09
减:(一)提取法定盈余公积	51	247.60	574.60
(二)提取法定公益金	52	123.94	290.99
(三)提取职工奖励及福利基金	53		
(四)提取储备基金	54		
(五)提取企业发展基金	55		
(六)利润归还投资	56		
(七)补充流动资本	57		
(八)单项留用的利润	58		
(九)其他	59		
八、可供投资者分配的利润	60	3615.90	7885.50
减:(一)应付优先股股利	61		
(二)提取任意盈余公积	62		
(三)应付普通股股利(应付利润)	63		
(四)转作资本(股本)的普通股股利	64		
(五)其他	65		
九、未分配利润	66	3615.90	7885.50
其中:应由以后年度税前利润弥补的亏损(以"＋"号填列)	67		
补充资料:	68	—	—
一、出售、处置部门或被投资单位所得收益	69		
二、自然灾害发生的损失	70		
三、会计政策变更增加(或减少)利润总额	71		
四、会计估计变更增加(或减少)利润总额	72		
五、债务重组损失	73		
六、其他非经常性损益	74		

注:表中带*项目为合并会计报表专用。

国有资本保值增值结果测算表

金额单位：万元

填报单位：沈阳化工研究院　　　　2004 年度　　　　标准值行业：302

计算项目	行次	金额	确认指标	行次	实际值	行业标准				
						优秀值	较好值	平均值	较低值	较差值
一、年初国有资本及权益总额	1	13978	一、主要指标	30						
二、本年国有资本及权益客观因素增加	2	1525	国有资本保值增值率(%)	31	126.4	108.7	106.4	104.1	102.6	98.9
(一)国家、国有单位直接或追加投资	3	0	二、参考指标	32						
(二)无偿划入	4	0	净资产收益率(%)	33	30.5	10.5	7.8	5.4	3.2	-1.8
(三)资产评估增加	5	60	盈余现金保障倍数	34	0.6	10.4	4.9	2.1	0.9	-1.8
(四)清产核资增加	6	0	资产负债率(%)	35	48.3	11.6	24.4	47.7	71.7	83.0
(五)产权界定增加	7	0	利润增长率(%)	36	137.7	0.0	0.0	0.0	0.0	0.0
(六)资本(股票)溢价	8	0	三、所处行业水平	37	增值——行业优秀水平					
(七)接受捐赠	9	24	有关情况说明：							
(八)债权转股权	10	0								
(九)税收返还	11	0								
(十)补充流动资本	12	0								
(十一)减值准备转回	13	84								
(十二)会计调整	14	0								
(十三)中央和地方政府确定的其他因素	15	1357								
三、本年国有资本及权益客观因素减少	16	0								
(一)经国家专项批准核销	17	0								
(二)无偿划出	18	0								
(三)资产评估减少	19	0								
(四)清产核资减少	20	0								
(五)产权界定减少	21	0								
(六)消化以前年度潜亏和挂账而减少	22	0								
(七)因自然灾害等不可抗拒因素减少	23	0								
(八)因主辅分离减少	24	0								
(九)企业按规定上缴红利	25	0								
(十)资本(股票)折价	26	0								
(十一)中央和地方政府确定的其他因素	27	0								
四、年底国有资本及权益总额	28	19197								
五、扣除客观因素后国有资本及权益总额	29	17672								

资产负债表

企财 01 表

编制单位:沈阳化工研究院　　2004 年 12 月 31 日　　金额单位:万元

项　目	行次	年初数	年底数	项　目	行次	年初数	年底数
货币资金	1	5504.14	9761.58	短期借款	47	2240.00	5390.00
短期投资	2			应付票据	48	2700.00	2938.00
应收票据	3		376.50	应付账款	49	3811.79	4533.99
应收股利	4			预收账款	50	1970.45	3034.58
应收利息	5			应付工资	51	2.08	0.03
应收账款	6	753.81	521.55	应付福利费	52	478.17	399.13
其他应收款	7	3046.46	3057.40	应付股利(应付利润)	53		
预付账款	8	684.61	1910.46	应付利息	54		
期货保证金	9			应缴税金	55	-175.76	-650.03
应收补贴款	10			其他应交款	56	17.39	1.67
应收出口退税	11	212.54	36.78	其他应付款	57	3022.75	2928.76
存货	12	6358.09	9353.97	预提费用	58		24.55
其中:原材料	13	751.41	1532.06	预计负债	59		
库存商品(产成品)	14	2199.20	1714.41	递延收益	60	0.00	0.00
待摊费用	15	16.62	17.36	一年内到期的长期负债	61		
待处理流动资产净损失	16			其他流动负债	62	-0.65	
一年内到期的长期债权投资	17	0.00	0.00	流动负债合计	63	14066.22	18600.67
其他流动资产	18			长期借款	64	280.75	280.75
流动资产合计	19	16576.28	25035.61	应付债券	65		
长期投资	20	1518.13	1965.58	长期应付款	66		
其中:长期股权投资	21	1518.13	1965.58	专项应付款	67		
长期债权投资	22			其他长期负债	68		
*合并价差	23		14.08	其中:特准储备基金	69		
长期投资合计	24	1518.13	1979.65	长期负债合计	70	280.75	280.75
固定资产原价	25	16980.09	19210.81	递延税款贷项	71	1.82	1.17
减:累计折旧	26	8004.83	8697.44	负债合计	72	14348.79	18882.59
固定资产净值	27	8975.25	10513.37	*少数股东权益	73	162.37	976.77
减:固定资产减值准备	28			实收资本(股本)	74	8334.63	8334.63
固定资产净额	29	8975.25	10513.37	国有资本	75	8334.63	8334.63
工程物资	30			集体资本	76		
在建工程	31	785.57	686.74	法人资本	77		

续表

项　　目	行次	年初数	年底数	项　　目	行次	年初数	年底数
固定资产清理	32			其中:国有法人资本	78		
待处理固定资产净损失	33			集体法人资本	79		
固定资产合计	34	9760.82	11200.11	个人资本	80		
无形资产	35	367.60	718.19	外商资本	81		
其中:土地使用权	36			资本公积	82	875.62	959.64
长期待摊费用(递延资产)	37	266.39	123.07	盈余公积	83	1151.92	2017.51
其中:固定资产修理	38			其中:法定公益金	84	381.33	672.32
固定资产改良支出	39			*未确认的投资损失(以"-"号填列)	85		
其他长期资产	40			未分配利润	86	3615.90	7885.50
其中:特准储备物资	41			其中:现金股利	87		
无形资产及其他资产合计	42	633.99	841.27	外币报表折算差额	88		
递延税款借项	43			所有者权益小计	89	13978.06	19197.27
	44			减:未处理资产损失	90		
	45			所有者权益合计(剔除未处理资产损失后的金额)	91	13978.06	19197.27
资产总计	46	28489.22	39056.64	负债和所有者权益总计	92	28489.22	39056.64

中国华源集团有限公司

【概况】 中国华源集团有限公司(英文简称:CWGC)是经国务院批准,于1992年7月在上海浦东新区注册成立的国有控股有限责任公司,是直属国务院国有资产监督管理委员会管理的重要骨干企业之一。中国华源拥有全资和控股子公司11家,及华源股份、华源发展、华源制药、上海医药、双鹤药业、华源凯马等一批上市公司,是中国最大的医药企业集团和纺织企业集团。中国华源的总体发展战略为:"高科技、外向型、实业化、跨国经营"。

2004年中国华源的资产总规模为572亿元,在北美、欧洲、西非、中亚、东南亚等地投资建立了一批海外华源企业和分支机构,海外资产规模超过3亿美元;2004年实现主营业务收入485亿元,按国家统计局公布的统计结果,华源集团列2003年度中国最大500家企业集团第27位;按行业统计,列医药制造业第一位和纺织业第一位,在中国出口额最大的200家企业中,排名28位。形成了大生命、大纺织的产业体系和国际化的经营格局。

在长期的实践中,中国华源致力于结构的调整和技术的进步,并通过体制的创新,不断完善公司法人治理结构,通过资源的优化配置,逐步增强企业的核心竞争能力,从而对国有企业实施了国际化改造。主要表现为:

建立明晰的产权制度,不断优化和调整股东结构,实现真正意义上的多元投资;完善企业的治理结构,建立规范的股东会、董事会、经理层,加强监事会,按公司章程和议事规则,基本形成各负其责、协调运转、有效制衡的企业治理机制;实行母子公司管理体制，母公司向子公司派出产权代表，建立出资人制度，行使出资人权利；推行企业高级管理人员的市场化配置，逐步做到企业经营管理层的职业化；积极推动符合上市条件的业务板块进入资本市场，借助资本市场进一步规范企业制度，完善治理结构；转换企业理念，通过全面预算、授权经营和绩效考核，促使企业追求股东利益的最大化和企业价值最大化。

中国华源凭借长期以来积累的资本、管理、技术和人才等诸多方面的优势，运用市场化的方式，通过大规模的联合重组完成新的产业进入，进而在全国范围内实现生产要素的优化配置，迅速抢占了行业的制高点：2002年，实现了对上海医药集团战略性重组，经过两年的大力度整合之后，上海医药集团按照实体化、公众化和国际化的要求，在资源配置、核心业务、经济增长质量等重要领域取得了突破性进展，净利润连续两年实现了倍增。2004年11月13日，华源又与北京医药集团正式实行战略性重组，从而形成了上海和北京南北两大医药产业基地，构建起以医药制造和流通为基础，以现代医疗健康服务为支撑，以生物制药和数字化医疗器械为方向，价值叠加、协同发展的完整"大生命"产业体系。

中国华源已形成衣着类纺织品、装饰类纺织品、产业类纺织品三大类完整的研发、生产、经营体系，具有丝、毛纺、棉纺、麻纺、印染、织造等国际先进的装备、技术和管理水平。三大业务板块年生产能力：高分子聚合物20万吨、化学纤维10万吨、毛纺、棉纺42万锭、纱线10万吨、织物10亿米、制成品2000万件(条)，一大批国家级重点新产品和纺织新材料具有突出的竞争优势。

"华源"商标为上海市著名商标；"华源牌"地毯、"华源牌"铝塑板位居上海市名牌产品100强前列；"华源牌"纺织服装被国家商务部授予"中国出口纺织品重点推荐名牌"荣誉。

【主要经济指标】 2004年，华源集团重点围绕"利润倍增"这个主题，以股东权益最大化为导向，以提高盈利能力、提高资产质量为主线，强化执行力，部署"四大硬仗"，对集团母公司和一级子公司实施了较大规模的战略性调整和整合，在结构调整、科技进步和企业转型等方面取得了新的突破。

经上海上会会计师事务所审计，2004年集团实现主营业务收入485亿元，同比增长18%；实现利润总额13.7亿元，同比增长23%；实现税后净利润(含少数股东损益)11.1亿元，同比增长30%；实现股东权益净利润4.4亿元，同比增长300%。实现进出口总额26.2亿美元，同比增长10.89%，其中集团生命产业板块实现主营业务收入272亿元，占集团主营业务收入总额的56%；实现利润总额9.8亿元，占集团利润总额的72%；纺织产业板块实现主营业务收入179亿元，占集团主营业务收入总额的37%；实现利润总额3亿元，占集团利润总额的22%。

中国华源集团基本情况表

第一主营业务名称	医药	第一主营业务收入占全部收入的比例			56%
第二主营业务名称	纺织	第二主营业务收入占全部收入的比例			37%
主要指标(万元)	销售或营业收入(含主营和非主营)	净利润	所有者权益	资产	从业人数(人)
2003年	4102871	15707	175802	4172523	94232
2004年	4849295	43971	229961	5719970	92732

【生产经营】 2004年，根据"优先发展大生命产业，优化发展大纺织产业"的总体发展战略，集团将优质资源进一步向主业聚焦、向骨干企业聚焦、向强势产品聚焦，集中资源做强主业工作取得了新的进展。

集团基本完成了医疗健康、医疗器械、药品制造和药品流通四大领域第一轮产业重组，部分高污染、高能耗的企业已平稳退出市场。制药领域确定了以抗肿瘤用药、心脑血管用药、消化代谢系统用药、抗感染用药等四大治疗领域作为战略发展重点，筛选并确定了41个核心产品。

纺织产业板块集中力量完成了新型化学高分子聚合材料、纺织印染、家用纺织品三大主营业务的第二轮整合，围绕三大主营业务筛选确定了25个核心产品。

在品牌聚焦方面，生命产业领域聚焦了"华源生命"、"华源长富"、"信谊"、"新亚"、"雷允上"、"华氏"等六大主品牌，纺织产业板块聚焦了"华源"、"赛拉维"等核心品牌。华源家纺、华源铝塑、华源地毯等公司通过品牌营销，在行业内占据了较重要的市场份额。

进一步推进了"研发、营销、采购、信息、财务"等"五大集中"工作。在研发集中方面，上海医药集团率先建立了中央研究院、事业部技术中心、企业研究所三级研发网络；华源生命公司的中央研究机构也正在积极筹备之中。在营销集中方面，部分企业围绕核心产品开展品牌营销，制定激励政策，鼓励营销人员在核心产品销售上下工夫。2004年上药集团启动了医药品牌营销"万人工程"，取得了较好的经济效益。在财务集中方面，针对国家宏观调控、银根紧缩的形势，进一步推进财务体制改革，加强集团内部资金统一调度，开展集中授信管理，提高资金集中度，减少资金沉淀，在一定程度上缓解了集团的资金压力，提高了资金的利用效率和使用效益。

为解决集团母公司和一级子公司空心化问题，2004年华源确定了从母子公司体制向事业部体制过渡的主体改革思路。事业部作为自主经营、自负盈亏的经济实体和利润中心，明确承担起损益责任和发展责任，逐步成为集团发展的主力军团和核心力量。通过事业部管理体制的创新，推动集团经营管理体制的深刻变革。

经过一年多的实践，集团实体化改造取得了阶段性成果。上药集团五大事业部经过两年的运行，较好地解决了集团行政化、母公司空心化的痼疾，经济效益大幅提高，资产质量显著改善。华源生命公司在重组上海医疗器械集团的基础上组建了医疗器械事业部，在生命科学公司的基础上通过分立、改制、扩容，组建了生物医药和健康食品事业部，在重组新乡医院的基础上组建了医疗健康事业部，初步形成了实体化构架。北京医药集团虽然刚重组不久，组建事业部的工作也在抓紧进行。华源家纺结合资源整合，在事业部体制建设方面也作出了积极探索。

2004年7月，华源集团经济工作例会全面部署了"压缩四大流动资产、控制三大费用、有进有退、集中采购"的四大硬仗。通过深入挖掘内部潜力，着力提高经济运行的质量和效益，逐步由粗放式经营向集约化经营的方向转变。

经过半年的努力取得了初步成效。据集团财务部统计，截至2004年底，集团四大流动资产比2004年6月底下降了10.4亿元，降幅达5%，主营业务收入费用率同比下降1.4%；退出非核心业务投资17.5亿元，涉及企业15户，淘汰落后产品100多个；通过集中采购和比价采购降低成本3.2亿元；部分企业在银行的负债有了一定幅度的下降，对外担保得到了一定程度的控制，经营风险也有了适度的缓解。在核心产业重组和优势资源集聚方面，对北京医药集团进行了战略性重组，形成了大生命产业南北呼应的产业格局，提高了集团在国内大生命产业的市场份额、控制能力和产业集中度；集团母公司完成了对华源生命、华源家纺及华源投资、墨西哥等公司股权的增持。

【企业管理】 2004年，集团提出要以全面预算管理、授权经营和业绩考核为三大抓手，提高企业管理水平。坚持以成本核算为基础，以现金流量为核心，进一步建立和完善全面预算管理体系。进一步完善集权和分权有机统一的授权经营制度。推动建立和完善年度考核与任期考核相结合、结果考核与过程评价相统一、业绩考核与奖惩密切挂钩的业绩考核体系和薪酬体系。

一年来，企业管理面貌有了很大变化，多数企业推广了价值树分析方法和杜邦分析财务模型，实行了事前审查、事中控制、事后考核的全过程管理和监督办法。企业领导层逐步从关注销售收入、关注利润总额进一步向关注净利润、关注现金流转变。上药集团在授权经营方面领先一步，进行了积极的探索，在绩效考核方面将事业部总裁的收入与经营业绩、降本增效的成果直接挂钩，有力地推动了2004年经济效益的提升。

坚持以人为本是科学发展观的本质要求。集团总部向各级企业领导人和广大员工推荐了《利润倍增》、《执行》、《细节决定成败》等几本书，下发了《关于全面开展“利润倍增”活动的通知》，突出强调建设利润文化和执行文化，逐步在集团上下形成了“利润倍增”的共同认识和追求。集团各级企业领导人努力成为利润文化和执行文化的组织者、推动者和实践者，出现了华源兰宝、华源铝塑、华源长富、雷允上、信谊、华联、上医股份、医疗器械集团等一批“利润倍增”的典型企业和典型产品，如华源铝塑在2004年实现净利润2200万元，同比增长100%，实现了利润倍增。上药集团通过产品聚焦和品牌聚焦，出现了一批单个产品销售上亿元的大产品，如头孢曲松2004年销售收入超过6亿元，珍菊降压片达到2亿元。

（撰稿人：陶国樑）

上海船舶运输科学研究所

【概况】 上海船舶运输科学研究所成立于1962年，是中国最大的交通运输综合技术研究开发基地；原为交通部直属科研机构，2001年转制为科技型企业，划归中央企业工作委员会领导，2003年转由国务院国有资产监督管理委员会领导。上海船舶运输科学研究所的战略目标是：成为中国最著名的舰船自动化和智能交通系统集成研发制造商。

2004年，上海船舶运输科学研究所以邓小平理论和“三个代表”重要思想为指导，认真贯彻党的十六大和十六届三中、四中全会精神，在国资委和上海市的领导下，努力抓好科研生产，根据全所发展战略，抓住时机，加快推进改革，逐步向创造价值的科技企业模式转型，全面完成了国资委下达的年度经营业绩指标，实现了国有资产的保值增值。

上海船舶运输科学研究所在2004年首次全面实行了经营业绩考核；全所干部职工坚持以发展为第一要务，努力扩大市场份额，通过不断提高内部管理水平，有效控制成本费用，调整内部结构，以做强做大主业。2004年，全所项目生产计划执行情况良好，项目计划成本控制率达98.9%，重大项目、外贸项目合同履约率为96.2%。全所全年共组织项目策划、验收、评审34项；获专利授权2项，申请专利1项。2004年，全所签订合同额3.84亿元，同比增长17.8%；完成主营业务收入2.16亿元，同比增长34.5%；实现利润总额1753万元，同比增长10.2%（按去年账面）；净资产收益率达到8.93%；科研投入增长率为122%；产品出所一次检验合格率达到99.8%。此外，四技合同登记额达到了2.295亿元，在2004年上海市技术交易市场四技合同登记额排名中列第一位。

【业务经营】 根据所的发展战略规划，上海船舶运输科学研究所在2004年加大了对船舶自动化领域技术和产品的研发力度，全年投入的研发经费达到了历史新高，组织执行新技术、新产品开发项目共8项，涉及领域包括：船舶航行安全、船舶控制系统、船舶通信控制器开发和油水分离技术等。2004年，所下属上海交技发展股份有限公司顺利通过了中国软件评测中心（CSTC）对其综合收费业务平台（ITSN－V3.0）进行的高级确认测试，测试结果为优秀，10项质量特性指标的评分均达到A级，并获得高级测试确认证书。上海船舶运输科学研究所的质量管理体系获得不断提高，顺利通过了2004年度军品和民品质量监督检查和换证工作。

根据全所发展战略，2004年，上海船舶运输科学研究所以改变军品生产管理模式和重组业务流程为突破口，对重要部门的管理模式和业务流程进行了试点改革：特别成立了军工产品分所，加大对军品生产全过程的管理和控制，提高设计和生产效率，降低材料成本和组织风险，以适应军工任务和规模不断扩大的需要。经过一年的运作，原有运行模式已逐步向新模式过渡，全所军品的统一规划和管理得到进一步加强，军品资源的利用率得到进一步提高，所的军品实力不断提高，发展势头强劲，取得了预期效果。

为进一步加强全所的人力资源管理，充分调动广大员工的积极性，2004 年，上海船舶运输科学研究所开展了与改革发展相适应的企业薪酬体系预案研究。通过开展大量的调研工作，掌握了对全所现行岗位的要求和设置，完成了岗位说明书的编写，并基本完成了全所薪酬体系的预案研究工作。企业薪酬体系预案研究工作的完成，为进一步落实企业薪酬体系改革、建立适应企业未来发展的科学薪酬制度打下了良好的基础。

为了更好地开展企业清产核资工作，2004 年，上海船舶运输科学研究所严格遵照国资委关于《国有企业清产核资工作规程》、《国有企业清产核资资金核实工作规定》和《中央企业清产核资工作方案》的要求，在摸清了“家底”的情况下，认真组织做好全所账务清理、资产清查、价值重估、损益认定、资金核实及完善制度等各项基础工作。对清理的完工项目办理了固定资产入账手续；进一步完善了固定资产控制制度；建立了统一的会计核算制度和八项准备金制度，从而进一步加强和完善了全所资产和财务的管理工作。清产核资工作的清查结果，经上海东华会计师事务所有限公司审计确认，经国资委统计评价局审核，已获得了批准。清产核资工作的顺利完成，为全所进一步开展产权制度改革提供了有力保障。

2004 年，根据全所的发展战略，上海船舶运输科学研究所编制完成了所近中期战略实施规划。根据所的发展战略，确定了战略实施阶段、步骤和计划，调整资源配置和寻求有效措施以突出主营业务的发展，并逐步退出辅业(非主营业务的领域)。根据国家《关于国有大中型企业主辅分离辅业改制分流安置富余人员的实施办法》和《关于进一步明确国有大中型企业主辅分离辅业改制有关问题的通知》精神，全所以贯彻落实企业发展战略为导向，抓住有偿解除劳动关系这个关键环节，全力解决好辅业改制中的深层次困难和问题。为确保主辅分离、辅业改制工作能够稳妥、顺利进行，在充分开展调查研究，深入分析所的现状，认真听取干部职工意见的基础上，2004 年，上海船舶运输科学研究所完成了全所主辅分离、辅业改制的总体原则方案，并报送国资委和有关部委审批，方案已获得批准。

在国资委和上海市有关部门的领导下，2004 年，上海船舶运输科学研究所在原有基础上稳步发展，取得了较好的经营业绩；2005 年，上海船舶运输科学研究所将在上级部门的领导下，继续牢固树立和落实科学发展观，深化改革，做强做大主业，推动全所持续、健康地发展。

附表：国有资本保值增值结果测算表

附表

国有资本保值增值结果测算表

金额单位：万元

填报单位：上海船舶运输科学研究所　　2004年度　　标准值行业：科研设计

计算项目	行次	金额	确认指标	行次	实际值	行业标准				
						优秀值	较好值	平均值	较低值	较差值
一、年初国有资本及权益总额	1	15381	一、主要指标	30						
二、本年国有资本及权益客观因素增加	2	65	国有资本保值增值率(%)	31	109.1	108.7	106.4	104.1	102.6	98.9
(一)国家、国有单位直接或追加投资	3	0	二、参考指标	32						
(二)无偿划入	4	0	净资产收益率(%)	33	9.3	10.5	7.8	5.4	3.2	-1.8
(三)资产评估增加	5	0	盈余现金保障倍数	34	2.6	10.4	4.9	2.1	0.9	-1.8
(四)清产核资增加	6	0	资产负债率(%)	35	65.3	11.6	24.4	47.7	71.7	83.0
(五)产权界定增加	7	0	利润增长率(%)	36	9.5	0.0	0.0	0.0	0.0	0.0
(六)资本(股票)溢价	8	0	三、所处行业水平	37	增值——行业优秀水平					
(七)接受捐赠	9	0	有关情况说明：							
(八)债权转股权	10	0								
(九)税收返还	11	0								
(十)补充流动资本	12	0								
(十一)减值准备转回	13	0								
(十二)会计调整	14	0								
(十三)中央和地方政府确定的其他因素	15	65								
三、本年国有资本及权益客观因素减少	16	588								
(一)经国家专项批准核销	17	0								
(二)无偿划出	18	0								
(三)资产评估减少	19	0								
(四)清产核资减少	20	0								
(五)产权界定减少	21	0								
(六)消化以前年度潜亏和挂账而减少	22	0								
(七)因自然灾害等不可抗拒因素减少	23	0								
(八)因主辅分离减少	24	0								
(九)企业按规定上缴红利	25	0								
(十)资本(股票)折价	26	0								
(十一)中央和地方政府确定的其他因素	27	588								
四、年底国有资本及权益总额	28	16260								
五、扣除客观因素后国有资本及权益总额	29	16783								

上海贝尔阿尔卡特股份有限公司

【概况】 上海贝尔阿尔卡特股份有限公司是中国通信行业第一家外商投资的股份制企业，阿尔卡特拥有50%加1股，中方拥有其余股份。它是由原上海贝尔转股改制后，与阿尔卡特在华主要业务合并而成。作为一家拥有国际资源的中国企业，上海贝尔阿尔卡特必将成为中国通信技术的源泉。

作为中国领先的全面通信解决方案供应商，公司提供端到端的解决方案和优质服务，业务覆盖固定语音网络、移动通信网络、数据通信网络，智能光交换网络、网络应用、系统集成与服务、多媒体终端等。

2004年，是上海贝尔阿尔卡特从整合到发展的承前启后、继往开来一年，也是公司由粗放型增长向效益和价值并重的集约化增长战略过渡的重要转折期。公司在顺应WTO和深化国有企业改革等方面又迈出了坚实的和探索性的一步，同时，在内部管理、国内外市场开拓、研究开发、生产制造及区域性物流中心建设、核心竞争能力打造、人力资源管理等方面取得了长足的进步，为我们迈向国际化一流的跨国公司打下了较为坚实的基础。据统计，公司全年销售收入超过了百亿元人民币，净利润、净资产收益率等经营指标都有了较大幅度的提高。

【法人治理结构】 完善的公司治理架构，是上海贝尔阿尔卡特内部管理体系设计和顺利运作的起点。公司作为通信行业首家中外共同投资的股份制公司，是我国国有企业改革和实践现代企业制度的探索者和受益者，也是中国通信行业走出国门，迈向世界的见证者。

自2002年5月新公司成立以来，上海贝尔阿尔卡特按照MOU(转股备忘录)、公司章程和《公司法》等的要求，初步建立和健全了科学规范的股份制公司治理架构，形成了股东大会、董事会、监事会为决策监督机构，以执行委员会(EXCOM)为核心的管理层运作模式，强化了董事会决策能力。

【研发与创新】 2004年，上海贝尔阿尔卡特与阿尔卡特总部积极进行沟通，在上年的基础上继续加大研发投入，研发投入约占公司销售收入的7%，使公司研发水平在阿尔卡特全球六大研创中心中保持较为领先的地位。目前公司有超过1/3的员工从事研发工作。

2004年公司共有数百项发明披露，实现了平均每一名研究人员就有一项发明专利的目标，专利申请率占阿尔卡特申请总数近9%，基本完成与阿尔卡特全球知识产权集团的融合，研创中心人均专利数在阿尔卡特集团位居第一，并被定义为阿尔卡特集团全球能力中心，专利及发明数名列上海市国家级研创中心前茅。在2004年10月举行的“国家认定企业技术中心颁奖大会”上，上海贝尔阿尔卡特荣获“国家认定企业技术中心成就奖”，位列全国企业技术中心第八名。

2004年有一大批本地化研发项目取得了丰硕的成果，部分已实施产业化，其中NGN软交换已被国家列为科教兴市重大产业攻关项目，面向下一代网络的综合软交换平台，成为上海市科教兴市重大产业科技攻关项目首批签约项目，获得科教兴市专项资金支持2000万元；在国内市场方面，公司通过选择特定目标市场制定有效的营销策略，不断优化营销组织机构和加强营销队伍建设，提高营销服务平台的绩效。在营销组织机构方面：2004年初先后成立了直接面对国内通信运营商的大客户部(CAT)和负责非运营商销售工作3个专门营销队伍；在业务策略方面，营销平台与事业部一起，根据公司发展战略，针对不同客户群体分别制定了量身定制的客户拓展方案和行动计划；在营销管理工具方面，进一步丰富Orion(销售管理系统)的内容，加强Orion的管理，提高对销售项目的管理能力；通过培训和内部交流等手段提高销售人员的对多元产品的掌握和销售能力，一年来营销队伍建设以及国内外市场的开拓方面有了较大进步。

公司从产品营销模式全面向整体解决方案提供模式转变，并从组织结构、业务流程、能力建设各个方面进行优化。以项目管理为核心，加强与客户的联系与沟通，完善客户服务中心的建设，强化工程项目管理体系，加强工程服务的统一协调管理，强调流程化与标准化。

【生产与物流】 公司以"全球化实力，本地化实施"打造生产平台，在交换、ADSL、传输等产品领域全面实现本地化，通过苦练内功，2005年底之前发展成为阿尔卡特在亚太地区的最重要的生产制造基地，初步成为全球一流的通信设备生产制造平台。不但满足中国市场和阿尔卡特亚太区的大部分市场的生产需求，而且成为阿尔卡特全球其他地区的重要供货单位。

2004年，公司进一步加强生产平台的优势，为澳大利亚、欧美等30多个国家提供多元化的外加工业务，全年实现外加工收入约占公司销售收入的20%，成为阿尔卡特最主要的生产、物流基地。目前，公司正利用位于浦东的生产平台、本地化生产策略和采购的低成本优势，进一步加快3G、NGN、光传输等新业务的工业化进程；同时公司的维修中心已成为阿尔卡特亚太区主要维修中心之一。

【人力资源管理】 人力资源是公司的第一生产力资源。2004年上海贝尔阿尔卡特加强了人力资源管理的力量，实现国际化的人力资源管理体系建设。公司进一步完善了基于目标管理(MBO)原则的绩效考核体系，以结果为导向，根据不同岗位在公司价值链中的不同作用和特点，加强了关键业绩考核指标(KPI)的考核力度，实行逐级分解、层层授权、逐级考核，把个人目标考核与其所在部门及公司的目标完成情况相结合，与员工的直接利益相结合。

另外，公司加大了对员工培训的投入，平均每人每年20小时；实行了员工在阿尔卡特集团内的全球流动计划(Mobility)，部分研发人员、生产平台管理人员、人力资源管理人员流动到阿尔卡特在世界各地的其他成员单位。利用公司现有网络资源，建立完善了员工简历中心，建立后备干部队伍建设信息库；实行电子化的人力资源管理，如网上申请加班、休假、工资查询、业绩考核等。

公司还制定和完善了商业道德规范，成立商业道德委员会，大力推动商业道德和社会责任感教育，确保员工在目前激烈的市场竞争中严格遵照国家法律法规的要求开展工作。

彩虹集团公司

【概况】 彩虹集团公司是中国第一家彩色显像管供应商，于1978年开始建设，1982年12月建成投产。公司现有总资产88亿元，员工2万余人。现有8条生产线，彩色显像管年生产能力达1600万只，在行业的排名为中国第一、世界第五。各种彩管配套产品已全面进入国内外市场，其中低玻粉的市场占有率达到世界第一、荧光粉世界第三、偏转线圈的生产规模达到世界第五，另外橡胶楔子、会聚磁件、销钉阳极帽、电子枪已全面进入国际市场。目前，彩虹集团已成为我国最大、自配能力最强的彩色显像管生产基地。

彩虹集团先后通过了多个国家的安全质量认证，以及国际权威机构的安全体系认证、质量体系认证和环境管理体系认证，年出口彩管近300多万只。彩虹集团从建成投产至2004年底，共生产彩色显像管1.37亿只，产品累计实现销售收入近810亿元，实现利税105亿元，出口创汇11.5亿美元，取得了显著的经济效益和社会效益，先后获得了诸多国家级荣誉称号及奖项。

【重大项目进展】 为了提高企业的市场竞争力，增强内部配套能力，彩虹集团在全面分析CRT发展前景，广泛听取专家、学者、政府工作人员的意见，制定了《彩虹集团公司中长期战略规划》。按照战略规划，彩虹集团新一轮技改扩建工作正在进行。主要有玻屏三厂建设项目、超大屏幕高清晰度彩管生产线项目、54cm彩管生产线建设项目、西安出口加工区项目等。

【法人治理结构】 彩虹集团运用职能调整，精简机构和人员，减少管理环节等手段将机关部室的部分职能下放到基层单位，并按照优势互补的原则，对部分单位进行了整合，提高了工作效率，推动集团由生产经营型向战略管理型转变。同时，根据企业改革发展的需要，制定了《劳动、人事、工资制度改革的指导意见》,出台了一系列制度,规范了人力资源管理,提出要严格劳动合同管理,建立择优使用、能进能出的用工制度,与市场接轨的、有激励力度的工资分配制度,干部能上能下的人事制度;按照建立现代企业制度的要求,全员重新签订了劳动合同。继续开展了各类岗位竞聘及人员招聘工作,现在彩虹的带班长、班组长、技术人员、管理人员、中层干部均通过竞聘方式产生,职工积极参与,反响热烈。不断的完善激励与约束机制,从中级经理到全体员工逐步实行了高标准的KPI绩效考核。

【产权制度改革】彩虹集团在公司化改制方面,以产权制度为重点,通过规范上市、中外合资、互相参股等多种途径实现投资主体多元化,近年来先后实施了中外合资陕西彩虹荧光材料公司对荧光粉厂的整体并购,西安彩虹资讯公司对彩虹彩色显像管总厂的偏转线圈厂的整体并购等。从2003年底开始,彩虹着手进行重组上市的工作,彩虹集团电子股份有限公司于2004年12月20日在香港主板成功挂牌交易,共融资7.66亿港元,成为内地首家主业整体在香港上市的中央企业。

【主辅分离辅业改制】 彩虹集团早在1993年就实施了初步的主业与辅业的相对分离,组建了三产事业部;并进一步将其改制为独立的企业法人,成立了三产总公司。

2004年6月30日,彩虹集团公司主辅分离辅业改制总体方案获国资委批准。8月4日集团公司组织召开主辅分离动员推进会,将中国电子器件工业总公司、深圳彩虹电子有限公司和陕西彩虹建设工程公司等三家企业作为第一批改制单位。目前,企业的改制工作正在按计划进行。在改制方案的实施阶段,集团公司将会对改制企业加强指导,对其资产状况进行认真分析,对人员的分流、工资水平和经济补偿金的标准等进行细致核实,按照国家有关规定实施规范操作。

【主要管理经验】 1. 深入推行"四大战略",确保各项生产经营任务的完成。(1)切实推进成本领先战略。(2)深入实施"质量第一"战略,构筑彩虹质量大堤。(3)实施"人才制胜"战略,积极推动"劳动、人事、分配"三项制度改革。(4)实施"文化卓越"战略,为彩虹发展提供精神动力。2. 集团公司提出"每个管理人员都要有创新项目"的要求,各单位共申报课题988项,基本上达到了每个管理人员有一个创新项目。2004年集团公司管理创新项目共实施1050项,产生了较好的效果。3. 各单位根据自身具体情况,寻找国内外同行业优秀单位进行对标,制定了对标赶超措施。

武汉邮电科学研究院

【概况】 武汉邮电科学研究院(WRI)是我国最早从事信息通信领域产品和解决方案的提供商,是国内唯一集光通信领域三大战略技术:通信系统、光纤光缆、光电器件的研究、开发、生产与销售于一体的科研与产业实体,也是"武汉·中国光谷"的核心龙头企业,先后被国家批准为"国家光纤通信技术工程研究中心"、"国家光电子工艺中心"、"国家高新技术研究发展计划成果产业化基地"、"亚太电信联盟培训中心",直属国务院国有资产监督管理委员会管理。

经过30年的发展,武汉邮电科学研究院拥有多家下属公司,已经形成覆盖光纤通信技术、数据通信技术与无线通信技术三大产业的发展格局。

2004年在国资委的领导下,在科研开发、产业发展、体制改革和管理创新方面都取得了长足的进步,经济效益得到增长,市场地位得到巩固,确保了国有资产的保值增值。

【主要经济指标】 2004年度实现主营业务合同额超过31.33亿元,比2003年增长8%,其中国际市场合同额5394万美元,比2003年增长105.28%;实现销售额达到28.79亿元,较2003年略有增长,其中国际市场销售额2746万美元,比2003年增长113.5%。2004年上缴税金超过2.3亿元。

2004年在国内通信领域市场继续保持着领先地位,其中光传输系统设备和光缆产品的市场份额均位居国内制造商排名前列;光无源器件和有源器件产品的国内市场占有率双双名列第一,成为全球知名的光器件供应商；直放站及室内覆盖系统市场占有率为23%，位居国内第二；光纤收发器产品在电信行业应用市场占有率为30%，位居国内第一。

2004年实现利润总额1.08亿元，净资产收益率5.4%，2004年底其资产总额54.99亿元。

截至2004年底在职员工6522多人，其中大专及以上学历人数占到总人数的66.7%，40岁以下员工占到总人数的85.7%。现有中国工程院院士1名，ITU－T中国专家组10人，国家级有突出贡献中青年专家8人，享受国家政府特殊津贴专家57人，省政府津贴专家2人，省部级有突出贡献中青年专家32人。丰富的人力资源是武汉邮电科学研究院发展的源泉。

【重大项目进展】 武汉邮电科学研究院2004年承担国家"863"计划项目20项，国家"十五"攻关项目3项，国家"973"项目3项，以及多项国内国际重大通信工程项目，所有项目均按计划进展顺利，在国内通信行业具有重要影响。

【法人治理结构】 武汉邮电科学研究院实行以"母子公司"为主体的经营管理模式，其子公司有烽火通信科技股份有限公司（上市公司）、武汉市中光通信公司、北京北方烽火通信科技有限公司、武汉虹信通信技术有限责任公司、武汉光迅科技股份有限责任公司、武汉电信器件有限公司等。作为国有资本的营运主体，他对子公司享有出资人或股东完整的权利，依法对子公司行使重大经营决策权、经营者选择权、收益分配权，并对子公司实行全面预算管理、发展战略管理、营运监控管理和产权事务管理，始终是一个具有控制力的整体，其发展战略、经营策略、管理模式、品牌形象和企业文化保持统一，各子公司作为独立的法人主体依据法律和公司章程所赋予的各项权利、职责和义务自主经营，并为其经营绩效负责。

【产权制度改革】 武汉邮电科学研究院控股的武汉光迅科技有限责任公司顺利完成了股份制改造工作，整体转制为武汉光迅科技股份有限公司。

【主辅分离辅业改制】 制定的主辅分离方案于2004年5月得到国资委、财政部、劳动和社会保障部的批复，顺利完成了辅业资产的剥离和人员分流工作，完成了辅业公司的设立，主辅分离的大部分工作基本完成。

【主要管理经验】 通过提高产品质量和性能，不断提升品牌美誉度；通过改进市场营销手段和服务质量，不断提升国内国际市场份额；通过加强技术和产品创新，不断提升企业核心竞争力；通过加强管理创新，不断提升企业整体经济效益；通过加强党建和政治思想工作，不断提升全院员工的积极性和创造性。

上海医药工业研究院

【概况】 上海医药工业研究院创建于1957年，是中国医药工业系统中科研实力最强的综合性研究开发机构之一。经过近50年的创业和积聚，上海医药工业研究院已经形成诸多特色和优势。

1. 科研机构设置及其科研方向涵盖了整个药学领域。上海医药工业研究院目前设有技术创新研究中心等7个研究开发部门，可进行化学合成药物、微生物与生化药物、中药和中药现代制剂以及药物新型制剂品种的研究开发以及有关重大品种生产工艺的技术创新。国家食品药品监督管理局、国家发改委、科技部在该院相继设立了国家药品包装材料检测中心、国家医药工业信息中心、药物制剂国家工程研究中心、国家（上海）新药安全评价中心等4个国家级中心，已具备了较高水平的科研设施、科研条件，拥有良好的发展前景。

2. 该院是我国医药工业科研人才的重要聚集地和输出源。上海医药工业研究院现有科研人员600余人，其中，中国工程院院士2人，享受国务院特殊津贴专家65人，新药评审专家12人。2000年9月，经国务院学科评议委员会审定，该院成为药学一级学科博士学位授予权单位，拥有了药学领域所有学科的博士生、硕士生培养资格，现有7个硕士点、6个博士点和1个药学博士后流动站，先后为国内医药工业界输送博士、硕士500余人。自2000年2月起，该院与上海交通大学共建"上海交通大学药学院"。目前在读硕士、博士生规模达到200余人。

3. 众多科研成果推动了我国医药事业的发展。

上海医药工业研究院先后推出了一批拥有自主知识产权的科研成果，如一类新药“呋喃丙胺”、“头孢硫脒”、“胶原酶”以及溶血栓药物“高纯度尿激酶”、抗肿瘤抗生素“阿霉素”等，维生素C生产工艺的重大创新，为中国成为维生素C生产大国起到了重要推动作用。该院经鉴定认证先后取得科研成果500余项，获国家科技发明奖13项，国家科技进步奖13项，省部级科技进步奖300多项；申请国内外专利近200项(其中7项获国家、部委级优秀专利奖)，目前有效期内的授权专利达30多项；拥有新药证书212本；已与中国台湾地区和美、德、法、意、日、韩、奥地利、印尼等国建立了技术合作关系；1500多项次的科研成果，推广到了中国31个省、市、自治区的医药企业转化为生产力；以我院转让成果作为主打产品的上市公司已达20余家。

4. 高新技术企业群初步凸显。上海医药工业研究院目前已初步形成了一个以上海现代制药股份有限公司和上海医工院医药股份有限公司为主干的高新技术企业群。其中，上海现代制药股份有限公司已于2004年6月成功上市(股票代码600420)，发展势头强劲。

【主要经济指标】 2004年，上海医药工业研究院的经济实力和企业运行水平有了新提升。主要表现在：

1. 销售收入增长快。全年科工贸总产值6.5亿元，与2003年相比增长18%；合并报表主营业务收入5亿元，与2003年相比增长8.7%。

2. 实现利润大幅度提高。全年累计实现利润6135万元，与2003年相比增加1279万元，增长26.34%。

3. 资产质量进一步优化。截至2004年底，资产总额达到8亿元，比2003年增长64%；净资产总额3.3亿元，增长63.8%；净资产收益率(扣除上海现代制药股份有限公司上市因素)达到16.35%，超额完成国资委确定的年度利润目标、净资产收益率目标。

【主要管理经验】 2004年，上海医药工业研究院积极应对发展环境的新变化，全面超额完成国资委确定的经济目标，企业综合实力和市场竞争力有了新提升，呈现出以下特点：

1. 以上海现代制药股份有限公司成功上市为带动，持续提升市场竞争力。2004年，上海医药工业研究院在现代企业制度的建立、产业布局的调整上有大动作、新收获，尤其是上海现代制药股份有限公司的成功上市，极大地优化了科技型中央骨干企业的形象，上海医药工业研究院作为企业集团积极应对市场竞争的力量进一步积蓄、空间进一步扩展。为适应企业发展的需要，该院持续推进全院产业的布局、结构调整，优化资源配置，将若干有特色的小企业整合成立了上海医工院医药股份有限公司，着力于中药产品、栓剂产品、医药信息产品的规模化、高端化产出，该公司2004年12月被上海市科委认定为高新技术企业。

2. 进一步加大技术创新力度，打造企业核心竞争力。在医药技术市场竞争空前激烈的大背景下，上海医药工业研究院一年来取得一系列新成果：全年获得国家863等纵向课题29项；获得临床批文26个、新药证书19本；申报专利27项，获得授权专利15项；获国家、省市级科技进步奖2项、上海市优秀专利奖1项；4项上海市科委的科技攻关项目顺利通过验收；与国内各大型医药集团的合作更加紧密，其中，由周后元院士领衔研发成功的重大国债投资项目“合成麻黄素”攻关课题，在浙江横店集团投产，市场前景良好；与上海交大、中科院上海药物研究所共同申报的“上海市药代动力学实验室”，已得到上海市科委的批准筹建；与中科院生物物理研究所共同组建的国家“蛋白质与多肽药物重点实验室”，已经由侯惠民院士领衔建立；院技术创新研究中心开始运作，并已成为“上海市抗感染药物重点实验室”。

3. 企业管理水平进一步提高，集团控制力不断增强。一年来，上海医药工业研究院以财务管理、人力资源管理为核心的企业管理得到进一步加强。院预算管理委员会、资产监督管理委员会的运作，进一步贯穿到了企业活动的全过程中去；院内科研与产业的互动沟通平台已经建立，构架“大科研、大产业”格局的意识进一步强化；持续加大骨干人才的培养、引进、使用力度，与上海交大合办的药学院人才培养水平迈上新台阶，在全国近百家高校药学院排序中进入前7名；运用法律手段来保护企业利益、职工利益有新收获，2004年下半年成立了法务监察部，进一步建立健全了对企业改制重组、合同管理、对外投资、对外担保等方面的法律风险防范机制；对各企事业单位的内部审计工作，逐步走上制度化轨道，促进了企业管理的规范化建设，增强了企业集团的控制力，堵塞了管理漏洞，确保了上海医药工业研究院的持续健康发展。

南光(集团)有限公司

【概况】 南光(集团)有限公司是总部注册在澳门的由国务院国有资产监督管理委员会直接管理的中央企业，集团前身南光贸易公司成立于1949年8月，是澳门最早的中资企业。

集团主要经营范围包括：国际贸易及商品批发零售、酒店旅游、物流、房地产及劳务等；主要经营商品有：石油化工产品、钢材、五金矿产、粮油食品、纺织服装、汽车、医药、木浆、轮胎等；拥有大型油库、加油站、酒店、百货商场、写字楼、码头、货仓冷库、运输车队、出租物业等资产。

集团下设6家直属二级公司，其中在澳门5家，分别为南光石油化工有限公司、濠璟酒店有限公司、澳门中国旅行社有限公司、南光实业有限公司、南光贸易有限公司，在内地广东省珠海市一家，为广东南光实业贸易公司，有全资及控股企业30余家；总部设职能部室4个，分别为行政人事部、财务资产部、业务发展部和审计监察部；在北京设有代表处。

集团是澳门最大的石油化工产品和主要的鲜活冷冻食品供应商；在澳门、杭州、桂林、加拿大拥有9家星级酒店，其中四星级以上酒店4家；年旅游接待人数近30万人次；有澳门最大的内港码头、干冻仓库和跨境运输车队；与美国、欧盟、独联体、韩国、东南亚等十几个国家和地区有着长期贸易往来。

2004年，集团加快现代企业制度建设步伐，完善二级企业公司治理结构，全面实行经营业绩考核办法；继续优化整合内部资源，促进主业发展；不断强化管理，降低成本，控制风险；以纪念建企55周年为契机，大力弘扬企业精神，积极创建学习型企业，培养学习型员工；实事求是制定企业发展战略与规划，使各项工作稳步推进，经营再创新的佳绩。

【主要经济指标】 2004年集团共实现主营业务收入39.22亿元，比2003年增长29%，实现净利润1.96亿元，比2003年增长36%。2004年底集团总资产为41.10亿元，员工总数2156人。

集团以石化产品、粮油食品、百货零售、纺织服装为主的澳门本地商品批发零售业务不断巩固，全年实现销售收入16.35亿元，比2003年增长46.77%，石化产品销售继续保持澳门市场占有率第一位，鲜活商品市场占有率第二位，销售网络进一步扩大。

集团酒店旅游及餐饮业务由于内地居民开放港澳个人游政策的实施、澳门博彩业拉动，以及加强内部管理、有效进行资源整合，全年实现主营业务收入5.64亿元，比2003年增长14.77%，经济效益创历史最好水平。

集团贸易业务在严格控制风险的前提下，不断丰富货源渠道，优化商品种类，全年实现销售收入15.04亿元，比2003年增长17.40%。其中：钢材贸易业务实现销售收入8.03亿元，比2003年增长7.06%；木浆进口业务实现销售收入1.48亿元，比2003年增长31.28%。并新开发了原油转口贸易和环保空调制冷剂进口业务。

集团物流业务全年实现主营业务收入3581万元，比2003年增长11.52%。为加快业务发展，集团在临近地区港口收购了12万平方米土地，用以建设物流基地。集团还积极参与筹办了在澳门召开的“海峡两岸暨香港澳门物流合作与发展大会”，扩大了在行业内的影响。

【法人治理结构】 根据《澳门商法典》及参照内地《公司法》的原则与要求，制订了二级公司董事会组建方案。在总结几年来绩效分配改革工作经验的基础上，集团颁布实施了《经营公司经营业绩考核办法》，与各二级公司主要负责人签订了经营责任书，进一步完善激励约束机制。

【产权制度改革】 集团加大二级公司股权多元化改革工作力度，在近年对非主业三级企业进行改制的基础上，研究制订了广南公司贸易部的整体改制方案，在集团控股的前提下，鼓励经营者和骨干员工入股。

【主要管理经验】

1. 坚决抓好成本管理。一是加强市场分析，掌握进货时机，有效降低商品采购成本。二是密切跟踪预算执行进度，定期检查管理费用支出情况，特别对业务招待费、邮电费、差旅费等可控费用进行严格审查。三是在定岗定编的基础上实行工资总额控制，合理确定人工成本。集团2004年三项费用支出比2003年增长5.61%，分别低于主营业务收入和净利润的增长率23和19个百分点，所属9家二级机构的费用支出全部控制在预算范围内。

2. 加强资金的科学管理。集团不断完善内部资金结算中心功能，对各经营单位资金统一调配，2004年通过集中清理，及时取消了新合并企业的69个银行账户，分批将正常经营公司纳入集团资金结算中心体系，实现了全集团的资金集中管理。通过这一措施，既使资金得到科学利用，内部资源充分共享，降低了资金成本，也使集团强化了对经营过程的监控力度，促进了经营风险的防范。

3. 不断优化内部资源配置，做强主业。2004年集团对新合并的澳门中旅集团实施了机构和业务重组，关闭了一批非正常经营企业，重新将各二级公司的相关业务进行整合，分别筹建了独立运作的酒店公司和餐饮公司，在集团业务保持适度多元的前提下，二级公司实现经营专业化。

【发展战略与规划】 通过对自身和所处的发展环境进行深入剖析与预测，结合国资委的工作要求和驻澳中资企业肩负经济与社会双重责任的实际，集团于2004年下半年制定了《南光(集团)有限公司发展战略与规划》，确立了“立足澳门、拓展内地，建立集酒店、旅游、贸易、物流于一体，在澳门具有核心竞争力，在粤、港、澳地区有较强竞争力的企业集团”的未来几年经营战略目标，为企业和员工进一步指明了前进的方向。

中讯邮电咨询设计院

【概况】 2004年中讯邮电咨询设计院完成勘察设计工作量145亿元(计划完成120亿元)，完成年计划的113.28%；完成财务收入3.76亿(其中院本部3.29亿元)；签订合同3.16亿元(计划完成3亿元)，完成年计划的105%；利润总额1.12亿元(其中院本部1.1亿元)，圆满完成了预算指标和国资委对企业负责人的业绩考核指标。设计、科研、专业完成的合格率100%；共完成工程设计795项。根据国资委令第9号《企业国有资本保值增值结果确认暂行办法》，中讯邮电咨询设计院2004年度国有资产保值增值率为112.49%，达到同行业优秀水平。

其他主要经济指标完成情况如下：

主要经济指标(%)	2004年
资产负债率	10.37
保值增值率	112.49
净资产收益率	11.72
成本费用占主营业务收入比率	70.16
总资产周转率	39.94
成本费用利润率	42.43

院2004年底资产总额94199万元，比上年底增加8489万元，同比增长10%。其中流动资产占58%，长期投资占12%，固定资产占30%。从资产结构的质量看，资产优良，安全性高，利于进行投资及业务领域的扩张。负债总额9766万元，全部为流动负债。

【获奖情况】 本年度获奖36项，其中中国移动智能网技术方案及业务应用获中国通信学会科学技术一等奖，邮件处理三状化等新工艺、新技术在工程设计中的创新和应用等2项及320Gb/s密集波分复用技术在中国电信干线传输网上的首次应用等2项分获中国通信学会科学技术二、三等奖；联通新时空

CDMA 移动通信网二期工程总体建设方案获全国优秀工程咨询成果奖;(汕头)粤东信息大厦工程设计等12 项分获部优秀设计一、二、三等奖;中国电信高速传输环网京汉广光缆线路工程等 3 项分获信息产业部优质工程一、二等奖;中国电信公用多媒体宽带网整合工程可行性研究报告等 15 项获得省优秀工程咨询成果奖;发表科技论文(含著作)135 篇,发表数量比2003 年增加 50%。

【组织结构】 中讯邮电咨询设计院目前是国有独资企业,隶属于国务院国有资产监督管理委员会。院设置院、处二级组织管理机构,其中院长、党委书记、副院长、党委副书记组成院级领导班子,院行政实行院长负责制对院实行管理,党委实行民主集中制,通过党政联席会议决定重要的人事任免等问题。院长办公会由院领导班子成员组成,主要决定院的经营方针、长远规划、重大投资等问题。党委会由党委成员参加,决定组织建设等重要问题。院务会议由院领导、总工程师、工会主席、各处负责人组成,主要是传达、通报有关情况,部署有关工作等。院下设 10 个专业科研设计部门,9 个职能管理部门及工会、综合服务与多元化经营管理部门等。

中讯邮电咨询设计院现有从业人员 1429 人,在职职工 1260 人,其中国家级设计大师 5 人,教授级高级工程师 78 人,高级工程师 220 余人,国家一级注册建筑师 6 人,一级注册结构师 14 人,具有中级以上职称的专业技术人员占 70%,有 56 人享受政府特殊津贴。

【经营业绩考核】 2004 年是国资委开展中央企业负责人年度经营业绩考核工作的第一年,国资委对企业负责人的年度经营考核指标有四项,即利润总额、净资产收益率、总资产周转率和成本费用总额占主营业务收入的比重指标。在国资委的正确领导下,中讯邮电咨询设计院党委和行政带领全院干部职工共同努力,克服重重困难,较好地完成了年度经营业绩考核指标任务。

为充分调动各类、各级人才的积极性,进一步提高工作效率,构建适应企业发展的人力资源管理体系,增强企业生存能力,适应社会主义市场经济的要求和满足现代企业发展的需要,2004 年,中讯邮电咨询设计院根据实际情况,按照"推进机制转换、实现小步快跑"的思路,体现"按劳分配、效益优先、兼顾公平"的薪酬分配原则,进行了薪酬制度改革。在薪酬制度改革的过程中,院多次与各部门、广大职工进行沟通交流,邀请国内薪酬专家,经过广泛征求意见和建议,制订了《中讯邮电咨询设计院薪酬制度改革试行方案》等一系列改革及配套改革的制度文件和措施,顺利实施了新的工资制度。

【主要管理经验】 一是正确认识企业发展所面临的各种形势,明确发展目标,把握方向,理清思路,谋求企业发展。二是发挥了技术优势。中讯邮电咨询设计院十分重视科研开发、跟踪技术及其成果的应用,加大技术跟踪及储备力度,并力求在软件的开发方面取得一定进展。对科研开发工作的重视使该企业的技术领先地位在业内得到一致认可,也为不断开拓两个市场提供了重要保证。三是重视人才培养,抓好了人才队伍建设。四是加强基础管理,提高管理水平。企业十分重视和加强质量管理和技术管理;并着力在加强财务管理工作上下大工夫;坚持严格的内审制度,严格执行财务制度,努力管好、用活各项资金,以保证国有资产的安全。五是坚持"两手抓",加强精神文明建设,并坚持不断开展党风廉政建设,保证了企业无违法乱纪事件的发生。

西安电力机械制造公司

【概况】 西安电力机械制造公司(简称西电(集团)公司)是我国高压、超高压交直流输变电成套设备科研生产和检测基地,是行业中的龙头企业,也是我国同行业中唯一隶属国务院国有资产监督管理委员会监管的中央企业。

2004 年西电(集团)公司在国务院国资委的监管下,在国家有关部委以及省市政府的大力支持下,深入贯彻党的十六大和党的十六届四中、五中全会精神,坚持以科学发展观推进企业发展,立足于从企业持续发展、提升市场竞争力和扎实推进各项工作为出发点，抓住我国经济建设快速发展带来的良好机会，结合实施“走出去”战略，充分发挥集团优势，积极开拓国内外市场，实现了生产经营和经济效益的快速增长。主要是：1. 深化全面预算管理，加强了风险控制，提升了企业的核心竞争力；2. 通过快速灵活地调整生产结构和流程，满足了市场的特殊需求，实现了低投入、高收益；3. 加快新品开发，推进技术进步和产品的升级优化；4. 深化人事、劳动用工、分配制度的改革，提高人力资源管理水平；5. 完成了清产核资工作，进一步减轻了企业负担，夯实发展基础，从而使企业整体实力得到提升，进一步提高了市场竞争力。

【主要经济指标】 2004 年西电(集团)公司的主要指标再创历史新高，实现了生产经营和经济效益的同步增长。企业整体经济实力稳步提高，通过清产核资和《企业会计制度》的执行，使西电(集团)公司财务报告的信息更加客观、准确地反映企业实际。

2004 年主要经济指标完成情况表

主要指标	2003 年实际完成	2004 年预算	2004 年实际完成	同比增长(%)
现价工业产值(万元)	378689	435300	492661	30.1
集团合并销售利润总额(万元)	8238	5500	10522	27.7
集团合并实现利税总额(万元)	31609		46455	46.97
成本费用总额占主营业总收入比率(%)	99.97	99.36	98.76	下降 1.21 个百分点
资产负债率(%)	68.54	66.19	71.59	上升 3.05 个百分点
资本保值增值率(%)	102.2	102.12	102.31	上升 0.11 个百分点
净资产收益率(%)	1.83	1.18	2.53	上升 0.7 个百分点

【重大项目进展】 2004 年西电(集团)公司共完成包括直流技改，西开股份的小型化、智能化技改和西高所 800kV 高压断路器试验技改等重点工程项目的固定资产投资 13950 万元。主导企业的产业升级和新品开发也取得了显著成果。完成了近 30 项包括“十五”三峡直流输电设备国产化项目，“十五”三峡交流项目科研攻关项目，750kV 重点科研计划项目在内的新产品的试制，以及技术和运行鉴定，许多产品的主要技术性能指标达到国际同类产品的先进水平，部分产品填补了国内空白。

直流基地建设得到了巩固和发展。经过艰苦的努力，西电(集团)公司在三峡——上海直流输电工程的换流变压器，平波电抗器的制造和晶闸管换流阀与组件的组装项目中标，并在国务院三峡办、国家发改委和国家电网公司的强力支持下，实现了与 ABB 公司组成联合体，进行联合设计、联合投标，合同总金额为 11487.7 万美元。此次中标成功，标志着西电(集团)公司换流站设备的制造技术与销售能力都跃上新台阶，在晶闸管换流阀制造的国产化和换流站成套设备的系统设计方面取得了重大突破性的进展。

【法人治理结构】 西电(集团)公司是经国家批准的我国第一批享有产品进出口权、对外工程承包权和设有财务公司的科研、生产、对外贸易、产品检测以及金融相结合大型企业集团。公司下属一级子公司有 10 个大型骨干企业，3 个承担国内外贸易和金融业务的专业公司，3 个国家级行业归口研究所和检测中心，6 个中外合资企业。截至 2004 年底，西电(集团)公司的职工总数为 18717 人，其中从业人员 13307 人。

近些年来，西电(集团)公司和所属各公司制企业按照“产权清晰、权责明确、政企分开、管理科学”建立现代企业制度的原则和建立“归属清晰、权责明确、保护严格、流转顺利”现代产权制度的总要求，在促进企业经营机制的转换，建立健全法人治理结构，完善管理制度，推动现代企业制度化的建设等方面进行了卓有成效的工作。

为了进一步规范子企业负责人收入，充分调动企业负责人的积极性和创造性，按照国资委《中央企业负责人经营业绩考核暂行办法》等文件精神，结合西电(集团)公司经营者年薪制实践的情况,2004年修订了西电(集团)公司所属子公司年薪制管理办法,以全面预算管理为主线,通过下达经营业绩责任书的形式,对16家实行年薪制的一级子公司进行考核,根据不同企业,不同时期的具体情况和市场变化,对年度考核中的辅助指标及其权益,实行"动态化"模式,使考核更科学、更有效,新的考核办法中,将经营绩效欠佳的企业的改革改制、资产重组作为主要内容纳入,同时纳入了安全生产、重大质量事故等调减性内容,形成以国资委业绩考核办法为主,与企业实际相结合的《企业负责人经营业绩考核及年薪制管理办法》。

【产权制度改革】 1999年,西电(集团)公司被原国家经贸委推荐进入首批债转股企业。按照债转股政策和实施步骤,西电(集团)公司与华融、信达、东方等3家金融资产公司共同完成了债转股实施工作,总计债转股金额为62826万元。债转股后,有11家一级子企业改制为有限责任公司。经过近5年的不断完善,这些企业已经完成了体制和管理制度的调整,按现代企业制度和机制运行,初步实现了产权多元化。

【主辅分离辅业改制】 西电(集团)公司主辅分离、辅业改制总的原则:以广泛吸纳社会法人股和自然人股为主要途径,以西电(集团)公司国法人股参股或控股为过渡,将债转股改制时已经剥离的生活勤、社区服务、医疗卫生系统等统一实施重组改制;对整体列非主业的企业,将根据资产规模、资产质量、人员状况和保留、务的预测分析,采取不同的形式,不同的途径实施改制分流。2003年、2004年在调查研究的基础上,制订了《西电(集团)公司主辅分离改制分流总体实施方案》,国务院国资委已批准实施。2004年,西电(集团)公司按照上述总体实施方案,主要是做好各项分离改制的准备工作。在与资产公司的沟通和与收购企业的谈判中,西电(集团)公司和有关企业熟悉掌握了国家相关政策,摸清了企业情况,把握了产权运作的动态。为适应西电(集团)公司改革发展形势的需要,逐步使后勤资产剥离、对物业管理等工作进行集中归口管理,推动全公司的后勤、物业管理向社会化、企业化、专业化、经营化过渡,西电(集团)公司拟成立西电公司物业管理总公司。现已成立了筹备机构,开始了制定工作思路,拟订筹备方案,制定相关政策和建立相应制度等筹备工作。

为进一步加快辅业企业的改制步伐,西电(集团)公司又进一步利用集团公司的集中资金,帮助西微公司、两缆公司等困难企业一次性解决了内退职工的生活保障费。2004年西电(集团)公司为5个困难企业拨付资金,使内退职工的生活有了妥善的安置。采取这些举措,一方面是为了使这部分老职工的生活有所保障,另一方面也是为困难企业的"改制、退出"创造有利条件。

【主要管理经验】 一是突出主业发展,落实关键措施。随着市场经济的不断深化,西电(集团)公司一直坚持突出输变电设备制造主业,一方面充分利用国家政策,抓住市场机遇,努力推进主导产业升级;另一方面加大结构调整、主辅分离的力度,不断净化资产链,使优良资产的效能进一步释放。使输变电主业的规模(销售收入)占到西电(集团)公司总规模的92%以上。在高压、超高压交流输变电技术方面处于国内领先水平,国家唯一的超高压直流基地建设已初具规模。在国内同行业中,西电(集团)公司已成为产品品种齐全,市场占有率最大,国际国内市场开拓能力最强并已在国际市场上享有一定声誉的我国最大的输变电设备制造和电工企业。

二是加大科技投入、合资合作和技术创新,努力做强做大主业。"九五"以来,西电(集团)公司以重大工程项目为依托,投入资金近7亿元,进行了技术创新与改造,同时加快技术引进和合资合作步伐,引进了三菱、西门子、ABB、日立、古河等国外先进技术200多项,与三菱、ABB等著名企业合资合作新建了6个合资企业,使输变电设备制造产业的产品技术、科研与生产装备、试验检测手段和产业化水平达到或接近了国际先进水平,形成了以高压和超高压交直流输变电设备制造为主业的大型电气企业集团组织结构,确保了西电(集团)公司产品技术在国内同行业中处于领先水平。

三是转换企业经营机制,加强管理和管理创新。通过信息化的促进作用,以体制创新、机制创新、制度创新、管理创新,提升企业的管理水平,使企业的生产经营快速发展,经营效果稳步提高。2004年实现销售收入50.4亿元,实现利润总额达到1.1亿元。对社会的贡献率也逐年提高，全公司实现利税总额4.2亿元，比上年增长24%。西电(集团)公司经济实力有了一定的增强。

四是以人为本，努力创建和谐社会。在生产发展的前提下，不断地提高职工收入，改善住房条件，解决历史遗留问题，这些举措对留住人才和调动全体员工的积极性起到了重要的作用，同时也促进了企业的改革和发展。

中国葛洲坝集团公司

【概况】 中国葛洲坝集团公司是经国务院批准组建的国有企业，主要成员单位包括18个全资企业和4个控股企业，由国务院国有资产监督管理委员会管理，资产和财务关系在财政部单列，主要从事水利和水电建设工程的总承包以及勘测设计、施工、监理、咨询、技术培训等业务及电力、交通、市政、工民建、机场等工程项目的勘测设计、施工总承包、监理、咨询、机电设备、工程机械、金属结构、压力容器等制造、安装、销售及租赁，电力等项目的开发、投资、经营和管理，自主开展外贸流通经营、国际合作、对外工程承包和对外劳务合作等业务。经长期发展和不断调整，逐步形成了以建筑业为主，集机电安装、建材、化工、造船、加工制造、金融商贸、科学技术、旅游服务等为一体的多元化经营的产业格局。

集团公司拥有建设部颁发的水利水电工程施工总承包特级资质，以及公路工程施工总承包一级、市政公用工程施工总承包一级、房屋建筑工程施工总承包二级、起重安装工程专业承包一级、桥梁工程专业承包一级、隧道工程专业承包一级、公路路基工程专业承包一级、机场场道工程专业承包一级等资质。

【生产经营】 2004年，中国葛洲坝集团公司按照建设“大集团、强集团、富集团”的企业发展战略目标的要求，以生产经营为中心，精细管理，通过管理创新和技术创新，各项工作迈上了一个新台阶。企业经营收入和企业利润均创历史最好水平。全年完成企业总产值占年计划的125.07%，同比增长34.48%。其中：建筑业完成产值占年计划的124.07%，同比增长36.79%；工业完成产值占年计划的140.3%，同比增长28.81%；第三产业完成产值占年计划的103.2%，同比增长22.31%。同时，完成主要实物工程量是历史较好水平。其中，土石方挖填8370万立方米，混凝土浇筑370万立方米，装机7台、容量116.1万千瓦。投标签约总额占年计划的165.6%；国际市场中标柬埔寨金边市城郊供水扩建工程和缅甸耶瓦电站RCC运输/浇筑工程，合同金额3.9亿元。企业资产总额和企业装备有了历史新突破。年底集团总资产同比增长17%，且资产结构和资产质量大大改善，资产保值增值率超额完成了国资委下达的考核指标。2004年新购设备2691台(套)，使集团设备装备焕然一新。集团投资兴业格局呈现良好态势，股份公司的非建筑业产值比重首次过半，襄荆公路提前半年完成试通车，进入投资回报期，初步形成了投资项目“收益一批，在建一批，论证筹备一批”的良好格局。2004年，困扰多年的母公司与上市子公司的关联交易等历史遗留老大难问题得到了较好的消化处理。企业的社会信誉和地位有了极大提高，集团公司有7个科技项目获得了省部级以上奖励，技术中心成为我国水电行业首家国家级企业技术中心。由集团公司承建的云南大朝山水电站工程，参建的广东东深供水工程，继隔河岩工程之后，又双双荣获国家建筑工程最高奖——鲁班奖。15个单位荣获全国和湖北省“守合同重信用”称号。全集团人均年收入同比有较大增长，新增职工住房1044套，职工的生活质量进一步提高。

2004年，集团公司大力推进二次创业，奋力开拓市场，不断向广度和进度进军。建筑主业领域中的水利水电项目呈现更加强劲的势头，占中标额的71.1%，继续保持传统优势。地下工程、航道船坞工程、公路工程新军突起，为拓展市场添注了活力。实施差异化市场战略，专业市场各具特色，各子公司充分发挥自有资质和市场资源优势，精心打造各自的专业品牌，成效显著。全年各子公司中标占集团中标额的59.2%。其中，五公司、六公司、机电公司、基础公司完成签约额是计划的两倍以上。五公司、六公司、七公司、基础公司、电力公司利用自有资质中标额均创历史最好水平。在投资市场领域，股份公司拟投资建设的阿深公路湖北北段，完成了项目公司的组建和设计、环保、土地征用等全部评估工作，只待国家发改委核准。寺坪电站成功实现截流，主体工程已开工建设。工业三产业抓住时机，迎难而上，始终坚持以市场为导向，挖潜增效，克服煤电油运等成本上升的困难，超额完成了年度生产经营任务。其中，工业企业完成产值同比增长28.8%，三产业产值同比增长22.3%，均创历史最好水平。水泥厂全年水泥生产同比增长13.2%。易普力公司销量和利润均居全国民爆行业前10名之内。机械船舶公司完成产值同比增长91%，走上了良性循环。化工公司不仅产值增长133%，而且实现了盈利，甩掉了长期亏损的帽子。旅游公司整合销售网络，直接与境内外一级代理签订代理合同，打开了营销工作新局面。

随着市场的不断拓展，集团公司干工程、树丰碑、交朋友、拓市场、育人才的理念更加深入人心，各项目部都能信守合同，严格履约，主要在建工程形象进度好，工程质量稳中有升。三峡左岸电站10号机组比合同工期提前160天并网发电。三期厂坝厂房工程施工质量高、安全好、速度快、文明佳，成为三峡工程的样板，受到各方面高度评价。水布垭大坝三期填筑提前三个月完成并顺利进行四期填筑。景洪工程不仅提前实现了挡水度汛目标，而且将截流时间整整提前了10个月。冶勒项目部已具备下闸蓄水条件。公伯峡、拉西瓦、溪洛渡、漫湾等直管项目和二级单位承建的电站、公路、桥梁、码头(船坞)等各类工程，大都出色实现了年度目标。科威特苏比亚和伊朗莫拉萨德拉两个项目施工生产顺利进行。柬埔寨公路修复工程比合同工期提前1个月完工。全集团全年单元工程合格率100%，优良率95.4%。

【重大项目进展】 2004年9月26日上午11时40分，黄河上游公伯峡水电站一号机组前，水利部部长汪恕诚、青海省委书记赵乐际为“中国水电装机容量突破一亿千瓦机组”揭牌。这标志着中国水电装机容量超过美国，成为世界上最大的水力发电国家。集团公司总经理、党委书记杨继学出席了揭牌典礼仪式。公伯峡水电站是西部大开发、西电东送的标志性工程，电站装机容量150万千瓦。2001年8月，公伯峡水电站开工，从第一块混凝土浇筑到第一台机组发电仅用了27个月，创造了国内百万千瓦级水电站建设的新记录。葛洲坝集团是公伯峡水电站发电厂房的承建单位，面对高原高寒和工期紧张等诸多困难，葛洲坝人采用低温条件下混凝土温控技术，不仅使工期提前12个月，并且浇筑出的电站厂房外观质量光洁如镜，成为国内首座不装修百万千瓦级水电站厂房，为公伯峡水电站提前1年实现发电作出了重大贡献。

2004年11月16日，集团公司一举中标南水北调中线总干渠漕河渡槽工程第3标段，中标金额2.0875亿元，集团公司总经理、党委书记杨继学代表集团公司与南水北调中线建设管理局局长张野签订了施工合同。南水北调中线总干渠漕河渡槽段是南水北调中线京石段应急供水工程的重要组成部分，工程位于河北省保定市满城县境内，距离保定市约30公里，干渠线路总长9391.7米。集团公司中标的漕河渡槽工程第三标段，线路全长1286.6米，由30米跨多侧墙槽段及出口连接段、出口段组成。

(撰稿人：秦在卫)

中国铁路物资总公司

【概况】 中国铁路物资总公司是国有大型物资流通企业，下辖20家全资子公司(9个物资流通企业，11家工业企业)，11家控股子公司和天津物资管理干部学院。年底在册职工11241人。公司注册资金24.89亿元，年底总资产171亿元。主营铁路运输生产建设所需柴油、钢轨、车轮、轮箍、机电设备、机车车辆配件以及钢材、水泥、木材等各类社会物资；兼营大宗物资仓储、配送、商品检验以及信息咨询、房地产、煤炭、铁路再生物资回收利用等。2004年被商务部列入国家重点联系指导的大型流通企业名单，在中国企业联合会公布的国内企业500强排序中列第65位。

2004年1月移交国资委之后，总公司紧紧围绕“二次创业、快速发展”主线，积极进取，开拓创新，紧紧抓住机遇，强化服务意识，确保集采专供物资供应，降低综合供应成本，保证了过渡期集采专供业务的稳定。在巩固铁路市场的同时，大力开拓社会市场，社会市场销售收入比重于年内达到50%，一般钢材销售438.9万吨，成为重要业务支柱。物流股份公司物流业务快速成长，荣获“中国物流企业百强”称号。全系统全年实现销售收入402亿元，比上年增长52.8%，实现利润2.12亿元，比上年增长201%。

总公司加强与跨国大公司、大企业之间的战略合作，与日本伊藤忠商社达成战略合作协议，与日本三井等公司签订在巴西合资组建车辆组装厂协议，并在纳米比亚、巴西分别设立了办事处。全年完成外贸营业额1.14亿美元。总公司获得了外交部授予的外事审批权和商务部授予的机电产品国际招标资质，为进一步拓展国际市场奠定了基础。

【生产经营】

2004年经营业绩指标考核完成情况表

项　目	单位	考核值	完成值
一、基本指标			
1. 利润总额	万元	9000	21252.73
2. 净资产收益率	%	2.1	6.06
二、分类指标			
1. 流动资产周转率	次	2.91	3.31
2. 成本费用占主营业务收入比重	%	100	99.73

总公司全年实现销售收入402亿元，比2003年的263亿元增加139亿元，增长52.8%；实现利润总额2.12亿元，比2003年的7018万元增加1.41亿元，增长201%。其中：商贸系统全年共实现销售收入386亿元，比2003年的248亿元增加了138亿元，增长53%；实现利润总额2.04亿元，比2003年的8142万元增长11258万元，增长150.6%。工业系统全年实现销售收入7.6亿元，比2003年的6.9亿元增加0.7亿元，增长10.1%；当年亏损494万元，比2003年减亏711万元，减亏幅度为63.2%。物流股份公司全年实现销售收入7.8亿元，比2003年的5.3亿元增加2.5亿元，增长47%；实现利润3610万元，与2003年基本持平。

2002～2004年主要经济技术指标对照表

项　目	单 位	2002年	2003年	2004年
全资企业总数	个	22	21	20
在册职工	人	1060	10820	11241
年底总资产	亿元	103	124	171
实现利润	万元	4388	7018	21200
销售总收入	亿元	204	263	402

【兼并重组】 总公司于2004年7月对武汉木材防腐厂进行调整重组。该厂并入中国铁路物资武汉公司，武汉木材防腐厂原党政工团关系由总公司直接管理调整为由武汉公司管理，成为武汉公司的全资子公司，继续实行独立核算，自负盈亏。该厂国有资产采用内部无偿划转方式并入武汉公司，原有债权债务继续由武汉木材防腐厂承担，武汉公司对合并后的全部国有资产承担保值增值责任。

【重大项目进展】 为进一步保障铁路运输油品需要，中国铁路物资总公司经反复考察论证，于2003年立项，选址在天津港建设中铁物总天津油料储运中心。该中心坐落于天津港南疆710小区，占地37万平方米，总投资6600万元，是全路第一座现代化成品油储运中心。油库总容量5万立方米，可存储各类轻质燃油，周转量25万吨。该工程于2004年12月9日举行竣工验收暨试车典礼，铁道部、中国铁路物资总公司、天津市及天津港务局各界领导参加了典礼仪式。

中国铁通集团有限公司

【概况】 中国铁通集团有限公司(原铁道通信信息有限责任公司，简称铁通公司)系国有大型电信企业，为一级法人，实行“总分”制三级管理体制。公司下设31个省、自治区、直辖市分公司和321个地市级分公司，18个铁道通信事业部，5个控股子公司。公司实行董事会领导下的总经理负责制，总部设有18个职能部门和一个独立的网络运行部。2004年1月20日，铁通公司由铁道部移交国资委管理，更名为“中国铁通集团有限公司”（简称中国铁通），由原来隶属于铁道部的直属企业，改为隶属于国资委的国有独资基础电信运营企业。经国资委研究决定（国资党任字[2004]41号），成立中国铁通集团有限公司董事会，任命赵吉斌为董事长、乔金洲为副董事长，张永平、周孝先、许树森为董事，张永平为公司总经理，周孝先、林源、潘维越为副总经理，熊建平为总会计师。同时，经国资委研究决定（国资党任字[2004]37号），成立中共中国铁通集团有限公司临时委员会，赵吉斌同志任临时党委书记，张永平、许树森同志任临时党委副书记，乔金洲、周孝先、林源、熊建平、潘维越同志任临时党委委员；成立中共中国铁通集团有限公司临时纪律检查委员会，许树森同志任临时纪委书记。到2004年底，中国铁通各类业务已经覆盖全国31个省、市、自治区303个本地网，通信光缆线路长度达到14.3万公里，长途电话交换机容量117.4万路端，局用交换机1870.9万门，宽带接入端口137.1万个。2004年，公司年初所有者权益为149.6亿元，年底所有者权益为150.3亿元，年底比年初增加0.7亿元，国有资本保值增值率为100.44%。

【主要经济指标】 2004年，中国铁通秉承“奉献创业、学习创新、竞合创效、诚信创牌”的理念，以国有独资企业设立董事会试点为契机，团结拼搏，开拓创新，取得了可喜的成绩。2004年，公司累计实现利润总额为1.3亿元，完成全年预算的131.9%，比2003年增加5554万元，同比增长71.34%，实现净利润0.6亿万元。截至年底，中国铁通总资产达到469亿元，主营业务收入达106.9亿元，固定电话用户数达1191万户，互联网用户数达98万户，各项指标均创历史最好水平，市场份额有了大幅提高，综合实力有了一定提高，全程全网统一调度指挥、统一协调管理的优势逐步显现，为公司的持续、健康、快速发展奠定了坚实的基础。

【法人治理结构】 2004年6月，国资委选择部分国有独资中央企业进行建立董事会试点，中国铁通被国资委确定为7家试点单位之一，根据《公司法》及国资委的有关要求，按照体现“三个负责”的原则，结合实际，制定了公司章程。逐步形成了严格、科学、民主的决策程序。公司领导坚持集体决策、民主集中制的原则，将决策程序分为界定问题、确定目标、拟订方案、优选方案、审定批准、细定计划、指导实施、反馈修订八个阶段，通过对每个环节层层约束，层层把关，使决策的目标明确，决策方案越来越可行，从而使领导决策更加正确科学，避免决策过程中发生重大失误。

为完善公司的法人治理结构，中国铁通把班子自身建设作为一项重中之重的任务来抓。一是成立了董事会战略委员会、提名委员会、薪酬与考核委员会、审计委员会及董事会办公室，聘任了相关工作人员，保证了董事会的正常运转和试点工作的顺利推进。二是在外部董事招聘上，根据公司实际和现有内部董事的特点，为国资委提出了外部董事的招聘条件，既保证外部董事的独立性，又保证内外部董事的互补性与合力作用的发挥。三是履行法定程序，及时聘任了公司总经理、副总经理、总会计师，组建了新的经营班子。四是按照决策层与经营层权力分开的要求，明确了各自职责与工作分工。董事会主要负责公司发展中重大问题的决策，经营层主要负责日常经营管理工作。目前两级班子按照“各负其责、协调运转、有效制衡”的原则，积极开展工作。五是在外部董事暂未到位的情况下，积极主动，召开了董事会会议，保证了公司经营工作的正常开展。六是充分发挥党委和职工代表的作用，党委通过领导班子会议等形式积极参与公司重大问题决策，职工以职工代表联席会议的形式参与集团公司的民主管理。七是加强了企业风险管理，在董事会增设了审计委员会，在各省分公司成立了审计部或审计监察部，实行省分公司与总部双重领导，加强了两级总经理离任审计和重点工程项目审计。在总部和省分公司建立了专兼结合的法律事务工作者队伍，并聘请了常年法律顾问。从外部和内部有效地加强了公司经营管理风险防范。

【产权制度改革】 铁通公司成立于2000年12月20日，总资产136亿元，注册资本103亿元，公司股东18家，其中铁道部占51%，其他17个股东合计占49%。2004年1月20日，经国务院批准，铁通公司作为国有独资企业划归国资委管理。

【主辅分离辅业改制】 为做强做优做大公司主业,中国铁通明确了辅业要按照理顺业务板块,缩短法人链条,压缩管理层级,减少企业数量,降低同业竞争的原则进行重组整合,转变机制,规范运作。为此中国铁通成立了实业管理部,研究公司主辅分离、辅业改制的方案和政策,出台了《关于开展公司实业企业清理规范工作的通知》(中国铁通实业[2005]2 号),明确了实业公司的清理规范原则、清理规范内容和工作要求,同时印发了《公司实业企业清理规范实施办法》,在清理规范辅业、精干壮大主业方面提供了政策依据。

【主要管理经验】 中国铁通结合行业发展趋势和自身实际,确定了"重在特色,重点发展,加快改革,加强合作"具有铁通特色的发展战略。一是在发展方向上,突出专用网和区域化的特色。根据电信业竞争情况和公司自身特点,扬长避短,避免盲目竞争和恶性竞争,确定了走企业专用网和重点区域重点发展的道路。二是在发展目标上,突出快速和健康的主题,提出了"35332"的奋斗目标。力争未来三年每年固话用户年增长 30%以上,宽带用户年增长 50%以上,电信业务收入年增长 30%以上,劳动生产率年增长 30%以上,利润年增长 2 倍以上。三是在发展思路上,提出了五大战略重点。围绕融资、市场、投资、技术、人才五个战略重点,加强合资合作,实现多元融资;实施差异经营,发展特色业务;坚持效益领先,突出重点投资;注重经济适用,引进领先技术;优化整体结构,提高员工素质。四是在发展质量上,追求"五化"标准。即效益利润最大化,做实收入、优化成本,走低成本、高效益之路;投资主体多元化,为发展提供充足资金保障;企业管理科学化,苦练内功强基础,走集约化、现代化经营之路;服务质量规范化,打造服务领先的企业形象;人员素质优良化,以培养三支人才队伍为重点,带动全员整体素质的不断提高。发展战略在实践中得到了广大员工的高度认可,成为指引公司持续快速健康发展的行动指南。

中国铁通成立以来,积极推进经营机制和管理体制的改革,从理念到机制逐步完成了由专网向公众电信运营商的转变。一是按照现代企业制度,建立健全了公司股东会、董事会、监事会决策机构和决策、监督机制;二是进行了企业内部管理流程再造,对原有的业务流程和管理流程进行了优化和重组,形成职责清晰、配合密切、控制有效、方便客户的新型管理模式;三是推行了人事、用工制度改革,做到干部能上能下,职工竞争上岗,在分配制度上,按照效率优先、兼顾公平的原则,加大分配制度改革,积极推行"一挂两考核"制度,将收入分配向市场营销和关键技术岗位人员倾斜,实行工效挂钩,易岗易薪;四是推行了省分公司领导经营责任制,将经营业绩同干部考核、领导责任挂钩,实行年度经营责任制考核,努力提高领导干部的管理水平;五是积极研究和探索主辅分离改革办法,发展多元经济,寻求分流渠道,组建铁通工程公司等多种经营实业公司,组建后的多种经营实业公司将完全从主业分离出去,在人事、财务上与铁通公司完全分开,成为规范的市场主体;六是建立和完善网络规划建设、资源管理、物资采购、成本控制、内部审计、对外合作等各项管理制度,确保公司规范运作;七是积极倡导团队精神,培育企业文化,广泛吸引人才,加快改革开放,加速企业战略目标的实现。

天津水泥工业设计研究院

【概况】 2004 年是企业改革发展取得积极进展的一年,也是实现企业新的历史跨越取得显著成绩的一年。企业的主要业绩可以概括为:以科学的发展战略为指导,企业发展模式更加清晰、发展目标更加明确、发展步伐更加快速,实现了"一个质的飞跃",即经济运行产生质的飞跃,经济效益保持高位、稳步上升。"两个明显突破",即产权制度改革取得明显突破,投资主体进一步多元化;激励机制建设取得明显突破,业绩考核进一步完善。"三个深入实施",即产业化发展战略深入实施,集团化发展战略深入实施,国际化发展战略深入实施。"四个积极推进",即积极推进设计咨询业引领作用,积极推进装备产业化平台建设,积极推进工程总承包业务有效开展,积极推进备品配件物流业务启动。“五个显著提高”，即市场营销能力显著提高，技术创新能力显著提高，生产运行能力显著提高，内部管理水平显著提高，企业文化建设显著提高。企业呈现出持续、健康、快速发展的强劲态势，主要经济指标优于预算，好于往年，再创历史新高。

【主要经济指标】 2004年新增合同额近30亿元。完成营业额近24亿元，同比增长81%。其中：设计咨询类营业额2亿元；机电设备销售营业额17.4亿元；工程总承包营业额2.6亿元；备品配件营业额2765万元；其他业务营业额1.6亿元。全年实现营业收入15亿元，同比增长93%；实现利润总额1.6亿元，同比增长40%。国有资产保值增值率保持在30%以上。总资产规模超过20亿元，同比增长33%。

【企业改革】

1. 加快改革发展步伐，企业持续增长力不断提升。积极推进投资主体多元化，进行了理顺产权关系、调整内部股权以及公司重组优化工作，充分发挥了劳动、资本、技术、管理等生产要素的活力，实现了国有资本和非公有资本的优势互补和共同促进。

继续实施资产重组，成立了“中天仕名(淄博)重型机械有限公司”，实现了研究院资金、技术、品牌及市场优势与山东崇正公司生产、管理、设备及区位优势的资源优化配置，推进了装备产业平台的横向延伸。

积极进行资源整合，组建了以新型干法水泥技术装备研发、制造和技术服务为主要业务领域的“中天仕名科技集团公司”，构建了以资本为主要联结纽带的母子公司架构，初步实现了装备板块向集团化经营模式的组织转变。

2. 积极适应新的市场形势，经营工作取得新的突破。国内市场开拓，紧紧围绕三大发展战略、四大业务平台建设，坚持以技术和服务为先导，通过“抓住重点区域、重点项目，巩固大集团，培养新客户”的营销策略，研究市场信息和客户需求，明确经营目标和工作重点，依靠企业整体优势，以水泥主业设计市场为主，积极拓展增量经营领域，继续保持了在大中型规模生产线设计市场的主导份额。

海外市场开拓，继续遵循“自我为主，加强联合”的方针，积极实施“走出去，请进来”的营销战略，在积极扩大研究院在国际市场的接触面和知名度的基础上，签订了阿曼、老挝工程总承包合同以及巴基斯坦、泰国、越南等多个项目的工程设计、设备供货和技术服务合同，全年共完成新增海外项目合同额1.06亿美元，实现进出口贸易额3391万美元，取得了新的骄人业绩。

3. 坚持技术创新，企业核心竞争力继续增强。重点科研项目研究开发卓有成效，《日产10000吨新型干法生产工艺与成套装备研制》项目继续推进，结合10000t/d生产线的投产，烧成系统国产化开发技术方案进入装备设计阶段，生产线工艺技术及相关工程设计技术开发、智能化MCC应用研究、1600t/h双转子单段锤式破碎机、400t/h齿辊式破碎机开发研究等项目完成鉴定验收工作。

基础研究工作取得新的进展，国家863计划项目——《水泥预分解窑系统降低氮氧化物的技术研究》完成了基础研究和半工业试验，通过科技部验收；“水泥生料易烧性试验方法、水泥原料易磨性试验方法”两项标准通过行业评审。

完成专利申报11项；5项科技成果通过省部级技术鉴定，其中3项达到国际先进水平，2项达到国内领先水平；5项成果获建材协会·硅酸盐学会建筑材料科学技术奖。

4. 强化完善和创新设计管理，生产运行能力持续提高。坚持“以项目管理为主线，继续贯彻保现场、抓重点、促收尾”的工作思路，坚持以增加客户满意度，提高企业诚信为重点，全面提升工程设计能力与技术服务水平，工程咨询设计和组织管理创优取得良好成绩，获全国优秀工程设计银质奖1项；全国优秀工程咨询三等奖2项。获建材行业优秀工程咨询一等奖6项、二等奖4项；优秀工程设计一等奖6项、二等奖4项；优秀工程总承包项目一等奖1项；优秀工程项目管理一等奖1项。

5. 加强产业化平台建设，装备产业的领军地位得到巩固。遵循“市场需求——产品研发——加工制造——调试服务——改进优化”循环提升的思路，积极推进装备产业化战略，按照专业化细分原则，推行专业领域内科工贸一体化管理模式和经营策略，基本形成了各种规模的新型干法水泥生产线主要设备的生产供应能力。同时，通过设计龙头带动和工程总承包模式运作,成功把国产重大技术装备推向了国际市场,并且显示了较强的国际竞争能力。中天仕名集团公司已经成为国内水泥装备行业的领军企业,并逐步跻身于国际知名水泥设备供应商的行列。

【企业管理】 财务和资金管理进一步加强,继续实施全面预算管理办法,提高了财务整体管理水平;进行清产核资工作,为进一步体制改革奠定了良好基础;继续加大银企合作力度,为开展日常及大型项目资本运营打通了融资渠道。

业绩考核体系进一步健全,与下属公司、部门签订了《经营业绩责任书》和《生产业绩责任书》,建立起"目标责任、监管审计、考核奖惩"三位一体的评价管理体系;制订《业绩考核管理规程及实施方案》、《实施细则》以及考核体系文件,并进行了模拟试行。

技术和质量管理工作进一步推进,适应企业发展需要,制订了集团体系认证方案,全面修订调整了质量管理体系文件,一次通过年度监督审核。

信息化管理水平进一步提高,结合企业整体发展战略要求,成立了信息化领导小组,编制了企业信息化建设发展规划;全面启动实施了办公自动化系统,工程项目管理信息系统正式启动,企业已被建设部列为唯一一家设计管理信息化试点单位。

安全生产工作进一步加强,认真贯彻落实国家有关文件和会议精神,成立了安全生产领导小组,制定了《安全生产管理规定》,与各公司、各部门签订了安全生产责任书,通过层层落实安全生产责任制,深入开展安全生产大检查和专项整治,健全各项规章制度和安全生产预警机制与应急救援预案,增强了应对风险和突发事件的能力。

中国纺织物资(集团)总公司

【概况】 2004 年是国内外宏观经济形势和市场环境变幻莫测的一年。国际石油价格高位起伏,美元汇率低位徘徊,使纺织原料的国际贸易处于高风险状态;国内投资过热,能源交通资源紧张,经济发展存在较多不确定因素,致使政府采取了诸如信贷控制、调高利率等措施。这些因素给公司的生产和经营带来了一定的压力和挑战,面对复杂的市场形势,绝大部分经营单位适时调整工作思路,坚持以市场为导向,稳健经营,较好地完成了预定的经营目标。

公司 2004 年度实现销售收入 34.84 亿元,按同比口径比上年(下同)增加 2.52 亿元,增长 7.80%。进出口总额 3.22 亿美元,其中进口额 2.88 亿美元,增长 19.35%;出口额 3391 万美元,增长 50.59%。实现利润总额 4230 万元,净资产收益率 3.39%,总资产周转率 1.51 次/年,成本费用利润率 1.22%,国有资产保值增值率 104.53%。上述主要经济数据达到或超过了国资委下达的指标。经济运行的主要特点如下:

1. 经济规模有了较高增长。全年实现进出口总额 3.22 亿美元,处在历史高水平,在中国进出口额最大的 500 家企业中排名第 391 位。主要生产经营品种在国内继续保持领先地位或占有一定的权重,市场占有率得到不断的巩固,其中累计进口羊毛 39259 吨,腈纶 12353 吨,涤纶 3630 吨,棉花 25196 吨。公司多年扶持的出口业务在 2004 年更是取得了超过 50% 的增长,为迎接 2005 年后配额时代的到来奠定了良好的贸易基础。

2. 一些产品、品种的生产经营能力不断提高。羊绒制品的生产加工能力和外销接单能力显著提高,生产销售创历史最好纪录,全年实现销售收入达 1.8 亿元,较 2003 年增长 61%;随着市场的逐步成熟和生产线通过 ISO 9001 质量认证体系,高强 PE 产品出现供不应求的局面,销售收入较 2003 年增长 142%。

3. 重点企业和部分直属企业的经济运行状况良好。据统计,公司所属 19 家企业中,完成和超额完成任务的有 17 家。特别是上市公司,在 2004 年面对原油价格上涨、电力供应紧张和内外销市场变化快的不利局面,强化管理,在稳定现有产品生产和销售的基础上,积极开拓市场,调整产品结构,优化经营模式,加大对成长型业务的投入力度,使公司的经营业绩实现了稳定的增长。

【重大项目进展】 1. 战略规划工作进一步加强。2004 年公司将战略规划工作列入重要的议事日程,采取有力措施，切实予以加强。一是成立规划发展部，负责集团发展战略的规划、管理和实施。二是组织直属企业结合自身的情况和特点，编制发展战略与规划，使公司在充分了解掌握直属企业情况和发展动态的同时，促进直属企业战略发展意识的培养。三是全面系统地制定了《中国纺织物资(集团)总公司发展战略与规划》，此次规划的制定采取“自下而上、自上而下、通力合作”的方式进行，既保证了战略规划的有效性、可操作性，又体现了前瞻性、创新性，为公司未来的发展描绘了蓝图。

2. 在无锡建立特种化纤工业园区工作稳步实施。工业园区主要从事特种化纤产品的研发、生产和加工，第一期项目新增投资1亿元，形成38000吨差别化特种纤维的生产能力，经营规模超过5亿元。3～5年完成项目全部投资，经营规模超过10亿元。该项目第一步为收购位于无锡的大通和华盛化纤公司，并与公司所属的无锡华燕公司进行整合，作为工业园区的基础；第二步将高强PE项目在工业园区内扩产，作为工业园区的第一个重要项目；第三步成立中国化纤协会功能性纤维产业化基地，完善工业园区的研发功能。

【改革与发展】 2004年是公司改革举措最多、改革力度最大的一年。一年来，公司认真贯彻落实国务院颁布的《企业国有资产监督管理暂行条例》和国资委的一系列要求，在强化管理、优化结构、推进现代企业制度建立、落实资产经营责任制等方面，大胆创新，加大力度，加强了工作的规范化、制度化和体系建设，使体制机制建设迈出了新步伐。

1. 加强职能部门、制度体系建设。2004年年初，公司对职能部门进行调整，在突出发展战略、业务指导和强化调控的职能前提下，进一步细化和调整了职责分工。与此同时，先后修改、完善和制定了31项制度，为企业的生产经营管理工作提供了制度依据和行为准则。

2. 推进直属企业的股份制改革。按照国资委的有关规定，采用增量持股的方式，公司先后完成了所属的中纺机电研究所、中纺物产原材料公司和中纺物产化纤公司的改制工作。2004年改制公司运行情况良好，管理层及员工的主人翁精神、责任感和风险意识均有很大的提高，内部管理机制逐步健全。

【主要管理经验】

1. 加强集团公司的指导和引导力度。由集团公司牵头召开经济活动分析会，根据市场变化和生产经营管理工作中出现的问题，及时提出应对措施，果断处置；针对部分出现问题的企业和关系企业发展的重大项目，由集团公司领导班子亲自挂帅组成专项问题领导小组，加强指导和引导力度，充分发挥集团公司在内部资源配置上的优势。

2. 鼓励有关企业和经营单位不断探索新的方式方法，促进生产经营业务的开展。公司所属的南京羊毛市场与外商合作，成功地组织了澳毛在国内的首次拍卖，在业界引起极大反响。一些贸易公司和部门积极探索工贸结合的路子，既巩固了贸易量，又有效回避了经营风险。

3. 加强和改善财务资金管理。2004年进一步完善了全面预算管理制度，10月修订了公司《会计核算办法》，保证了公司财务管理的科学性与实用性。

中国有色工程设计研究总院

【概况】 中国有色工程设计研究总院(以下简称恩菲)是国务院国有资产监督管理委员会管理的十家勘察设计单位之一。截至2004年底，全院总资产5.58亿元，净资产1.51亿元，全年实现收入3.4亿元，其中咨询设计及总承包收入1.3亿元，全资及控股公司收入1.8亿元，院区房产经营收入3000万元。全年共完成高阶段咨询设计100项，完成施工图子项500个。2004年2月，召开了院第十三次党员代表大会，完成了党委、纪委的换届选举工作。经国资委考核任命，产生了新一届院领导班子。内部管理改革进一步深化，机构调整、业务流程再造、新的绩效考核体系与薪酬制度改革均达到预期目标。清产核资工作顺利完成。公司整合取得积极成果，原有21个法人企业重组整合为11个，产业公司已形成环保、设备、电气控制等三大业务板块。

【主要经济指标】

2004 年度主要经济指标完成情况表

主要经济指标	2004 年度
资产总额(万元)	55774.3
负债总额(万元)	36326.9
所有者权益(万元)	15102.6
利润总额(万元)	4685.9
净利润(万元)	2718.5
净资产收益率(%)	19.18
国有资本保值增值率(%)	122.7
总资产周转率(次)	0.69
资产负债率(%)	65.1
利润增长率(%)	127.1
成本费用占主营收入比重(%)	86.86

【改革与发展】

1. 明确战略定位,推进恩菲向国际化工程公司转变。基于经济全球化和竞争国际化这一基本发展趋势,恩菲在认真分析国内外市场及自身优劣势的基础上,确立了把恩菲建设成国际化工程公司的发展战略目标,制定了以工程一体化业务为主、系统集成供应及其他产业为辅的中长期发展规划。目前,恩菲正在积极推进由传统设计院向国际化工程公司的转变。

2. 组织结构和业务流程再造,奠定国际化工程公司的基础。按国际化工程公司发展思路,2004 年恩菲对组织结构进行了大范围的调整。通过对岗位重新描述和评估,将职能管理和辅助部门调整为 11 个,人员精减约三分之一,管理及服务质量明显改进。按更加贴近市场的原则要求,组建了 8 个工程项目部。按有利于资源有效利用、专业技术发展和人才培养的原则,对专业所进行了优化配置,设置了 11 个专业所及分院。

3. 初步建立起新的用人机制和薪酬体系。2004 年,恩菲加大了用人机制的改革力度,各部门负责人全部竞聘上岗。按照"公开、公平、竞争、择优"的原则,通过自愿报名、资格审查、现场答辩、试题测验、研究确定、人选公示等程序的规范运作,将一些有经营能力、有朝气、技术强的同志选拔到管理岗位上来,为恩菲管理队伍注入了新的活力。积极推进绩效考核与薪酬体系的改革。生产系统主指标考核由原来所级单一考核变为项目部负责绩效考核、专业所负责技术水平考核的二维考核体系;薪酬方案坚持效率优先、兼顾公平的原则,构建了以绩效为导向、岗位责任、工作业绩和技能水平相匹配的新型薪酬体系。

【生产经营】 2004 年,恩菲按照建设国际化工程公司的总体发展战略,对原有经营思路进行较大调整,加大了在工程总承包和一些新的业务领域的市场营销力度,品牌优势和技术优势得以转化为市场优势,取得较好成绩。

1. 继续保持和巩固有色领域设计咨询的优势。全年共赢得有色冶炼设计项目 52 项,有色采选项目近 30 项,来自有色行业合同额占全部合同总额的 63%,合同收费占全部合同收费的 64%,在全院业务构成中仍占主导地位。

2. 向黑色矿山设计市场不断渗透取得新进展。在钢铁矿山方面,通过投标或业主直接委托的方式承担了白象山铁矿、草楼铁矿、武钢程潮铁矿等黑色矿山设计项目。这些项目的实施,标志着恩菲进入非有色市场取得实质性进展。

3. 工程总承包走过拓荒阶段。经过努力,恩菲承接的工程总承包项目有 14 项,其中:冶炼厂 PLC 和 DCS 工程 1 项,项目管理 1 项,民用建筑及装饰工程 9 项,索道工程 3 项。这些项目的开展,为该院 2005 年工程承包市场的培育作了良好的铺垫。

4. 继续加大国际市场开发力度。2004 年恩菲推进强强联合,实施"走出去"战略,取得积极成果,并就一些具体项目与 MCC、五矿等公司进行了合作。如:与 MCC 签订了巴布亚新几内亚红土矿项目可行性研究合同、巴基斯坦杜达铅锌矿设计合同,与中色建设签订了缅甸达贡山红土矿项目预可研合同、越南老街生权铜矿联合企业 SKS 炼铜工艺技术转让合同、赞比亚谦比西粗铜厂和卢姆瓦纳铜矿技术咨询合同,与五矿有色金属股份公司签订了古巴镍铁项目可研合同,与澳大利亚 AUSMELT 公司签订了蒙古奥云陶勒盖冶炼预可研合同,与加拿大 HATCH 公司、澳大利亚

MINPROC公司等签订了合作协议和意向书,与澳大利亚AUSMELT公司和XSTRATA公司进行技术和商务谈判,为双方在镍熔炼系统项目合作做了铺垫工作。

【技术创新】 技术创新取得新进展。首先,加大了在技术创新工作中的投入力度,完成了年产3万吨氧气底吹炼铅装置的研发项目,使这项恩菲拥有自主知识产权的技术实现了系列化;加强与企业合作,完成了国家“十五”攻关项目金川集团有限公司500t/a羰基镍工程项目,并通过国家科技部的技术鉴定;智能化仓储停车设备首次获得国家创新基金资助。其次,技术创新工作逐步走向规范化、制度化,制定了《研究与发展工作管理办法》,建立了从征集课题、立项实施到成果鉴定的一整套工作流程及相关管理程序;初步建立起恩菲的院标体系框架,完成了13项技术标准修订工作。

2004年荣获国家科技进步二等奖1项,国家级优秀成果奖8项,省部级科技进步奖3项,省部级优秀工程、优秀咨询奖13项,获得国家发明专利1项。

（撰稿人:王志萍）

中国水利电力对外公司

【生产经营】 中国水利电力对外公司(简称中水电公司)2004年在职人员约1120人,其中从事主营业务(即国际工程承包和进出口)人员约280人。全年新签合同额49亿元,完成销售额21.9亿元,实现利润4034万元,各项主要经营指标再次突破历史最高水平。

其中,2004年新签国际工程承包合同13个,合同额共计5.24亿美元,为上年度的111%,为历史最高;在建项目43个,其中竣工项目7个,全年完成国际工程承包营业额1.58亿美元,为上年度的120%;年底在国外人员990人。根据有关评选结果,该公司连续第15年进入美国权威刊物《工程新闻记录》世界最大225家国际承包商排名,2003年列第97位;同时连续第4年进入该刊物世界最大200家国际工程设计公司排名,2003年列第81位;在由中国《建筑时报》和美国《工程新闻记录》联合举行的首届“中国承包商、工程设计企业双60强”排名中,该公司在“2004年中国承包商60强”中,列第59位。

2004年新签国内工程承包合同额共计4.07亿元,完成营业额8亿元;新签进出口贸易合同额约1957万美元,完成营业额5500万元,获得国家外汇管理局批准的出口收汇自动核销资格。

【重大项目进展】 中国水利电力对外公司2004年国际工程承包新签合同额在1500万美元以上的工程项目有:

巴基斯坦曼格拉大坝加高工程,合同总额2.4亿美元,于2004年6月28日签订合同,合同工期39个月。由中水电公司与巴基斯坦当地公司组成的联营体共同实施,该公司占9036万美元合同份额,2004完成工程量占总量的6.5%。

黎巴嫩阿西大坝和灌溉工程,为中国公司在黎巴嫩市场取得的第一个工程承包项目,合同额约3131万美元,于2004年8月16日签订合同,合同工期34个月,由中水电公司与黎巴嫩当地公司组成的联营体共同实施,2004完成了总体工程量的16%。

突尼斯齐阿蒂纳水坝工程项目,合同额2600万美元,于2004年7月3日签订合同,合同工期48个月。由该公司和突尼斯公司联营体实施。

加纳塔台夸西环岛—芒菲道路工程项目,合同额1950万美元,于2004年3月22日签订合同,合同工期27个月,2004年完成了总体工程量的15.4%。

毛里求斯污水处理厂及泵站项目,合同额2226万美元,于2005年1月7日签订合同,合同工期18月,由该公司自营。

苏丹新阿姆瑞和穆卡巴若巴农业灌溉项目,是继麦洛维大坝和金属结构项目后再次在苏丹获得的两个大型项目,合同额共计7855万美元,于2004年5月24日签订合同,作为出口信贷项目,可带动国内大量机电产品出口。中水电公司合同额1500万美元以上的在建国际工程项目的进展情况:

苏丹麦洛维大坝项目2号合同——土建工程。于2003年6月签订合同,2004年进入施工高峰期,完成了一期导流工程和跨尼罗河两岸施工浮桥的建设，建成了人工砂石骨料系统、混凝土拌和系统并投入运行。全年完成营业额6392万欧元，占合同额的11.5%。年内，苏丹总统巴西尔和中国水利部部长汪恕诚先后视察工程，对工程施工给以良好评价。

苏丹麦洛维大坝项目金属结构及机械设备合同。于2003年12月签订合同，2004年完成营业额900万美元，占合同额的30%。

巴基斯坦西北边境省马拉坎德111水电站项目合同，2004年完成工程量占总量的50%，累计完成营业额1850万美元，占总量的46.9%。

尼泊尔中马相迪水电站土建工程项目，2004年完成工程量占总量的89%，累计完成营业额4984万欧元。突尼斯克比尔水坝工程项目，2004年完成工程量占总量的24.98%，累计完成工程量占总量的32.92%。

2004年竣工项目7个。其中：

马其顿科佳水电站项目，累计完成营业额1868万美元，占总量的91.6%。2004年实现了两台机组的成功并网发电，于9月30日移交业主。马其顿总统、议长和总理同时出席了电站发电庆典活动，对项目的圆满实施给予高度评价。

老挝南梦3水电开发项目，累计完成营业额6300万美元，占总量的100%，于2005年1月竣工。2004年分别实现了水库下闸蓄水和两台机组的成功并网发电。老挝政府总理、常务副总理出席竣工典礼仪式，对工程予以高度评价。

另外，加纳沃尔特湖移民镇电气化工程、约旦牧之贝和南高尔斯灌溉工程项目、菲律宾邦邦河治理二期工程项目等相继竣工，均受到业主和当地社会好评。

中水电公司2004年国内工程承包业务继续扩大，全年新签国内工程合同额总计4.07亿元，完成营业额8亿元，竣工项目17个，其中上海中船长兴造船基地围堰吹填工程等，质量评定为优良。

【企业管理与改革】 1. 根据国资委对公司总体经营目标的要求，加强责任目标管理工作，提高了企业管理水平，确保了国有资产的保值增值。

2. 加强人力资源、财务资金、资产管理工作；特别加强了质量和安全管理工作，成为全国首批获取安全生产许可证的建筑施工企业。该公司所属企业——华水公司，获得了水利水电工程总承包一级资质和北京市安全生产许可证，为进一步拓展国内工程承包业务奠定了良好基础。

3. 积极推动外部重组。经国务院批准，由国资委2004年12月28日发出通知，批准该公司以并入方式与中国水利投资公司重组，成为中国水利投资公司的全资子公司。作为水利行业的两家中央企业重组，依托行业优势，重组后的企业集团必然具有很好的发展前途。

中国汽车技术研究中心

【概况】 中国汽车技术研究中心（以下简称汽研中心）成立于1985年，是由国家投资建设的科研院所，现隶属于国务院国有资产监督管理委员会。现有职工1200人，专业技术人员565人，其中高级工程师189人，研究员级高工59人，硕士69人，博士21人。目前，占地面积210亩。拥有固定资产2.9亿元。

作为行业技术归口机构，主要业务有：标准化与技术法规、产品认证与检测试验研究、质量体系认证、信息服务与软科学研究、工程管理与设计、管理科学研究、汽车高新技术开发与应用等。现主要从事科研与行业工作的部门有：汽车试验研究所、汽车工业规划设计研究院、汽车技术情报研究所、质量体系认证中心、汽车标准化研究所、北京工作部、培训中心、博士后科研工作站等。

经过20年的建设和发展，在汽车安全、污染控制、节能技术和软科学研究等领域，已形成了一定的规模和能力。汽车行业技术中心地位已确立，并得到国家政府部门的认可，在国际上赢得较高声誉，初步形成了独立、公正的汽车行业标准与技术法规、检测与认证中介机构的实力。

【生产经营】 2004年是汽研中心归属国资委后的开局之年，汽研中心坚持以邓小平理论和“三个代表"重要思想为指导,全面贯彻落实党的十六届三中、四中全会精神,坚持科学发展观,团结进取、开拓创新,紧紧围绕国有资产保值增值任务,强化管理、调整结构、推进各项改革,认真贯彻国资委经营业绩考核管理办法,全面完成各项工作任务。

在全体职工的共同努力下,实现创收 2.1 亿元(详细情况见表 1),超额完成了国资委各项考核指标。截至 2004 年年底,汽研中心从业人员达到 967 人(详细情况见表 2),人才队伍日趋完备。

表 1　　2004 年营业收入情况表

收入来源	纵向收入		横向收入	总收入
	事业费	课题费		
收入额(万元)	542.70	390.00	20103.54	21036.24

表 2　　2004 年底职工人数情况表

从业人员总数	专业技术人员		其他人员	
	合计(名)	百分比(%)	合计(名)	百分比(%)
967 人	565	58.4	402	41.6

专业技术人员分布	教授级高级工程师	高级职称	中级职称	初级职称	未被聘职称人员
565 人	59 人	189 人	177 人	123 人	17 人

学历分布	博士	硕士	大学	大专
	20 人	69 人	366 人	93 人

同时,汽研中心在行业工作、科研与技术创新、国际合作等方面继续加大投入力度,承担了电动汽车重大专项、清洁汽车行动和 UNDP 燃料电池等国家重大课题,其中纯电动轿车的试验示范运行和清洁汽车行动巡展顺利开展,并得到一致好评。

完成了中心北京总部办公用房 6000m² 的装修工程,为进一步拓展业务工作打下了坚实的基础;同时根据中心发展战略需要,成立了中心上海工作部,投资 1000 万元购置了 500 多平方米的办公用房,并于年底举行了面向行业的开业庆典,中心综合实力、行业影响力得到增强。

投资 6000 多万元国外政府贷款建成了国内领先水平的欧Ⅲ/Ⅳ排放试验室,从整体上提升了汽研中心排放检测技术水平,为成为具有国际一流水平的汽车排放领域科研和检测实验室奠定了坚实的基础。投资 1100 多万改造和完善了零部件检测设备与能力,大大提高了零部件试验室的测试技术水平。

建成了服务于行业的 26 个信息资源数据库,拥有网员用户 200 家。圆满完成汽车新产品公告的网上申报和公布工作,并编写系列软件服务于行业。

与美国通用电气、阿岗实验室、能源基金会和西南研究院、法国米其林公司、韩国汽车技术研究院等国外企业科研机构在人才培养、科研投入及发展建设等方面实施战略合作,有效地加快了汽研中心与国际接轨的步伐。

2004 年,汽研中心继续完善法人治理结构。认真贯彻落实"中央企业经营业绩考核暂行办法",并与国资委签订了经营业绩考核责任书。通过调整固定资产折旧办法、无形资产的总资产的占有比例、员工核算口径、部分部门分配系数等方式,合理地调整了中心、部门、职工的利益关系,进一步完善了以经营性资产为主确定效益指标的经营承包办法,并且在原"承包人分配办法"的基础上,调整承包人部门员工计算基数,增加修整系数,并组织有关部门制定了考核细则。为确保完成考核指标和实现平稳过渡,修改了中心的经营考核办法,指标层层分解、适度增加压力、合理调控分配。

【主要管理经验】 行业标准工作方面,紧紧抓住国家 863 电动汽车、清洁汽车行动等重大专项,与美国能源基金会、日本丰田、德国大众等组织和企业合作,在燃料经济性、轴荷标准、电动汽车及车辆识别代号等重大标准制修订工作取得显著成绩,在国内外赢得良好信誉。

试验认证方面,加大市场开拓力度,细分了三类客户群,走访重要客户,坚持"保本争小"的市场战略,坚守底线、提高服务质量,在稳定原有主流客户群的同时,将眼光投向具有市场潜力的零部件企业,同时采取有力措施维护已有客户群体,积极开发二方评审市场；利用行业优势和负责起草准入管理办法的有利条件，争取到国家发改委免检企业审查和VIN审查的项目委托，不仅增加了创收，而且扩大了行业影响。

工程设计方面，在汽车工程建设领域呈现降温的趋势下，充分利用中心综合优势，重点抓住时机，最大限度地延伸项目内容，重点培育形成了立项、审批、设计、施工管理和监理的综合服务能力，并收到了很好的效益。

质量管理方面，通过全面实施5S管理要求，工作办公环境有较大的改善。截至2004年底，中心已有8个部门通过质量体系认证或国家认可机构评审。

总之，2004年，汽研中心结合实际情况，圆满地完成了国资委的任务指标，并实现了利润双超。进一步明确了中心“坚持面向行业、加快改革调整步伐，实现可持续发展”的战略定位和发展目标。

中国路桥（集团）总公司

【概况】 中国路桥集团主要从事国内、国际工程承包，公路工程勘察、设计、施工、咨询、监理，房建、建筑智能化工程和交通工程，筑路机械设备、桥机构件产品和车辆制造，国内、国际贸易等业务。现有16家全资子公司、4家控股子公司（其中含1家控股上市公司）、12家参股公司和34个驻外机构。截至2004年底，集团职工总人数为25296人，总资产188.89亿元，国有资产保值增值率为115.01%。

2004年，新签合同额343.26亿元，比2003年同期增长26.07%；实现销售收入246.62亿元，比2003年同期增长37.91%；实现利润6.19亿元，比2003年同期增长100.09%。其中国内外勘察设计、工程施工新签合同额、完成销售收入和实现利润分别占集团全部合同额、营业额和利润的83.32%、84.61%和95.34%。集团各经营单位的销售利润率达2.50%，比2003年翻了一番。四家企业实现利润过亿元，新组建的三公局、桥梁公司等在生产经营方面展示了很好的成长性，集团海外经营调整初见成效。

据不完全统计，2004年度，集团共计获得省部级以上大奖29项，其中国家级大奖15项。所属中交公路规划设计院主持设计的武汉军山大桥分获第四届“詹天佑土木工程大奖”，南京二桥获得“国家优质工程金质奖”，江阴长江大桥项目获“国家优秀工程设计金奖”，苏通大桥工可、杭州湾跨海大桥分获“全国优秀工程咨询成果一等奖”、“全国优秀工程咨询成果二等奖”，厦门海沧大桥预应力锚碇体系设计获“首届欧维姆优秀预应力工程设计大奖”，公路水泥混凝土路面设计规范（JTG D40—2002）获中国公路学会“科学技术二等奖”；中交第一公路勘察设计研究院主持设计的连徐高速公路项目获得第四届“詹天佑土木工程大奖”，晋焦高速公路牛郎河隧道获2003年度“中国建筑工程鲁班奖”；中交第二公路勘察设计研究院主持的沪宁高速公路（江苏段）扩建工程方案设计获“全国优秀工程咨询成果一等奖”；中国公路工程咨询监理总公司主持设计的乍嘉苏高速公路建设项目获“中国建筑工程鲁班奖”；所属施工企业公路一局承建的山西原平至太原高速公路13#和37#合同段获“国家银质大奖”，公路二局承建的武汉军山大桥获第四届“詹天佑土木工程大奖”、乍嘉苏高速公路浙江段工程获“中国建筑工程鲁班奖”。公路二局连续两年被中国建筑业协会授予“全国工程建设质量管理优秀企业”称号；路桥建设“提篮型系杆拱桥竖转技术”获中国公路科学技术二等奖。

2004年，集团党委开展了“五好班子”创建活动，不断从思想、组织、作风和纪律上全面加强各级领导班子的建设，不断提高领导班子的政治素质、理论水平和工作能力。集团母公司被中央国家机关精神文明建设委员会授予“中央国家机关文明单位”称号，路桥建设、公路一局、公规院继续保持“中央国家机关文明单位”称号，公规院、中交一公院荣获“全国交通系统创建文明行业先进单位”称号，公路二局党委被国资委党委授予“中央企业先进基层党组织”称号。各级党组织重视企业文化的理论研究，在企业内部报纸、刊物上开辟《企业文化》专栏，动员职工广泛开展讨论，形成了各具特色的企业精神、经营理念、价值观念和职工行为规范。集团党委主管的《中国路桥》报因其浓郁的文化气息和宣传特色，荣获中国施工企业管理协会“2004年度金页奖”。

【重大项目进展】 2004年，路桥集团加强技术攻关，不断优化施工技术方案，精心组织，科学管理，在重大项目的实施方面成绩显著。

润扬大桥全长23km，其南汊桥为跨径1490米的单孔双铰钢箱梁悬索桥，是目前“国内第一、世界第三”的大跨径悬索桥。集团以技术创新为龙头，加强质量监控、进度控制、安全管理和文明施工建设，精心打造精品工程，提前完成了既定目标，树立了建设者的品牌。该桥已于2005年5月1日正式通车。

苏通大桥为主跨1088米的双塔双索钢箱梁斜拉桥，全长约8.2km，是目前世界上跨度最大、连续长度最长的双塔斜拉桥，大桥主塔高300米，为世界第一高塔。由集团承建的南主塔墩，2004年7月攻克首个世界之最——群桩基础施工，11月成功实现南主塔5号墩钢吊箱整体下放，再一次攻克世界技术难题，得到业主及社会各界的一致好评。

东海大桥为国内第一座深海大桥，全长32.7km。由集团所属路桥集团国际建设股份有限公司承建的第Ⅳ标段和第Ⅶ标段已提前完工，并受到业主单位表彰。

杭州湾大桥桥长36km，是世界上最长的跨海大桥。路桥集团国际建设股份有限公司承建的第Ⅳ标通过加强技术创新、不断优化施工技术方案，从根本上解决了杭州湾大桥项目沉桩困难的问题，工程进度得到业主单位的表彰。

【法人治理结构】 中国路桥集团目前实行母子公司管理体制。在集团内部，集团母公司为集团的管理部门，代表国家行使出资人的责任，下管一级，分级负责。对其16家全资子公司行使资产保全、绩效考核、班子任免、资产业务整合、投资管理、战略规划和重大决策制定等职能。集团下属大型企业一般为三级管理体系。中型企业一般为二级管理体系。但由于目前大部分集团企业还是完全国有的，在管理方式上还有相当的行政色彩。对已改制或新成立的产权多元化的有限公司则已基本按照《公司法》要求，实行规范的公司治理模式，强化出资人的权利和义务。

集团自2002年起，以国资委、财政部的企业绩效评价办法为基础，结合本集团的实际情况，对下属企业实行了经营绩效考核办法。该考核办法的指标体系分别由经营指标（合同额、营业额、利润额）和财政部的企业绩效评价办法中反映财务效益状况的净资产收益率、反映资产营运状况的总资产周转率、反映企业偿债能力的资产负债率以及反映企业发展能力的销售（营业）增长率组成。以企业实现的净资产收益率确定企业经营者代表的绩效工资，以完成上述7项指标的得分情况确定企业经营者代表的绩效奖励。考核的对象是企业的经营者代表（即法人代表或主要负责人）及班子成员。2004年又在考核指标中增加修正考核指标，考核的范围也扩大到了全体事业部，并将上市公司路桥建设也纳入到考核范围之中。执行三年来，取得较好的效果，有力地促进了集团所属企业的生产经营的快速发展。

集团本部的薪酬制度实行岗位工资加奖金的分配办法，其工资结构由岗位工资和辅助工资两部分构成，奖金为年终奖一次性发放（岗位工资为固定部分，奖金根据集团年终经济效益完成情况确定发放标准）。在“两低于”的前提下，集团对所属企业实行“工效”挂钩及工资总额计划管理“双控”的方式，既以“工效”挂钩控制所属企业的工资总额的提取，以工资总额计划管理控制所属企业的工资总额的发放，具体工资分配办法，由所属企业自主确定。

【主辅分离辅业改制】 2004年初，集团按照国资委批复的《主辅分离改制分流总体方案》，成立了以集团领导为组长的郴州厂改制专项工作组，对路桥集团郴州筑路机械厂（以下简称“郴州厂”）实施了改制工作，明确郴州厂的改制方式：出让该厂生产区的土地使用权，迁至开发区建设新厂，把国有净资产和土地置换增加的全部收入作为改制资产，用于职工解除劳动合同经济补偿及各项提留，经济补偿金转为职工股，将郴州厂改制为非国有法人控股的有限责任公司。

目前，郴州厂生产经营正常进行，职工的心态也较平稳。待土地转让资金到位后，将继续进行下一步的改制工作。

【主要管理经验】 近几年集团取得了长足的发展，主要经营指标每年以30%～40%的速度递增。在集团的经营管理方面也取得了一些好的经验。归纳起来主要有以下几点：

1. 坚持持续开展以成本质量安全为主要内容的管理年活动，把成本质量安全管理放在集团管理工作的首位。根据经营管理工作的需要，集团自2002年开始在全集团内广泛开展了“成本质量安全管理年”活动。此项活动在成本控制方面年初由企业制定量化的成本控制计划指标。集团在广泛征求意见的基础上，结合上年的生产完成情况，综合考虑经营业绩和集团规划，下达各企业的成本控制目标；在管理年活动中注重过程控制，实施全员、全过程管理，建立成本费用日常管理机制，按季度以经营简报的形式报送总公司，集团定期开展控制情况经营分析，实施过程监控管理，及时反馈信息指导生产；细化内部成本、年中加强跟踪，年底进行总结，并积极开展内部交流、推广先进经验，极大地促进了管理活动的普及和展开。

通过开展此项活动使集团的成本费用管理工作取得了显著成效，企业三项费用比率显著下降，产值利润率明显上升，集团的经营效益大幅增长，安全生产形势平稳。

2. 在集团施工企业中广泛推行了项目标后预算，切块包干；实行两层分离的项目管理模式。项目标后预算是按标书的工程量清单和实际的市场价格重新确定所实施项目的工程成本价格，并通过标后预算与中标价的比较作为企业本部、所属施工管理处与项目进行切块包干的依据。标后预算的推广使企业更加明确项目的盈亏水平，也更加明确项目增收节支的所在。局、处通过按标后预算对项目进行切块包干，保证了利润的实现，也促进了项目加强管理，增加效益的动力。

项目组在项目管理上广泛推广了两层分离的管理模式。项目组的管理层仅负责项目实施的管理、项目组的操作层由职工自己出资，购买企业的设备，自己组织专业作业队伍从事专业施工。在出卖企业设备时，坚持购买价不低于设备账面净值和市场平均值，保证了国有资产的保值、增值。此项措施也极大地调动了广大职工的生产经营积极性。职工自己出资，普遍具有了经营意识和责任意识，对设备和财产更加爱护，生产效率也大有提高。

中国长城计算机集团公司

【概况】 2004年，中国长城计算机集团公司(简称长城集团)，坚持以邓小平理论和“三个代表”重要思想为指导，认真贯彻党的十六大、十六届三中、四中全会和中央经济工作会议精神，全面贯彻落实国务院国资委的战略部署，在提高应对复杂市场环境的竞争能力方面下功夫，以突出主业、培植新的经济增长点为中心，稳步推进各项改革，在强化内部管理、加强科技创新、优化产业结构、推进市场网络建设、实现国有资产保值增值等方面取得重要进展。目前，长城集团已形成年产计算机整机300万台、显示器200万台、硬盘驱动器700万只、电源300万台、终端50万台、电子板卡500万块、磁头过亿只的生产能力；拥有包括“长城”(被国家认定为“中国驰名商标”)、“金长城”等国内外著名品牌商标；在宽带社区接入服务、电子商务、电子政务以及应用服务软件开发及系统集成领域开展了一系列工作；承揽国家“金税工程”、“金信工程”等重点信息化项目的建设工作；独立设计并完成国家“金贸工程”中的样板工程——电子商品交易中心；成为国家批准的国内两家集成电路提供商之一；累计完成国家重点科技攻关项目、火炬计划、国家级产品项目等共计100余项，取得科研成果300余项，获得国家、部省级科技进步奖近50项，获得国家科技攻关重大成果近20项；具备了硬盘盘片、硬盘驱动器、磁阻磁头等高科技产品的生产技术和大规模制造能力，其技术含量已经在部分领域达到国际先进水平。长城集团已成为以计算机为主业，具有科研开发、配套件生产、系统集成、信息服务，兼营进出口、资金融通等业务的高科技综合性大型企业集团，是国内最大的多元化信息产品制造厂商之一和最大的OEM供应商。

【主要经济指标】 2004年，长城集团现销售收入123亿元，利润总额1.94亿元，出口交货值95亿元。长城集团制造优势得到进一步强化，重点领域的行业领先地位进一步扩大，其技术含量在部分领域已达到国际先进水平:"专用镍片"产量占全球OEM市场的19%,位居全球第三;硬盘驱动器产量占全球市场的2%,位居全球第六;"磁头"产量占全球OEM市场的15%,保持了全球第二的位置;电源占国内OEM市场25%的份额,继续保持国内第一的位置;显示器、硬盘驱动器产销增幅分别达到34%和35%,规模效应逐渐显现。长城集团在服务器、PC整机、电子板卡、存储设备以及磁头等方面已成为面向全球的重要生产基地。

【重大项目进展】 长城集团高度重视规避影响全局的经营风险,稳定对集团发展有重大支撑作用的主营业务,加大对核心业务的支持力度。所属相关重点企业加大对挠性电路板、芯片封装测试、智能电表、投影仪、玻璃盘片等新业务的培植力度,为长城集团新的经济增长点的培植奠定了良好的基础。

2004年12月,长城集团投资与IBM合作成立全球最大的服务器生产企业(长城国际系统科技(深圳)有限公司),主要从事服务器等高端产品的加工制造。该项目的实施顺利实现了双方合作向高端业务的转型。

2004年11月,长城集团与日本东洋钢钣株式会社(Toyo Kohan Corporation.)、日本丸红株式会社(Marubeni Corporation)共同出资设立深圳东红开发磁盘有限公司,生产硬盘驱动器玻璃盘基片。预计投产后产量可进入本行业全球市场的前3位,丰富了产品线,实现了向高端业务发展的目标。

软件业务是长城集团内资源相对比较丰富、发展潜力较大的业务领域。为了适应软件产业市场不断扩大、行业竞争日益激烈、规模化效益更加显现、软件企业规模日趋扩大的特点,2004年长城集团正式启动软件资源整合工程,推进集团内分属不同企业的4个各具特色优势的软件公司的结构性重组工作。目前,此项工作进展顺利,新的领导班子已经基本到位,长期以来集团内部软件资源分散重复、低水平竞争的状况正在逐步得到有效调整,优势互补、资源共享、协同发展的格局初见端倪,展示了良好的发展前景。

2005

CHINA'S STATE-OWNED ASSETS SUPERVISION AND ADMINISTRATION YEARBOOK

中国国有资产监督管理年鉴

国有资产统计资料

第五篇

2004年全国国有企业户数、从业人数、国有资产总量情况表（按行业）

项　目	户数(户)	从业人员人数(万人)	国有资产总量(亿元)
全国总计	137753	3976.3	74985.5
一、农林牧渔业	8748	442.3	1067.2
其中:农业	3005	311.1	535.4
林业	2132	82.2	273.1
畜牧业	984	25.6	43.2
渔业	567	6.2	71.9
二、工业	36071	1967.0	34638.3
其中:煤炭工业	1748	314.4	2278.2
石油和石化工业	574	206.6	9045.6
冶金工业	1766	229.6	4382.7
建材工业	2148	66.0	405.2
化学工业	3256	133.7	1200.8
森林工业	342	4.3	26.3
食品工业	3803	46.0	217.4
烟草工业	109	16.8	1743.5
纺织工业	1562	88.8	359.8
医药工业	863	40.4	324.5
机械工业	7628	302.1	2508.2
其中:汽车工业	1022	69.3	1146.1
电子工业	1593	56.5	619.3
电力工业	2757	212.9	8225.5
市政公用工业	2384	49.7	1295.2
其他工业	4483	108.5	874.4
三、建筑业	6499	341.8	1936.7
四、地质勘查及水利业	1484	17.5	477.3
五、交通运输业	4982	425.9	10471.8
其中:铁路运输业	240	232.4	5966.1
道路运输业	1754	55.5	1591.6
水上运输业	854	26.1	872.4

续表

项目	户数(户)	从业人员人数(万人)	国有资产总量(亿元)
航空运输业	404	20.5	860.9
六、仓储业	18858	94.6	498.2
七、邮电通信业	422	181.8	8411.8
八、批发和零售、餐饮业	31661	245.7	4277.1
(一)贸易业	30355	233.7	4227.9
1. 商业贸易	14391	159.1	2137.5
2. 粮油贸易	4971	15.1	324.3
3. 物资贸易	9451	46.0	1192.9
4. 商业经纪与代理业	1542	13.5	573.2
(二)餐饮业	1306	12.0	49.2
九、房地产业	5899	36.9	2061.1
十、信息技术服务业	818	8.7	168.6
十一、社会服务业	13872	134.8	8337.9
十二、卫生体育福利业	333	4.0	43.6
十三、教育文化广播业	3989	32.9	1006.2
十四、科学研究和技术服务业	3290	34.4	262.3
十五、机关社团及其他	827	8.0	1327.4

2004年全国国有企业户数、从业人数、国有资产总量情况表(按地区)

项目	户数(户)	从业人员人数(万人)	国有资产总量(亿元)
全国合计(合并)	137753	3976.3	74985.5
北京市	5029	95.2	2371.0
天津市	4605	49.1	1490.7
河北省	4822	101.1	1031.5
山西省	5098	127.2	1085.7
内蒙古自治区	1497	58.3	366.4
辽宁省	4500	131.3	1286.7
其中:大连市	822	19.6	270.6
吉林省	2670	77.1	418.4

续表

项　目	户数(户)	从业人员人数(万人)	国有资产总量(亿元)
黑龙江省	5073	132.1	534.4
上海市	9833	113.2	4304.5
浙江省	4604	64.8	1979.7
其中:宁波市	480	6.0	304.1
江苏省	4447	87.0	1756.2
安徽省	2738	87.6	904.4
福建省	4473	55.5	1110.5
其中:厦门市	652	8.7	273.7
江西省	2672	86.1	464.6
山东省	5851	170.5	1747.2
其中:青岛市	820	22.0	319.3
河南省	6472	153.5	1198.4
湖北省	2856	82.3	593.2
湖南省	3895	83.3	770.5
广东省	8565	112.3	3543.9
其中:深圳市	634	16.7	612.3
海南省	1319	12.2	141.3
广西壮族自治区	5154	69.4	905.5
贵州省	2806	46.7	569.3
四川省	3051	68.3	1162.5
重庆市	1967	43.4	893.1
云南省	2512	52.5	681.0
陕西省	4227	74.8	715.9
甘肃省	2368	52.0	381.4
青海省	552	9.1	94.6
西藏自治区	469	3.5	92.4
宁夏回族自治区	590	21.4	147.7
新疆维吾尔自治区	1611	35.8	278.3

2004年全国国有企业资产负债情况表(按行业)

单位:亿元

项　　目	资产总计	负债合计	净资产	所有者权益合计	资产负债率(%)
全国合计(合并)	223084.2	129738.1	93346.0	78540.4	58.2
一、农林牧渔业	3175.9	2091.7	1084.3	1039.3	65.9
其中:农业	1666.8	1133.4	533.5	518.7	68.0
林业	760.3	471.1	289.2	280.1	62.0
畜牧业	191.5	139.7	51.8	43.9	73.0
渔业	161.7	95.3	66.4	65.0	58.9
二、工业	110759.8	64499.0	46260.7	37834.6	58.2
其中:煤炭工业	6845.0	3940.1	2904.9	2445.4	57.6
石油和石化工业	16428.1	5884.8	10543.2	8925.2	35.8
冶金工业	13876.2	7840.1	6036.1	4804.8	56.5
建材工业	2412.3	1628.1	784.2	568.7	67.5
化学工业	5927.6	3869.0	2058.6	1625.3	65.3
森林工业	167.5	132.9	34.6	29.6	79.4
食品工业	1476.8	1157.8	319.0	262.3	78.4
烟草工业	2822.8	1082.7	1740.0	1731.3	38.4
纺织工业	1960.2	1570.8	389.5	254.6	80.1
医药工业	1924.1	1199.6	724.5	501.4	62.3
机械工业	13062.9	9041.8	4021.2	2839.9	69.2
其中:汽车工业	4567.8	2569.1	1998.7	1413.8	56.2
电子工业	3735.3	2390.9	1344.5	829.4	64.0
电力工业	28777.6	17601.6	11176.0	9444.7	61.2
市政公用工业	3105.2	1555.6	1549.6	1469.7	50.1
其他工业	3720.4	2331.7	1388.7	1120.1	62.7
三、建筑业	11468.7	9035.5	2433.1	2132.5	78.8
四、地质勘查及水利业	847.3	304.7	542.6	522.3	36.0
五、交通运输业	26718.8	13376.3	13342.4	11874.6	50.1
其中:铁路运输业	10068.4	3176.2	6892.2	6659.5	31.5
道路运输业	6079.6	3922.4	2157.2	1794.3	64.5

续表

项　　目	资产总计	负债合计	净资产	所有者权益合计	资产负债率(%)
水上运输业	2929.7	1742.0	1187.7	878.0	59.5
航空运输业	3651.7	2379.4	1272.3	902.6	65.2
六、仓储业	6041.0	6537.3	-496.3	-513.4	108.2
七、邮电通信业	16875.5	6835.7	10039.8	8486.2	40.5
八、批发和零售、餐饮业	17353.8	13251.6	4102.3	3250.2	76.4
(一)贸易业	17133.2	13093.7	4039.5	3193.0	76.4
1. 商业贸易	7003.6	4676.1	2327.5	2069.5	66.8
2. 粮油贸易	1325.0	1164.3	160.7	123.5	87.9
3. 物资贸易	6143.3	5135.9	1007.5	725.8	83.6
4. 商业经纪与代理业	2661.2	2117.4	543.8	274.1	79.6
(二)餐饮业	220.7	157.9	62.8	57.2	71.6
九、房地产业	12575.5	9576.4	2999.1	2482.0	76.2
十、信息技术服务业	741.4	400.1	341.3	272.2	54.0
十一、社会服务业	20168.6	10656.6	9512.0	8395.0	52.8
十二、卫生体育福利业	170.9	114.8	56.1	50.0	67.2
十三、教育文化广播业	1709.7	646.0	1063.7	1033.2	37.8
十四、科学研究和技术服务业	1176.3	802.9	373.5	305.4	68.3
十五、机关社团及其他	6418.1	4726.8	1691.3	1376.2	73.6

2004年全国国有企业资产负债情况表(按地区)

单位:亿元

地　　区	资产总计	负债合计	净资产	所有者权益合计	资产负债率(%)
全国合计(合并)	223084.2	129738.1	93346.0	78540.4	58.2
北京市	8725.7	5629.2	3096.5	2521.6	64.5
天津市	5653.0	3677.0	1976.0	1973.5	65.0
河北省	3899.8	2705.7	1194.1	981.8	69.4
山西省	3826.9	2575.7	1251.2	1082.2	67.3
内蒙古自治区	1831.0	1251.0	580.1	489.6	68.3
辽宁省	5606.7	4042.3	1564.4	1275.5	72.1

续表

地　　区	资产总计	负债合计	净资产	所有者权益合计	资产负债率(%)
其中:大连市	1093.4	694.9	398.4	290.4	63.6
吉林省	2218.6	1962.7	255.9	204.4	88.5
黑龙江省	2937.5	2563.4	374.2	342.9	87.3
上海市	15809.9	9494.2	6315.7	4993.7	60.1
浙江省	6740.9	4179.6	2561.3	2186.7	62.0
其中:宁波市	1010.3	639.6	370.7	336.2	63.3
江苏省	6668.9	4329.5	2339.4	1998.8	64.9
安徽省	3640.6	2374.6	1266.0	961.9	65.2
福建省	3467.7	2127.4	1340.2	1150.7	61.4
其中:厦门市	975.1	646.8	328.3	279.5	66.3
江西省	1968.9	1444.0	525.0	422.6	73.3
山东省	7925.1	5400.0	2525.1	2111.5	68.1
其中:青岛市	1341.5	839.7	501.9	492.0	62.6
河南省	4524.8	3160.3	1364.4	1196.8	69.8
湖北省	3016.3	2317.3	699.0	613.5	76.8
湖南省	2802.7	2003.7	799.0	675.0	71.5
广东省	11961.2	7397.2	4564.0	3564.1	61.8
其中:深圳市	1887.6	920.4	967.2	613.7	48.8
海南省	884.3	659.3	225.1	210.0	74.6
广西壮族自治区	2534.1	1534.3	999.9	981.6	60.5
贵州省	1854.4	1209.0	645.5	572.9	65.2
四川省	3734.5	2418.2	1316.3	1241.9	64.8
重庆市	2999.2	1932.8	1066.4	974.7	64.4
云南省	2249.5	1454.5	795.0	698.6	64.7
陕西省	2773.2	2124.5	648.7	581.1	76.6
甘肃省	1575.5	1068.3	507.2	460.4	67.8
青海省	439.2	280.8	158.5	109.9	63.9
西藏自治区	192.5	85.8	106.8	102.1	44.5
宁夏回族自治区	547.6	347.7	199.9	156.0	63.5
新疆维吾尔自治区	923.0	668.3	254.7	229.7	72.4

2004年中央企业资产负债情况表(按行业)

单位:亿元

项　目	资产总计	负债合计	净资产	所有者权益合计	资产负债率(%)
中央企业合计	91494.1	52160.7	39333.4	31480.5	57.0
一、农林牧渔业	153.9	96.4	57.5	46.6	62.6
其中:农业	21.6	12.1	9.5	8.8	56.1
林业	13.4	9.6	3.8	3.6	71.9
畜牧业	18.4	13.5	4.8	0.8	73.7
渔业	54.1	25.5	28.6	27.3	47.2
二、工业	55076.9	29788.4	25288.6	20717.4	54.1
其中:煤炭工业	931.6	507.9	423.7	311.3	54.5
石油和石化工业	15677.8	5424.4	10253.3	8659.4	34.6
冶金工业	4168.6	1638.2	2530.4	2075.6	39.3
建材工业	305.5	183.7	121.8	92.2	60.1
化学工业	746.3	399.1	347.2	281.9	53.5
森林工业	3.6	2.5	1.1	1.1	69.2
食品工业	113.7	79.0	34.7	24.3	69.5
烟草工业	0.0	0.0	0.0	0.0	0.0
纺织工业	191.3	140.0	51.3	17.5	73.2
医药工业	469.3	383.9	85.4	-9.0	81.8
机械工业	4176.5	2972.9	1203.7	778.8	71.2
其中:汽车工业	1688.7	1067.9	620.8	371.0	63.2
电子工业	1508.6	869.6	639.0	415.8	57.6
电力工业	22088.6	13830.3	8258.2	7020.5	62.6
市政公用工业	12.3	8.4	3.9	3.7	68.3
其他工业	275.7	162.0	113.7	83.2	58.7
三、建筑业	3899.4	3134.9	764.5	586.5	80.4
四、地质勘查及水利业	148.8	56.7	92.1	86.9	38.1
五、交通运输业	4453.5	3143.2	1310.3	800.7	70.6
其中:铁路运输业	151.1	79.1	72.1	55.4	52.3
道路运输业	44.8	31.5	13.3	2.8	70.4

续表

项　　目	资产总计	负债合计	净资产	所有者权益合计	资产负债率(%)
水上运输业	1950.7	1245.2	705.5	472.4	63.8
航空运输业	2011.0	1562.5	448.5	230.7	77.7
六、仓储业	923.2	713.1	210.2	201.4	77.2
七、邮电通信业	15571.2	6485.4	9085.8	7539.1	41.6
八、批发和零售、餐饮业	5057.2	3992.6	1064.5	614.8	79.0
(一)贸易业	5054.3	3991.4	1062.8	613.2	79.0
1. 商业贸易	359.5	280.1	79.4	35.3	77.9
2. 粮油贸易	371.4	245.9	125.4	96.0	66.2
3. 物资贸易	2399.3	1981.6	417.7	276.2	82.6
4. 商业经纪与代理业	1924.1	1483.8	440.3	205.7	77.1
(二)餐饮业	2.9	1.2	1.7	1.7	41.8
九、房地产业	1072.2	777.6	294.6	132.8	72.5
十、信息技术服务业	197.8	93.3	104.5	87.9	47.2
十一、社会服务业	1729.3	757.4	971.9	738.2	43.8
十二、卫生体育福利业	26.9	15.4	11.6	9.5	57.0
十三、教育文化广播业	21.8	10.0	11.8	9.7	45.7
十四、科学研究和技术服务业	802.1	590.4	211.7	151.7	73.6
十五、机关社团及其他	2359.9	2506.1	-146.2	-242.9	106.2

2004年地方企业资产负债情况表(按行业)

单位:亿元

项　　目	资产总计	负债合计	净资产	所有者权益合计	资产负债率(%)
地方企业合计	123933.4	82418.0	41515.4	35065.6	66.5
一、农林牧渔业	2014.8	1330.7	684.1	654.3	66.0
其中:农业	765.1	531.6	233.5	223.5	69.5
林业	662.0	413.6	248.4	239.4	62.5
畜牧业	166.6	121.2	45.4	41.7	72.7
渔业	107.3	69.5	37.8	37.6	64.8
二、工业	51873.7	33051.6	18822.1	15055.5	63.7

续表

项　　目	资产总计	负债合计	净资产	所有者权益合计	资产负债率(%)
其中:煤炭工业	5865.8	3404.9	2461.0	2128.3	58.0
石油和石化工业	745.3	457.6	287.8	263.8	61.4
冶金工业	9651.2	6166.6	3484.6	2718.0	63.9
建材工业	2072.8	1424.6	648.2	463.2	68.7
化学工业	5112.8	3424.5	1688.3	1327.0	67.0
森林工业	160.9	129.6	31.2	26.3	80.6
食品工业	1261.9	992.1	269.8	224.9	78.6
烟草工业	46.9	44.1	2.8	2.3	94.0
纺织工业	1739.2	1399.6	339.6	239.0	80.5
医药工业	1363.8	778.6	585.2	460.4	57.1
机械工业	8681.4	5949.1	2732.3	1988.0	68.5
其中:汽车工业	2847.7	1481.6	1366.1	1031.3	52.0
电子工业	2101.5	1455.3	646.2	364.8	69.2
电力工业	6529.7	3684.2	2845.5	2365.4	56.4
市政公用工业	3090.1	1546.0	1544.0	1464.3	50.0
其他工业	3342.9	2111.1	1231.9	999.9	63.2
三、建筑业	7402.9	5782.3	1620.6	1500.5	78.1
四、地质勘查及水利业	607.4	218.8	388.6	383.3	36.0
五、交通运输业	12331.7	7088.6	5243.1	4532.3	57.5
其中:铁路运输业	441.0	200.4	240.6	237.8	45.4
道路运输业	6002.8	3867.1	2135.7	1786.3	64.4
水上运输业	966.4	492.5	473.8	397.3	51.0
航空运输业	1231.3	599.4	631.9	511.0	48.7
六、仓储业	5115.3	5822.4	-707.0	-715.4	113.8
七、邮电通信业	28.5	19.0	9.5	7.3	66.8
八、批发和零售、餐饮业	9763.0	8046.1	1716.9	1330.6	82.4
(一)贸易业	9547.8	7890.9	1656.9	1276.2	82.6
1. 商业贸易	4353.9	3377.2	976.8	773.1	77.6
2. 粮油贸易	870.5	844.9	25.6	19.6	97.1
3. 物资贸易	3615.4	3059.9	555.6	417.4	84.6
4. 商业经纪与代理业	708.0	609.0	99.0	66.0	86.0
(二)餐饮业	215.2	155.2	60.0	54.4	72.1

续表

项　目	资产总计	负债合计	净资产	所有者权益合计	资产负债率(%)
九、房地产业	11201.2	8544.6	2656.6	2307.8	76.3
十、信息技术服务业	221.0	112.6	108.4	96.4	51.0
十一、社会服务业	17637.4	9458.9	8178.5	7365.1	53.6
十二、卫生体育福利业	105.4	80.3	25.2	24.4	76.1
十三、教育文化广播业	1349.1	516.1	833.0	810.1	38.3
十四、科学研究和技术服务业	290.0	166.6	123.4	117.1	57.4
十五、机关社团及其他	3992.1	2179.6	1812.5	1596.4	54.6

2004 年国有工业企业主要指标表(按地区)

单位:亿元

项　目	主营业务收入	利润总额	净资产收益率(%)	成本费用利润率(%)
工业企业合计	60108.5	4803.5	6.5	8.6
一、中央小计	31558.8	3621.3	9.0	12.9
(一)国资委监管企业	28605.0	3254.3	8.6	12.8
(二)部门监管企业	2953.8	367.0	12.6	13.9
二、地方小计	28549.7	1182.2	3.0	4.3
北京市	1479.6	63.0	3.6	4.3
天津市	983.2	26.1	3.1	2.7
河北省	1747.8	60.7	1.8	3.6
山西省	1297.0	79.7	4.4	6.6
内蒙古自治区	536.8	17.3	1.6	3.4
辽宁省	1803.4	-1.4	-1.9	-0.1
其中:大连市	249.7	3.3	-2.2	1.3
吉林省	257.7	-9.8	-4.7	-3.6
黑龙江省	453.4	-24.6	-22.2	-5.1
上海市	2211.9	111.0	3.3	5.1
浙江省	1156.3	66.0	4.8	6.0
其中:宁波市	125.9	5.1	4.4	4.0
江苏省	1267.4	21.7	0.7	1.7

续表

项　目	主营业务收入	利润总额	净资产收益率(%)	成本费用利润率(%)
安徽省	1283.7	79.7	4.9	6.6
福建省	603.3	33.5	6.2	5.8
其中:厦门市	117.0	2.2	1.4	1.9
江西省	640.4	22.3	4.5	3.6
山东省	3179.4	183.5	6.3	6.1
其中:青岛市	630.9	18.8	4.3	3.1
河南省	1740.7	72.2	3.4	4.3
湖北省	692.0	-11.5	-5.4	-1.7
湖南省	744.8	25.6	2.5	3.6
广东省	2445.7	173.1	4.9	7.6
其中:深圳市	243.1	26.7	6.3	12.3
海南省	67.2	4.3	10.4	6.9
广西壮族自治区	616.7	42.1	8.2	7.2
贵州省	344.3	17.9	1.5	5.4
四川省	433.2	0.2	-2.2	0.0
重庆市	430.0	15.7	3.7	3.7
云南省	513.3	31.5	5.4	6.4
陕西省	715.4	51.1	10.4	7.7
甘肃省	492.2	14.7	2.5	3.1
青海省	117.4	11.6	5.8	10.9
西藏自治区	15.2	1.8	2.0	13.0
宁夏回族自治区	144.8	-2.5	-1.4	-1.7
新疆维吾尔自治区	135.3	5.9	1.1	4.7

2004年国有商业企业主要指标表(按地区)

单位:亿元

项　目	主营业务收入	利润总额	净资产收益率(%)	成本费用利润率(%)
商业企业合计	29920.4	656.9	10.4	2.2
一、中央小计	17380.9	560.5	19.2	3.3

续表

项　　目	主营业务收入	利润总额	净资产收益率(%)	成本费用利润率(%)
(一)国资委监管企业	12380.1	125.9	7.1	1.0
(二)部门监管企业	5000.8	434.5	25.5	9.4
二、地方小计	12539.5	96.4	-1.4	0.8
北京市	640.3	2.8	-3.0	0.4
天津市	714.9	3.5	1.1	0.5
河北省	302.5	-7.1	-1057.5	-2.3
山西省	431.4	16.7	19.7	4.0
内蒙古自治区	30.9	-1.8	-51.8	-5.3
辽宁省	340.2	-1.5	-12.0	-0.4
其中:大连市	108.5	0.6	-10.9	0.6
吉林省	134.8	-4.2	-927.3	-3.0
黑龙江省	61.6	-9.8	35.6	-13.4
上海市	2241.7	13.5	-0.1	0.6
浙江省	1549.8	66.8	16.5	4.5
其中:宁波市	101.5	6.6	20.3	6.9
江苏省	1105.8	15.3	5.5	1.4
安徽省	424.8	3.2	2.9	0.8
福建省	596.3	2.8	-0.2	0.5
其中:厦门市	360.7	3.9	13.2	1.1
江西省	150.7	-2.2	-748.5	-1.4
山东省	532.2	-5.7	-18.1	-1.1
其中:青岛市	91.8	-0.6	-5.8	-0.6
河南省	207.0	-7.8	419.1	-3.7
湖北省	183.5	-3.7	-22.9	-1.9
湖南省	166.5	-6.9	-64.2	-3.9
广东省	1508.5	20.7	5.1	1.4
其中:深圳市	151.6	4.6	8.3	3.0
海南省	6.6	-0.9	26.2	-11.1
广西壮族自治区	161.3	-4.3	-123.5	-2.6
贵州省	74.1	-0.6	-7.5	-0.7
四川省	211.3	17.0	36.0	8.7
重庆市	241.9	1.1	1.1	0.5

续表

项　　目	主营业务收入	利润总额	净资产收益率(%)	成本费用利润率(%)
云南省	123.4	-4.0	-61.4	-3.1
陕西省	179.6	-4.5	35.8	-2.4
甘肃省	114.7	-0.8	-15.1	-0.7
青海省	5.6	-0.4	-33.0	-6.1
西藏自治区	9.6	0.0	0.1	0.3
宁夏回族自治区	29.8	0.1	-80.1	0.4
新疆维吾尔自治区	58.3	-1.2	-133.9	-2.0

2004年中央企业主要指标表(按行业)

单位:亿元

项　　目	主营业务收入	利润总额	净资产收益率(%)	成本费用利润率(%)
中央企业合计	55997.0	4879.7	8.5	9.5
一、农林牧渔业	77.5	-0.7	-2.5	-0.9
其中:农业	9.8	0.9	10.4	9.5
林业	2.1	-2.1	-46.9	-51.5
畜牧业	22.2	0.5	14.4	2.4
渔业	14.7	0.3	0.8	1.8
二、工业	28605.0	3254.3	8.6	12.8
其中:煤炭工业	463.7	99.9	26.7	26.5
石油和石化工业	8856.4	2005.4	12.8	30.1
冶金工业	1797.3	528.5	16.5	39.9
建材工业	164.5	5.5	0.5	3.4
化学工业	584.6	13.7	0.2	2.4
森林工业	3.9	0.0	1.8	0.9
食品工业	250.4	2.2	0.0	0.9
烟草工业	0.0	0.0	0.0	0.0
纺织工业	165.9	-0.7	-12.7	-0.4
医药工业	196.0	-11.1	113.8	-5.3
机械工业	3371.8	116.9	8.6	3.6
其中:汽车工业	1775.2	86.0	14.2	5.0

续表

项　目	主营业务收入	利润总额	净资产收益率(%)	成本费用利润率(%)
电子工业	1032.0	37.9	5.8	3.7
电力工业	9496.7	410.1	2.4	4.5
市政公用工业	5.3	-0.1	-5.0	-2.6
其他工业	207.6	3.8	-0.9	1.8
三、建筑业	4594.1	50.9	4.8	1.1
四、地质勘查及水利业	108.6	-1.6	-4.8	-1.5
五、交通运输业	2878.9	289.1	29.2	11.1
其中:铁路运输业	32.4	19.4	20.9	205.8
道路运输业	35.3	0.8	-28.4	2.4
水上运输业	1291.8	221.2	44.0	20.4
航空运输业	1207.9	53.2	17.7	4.5
六、仓储业	280.1	2.5	0.5	0.8
七、邮电通信业	5601.4	1043.0	7.9	23.8
八、批发和零售、餐饮业	12380.1	125.9	7.1	1.0
(一)贸易业	12377.4	125.9	7.1	1.0
1. 商业贸易	697.9	3.2	-3.6	0.5
2. 粮油贸易	284.9	7.5	5.5	2.6
3. 物资贸易	8177.5	86.8	15.3	1.1
4. 商业经纪与代理业	3217.1	28.3	-0.6	0.9
(二)餐饮业	2.7	0.1	4.2	3.0
九、房地产业	404.6	44.4	17.4	12.3
十、信息技术服务业	86.0	0.4	-0.7	0.4
十一、社会服务业	534.9	61.0	4.4	11.3
十二、卫生体育福利业	11.4	0.1	0.4	1.1
十三、教育文化广播业	10.5	-1.0	-13.1	-8.6
十四、科学研究和技术服务业	545.1	34.3	15.4	6.6
十五、机关社团及其他	-121.2	-23.0	19.7	16.3

2004年地方企业主要指标表(按行业)

单位:亿元

项　　目	主营业务收入	利润总额	净资产收益率(%)	成本费用利润率(%)
地方企业合计	54440.9	1713.8	1.5	3.2
一、农林牧渔业	568.4	-4.2	-1.2	-0.7
其中:农业	223.7	5.7	2.0	2.4
林业	133.3	-0.4	-0.4	-0.3
畜牧业	119.1	-1.9	-4.7	-1.5
渔业	29.1	-2.0	-4.9	-6.0
二、工业	28549.7	1182.2	3.0	4.3
其中:煤炭工业	2703.5	174.3	3.7	6.9
石油和石化工业	662.9	79.4	27.1	13.6
冶金工业	7423.5	437.5	9.5	6.3
建材工业	753.2	21.4	-1.6	2.9
化学工业	2807.7	53.5	0.3	1.9
森林工业	77.2	-2.2	-10.7	-2.7
食品工业	912.4	8.4	-1.0	0.9
烟草工业	28.4	-5.1	-113.3	-17.3
纺织工业	829.0	-31.5	-13.8	-3.6
医药工业	714.8	36.5	4.3	5.3
机械工业	5472.8	201.8	3.2	3.8
其中:汽车工业	2350.3	162.4	9.9	7.3
电子工业	1239.2	-5.3	-8.0	-0.4
电力工业	2678.8	161.1	2.6	6.3
市政公用工业	536.3	-20.6	-2.0	-3.5
其他工业	1666.6	73.4	2.6	4.5
三、建筑业	4247.6	-0.3	-1.5	0.0
四、地质勘查及水利业	57.2	-6.1	-2.0	-9.4
五、交通运输业	2029.2	219.3	2.2	11.4
其中:铁路运输业	55.5	1.0	-0.2	1.8
道路运输业	685.7	116.0	3.1	19.3

续表

项　　目	主营业务收入	利润总额	净资产收益率(%)	成本费用利润率(%)
水上运输业	257.1	45.7	6.2	20.2
航空运输业	276.7	17.1	0.1	6.4
六、仓储业	1906.3	-220.6	36.0	-9.5
七、邮电通信业	15.5	-0.8	-12.2	-4.8
八、批发和零售、餐饮业	12539.5	96.4	-1.4	0.8
(一)贸易业	12477.3	98.6	-1.2	0.8
1. 商业贸易	5059.8	80.1	2.4	1.6
2. 粮油贸易	579.9	-14.4	-64.8	-2.3
3. 物资贸易	5524.8	15.2	-6.1	0.3
4. 商业经纪与代理业	1312.8	17.7	13.8	1.3
(二)餐饮业	62.2	-2.1	-6.1	-3.1
九、房地产业	1811.3	125.3	2.1	7.2
十、信息技术服务业	82.5	0.7	0.0	0.8
十一、社会服务业	1681.1	217.2	1.9	12.6
十二、卫生体育福利业	18.5	-0.7	-4.0	-3.5
十三、教育文化广播业	647.3	69.1	5.7	11.7
十四、科学研究和技术服务业	147.8	12.7	8.0	8.9
十五、机关社团及其他	138.9	23.6	0.6	15.2

2004 年北京市国有资产主要指标表

单位:亿元

项　　目	户数(户)	国有资产总量	国有企业基本情况		
			资产总额	净资产利润率(%)	人均税利(元/人)
合　计	5029	2371.0	8725.7	6.0	36402.6
一、农林牧渔业	171	9.8	32.5	-13.6	-3608.4
其中:农业	13	0.6	2.0	4.5	7029.8
林业	5	0.1	0.2	3.1	1334.7
畜牧业	54	3.4	20.6	-17.5	-3808.6
渔业	12	0.6	3.3	-13.7	-22481.9
二、工业	1069	705.6	2410.1	8.4	44820.2

续表

项　　目	户数(户)	国有资产总量	国有企业基本情况		
			资产总额	净资产利润率(%)	人均税利(元/人)
其中:煤炭工业	24	141.1	200.5	9.5	71086.0
石油和石化工业	3	0.0	5.3	-3.2	-74101.9
冶金工业	22	182.8	496.5	9.6	53925.7
建材工业	98	3.2	83.6	6.6	21729.3
化学工业	87	30.1	95.4	5.6	27651.1
森林工业	7	0.0	3.5	-3.2	5185.2
食品工业	125	5.7	53.6	5.0	13458.4
烟草工业					
纺织工业	51	1.1	40.1	-22.4	439.3
医药工业	43	17.5	93.3	27.0	46925.2
机械工业	288	71.1	489.3	22.8	62803.2
电子工业	77	-4.1	255.4	218.9	24592.3
电力工业	10	6.4	95.7	10.1	114862.1
市政公用工业	50	210.9	367.9	0.0	27018.6
其他工业	183	39.8	130.0	7.4	42026.0
三、建筑业	372	155.9	826.3	2.9	29977.8
四、地质勘查及水利业	7	0.6	1.2	4.8	16806.2
五、交通运输业	126	345.7	796.8	-1.4	672.0
其中:铁路运输业	2	0.4	0.5	-1.0	-672.4
道路运输业	43	0.9	18.3	1.9	5897.5
水上运输业	2	0.0	0.3	4.4	13146.7
航空运输业					
六、仓储业	118	10.9	64.7	2.1	9413.6
七、邮电通信业	2	0.3	0.5	13.8	91524.6
八、批发和零售、餐饮业	1209	116.4	640.7	2.2	22613.6
(一)贸易业	1124	113.9	624.5	1.4	22643.9
1. 商业贸易	659	66.3	381.9	2.6	21848.8
2. 粮油贸易	77	14.7	22.0	0.8	13325.0
3. 物资贸易	375	31.2	210.3	-5.4	27663.8
4. 商业经纪与代理业	13	1.7	10.4	-1.9	6016.8
(二)餐饮业	85	2.5	16.2	22.9	22254.4

续表

项　　目	户数(户)	国有资产总量	国有企业基本情况		
			资产总额	净资产利润率(%)	人均税利(元/人)
九、房地产业	556	192.5	2109.1	10.6	146378.9
十、信息技术服务业	38	3.8	13.4	-0.6	11287.8
十一、社会服务业	1038	742.6	1648.9	5.9	31444.9
十二、卫生体育福利业	15	2.6	5.0	1.3	3946.2
十三、教育文化广播业	154	76.4	135.9	12.4	115534.8
十四、科学研究和技术服务	142	7.8	37.2	16.8	39979.0
十五、机关社团及其他	12	0.2	3.2	-2.5	-55.8

2004年天津市国有资产主要指标表

单位:亿元

项　　目	户数(户)	国有资产总量	国有企业基本情况		
			资产总额	净资产利润率(%)	人均税利(元/人)
合　计	4605	1490.7	5653.0	3.3	21160.7
一、农林牧渔业	94	5.0	20.2	-3.1	-1626.1
其中:农业	26	1.1	5.8	-9.8	-1893.4
林业	1	0.1	0.5	61.0	204348.0
畜牧业	30	3.1	6.6	1.8	9061.4
渔业	9	0.2	3.6	-31.1	-38265.8
二、工业	1662	436.5	1949.7	4.1	16542.0
其中:煤炭工业	21	11.3	43.7	0.3	19676.6
石油和石化工业	3	3.0	20.7	5.7	91332.4
冶金工业	63	75.8	521.5	10.5	44483.5
建材工业	89	11.3	63.3	2.4	11323.0
化学工业	206	80.3	267.6	0.9	12353.0
森林工业	24	2.5	10.4	0.9	14342.4
食品工业	121	10.3	43.5	-2.1	971.8
烟草工业					
纺织工业	185	11.9	110.2	-1.8	914.4
医药工业	34	32.2	153.8	9.2	68083.7

续表

项　　目	户数(户)	国有资产总量	国有企业基本情况		
			资产总额	净资产利润率(%)	人均税利(元/人)
机械工业	545	47.4	313.1	-0.5	4349.6
电子工业	89	12.2	68.7	6.3	11669.3
电力工业	9	4.7	24.6	-2.2	24027.2
市政公用工业	24	47.6	94.5	-2.4	-7387.6
其他工业	242	85.7	212.5	2.6	18343.7
三、建筑业	272	35.9	243.7	2.6	13549.4
四、地质勘查及水利业	5	0.4	0.9	-1.2	7079.2
五、交通运输业	139	182.9	535.5	1.6	15092.4
其中:铁路运输业	4	10.8	12.3	7.3	98896.4
道路运输业	54	61.4	232.8	0.6	7284.4
水上运输业	8	1.3	7.4	1.7	8914.5
航空运输业	3	0.0	0.4	-1.1	6684.1
六、仓储业	140	26.1	80.2	-1.2	2461.4
七、邮电通信业	3	0.0	0.3	23.2	3061.5
八、批发和零售、餐饮业	1191	107.3	568.6	2.9	24207.9
(一)贸易业	1150	106.7	564.3	2.8	24529.6
1. 商业贸易	540	34.0	220.3	0.6	6741.6
2. 粮油贸易	90	5.6	25.3	-87.0	-124.4
3. 物资贸易	447	40.9	239.2	7.6	59215.5
4. 商业经纪与代理业	73	26.3	79.5	0.0	142244.2
(二)餐饮业	41	0.6	4.3	9.4	16732.5
九、房地产业	337	80.3	506.1	3.4	84246.7
十、信息技术服务业	18	0.3	5.7	-10.8	-51615.5
十一、社会服务业	498	597.0	1644.3	3.9	110950.3
十二、卫生体育福利业	4	0.0	0.1	8.7	8662.5
十三、教育文化广播业	83	5.7	27.5	4.5	38890.3
十四、科学研究和技术服务	142	5.5	16.9	5.4	14500.3
十五、机关社团及其他	17	7.9	53.6	0.6	45213.7

2004年河北省国有资产主要指标表

单位:亿元

项　　目	户数(户)	国有资产总量	国有企业基本情况		
			资产总额	净资产利润率(%)	人均税利(元/人)
合　计	4822	1031.5	3899.8	5.8	17358.8
一、农林牧渔业	142	2.8	11.8	－13.4	－30.2
其中:农业	37	1.3	4.3	－29.4	－815.9
林业	29	0.1	0.6	71.6	－919.8
畜牧业	18	0.3	1.2	－17.1	－8022.3
渔业	2	0.0	0.7	54.6	－3403.1
二、工业	1164	610.0	2657.3	9.9	22159.7
其中:煤炭工业	67	149.0	373.5	5.8	14934.3
石油和石化工业	6	9.3	28.2	28.8	86193.0
冶金工业	60	153.4	879.0	32.3	59811.5
建材工业	151	46.1	209.8	－0.9	6227.5
化学工业	111	50.9	243.9	1.1	11149.3
森林工业	4	0.0	0.1	32.0	－2924.9
食品工业	126	2.7	31.5	－36.3	－2088.8
烟草工业	1	0.0	0.2	56.1	－9764.7
纺织工业	56	0.6	89.0	－9.6	4311.1
医药工业	51	10.4	143.7	－7.3	13668.6
机械工业	226	27.3	199.7	－40.3	－950.7
电子工业	16	4.3	28.4	－1.3	1910.3
电力工业	110	80.0	214.0	10.8	59180.2
市政公用工业	63	49.8	116.9	－4.3	－4145.1
其他工业	116	26.2	99.5	－5.4	5324.7
三、建筑业	85	18.1	115.6	－4.9	2585.4
四、地质勘查及水利业	26	28.3	29.6	－1.2	－15403.7
五、交通运输业	97	96.0	220.5	8.7	18463.9
其中:铁路运输业	8	0.2	5.6	5.1	9045.4
道路运输业	49	9.4	61.0	16.3	18779.1

续表

项　　目	户数(户)	国有资产总量	国有企业基本情况		
			资产总额	净资产利润率(%)	人均税利(元/人)
水上运输业	10	78.9	125.1	8.0	38405.4
航空运输业	7	4.2	4.6	-20.3	-40264.5
六、仓储业	1425	9.2	147.2	34.0	-26985.9
七、邮电通信业	8	0.0	0.5	34.9	-21979.5
八、批发和零售、餐饮业	1407	37.9	294.5	-976.2	3728.9
(一)贸易业	1370	34.4	276.8	118.7	4230.9
1. 商业贸易	548	20.5	133.4	-19.3	9975.8
2. 粮油贸易	430	4.7	34.1	19.7	-10696.1
3. 物资贸易	373	9.1	101.9	89.7	-6238.7
4. 商业经纪与代理业	19	0.2	7.4	9.8	162774.5
(二)餐饮业	37	3.5	17.8	-7.3	-2218.2
九、房地产业	47	6.4	48.6	-5.3	2773.9
十、信息技术服务业	15	0.7	4.6	-1.3	4531.7
十一、社会服务业	239	64.0	142.0	-2.9	-2882.7
十二、卫生体育福利业	3	1.4	1.7	-6.4	-11359.2
十三、教育文化广播业	92	16.0	25.5	10.0	39556.8
十四、科学研究和技术服务	56	1.9	4.5	1.3	5666.4
十五、机关社团及其他	16	138.8	195.9	4.9	722064.4

2004年山西省国有资产主要指标表

单位:亿元

项　　目	户数(户)	国有资产总量	国有企业基本情况		
			资产总额	净资产利润率(%)	人均税利(元/人)
合　计	5098	1085.7	3826.9	8.3	18099.0
一、农林牧渔业	98	9.9	21.2	-6.0	-7363.5
其中:农业	37	1.3	6.3	-4.9	-1304.2
林业	10	0.3	0.6	-0.2	-116.8
畜牧业	17	0.4	3.7	-609.1	-18941.5
渔业	3	0.3	0.4	-1.3	-3237.4

续表

项　　目	户数(户)	国有资产总量	国有企业基本情况		
			资产总额	净资产利润率(%)	人均税利(元/人)
二、工业	1291	773.1	2718.0	10.1	20598.8
其中:煤炭工业	257	384.1	1251.8	13.1	22387.8
石油和石化工业	13	1.0	38.3	112.1	48176.6
冶金工业	71	158.3	495.9	16.4	43892.1
建材工业	112	10.5	71.8	-13.9	-450.8
化学工业	120	49.0	299.5	5.2	11592.2
森林工业	7	0.1	0.7	0.2	-85.3
食品工业	236	3.7	24.0	131.0	-3934.7
烟草工业					
纺织工业	38	9.1	38.6	-45.8	-3541.5
医药工业	21	7.0	30.0	7.6	18914.7
机械工业	144	23.9	144.5	-6.7	2173.6
电子工业	18	2.8	17.8	-10.0	-2739.9
电力工业	44	81.7	206.0	6.5	83342.3
市政公用工业	101	29.3	63.4	-4.1	4495.8
其他工业	109	12.6	35.8	-1.8	15212.0
三、建筑业	126	13.0	175.1	-9.0	3664.3
四、地质勘查及水利业	30	4.8	7.7	0.4	3386.0
五、交通运输业	100	29.1	100.3	4.8	9651.6
其中:铁路运输业	16	8.3	50.8	-1.7	3681.8
道路运输业	60	14.9	35.1	-1.1	2123.4
水上运输业	1	0.6	0.8	-5.4	-10511.8
航空运输业	1	0.0	0.0	8.6	-1647.4
六、仓储业	1240	7.5	122.6	132.6	-30604.5
七、邮电通信业	2	-0.1	1.1	0.6	7281.3
八、批发和零售、餐饮业	1782	74.7	368.4	39.9	24917.0
(一)贸易业	1679	73.0	362.3	41.9	26427.3
1. 商业贸易	716	15.3	92.9	-7.6	1875.2
2. 粮油贸易	388	1.1	12.5	29.0	-5962.7
3. 物资贸易	551	55.4	243.4	49.3	65500.5
4. 商业经纪与代理业	24	1.2	13.5	-25.2	95023.5

续表

项　　目	户数(户)	国有资产总量	国有企业基本情况		
			资产总额	净资产利润率(%)	人均税利(元/人)
(二)餐饮业	103	1.7	6.1	-3.6	124.5
九、房地产业	60	2.1	41.6	-4.4	9369.1
十、信息技术服务业	4	0.1	2.6	80.3	-68814.5
十一、社会服务业	253	154.0	227.7	1.7	24734.0
十二、卫生体育福利业	4	0.0	0.1	-14.7	-2334.4
十三、教育文化广播业	53	7.7	16.6	7.5	28424.2
十四、科学研究和技术服务	24	0.1	3.6	-10.8	6443.6
十五、机关社团及其他	31	9.6	20.3	-0.1	7058.4

2004年内蒙古自治区国有资产主要指标表

单位:亿元

项　　目	户数(户)	国有资产总量	国有企业基本情况		
			资产总额	净资产利润率(%)	人均税利(元/人)
合　计	1497	366.4	1831.0	3.6	14162.7
一、农林牧渔业	186	42.1	138.4	3.1	1325.1
其中:农业	72	6.0	26.5	6.2	1009.4
林业	35	29.8	97.4	2.8	1739.1
畜牧业	16	1.0	2.7	0.7	80.3
渔业	3	0.4	1.3	7.5	2736.2
二、工业	315	242.4	1314.1	4.4	28011.7
其中:煤炭工业	16	41.8	125.3	4.5	9500.3
石油和石化工业	1	-0.1	1.6	-14.6	-12269.1
冶金工业	42	89.6	381.8	6.8	39451.6
建材工业	12	5.1	15.1	6.7	41450.9
化学工业	13	7.0	79.6	-0.3	25254.1
森林工业	2	1.9	2.8	7.5	27809.2
食品工业	34	10.7	28.6	1.6	12233.6
烟草工业					
纺织工业	8	1.8	6.3	-12.7	-17012.6

续表

项目	户数(户)	国有资产总量	国有企业基本情况		
			资产总额	净资产利润率(%)	人均税利(元/人)
医药工业	7	3.5	13.2	0.6	8521.6
机械工业	18	2.2	12.9	5.8	17024.5
电子工业	2	0.1	1.0	30.9	65610.6
电力工业	64	52.3	547.6	5.1	57264.3
市政公用工业	74	21.1	73.4	-1.5	1738.4
其他工业	22	5.2	24.9	-3.7	16165.2
三、建筑业	27	4.9	56.5	-2.0	7463.6
四、地质勘查及水利业	6	0.1	0.2	-20.7	-2686.7
五、交通运输业	25	30.0	56.5	8.2	18703.0
其中:铁路运输业	3	23.5	38.3	15.4	48239.4
道路运输业	6	0.1	0.4	29.6	-7236.9
水上运输业					
航空运输业	7	5.7	6.8	-15.6	-55014.3
六、仓储业	626	9.3	155.2	13.4	-20800.2
七、邮电通信业	1	0.0	0.1	-7.3	-26247.9
八、批发和零售、餐饮业	175	7.7	36.9	-50.3	-7822.1
(一)贸易业	170	7.2	36.3	-58.0	-8100.2
1. 商业贸易	64	4.5	18.9	-33.4	-4568.5
2. 粮油贸易	83	1.1	13.3	59.3	-20780.1
3. 物资贸易	18	1.1	3.5	-0.8	4200.5
4. 商业经纪与代理业	5	0.4	0.6	30.0	174597.6
(二)餐饮业	5	0.5	0.7	-1.0	52.3
九、房地产业	10	1.0	3.1	-0.4	11333.2
十、信息技术服务业	3	0.0	1.2	10.3	45912.3
十一、社会服务业	61	23.8	44.0	10.2	45082.1
十二、卫生体育福利业	3	-0.1	1.3	-78.5	-4570.2
十三、教育文化广播业	37	3.1	10.6	19.0	24103.1
十四、科学研究和技术服务	5	0.1	1.0	66.9	106215.5
十五、机关社团及其他	17	2.0	12.0	0.1	3943.4

2004年辽宁省国有资产主要指标表

单位:亿元

项　　目	户数(户)	国有资产总量	国有企业基本情况		
			资产总额	净资产利润率(%)	人均税利(元/人)
合　计	4500	1286.7	5606.7	-1.5	8023.1
一、农林牧渔业	282	22.2	91.9	-6.5	146.3
其中:农业	126	9.3	56.5	22.2	360.2
林业	56	2.2	7.3	6.1	3094.7
畜牧业	31	0.4	4.7	37.2	-398.5
渔业	16	9.2	18.1	-8.6	-9185.7
二、工业	1331	779.4	3309.4	-0.2	12733.0
其中:煤炭工业	51	103.6	269.0	-1.6	5778.4
石油和石化工业	11	0.0	21.9	5.8	94615.4
冶金工业	87	254.1	1091.8	5.7	32339.5
建材工业	65	11.1	76.9	-9.3	444.8
化学工业	108	62.5	330.6	-5.8	3545.6
森林工业	12	0.2	1.9	34.5	-7985.1
食品工业	120	8.4	36.7	-9.3	-1828.2
烟草工业					
纺织工业	67	11.0	72.0	104.7	-7190.4
医药工业	22	1.3	50.9	-1.2	7699.3
机械工业	390	133.4	842.3	-5.1	10085.6
电子工业	64	7.4	77.7	9.3	19288.7
电力工业	98	76.7	130.2	1.9	24909.0
市政公用工业	94	86.4	220.6	-4.0	-2432.1
其他工业	140	23.2	86.4	-5.5	1912.2
三、建筑业	237	33.0	255.2	-18.8	-448.5
四、地质勘查及水利业	41	54.2	68.4	1.1	32827.5
五、交通运输业	218	157.0	400.7	1.4	6437.5
其中:铁路运输业	4	1.0	1.6	-3.3	173.3
道路运输业	93	8.3	30.6	-9.8	-2025.0

续表

项　　目	户数(户)	国有资产总量	国有企业基本情况		
			资产总额	净资产利润率(%)	人均税利(元/人)
水上运输业	40	66.0	174.8	5.3	28563.8
航空运输业	10	32.0	29.6	－1.8	9863.7
六、仓储业	502	17.7	359.8	13.1	－42630.8
七、邮电通信业	6	－0.7	8.6	32.8	－199119.9
八、批发和零售、餐饮业	1112	55.7	509.2	－3.5	12057.9
(一)贸易业	1064	53.9	488.5	－2.4	13224.0
1. 商业贸易	517	30.7	278.3	3.0	15521.2
2. 粮油贸易	165	4.3	22.1	23.2	－4571.5
3. 物资贸易	344	18.8	172.4	－7.4	6033.6
4. 商业经纪与代理业	38	0.1	15.7	5.8	19050.6
(二)餐饮业	48	1.8	20.7	－147.7	－8845.9
九、房地产业	163	9.1	153.3	5.9	57866.8
十、信息技术服务业	16	0.3	1.8	－6.4	1581.5
十一、社会服务业	365	107.8	319.2	0.0	10186.1
十二、卫生体育福利业	13	2.8	6.8	－11.3	－3392.7
十三、教育文化广播业	147	20.5	41.3	2.1	20571.5
十四、科学研究和技术服务	44	1.0	2.7	－3.0	2398.9
十五、机关社团及其他	23	26.7	78.3	－3.0	－120544.8

2004年大连市国有资产主要指标表

单位:亿元

项　　目	户数(户)	国有资产总量	国有企业基本情况		
			资产总额	净资产利润率(%)	人均税利(元/人)
合　计	822	270.6	1093.4	2.3	19190.7
一、农林牧渔业	33	0.4	5.1	－35.0	－5386.3
其中:农业	16	0.3	1.1	0.6	1689.1
林业	3	0.0	2.3	－167.5	－34277.6
畜牧业	7	0.0	0.4	18.7	4984.6
渔业	2	0.0	0.9	－31.5	－89977.9

续表

项　　目	户数(户)	国有资产总量	国有企业基本情况		
			资产总额	净资产利润率(%)	人均税利(元/人)
二、工业	199	108.7	482.8	2.5	20784.4
其中:煤炭工业	6	9.0	11.6	1.8	19317.5
石油和石化工业	1	0.0	0.4	-118.1	8278.6
冶金工业	3	-0.1	0.7	-27.9	26728.1
建材工业	4	2.5	9.3	0.7	11352.6
化学工业	23	15.8	96.7	-0.7	12609.1
森林工业	3	0.1	0.3	-12.9	-15978.9
食品工业	7	1.6	4.0	0.2	9359.3
烟草工业					
纺织工业	1	0.0	0.1	-96.1	0.0
医药工业	2	0.0	1.6	-28.5	-90989.5
机械工业	96	31.1	222.5	14.4	28788.1
电子工业	15	3.3	26.0	15.9	48136.7
电力工业	6	4.0	23.7	5.3	37656.0
市政公用工业	12	35.2	67.3	-4.0	-12061.2
其他工业	19	6.2	18.2	-7.6	-304.0
三、建筑业	21	3.6	15.0	-49.0	-64365.1
四、地质勘查及水利业	7	2.7	4.2	-1.6	-14744.3
五、交通运输业	86	89.0	205.5	3.0	14451.6
其中:铁路运输业	1	0.0	0.0	0.0	0.0
道路运输业	21	2.5	7.4	-44.6	-37250.3
水上运输业	33	58.3	144.3	4.1	21871.0
航空运输业	3	14.7	10.7	5.3	51927.4
六、仓储业	56	5.2	28.0	20.5	28819.0
七、邮电通信业	3	-0.7	8.6	32.9	-204108.5
八、批发和零售、餐饮业	167	15.5	151.3	6.2	18483.2
(一)贸易业	159	15.5	150.2	6.8	18960.4
1. 商业贸易	114	10.5	121.7	15.7	19538.2
2. 粮油贸易	5	0.1	0.1	-15.2	-19247.6
3. 物资贸易	36	5.1	20.0	-5.1	276.9
4. 商业经纪与代理业	4	-0.1	8.4	-13.9	165717.0

续表

项　　目	户数(户)	国有资产总量	国有企业基本情况		
			资产总额	净资产利润率(%)	人均税利(元/人)
(二)餐饮业	8	0.0	1.1	-109.7	-12292.4
九、房地产业	59	2.0	57.8	62.4	257330.1
十、信息技术服务业	8	0.0	0.9	15.9	24749.0
十一、社会服务业	137	38.3	97.6	4.0	33193.3
十二、卫生体育福利业	5	0.0	1.3	5.6	3000.3
十三、教育文化广播业	24	5.7	14.4	-10.3	-12493.6
十四、科学研究和技术服务	11	0.0	0.4	1.6	4376.2
十五、机关社团及其他	6	0.1	20.4	6.9	625064.9

2004年吉林省国有资产主要指标表

单位:亿元

项　　目	户数(户)	国有资产总量	国有企业基本情况		
			资产总额	净资产利润率(%)	人均税利(元/人)
合　计	5029	2371.0	8725.7	6.0	36402.6
一、农林牧渔业	171	9.8	32.5	-13.6	-3608.4
其中:农业	13	0.6	2.0	4.5	7029.8
林业	5	0.1	0.2	3.1	1334.7
畜牧业	54	3.4	20.6	-17.5	-3808.6
渔业	12	0.6	3.3	-13.7	-22481.9
二、工业	1069	705.6	2410.1	8.4	44820.2
其中:煤炭工业	24	141.1	200.5	9.5	71086.0
石油和石化工业	3	0.0	5.3	-3.2	-74101.9
冶金工业	22	182.8	496.5	9.6	53925.7
建材工业	98	3.2	83.6	6.6	21729.3
化学工业	87	30.1	95.4	5.6	27651.1
森林工业	7	0.0	3.5	-3.2	5185.2
食品工业	125	5.7	53.6	5.0	13458.4
烟草工业					
纺织工业	51	1.1	40.1	-22.4	439.3

续表

项　　目	户数(户)	国有资产总量	国有企业基本情况		
			资产总额	净资产利润率(%)	人均税利(元/人)
医药工业	43	17.5	93.3	27.0	46925.2
机械工业	288	71.1	489.3	22.8	62803.2
电子工业	77	-4.1	255.4	218.9	24592.3
电力工业	10	6.4	95.7	10.1	114862.1
市政公用工业	50	210.9	367.9	0.0	27018.6
其他工业	183	39.8	130.0	7.4	42026.0
三、建筑业	372	155.9	826.3	2.9	29977.8
四、地质勘查及水利业	7	0.6	1.2	4.8	16806.2
五、交通运输业	84	12.0	39.9	-1.0	974.6
其中:铁路运输业	2	0.4	0.5	-1.0	-672.4
道路运输业	43	0.9	18.3	1.9	5897.5
水上运输业	2	0.0	0.3	4.4	13146.7
航空运输业					
六、仓储业	118	10.9	64.7	2.1	9413.6
七、邮电通信业	2	0.3	0.5	13.8	91524.6
八、批发和零售、餐饮业	1209	116.4	640.7	2.2	22613.6
(一)贸易业	1124	113.9	624.5	1.4	22643.9
1. 商业贸易	659	66.3	381.9	2.6	21848.8
2. 粮油贸易	77	14.7	22.0	0.8	13325.0
3. 物资贸易	375	31.2	210.3	-5.4	27663.8
4. 商业经纪与代理业	13	1.7	10.4	-1.9	6016.8
(二)餐饮业	85	2.5	16.2	22.9	22254.4
九、房地产业	556	192.5	2109.1	10.6	146378.9
十、信息技术服务业	38	3.8	13.4	-0.6	11287.8
十一、社会服务业	1038	742.6	1648.9	5.9	31444.9
十二、卫生体育福利业	15	2.6	5.0	1.3	3946.2
十三、教育文化广播业	154	76.4	135.9	12.4	115534.8
十四、科学研究和技术服务	142	7.8	37.2	16.8	39979.0
十五、机关社团及其他	12	0.2	3.2	-2.5	-55.8

2004年黑龙江省国有资产主要指标表

单位:亿元

项　　目	户数(户)	国有资产总量	国有企业基本情况		
			资产总额	净资产利润率(%)	人均税利(元/人)
合　计	5073	534.4	2937.5	-16.1	-907.3
一、农林牧渔业	712	38.7	183.9	0.0	210.0
其中:农业	165	2.2	10.8	0.1	61.1
林业	269	28.4	151.1	2.4	479.1
畜牧业	112	1.4	8.5	41.5	-1169.9
渔业	34	4.3	6.4	-1.3	-867.2
二、工业	1207	264.0	1223.6	-21.2	1143.1
其中:煤炭工业	155	71.9	320.5	-21.4	789.1
石油和石化工业	12	13.7	57.0	2.5	18966.4
冶金工业	36	13.9	84.0	48.6	19220.7
建材工业	86	18.4	59.5	-7.8	1431.4
化学工业	93	10.4	81.9	21.7	-6830.9
森林工业	31	1.6	21.6	121.6	-3769.5
食品工业	248	7.5	62.8	22.7	-1131.4
烟草工业	1	0.0	1.5	121.0	-37822.8
纺织工业	45	4.5	46.3	33.9	-8564.8
医药工业	27	36.8	104.4	8.5	42044.9
机械工业	224	27.1	168.8	87.7	-2720.6
电子工业	14	2.4	11.5	-7.2	-1405.7
电力工业	25	4.6	28.0	0.4	8489.6
市政公用工业	85	22.8	59.5	-4.2	-863.4
其他工业	121	28.3	115.3	-41.6	-12051.5
三、建筑业	206	30.3	157.1	-3.6	1132.9
四、地质勘查及水利业	16	0.6	2.1	0.3	2950.0
五、交通运输业	151	23.4	57.5	-6.2	-1602.3
其中:铁路运输业	7	6.2	15.0	-3.4	-2908.2
道路运输业	59	2.5	6.9	-8.5	-851.1

续表

项　　目	户数(户)	国有资产总量	国有企业基本情况		
			资产总额	净资产利润率(%)	人均税利(元/人)
水上运输业	31	0.5	4.7	－27.5	91.8
航空运输业	15	11.1	16.0	－6.7	－33930.4
六、仓储业	853	8.8	764.6	56.8	－13752.6
七、邮电通信业					
八、批发和零售、餐饮业	1454	20.1	208.0	36.1	－6915.9
(一)贸易业	1390	18.2	202.3	32.3	－7141.3
1. 商业贸易	641	10.5	78.9	－128.2	－3904.7
2. 粮油贸易	371	1.9	58.5	17.0	－11049.5
3. 物资贸易	291	4.7	42.2	248.3	－9867.4
4. 商业经纪与代理业	87	1.2	22.7	7.7	－57752.6
(二)餐饮业	64	1.8	5.8	－22.8	－4348.7
九、房地产业	105	3.0	49.3	－34.1	－7116.9
十、信息技术服务业	2	0.0	0.0	10.0	－3032.2
十一、社会服务业	216	126.8	258.6	0.2	8377.0
十二、卫生体育福利业	4	0.0	0.1	－32.7	－10465.9
十三、教育文化广播业	109	15.7	27.9	0.9	10533.7
十四、科学研究和技术服务	33	0.9	1.7	2.0	10424.0
十五、机关社团及其他	5	2.0	3.3	－0.4	－2736.3

2004年上海市国有资产主要指标表

单位:亿元

项　　目	户数(户)	国有资产总量	国有企业基本情况		
			资产总额	净资产利润率(%)	人均税利(元/人)
合　计	9833	4304.5	15809.9	6.2	62974.2
一、农林牧渔业	155	29.3	57.5	2.8	14065.2
其中:农业	56	12.3	27.6	10.9	66013.8
林业	8	4.3	7.0	－11.2	－262448.0
畜牧业	29	0.5	3.5	5.9	11791.5
渔业	13	7.6	12.3	4.6	7468.5

续表

项　　目	户数(户)	国有资产总量	国有企业基本情况		
			资产总额	净资产利润率(%)	人均税利(元/人)
二、工业	2852	1141.4	4000.4	8.4	62893.5
其中:煤炭工业	27	55.2	127.3	-4.9	-23081.6
石油和石化工业	6	8.6	65.9	26.0	369840.1
冶金工业	65	11.5	95.8	0.0	9935.4
建材工业	127	21.0	114.4	14.9	27529.9
化学工业	301	40.2	304.3	-11.7	7560.3
森林工业	37	-0.3	14.3	351.0	-2042.3
食品工业	202	4.0	104.5	29.9	36422.5
烟草工业					
纺织工业	210	90.7	228.1	-8.1	-6382.2
医药工业	115	2.9	149.1	21.1	55770.2
机械工业	830	663.1	1732.7	13.2	111553.3
电子工业	112	3.7	202.7	25.9	5589.1
电力工业	9	172.7	263.5	6.4	404420.6
市政公用工业	66	26.9	270.9	3.9	48171.3
其他工业	737	40.5	322.2	21.6	31732.1
三、建筑业	504	103.3	669.8	11.6	52980.4
四、地质勘查及水利业	34	5.9	14.4	6.3	44812.6
五、交通运输业	335	260.4	1383.9	9.0	50641.6
其中:铁路运输业	4	4.2	8.3	11.3	1101353.1
道路运输业	79	4.8	40.1	24.2	22208.4
水上运输业	30	115.2	210.8	14.2	163028.5
航空运输业	14	126.4	276.8	12.9	200791.4
六、仓储业	198	8.2	103.5	9.0	27223.5
七、邮电通信业	5	0.4	0.8	1.5	17222.1
八、批发和零售、餐饮业	2320	392.1	1402.7	4.3	47837.3
(一)贸易业	2205	388.4	1380.8	4.4	50323.9
1. 商业贸易	1348	66.2	589.6	16.4	38652.9
2. 粮油贸易	78	38.0	51.1	-0.5	13473.6
3. 物资贸易	657	268.9	615.7	-1.8	49524.9
4. 商业经纪与代理业	122	15.2	124.4	26.7	415772.5

续表

项　　目	户数(户)	国有资产总量	国有企业基本情况		
			资产总额	净资产利润率(%)	人均税利(元/人)
(二)餐饮业	115	3.7	21.9	0.4	8648.8
九、房地产业	1230	729.8	3249.5	6.9	247123.4
十、信息技术服务业	84	0.5	30.7	16.0	59091.4
十一、社会服务业	1464	1413.5	3897.7	2.8	43573.1
十二、卫生体育福利业	64	11.7	73.5	-3.1	-66.4
十三、教育文化广播业	326	109.1	177.4	7.7	98603.8
十四、科学研究和技术服务	215	15.9	54.0	15.0	51419.9
十五、机关社团及其他	47	82.9	694.1	-0.4	114963.5

2004年江苏省国有资产主要指标表

单位:亿元

项　　目	户数(户)	国有资产总量	国有企业基本情况		
			资产总额	净资产利润率(%)	人均税利(元/人)
合　计	4447	1756.2	6668.9	4.8	26817.0
一、农林牧渔业	525	20.6	69.9	5.7	1253.4
其中:农业	228	8.9	40.9	12.4	1149.1
林业	81	1.2	6.6	18.9	2623.6
畜牧业	43	1.1	4.3	-3.6	-113.4
渔业	51	2.6	5.1	-4.1	-3794.9
二、工业	930	486.1	2072.5	3.7	19023.1
其中:煤炭工业	39	71.5	176.4	2.9	10977.7
石油和石化工业	6	2.0	10.0	13.9	41075.3
冶金工业	25	12.7	70.2	5.9	21806.6
建材工业	39	7.8	35.1	3.0	22437.2
化学工业	81	41.5	211.7	18.3	46230.7
森林工业	8	-1.0	21.5	71.8	47269.0
食品工业	82	6.3	58.1	-1.9	3833.7
烟草工业					
纺织工业	117	55.4	198.5	-0.8	4989.2

续表

项　　目	户数(户)	国有资产总量	国有企业基本情况		
			资产总额	净资产利润率(%)	人均税利(元/人)
医药工业	23	9.0	38.2	10.8	44802.8
机械工业	198	66.9	492.1	3.8	23263.2
电子工业	59	15.7	165.2	2.8	23713.4
电力工业	21	63.5	286.9	-1.4	31235.6
市政公用工业	75	100.7	224.6	-0.5	10041.8
其他工业	154	33.3	82.2	6.4	19344.1
三、建筑业	128	38.8	252.4	13.1	21857.1
四、地质勘查及水利业	93	19.3	32.6	-3.3	-26395.4
五、交通运输业	138	292.3	1235.8	7.7	58658.9
其中:铁路运输业	2	0.0	1.2	-28.8	51.7
道路运输业	66	219.3	942.5	10.2	167371.6
水上运输业	14	5.4	19.8	51.9	39453.9
航空运输业	16	11.7	48.7	-6.0	-34200.5
六、仓储业	785	19.0	256.0	-71.2	-11987.2
七、邮电通信业					
八、批发和零售、餐饮业	858	87.1	614.5	12.6	70471.1
(一)贸易业	815	85.7	607.6	13.0	73668.9
1. 商业贸易	354	27.9	180.9	19.4	60331.0
2. 粮油贸易	179	10.5	147.0	2.2	24566.4
3. 物资贸易	229	38.7	199.2	6.4	115752.6
4. 商业经纪与代理业	53	8.5	80.4	20.5	276842.2
(二)餐饮业	43	1.4	7.0	-2.5	1553.6
九、房地产业	185	87.5	497.5	8.6	259545.8
十、信息技术服务业	25	-2.4	1.7	-1.8	26996.1
十一、社会服务业	531	548.4	1305.7	1.9	32075.5
十二、卫生体育福利业	4	0.0	0.2	10.7	-1613.5
十三、教育文化广播业	151	59.4	95.5	11.9	100866.6
十四、科学研究和技术服务	58	1.1	3.8	0.0	41374.2
十五、机关社团及其他	36	98.9	230.8	1.3	123020.0

2004年浙江省国有资产主要指标表

单位:亿元

项　　目	户数(户)	国有资产总量	国有企业基本情况		
			资产总额	净资产利润率(%)	人均税利(元/人)
合　计	4604	1979.7	6740.9	11.4	80871.6
一、农林牧渔业	330	32.0	63.1	4.7	15790.2
其中:农业	85	7.1	19.2	8.1	18408.5
林业	107	6.1	10.6	-1.0	-324.5
畜牧业	27	2.1	4.4	29.7	69356.7
渔业	19	3.0	7.3	12.6	128079.6
二、工业	917	375.5	1680.3	12.2	61377.8
其中:煤炭工业	32	13.1	44.4	-2.4	3662.9
石油和石化工业	1	0.0	0.6	5.4	-65351.4
冶金工业	36	73.3	124.1	23.9	150807.6
建材工业	44	14.0	76.2	9.9	46052.6
化学工业	93	46.0	199.6	17.1	42079.9
森林工业	2	0.4	3.9	16.8	32092.7
食品工业	83	8.9	43.2	8.1	18990.8
烟草工业					
纺织工业	32	5.0	43.0	19.0	19016.9
医药工业	22	16.9	69.4	12.0	57842.5
机械工业	118	38.0	186.0	21.7	55912.2
电子工业	28	13.9	48.1	8.0	32727.8
电力工业	156	14.8	468.1	13.9	151247.8
市政公用工业	142	94.8	241.2	-0.1	20412.0
其他工业	120	30.6	102.0	9.0	32947.8
三、建筑业	183	41.4	291.2	0.2	28747.1
四、地质勘查及水利业	80	24.3	43.9	-3.5	-22398.5
五、交通运输业	260	292.0	1047.7	14.8	82433.2
其中:铁路运输业	5	1.4	34.8	1.3	10790.4
道路运输业	132	200.2	730.5	14.5	161980.7

续表

项　目	户数(户)	国有资产总量	国有企业基本情况		
			资产总额	净资产利润率(%)	人均税利(元/人)
水上运输业	42	3.3	62.0	90.8	57410.6
航空运输业	10	4.5	35.4	4.9	39334.6
六、仓储业	192	15.4	86.8	5.7	12910.0
七、邮电通信业	2	0.3	0.4	4.4	9208.3
八、批发和零售、餐饮业	1100	229.5	763.2	30.0	195152.0
(一)贸易业	1071	226.6	754.7	30.2	205654.8
1. 商业贸易	514	156.0	338.1	35.7	232204.5
2. 粮油贸易	124	23.0	66.1	7.7	55330.1
3. 物资贸易	408	44.8	328.4	21.6	175242.7
4. 商业经纪与代理业	25	2.7	22.1	19.1	262128.5
(二)餐饮业	29	2.9	8.5	17.1	23025.1
九、房地产业	377	109.2	992.9	15.2	252394.4
十、信息技术服务业	21	4.5	8.7	0.4	14737.2
十一、社会服务业	797	772.6	1517.3	4.9	81009.1
十二、卫生体育福利业	6	0.1	1.5	-1.4	937.4
十三、教育文化广播业	188	64.8	124.6	6.1	59183.5
十四、科学研究和技术服务	105	6.0	22.9	15.7	43508.6
十五、机关社团及其他	46	12.0	96.6	-9.5	-190445.1

2004年宁波市国有资产主要指标表

单位:亿元

项　目	户数(户)	国有资产总量	国有企业基本情况		
			资产总额	净资产利润率(%)	人均税利(元/人)
合　计	480	304.1	1010.3	10.6	95636.5
一、农林牧渔业	18	3.0	5.1	-2.0	-7389.9
其中:农业	5	0.8	1.5	-6.9	-14905.8
林业	4	0.5	0.7	-1.7	-2927.2

续表

项　　目	户数(户)	国有资产总量	国有企业基本情况		
			资产总额	净资产利润率(%)	人均税利(元/人)
畜牧业					
渔业	2	0.8	1.4	0.5	7939.9
二、工业	60	58.0	159.5	6.7	54067.9
其中:煤炭工业	8	1.3	7.3	-4.5	-15967.1
石油和石化工业					
冶金工业	1	1.2	1.6	-1.0	-773.8
建材工业					
化学工业	3	0.2	0.8	14.8	99056.1
森林工业					
食品工业	4	0.8	1.7	4.8	24808.3
烟草工业					
纺织工业	2	0.4	22.8	27.6	30284.1
医药工业	3	0.0	2.7	-138.2	-85846.7
机械工业	3	0.2	10.1	18.8	690064.4
电子工业	6	5.3	17.8	13.1	54169.7
电力工业	15	30.8	50.4	4.7	162323.1
市政公用工业	9	17.4	43.3	2.3	50370.3
其他工业	6	0.5	1.1	17.5	16994.4
三、建筑业	15	2.1	19.0	4.7	86152.1
四、地质勘查及水利业	13	4.9	7.3	-2.5	-21748.6
五、交通运输业	48	67.1	184.9	19.5	112143.1
其中:铁路运输业	1	0.9	0.9	-3.4	-13928.5
道路运输业	18	7.5	35.2	5.9	71903.3
水上运输业	10	1.2	33.9	55.4	247992.5
航空运输业	1	-0.4	9.4	-13.8	-38190.8
六、仓储业	20	1.8	14.5	28.8	4011.1
七、邮电通信业					
八、批发和零售、餐饮业	81	22.8	57.1	31.2	242676.8
(一)贸易业	76	21.8	54.7	33.2	253733.2
1. 商业贸易	45	18.8	39.7	38.6	280148.2
2. 粮油贸易	3	0.2	0.8	22.2	397709.5

续表

项　　目	户数(户)	国有资产总量	国有企业基本情况		
			资产总额	净资产利润率(%)	人均税利(元/人)
3. 物资贸易	23	2.1	7.2	7.9	48507.4
4. 商业经纪与代理业	5	0.6	7.1	10.7	616043.2
(二)餐饮业	5	1.1	2.4	-0.5	5506.2
九、房地产业	57	29.3	194.7	19.9	327537.9
十、信息技术服务业	2	0.0	0.3	9.6	60873.7
十一、社会服务业	126	107.5	349.7	1.8	41217.4
十二、卫生体育福利业	1	0.0	0.0	-27.4	-68184.8
十三、教育文化广播业	20	6.1	14.6	4.0	54342.6
十四、科学研究和技术服务	17	0.6	1.0	10.1	28476.7
十五、机关社团及其他	2	0.8	2.7	1.8	65301.4

2004 年安徽省国有资产主要指标表

单位:亿元

项　　目	户数(户)	国有资产总量	国有企业基本情况		
			资产总额	净资产利润率(%)	人均税利(元/人)
合　计	2738	904.4	3640.6	10.4	24205.5
一、农林牧渔业	352	5.4	35.1	-5.0	14.5
其中:农业	162	1.8	24.8	-17.4	185.8
林业	35	1.7	2.7	-0.5	178.0
畜牧业	32	0.2	0.8	-3.2	-540.7
渔业	61	0.6	2.0	4.3	946.1
二、工业	632	532.6	2170.7	13.2	31104.0
其中:煤炭工业	20	83.7	354.4	3.8	10988.1
石油和石化工业	3	2.1	5.3	12.5	45079.9
冶金工业	19	168.1	541.9	27.7	67285.9
建材工业	52	23.7	226.1	57.3	110211.4
化学工业	87	36.5	282.7	-0.1	17319.0
森林工业	8	1.7	0.9	-2.0	8396.0
食品工业	94	0.9	16.8	179.3	-827.3
烟草工业					
纺织工业	35	17.0	58.9	-2.4	5843.6

续表

项　　目	户数(户)	国有资产总量	国有企业基本情况		
			资产总额	净资产利润率(%)	人均税利(元/人)
医药工业	11	12.1	25.5	12.0	32102.3
机械工业	125	66.7	339.6	5.6	24039.5
电子工业	15	7.3	15.6	11.9	24616.6
电力工业	29	60.7	142.7	9.3	92620.2
市政公用工业	69	18.5	42.9	-1.8	2464.8
其他工业	63	33.7	117.0	-2.2	12675.4
三、建筑业	112	27.7	135.4	3.0	5792.4
四、地质勘查及水利业	3	0.3	0.9	1.0	4401.7
五、交通运输业	69	60.8	207.9	7.8	11224.4
其中:铁路运输业	2	0.0	5.5	0.9	8162.6
道路运输业	38	54.5	183.1	12.3	22517.9
水上运输业	6	0.7	3.6	19.0	4855.7
航空运输业	5	3.3	4.1	-6.2	-19321.1
六、仓储业	555	3.8	250.9	2.0	-1953.7
七、邮电通信业	1	0.0	0.4	-15.3	-14359.7
八、批发和零售、餐饮业	646	46.1	253.1	10.7	14677.6
(一)贸易业	624	45.4	250.8	11.3	15596.5
1. 商业贸易	310	28.5	122.9	7.1	10049.1
2. 粮油贸易	184	10.2	58.0	21.5	7540.9
3. 物资贸易	103	4.8	55.5	25.5	42656.8
4. 商业经纪与代理业	27	1.9	14.5	16.4	135589.0
(二)餐饮业	22	0.6	2.3	-7.3	-451.0
九、房地产业	95	14.5	106.9	3.2	63050.4
十、信息技术服务业	7	0.3	0.8	5.8	17996.2
十一、社会服务业	155	163.3	351.1	3.2	42577.9
十二、卫生体育福利业	2	0.1	0.1	0.5	1221.7
十三、教育文化广播业	64	16.6	24.1	13.3	93116.6
十四、科学研究和技术服务	24	1.8	4.9	75.2	65368.0
十五、机关社团及其他	21	31.3	98.1	-0.2	2341.6

2004年福建省国有资产主要指标表

单位:亿元

项　　目	户数(户)	国有资产总量	国有企业基本情况		
			资产总额	净资产利润率(%)	人均税利(元/人)
合　计	4473	1110.5	3467.7	6.4	31527.6
一、农林牧渔业	506	29.4	78.4	-0.3	1391.0
其中:农业	183	7.6	22.1	-2.8	38.9
林业	159	15.5	40.6	1.8	6681.5
畜牧业	14	0.3	0.9	0.8	876.2
渔业	39	2.9	4.8	1.1	2541.2
二、工业	844	279.7	884.3	10.7	36114.6
其中:煤炭工业	31	12.5	26.4	1.4	10336.2
石油和石化工业	1	0.1	0.8	44.3	99328.0
冶金工业	38	47.1	134.6	31.5	141861.4
建材工业	64	11.2	36.6	7.8	36766.1
化学工业	73	8.2	56.4	7.4	14259.8
森林工业	12	3.6	10.7	4.9	36360.4
食品工业	125	10.9	23.5	0.2	4422.4
烟草工业	2	0.2	0.6	99.2	69524.3
纺织工业	15	1.5	14.0	3.3	7591.3
医药工业	12	2.2	6.2	17.3	58563.9
机械工业	96	38.3	132.5	10.9	36657.8
电子工业	23	0.9	75.5	4.0	21061.8
电力工业	100	63.3	151.6	3.5	41954.3
市政公用工业	82	54.1	103.0	1.0	17007.6
其他工业	157	24.6	75.9	22.3	34630.2
三、建筑业	177	50.5	282.5	1.6	15737.8
四、地质勘查及水利业	65	8.2	15.6	-1.8	1678.0
五、交通运输业	240	267.6	738.6	7.5	45166.6
其中:铁路运输业	1	18.2	19.3	0.0	13382.1
道路运输业	77	179.9	541.5	8.1	80698.8

续表

项　　目	户数(户)	国有资产总量	国有企业基本情况		
			资产总额	净资产利润率(%)	人均税利(元/人)
水上运输业	45	3.2	15.7	17.4	14818.1
航空运输业	11	21.5	49.2	3.5	37491.8
六、仓储业	245	11.0	52.1	4.3	11254.8
七、邮电通信业					
八、批发和零售、餐饮业	1237	90.7	354.2	3.8	41850.8
(一)贸易业	1199	87.9	349.2	4.0	44089.4
1. 商业贸易	507	33.5	105.7	1.7	12024.3
2. 粮油贸易	199	6.1	25.6	1.7	3468.7
3. 物资贸易	392	26.3	133.5	-1.0	59262.8
4. 商业经纪与代理业	101	22.0	84.4	33.5	402186.3
(二)餐饮业	38	2.8	5.0	-0.1	3437.5
九、房地产业	291	70.4	455.2	5.2	82302.1
十、信息技术服务业	18	2.0	22.9	-12.2	28028.8
十一、社会服务业	590	245.2	448.0	4.0	34695.9
十二、卫生体育福利业	3	0.0	0.1	-8.9	-8346.2
十三、教育文化广播业	132	27.7	35.9	5.4	34703.6
十四、科学研究和技术服务	86	4.7	16.4	2.4	12023.0
十五、机关社团及其他	39	23.4	83.4	2.0	41259.5

2004 年厦门市国有资产主要指标表

单位:亿元

项　　目	户数(户)	国有资产总量	国有企业基本情况		
			资产总额	净资产利润率(%)	人均税利(元/人)
合　计	652	273.7	975.1	8.3	58148.0
一、农林牧渔业	16	0.7	2.9	-2.3	-52.6
其中:农业	10	0.4	1.5	-8.7	-531.8
林业	1	0.0	0.2	-13.6	-51899.0
畜牧业					
渔业	2	0.1	0.4	-1.1	-1448.5

续表

项　　目	户数(户)	国有资产总量	国有企业基本情况		
			资产总额	净资产利润率(%)	人均税利(元/人)
二、工业	104	74.4	187.8	3.2	19297.6
其中:煤炭工业	2	4.8	6.6	-5.6	-33392.2
石油和石化工业					
冶金工业					
建材工业	10	5.2	8.1	11.6	116746.5
化学工业	15	1.7	6.7	-0.9	9399.6
森林工业	2	0.0	0.1	10.6	18485.3
食品工业	19	4.7	7.6	8.6	12379.8
烟草工业					
纺织工业	3	0.9	2.3	3.5	7518.4
医药工业	2	1.6	4.0	12.3	72364.1
机械工业	20	19.1	51.3	7.4	32143.7
电子工业	6	-3.2	40.0	12.6	-3853.8
电力工业	4	4.2	6.7	3.8	64453.3
市政公用工业	5	29.5	43.4	0.0	12426.5
其他工业	13	5.3	7.9	4.2	15648.8
三、建筑业	31	24.3	116.4	6.0	57509.1
四、地质勘查及水利业	1	0.0	0.0	13.1	7247.9
五、交通运输业	61	55.1	128.8	8.4	37219.6
其中:铁路运输业					
道路运输业	14	2.6	8.5	5.8	17678.0
水上运输业	5	0.5	2.7	31.1	88692.5
航空运输业	8	20.4	47.4	3.0	36253.3
六、仓储业	32	3.9	10.0	6.6	35905.4
七、邮电通信业					
八、批发和零售、餐饮业	168	25.8	128.3	25.8	244189.0
(一)贸易业	167	25.8	128.2	25.8	244051.0
1. 商业贸易	50	5.2	25.1	0.4	26315.4
2. 粮油贸易	15	2.1	6.0	9.2	58621.6
3. 物资贸易	84	8.2	41.9	12.9	302843.3
4. 商业经纪与代理业	18	10.2	55.2	521.8	901019.2

续表

项　　目	户数(户)	国有资产总量	国有企业基本情况		
			资产总额	净资产利润率(%)	人均税利(元/人)
(二)餐饮业	1	0.0	0.1	28.2	0.0
九、房地产业	115	36.2	260.7	13.7	131245.2
十、信息技术服务业	8	1.5	15.2	4.2	282602.3
十一、社会服务业	91	46.4	113.4	8.3	63689.3
十二、卫生体育福利业					
十三、教育文化广播业	10	4.5	5.3	1.0	38124.6
十四、科学研究和技术服务	15	0.9	6.3	-43.9	-4982.3
十五、机关社团及其他					

2004年江西省国有资产主要指标表

单位:亿元

项　　目	户数(户)	国有资产总量	国有企业基本情况		
			资产总额	净资产利润率(%)	人均税利(元/人)
合　计	2672	464.6	1968.9	6.7	10636.3
一、农林牧渔业	440	17.6	84.9	-0.1	693.1
其中:农业	131	6.2	49.6	-19.6	1295.5
林业	217	9.9	26.9	-3.1	53.3
畜牧业	11	0.1	0.5	98.1	-11532.5
渔业	23	0.6	2.5	-8.9	202.7
二、工业	820	213.5	1056.4	10.3	15610.3
其中:煤炭工业	67	11.8	62.1	11.1	7233.2
石油和石化工业	9	5.8	22.5	10.7	62230.8
冶金工业	64	74.6	318.7	18.6	37811.9
建材工业	50	9.5	57.9	-9.7	1177.1
化学工业	74	8.4	110.3	-11.2	448.1
森林工业	20	0.5	6.0	53.0	-1690.1
食品工业	89	1.5	15.1	-65.0	-8632.8
烟草工业	3	2.0	6.9	20.4	86854.8
纺织工业	27	3.2	24.1	-3.5	1105.0

续表

项　　目	户数(户)	国有资产总量	国有企业基本情况		
			资产总额	净资产利润率(%)	人均税利(元/人)
医药工业	31	13.6	44.0	15.7	22126.4
机械工业	132	53.1	187.6	11.7	18225.9
电子工业	30	2.0	28.3	3.4	4372.8
电力工业	64	3.2	90.7	-6.7	17836.0
市政公用工业	83	15.2	29.1	2.0	7736.2
其他工业	75	8.8	52.2	68.6	14517.0
三、建筑业	97	19.3	85.9	0.4	6349.3
四、地质勘查及水利业	18	0.6	1.2	-1.9	-1260.7
五、交通运输业	79	53.8	78.1	7.5	14871.3
其中:铁路运输业					
道路运输业	42	48.7	61.5	7.6	27545.7
水上运输业	13	1.5	3.6	2.8	3422.4
航空运输业					
六、仓储业	196	5.3	212.6	17.3	-8930.1
七、邮电通信业					
八、批发和零售、餐饮业	635	20.4	125.7	-575.5	1844.3
(一)贸易业	610	19.9	124.1	2590.1	1965.9
1. 商业贸易	372	14.8	69.6	-5.7	4793.8
2. 粮油贸易	48	0.7	4.5	-22.4	-3372.9
3. 物资贸易	164	0.4	32.3	5.4	-1104.2
4. 商业经纪与代理业	26	4.0	17.7	46.6	-73065.5
(二)餐饮业	25	0.5	1.7	-7.5	-263.4
九、房地产业	55	-2.3	24.4	-180.8	31164.0
十、信息技术服务业	9	2.3	2.9	-2.7	-11727.6
十一、社会服务业	175	77.9	196.2	8.4	62528.7
十二、卫生体育福利业	4	0.0	1.5	-3.8	-55.8
十三、教育文化广播业	93	16.8	22.7	10.9	92117.9
十四、科学研究和技术服务	42	1.7	3.5	25.7	26901.6
十五、机关社团及其他	9	37.9	73.0	-1.3	-24694.1

2004年山东省国有资产主要指标表

单位:亿元

项目	户数(户)	国有资产总量	国有企业基本情况		
			资产总额	净资产利润率(%)	人均税利(元/人)
合计	5851	1747.2	7925.1	9.2	27326.0
一、农林牧渔业	210	8.3	52.7	-41.2	-7023.5
其中:农业	30	5.2	10.4	-3.0	-2432.3
林业	22	1.5	4.5	-3.3	-2882.5
畜牧业	25	0.5	5.7	22.0	-3932.0
渔业	17	-3.4	9.9	20.2	-14107.7
二、工业	1787	1057.8	4855.2	14.1	34808.2
其中:煤炭工业	178	264.4	1024.4	29.9	46331.9
石油和石化工业	13	12.1	72.8	43.5	106423.5
冶金工业	89	198.0	684.0	25.3	69360.4
建材工业	107	20.5	129.1	3.0	13790.6
化学工业	191	115.4	579.7	9.8	37199.4
森林工业	13	0.1	5.4	28.9	-15225.7
食品工业	181	12.8	98.6	3.6	5557.9
烟草工业					
纺织工业	70	24.5	127.6	-27.5	-3394.8
医药工业	27	22.0	78.7	-9.2	2335.5
机械工业	365	86.4	631.5	13.9	19927.6
电子工业	64	37.0	190.2	3.3	35470.4
电力工业	118	120.9	459.1	7.7	44795.4
市政公用工业	161	76.3	222.8	-4.9	-1054.1
其他工业	201	64.7	541.8	11.5	41462.9
三、建筑业	285	34.1	270.9	-3.4	5620.9
四、地质勘查及水利业	125	27.1	34.2	-1.7	-3145.0
五、交通运输业	182	226.9	583.0	7.3	22620.4
其中:铁路运输业	8	8.3	17.5	1.8	1300.3
道路运输业	82	118.0	319.2	10.8	32802.8

续表

项目	户数(户)	国有资产总量	国有企业基本情况		
			资产总额	净资产利润率(%)	人均税利(元/人)
水上运输业	17	10.5	40.2	8.9	36435.2
航空运输业	9	9.2	10.8	-0.8	996.3
六、仓储业	867	23.1	234.2	-27.8	-4230.6
七、邮电通信业					
八、批发和零售、餐饮业	1305	73.2	565.1	-11.3	7561.0
(一)贸易业	1234	69.5	542.2	-10.7	8259.6
1. 商业贸易	552	33.6	266.3	-12.5	4258.5
2. 粮油贸易	271	4.3	47.7	19.5	-10867.0
3. 物资贸易	379	31.0	212.9	4.4	38538.6
4. 商业经纪与代理业	32	0.7	15.3	-24.2	-29906.2
(二)餐饮业	71	3.8	22.9	-18.0	-3810.6
九、房地产业	196	61.5	308.9	-0.4	30190.2
十、信息技术服务业	32	2.0	18.4	5.5	49238.2
十一、社会服务业	502	166.7	581.0	0.3	16201.2
十二、卫生体育福利业	11	0.5	1.9	0.9	770.9
十三、教育文化广播业	181	41.6	70.6	6.5	40150.7
十四、科学研究和技术服务	126	1.9	7.1	30.0	21111.7
十五、机关社团及其他	42	22.6	342.0	-16.5	-20551.7

2004年青岛市国有资产主要指标表

单位:亿元

项目	户数(户)	国有资产总量	国有企业基本情况		
			资产总额	净资产利润率(%)	人均税利(元/人)
合计	820	319.3	1341.5	5.3	34256.6
一、农林牧渔业	22	0.4	1.0	-5.1	-3211.5
其中:农业	3	0.1	0.2	-3.9	-1623.9
林业	3	0.0	0.1	-44.1	-18485.9
畜牧业	4	0.1	0.2	13.2	13352.4
渔业	1	0.0	0.0	-8.6	-10112.0

续表

项　　目	户数(户)	国有资产总量	国有企业基本情况		
			资产总额	净资产利润率(%)	人均税利(元/人)
二、工业	300	183.1	831.7	6.3	38693.1
其中:煤炭工业	11	27.4	41.5	1.6	28398.4
石油和石化工业	1	1.1	5.0	20.7	67681.5
冶金工业	8	7.7	94.6	21.7	100736.4
建材工业	19	3.7	22.8	5.9	20109.9
化学工业	64	46.4	191.5	4.3	25534.2
森林工业	7	0.1	2.2	-33.9	-2448.2
食品工业	9	0.8	5.3	-23.7	-5840.0
烟草工业					
纺织工业	13	11.8	31.6	-0.8	683.5
医药工业	1	0.0	0.7	-49214.9	-168852.1
机械工业	64	3.3	58.7	13.0	28773.6
电子工业	24	34.4	148.3	3.6	49303.6
电力工业	10	16.3	30.9	3.1	41000.1
市政公用工业	20	14.5	49.7	-4.0	-1600.1
其他工业	45	13.3	141.1	12.0	66219.5
三、建筑业	88	18.2	91.4	2.2	14641.0
四、地质勘查及水利业	8	0.4	0.8	100.6	125122.3
五、交通运输业	30	55.5	140.2	6.5	22093.5
其中:铁路运输业					
道路运输业	11	4.0	10.6	4.4	11580.0
水上运输业	2	1.1	2.6	9.9	25310.2
航空运输业					
六、仓储业	46	2.9	22.2	0.5	2179.4
七、邮电通信业					
八、批发和零售、餐饮业	117	15.6	76.3	-3.2	10491.8
(一)贸易业	113	15.6	76.2	-3.1	10701.9
1. 商业贸易	65	3.7	28.6	-7.7	974.5
2. 粮油贸易	3	0.3	3.4	7.5	3152.8
3. 物资贸易	40	11.6	40.7	4.3	82117.2
4. 商业经纪与代理业	5	0.0	3.5	52.4	-628752.1

续表

项　　目	户数(户)	国有资产总量	国有企业基本情况		
			资产总额	净资产利润率(%)	人均税利(元/人)
(二)餐饮业	4	0.0	0.1	166.3	-24500.7
九、房地产业	47	10.1	70.0	13.7	293908.1
十、信息技术服务业	4	0.0	0.7	-21.3	-2672.4
十一、社会服务业	107	16.0	76.9	1.1	51457.3
十二、卫生体育福利业	2	0.0	0.0	75.0	45452.6
十三、教育文化广播业	27	3.4	7.5	-6.1	2735.7
十四、科学研究和技术服务	15	0.4	1.2	9.4	23560.1
十五、机关社团及其他	7	13.4	21.7	1.9	393859.1

2004年河南省国有资产主要指标表

单位:亿元

项　　目	户数(户)	国有资产总量	国有企业基本情况		
			资产总额	净资产利润率(%)	人均税利(元/人)
合　计	6472	1198.4	4524.8	4.9	12772.0
一、农林牧渔业	206	13.0	36.7	0.3	1178.5
其中:农业	72	4.2	15.0	4.6	1906.3
林业	20	2.2	3.5	1.5	1965.6
畜牧业	36	2.4	10.4	2.6	5397.0
渔业	5	0.1	0.6	-3.9	-365.8
二、工业	1498	671.2	2776.6	9.3	18411.4
其中:煤炭工业	97	169.4	515.4	12.1	18867.0
石油和石化工业	7	1.3	17.1	37.6	39589.2
冶金工业	67	89.9	437.6	13.9	42891.8
建材工业	101	32.3	144.5	4.0	13247.7
化学工业	137	58.8	280.6	10.3	20319.9
森林工业	4	0.2	0.7	-18.1	-5686.4
食品工业	302	26.9	153.6	12.5	21375.0
烟草工业					
纺织工业	73	43.0	158.4	2.0	4472.9

续表

项　　目	户数(户)	国有资产总量	国有企业基本情况		
			资产总额	净资产利润率(%)	人均税利(元/人)
医药工业	37	14.8	55.8	15.4	26320.1
机械工业	272	57.2	378.8	-0.2	5497.2
电子工业	33	23.9	130.2	21.7	77952.3
电力工业	150	86.0	293.5	1.2	16507.6
市政公用工业	79	33.1	77.3	-3.4	-985.5
其他工业	138	34.0	132.8	21.0	27958.1
三、建筑业	146	34.2	161.4	-1.3	4232.2
四、地质勘查及水利业	37	46.2	51.6	-2.6	-24953.0
五、交通运输业	124	168.4	423.1	9.9	30026.9
其中:铁路运输业	20	5.7	22.3	-0.3	1806.2
道路运输业	69	151.8	370.5	11.8	48555.4
水上运输业	1	0.0	0.1	9.9	-371.8
航空运输业	1	5.7	8.9	-6.6	-46834.2
六、仓储业	2284	12.4	367.3	23.8	-18688.8
七、邮电通信业	10	0.0	1.5	20.5	-25274.8
八、批发和零售、餐饮业	1623	40.4	261.6	389.6	-1288.8
(一)贸易业	1555	39.1	252.1	275.8	-1257.6
1. 商业贸易	851	24.2	137.2	-53.9	-1539.4
2. 粮油贸易	354	7.9	47.5	343.6	-4431.0
3. 物资贸易	329	6.9	63.2	16.7	-1480.0
4. 商业经纪与代理业	21	0.1	4.2	-1.1	58458.5
(二)餐饮业	68	1.3	9.5	-45.7	-1752.8
九、房地产业	70	9.5	55.2	4.6	43710.0
十、信息技术服务业	12	3.6	9.9	25.9	162028.3
十一、社会服务业	302	19.1	89.8	-7.1	-1398.1
十二、卫生体育福利业	6	0.2	0.5	4.7	3161.9
十三、教育文化广播业	90	25.8	40.4	10.7	33294.0
十四、科学研究和技术服务	48	2.9	6.9	-6.8	-1445.5
十五、机关社团及其他	16	151.5	242.3	1.3	3729091.1

2004年湖北省国有资产主要指标表

单位:亿元

项　　目	户数(户)	国有资产总量	国有企业基本情况		
			资产总额	净资产利润率(%)	人均税利(元/人)
合　计	2856	593.2	3016.3	-3.6	4241.2
一、农林牧渔业	387	24.8	99.3	-6.4	-66.4
其中:农业	117	10.2	62.6	-13.2	-36.9
林业	84	2.5	6.4	-3.0	-647.6
畜牧业	36	1.9	5.2	1.5	2096.0
渔业	68	4.3	7.9	2.0	2223.9
二、工业	750	280.0	1582.0	-3.2	8740.5
其中:煤炭工业	20	6.0	22.2	-9.1	1295.5
石油和石化工业	2	-0.4	9.3	-15.3	-13269.2
冶金工业	19	49.5	211.8	1.7	21444.1
建材工业	52	11.0	93.4	8.8	25685.7
化学工业	69	33.4	172.5	-20.7	-4110.4
森林工业	7	1.2	7.6	-102.8	-72975.0
食品工业	70	8.4	48.7	-99.8	3910.0
烟草工业	5	0.0	28.8	817.6	-45808.6
纺织工业	59	10.0	84.3	-104.2	-3008.2
医药工业	10	14.3	40.7	5.6	36065.3
机械工业	184	50.0	345.0	4.2	11562.2
电子工业	28	4.8	33.7	-7.9	8846.1
电力工业	72	56.5	335.3	-3.0	21868.7
市政公用工业	78	21.0	64.6	-3.7	776.5
其他工业	71	13.7	81.7	10.8	21160.5
三、建筑业	119	38.9	197.3	-3.5	2098.9
四、地质勘查及水利业	94	9.0	12.6	-3.2	-3571.7
五、交通运输业	94	32.5	107.7	-1.7	602.7
其中:铁路运输业	1	4.1	6.6	-4.8	-41931.4
道路运输业	52	11.2	34.5	2.4	3472.3

续表

项　目	户数(户)	国有资产总量	国有企业基本情况		
			资产总额	净资产利润率(%)	人均税利(元/人)
水上运输业	7	8.2	22.2	0.6	2530.0
航空运输业					
六、仓储业	569	5.3	253.3	19.8	-22300.0
七、邮电通信业	1	0.0	0.0	17.1	15472.8
八、批发和零售、餐饮业	535	25.8	220.1	-19.3	3099.7
(一)贸易业	515	24.7	216.0	-20.3	3310.6
1. 商业贸易	249	18.1	155.7	-9.2	5059.1
2. 粮油贸易	111	1.9	30.7	42.1	-36519.2
3. 物资贸易	136	4.6	26.7	-2.5	11356.6
4. 商业经纪与代理业	19	0.1	2.9	73.5	-13421.2
(二)餐饮业	20	1.2	4.1	-7.3	-3612.4
九、房地产业	69	9.6	113.6	12.8	79024.8
十、信息技术服务业	2	1.0	5.5	3.4	62427.1
十一、社会服务业	122	112.6	339.0	-0.8	8021.5
十二、卫生体育福利业	2	0.0	0.1	-1.0	202.3
十三、教育文化广播业	84	27.6	42.6	9.7	44743.7
十四、科学研究和技术服务	17	8.8	12.5	3.6	41864.6
十五、机关社团及其他	11	17.1	30.6	1.8	88019.0

2004年湖南省国有资产主要指标表

单位:亿元

项　目	户数(户)	国有资产总量	国有企业基本情况		
			资产总额	净资产利润率(%)	人均税利(元/人)
合　计	3895	770.5	2802.7	0.1	7442.8
一、农林牧渔业	401	22.1	56.0	-8.9	-1492.3
其中:农业	78	2.2	9.0	14.9	1522.4
林业	131	6.5	15.6	-4.8	-512.3
畜牧业	30	3.9	8.7	4.2	6877.0
渔业	44	1.7	3.9	-4.9	-426.0

续表

项目	户数(户)	国有资产总量	国有企业基本情况		
			资产总额	净资产利润率(%)	人均税利(元/人)
二、工业	1109	342.8	1378.0	7.9	13568.0
其中:煤炭工业	96	22.0	51.6	-3.0	2028.3
石油和石化工业	2	0.9	2.0	65.2	52766.7
冶金工业	92	122.3	538.7	25.4	34401.0
建材工业	61	8.7	38.8	-3.3	4419.0
化学工业	102	25.7	115.5	3.5	7784.8
森林工业	15	0.2	9.1	-13.9	-9497.4
食品工业	140	4.0	18.1	-14.7	-1275.2
烟草工业					
纺织工业	32	8.1	28.7	-3.9	598.7
医药工业	9	2.2	9.5	-0.9	4165.8
机械工业	182	41.3	240.3	5.8	13238.0
电子工业	24	1.9	17.3	-12.0	-3554.6
电力工业	134	52.3	142.0	-0.1	10250.8
市政公用工业	108	25.0	51.0	-2.2	2749.9
其他工业	104	24.6	106.1	0.5	9291.2
三、建筑业	151	31.4	185.9	-6.8	2458.7
四、地质勘查及水利业	45	2.6	5.0	-6.8	-3644.2
五、交通运输业	104	49.9	129.5	3.3	6124.5
其中:铁路运输业	5	2.1	3.7	-5.1	-3544.0
道路运输业	45	28.2	87.7	6.4	9413.6
水上运输业	6	0.8	5.2	-99.8	-5136.4
航空运输业	6	10.5	12.6	-0.6	11053.7
六、仓储业	563	7.8	168.1	57.0	-47568.5
七、邮电通信业	1	0.0	0.0	47.3	-376974.2
八、批发和零售、餐饮业	965	52.0	252.2	-56.2	-3029.3
(一)贸易业	919	51.3	249.0	-59.0	-3325.7
1. 商业贸易	455	27.8	101.0	-26.9	-1040.8
2. 粮油贸易	132	6.7	26.1	-68.1	-6035.9
3. 物资贸易	314	10.6	97.0	-318.1	-10304.2
4. 商业经纪与代理业	18	6.2	24.8	-17.5	21986.7

续表

项　　目	户数(户)	国有资产总量	国有企业基本情况		
			资产总额	净资产利润率(%)	人均税利(元/人)
(二)餐饮业	46	0.7	3.2	-3.2	1112.9
九、房地产业	108	66.6	260.2	-1.1	16666.6
十、信息技术服务业	15	3.2	10.6	-0.8	-365.8
十一、社会服务业	228	44.2	148.4	1.6	7159.8
十二、卫生体育福利业	10	0.1	0.7	-11.3	-1808.6
十三、教育文化广播业	126	40.1	68.9	8.1	33778.6
十四、科学研究和技术服务	42	10.9	17.1	20.0	46088.3
十五、机关社团及其他	27	97.0	122.1	1.2	92228.2

2004年广东省国有资产主要指标表

单位:亿元

项　　目	户数(户)	国有资产总量	国有企业基本情况		
			资产总额	净资产利润率(%)	人均税利(元/人)
合　计	8565	3543.9	11961.2	9.1	58282.3
一、农林牧渔业	574	51.8	149.5	-0.5	3147.1
其中:农业	153	23.4	52.7	2.3	8270.2
林业	175	12.2	27.2	-2.0	30.6
畜牧业	55	3.8	16.3	7.3	10046.8
渔业	53	2.0	6.1	-236.2	-1438.1
二、工业	1954	1052.4	3938.5	15.1	77073.2
其中:煤炭工业	43	20.1	59.9	7.4	77402.8
石油和石化工业	9	0.5	10.5	1604.3	-192137.2
冶金工业	79	76.9	403.0	22.4	78683.2
建材工业	107	14.5	84.9	-1.7	7520.7
化学工业	151	53.5	220.8	9.3	21851.7
森林工业	23	5.3	17.0	-2.4	6760.8
食品工业	268	8.8	88.7	12.8	16862.1
烟草工业	10	0.9	1.5	46.8	118245.7
纺织工业	86	29.4	133.8	-0.4	23921.7

续表

项目	户数(户)	国有资产总量	国有企业基本情况		
			资产总额	净资产利润率(%)	人均税利(元/人)
医药工业	51	26.9	101.6	9.5	54892.9
机械工业	367	96.7	653.7	52.7	121999.2
电子工业	134	50.2	412.0	13.0	28481.0
电力工业	215	497.6	1225.4	14.1	228541.8
市政公用工业	108	98.8	213.9	-1.7	11358.1
其他工业	288	69.6	304.5	12.2	70121.6
三、建筑业	463	183.6	1122.4	1.1	19774.4
四、地质勘查及水利业	46	5.6	18.6	-9.2	-5331.5
五、交通运输业	462	570.4	1794.9	6.4	43947.5
其中:铁路运输业	8	19.2	21.6	-1.4	-16905.7
道路运输业	168	83.4	913.0	11.0	63813.1
水上运输业	106	110.3	186.9	13.6	129689.6
航空运输业	59	105.3	246.6	5.8	110536.1
六、仓储业	839	27.3	149.1	-4.8	1800.1
七、邮电通信业	9	3.4	11.0	7.3	332964.6
八、批发和零售、餐饮业	2055	148.5	972.7	21.7	56055.0
(一)贸易业	1985	140.5	948.1	23.6	59445.6
1. 商业贸易	945	90.3	420.4	25.8	59248.7
2. 粮油贸易	194	5.0	44.9	-3.4	8914.9
3. 物资贸易	727	16.7	386.2	89.3	57001.3
4. 商业经纪与代理业	119	28.4	96.5	21.5	172396.9
(二)餐饮业	70	8.0	24.6	-4.1	3601.1
九、房地产业	540	200.9	993.5	6.2	75499.9
十、信息技术服务业	30	0.7	14.5	-2.9	3453.3
十一、社会服务业	1117	983.6	2163.4	6.1	72525.7
十二、卫生体育福利业	30	1.1	3.6	1.9	5451.4
十三、教育文化广播业	248	101.5	143.7	9.7	71819.8
十四、科学研究和技术服务	134	17.6	46.8	6.2	31387.4
十五、机关社团及其他	64	195.5	439.1	4.3	310874.9

2004年深圳市国有资产主要指标表

单位:亿元

项　　目	户数(户)	国有资产总量	国有企业基本情况		
			资产总额	净资产利润率(%)	人均税利(元/人)
合　计	634	612.3	1887.6	14.0	95081.5
一、农林牧渔业	27	7.7	35.7	3.8	29864.4
其中:农业	8	1.5	6.5	9.7	102875.6
林业	2	0.1	0.2	-6.3	-26583.6
畜牧业	6	2.1	7.8	13.8	12772.5
渔业	1	0.0	0.0	1.9	3809.3
二、工业	91	134.2	478.1	16.0	152261.4
其中:煤炭工业	8	5.5	22.6	22.9	148827.7
石油和石化工业					
冶金工业					
建材工业	4	0.3	3.7	608.8	-52334.2
化学工业	5	0.1	1.9	9.4	84458.3
森林工业					
食品工业	12	0.5	5.3	13.4	15406.8
烟草工业					
纺织工业	5	2.1	4.7	11.9	33329.8
医药工业	1	0.3	1.3	23.8	99648.7
机械工业	5	1.4	14.9	-16.0	-19668.7
电子工业	19	7.0	142.4	23.7	56800.5
电力工业	15	74.1	199.8	28.2	1165323.9
市政公用工业	8	41.1	77.5	0.6	38421.6
其他工业	9	1.7	4.0	26.2	38235.8
三、建筑业	38	9.3	71.6	0.4	25225.7
四、地质勘查及水利业	4	3.0	4.3	2.6	38648.5
五、交通运输业	72	210.6	322.7	8.4	85374.6
其中:铁路运输业					
道路运输业	33	7.0	25.7	19.3	67735.4

续表

项　　目	户数(户)	国有资产总量	国有企业基本情况		
			资产总额	净资产利润率(%)	人均税利(元/人)
水上运输业	10	79.4	111.3	14.0	1108981.1
航空运输业	12	30.3	56.7	12.5	135591.3
六、仓储业	20	6.1	30.5	2.2	69104.8
七、邮电通信业					
八、批发和零售、餐饮业	82	26.6	123.1	15.7	62533.9
(一)贸易业	75	24.4	112.8	17.7	68349.6
1. 商业贸易	27	19.2	49.9	12.1	61461.7
2. 粮油贸易	9	1.1	8.1	12.5	92083.8
3. 物资贸易	26	0.2	33.7	-61.0	49238.2
4. 商业经纪与代理业	13	3.9	21.1	41.0	192167.6
(二)餐饮业	7	2.2	10.2	-5.0	-1900.3
九、房地产业	111	63.2	368.4	18.5	105488.5
十、信息技术服务业	4	0.4	1.1	-0.7	6471.4
十一、社会服务业	137	102.0	281.1	17.0	90493.8
十二、卫生体育福利业	6	0.4	0.9	-1.1	5783.0
十三、教育文化广播业	18	29.3	42.1	12.9	87682.7
十四、科学研究和技术服务	17	5.3	8.5	6.8	48102.8
十五、机关社团及其他	7	14.1	119.5	-2.7	158476.3

2004年广西壮族自治区国有资产主要指标表

单位:亿元

项　　目	户数(户)	国有资产总量	国有企业基本情况		
			资产总额	净资产利润率(%)	人均税利(元/人)
合　计	5154	905.5	2534.1	4.5	16547.8
一、农林牧渔业	438	141.7	223.1	0.1	1324.9
其中:农业	120	75.3	110.3	0.5	1737.4
林业	168	55.9	89.6	-0.2	1241.7
畜牧业	20	0.6	2.5	20.1	16457.9
渔业	19	0.2	2.7	-23.4	-4119.8

续表

项　　目	户数(户)	国有资产总量	国有企业基本情况		
			资产总额	净资产利润率(%)	人均税利(元/人)
二、工业	1087	346.0	1073.4	10.6	27885.0
其中:煤炭工业	20	3.5	16.4	3.7	5811.5
石油和石化工业	4	3.3	6.6	25.6	144606.1
冶金工业	58	85.3	198.1	25.5	55582.1
建材工业	84	15.5	55.0	-1.5	6126.2
化学工业	61	24.7	83.9	5.7	15719.6
森林工业	28	2.8	13.3	13.5	20342.0
食品工业	231	31.5	142.1	14.6	36311.9
烟草工业	1	0.2	0.3	-12.5	-37472.8
纺织工业	34	5.3	25.7	-1744.3	433.7
医药工业	20	2.3	15.0	4.7	25875.6
机械工业	123	62.0	199.7	15.9	41034.8
电子工业	7	1.7	4.9	-10.5	-7505.8
电力工业	157	78.1	197.6	5.4	33885.4
市政公用工业	96	20.1	46.6	-0.6	5255.6
其他工业	161	9.8	67.4	-23.8	322.6
三、建筑业	140	46.2	177.4	-1.8	8010.9
四、地质勘查及水利业	101	33.5	77.3	-1.3	-3054.9
五、交通运输业	95	87.5	172.0	1.7	10931.8
其中:铁路运输业	11	16.8	21.4	0.5	9805.7
道路运输业	26	3.9	13.8	0.6	4485.6
水上运输业	9	0.7	2.9	-148.8	-809.6
航空运输业	14	11.0	16.2	-6.7	-33671.6
六、仓储业	1333	16.9	84.7	-19.8	-3553.7
七、邮电通信业	3	0.0	0.1	317.7	-2664.8
八、批发和零售、餐饮业	1350	32.5	193.4	-98.7	959.2
(一)贸易业	1282	31.0	188.9	-145.8	1166.3
1. 商业贸易	518	17.3	84.0	-11.7	2778.7
2. 粮油贸易	446	3.8	20.0	-19.2	-3214.9

续表

项　目	户数(户)	国有资产总量	国有企业基本情况		
			资产总额	净资产利润率(%)	人均税利(元/人)
3. 物资贸易	292	9.4	76.7	21.4	2213.2
4. 商业经纪与代理业	26	0.5	8.2	181.7	-58240.7
(二)餐饮业	68	1.6	4.5	-11.3	-1546.4
九、房地产业	103	37.3	171.7	-0.8	32434.5
十、信息技术服务业	6	0.3	11.6	-3.9	-7975.4
十一、社会服务业	293	135.9	236.6	1.6	13460.9
十二、卫生体育福利业	9	0.2	0.8	0.2	2974.5
十三、教育文化广播业	142	16.3	23.5	14.1	37235.5
十四、科学研究和技术服务	34	1.8	4.4	1.8	5657.4
十五、机关社团及其他	20	9.5	84.1	3.4	72806.0

2004年海南省国有资产主要指标表

单位:亿元

项　目	户数(户)	国有资产总量	国有企业基本情况		
			资产总额	净资产利润率(%)	人均税利(元/人)
合　计	1319	141.3	884.3	1.4	9456.1
一、农林牧渔业	144	11.9	47.9	-1.5	-523.2
其中:农业	32	5.5	10.7	0.9	556.3
林业	47	2.6	8.8	3.8	2275.1
畜牧业	6	0.6	0.7	-0.6	-1197.6
渔业	15	0.1	2.8	85.1	-22591.7
二、工业	226	33.2	145.3	12.7	22058.1
其中:煤炭工业	5	4.4	7.6	-0.9	20441.1
石油和石化工业	1	0.1	0.9	-10.2	-67818.8
冶金工业	12	8.4	16.8	44.6	50762.6
建材工业	14	0.2	11.6	16.2	667.6
化学工业	11	0.4	1.8	-97.4	-5951.4
森林工业	5	0.1	0.5	-2.7	-578.4

续表

项　目	户数(户)	国有资产总量	国有企业基本情况		
			资产总额	净资产利润率(%)	人均税利(元/人)
食品工业	51	3.1	20.3	1.9	12164.9
烟草工业					
纺织工业	5	0.0	8.2	-80.8	-1816.8
医药工业	9	0.3	0.9	-15.6	-575.2
机械工业	30	1.5	34.4	26.8	91204.2
电子工业	1	0.0	1.8	15.9	-55701.6
电力工业	19	0.9	3.1	-8.6	-863.2
市政公用工业	14	4.0	13.9	-0.1	4412.4
其他工业	49	9.7	23.6	6.5	11696.1
三、建筑业	35	4.9	31.4	2.4	16605.6
四、地质勘查及水利业	11	3.3	4.5	-2.5	-1535.8
五、交通运输业	18	31.9	460.3	0.2	15071.7
其中:铁路运输业	1	0.0	53.3	-7.3	-56926.8
道路运输业	5	9.9	62.8	-0.6	2720.6
水上运输业	6	14.2	32.5	1.4	8830.6
航空运输业	2	6.4	307.9	6.1	293637.6
六、仓储业	319	1.0	15.3	40.9	-11051.4
七、邮电通信业					
八、批发和零售、餐饮业	386	4.2	23.7	25.9	-3027.3
(一)贸易业	371	3.9	21.5	24.9	-3349.4
1. 商业贸易	236	3.3	15.1	54.4	-2725.6
2. 粮油贸易	112	0.4	4.0	18.9	-2869.5
3. 物资贸易	18	0.1	1.9	7.1	-20170.0
4. 商业经纪与代理业	5	0.1	0.4	-2.4	66.8
(二)餐饮业	15	0.3	2.2	-9.0	-49.8
九、房地产业	34	11.6	53.6	-7.1	-37417.9
十、信息技术服务业	1	0.0	0.0	86.4	-9407.0
十一、社会服务业	98	24.9	50.3	2.2	12556.2
十二、卫生体育福利业	2	0.5	0.5	27.7	137049.1
十三、教育文化广播业	32	6.1	10.4	3.6	15761.9
十四、科学研究和技术服务	7	0.1	0.2	8.1	10454.0
十五、机关社团及其他	6	7.5	40.8	-0.1	-1360.9

2004 年重庆市国有资产主要指标表

单位:亿元

项　目	户数(户)	国有资产总量	国有企业基本情况		
			资产总额	净资产利润率(%)	人均税利(元/人)
合　计	1967	893.1	2999.2	1.8	16184.2
一、农林牧渔业	113	7.1	17.8	0.2	1963.7
其中:农业	44	1.4	9.8	6.0	5019.0
林业	23	0.8	1.9	-5.8	-5504.7
畜牧业	10	2.3	3.6	1.1	4271.0
渔业	5	0.0	0.1	-33.6	-7478.6
二、工业	595	199.7	814.5	5.7	22663.7
其中:煤炭工业	44	13.2	41.6	4.1	8255.6
石油和石化工业	5	1.4	4.1	19.9	85074.3
冶金工业	21	30.0	117.9	42.3	56883.9
建材工业	37	-1.2	26.9	-103.4	-2610.0
化学工业	48	4.6	60.5	4.7	12849.1
森林工业	3	0.2	0.3	-0.2	5126.0
食品工业	40	2.3	17.8	-0.5	8219.5
烟草工业					
纺织工业	26	1.3	19.0	33.1	-11587.5
医药工业	15	8.0	41.4	11.2	37296.6
机械工业	184	31.5	238.3	3.3	31916.4
电子工业	11	0.2	8.4	0.9	4379.9
电力工业	30	50.9	90.5	1.0	18080.2
市政公用工业	56	56.5	96.6	1.2	19347.2
其他工业	75	0.9	51.1	45.1	46511.4
三、建筑业	87	33.3	123.5	2.8	12077.8
四、地质勘查及水利业	29	27.2	56.4	1.5	27373.6
五、交通运输业	94	158.0	516.0	-4.8	-9418.0
其中:铁路运输业	2	0.3	1.4	1.3	9640.2
道路运输业	37	132.7	404.8	-5.8	-29030.2

续表

项目	户数(户)	国有资产总量	国有企业基本情况		
			资产总额	净资产利润率(%)	人均税利(元/人)
水上运输业	17	7.7	41.6	-33.4	-11456.9
航空运输业	1	1.5	4.8	-6.9	-231148.2
六、仓储业	301	2.0	50.5	1.2	-1073.0
七、邮电通信业	2	-0.1	0.6	-220.2	234.1
八、批发和零售、餐饮业	328	47.0	188.4	6.1	12382.0
(一)贸易业	323	46.2	186.5	6.4	12818.2
1. 商业贸易	106	20.0	115.4	12.9	20532.4
2. 粮油贸易	67	0.1	4.0	7.5	-10121.4
3. 物资贸易	145	26.0	66.6	-6.0	2772.4
4. 商业经纪与代理业	5	0.0	0.5	87.9	117311.6
(二)餐饮业	5	0.8	1.9	-1.5	1107.5
九、房地产业	103	122.2	311.8	0.4	25821.2
十、信息技术服务业	16	0.7	2.1	6.0	9887.0
十一、社会服务业	193	278.8	610.6	1.0	22360.5
十二、卫生体育福利业	1	0.1	0.1	-16.2	-728.9
十三、教育文化广播业	67	11.5	36.9	5.8	25822.9
十四、科学研究和技术服务	31	0.4	3.9	-1.4	6019.4
十五、机关社团及其他	7	5.3	266.3	5.8	156976.8

2004年四川省国有资产主要指标表

单位:亿元

项目	户数(户)	国有资产总量	国有企业基本情况		
			资产总额	净资产利润率(%)	人均税利(元/人)
合计	3051	1162.5	3734.5	0.1	11476.3
一、农林牧渔业	249	18.4	60.5	-10.5	-3707.1
其中:农业	46	3.6	11.8	-2.8	-879.5
林业	120	11.4	39.8	-19.1	-6367.9
畜牧业	20	0.3	0.6	-10.4	-2025.2
渔业	6	1.3	1.9	-1.3	-10888.2

续表

项目	户数(户)	国有资产总量	国有企业基本情况		
			资产总额	净资产利润率(%)	人均税利(元/人)
二、工业	791	370.2	1338.2	0.0	12419.3
其中:煤炭工业	85	40.7	96.7	3.3	6251.3
石油和石化工业	1	0.0	0.1	55.8	45083.1
冶金工业	37	9.8	65.5	19.8	26899.8
建材工业	28	6.3	26.7	-1.1	1949.1
化学工业	73	59.3	239.3	11.9	31339.1
森林工业	9	1.0	2.3	-6.4	-5473.1
食品工业	89	1.1	13.0	28.1	-1943.7
烟草工业					
纺织工业	34	4.6	24.5	-5.1	423.3
医药工业	9	0.6	4.7	2.5	20567.1
机械工业	61	15.1	65.2	6.8	9364.8
电子工业	34	41.1	107.8	-49.1	-101533.5
电力工业	139	46.2	414.3	13.1	41447.0
市政公用工业	131	31.7	75.3	-5.2	-4673.6
其他工业	61	112.9	202.9	4.5	32221.0
三、建筑业	138	48.2	319.1	-7.6	1547.7
四、地质勘查及水利业	16	9.2	55.8	-3.3	-60418.4
五、交通运输业	102	232.6	725.0	-1.4	-3710.8
其中:铁路运输业	5	4.3	50.2	-0.9	-20.1
道路运输业	54	190.5	586.8	-1.9	-16942.5
水上运输业	4	0.0	1.7	22.5	-8658.5
航空运输业	7	25.3	53.7	2.4	35035.2
六、仓储业	740	12.4	196.0	22.1	-13987.8
七、邮电通信业	5	0.0	1.0	80.2	-41203.9
八、批发和零售、餐饮业	519	51.2	162.0	64.1	77252.2
(一)贸易业	504	50.9	159.5	66.1	79124.1
1. 商业贸易	217	36.8	78.1	45.9	89221.6
2. 粮油贸易	128	1.7	23.8	7.7	-3756.6
3. 物资贸易	150	8.3	45.3	35.7	5511.1
4. 商业经纪与代理业	9	4.1	12.3	225.6	2788039.1

续表

项　　目	户数(户)	国有资产总量	国有企业基本情况		
			资产总额	净资产利润率(%)	人均税利(元/人)
(二)餐饮业	15	0.3	2.5	-5.0	-986.6
九、房地产业	83	47.0	233.8	-7.7	-58804.1
十、信息技术服务业	15	3.6	12.3	-0.9	6212.7
十一、社会服务业	175	117.5	291.2	-1.3	-1224.6
十二、卫生体育福利业	4	0.0	0.4	-9.3	-3204.8
十三、教育文化广播业	130	31.9	54.1	11.7	46904.2
十四、科学研究和技术服务	15	0.9	2.3	6.1	11708.6
十五、机关社团及其他	69	219.2	282.9	1.0	27473.4

2004 年贵州省国有资产主要指标表

单位:亿元

项　　目	户数(户)	国有资产总量	国有企业基本情况		
			资产总额	净资产利润率(%)	人均税利(元/人)
合　计	2806	569.3	1854.4	2.0	13839.2
一、农林牧渔业	196	7.2	18.4	-5.5	-1198.5
其中:农业	48	1.4	5.2	0.1	1802.7
林业	78	3.7	7.7	-3.8	-1142.1
畜牧业	14	0.7	2.3	-32.9	-6985.0
渔业					
二、工业	839	277.0	954.1	6.2	19960.2
其中:煤炭工业	65	44.2	135.2	3.0	9083.3
石油和石化工业					
冶金工业	35	20.8	127.5	-3.2	12596.3
建材工业	54	7.7	34.3	-6.4	1666.1
化学工业	94	89.0	214.0	4.3	20962.6
森林工业	8	0.1	1.4	18.0	-538.4
食品工业	140	2.5	12.0	-23.3	-2327.8
烟草工业	3	0.2	1.7	-25.5	-11977.3
纺织工业	19	1.9	6.9	-288.9	-2024.0

续表

项　　目	户数(户)	国有资产总量	国有企业基本情况		
			资产总额	净资产利润率(%)	人均税利(元/人)
医药工业	7	0.1	1.2	-26.9	-4569.5
机械工业	110	5.6	57.5	-132.4	160.9
电子工业	27	14.2	39.5	0.7	5336.9
电力工业	71	31.7	156.6	9.5	51050.5
市政公用工业	89	11.7	35.1	-2.7	1986.6
其他工业	116	47.3	130.9	28.3	100620.7
三、建筑业	132	140.0	421.3	-2.2	5352.3
四、地质勘查及水利业	14	1.0	2.3	-1.2	718.2
五、交通运输业	69	27.3	57.8	-3.8	-816.3
其中:铁路运输业	6	20.6	37.7	-5.3	-76423.2
道路运输业	40	4.8	13.4	0.6	2197.2
水上运输业	3	0.0	0.7	40.3	-2386.7
航空运输业	1	0.0	0.2	1.2	5211.3
六、仓储业	174	2.9	36.4	35.9	-30083.6
七、邮电通信业					
八、批发和零售、餐饮业	984	25.2	89.1	-4.0	5496.3
(一)贸易业	934	24.2	86.3	-3.4	6038.2
1. 商业贸易	579	12.4	40.1	-3.9	4237.4
2. 粮油贸易	119	2.7	9.0	-36.5	-7263.7
3. 物资贸易	226	8.6	33.5	-1.2	13951.4
4. 商业经纪与代理业	10	0.4	3.7	40.0	80170.9
(二)餐饮业	50	1.0	2.8	-11.6	-5294.5
九、房地产业	63	3.6	103.2	-1.3	19612.6
十、信息技术服务业	4	0.2	0.6	3.9	12443.8
十一、社会服务业	228	23.8	59.2	-4.4	-50.6
十二、卫生体育福利业	7	0.1	0.4	13.0	3836.8
十三、教育文化广播业	60	5.9	8.7	22.4	59915.8
十四、科学研究和技术服务	11	0.2	0.4	17.3	12319.1
十五、机关社团及其他	25	54.9	102.7	1.8	189233.2

2004 年云南省国有资产主要指标表

单位:亿元

项　　目	户数(户)	国有资产总量	国有企业基本情况		
			资产总额	净资产利润率(%)	人均税利(元/人)
合　计	2512	681.0	2249.5	4.7	15985.9
一、农林牧渔业	308	33.4	97.1	9.3	3152.3
其中:农业	127	23.2	72.6	15.2	3578.7
林业	97	6.5	16.8	0.9	1680.9
畜牧业	25	0.9	2.0	-1.1	1749.2
渔业	9	0.0	0.3	-38.3	-12310.1
二、工业	660	308.4	1088.4	10.1	25404.2
其中:煤炭工业	29	17.7	55.8	5.6	19262.6
石油和石化工业	2	-0.3	6.0	123.7	50305.3
冶金工业	77	123.0	438.3	19.3	45513.2
建材工业	34	1.7	33.2	-2.5	7819.4
化学工业	72	57.1	224.8	14.0	31040.0
森林工业	8	0.3	1.5	-53.5	-9843.5
食品工业	60	4.6	21.5	7.2	9473.2
烟草工业	1	-0.3	3.2	3.2	305723.1
纺织工业	7	4.1	15.7	-8.6	315.0
医药工业	7	0.4	2.0	5.6	20677.4
机械工业	92	20.0	94.0	-2.1	4564.0
电子工业	7	3.1	16.2	3.9	15073.9
电力工业	90	48.1	103.6	3.2	19701.2
市政公用工业	102	24.5	45.9	-2.0	2313.1
其他工业	72	4.2	26.7	-0.8	4728.7
三、建筑业	129	41.6	165.8	-3.3	3618.4
四、地质勘查及水利业	43	13.1	21.3	-2.6	-13786.7
五、交通运输业	53	36.5	89.6	0.8	4896.3
其中:铁路运输业	3	5.4	5.7	1.2	95762.3
道路运输业	24	7.9	46.8	0.6	2921.5

续表

项　　目	户数(户)	国有资产总量	国有企业基本情况		
			资产总额	净资产利润率(%)	人均税利(元/人)
水上运输业	3	0.4	0.7	-0.5	408.3
航空运输业	10	20.6	24.1	0.2	13545.1
六、仓储业	236	12.2	68.5	-6.7	-2137.2
七、邮电通信业	3	0.7	1.5	-2.5	398.0
八、批发和零售、餐饮业	439	19.8	146.6	-47.5	3816.8
(一)贸易业	417	18.8	142.3	-54.7	4495.8
1. 商业贸易	202	12.7	64.2	-18.4	6033.8
2. 粮油贸易	59	2.8	13.2	117.8	-7389.6
3. 物资贸易	152	3.3	64.2	59.3	12647.7
4. 商业经纪与代理业	4	0.0	0.6	110.9	-273618.9
(二)餐饮业	22	1.1	4.3	-13.7	-12989.0
九、房地产业	67	2.8	38.1	-10.3	10971.4
十、信息技术服务业	12	0.1	0.8	92.0	-7177.7
十一、社会服务业	334	120.5	332.8	-0.1	14113.1
十二、卫生体育福利业	13	0.4	0.9	1.4	11303.3
十三、教育文化广播业	117	7.0	12.5	8.0	26678.3
十四、科学研究和技术服务	62	0.7	3.0	-12.0	-2686.2
十五、机关社团及其他	36	83.7	182.7	2.6	157699.4

2004年西藏自治区国有资产主要指标表

单位:亿元

项　　目	户数(户)	国有资产总量	国有企业基本情况		
			资产总额	净资产利润率(%)	人均税利(元/人)
合　计	469	92.4	192.5	1.5	18211.1
一、农林牧渔业	22	1.7	3.0	4.5	15152.4
其中:农业	8	0.7	1.2	3.0	6997.4
林业	5	0.8	1.4	7.0	23002.2
畜牧业	4	0.1	0.2	1.9	5690.0
渔业					

续表

项　　目	户数(户)	国有资产总量	国有企业基本情况		
			资产总额	净资产利润率(%)	人均税利(元/人)
二、工业	103	55.0	91.2	3.2	36476.0
其中:煤炭工业	2	0.3	0.5	-0.3	27043.2
石油和石化工业					
冶金工业	7	4.5	16.7	7.3	38331.8
建材工业	10	2.4	10.0	23.9	62543.3
化学工业	4	0.1	0.5	43.5	76419.1
森林工业	1	0.1	0.2	-26.6	-8619.5
食品工业	10	0.8	1.8	1.1	7802.2
烟草工业					
纺织工业	2	0.4	0.7	-8.9	-8784.4
医药工业	3	0.8	4.1	0.5	229663.5
机械工业	3	0.6	1.4	1.1	7084.6
电子工业					
电力工业	45	39.9	42.1	0.2	17703.3
市政公用工业	6	2.8	3.0	2.0	21986.4
其他工业	10	2.2	10.2	9.7	88314.4
三、建筑业	30	4.9	20.4	7.1	23034.8
四、地质勘查及水利业	2	0.2	0.3	-17.4	-39151.8
五、交通运输业	36	3.6	8.4	3.8	11213.3
其中:铁路运输业					
道路运输业	28	2.8	6.8	2.6	8107.6
水上运输业					
航空运输业					
六、仓储业	113	3.2	17.5	-559.7	-78500.8
七、邮电通信业					
八、批发和零售、餐饮业	85	7.1	21.0	0.5	21573.7
(一)贸易业	85	7.1	21.0	0.5	21573.7
1. 商业贸易	58	2.1	9.1	-1.4	14483.9
2. 粮油贸易	5	0.4	0.7	10.3	139753.0
3. 物资贸易	20	1.9	5.0	5.4	31380.7
4. 商业经纪与代理业	2	2.8	6.2	-2.5	-80132.3

续表

项　　目	户数(户)	国有资产总量	国有企业基本情况		
			资产总额	净资产利润率(%)	人均税利(元/人)
(二)餐饮业					
九、房地产业	2	0.8	4.0	68.1	770376.9
十、信息技术服务业					
十一、社会服务业	63	14.9	24.4	2.0	13473.8
十二、卫生体育福利业	3	0.1	0.3	-105.7	-37770.4
十三、教育文化广播业	7	0.6	1.8	-1.1	15030.6
十四、科学研究和技术服务	1	0.0	0.0	7.5	11523.3
十五、机关社团及其他	2	0.3	0.4	0.0	7774.9

2004年陕西省国有资产主要指标表

单位:亿元

项　　目	户数(户)	国有资产总量	国有企业基本情况		
			资产总额	净资产利润率(%)	人均税利(元/人)
合　计	4227	715.9	2773.2	8.0	13864.7
一、农林牧渔业	195	9.2	24.5	-10.1	-2774.8
其中:农业	50	1.7	5.3	-1.3	30.9
林业	49	3.0	7.0	-6.2	-2417.9
畜牧业	35	0.7	3.3	37.4	-19894.5
渔业	3	0.0	0.1	-0.1	93.1
二、工业	1229	414.9	1547.8	15.4	20275.8
其中:煤炭工业	61	37.5	142.0	4.9	7686.2
石油和石化工业	29	118.9	321.3	48.0	239094.7
冶金工业	82	13.4	140.4	67.6	20622.5
建材工业	77	9.7	56.6	-184.4	-1385.7
化学工业	99	16.6	135.8	-3.7	5259.3
森林工业	15	0.5	2.3	-9.8	-195.8
食品工业	188	2.9	22.9	70.4	-8972.6
烟草工业	3	0.0	0.7	10.1	-6078.5
纺织工业	55	-5.0	58.0	25.2	-5917.0

续表

项　　目	户数(户)	国有资产总量	国有企业基本情况		
			资产总额	净资产利润率(%)	人均税利(元/人)
医药工业	35	3.4	26.7	17.4	18146.5
机械工业	286	42.1	235.1	11.4	6133.4
电子工业	47	15.3	94.3	-2.4	3058.3
电力工业	38	122.3	197.2	-1.1	9822.7
市政公用工业	90	31.7	63.8	-3.9	-2715.6
其他工业	123	5.4	50.7	-70.9	336.5
三、建筑业	105	21.4	133.0	-2.0	3823.3
四、地质勘查及水利业	18	2.3	4.0	-4.6	-3833.7
五、交通运输业	104	57.7	268.2	0.0	3443.0
其中:铁路运输业					
道路运输业	61	31.7	212.4	0.0	3720.9
水上运输业					
航空运输业	13	19.4	29.7	-6.7	-26228.9
六、仓储业	881	5.6	103.0	68.4	-21520.8
七、邮电通信业	3	0.0	0.1	491.2	-46478.6
八、批发和零售、餐饮业	1173	21.2	205.6	29.1	-1125.1
(一)贸易业	1104	19.9	196.9	23.8	-1093.3
1. 商业贸易	562	12.3	101.3	72.9	-2840.8
2. 粮油贸易	202	0.8	9.9	26.2	-15580.9
3. 物资贸易	311	6.2	67.2	-8.4	11678.5
4. 商业经纪与代理业	29	0.6	18.4	17.9	-13711.0
(二)餐饮业	69	1.3	8.7	-10.2	-1515.5
九、房地产业	85	51.2	209.9	1.9	53125.5
十、信息技术服务业	5	9.4	20.6	-2.3	-2315.7
十一、社会服务业	265	94.6	176.6	9.1	34350.7
十二、卫生体育福利业	9	0.6	1.5	0.5	3013.8
十三、教育文化广播业	119	14.1	25.2	2.4	18015.5
十四、科学研究和技术服务	26	1.2	4.1	39.8	41265.3
十五、机关社团及其他	10	12.5	49.0	2.4	20501.7

2004年甘肃省国有资产主要指标表

单位:亿元

项目	户数(户)	国有资产总量	国有企业基本情况		
			资产总额	净资产利润率(%)	人均税利(元/人)
合计	2368	381.4	1575.5	1.6	9943.6
一、农林牧渔业	111	27.9	60.3	-0.9	-181.7
其中:农业	43	16.1	38.4	0.5	1246.7
林业	14	2.6	6.7	-2.3	-630.0
畜牧业	18	2.2	2.9	-0.2	306.3
渔业	1	0.0	0.0	14.1	-7217.4
二、工业	529	220.3	1094.1	5.1	16224.1
其中:煤炭工业	30	53.8	117.7	1.7	8358.7
石油和石化工业	3	0.0	1.4	8.4	-1224.1
冶金工业	41	78.3	580.4	14.6	51246.7
建材工业	51	11.4	69.1	-7.2	5713.0
化学工业	24	7.1	32.9	-27.6	-12062.2
森林工业	2	0.0	0.0	-12.5	-1227.7
食品工业	43	2.7	9.0	-7.3	-4467.0
烟草工业	1	0.0	0.1	9.3	-518.0
纺织工业	18	1.6	10.8	-18.1	-3670.5
医药工业	13	3.1	10.2	3.1	13194.2
机械工业	106	26.2	140.3	-14.8	-1325.1
电子工业	16	4.6	20.1	33.7	-21809.5
电力工业	67	7.4	48.0	-6.5	6141.8
市政公用工业	53	16.4	29.8	-4.3	-4516.6
其他工业	61	7.6	24.2	-6.9	1847.9
三、建筑业	65	13.3	82.1	-1.6	2556.0
四、地质勘查及水利业	86	15.1	21.6	-3.1	-4173.5
五、交通运输业	51	18.9	37.2	-9.3	-7215.1
其中:铁路运输业	1	0.0	0.0	-6.2	694.0
道路运输业	25	4.1	8.9	-1.1	755.2

续表

项　　目	户数(户)	国有资产总量	国有企业基本情况		
			资产总额	净资产利润率(%)	人均税利(元/人)
水上运输业	2	0.1	0.2	-9.8	-6549.0
航空运输业	4	8.7	16.3	-18.5	-90244.6
六、仓储业	870	7.0	99.1	52.7	-14562.8
七、邮电通信业	1	0.0	0.0	19.6	-31647.4
八、批发和零售、餐饮业	368	11.6	64.1	-9.8	5206.4
(一)贸易业	354	11.2	63.2	-10.1	5426.0
1. 商业贸易	209	7.8	36.9	-6.8	1938.3
2. 粮油贸易	46	1.0	4.1	-12.9	-5916.3
3. 物资贸易	97	2.4	22.2	11.0	17793.0
4. 商业经纪与代理业	2	0.0	0.1	-4.3	-5557.9
(二)餐饮业	14	0.4	0.9	-1.6	1155.0
九、房地产业	29	1.7	9.8	-1.1	12624.5
十、信息技术服务业	7	0.2	6.4	-14.0	-228253.8
十一、社会服务业	141	16.3	34.8	-5.6	-2599.0
十二、卫生体育福利业	2	0.0	0.0	-1.4	111.9
十三、教育文化广播业	72	5.4	8.5	21.8	74167.9
十四、科学研究和技术服务	18	0.7	2.4	2.9	15269.5
十五、机关社团及其他	18	43.2	55.2	0.4	25334.1

2004 年青海省国有资产主要指标表

单位:亿元

项　　目	户数(户)	国有资产总量	国有企业基本情况		
			资产总额	净资产利润率(%)	人均税利(元/人)
合　计	552	94.6	439.2	11.6	29254.3
一、农林牧渔业	31	4.3	8.7	1.6	1145.8
其中:农业	20	4.0	8.0	1.7	1140.8
林业					

续表

项　　目	户数(户)	国有资产总量	国有企业基本情况		
			资产总额	净资产利润率(%)	人均税利(元/人)
畜牧业	7	0.3	0.6	1.5	1744.3
渔业	2	0.0	0.0	-11.8	-7052.0
二、工业	141	40.0	299.1	19.2	48193.3
其中:煤炭工业	17	2.2	7.0	1.8	43426.8
石油和石化工业					
冶金工业	20	11.9	123.1	21.1	52461.1
建材工业	10	2.0	6.7	5.8	8417.5
化学工业	14	11.7	53.9	28.9	104306.7
森林工业					
食品工业	20	0.7	5.1	-7.5	-9619.6
烟草工业					
纺织工业	1	1.6	17.0	24.2	113356.0
医药工业	4	1.1	2.5	-0.4	5471.2
机械工业	8	2.1	5.5	-1.4	-2136.9
电子工业					
电力工业	17	2.9	62.9	40.4	72108.3
市政公用工业	19	2.3	8.1	-5.6	-2363.4
其他工业	11	1.5	7.2	12.4	19211.8
三、建筑业	14	3.7	20.4	6.9	15056.6
四、地质勘查及水利业	3	0.0	0.8	-12.4	-4859.5
五、交通运输业	30	4.6	8.5	-7.0	-2393.9
其中:铁路运输业					
道路运输业	22	0.8	2.5	-6.5	267.4
水上运输业					
航空运输业	6	2.6	2.8	-11.1	-45732.5
六、仓储业	79	1.1	12.3	-181.5	-30680.4
七、邮电通信业					
八、批发和零售、餐饮业	111	1.4	5.6	-31.4	-9997.1
(一)贸易业	109	1.4	5.5	-31.7	-9805.8
1. 商业贸易	72	0.8	2.8	-6.5	2188.3

续表

项　　目	户数(户)	国有资产总量	国有企业基本情况		
			资产总额	净资产利润率(%)	人均税利(元/人)
2. 粮油贸易	24	0.3	1.0	194.4	-69153.8
3. 物资贸易	11	0.3	1.4	2.8	15081.3
4. 商业经纪与代理业	2	0.1	0.3	10.8	109744.8
(二)餐饮业	2	0.0	0.1	-18.5	-51893.8
九、房地产业	23	3.1	15.8	-2.6	-3438.3
十、信息技术服务业	21	0.6	1.1	3.7	9944.8
十一、社会服务业	48	19.5	41.8	9.3	57665.3
十二、卫生体育福利业	1	0.0	0.1	0.0	0.0
十三、教育文化广播业	25	0.8	1.7	-7.8	-485.6
十四、科学研究和技术服务	21	0.5	1.2	4.0	5711.1
十五、机关社团及其他	4	14.9	22.3	4.5	1227250.8

2004年宁夏回族自治区国有资产主要指标表

单位:亿元

项　　目	户数(户)	国有资产总量	国有企业基本情况		
			资产总额	净资产利润率(%)	人均税利(元/人)
合　计	590	147.7	547.6	-2.6	3597.8
一、农林牧渔业	46	7.2	18.7	1.0	969.8
其中:农业	30	5.1	15.2	3.5	1178.7
林业	4	0.2	0.4	3.9	693.8
畜牧业	3	0.1	0.4	3.2	12463.9
渔业	1	1.5	1.5	-5.7	-32027.6
二、工业	179	91.0	360.4	-2.6	4458.8
其中:煤炭工业	18	50.0	89.3	0.8	5073.2
石油和石化工业					
冶金工业	13	17.5	66.6	5.5	19378.6
建材工业	17	3.9	17.2	15.0	22123.7
化学工业	21	3.3	20.7	-2.9	3585.9
森林工业					

续表

项　　目	户数(户)	国有资产总量	国有企业基本情况		
			资产总额	净资产利润率(%)	人均税利(元/人)
食品工业	13	0.7	7.5	-5.8	2368.8
烟草工业	1	0.0	0.1	-19.4	-4864.3
纺织工业	7	1.0	11.2	-6.5	11645.6
医药工业					
机械工业	38	2.8	56.1	-116.1	-12360.6
电子工业	2	0.0	3.5	-16.9	-31923.3
电力工业	6	1.3	37.8	1.6	24855.6
市政公用工业	21	5.7	10.9	-1.4	1616.8
其他工业	22	4.8	39.5	5.7	10701.7
三、建筑业	38	3.9	32.8	-5.5	3256.9
四、地质勘查及水利业	15	6.0	8.5	-7.0	-8467.0
五、交通运输业	25	1.3	10.3	14.2	18098.5
其中:铁路运输业	1	0.0	0.1	-25.4	-51585.2
道路运输业	18	0.6	5.3	3.3	6883.6
水上运输业	1	0.0	0.0	14.0	10371.5
航空运输业					
六、仓储业	42	3.6	17.5	-24.5	-18333.5
七、邮电通信业					
八、批发和零售、餐饮业	141	4.5	31.6	26.9	10544.3
(一)贸易业	136	4.3	31.2	53.2	11109.0
1. 商业贸易	81	2.9	19.9	33.9	13765.8
2. 粮油贸易	12	0.2	1.1	-40.8	-14435.7
3. 物资贸易	42	1.3	7.9	17.5	1552.0
4. 商业经纪与代理业	1	-0.1	2.2	6.9	-125627.4
(二)餐饮业	5	0.1	0.4	-23.2	-8138.7
九、房地产业	11	0.4	4.3	22.4	147191.9
十、信息技术服务业					
十一、社会服务业	46	22.1	33.1	-2.2	-7294.7
十二、卫生体育福利业					

续表

项　　目	户数(户)	国有资产总量	国有企业基本情况		
			资产总额	净资产利润率(%)	人均税利(元/人)
十三、教育文化广播业	32	1.8	3.7	4.5	14073.2
十四、科学研究和技术服务	8	0.6	0.9	3.0	10787.9
十五、机关社团及其他	7	5.2	25.8	-19.5	-229337.3

2004年新疆维吾尔自治区国有资产主要指标表

单位:亿元

项　　目	户数(户)	国有资产总量	国有企业基本情况		
			资产总额	净资产利润率(%)	人均税利(元/人)
合　计	1611	278.3	923.0	-5.3	3827.2
一、农林牧渔业	287	25.1	59.9	-0.4	254.1
其中:农业	86	8.8	25.7	0.7	489.8
林业	26	4.6	10.4	-0.1	587.0
畜牧业	144	6.7	15.3	-0.3	234.4
渔业	9	0.2	1.1	-45.5	-25521.2
二、工业	363	94.8	344.7	5.5	23114.8
其中:煤炭工业	20	20.7	43.1	1.7	8755.6
石油和石化工业					
冶金工业	33	27.8	126.3	18.8	72275.7
建材工业	34	5.9	21.9	-12.6	-11667.1
化学工业	28	11.1	39.1	15.5	32720.3
森林工业	2	0.0	0.6	0.3	4388.3
食品工业	28	2.3	9.4	-2.3	6302.3
烟草工业					
纺织工业	23	0.6	28.1	71.7	-1187.8
医药工业	4	0.7	3.3	9.4	21322.2
机械工业	24	1.7	7.7	4.7	13080.7
电子工业					
电力工业	28	4.1	13.3	-2.9	1205.0

续表

项目	户数(户)	国有资产总量	国有企业基本情况		
			资产总额	净资产利润率(%)	人均税利(元/人)
市政公用工业	92	16.2	36.0	-3.7	-847.2
其他工业	47	3.7	15.8	-9.2	2576.1
三、建筑业	57	16.0	93.3	1.6	5143.9
四、地质勘查及水利业	18	10.3	13.9	-2.0	-3306.4
五、交通运输业	59	17.1	40.4	-17.8	-6502.1
其中:铁路运输业					
道路运输业	43	3.5	17.4	-25.8	-7520.6
水上运输业					
航空运输业	2	11.4	17.6	-21.9	-55066.5
六、仓储业	158	5.1	75.6	54.6	-168253.3
七、邮电通信业					
八、批发和零售、餐饮业	385	13.6	63.4	-88.5	3836.0
(一)贸易业	383	13.5	63.2	-95.0	3812.8
1. 商业贸易	223	8.7	38.1	-13.6	10109.4
2. 粮油贸易	105	3.0	12.6	38.9	-41299.5
3. 物资贸易	43	0.6	9.0	21.0	43436.5
4. 商业经纪与代理业	12	1.3	3.5	4.1	56130.6
(二)餐饮业	2	0.1	0.2	-1.1	8979.4
九、房地产业	37	2.6	14.4	3.4	21136.8
十、信息技术服务业	7	0.7	9.0	2.3	27265.2
十一、社会服务业	141	83.0	191.7	-2.0	-16937.0
十二、卫生体育福利业					
十三、教育文化广播业	60	5.1	7.5	8.0	16981.0
十四、科学研究和技术服务	36	0.6	2.9	11.5	7583.9
十五、机关社团及其他	3	4.1	6.2	2.2	211477.9

2005

CHINA'S STATE-OWNED ASSETS SUPERVISION AND ADMINISTRATION YEARBOOK

中国国有资产监督管理年鉴

国有资产监督管理政策法规选编

第六篇

部门规章

企业国有资产统计报告办法

(国资委令第4号　2004年2月12日)

第一章　总　则

第一条　为加强企业国有资产监督管理,了解掌握企业国有资产营运等情况,建立全国国有资本金统计报告工作规范,依据《企业国有资产监督管理暂行条例》及国家有关财务会计制度,制定本办法。

第二条　国有及国有控股企业、国有参股企业的国有资产统计报告工作,适用本办法。

第三条　本办法所称国有资产统计报告,是指企业按照国家财务会计制度规定,根据统一的报告格式和填报要求,编制上报的反映企业年度会计期间资产质量、财务状况、经营成果等企业国有资产营运基本情况的文件。

第四条　各省、自治区、直辖市国有资产监督管理机构(以下简称省级国有资产监督管理机构)和各有关部门应当按照本办法的统一要求,认真组织实施本地区、本部门监管企业国有资产统计报告工作,并依据规定向国务院国有资产监督管理委员会(以下简称国务院国资委)报备。

第五条　凡占用国有资产的企业应当按照《企业国有资产监督管理暂行条例》和国家财务会计制度有关规定,在做好财务会计核算工作的基础上,根据国家统一的要求,认真编制国有资产统计报告,如实反映本企业占用的国有资产及其营运情况。

第二章　报告内容

第六条　国有资产年度统计报告由企业会计报表和国有资产营运分析报告两部分构成。

第七条　企业会计报表按照国家财务会计统一规定由资产负债表、利润及利润分配表、现金流量表、所有者权益变动表、资产减值准备计提情况表及相关附表构成。企业会计报表应当经过中介机构审计。

第八条　国有资产营运分析报告是对本地区、本部门或者本企业占用的国有资产及营运情况进行分析说明的文件,具体包括:

(一)国有资产总量与分布结构;

(二)企业资产质量、财务状况及经营成果分析;

(三)国有资产增减变动情况及其原因分析;

(四)国有资产保值增值结果及其影响因素分析;

(五)其他需说明的事项。

第三章　编制范围

第九条　应当编制国有资产统计报告的企业包括:由国务院,省、自治区、直辖市人民政府,设区的市、自治州级人民政府履行出资人职责的具有法人资格、独立核算、能够编制完整会计报表的境内外国有及国有控股企业。

第十条　国有参股企业的国有资产及投资收益依据合并会计报表的规定,纳入国有投资单位的国有资产统计范围,原则上不单独编制国有资产统计报告。但对于重要参股企业,应当根据国有资产监管需要单独编制国有资产统计报告。

重要参股企业的标准或者名单由相关国有资产监督管理机构确定。

第十一条　企业国有资产统计报告基本填报单位的级次为:大型企业(含大型企业集团)为第三级以上(含第三级)各级子企业,第三级以下子企业并入第三级进行填报;中小型企业为第二级以上(含第二级)各级子企业,第二级以下子企业并入第二级进行填报。

第十二条　企业应当组织做好总部及各级境内外子企业的国有资产统计报告编制工作,并编制集团或者总公司合并(汇总)的国有资产统计报告,以全面反映企业国有资产营运情况,并与所属境内外子企业的分户国有资产统计数据一同报送同级国有资产监督管理机构或者主管部门。

第四章　组织管理

第十三条　企业国有资产统计报告工作应当遵

循统一规范、分级管理的原则，按照企业的财务关系或者产权关系分别组织实施。

第十四条 省级国有资产监督管理机构、各有关部门应当编制本地区、本部门所监管企业的汇总国有资产统计报告，并与所监管企业的分户国有资产统计数据一同报送国务院国资委。

第十五条 国务院国资委在国有资产统计报告工作中履行下列职责：

(一)制定全国企业国有资产统计报告规章、制度和工作规范；

(二)统一制定企业国有资产统计报告格式、编报要求和数据处理软件；

(三)负责所出资企业国有资产统计报告工作具体组织实施；

(四)负责收集、审核和汇总各地区、各有关部门国有资产统计报告，并向国务院报告全国企业国有资产营运情况；

(五)组织开展对企业国有资产统计报告质量监控工作，并组织开展企业国有资产统计报告编报质量的抽样核查。

第十六条 省级国有资产监督管理机构在企业国有资产统计报告工作中履行下列职责：

(一)依据统一的企业国有资产统计报告规章制度和工作规范，负责本地区监管企业国有资产统计报告工作的组织实施和监督检查；

(二)指导下一级国有资产监督管理机构开展企业国有资产统计报告工作；

(三)负责收集、审核、汇总本地区监管企业国有资产统计报告，并向同级人民政府报告本地区监管企业国有资产营运情况；

(四)负责向国务院国资委报送本地区监管企业国有资产统计报告；

(五)组织开展对本地区监管企业国有资产统计报告质量的核查工作。

第十七条 各有关部门在企业国有资产统计报告工作中履行下列职责：

(一)依据统一的企业国有资产统计报告规章制度和工作规范，负责本部门监管企业国有资产统计报告工作的组织实施和监督检查；

(二)负责收集、审核、汇总本部门监管企业国有资产统计报告；

(三)负责向国务院国资委报送本部门监管企业国有资产统计报告；

(四)组织开展对本部门监管企业国有资产报告质量的核查工作。

第十八条 省级国有资产监督管理机构和各有关部门应当指定专门机构或者人员具体负责国有资产统计报告工作，并与国务院国资委建立相应工作联系。

第十九条 省级国有资产监督管理机构和各有关部门应当加强对企业国有资产统计报告相关数据资料的管理，做好归档整理、建档建库和保密管理等工作。

第五章 编报规范

第二十条 企业应当在全面清理核实资产、负债、收入、支出并做好财务核算的基础上，按照统一的报告格式、内容、指标口径和操作软件，认真编制并按时上报企业国有资产统计报告，做到账实相符、账证相符、账账相符、账表相符。

第二十一条 企业应当严格按照国家财务会计制度和统一的编制要求，编制企业国有资产统计报告，做到内容完整、数字真实，不得虚报、漏报、瞒报和拒报，并按照财务关系或产权关系采取自下而上方式层层审核和汇总。

第二十二条 企业应当在认真做好总部及各级子企业分户报表编制范围与编制质量的审核工作基础上，编制集团或总公司合并报表，并按照国家财务会计制度的统一规定，做好合并范围和抵销事项的审核工作，对于未纳入范围和未抵销或者未充分抵销的事项应当单独说明。

第二十三条 企业主要负责人对本企业编制的国有资产统计报告的真实性和完整性负责。

企业财务会计等人员应当按照统一规定认真编制国有资产统计报告，如实反映本企业有关财务会计和国有资产营运信息。

第二十四条 省级国有资产监督管理机构和各有关部门应当加强对本地区、本部门监管企业国有资产统计报告工作的组织领导，加强督促指导，对企业报送的国有资产统计报告各项内容进行规范性审核。审核内容主要包括：

（一）编制范围是否全面完整；

（二）编制方法是否符合国家统一的财务会计制度，是否符合企业国有资产统计报告的编制要求；

（三）填报内容是否全面、真实；

（四）报表中相关指标之间、表间相关数据之间、分户数据与汇总数据之间、报表数据与计算机录入数据之间是否衔接一致。

第二十五条 省级国有资产监督管理机构和各有关部门应当认真做好本地区、本部门监管企业国有资产统计报告的审核工作，确保国有资产统计报告各项数据资料的完整和真实。凡发现报表编制不符合规定，存在漏报、错报、虚报、瞒报以及相关数据不衔接等情况，应当要求有关企业立即纠正，并限期重报。

第二十六条 企业国有资产统计报告采取自下而上、逐户审核、层层汇总方式收集上报。企业应当将国有资产统计报告经企业负责人、总会计师或主管财务工作负责人和报告编制人员签字并盖章后，于规定时间内上报。

第二十七条 中央企业国有资产统计报告工作应当遵守财务决算报告工作的相关规定。

第六章 奖 惩

第二十八条 授意、指使、强令企业财务会计等人员编制和提供虚假国有资产统计报告的，除依照《中华人民共和国会计法》、《企业国有资产监督管理暂行条例》和《企业财务会计报告条例》等有关法律法规处理外，还应对企业负责人给予纪律处分；有犯罪嫌疑的，依法移送司法机关处理。

第二十九条 对于玩忽职守、编制虚假财务会计信息，严重影响国有资产统计报告质量的，除依照《中华人民共和国会计法》、《企业国有资产监督管理暂行条例》和《企业财务会计报告条例》等有关法律法规处理外，还应对有关责任人员给予纪律处分；有犯罪嫌疑的，依法移送司法机关处理。

第三十条 省级国有资产监督管理机构和各有关部门工作组织不力或者不当，给企业国有资产统计报告工作造成不良影响的，应当给予通报。

第三十一条 省级国有资产监督管理机构和各有关部门应当认真做好本地区、本部门监管企业国有资产统计报告的总结工作，对在企业国有资产统计报告工作中取得优秀成绩的单位和个人给予表彰。

第七章 附 则

第三十二条 省级国有资产监督管理机构和各有关部门可依据本办法，结合各自实际，制定相应的实施细则。

第三十三条 本办法自公布之日起施行。

中央企业财务决算报告管理办法

（国资委令第5号 2004年2月12日）

第一章 总 则

第一条 为加强国务院国有资产监督管理委员会（以下简称国资委）所出资企业（以下简称企业）的财务监督，规范企业年度财务决算报告编制工作，全面了解和掌握企业资产质量、经营效益状况，依据《企业国有资产监督管理暂行条例》和国家有关财务会计制度规定，制定本办法。

第二条 企业编制上报年度财务决算报告应当遵守本办法。

第三条 本办法所称年度财务决算报告，是指企业按照国家财务会计制度规定，根据统一的编制口径、报表格式和编报要求，依据有关会计账簿记录和相关财务会计资料，编制上报的反映企业年末结账日资产及财务状况和年度经营成果、现金流量、国有资本保值增值等基本经营情况的文件。

企业财务决算报告由年度财务决算报表、年度报表附注和年度财务情况说明书，以及国资委规定上报的其他相关生产经营及管理资料构成。

第四条 除涉及国家安全的特殊企业外，企业年度财务决算报表和报表附注应当按照国家有关规定，由符合资质条件的会计师事务所及注册会计师进行审计。

会计师事务所出具的审计报告是企业年度财务决算报告的必备附件，应当与企业年度财务决算报告一并上报。

第五条 国资委依法对企业年度财务决算报告的编制工作、审计质量等进行监督，并组织对企业财务决算报告的真实性、完整性进行核查。

第二章 财务决算报告的编制

第六条 企业及各级子企业在每个会计年度终了，应当严格按照国家财务会计制度及相关会计准则规定，在全面财产清查、债权债务确认、资产质量核实的基础上，认真组织编制年度财务决算报告，以全面、完整、真实、准确反映企业年度财务状况和经营成果。

本办法所称各级子企业包括企业所有境内外全资子企业、控股子企业，以及各类独立核算的分支机构、事业单位和基建项目。

第七条 企业及各级子企业编制年度财务决算报告应当遵循会计全面性、完整性原则，并符合下列规定：

(一)企业财务决算报告应当以经营年度内发生的全部经济业务事项及会计账簿为基础进行编制，全面、完整反映企业各项经济业务的收入、成本(费用)以及现金流入(出)等状况，不得漏报；

(二)企业不得存有未反映在财务决算报告中的财务、会计事项，不得有账外资产或设立账外账，不得以任何理由设立“小金库”；

(三)企业应当按规定将各级子企业全部纳入年度财务决算编制范围，以全面反映企业的财务状况；

(四)企业所属经营性事业单位应当按照规定要求执行统一的企业会计制度；暂未执行企业会计制度的所属事业单位，应当将相关财务决算内容一并纳入企业财务决算范围，以完整反映企业的经营成果；

(五)企业所属基建项目应当按照规定要求与企业财务并账；暂未并账的，应当将基建项目的相关财务决算内容一并纳入企业财务决算范围，以完整反映企业的资产状况。

第八条 企业及各级子企业编制年度财务决算报告应当遵循会计真实性、准确性原则，并符合下列规定：

(一)企业财务决算报告应当以经过核对无误的相关会计账簿进行编制，做到账实相符、账证相符、账账相符、账表相符；

(二)企业编制财务决算报告应当根据真实的交易事项、会计记录等资料，按照规定的会计核算原则及具体会计处理方法，对各项会计要素进行合理确认和计量；

(三)企业应当严格遵守会计核算规定，不得应提不提、应摊不摊或者多提多摊成本(费用)，造成企业经营成果不实，影响企业财务决算报告的真实性；

(四)企业不得采取利用会计政策、会计估计变更，以及减值准备计提、转回等方式，人为掩饰企业真实经营状况；不得计提秘密减值准备，影响企业财务决算报告的真实性；

(五)企业应当客观地反映实际发生的资产损失，以保证财务决算报告的真实、可靠。

第九条 企业及各级子企业应当遵循会计稳健性原则，按有关资产减值准备计提的标准和方法，合理预计各项资产可能发生的损失，定期对计提的各项资产减值准备逐项进行认定、计算。

第十条 企业及各级子企业编制财务决算报告应当遵循会计可比性原则，编制基础、编制原则、编制依据和编制方法及各项财务指标口径应当保持前、后各期一致，各年度期间财务决算数据保持衔接，如实反映年度间企业财务状况、经营成果的变动情况。

第十一条 除国家另有规定外，企业及各级子企业所执行的会计制度应当按照国家财务会计制度的有关规定和要求保持一致；因特殊情形不能保持一致的，应当事先报国资委备案，并陈述相关理由。

第十二条 企业及各级子企业的各项会计政策、会计估计一经确定，不得随意变更；因特殊情形发生较大变更的，应当事先报国资委备案，并陈述相关理由。

第十三条 企业在年度财务决算报告编制中，对报表各项指标的数据填报不得遗漏，报表内项目之间和表式之间各项指标的数据应当相互衔接，保证勾稽关系正确。

第三章 财务决算报表的合并

第十四条 集团型企业应当按照国家财务会计

制度有关规定,将各级子企业年度财务决算进行层层合并,逐级编制企业集团年度财务决算合并报表。企业年度财务决算合并报表范围包括:

(一)执行企业会计制度的境内全部子企业;

(二)境外(含香港、澳门、台湾地区)子企业;

(三)所属各类事业单位;

(四)各类基建项目或者基建财务(含技改,下同);

(五)按照规定执行金融会计制度的子企业;

(六)所属独立核算的其他经济组织。

第十五条 企业编制年度财务决算合并报表,应当将企业及各级子企业之间的内部交易、内部往来进行充分抵销,对涉及资产、负债、所有者权益、收入、成本和费用、利润及利润分配、现金流量等财务决算的相关指标数据均应当按照合并口径进行剔除。

第十六条 各级子企业执行的会计制度与企业总部不一致的,企业总部在编制财务决算合并报表时,应当按照国家统一会计制度的规定和要求将企业总部或者子企业的财务决算的数据进行调整,然后再进行企业财务决算报表的合并工作。

第十七条 企业所属合营子企业应当按照比例合并方式进行企业财务决算报表的合并工作;国有投资各方占等额股份的子企业,应当由委托管理一方按合并会计报表制度进行合并,或者按照股权比例进行企业财务决算报表的合并。

第十八条 企业财务决算报表合并过程中,境外子企业与企业总部会计期间或者会计结账日不一致时,应当以企业总部的会计期间和会计结账日为准进行调整。因特殊情形暂不能进行调整的,企业应当事先报国资委备案,并在报表附注中予以说明。

第十九条 凡年度内涉及产权划转的企业,财务决算报表合并原则上应当以企业年末结账日的产权隶属关系确定。结账日尚未办理产权划转手续的,由原企业合并编制;结账日已办理完产权划转关系的,由接收企业合并编制。

第二十条 按照国家财务会计有关规定,符合下列情形之一的,各级子企业可以不纳入年度财务决算合并报表范围,但企业应当向国资委报备具有法律效力的文件或者经济鉴证证明:

(一)已宣告破产的子企业;

(二)按照破产程序,已宣告被清理整顿的子企业;

(三)已实际关停并转的子企业;

(四)近期准备售出而短期持有其半数以上权益性资本的子企业;

(五)非持续经营的、所有者权益为负数的子企业;

(六)受所在国或地区外汇管制及其他管制,资金调度受到限制的境外子企业。

企业财务决算报表合并范围发生变更,应当于年度结账日之前,将变更范围及原因报国资委备案。

第四章 财务决算信息的披露

第二十一条 为便于理解企业财务决算报表,了解和分析企业资产质量、财务状况,核实企业真实经营成果,企业应当在报表附注和财务情况说明书中,对企业财务决算报表和财务决算合并报表的重要内容进行详尽说明和披露。

企业财务决算报告所披露的信息内容应当真实、全面、详尽,不得隐瞒企业有关重大违规事项。

第二十二条 企业财务决算的报表附注应当重点披露以下内容:

(一)企业报告期内采用的主要会计政策、会计估计和合并财务决算报表的编制方法;报告期内会计政策、会计估计变更的内容、理由、影响数额;

(二)财务决算报表合并的范围及其依据,将未纳入合并财务决算报表范围的子企业资产、负债、销售收入、实现利润、税后利润以及对企业合并财务决算报告的影响分户列示;

(三)企业年内各种税项缴纳的有关情况;

(四)控股子企业及合营企业的情况;

(五)财务决算报表项目注释。企业在财务决算合并报表附注中,除对财务决算合并报表项目注释外,还应当对企业总部财务决算报表的主要项目注释;

(六)子企业与企业总部会计政策不一致时对财务决算合并报表的影响;

(七)关联方关系及其交易的披露;

（八）或有事项、承诺事项及其资产负债表日后事项；

（九）重大会计差错的调整；

（十）按照规定应当披露的有助于理解和分析报表的其他重要财务会计事项，以及国资委要求披露的其他专门事项。

第二十三条 企业财务情况说明书应当重点说明下列内容：

（一）企业生产经营的基本情况；

（二）企业预算执行情况及实现利润、利润分配和企业盈亏情况；

（三）企业重大投融资及资金变动、周转情况；

（四）企业重大改制、改组情况；

（五）重大产权变动情况；

（六）对企业财务状况、经营成果和现金流量、资本保全等有重大影响的其他事项；

（七）上一会计年度企业经营管理、财务管理中存在的问题及整改情况；

（八）本年度企业经营管理、财务管理中存在的问题，拟采取的整改措施；

（九）其他情况。

第二十四条 企业及各级子企业对外提供的财务决算数据应当与报送国资委的财务决算报告数据及披露的财务信息保持一致。

第五章 财务决算的审计

第二十五条 为保证企业年度财务状况及经营成果的真实性，根据财务监督工作的需要，国资委统一委托会计师事务所对企业年度财务决算进行审计。

第二十六条 国资委统一委托会计师事务所，按照“公开、公平、公正”的原则，采取国资委公开招标或者企业推荐报国资委核准等方式进行。其中，国有控股企业采取企业推荐报国资委核准的方式进行。

第二十七条 国资委暂未委托会计师事务所进行年度财务决算审计工作的企业，应当按照“统一组织、统一标准、统一管理”的原则，经国资委同意，由企业总部依照有关规定采取招标等方式委托会计师事务所对企业及各级子企业的年度财务决算进行审计。

第二十八条 企业年度财务决算审计内容应当包括企业财务决算报表中的资产负债表、利润及利润分配表、现金流量表、所有者权益变动表等相关指标数据和报表附注，以及国资委要求的其他重要财务指标有关数据。

编制财务决算合并报表的企业，其财务决算合并报表应当纳入审计范围。

第二十九条 企业及各级子企业应当根据会计师事务所及注册会计师提出的审计意见进行财务决算调整；企业对审计意见存有异议且未进行财务决算调整的，应当在上报财务决算报告时，向国资委提交说明材料。

第三十条 会计师事务所及注册会计师出具的审计报告应当按照有关规定，对企业违反国家财务会计制度规定或者未按注册会计师意见进行调整的重大会计事项进行披露。

第三十一条 企业应当为会计师事务所及注册会计师开展财务决算审计、履行必要的审计程序、取得充分审计证据提供必要的条件和协助，不得干预会计师事务所及注册会计师的审计业务，以保证审计结论的独立、客观、公正。

第三十二条 境外子企业年度财务决算审计工作按照所在国家或地区的规定进行。为适应境外子企业的特殊性，企业应当建立和完善对境外子企业的内审制度，并出具内审报告，保证境外子企业财务决算数据的真实性、完整性。

第三十三条 对于涉及国家安全的特殊子企业，以及国家法律法规未规定须委托会计师事务所进行审计的有关单位，企业应当建立和完善对其年度财务决算内审制度，并出具内审报告，以保证财务决算数据的真实性、完整性。

第六章 财务决算报告的报送

第三十四条 企业应当按财务关系或者产权关系负责各级子企业财务决算报告的组织、收集、审核、汇总、合并等工作，并按规定及时将企业年度财务决算报告报送国资委。

第三十五条 企业向国资委报送的年度财务决算报告应当做到“统一编报口径、统一编报格式、统一编报要求”。

(一)符合国资委规定的报表格式、指标口径要求;

(二)使用统一下发的财务决算报表软件填报各项财务决算数据;

(三)按照要求报送纸质文件和电子文档的财务决算报表、报表附注、财务情况说明书、审计报告及国有资本保值增值说明等资料。

第三十六条 企业财务决算报告的报送级次如下:

(一)企业集团除报送企业合并财务决算报告外,还应当报送企业总部及二级子企业的分户财务决算报告,二级以下子企业财务决算数据应当并入第二级子企业报送;

设立境外子企业的企业集团,应当报送境外子企业的分户财务决算报告;

(二)企业总部设立在境外的企业集团,除报送合并财务决算报告外,还应当报送企业总部及所属二级以上子企业的分户财务决算报告;

(三)级次划分特殊的企业集团财务决算报告报送级次由国资委另行规定。

第三十七条 企业财务决算报告具体内容如下:

(一)企业集团(含企业总部设在境外企业集团)应当报送合并财务决算报告(含报表附注、财务情况说明书、国有资本保值增值情况说明等材料)和审计报告的纸质文件及电子文档;

(二)企业集团总部及二级子企业应当报送财务决算报告(含报表附注、财务情况说明书、国有资本保值增值情况说明等材料)和审计报告的电子文档;

(三)企业集团应当附报三级子企业年度财务决算报表的电子文档。

第三十八条 企业应当以正式文函向国资委报送财务决算报告。文函主要包括下列内容:

(一)年度财务决算工作组织情况;

(二)企业年度间主要财务决算数据的变化情况;

(三)纳入企业财务决算合并的范围;

(四)对于被出具非标准无保留意见审计报告的企业,应当对有关情况进行说明;

(五)需要说明的其他有关情况。

第三十九条 企业财务决算报告应当加盖企业公章,并由企业的法定代表人、总会计师或主管会计工作的负责人、会计机构负责人签名并盖章。

企业报送的财务决算报告及附送的各类资料应当按顺序装订成册,材料较多时应当编排目录,注明备查材料页码。

第四十条 企业主要负责人、总会计师或主管会计工作的负责人等应当对企业编制的财务决算报告真实性、完整性负责。承办企业年度财务决算审计业务的会计师事务所及注册会计师对其出具的审计报告真实性、合法性负责。

第四十一条 企业报送财务决算报告后,国资委应当在规定时间内对企业资产质量、财务状况及经营成果进行核批,并依据核批后的财务决算报告进行企业负责人业绩考核、企业绩效评价和企业国有资产保值增值结果确认等工作,有关办法另行制定。

第七章 罚 则

第四十二条 企业报送的财务决算报告内容不完整、信息披露不充分,或者数据差错较大,造成财务决算不实,以及财务决算报告不符合规范要求的,由国资委责令其重新编报,并予以通报批评。

第四十三条 在财务决算编制工作中弄虚作假、提供虚假财务信息,以及严重故意漏报、瞒报,尚不构成犯罪嫌疑的,由国资委责令改正,并依照《中华人民共和国会计法》、《企业国有资产监督管理暂行条例》和《企业财务会计报告条例》等有关法律法规予以处罚;有犯罪嫌疑的,依法移送司法机关处理。

第四十四条 会计师事务所及注册会计师在企业财务决算报告审计工作中参与做假账,或者在审计程序、审计内容、审计方法等方面存在严重问题和缺陷,造成审计结论失实的,国资委应当禁止其今后承办企业财务决算审计业务,并通报或者会同有关部门依法查处;有犯罪嫌疑的,依法移送司法机关处理。

第四十五条 国资委相关工作人员在对企业财务决算信息的收集、汇总、审核和管理过程中徇私舞弊,造成重大工作过失或者泄露国家机密或企业商业秘密的,依法给予行政处分;有犯罪嫌疑的,依法移送司法机关处理。

第八章　附　则

第四十六条　各省、自治区、直辖市国有资产监督管理机构可以参照本办法，制定本地区相关工作规范。

第四十七条　本办法自公布之日起施行。

国有企业法律顾问管理办法

（国资委令第6号　2004年5月11日）

第一章　总　则

第一条　为进一步建立健全国有企业法律风险防范机制，规范企业法律顾问工作，保障企业法律顾问依法执业，促进企业依法经营，进一步加强企业国有资产的监督管理，依法维护企业国有资产所有者和企业的合法权益，根据《企业国有资产监督管理暂行条例》和国家有关规定，制定本办法。

第二条　国有及国有控股企业（以下简称企业）法律顾问管理工作适用本办法。

第三条　本办法所称所出资企业，是指国务院，省、自治区、直辖市人民政府，设区的市、自治州人民政府授权国有资产监督管理机构依法履行出资人职责的企业。

第四条　国有资产监督管理机构负责指导企业法律顾问管理工作。

上级政府国有资产监督管理机构依照本办法对下级政府国有资产监督管理机构负责的企业法律顾问管理工作进行指导和监督。

第五条　国有资产监督管理机构和企业应当建立防范风险的法律机制，建立健全企业法律顾问制度。

第六条　国有资产监督管理机构和企业应当建立健全企业法律顾问工作激励、约束机制。

第二章　企业法律顾问

第七条　本办法所称企业法律顾问，是指取得企业法律顾问执业资格，由企业聘任，专门从事企业法律事务工作的企业内部专业人员。

第八条　企业法律顾问执业，应当遵守国家有关规定，取得企业法律顾问执业资格证书。

企业法律顾问执业资格证书须通过全国企业法律顾问执业资格统一考试，成绩合格后取得。

企业法律顾问执业资格管理由国务院国有资产监督管理机构和省级国有资产监督管理机构按照国家有关规定统一负责。条件成熟的，应当委托企业法律顾问的协会组织具体办理。

第九条　企业应当支持职工学习和掌握与本职工作有关的法律知识，鼓励具备条件的人员参加全国企业法律顾问执业资格考试。

企业应当建立企业法律顾问业务培训制度，提高企业法律顾问的业务素质和执业水平。

第十条　企业法律顾问应当遵循以下工作原则：

（一）依据国家法律法规和有关规定执业；

（二）依法维护企业的合法权益；

（三）依法维护企业国有资产所有者和其他出资人的合法权益；

（四）以事前防范法律风险和事中法律控制为主、事后法律补救为辅。

第十一条　企业法律顾问享有下列权利：

（一）负责处理企业经营、管理和决策中的法律事务；

（二）对损害企业合法权益、损害出资人合法权益和违反法律法规的行为，提出意见和建议；

（三）根据工作需要查阅企业有关文件、资料，询问企业有关人员；

（四）法律、法规、规章和企业授予的其他权利。

企业对企业法律顾问就前款第（二）项提出的意见和建议不予采纳，造成重大经济损失，严重损害出资人合法权益的，所出资企业的子企业的法律顾问可以向所出资企业反映，所出资企业的法律顾问可以向国有资产监督管理机构反映。

第十二条　企业法律顾问应当履行下列义务：

（一）遵守国家法律法规和有关规定以及企业规章制度，恪守职业道德和执业纪律；

（二）依法履行企业法律顾问职责；

（三）对所提出的法律意见、起草的法律文书以及办理的其他法律事务的合法性负责；

（四）保守国家秘密和企业商业秘密；

（五）法律、法规、规章和企业规定的应当履行的其他义务。

第十三条 企业应当建立科学、规范的企业法律顾问工作制度和工作流程，规定企业法律顾问处理企业法律事务的权限、程序和工作时限等内容，确保企业法律顾问顺利开展工作。

第十四条 企业应当建立企业法律顾问专业技术等级制度。

企业法律顾问分为企业一级法律顾问、企业二级法律顾问和企业三级法律顾问。评定办法另行制定。

第十五条 企业法律事务机构可以配备企业法律顾问助理，协助企业法律顾问开展工作。

第三章 企业总法律顾问

第十六条 本办法所称企业总法律顾问，是指具有企业法律顾问执业资格，由企业聘任，全面负责企业法律事务工作的高级管理人员。企业总法律顾问对企业法定代表人或者总经理负责。

第十七条 大型企业设置企业总法律顾问。

第十八条 企业总法律顾问应当同时具备下列条件：

（一）拥护、执行党和国家的基本路线、方针和政策，秉公尽责，严守法纪；

（二）熟悉企业经营管理，具有较高的政策水平和较强的组织协调能力；

（三）精通法律业务，具有处理复杂或者疑难法律事务的工作经验和能力；

（四）具有企业法律顾问执业资格，在企业中层以上管理部门担任主要负责人满3年的；或者被聘任为企业一级法律顾问，并担任过企业法律事务机构负责人的。

第十九条 企业总法律顾问可以从社会上招聘产生。招聘办法另行制定。

第二十条 企业总法律顾问的任职实行备案制度。所出资企业按照企业负责人任免程序将所选聘的企业总法律顾问报送国有资产监督管理机构备案；所出资企业的子企业将所选聘的企业总法律顾问报送所出资企业备案。

第二十一条 企业总法律顾问履行下列职责：

（一）全面负责企业法律事务工作，统一协调处理企业决策、经营和管理中的法律事务；

（二）参与企业重大经营决策，保证决策的合法性，并对相关法律风险提出防范意见；

（三）参与企业重要规章制度的制定和实施，建立健全企业法律事务机构；

（四）负责企业的法制宣传教育和培训工作，组织建立企业法律顾问业务培训制度；

（五）对企业及下属单位违反法律、法规的行为提出纠正意见，监督或者协助有关部门予以整改；

（六）指导下属单位法律事务工作，对下属单位法律事务负责人的任免提出建议；

（七）其他应当由企业总法律顾问履行的职责。

第四章 企业法律事务机构

第二十二条 本办法所称的企业法律事务机构，是指企业设置的专门承担企业法律事务工作的职能部门，是企业法律顾问的执业机构。

第二十三条 大型企业设置专门的法律事务机构，其他企业可以根据需要设置法律事务机构。

企业应当根据工作需要为法律事务机构配备企业法律顾问。

第二十四条 企业法律事务机构履行下列职责：

（一）正确执行国家法律、法规，对企业重大经营决策提出法律意见；

（二）起草或者参与起草、审核企业重要规章制度；

（三）管理、审核企业合同，参加重大合同的谈判和起草工作；

（四）参与企业的分立、合并、破产、解散、投融资、担保、租赁、产权转让、招投标及改制、重组、公司上市等重大经济活动，处理有关法律事务；

（五）办理企业工商登记以及商标、专利、商业秘密保护、公证、鉴证等有关法律事务，做好企业商标、专利、商业秘密等知识产权保护工作；

（六）负责或者配合企业有关部门对职工进行法制宣传教育；

(七)提供与企业生产经营有关的法律咨询;

(八)受企业法定代表人的委托,参加企业的诉讼、仲裁、行政复议和听证等活动;

(九)负责选聘律师,并对其工作进行监督和评价;

(十)办理企业负责人交办的其他法律事务。

第二十五条 法律事务机构应当加强与企业财务、审计和监察等部门的协调和配合,建立健全企业内部各项监督机制。

第二十六条 企业应当支持企业法律事务机构及企业法律顾问依法履行职责,为开展法律事务工作提供必要的组织、制度和物质等保障。

第五章 监督检查

第二十七条 国有资产监督管理机构应当加强对所出资企业法制建设情况的监督和检查。

第二十八条 国有资产监督管理机构应当督促所出资企业依法决策、依法经营管理、依法维护自身合法权益。

第二十九条 所出资企业依据有关规定报送国有资产监督管理机构批准的分立、合并、破产、解散、增减资本、重大投融资等重大事项,应当由企业法律顾问出具法律意见书,分析相关的法律风险,明确法律责任。

第三十条 所出资企业发生涉及出资人重大权益的法律纠纷,应当在法律纠纷发生之日起一个月内向国有资产监督管理机构备案,并接受有关法律指导和监督。

第三十一条 所出资企业对其子企业法制建设情况的监督和检查参照本章规定执行。

第六章 奖励和处罚

第三十二条 国有资产监督管理机构和企业应当对在促进企业依法经营,避免或者挽回企业重大经济损失,实现国有资产保值增值等方面作出重大贡献的企业法律事务机构和企业法律顾问给予表彰和奖励。

第三十三条 企业法律顾问和总法律顾问玩忽职守、滥用职权、谋取私利,给企业造成较大损失的,应当依法追究其法律责任,并可同时依照有关规定,由其所在企业报请管理机关暂停执业或者吊销其企业法律顾问执业资格证书;有犯罪嫌疑的,依法移送司法机关处理。

第三十四条 企业未按照国家有关规定建立健全法律监督机制,发生重大经营决策失误的,由国有资产监督管理机构或者所出资企业予以通报批评或者警告;情节严重或者造成企业国有资产重大损失的,对直接负责的主管人员和其他直接责任人员依法给予纪律处分;有犯罪嫌疑的,依法移送司法机关处理。

第三十五条 企业有关负责人对企业法律顾问依法履行职责打击报复的,由国有资产监督管理机构或者所出资企业予以通报批评或者警告;情节严重的,依法给予纪律处分;有犯罪嫌疑的,依法移送司法机关处理。

第三十六条 国有资产监督管理机构的工作人员违法干预企业法律顾问工作,侵犯所出资企业和企业法律顾问合法权益的,对直接负责的主管人员和其他直接责任人员依法给予行政处分;有犯罪嫌疑的,依法移送司法机关处理。

第七章 附 则

第三十七条 企业和企业法律顾问可以依法加入企业法律顾问的协会组织,参加协会组织活动。

第三十八条 地方国有资产监督管理机构可以依据本办法制定实施细则。

第三十九条 本办法自2004年6月1日起施行。

中央企业经济责任审计管理暂行办法

(国资委令第7号 2004年8月23日)

第一章 总 则

第一条 为加强对国务院国有资产监督管理委员会(以下简称国资委)履行出资人职责企业(以下简称企业)的监督管理,规范企业经济责任审计工作,客观评判企业负责人任期经济责任及经营绩效,根据

《企业国有资产监督管理暂行条例》和国家有关法律法规，制定本办法。

第二条 企业及其独资或者控股子企业的经济责任审计工作，适用本办法。

第三条 本办法所称企业经济责任审计，是指依据国家规定的程序、方法和要求，对企业负责人任职期间其所在企业资产、负债、权益和损益的真实性、合法性和效益性及重大经营决策等有关经济活动，以及执行国家有关法律法规情况进行的监督和评价的活动。

第四条 本办法所称企业负责人是指企业主要负责人，即法定代表人。

第五条 国资委按照企业负责人管理权限负责组织对企业负责人的经济责任审计工作，并会同有关部门依法对企业经济责任审计工作进行监督。

第二章 审计工作组织

第六条 企业经济责任审计工作，按照企业负责人管理权限和企业产权关系，依据“统一要求、分级负责”的原则组织实施。

(一)企业负责人离任或任期届满，都应依据国家有关法律法规规定，组织开展经济责任审计工作。

(二)企业独资或者控股子企业负责人离任或者任期届满，企业应当组织开展经济责任审计工作；对于提拔到企业总部领导岗位的子企业负责人经济责任审计工作结果，应报国资委备案。

(三)企业应当建立对主要业务部门负责人的任期或定期经济责任审计制度。

第七条 根据出资人财务监督工作需要，对企业发生重大财务异常情况，如企业发生债务危机、长期经营亏损、资产质量较差，以及合并分立、破产关闭等重大经济事件的，应当组织进行专项经济责任审计，及时发现问题，明确经济责任，纠正违法违规行为。

第八条 国资委在企业经济责任审计工作中履行下列职责：

(一)根据国家有关法律法规，制定有关企业经济责任审计工作规章制度；

(二)负责企业负责人经济责任审计工作的组织实施；

(三)决定对发生重大财务异常情况企业进行专项经济责任审计；

(四)指导监督企业按照国家有关规定开展企业内部经济责任审计工作。

第九条 国资委组织实施企业经济责任审计工作，主要采取以下三种形式：

(一)按国家有关规定，委托国家有关审计机关具体实施审计工作；

(二)根据出资人财务监督工作需要，聘请具有相应资质条件的社会审计组织承担审计工作任务；

(三)根据实际工作需要，组织或者抽调企业内部审计机构人员实施有关审计工作。

第十条 企业在经济责任审计工作中履行下列职责：

(一)按照国家有关规定和国资委统一工作要求，制定本企业经济责任审计具体实施细则；

(二)组织实施独资或者控股子企业负责人任期经济责任审计工作；

(三)组织实施企业主要业务部门负责人任期或者定期经济责任审计工作；

(四)决定并组织实施对发生重大财务异常情况子企业的专项经济责任审计工作。

第十一条 中央有关部门干部管理权限内的企业负责人经济责任审计工作按照有关规定办理。

第十二条 按照重要性原则，企业总部及重要子企业应当纳入经济责任审计工作范围内，其他子企业可视不同情况决定审计工作范围，但审计户数不得低于50%，审计资产量不得低于被审计企业资产总额的70%。

第十三条 在经济责任审计工作中，企业或者承办审计业务的社会审计组织应当将经济责任审计工作与其他财务审计工作相结合，在确保审计结果客观公正的基础上，可以参考利用相关财务审计或者经济责任审计工作资料，避免重复审计。

第十四条 企业领导班子其他成员(不含企业负责人)离任或者任期届满，可根据出资人监管工作需要或者企业负责人建议开展相应的经济责任审计工作。

第三章　审计工作内容

第十五条　根据国家有关规定，结合出资人财务监督工作需要，企业负责人经济责任审计工作主要内容包括：

（一）企业负责人任职期间企业经营成果的真实性；

（二）企业负责人任职期间企业财务收支核算的合规性；

（三）企业负责人任职期间企业资产质量变动状况；

（四）企业负责人任职期间对企业有关经营活动和重大经营决策负有的经济责任；

（五）企业负责人任职期间企业执行国家有关法律法规情况；

（六）企业负责人任职期间企业经营绩效变动情况。

第十六条　企业经营成果的真实性是指企业负责人任职期间会计核算是否准确，企业财务决算编报范围是否完整，企业经济成果是否真实可靠，以及企业计提资产减值准备与资产质量是否相匹配。主要内容包括：

（一）企业财务会计核算是否准确、真实，是否存在经营成果不实问题；

（二）企业年度财务决算报告合并范围、方法、内容和编报质量是否符合规定，有无存在故意编造虚假财务决算报告等问题；

（三）企业是否正确采用会计确认标准或计量方法，有无随意变更或者滥用会计估计和会计政策，故意编造虚假利润等问题。

第十七条　企业财务收支核算合规性是指企业负责人任职期间财务收支管理是否符合国家有关法律法规规定，会计核算是否符合国家有关财务会计制度，年度财务决算是否全面、真实地反映企业财务收支状况。主要内容包括：

（一）企业收入确认和核算是否完整、准确，是否符合国家财务会计制度规定，有无公款私存、私设“小金库”，以及以个人账户从事股票交易、违规对外拆借资金、对外资金担保和出借账户等问题；

（二）企业成本开支范围和开支标准是否符合国家有关财务会计制度规定，有无多列、少列或不列成本费用等问题，以及企业工资总额来源、发放、结余和企业负责人收入情况；

（三）企业会计核算是否符合国家有关财务会计制度规定，是否随意改变资产、负债、所有者权益的确认标准或计量方法，有无虚列、多列、不列或者少列资产、负债、所有者权益的问题；

（四）企业会计账簿记录与实物、款项和有关资料是否相符，有无存在账外资产、潜亏挂账等问题，有无存在劳动工资核算不实等问题。

第十八条　企业资产质量变动情况是指企业负责人任职期间各项资产质量是否得到改善，是否存在严重损失、重大潜亏或资产流失等问题，企业国有资本是否安全、完整，以及对企业未来发展能力的影响。主要内容包括：

（一）企业负责人任职期间有关企业资产负债结构合理性及变化情况，以及对企业未来发展的影响；

（二）企业负责人任职期间企业资产运营效率及变化情况，以及对企业未来发展的影响；

（三）企业负责人任职期间企业有效资产及不良资产的变化情况，以及对企业未来发展的影响；

（四）企业负责人任职期间企业国有资产保值增值结果，及企业在所处行业中水平变化的对比分析。

第十九条　企业有关经营活动和重大经营决策是指企业负责人任职期间作出的有关对内对外投资、经济担保、出借资金和大额合同等重大经济决策是否符合国家有关法律法规规定，及其企业内部控制程序，是否存在较多问题或者造成重大损失。主要内容包括：

（一）企业重大投资的资金来源、决策程序、管理方式和投资收益的核算情况，以及是否造成重大损失；

（二）对外担保、对外投资、大额采购与租赁等经济行为的决策程序、风险控制及其对企业的影响情况；

（三）涉及的证券、期货、外汇买卖等高风险投资决策的审批手续、决策程序、风险控制、经营收益或损失情况等；

(四)改组改制、上市融资、发行债券、兼并破产、股权转让、资产重组等行为的审批程序、操作方式和对企业财务状况的影响情况等,有无造成企业损失或国有资产流失问题。

第二十条 企业经济责任审计要认真检查企业负责人及企业执行国家有关法律法规情况,核实企业负责人及企业有无违反国家财经法纪,以权谋私,贪污、挪用、私分公款,转移国家资财,行贿受贿和挥霍浪费等行为,以及弄虚作假、骗取荣誉和蓄意编制虚假会计信息等重大问题。

第二十一条 企业经济责任审计在全面核实企业各项资产、负债、权益、收入、费用、利润等账务的基础上,依据国家有关经营绩效评价政策规定,对企业负责人任职期间经营成果和经营业绩,以及企业资产运营和回报情况进行客观、公正和准确的综合评判。

第四章 审计机构委托

第二十二条 企业负责人经济责任审计工作,采取委托国家有关审计机关或者聘请有关社会审计组织等方式具体组织实施。

(一)对于资产规模较大企业负责人经济责任审计工作,根据国家有关规定,委托国家审计机关组织实施;

(二)对于未委托国家审计机关实施企业负责人经济责任审计的,按照“公开、公平、公正”的原则,采取招标等合理方式,聘请具有相应资质条件的社会审计组织组织实施。

第二十三条 委托国家有关审计机关开展企业经济责任审计工作的,有关审计工作组织实施依据国家有关规定进行。

第二十四条 承办企业负责人经济责任审计的社会审计组织,应当具备以下资质条件:

(一)资质条件应与企业规模相适应;

(二)具备较完善的审计执业质量控制制度;

(三)拥有经济责任审计工作经验的专业人员;

(四)3年内未承担同一企业年度财务决算审计业务;

(五)与企业或企业负责人不存有利害关系;

(六)近3年未有违法违规不良记录;

(七)能够适时调配较强的专业人员承担经济责任审计任务。

第二十五条 接受聘请的社会审计组织应严格依据国家有关法律法规,以及国资委对企业经济责任审计工作的统一要求,按照规定的方法、程序和内容,依据独立审计原则认真组织经济责任审计工作,并对审计报告的真实性、合法性负责。

第二十六条 国资委根据财务监督工作需要,可委托企业内部审计机构承担相关专项经济责任审计工作任务。

第二十七条 受委托承担国资委专项经济责任审计工作任务的企业内部审计机构和专业人员,应依据国资委统一工作要求,独立、客观、公正地开展审计工作,对审计工作结果承担相应的工作责任。

第五章 审计工作程序

第二十八条 国资委组织实施企业负责人经济责任审计基本工作程序如下:

(一)编制审计工作计划;

(二)确定审计机构;

(三)下达审计工作通知;

(四)拟定审计方案;

(五)成立审计项目组;

(六)组织实施审计;

(七)交换审计意见;

(八)出具审计报告;

(九)下达审计意见或审计决定。

第二十九条 根据干部管理部门提出的任期经济责任审计工作要求,以及出资人财务监管工作需要,编制企业经济责任审计工作计划,明确审计的对象、时间安排、范围、重点内容、方法与组织方式等内容。

第三十条 国资委应当在实施审计7日前通知被审计企业。被审计企业在接到审计通知书后,应做好接受审计的有关准备工作,如实地提供有关资料。

第三十一条 按照企业经济责任审计工作要求,审计机构应拟定审计方案,明确审计目标、审计范围、审计重点、审计要求、审计组织、延伸审计单位和其他审计事项等，并报国资委同意。

第三十二条 审计机构按照企业经济责任审计工作任务要求，成立由具有相关工作经验和一定专业知识的专业人员组成的审计项目组，组长应由具有经济责任审计工作经验和具备较高专业技术资格的业务负责人担任。

第三十三条 审计项目组在对企业负责人任职期间企业经营成果、财务收支、资产质量和有关经营活动、重大经营决策，以及经营绩效等资料审计过程中，也可采取向有关单位、个人调查等方式，充分听取企业董事会、监事会、纪检监察、工会和职工反映的情况和意见。

第三十四条 审计项目组完成现场审计后，审计机构应在10个工作日内向国资委提交审计报告。审计报告提交前，应当征求被审计企业负责人及其所在企业的意见，并将审计报告及企业负责人或其所在企业的书面意见一并上报。

第三十五条 审计项目组应当在计划工作时间内完成审计任务，确需延长审计时间的，应当商国资委同意，并及时通知被审计企业及其负责人。

第三十六条 国资委依据审计报告，对发现的重大问题，经研究核实后正式下达相关审计决定。

第三十七条 在经济责任审计工作中发现企业负责人有严重违法违纪问题的，应移交有关管理机构予以处理。

(一)对于需由企业负责人承担一般经济责任的，移交相应管理部门予以处理；

(二)对于企业负责人违反党纪政纪的，移交纪检监察机关予以处理；

(三)对于应依法追究企业负责人刑事责任的，移送司法机关处理。

第三十八条 相关审计机构在企业负责人经济责任审计工作中，采用其他审计资料和审计结果时，应进行必要的复核工作，并对其真实性、合法性承担相应的法律责任。

第六章 审计工作结果

第三十九条 企业经济责任审计应当分清企业负责人本人应当负有的直接责任和主管责任。

(一)直接责任是指企业负责人因对主管的资产经营活动和财务管理事项未履行或者未正确履行职责，致使企业经营管理不善，或由于决策失误而事后又处理不力以及违规操作等，造成所在企业经济损失或经济效益下降应负的经济责任。

(二)主管责任是指企业负责人在其任期内对其所在企业资产和财务状况，以及有关经济活动应当负有的直接责任以外的领导和管理责任。

第四十条 企业负责人应对下列行为负有直接责任：

(一)直接违反国家财经法规和财经纪律的；

(二)授意、指使、强令、纵容、包庇下属人员违反国家财经法规的；

(三)失职、渎职的；

(四)其他直接违法违规行为。

第四十一条 承办企业负责人经济责任审计的社会审计组织提交的审计报告，应当对企业负责人的经济责任作出客观、公正的评价，并对提交的审计报告真实性、客观性承担相应责任。

第四十二条 承办企业负责人经济责任审计的社会审计组织提交审计报告前，报国资委审核。国资委审定的内容主要包括：审计证据是否充分、审计评价是否适当、主要事实是否清楚和审计处理意见是否正确。

委托国家审计机关进行经济责任审计工作的，审计工作结果应送国资委，并抄送被审计企业。

第四十三条 企业对财务部门负责人开展经济责任审计工作的结果，应当向国资委备案。

第四十四条 企业经济责任审计工作结果，作为对企业负责人任免、奖惩的重要依据。

第四十五条 对于在经济责任审计工作中，发现因经济决策失误给企业造成重大损失，或者企业资产状况不实、经营成果虚假等问题，应当视其影响程度相应追究有关负责人责任，并予以经济处罚。

第四十六条 企业应根据经济责任审计工作所反映出的有关管理问题，及时加强整改工作，堵塞管理漏洞。企业内部审计机构应当对企业有关整改工作做好后续跟踪审计。

第四十七条 在经济责任审计工作中，发现企业领导班子有关成员存在严重问题的，经国资委批准后，可进一步开展延伸审计工作。

第七章 罚 则

第四十八条 被审计企业负责人或所在企业拒绝、阻碍经济责任审计，或拒绝、拖延提供相关资料或证明材料的，国资委或企业上级单位应当责令改正或给予警告，并对负有直接责任的主管人员和直接责任人给予行政或者纪律处分。

第四十九条 被审计企业负责人所在企业转移、隐匿、篡改、伪造、毁弃有关经济责任审计资料的，国资委或企业上级单位对负有直接责任的主管人和直接负责人给予行政或者纪律处分；涉嫌犯罪的，依法移送司法机关处理。

第五十条 对于打击报复或者陷害检举人、证明人、资料提供人和审计人员的，国资委或企业上级单位应当责令其改正，并给予行政或纪律处分；给被害人造成损失的，应当依法予以赔偿；涉嫌犯罪的，依法移送司法机关处理。

第五十一条 审计人员利用职权谋取私利、徇私舞弊、玩忽职守、索贿受贿和泄漏国家机密或者商业秘密的，应当给予行政或纪律处分；涉嫌犯罪的，依法移送司法机关处理。

第五十二条 承担经济责任审计的社会审计组织出具虚假不实的审计报告，或者违反国家有关审计工作要求，避重就轻、回避问题或明知有重要事项不予指明的，移交有关部门予以处罚；涉嫌犯罪的，依法移送司法机关处理。

第八章 附 则

第五十三条 各中央企业可结合本企业实际情况，制定具体实施细则。

第五十四条 各省、自治区、直辖市国有资产监督管理机构可参照本办法，结合本地区实际，制定相应的工作规范。

第五十五条 本办法自2004年8月30日起施行。

中央企业内部审计管理暂行办法

（国资委令第8号 2004年8月23日）

第一章 总 则

第一条 为加强对国务院国有资产监督管理委员会（以下简称国资委）履行出资人职责企业（以下简称企业）的内部监督和风险控制，规范企业内部审计工作，保障企业财务管理、会计核算和生产经营符合国家各项法律法规要求，根据《企业国有资产监督管理暂行条例》和国家有关法律法规，制定本办法。

第二条 企业开展内部审计工作，适用本办法。

第三条 本办法所称企业内部审计，是指企业内部审计机构依据国家有关法律法规、财务会计制度和企业内部管理规定，对本企业及子企业（单位）财务收支、财务预算、财务决算、资产质量、经营绩效，以及建设项目或者有关经济活动的真实性、合法性和效益性进行监督和评价工作。

第四条 企业应当按照国家有关规定，依照内部审计准则的要求，认真组织做好内部审计工作，及时发现问题，明确经济责任，纠正违规行为，检查内部控制程序的有效性，防范和化解经营风险，维护企业正常生产经营秩序，促进企业提高经营管理水平，实现国有资产的保值增值。

第五条 国资委依法对企业内部审计工作进行指导和监督。

第二章 内部审计机构设置

第六条 企业应当按照国家有关规定，建立相对独立的内部审计机构，配备相应的专职工作人员，建立健全内部审计工作规章制度，有效开展内部审计工作，强化企业内部监督和风险控制。

第七条 国有控股公司和国有独资公司，应当依据完善公司治理结构和完备内部控制机制的要求，在董事会下设立独立的审计委员会。企业审计委员会成员应当由熟悉企业财务、会计和审计等方面专业知识并具备相应业务能力的董事组成，其中主任委员应当由外部董事担任。

第八条 企业审计委员会应当履行以下主要职责：

(一)审议企业年度内部审计工作计划；

(二)监督企业内部审计质量与财务信息披露；

(三)监督企业内部审计机构负责人的任免，提出有关意见；

(四)监督企业社会中介审计等机构的聘用、更换和报酬支付；

(五)审查企业内部控制程序的有效性，并接受有关方面的投诉；

(六)其他重要审计事项。

第九条 未建立董事会的国有独资公司及国有独资企业，应当按照加强财务监督和完善内部控制机制的要求，依据国家的有关规定，加强内部审计工作的组织领导，明确工作责任，强化企业内部审计工作，做好内部审计机构与内部监察(纪检)、财务、人事等有关部门的协调工作。

第十条 企业内部审计机构依据国家有关规定开展内部审计工作，直接对企业董事会(或主要负责人)负责；设立审计委员会的企业，内部审计机构应当接受审计委员会的监督和指导。

第十一条 企业所属子企业应当按照有关规定设立相应的内部审计机构；尚不具备条件的应当设立专职审计人员。

第十二条 企业内部审计人员应当具备审计岗位所必备的会计、审计等专业知识和业务能力；内部审计机构的负责人应当具备相应的专业技术职称资格。

第三章 内部审计机构主要职责

第十三条 根据国家有关规定，结合出资人财务监督和企业管理工作的需要，企业内部审计机构应当履行以下主要职责：

(一)制定企业内部审计工作制度，编制企业年度内部审计工作计划；

(二)按企业内部分工组织或参与组织企业年度财务决算的审计工作，并对企业年度财务决算的审计质量进行监督；

(三)对国家法律法规规定不适宜或者未规定须由社会中介机构进行年度财务决算审计的有关内容组织进行内部审计；

(四)对本企业及其子企业的财务收支、财务预算、财务决算、资产质量、经营绩效以及其他有关的经济活动进行审计监督；

(五)组织对企业主要业务部门负责人和子企业的负责人进行任期或定期经济责任审计；

(六)组织对发生重大财务异常情况的子企业进行专项经济责任审计工作；

(七)对本企业及其子企业的基建工程和重大技术改造、大修等的立项、概(预)算、决算和竣工交付使用进行审计监督；

(八)对本企业及其子企业的物资(劳务)采购、产品销售、工程招标、对外投资及风险控制等经济活动和重要的经济合同等进行审计监督；

(九)对本企业及其子企业内部控制系统的健全性、合理性和有效性进行检查、评价和意见反馈，对企业有关业务的经营风险进行评估和意见反馈；

(十)对本企业及其子企业的经营绩效及有关经济活动进行监督与评价；

(十一)对本企业年度工资总额来源、使用和结算情况进行检查；

(十二)其他事项。

第十四条 企业内部审计机构对年度财务决算的审计质量监督应当根据企业的内部职责分工，依据独立、客观、公正的原则，保障企业财务管理、会计核算和生产经营符合国家各项法律法规要求。

第十五条 为保证企业年度财务决算报告的真实和完整，企业内部审计机构应按照国资委相关工作要求，对下列特殊情形的子企业组织进行定期内部审计工作：

(一)按照国家有关规定，涉及国家安全不适宜社会中介机构审计的特殊子企业；

(二)依据所在国家及地区法律规定，在境外进行审计的境外子企业；

(三)国家法律、法规未规定须委托社会中介机构审计的企业内部有关单位。

第十六条 企业内部审计机构对本企业及其子

企业的经营绩效及有关经济活动的评价工作，依据国家有关经营绩效评价政策进行。

第十七条 企业内部审计机构应当加强对社会中介机构开展本企业及其子企业有关财务审计、资产评估及相关业务活动工作结果的真实性、合法性进行监督，并做好社会中介机构聘用、更换和报酬支付的监督。

第十八条 企业内部审计机构相关审计工作应当与外部审计相互协调，并按有关规定对外部审计提供必要的支持和相关工作资料。

第十九条 企业应当依据国家有关法律法规，完善内部审计管理规章制度，保障内部审计机构拥有履行职责所必需的权限：

(一)参加企业有关经营和财务管理决策会议，参与协助企业有关业务部门研究制定和修改企业有关规章制度并督促落实；

(二)检查被审计单位会计账簿、报表、凭证和现场勘察相关资产，有权查阅有关生产经营活动等方面的文件、会议记录、计算机软件等相关资料；

(三)对与审计事项有关的部门和个人进行调查，并取得相关证明材料；

(四)对正在进行的严重违法违规和严重损失浪费行为，可作出临时制止决定，并及时向董事会(或企业主要负责人)报告；

(五)对可能被转移、隐匿、篡改、毁弃的会计凭证、会计账簿、会计报表以及与经济活动有关的资料，经企业主要负责人或有关权力机构授权可暂予以封存；

(六)企业主要负责人或权力机构在管理权限范围内，应当授予内部审计机构必要的处理权或者处罚权。

第四章　内部审计工作程序

第二十条 企业内部审计机构应当根据国家有关规定，结合企业实际情况，制定企业年度审计工作计划，对内部审计工作作出合理安排，并报经企业主要负责人或审计委员会审核批准后实施。

第二十一条 企业内部审计机构应当充分考虑审计风险和内部管理需要，制定具体项目审计计划，做好审计准备。

第二十二条 企业内部审计机构应当在实施审计前5个工作日，向被审计单位送达审计通知书。对于需要突击执行审计的特殊业务，审计通知书可在实施审计时送达。

被审计单位接到审计通知书后，应当做好接受审计的各项准备。

第二十三条 企业内部审计人员在出具审计报告前应当与被审计单位交换审计意见。被审计单位有异议的，应当自接到审计报告之日起10个工作日内提出书面意见；逾期不提出的，视为无异议。

第二十四条 被审计单位若对审计报告有异议且无法协调时，设立审计委员会的企业，应当将审计报告与被审计单位意见一并报审计委员会协调处理；尚未设立审计委员会的企业，应当将审计报告与被审计单位意见一并报企业主要负责人协调处理。

第二十五条 审计报告上报企业董事会或主要负责人审定后，企业内部审计机构应当根据审计结论，向被审计单位下达审计意见(决定)。

对于报请审计委员会、主要负责人协调处理的审计报告，应当根据审计委员会、主要负责人的审定意见，向被审计单位下达审计意见(决定)。

第二十六条 企业内部审计机构对已办结的内部审计事项，应当按照国家档案管理规定建立审计档案。

第二十七条 企业内部审计机构应当每年向本企业董事会(或主要负责人)和审计委员会提交内部审计工作总结报告。

第二十八条 企业内部审计机构对主要审计项目应当进行后续审计监督，督促检查被审计单位对审计意见的采纳情况和对审计决定的执行情况。

第五章　内部审计工作要求

第二十九条 企业内部审计机构应当根据国家有关规定和企业内部管理需要有效开展内部审计工作，加强内部监督，纠正违规行为，规避经营风险。

第三十条 企业内部审计机构应当对违反国家法律法规和企业内部管理制度的行为及时报告，并提出处理意见；对发现的企业内部控制管理漏洞，及时提出改进建议。

第三十一条 对于被审计单位及相关工作人员不及时落实内部审计意见，给企业造成损失浪费的，企业应当追究相关人员责任；对于给企业造成重大损失的，还应当按有关规定向上一级机构及时反映情况。

第三十二条 企业内部审计机构下列工作事项应当报国资委备案：

(一)企业年度内部审计工作计划和工作总结报告；

(二)重要子企业负责人及企业财务部门负责人的经济责任审计报告；

企业内部审计工作中发现的重大违法违纪问题、重大资产损失情况、重大经济案件及重大经营风险等，应向国资委报送专项报告。

第三十三条 根据出资人财务监督工作需要，企业内部审计机构按照国资委有关工作要求，对企业及其子企业发生重大财务异常等情况组织进行的专项经济责任审计，应当向国资委提交审计报告。

第三十四条 企业内部审计机构要不断提高内部审计业务质量，并依法接受国资委、国家审计机关对内部审计业务质量的检查和评估。

第三十五条 企业内部审计机构应当根据本办法组织开展内部审计工作，并对其出具的内部审计报告的客观真实性承担责任。

第三十六条 为保证内部审计工作的独立、客观、公正，企业内部审计人员与审计事项有利害关系的，应当回避。

第三十七条 企业内部审计人员应当严格遵守审计职业道德规范，坚持原则、客观公正、恪尽职守、保持廉洁、保守秘密，不得滥用职权，徇私舞弊，泄露秘密，玩忽职守。

第三十八条 企业内部审计人员在实施内部审计时，应当在深入调查的基础上，采用检查、抽样和分析性复核等审计方法，获取充分、相关、可靠的审计证据，以支持审计结论和审计建议。

第三十九条 企业董事会(或主要负责人)应当保障内部审计机构和人员依法行使职权和履行职责；企业内部各职能机构应当积极配合内部审计工作。任何组织和个人不得对认真履行职责的内部审计人员进行打击报复。

第四十条 企业对于认真履行职责、忠于职守、坚持原则、作出显著成绩的内部审计人员，应当给予奖励。

第四十一条 企业应当保证内部审计机构所必需的审计工作经费，并列入企业年度财务预算。企业内部审计人员参加国家统一组织的专业技术职务资格的考评、聘任和后续教育，企业应当按照国家有关规定予以执行。

第六章 罚 则

第四十二条 对于企业出现重大违反国家财经法纪的行为和企业内部控制程序出现严重缺陷，除按规定依法追究企业主要负责人、总会计师(或者主管财务工作负责人)及财务部门负责人的有关责任外，同时还相应追究企业审计委员会及内部审计机构相关人员的监督责任。

第四十三条 对于滥用职权、徇私舞弊、玩忽职守、泄漏秘密的内部审计人员，由所在单位依照国家有关规定给予纪律处分；涉嫌犯罪的，依法移交司法机关处理。

第四十四条 对于打击报复内部审计人员问题，企业应及时予以纠正；涉嫌犯罪的，依法移交司法机关处理。受打击报复的企业内部审计人员有权直接向国资委报告相关情况。

第四十五条 被审计单位相关人员不配合企业内部审计工作、拒绝审计或者不提供资料、提供虚假资料、拒不执行审计结论的，企业应当给予纪律处分；涉嫌犯罪的，依法移交司法机关处理。

第七章 附 则

第四十六条 各中央企业可结合本企业实际情况，制定具体实施细则。

第四十七条 各省、自治区、直辖市国有资产监督管理机构可参照本办法，结合本地区实际制定本地区相关工作规范。

第四十八条 本办法自 2004 年 8 月 30 日起施行。

企业国有资本保值增值结果确认暂行办法

（国资委令第9号　2004年8月25日）

第一章　总　则

第一条　为加强对企业国有资产的监督管理，真实反映企业国有资本运营状况，规范国有资本保值增值结果确认工作，维护国家所有者权益，根据《企业国有资产监督管理暂行条例》和国家有关财务会计规定，制定本办法。

第二条　国务院，各省、自治区、直辖市人民政府，设区的市、自治州级人民政府履行出资人职责的企业(以下简称企业)国有资本保值增值结果确认工作，适用本办法。

第三条　本办法所称企业国有资本，是指国家对企业各种形式的投资和投资所形成的权益，以及依法认定为国家所有的其他权益。对于国有独资企业，其国有资本是指该企业的所有者权益，以及依法认定为国家所有的其他权益；对于国有控股及参股企业，其国有资本是指该企业所有者权益中国家应当享有的份额。

第四条　本办法所称企业国有资本保值增值结果确认是指国有资产监督管理机构依据经审计的企业年度财务决算报告，在全面分析评判影响经营期内国有资本增减变动因素的基础上，对企业国有资本保值增值结果进行核实确认的工作。

第五条　国务院国有资产监督管理机构负责中央企业国有资本保值增值结果核实确认工作。

各地国有资产监督管理机构负责监管职责范围内的企业国有资本保值增值结果核实确认工作。

第六条　企业应当在如实编制年度财务决算报告的基础上，认真分析和核实经营期内国有资本增减变化的各项主客观因素，真实、客观地反映国有资本运营结果，促进实现国有资本保值增值经营目标，并为企业财务监管与绩效评价、企业负责人业绩考核、企业工效挂钩核定等出资人监管工作提供基础依据。

第二章　国有资本保值增值率的计算

第七条　企业国有资本保值增值结果主要通过国有资本保值增值率指标反映，并设置相应修正指标和参考指标，充分考虑各种客观增减因素，以全面、公正、客观地评判经营期内企业国有资本运营效益与安全状况。

第八条　本办法所称国有资本保值增值率是指企业经营期内扣除客观增减因素后的期末国有资本与期初国有资本的比率。其计算公式如下：

国有资本保值增值率＝(扣除客观因素影响后的期末国有资本÷期初国有资本)×100%

国有资本保值增值率分为年度国有资本保值增值率和任期国有资本保值增值率。

第九条　企业国有资本保值增值修正指标为不良资产比率。其计算公式为：

不良资产比率＝(期末不良资产÷期末资产总额)×100%

本办法所称不良资产是指企业尚未处理的资产净损失和潜亏(资金)挂账，以及按财务会计制度规定应提未提资产减值准备的各类有问题资产预计损失金额。

第十条　因经营期内不良资产额增加造成企业不良资产比率上升，应当在核算其国有资本保值增值率时进行扣减修正。

(一)暂未执行《企业会计制度》的企业，经营期内企业不良资产比率上升，其增加额在核算国有资本保值增值率时进行直接扣减。计算公式为：

修正后国有资本保值增值率＝(扣除客观影响因素的期末国有资本－不良资产增加额)÷期初国有资本×100%

不良资产增加额＝期末不良资产－期初不良资产

(二)已执行《企业会计制度》的企业，经营期内对有问题资产未按财务会计制度计提资产减值准备，应当在核算国有资本保值增值率时进行扣除修正。其计算公式为：

修正后国有资本保值增值率＝(扣除客观影响因素的期末国有资本－有问题资产预计损失额)÷期初

国有资本×100%

有问题资产预计损失额＝各类有问题资产×相关资产减值准备计提比例

(三)国有控股企业修正国有资本保值增值率,应当按股权份额进行核算。

第十一条 企业国有资本保值增值参考指标为净资产收益率、利润增长率、盈余现金保障倍数、资产负债率。

(一)净资产收益率:指企业经营期内净利润与平均净资产的比率。计算公式如下:

净资产收益率＝(净利润÷平均净资产)×100%

其中:平均净资产＝(期初所有者权益＋期末所有者权益)÷2

(二)利润增长率:指企业经营期内利润增长额与上期利润总额的比率。计算公式如下:

利润增长率＝(利润增长额÷上期利润总额)×100%

其中:利润增长额＝本期利润总额－上期利润总额

(三)盈余现金保障倍数:指企业经营期内经营现金净流量与净利润的比率。计算公式如下:

盈余现金保障倍数＝经营现金净流量÷净利润

(四)资产负债率:指本经营期负债总额与资产总额的比率。计算公式如下:

资产负债率＝(负债总额÷资产总额)×100%

第十二条 本办法所称客观增加因素主要包括下列内容:

(一)国家、国有单位直接或追加投资:是指代表国家投资的部门(机构)或企业、事业单位投资设立子企业、对子企业追加投入而增加国有资本;

(二)无偿划入:是指按国家有关规定将其他企业的国有资产全部或部分划入而增加国有资本;

(三)资产评估:是指因改制、上市等原因按国家规定进行资产评估而增加国有资本;

(四)清产核资:是指按规定进行清产核资后,经国有资产监督管理机构核准而增加国有资本;

(五)产权界定:是指按规定进行产权界定而增加国有资本;

(六)资本(股票)溢价:是指企业整体或以主要资产溢价发行股票或配股而增加国有资本;

(七)税收返还:是指按国家税收政策返还规定而增加国有资本;

(八)会计调整和减值准备转回:是指经营期间会计政策和会计估计发生重大变更、企业减值准备转回、企业会计差错调整等导致企业经营成果发生重大变动而增加国有资本;

(九)其他客观增加因素:是指除上述情形外,经国有资产监督管理机构按规定认定而增加企业国有资本的因素,如接受捐赠、债权转股权等。

第十三条 本办法所称客观减少因素主要包括下列内容:

(一)专项批准核销:是指按国家清产核资等有关政策,经国有资产监督管理机构批准核销而减少国有资本;

(二)无偿划出:是指按有关规定将本企业的国有资产全部或部分划入其他企业而减少国有资本;

(三)资产评估:是指因改制、上市等原因按规定进行资产评估而减少国有资本;

(四)产权界定:是指因产权界定而减少国有资本;

(五)消化以前年度潜亏和挂账:是指经核准经营期消化以前年度潜亏挂账而减少国有资本;

(六)自然灾害等不可抗拒因素:是指因自然灾害等不可抗拒因素而减少国有资本;

(七)企业按规定上缴红利:是指企业按照有关政策、制度规定分配给投资者红利而减少企业国有资本;

(八)资本(股票)折价:是指企业整体或以主要资产折价发行股票或配股而减少国有资本;

(九)其他客观减少因素:是指除上述情形外,经国有资产监督管理机构按规定认定而减少企业国有资本的因素。

第十四条 国有资本保值增值率计算以企业合并会计报表为依据。企业所有境内外全资子企业、控股子企业,以及各类独立核算分支机构、事业单位和基建项目等应当按规定全部纳入合并会计报表编制范围。

第十五条 企业应当按国家有关财务会计制度和企业财务决算管理规定,委托会计师事务所审计经营期内影响企业国有资本变化的客观增减因素，并由会计师事务所在审计报告中披露或出具必要鉴证证明。

第十六条 企业本期期初国有资本口径应当与上期期末口径衔接一致。企业对期初国有资本进行口径调整应当符合国家财务会计制度有关规定，并对调整情况作出必要说明。本期期初国有资本口径调整范围具体包括：

（一）对企业年度财务决算进行追溯调整；

（二）经营期内子企业划转口径调整；

（三）企业财务决算合并范围变化口径调整；

（四）其他影响企业期初国有资本的有关调整。

第十七条 根据企业国有资产监督管理工作需要，企业保值增值结果按照会计年度、企业负责人任期分别确认。企业负责人任期国有资本保值增值结果以任职期间年度企业财务决算数据为依据。

第三章 国有资本保值增值结果的确认

第十八条 企业应当在规定的时间内，将经营期国有资本保值增值情况和相关材料随年度财务决算报告一并报送国有资产监督管理机构。报送材料应当包括：

（一）《国有资本保值增值结果确认表》及其电子文档；

（二）企业国有资本保值增值情况分析说明，具体内容包括国有资本保值增值完成情况、客观增减因素、期初数据口径、与上期确认结果的对比分析、相关参考指标大幅波动或异常变动的分析说明以及其他需要报告的情况；

（三）客观增减因素证明材料。

第十九条 企业国有资本保值增值客观增减因素的证明材料除年度财务决算审计报告外，还应当包括：

（一）国家有关部门的文件；

（二）有关专项鉴证证明；

（三）企业的有关入账凭证；

（四）其他证明材料。

第二十条 企业上报国有资本保值增值材料应当符合下列要求：

（一）各项指标真实、客观，填报口径符合规定；

（二）电子文档符合统一要求；

（三）各项客观增减因素的材料真实、完整，并分类说明有关情况。

第二十一条 企业负责人、总会计师或主管会计工作的负责人应当对企业上报的国有资本保值增值材料的真实性、完整性负责。承办企业年度财务决算审计业务的会计师事务所及注册会计师应当对其审计的企业国有资本保值增值材料及出具的相关鉴证证明的真实性、合法性负责。

第二十二条 根据出资人财务监督工作需要，国有资产监督管理机构依照《中央企业财务决算报告管理办法》（国资委令第5号）及其他有关规定，对企业财务会计资料及保值增值材料进行核查，并对企业国有资本保值增值结果进行核实确认。

第二十三条 国有资本保值增值结果核实确认工作，应当根据核批后的企业年度财务决算报表数据，剔除影响国有资本变动的客观增减因素，并在对企业不良资产变动因素分析核实的基础上，认定企业国有资本保值增值的实际状况，即国有资本保值增值率。

第二十四条 企业国有资本保值增值结果分为以下三种情况：

（一）企业国有资本保值增值率大于100%，国有资本实现增值；

（二）企业国有资本保值增值率等于100%，国有资本为保值；

（三）企业国有资本保值增值率小于100%，国有资本为减值。

第二十五条 企业国有资本存在下列特殊情形的，不核算国有资本保值增值率，但应当根据经营期国有资本变动状况分别作出增值或减值的判定。

（一）经调整后企业国有资本期初为正值、期末为负值，国有资本保值增值完成情况判定为减值；

（二）经调整后企业国有资本期初为负值、期末为正值，国有资本保值增值完成情况判定为增值。

第二十六条 国有资产监督管理机构应当以经核实确认的企业国有资本保值增值实际完成指标与全国国有企业国有资本保值增值行业标准进行对比

分析,按照"优秀、良好、中等、较低、较差"五个档次,评判企业在行业中所处的相应水平。

中央企业国有资产保值增值率未达到全国国有企业保值增值率平均水平的,无论其在行业中所处水平,不予评判"优秀"档次。

第二十七条 下列情形之一的企业国有资本保值增值水平确认为"较差"档次:

(一)存在重大财务问题、年度财务决算严重失实的;

(二)年度财务决算报告被会计师事务所出具否定意见、无法表示意见审计报告的;

(三)持续资不抵债的。

持续资不抵债企业,在经营期间弥补国有资本亏损的,可确认其国有资本减亏率。

第二十八条 经营期内没有实现国有资本保值增值目标的企业,其负责人延期绩效年薪按《中央企业负责人经营业绩考核暂行办法》(国资委令第2号)及其他有关规定扣减。实行工效挂钩的企业,经营期内没有实现国有资本保值增值的,不得提取新增效益工资。

第二十九条 企业在对外提供国有资本保值增值结果时,应当以经国有资产监督管理机构核实确认的结果为依据。

第三十条 国有资本保值增值指标行业标准由国务院国有资产监督管理机构根据每年全国国有资本总体运营态势,以全国国有企业年度财务决算信息为基础,按行业分类统一测算并公布。

第四章 罚 则

第三十一条 企业报送的年度财务决算报告及国有资本保值增值相关材料内容不完整、各项客观因素证据不充分或数据差错较大,造成企业国有资本保值增值确认结果不真实的,由国有资产监督管理机构责令其重新编报,并进行通报批评。

第三十二条 企业在国有资本保值增值结果确认工作中存在弄虚作假或者提供虚假材料,以及故意漏报、瞒报等情况的,由国有资产监督管理机构责令其改正;情节严重的,按照《企业国有资产监督管理暂行条例》等有关法律法规予以处罚,并追究有关人员责任。

第三十三条 会计师事务所及注册会计师在企业国有资本保值增值有关材料的审计工作中参与作假,提供虚假证明,造成国有资本保值增值结果严重不实的,国有资产监督管理机构应当禁止所出资企业聘请其承担相关审计业务,并通报或会同有关部门依法进行查处。

第三十四条 国有资产监督管理机构相关工作人员在国有资本保值增值结果核实确认过程中徇私舞弊,造成重大工作过失或者泄露企业商业秘密的,依法给予纪律处分;涉嫌犯罪的,依法移交司法机关处理。

第五章 附 则

第三十五条 各省、自治区、直辖市国有资产监督管理机构可依照本办法,结合本地区实际,制定相应工作规范。

第三十六条 本办法实施前的有关企业国有资本保值增值结果确认工作的规章制度与本办法不一致的,依照本办法的规定执行。

第三十七条 本办法自2004年8月30日起施行。

中央企业发展战略和规划管理办法(试行)

(国资委令第10号 2004年11月26号)

第一条 为规范中央企业发展战略和规划的编制与管理工作,提高企业发展战略和规划的科学性和民主性,依法履行出资人职责,根据《中华人民共和国公司法》、《企业国有资产监督管理暂行条例》等法律法规,制定本办法。

第二条 本办法所称中央企业,是指国务院国有资产监督管理委员会(以下简称国资委)履行出资人职责的企业(以下简称企业)。

第三条 本办法所称企业发展战略和规划,是指企业根据国家发展规划和产业政策,在分析外部环境和内部条件现状及其变化趋势的基础上,为企业的长期生存与发展所作出的未来一定时期内的方向性、整体性、全局性的定位、发展目标和相应的实施方案。

第四条 企业发展战略和规划的管理,是指国资委根据出资人职责依法对企业发展战略和规划的制订程序、内容进行审核,并对其实施情况进行监督。

第五条 国资委对企业发展战略和规划进行管理应当坚持以下原则:

(一)依法履行出资人职责;

(二)尊重企业的合法权益;

(三)推动国有经济布局和结构的战略性调整,指导企业进行结构调整;

(四)客观、公正、科学、统筹;

(五)提高工作效率,遵守职业道德,严守国家机密和商业秘密。

第六条 企业要明确负责发展战略和规划编制的工作机构,建立相应的工作制度并报国资委备案。

第七条 企业应当按照本办法规定,制订本企业的发展战略和规划。有条件的企业可以设立发展战略和规划决策委员会。

第八条 企业发展战略和规划包括3～5年中期发展规划和10年远景目标。编制重点为3～5年发展规划,并根据企业外部环境和内部情况的变化和发展适时滚动调整。

第九条 企业发展战略和规划应当包括下列主要内容:

(一)现状与发展环境。包括企业基本情况、发展环境分析和竞争力分析等;

(二)发展战略与指导思想;

(三)发展目标;

(四)三年发展、调整重点与实施计划;

(五)规划实施的保障措施;

(六)需要包括的其他内容。

第十条 企业在制订发展战略和规划时,可参照国资委编制的《中央企业发展战略与规划编制大纲》,并可根据实际情况进行适当调整,但应当涵盖其提出的内容。

第十一条 企业应当按照国资委要求在规定时间内报送发展战略和规划草案。报送内容包括企业发展战略和规划草案文本及编制说明。

第十二条 国资委组织对企业的发展战略和规划草案进行审核,在规定时间内将审核意见反馈给企业。

第十三条 国资委对企业报送的企业发展战略和规划内容的审核主要包括:

(一)是否符合国家发展规划和产业政策;

(二)是否符合国有经济布局和结构的战略性调整方向;

(三)是否突出主业,提升企业核心竞争力;

(四)是否坚持效益优先和可持续发展原则。

第十四条 国有独资企业、国有独资公司应当根据国资委的审核意见,对企业发展战略和规划进行修订。

第十五条 国有控股、国有参股企业中国资委派出的股东代表、董事,应当在企业股东会或董事会上充分表述国资委对企业发展战略和规划的审核意见。

第十六条 企业按照内部决策程序对发展战略和规划修订后,应当将企业发展战略和规划正式文本报国资委备案。

第十七条 企业在实施发展战略和规划过程中应当制定年度计划,对实施情况与发展目标进行对比评价,及时调整。

第十八条 国资委将企业发展战略和规划的目标和实施,纳入对中央企业负责人经营业绩考核的内容。

第十九条 本办法自2005年1月1日起施行。

规范性文件

国务院办公厅转发国务院国有资产监督管理委员会关于设立市(地)级人民政府国有资产监督管理机构指导意见的通知

国办发[2004]84号

各省、自治区、直辖市人民政府,国务院各部委、各直属机构:

国务院国有资产监督管理委员会《关于设立市(地)级人民政府国有资产监督管理机构的指导意见》已经国务院同意,现转发给你们,请认真贯彻执行。

国务院办公厅

二〇〇四年一月二十一日

关于设立市(地)级人民政府国有资产监督管理机构的指导意见

国务院国有资产监督管理委员会

(2004年11月1日)

深化国有资产管理体制改革,设立代表国家履行出资人职责的国有资产监督管理机构,是完善社会主义市场经济体制的客观需要,是推进行政管理体制和政府机构改革的重要内容,也是深化国有企业改革的重大措施。为贯彻党的十六大精神,加快推进市(地)级(含自治州,下同)人民政府国有资产监督管理机构的组建工作,根据《企业国有资产监督管理暂行条例》的有关规定,现提出以下意见:

一、市(地)级人民政府要按照党的十六大和十六届二中全会、三中全会确定的原则,坚持政府的社会公共管理职能与国有资产出资人职能分开,坚持政企分开,实行所有权和经营权分离。

二、市(地)级人民政府可设立国有资产监督管理机构。市(地)级人民政府国有资产监督管理机构根据授权,依法履行出资人职责,依法对企业国有资产进行监督管理,维护所有者权益,维护企业作为市场主体依法享有的各项权利,督促企业实现国有资产保值增值,防止国有资产流失。

三、设立的市(地)级人民政府国有资产监督管理机构,必须做到权利、义务和责任相统一,管资产和管人、管事相结合。要坚持党管干部原则,完善干部管理体制,保证地方党委加强对本地区国有重要骨干企业主要负责人的管理。

四、经省级人民政府批准不单独设立国有资产监督管理机构的市(地)级人民政府,要按照政府的社会公共管理职能和国有资产出资人职能分开的原则,明确国有资产保值增值的行为主体和责任主体,积极探索国有资产监督管理的有效形式。

五、市(地)级人民政府国有资产监督管理机构对本级人民政府负责。市(地)级人民政府国有资产监督管理机构要严格遵守有关法律法规和规章制度,接受省级人民政府国有资产监督管理机构的工作指导和监督。省级人民政府国有资产监督管理机构要充分尊重和维护市(地)级人民政府对所出资形成的国有资产享有的权益,不得随意调拨其国有资产。

六、市(地)级人民政府国有资产监督管理机构对县级人民政府的国有资产管理工作给予指导,建立工作联系制度,积极探索县级国有资产监督管理的有效形式。

七、市(地)级人民政府国有资产监督管理机构党组织的设立,由省、自治区、直辖市党委根据中央有关文件规定办理。

八、省、市(地)两级人民政府要切实加强对设立国有资产监督管理机构工作的组织领导。要把设立市(地)级人民政府国有资产监督管理机构的工作摆上重要议事日程,抓紧完成市(地)级人民政府国有资产监督管理机构的组建工作。

关于中央企业加强产权管理工作的意见

国资发产权[2004]180号

各中央企业:

为贯彻落实党的十六届三中全会《中共中央关于完善社会主义市场经济体制若干问题的决定》(以下简称《决定》)精神,推动国有经济布局和结构的战略性调整,发展和壮大国有经济,推进中央企业逐步建立"归属清晰、权责明确、保护严格、流转顺畅"的现代产权制度,促进中央企业加强产权管理,现提出以下意见:

一、认真学习贯彻《决定》,深刻领会建立现代产权制度的重要意义。现代产权制度是完善公有制为主体、多种所有制经济共同发展的基本经济制度的内在要求,是构建现代企业制度、完善企业法人治理结构、落实出资人层层到位的重要基础,也是明确相关主体权利和责任、健全企业经营者激励约束机制的基本前提。各中央企业要认真学习《决定》，深刻领会建立现代产权制度的重要意义和作用，树立产权观念、强化产权意识、理顺产权关系、加强产权管理，创造条件建立健全现代产权制度。

二、高度重视产权登记、资产评估等产权管理基础工作，做到产权归属清晰、资产估价科学。国有资产产权登记和资产评估是产权管理重要的基础性工作，也是建立现代产权制度的基础。产权登记的主要作用是依法确认国有资产权属关系，企业通过产权登记取得的国有资产产权登记表证是确认企业产权归属的法律凭证。各中央企业在对外投资、资产划转、产权转让、合并分立、企业改制等经济活动中，要严格按照有关规定办理产权登记。资产评估是维护国有产权合法权益的重要手段，评估结果是资产作价的基础依据。中央企业发生国有产权变动行为时应当认真做好资产评估工作，要聘请具有相应资质的评估机构进行评估，并按照规定程序办理核准和备案手续。各中央企业要加强对资产评估结果运用的管理，切实维护国有产权的合法权益。

三、规范国有产权转让行为，防止国有资产流失。各中央企业要认真贯彻落实《企业国有产权转让管理暂行办法》，在推进国有经济布局和结构的战略性调整、促进国有资本合理流转过程中，严格规范企业国有产权转让行为，加强对产权转让的全过程管理：一是要严格履行内部决策程序和审批程序；二是要按规定做好清产核资、财务审计和资产评估，并以评估值作为转让价格的参考依据；三是要坚持产权转让进入市场并公开披露有关转让信息，广泛征集受让方，杜绝暗箱操作；四是要选取适当的转让方式，确保国有资产不流失；五是要注意保护职工权益；六是要及时进行转让鉴证和产权变更登记，做好转让收益管理。

四、加强上市公司国有股权管理，切实维护国有股权益。各中央企业要按照有关国有股权管理法律法规要求，正确行使股东权利，依法履行股东义务，承担相应责任，指导和督促全资、控股子企业做好所持上市公司国有股权管理工作。在涉及上市公司国有股变动、增资扩股、配股、国有股质押等重大事项时，应严格履行内部决策程序和审批程序；在上市公司国有股转让中，要按照“公平、公开、公正”的原则，采取有效方式，广泛选择受让方，促进形成市场发现价格的有效机制，最大可能地实现国有资产保值增值；在受让上市公司社会法人股时，要认真做好可行性研究，严格受让股份行为的内部决策程序，确保合理定价，并及时办理股份性质变更的审批和过户登记手续。

五、认真做好主辅分离、辅业改制、分流安置富余人员中的资产处置工作。主辅分离辅业改制是解决国有大中型企业人员分流安置富余人员的重要途径，也是盘活资产、做强做大主业、深化国有企业改革的重大举措。在改制中，各中央企业要按照有关规定，严格界定辅业资产、闲置资产和关闭破产企业的有效资产，认真组织清产核资、财务审计、资产评估等工作，保证资产价值真实可靠。在使用净资产支付安置职工费用时，要严格执行国家有关社会保障的规定标准，确保职工合法权益。需要核销国有权益的，要严格履行报批程序，并根据批复结果进行账务处理。

六、加强投资和资本运作的管理。认真做好企业中长期发展战略和规划，建立规范科学的投资决策和资本运作程序，防范投资风险。各中央企业要科学、合理地确定企业内部管理级次，要适当集中投资决策权，杜绝散乱现象，保持稳健的资本结构，防止债务风险。突出主业，发展核心业务，培育优良资产，防止盲目扩张。以实物资产和无形资产对外投资的，要严格按照规定进行资产评估，投资形成的产权关系，要及时进行产权登记。

七、大力发展股份制，优化企业产权结构。股份制是公有制的主要实现形式，也是提高国有资本运营效率的有效途径。各中央企业要按照党的十六届三中全会要求，从搞活国有企业、大力发展混合所有制经济要求出发，加快股份制改革的步伐，促进形成不同产权主体间多元投资、互为补充的产权结构，提高国有资本的控制力。在股份制改革中，各中央企业要认真执行《国务院办公厅转发国务院国有资产监督管理委员会关于规范国有企业改制工作意见的通知》(国办发[2003]96号)，严格按照有关规定做好行为审批、清产核资、资产评估、股权界定等各项工作；股份公司设立后，中央企业要严格履行股东职责，正确行使股东权利，认真做好股权收益收缴等工作。

八、认真做好资产划转工作。资产划转是指国有资产产权在国有单位之间的无偿转移。各中央企业要着眼于国有企业改革和发展的大局,以实现国有经济资源的优化配置、减轻企业负担、提高企业竞争力为目标,认真做好资产和产权划转的可行性研究,严格规范划转工作,确保资产和产权划转符合企业的总体发展战略和长远目标。在划转中,要严格报批手续,切实维护企业的法人财产权,注意处理好企业的债权债务关系、劳动人事关系及其他相关事宜,并保证职工的妥善安置。

九、采取切实措施加强境外国有资产管理。各中央企业在向境外投资设立企业,或将境内资产转移、转让到境外,以及将境外资产转移、转让时,要做好资产评估、产权登记等基础工作,同时要严格履行报告制度和审批程序。对在境外设立的企业、分支机构要建立健全有效的监管制度,加强监督检查,防止境外国有资产流失。

国资委

二〇〇四年二月二十三日

关于做好产权交易机构选择确定工作的指导意见

国资发产权[2004]252号

各省、自治区、直辖市国资委:

为做好从事企业国有产权交易活动的产权交易机构的选择确定工作,根据《企业国有资产监督管理暂行条例》(国务院令第378号)和《企业国有产权转让管理暂行办法》(国资委、财政部令第3号)等有关规定,现提出如下工作意见:

一、高度重视产权交易机构的选择确定工作。企业国有产权"进场交易"是加强企业国有产权转让监管的重要措施,选择确定符合条件的产权交易机构是保障企业国有产权交易规范进行的重要前提。各地国资监管机构要高度重视和扎实做好从事企业国有产权交易活动的产权交易机构的选择确定工作,并对其从事的企业国有产权交易活动进行监督管理。

二、选择产权交易机构的工作职责。国务院国资委负责制定选择从事企业国有产权交易活动的产权交易机构的基本条件,提出组织工作要求,选择从事中央企业国有产权交易活动的产权交易机构。

各省、自治区、直辖市国资监管机构在国务院国资委的指导下,负责从事本地区企业国有产权交易活动的产权交易机构的选择工作。

三、选择产权交易机构的工作原则。国资监管机构在选择产权交易机构时,应按照"打破区域限制、立足规范运作、促进资源共享、利于长远发展"的原则,按统一的标准和条件在全国范围内公开进行。

四、选择产权交易机构的组织方式。国资监管机构在选择产权交易机构时,应在产权交易机构提出书面申请的基础上,采取公开评审的方式进行。评审工作可由国资监管机构相关职能部门人员、产权交易专家以及企业代表组成评审工作组。

评审工作组具体负责以下主要工作:

(一)制订选择产权交易机构的实施方案;

(二)按照统一的要求拟订选择产权交易机构的具体标准和条件;

(三)对产权交易机构报送的申请材料进行核实、审查,必要时可组织相关人员进行实地考察;

(四)根据审查和考察情况,对申请从事企业国有产权交易的产权交易机构提出具体评审意见;

(五)起草选择产权交易机构的《评审工作报告》。

《评审工作报告》经国资监管机构批准后,由国资监管机构向产权交易机构发出书面通知,或由国资监管机构与其签订《企业国有产权交易业务委托协议》。

五、选择产权交易机构应当审核的材料。国资监管机构在选择产权交易机构时,应当审核产权交易机构提供的下列书面资料:

(一)批准成立产权交易机构的相关文件;

(二)产权交易机构高级管理人员的任命(聘任)文件;

(三)工作场所证明(包括房屋租赁合同或房产证明复印件);

(四)产权交易信息管理系统的相关资料;

(五)与有关报刊签订的发布产权转让信息的业务委托协议;

(六)所在地政府或相关管理部门发布或制定的产权交易监管工作规章、制度;

(七)政府物价部门核准及实际执行的收费标准;

(八)营业执照副本、章程及相关内部管理制度;

(九)产权交易业务开展情况、奖惩情况和机构变动情况;

(十)如已参加区域性产权交易市场或与其他产权交易机构业务代理合作,还应提供相关协议资料复印件;

(十一)其他需要出具的证明或资料。

六、选择产权交易机构的重点审核内容。国资监管机构在选择产权交易机构时,应当按照《企业国有产权转让管理办法》规定的基本条件进行严格审核,同时重点审核以下主要内容:

(一)是否具有健全的内部管理制度和相应的产权交易操作规范,自觉接受国资监管机构对其从事的企业国有产权交易活动的监督检查;

(二)是否具有诚信、守法进行产权交易活动的证明或承诺,能够提供产权交易的审查登记、信息发布、交易结算、交易鉴证等一系列产权交易综合服务;

(三)产权交易信息系统是否完善,并与相应的区域性产权交易合作组织建立畅通的信息发布渠道,能够发挥信息资源集中和信息发布网络化的优势。

七、产权交易机构选择结果的公布。选择工作结束后,国资监管机构应将所选择产权交易机构的基本情况,以适当方式向社会公告。各省、自治区、直辖市国资监管机构还应将选择结果和相关情况报国务院国资委备案。

八、对产权交易机构的监管工作。国资监管机构要对所选择的产权交易机构从事的企业国有产权交易活动实行动态监管。监管工作可以采取专项工作检查,向相关企业征求意见,对有关媒体及社会反映的问题进行调查核实以及听取有关部门、专家意见等多种方式进行。

对于在监管工作中发现的问题,国资监管机构应当及时要求相关产权交易机构整改,并对其整改情况进行跟踪了解;对于不再符合从事企业国有产权交易活动的基本条件要求或在企业国有产权交易中弄虚作假、玩忽职守,损害国家利益或交易双方合法权益的产权交易机构,国资监管机构3年内不得再选择其从事企业国有产权交易的相关业务。

九、其他情况的处理。

(一)对已经省、自治区、直辖市人民政府确定的产权交易机构,各地国资监管机构也要按照有关要求掌握其基本情况,报国务院国资委备案,并对其从事企业国有产权交易活动的诚信、守法情况加强监管。

(二)没有设立产权交易机构的地区,国资监管机构在做好本地有关部门协调工作的基础上,可采取公开的方式在全国范围内选择,也可采取业务委托方式,与其他经省级以上国资监管机构确定的产权交易机构或区域性产权交易市场建立相应的业务委托代理关系。

(三)经国资监管机构选择的产权交易机构发生分立、合并或变更等事项,应当及时向国资监管机构通报有关情况。

国资委

二〇〇四年七月十四日

关于企业国有产权转让有关问题的通知

国资发产权[2004]268号

各中央企业,各省、自治区、直辖市国资委:

《企业国有产权转让管理暂行办法》(国资委、财政部令第3号,以下简称《办法》)施行后,一些中央企业和地方国资监管机构反映在企业国有产权转让操作过程中的一些问题,要求予以明确。经研究,现就有关问题通知如下:

一、关于实施主辅分离、辅业改制工作中资产处置与《办法》有关规定的衔接问题

在国有大中型企业主辅分离、辅业改制,分流安置富余人员过程中,经国资监管机构及相关部门确定列入主辅分离、辅业改制范围企业的资产处置,应当按照《关于国有大中型企业主辅分离辅业改制分流安置富余人员的实施办法》(国经贸企改[2002]859号)及有关配套文件的规定执行。对于改制企业的国有净资产按规定进行各项支付的剩余部分，采取向改制企业的员工或外部投资者出售的，应当按照国家有关规定办理，具体交易方式可由所出资企业或其主管部门（单位）决定。

二、关于重要子企业的重大国有产权转让事项的确定问题

中央企业按国务院国资委印发的《关于贯彻落实〈国务院办公厅转发国务院国有资产监督管理委员会关于规范国有企业改制工作意见的通知〉的通知》（国资发改革[2004]4号）的相关规定办理，暂由中央企业确定其转让行为报国务院国资委批准或自行决定；地方企业暂由地方国资监管机构按照有关规定，结合各地实际明确相应的管理要求。在国务院国资委对重要子企业的重大事项管理办法出台后按照新的规定办理。

三、关于转让企业国有产权涉及上市公司国有股性质变化的有关操作问题

转让企业国有产权涉及上市公司国有股性质变化的，应按照《办法》规定的程序进行，到经国资监管机构选择确定的产权交易机构中公开披露产权转让信息，广泛征集受让方。在确定受让方并草签产权转让合同后，由转让方按照国家对上市公司国有股转让管理的规定，将涉及的上市公司国有股性质变化事项报国务院国资委审核批准。其他事项按以下程序办理：

（一）转让企业国有产权涉及上市公司国有股性质变化的事项获得批准后，转让方应当持批准文件、受让方的全额现金支付凭证到产权交易机构办理产权交易鉴证手续。

（二）转让、受让双方应持国务院国资委对涉及上市公司国有股性质变化事项的批准文件、受让方的全额现金支付凭证、产权交易机构出具的产权交易凭证或省级以上国资监管机构对直接采取协议方式转让国有产权的批准文件等，按照规定程序到证券登记结算机构办理上市公司国有股变更登记手续。

（三）转让企业国有产权涉及上市公司国有股性质变化的，转让方还应按照证券监管部门的有关规定履行信息披露义务，且信息披露时间不得晚于在产权交易机构中披露产权转让信息的时间。

四、关于企业国有产权转让方案的制定及落实问题

企业国有产权转让方案是相关批准机构审议、批准转让行为以及产权转让成交后转让方落实相关事项的重要依据，转让方应重点做好以下内容的研究和落实工作：

（一）转让方应当对企业国有产权转让行为进行充分论证和深入分析，必要时可以聘请相关专业咨询机构提出企业国有产权转让的咨询、论证意见。

（二）对转让标的企业涉及的职工安置方案，应当按照国家有关政策规定明确提出企业职工的劳动关系分类处理方式和有关补偿标准，经该企业职工代表大会讨论通过，并获企业所在地劳动保障行政部门审核同意。

（三）企业国有产权转让成交后，转让方应按照《国务院办公厅转发国务院国有资产监督管理委员会〈关于规范国有企业改制工作意见〉的通知》（国办发[2003]96号）和《办法》的相关规定，做好转让方案各项内容的落实工作。除国家另有规定外，不得采取转让前将有关费用从净资产中抵扣的方法进行企业国有产权转让。

五、关于企业国有产权转让信息公开披露问题

为保证企业国有产权转让信息披露的充分性和广泛性，企业国有产权转让相关批准机构必须加强对转让公告内容的审核，产权交易机构也应当加强对企业国有产权转让信息披露的管理。

（一）产权转让公告应由产权交易机构按照规定的渠道和时间公开披露，对于重大的产权转让项目或产权转让相关批准机构有特殊要求的，转让方可以与产权交易机构通过委托协议另行约定公告期限，但不得少于20个工作日。转让公告期自报刊发布信息之日起计算。

（二）产权转让公告发布后，转让方不得随意变动或无故提出取消所发布信息。因特殊原因确需变动或取消所发布信息的，应当出具相关产权转让批准机构的同意或证明文件，并由产权交易机构在原信息发布渠道上进行公告，公告日为起算日。

（三）在产权转让公告中提出的受让条件不得出现具有明确指向性或违反公平竞争的内容。企业国有产权转让信息公开披露后，有关方面应当按照同样的受让条件选择受让方。

六、关于对意向受让方的登记管理问题

为保证有关方面能够按照公开、公正、公平的原则参与企业国有产权交易，在企业国有产权转让公告发布后，对征集到的意向受让方按照以下规定进行管理：

（一）对征集到的意向受让方由产权交易机构负责登记管理，产权交易机构不得将对意向受让方的登记管理委托转让方或其他方面进行。产权交易机构要与转让方按照有关标准和要求对登记的意向受让方共同进行资格审查，确定符合条件的意向受让方的数量。

（二）产权交易机构要对有关意向受让方资格审查情况进行记录，并将受让方的登记、资格审查等资料与其他产权交易基础资料一同作为产权交易档案妥善保管。

（三）在对意向受让方的登记过程中，产权交易机构不得预设受让方登记数量或以任何借口拒绝、排斥意向受让方进行登记。

国资委

二〇〇四年八月二十五日

关于做好企业国有产权交易信息统计试点工作的通知

国资厅产权[2004]189号

上海联合产权交易所，天津产权交易中心，北京产权交易所：

为加强企业国有产权交易监管，逐步建立企业国有产权交易信息统计报告制度，根据《企业国有产权转让管理暂行办法》（国资委、财政部令第3号）等有关规定，决定在你所（中心）进行企业国有产权交易信息统计试点工作。现将有关事项通知如下：

一、建立企业国有产权交易信息统计报告制度是加强企业国有产权交易监管的重要内容，做好企业国有产权交易信息统计工作是实现对企业国有产权有序流转进行动态监测的必要手段。有关试点机构要充分认识此项工作的重要意义，按照统一的工作要求，落实工作责任，认真做好相关工作。

二、企业国有产权交易信息统计试点的范围包括：各试点机构的企业国有产权交易汇总情况和中央企业及其所属企业持有的国有产权交易情况。

三、统计表由《企业国有产权转让信息统计表》和《企业国有产权转让基础信息登记表》（参考表式）两部分组成。其中，《企业国有产权转让信息统计表》应按照试点机构所从事的企业国有产权交易汇总数据和中央企业数据分别填报；《企业国有产权转让基础信息登记表》是为建立产权交易信息数据库和实现产权交易信息分类检索，结合企业财务决算报表设计的基础信息登记表式，将在建立企业国有产权交易信息统计报告制度的基础上推广使用。试点期间，暂由各试点机构结合有关实际情况在进行企业国有产权交易信息统计工作中参考使用。

四、企业国有产权交易信息统计工作应按照“统一录入、分类汇总、对口上报”的程序，按照统一的格式和编制要求组织上报。为加强企业国有产权交易信息的管理，中央企业国有产权交易信息统计结果未经我委同意，不得擅自对外提供和使用。

五、各试点机构应于每月5日前将上月企业国有产权交易信息统计结果和简要分析报我委产权局（电子版同时发至 lixiaoliang@sasac.gov.cn 或 menghq@sasac.gov.cn）。首次上报应同时报送本年度以前月份的相关数据及分析说明。

六、各试点机构应逐步建立产权交易信息数据库，并及时做好有关数据的更新及维护工作，确保数据的真实准确。

七、各试点机构在企业国有产权交易信息统计试点工作中发现的问题，请及时与我委产权局联系。

附件：1.《企业国有产权转让信息统计表》（略）

2.《企业国有产权转让基础信息登记表》（参考表式）（略）

3.《企业国有产权转让信息统计表》编制说明（略）

国资委办公厅

二〇〇四年八月二十六日

关于印发《企业国有资产产权登记业务办理规则》的通知

国资发产权[2004]315 号

国务院各部委、直属机构、直属事业单位，新疆生产建设兵团，各中央监管企业(集团)，各省、自治区、直辖市、计划单列市国有资产监督管理机构：

为适应国有资产管理体制改革，加强国有资产监督管理，全面了解和掌握企业国有资产分布与变动情况，强化产权意识、理顺产权关系、加强产权管理，逐步建立健全现代产权制度，需要从履行出资人职责的角度改进和规范国有资产产权登记工作。根据《企业国有资产监督管理暂行条例》(国务院令第 378 号)和《企业国有资产产权登记管理办法》(国务院令第 192 号)，我们制定了《企业国有资产产权登记业务办理规则》，现印发给你们，请遵照执行。执行中有何问题，请及时反馈我委。

附件：1. 企业国有资产产权登记业务办理规则

2. 企业国有资产占有产权登记表(式样)(略)

3. 企业国有资产变动产权登记表(式样)(略)

4. 企业国有资产注销产权登记表(式样)(略)

5. 中华人民共和国企业国有资产产权登记证(式样)(略)

国资委

二〇〇四年十月三十日

附件 1：

企业国有资产产权登记业务办理规则

第一章 总 则

第一条 为了加强企业国有资产管理，建立现代产权制度，根据《企业国有资产监督管理暂行条例》和《企业国有资产产权登记管理办法》的有关规定，制定本规则。

第二条 下列已取得或申请取得法人资格的各级人民政府履行出资人职责的企业(以下简称所出资企业)，应当按规定申办企业国有资产产权登记(以下简称产权登记)：

(一)国有企业；

(二)国有独资公司、设置国有股权的有限责任公司和股份有限公司；

(三)国有企业、国有独资公司投资设立的企业；

(四)其他形式占有国有资产的企业。

有关部门所属未脱钩企业和事业单位及社会团体所投资企业的产权登记工作，由同级国有资产监督管理机构按照本规则组织实施。

第三条 产权登记机关是各级国有资产监督管理机构，上级产权登记机关指导、监督下级产权登记机关的产权登记工作。

各级国有资产监督管理机构负责本级政府所出资企业及其各级子企业的产权登记工作。

未设立国有资产监督管理机构的，由本级政府指定的部门或机构负责产权登记工作。

第四条 国务院国有资产监督管理委员会负责统一制定所出资企业国有资产产权登记的政策，负责企业国有资产产权登记监督管理、汇总和分析工作；地方各级国有资产监督管理机构负责本级所出资企业产权登记监督管理、汇总和分析工作，并将汇总分析数据资料上报上一级国有资产监督管理机构。

第五条 各级产权登记机关审核和颁发的《中华人民共和国企业国有资产产权登记证》(以下简称产权登记证)是依法确认企业产权归属关系的法律凭证，也是企业的资信证明文件。

第六条 所出资企业负责申请办理本企业及其各级子企业的产权登记，并对各级子企业的产权登记情况进行监督管理。

两个及两个以上国有资本出资人共同投资设立的企业，由国有资本出资额最大的出资人所在的所出资企业依据其产权归属关系申请办理产权登记。国有资本出资人股权比例相等的，由各国有资本出资人推举一个国有资本出资人的所出资企业申请办理产权登记，其余出资人出具产权登记委托书。各级产权登记机关办理上述企业产权登记后，发放产权登记证。企业办理产权变动、注销登记时，需提交产权登记证。

第二章　占有产权登记

第七条　已取得法人资格的企业应当通过所出资企业向产权登记机关申办占有产权登记，并提交下列文件和资料：

（一）企业国有资产占有产权登记表；

（二）批准设立企业的文件；

（三）企业章程和《企业法人营业执照》副本复印件和最近一次的验资报告；

（四）国有资产监督管理机构审核批复的或经注册会计师审计的企业上一年度财务会计报告；

（五）出资人为企业法人单位的应该提交企业法人营业执照副本复印件，其中国有资本出资人还应当提交产权登记证；

（六）产权登记机关要求的其他文件和资料。

第八条　产权登记机关核准企业占有登记后，向企业发放产权登记证，所出资企业可将产权登记机关核准后的企业国有资产占有产权登记表留存备案。

第九条　申请取得法人资格的企业应当于办理工商注册登记前30日内通过所出资企业申办占有产权登记，并提交下列文件和资料：

（一）企业国有资产占有产权登记表；

（二）批准设立企业的文件；

（三）企业章程和《企业名称预先核准通知书》；

（四）出资人为企业法人单位的应该提交企业法人营业执照副本复印件、国有资产监督管理机构审核批复的或经注册会计师审计的企业上一年度财务会计报告，其中国有资本出资人还应当提交产权登记证；

（五）经注册会计师审核的验资报告，其中以非货币性资产投资的还应当提交资产评估报告的核准或备案文件；

（六）产权登记机关要求的其他文件和资料。

第十条　所出资企业持产权登记机关核准后的企业国有资产占有产权登记表，向工商行政管理部门申办注册登记，在取得企业法人营业执照后30日内由所出资企业向原产权登记机关领取新设企业产权登记证，同时提交新设企业的《企业法人营业执照》副本复印件。

第十一条　未办理占有产权登记的企业发生国有资产产权变动时，应当按本规则第七条的规定补办占有产权登记后，再申办变动或注销产权登记。

第三章　变动产权登记

第十二条　企业发生下列情形之一的，应当通过所出资企业向产权登记机关申办变动产权登记：

（一）企业名称改变的；

（二）企业组织形式、级次发生变动的；

（三）企业国有资本额发生增减变动的；

（四）企业国有资本出资人发生变动的；

（五）企业国有资产产权发生变动的其他情形。

第十三条　企业发生本规则第十二条第（一）款情形的，应当于工商行政管理部门核准变动登记后30日内，向原产权登记机关申办变动产权登记。

第十四条　企业发生本规则第十二条第（二）款至第（五）款情形的，应当自企业出资人或者有关部门批准、企业股东大会或者董事会作出决定之日起30日内，向工商行政管理部门申请变更登记前，向原产权登记机关申办变动产权登记。

第十五条　企业申办变动产权登记，应当提交下列文件和资料：

（一）企业国有资产产权登记证；

（二）企业国有资产变动产权登记表；

（三）批准产权变动行为的文件；

（四）修改后的企业章程和《企业法人营业执照》副本复印件；

（五）经注册会计师审计的产权变动时的验资报告，其中以非货币性资产投资的应当提交评估报告的核准文件或备案表；

（六）企业国有资本出资人发生变动的，提交新加入的出资人的企业法人营业执照副本复印件，其中国有资本出资人还应当提交产权登记证；

（七）通过产权交易机构转让国有资产产权的，提交产权交易机构出具的转让国有资产产权的交易凭证；

(八)产权登记机关要求的其他文件和资料。

第十六条 产权登记机关核准企业变动产权登记后,办理企业产权登记证变更手续,所出资企业可将产权登记机关核准后的企业国有资产产权变动登记表留存备案。

第四章 注销产权登记

第十七条 企业发生下列情形之一的,应当申办注销产权登记:

(一)企业解散、被依法撤销或被依法宣告破产;

(二)企业转让全部国有资产产权或改制后不再设置国有股权的;

(三)其他需要注销国有资产产权的情形。

第十八条 企业解散的,应当自出资人的所出资企业或上级单位批准之日起30日内,由所出资企业向原产权登记机关申办注销产权登记。

企业被依法撤销的,应当自政府有关部门决定之日起30日内由所出资企业向原产权登记机关申办注销产权登记。

企业被依法宣告破产的,应当自法院裁定之日起60日内由企业破产清算机构向原产权登记机关申办注销产权登记。

企业转让全部国有资产产权(股权)或改制后不再设置国有股权的,应当自出资人的所出资企业或上级单位批准后30日内由所出资企业向原产权登记机关申办注销产权登记。

所出资企业发生上述情形的,由其出资人代表办理注销产权登记手续。

第十九条 企业申办注销产权登记,应当提交下列文件和资料:

(一)企业国有资产产权登记证;

(二)企业国有资产注销产权登记表;

(三)批准产权注销行为文件或法院宣告企业破产的裁决书;

(四)企业清算报告或资产评估报告的核准文件或备案表;

(五)产权登记机关要求的其他文件和资料。

第二十条 产权登记机关核准企业注销产权登记后,收回产权登记证并注销,所出资企业可将经核准后的企业国有资产注销产权登记表留存备案。

第五章 年度检查

第二十一条 所出资企业应于每年2月1日至4月30日完成对本企业及其各级子企业产权登记情况的年度检查工作,并向产权登记机关报送企业产权登记年度汇总表和年度汇总分析报告;各级产权登记机关应于每年5月31日前对企业产权登记的情况进行抽查,并将本级政府所出资企业产权登记年度汇总表和年度汇总分析报告逐级上报,国务院国有资产监督管理委员会应于每年6月30日前完成全国非金融类企业国有资产产权登记年度汇总检查工作。

各级国有资产监督管理机构可以选择采用统一组织年度检查或企业自查、各级产权登记机关抽查相结合的年度检查方式。

第二十二条 各级产权登记机关对企业产权登记年度检查情况应予以通报。

第二十三条 企业产权登记年度汇总分析报告主要内容如下:

(一)企业国有资本金实际到位和增减变动情况;

(二)企业国有资本的分布及结构变化,包括企业对外投资情况;

(三)本企业及其各级子企业发生国有资产产权变动情况及办理相应产权登记手续情况;

(四)其他需要说明的问题。

第六章 产权登记程序

第二十四条 企业申办产权登记,应当按规定填写相应的产权登记表,并向产权登记机关提交有关文件资料。

第二十五条 产权登记机关对企业产权登记申报文件资料齐全的予以受理。

第二十六条 产权登记机关对受理后的产权登记文件资料进行合规性审核。审核内容包括:

(一)企业填报的产权登记表内容是否真实可靠;

(二)企业提交的相关文件资料是否符合国家有关规定。

第二十七条 产权登记机关应当在受理后10个工作日内对企业申报的产权登记作出准予登记或不予

登记的决定。

第七章　产权登记管理

第二十八条　国务院国有资产监督管理委员会统一制发产权登记表和产权登记证，确定各类产权登记表和产权登记证的内容和格式。

第二十九条　任何单位和个人不得伪造、涂改、出借、出租或出售产权登记机关审核颁发的产权登记证，若有遗失或毁坏的，应向原核发产权登记证的产权登记机关申请补发。

第三十条　企业申办产权登记时，应当将所提交的文件资料整理成卷，附加目录清单，纸张的尺寸规格为A4大小。

企业未按要求提交文件、资料的，产权登记机关不予受理。

第三十一条　企业违反《企业国有资产产权登记管理办法》及本规则的有关规定，有下列行为之一的，产权登记机关可责令其改正，并予以通报批评：

(一)在规定期限内不办理产权登记的；

(二)隐瞒真实情况未如实办理产权登记的；

(三)不按照规定提交企业产权登记年度汇总表和年度汇总分析报告的。

第三十二条　各级产权登记机关、企业应当妥善保管产权登记表和产权登记证，建立产权登记档案。

第八章　附　则

第三十三条　本规则自2005年1月1日起施行。

关于印发《中央企业财务决算审计工作规则》的通知

国资发评价[2004]173号

各中央企业：

为加强中央企业财务监督，规范中央企业年度财务决算审计工作，促进提高企业会计信息质量，根据《企业国有资产监督管理暂行条例》和国家有关财务会计制度，我们制定了《中央企业财务决算审计工作规则》，现印发给你们。请结合企业自身实际，认真遵照执行，并及时反映工作中的有关情况和问题。

国资委

二〇〇四年二月五日

中央企业财务决算审计工作规则

第一章　总　则

第一条　为加强中央企业(以下简称企业)财务监督，规范企业年度财务决算审计工作，促进提高企业会计信息质量，依据《企业国有资产监督管理暂行条例》和国家有关财务会计制度规定，制定本规则。

第二条　本规则所称年度财务决算审计，是指按照有关规定委托具有资质条件的会计师事务所及注册会计师，以国家财务会计制度为依据，对企业编制的年度财务决算报告及经济活动进行审查并发表独立审计意见的监督活动。

第三条　本规则所称年度财务决算报告，是指企业按照国家财务会计制度规定，根据统一的编制口径、报表格式和编报要求，依据有关会计账簿记录和相关财务会计资料，编制上报的反映企业年末结账日资产及财务状况和年度经营成果、现金流量、国有资本保值增值等基本经营情况的文件。企业年度财务决算审计报告是企业年度财务决算报告的必备附件。

第四条　国务院国有资产监督管理委员会(以下简称国资委)依法对企业年度财务决算的审计工作进行监督。

第二章　审计机构委托

第五条　为保障企业年度财务状况及经营成果的真实性，根据财务监督工作的需要，国资委统一委托会计师事务所对企业年度财务决算进行审计。

第六条　国资委统一委托会计师事务所，按照“公开、公平、公正”的原则，采取国资委公开招标或者企业推荐报国资委核准等方式进行。其中，国有控股企业采取企业推荐报国资委核准的方式进行。

第七条　国资委暂未实行统一委托会计师事务所

进行年度财务决算审计工作的企业，应当按照“统一组织、统一标准、统一管理”的工作原则，经国资委同意，由企业总部按照有关规定，采用公开招标等方式，委托会计师事务所对企业及各级子企业年度财务决算进行审计。

第八条 对于企业总部统一委托会计师事务所的企业，应当事先报国资委同意，并在与所委托会计师事务所签定年度财务决算审计业务约定书之日起15日内，将约定书及会计师事务所有关资质证明材料报国资委审核备案。

(一)业务约定书应当明确企业与会计师事务所双方在年度财务决算审计工作中的权利、义务和责任。

业务约定书应当明确规定，会计师事务所不得将承揽企业的年度财务决算审计业务再转包或分包给其他会计师事务所。会计师事务所下属分所不得单独出具企业年度财务决算审计报告。

(二)会计师事务所相关资质证明材料包括：

1. 会计师事务所营业执照、执业证书复印件；

2. 注册会计师名单；

3. 会计师事务所最近3年执业情况总结；

4. 要求提供的其他有关证明材料。

第九条 企业年度财务决算审计工作，原则上统一委托1家会计师事务所承办；对于所属子企业分布地域较广的，可由企业总部委托多家会计师事务所共同承办(一般不超过5家)。

第十条 委托多家会计师事务所共同承办年度财务决算审计业务的，应当明确由承办企业总部审计业务的会计师事务所担任主审会计师事务所。主审会计师事务所承担的审计业务量一般不得低于50%(特殊情形企业另行规定)，同时负责该企业全部审计工作的组织、质量控制及集团合并报表的审计，并对出具的该企业年度财务决算审计报告负责。

对于多家会计师事务所共同承办年度财务决算审计的，企业应当做好主审会计师事务所与参审会计师事务所的分工协作，并在业务约定书中予以明确。

第十一条 企业委托的会计师事务所应当连续承担不少于2年的企业年度财务决算审计业务，因特殊情形需变更会计师事务所的，应当将变更原因及重新委托的会计师事务所有关情况及时报国资委同意。

被更换会计师事务所对变更有异议的，可以向国资委提交陈述报告。

第十二条 同一会计师事务所承办企业年度财务决算审计业务不应连续超过5年。

第十三条 企业与承办企业年度财务决算审计业务的会计师事务所及注册会计师之间不应当存有利害关系。

第十四条 承办企业年度财务决算审计的会计师事务所(含参审会计师事务所)应当具有较完善的内部执业质量控制管理制度，执业质量应当符合国家有关规定要求，并且其资质条件应当与企业规模相适应。

第三章 审计工作要求

第十五条 承办企业年度财务决算审计业务的会计师事务所及注册会计师实施审计的范围应当包括：

(一)资产负债表、利润及利润分配表、现金流量表、所有者权益变动表；

(二)会计报表附注；

(三)国资委要求的专项审计事项；

(四)企业要求的其他专项审计事项。

第十六条 企业应当为会计师事务所及注册会计师开展年度财务决算审计、履行必要审计程序、取得充分审计证据提供必要条件，不得干预会计师事务所及注册会计师的审计活动，以保证审计结论的独立、客观、公正。

第十七条 承办企业年度财务决算审计业务的会计师事务所及注册会计师，应当认真遵照《独立审计准则》以及其他职业规范，并按照国家有关财务会计制度规定和国资委对年度财务决算的统一工作要求，对企业年度财务决算实施审计。

第十八条 会计师事务所及注册会计师对企业年度财务决算出具的审计结论及意见应当准确恰当，审计结论与审计证据对应关系应当适当、严密，审计结论披露信息应当全面完整。

第十九条 会计师事务所应当在企业年度财务决算报告规定上报时间前完成审计业务工作，并出具审计报告。对不能按期完成企业年度财务决算审计工作的会计师事务所，企业报国资委同意后可予以更换。

第二十条 承办企业年度财务决算审计业务的会

计师事务所,应当按照国家有关规定,妥善保管好年度财务决算审计工作底稿及相关材料,并做好归档管理工作,以备查用。

第二十一条 企业及各级子企业应当根据会计师事务所及注册会计师提出的审计意见进行财务决算调整;企业对审计意见或审计结论存有异议未进行财务决算调整的,应当在上报年度财务决算报告中向国资委专门说明。

第二十二条 企业总部设在港澳地区的企业年度财务决算审计工作,以所在地区法律规定为依据。

第二十三条 企业对下列特殊情形的子企业,应当建立完善的内部审计制度,并出具内部审计报告,以保证年度财务决算的真实、完整。

(一)按照国家有关规定,涉及国家安全不适宜会计师事务所审计的特殊子企业;

(二)依据所在国家及地区法律规定进行审计的境外子企业;

(三)国家法律、法规未规定须委托会计师事务所审计的有关单位。

第四章 审计事项披露

第二十四条 承办企业年度财务决算审计业务的会计师事务所及注册会计师,在审计工作中要按照国家有关财务会计制度、独立审计准则和年度财务决算工作要求,对企业重要财务会计事项予以关注,并在审计报告中予以披露;对于国资委提出的专项工作要求,可以专项报告的形式予以披露。

第二十五条 会计师事务所及注册会计师在年度财务决算审计中,应当重点关注企业年度财务决算编报范围是否齐全、报表合并口径和方法是否正确、合并内容是否完整及对资产和财务状况的影响,并应当对应纳入而未纳入合并范围的子企业对资产和财务状况的影响作重点说明。主要说明内容包括:

(一)未按照规定纳入合并报表范围的所属子企业户数情况;

(二)未按照规定将企业所属实行金融或者事业会计制度的子企业或者单位资产及效益并入年度财务决算报表情况;

(三)企业所属境外子企业和分支机构资产及效益是否并入年度财务决算报表情况;

(四)未按照规定对具有控制权或者重大影响力的长期投资情况进行权益法核算;

(五)其他需要说明的事项。

第二十六条 主审会计师事务所应当关注与披露企业所属各子企业的分户年度财务决算审计情况,逐户列明审计机构、审计结论及审计保留事项的原因,以及对企业财务状况的影响程度或金额。

第二十七条 会计师事务所及注册会计师应当关注与披露企业实际发生的各项经济业务是否按照国家统一的财务会计制度规定予以确认、计量和登记,会计核算方法和会计政策是否符合国家财务会计制度规定。具体披露内容应当包括:

(一)采用的会计核算方法和会计政策是否正确,年度间是否一致,发生变更是否经过核准或者备案;

(二)资产、负债和所有者权益的确认标准和计量方法是否准确;

(三)固定资产主要类型及计提折旧情况,在建工程项目及结算情况;

(四)各种资产损失情况及处理办法;

(五)各项减值准备的计提方法、变更情况及减值准备转回情况;

(六)企业从事高风险投资经营情况,如证券买卖、期货交易、房地产开发等业务占用资金和效益情况;

(七)财产抵押、对外担保、未决诉讼等或有事项,是否如实在年度财务决算中予以反映;

(八)财务成果的核算是否真实、完整,影响企业财务经营成果的各种因素及其金额是否合理;

(九)所有者权益增减变动因素是否真实可靠。

第二十八条 会计师事务所及注册会计师在审计过程中发现企业内部会计控制制度存在重大缺陷的,应当予以披露,并按照要求出具管理建议书。

第二十九条 会计师事务所及注册会计师在年度财务决算审计报告或者报告附件中,根据国资委要求应当关注和披露下列有关专项审计事项:

(一)国有资本保值增值及主客观因素变动情况;

(二)企业年度财务决算中主要指标年初数与上年年末数不一致的情况及主要原因;

(三)按照国家政策开展清产核资、主辅分离、债务

重组、改制改组、破产出售、资产处置、债转股等工作的企业,依据有关部门批复文件调整会计账务情况;

(四)企业本年度财务决算中依据会计师事务所对上年度财务决算出具的审计意见予以会计账务调整情况;

(五)企业本年度财务决算中依据会计师事务所审计意见所进行的主要账务调整事项;

(六)其他需要关注和披露事项。

第五章 审计意见处理

第三十条 企业对会计师事务所及注册会计师对年度财务决算出具的审计报告中提出的意见和问题,应当依据国家有关财务会计制度,认真对照检查,对确实存在问题的,应当采取有效整改措施。

第三十一条 对会计师事务所及注册会计师出具的审计结论有不同意见的,应当在年度财务决算报告中予以说明;存在较大分歧的,应当向国资委提交专项报告予以说明。

第三十二条 对会计师事务所及注册会计师出具的审计报告为保留意见的,企业应当在年度财务决算报告中,对保留事项予以说明。

第三十三条 对会计师事务所及注册会计师出具审计报告属否定意见和无法表示意见的,企业应当在上报年度财务决算报告时提交专项报告予以说明。

第六章 审计工作责任

第三十四条 企业应当对向会计师事务所及注册会计师提供的会计记录和财务数据的真实性、合法性和完整性承担责任。会计师事务所及注册会计师应当对出具的审计报告承担相应责任。

对按照国家有关规定不适宜会计师事务所审计的子企业或所属单位,注册会计师和会计师事务所可以依据内部审计报告发表审计意见。企业应对内部审计报告的真实性、完整性承担责任。

第三十五条 会计师事务所及注册会计师对企业年度财务决算的审计工作或者审计质量不符合统一工作要求,国资委可要求补充相关资料或者重新审计;审计结论及意见不准确或审计质量存在较多问题的,国资委可更换或者要求企业更换会计师事务所重新审计。

第三十六条 企业拒绝或者故意不提供有关财务会计资料和文件,影响和妨碍注册会计师正常审计业务,会计师事务所应当及时向国资委反映情况。

第三十七条 国资委将建立企业年度财务决算审计工作质量档案管理制度,对于在企业年度财务决算审计工作中存在以下问题或行为的会计师事务所,将予以通报或者限制其审计业务:

(一)对企业年度财务决算审计程序、范围、依据、内容、审计工作底稿等存在问题和缺陷,以及审计结论避重就轻、含糊其词、依据严重不足的,予以内部通报;

(二)对连续2年(含2年)或者同一年度承担的两家企业年度财务决算审计工作均被给予通报的,3年内不得承担企业有关审计业务;

(三)在企业年度财务决算审计中存在重大错漏,应当披露未披露重大财务事项,或者发生重大违法违规行为的,今后不得承担企业有关审计业务。

第三十八条 会计师事务所和注册会计师违反《中华人民共和国注册会计师法》等有关法律法规,与企业及相关人员串通,弄虚作假,出具不实或虚假内容的审计报告的,国资委将通报有关部门依法予以处罚。

第三十九条 国资委通过企业年度财务决算审核和监事会稽核等工作制度,对企业年度财务决算审计质量进行监督。

第七章 附 则

第四十条 各省、自治区、直辖市国有资产监督管理机构可以参照本规则,制定本地区相关工作规范。

第四十一条 本规则自公布之日起施行。

关于印发《国资委统一委托会计师事务所工作试行办法》的通知

国资发评价[2004]289号

各中央企业:

为加强国有资产监督管理,规范企业年度财务决算审计工作,提高企业会计信息质量,根据《中央企业财务决算报告管理办法》(国资委令第5号)和《中央企业财务决算审计工作规则》(国资发评价[2004]173号)的有关规定,国资委将有计划、有步骤地对所出资企业试行统一委托会计师事务所进行年度财务决算审计工作。现将我委制定的《国资委统一委托会计师事务所工作试行办法》印发给你们,请将执行中的有关情况和问题及时反映。

国资委

二〇〇四年九月二十九日

国资委统一委托会计师事务所工作试行办法

第一条 为加强国有资产监督管理,有效履行出资人职责,规范国务院国有资产监督管理委员会(以下简称国资委)所出资企业(以下简称企业)年度财务决算审计工作,提高会计信息质量,根据《中央企业财务决算报告管理办法》(国资委令第5号)和《中央企业财务决算审计工作规则》(国资发评价[2004]173号)的有关规定,特制定本办法。

第二条 国资委根据出资人财务监督工作的需要,将有计划、有步骤地试行统一委托会计师事务所对企业年度财务决算审计工作。

第三条 国资委统一委托会计师事务所对企业年度财务决算审计工作,按照"公开、公平、公正"的原则,采取公开招标或邀请招标的方式进行。

第四条 按照国家有关招投标法律、法规及国资委有关财务决算审计规章制度的规定,国资委通过对外公开招标或者由被审计企业推荐报国资委核准的方式确定邀请招标对象,具体组织统一委托会计师事务所工作。

第五条 投标会计师事务所应具有以下资质要求:

(一)经工商登记为企业法人,并具备国家主管部门颁发的执业资格;

(二)会计师事务所应具备与被审计企业相适应的资质条件,并与被审计企业规模相适应;

(三)在规定工作期间,有能力调配较强工作力量,按照国资委年度财务决算审计工作要求开展审计工作,并按时保质完成审计任务;

(四)近三年内没有违法违规行为被国家有关部门予以处罚的记录,并在承担中央企业有关审计工作中没有出现重大审计质量问题和不良记录。

第六条 投标会计师事务所资质条件与被审计企业规模相适应是指承担企业审计业务的会计师事务所,其注册会计师人数不得少于40名,其中:

(一)企业资产总额(合并口径,下同)在100~500亿元的,主审会计师事务所注册会计师人数不得少于60名;

(二)企业资产总额在500~1000亿元的,主审会计师事务所注册会计师人数不得少于80名;

(三)企业资产总额在1000亿元以上的,主审会计师事务所注册会计师人数不得少于100名。

第七条 企业资产总额在100亿元以下,原则上委托一家会计师事务所独立承担企业年度财务决算的审计业务;企业资产总额在100亿元以上且子企业户数较多、分布较广的,可委托一家或多家会计师事务所(最多不得超过5家)承担企业年度财务决算的审计业务。

第八条 投标方应按照国资委年度财务决算统一工作要求,在投标书中对以下方面作出明确的承诺或陈述:

(一)同意承担招标书规定的工作内容;

(二)审计工作方案及保证措施;

(三)项目小组构成、项目负责人及成员简介(含近三年从事类似审计项目的工作业绩,主要成员应具有从事企业财务决算审计工作的经历)及其相关资格证书的复印件;

(四)收取费用预算及支付方式(费用预算中人工费用、差旅费用、其他费用等应分别列示);

(五)按照国家有关规定和独立审计准则的要求,确保审计报告内容的真实性、合法性。

第九条 允许委托多家会计师事务所的被审计企业,可由多家会计师事务所组成共同投标人进行投标,并在投标书中明确主审会计师事务所与参审会计师事务所的职责分工。

第十条 投标。国资委根据确定的招标范围,向相关的会计师事务所发出招标邀请。投标方根据邀请招标的要求以及招标书中的规定审计对象其中之一进行投标。

会计师事务所应按照规定的程序及相关要求,在规定时间内将投标文件报送国资委。未密封的投标文件、迟报的投标文件等均视为投标无效。

第十一条 开标。在会计师事务所按规定投标后，由国资委密封保存，并于评标时在监票人员的监督下统一开标。

第十二条 评标。按照公平、公正、择优的原则进行评标，由国资委组织有关方面的专业人士组成评标委员会，在对投标会计师事务所执业情况初审的基础上，依据国家有关招投标法律、法规对会计师事务所的投标文件和陈述进行审核、比较和评分。

第十三条 以下情况作为废标处理：

(一)投标人以他人的名义投标、串通投标、以行贿手段谋取中标或者以其他弄虚作假方式投标的；

(二)投标文件不符合招标文件提出的全部实质性要求，未能在实质上响应的投标；

(三)投标文件出现重大偏差。

第十四条 评标程序：

(一)投标人情况介绍；

(二)评标委员会成员审核投标文件；

(三)评标委员会成员按照规定的程序和格式评标评分；

(四)现场统计投标人的评分情况，对投标人按得分高低顺序排出名次，并当场公布；

(五)在评标结果基础上，国资委按排名次序与相关会计师事务所协商企业财务决算审计具体工作组织等相关事宜；

(六)根据评标结果和协商情况，报经批准后与中标会计师事务所签定《业务约定书》。

第十五条 中标会计师事务所应于接到国资委中标通知的5个工作日内，与国资委签定《业务约定书》，国资委同时向被审计企业下达《委托审计通知书》。过期不签《业务约定书》的，视为该会计师事务所弃权。

第十六条 中标会计师事务所为多家会计师事务所共同组织投标的，由国资委与主审会计师事务所签定《业务约定书》；参审会计师事务所与主审会计师事务所签定有关业务约定书，并报国资委备案。

第十七条 会计师事务所在承办企业的财务决算审计工作中，应严格遵守《中央企业财务决算审计工作规则》及国资委有关年度财务决算的工作要求。

第十八条 在实施审计过程中发现以下情形的，国资委有权更换会计师事务所：

(一)在投标中有故意隐瞒与投标书不符的重大事实的；

(二)将所中标业务再转包或分包给其他会计师事务所的；

(三)被国家有关部门予以处罚的。

第十九条 国资委在会计师事务所按规定程序执行审计任务并出具符合工作要求的审计报告后，根据国家有关规定及《业务约定书》有关费用条款支付相关审计费用。

第二十条 被审计企业应当按照国资委的相关工作要求认真做好推荐会计师事务所的工作。企业推荐的会计师事务所不得与企业及企业相关工作人员有利害关系。

第二十一条 国资委的相关工作人员在招投标过程中，应当严格执行相关工作纪律、工作要求和工作程序，加强监督，强化责任。国资委工作人员不得向企业推荐会计师事务所，不得影响和干预企业对会计师事务所的推荐工作。

第二十二条 参加评标工作的评委及监票等工作人员应当客观、公正地履行职责，严格执行评标工作纪律，并对所提出的评审意见承担责任。评委不得与任何投标人或者与招标结果有利害关系的人进行私下接触，不得透露投标评审及相关工作情况。

第二十三条 本办法从公布之日起施行。

关于中央企业执行《企业会计制度》工作有关事项的通知

国资发评价[2004]218号

各中央企业：

在全面开展清产核资工作的基础上，推动中央企业执行《企业会计制度》，是国务院国有资产监督管理委员会(以下简称国资委)2004年的重要工作部署。2003年8月国资委、财政部《关于做好执行〈企业会计制度〉工作的通知》(国资评价[2003]45号)，明确中央企业及其境内全资、控股子企业应于2005年底前全面执行《企业会计制度》,并拟定了中央企业执行《企业会计制度》工作计划安排。为有效推动中央企业执行《企业会计制度》工作,规范企业会计核算,加强企业财务监督,促进提高会计信息质量,现将有关事项通知如下:

一、加强对执行《企业会计制度》工作的组织领导

通过清产核资工作,摸清企业"家底",核实资产质量,统一执行《企业会计制度》,是加强中央企业基础管理工作的重要措施。执行《企业会计制度》是一项较为复杂的系统工程,各中央企业要高度重视,切实加强领导;企业财务管理部门要认真抓好各项有关工作的组织落实,加强工作协调,做好统筹规划,制定严密工作计划,并妥善安排年度财务决算、清产核资等各项财务工作与执行《企业会计制度》工作的相互衔接,严格按照国资委统一工作安排,有计划、有步骤、有组织地做好执行《企业会计制度》工作。经商财政部同意,中央企业执行《企业会计制度》的审批工作,由国资委统一负责。企业应当在完成清产核资工作的基础上,按照财政部《国有企业申请执行〈企业会计制度〉的程序及报送材料的规定》(财会[2001]44号)及国资委、财政部《关于做好执行〈企业会计制度〉工作的通知》(国资评价[2003]45号)的相关要求,将有关申报材料报送国资委,抄报财政部。

二、切实做好执行《企业会计制度》的组织落实工作

各中央企业应当在认真做好清产核资工作基础上,对所属子企业或单位进行分类排队,加强执行《企业会计制度》工作的组织落实和业务指导,促进公司规范执行统一会计制度。

(一)中央企业及所属境内持续经营子企业都应当按照规定统一执行《企业会计制度》。对各类非持续经营子企业要按规定尽快清理整顿,并对已撤销、破产等子企业及时办理企业国有资产注销产权登记手续和工商注销手续。

(二)中央企业所属事业单位及基建单位要加快改制步伐,实现财务并账,促进公司内部执行统一会计制度;尚不具备条件的单位,应当在原会计制度核算基础上,按规定先实现财务报表格式转换,建立公司内部规范的合并报表制度,并积极创造条件推进执行《企业会计制度》。

(三)中央企业所属境外子企业在向境内报送财务决算报告时,应当按照国内会计制度和会计准则规定,以《企业会计制度》及母公司会计政策为依据,相应调整财务决算口径,实现公司财务数据信息的统一、可比。

三、积极做好企业财会人员的业务培训工作

《企业会计制度》较以往的行业会计核算制度改革力度大、内容多,需要更多的职业经验判断,具有一定复杂性,对财会人员的专业知识和业务能力提出了更高的要求。为做好执行《企业会计制度》的准备工作,国资委、财政部将于2004年上半年分批组织各中央企业总部财会人员开展相关业务培训(有关工作安排另行通知)。各中央企业务必组织好本企业及所属子企业的业务培训工作,将业务培训与制订本企业财务核算办法及相关财务管理制度相结合,既要使财会人员尽快理解《企业会计制度》与《企业会计准则》的规定,又要与本企业的工作要求相适应,确保执行《企业会计制度》整体工作顺利进行。

四、抓紧建立健全企业内部控制机制

健全有效的财务管理制度及严格的内部控制机制,是规范企业管理、堵塞漏洞、消除隐患、确保国有资产安全与完整的有力保障。各中央企业应当从财务管理工作需要出发,根据国家有关制度、法规及《内部会计控制规范基本规范(试行)》的有关规定要求,结合企业实际情况和业务特点,建立企业成本费用、实物资产、资本与资金、对外融资、对外担保、对外投资及高风险业务的风险控制、内部审计监督等方面的管理规范,完善企业内部控制机制,确保各部门、岗位之间权责分明、相互制约、相互监督,实现企业财务管理工作的制度化、规范化。

五、认真做好执行《企业会计制度》账务衔接工作

做好账务衔接、实现会计核算平稳过渡和规范运行,是执行《企业会计制度》的重要环节。各中央企业及所属子企业应当按照国资委批复的清产核资处理意见,及时做好清产核资损失确认的账务处理工作,并根据清产核资资金核实结果批复,以及财政部关于印发《工业企业执行〈企业会计制度〉有关问题衔接规定》(财会[2003]31号)的要求,及时调整有关账务,做好会计制度转换的账务衔接工作,确保会计核算平稳过渡。对清产核资确认的资产损失,按规定冲减有关权益后,如未分配利润为负数,应当按会计制度及税收制度要求，在规定期限内用企业当期利润弥补，在规定期限内不能弥补的按规定用企业盈余公积等弥补。

六、统一制定企业内部会计核算规范

各中央企业应当在符合国家有关会计制度和会计准则的前提下，统一建立公司内部会计核算规范。

（一）企业应当根据有关会计法律、行政法规和《企业会计制度》的规定，结合本企业的经营业务特点，选择适当的会计政策和会计估计，统一制定适合本企业的会计核算办法。

（二）企业会计政策的选择与会计估计的确定要与企业资产质量相匹配，通过清产核资全面核实资产质量及价值状况，确立资产质量分类等级，统一制定企业会计政策和会计估计方法。

（三）企业会计政策的选择与会计估计的确定要与企业的行业特征相符合，公司内同行业企业的会计政策和会计估计方法应当一致。

（四）企业的会计政策、会计估计一经确定，不得随意变更。严禁利用会计政策、会计估计变更调节利润，影响会计信息的可比性和真实性。

七、规范建立企业资产减值准备管理制度

各中央企业应当根据有关会计制度规定，制定统一的公司资产减值准备计提标准和方法，规范公司的资产减值准备管理。

（一）研究制定统一的公司资产减值准备计提办法。企业各项资产减值准备的计提政策和具体估计要与企业的行业特征、资产性质及资产质量相符合。各中央企业可根据自身实际特点，按照国家有关会计制度和规定要求，确定具体会计估计标准。如果企业制定的具体标准与国家有关制度规定存在较大差异，应当说明原因。

（二）合理计提各项资产减值准备，严禁出现新的资产损失挂账。按照《关于中央企业2003年度财务决算工作有关问题的紧急通知》（国资评价[2003]6号）要求，各中央企业自2003年起不得出现新的潜亏。企业应当按规定定期对各项资产进行全面清查，合理计提各项资产减值准备，做到相关会计估计与企业资产质量相匹配。如企业不恰当地运用会计估计多提或少提减值准备，应当作为重大会计差错予以更正；对于企业滥用会计估计计提秘密准备或少提减值准备调节利润的，国资委将责令企业纠正，以调整后的财务数据作为考核及评价依据，并追究企业及相关人员的责任。

（三）全面加强资产减值准备转回管理，防止利用资产减值准备转回调节利润。如企业已计提减值准备的资产价值回升，或者已经确认并转销的资产损失又收回，需要提供说明事实的有力证据；对于企业滥用会计估计将资产减值准备跨年度转回调整当期利润的，国资委将责令企业纠正，以调整后的财务数据作为考核及评价依据，并追究企业及相关人员的责任。

（四）严格资产损失责任管理，建立资产损失防范机制。对于已计提减值准备的各项资产确已形成实际损失的，在事实确凿、证据充分的基础上，经制度规定的相应程序核准，可以冲销相关资产减值准备。同时，企业应当对资产损失进行分类排队，查明原因，分清责任，吸取教训，并采取有效整改措施，建立资产损失责任追究制度和账销案存管理制度，对已经核销的资产损失应当组织力量积极清理和追索，避免国有资产流失。

八、合理确定企业固定资产折旧方法

各中央企业应当根据国家会计制度及会计准则要求，结合企业的具体情况，制定适合本企业生产经营实际的固定资产折旧政策，加强固定资产折旧管理。

（一）企业应当根据经济利益预期实现方式选择适合企业特点的固定资产折旧方法。固定资产折旧政策一经确定，不得随意变更。

（二）企业应当根据固定资产的性质和实际使用情况，按照国家有关规定，合理确定固定资产的折旧年限和预计净残值，相关会计估计确定后，不得随意调整。

（三）企业固定资产折旧政策变更应当严格执行《企业会计制度》的有关规定。如企业不恰当运用会计估计变更调节当期利润，应当作为重大会计差错予以更正；对于企业随意变更固定资产折旧政策调节当期利润的行为，国资委将责令企业纠正，以调整后财务数据作为考核及评价依据，并追究企业及相关人员的责任。

九、建立企业重要会计政策和会计估计备案管理制度

为加强对中央企业的财务监管，推进企业财务管理规范化，确保会计核算的稳健与信息可靠，国资委对中央企业执行《企业会计制度》的有关重要制度及相关事项实行备案管理。各中央企业应当于申报执行《企业会计制度》时，向国资委报送重要财务事项备案资料，并严格按照备案财务事项执行《企业会计制度》，不得随意变更。企业因生产经营发生变化等原因确需变更财务备案事项的，需将变更事项及变更原因、变更的累积影响金额等材料向国资委报备。重要财务事项备案内容主要包括：

（一）企业财务决算报表合并范围与合并范围增减变动情况；

（二）企业八项资产减值准备计提、核销、转回等具体标准与管理办法；

（三）企业固定资产折旧政策与估计具体内容；

（四）对企业当期利润产生重大影响的其他重要会计政策及会计估计事项。

各中央企业要认真落实执行《企业会计制度》有关工作要求，进一步规范企业日常会计核算，加强财务管理，控制经营风险，为实现企业财务管理的制度化、规范化奠定良好基础。

国资委

二〇〇四年四月二十三日

关于印发清产核资工作问题解答（二）的通知

国资厅发评价[2004]8号

党中央有关部门，国务院各部门，各直属机构，各省、自治区、直辖市国有资产监管机构，新疆生产建设兵团，各中央企业：

为贯彻落实《国有企业清产核资办法》（国资委令第1号）及相关清产核资工作文件的精神，帮助企业了解国家统一的清产核资工作制度，现将《清产核资工作问题解答（二）》印发你们，请遵照执行。在执行过程中有何问题，请及时反映。

国资委办公厅

二〇〇四年二月十二日

清产核资工作问题解答（二）

在中央企业清产核资工作中，不少企业和会计师事务所又陆续反映了一些新的清产核资政策、报表等方面的问题，现解答如下：

一、关于正在进行改制的企业清产核资问题

根据《国务院办公厅转发国务院国有资产监督管理委员会关于规范国有企业改制工作意见的通知》（国办发[2003]96号，以下简称96号文件）有关规定，国有企业在改制前，首先应进行清产核资，在清产核资的基础上，再进行资产评估。在清产核资基准日之前，若企业经国资委批复将要或正在进行改制，但尚未进行资产评估或仅对部分资产进行评估的，应按96号文件要求开展清产核资工作；若企业在96号文件下发之前已进行整体资产评估，考虑到企业实际工作量及时间问题，经申报国资委核准后可不再另行开展清产核资工作。

二、关于企业所属控股或相对控股但无实际控制权的被投资企业，及企业参股但有实际控制权的被投资企业清产核资问题

根据《国有企业清产核资工作规程》（国资评价[2003]73号）有关规定，除第十条中列示的符合相关条件企业所属子企业可以不纳入清产核资范围外，企业及所属子企业原则上应全部纳入清产核资范围，因此，企业所属控股或相对控股但无实际控制权的被投资企业，应由企业作为其所属子企业统一纳入清产核资范围；企业参股但有实际控制权的被投资企业，也应由企业作为其所属子企业统一纳入清产核资范围；对于企业参股且无实际控制权的被投资企业，企业不应将该被投资企业纳入清产核资范围，而应由企业在清产核资中进行该笔长期投资的清理。

三、关于关闭、停业等难以持续经营的企业清产核资问题

根据《国有企业清产核资工作规程》（国资评价[2003]73号）的有关规定，对于关闭、停业等难以持续经营的企业，原则上也应全部纳入清产核资范围；但对于由于客观原因难以开展清产核资工作的企业，企业总公司应向国资委提出申请，经国资委批复同意后可以不作为单户纳入清产核资范围，而上述企业的投资企业应进行长期股权投资清理，并在限期内将清理后资产及财务状况报国资委备案。

四、关于企业按成本法核算的长期股权投资账面余额，与改为权益法核算后的应享有被投资单位账面所有者权益份额之间的差额申报处理的问题

在清产核资中，企业按照《企业会计制度》将长期股权投资从成本法调整为权益法核算而产生的企业长期股权投资账面余额，与按持股比例计算的应享有被投资单位账面所有者权益份额之间的差额，不应作为清产核资清查出的长期股权投资损失或收益申报处理，而应由企业按照财政部《关于印发工业企业〈执行企业会计制度〉有关问题衔接规定的通知》（财会[2003]31号）的有关规定进行账务调整。

五、关于企业内部单方挂账或金额不相等的往来款项作为坏账损失申报的问题

根据《关于印发国有企业资产损失认定工作规则的通知》（国资评价[2003]72号）有关规定，企业内部往来款项原则上不能作为清产核资坏账损失申报处理。但在清产核资实际工作中，通过账务清理和资产清查，企业的内部单方挂账和往来款金额不相等现象较为普遍，为了全面摸清中央企业“家底”，如实反映企业存在的矛盾和问题，真实、完整地反映企业资产状况，企业内部的单方挂账在同时取得下列证据时可以在清产核资中比照坏账损失申报：

（一）企业对于单方挂账产生的内部证据，包括：会计核算有关资料和原始凭证；相关经济行为的业务合同；形成单方挂账的详细原因；

（二）债务方提供的不承认此笔挂账的理由；

（三）中介机构对该笔挂账的经济鉴证证明。

对于企业的内部金额不相等的往来款项，先由企业进行账务调整，差额部分再比照单方挂账的申报方法进行申报。

六、关于企业将主要固定资产和流动资产账面价值与实际价值背离较大的差额部分作为损失申报处理的问题

在清产核资工作中，若企业清查出主要固定资产（企业在1995年清产核资时估价入账的土地除外）和流动资产账面价值与实际价值存在较大背离的情况，且该主要固定资产和流动资产未发生产权转让或进行处置，则企业可以将主要固定资产和流动资产账面价值与实际价值的差额按照《企业会计制度》有关资产减值准备计提的原则，作为清产核资预计损失申报处理，但不得作为清产核资按“原制度”清查出的损失申报处理。

七、关于纳入清产核资范围但已于清产核资基准日上一年度进行过资产评估的企业资产损失申报问题

根据《国有企业清产核资工作规程》（国资评价[2003]73号）有关规定，企业所属子企业因某种特定经济行为在上一年度已组织进行过资产评估的，可以不纳入此次清产核资范围。但若企业因某种特定经济行为在上一年度组织进行过资产评估后，仍有资产损失尚需处理的，企业也可以参加此次清产核资。在申报清产核资资产损失时，企业可以按照《国有企业资产损失认定工作规则的通知》（国资评价[2003]72号）和《国有企业清产核资经济鉴证工作规程的通知》（国资评价[2003]78号）有关规定，将资产评估结果作为评估事务所出具的经济鉴证证明，提供给负责清产核资财务专项审计的会计师事务所进行审计。

八、关于期初未分配利润为负值的企业在清产核资中按《企业会计制度》预计的损失处理问题

根据《关于印发国有企业清产核资资金核实工作规定的通知》（国资评价[2003]74号）的有关规定，在清产核资中，对于按《企业会计制度》预计的损失，企业应核减期初未分配利润。若期初未分配利润为负值的，企业仍应将预计损失记入期初未分配利润，即加大未分配利润的负值。对于未分配利润的负值，企业应在清产核资基准日后的五年内按照会计制度用当年实现的利润进行弥补，五年后若还未弥补完，企业可用盈余公积和资本公积进行弥补。

九、关于涉及国家安全等特殊企业的清产核资结果内部审计问题

根据《国有企业清产核资经济鉴证工作规程的通知》（国资评价[2003]78号）有关规定，企业清产核资工作结果应当委托符合资质条件的社会中介机构进行专项财务审计。对于涉及国家安全、不适宜会计师事务所审计的特殊子企业、依据所在国家及地区法律规定进行审计的境外子企业，以及国家法律、法规尚未规定须委托会计师事务所审计的有关单位，可由企业自行组织开展清产核资工作。为了确保清产核资结果的真实可靠，对于自行组织开展清产核资工作的企业，须对其清产核资结果进行内部审计：一是企业应有正式内部审计机构，制定切实可行的内审方案，制定统一的审计程序、审计标准和审计报告格式；二是企业可探索多种内审方式，如可采取"下审一级"、"同级互审"等方式，无论采取何种方式，都必须确保审计工作质量；三是根据《国有企业清产核资经济鉴证工作规则》(国资评价[2003]78号)的有关规定，企业要在充分调查取证和分析论证的基础上，对各项损失挂账进行客观评判，并出具鉴证意见；四是应出具清产核资专项内审报告，专项内审报告要加盖企业公章，并有内审机构负责人和内审工作小组组长的签字。

十、关于2005年执行《企业会计制度》的企业，2004年度发生的按《企业会计制度》预计的损失处理问题

对于以2003年12月31日为基准日进行清产核资，但计划于2005年才开始执行《企业会计制度》的企业，由于企业进行清产核资和执行《企业会计制度》的时间相差一年，企业应按照清产核资和《企业会计制度》要求，进行2004年度资产损失的预计工作，并将预计损失结果另行报国资委核准。

十一、关于"企业预计损失情况表(按《企业会计制度》"(企业工作05表)中的"企业预计损失"和"企业申报数"的填列问题

对于未执行《企业会计制度》的企业，企业预计损失情况表(按《企业会计制度》)中的"企业预计损失"填列的是该企业在清产核资中，按《企业会计制度》对8项资产预计的损失；"企业申报数"与"企业预计损失"数额相同。

对于已执行《企业会计制度》的企业，"企业预计损失"填列的是至清产核资基准日企业按《企业会计制度》已计提的8项资产减值准备；"企业申报数"填列的是企业需在此次清产核资工作中补提的8项资产减值准备。若企业在此次清产核资工作中不需要补提资产减值准备，则"企业申报数"不填数。

十二、关于企业"待处理流动资产净损失"、"待处理固定资产净损失"和"固定资产清理"科目中核算的损失挂账在"损失挂账分项明细表"中的填列问题

对于企业在清产核资工作中清查出的在"待处理流动资产净损失"、"待处理固定资产净损失"和"固定资产清理"科目中的核算的损失挂账，在填列相关"损失挂账分项明细表"时，应将在上述科目中核算的各损失挂账还原到原科目中，按照各损失挂账的实际资产类别选择填列相关"损失挂账分项明细表"。

关于印发清产核资工作问题解答(三)的通知

国资发评价[2004]220号

党中央有关部门，国务院各部委、各直属机构，各省、自治区、直辖市国有资产监督管理机构，新疆生产建设兵团，各中央企业：

为贯彻落实《国有企业清产核资办法》(国资委令第1号)及相关清产核资工作文件的精神，帮助企业正确掌握清产核资工作政策、制度和要求，现将《清产核资工作问题解答(三)》印发给你们，请遵照执行。在执行过程中有何问题，请及时反映。

国资委

二〇〇四年四月二十九日

清产核资工作问题解答(三)

在中央企业清产核资工作中，不少企业和会计师事务所又陆续反映了一些清产核资政策、资产损失申报等方面的问题，为帮助企业正确掌握清产核资工作政策、制度和要求，现解答如下：

一、关于清产核资原制度资产损失取证问题

在清产核资过程中，一些企业反映在资产损失取证过程中，对某些按原制度应收款项、长期投资等资产损失取得具有法律效力的外部证据难度较大。根据《国有企业资产损失认定工作规则》(国资评价[2003]72号)有关规定，若企业在确实经过努力工作仍未取得足以证明资产已发生损失的具有法律效力的外部证据时，应对资产损失逐笔逐项收集完备的企业内部证据。企业内部证据应详细说明资产损失发生的原因和对责任人的责任追究与经济赔偿情况，经企业法定代表人签字盖章。负责企业清产核资专项财务审计的中介机构，可在企业内部证据充分的前提下，按照国家有关规定和遵循实事求是原则，通过职业判断和客观评判出具资产损失经济鉴证证明。

二、关于清产核资预计损失计提标准问题

推进企业执行《企业会计制度》是清产核资工作目标之一。根据《关于做好执行〈企业会计制度〉工作的通知》(国资评价[2003]45号)及相关清产核资文件规定，企业在清产核资过程中，应当按照《企业会计制度》及企业内部控制制度的规定，对可能发生损失的有问题资产，进行损失预计，作为企业首次执行《企业会计制度》时的期初资产减值准备。企业在对资产进行损失预计时，应结合企业的行业特点和资产质量状况，按照《企业会计制度》和国资委财务监管有关要求，制定统一的预计损失计提政策和操作办法，确定预计损失计提的范围、方法和标准。企业在清产核资中制定的预计损失计提政策应当与执行《企业会计制度》后计提资产减值准备的政策保持一贯性，如果不一致应该严格按照财会制度的要求作为会计政策变更事项，事先报国资委备案并陈述相关理由。

三、关于清产核资清出有问题负债申报处理问题

为了保证企业清产核资工作的全面、彻底，充分反映和解决企业存在的历史问题，在清产核资工作中，企业对各项负债应进行认真清查。对于清查出的有问题负债，应区别以下情况处理：

(一)对于清查出债权人灭失或三年以上经认定不需要支付的应付款项(如应付账款、预收账款、代销商品款及其他应付款等)可视同资产盘盈，企业可以按照清产核资有关文件的规定，在取得相关证据或中介机构的经济鉴证证明后，进行申报处理；

(二)在清产核资过程中，企业清查出由于各种原因从成本费用中预先提取留待以后年度支付的、在负债中核算的相关费用，如租金、财务费用、固定资产大修理费用、用于支付给职工的工资(包括施工企业按规定提取的百元工资含量包干)等，与企业的实际情况不符，或者超出企业实际支付规模所结余部分，可以在清产核资中申报转增权益处理。

(三)对于以前年度企业的工资超支挂账，其中属于企业根据国家有关政策，实行减员增效、下岗分流、主辅分离等改革措施，一次性支付给职工的各种补贴超出企业从成本中提取的应付工资额度而形成的挂账，在取得相关证据和中介机构出具经济鉴证意见后，可视同潜亏挂账进行申报处理。

(四)对于以前年度企业的福利费用超支挂账，其中属于企业参加职工基本医疗保险改革前发生的医药费用超支挂账，在取得相关证据和中介机构出具经济鉴证意见后，可视同潜亏挂账进行申报处理。

四、关于已执行《企业会计制度》企业补提或核销资产减值准备问题

在清产核资工作中，对已执行《企业会计制度》的企业，通过认真的资产清查，按照《企业会计制度》及企业内部控制制度的规定，发现确实存在少提资产减值准备的(包括未提足资产减值准备的资产成为事实损失的情况)，应当进行补提资产减值准备，并作为预计损失在“企业预计损失情况表”(企清工作05表)中申报。已执行《企业会计制度》的企业，在清产核资工作中清查出已提足减值准备的资产成为事实损失后，企业根据清产核资有关资产损失认定文件的规定，可以申请对这部分计提的资产减值准备和相应的账面资产数额进行销账。对于申请销账的已提足的资产减值准备，企业应逐笔逐项提供相关经济鉴证证明，并填列相应的“损失挂账明细表”单独反映，其中：

(一)“坏账准备”填列“坏账损失挂账分项明细表(一)”(企清明细02-1表)、“短期投资跌价准备”填列“其他流动资产损失挂账分项明细表”(企清明细05表)、“委托贷款减值准备”根据会计制度的规定分析填列“其他流动资产损失挂账分项明细表”(企清明细05表)或“长期投资损失挂账分项明细表”(企清明细06表)；“其他各项资产减值”按要求填列相应的损失挂账分项明细表。

(二)“项目原值”：填列企业需核销资产减值准备所对应的资产账面原值。

(三)“清查出有问题的资产数”：填列企业需核销的资产减值准备数额。

(四)“企业申报损失数”和“中介审核数”：将企业

需核销的资产减值准备数额和中介机构审核确认的资产减值准备数额填列在“列损益”栏中。

（五）“备注”：必须注明“资产减值准备销账”。

五、关于执行《企业会计制度》变更固定资产折旧政策造成折旧计提不足在清产核资中作为资产损失申报处理问题

按照《财政部关于印发〈关于执行〈企业会计制度〉和相关会计准则有关问题解答（二）〉的通知》（财会[2003]10号）的规定：“企业首次执行《企业会计制度》而对固定资产的折旧年限、预计净残值等所做的变更，应在首次执行的当期作为会计政策变更，采用追溯调整法进行会计处理。”根据上述规定和此次清产核资的有关政策，对于企业在执行《企业会计制度》时变更固定资产折旧政策，如对计算机设备缩短折旧年限等，使依据原制度已经提取的固定资产折旧额小于按《企业会计制度》制定的固定资产折旧政策下应提取的折旧额，这部分差额经中介机构出具经济鉴证意见后，视同应提未提费用作为原制度损失在清产核资中进行申报处理。企业在上述损失申报中采用的固定资产折旧政策应当与执行《企业会计制度》后执行的固定资产折旧政策保持一贯性，如果不一致应该严格按照财会制度的要求作为会计政策变更事项，事先报国资委备案并陈述相关理由。

六、关于企业尚未摊销的开办费在清产核资中作为资产损失申报处理问题

依据《工业企业财务制度》的有关规定，开办费是指企业在筹建期发生的费用，包括筹建期间人员工资、办公费、培训费、差旅费、印刷费、注册登记费，以及不计入固定资产和无形资产购建成本的汇兑损益、利息等支出。开办费自生产、经营月份的次月起，按不短于5年的期限分期摊入管理费用。对于清产核资后即开始执行《企业会计制度》的企业，若在清产核资基准日仍有尚未摊销的开办费作为资产损失申报处理问题，应区别以下情况对待：

（一）若企业尚未摊销的开办费余额较小，直接将其余额转入当期损益对当期利润不产生重大影响的，企业应依据《财政部关于印发〈实施〈企业会计制度〉及其相关准则问题解答〉的通知》（财会[2001]43号）的有关规定处理，在清产核资中不作为原制度资产损失申报。

（二）若企业尚未摊销的开办费余额较大，直接将其余额转入当期损益对当期利润产生重大影响的，在清产核资中，企业可按照清产核资有关损失认定政策的规定，在提供充分的相关证据及中介机构的经济鉴证前提下，作为清产核资原制度损失进行申报处理。

七、关于企业至清产核资基准日仍在在建工程科目挂账或在递延资产中核算未摊销完毕的在建工程超出概算部分，作为损失申报处理问题

在清产核资资产清查过程中发现，由于各种原因，企业的在建工程超出概算的现象较为普遍。对于超出概算的部分支出，企业将在建工程转固定资产时，未能如实反映在建工程的实际情况，将这部分超概算支出仍挂账在建工程科目或转为递延资产核算。在清产核资过程中，对于这部分超出概算的支出挂账，企业应进行认真分析，区别以下不同情况分类处理：

（一）按照现行企业会计制度和财务制度的规定，超概算支出部分不符合资本化条件的，对于尚未摊销的部分，应作为应摊未摊的费用，由企业作出难以自行消化的专项说明，经中介机构进行职业推断和客观评判后出具经济鉴证证明，作为原制度应摊未摊费用损失申报处理。

（二）按照现行企业会计制度和财务制度的规定，超概算支出部分符合资本化条件的，应作为会计差错，调整相应固定资产的账面原值并补提固定资产折旧。若应补提的固定资产折旧大于该项资产的已摊销额，可作为应提未提费用，由企业作出专项说明，经中介机构进行职业推断和客观评判后出具经济鉴证证明，认定为原制度应提未提费用申报处理。

八、关于企业进行主辅分离等改制与职工解除劳动合同支付的经济补偿作为损失申报问题

企业在进行主辅分离等改制过程中，与职工解除劳动合同支付的经济补偿金，根据《关于中央企业主辅分离辅业改制分流安置富余人员资产有关问题的通知》（国资发产权[2004]9号）的有关规定，改制企业可用国有净资产进行支付和预留。企业在进行主辅分离等改制前，应根据国家有关清产核资文件规定，开展清产核资工作。在清产核资资产损失申报时，企业同时提供以下相关材料后，可以将已经支付给职工的经济补偿金作为原制度损失进行申报，将经批准同意预留部分作为预计损失进行申报：

(一)批准或决定同意企业进行主辅分离等改制的文件；

(二)改制企业支付给职工解除劳动合同经济补偿金的凭证或批准同意预留的批文；

(三)改制企业支付或预留职工解除劳动合同经济补偿金的详细情况说明；

(四)中介机构的经济鉴证证明。

九、关于企业在1995年清产核资时估价作为固定资产入账的生产经营用地，后改为职工宿舍用地的处理问题

根据《国务院办公厅关于在全国进一步开展清产核资工作的通知》(国办发[1995]17号)和财政部、原国家土地管理局、原国家国有资产管理局《清产核资土地估价实施细则》(财清[1994]14号)的有关规定，1995年全国国有企业清产核资工作的主要任务之一是对全部国有企业占用的土地进行清查和估价，逐步建立国有土地基准价制度。由于1995年我国已经开始对国有企业职工住房制度进行改革，因此1995年清产核资土地清查估价工作规定，对于国有企业已进行或拟进行职工住房改革的房屋占用的土地不纳入土地清查估价范围。企业在1995年清产核资土地清查估价工作中已作为固定资产入账的生产经营用地，后改为非生产经营用地，用于建造职工宿舍的，在本次清产核资中，对于职工宿舍产权已归职工个人所有的房屋占用的土地，企业同时提供以下相关材料后，可以申报对列入固定资产中的土地进行账务核销。

(一)当地国有土地管理部门同意企业将生产经营用地改为非生产经营用地的批复文件；

(二)完备的职工房改相关证明材料；

(三)中介机构的经济鉴证证明。

十、关于清产核资结果的时效性问题

企业清产核资结果经审核确认后，自清产核资基准日起3年内有效。在清产核资结果有效期内，企业经批准或决定进行资产移交、改制或国有产权转让等事项时，直接以该次清产核资结果作为基础开展工作，不再另行组织清产核资。

十一、关于超出清产核资结果有效期后中央企业改制、资产划转和股权转让清产核资问题

中央企业资产移交、改制或国有产权转让等事项经批准或决定后，企业尚未开展清产核资或上次清产核资结果已过有效期，根据国家有关文件规定，企业必须开展清产核资工作。

(一)对于符合下列情形之一的，企业应向国务院国有资产监督管理委员会(以下简称国资委)提出开展清产核资工作的申请，并在清产核资工作结束后及时对清产核资结果进行申报，国资委对清产核资结果进行审核确认：

1. 有关部门、单位或地方政府所属企业移交给国资委直接监管或移交给中央企业作为子企业的；

2. 有关部门、单位或地方政府所属事业等单位转制成企业并移交给国资委直接监管或移交给中央企业作为子企业的；

3. 中央企业整体进行改制或国资委将所持有的中央企业国有产权进行转让；

4. 其他按规定应由国资委直接组织清产核资的。

(二)对于符合下列情形之一的，由中央企业总公司组织所属子企业开展清产核资工作，按照国家有关清产核资损失认定的文件，对所属子企业的清产核资结果进行审核认定，并在年度财务决算中将所属子企业清产核资审核认定结果进行披露，国资委在年度财务决算审核中一并确认：

1. 中央企业所属子企业进行改制的；

2. 中央企业转让所属子企业国有产权的；

3. 其他按规定应由中央企业总公司组织所属子企业开展清产核资工作的。

商务部、国资委办公厅关于上市公司国有股向外国投资者及外商投资企业转让申请程序有关问题的通知

商资字[2004]1号

各省、自治区、直辖市和计划单列市外经贸委厅(局)、商务厅(局)、国资委：

为了引进国外先进管理经验、技术和资金，加快经济结构调整步伐，改进上市公司法人治理结构，保护投资者的合法权益，促进证券市场的健康发展，规范外国投资

者及外商投资企业进入证券市场的行为，根据原对外贸易经济合作部、国家税务总局、国家工商行政管理总局、国家外汇管理局《外国投资者并购境内企业暂行规定》以及商务部、财政部、国务院国有资产监督管理委员会、中国证券监督管理委员会2003年第25号公告，现就非金融类企业所持有上市公司国有股向外国投资者及外商投资企业转让的有关申报程序问题通知如下：

一、非金融类企业所持有上市公司国有股向外国投资者及外商投资企业转让，属地方企业的，由国有股持有人通过省级国有资产监管部门向国务院国有资产监督管理委员会（以下简称国资委）提出申请，同时抄报商务部；属中央企业的，由中央企业母公司（未脱钩企业由其主管部门）向国资委提出申请，同时抄报商务部。

二、国资委在接到相关申请后，以国资委司局函征求商务部意见，商务部就非金融类企业所持有上市公司国有股向外国投资者及外商投资企业转让是否符合吸收外商投资政策提出意见，并以商务部司局函回复。

三、国资委在接到商务部同意意见后，按规定办理非金融类企业所持有上市公司国有股向外国投资者及外商投资企业转让审核手续。

四、国有股转让申请获国资委核准后，上市公司根据有关规定拟订有关法律文件，并按规定程序向商务部申请办理向外国投资者及外商投资企业转让股份及上市公司章程变更的核准手续。商务部按外商投资相关规定进行审核后予以批复，并抄送国资委、国家工商总局、中国证监会等部门。

商务部办公厅
国资委办公厅
二〇〇四年一月二十一日

关于中央企业利润分配有关事项的通知

国资发评价[2004]219号

各中央企业：

据了解，个别中央企业在2003年年终财务决算工作中，自行决定企业利润分配和分派股利方案。2003年5月《企业国有资产监督管理暂行条例》（国务院令第378号）和2003年10月《国务院办公厅关于公布国务院国有资产监督管理委员会履行出资人职责企业名单的通知》（国办发[2003]88号），明确了国资委履行各中央企业国有资产出资人工作职责。企业利润分配（含弥补亏损方案）监督工作是出资人的基本职责之一。为了规范企业利润分配和分派股利等行为，现将有关事项明确如下：

一、有关国有独资企业，其企业总部的利润分配预案，应当事先报我委备案（10个工作日内）。

二、国有控股或者参股企业，企业董事会制订的利润分配方案，应当按《中华人民共和国公司法》有关规定提请召开股东大会（履行出资人职责单位参加）审议批准；公司利润分配预案应当事先报告我委及履行出资人职责的其他股东同意，再提交董事会决议。

三、经国务院批准授权经营企业，其控股的重要上市公司利润分配方案在提交股份公司董事会决议前，应当事先向我委报告，并将决议后的利润分配方案及时报我委备案（10个工作日内）。

国资委
二〇〇四年四月二十八日

国务院办公厅转发财政部等部门关于推进和规范国有企业债权转股权工作意见的通知

国办发[2004]94号

各省、自治区、直辖市人民政府，国务院各部委、各直属机构：

财政部、国资委、银监会《关于推进和规范国有企业债权转股权工作的意见》已经国务院同意，现转发给你们，请认真贯彻执行。

国务院办公厅
二〇〇四年十二月三十日

关于推进和规范国有企业债权转股权工作的意见

为进一步贯彻落实《国务院办公厅转发国家经贸委财政部人民银行关于进一步做好国有企业债权转股权工作意见的通知》(国办发[2003]8号)精神,推进和规范国有企业债权转股权工作(以下简称"债转股"),现提出以下意见:

一、加快完成债转股新公司注册等后续工作

(一)金融资产管理公司(以下简称"资产公司")和债转股企业出资人及各有关单位应加快完成债转股新公司注册等后续工作,各地区、各部门应积极支持配合。对具备债转股条件、国务院已在2004年6月30日前批准债转股协议和方案的,原则上应在2005年3月31日前完成新公司注册,对个别因特殊原因需要再延期以完成注册的,由资产公司会同债转股企业或其出资人于2005年3月31日前提出,经国资委、财政部、人民银行、银监会联合审核后,报国务院批准;对2004年6月30日后批准债转股协议和方案的,包括部分新增项目,应在国务院批准后9个月内完成新公司注册。逾期未注册的,即自动停止实施债转股。

(二)对已列入原国家经贸委推荐实施债转股580户企业名单,但由于情况发生变化,已不具备债转股条件的,不再实施债转股。资产公司应在2005年3月31日前提出停止债转股项目的意见,并区别不同情况分类处理:对尚未上报国务院以及已上报但国务院未批准债转股协议和方案的,经国资委审核后不再实施;国务院已批准债转股协议和方案、尚未注册新公司的,国资委会同财政部、人民银行、银监会联合审核后不再实施。

(三)对净资产评估结果为负值的项目,由债转股企业原出资人与资产公司充分协商调整债转股方案或停止实施债转股。债转股调整方案由资产公司于2005年3月31日前提出,经国资委、财政部、人民银行、银监会联合审核后,报国务院批准。对在上述期限内仍无法达成一致意见的净资产负值项目停止实施债转股。

(四)对停止实施债转股的企业,按照原债权归属,分别由资产公司、开发银行和国有商业银行依法行使债权人的权利,并由国资委、财政部、银监会书面通知资产公司、银行和企业,自原停息日起恢复计息,严防逃废债务;并以稳妥有效的方式继续支持企业改革发展。停止实施债转股项目的情况由资产公司报国资委、财政部、人民银行、银监会,并由国资委汇总后向国务院报告。

二、妥善处理债转股新公司改制发展中的有关问题

(一)债转股新公司实行主辅分离辅业改制分流安置富余人员的,严格按照原国家经贸委等8部委《关于国有大中型企业主辅分离辅业改制分流安置富余人员的实施办法》(国经贸企业[2002]859号)及国资委等部门《关于进一步明确国有大中型企业主辅分离辅业改制有关问题的通知》(国资分配[2003]21号)的有关规定执行。

(二)地方各级人民政府和国务院各部门应进一步帮助企业落实剥离非经营性资产、分离企业办社会职能,进一步减轻企业负担,促进企业优化资源配置,充分发挥债转股政策的作用。

三、按照现代企业制度要求促进债转股新公司健康发展

(一)债转股企业原国有出资人和资产公司应按照国务院批准的债转股实施方案,依据《公司法》等有关法律法规设立新公司。新公司股东应按照现代企业制度的要求,积极推动规范和完善公司治理,进一步明确和理顺股东会、董事会、监事会和经理层的职责和关系。新公司股东按持有的资本额依法享有并行使相应的权益。

(二)原国有出资人与债转股新公司之间应实行机构、人员、业务和财务分开,各自独立核算,独立承担责任和风险;各项经济往来活动应按照商业原则进行,不得利用关联交易损害新公司和其他股东的利益。债转股新公司股东不得截留新公司的收入,不得向新公司收取管理费等。资产公司为债转股新公司提供咨询、顾问、资产及项目评估以及其他服务时应按商业原则办理。

(三)债转股新公司应不断深化改革,强化管理,转换经营机制,切实提高市场竞争力和经营效益,力争早日步入良性发展的轨道,实现国有资产保值增值。

四、规范债转股股权转让行为

(一)资产公司应把握时机,积极探索有效处置方式,加快对所持债转股新公司股权资产的处置。除国家禁止或限制的行业外,资产公司所持股权可按商业原则向国内外各类投资者公开转让,努力实现回收价值最大化。

(二)资产公司转让所持债转股新公司股权,应按国家有关法律法规和资产公司资产处置的规定进行,并确保股权转让依法、规范、平稳进行。资产公司转让所持上市公司股权应按现行规定报财政部批准。

(三)资产公司转让所持债转股新公司股权,应妥善处理所涉及的职工安置问题,保障职工合法权益,维护社会稳定。

(四)资产公司向债转股新公司原国有出资人转让股权的,经财政部商国资委审核后,可不进行资产评估,以审计的每股净资产值为基础,由双方依商业原则协商确定收购价格。双方无法达成一致的,应按现行规定进行评估并公开转让股权。资产公司向其他投资者转让股权的,按现行规定进行评估。资产公司之间进行股权置换或转让的,可以账面值为基础确定置换和转让价格,不需进行资产评估。

(五)开发银行和资产公司直接持有、经国务院批准国有商业银行直接持有或委托资产公司持有的债转股新公司股权,在处置时,不得将股权直接转为对新公司的债权;对收购方通过银行融资方式解决收购股权资金来源的,银行应严格执行贷款审批规定,防止形成新的风险。

财政部
国资委
银监会
二〇〇四年十二月三十日

关于贯彻落实《国务院办公厅转发国务院国有资产监督管理委员会关于规范国有企业改制工作意见的通知》的通知

国资发改革[2004]4 号

各中央企业:

为贯彻落实《国务院办公厅转发国务院国有资产监督管理委员会关于规范国有企业改制工作意见的通知》(国办发[2003]96 号,以下称《通知》)精神,推进国务院国有资产监督管理委员会所监管企业(以下称中央企业)规范改制,防止国有资产流失,现提出以下意见:

一、要认真贯彻落实党的十六届三中全会精神,大力发展国有资本、集体资本和非公有资本等参股的混合所有制经济,实现投资主体多元化,使股份制成为公有制的主要实现形式。中央企业及其直接和间接投资的国有及国有控股企业实施改制,必须严格执行《通知》的有关规定。中央企业实施主辅分离、辅业改制,分流安置富余人员,按照《关于国有大中型企业主辅分离辅业改制分流安置富余人员的实施办法》(国经贸企改[2002]859 号)及有关配套文件的规定执行。

二、中央企业及其重要子企业改制方案需报国资委批准。重要子企业名单尚未确定之前,暂由中央企业根据拟改制子企业在行业和本企业中的地位和重要程度,决定其改制方案报国资委批准或自行批准。重要子企业名单确定后,此前中央企业自行批准的重要子企业改制方案报我委进行复核。

三、中央企业要加强对改制工作的管理和监督,建立健全内部有关规章制度,及时总结经验,不断改进工作。要及时发现和依法严肃查处改制中的违纪违法行为,保证国有企业改制工作健康、有序、规范地进行。

附件:《国务院办公厅转发国务院国有资产监督管理委员会关于规范国有企业改制工作意见的通知》(国办发[2003]96 号)(略)

国资委
二〇〇四年一月六日

国务院办公厅关于中央企业分离办社会职能试点工作有关问题的通知

国办发[2004]22 号

各省、自治区、直辖市人民政府,国务院各部委、各直属机构:

分离企业办社会职能,切实减轻国有企业的社会负担，是深化国有企业改革，实现政企分开，提高国有企业竞争力，完善社会主义市场经济体制的一项重大举措，近年来，企业办社会职能的分离工作取得了一定进展，但任务仍相当艰巨。为积极稳妥地推进中央企业分离办社会职能工作，经国务院同意，选择中国石油天然气集团公司（以下简称中石油）、中国石油化工集团公司（以下简称中石化）、东风汽车公司进行分离企业办社会职能的试点，现就试点工作有关问题通知如下：

一、从2004年1月1日起，将中石油、中石化、东风汽车公司所属的全日制普通中小学（以下简称中小学）和公安、检察、法院（以下简称公检法）等职能单位，一次性全部分离并按属地原则移交地方管理。企业、医院、市政机构、消防机构、社区机构、生活服务单位等分离问题，由企业和地方政府根据实际情况协商商定，鼓励企业办社会机构通过市场化改革进行分离。

二、移交地方管理的中小学、公检法机构，按照“移交资产无偿划转”的原则，以2003年企业财务决算数为依据，实行成建制移交。移交前已发生的债务不移交地方政府，仍由原企业承担。

三、移交人员以2003年12月31日的在职人数为依据，符合有关职（执）业资格条件的，在规定编制内经地方政府核定后，纳入移交范围。移交中涉及的机构编制事宜，按有关规定和程序办理。

中小学离退休教师纳入移交人员范围。

四、移交地方政府管理的中小学、公检法以及中小学离退休教师的经费补助，按照2003年企业实际补助金额，经中央财政专项核定后，由中央财政给予补助。其中，对中小学的经费补助应剔除2003年企业收到的教育费附加返还。对移交地方政府管理后，人员工资标准和离退休人员养老金低于当地政府规定同类人员标准的，按当地政府规定的标准计算。补助资金通过中央财政转移支付方式划转地方财政补助基数。

五、移交机构的资产、财务、劳动工资、社会保险、人事关系的划转，由国务院有关部门和中石油、中石化、东风汽车公司商地方政府按国家有关规定办理。

六、中石油、中石化、东风汽车公司分离企业办社会职能工作完成后，中央财政相应调减其所得税返还金额。

七、中石油、中石化、东风汽车公司办社会职能移交地方政府管理，涉及面广，政策性强，各有关省、自治区、直辖市人民政府及国务院有关部门要高度重视，加强领导，密切配合，确保顺利完成接收工作。财政部、国资委要会同教育部、公安部、高法院、高检院、劳动保障部、人事部等有关部门，加强对试点工作的跟踪、指导，协调地方政府和企业，做好移交机构的交接工作，并及时总结试点经验。中石油、中石化、东风汽车公司要分别与地方政府制定具体的实施方案，精心组织。统一部署，周密安排，逐省（自治区、直辖市）研究落实，在交接过程中，要严格执行财经纪律和各项规章制度。各有关地区、部门和单位要加强思想政治工作，讲政治、顾大局，确保移交机构的正常运转和社会稳定，做到思想不散、秩序不乱、工作不断、国有资产不流失。

国务院办公厅

二〇〇四年三月十日

关于中央企业主辅分离辅业改制分流安置富余人员资产处置有关问题的通知

国资发产权[2004]9号

各中央企业：

为贯彻落实《中共中央国务院关于进一步做好下岗失业人员再就业工作的通知》（中发[2002]12号），切实做好中央企业主辅分离辅业改制分流安置富余人员（以下简称改制分流）过程中的资产处置工作，根据《关于国有大中型企业主辅分离辅业改制分流安置富余人员的实施办法》（国经贸企改[2002]859号）等有关规定，现将企业改制分流过程中涉及的非主业资产、闲置资产和关闭破产企业的有效资产（以下简称三类资产）处置的有关问题通知如下：

一、中央企业应根据国资委、财政部、劳动保障部的联合批复文件精神，逐个对所属企业改制分流所利用的三类资产情况进行审核认定，出具认定证明文件，并按照《国有企业清产核资办法》(国资委令第1号)、《财政部关于印发〈企业公司制改建有关国有资本管理与财务处理的暂行规定〉的通知》(财企[2002]313号)和国有资产评估管理的有关规定，对三类资产进行清查、审计和评估。其中，对同一批实施改制的企业，原则上选取相同的评估基准日。

二、改制企业可用国有净资产进行下列支付和预留：

(一)支付解除职工劳动合同的经济补偿金。职工解除劳动合同支付的经济补偿金，按照《关于印发国有大中型企业主辅分离辅业改制分流安置富余人员的劳动关系处理办法的通知》(劳社部发[2003]21号，以下简称21号文件)执行。

(二)支付为移交社会保障机构管理的职工一次性缴付的社会保险费。企业支付的社会保险费，按照省级人民政府确定的缴费比例执行。

(三)预留因改制分流实行内部退养的人员的生活费和社会保险费。预留生活费标准由企业根据有关规定确定，最高不超过按所在省(区、市)计算正常退休人员养老金的办法核定的数额。社会保险费按内部退养前的基数一次核定，不再调整。原主体企业对预留费用应制定切实可行的管理办法，进行专项管理，确保内部退养人员费用按时、足额支付。

中央企业应根据21号文件的规定，将原主体企业解除劳动合同的情况(人数、支付经济补偿金的标准、总额及资金来源)、为移交社会保障机构管理的职工一次性缴付的社会保险费以及预留内部退养人员费用等，报企业所在地省级劳动保障部门审核备案，并按有关批复文件规定进行支付和预留。

三、国有净资产不足以进行支付和预留的，不足部分由原主体企业予以补足。补足后，原主体企业原则上不再向改制企业作新的投入。

四、用国有净资产进行支付和预留后有剩余的，剩余部分可按规定向员工或外部投资者出售，或采取租赁、入股、转为债权等方式留在改制企业，但不得无偿量化到个人。

五、中央企业应委托会计师事务所对用国有净资产进行支付和预留的情况进行专项审计，并由会计师事务所出具专项审计报告。

六、用国有净资产按规定进行各项支付和预留(含原主体企业予以补足的部分)造成账面国有资产减少的，由中央企业在每一批改制企业完成公司设立登记后30日内，将有关情况汇总报国资委批准后冲减国有权益。

七、中央企业申请冲减国有权益需报送以下材料：

(一)中央企业关于改制分流冲减国有权益的申请；

(二)企业产权登记表证；

(三)企业三类资产的认定证明文件；

(四)企业三类资产的资产清查报告或清产核资结果批复文件；

(五)企业三类资产评估备案表；

(六)改制后企业国有股权设置方案批复文件；

(七)新设公司制企业的法人营业执照复印件；

(八)省级劳动保障部门出具的审核意见书以及企业报送劳动部门备案的职工安置情况实施结果；

(九)会计师事务所出具的关于用国有净资产进行支付和预留情况的专项审计报告；

(十)三类资产处置情况表(表式附后)；

(十一)中央企业、原主体企业等有关企业评估基准日的财务报告；

(十二)国资委需要的其他材料。

原改制企业为公司制企业的，应同时附送有关冲减权益的股东会决议。

八、中央企业、原主体企业、改制企业等有关企业应根据规定及时办理产权登记等手续。

国资委

二〇〇四年一月十九日

关于中央企业建立和完善国有独资公司董事会试点工作的通知

国资发改革[2004]229号

各中央企业：

为了贯彻党的十六大、十六届三中全会精神，推进股份制改革，完善公司法人治理结构，加快建立现代企业制度，适应新的国有资产管理体制的要求，依法规范地行使出资人权利，国务院国有资产监督管理委员会(以下简称国资委)决定选择部分中央企业进行建立和完善国有独资公司董事会试点工作。现就有关事项通知如下：

一、试点的目的

(一)对于可以实行有效的产权多元化的企业，通过建立和完善国有独资公司董事会，促进企业加快股份制改革和重组步伐，并为多元股东结构公司董事会的组建和运转奠定基础。

(二)对于难以实行有效的产权多元化的企业和确需采取国有独资形式的大型集团公司，按照《中华人民共和国公司法》(以下简称《公司法》)的规定，通过建立和完善董事会，形成符合现代企业制度要求的公司法人治理结构。

(三)将国资委对国有独资公司履行出资人职责的重点放在对董事会和监事会的管理，既实现出资人职责到位，又确保企业依法享有经营自主权。

二、试点工作的基本思路

(一)将忠实代表所有者利益、对出资人负责、增强公司市场竞争力作为董事会建设的根本宗旨。

(二)建立外部董事制度，使董事会能够作出独立于经理层的客观判断。充分发挥非外部董事和经理层在制定重大投融资方案和日常经营管理中的作用。董事会中应有经职工民主选举产生的职工代表。

(三)以发展战略、重大投融资、内部改革决策和选聘、评价、考核、奖惩总经理为重点，以建立董事会专门委员会、完善董事会运作制度为支撑，确保董事会对公司进行有效的战略控制和监督。

(四)出资人、董事会、监事会、经理层各负其责，协调运转，有效制衡。国资委代表国务院向国有独资公司派出监事会，监事会依照《公司法》、《国有企业监事会暂行条例》的规定履行监督职责。

(五)按照建设完善的董事会的方向，从目前的实际情况出发，平稳过渡，逐步推进，总结经验，不断完善。

三、试点工作的推进

(一)选择若干户企业启动试点工作，再逐步增加试点企业户数。2007年底前，除主要执行国家下达任务等决策事项较少的企业外，中央企业中的国有独资公司和国有独资企业均应建立董事会。

(二)试点初期外部董事不少于2人。根据外部董事人力资源开发情况，在平稳过渡的前提下，逐步提高外部董事在董事会成员中的比例。

(三)优先考虑对试点企业授权经营，即将出资人的部分权利授予试点企业董事会行使。

(四)对拟股权多元化的试点企业，选聘董事要为建立多元股东结构的公司董事会创造条件。集团公司主业资产若全部或者绝大部分注入其控股的上市公司的，选聘试点企业董事要与上市公司国有股东提名的董事相协调。

(五)国资委将逐步建立健全对董事会和董事的管理制度，积极开发外部董事人力资源，加强对试点工作的指导，及时调查研究、总结经验。

四、试点企业的选择

试点企业选择的基本条件是：属于国有经济应控制的大型企业，企业投融资等重大决策事项较多，企业经营状况较好。符合上述条件且企业有意愿或现国有独资公司董事会将换届的，可重点考虑作为试点企业。

五、试点企业的主要工作

(一)依照《公司法》、《企业国有资产监督管理暂行条例》等法律法规，制定或修改公司章程，报国资委审批。

(二)按照本通知的有关要求，参考《国务院国有资产监督管理委员会关于国有独资公司董事会建设的指导意见(试行)》(以下简称《指导意见》，见附件1)，结合本企业实际，制定有关董事会建设的各项规章制度，其中有关董事会的职责、组成、下设专门委员会和办公室、重大事项决策制度、会议制度，董事的权利与义务、责任，董事会秘书的职责，董事会与出资人的关系、与总经理的关系等内容要纳入公司章程。

（三）依照有关规定民主选举职工董事，并由国资委聘任。

（四）召开董事会会议，任命董事会秘书，设立董事会办公室，组建各专门委员会。

（五）自第一次董事会会议起满1年后，对董事会运作情况和效果进行总结，提出完善董事会的意见和建议，并将总结报告报国资委。

（六）对于董事会建设中需要解决的问题，要及时向国资委报告。

六、组织领导

为了加强对试点工作的组织领导，国资委成立建立和完善国有独资公司董事会试点工作领导小组。

组　长：李荣融　国资委主任

副组长：王　勇　国资委副主任

　　　　邵　宁　国资委副主任

成员单位：办公厅、政策法规局、业绩考核局、规划发展局、统计评价局、企业改革局、企业分配局、监事会工作局、企业领导人员管理一局、企业领导人员管理二局、宣传工作局、群众工作局。

领导小组办公室设在企业改革局。

附件：1. 国务院国有资产监督管理委员会关于国有独资公司董事会建设的指导意见（试行）

2. 第一批试点企业名单

国资委

二○○四年六月七日

附件1：

国务院国有资产监督管理委员会关于国有独资公司董事会建设的指导意见（试行）

为指导大型中央企业开展国有独资公司（以下简称公司）建立和完善董事会试点工作，加强董事会建设，依据《中华人民共和国公司法》（以下简称《公司法》）、《企业国有资产监督管理暂行条例》（以下简称《条例》）等法律法规，提出以下指导意见。

一、董事会的职责

（一）董事会依照《公司法》第四十六条的规定行使以下职权：

1. 选聘或者解聘公司总经理（中央管理主要领导人员的企业，按照有关规定执行，下同），并根据总经理的提名，聘任或者解聘公司副总经理、财务负责人；负责对总经理的考核，决定其报酬事项，并根据总经理建议决定副总经理、财务负责人的报酬；

2. 决定公司的经营计划、投资方案（含投资设立企业、收购股权和实物资产投资方案），以及公司对外担保；

3. 制订公司的年度财务预算方案、决算方案；

4. 制订公司的利润分配方案和弥补亏损方案；

5. 制订公司增加或者减少注册资本的方案以及发行公司债券的方案；

6. 拟订公司合并、分立、变更公司形式、解散的方案；

7. 决定公司内部管理机构的设置，决定公司分支机构的设立或者撤销；

8. 制定公司的基本管理制度。

（二）根据公司具体情况，董事会可以行使以下职权：

1. 审核公司的发展战略和中长期发展规划，并对其实施进行监督；

2. 决定公司的年度经营目标；

3. 决定公司的风险管理体系，包括风险评估、财务控制、内部审计、法律风险控制，并对实施进行监控；

4. 制订公司主营业务资产的股份制改造方案（包括各类股权多元化方案和转让国有产权方案）、与其他企业重组方案；

5. 除依照《条例》规定须由国务院国有资产监督管理委员会（以下简称国资委）批准外，决定公司内部业务重组和改革事项；

6. 除依照《条例》规定须由国资委批准的重要子

企业的重大事项外,依照法定程序决定或参与决定公司所投资的全资、控股、参股企业的有关事项;

7. 制订公司章程草案和公司章程的修改方案。

(三)国资委依照《公司法》第六十六条和《条例》第二十八条规定,授予董事会行使出资人的部分职权(另行制定)。

(四)董事会应对以下有关决策制度作出全面、明确、具体的规定,并将其纳入公司章程:

1. 应由董事会决定的重大事项的范围和数量界限(指可量化的标准,下同),其中重大投融资应有具体金额或占公司净资产比重的规定。公司累计投资额占公司净资产比重应符合法律法规的规定;

2. 公司发展战略、中长期发展规划、重大投融资项目等决策的程序、方法,并确定投资收益的内部控制指标;

3. 对决策所需信息的管理。其中提供信息的部门及有关人员对来自于公司内部且可客观描述的信息的真实性、准确性应承担责任;对来自于公司外部且不可控的信息的可靠性应进行评估;

4. 董事会表决前必须对决策的风险进行讨论,出席董事会会议的董事应作出自己的判断;

5. 董事会对董事长、董事的授权事项应有具体的范围、数量和时间界限。

(五)董事会履行以下义务:

1. 执行国资委的决定,对国资委负责,最大限度地追求所有者的投资回报,完成国家交给的任务;

2. 向国资委提交年度经营业绩考核指标和资产经营责任制目标完成情况的报告;

3. 向国资委提供董事会的重大投融资决策信息;

4. 向国资委提供真实、准确、全面的财务和运营信息;

5. 向国资委提供董事和经理人员的实际薪酬以及经理人员的提名、聘任或解聘的程序和方法等信息;

6. 维护公司职工、债权人和用户的合法权益;

7. 确保国家有关法律法规和国资委规章在公司的贯彻执行。

二、董事及外部董事制度

(六)董事通过出席董事会会议、参加董事会的有关活动行使权利。

(七)董事履行以下义务:

1. 讲求诚信,严格遵守法律、法规和公司章程的规定,依法承担保守商业秘密和竞业禁止义务;

2. 忠实履行职责,最大限度维护所有者的利益,追求国有资产的保值增值;

3. 勤勉工作,投入足够的时间和精力行使职权;

4. 关注董事会的事务,了解和掌握足够的信息,深入细致地研究和分析,独立、谨慎地表决;

5. 努力提高履行职务所需的技能。

(八)董事对行使职权的结果负责,对失职、失察、重大决策失误等过失承担责任,违反《公司法》、《条例》等法律、法规规定的,追究其法律责任。

董事会决议违反法律、法规或公司章程规定,致使公司遭受损失,投赞成票和弃权票的董事个人承担直接责任(包括赔偿责任),对经证明在表决时曾表明异议并载于会议记录的投反对票的董事,可免除个人责任。

(九)外部董事指由非本公司员工的外部人员担任的董事。外部董事不在公司担任除董事和董事会专门委员会有关职务外的其他职务,不负责执行层的事务。

外部董事与其担任董事的公司不应存在任何可能影响其公正履行外部董事职务的关系。本人及其直系亲属近两年内未曾在公司和公司的全资、控股子企业任职,未曾从事与公司有关的商业活动,不持有公司所投资企业的股权,不在与公司同行业的企业或与公司有业务关系的单位兼职等。

(十)专门在若干户中央企业担任外部董事职务的为专职外部董事。除外部董事职务外,在中央企业或其他单位还担任其他职务的为兼职外部董事,该单位应出具同意其兼任外部董事职务并在工作时间上予以支持的有效文件。外部董事本人应保证有足够的时间和精力履行该职务。

(十一)国资委选聘外部董事,可以特别邀请国内外知名专家、学者、企业家;可以从中央企业有关人员中挑选;可以面向社会公开选聘。逐步建立外部董事人才库制度,向全社会、国内外公开信息,自愿申请入库,经审核符合条件的予以入库,国资委从人才库中选聘外部董事。

（十二）除特别邀请的外部董事外，外部董事任职前需参加国资委或国资委委托有关单位举办的任职培训。

（十三）外部董事应是公司主营业务投资、企业经营管理、财务会计、金融、法律、人力资源管理等某一方面的专家或具有实践经验的人士。

（十四）除专职外部董事外，外部董事任期结束后不再续聘的为自动解聘，国资委不承担为其另行安排职务的义务。

（十五）确定外部董事的薪酬应充分考虑其担任的职务和承担的责任。外部董事薪酬由国资委确定，由所任职公司支付。外部董事在履行职务时的出差、办公等有关待遇比照本公司非外部董事待遇执行。除此以外，外部董事不得在公司获得任何形式的其他收入或福利。

三、董事会的组成和专门委员会

（十六）董事会成员原则上不少于9人，其中至少有1名由公司职工民主选举产生的职工代表。试点初期外部董事不少于2人。根据外部董事人力资源开发情况，在平稳过渡的前提下，逐步提高外部董事在董事会成员中的比例。

（十七）董事会设董事长1人，可视需要设副董事长1人。董事长、副董事长由国资委指定。

（十八）董事长行使以下职权：

1. 召集和主持董事会会议；

2. 检查董事会决议的实施情况；

3. 组织制订董事会运作的各项制度，协调董事会的运作；

4. 签署董事会重要文件和法律法规规定的其他文件；

5. 在重大决策、参加对外活动等方面对外代表公司；

6.《公司法》等法律法规赋予的其他职权；

7. 董事会授予的其他职权，但应由董事会集体决策的重大事项不得授权董事长决定。

（十九）董事会每届任期为3年。董事任期届满，经国资委聘任可以连任。外部董事在一家公司连任董事不得超过两届。

（二十）建立董事会的同时，要加强党的建设。公司党委（党组）主要负责人应当进入董事会；非外部董事中的党员可依照《中国共产党党章》有关规定进入党委（党组）；党委（党组）书记和董事长可由一人担任。

（二十一）董事会应下设战略委员会、提名委员会、薪酬与考核委员会，也可设立法律风险监控委员会等董事会认为需要的其他专门委员会。专门委员会要充分发挥董事长和外部董事的作用。

（二十二）战略委员会的主要职责是研究公司发展战略、中长期发展规划、投融资、重组、转让公司所持股权、企业改革等重大决策，并向董事会提交建议草案。该委员会由董事长担任召集人，若干董事为成员。

（二十三）提名委员会的主要职责是研究经理人员的选择标准、程序和方法以及总经理继任计划（包括人选）并向董事会提出建议；对总经理提出的副总经理、财务负责人等人选进行考察，并向董事会提出考察意见。该委员会由不兼任总经理的董事长担任召集人，由该董事长和外部董事组成。董事长兼任总经理的，由外部董事担任召集人。

（二十四）薪酬与考核委员会的主要职责是拟订经理人员的薪酬方案以及对总经理的考核与奖惩建议并提交董事会；拟订非外部董事的薪酬方案以及对其考核与奖惩、续聘或解聘的建议，并提交国资委。该委员会由外部董事担任召集人，外部董事为成员。非外部董事担任董事长但不兼任总经理的，可作为该委员会的成员，并可担任召集人。

（二十五）各专门委员会履行职权时应尽量使其成员达成一致意见；确实难以达成一致意见时，应向董事会提交各项不同意见并作说明。各专门委员会经董事会授权可聘请中介机构为其提供专业意见，费用由公司承担。

（二十六）公司各业务部门有义务为董事会及其下设的各专门委员会提供工作服务。经董事会同意，公司业务部门负责人可参加专门委员会的有关工作。

（二十七）拟提交董事会表决的公司发展战略、中长期发展规划、投融资、重组、转让公司所持股权等重大决策草案，聘请咨询机构咨询的，外部董事应当阅研咨询报告、听取有关咨询人员关于决策的风险评估，并就该风险在董事会发表意见。

（二十八）设立董事会办公室作为董事会常设工作机构，负责筹备董事会会议，办理董事会日常事务，与董事、外部董事沟通信息，为董事工作提供服务等事项。

（二十九）董事会秘书负责董事会办公室的工作，并列席董事会，负责作董事会会议记录。

（三十）董事会秘书应当具备企业管理、法律等方面专业知识和经验。董事会秘书由董事长提名，董事会决定聘任或解聘。

四、董事会会议

（三十一）董事会会议分为定期董事会会议和临时董事会会议。公司章程应对定期董事会会议的内容、次数、召开的时间作出具体规定。有以下情况之一时，董事长应在7个工作日内签发召开临时董事会会议的通知：

1. 三分之一以上董事提议时；

2. 监事会提议时；

3. 董事长认为有必要时；

4. 国资委认为有必要时。

（三十二）公司章程应对董事必须亲自出席的董事会会议的性质、内容等作出规定。董事会会议原则上应以现场会形式举行，只有在时间紧急和讨论一般性议题时才可采用可视电话会或制成书面材料分别审议方式开会及对议案作出决议。

（三十三）定期董事会会议应在会议召开10日以前通知全体董事、监事及其他列席人员。临时董事会会议可以在章程中另定通知时限。会议通知的内容至少应包括时间、地点、期限、议程、事由、议题及有关资料、通知发出的日期等。对董事会会议审议的重大决策事项，必须事先向董事提供充分的资料，公司章程应对资料的充分性和提前的时限作出规定，以确保董事有足够的时间阅研材料。

（三十四）当四分之一以上董事或2名以上（含2名）外部董事认为资料不充分或论证不明确时，可联名提出缓开董事会会议或缓议董事会会议所议议题，董事会应予采纳。

（三十五）董事会会议应由二分之一以上的董事出席方可举行。公司章程应对必须由全体董事三分之二以上表决同意方可通过的决议作出具体规定；其余决议可由全体董事过半数表决同意即为有效。

（三十六）董事会会议表决，各董事会成员均为一票。各董事应按自己的判断独立投票。

（三十七）董事会会议应对所议事项做成详细的会议记录。该记录至少应包括会议召开的日期、地点、主持人姓名、出席董事姓名、会议议程、董事发言要点、决议的表决方式和结果（赞成、反对或弃权的票数及投票人姓名）。出席会议的董事和列席会议的董事会秘书应在会议记录上签名。会议记录应妥善保存于公司。

五、董事会与总经理的关系

（三十八）总经理负责执行董事会决议，依照《公司法》和公司章程的规定行使职权，向董事会报告工作，对董事会负责，接受董事会的聘任或解聘、评价、考核、奖惩。

（三十九）董事会根据总经理的提名或建议，聘任或解聘、考核和奖惩副总经理、财务负责人。

（四十）按谨慎与效率相结合的决策原则，在确保有效监控的前提下，董事会可将其职权范围内的有关具体事项有条件地授权总经理处理。

（四十一）不兼任总经理的董事长不承担执行性事务。在公司执行性事务中实行总经理负责的领导体制。

六、国资委对董事会和董事的职权

（四十二）国资委依照《公司法》、《条例》等法律法规行使以下职权：

1. 批准公司章程和章程修改方案；

2. 批准董事会提交的增加或减少注册资本和发行公司债券方案以及公司合并、分立、变更公司形式、解散和清算方案；

3. 审核董事会提交的公司财务预算、决算和利润分配方案；

4. 批准董事会提交的公司经营方针、重大投资计划以及重要子企业的有关重大事项；

5. 批准董事会提交的公司重组、股份制改造方案；

6. 向董事会下达年度经营业绩考核指标和资产经营责任制目标，并进行考核、评价；

7. 选聘或解聘董事，决定董事的薪酬与奖惩；

8. 对董事会重大投融资决策的实施效果进行跟踪监督，要求董事会对决策失误作出专项报告；

9. 法律法规规定的其他职权。

七、中央企业可参考本意见管理其所投资的国有独资公司、国有独资企业。

附件 2：

第一批试点企业名单

1. 神华集团有限责任公司
2. 上海宝钢集团公司
3. 中国高新投资集团公司
4. 中国诚通控股公司
5. 中国医药集团总公司
6. 中国国旅集团公司
7. 中国铁通集团有限公司

关于推动中央企业清理整合所属企业减少企业管理层次有关问题的指导意见

国资发改革[2004]232 号

各中央企业：

近年来，一些中央企业通过清理整合所属企业，减少企业管理层次，优化了企业组织结构，取得了一定的成效和经验。但从整体看，中央企业管理层次过多仍是一个较为普遍的问题，致使一些企业机构臃肿，监督管理失控，决策效率低下，管理成本增加，影响竞争力的提高，甚至成为国有资产流失的重要原因。因此，清理整合所属企业，减少企业管理层次，调整内部组织结构，是中央企业提高资产质量和整体竞争力的迫切任务，是建立健全国有资产监督管理体系、确保出资人职责层层到位的重要措施。为进一步引导和推动中央企业做好此项工作，现提出以下指导意见。

一、工作原则

(一)提高核心竞争力。要有利于发挥中央企业的整体优势，推动企业按照市场导向的要求，集中优势资源和优良资产，做强做大主业，消除或避免不必要的内部竞争，提高企业经济效益和核心竞争力。

(二)优化组织结构。要有利于加强内部监管、提高决策效率、降低管理成本、规避财务风险，按照建立现代企业制度和现代产权制度的要求，构建适合本企业发展战略和业务结构要求、职能定位明确、运作高效的内部组织结构。

(三)依法规范操作。要严格执行有关政策法规，确保工作规范有序进行。其中涉及企业资本金变动、资产处置或归属调整、债权债务转移等问题，要依法征得有关利益方同意，按照有关规定履行审批程序，避免逃废债务，防止国有资产流失；涉及的所属企业为多元股东的，要依照有关法定程序办理。

(四)积极稳妥推进。要结合本企业的发展方向，针对存在的主要问题，采取积极有效措施加以解决。要正确处理整体利益与局部利益的关系，正确处理清理整合工作与正常生产经营的关系，正确处理清理整合工作与企业稳定的关系，深入细致地做好各项工作，维护企业和社会稳定。

二、工作目标

通过清理整合所属企业、减少企业管理层次，形成一批产权关系清晰、管理层次精简、组织结构合理、主业突出、竞争力强的大公司大企业集团。争取在 2005 年年底前，原则上将中央企业的法人管理层次(指中央企业按资本纽带关系自上而下与各法人单位之间形成的管理层次)基本控制在三层以内。其中，对规模较小的中央企业，法人管理层次应基本控制在两层以内；规模特大的中央企业、属特殊性行业或有其他特殊情况的，法人管理层次可适当放宽，但一般不超过四层。法人管理层次的第一层指中央企业(或集团母公司)；第二层指第一层所投资的全资、控股(含相对控股，下同)的法人单位(包括企业或事业单位，下同)；依此类推。企业为上市在境外注册的“壳公司”(本身没有经营职能和业务、只起持股作用)不计入法人管理层次。非法人管理层次(指中央企业按管理从属关系自上而下与各非法人单位之间形成的管理层次)也要根据企业实际情况，参照本意见尽量减少。中央企业二层及以下企业的联营、参股企业参照本意见执行。

三、工作措施和途径

（一）对三层以下符合主业发展方向和企业总体发展战略要求，并具有较强竞争力的企业，可通过无偿划转、产权转让等方式提升其管理层次。

（二）对所属企业中的非主业企业以及经营状况较差、管理不善、负债率高、投资回报低的主业企业，可通过无偿划转、改制、出售、解散或实施破产等方式清理或退出；因债务、担保等原因难以注销或实施破产的，可先歇业，避免产生更大的资产损失。

（三）对所属企业中经营业务雷同、存在不必要竞争的企业，可通过合并等方式整合，推进所属企业的专业化，实现规模效益。

（四）中央企业控股的上市公司直接或间接控股三层以下多个规模较小的上市公司的，应根据企业总体发展战略和市场状况，按照证券市场有关规定逐步整合。

（五）除境内外上市、对外合作等特殊情况外，原则上中央企业二层及二层以下不再保留“壳公司”，可视实际情况将其实体化、合并、注销、改造为事业部或分公司。

（六）对挂靠在所属企业、没有资本纽带关系的企业或单位，应解除挂靠关系，其中因生产经营需要确立长期合作或委托经营等关系的，可按市场化原则依法签订协议。

（七）需要清理整合的所属企业数量较多、资产量较大时，可将具备条件的某所属企业改造为（或新设）资产经营公司或专门机构，统一负责实施清理整合工作，处置相关资产。

（八）要从严控制新设三层企业，原则上不设四层企业，从源头上避免企业管理层次增多。特殊情况确需设立的，应进行必要的分析或论证，严格履行决策程序，并采取相应措施确保管理和控制到位。要通过法定程序使三层及以下企业原则上不再具有对外投资功能。中央企业所属的非法人单位不得再对外投资。

四、所属企业（包括国有产权）退出的处理

（一）对可利用主辅分离、辅业改制政策退出的所属企业，要按照原国家经贸委等八部门《印发〈关于国有大中型企业主辅分离辅业改制分流安置富余人员的实施办法〉的通知》（国经贸企改[2002]859号）等文件要求执行。

（二）积极鼓励中央企业之间进行资产重组。某中央企业非主业资产符合另一中央企业主业发展需要的，双方可协商，通过收购、资产（股权）置换、互相持股、无偿划转等方式进行重组，并按照有关规定履行审批程序。中央企业与地方国有企业之间也可进行此类资产重组。

（三）对非主业的所属企业，可采取出售、转让等方式退出。出售、转让要严格按照《企业国有产权转让管理暂行办法》（国资委、财政部令第3号）执行。

（四）对拟通过破产形式退出的所属企业，可依法破产；符合国家政策性关闭破产条件的，可按照国家有关要求申请列入政策性关闭破产计划。

（五）对应当退出但目前暂不具备条件退出的所属企业，可通过减少所持股权、不再增加投资、委托经营、租赁、承包等方式逐步退出；也可暂由该中央企业或其他中央企业的资产经营公司或机构集中管理，逐步清理、退出。

五、组织实施

（一）做好基础性工作。中央企业要在清产核资的基础上，理清所属企业的数目、产权关系、资产状况、经营状况、人员状况等，做到摸清家底、掌握情况、明确难点、有的放矢。

（二）认真制订方案。中央企业要根据本意见的要求进行自查，基本实现工作目标的，将完成情况报国资委；尚未实现工作目标的，要尽快研究制订方案，认真分析现状和问题，提出工作的目标、步骤、时限、范围和措施。

（三）有关政策处理。此项工作涉及的土地、房屋等权属转移，可依照有关规定享受相应的契税等减免政策；涉及不良资产和呆坏帐核销的，可按国资委有关清产核资的规定并经国资委审核批准后予以核销。

（四）加强组织领导。此项工作涉及面广，情况复杂，中央企业领导班子要予以高度重视，切实加强领导，统一组织实施。工作中的困难和问题以及取得的经验和成绩，及时报国资委，国资委将予以协调和经验总结、推广。

国资委

二〇〇四年六月十二日

关于公布中央企业主业（第一批）的通知

国资发规划[2004]324号

各中央企业：

为加快推进国有经济布局和结构的战略性调整，规范中央企业投资活动，引导社会投资，做强做大中央企业主业，培育和发展大公司大企业集团，提高中央企业的控制力、影响力和带动力，实现国有经济的持续、健康发展，依据《中华人民共和国公司法》和《企业国有资产监督管理暂行条例》，我委对中央企业主业进行了确认，并将陆续予以公布。中央企业主业名称原则上按《国民经济行业分类》（GB/T4754－2002）标准核定。第一批公布的中央企业主业主要涉及国家安全和国民经济命脉的重要行业和关键领域。经确认的中央企业主业将作为我委对中央企业发展战略和规划、企业重大投资实施有效监管、依法履行出资人职责的重要依据。现将第一批确认的中央企业主业予以公布，并将有关事项通知如下：

一、加强中央企业战略管理。企业应紧紧围绕我国全面建设小康社会的奋斗目标，抓住新世纪前二十年大有作为的战略机遇期，制订发展战略和规划，并根据企业外部环境和内部情况的变化和发展进行动态调整，明确企业主业发展方向，提高主业的市场占有率，增强核心竞争力。

二、坚持突出主业。中央企业应紧紧围绕做强做大主业，加大科研开发和技术改造力度，实现增长方式的转变。企业固定资产投资、对外合资合作和并购活动等应遵循突出主业的原则；严格控制非主业投资活动，避免盲目扩张，减少投资风险。今后，国资委将对中央企业规划中符合主业发展的投资项目实行备案制；对非规划内、非主业的投资项目实行核准制。企业应制订和完善相应的主业、非主业投资管理办法。

三、积极推进调整重组。中央企业应进一步完善国有资本有进有退、合理流动的机制，深化改革，加大主辅分离、辅业改制的力度，鼓励通过联合、兼并、收购或股权互换等形式，将分散在各企业的非主业资产按突出主业的原则进行调整重组，优化资源配置。

四、中央企业主业确定后应相对固定，今后将根据有关情况变化进行动态调整，必要时予以重新确认。

附件：中央企业主业（第一批）（略）

国资委

二〇〇四年十一月二十九日

关于印发加快东北地区中央企业调整改造指导意见的通知

国资发规划[2004]172号

各中央企业：

支持东北地区等老工业基地加快调整改造，是党的十六大提出的一项重要任务，是党中央、国务院继建设沿海经济特区、开发浦东新区和实施西部大开发战略之后又一重大决策，为搞好东北地区中央企业提供了重要历史性机遇。为贯彻落实《中共中央国务院关于实施东北等老工业基地振兴战略的若干意见》（中发[2003]11号）的精神，我委研究提出了《关于加快东北地区中央企业调整改造的指导意见》（以下简称《意见》），旨在加快推进东北地区中央企业调整改造，做强做大一批技术先进、结构合理、机制灵活、核心竞争力强的中央企业，促进东北老工业基地的振兴，提高中央企业的控制力、影响力和带动力。

现将《意见》印发给你们，请结合实际认真贯彻执行。

国资委

二〇〇四年二月四日

关于加快东北地区中央企业调整改造的指导意见

加快东北地区等老工业基地调整改造，是党中央、国务院继建设沿海经济特区、开发浦东新区和实施西部大开发战略之后又一重大战略举措，是关系到我国全面建设小康社会的一项重大战略决策。东北地区的中央企业要深入贯彻落实《中共中央国务院关于实施东北等老工业基地振兴战略的若干意见》（中发[2003]11号，以下简称《意见》）的精神，坚定信心，深化改革，加大改组、改造的力度，搞好国有企业，发展壮大国有经济，为实现东北地区等老工业基地的振兴作出新的历史性贡献。

一、加快东北地区中央企业调整改造具有重大战略意义

东北地区是新中国的工业摇篮，工业基础雄厚，综合配套能力强，规模经济优势显著，区位比较优势明显。半个多世纪以来，东北地区中央企业为我国国民经济发展和国防实力的提高作出了历史性重大贡献，为我国现代化建设打下了雄厚的物质技术基础。截止到2002年底，分布在东北三省的中央企业及三级以上子企业共900多户，资产合计7239亿元，实现销售收入5778亿元，利润总额443亿元。其中工业企业400多户，资产总额6096亿元，实现销售收入5092亿元，利润总额470亿元。虽然企业户数只占东北三省国有及国有控股工业企业户数的9.5%，但资产总额、销售收入和利润总额分别占46.0%、72.1%和81.5%，中央企业在东北地区居举足轻重的地位。

东北地区集中了大庆油田、鞍山钢铁集团公司（以下简称鞍钢）、中国第一汽车集团公司（以下简称一汽）等一批在国际上有一定知名度、在全国同行业中有较强竞争力、在区域经济发展中有较强带动作用的以能源、原材料、装备制造为主的大型国有企业。集中了相当规模的优良资产，积累了大工业生产的丰富经验，培育了一支政治思想觉悟高、技术素质过硬、乐于奉献、勇于拼搏的产业大军，是振兴东北老工业基地的巨大优势和希望所在。近年来国家采取一系列措施，帮助东北老工业基地国有企业改革脱困，大力推进"三改一加强"，一批国有企业再现生机和活力，坚定了搞好国有企业的信心。

随着改革开放的不断深入，东北地区中央企业长期积累的各种深层次矛盾日益显现，突出表现在企业产权结构单一，适应市场经济发展要求的机制尚不健全，体制、技术和管理创新思想薄弱；历史包袱沉重，企业办中小学校、公检法、医疗卫生等社会机构多，每年约需支付80亿元补助经费；企业厂办大集体多，困难企业多，资产负债率高，2002年，900多户中央企业及三级以上子企业中亏损企业371户，亏损面约为40.0%，企业资产负债率平均为76.4%，远高于全国国有企业资产负债率64.8%的平均水平；企业组织结构不合理，"大而全、小而全"状况普遍，专业化协作水平低，缺乏一批有较强国际竞争力的大公司大企业集团，科技开发能力薄弱，产品结构不合理，技术改造欠账较多，发展后劲不足，市场竞争力下降。

加快东北地区中央企业调整改造，做强做大一批技术先进、结构合理、机制灵活、核心竞争力强的中央企业，对于提高东北老工业基地的整体竞争力，提高东北地区中央企业的控制力、影响力和带动力，维护社会稳定和保障国家政治、经济和国防安全，具有十分重大的战略意义。

二、加快东北地区中央企业调整改造的指导思想和目标

加快东北地区中央企业调整改造的指导思想是：以邓小平理论和"三个代表"重要思想为指导，全面贯彻党的十六大、十六届三中全会和《意见》的精神，进一步解放思想，深化改革，扩大开放，开拓进取，着力推进体制创新和机制创新，消除经济发展和调整改造的体制性障碍，形成新的经济增长机制；坚持以市场为导向，充分发挥市场配置资源的基础性作用，积极面向国内国际两个市场，充分利用两种资源；坚持走新型工业化道路，立足现有基础，发挥比较优势，坚持传统产业改造和新兴产业发展并举；注重整合现有资源，提高生产要素的使用效率，优化产业结构，在发展中解决历史遗留和前进中的问题；着力培养优势企业和优秀企业家，增强企业核心竞争力。

（一）指导原则

1. 坚持市场导向，充分发挥市场配置资源的基础性作用。建立市场配置资源为主的运行机制，企业结构调整、产品升级换代、资源开发利用等要以市场需求为导向，把满足市场需求与发挥比较优势结合起来，最大限度地满足用户需要。坚持以开放促调整、促发展，建设改造资金的筹措要面向市场，通过国家政策支持、企业股份制改造、利用外资、发行企业债券等多渠道筹集建设改造所需资金。

2. 坚持有限目标，重点突破，发展一批具有国际竞争力的大公司大企业集团。着力推进石油石化、重大装备、钢铁、汽车、造船、航空产品和军工等重点行业的调整改造。重点支持产品有市场、有效益、有竞争力和基础管理好、领导班子强的优势企业的战略性调整和技术改造，进一步确立其在国内同行业中的优势或领先地位。

3. 坚持统筹兼顾、综合治理，建立健全适应新形势发展需要的新体制、新机制。继续深化企业改革，推进体制、技术和管理创新；着力培育新的增长点，坚持产品结构、技术结构和企业组织结构、所有制结构调整相结合，推进改革、改组、改造和加强企业管理，妥善处理好改革、发展和稳定的关系，既要深化改革，发展经济，也要扩大就业，保持社会稳定。

4. 坚持人才兴企，科技先行，为搞好国有企业提供必要保证。坚持党管人才的原则同市场化选聘企业经营管理者的机制相结合，着力培养有开拓进取精神、有责任心、有事业心、有管理经验、创新意识强的优秀企业家，创造有利于优秀企业家脱颖而出的良好氛围和机制。坚持依靠科技进步，合理整合现有科技资源，加大科技开发资金投入，充分发挥企业技术开发中心的作用，提高科技成果的工程化、配套化和系统化水平。

5. 坚持量力而行，分步实施东北地区中央企业调整改造任务。近期要切实解决企业历史遗留问题，分流安置富余人员，分离企业办社会职能，减轻企业包袱，为企业创造改革发展的良好环境；同时抓紧实施一批市场前景好、对区域经济有较强带动作用的重点项目。中远期主要结合企业“十一五”发展规划的编制和实施，推进企业战略性调整和改组，有步骤、有重点地解决长期困扰企业发展的深层次矛盾。

(二)发展目标

东北地区中央企业调整改造任务分为近期目标和中远期目标。近期以“十五”后两年为目标，主要是减轻历史包袱，转机建制，夯实基础；中远期以“十一五”五年为目标，主要是进一步深化企业改革，强化技术创新，提高企业核心竞争力，一批企业在国民经济和区域经济发展中的主导作用明显增强，并具有国际竞争力。

近期目标：争取通过两年左右的时间，到“十五”末，东北地区中央企业基本解决历史遗留问题；主业更加突出，效益进一步提高，资金状况显著改善；企业股份制改革取得突破性进展，产权结构明显优化，初步建立起规范的公司法人治理结构，企业适应市场发展要求的经济运行机制基本确立。

中国石油天然气集团公司(以下简称中石油)大庆油田继续保持国内领先地位；鞍钢、一汽和中国船舶重工集团公司(以下简称中船重工)东北地区企业市场竞争力明显提高，主导产品市场份额进一步扩大；哈尔滨电站设备集团公司(以下简称哈电)、中国第一重型机械集团公司(以下简称一重)及中石油、中国航空工业第一集团公司(以下简称航空一集团)、中国航空工业第二集团公司(以下简称航空二集团)、中国北方机车车辆工业集团公司(以下简称北车集团)、中国兵器工业集团公司(以下简称兵器工业集团)、中国兵器装备集团公司(以下简称兵器装备集团)等一批在东北地区的所属企业的竞争优势进一步突出，基本确立行业排头兵的位置。

中远期目标：在前两年发展的基础上，再经过五年的努力，到“十一五”末，股份制成为中央企业的主要实现形式，企业实现投资主体多元化；企业核心竞争力进一步增强，一批企业进入国际先进行列，中央企业的控制力、影响力和带动力显著增强。

中石油大庆油田通过老区挖潜增效，外围加快上产，不断提高油气田勘探开发水平，原油产量继续保持国内领先地位。

鞍钢主导产品汽车板、家电板、造船板、冷轧硅钢片等国内市场占有率达到30%以上，生产成本居于行业领先位置，主要技术经济指标和环境保护达到世界先进水平，具备有自主知识产权的核心技术和科研开发能力，成为具有国际竞争力的世界一流钢铁企业。

一汽汽车产量达到年产200万辆，销售额超过

2000亿元,国内市场占有率达到25%以上,保持国内第一的位置;轿车具备整体开发能力并拥有自主品牌;主要产品生产成本和劳动生产率达到国际先进水平,成为国际知名汽车企业集团。

哈电、一重及中船重工、中石油、航空一集团、航空二集团、北车集团、兵器工业集团、兵器装备集团等在东北地区的一批企业主导产品更加突出,主要技术经济指标达到国内领先水平,具备较强的国际竞争能力。

三、继续深化企业改革

(一)建立和完善公司法人治理结构

按照现代企业制度要求,规范公司股东会、董事会、监事会和经营管理者的权责,股东会决定董事会和监事会成员,董事会选择经营管理者,经营管理者行使用人权,并形成权力机构、决策机构、监督机构和经营管理者之间的制衡机制。企业党组织要发挥政治核心作用,并适应公司法人治理结构的要求,改进发挥作用的方式,支持股东会、董事会、监事会和经营管理者依法行使职权,参与企业重大问题的决策。

(二)建立母子公司体制

企业应按照《中华人民共和国公司法》(以下简称《公司法》)要求建立母子公司体制。母公司对子公司依法行使出资人权利并承担相应责任。推进子公司依法改制,建立规范的公司法人治理结构。企业内部管理层次要科学、合理,进一步缩短管理链条,减少管理层次,除极少数特大型企业集团外,企业集团的母子公司结构控制在三个层次以内。

(三)加快股份制改造步伐

完善国有资本有进有退、合理流动的机制,进一步推动国有资本更多地投向东北地区关系国家安全和国民经济命脉的重要行业和关键领域,大力发展混合所有制经济,实现投资主体多元化;其他国有企业应依照《公司法》逐步改制为多元股东结构的有限责任公司或股份有限公司。

(四)推进企业三项制度改革

全面实行劳动合同制度,依照《中华人民共和国劳动法》,企业与职工通过平等协商签订劳动合同,确定劳动关系;加强劳动合同管理,完善企业内部劳动争议调解制度。改革人事制度,按照精干、高效原则设置各类管理岗位和管理人员职数,打破干部和工人的身份界限,形成人员能进能出的机制。企业内部各级管理人员应实行公开竞聘、择优聘用、定期考核,并实行任期制,不称职的必须及时从管理岗位上调整下来,形成管理人员能上能下的机制。改革收入分配制度,建立以岗位工资为主要形式的工资制度,明确岗位职责和技能要求,实行以岗定薪,岗变薪变;岗位工资标准应与企业经济效益挂钩,形成收入能增能减的机制。

四、推进企业调整重组

(一)发展大公司大企业集团

要以行业排头兵企业为发展主体,按照市场经济规则,培育、发展一批大公司大企业集团。通过与国际同行业先进企业的比较分析,找出差距,明确发展目标,研究提出企业做强做大的途径和措施。推进企业内部资源的重组、融合,优化企业组织结构,加强研究开发设计和总装营销服务能力建设,着力培育核心竞争力。

(二)放开搞活国有中小企业

继续放开搞活东北地区中央企业所属的协作配套和辅助性等中小企业。放开搞活的具体形式,要根据企业资产和经营状况,立足于盘活资产、安置职工、扭亏脱困,加快发展。

(三)鼓励外资和民间资本参与国有企业改造

进一步扩大对内对外开放,拓展国有企业发展空间。加大利用外资和民间资本的力度,通过转让国有产权、利用存量国有资产合资等形式,吸引境内外各类投资者尤其是具有技术、管理和资金优势的战略投资者参与国有企业改造、重组,引进先进技术、管理和机制,提高企业整体竞争力。

(四)盘活存量资产

加大企业存量资产调整的力度,通过必要的增量投入促进存量资产的优化。要促进中央企业内部、中央企业之间、中央企业和其他企业、上下游企业之间存量资产的合理流动和重组,组建股份制企业或采用其他合作形式,更好地发挥中央企业的整体优势,在区域经济发展中发挥主导作用。

中石油、一汽、中船重工、北车集团等企业要搞好统一规划,促进内部存量资产的重组优化。航空一集团要发挥其在燃气轮机研究设计方面的技术优势，联合哈电，共同研制具有自主知识产权的燃气轮机；创造条件促进“鞍本联合”；鞍钢与一汽、中船重工等企业要以资产为纽带，形成产业链，组建优势互补、相互促进的经济联合体。一汽、哈电、一重、中船重工、航空一集团、航空二集团兵器工业集团和兵器装备集团等企业要发挥带动性强、辐射面广的特点，与其他企业搞好协作配套，开展专业化协作，优化企业组织结构。

(五)推进企业主辅分离、改制分流

主辅分离要与加快企业发展紧密结合，集中有限资源做强主业，培育企业核心竞争力；要与优化企业组织结构紧密结合，改变国有企业长期存在的“大而全，小而全”的格局，促进企业按经济规模组织生产；要与促进再就业工作相结合，将主辅分离、辅业改制作为今后安置富余人员的主要形式；要与主体企业深化改革紧密结合，促进主体企业转换经营机制，为辅业改制创造良好的条件。

1. 做强做大主业。企业要根据战略性调整的需要，切实解决企业摊子过大、经营范围过宽、主业不突出、缺乏核心竞争力的问题，进一步精干、壮大主业。

2. 放开搞活辅业。要抓住辅业实现产权多元化、职工转变身份、转换经营机制等重要环节，有针对性地重点解决分离改制企业的产权关系、劳动关系和隶属关系，使辅业改制后真正成为面向市场、自主经营、自负盈亏的经济实体，用改制企业的发展带动再就业，减轻社会的就业压力。

3. 妥善解决厂办“大集体”的问题。按照现代企业制度和现代产权制度的要求，参照国有企业改革的有关政策，大力推进厂办集体企业的重组改制。

(六)加快分离企业办社会职能

按照突出重点、分类指导、分步实施、从易到难、量力而行、采取多种方式进行分离的原则，选择部分城市进行试点，有步骤地剥离重点大企业办社会职能。中央企业分离办社会职能费用由中央财政给予适当补贴。

1. 以中小学校、公检法机构、医疗卫生机构、幼教机构、消防机构、社区机构、社保机构、供水供电供暖机构等为主要分离对象。中小学校和公检法机构等政府行政职能机构一次性成建制移交政府管理；符合企业化管理、市场化运作和社会化条件的医疗卫生、后勤服务、供水供电供暖等公益性机构，可探索多种途径分离。

2. 移交政府管理的机构，其资产划转、人员移交和富余人员安置等事项按原国家经贸委等部门《关于进一步推进国有企业分离办社会职能工作的意见》(国经贸企改[2002]267号)等有关文件规定办理。

3. 通过改制分离的机构，资产处置、富余人员安置、税收减免等事项按原国家经贸委等8部门印发《关于国有大中型企业主辅分离辅业改制分流安置富余人员的实施办法》的通知(国经贸企改[2002]859号)等有关文件规定办理。

4. 中央财政对中央企业办中小学校、公检法等行政性机构分离所需费用给予补贴，其他机构分离所需经费由地方政府与企业协商解决。

(七)实施政策性破产

对符合破产条件的企业，优先列入全国企业兼并破产工作计划；银行呆账核销额度应适度向东北地区中央企业倾斜。

五、培育优势产业基地

根据东北地区中央企业在国民经济和行业中的地位和作用，进一步加大技术改造力度，培育优势产业基地。企业建设改造拟分以下四个层次进行：

1. 集中力量建设油气、钢铁、汽车和造船生产基地，培育企业核心竞争力，成为具有国际竞争力的大公司大企业集团，发挥企业在国民经济、区域经济和行业中的主导作用。

中石油东北地区企业。通过加大油气勘探力度，加快外围和深层难采储量的开发，大力发展提高采收率的开发技术，实施老区加密调整、三次采油等增储保产措施，进一步增加可采储量，有效控制油田产量递减，进一步发展接续产业。

鞍钢。利用现有土地资源、公辅设施及装备优势，通过改造建设，新增500万吨精品板材生产能力，发展以轿车板、家电板、管线钢、高速铁路钢轨为主攻方向的高端产品；进一步加大节能、环保投入力度，建立完善的清洁生产体系，增强可持续发展能力。

一汽。“十五”后期重点对中重型车、轿车、公辅设施等进行技术改造，对微型车、汽车零部件进行技术改造，并积极带动东北地区汽车零部件发展；“十一五”期间重点对轿车、重型车形成整车开发能力进行建设，努力发展自主品牌轿车产品。

中船重工东北地区企业。加大大连造船、大连新船、渤海船舶等造船企业的技术改造力度，加强开发能力建设，强化大型、高技术船舶、大型海洋工程及海军装备产品等新船型开发；新建、改造和完善大型船舶生产线，大力发展民用船舶，缩短造船周期；发挥造船工业带动性强的优势，带动系统内和地方的船舶动力、零部件等船舶配套企业上规模、上水平，提高设备装船率。

2. 加快石油石化、重大技术装备、微型汽车、民用飞机和直升机、汽车发动机、航空发动机等生产企业的建设改造步伐；吸引国际一流跨国公司投资、技术改造提升传统产业，优化产品结构，进一步确立在行业中的优势地位。

中石油东北地区炼化企业。根据国家石化工业统一规划，加大东北炼厂的改造力度，重点建设大连、抚顺、锦州(含锦西)三个千万吨级炼油基地，同时根据现有装置能力和成品油目标市场分布，对大庆、辽阳、吉林等炼厂进行技术改造；搞好大庆石化、吉林石化和抚顺石化等石化基地的改造，加快技术升级，实现差别化战略，提高产品附加值和竞争力，增加聚烯烃产品产量；通过对中石油辽阳石化分公司现有装置进行改造，建设东北化纤原料基地。

哈电、一重。要发挥现有发电成套设备和冶金、化工、军工等关键设备的制造优势，开发、引进核心技术，发展超临界机组、大型燃气轮机、大型循环流化床、大容量水电机组、大型抽水蓄能机组、核电设备、新能源发电、大型变频电机、先进轧机及优质轧辊、大型锻压设备、化工关键设备及大型锻件等升级换代产品，提高自主设计和制造能力；加快建设大件出海口基地。

北车集团东北地区企业。大连机车车辆厂重点兴建大连开发区机车车辆工业园，发展出口机车和城市轨道车辆，形成产业链，带动大连地区相关产业发展。长春客车股份有限责任公司要加强对外合资合作，在引进消化吸收的基础上，重点发展高速铁路客车和城市轨道交通车辆。齐齐哈尔铁路车辆集团公司重点对货车制造系统进行技术改造，适应铁路货运提速、高速重载发展的要求。

航空一集团东北地区企业。黎明公司要充分利用航空发动机的“高、精、尖”技术特点，发展燃气轮机产业。沈飞公司要发挥飞机制造技术优势，重点发展通用飞机制造、汽车模具制造、大型客车制造，进一步增加品种，提高产品附加值。

航空二集团东北地区企业。哈飞公司要加大研发能力建设及基础设施建设力度，开发新一代支线飞机和新一代直升机，带动地区高科技产业发展和产业结构的调整。加大微型车技术改造力度，提高自主开发能力，加强国际合作，实现产品升级换代，扩大经济型轿车的市场份额；东安公司要增加汽车发动机新品种，搞好关键零部件生产线的技术改造。

3. 进一步加大军工企业的技术改造力度，提高军工企业的技术、装备现代化水平，加快结构调整，培育、发展一批主导民用产品，提高市场适应能力。

要继续深化改革，建立与社会主义市场经济相适应的军民结合、寓军于民的创新机制，加强民品的开发和生产，实现国防科技和民用科技相互促进和协调发展，提高军工行业的整体实力和技术水平。

充分发挥军工企业的技术、产业基础优势与当地资源优势，围绕地区经济发展的重点领域，培育、发展主导民用产品，近期重点支持高压气瓶系列产品、火箭防雹增雨弹、自动扶梯、汽车制动器和汽车防抱死(ABS)系统等一批民用产品技术改造项目。

4. 其他企业要以市场为导向，围绕主导产品加大技术改造力度，提高产品质量，减少能源、原材料消耗，降低生产成本，促进产品升级换代；发挥人才、技术优势，围绕大企业配套开展专业化协作，发展成为“专、精、特、新”、有规模经济优势的专业化企业；在具备发展条件的技术、人才密集区，培育、发展高新技术产业，优化产业结构。

六、加强组织领导

加快东北地区国有企业的调整改造，提高东北地区中央企业的控制力、影响力和带动力，促进区域经济的发展，是实现东北老工业基地振兴的关键环节，是党中央、国务院赋予我们的神圣历史使命。中央企业负责人和广大职工群众，要牢固树立主要靠改革开放、靠市场机制、靠企业自主发展实现搞好国有企业的思想。要在广大企业和干部群众中开展一场坚定信心、解放思想、转变观念、锐意进取、开拓创新的再教育活动。努力营造深化改革、扩大开放、转机建制，推进调整改造的良好氛围。

加强和改进企业党建工作和企业领导班子建设。要按照建立现代企业制度的新要求，与公司法人治理结构相适应，探索和完善企业党组织发挥政治核心作用的有效途径。保证企业党的工作与经营管理相结合，保证企业党组织领导体制和组织机构与建立现代企业制度相适应，保证企业重大决策科学化、民主化和规范化。切实加强企业基层党组织建设，充分发挥基层党组织的战斗堡垒作用和党员的先锋模范作用。

市场经济条件下企业之间的竞争，最根本的是人才的竞争。必须深化国有企业人事制度改革，重点培养一批高素质的国有资产产权代表、经营管理者、科技带头人、高技能人才和复合型的思想政治工作者。在制度、标准、使用和考核上充分考虑建立现代企业制度的要求，坚持党管人才的原则，大胆起用政治上可靠、业务有专长的人；建立出资人对经营者有效激励和约束的机制；加强职工素质教育和技能培训，努力营造优秀人才脱颖而出和人尽其才、才尽其用的良好环境，为搞好中央企业提供人才保证。

在东北地区中央企业调整改造工作中要特别重视处理好改革、发展与稳定的关系，要始终把群众利益放在突出重要的位置，把贯彻"三个代表"的精神落到实处，关心广大职工的疾苦，为他们排忧解难，尤其是要重视解决特困群体的生活问题，切实加强职工思想政治工作，及时发现和化解各种矛盾和隐患，防止突发性群体事件，保持社会稳定。

东北地区中央企业以及重要子公司、生产企业在东北地区的中央企业要认真贯彻落实党中央、国务院关于实施东北地区等老工业基地振兴战略的有关精神。结合企业实际情况和存在的主要问题，专题研究、分析企业面临的国内外市场环境，提出"三改一加强"的具体措施；以改革为动力，以发展为主题，以结构调整主线，把握机遇，制定企业发展战略和规划，精心组织，加快实施，并将企业调整改造的重要情况及时通报国资委。

关于印发中央企业负责人薪酬管理暂行办法的通知

国资发分配[2004]227号

各中央企业：

建立有效的中央企业负责人激励与约束机制，完善中央企业业绩考核体系，是履行出资人职责的一项重要内容。为规范中央企业负责人薪酬管理，国资委制定了《中央企业负责人薪酬管理暂行办法》，现印发你们，请结合企业实际，认真执行，并及时反映实施中的有关情况和问题。

国资委

二〇〇四年六月二日

中央企业负责人薪酬管理暂行办法

第一章　总　则

第一条　为切实履行出资人职责，建立有效的中央企业负责人（以下简称企业负责人）激励与约束机制，促进中央企业（以下简称企业）改革、发展和国有资产保值增值，根据《企业国有资产监督管理暂行条例》等有关法律法规，制定本办法。

第二条　本办法所称企业负责人及企业其他负责人是根据《企业国有资产监督管理暂行条例》第十七条规定，列入中央和国务院国有资产监督管理委员会（以下简称国资委）管理权限范围内的企业负责人。

第三条　企业负责人薪酬管理遵循下列原则：

（一）坚持激励与约束相统一，薪酬与风险、责任相一致，与经营业绩挂钩。

（二）坚持短期激励与长期激励相结合，促进企业可持续发展。

(三)坚持效率优先、兼顾公平,维护出资人、企业负责人、职工等各方的合法权益。

(四)坚持薪酬制度改革与相关改革配套进行,推进企业负责人收入分配的市场化、货币化、规范化。

(五)坚持物质激励与精神激励相结合,提倡奉献精神。

第四条 按照本办法进行薪酬管理的企业应当具备下列条件:

(一)已制订中长期发展规划,生产经营稳定;企业负责人的工作责任、任务和目标明确。

(二)与国资委签订《中央企业负责人经营业绩考核责任书》。

(三)按照国家有关部门关于深化国有企业内部人事、劳动、分配制度改革的要求,进行了劳动、人事、分配制度改革。

(四)能按时发放职工工资,足额缴纳各项社会保险费用,近三年企业工资管理无违规行为。

(五)内部基础管理规范,财务报表和成本核算符合《中华人民共和国会计法》和有关财务会计制度规定。

(六)已建立健全财务、审计、企业法律顾问和职工民主监督等内部监督和风险控制机制。

第二章 薪酬构成及确定

第五条 企业负责人薪酬由基薪、绩效薪金和中长期激励单元三部分构成。中长期激励办法另行制定。

第六条 基薪是企业负责人年度的基本收入,主要根据企业经营规模、经营管理难度、所承担的战略责任和所在地区企业平均工资、所在行业平均工资、本企业平均工资等因素综合确定。

第七条 企业法定代表人的基薪按《中央企业负责人薪酬管理暂行办法实施细则》的有关规定(另行制定),采用经审计并通过国资委审核确认的企业上年度财务决算数据计算。基薪每年核定一次。

第八条 企业其他负责人的基薪,由企业根据其任职岗位、责任、风险确定,应采取民主测评等多种方式,合理拉开差距。

第九条 因主辅分离、减员增效等因素,导致企业规模发生变化,相关规模系数在企业主要负责人当期的任期内不核减。

第十条 绩效薪金与经营业绩考核结果挂钩,以基薪为基数,根据企业负责人的年度经营业绩考核级别及考核分数确定,具体规定按《中央企业负责人经营业绩考核暂行办法》(国资委令第2号)执行。

第三章 薪酬兑现

第十一条 企业负责人基薪列入企业成本,按月支付。

第十二条 企业负责人绩效薪金列入企业成本,根据考核结果,由企业一次性提取,分期兑现。其中,绩效薪金的60%在年度考核结束后当期兑现,其余40%延期兑现。

第十三条 延期兑现收入与企业负责人任期资产经营考核结果挂钩,具体规定按《中央企业负责人经营业绩考核暂行办法》(国资委令第2号)执行。

第十四条 企业负责人的住房公积金和各项社会保险费,应由个人承担的部分,由企业从其基薪中代扣代缴;应由企业承担的部分,由企业支付。

第十五条 企业负责人的薪酬为税前收入,应依法交纳个人所得税。

第四章 管理与监督

第十六条 企业根据本办法及实施细则制定本企业负责人年度薪酬方案。

第十七条 国资委对企业负责人年度薪酬方案进行审核,并对企业法定代表人的年度薪酬方案予以批复。企业其他负责人的年度薪酬方案,由企业按照本办法确定后报国资委备案。

第十八条 企业主要负责人在子企业兼职取酬的,需报国资委批准。具体办法另行规定。

第十九条 按照本办法进行薪酬管理的企业应当逐步规范企业负责人职位消费,增加职位消费透明度,有条件的应逐步将职位消费货币化。

(一)对礼品费、招待费等公务消费,应当规范预算管理,加强财务监督、审核,接受职工的民主监督。

(二)对企业负责人住房,按照属地化原则,严格执行其住房所在地的房改政策。

(三)实行公务车改革的企业,可合理确定企业负责人交通费用补贴标准,其补贴暂在基薪和绩效薪金外单列,按月发放。

(四)采取包干制等方式支付通讯费的企业,通讯费暂在基薪和绩效薪金外单列,按月发放。

企业在报送负责人年度薪酬方案时,应当将企业负责人职位消费的相关材料报国资委。

第二十条 因工作需要在一年内发生岗位变更的,按任职时段计算其当年薪酬。

第二十一条 除国家另有规定及经国资委同意外,企业负责人不得在企业领取年度薪酬方案(已经国资委审核)所列收入以外的其他货币性收入。

第二十二条 企业负责人的基薪和绩效薪金、符合国家规定和经国资委审核同意的其他货币性收入,由企业按照企业负责人的具体收入与支出设置明细账目,单独核算。

企业负责人薪酬计入企业工资总额并在企业工资统计中单列。

第二十三条 企业负责人薪酬方案及实施结果应由企业在适当范围内予以公布,接受民主监督。

第二十四条 执行本办法的企业应根据劳动力市场价位和企业自身的情况,不断深化企业内部收入分配制度改革,严格控制人工成本,不得层层增加工资,不得超提、超发工资。

第二十五条 国资委定期对企业负责人薪酬发放情况进行专项检查,对执行本办法过程中存在下列情况之一的企业和企业负责人,视情节轻重予以处理:

(一)对于超核定标准发放企业负责人收入的,责令企业收回超标准发放部分,并对企业、企业主要负责人和相关责任人给予通报批评。

(二)对在实行企业负责人薪酬制度改革过程中,超提、超发工资的,对企业主要负责人和相关责任人给予通报批评并相应扣减其绩效薪金。

(三)对于违反国家有关法律法规、弄虚作假的,除依法处理外,相应扣减企业主要负责人和相关责任人的绩效薪金或延期兑现收入。

第二十六条 对于发生重大决策失误或重大违纪事件,给企业造成不良影响或造成国有资产流失的,相应扣减企业主要负责人和相关责任人的绩效薪金和延期兑现收入。

第五章 附 则

第二十七条 面向社会公开招聘的企业负责人薪酬,可根据人才市场价位,采取招聘和应聘双方协商的方式确定。

第二十八条 国有控股及参股企业中国有股权代表可以参照本办法提出本企业负责人薪酬调控意见,并按法定程序分别提交企业董事会、股东会审议决定。

第二十九条 国有独资企业、国有独资公司和国有控股公司专职党委(党组)书记、副书记、常委(党组成员)、纪委书记(纪检组长)薪酬管理参照本办法执行。

第三十条 国资委将建立企业负责人特别奖励制度,以奖励服从组织调任到特定企业任职,以及对企业和社会有特殊贡献的企业负责人。具体办法另行制定。

第三十一条 企业应当按照建立现代企业制度的要求和《中华人民共和国公司法》的规定,抓紧建立规范的公司法人治理结构。规范的法人治理结构建立健全后,本办法规定的实施对象将按照《中华人民共和国公司法》等有关法律法规调整。

第三十二条 本办法自公布之日起施行。

关于印发中央企业负责人薪酬管理暂行办法实施细则的通知

国资发分配[2004]231号

各中央企业:

为做好《中央企业负责人薪酬管理暂行办法》(国资发分配[2004]227号)的组织实施工作,我委制定了《中央企业负责人薪酬管理暂行办法实施细则》,现印发你们,请认真执行。

《中央企业负责人薪酬管理暂行办法》、《中央企业负责人薪酬管理暂行办法实施细则》的制定,是国资委履行出资人职责的一项重要工作。在多数中央企业尚未建立起规范的公司法人治理结构的情况下，现行办法具有一定的过渡性，需要在实施过程中不断改进完善。随着中央企业法人治理结构的逐步建立，以及企业负责人选拔配置市场化等项改革的深入推进，中央企业负责人薪酬制度将按照现代企业制度要求，进一步加强规范，逐步在管理体制、激励方式和激励水平上与市场机制全面接轨。在现行办法实施过程中，企业要注意研究改革过程中遇到的新情况、新问题，结合本企业的实际情况，提出意见和建议，及时与我委进行沟通。

国资委

二〇〇四年六月十一日

中央企业负责人薪酬管理暂行办法实施细则

第一条 为贯彻实施《中央企业负责人薪酬管理暂行办法》（以下简称《薪酬管理办法》），规范中央企业（以下简称企业）负责人薪酬管理工作，制定本细则。

第二条 企业法定代表人年度基薪按以下公式确定：

$$W = W0 \times L \times R$$
$$= W0 \times (60\%G + 40\%M) \times R$$
$$= W0 \times [60\% \times (20\%z + 30\%x + 30\%j + 20\%y) + 40\% \times (30\%D + 30\%H + 40\%Q)] \times R$$
$$= W0 \times (12\%z + 18\%x + 18\%j + 12\%y + 12\%D + 12\%H + 16\%Q) \times R$$

其中：

W 为企业法定代表人的本年度基薪；

W0 为上年度全国国有企业职工平均工资水平的5倍；

L 为综合测评系数，$L = 60\%G + 40\%M$；

R 为基薪调节系数，取值范围为1～1.4，由国务院国有资产监督管理委员会（以下简称国资委）通过建立 R 值评估办法确定；

G 为规模系数，$G = 20\%z + 30\%x + 30\%j + 20\%y$（贸易行业企业 $G = 20\%z + 30\%x + 20\%j + 30\%y$）；

M 为工资调节系数，$M = 30\%D + 30\%H + 40\%Q$；

z 为总资产规模系数，$z = 0.6432Z^{0.2159}$，最低值为0.7，Z 为企业上年度的总资产（单位：亿元）；

x 为主营业务收入规模系数，$x = 0.7447X^{0.2084}$，最低值为0.7，X 为企业上年度的主营业务收入（单位：亿元）；

j 为净资产规模系数，$j = 0.966J^{0.1925}$，最低值为0.7，J 为企业上年度的净资产（单位：亿元）；

y 为利润总额规模系数，$y = 1.4479Y^{0.2084}$，最低值为0.7，Y 为企业上年度的利润总额（单位：亿元）；

D 为地区工资系数，D= 上年度地区国有企业职工平均工资/上年度全国国有企业职工平均工资；

H 为行业工资系数，H= 上年度行业国有企业职工平均工资/上年度全国国有企业职工平均工资；

Q 为企业工资系数，Q= 上年度本企业职工平均工资/上年度全国国有企业职工平均工资。

第三条 基薪确定公式中所涉及的各企业上年度总资产、主营业务收入、净资产、利润总额、企业职工平均工资，均采用经国资委审核确认的财务决算数据，上年度全国国有企业职工平均工资、地区国有企业职工平均工资、行业国有企业职工平均工资，由国资委提供给企业。

第四条 根据《薪酬管理办法》第八条规定，选择测评方式确定企业其他负责人之间基薪差距的企业，可根据企业的实际情况，确定参加测评人员范围、各层面人员测评意见的权重等具体事项。有关情况随薪酬方案报国资委备案。

第五条 企业法定代表人上年度实际薪酬水平高于按《薪酬管理办法》测算的基准薪酬（基薪 + 1.5倍基薪的绩效薪金）10%以上的，企业应按《中央企业负责人经营业绩考核暂行办法》（以下简称《考核办法》）的有关规定和《薪酬管理办法》的相关原则，结合本企业实际情况提出本企业负责人的基薪调控意见并报国资委审核、批准。

第六条 投资主体多元化企业由国资委派出人员担任的董事及股东代表参照《薪酬管理办法》、《考核办法》提出或参与提出本企业负责人年度薪酬方案的意见，按法定程序分别提交企业董事会、股东会，并将决定结果报国资委备案。

第七条 境外中央企业负责人薪酬管理在相关管理办法出台前，暂按《考核办法》的有关规定和薪酬管理的相关原则，拟定企业负责人年度薪酬方案，报国资委审核。在本年度考核级别未达到C级的情况下，企业负责人的薪酬，不得超过上年度实际薪酬水平。

第八条 在企业上年度财务决算公布前，企业负责人的基薪由企业暂按上年度基薪标准预发。上年度财务决算公布后，按照公布的财务决算数据计算的当年基薪标准，经国资委审核后进行调整，多退少补。

第九条 绩效薪金列入清算年份成本(费用)。

第十条 企业负责人住房公积金月缴费基数，由企业根据国家及当地政府有关规定提出意见，报国资委核准。

第十一条 企业负责人个人所得税按国家税务总局关于计征中央企业负责人薪酬个人所得税的规定执行。

第十二条 企业报送的企业负责人薪酬方案及相关材料，应包括以下内容：

(一)薪酬方案。包括基薪确定、薪酬结算方案(含绩效薪金方案)；

(二)企业基本情况说明。包括企业法人治理结构概况，年度生产经营概况以及企业是否具备《薪酬管理办法》第四条规定条件的说明等；

(三)企业负责人任职情况；

(四)企业负责人职位消费情况。包括规范职位消费制度建立情况、职位消费货币化情况及金额；

(五)企业负责人其他货币性收入情况；

(六)住房公积金的缴费基数及说明；

(七)国资委要求企业提供的其他材料。

薪酬方案及相关材料的具体格式见《中央企业负责人薪酬手册》。

第十三条 企业在国资委公布企业年度经营业绩考核和任期考核结果后10个工作日内，将本企业负责人的薪酬方案及相关材料一式7份报国资委。

第十四条 企业要重视本企业负责人薪酬管理工作，明确企业内部专门机构和人员配合国资委开展工作，并负责企业内部的组织与协调。

第十五条 本细则与《薪酬管理办法》同时施行。

关于加强人工成本控制规范收入分配有关问题的通知

国资分配[2004]985号

各中央企业：

近年来，中央企业对收入分配制度改革进行了积极探索和实践，在打破平均主义、完善激励约束机制、规范企业领导人员薪酬制度等方面取得了积极成效。但当前中央企业收入分配中也出现了一些值得注意的问题，主要是少数企业执行国家政策不严格、人工成本增长过快、收入差距过大等。为加强中央企业人工成本管理，规范收入分配行为，实现可持续发展和良性循环，确保国有资本保值增值，现就有关事项通知如下：

一、建立中央企业收入分配重大事项审核报告制度

各中央企业应严格执行国家收入分配宏观调控政策并履行相应的申报程序。企业按国家有关政策规定建立职工住房补贴制度、住房公积金制度、企业年金制度以及实施股权激励等收入分配重大事项，均应按照《中华人民共和国公司法》的有关规定，向出资人或股东报告(或经批准)，并履行以下申报程序：国有独资企业(公司)的收入分配重大事项应报国资委审核(或备案)后实施；国有控股或者参股企业的收入分配重大事项，应当事先报告国资委及履行出资人职责的其他股东审核(或备案)后，再提交董事会。对已经实施上述收入分配办法未向国资委报告的企业，应在收到此通知后的1个月内将实施情况报国资委。

二、加强收入分配宏观调控，严格控制人工成本增长

各中央企业要健全人工成本管理调控制度，加强人工成本的统计、分析和管理，建立人工成本监控、预警体系，并将人工成本管理与业绩考核工作紧密结合。企业职工工资的发放要严格遵循“两低于”原则，不得超提、超发工资总额，除国家政策另有规定外，不得再以其他形式在成本中列支任何工资性项目。工效挂钩企业所有增资均应由效益工资列支。企业建立职工住房补贴、住房公积金、企业年金等福利制度，要严格执行国家财税政策，报告其财务处理情况，不得突破国家政策规定的标准和列支渠道，不得在企业重组、合并、改制时突击发放奖金、补贴等。企业执行国家收入分配政策和拟订收入分配制度改革措施，均应充分考虑企业人工成本的承受能力。超出人工成本承受能力，导致企业效益下降的分配措施应暂缓执行或出台。

三、深化内部分配制度改革，逐步建立有利于企业长远发展的激励约束机制

企业分配制度改革应与用工制度、人事制度等项改革同步配套推进，切实贯彻"效率优先，兼顾公平"的原则，着眼于调动全体员工的积极性。各中央企业要按照建立现代企业制度的要求，建立以劳动力市场为导向，以岗位工资为主的基本工资制度，实行"竞争上岗、以岗定薪"，形成个人收入与其岗位责任、贡献和企业效益密切挂钩、与劳动力市场价位相衔接、能增能减的分配调控机制。积极探索管理、技术、资本等各种生产要素按贡献参与收益分配的办法，将按劳分配与按生产要素分配有机结合起来，对高级管理人员、专业技术人员和业务骨干可根据劳动力市场状况和人才市场化程度实行更为灵活的薪酬制度，加大对企业关键人才的激励力度。

四、加强对企业收入分配的管理和监督，完善约束机制

各中央企业在收入分配中要严格财务管理和审计监督，建立出资人监督、企业内部监督和监事会外部监督相结合的有效监督机制。进一步完善厂务公开制度，把收入分配包括经营管理者收入情况作为厂务公开的一项重要内容，接受职工群众监督。建立健全内部分配的民主管理程序和制度，企业收入分配的重大事项须充分听取职工的意见，加强企业内部的自我约束和自我监督能力。国资委将逐步完善对企业收入分配的监督检查制度，适时对企业收入分配政策执行情况进行监督检查。对违反国家收入分配政策，超提、超发工资、奖金、补贴，侵蚀利润的做法，要按规定严肃查处。

各中央企业负责人要身体力行"三个代表"重要思想，树立与科学发展观相适应的政绩观和业绩观，统一思想认识，树立全局观念，发扬艰苦奋斗、勤俭办企业的优良传统。要贯彻党的十六届三中、四中全会精神，继续深化劳动用工、人事和收入分配制度改革，正确处理按劳分配为主体和实行多种分配方式的关系，正确处理出资人、企业和职工的利益关系，正确处理当前利益与长远利益的关系，正确处理个人利益、局部利益与企业整体利益的关系，为企业的可持续发展创造良好条件，坚决防止和避免短期行为。

国资委

二〇〇四年十月十六日

关于高新技术中央企业开展股权激励试点工作的通知

国资厅发分配[2004]23 号

各中央企业：

为贯彻落实全国国有资产监督管理工作会议精神，加强企业科技创新，根据《企业国有资产监督管理暂行条例》和《国务院办公厅转发财政部科技部关于国有高新技术企业开展股权激励试点工作指导意见的通知》(国办发[2002]48 号，以下简称《指导意见》)要求，现就高新技术中央企业开展股权激励试点工作的有关事项通知如下：

一、充分认识高新技术中央企业开展股权激励试点的重要意义

《指导意见》是贯彻党的十六大确立的劳动、资本、技术和管理等生产要素按其贡献参与收益分配的原则，完善按劳分配为主体、多种分配方式并存的分配制度的重大举措，对于鼓励科技创新，推动高新技术企业建立现代企业制度、加速科技成果产业化，促进高新技术产业改革和发展，充分调动企业科技人员创新的积极性具有十分重要的作用。为逐步建立适应市场经济体制和现代企业制度要求的激励与约束相结合的收入分配制度,更好体现科技创新和经营管理的劳动价值,增强对企业"关键"人才的激励,吸引人才、稳定人才、积聚人才,拟在2004年选择部分高新技术企业和转制科研院所进行股权激励的试点。各中央企业要高度重视高新技术企业股权激励试点工作,采取切实可行的措施,保证优秀人才获得合理的收入,为企业技术创新做出更大贡献。

二、高新技术中央企业股权激励试点申报程序

(一)试点企业条件。试点企业必须符合《指导意见》第二、三条的规定,同时还应具备以下条件:

1. 进行了规范的公司制改造,公司股东会、董事会、监事会和经理层职责明确,形成了各负其责、协调运转、有效制衡的公司法人治理结构。同时,还应按照《指导意见》的要求进行资产评估。

2. 高新技术主业突出,近三年国有净资产增值较快,技术及管理等生产要素在资产增值中作用明显,高新技术主业利润总额(销售收入)占试点企业总利润(销售收入)的50%以上。

3. 制定了明确的企业发展战略和实施计划,效绩评价、财务核算等各项规章制度健全,管理完善。企业财务会计报告经注册会计师审计确认无违反财经法律法规行为。

(二)制定试点方案。符合试点条件的企业应按照《指导意见》及《财政部、科技部关于实施〈关于国有高新技术企业开展股权激励试点工作的指导意见〉有关问题的通知》(财企[2002]508号)要求制定试点方案。

1. 试点方案应主要载明以下内容:股本(资本)总额及其股权(份)结构,股权激励的范围、条件和方式,股权(股份)的来源,股本设置及股权(股份)管理、处置,出售股权的价格系数,有关人员的效绩考核的评价、具体持股数量及持股期限等。

2. 试点方案须经试点企业股东大会或董事会审议通过,同时应提交职工代表大会或职工大会审议,听取职工意见。

(三)申请报批。试点方案由中央企业(集团母公司)审定后,按照《指导意见》第十一条规定要求向国资委、科技部提出申请股权激励试点报告,并请提供企业发展战略和实施计划及企业员工效绩评价等相关的文件、资料。

三、精心组织实施

试点方案经国资委、科技部审批后,由各中央企业组织实施试点工作。对试点工作中出现的问题应及时研究,总结经验,并按年度将试点工作进展情况报国资委、科技部。

试点申报材料一式4份,并附电子文档,于2004年6月底之前分别报国资委企业分配局、科技部政策法规与体改司。

联系电话:国资委(010)63193929

科技部(010)58881714

邮箱地址:fenpei-fp@sasac.gov.cn

lipu@mail.most.gov.cn

国资委办公厅

科技部办公厅

二〇〇四年四月三十日

关于国资委监管企业实行工效挂钩办法工资税前扣除有关管理问题的通知

国资发分配[2004]209号

各中央企业,各省、自治区、直辖市和计划单列市国家税务局、地方税务局:

根据《企业国有资产监督管理暂行条例》(国务院令第378号)、《国务院办公厅关于印发国务院国有资产监督管理委员会主要职责内设机构和人员编制规定的通知》(国办发[2003]28号)规定,国务院国资委与劳动和社会保障部完成了国资委监管企业工资分配管理工作的交接。根据国有资产监管条例,国务院国资委为有效行使出资者职责,需要加强对其监管企业薪酬制度的管理。同时,在企业所得税制度改革之前,工效挂钩办法仍然是计税工资管理的一种重要形式。为协调好改革完善国有企业薪酬制度和加强计税工资管理的关系,现就国务院国资委监管的实行工效挂钩办法国有企业的计税工资管理问题通知如下:

一、国务院国资委负责审核确定所监管企业的工效挂钩方案，并抄送国家税务总局。国资委监管企业要及时将经审核批准的工效挂钩方案报主管税务机关备案。

二、各级主管税务机关对所管辖的上述企业，根据有关工效挂钩方案，要按“两个低于”原则认真对税前扣除的计税工资进行事后监督检查。

三、企业税前扣除的计税工资不得超过根据经审核批准的工效挂钩方案提取的效益工资总额。企业在效益工资总额范围内实际发放的工资可以税前扣除；效益工资中用于建立工资储备部分只能在实际发放年度税前扣除；提取的效益工资改变用途的不得在税前扣除。

国资委

税务总局

二〇〇四年四月五日

关于继续做好企业法律顾问执业资格注册备案工作有关问题的通知

国资厅发法规[2004]44 号

各省、自治区、直辖市及新疆生产建设兵团国资委，有关省、自治区、直辖市经贸委(经委)，各中央企业：

根据《国务院办公厅关于印发国务院国有资产监督管理委员会主要职责内设机构和人员编制规定的通知》(国办发[2003]28 号)的有关规定，原国家经贸委负责指导企业法律顾问的工作划入国务院国资委。为继续做好企业法律顾问执业资格的管理工作，依据《企业法律顾问执业资格制度暂行规定》、《企业法律顾问注册管理办法》、《国有企业法律顾问管理办法》有关规定，经商人事部同意，现将企业法律顾问执业资格注册备案管理工作的有关问题通知如下：

一、企业法律顾问执业资格管理方式的调整

根据《企业法律顾问执业资格制度暂行规定》第十一条规定，国务院国资委和各省级国资委、有关省级经贸委(经委)为企业法律顾问注册备案工作机关。各省级国资委对本地区所出资企业和其他国有独资企业、国有独资公司、国有控股公司、国有参股公司以及事业单位考取企业法律顾问执业资格的人员实行注册备案管理；其他性质企业法律顾问注册备案工作由继续保留的省级经贸委(经委)负责；已撤销省级经贸委地区的法律顾问注册备案工作，由省级国资委代理。请各省级国资委、有关省级经贸委(经委，上述机构以下简称各地注册备案工作机关)按照上述要求，加强协调、分工合作，合理界定本地区企业法律顾问注册备案管理工作的职责，尽快明确本地区注册备案工作机关。

中央企业法律顾问的注册备案工作，可按属地原则在当地省级国资委办理，也可由集团公司总部统一办理。

二、企业法律顾问执业资格证书管理

将人事部、原国家经贸委、司法部颁发的企业法律顾问执业资格证书和原国家经贸委颁发的企业法律顾问执业证书合并为人事部、国务院国资委、司法部共同颁发的企业法律顾问执业资格证书，即“两证合一”(原执业资格证书和执业证书可由注册备案工作机关在办理注册备案工作时予以换发新证)。企业法律顾问执业资格注册备案工作机关在证书“注册情况”栏目内加盖印章，注册有效期为 2 年。注册期满前 3 个月，持证者应当按规定重新办理注册备案登记。再次注册者，应当持有所在企业考核合格及参加业务培训、进行继续教育的证明。

三、企业法律顾问执业资格注册备案专用章管理

企业法律顾问执业资格注册备案专用章由国务院国资委统一制发。各地注册备案工作机关应当于 2004 年 12 月 1 日以前，向国务院国资委申领本地区企业法律顾问执业资格注册备案专用章。原国家经贸委核发的企业法律顾问注册印鉴自本通知印发之日起作废，由原注册机关自行予以销毁。

四、企业法律顾问执业人员统计管理

各地注册备案工作机关应当对本地区企业法律顾问注册备案人员造册登记，编号归档，制作年度企业法律顾问注册备案表(见附件 2)。注册备案工作应当在每年度企业法律顾问执业资格考试前完成。今后，各地注册备案工作机关每年应当对注册备案工作进行统计分析，形成汇总统计报告（统计报告内容提纲见附件1），并于当年10月底将电子版报送国务院国资委政策法规局（电子信箱：fagui@sasac.gov.cn）备案。

五、企业法律顾问执业继续教育

各地注册备案工作机关及其授权的机构或中央企业集团总部可以组织企业法律顾问执业继续教育工作。继续教育工作可以由各地注册备案工作机关按照各自职责组织，或联合组织，或委托当地企业法律顾问协会组织。继续教育工作必须严格遵守国家有关规定，不得乱收费。

附件：1. 企业法律顾问注册备案汇总分析内容提纲

2. 企业法律顾问注册备案登记表（略）

国资委办公厅

二〇〇四年十一月十七日

附件1：

企业法律顾问注册备案汇总分析内容提纲

1. 本地区在企业从事法律事务工作的人员总数和分布情况；

2. 本地区企业法律顾问注册备案总人数；

3. 本地区企业法律顾问总人数（具有执业资格）；

4. 本地区企业法律顾问学历构成和专业等级。

以上内容请按国有企业和非国有企业分别统计。

关于在国有重点企业加快推进企业总法律顾问制度建设的通知

国资发法规［2004］225号

各省、自治区、直辖市、新疆生产建设兵团国资委，各中央企业：

为依法推进我国国有资产管理体制改革和国有企业改革，建立国有资产经营风险防范体系，全面加强国有重点企业法制建设，促进企业依法决策和依法经营管理，进一步完善企业法律顾问制度，加快推进企业总法律顾问制度建设，根据原国家经贸委、中组部等7部门《关于印发〈关于在国家重点企业开展企业总法律顾问制度试点工作的指导意见〉的通知》（国经贸法规［2002］513号，以下简称《指导意见》）精神和国家重点企业总法律顾问制度试点工作总结会议的工作部署和要求，现将有关问题通知如下：

一、充分认识推进国有重点企业总法律顾问制度建设的重要意义

为应对加入世贸组织挑战，加强企业法制建设，促进企业依法决策和依法经营管理，2002年7月，原国家经贸委、中组部、原中央企业工委、原中央金融工委、人事部、司法部、国务院法制办等7部门决定在部分国家重点企业开展总法律顾问制度试点。经过一年多的试点工作，国家重点企业的法制意识普遍得到增强，企业法制工作力量得到充实，有力地推动了企业依法经营管理，促进了国有企业规范改制。近一年多来，我国改革开放和现代化建设取得了新的进展。党的十六大和十六届二中、三中全会在完善社会主义市场经济体制、深化国有资产管理体制改革和国有企业改革方面，制定并实施了一系列重大方针、政策和措施。全国国有资产监督管理工作会议和中央企业负责人会议，明确了今年和今后一个时期，进一步深化国有资产监督管理体制，加快推进国有企业改革发展的任务和目标。根据新形势的发展变化，各省级国资委、各中央企业和地方国有重点企业要进一步认识到加快推进企业总法律顾问制度建设，是完善社会主义市场经济体制的时代要求，是加强国有资产监督管理的迫切需要，是深化国有企业改革的重要措施，也是加快国有企业发展、做强做大国有企业的有力保障。

二、加快推进国有重点企业总法律顾问制度建设的指导思想和总体目标

为适应新的形势、新的任务，在国有重点企业加快推进企业总法律顾问制度建设总的指导思想和目标是：以邓小平理论和“三个代表”重要思想为指导，认真贯彻党的十六大和十六届二中、三中全会精神，坚持与时俱进，切实落实依法治国方略，以新的国有资产管理体制改革为契机，争取用2～3年的时间，在中央管理主要领导人员的53户中央企业（以下简称53户中央企业）和其他具备条件的部分中央企业、部分省属国有重点骨干企业建立总法律顾问制度，并在全部中央企业和省级国有重点企业普遍建立法律事务工作机构，全面推进企业法制建设，大力促进企业依法决策和依法经营管理，实现国有资产保值增值。根据这个指导思想和目标，各省级国资委、各中央企业和地方国有重点企业，要坚持以党的十六大和十六届二中、三中全会精神来指导和推进企业总法律顾问制度的建设，要紧紧围绕深化国有企业改革和完善国有资产管理体制这个中心环节来推进企业总法律顾问制度建设，要从立足于国内国际两个市场和提高企业核心竞争力的高度来推进企业总法律顾问制度建设。要把推行企业总法律顾问制度与完善公司法人治理结构、建立现代企业制度相结合，与依法履行出资人职责、维护出资人和所出资企业的合法权益相结合，与促进企业依法经营管理、依法维护企业经营自主权相结合。

三、推进国有重点企业总法律顾问制度建设的工作原则

在推进国有重点企业总法律顾问制度的建设中，应当紧紧把握好以下原则：

（一）要把长远目标与近期目标结合起来。要实现推进国有重点企业总法律顾问制度建设的总体目标，必须以求真务实的态度，从国有企业的实际出发，统筹安排，分步实施，稳步推进，务求实效。要在总结试点经验和借鉴国外成功经验的基础上，制定切实可行的措施，把长远目标和近期目标有机结合起来，扎扎实实地推进企业总法律顾问制度的建设。

（二）要把国家有关部门的积极指导与国有重点企业的积极开拓结合起来。搞好国有企业，最终要靠企业自身的努力。推行企业总法律顾问制度，同样要靠广大国有重点企业的积极开拓和大胆创新。同时，各级国资委和有关部门要从政策层面上加强指导和推进，为企业做好服务，创造必要的条件和保障。

（三）要把重点突破与整体联动结合起来。率先在53户中央企业推行总法律顾问制度，是下一阶段中央企业法制建设的工作重点。省级国资委也应当根据所监管企业的情况，选择一部分地方国有重点骨干企业率先推行总法律顾问制度，作为工作重点。国有重点企业要结合本系统内的实际情况，选择具备条件的子企业推行企业总法律顾问制度，既要注意抓好重点突破，又要注意抓好整体联动。

四、认真组织实施《国有企业法律顾问管理办法》

《国有企业法律顾问管理办法》（以下简称《管理办法》）已经国务院国有资产监督管理委员会（以下简称国务院国资委）主任办公会议审议通过，以国务院国资委第6号令正式对外公布，将于2004年6月1日起施行。《管理办法》适应国有资产监督管理体制改革和深化国有企业改革的新形势，系统总结了国家重点企业总法律顾问制度试点工作经验，明确规定了国有大型企业应当实行企业总法律顾问制度，并进一步确立了国有企业总法律顾问的地位、权利、职责等，以立法形式巩固和扩大了试点工作的成果。《管理办法》还着力于加强对国有企业法律事务机构和法律顾问队伍的建设，进一步明确了国有大型企业应当设立专门的法律事务机构，并配备专职的企业法律顾问，同时对企业法律顾问的权利、义务和技术等级制度作出了明确规定。各省级国资委、中央企业和地方国有重点企业要认真学习《管理办法》，积极落实好企业法律顾问工作，努力保证总法律顾问的岗位到位、权利到位和职责到位。各中央企业要根据《指导意见》和国务院国资委党委《关于印发〈国务院国有资产监督管理委员会党委管理的企业领导人员职务名称表〉的通知》（国资党委干一[2003]36号）的有关要求，并按照《管理办法》关于企业总法律顾问实行备案制度的规定，将任命的企业总法律顾问与企业的总经济师、总工程师、总经理（总裁）助理作为同一序列报国务院国资委备案。要根据企业改革发展对法律工作的实际需求，设立专门的法律事务机构，配备专职企业法律顾问，充分发挥企业法律顾问的积极作用，保障企业法律顾问依法履行职责。办法出台后，各省级国资委、中央企业和地方国有重点企业要专门组织落实，并汇总情况。

五、努力培养一支高素质的企业法律顾问队伍

推行企业总法律顾问制度，必须切实加强法律顾问队伍的建设。要把法律人才纳入企业整体人力资源管理的范围,充实企业法律顾问队伍,大力提高企业法律顾问的业务素质。国有重点企业要按照总法律顾问的任职条件,首先考虑从本企业优秀人才队伍中选择政治素质高、业务能力强、法律专业精,并熟悉企业实际情况的负责同志担任总法律顾问。如果本企业难以产生符合条件的总法律顾问,一方面可以选派一位企业负责人暂时兼任,另一方面也可以由国务院国资委和省级国资委统一组织、协调,通过向社会公开招聘的方式来吸收这类人才。各省级国资委、中央企业和地方国有重点企业都要重视总法律顾问的培训和培养工作,拓宽培养渠道,对总法律顾问以及后备人才进行形式多样的政治教育和业务培训,加快提高他们的业务能力和工作水平。暂时由企业负责人兼任企业总法律顾问的,要有明确的过渡期,有计划地培养后备专业人才。

国有重点企业总法律顾问一定要充分认识自已所肩负的责任,增强学习的自觉性和主动性,不断更新知识,刻苦钻研业务,加快提高素质,适应岗位要求。在开展工作中,企业总法律顾问要起到表率作用,遵守职业道德,严格依法办事,保持清廉作风,自觉维护形象,通过自已以身作则的努力,带好本企业的法律顾问队伍,努力开创本企业法制工作的新局面。

六、切实加强对国有重点企业总法律顾问制度建设工作的组织领导

在国有重点企业加快推行总法律顾问制度,是一项完善企业法律风险防范机制、适应新形势要求的开拓性工作。各省级国资委、中央企业和地方国有重点企业,要按照国务院国资委的统一部署和要求,加强对这项工作的组织领导,把推行企业总法律顾问制度工作作为当前国有重点企业法制建设的一项重要任务来抓。各级国资委要统筹规划,加强指导,指定一位分管领导专门负责这项工作。国有重点企业要周密筹划,精心组织,努力落实企业总法律顾问制度建设的各项要求。53户中央企业要结合企业实际,组织专门力量制定切实可行的落实工作方案,报国务院国资委备案(工作方案提纲见附件)。国务院国资委将对53户中央企业总法律顾问制度建设情况实行动态跟踪和指导,并进行必要的督促检查。其他中央企业首先要抓好本企业法制工作机构的建立和完善,其中具备条件的要抓紧推行总法律顾问制度。通过一段时间的努力,在全部中央企业中普遍建立起适应市场竞争要求的企业法律风险防范机制。

建立企业总法律顾问制度,涉及面广,必须重视加强协调配合工作。各省级国资委要加强与组织、人事、法制等部门的沟通和协调,积极争取有关部门的重视和支持,为推行企业总法律顾问制度创造良好的外部工作环境。国有重点企业在开展这项工作中,也要加强企业内部各方面的协调和配合,形成合力,共同推进。

附件:国有重点企业实施企业总法律顾问制度工作方案提纲

国资委

二〇〇四年五月十四日

附件:

国有重点企业实施企业总法律顾问制度工作方案提纲

一、企业概况

二、企业法制工作概况和依法治企情况

三、企业实施总法律顾问制度工作规划及目标

四、企业总法律顾问的具体职责

五、企业法律顾问工作机构职责及工作人员情况

六、企业总法律顾问人选简历

七、企业法制工作重要规章制度(包括企业法律事务管理制度、合同管理制度、知识产权管理制度、法定代表人授权委托管理制度等)

国务院办公厅关于加强中央企业安全生产工作的通知

国办发[2004]52号

各省、自治区、直辖市人民政府,国务院各部委、各直属机构:

中央企业(国资委代表国务院履行出资人职责的企业,下同)是国有经济的重要组成部分。搞好中央企业的安全生产工作,对保障国民经济平稳较快发展,促进全国安全生产形势的稳定好转具有重要意义。当前,中央企业的安全生产状况总体稳定,但重特大事故仍然时有发生。为进一步加强中央企业的安全生产工作,保护人民群众的生命和财产安全,经国务院同意,现就有关事项通知如下:

一、落实中央企业安全生产主体责任,进一步加强安全管理

(一)中央企业是安全生产的责任主体,必须认真贯彻执行"安全第一、预防为主"的方针和国家有关安全生产的法律法规、标准等,把安全生产作为一项长期的任务,做到警钟长鸣,常抓不懈。

(二)中央企业的主要负责人是企业安全生产的第一责任人。要全面负起责任,认真履行职责,加强对安全生产工作的领导,经常检查本单位的安全生产情况,研究解决安全生产中的重大问题,组织建立并落实各级安全生产责任制。企业党委、工会、共青团组织要充分发挥各自优势,形成齐抓共管的合力。

(三)中央企业要按照《中华人民共和国安全生产法》等法律法规的要求不断完善安全生产的各项规章制度、作业标准和岗位技术操作规程,积极采用先进的安全管理方法和安全生产技术,加强和改进安全管理,确保各项安全措施的落实。要积极探索建立安全生产的长效机制,制订安全生产发展规划,把安全生产工作纳入企业发展战略和规划的整体布局之中,同步规划、同步实施、同步发展。

(四)中央企业要把安全生产作为日常生产经营管理的重要内容,定期分析安全生产形势,定期进行安全检查,采取有效措施,加强对企业内部危险源和安全生产薄弱环节的监控与治理。广泛开展安全质量标准化活动,规范企业生产流程各环节、各岗位的行为。切实加强企业基层基础工作,搞好对全体职工的安全生产教育和培训,使之具备与所从事的生产经营活动相适应的安全生产知识和管理能力。企业有关经营管理人员、特种作业人员必须依法接受安全生产培训,经考试合格后,持证上岗。

(五)中央企业要认真贯彻落实《国务院办公厅关于深化安全生产专项整治工作的通知》(国办发[2003]60号)精神,结合实际,深入开展安全生产专项整治,整顿和规范安全生产秩序,确保整治工作取得实效。要重点加强矿山、道路及水上交通运输、危险化学品、特种设备、民用爆破器材和烟花爆竹、人员密集场所消防安全等方面的安全工作,对存在的安全隐患和突出问题进行彻底整治。矿山、建筑施工和危险化学品、烟花爆竹、民用爆破器材生产企业,要严格依照《安全生产许可证条例》的规定取得安全生产许可证。未取得安全生产许可证的,不得从事相关生产经营活动。

(六)中央企业要依法保证和加大安全投入,搞好安全生产的技术改造,积极推进技术创新与进步,采用安全性能可靠的新技术、新工艺、新设备和新材料,不断改善安全生产条件。新建、改建、扩建工程项目的安全设施,必须与主体工程同时设计、同时施工、同时投入生产和使用,并依法申请、通过设计审查和竣工验收。

(七)中央企业要按照有关规定,逐级建立安全生产责任制,加强企业内部安全生产监管工作,建立健全各级安全生产监管机构,配备必要的安全生产专职监管人员。狠抓安全生产的超前防范工作,及时发现和分析安全生产问题,消除事故隐患。按照"四不放过"(事故原因未查清不放过、责任人员未处理不放过、整改措施未落实不放过、有关人员未受到教育不放过)的原则,严肃查处每起事故,依法追究事故责任人的责任和有关负责人的领导责任。

(八)中央企业要按照有关法律法规的规定,参加工伤社会保险和人身意外伤害保险,为从业人员缴纳保险费。有条件的企业可在法律许可的范围内,开展多种形式的互助互保活动。

(九)中央企业有关安全生产方面的重要活动、信息或事项,要及时向安全生产监督管理部门和有关主管部门报告,中央煤炭企业要同时向煤矿安全监察机构报告;有关安全生产的年度计划、年中或年终总结,要报安全生产监督管理部门和有关主管部门备案。

二、明确对中央企业安全生产监督管理的职责

(一)国防科技、公安、建设、铁道、交通、信息产业、水利、质检、环保、民航、旅游、邮政等国务院有关部门及其设在各省(区、市)、市(地)的有关机构,各省(区、市)、市(地)人民政府有关部门,负责相关行业或领域中央企业安全生产监督管理工作。电监会及其设在各区域、各省(区、市)的监管机构负责电力系统中央企业的安全生产监督管理工作。上述各有关部门要按照职责分工,对中央企业贯彻执行安全生产法律法规、规章制度等情况进行监督检查。主要内容包括企业安全生产条件、安全标准、设备设施、劳动防护用品及作业场所职业危害情况,重大危险源监控情况,安全生产专项整治情况等。

(二)国家安全监管局及省(区、市)、市(地)安全监管部门具体负责工矿商贸中央企业的安全生产监督管理工作,除按照前款规定的监督检查内容对工矿商贸企业安全生产进行监督检查外,从综合监管的角度,负责指导、协调有关部门的安全生产监督管理工作。

(三)中央煤炭企业的安全监察工作,依据《中华人民共和国安全生产法》、《煤矿安全监察条例》等规定,由煤矿安全监察机构负责。

(四)国资委按照国有资产出资人的职责,负责检查督促中央企业贯彻落实党和国家的安全生产方针政策及有关法律法规、标准等;督促中央企业主要负责人落实安全生产第一责任人的责任和企业安全生产责任制,搞好对企业负责人的安全业绩考核;依照有关规定,参与或组织开展中央企业安全生产检查、督查,督促企业落实各项安全防范和隐患治理措施;参与企业重特大事故的调查,负责落实事故责任追究的有关规定;督促企业搞好统筹规划,把安全生产纳入中长期发展规划,保障职工健康与安全。

三、按照分级、属地管理的原则加强对中央企业安全生产的监督管理

(一)对中央企业安全生产的监督管理工作,按照分级、属地管理的原则,由国家、省(区、市)、市(地)三级安全生产监督管理部门,国务院有关部门及其设在各省(区、市)、市(地)的有关机构,以及各省(区、市)、市(地)人民政府有关部门按照职责分工负责。

(二)中央企业的总公司(总厂、集团公司)安全生产监督管理工作由国家安全监管局及国务院有关部门按照职责分工负责。

(三)省(区、市)、市(地)安全生产监督管理部门在同级人民政府统一领导下,分别负责本行政区域内工矿商贸中央企业的分公司、子公司及其所属单位的安全生产监督管理工作;对其他中央企业的分公司、子公司及其所属单位的安全生产进行综合监督管理。其他中央企业在各省(区、市)、市(地)、县(市)的分公司、子公司及其所属单位安全生产监督管理工作,分别由省(区、市)、市(地)人民政府有关部门及国务院有关部门设在各省(区、市)、市(地)的有关机构负责。

(四)国家安全监管局会同国资委及国务院有关部门,按照职责分工对中央企业的总公司(总厂、集团公司)的主要负责人和安全生产管理人员进行安全培训;省级安全生产监督管理部门会同同级政府有关部门及国务院有关部门设在各省(区、市)、市(地)的有关机构,按照职责分工对中央企业的分公司、子公司及其所属单位的主要负责人、安全生产管理人员进行安全培训。

四、做好中央企业生产安全事故的应急救援和调查处理工作

(一)中央企业要结合本企业实际,制订生产安全事故应急救援预案并进行演练,建立应急救援组织,配备必要的应急救援器材、设备。发生生产安全事故后,要迅速采取有效措施组织抢救,防止事故扩大,努力减少人员伤亡和财产损失,并按规定立即报告当地政府、安全生产监督管理部门和有关主管部门。

(二)有关地方人民政府和负有安全生产监督管理职责的部门的负责人接到中央企业重大生产安全事故报告后,应当立即赶到事故现场,组织事故抢救并依照有关规定及时报告上级部门。

(三)中央企业的事故调查处理依照国务院有关规定执行。

国务院办公厅

二〇〇四年六月二十四日

关于进一步加强中央企业安全生产工作的通知

国资发考核[2004]179号

各中央企业：

2004年1月5日，国务院下发了《国务院关于进一步加强安全生产工作的决定》(国发[2004]2号，以下简称《决定》)；1月17～18日，国务院在京召开了全国安全生产工作会议；2月16日，温家宝总理主持召开了第40次国务院常务会议，研究进一步加强安全生产工作有关问题。为了更好地贯彻落实《决定》及全国安全生产工作会议和国务院常务会议精神，进一步做好企业的安全生产工作，为国有资产的保值增值创造良好的环境，促进经济发展和社会稳定，特通知如下：

一、认真贯彻落实《决定》及全国安全生产工作会议和国务院常务会议精神，进一步提高对抓好安全生产工作重要意义的认识

《国务院关于进一步加强安全生产工作的决定》，进一步明确了今后一个时期安全生产工作指导思想、目标任务、工作重点和政策措施，对做好新时期安全生产工作具有十分重要的指导意义。全国安全生产工作会议总结了十六大以来全国安全生产工作情况和2003年全国安全生产工作的经验，分析了当前的形势，提出了2004年全国安全生产的目标，并就全面贯彻落实《决定》提出了明确要求。国务院常务会议根据当前一些地方接连发生重特大安全事故的问题，研究了进一步加强安全生产工作的措施，部署了立即在全国开展安全生产大检查的工作。

企业安全生产工作关系到改革、发展、稳定的大局，关系到资产安全和企业生存，关系到职工生命安全和身体健康。能不能保障安全生产，是衡量企业负责人是否真正贯彻“三个代表”重要思想、维护人民群众根本利益的一个重要标志。一些地方发生重特大安全事故，其根本原因是对安全工作重视不够，没有认真落实党中央、国务院关于安全生产工作的一系列重要指示精神。各中央企业要充分认识目前我国安全生产工作形势的严峻性，充分认识新形势下安全生产工作的长期性、艰巨性和复杂性，进一步提高对安全生产工作重要性的认识，增强做好安全生产工作的责任感和紧迫感。要以“三个代表”重要思想为指导，坚持以人为本，坚持“安全第一、预防为主”的方针，牢固树立安全生产“责任重于泰山”的意识，认真学习贯彻全国安全生产工作会议精神，统筹企业发展和安全生产工作，总结经验，明确任务，部署工作，切实整改安全生产中存在的问题，努力推动安全生产状况的进一步好转。

二、加快建立健全安全生产控制指标体系，层层落实安全生产责任制

《决定》明确提出要建立健全安全生产控制指标体系，对安全生产工作进行量化评价。目前，一些中央企业在这方面的工作基础还比较薄弱，必须按照《决定》的要求，强化安全生产控制指标体系管理。没有建立的，要抓紧时间尽快建立；已经建立的，要进一步完善。要结合安全生产控制指标的建立，完善和落实各级人员的安全生产责任制，通过层层分解指标，使安全生产责任做到“纵向到底，横向到边”，绝不放过任何一个单位、岗位、环节和工序。严格目标考核标准，要加大安全生产考核力度，严肃安全生产事故行政责任追究。对安全生产事故，要按照“事故原因不查清不放过，事故责任者不得到处理不放过，整改措施不落实不放过，教训不汲取不放过”的原则，查清原因，分清责任，对存在失职、渎职行为，或对事故发生负有领导责任的企业领导人，依照有关法律法规严格追究责任。

企业主要负责同志是本单位安全生产的第一责任人。企业各级领导特别是主要负责同志要坚决贯彻党中央、国务院的安全生产方针政策，分析安全生产新形势，研究新问题；要层层落实本企业安全生产责任制，严格安全生产规章制度；要切实了解掌握本企业、本单位安全生产的状况和动态，抓好重大隐患的治理；要贯彻“以人为本”的理念，在企业规划和新建项目中注重安全健康环境，实现可持续发展。

三、加强应急救援预案的制定和完善，建立和健全安全生产预警机制

实践证明，制定完善的应对突发事件的应急预案，是防范事故发生、减少事故损失的重要保障。各中央企业要坚持防患于未然的原则，大力增强应对风险和突发事件的能力，切实做好应对风险和突发事件的预案工作。要认真分析本企业可能导致危机事件发生的因素，切实加强对重大危险源的监控，进行普查登记，制定和完善各级各类安全事故应急救援预案系统。电力电网、交通运输、电信、民航、石油石化、煤炭、军工、水力水电以及商贸服务、文化娱乐等企业，安全生产任务更为繁重，尤其要注意做好应急预案的建立、审查和完善工作。

坚持预防为主的方针，按照生产安全事故应急救援预案的要求，组织企业安全生产管理人员和员工认真学习预案的各项内容，熟悉掌握应急救援职责、事故报告及救援程序、步骤和应采取的措施，做好必需的物资储备，真正做到事故发生后第一时间到达事故现场，有条不紊地开展应急救援工作。切实做好与地方政府应急救援体系的衔接，积极配合有关方面搞好联动演练、演习，充分利用社会救援力量，确保迅速、有效地开展现场救治工作。

要建立和健全安全生产预警机制，及时准确预警，探索事故发生的规律性，尤其要做好生产经营一线的预警工作，从预测、预警、预防三个方面入手，坚持关口前移，重心下移，充分发挥人的主观能动性，创新工作思路，用科学完善的防范措施，建好事故防范的“防火墙”。

四、树立正确的发展观，统筹规划安全生产工作

安全生产工作是全面建设小康社会、统筹经济社会全面发展的重要内容，是实施可持续发展战略的重要组成部分。要树立科学的发展观，坚持统筹兼顾、协调发展，把安全生产纳入企业长远规划，与基本建设、技术改造做到同步规划、同步实施、同步发展。要认真贯彻可持续发展战略，不断完善安全生产长效机制。千方百计落实安全生产投入，积极筹措资金，弥补安全生产欠账。切实加强职工培训，未经培训不得上岗。加强安全生产的宣传教育，增强全员安全意识，帮助职工熟练掌握作业工艺、技术标准和操作规范，杜绝违章作业现象发生。坚持技术、装备和培训并重，把安全生产状况的根本好转，建立在依靠科技进步、加强科学管理、提高劳动者素质的基础之上。

五、迅速行动起来，深入开展安全生产大检查

2004年2月17日，国务院办公厅下发了《国务院办公厅关于加强安全工作的紧急通知》(国办发明电[2004]7号)。根据通知要求，各中央企业要认真组织一次全面的安全生产自查，堵塞漏洞、消除隐患，做好安全防范工作。特别是要结合年前国务院安全生产督查组检查中发现的问题，对安全生产工作的薄弱环节进行一次排查，查找隐患、完善制度、落实责任、加强整改。春季是火灾高发时期，南方地区又是多雨季节，要切实抓好防火和重大电器设备的安全工作，对人员聚集的公共场所，要加大检查、排查力度，对不具备安全生产条件的，一律要停产停业整顿，对排查出来的隐患，要立即整改。通过检查，督促企业进一步强化管理，建立起重大危险源和重大事故隐患的监督管理制度和防范重特大事故的应急预案，确保“两会”期间不发生重大事故，维护企业和社会稳定。为检查企业开展安全生产自查活动的落实情况，请各中央企业将自查结果于3月5日前报国资委(业绩考核局)。

2004年，安全生产工作面临着许多新情况、新问题和新要求，任务艰巨，责任重大。各中央企业要坚定地落实好党中央、国务院关于安全生产工作的重要战略部署，在以胡锦涛同志为总书记的党中央领导下，以邓小平理论和“三个代表”重要思想为指导，开拓创新，以求真务实的作风，努力做好安全生产的各项工作，为全面建设小康社会创造一个安全稳定的良好环境。

国资委

二〇〇四年二月二十日

党委文件

关于加强中央企业效能监察工作的意见

国资厅发纪委[2004]12号

各中央企业：

企业效能监察是企业内部综合性的监督，是推进企业强化管理的重要手段，也是企业纪检监察工作融入企业管理和服从服务于企业改革发展大局，实现国有资本保值增值的有效途径。近年来，中央企业开展效能监察工作取得了明显成效，积累了宝贵经验，有力地促进了企业加强和改善管理，推进了企业党风建设和反腐倡廉工作。为进一步加强和规范中央企业效能监察工作，提出以下意见：

一、总体要求与基本原则

中央企业效能监察工作要以“三个代表”重要思想为指导，依照有关法律、法规、规章和企业内部制度，紧紧围绕企业生产经营管理的主要任务，不断建立健全规章制度，完善内部监督制约机制，促进企业加强和改善管理，提高经济效益，实现国有资本保值增值，为中央企业的改革发展稳定提供保障。

中央企业效能监察工作应当遵循以下基本原则：坚持效能监察与加强和改善企业管理、治本抓源头相结合；坚持建章立制与完善企业内部监督制约机制相结合；坚持过程监督与重点监控相结合；坚持纪检监察机构组织协调和实施与相关业务职能部门密切配合相结合。

二、组织领导与工作机制

中央企业效能监察工作要认真贯彻落实中纪委、监察部和国资委有关开展企业效能监察工作的部署和要求。国资委纪委、监察局要加强对中央企业效能监察工作的指导和组织协调，围绕推进国有企业改革发展的有关方针政策和国有资产监管法规规章的贯彻落实，有重点地提出开展效能监察的任务，开展调查研究，组织理论研讨和工作交流，总结推广经验。

中央企业主要负责人要重视效能监察工作，充分发挥企业纪检监察机构的组织协调作用和业务管理部门的职能作用，形成企业领导班子领导、主要经营管理者负责、纪检监察机构组织协调和实施、相关业务职能部门密切配合、职工群众积极参与的工作机制。

三、基本任务与主要职责

中央企业效能监察的基本任务是：对国有企业改革发展的有关法律、法规、规章和企业内部制度的贯彻落实情况进行监督检查；对监察对象履行岗位职责及从事管理活动的情况进行监督检查；对企业管理效能、效率和效益情况进行监督检查，纠正和处理生产经营管理中的违规违纪行为。

中央企业纪检监察机构负责本企业效能监察工作的组织协调和实施，主要职责是：贯彻上级有关效能监察工作的要求，结合本企业生产经营管理实际，提出效能监察年度工作计划，与有关业务部门积极配合并采取有效措施组织实施；针对重大生产经营管理活动，研究和提出效能监察的选题立项；组织调查研究和项目跟踪监督，纠正生产经营管理中的违规行为，及时发现违纪违法案件线索；分析查找企业管理体制、机制和制度等方面存在的问题并提出整改措施和建议；认真做好效能监察工作的总结、归档，宣传交流经验，及时主动向上级反映工作情况等。

四、工作重点与方式方法

中央企业效能监察要针对企业各自的特点，从生产经营管理的薄弱环节和易发生腐败的关键领域和重要部门(岗位)入手，围绕企业存在的效益、效率、质量、安全等方面的重大问题开展工作。当前和今后一个时期，要结合国有企业的改制重组等重点工作开展效能监察。

中央企业效能监察工作的程序一般为：选题立项、制定方案、组织实施、查清问题、分析原因、整改处理、总结工作、成果评审、跟踪监督等。

各中央企业要从实际需要出发，因地制宜地选择开展效能监察工作的方式。在继续坚持以往行之有效的方式方法的同时，要善于运用信息技术改进效能监察工作方式。特别要注意针对发展混合所有制经济、建立健全现代产权制度、完善公司法人治理结构以及运用现代管理方式等新情况，加强学习，勇于实践，深化效能监察理论研究，积极探索开展企业效能监察的新途径和新方法，进一步推动中央企业效能监察工作向深度和广度发展。

五、监督检查与责任追究

中央企业纪检监察机构要严格依法依规履行职责，有计划、有目的、有重点地对开展效能监察工作的情况进行监督检查。要从检查立项单位是否建立岗位规范入手，着重检查其是否按规章制度办事。要针对企业重要管理活动开展的效能监察工作进行重点抽查。同时，要防止检查走过场，搞形式主义，避免出现过多过滥的现象。

要坚持实事求是，分清责任，对在效能监察工作中发现和揭露出来的问题，要及时调查处理。对因管理混乱、工作失职等给企业造成重大损失的，要向有关机构提出责任追究的处理意见；对违反纪律的要按照有关规定给予党纪、政纪处分；对涉嫌违法犯罪问题，要依法移送司法机关处理。

国务院办公厅

二〇〇四年三月十一日

关于印发国务院国资委关于加强和改进中央企业人才工作的意见的通知

国资党委干一[2004]48 号

各中央企业：

现将《国务院国资委关于加强和改进中央企业人才工作的意见》印发给你们，请结合实际认真贯彻落实。

国资委党委

2004 年 6 月 17 日

国务院国资委关于加强和改进中央企业人才工作的意见

为认真贯彻落实《中共中央国务院关于进一步加强人才工作的决定》(中发[2003]16 号)和全国人才工作会议精神，大力实施“人才强企”战略，现就加强和改进中央企业人才工作提出以下意见：

一、加强和改进中央企业人才工作是一项重大而紧迫的任务

(一)人才是企业兴盛之基、发展之本。当今世界经济全球化不断深入，科学技术迅猛发展，人才状况在国力较量和企业竞争中越来越具有决定性作用，人才资源已成为最重要的战略资源，人才竞争日趋激烈。中央企业是国民经济的支柱，是国有经济发挥主导作用的基础，是综合国力的代表，正面临着人才竞争市场化、国际化的严峻挑战。中央企业要赢得主动、取得优势、发展壮大，成为具有国际竞争力的大公司大企业集团，必须进一步加强和改进人才工作，大力开发人才资源，走人才强企之路。这是抓住本世纪头 20 年重要战略机遇期、全面建设小康社会的迫切需要，也是推动中央企业可持续发展的重要保证。

(二)大力加强和改进人才工作，是中央企业深化改革、加快发展的当务之急。近几年来，中央企业在人才培养、吸引和使用方面做了大量工作，在创新选用方式、改进评价办法、拓宽成才渠道、强化激励约束等方面进行了积极探索，取得了显著成绩。但是，人才的总量、结构和素质仍不能适应企业改革与发展的需要，部分领导同志人才观念陈旧，对人才的重要性认识不足；人才队伍结构性矛盾突出，高层次、高技能和复合型人才短缺；选人用人的方式比较单一，市场配置人才资源的基础性作用还没有充分发挥；科学合理的人才评价和激励约束机制尚未形成，高层次人才流失现象尚未得到有效遏制。中央企业必须充分认识加强和改进人才工作的重要性和紧迫性，进一步增强责任感和使命感，抓住机遇，应对挑战，努力开创人才工作新局面。

(三)加强和改进中央企业人才工作的根本任务是实施“人才强企”战略。在深化国有企业改革、发展壮大国有经济的宏伟事业中，要把实施“人才强企”战略作为推进改革与发展的关键环节纳入企业发展战略。逐步形成广纳群贤、竞争择优、能上能下、能进能出、充满生机与活力的用人机制，努力造就一大批适应企业改革与发展需要的各类高素质人才，开创人才辈出、人尽其才的新局面，把中央企业的人力资源转化为人才优势，大力提升和增强企业的核心竞争力和综合实力，为实现全面建设小康社会的历史任务作出中央企业应有的贡献。

二、加强和改进中央企业人才工作的指导思想、目标任务和基本要求

(四)加强和改进中央企业人才工作，实施“人才强企”战略，必须以邓小平理论和“三个代表”重要思想为指导，贯彻落实党的十六大精神，坚持党管干部、党管人才原则，坚持以人为本理念，以加强人才资源能力建设为核心，以创新人才工作机制为动力，以优化人才队伍结构为主线，以培养选拔高层次人才为重点，以强化人才激励为突破口，紧紧抓住培养、吸引、用好人才三个环节，积极开发利用国内国际两种人才资源，集聚各类优秀人才，为做强做大中央企业提供强有力的人才保证和智力支持。

力争通过3年左右的努力，初步形成适应企业发展战略需要、层级结构分明、年龄结构合理、专业结构配套的出资人代表、经营管理人才、科技人才、思想政治工作者和高技能人才队伍；初步建立起符合现代企业制度要求的人才培养、选用、评价和激励约束机制。

(五)更新观念，树立科学的人才观。牢固树立以人为本的观念，使人才工作始终着眼于促进各类人才的健康成长，着眼于调动各类人才的积极性、主动性和创造性；牢固树立人才工作先行的观念，在企业各项工作中始终把人才工作放在优先考虑的战略位置，做到先行一步；牢固树立人才市场化、国际化的观念，充分利用国内国际两种人才资源，使各类优秀人才充分施展才干；牢固树立竞争择优的观念，坚持把品德、知识、能力和业绩作为衡量人才的主要标准，不唯学历，不唯职称，不拘一格选人才；牢固树立人人都能成才的观念，鼓励广大员工爱岗敬业，人人争作贡献，人人力争成才。

(六)重点建设好五类人才队伍。一是建设一支综合素质好，具有战略决策能力，能够忠实代表和维护国有资产权益，正确履行出资人职责，实现国有资产保值增值的出资人代表队伍；二是建设一支职业素养好，市场意识强，熟悉国内国际经济运行规则，在生产经营、资本运作等方面具有较高造诣的经营管理人才队伍；三是建设一支科技水平高，具有较强的创新能力，能够加快企业科技进步、增强核心竞争力的科技人才队伍；四是建设一支综合素质好，熟悉生产经营，具有丰富党务工作和群众工作经验的思想政治工作者队伍；五是建设一支爱岗敬业，技艺精湛，具有专门技能，善于解决技术难题的高技能人才队伍。

(七)创新人才工作机制。要努力形成符合各类人才特点的开发型人才培养机制，建立企业全员培训体系，开展员工终身教育活动，建设学习型企业，不断提高各类人才的综合素质和创新能力。努力形成符合现代企业制度要求的人才选用机制，完善公司法人治理结构，包括通过试点在国有独资公司建立健全董事会，逐步做到出资人决定董事会、监事会成员，董事会选聘经营管理者，经营管理者依法行使用人权。实施市场化选才办法，内部选才实行竞争上岗，外部选才实行公开招聘。努力形成绩效优先的人才评价机制，科学设置各类人才的评价指标体系，完善评价标准和手段，客观公正评价人才的基本要素、业绩和贡献，为科学合理使用人才提供客观依据。努力形成与市场接轨的人才激励约束机制，建立和完善以经营业绩考核为依据，以岗位绩效工资为基础，短期薪酬分配与中长期薪酬激励有机结合，资本、技术、管理等多种要素参与收入分配的新型薪酬激励制度。

三、加强和改进中央企业人才工作的主要措施

(八)根据企业的发展战略制定人才工作规划。规划要服从服务于企业的改革与发展，把人才“第一资源”与发展“第一要务”紧密结合；坚持党管人才原则，体现科学的发展观、业绩观和人才观的有机统一；坚持解放思想、转变观念，注重体制、机制、制度创新。要把人才工作规划纳入企业中长期发展规划之中，从企业实际出发确定目标任务，制定具体措施，分解落实责任，加快人才结构调整，优化人才资源配置，使人才工作有序推进，各类人才协调发展。按照整体规划、分类指导、分层实施的原则，国务院国资委要抓好宏观指导、政策研究、重点支持和协调服务工作。

（九）加大人才教育培训力度。加强对各类人才的思想政治教育，牢固树立正确的世界观、人生观和价值观，做到诚信、勤勉、清廉，为搞好国有企业、发展壮大国有经济多作贡献。要实行分类培训，突出学习能力、实践能力和创新能力的培养。对出资人代表，着力提高其战略决策能力、防范风险能力、识人用人能力；对经营管理人才，着力提高其经营管理能力、市场应变能力和依法治企能力；对科技人才，着力提高其科技创新能力、自主研发能力和成果转化能力；对思想政治工作者，着力提高其政治理论水平和参与企业重大决策、有效开展党建与思想政治工作能力；对高技能人才，着力强化现代科技技能培训，加速提高其职业素质和技术作业水平。有条件的企业，可以借鉴国内外先进经验，探索开展员工职业生涯设计。

（十）创新人才选用方式。按照现代企业制度的要求，全面引入竞争机制，完善企业各类人才的选拔任用制度。选用出资人代表，要依法实行派出制或选举制；选用经营管理人才，推行聘任制和任期制，实行契约化管理；选用科技人才，采取竞争上岗、公开招聘、专家推荐等方式；选用思想政治工作者，采取依法选举与组织选用等方式；选用高技能人才，采取职业技能鉴定、技术比武、公开招聘等方式。广泛推行企业内部竞争上岗和人才市场选聘，逐步扩大海内外公开招聘，建立企业人才库。对企业急需的部分稀缺人才，探索柔性使用与流动的方式，形成灵活、开放的用人机制。

（十一）建立科学的考核评价指标体系，实行分类考核。要以能力和业绩为导向，以岗位职责为基础，以绩效目标为核心，建立各类人才评价指标体系，完善评价标准、考核指标和测评技术。考核评价各类人才，要论能力、重业绩、看经历、听公论。对企业负责人的考核评价要坚持年度经营业绩考核与任期目标考核相结合。对出资人代表，主要考核其责任意识、全局观念、决策水平、创新能力，评价国有资产保值增值状况；对经营管理人才，主要考核其经营决策能力、市场应变能力、诚信守法表现以及经营效果，重在市场和出资人认可；对科技人才，主要考核其科技攻关能力、技术创新能力、成果转化能力以及实际效果，注重业内认可；对思想政治工作者，主要考核其政治理论水平、组织协调能力、职工信任程度和企业稳定状况，评价精神文明建设和企业文化建设情况；对高技能人才，主要考核其解决技术难题的能力，以及完成任务的数量、质量、成本。要深化专业技术职称制度改革，实行专业技术职业资格认证制度。

（十二）强化对人才的有效激励和约束。建立健全以考核评价为基础，与岗位责任、风险和工作业绩相挂钩，短期激励与中长期激励相结合的薪酬激励机制。引入社会人才市场价位，加强业绩考核，规范职务消费，逐步使各类人才的薪酬水平与市场接轨，加大对关键岗位和有突出贡献人才的薪酬激励力度。为各类人才创业提供良好条件，放手让人才在实践中锻炼成长。对在资本运营、经营管理、科技创新、思想政治工作、生产技术作业等方面作出突出贡献的人才，授予荣誉称号，强化精神激励。按照建立现代企业制度的要求，形成董事会、监事会和经营层依法行权、相互制衡、高效运行的制度格局，充分发挥出资人监督、法律监督、组织监督、社会监督、群众监督和舆论监督的作用，强化监督约束功能，促进各类人才健康成长。

（十三）加强企业文化建设，营造良好人才环境。树立尊重劳动、尊重知识、尊重人才、尊重创造的良好风尚，创造鼓励人才干事业、支持人才干成事业、帮助人才干好事业的良好氛围。积极创建具有时代特色和企业特点的企业文化，把长期实践形成的企业精神、经营理念、价值观念、职业道德，凝练成为企业员工的共同理想和行为准则，增强各类人才的责任感和使命感。为各类人才创造良好的舆论、政策环境和良好的工作、学习、生活环境，用宏伟事业吸引人才、用共同理想凝聚人才、用良好环境留住人才。

（十四）重点抓好西部大开发和东北等老工业地区中央企业的人才工作。按照中央关于实施西部大开发战略、东北地区等老工业基地振兴战略的要求，把人才工作纳入到加快西部和东北地区中央企业调整改造总体战略之中，研究制定西部和东北地区中央企业人才工作规划，加大对西部和东北地区中央企业所需各类人才的培养、吸引和激励力度。建立双向挂职制度,要从西部和东北地区中央企业中选派年轻后备人才,到发达地区的优势企业挂职锻炼;同时从发达地区的中央企业选派经营管理人才,到西部和东北地区中央企业交流任职。帮助西部和东北地区有关中央企业建立技术开发中心和博士后工作站,促进“产学研”结合。

四、加强领导,狠抓落实,努力开创中央企业人才工作新局面

(十五)把人才工作纳入企业的中心工作,切实加强领导。企业党委(党组)要高度重视人才工作,把人才工作提到重要议事日程,放在优先位置,认真研究、抓紧落实。按照党管人才主要是管宏观、管政策、管协调、管服务的要求,搞好统筹规划,坚持分类指导,注重整合力量,积极提供服务,实行依法管理。要形成党政统一领导、组织人事部门牵头、有关方面密切配合、社会力量有效参与的人才工作新格局。中央企业主要负责人对于做好本企业人才工作负有重要责任,要树立强烈的人才意识,认真抓好本企业人才工作。要层层建立和完善人才工作责任制,做到责任到人,任务到人,确保“人才强企”战略顺利推进。

(十六)以改革促进人才工作的有效开展。深化企业内部改革,坚决破除束缚人才健康成长和发挥作用的观念、做法。积极推进中央企业的公司制和股份制改革,加快建立现代企业制度,以制度创新推进人才工作创新。进一步加快推进企业内部劳动用工、人事、分配三项制度改革,真正做到管理人员能上能下、员工能进能出、收入能增能减,使企业的人才队伍充满生机与活力。

(十七)充分发挥中央企业组织人事部门的作用。企业组织人事部门在实施“人才强企”战略中肩负着重要使命,要充分发挥牵头作用,加强调查研究,定期分析人才现状,总结经验,找出差距,及时解决存在的突出问题。要努力转换机制,注意学习和借鉴国内外人才工作先进经验,大力推进人才工作信息化,不断提高本企业人才开发和人力资源管理水平。切实加强组织人事部门自身建设,深入开展“树组工干部形象”学习教育活动,努力建设一支政治坚定、业务精湛、工作出色的组织人事干部队伍。

(十八)加大人才工作的宣传力度。大力宣传党的人才工作方针、政策,使中央关于人才工作的一系列指示精神和重大举措深入人心。加强对人才工作先进典型和努力成才先进人物的宣传表彰,在中央企业形成人人努力学习、努力工作、努力成才的良好氛围。加强对中央企业人才工作成功经验和做法的总结、宣传,树立国有企业良好社会形象,集聚更多的优秀人才在中央企业建功立业。

(十九)各中央企业要按照本意见的要求,结合本企业实际,大胆创新人才工作的方式方法,抓紧制定和完善本企业人才工作的实施意见和具体措施,把实施“人才强企”战略的各项工作落到实处。要加大资金投入,为人才工作的有效开展提供必要的经费保障。要强化人才安全意识,注意加强对人才流动中国家秘密、商业秘密和技术机密的保护。国务院国资委将对各中央企业加强和改进人才工作、实施“人才强企”战略的工作进展情况定期检查。各中央企业工作中的重要情况,请及时反馈我委。

国资委党委关于印发《关于中央企业深入实施职工素质工程的指导意见》的通知

国资党委群工[2004]36号

各中央企业党委(党组):

现将《关于中央企业深入实施职工素质工程的指导意见》印发给你们,请结合实际贯彻落实。

国资委党委

2004年4月23日

关于中央企业深入实施职工素质工程的指导意见

(2004年4月23日)

为认真贯彻落实《中共中央国务院关于进一步加强人才工作的决定》(中发[2003]16号),国资委党委决定在中央企业深入实施职工素质工程。实施职工素质工程，就是面向广大一线职工，以提高职工技能素质为主题，以“争创学习型红旗班组、争做知识型先进职工”活动为主要载体，通过开展多种形式的职业技能培训、读书自学、技能竞赛、岗位练兵等活动，为职工求知学技、提升素质搭建平台，为中央企业全面、协调和可持续发展提供高技能人才资源。具体意见如下：

一、认识深远意义

(一)实施职工素质工程，是落实党的十六大、十六届三中全会和中央人才工作会议精神，贯彻“三个代表”重要思想的必然要求。进入新世纪新阶段，科技进步日新月异，知识和信息已经成为现代经济和社会发展的强大动力。面对新形势，党中央、国务院大力实施人才强国战略，将培养高层次、高技能人才纳入了国家人才工作总体规划。实施职工素质工程，全面提高职工综合素质，增强职工的就业能力、创新能力和创业能力，保持中央企业职工队伍的先进性，实现人才强企，是落实“三个代表”重要思想和人才强国战略的具体体现，有助于中央企业提高效益，加快发展，为实现全面建设小康社会的奋斗目标作出更大贡献。

(二)实施职工素质工程，是巩固党的执政地位，发挥国有经济主导作用的战略选择。中央企业是国民经济发展的重要支柱，在建设中国特色社会主义事业中有着很强的控制力、影响力和带动力，在巩固党的执政地位中发挥着不可替代的作用。国家间综合国力的竞争及企业间综合实力的竞争，归根到底是劳动者素质的竞争。中央企业要在激烈的国际市场竞争中赢得主动并发展壮大，就必须培育一批拥有自主知识产权、主业突出、核心竞争力强的大型企业集团。实施职工素质工程，牢固树立人才资源是第一资源的观念，提高中央企业职工队伍整体素质，是增强企业竞争力、实现企业跨越式发展和国有资本保值增值的客观需要，有助于发展壮大国有经济，巩固党的执政地位。

(三)实施职工素质工程是维护职工合法权益，促进职工全面发展的迫切需要。近年来，中央企业在提高职工队伍素质方面取得了明显成绩，创造了不少好经验，一大批学习型企业、学习型班组、学习型职工脱颖而出，为企业创造了效益，赢得了荣誉。但是，也存在一些亟待解决的问题。高技能人才短缺，与企业发展的需求不适应；职工文化程度偏低，与企业的科技进步不适应；专业技术人员职级较低，与技术密集型企业的发展要求不适应；下岗分流职工劳动技能单一，实现再就业面临困难。实施职工素质工程，通过培训，帮助职工树立人人可以成才的理念，提高文化科技素质，丰富劳动技能，有助于维护职工的合法权益，促进职工的全面发展。

二、明确工作目标

实施职工素质工程，要立足班组，面向职工，学习知识，掌握技能，提高素质，促进发展，力争用3年的时间，使职工的文化道德素质有新面貌，技术工人队伍的结构趋于合理，技能水平有新提高，职工队伍的整体素质得到明显改善，班组建设得到巩固和加强，促进职工再就业有新进展。2004～2006年，国资委将着力实施中央企业职工素质工程三年规划：

——技术工人队伍结构趋于合理。落实劳动保障部提出的“三年五十万”新技师培养计划，紧密结合企业实际需求，在制造、建筑、服务等行业技能含量较高的职业中，加快培养一批技术技能型、复合技能型人才，以及高新技术产业发展需要的知识技能型人才，推动企业各类高、中、初级技能人员梯次发展，按专业工种达到合理的比例结构，工人技师、高级技师的比例逐年递增。

——职工的技能水平有新提高。要通过3年的努力，使职工技能普遍提高一个等级。引导、帮助职工不断增加新知识和新技能储备，做到立足岗位精一技、面对竞争会两手、长远考虑学三门，基本能够适应技术进步和企业发展的新要求，增强生存和发展能力。

——班组建设得到巩固和加强。要通过开展创建学习型班组活动，充分发挥班组学习优势，强化团队学习，努力为职工创建学习有氛围、岗位能成才、工作有创新的学习环境，全面提高班组的学习能力、创新能力和管理能力，为把企业建设成为学习型组织打好基础，为企业做强做大积聚动力。

——促进职工再就业有新进展。要重视转岗和下岗职工的职业技能培训，适应再就业的需要，学习一技之长，掌握实用技术，为他们实现再就业提供切实有效的知识和技能服务。

各中央企业要从实际出发，制定实施职工素质工程、加快高技能人才培养的年度计划和三年规划，做到目标明确，措施到位，责任到人，保障有力，确保中央企业职工素质工程总体目标的实现。

三、把握基本原则

（一）突出重点，与职工队伍建设相结合。要针对职工技术技能方面存在的薄弱环节，重点培育一线职工过硬的技术本领、较强的创新能力和良好的职业道德素质，激发他们学习、创造的潜能，充分调动广大职工的积极性、主动性和创造性。

（二）立足基层，与班组建设相结合。班组是做好企业各项工作的基础，是激活企业活力的细胞。实施职工素质工程要以班组为单位，建章立制，夯实基础，强化质量管理、成本控制和自主管理，提高班组凝聚力和战斗力。

（三）注重实效，与推动企业发展相结合。要紧密围绕企业技术进步和产业结构调整，切实提高职工的职业技能和技术攻关能力，大力培养适应企业发展需要的高技能人才，注重针对性和实效性，力戒形式主义。

（四）完善机制，与现代企业制度相结合。提高职工素质，是现代企业制度的内在要求。要把职工素质工程融入现代企业制度，逐步建立分层次、分类别、多渠道、多形式、有实效、有活力的工作机制，促进企业科学管理。

四、找准工作载体

（一）开展“争创学习型红旗班组、争做知识型先进职工”活动。贯彻落实全总、国资委等部门《关于印发〈关于开展全国“创建学习型组织，争做知识型职工”活动的实施意见〉的通知》（总工发［2004］2号）。大力推广提高学习力就是提高竞争力的观念，以加强班组建设、增强班组和职工的技术攻关能力为重点，广泛开展班组学习、劳动竞赛、集体攻关、献“金点子”等活动，支持职工参加多学科、多技能、多资质的准备教育和终身教育，培育一批学习能力强、创新能力强、竞争能力强的先进班组和职工，发挥示范带动作用。形成人人要学习，个个爱学技，争先创优，拼搏向上的良好氛围，促进企业核心竞争力的提高。

（二）举办职业技能竞赛。要大力组织开展多层次、多工种、各类职工参加的职业技能竞赛，不断提高竞赛的技术含量和技能水平，注重在企业内部发现和培育技艺高超、业绩突出的技能人才。鼓励企业和职工积极参加国家级、省部级和企业所在地举办的各类职业技能竞赛活动。

（三）强化岗位练兵。要组织生产经营一线职工，广泛开展岗位培训、读书自学、拜师学艺、导师带徒、技能比武、技术攻关、创新创效、观摩研讨等活动，使“提高技能就是提高就业生存能力”的观念深入人心，引导职工岗位成才。

（四）进行技能业务培训。要按照有关规定，对新招或转岗的职工必须先培训，后上岗。充分挖掘各类职业教育、职业培训资源，开展多层次、多形式的培训。完善培训方式，强化专业技能业务训练，突出新知识、新技术、新工艺、新方法的内容，注重职业培训与岗位需求的有效衔接，不断提高培训质量和水平。

（五）促进职业资格认证。认真执行国家职业（技能）标准，建立健全初、中、高级技术等级考核和技师、高级技师考评制度，搞好职业技能鉴定，推行职业资格证书制度，逐步实现职业资格证书与学历文凭并重，职业资格证书制度与就业上岗制度相衔接。要积极争取劳动保障部门的支持，有条件的企业要充分发挥本单位职业技能考核站（所）的作用，扩大中、高级技工职业技能鉴定的数量和覆盖面。大力推广企业岗位练兵、教育培训效果和国家职业标准相结合的考核方法，不断扩大职业资格证书的覆盖范围，调动职工学习技术的积极性，提高职工素质和企业的产品、服务质量。

五、完善保障机制

（一）健全教育培训制度。要依照《中华人民共和国职业教育法》等有关规定，完善企业职工技术培训制度。企业要制定切实可行的培训计划，保障职工接受教育和培训的时间，要保证职工教育和培训经费不低于职工工资总额的1.5%，从业人员技术要求高、培训任务重、经济效益好的企业，不低于职工工资总额的2.5%。要努力挖掘、运用企业内部教育培训资源，充分利用社会资源，促进职工学历层次、文化水平和技能素质的提高。

（二）落实考核评审制度。企业工会组织、人力资源等部门要建立联席评审制度，对班组和职工个人提高素质建立严格的动态考核评比办法。要认真做好职工发明创造、先进操作法、科研成果、技术改进成果的申报、鉴定、命名和推广工作，协助政府有关部门对发明专利和科研成果的认定。要建立企业职工“人才库”，对优秀的技能人才要重点培养、开发和使用，保证人才资源为推动企业发展作出贡献。

（三）完善表彰激励制度。要建立有利于职工学习知识、掌握技能的激励机制，大力表彰、宣传实施职工素质工程的先进典型，把学习型先进职工和红旗班组的表彰，同评选表彰劳动模范和先进集体结合起来。要切实提高高技能人员的待遇，把职工学习技能、晋职晋级同企业分配制度改革配套挂钩，并按照国家、地方及企业的有关规定，落实相应的待遇，为技术人才成长创造良好条件。要积极探索创新激励载体，引导职工在职业生涯设计中，把个人的发展方向和企业的发展战略紧密结合起来。

（四）严格民主监督制度。企业工会组织要切实维护职工受教育的合法权利，对企业行政领导组织支持职工技术培训情况进行必要的民主监督。要把职工教育培训计划纳入企业平等协商、签订集体合同的重要内容。职工教育培训计划、奖励方案和经费使用情况要经职代会审议。

六、抓好关键环节

（一）抓组织领导。企业党委（党组）要加强对职工素质工程的领导，把这项工作纳入企业人才发展战略规划，提上重要议事日程，成立专门的领导小组，明确分工，落实工作责任。形成党委领导、行政规划、教育培训和人力资源部门组织实施、工会协调监督、其他相关部门配合的齐抓共管的工作格局。

（二）抓规划实施。企业行政要制定职工素质工程规划和实施细则，提出工作总目标和分阶段实施目标，采取行之有效的措施，扎实推进。要为素质工程的实施提供必要的物质保证，落实培训经费。企业的人力资源、教育培训等相关部门要在实施职工素质工程中各尽其责，密切配合。

（三）抓督导落实。要坚持结合工作搞调研，通过调研促进工作，从企业实际情况和行业特点出发，深入调查研究，提出具体要求，加强分类指导。要按照一级抓一级、责任到人、工作到位的要求，加强对实施职工素质工程情况的督导检查，及时发现工作中的新情况、新问题，研究制定改进措施。

（四）抓典型示范。要结合企业发展与职工需求，抓好试点，总结经验，以点带面，全面推广。深化对职工素质工程的规律性认识，培育不同类型企业实施职工素质工程的典型经验。国资委将定期组织开展中央企业职工技能大赛，表彰学习型红旗班组和学习型先进个人。各中央企业要重视发挥先进典型的示范作用，扩大覆盖面，增强影响力，推动职工素质工程向纵深发展。

关于印发《关于开展全国“创建学习型组织，争做知识型职工”活动的实施意见》的通知

总工发［2004］2号

各省、自治区、直辖市总工会、文明办、发改委、教育厅（教委）、科技厅（局）、人事厅（局）、劳动和社会保障厅（局）、国资委、工商联：

开展“创建学习型组织，争做知识型职工”活动，是深入贯彻落实“三个代表”重要思想和党的十六大精神，培养造就“四有”职工队伍，全面提高职工队伍素质，发挥工人阶级全面建设小康社会主力军作用的重要工作，是发展工人阶级先进性，推动全民学习、终身学习的学习型社会形成，促进经济和社会全面发展，增强综合国力的重要举措。现将《关于开展全国“创建学习型组织，争做知识型职工”活动的实施意见》和《全国“创建学习型组织，争做知识型职工”活动组织领导机构》印发给你们，请结合工作实际，认真组织落实。

附件：1. 关于开展全国“创建学习型组织，争做知识型职工”活动的实施意见

2. 全国“创建学习型组织，争做知识型职工”活动组织领导机构

中华全国总工会
中央文明办
国家发展和改革委员会
教育部
科技部
人事部
劳动和社会保障部
国务院国有资产监督管理委员会
全国工商联
二〇〇四年十一月三十日

附件1：

关于开展全国“创建学习型组织，争做知识型职工”活动的实施意见

为了深入贯彻落实党的十六大精神和“三个代表”重要思想，全面提高职工队伍素质，推动全社会“形成全民学习、终身学习的学习型社会”，全国总工会、中央文明办、国家发展和改革委员会、教育部、科技部、人事部、劳动和社会保障部、国务院国有资产监督管理委员会、全国工商联决定联合在全国职工中开展“创建学习型组织，争做知识型职工”的活动（以下简称“创争”活动）。

一、充分认识开展“创争”活动的重大意义

当今世界，随着经济全球化趋势的不断发展和科技进步的突飞猛进，以经济为基础、科技为先导的综合国力竞争日益激烈。综合国力的竞争归根结底是人才的竞争。抓住和用好重要战略机遇期，加快我国的发展，就必须大力培养造就能够顺应时代发展要求、具有开拓创新能力的宏大的高素质人才队伍。

工人阶级始终是我国先进生产力和先进生产关系的代表，是先进文化的创造者和传播者，是推动社会全面进步的根本力量。开展“创争”活动，全面提高职工队伍素质，是保持和发展工人阶级先进性，充分发挥工人阶级三个文明建设主力军作用的重要保证，是大力实施科教兴国战略和人才强国战略，造就数以亿计的高素质劳动者、数以千万计的专门人才和一大批拔尖创新人才的必然要求；是推动“形成全民学习、终身学习的学习型社会，促进人的全面发展”，全面建设小康社会，加快推进社会主义现代化，开创中国特色社会主义事业新局面的重要举措。

开展“创争”活动，适应了先进生产力的发展要求，体现了先进文化的前进方向，反映了职工群众学习发展的迫切愿望，代表了工人阶级的长远利益和根本利益，是各有关部门贯彻和实践“三个代表”重要思想，围绕中心、服务大局，推动全心全意依靠工人阶级根本指导方针贯彻落实的具体体现。在全面建设小康社会的伟大进程中，工人阶级要不断用社会主义的思想道德规范、先进的科学文化知识和日益进步的技术技能武装自己，努力成为艰苦创业的模范、勤奋学习的模范、开拓创新的模范和增进团结的模范，为实现经济社会协调发展和促进人的全面发展贡献力量。

二、开展“创争”活动的指导思想和总体目标

开展“创争”活动的指导思想是：以邓小平理论和“三个代表”重要思想为指导，深入贯彻党的十六大和十六届三中全会精神，全面落实全国人才工作会议提出的任务，坚持从中国的国情和各地区、各单位实际出发，为经济发展和社会进步服务；坚持以改革创新为动力，以职工素质建设为重点，以增强职工学习能力、实践能力、创新能力为目标；坚持以人为本，切实维护职工的学习权和发展权，推进工人阶级知识化进程，为全面建设小康社会提供坚强的人才保证和智力支持。

开展“创争”活动的总体目标是：倡导终身学习理念，提高职工的学习能力和实践能力，着力提高职工的创新能力；营造尊重劳动、尊重知识、尊重人才、尊重创造的社会环境，形成全员学习、全程学习、团队学习和工作学习化、学习工作化的氛围和机制；努力建设各类学习型组织，为职工创造更多的学习机会和成才机会；促进人才队伍建设，为各类人才不断涌现和充分发挥作用奠定坚实基础，努力造就一支有理想、有道德、有文化、有纪律的职工队伍。

三、开展“创争”活动的主要方法和途径

1. 开展形式多样的主题教育活动。各级有关部门要在广大职工中深入进行以为人民服务为核心，以集体主义为原则，以爱祖国、爱人民、爱劳动、爱科学、爱社会主义为基本要求的理想信念教育，增强爱国主义、集体主义和社会主义思想，帮助广大职工树立正确的世界观、人生观、价值观。要通过弘扬培育民族精神和加强职业理想、职业道德教育，帮助职工树立正确的理想信念，培养高尚的道德情操和职业操守。

2. 创新群众性学习活动载体，构筑职工学习平台。要针对不同行业、不同类型组织以及不同层面职工群体的特点，加强教育培训阵地建设，充分利用各类职业学校、职工学校、培训机构、职工之家等阵地，设计丰富多彩的活动载体，寓学习于工作中，寓教育于活动中，为职工学习创造条件，吸引职工群众广泛参加。要结合实施国家高技能人才培训工程和技能振兴行动，通过学校教育培养、企业岗位培训、个人自学提高等方式，加快高技能人才培养。要按照市场经济的要求和企事业单位的发展需要，借助各种形式和载体，科学规划，做好职业教育和岗位培训工作。要面向基层，立足班组，大力开展技术创新、岗位练兵、技术比武、技能竞赛活动，推动企事业单位重视、加强职工技能训练，激发、调动广大职工获取知识、更新知识、提高技能的积极性、主动性和创造性。

3. 继续深入开展职工读书自学活动。读书自学是创建学习型组织的重要形式，也是职工获取知识、提高技能、增长才干的主要途径。要在新形势下不断丰富读书自学活动的内容，创新读书自学活动的载体，拓宽读书活动的领域，将读书自学与职工素质教育更紧密地结合起来，鼓励和引导职工学习、掌握现代科学技术知识，在实践中提高劳动技能、岗位技能。要创造工作学习化、学习工作化的良好环境和氛围，激励更多的职工岗位成才、自学成才。引导职工不断在实践中完善自己，在竞争中提高自己，在奋斗中充实自己。

4. 充分利用各类社会教育资源。要进一步整合包括工会教育培训资源在内的各类教育资源，加大对职工的职业教育培训和职业技能开发的力度，满足职工群众日益增长的学习和发展需求。要推动中小型企业与大中型企业培训机构、社会教育培训机构建立合作伙伴关系，充分运用网络教育、电化教育、远程教育等各种现代化的教育培训手段，拓展教育培训的广度和深度，创新职工教育培训工作的形式和载体，培养急需的高技能人才。基层工会组织也要在广泛动员和引导职工参加各类培训的同时，力所能及、拾遗补缺地组织开办各种适应性、实用型短期培训，为广大职工更新知识、增长才干发挥作用。

四、“学习型组织”和“知识型职工”的基本条件

学习型组织的基本条件是：

1. 在广大职工中普及终身学习的理念，形成了团队学习、全员学习、全程学习的制度和氛围，组织内各种学习型团队（班组、科室）普遍建立，并取得一定实效。

2. 有创建学习型组织的长远规划、近期目标和实施办法，有健全的组织领导体系，有明确的各类人才培养目标和任务，教育培训工作在本行业同类组织中保持先进。

3. 维护职工学习权利，为职工接受职业教育与培训提供平等机会和保障措施，保证企业职工教育和培训经费不低于职工工资总额的1.5%，从业人员技术素质要求高、培训任务重、经济效益好的企业，不低于工资总额的2.5%。

4. 职工的学习热情、学习成果和劳动创造得到充分肯定和尊重，形成了工作学习化、学习工作化，以学习推动工作，以工作促进学习的局面，实现了学习成果与工作成就的共享与互动，推动了组织的持续发展。

5. 领导成为学习的带头人，组织内有形与无形的教育资源得到充分利用，建立了终身学习和学以致用的激励机制。

6. 职工队伍的思想道德素质、职业文明程度、科学文化素质和技术技能水平得到不断提高，通过开展“创争”活动，使各类组织得到发展，社会、经济效益得到提高，组织的创新力和竞争力不断增强。

7. 完成国家规定的各类人员继续教育任务和职工培训任务。

知识型职工的基本条件是：

1. 热爱党、热爱祖国、热爱社会主义，拥护党的基本路线、基本纲领,有科学、正确的世界观、人生观、价值观,有良好的职业道德,甘于奉献,拼搏进取。

2. 确立终身学习理念,有强烈的学习要求,明确的学习目标和完善的学习计划,结合工作实践学习,以学习促进工作。

3. 具备所从事工作岗位必备的文化和专业基础知识,有较强的学习能力,勤于学习,善于学习,不断学习新知识、掌握新技能,形成了工作学习化、学习工作化的良好习惯,在团队学习中发挥突出作用,学习事迹突出,成效显著。

4. 有较强的实践能力,具备适应岗位变化要求、适应社会发展需要的技能和本领。

5. 有较强的创新能力,善于运用学习、掌握的先进科学文化技术知识,充分发挥自身潜能,勇于创造,不断创新,在本职工作岗位上有突出业绩并有创造性的贡献。

五、组织领导机构

1. 成立由中华全国总工会、中央文明办、国家发展和改革委员会、教育部、科技部、人事部、劳动和社会保障部、国务院国有资产监督管理委员会、全国工商联主管领导组成的“全国创争活动领导小组”,宏观管理并指导全国“创争”活动的开展。

2. 成立由上述单位有关司局负责同志组成的“全国创争活动指导协调小组”,具体实施“创争”活动的各项工作要求,组织信息和经验交流,检查、监督和评估工作开展情况。指导协调小组下设办公室,由全国总工会宣传教育部负责办公室日常具体工作。

3. 将原“全国职工自学成才奖评审委员会”更名为“全国学习型组织、知识型职工评审委员会”,评审委员会由上述指导协调小组成员和全国总工会有关部门负责人员组成,在领导小组的领导下,负责全国学习型组织先进单位和知识型职工标兵的评审认定工作。

4. 各省、区、市也应按照上述精神,组成相应组织领导机构和评审机构,制定相关工作计划和要求,加强对本地“创争”活动的领导。

六、开展“创争”活动的工作要求

1. 加强对“创争”活动的领导。各有关部门要切实加强对开展“创争”活动的领导,把“创争”活动作为提高职工素质、维护职工权益的基础工作列入重要议事日程,精心组织,周密部署,扎实推进。广大职工是开展“创争”活动的主体,要进一步调动和发挥职工群众参与“创争”活动的积极性、主动性和创造性,充分发挥他们的聪明才智。工作的重点应放在建设学习型班组上,努力为职工学习构筑平台,创造优良的成才环境。

2. 落实职工教育培训计划。各有关部门要切实采取措施,将职工教育培训工作纳入教育发展规划和人力资源开发的范畴。企、事业单位的教育培训管理部门和工会组织要推动和督促本单位依据有关法律法规,建立健全职工教育培训制度,认真制定、落实职工教育培训计划和各项保障措施。工会要加大源头参与管理的力度,从规划的制定和实施、阵地建设、经费使用,到培训执行情况的监督考核,努力实现全程参与。要将职业技能培训、经费保证纳入职代会、厂务公开、集体合同内容,从制度上监督保证职工参加学习培训权利的落实。要把“创争”活动与争当“创新示范岗”、“创新能手”活动有机结合起来,通过创新提高企事业单位的竞争能力。

3. 发挥典型单位的示范作用。全国创争活动领导小组将评选出一批创建“学习型组织”先进单位,宣传和推广他们的创建经验,并不断发现和培养新的先进典型,形成地区、行业分布合理的典型示范网络。各地要根据自己的实际情况,认真总结开展“创争”活动的经验,总结“创争”活动的基本规律,通过新闻媒体,广泛宣传先进经验与先进典型,把学习典型经验与学习身边的先进结合起来,把典型示范与普遍提高结合起来,推动“创争”活动广泛深入地开展。

4. 建立“创争”活动的运行机制。创建学习型组织是一项长期的工作任务。为使“创争”活动持久规范、制度化地进行下去,必须建立完善一整套协调、高效的运行体系和保证机制,包括制定不同类型、不同层次的学习型组织的考核评价指标体系,对“创争”活动中成绩突出的先进典型的表彰奖励机制,以及促进各类优秀人才脱颖而出的人才培养和使用机制。“全国学习型组织、知识型职工评审委员会”将每年对在“创争”活动中涌现出来的先进集体和个人进行表彰,对成绩特别突出的10个全国创建学习型组织标兵单位和10名知识型职工标兵，全国总工会将分别颁发全国五一劳动奖状和全国五一劳动奖章。各地工会也要建立相应的运行机制和必要的激励机制，表彰、奖励先进单位和先进个人。

5. 发挥优势，加强协作，形成推进工作的合力。各地工会、文明办、发改委、教育、科技、人事、劳动保障、国资委及工商联都要重视“创争”活动，共同推进“创争”活动的开展；要把“创争”活动作为精神文明建设的新途径，把“创争”活动的要求融入到创建文明行业、文明单位等活动之中；要将“创争”活动同实施人才强国战略结合起来，作为提高职工素质的重要措施，指导中央企业实施职工素质工程，提高非公有制经济组织竞争力；切实推进行业企业职工培训工作，加大高技能人才培养力度，加强对职工素质教育的指导和评价，加强各类教育资源的统筹利用，广泛开展适应市场和职工需求的职业教育与培训，把职工教育的师资队伍建设纳入职工成人教育师资培养培训体系；要充分利用“创争”活动载体，宣传科普知识，宣传国家科技创新成果，着力加强科学思想、科学方法和科学精神教育，提高职工的科学文化素质，推进国家创新体系建设；要大力推行职业资格证书制度、职业技能鉴定和就业准入制度；要深化职称制度改革，积极推进专业技术人员执业资格制度建设，建立以能力和业绩为导向的科学分类的人才评价标准。努力创造用事业造就人才、用环境凝聚人才、用机制激励人才、用法制保障人才的人才成长良好外部条件，促进各类优秀人才脱颖而出和充分发挥作用。各有关部门要进一步支持工会工作，对工会举办的直接为职工群众服务的职业培训、职业介绍以及各种丰富职工群众精神文化生活的事业和活动，要根据有关规定给予经费、政策等方面的扶助和支持。

6. 工会组织要承担“创争”活动的组织协调职责。各级工会要把“创争”活动作为一项重点工作，承担起日常组织实施工作，协同各有关部门，长期不懈地抓好。首先各级工会要建设学习型工会，工会干部要成为学习的模范。要紧紧围绕工会十四大提出的各项任务和要求，联系本地区、本单位实际，结合群众性技术创新、建设职工之家、职工读书自学成才等活动，选准工作角度，找准切入点，提出切实可行的“创争”活动内容、目标、规划、要求和步骤，形成特色，推动“创争”活动深入持久地开展下去。同时要充分利用现代传媒手段，大力作好舆论宣传，动员全社会都来关注、支持“创争”活动，为“创争”活动的开展营造更加有利的社会氛围。

附件2：

全国“创建学习型组织，争做知识型职工”活动组织领导机构

一、全国“创建学习型组织，争做知识型职工”活动领导小组成员名单

组长

张俊九　全国总工会副主席、书记处第一书记

副组长

黄彦蓉　全国总工会副主席、书记处书记

成员

翟卫华　中央文明办副主任

李盛霖　国家发展和改革委员会副主任

吴启迪　教育部副部长

程津培　科技部副部长

王晓初　人事部副部长

张小建　劳动和社会保障部副部长

王瑞祥　国务院国有资产监督管理委员会副主任

程　路　全国工商联副主席

二、全国“创建学习型组织，争做知识型职工”活动指导协调小组成员名单

组长

黄彦蓉　全国总工会副主席、书记处书记

副组长

谷常生　全国总工会宣教部部长

成员

李　伟　中央文明办协调组组长

李守信　国家发展和改革委员会社会发展司司长

张昭文　教育部职业教育与成人教育司助理巡视员

侯淑珍　科技部国家科学技术奖励工作办公室副主任

刘　康　劳动和社会保障部培训司副司长

魏　卓　人事部专业技术人员管理司副司长

李学东　国务院国有资产监督管理委员会群工局副局长

史泽鄱　全国工商联宣教部副部长

国资委党委关于印发《关于加强和改进国资委监管企业女职工工作的意见》的通知

国资党委群工[2004]21号

各中央企业党委(党组):

现将《关于加强和改进国资委监管企业女职工工作的意见》印发给你们,请结合实际认真贯彻落实。

国资委党委

二〇〇四年三月一日

关于加强和改进国资委监管企业女职工工作的意见

(2004年3月1日)

为全面贯彻"三个代表"重要思想,深入实施国务院《中国妇女发展纲要》(2001～2010年),在国有企业改革发展中更好地发挥女职工的作用,维护女职工的合法权益和特殊利益,现就进一步加强和改进国资委监管企业(以下简称中央企业)女职工工作提出以下意见。

一、提高认识,加强对女职工工作的领导

国有企业的女职工工作,是党的群众工作的重要组成部分,也是工会工作的重要内容之一。在中央企业职工中,女职工占三分之一,她们是企业物质文明、政治文明、精神文明建设的重要力量。保护好、调动好、发挥好女职工的积极性和创造性,对于中央企业的改革发展稳定具有重要意义。随着社会主义市场经济的发展,国有资产管理体制改革的深化,特别是中央企业战略性重组的推进,企业的组织形式、运行机制和劳动关系发生着重大变化。女职工劳动就业、劳动保护、参与企业管理等方面出现了许多新情况、新问题,部分女职工的合法权益和特殊利益在一些企业尚未得到很好的维护。各中央企业党委(党组)、工会要高度重视女职工在企业改革发展稳定中的作用,充分认识女职工工作的特殊性和重要性,切实加强对女职工工作的领导。要把女职工工作纳入党委、工会工作的重要议事日程,认真研究新时期女职工工作的特点和规律,支持女职工组织依照《工会法》和《中华全国妇女联合会章程》,围绕企业的中心任务,独立自主、创造性地开展工作。要定期听取女职工工作汇报,研究解决女职工工作中存在的问题和困难,从财力、物力、人力等方面为女职工组织开展工作创造条件。要加强女职工组织建设。各企业工会都要建立女职工委员会,把优秀的女干部选拔到女职工委员会。各级工会组织要努力争取党委、行政对女职工工作的重视和支持,协调工会各部门共同做好女职工工作。

二、深入学习贯彻"三个代表"重要思想,用"三个代表"重要思想统领中央企业女职工工作

深入学习贯彻"三个代表"重要思想,是在全面建设小康社会历史进程中充分发挥包括广大女职工在内的工人阶级主力军作用的必然要求,是不断开创新世纪新阶段女职工工作新局面的客观需要,也是不断提高女工组织自身建设水平的迫切要求。各中央企业女工组织要把学习实践"三个代表"重要思想作为首要政治任务,使"三个代表"重要思想真正成为统领女职工工作全局的根本指针,落实到广大女工干部和女职工的实际行动中去。要精心组织好广大女职工的学习,充分利用企业的宣传教育阵地,富有成效地开展特色鲜明的学习教育活动。各级领导干部要坚持学习在前、实践在前,不断增强实践"三个代表"的自觉性和坚定性,真正起到模范带头作用。要牢牢把握立党为公、执政为民这个本质,怀着深厚感情努力做好女职工工作,把女职工满意不满意、高兴不高兴作为检验标准。

三、完善机制，依法维护女职工的合法权益和特殊利益

代表和维护女职工的合法权益和特殊利益是工会女职工组织的基本职责。各级工会要紧密联系女工工作的实际，在发展、改革、参与、帮扶的过程中，履行好维护职工合法权益的基本职责。要从机制上保障女职工组织有效履行维护职能，建立和完善源头参与机制，保证维权渠道畅通。在企业建章立制过程中，涉及女职工就业、参政、分配、教育、健康等方面问题时，要保证女职工委员会的民主参与权。

(一)维护好女职工的政治权利

要保障女职工参与企业的决策和管理。要保证各级职工代表大会中女代表的比例，使其与本单位女职工所占比例相适应。要重视女干部的培养和推荐工作，积极向党组推荐优秀女干部进入各级领导班子。

(二)维护好女职工的劳动权益

劳动权益是女职工的基本权益，是实现其他各项权益的基础。工会组织要充分发挥女职工组织的作用，保证女职工委员会参与企业改革和劳动用工、下岗再就业等政策的制订。要认真贯彻国家关于加快推进再就业工作的精神，做好下岗待业女职工的培训和再就业工作。要引导女职工增强市场竞争意识，转变就业择业观念，提高自身全面素质，寻求自我发展新路。

(三)维护好女职工的特殊利益

要认真贯彻国家有关女职工劳动保护的法律、法规和政策规定，做好女职工劳动保护工作。要关心女职工的生活，照顾女职工的特殊需求，定期进行妇科病普查和防治。依法解决好女职工生育期间的待遇，建立企业女职工生育健康保险，努力为女职工构筑抵御风险的屏障。

(四)做好困难女职工帮扶救助工作

要结合各单位实施的“送温暖”工程，建立健全困难、单亲女职工档案。积极反映困难女职工的情况，为她们争取更多的援助，特别要千方百计保证困难、单亲女职工的子女正常就学。要配合有关部门，将符合条件的特困女职工纳入城镇居民最低生活保障范围。各级女职工组织要普遍建立和坚持与困难女职工结对救助制度，帮助她们早日走出困境。要特别关心女职工中劳模、先进人物、科技人员的工作和生活，积极为她们解决实际问题。

四、开展“巾帼建功”活动，发挥女职工在企业全面发展中的作用

“巾帼建功”活动是女职工工作围绕中心、服务大局的一种有效途径，是动员和组织女职工积极投身企业物质文明、政治文明、精神文明建设的重要载体。中央企业各级女工组织要围绕中国妇女九大提出的“创造新岗位、创造新业绩、创造新生活”的目标，引导和激励广大女职工为中央企业改革发展贡献聪明才智，为全面建设小康社会作出贡献。开展“巾帼建功”活动，要结合企业的实际和女职工的特点。当前，要重点开展好提升素质教育活动、岗位立功活动、经济技术创新活动和文明家庭创建等活动。

(一)开展提升素质教育活动

女职工素质高低，是决定女职工参与企业经营管理和改革发展程度与水平的重要因素。各级女职工委员会要把提高女职工素质作为一项长期的战略任务，积极为女职工提高素质创造条件，提供服务。要动员女职工把学习作为一种生存方式，坚持学以立德、学以增智、学以致用；积极参加自学、函授及脱产学习，提升自身学历水平；积极参加企业开展的不同形式的职业教育、职业培训和实用技术培训，学习新知识，储备新技能。要把提升女职工素质活动纳入“职工素质工程”，动员和组织女职工积极参加“争创学习型红旗班组，争做学习型先进职工”活动，为女职工搭建多种形式的学习交流平台，为她们了解把握政策、树立先进经营理念、了解科技市场信息、学习先进创业经验等提供服务。要根据不同行业的特点开展素质达标、学习竞赛等活动，推动女职工学习知识，掌握技能，促进女职工综合素质不断提升。

(二)开展岗位立功活动

各中央企业要深入开展“巾帼文明示范岗”创建活动，使之成为女职工提高自身素质、创造新业绩、展现新风貌的品牌活动。要坚持以推动企业生产经营、提高经济效益为目标，组织女职工开展岗位立功和形式多样的岗位争创活动。要教育女职工树立有为才有位的观念，爱岗敬业，艰苦奋斗，无私奉献，争创一流，为企业发展贡献聪明才智。在女职工比较集中的行业，要重点围绕提高效益、扭亏增盈、优质服务的主题开展各种形式的竞赛，最大限度地调动女职工积极性和创造性，发挥“半边天”的作用。

（三）开展经济技术创新的活动

各级女职工组织要广泛动员女职工积极投入到群众性经济技术创新活动中，开展提合理化建议和“五小”科技攻关活动。要发挥女科技人员、女管理人员在经济技术创新中的作用，鼓励她们多出研究和技术成果。组织女技术干部、女管理干部，针对企业技术与管理上的难点开展论坛，为企业发展献技献策。

（四）开展文明家庭创建活动

女职工在家庭中具有特殊的地位和作用。各级女职工组织要结合贯彻《公民道德建设实施纲要》，深入开展文明家庭创建活动，大力弘扬“尊老爱幼、男女平等、夫妻和睦、勤俭持家、邻里团结”的家庭美德，倡导健康、科学、文明、进步的生活方式。要把创建文明家庭活动与弘扬企业精神相结合，与职业道德、社会公德建设相结合，与开展互帮互助活动相结合，推动文明家庭创建活动上新水平。

在开展“巾帼建功”活动中，各企业要充分发挥先进典型的示范带动作用。要大力培养选拔不同方面不同类型的先进个人和先进集体典型，加强宣传、引导、激励，以先进典型的示范作用，带动女职工进步与发展。

五、加强女职工组织自身建设，全面提升女职工工作水平

加强女职工委员会自身建设，是做好女职工工作的前提和保证。各企业要按照《工会法》和全总《工会女职工委员会条例》要求，落实女职工组织建设，做好女职工干部的配备工作。在企业改革改制过程中，要抓紧新建经济组织中女职工组织的组建工作，确保新建企业女职工工作的正常开展。

要在提高女职工干部的思想政治理论素质上下工夫。女职工干部要联系企业和女职工工作实际，努力学习邓小平理论和“三个代表”重要思想，学习马列主义妇女观，善于用理论作指导，思考和研究工作，学会从全局出发考虑问题，不断提高认识问题、分析问题和解决问题的能力和水平，提高工作能力。采取培训与自学相结合的方法，学习与业务工作相关的法律法规和其他各种新知识，坚持在干中学，学中干，努力提高业务水平和实际工作能力。

广大女职工干部要加强作风建设，自觉深入基层，倾听女职工的呼声，反映女职工的意愿，多为她们办实事办好事。要善于联合各方面的力量，充分发挥女职工自身的力量，努力成为女职工的知心人、贴心人、带头人，用优秀的人品、广博的知识，影响和带领女职工不断进步。

国资委党委印发关于实行中央企业领导人员廉洁谈话制度暂行规定的通知

国资党委纪委［2004］65号

各中央企业，委内各厅局：

现将《关于实行中央企业领导人员廉洁谈话制度的暂行规定》印发你们，请认真贯彻执行。

国资委党委

二〇〇四年七月二十七日

关于实行中央企业领导人员廉洁谈话制度的暂行规定

第一条 为加强对中央企业的监管，推进中央企业党风建设和反腐倡廉工作，促进中央企业领导人员廉洁从业，根据《中国共产党党内监督条例（试行）》，制定本规定。

第二条 本规定所称中央企业是指国务院确定的由国务院国有资产监督管理委员会（以下简称国资委）履行出资人职责的国有及国有控股企业。

本规定所称企业领导人员，是指《国务院国有资产监督管理委员会党委管理的企业领导人员职务名称表》所明确的，由国资委党委管理的企业领导人员。本规定所称企业主要领导人员，是指企业的董事长、党委（党组）书记、总经理（总裁）。

第三条 廉洁谈话是国资委党委按照《中国共产党党内监督条例（试行）》的要求，履行监督职责的一项重要措施。

(一)国资委党委、纪委与企业主要领导人员谈话(以下简称主要领导人员谈话),就企业加强党风建设和反腐倡廉工作、执行党风廉政建设责任制以及领导班子及其成员廉洁从业等党内监督的有关问题沟通思想、交流情况,提出意见和要求。谈话一般以个别谈话的方式进行,必要时也可采取集体谈话的方式进行。

(二)国资委党委或企业领导人员管理部门与企业领导人员进行任职廉洁谈话,就贯彻民主集中制,执行党风廉政建设责任制和遵守廉洁自律规定等问题提出明确要求。谈话可以个别谈话的方式进行,也可采取集体谈话的方式进行。

(三)发现企业领导人员在执行党风廉政建设责任制、廉洁从业等方面有苗头性问题,国资委党委、纪委或企业领导人员管理部门及时对其进行诫勉谈话。诫勉谈话以个别谈话的方式进行。

第四条 主谈人及谈话对象。

主要领导人员谈话,主谈人为国资委党委委员、纪委班子成员,谈话对象为企业主要领导人员。

任职廉洁谈话,主谈人为国资委党委委员或国资委企业领导人员管理一局、企业领导人员管理二局的负责人,谈话对象为企业领导人员。

诫勉谈话,主谈人为国资委党委委员、纪委班子成员或国资委企业领导人员管理一局、企业领导人员管理二局的负责人,谈话对象为企业领导人员。

第五条 主谈人应认真听取谈话对象的汇报和陈述,对企业党风建设和反腐倡廉工作给予指导;对领导班子成员廉洁从业的情况交换意见,提出要求;对谈话对象在廉洁从业方面存在的问题进行警示提醒,并提出改进意见。

第六条 谈话对象要认真报告本企业党风建设和反腐倡廉工作及本人廉洁从业的情况;就主谈人提出的问题进行陈述、交换意见;对主谈人提出的警示提醒和改进工作的要求应有明确表态。

第七条 谈话工作的组织协调。

谈话工作由国资委纪委负责总体组织协调。国资委纪委为主要领导人员谈话和诫勉谈话的协调部门;国资委企业领导人员管理一局、企业领导人员管理二局按照管理权限为任职廉洁谈话的协调部门。

第八条 谈话工作按下列程序和方式实施:

(一)主要领导人员谈话、任职廉洁谈话由协调部门提出计划安排报国资委党委批准后实施。诫勉谈话由协调部门根据需要提出方案,经国资委党委领导批准后实施。

(二)协调部门应在谈话前提出谈话意见送主谈人审定;谈话内容、时间、地点、主谈人及有关要求,应提前通知谈话对象。

(三)主谈人可视谈话内容的需要指定有关人员参加谈话。

(四)谈话工作人员由协调部门派出,负责做好谈话情况的记录,诫勉谈话应填写《诫勉谈话备案表》,经谈话对象阅核后由协调部门留存。

第九条 谈话结束后,谈话对象对主谈人提出要求整改的问题,要制定措施及时整改,必要时应写出书面报告。协调部门要加强整改措施落实情况的督办,对谈话中发现的问题、形成的意见,要及时商有关部门落实。

第十条 主谈人及其他参加谈话的人员和谈话工作人员应当对谈话内容保密,不得对外公开、泄露谈话内容。

第十一条 本规定由国资委纪委负责解释。

第十二条 本规定自公布之日起施行。

中共中央纪委　中共中央组织部　监察部　国务院国资委关于印发《国有企业领导人员廉洁从业若干规定(试行)》的通知

中纪发[2004]25 号

各省、自治区、直辖市纪委、党委组织部、人民政府监察厅(局)和国有资产监督管理委员会,中央和国家机关各部委纪检组(纪委)、监察局,中央纪委各派驻纪检组,监察部各派驻监察局、监察专员办公室,中央直属机关纪工委,中央国家机关纪工委,军委纪委,部分国有重要骨干企业党组(党委):

现将《国有企业领导人员廉洁从业若干规定(试行)》印发给你们,请认真组织学习,切实贯彻执行。

二〇〇四年十二月十二日

国有企业领导人员廉洁从业若干规定(试行)

第一章 总 则

第一条 为促进国有企业领导人员廉洁从业,防止腐败行为的发生,维护出资人利益,保障国有资产保值增值,依据国家有关法律法规和党内法规,制定本规定。

第二条 本规定适用于国有及国有控股企业领导人员。

第三条 国有企业领导人员应当遵守国家法律法规和企业规章制度,依法经营、廉洁从业、诚实守信、勤勉敬业,全心全意依靠职工群众,切实维护国家、社会、企业利益和职工群众的合法权益。

第二章 廉洁从业行为规范

第四条 国有企业领导人员应当忠实维护国家利益和出资人利益。不得有滥用职权、损害国有资产权益的下列行为:

(一)违反决策原则和程序决定企业生产经营的重大决策、重大项目安排、大额度资金运作事项及重要人事任免;

(二)违反规定决定企业重组改制、兼并、破产、产权交易、清产核资、资产评估、借贷等事项;

(三)违反规定对外投资、担保、融资、为他人代开信用证、采办、销售、进行工程招标投标等;

(四)未经批准,或者批准后未办理保全国有资产的相关法律手续,用企业资产以个人或者他人名义在国(境)外注册公司、投资参股、购买上市公司股票、购置不动产或者进行其他经营活动;

(五)授意、指使、强令财会人员从事违反财经制度的活动;

(六)弄虚作假、谎报业绩或者搞不切实际的“政绩工程”;

(七)偷逃国家税费或者故意拖延应缴国家税费,隐瞒、截留国有资本收益或者故意拖延应缴国有资本收益;

(八)未经履行国有资产出资人职责的机构批准,决定企业领导人员的薪酬和福利待遇;

(九)其他滥用职权损害国家利益和出资人利益的行为。

第五条 国有企业领导人员应当忠实履行职责。不得有以权谋私、损害企业利益的下列行为:

(一)私自从事营利性经营活动,或者在本企业的同类经营企业、关联企业和与本企业有业务关系的企业从事证券投资以外的投资入股;

(二)接受或者索取本企业的关联企业、与本企业有业务关系的企业,以及管理和服务对象提供的不正当利益;

(三)违反规定兼任下属企业或者其他企业、事业单位、行业组织、中介机构的领导职务,或者经批准兼职的,擅自领取兼职工资或者其他报酬;

(四)将企业经济往来中的折扣费、中介费、回扣、佣金、礼金等据为己有或者私分;

(五)利用职务上的便利从事有偿中介活动;

(六)利用企业的商业秘密、知识产权、业务渠道为本人或者他人从事牟利活动;

(七)未经企业领导班子集体研究,决定重大捐赠、赞助事项;

(八)其他谋取私利损害企业利益的行为。

第六条 国有企业领导人员应当以国家和企业利益为重,正确行使经营管理权,对本人及亲属有可能损害企业利益的行为,应当主动回避,防止可能出现的利益冲突。不得有下列行为:

(一)本人的配偶、子女及其配偶违反规定,在与本企业有关联、依托关系的私营和外资企业投资入股;

(二)将国有资产委托、租赁、承包给自己的配偶、子女及其他有利益关系的人经营;

(三)利用职权为配偶、子女及其他有利益关系的人从事营利性经营活动提供各种便利条件;

(四)本人的配偶、子女及其他有利益关系的人投资经营的企业与国有企业领导人员所在企业发生非正常经济业务往来；

（五）按规定应当实行任职和公务回避而没有回避；

（六）离职或者退休后三年内，在与原任职企业有业务关系的私营、外资企业和中介机构担任职务、投资入股，或者在上述企业或单位从事、代理与原任职企业经营业务相关的经营活动；

（七）其他可能损害企业利益的行为。

第七条 国有企业领导人员应当增强民主管理意识，严格执行企业民主管理制度，自觉接受民主监督。不得有侵犯职工群众合法权益的下列行为：

（一）在涉及职工切身利益的重大事项中违反民主管理制度，谋取私利；

（二）按照规定应当公开、公示的事项而未公开、公示；

（三）在职工利益分配中，不依据企业章程和有关规定，暗箱操作、有失公平；

（四）为谋求业绩，违反劳动、安全、社会保障等法律法规，忽视职工安全卫生保护，危害职工生命、健康；

（五）其他侵犯职工群众合法权益的行为。

第八条 国有企业领导人员应当规范职务消费行为。不得有下列行为：

（一）在企业发生非政策性亏损期间，购买或者更换小汽车、装修办公室、添置高档办公用品等；

（二）违反规定用公款进行高消费娱乐活动；

（三）用公款支付或者报销应当由个人承担的购置住宅、住宅装修、物业管理等生活费用；

（四）超过规定标准报销差旅费、业务招待费；

（五）使用信用卡、签单等形式消费，不提供原始凭证和相应的情况说明；

（六）其他违反规定的职务消费行为。

第三章 实施与监督

第九条 国有企业应当依据本规定制定规章制度，建立健全监督制约机制，保证本规定的贯彻执行。

国有企业党委（党组）书记、董事长、总经理为企业实施本规定的主要责任人。

第十条 国有企业领导人员应当将贯彻落实本规定的情况作为述职述廉的一项重要内容，接受监督和民主评议。

第十一条 国有企业应当按照有关规定建立健全职务消费制度，报履行国有资产出资人职责的机构批准，并以适当方式向职工群众公开。

第十二条 国有企业领导人员应当向履行国有资产出资人职责的机构定期报告兼任职务和配偶、子女及其配偶的从业情况，以及有可能产生利益冲突的其他情况。

第十三条 履行国有资产出资人职责的机构和国有企业应当加强对领导人员任职期间及离职和退休后从业行为的管理，并结合本规定建立领导人员的从业承诺抵押制度。

第十四条 履行国有资产出资人职责的机构负责本规定的贯彻落实，应当对国有企业领导人员进行经常性的教育和监督，并结合企业的实际情况，制定国有企业领导人员的收入分配、薪酬管理制度，建立有效的激励和约束机制。

第十五条 各级组织人事部门和履行国有资产出资人职责的机构应当加强对国有企业领导人员的管理，并将其廉洁从业情况作为领导人员考察、考核的重要内容和任免的重要依据。

第十六条 各级纪检监察机关、履行国有资产出资人职责的机构的纪检监察机构以及企业的纪检监察机构依据职责权限，对本规定的执行情况进行监督检查，并对违规行为进行处理或者提出处理建议。

第四章 对违反规定行为的处理

第十七条 国有企业领导人员违反本规定的，应当根据违规行为的情节轻重，依照《企业职工奖惩条例》及企业纪律追究责任。国有企业领导人员中的共产党员违反本规定的，除依照前款处理外，依照《中国共产党纪律处分条例》给予相应的党纪处理。

第十八条 国有企业领导人员违反本规定的，还可以由有任免权的机构给予组织处理。组织处理措施可以单独使用，也可以与纪律处分合并使用。

第十九条 国有企业领导人员违反本规定，在依据第十七条、第十八条规定追究责任的同时，获取的不正当经济利益,应当责令退还;给国有企业造成经济损失的,应当承担经济赔偿责任。拒不履行从业承诺抵押、拒不退还或者拒不承担经济赔偿责任的,国有企业应当通过法律途径追究其责任。

第二十条 国有企业领导人员违反本规定受到撤职以上纪律处分的,五年内不得担任国有企业的领导职务。违反本规定给国有资产造成重大损失或者被判处刑罚的,终身不得担任国有企业领导职务。

第二十一条 国有企业领导人员违反本规定涉嫌犯罪的,依法移送司法机关。

第五章 附 则

第二十二条 本规定所称履行国有资产出资人职责的机构,包括作为国有资产出资人代表的各级国有资产监督管理部门和尚未实行政资分开代行出资人职责的政府主管部门以及授权经营的母公司。

第二十三条 国有及国有控股企业中对国有资产负有经营管理责任的其他人员参照本规定执行。国有参股企业中对国有资产负有经营管理责任的人员参照本规定执行。

第二十四条 国务院国有资产监督管理部门,各省、自治区、直辖市,国有及国有控股金融企业可以根据本规定制定实施办法,并报中共中央纪委、监察部备案。

第二十五条 本规定由中共中央纪委、监察部负责解释。

第二十六条 本规定自发布之日起施行。已经发布的国有企业领导人员廉洁从业的规定与本规定不一致的,依据本规定执行。

2005

CHINA'S STATE-OWNED ASSETS SUPERVISION AND ADMINISTRATION YEARBOOK

中国国有资产监督管理年鉴

重点企业介绍

第七篇

2005

中国国有资产监督管理年鉴

CHINA'S STATE-OWNED ASSETS SUPERVISION AND ADMINISTRATION YEARBOOK

优秀中央企业专栏

中国冶金

CHINA METALLURGICA

公司主要领导

董事长、党委书记、法人代表	杨长恒
副董事长、党委副书记	马延利
董事、总经理	沈鹤庭
董事、党委副书记	吴凤山
董事	韩长林
副总经理	黄　丹　徐向春　王永光

公司概况

中国冶金建设集团公司(中文简称中冶集团，英文简称MCC)是国务院国资委监管的特大型企业集团。截至2004年底，中冶集团公司拥有资产总额480亿元，拥有各类技术和管理人员45000多人，集团拥有近70家全资和控股子公司。

中冶集团集科研开发、咨询规划、勘察测绘、监理设计、建筑施工、房地产综合开发、设备安装、设备制造与成套、资源开发、工业生产、技术服务与进出口贸易于一体，多专业、跨行业、跨国经营，集科工贸为一体的综合性的特大型企业集团，集团经营主业为EPC工程总承包、矿业资源开发、技术装备制造和房地产开发，涉及钢铁、市政、交通、电力、化工、矿山、轻工、环保、电子、有色、航天航空等多个领域。

中国冶金建设集团公司的发展目标是：

工程为主、经营多样、技术密集、管理密集、资金密集、国内一流、世界驰名、跨国经营的现代化特大型企业集团。

中冶集团行业排名情况

(一)美国《工程新闻记录》(简称ENR)排名

时间(年)	项目			
	225家最大全球承包商	225家最大国际承包商	150家最大全球设计公司	200家最大国际设计公司
2000	79	134	124	178
2001	68	103	54	161
2002	58	90	119	195
2003	52	93	64	–
2004	28	98	55	–

(二)中国企业联合会中国企业500强排名

时　间	2003	2004
排　名	51位	41位

(三)国家统计局中国500家最大企业集团排名

时　间	2003	2004
排　名	35位	30位

经营业绩

各项经济指标表

序号	项目	2000年	2001年	2002年	2003年	2004年
1	资产总额(亿元)	229	239	263	349	480
2	营业收入(亿元)	157	187	240	390	537
3	利润总额(亿元)	−0.1	0.6	1.3	3.1	8.9
4	利税总额(亿元)	5.8	7.0	10.0	17.5	26.9
5	国有资产保值增值率(%)	100.3	104.5	104.6	109.1	113.9
6	全员劳动生产率(万元)	11	16	23	38	52

建设集团公司

CONSTRUCTION GROUP CORPORATION

企业文化

一是打造特色文化氛围。集团将文化管理作为企业集团管理的第三种手段，并将文化管理上升到战略高度和核心竞争力的核心高度，常抓不懈。集团创办了《中冶集团通讯》、《中冶人》杂志，创立了中冶网站。

二是打造特色品牌效应。强化集团意识，推进了集团观念上的整合，用文化把中冶人更加紧密地联系在一起，有效地提升了集团的竞争能力和在社会上的影响力。统一集团视觉识别系统、集团旗帜、集团歌和集团统一的业绩样本和光盘；确立了以MCC为标志的工程品牌形象的设计与宣传，形成了集所有产业链于一体，集中各子公司在内的全面功能、实力、特点和竞争力的MCC品牌。经过20多年的努力，MCC品牌已经有了相当的国际知名度。集团利用十年时间打造MCC国际知名品牌。

三是培育与时俱进的中冶特色文化。中冶集团的重大战略目标及其实施过程中，无不渗透着集团文化的精神元素。坚持“以人为本”的企业文化管理模式，既使企业管理真正体现以人为本的原则，又使企业具有载体和存在的形式，使文化管理由软变硬，由无形到有形。 将其纳入到企业战略发展规划之中，从统一集团经营战略和管理战略入手，推动中冶整体文化建设。同时，在企业文化建设中加强和改进思想政治工作，向员工灌输正确思想和先进文化，引导和组织员工实践企业文化；加强党对企业文化建设的领导，保证企业文化建设的正确方向，努力学习先进的文化理念，建设开放学习型组织，培育与时俱进的中冶文化。

企业文化成果：

2003年：全国企业文化建设先进单位

2004年：中国企业文化建设特殊贡献单位
中国企业文化建设十大杰出单位

科技创新

近年来，中冶集团共取得关键技术390项，其中在采、选、焦、烧、铁、钢、轧等领域内有关键技术225项，在土建施工、机电安装、节能环保等通用建筑领域有关键技术165项，其中，有160项达到国际领先或先进水平。集团获国家科技进步奖22项，获省部级科技进步奖、发明奖138项。集团获国家级优质工程奖5项，优秀工程设计奖20项，省部级优质工程奖24项。集团获授权专利236项。集团被授予国家级工法15项，省部级工法10项。

历年获奖情况：

建设工程鲁班奖
26项，其中主承建21，参建5项。

国家优质工程金奖
2项。

国家优质工程银奖
14项，其中主承建13项，参建1项。

詹天佑土木工程大奖
1项。

国家优秀设计奖
89项，其中金奖24项，银奖30项，铜奖35项。

国家勘察设计奖
17项，其中金奖1项，银奖2项，铜奖14项。

冶金行业优质工程奖
122项。

冶金行业优秀设计奖
142项，其中一等奖61项，二等奖56项，三等奖25项。

地址：北京海淀区高梁桥斜街11号　邮政编码：100081　电话：(010)82169999　传　真：(010)82169988　网址：www.mcc.com.cn

MCC 中国冶金

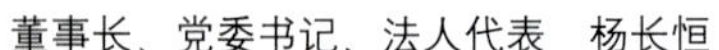

董事长、党委书记、法人代表　杨长恒

副董事长、党委副书记　马延利

董事、总经理 沈鹤庭

中国冶金建设集团公司(中文简称中冶集团，英文简称MCC)是国务院国资委监管的特大型企业集团。截至2004年底，中冶集团公司拥有资产总额480亿元，拥有各类技术和管理人员45000多人，集团拥有近70家全资和控股子公司。

中冶集团集科研开发、咨询规划、勘察测绘、监理设计、建筑施工、房地产综合开发、设备安装、设备制造与成套、资源开发、工业生产、技术服务与进出口贸易于一体，多专业、跨行业、跨国经营，集科工贸为一体的综合性的特大型企业集团，集团经营主业为EPC工程总承包、矿业资源开发、技术装备制造和房地产开发，涉及钢铁、市政、交通、电力、化工、矿山、轻工、环保、电子、有色、航天航空等多个领域。中冶集团曾获国家发明奖20多项，国家科技进步奖130多项，省部级科技进步奖700多项，国家优秀设计工程奖100多项，省部级优秀设计奖600多项，国家优秀工程奖30多项，建筑工程鲁班奖18项，中国詹天佑土木工程大奖1项，省部级优质工程380多项。自1998年以来，中冶集团得到了快速发展，经营规模每年以近20%的速度增长，　2004年集团营业收入达到537亿元，比1998年增长了335.5%。2004年，在中国企业500强中，中冶集团排名第41位；　在全球最大工程承包商225强中，中冶集团排第28位；在中国承包商60强中，中冶集团排名第4位。2004年，中冶集团获得了“中国企业文化建设特殊贡献单位”、“中国企业文化建设十大杰出单位”荣誉称号。

新加坡裕廊西高层住宅

▼ 巴基斯坦山达克铜金联合企业

建设集团公司

中国冶金建设集团公司的发展目标是

工程为主、经营多样、技术密集、管理密集、资金密集、国内一流、世界驰名、跨国经营的现代化特大型企业集团。

越南海防供水工程

巴布亚新几内亚瑞木镍钴矿项目鸟瞰图

印度伊斯帕特烧结项目

美国圣塔菲宾馆

唐山国丰连铸连轧项目
（中国第一个由国人总成的连铸连轧项目）

▼ 缅甸大巴日产200吨纸浆厂项目全景（该项目于2005年5月14日竣工投产）

国际化大型工程公司　全国百强勘察设计单位

面向全国　面向全球　面向新世纪

炭化室高 6.0mJN60-6GD 型焦炉

干熄焦国家示范工程—马钢干熄焦装置

洗油加工装置

大型回转窑生产活性石灰工厂

上海石洞口轻油制气装置

鞍山城市垃圾处理填埋采沼示范工程

鞍山大德欧艺园主楼

中冶焦耐工程技术有限公司（中文缩写“中冶焦耐”、英文缩写“ACRE”）由原中国冶金建设集团鞍山焦化耐火材料设计研究总院改制组建，是我国唯一专业从事焦化和耐火材料工程建设服务的工程公司，综合实力在国际同行业名列首位。

ACRE是全功能的工程公司。以项目管理为中心，以设计为主体，具备工程咨询、设计、采购、总承包、建设监理等能力，业务面向国际国内市场，在冶金焦化、耐火材料、城市燃气、环境治理、民用建筑等领域有丰富的建设经验和诸多业绩，不但承担了大量的国家重点建设工程，也积极开拓国际市场，在海内外均享有较高声誉。

ACRE 技术力量雄厚。核心技术水平处于国际先进水平，拥有的专有技术和专利技术广泛应用于国内外工程中；专业配置齐全，现有专业技术人员 800 人，集中了国内焦化、耐火材料、城市燃气行业的专家，其中国家级设计大师 2 人，集团首席专家 1 人，集团技术咨询专家 4 人，教授级高工 66 人，高工 501 人；拥有经验丰富的指导焦化、耐火材料和城市燃气等工程总承包的技术队伍，工程技术水平及技术服务质量受到国内外的高度赞誉。

在我国产业结构调整和工艺设备升级的发展阶段，ACRE 抓住良好的市场机遇，面向国内国际两个市场，以工程总承包和设备制造为主业，以人才和技术为核心竞争力，创新提升，做强做大，持续发展，长富久安，着力把 ACRE 建设成为一流的国际化工程公司。

ACRE 历来重视综合经济效益，**法人代表、董事长兼党委书记于振东及董事、总经理、党委副书记谭萍**携全体员工愿热忱为国内外客户提供技术精湛、优质高效的工程总承包服务。

电话：0412-5532835　　传真：0086-412-5534944

网址：http://www.acre.com.cn　　E-mail：acre@mail.asptt.ln.cn

邮编：114001　　公司地址：中国辽宁省鞍山市胜利南路27号

WISDRI

中冶南方工程技术有限公司

WISDRI Engineering & Research Incorporation Limited

中冶南方工程技术有限公司（简称中冶南方，其前身为冶金工业部武汉钢铁设计研究总院）是由中国冶金建设集团公司、武汉钢铁（集团）公司、鞍钢新轧钢股份有限公司、公司高层管理人员、高级专家、骨干员工共同出资组建的高新企业，注册资本12200万元。

中冶南方集五十年研发、工程咨询、工程设计、项目管理的经验和完善的服务体系，始终与世界先进技术同步，并自主创新实现技术和装备的国产化，完成了百余项国家重点工程设计、设备成套和工程总承包，获得国家优秀工程设计奖、发明奖、科技进步奖 150 余项，完成国家重大科研课题 10 余项，拥有百余项专有技术、发明专利。在全国勘察设计企业综合实力百强评选和全国勘察设计企业营业收入排序中，一直位居前 10 名。在中国钢铁建设史上，中冶南方创造了多项第一，为中国钢铁工业的发展做出了卓越贡献。

中冶南方汇聚了大量的专业人才，现有员工 1600 余人，其中具有高级职称的技术人员占 35% 以上，分别为工艺、设备、自动化、能源动力、规划、土建、经济等 24 个专业的技术专家。设有 13 个专业设计室，3 个事业部；在上海、广州设有分公司；设有中冶南方（武汉）威仕工业炉有限公司、武汉都市环保工程技术股份有限公司、中冶南方（武汉）重工制造有限公司、中冶南方（武汉）自动化有限公司等 7 个控股的专业化公司。主办国家核心科技期刊《炼铁》杂志。

秉承五十年文化的精髓，中冶南方以新面貌、新机制走上良性发展的快车道，竭力打造技术持续进步的驱动力，将中冶南方建设成集研发、工程咨询与设计、设备成套和制造、系统集成、工程总承包于一体，以冶金和环保为主行业，其他行业多角发展，国际知名的科技型工程公司。

中冶南方以“敬业、忠诚、团结、进取”为核心价值观，竭诚为顾客提供最优质的技术、装备及工程服务。

地址：湖北省武汉市青山区冶金大道12号
邮政编码：430080　电话：027－86863356
传真：027－86860475　http://www.wisdri.com

中冶北方工程技术有限公司

中冶北方工程技术有限公司(英文缩写"NETC")是原中国冶金建设集团鞍山冶金设计研究总院通过分立式改制组建的国际工程公司;是建国初期建立的我国第一个冶金矿山专业设计院,具有很强的综合实力,业务范围广泛、用户遍及国内外。主要从事采矿(包括冶金矿山、非金属矿山、煤矿、黄金矿的开采)、选矿、烧结、球团、冶金工厂工程及工业与民用建筑、热电厂等工程设计及技术咨询、科技开发、设备成套、工程总承包、工程建设监理、环境治理及评价等业务,具有坚实的技术储备。采矿、选矿、烧结、球团等方面的技术实力在冶金行业始终保持领先优势。1992年被评为中国勘察设计综合实力百强单位,1993年获得国家商务部批准的对外经营权,2004年全国工程勘察设计企业营业收入百名排序第45位。

董事长、党委书记 刘廷吉

中冶北方人力资源雄厚,专业配置齐全。设有11个专业设计室,3个子公司,30多个设计专业。有各类专业技术人员500多人,其中国家设计大师1人,教授级高级工程师45人,高级工程师215人,工程师95人。具有一级建造师及其它执业资质的工程师240多人。有能够承担采矿、选矿、烧结、球团、热电等工程总承包任务的技术队伍和监理队伍。近50年来,完成的国家重点采矿、选矿、烧结、球团等工程设计遍布全国各大钢铁企业,其中大型矿山30多个;大中型选矿厂70多座;大中型烧结厂25座;大中型球团厂20座。完成热电工程设计80余项,分布于全国11个省市。设计大型民用建筑20多项,市政工程、城市垃圾处理、建材、环境评价和工程建设监理等工程200多项,为中国钢铁工业的发展、城市建设、国家的经济发展和社会进步做出了重大贡献。

中冶北方工程技术有限公司办公大楼

中冶北方注重技术进步与科技创新,大力推进新产品、新技术、新工艺在工程设计中的应用,技术实力雄厚,技术储备丰富。采矿、选矿、烧结、球团领域在国际享有较高声誉。荣获国家、省部级科技进步奖122项;国家、省部级优秀设计奖85项,拥有一批专利技术和专有技术。新型竖炉球团专有技术转让美国LTV公司;大型烧结球团厂工艺设计国内领先;精矿、尾矿高浓度远距离管道输送技术开创了我国铁精矿长距离浆体管道输送技术先河;赤铁矿选矿工艺、大型露天矿陡帮开采工艺研究、大型坑内矿大结构参数无底柱分段崩落采矿方法和烧结球团厂生产集中自动控制系统等技术均具有国际先进水平。

中冶北方设计的中国特大型本溪南芬露天铁矿

中冶北方全面贯彻ISO—9001国际标准,建立了一整套完善的质量保证体系,通过了质量管理体系认证。"奉行质量第一,追求顾客满意,坚持持续改进,争创最佳效益"是中冶北方的质量方针;以精湛先进的技术,为国内外客户提供满意的服务是中冶北方永恒的承诺;强化核心技术,树立品牌形象是中冶北方的经营策略和竞争战略;将企业发展成为集设计、咨询、资源开发、设备成套、工程总承包于一体的大型的国际化工程公司是中冶北方追求的目标。

中冶北方总承包建设工程—国内最大的鞍钢弓长岭240万t链篦机—回转窑生产线

中冶北方总承包建设工程—沙钢集团360m²烧结机

中冶北方设计的具有现代化水平的特大型地下开采矿山—宝钢上海梅山矿业有限公司

▼中冶北方设计的具有世界先进水平的中国最大的鞍钢带式球团厂

中国第十八冶金建设公司

中国第十八冶金建设公司(简称中国十八冶),是中国冶金建设集团公司(MCC)属下的大型综合性骨干企业,国内著名工程承包商。

公司主要经营各类大中型工程项目。从工程的勘察设计、材料供应到建筑施工、机电设备安装调试,向用户提供全过程服务。

公司拥有各层次管理人才2000余名,各类专业技术人才2500余名,各专业高级技术工人2000余名。拥有各类先进的大型施工作业设备和专业检测仪器。具备年施工土石方500万立方米、生产及施工混凝土120万立方米,施工民用建筑200万平方米,安装调试机电设备5万吨,制作安装钢结构、非标设备、金属网架5～10万吨的施工生产能力。

公司1965年成立以来,在各地创造了近100项国家、部省级优质工程(产品),其中重庆庆铃汽车股份有限公司零部件机加工车间工程、重庆大都会广场工程、重庆奥克国际贸易中心(万豪大酒店)工程,先后获得了国家建筑工程鲁班奖(国家优质工程奖),重庆大都会广场工程还获得了第二届中国詹天佑土木工程大奖(国家科技创新工程奖)和全国用户满意建筑工程奖。重庆国际会议展览中心钢结构工程荣获了中国建筑钢结构金奖(国内钢结构施工最高荣誉)。公司连续多年年合同履约率达到100%,连续20年荣获四川省、重庆市“重合同守信用企业”称号。

公司具备独立研究、开发、应用先进施工技术和工艺的能力,有50余项核心技术(工法)经部、省级技术鉴定并获得国家、部、省级奖励。其中定向控制爆破技术达到国际水平;特细砂高性能泵送混凝土配合比和操作规程,属国内首创技术;老厂技术改造快速配套技术、一机双跨桥梁架技术、超高层建筑转换层无质量缺陷施工技术,达到国内领先和国内先进水平。

公司恪守“用户至上、诚信为本、全员经营、 追求第一”的经营理念,与广大用户真诚合作并以用户期望目标为焦点,精心雕塑无愧于时代的建筑精品,共同创造更加美好的未来。

钢结构金奖

詹天佑土木工程大奖铜像

全国用户满意工程奖奖牌

中国建筑工程鲁班奖金像

中冶京诚工程技术有限公司

Capital Engineering & Research Incorporation Limited

董事长、总裁　施　设

中冶京诚工程技术有限公司（简称京诚公司）

是2003年11月28日由中冶集团北京钢铁设计研究总院(简称北京总院)进行整体分立式改制设立的股权多元、产权清晰、资产优良、管理科学、充满朝气和富有竞争力的现代企业。

京诚公司传承发扬具有50多年光辉历史、国内外知名、技术实力雄厚、取得辉煌业绩、为我国成为世界第一钢铁大国做出卓越贡献的北京总院的优良传统，努力自主创新，创造“工程技术企业管理再造”的现代管理创新成果，获得国家级奖励。其创新的企业制度，奏效的运行机制和迸出的源自员工内心的积极性和创造性，使企业步入了持续发展快车道，成为中央企业先进集体。

京诚公司注重以全新的现代管理理念改变传统观念，导引企业和员工行为。京诚公司发扬“诚信、创新、增长、高效”的企业精神，以诚为本，以信为先。这是我们对客户、对社会、对企业、对他人的行为准则；不断学习，勇于创新，以技术创新、管理创新、体制机制创新，开创企业各项工作的新局面；实现营业额、市场份额、利润总额的持续快速增长；不断追求资本利润率、资产利用率、劳动生产率的最大化。

京诚公司施行“做大承包、强化设计、适度多元化、发展增长点”的经营方针，充分利用工程总承包，工程设计的优越地位；创新的企业制度带来的良好的治理结构和奏效的运行机制；优秀的管理团体和较为完整的产业链等企业优势，确定了发展钢铁及其他工业工程业务、装备与材料制造业务、市政及公共民用建筑工程业务和房地产业务四大业务板块的市场定位。努力创建国际一流的综合性工程技术企业。

开拓市政、公用建筑工程市场的样板——人民大会堂万人大礼堂及宴会厅改造工程

世界首台5米级CVC^{PLUS}厚板轧机工程——宝钢宽厚板轧机工程

国内合同额最大的冶金建设承包项目之一 ——北台钢铁集团年产400万吨钢铁联合企业总承包工程

中冶京诚工程技术有限公司北京亦庄研发与产业基地

地　址：北京市宣武区白广路4号　邮　编：100053　电　话：(8610)83587219　83587245
传　真：(8610)83587999　835877998　电子信箱：public@ceri.com.cn　网　址：www.ceri.com.cn

中国第十七冶金建设公司

十七冶总部办公楼

建设中的上海一钢不锈钢炼钢主厂房

中国第十七冶金建设公司系中国冶金建设集团公司子公司，是国有一级资质总承包施工企业，总部设在安徽省马鞍山市。法定代表人刘喆公司下设6个专业公司，5个国有独资子公司。公司现有员工10164人，各类专业技术人员2993人，各类技术工人2846人。年综合施工能力达30亿元以上，拥有资产11.9亿元。是一支专业配套齐全、工种门类整齐、技术工艺先进、装备水平精良，具有综合施工能力的行业骨干队伍。

公司具有国家冶炼工程、市政公用工程、机电安装工程、房屋建筑工程总承包一级资质，具有境外工程经营承包权。通过质量管理体系GB/T19001—2000标准认证。被中国企业发展研究中心授予全国具有竞争实力的质量、服务、信誉AAA级知名品牌企业。公司荣获国家工商行政管理总局授予“全国重合同守信用企业”称号。在北京国际认证联盟论坛会上，公司以质量管理的创新和持续改进、现场改观、质量提升的优秀业绩，被授予“管理创新奖”。

公司成立40多年来，足迹遍布全国各地，主要从事国家大型钢铁重点项目基本建设。近年来，公司施工领域拓展到交通、建材、能源、化工、轻纺、旅游、城市建设等工程项目的建设。先后承建了国内近百项重点工程。同时承建了大量的国外工程项目。公司坚持“依法经营，善于竞争，创造精品，服务用户，做大做强主业，追求最大效益” 经营方针，奉行“最小的投入，最大的产出”的经营理念。加强对工程质量的监督管理，不断提升工程质量，实施精品战略，努力争创更多精品工程回报社会，树立品牌企业形象。随着公司信誉度的不断提升，市场份额占有率不断提高，全面走向健康发展的轨道，实现了跨越式发展。

公司通过不断的科技攻关和技术创新，广泛应用新技术、新工艺，按国际标准建立质量保证体系，成功地建设了一批科技含量高，技术难度大的项目。取得国家级、省级工法7项；国家级、省级QC成果奖多项。完成技术进步40项，企业核心竞争力增强。公司承建的工程先后获得多项国家银质奖和省部级优质工程奖以及安徽省“黄山杯”、上海“金钢杯”、“申安杯”、江苏省“扬子杯”等奖计80多项。承建的马钢2号焦炉砌筑工程、上海一钢不锈钢炼钢主厂房安装工程、马钢高速线材改造工程的施工进度获得“中国企业新记录”奖。

公司按照“统一规划、分步推进、突出重点、强化特色”的总体规划，全面启动企业文化建设。全面确立起高度适应市场经济、具有公司独特个性的全新企业文化。公司隆重推出了以企业价值观为基础、以企业精神为旗帜，包括经营理念、人才理念、市场理念、竞争理念、质量理念、管理理念等具有十七冶特色的十二项核心理念；建立了具有本公司特色的视觉识别系统。为适应现代企业管理要求，公司建立了计算机网络化系统管理平台。公司在中冶集团的组织领导下，坚持科学发展观，全面引入市场机制，深化改革，以建设具有本公司特色的企业文化为切入点，推行制度文化。将原来近190多项规章制度，整合为四项管理通则和十二项基本管理制度。使公司管理步入规范化、程序化、标准化轨道。提升了企业制度文化品位，推动企业管理工作走向新的台阶。在中外企业文化2004年龙岩峰会上，公司荣获“企业文化实践创新奖”。

总经理：刘　喆　　地址：中国安徽省马鞍山市雨山东路88号　　邮　编：243061

中国第五冶金建设公司

湖南潭邵高速公路

西航886机库

上海白龙港污水处理厂

宝钢2050热轧工程

中国第五冶金建设公司（简称中国五冶）是中国冶金建设集团公司的全资子公司，是集工程总承包、施工总承包以及钢结构加工、房地产开发、商品混凝土、设备制造及压力容器制造、工业设备检修等多元产业为一体的国有大型综合性企业集团。先后荣获全国优秀施工企业、全国先进施工企业、全国五一劳动奖状，连续多年保持了国家质量管理先进企业、四川省建筑业先进企业、四川重合同守信用企业、四川省建筑业综合实力首强、银行AAA级信用企业等荣誉称号，具有良好的社会信誉和企业形象。公司具有冶炼、房屋建筑、市政公用等多项施工总承包壹级资质和钢结构、炉窑、机电设备安装、环保、地基与基础等多项专业承包壹级资质，拥有对外经营权。公司于1997年取得ISO9000质量管理体系认证证书，2004年取得ISO14000环境管理体系和OHSAS18000职业健康安全管理体系认证证书以及安全生产许可证。公司管理以“严、细”闻名，近年来又狠抓了创新提升，有多项管理成果在部、省、市管理创新成果评选中获奖。现有员工10000余人，其中各类专业技术人员4000余人，一级项目经理200余人，管理人员中具有中高级技术职称的达45%以上。公司年完成产值能力近100亿元。

公司下辖14个工程公司和8个子公司，在全国各地还设有20余个地域分公司，拥有西南地区规模最大、最先进的钢结构生产基地和钢瓶生产基地，公司钢结构生产规模年产达18万吨，钢瓶年产30万支。施工领域涉及冶金、民建、建材、能源、环保、化工、电力、市政、轻工、机械、电子、文教等行业，尤其是在钢铁领域已形成了焦炉、烧结、高炉、炼钢、轧钢等多规格系列产品，焦炉工程被称为全国“焦炉之冠”。

公司先后承建了数百项国家及地方重点工程，其中参加了宝钢一、二、三期工程、鞍钢、武钢、攀钢、首钢、太钢等国内主要大型钢厂的建设，承建了西航886机库、浦东国际机场、上海大众汽车工程、上海明珠线轻轨工程、上海磁悬浮列车模板工程、湖南潭邵高速公路、南通电视塔、上海新金桥大厦、四川丰田汽车厂房、成都熊猫万国商城、南京和南昌沃尔玛购物广场等重点工程，为国家和地方经济建设做出了杰出的贡献。此外，还承建了伊拉克巴士拉钢铁厂、土耳其焦炉、美国狮子宫胜地优那山庄别墅等多项国外工程。公司形成了以四川、上海为核心的区域市场，生产经营覆盖国内近30个省市及海外的全方位开拓市场的经营格局。累计荣获国家、部、省优质工程奖260余项，其中国家优质工程金质、银质奖8项，中国建筑工程鲁班奖8项。

公司坚持“恪守诚信，实现共赢”的经营理念和“以人为本，务实高效”的管理理念，建立了具有自身特色的、具有成套识别系统和理念系统的企业文化，以文化力促进生产力，大力推行技术创新和技术进步，取得了几十项国家专利、国家级工法及拳头产品，在高炉、焦化、烧结、冷轧、棒线材、钢结构、电解铝、水泥、高层建筑、环保工程、市政工程、地基处理等专业和领域形成了自己的竞争优势。

▼四川省政协大楼

地　址：四川省成都市人民北路1段8号　　电　话：(028)83181101　　传　真：(028)83192149
邮　编：610081　　网　址：http://www.5mcc.com.cn　　E-mail：bgs@5mcc.com.cn

MCC

中国第一冶金建设公司

中国第一冶金建设公司是为建设新中国第一个钢铁工业基地——武汉钢铁公司，于1954年11月1日成立的国有大型冶金施工企业，隶属于中国冶金建设集团公司，是中央管理的大型国有企业，具有冶炼工程、房屋建筑、机电安装、市政公用及公路工程等总承包一级施工资质和钢结构、炉窑、冶炼机电设备安装、高耸构筑物、地基与基础、堤防、建筑装饰、土石方、商品混凝土及混凝土预制构件、消防设施、公路路面及路基工程的承包资质。年施工生产营业额35亿元人民币以上，拥有总资产21亿元，拥有各类机械设备3625台(套)，总功率90806千瓦。

50年来，一冶承担了武钢各个时期的工程建设任务，是武钢工程建设的主要承包方。同时，面向全国承建了数十个钢铁公司的系统、主体或分项工程，一冶建成的钢铁项目占中国钢铁生产能力的十分之一强。在非冶金建设行业，一冶承建了数以百计的机械、电子、石油、化工、轻纺、交通、建材、市政、环保等工程项目和40多栋高层建筑。80年代，一冶人创造了闻名中外的“深圳速度”。此外，一冶还努力开拓国际建筑市场，先后在德国、日本、孟加拉、越南、香港、津巴布韦、尼日利亚、利比亚、伊拉克、科威特等数十个国家和地区承建工程和开展劳务输出。2004年11月4日，一冶承担的孟加拉国首都达卡市第一座立交桥——莫哈卡利立交桥建成通车，被誉为“中孟两国人民的友谊桥梁”。

一冶多次被评为全国先进施工企业和湖北省、武汉市优秀企业。1994年被评为中国500家最大经营规模建筑企业和最佳经济效益企业之一；1996年被国家建设部授予全国工程质量管理先进企业；2000年被建设部评为“九五”期间全国工程建设管理先进单位；2003年被评为湖北省思想政治工作优秀企业；2004年，被评为武汉市文明单位。一冶连续10多年被湖北省、武汉市评为“重合同、守信用”企业和武汉市特级（AAA）信誉企业，承建的工程有百余项被评为全国、部、省、市优质工程、全优工程。

一冶承建的武钢三号炉

近几年来，一冶在新的领导班子的坚强带领下，以只争朝夕的精神和求真务实的作风，外拓市场，内抓管理，深化改革，生产经营呈现出良好的发展态势，企业的凝聚力不断增强，社会信誉度不断提高。2003年，一冶一举扭转了连续六年亏损的被动局面，全部还清了历史上对离退休老同志养老金的拖欠；2004年，一冶实现营业收入31.1亿元，与2000年的11亿元比，增长280%；实现利润1817万元(2000年累计亏损5614万元)；在岗职工收入22000元，与2000年的6000元比，增长370%，提前一年实现了“十五”规划的主要目标；2005年，一冶的营业收入预计可突破40亿元，利润有望达到3000万元。

一冶承建的武钢三炼钢厂

雄关漫道真如铁，而今迈步从头越！能征善战、有着光荣传统的一冶人，在新的领导班子的带领下，一定会走得更高、更远，取得更大的成绩，创造新的辉煌！

五十年艰苦创业 新世纪再铸辉煌

中冶集团

武汉勘察研究院有限公司

中冶集团武汉勘察研究院有限公司(原冶金部武汉勘察研究院)创建于1955年，是全国勘察设计综合实力百强单位。持有国家建设部颁发的工程测量甲级、岩土工程地质勘察综合类甲级、工程咨询甲级、地基与基础工程施工专业承包壹级、特种专业工程专业承包、工程监理乙级和国土资源部颁发的地质灾害防治工程勘查甲级、施工甲级资质证书。具有对外经营权。1999年通过了ISO9001质量体系认证。公司现有中高级工程师360余人，包括国家勘察大师2人，享受国务院政府津贴专家16人，国家注册岩土工程师28人，国家一级注册建造师8人。本公司在上海、常州、马鞍山、南京、合肥、厦门、广州、珠海、宁波、天津、宜昌、重庆、长沙等地设有分支机构，业务范围遍及境内外。

本公司是中国工程建设标准化协会勘测委员会主任委员单位，并负责《供水水文地质勘察规范》和《供水管井技术规范》两个国家标准的管理工作。

近五十年来，公司完成了国内冶金、建材、化工、水利、电力、交通、市政和房地产等行业的工程项目近2万项。本公司曾与日本、德国、法国、韩国、尼日利亚、前苏联、新加坡、台湾、香港等国家和地区进行了广泛的技术交流与合作，曾多次派遣技术专家援外，赢的了广大用户的赞誉和信赖。

近年来，本公司先后荣获国家优秀勘察工程金、银、铜质奖19项，荣获省、部级优秀勘察工程奖100余项，有7项科研成果获得国家和省部级科技进步、发明奖。1992年被建设部评为“全国工程勘察先进单位”。自1993年起历年被评为武汉市、湖北省“重合同、守信用”企业，历年跻身全国勘察设计综合实力百强单位行列，1997年被建设部评为“八五”期间“全国工程建设管理先进单位”，2002年被评为湖北省工程勘察行业综合实力状元，并获国家级“重合同、守信用”企业称号，2003年获武汉市“五一劳动奖章”，2004年在全国勘察设计工程项目管理排序中位列第二名。

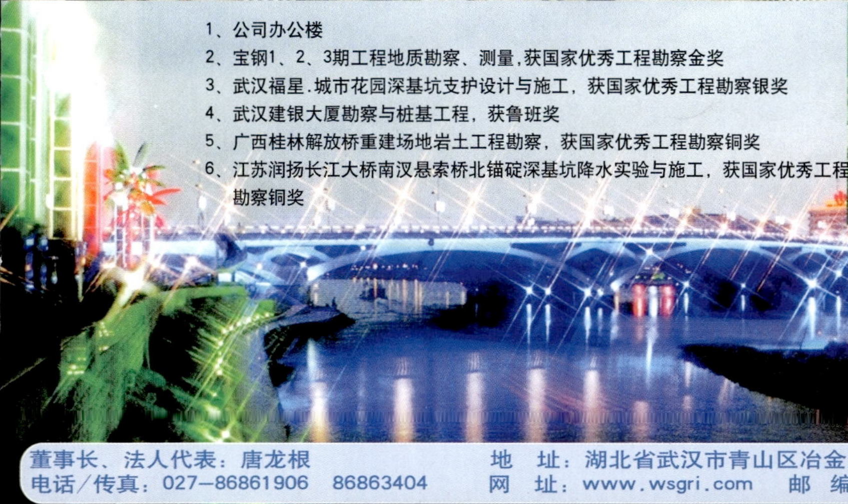

1、公司办公楼
2、宝钢1、2、3期工程地质勘察、测量，获国家优秀工程勘察金奖
3、武汉福星.城市花园深基坑支护设计与施工，获国家优秀工程勘察银奖
4、武汉建银大厦勘察与桩基工程，获鲁班奖
5、广西桂林解放桥重建场地岩土工程勘察，获国家优秀工程勘察铜奖
6、江苏润扬长江大桥南汉悬索桥北锚碇深基坑降水实验与施工，获国家优秀工程勘察铜奖

董事长、法人代表：唐龙根　　地　址：湖北省武汉市青山区冶金大道177号
电话/传真：027-86861906　86863404　　网　址：www.wsgri.com　　邮　编：430080

中冶东方工程技术有限公司

董事长　李国忠

中冶东方工程技术有限公司(简称中冶东方)是由中国冶金建设集团包头钢铁设计研究总院(简称包院)以分立式方式改制而设立的有限责任公司。中冶东方由中国冶金建设集团公司(简称中冶集团)做为主发起人并控股，包院高级管理人员、高级专家、技术和管理骨干持股，酒泉钢铁(集团)有限责任公司(简称酒钢)、青岛钢铁控股集团有限责任公司(简称青钢)和包头钢铁(集团)有限责任公司(简称包钢)参股的国际型工程技术公司。

2004年12月，中冶东方在青岛经济技术开发区正式揭牌成立。

中冶东方是产权清晰、资产优良、管理科学、人才荟萃、装备精良、具有全新机制和竞争活力的现代企业。更以其"一体四翼"的区位战略格局和拼搏创新、诚信求实、团结亲和的厚重企业文化而独具特色。

中冶东方植根并脱胎于包头钢铁设计研究总院。50年来，几代包院人亲历了我国钢铁工业发展艰苦卓绝而又灿烂辉煌的全过程，业绩遍布全国28个省市自治区，累计完成工程项目数千项，形成技术开发与研究——技术咨询——经济和环境评价——项目规划——工程设计——设备供货及成套——工程监理——项目管理服务——工程总承包等系列配套的、建设全过程的技术服务支撑体系，主营业务基本实现了由工程设计向工程总承包的转型；参加和完成了国家多项重点科研课题和试验研究；获得国家、省、部级优秀工程设计奖、发明奖、科技进步奖等奖项250余项；拥有专有技术和国家专利百余项；主编或参编了国家和行业标准、规范、规程近30项。

包院较早跻身国际市场，拥有进出口企业资格和对外经营资格，与40多个国家、地区100多家厂商建立了业务关系，承担国外咨询、设计、设备供货及成套以及工程项目总承包，2001年中国勘察设计单位综合实力百强中的国际业务列百强院第七名、冶金行业第一名，并保持在行业前列。

在为我国钢铁工业的发展做出贡献的同时，充分发挥国家大型综合设计研究院专业配套齐全的特点，广泛进入其它行业建设市场，多有建树。获国家授予的冶金、建筑、市政工程、轻工、环境工程与评价、智能化系统集成等十多项行业最高设计、咨询、评估资质。在长期工程实践中，锤炼和造就了包院艰苦奋斗、拼搏创新、诚信求实、团结亲和的企业文化和"高明的技术、优良的质量、过硬的作风、周到的服务、良好的信誉"的经营宗旨以及"志气、士气、勇气、正气、人气"的包院五气精神。

包院是省级文明单位，全国总工会授予的"模范职工之家"，全国勘察设计综合实力百强，ISO 9001：2000标准全国质量体系认证单位、档案管理国家一级单位……。

中冶东方将传承包院五十年的优良传统、辉煌业绩和雄厚实力，不断完善经过再造的现代企业管理运行机制，依托国家民族飞跃崛起之天时，拓展东、西部综合一体之区位优势，面向两个市场、汇聚八方英才，着力打造独具特色和市场优势的核心竞争力，建设世界知名、优秀的现代化科技型企业。

中冶东方、中国东方、世界东方。
东方公司竭诚为国内外客户提供优质服务，携手共创美好未来。

Newly established BERIS Engineering and Research Corporation(hereafter referred to as BERIS E.R.CORP.)is divided from Baotou Engineering and Research Corp. of Iron and Steel Industr(hereafter referred to as BERIS), China Metallurgical Construction(Group) Corporation(hereafter referred to as MCC). BERIS E.R.CORP. is an international engineering and technology company. MCC is an initiator and stock holder, the high-level managers, senior experts, backbones of technical personnel and managers of BERIS are shareholders, Jiuquan Iron and Steel Group Co., Ltd.(hereafter referred to as Jiugang), Qingdao Iron and Steel Co., Ltd.(hereafter referred to as Qinggang), and Baotou Iron and Steel Group Co., Ltd.(hereafter referred to as Baogang)have the participating shares.

December 2004, BERIS E.R.CORP. will be officially announced and established in the economy and technology developing zone of Qingdao city.

BERIS E.R.CORP. is a modern enterprise with the clearly equity structures, good assets, scientific management; talents gather together, well-equipped, possessing complete new mechanism and competitive vitality. It possesses with the unique features of the enterprise culture, such one body with four wings as region strategy, exerting the utmost strength and innovation, good reputation, factualism, and united.

BERIS E.R.CORP. is born out of BERIS. For over 50 years of development, several generations of BERIS have personal experienced the hardship and splendid development of China Industry and his references spread over 28 provinces, municipalities and autonomous regions of China. A total of several thousand projects were completed. It has been developed into the comprehensive technology service system of the complete construction process from technology development and research, technology consulting, economic and environment evaluation, project planning, engineering design, equipment facilities supply and equipment assembly, engineering supervision, project management and service to the turnkey project. Main business basically has been transferred from engineering design to the project contracting.

It has undertaken many major scientific research and development projects of the state and at the same time it has been awarded with more than 250 various prizes such as excellent engineering design prizes, invention prizes, scientific progress prizes etc. issued by state, ministries and provincial authorities. It has possessed more than one hundred exclusive technologies and patents. It has edited and participated in editing more than 30 standards, norms and regulations of the state and professionals.

Very early BERIS has started to pursue in the world markets, and possesses the certificate of approval for enterprises with trade rights and the certificate for foreign business. It has built up business relationship with more than 100 companies among 40 countries. It has undertaken overseas consulting, engineering design, equipment facilities supply and equipment assembly as well as turnkey projects. As for the comprehensive technical force, BERIS has taken on the seventh place among one hundred of China Survey and Design Institutes and on the first place among metallurgical industry, and keep the top position till now.

While BERIS has made great contributions to the development of China industry, it has fully exerted its complete professional features of the large-scale comprehensive engineering design institute of the state, and it has entered into other fields and made a great achievements. It has been awarded with more than 10 of the highest certificates for the design and consulting and evaluation of the metallurgy, construction, municipal works, light industry, environment engineering, environment assessment and intelligent integrated system etc. Through long time practice, BERIS has cultivated a good enterprise culture, that is: hard working, striving and innovation, honest and factualism, and harmonious team; our business guideline is: master technology, excellent quality, creditable working style, and good reputation; our enterprise spirit is: ambition, moral, courage, uprightness, and spirit.

BERIS has been granted an ideological and ethical advancement unit by autonomous region; model employee's family by National Worker Union; one of the comprehensive technical force of 100 Survey and Design Institutes; ISO 9001:2000 Quality Management System Certification by the China quality certificate authority; and first-rate archive management by the state etc.

BERIS E.R.CORP. will take over BERIS for more than 50 years good traditions, splendid references and strong technical force, continuously improve the management mechanism of modern enterprise, take on the nation rousing opportunity, and explore the geographic advantage of the integrated one part of west and east of China, look on this two markets, gather the talents all around, create the competition core with the unique features and market advantages, create world well-known and excellent modern scientific enterprise.

BERIS E.R.CORP. will earnestly serve all of the customers domestic and abroad to create a splendid future together with all friends.z

中国第十九冶金建设公司

中国第十九冶金建设公司（简称中国十九冶，19MCC）

系中冶集团所属大型综合施工企业，具有多项总承包和专业承包一级资质，连续11年荣获国家和省级“重合同守信用”和“质量信得过企业”称号。

中国十九冶诞生于“大三线”时期，并为“大三线”建设立下了不朽的功勋，建成了举世瞩目的西部钢铁之都——攀枝花钢铁基地。艰苦的创业环境蕴育了“艰苦奋斗、追求卓越”的企业精神，锻造了具有钢铁般意志的“西部铁军”。

秉承“诚信为本、合作共赢”的经营理念，中国十九冶建立了以昆明、成都、重庆、武汉、南京、宁波、深圳等为基地的营销网络，形成了“一江八点”的良好市场格局。近年来，中国十九冶又越过黄河，开辟了唐山、邯郸、泰钢等北方市场，并创造了一个又一个奇迹。

作为全国唯一一家独立承担过从冶金矿山到烧结、焦化、炼铁、炼钢、轧制全流程施工的企业，中国十九冶先后在国内20多个省、市、自治区，香港特别行政区以及德国、英国、意大利、卢森堡、约旦等欧亚国家承建过冶建、房屋建筑、市政工程和交通、能源、建材、化工、电力、水利等行业的各类工程项目，创造了“鲁班奖”等50多项国家、省(部)级优质工程和优质产品，多次荣获全国施工企业管理优秀奖、全国先进施工企业、全国施工企业技术进步先进企业、全国“五一”劳动奖状等奖项和荣誉。

昔有攀西裂谷“象牙微雕”的奇迹，今有邯郸古城“高炉推移”的壮举。屡立战功的“西部铁军”中国十九冶，正以其“雷厉风行”的作风和“敢争第一，勇于取胜“的锐气，在创新提升中实现新的跨越。

西部铁军 19MCC

图一 由中国十九冶承建的邯钢1260立方米高炉推移大修工程，仅用三十三天半时间，于2005年7月10日建成投产，创造了多项冶金建设新纪录

图二 由中国十九冶承建的昆钢热轧板带工程获2004年度国家优质工程银奖、全国用户满意工程

图三 由中国十九冶承建的世界一流、中国首条百米长尺钢轨生产线——攀钢万能轧机生产线于2004年12月底建成投产

图四 由中国十九冶建成的我国目前最大的甘肃酒钢十六点五万立方米新型煤气柜，各项技术指标达到和超过设计及国家规范指标

中国华北冶金建设公司

总经理　何建昌

中国华北冶金建设公司(简称中国华冶)，具有冶炼工程、矿山工程、房屋建筑工程、机电安装工程、市政公用工程等施工总承包一级资质，是外经贸部核准的具有境外工程和境内国际招标工程经营权的大型综合性施工企业。

公司拥有总资产14亿元，各类专业技术人员2961人，年施工能力30亿元以上。在冶金建设方面，公司先后在邯钢、邢钢、武钢、太钢、天钢等钢厂承建各类大型工程几十项。其中，邯钢250万吨薄板坯连铸连轧工程被评为国家优质工程银奖；邯钢冷轧镀锌板工程主要设备由国外引进，技术工艺先进，达到了国际一流水平；施工中的武钢500万吨球团工程，为目前亚洲最大球团厂。在矿山建设方面，公司具有设计、施工、生产总承包能力，施工技术、施工装备、施工能力在国内居于领先地位。先后完成各类大中型矿山设计30多项、施工90多项，交付竖井112条，总长3.9万米，平巷掘进50万米，露天剥岩2600万立方米。在中小型电厂建设方面，公司可提供设计、施工、设备采购、试车和人员培训“一条龙”服务。先后完成电厂设计、施工300多项。另外，公司还完成路桥、民建及大型公共建筑工程100多项，其中太旧高速公路北茹隧道工程荣获“鲁班奖”。施工总承包的大连世界博览广场工程，总建筑面积14.2万平方米，钢结构总重量3.1万吨，是目前国内最大的会展中心之一。

公司先后荣获全国“守合同，重信用”企业、“全国优秀施工企业”和“全国建筑安全生产先进集体”等称号。

大连世界博览广场　建筑面积14.2万平方米

邯钢冷轧镀锌板工程

寿光热电厂工程2×155MW汽轮机发电机组

地址：河北省邯郸市光明北大街12号　邮　编：056034
电话：0310—3086032　传　真：0310—3013762
http://www.ncmcc.cn　E-mail：ncmcc001@163.com

西石门铁矿　年产铁矿石220万吨　选矿处理250万吨

宝冶建设承建的南京奥体中心主体育场工程

上海宝冶建设有限公司

董事长　程志广

上海宝冶建设有限公司（简称宝冶建设）为大型国有控股建筑企业。拥有冶炼工程施工总承包特级资质，并已通过房屋建筑工程施工总承包特级资质的审核。公司通过ISO9001—2000版质量管理体系认证、ISO14001—1996环境管理体系认证和GB/T28001—2001职业健康安全管理体系认证。公司注册资金3.6亿元，2004年底公司总资产30.66亿元，净资产4.4亿元。公司拥有各类先进的施工生产设备、运输机械、加工机械4000余台，各类精密仪器、仪表1114余台。公司现有各类专业技术及管理人员2684人，其中高级职称278人，中级职称587人，有资质的项目经理619人，其中一级项目经理147人，二级项目经理290人。

公司先后参加了武钢、马钢、攀钢及宝钢等国家重点工程建设，并承建了上海地铁一号线、上海合流污水治理、上海浦东国际机场等众多的市政工程，承建了上海通用汽车、上海中芯国际集成电路、厦门戴尔计算机等最先进的工业自动化建筑以及厦门国际会展中心、南京国际会展中心、湖南国际会展中心、广州大学城、芜湖体育场等一大批大型国际会展与公共民用建筑。自上世纪九十年代中后期以来，宝冶建设审时度势，在保持建设大型钢铁项目传统优势基础上，高瞻远瞩地做出了大力挺进公共民用建筑市场的战略决策并取得了骄人业绩，连续获得多项建筑工程的亚洲及国内第一，大型场馆建设占到了国内40%的市场份额。

公司先后获国家科技进步特等奖、中国建筑施工综合实力百强企业、全国用户满意施工企业、全国五一劳动奖状、首批中国工程建设社会信用AAA级企业、全国企业文化建设十佳单位、全国质量效益型先进企业、中国施工企业管理优秀奖、上海市建筑业特级信用企业、上海市“重合同、守信用”百家优秀企业、上海市优秀企业等殊荣及多项国家质量金奖、银奖、建筑业鲁班奖、国家市政工程金杯奖、上海市白玉兰奖、上海市政工程金奖等质量奖。在全国冶金建设行业连续十多年各项主要经济技术指标排列第一名，企业综合实力连续十年蝉联上海市建筑企业五十强第一名。

董事长：程 志 广（法人代表）　总经理：张 创 一　地　址：上海市宝山区四元路168号　邮　编：200941
电　话：021—56646640（总机）　传　真：021—56935851　网　址：www.sbc-mcc.com

宝冶建设承建的宝钢4号高炉工程

宝冶建设承建的宝钢宽厚板连铸工程

宝冶建设承建的厦门国际会展中心工程

中国第二十二冶金建设公司

总经理　王秀峰

中国二十二冶办公楼

石家庄开元工程

北京仪器仪表厂迁建工程

北京理工大学体育文化综

中国第二十二冶金建设公司（简称中国二十二冶）隶属中国冶金建设集团，是一个具有近50年创业与发展史，以承建工业与民用建筑工程为主的国家大型综合性施工企业，包括房屋建筑工程、冶炼工程、钢结构工程、机电设备安装工程、炉窑工程、管道工程、市政设施等项目的施工。下设8个专业工程公司。拥有年产15万吨，以生产工业与民用建筑各种钢结构产品为主的现代化大型工业园和适应现代化建设的勘察、设计、科研机构及各类机械设备。可经营国外经济技术合作项目，承包本行业的国外工程和境内国际招标工程。在激烈的市场竞争中，已形成建筑安装、房地产开发、设备租赁、对外投资为一体的集团化经营发展格局。

二十二冶人才荟萃、专业齐全、装备精良、技术先进。现有在岗员工1.1万人，其中各类专业技术人员2637人，中高级以上技术工人4620人。从上世纪50年代以来，先后承建和参建了大批国家和地方以及部分国外的工业与民用建筑工程项目，足迹遍布祖国长城内外、大江南北，以汗水、智慧和实力铸起了座座丰碑。曾连续5年被河北省政府和连续13年被唐山市政府命名为“重合同守信用”企业，2002年被国家工商行政管理总局命名为全国“重合同守信用”企业；1998年通过中质协ISO9002质量体系认证，2002年通过环境和职业安全健康管理体系认证；多次荣获“全国优秀施工企业”、“国家重大技术装备成果奖”、“全国建筑工程名牌企业”、“部级科学技术进步奖”等。被中国资信评价中心确定为中国建设系统企业信誉AAA级单位。2002年获得全国“五一”劳动奖状。2003—2004年荣列中国建筑业领先企业。2005年被评为“全国精神文明建设先进单位”和“全国企业文化建设先进单位”。

北京LG大厦工程

电话：0315—3220001 3220004　传真：0315—3220004　邮编：063030
网址：http://www.22mcc.com　地址：中国·河北·唐山市丰润区幸福道16号

中冶沈勘工程技术有限公司

中冶沈勘工程技术有限公司(英文缩写SKET)是由原中国冶金建设集团沈阳勘察研究总院改制组建，国有资产相对控股的科技型企业。是法人治理结构健全、技术装备现代化、项目管理科学化的工程技术公司。SKET是以技术为依托，以岩土工程为主业，集勘察、设计、科研、咨询、工程承包于一体，主业突出，经营多元、结构合理的新型企业。

SKET前身是冶金系统较早成立的冶金工业部沈阳勘察研究院，始建于1956年。50年来，为国家培养了大批各类专业技术人员。人力资源丰富，专业配置齐全，现有享受政府津贴专家9人，中冶集团首席专家1人，教授级高级工程师15人，高级工程师48人，工程师103人。曾荣获“全国勘察设计综合实力百强单位”、“全国工程勘察先进单位”、“全国测绘质量表彰单位”，企业信用等级为AAA。持有工程勘察综合类甲级、工程咨询甲级、地基与基础工程壹级以及桩基检测、土石方工程、爆破与拆除工程、特种专业工程等资质证书。通过了质量管理体系认证(GB/T19001—2000 idtISO9001：2000标准)、职业健康安全管理体系认证(GB/T28001—2001标准)、环境管理体系认证(GB/T24001—1996 idtISO14001：1996标准)，具有对外经营权。

SKET自五十年代起，业务范围覆盖冶金、建筑、石油、化工、电力、煤炭、交通和城建等诸多行业，既参加了新中国大型钢铁企业的恢复改造和建设工程，又参加了改革开放以来的国家大型工程基本建设工程。为全国20多个省市、自治区提供过专业服务，在国内享有较高的声誉。共完成大中型工程项目15000余项，其中80余项获国家、省部级优秀工程奖，20项科研成果获优秀科技进步奖，6项成果获国家技术发明专利。

SKET与美国、日本、俄罗斯等10多个国家和地区几十家公司进行的计划交流与合作，并建立了长期的合作伙伴关系，曾多次派专家赴俄罗斯、津巴布韦、越南、巴基斯坦等国进行技术指导和工程服务。

SKET以测绘、岩土工程勘察、水文地质勘察、地基基础工程、工程物探、岩土工程设计、施工、检测和土工试验为主业，能够应用全球卫星定位技术(GPS)建立各等级测量控制网，运用数字化成图技术进行工矿城镇的测绘工作及建立计算机地理信息管理系统；能够承担各类大型工矿、市政及高层建筑的岩土工程勘察、岩土原位测试；各种桩及地基土的检测；水文地质勘察及凿井、深基坑工程降水；各类地基与基础设计、施工及检测(强夯、振冲法、振动沉管桩、大口径钻孔灌注桩、旋挖桩、人工挖孔桩、螺旋钻孔压灌流态砼桩、压力注浆桩、夯扩桩、钢渣桩、预应力管桩、多节扩孔桩、搅拌桩、CFG桩、静压注浆、高压旋喷桩、地下连续墙等)；边坡支护设计与治理；尾矿坝稳定性评价及加固，尾矿坝渗漏勘察、防渗设计与施工等。同时还从事工程建设监理、工程爆破、土石方工程、非开挖管线铺设与修复工程及建筑物托换、纠偏、加固等特种工程。

沈阳市地铁一号线地质勘察工程

沈阳金杯客车变形观测

我公司设备力量雄厚，拥有旋挖钻机5台，其中日本产2台，意大利产意马AF180、AF180C、AF220型3台，可控直径1.8–2.2M，钻进深度达56M；长螺旋钻机20余台；强夯吊车100—400T・M20余台；ZYJ600B型抱压式液压静力压桩机1台；最大压桩(圆柱)直径600mm；夯扩桩机5台；深层搅拌钻机5台；各种工程地质勘察钻机20余台；拥有国内先进桩机的检测仪器10台；稳态、瞬态多道瑞利波测试仪3台套；大型桩基静力载荷试验设备10余套，最大静力载荷1500T；工程物探设备齐全，拥有电法测试仪、地震仪、波速测试仪、岩石声波测试仪、电测井测试仪等；测量设备拥有全站仪、GPS、航测仪器等。土工试验常规设备齐全，并拥有动三轴、共振柱等仪器设备，为抗震设计提供技术参数。

改制后的中冶沈勘工程技术有限公司将以此为契机，不断完善现代企业制度，大力培育和增强核心竞争能力，一如既往地恪守“致力于科技为先，奉行质量为本，追求顾客满意，坚持持续改进”的企业宗旨，以雄厚的综合实力，为国内外用户提供高效优质的服务。

沈阳市青年大街南出口立交桥改造工程

哈尔滨市地铁一号线地质勘察工程

SKET

中冶华天工程技术有限公司

中冶华天工程技术有限公司（原中冶集团马鞍山钢铁设计研究总院）是一家具有40多年光辉历史的国家大型设计研究单位，在其发展历程中共完成4000多项国内外工程设计和400多项试验研究，300多项成果荣获国家、部、省级优秀工程设计奖、科技进步奖，拥有30多项国家专利，为中国钢铁工业和社会进步作出了重大贡献。目前排名全国勘察设计企业“百强”第30位。

2004年7月11日，中冶集团马鞍山钢铁设计研究总院改制成立中冶华天工程技术有限公司，成为集工程技术的研究、咨询、设计、工程总承包于一体，涉足国内外冶金、市政、环保、民建、自动化、能源等多种行业全面发展的国际型工程公司。

目前，中冶华天正以创新提升发展的姿态，紧紧抓住改制成功的大好机遇，乘势而上，做大做强四大主业板块，一是继续大力发展工程总承包业务；二是加快发展有中冶华天特色的环境工程业务；三是大力培育发展有较高技术含量、拥有自主知识产权的机电产品制造业；四是进军房地产开发市场，进而全力打造诚信、富强、团结、和谐的“中冶华天”品牌。

图一

图二

图三

图四

图片说明：

图一、2004年7月11日，中冶华天工程技术有限公司成立庆典隆重举行，走过42年历程的马鞍山钢铁设计研究总院，开始翻开自身发展史上具有里程碑意义的崭新一页。

图二、中冶华天总承包建设的韶钢7号高炉工程于2005年8月19日顺利出铁。这是目前华南地区装备水平最高的现代化大型高炉。

图三、中冶华天承揽设计的具有世界先进水平的马钢冷轧薄板工程。

图四、2005年8月9日，以中冶华天工程技术有限公司为主发起人、联合其他投资者收购南京两房地产开发公司签字仪式在南京举行。这标志着中冶华天四大板块全面启动，同时也标志着中冶华天跨地域经营战略迈出了实质性步伐。

图五、中冶华天公司研发的具有自主知识产权的污水生物处理新技术“水解(酸化)——上向流曝气生物滤池及其处理污水新工艺”在广东省新会龙泉污水处理厂投运成功，这是国内率先投入商业运营并获得成功的样板。

▼图五

联系单位：中冶华天工程技术有限公司　联系地址：安徽省马鞍山市湖南路25号　电　话：(0555)2629888、2629100

邮政编码：243005　网　址：www.htzy.cn　电子邮件：office@htzy.cn

全面创新，求真务实
努力建设世界级现代电信企业集团

中国电信集团公司是中央管理的特大型国有通信企业。公司成立以来，高举邓小平理论和“三个代表”重要思想伟大旗帜，认真贯彻党和国家的路线方针和政策，正确处理改革发展稳定的关系，以全面创新、求真务实的精神状态，坚持在发展中改革、在改革中发展，各项工作稳步推进，企业综合实力不断提高，实现了国有资产的保值增值，为国家经济发展、社会进步和信息化建设做出了积极的贡献。

历史沿革

中国电信集团公司成立于2000年5月，是在国家对邮电系统实行政企分开、邮电分营，并将寻呼、移动、卫星等业务资产分离出去组建的。2002年5月，根据国务院电信体制改革方案，对原中国电信集团进行南北分拆，由南方21个省、区、市电信公司(上海、江苏、浙江、安徽、福建、江西、湖北、湖南、广东、海南、广西、重庆、四川、贵州、云南、西藏、陕西、甘肃、青海、宁夏、新疆)组建成新的中国电信集团公司。

企业属性及资产

中国电信集团公司是中央管理的特大型国有通信企业，是经国务院授权投资的机构和国家控股公司的试点。公司的资产和财务关系在财政部单列，长远发展规划和年度计划分别纳入国家通信发展整体规划和年度计划。公司注册资本为1580亿元人民币，拥有原中国电信集团公司全国干线传输网70%的产权。截至2004年底，中国电信集团公司总资产为5407.26亿元，负债总额为2108.29亿元，资产负债率为38.99%；员工总数约46.1万，离退休人员约11.9万。

业务经营范围

中国电信集团公司经营下列业务：经营集团公司及有关企业中全部国有资产和国有股权；经营国内、国际各类固定电信网络与设施(含本地无线环路)；经营基于固定电信网络的话音、数据、图像及多媒体通信与信息服务；经营国际通信和国际电信业务对外结算业务；经营与通信及信息业务相关的系统集成、技术开发、技术服务、信息咨询、广告、出版、设备生产销售和进出口、设计施工等业务。

资本纽带与组织结构

截止2004年，中国电信集团由上市公司、存续公司、北公司、北方公司和西藏公司组成。集团公司作为母公司，有28个全资子公司，其中有23个省级电信公司；控股中国电股份有限公司，股份公司由南方20个省级有限公司组成。集公司与部分省级电信公司共同出资设立当地省级实业公司，部分省级实业公司为当地省级电信公司的全资企业。集团司有5个直属单位。集团公司总部设置22个二级部门。

资本纽带与组织结构

中国电信集团公司实行总经理负责制，总经理为集团公的法定代表人；设副总经理若干名，根据总经理授权履行应职责，对总经理负责。集团公司接受国务院派出的国有点大型企业监事会对国有资产保值增值状况的监督。中国信股份有限公司根据公司章程，设置股东大会、董事会、理和监事会，各自依法履行相应职责；经公司经理提名董会批准，设公司副经理、财务副经理若干名。

坚持求真务实、创新发展，经营工作取得骄人业绩

近年来，面对日趋激烈的市场竞争和新技术新业务的冲击，中国电信坚持以科学发展观为指导，坚定信心，求真务实，在全球固网电话公司发展普遍低迷的大环境下，走出了一条自主发展的道路，经济效益稳步增长，通信能力显著增强，各项业务快速发展。

企业收入和经济效益稳步提高。通信主业业务收入稳步增长，成本费用增长低于收入增长，企业利润总额、净资产收益率等效益指标持续改善，资本支出水平稳步下降，资本结构逐步优化。2000—2001年，通信主业主营业务收入增长率分别为12.53%、7.31%，利润总额分别为119亿元、82.7亿元，净资产收益率分别为3%、1.94%。2002年至2004年，与网通分拆后，通信主业主营业务收入增长率分别为8.8%、8.65%和10.08%；利润总额分别为149.3亿元、221.2亿元和297.9亿元；净资产收益率分别为4.54%、5.78%和6.97%。各项指标均呈稳步增长态势。其中，2001年收入增幅和利润偏低，主要是由于2001年度国家对电信资费进行了全面、大幅度下调，按静态计算减少收入165亿元。

用户规模迅速扩大。从2000年到2004年，固定电话用户从9051万户增加到1.9亿户，翻了一番；公用电话从235万部增加到1292万部。宽带业务从2001年开始起步，到2004年用户迅速增长到1473万户。

综合通信能力不断增强。从2000年到2004年，本地交换设备容量从1.32亿门增加到2.56亿门，长途交换机容量从369万路端增加到541万路端，宽带接入端口容量从84万个增加到2291万个，数据通信端口容量从62万个增加到73万个；网络设备的利用率逐年提高，长途交换机实装率从64.15%提高到77.45%，本地交换机实装率从69.89%提高到74.23%。

国有资产保值增值的任务圆满完成。2000—2001年，全集团累计实现合并主营业务收入3566.5亿元，其中通信主业主营业务收入3149.5亿元；实现利润总额211.3亿元、净利润133.3亿元；上缴国家税收198.7亿元；企业总资产由4911.4亿元增加到5943.7亿元。2002年至2004年，与网通分拆后，全集团累计实现合并主营业务收入4886.5亿元，其中通信主业主营业务收入4442.9亿元；实现利润总额702.3亿元，净利润419.5亿元；上缴国家税收361.3亿元；企业总资产由4794.2亿元增加到5407.3亿元。国有资产保值增值率逐年提高，2000年到2004年分别为104.0%、102.5%、103.3%、106%和107.9%。

实施一系列管理改革的重大经济决策，企业综合实力稳步提升

发展是第一要务。近年来，中国电信紧紧围绕企业的发展，坚持以市场为导向、以客户为中心、以效益为目标、以创新为动力，积极开展运营机制和管理机制的改革创新，实施了一系列的重大经济决策，取得良好的效果，基础管理水平显著增强，运营效率和效益显著提高，通信服务和精神文明建设取得新成效，企业的综合竞争实力得到明显提升。

(一)制定发展战略目标，明确了企业的发展方向

中国电信成立后，面对异常激烈的市场竞争形势和艰巨繁重的改革发展任务，根据中央的路线方针政策、世界电信业和我国电信业发展的普遍规律，结合中国电信的实际情况，提出了“全面创新，求真务实，努力奋斗，力争用五年左右的时间，把中国电信建设成为规模大、价值优、实力强的世界级现代电信企业集团”的战略目标和一系列重大战略决策。围绕实现这个战略目标，制定和实施了九大战略举措：把发展作为第一要务，调整结构，有效拓展，保持企业的持续健康发展；坚持用户至上，用心服务，努力创造服务先机，实现企业品牌领先；不断丰富创新内涵，强化体制机制创新和技术业务创新，把创新作为发展的核心动力；全面实施集约化管理，建立符合现代企业制度要求的大型企业集团管理体制；稳步推进全方位流程重组，建立新型企业运营模式；加强重组整合，尽快形成优势，推进实业公司实现持续、稳定、自主发展；整合、优化、完善企业信息化体系，提高运营支撑和企业管理水平；走人才兴企之路，创建学习型企业；加强企业文化和精神文明建设，增强中国电信的凝聚力和战斗力。同时，以国际先进电信企业为标杆，开展了战略对标工作，引进先进管理理论和方法，全面分析、查找中国电信与世界级企业的差距，明确努力方向，稳步推进建设世界级电信运营企业的进程。

)调整业务结构和发展策略，保持了企业的持续稳定健康发展

中国电信在继续发展固定电话业务的同时，果断做出了适当调业务发展方向、结构和策略，大力发展宽带业务、稳妥发展小通业务、积极发展增值业务的决策。几年的实践充分证明，这策为中国电信找到了新的重要的业务增长点。到2004年底，宽户数量已达到1473万户，增长率高达459.7%；宽带收入的比8%，投资回报率也比较高。宽带业务的发展，极大地促进了家信息化建设和人民生活的改善。在增值业务方面，积极适应信息技术进步趋势和广大用户对通信信息业务的需求，加大、培育力度，相继发展和推出来电显示、声讯电话、互联星灵通短信、七彩铃音、系统集成等业务。同时，大力发展综息服务，目前，中国电信组建的全国性信息应用系统已超过个，有为银行开发的网络视频监控、金融超市；有为政府部门的政务新干线、一站式服务大厅；有为处于不同发展阶段的业提供的宽带接入、呼叫中心、企业邮箱；有为教育信息化量做的学生在线监控、家校通、绿色上网以及数字化图书馆；有为农民搭建的农业信息数据库等。增值业务占收入的比重从0年的1%，上升到2004年的4.51%。根据国家相关管制政策和场驱动，把小灵通作为固话的补充和延伸，充分利用固网资源，下而上逐步发展了一定规模的小灵通，对于增强竞争优势，保中国电信收入稳步增长、提高经济效益、确保国有资产保值增满足消费者需求，起到了较好的作用。

)积极实施海外上市，切实转换了企业的经营机制

2000年中国电信成立之初，为解决在垄断经营条件下形成的念相对陈旧、体制机制不适应市场变化、管理比较粗放等问题，时，为开辟新的国际融资渠道，引入资本市场的激励、约束机和先进的管理方法，提升盈利能力和绩效水平，提高企业的竞力，保持企业的可持续发展，中国电信实施了推进企业改制和市的工作。

改制上市工作从2000年1月着手准备，后因中央决定对中国电进行重组，准备工作暂时中断。2002年公司重组成立后，立即重启动上市工作。在当时全球股市低迷、尤其是电信泡沫刚刚破的情况下上市是有风险的，经慎重研究思考，中国电信做出了市的重大决策，并得到国务院和有关部门的大力支持。两年来按照国务院批准的“整体上市、分步实施”方案，中国电信通两次发行股票和两次大规模资产收购，基本实现了主业整体上的目标。首次上市发行股票是2002年11月，在全球股市低迷的情下，中国电信在香港、纽约成功上市(IPO)，融资15.2亿美元，成全球电信行业当年最大的首次公开发行，并得到国务院领导同的充分肯定。第二次发行股票是2004年4月，在全球股市普遍下、融资环境发生不利变化的情况下，中国电信成功增发58.5亿新，融资17.25亿美元。

)果断开展主辅，主附分离，精干了主业、促进了辅业的发展

一是以清理资产为重点，到2004年底，清理规范多经企业工作本完成，对解决历史遗留问题，规避经营风险，确保国有资不流失，起到了积极的作用。二是优化资源配置，实业公司组整合和辅业改制工作取得重要进展。按照“有进有退，有为有所 不为”的原则，通过资产、业务和人员的重组整合，进步减少企业数量，缩短法人链条，把资源向优势企业、优势务、优势品牌和优势项目集中。同时，根据国家八部委联合发的《关于国有大中型企业主辅分离辅业改制分流安置富余员的实施办法》等一系列政策规定，制订了辅业改制总体方，得到国资委、劳动和社会保障部、财政部的联合批复。2004年选定16家企业作为辅业改制第一批试点单位，并下发了《辅业改试点指导意见》，2004年底启动了辅业改制试点工作。三是建章制，提高了实业公司的管理水平。陆续制定了一系列指导性文，指导各省建立和完善公司法人治理结构，规范出资人、董事、监事会、经营管理层之间的关系，为出资人层层到位和国有产保值增值责任的具体落实提供体制和制度保障。以财务管理核心，建立健全绩效考核体系，完善全面预算管理和经营分析度，防范经营风险，促进企业逐步走向管理科学化、运作规范的轨道。四是加强对稳定工作的领导，促进了实业的稳定和发。明确各省电信公司、实业公司党政“一把手”是稳定工作的一责任人。同时，严格执行国家政策，规范工作程序，有针对地做好干部员工的思想政治工作，及时化解各种矛盾，使员工正理解改革、支持改革、参与改革，保证了改革的平稳有序推，促进了实业公司的发展。2004年，21省实业公司完成业务收入9.8亿元，比2001年增长28.5%；实现净利润4.85亿元，比2001年长56%。截止到2004年底，21省实业公司净资产为243亿元，比01年增长8%。各省实业公司在服务和支撑主业，挖掘传统业务潜的同时，努力拓展外部市场，独立生存能力和综合竞争实力不增强。

(二)加强以财务管理为核心的内部管理，企业运行效率和管控水平明显提高

管理的科学化、规范化，是增强企业综合竞争实力的重大问题。中国电信成立之初，管理链条过长，管理粗放、基础薄弱，运行效率和管控水平较低。为改变这种状况，从2001年开始，公司先后实施了财务等五项集中管理，上市后又进一步强化财务等五项管理，取得了明显的成效。

财务管理方面 一是以财务集中管理为切入点，理顺财务体制，改善财务状况。从2001年开始实施财务集中管理，用3年时间实现了由传统的集团、省、地市、县四级财务管理体制向集团、省二级财务管理体制的历史性转变，使财务资源得到了有效集中和优化配置，企业债务得到有效控制，大大降低了资金管理风险，从根本上解决了长期以来存在的高存款、高贷款的现象，21个省级公司的存款余额大幅下降，存贷比相应由24%降至10%；2001年提出的相关省公司(除西藏、青海外)“三年扭亏”的目标得以实现，全集团的财务状况得到根本改善。二是以财务管理创新为契机，稳步提升企业财务管控水平。其一，推行全面预算管理，强化业绩考核体系，资源使用效率大幅提升，总资产周转率较实施预算管理之前提高31.1个百分点，资产负债率下降了4个百分点，成本得到有效压缩，企业盈利水平大幅提升，股东投资回报率(ROE)连续三年逐年提升2个百分点，业绩考核体系越来越体现价值导向，较好地适应了国资委和资本市场要求。其二，改革对外投资及产权管理制度，防范国有资产流失。先后出台了《对外投资管理办法》、《组建实业公司有关财务处理的通知》、《资产评估管理办法》等一系列规章制度，逐步构建了较为完善的对外投资监控、管理、考核评价制度与操作体系，加强产权管理基础工作，规范了产权转让、兼并收购的管理和操作程序。第三，优化资金资产管理体系，促进资源有效配置。初步建立了事前预算、事中控制和事后评价相结合的现金流管控体系；进一步优化资本结构，提高了资金使用效率。同时启动实施固定资产流程的全面优化工作，从源头上防止资产管理混乱甚至流失。第四，积极推进财务管理信息化建设，目前管理支撑系统(MSS)财务部分取得重大突破，将在集团内逐步推广。三是以实施企业会计制度和内控体系建设为突破口，推动财务管理的规范化、制度化。从2003年1月起开始全面执行《企业会计制度》，在重要的财务会计政策上实现了与国际会计准则和国际惯例的协调，基本满足了企业信息的国际可比性，便于国内外投资者了解中国电信财务状况和经营成果，提高财务信息的真实性和透明度。公司上市后，于2003年8月启动股份公司内控体系建设。到2004年底，全面编写完成《内控手册》和各省级公司《内控手册实施细则》，将从2005年起全面试行和完善。开展内控建设，一方面是为了满足上市地监管法律的要求，但更重要的是以此为契机，加强内部管控，有效防止和化解错漏舞弊风险，发现和解决经营管理中的缺陷，从基础管理入手，理顺内部管理流程，提高管理效率和效益，增强企业竞争力。

投资管理方面 一是推进投资管理体制改革。2000年，适应公司化运作的需要，制定了投资计划管理办法，将原有的部、省、地市、县四级投资管理体制调整为集团公司、省级公司两级投资管理体制，明确了集团公司和省级公司的投资界面；之后，根据企业快速响应市场的需要，明确省级公司既要对地市分公司的投资进行集中管理，又要给予地市分公司一定的项目管理权，对省级公司、地市分公司的战略性投资和本地网滚动性投资进行界定，建立了面向市场、服务效益的投资计划管理体系。二是调整投资方向和投资结构。根据企业的远、中、近期的发展目标和任务，科学、合理地编制投资计划和投资预算，加大投资方向和结构的管控力度，加强对省级公司的投资指导，确保投资向有效益的区域、业务和客户倾斜，降低投资风险。同时，注重引进新技术，提升网络核心能力，充分挖掘网络资源潜力，提高网络资源利用率。三是强化投资规模管控。合理控制投资规模，将资本支出占收入比纳入绩效考核指标，资本支出占收入比逐年下降，投资效益稳步提高，投资占收入比由2000年的54%降至2004年的36.4%，已投资资本回报率(ROIC)由2000年的3.5%提高到2004年的7.41%。四是加强投资计划的流程化管理。严格执行国家建设项目管理规定，变职能管理为流程管理，使投资管理逐步规范化。

设备采购管理方面。先是将采购权限向地(市)分公司集中，随后进一步向集团公司和省公司集中，建立了集团公司和省公司两级采购管理体系，在集团和省两个层面开展统谈统签和统谈分签工作。同时，建立健全相关制度，实行公开招标、专家评标、民主决策，杜绝了腐败现象的发生。从2001年开始逐步加大集中采购力度，2004年集中采购比例达到75%。

审计监督方面 近几年，按照全面审计、突出重点的原则，中国电信充分发挥内部审计的监督、评价和服务职能，以促进企业经济活动规范有效为目标，以监督评价资产安全性、会计信息真实性、经营活动有效性为重点，积极开展审计工作，对促进企业强化内部控制、改进内部管理、防范经营风险起到了重要作用。一是加强财务收支、预算执行审计，规范了经济行为，提高了会计信息质量。二是开展工程项目审计，维护企业合法权益，节约了工程建设成本，促进了工程建设管理水平的提高。三是开展经济责任审计，客观评价领导人员经营业绩，促进领导人员认真履行经济责任，离任审计覆盖面达到100%。四是开展内部控制审计，促进企业加强内部控制，防范企业风险。

2004年底，面对国内外电信市场出现的新变化，通过深入分析企业发展的形势和内外条件，中国电信审时度势，在国内电行业率先作出了实施企业战略转型的重大战略决策，希望以业务与服务转型为抓手、以技术与网络转型为基础、以组织与人资源转型为保障，促进中国电信从传统基础网络运营商向现代综合信息服务提供商转变，实现企业的可持续发展。

“路漫漫兮其修远矣”。展望未来，21世纪全球网络技术的飞速发展和国家推进信息化、建设和谐社会的战略决策为中国电的发展提供了更为广阔的舞台。中国电信将以建设“世界级现代综合信息服务提供商”为目标，深化改革、加快发展、强化理、改善服务，不断提高企业的核心竞争力，努力实现新的跨越，为全面建设小康社会作出更大的贡献。

实施文化创新 推进企业转型
坚定不移地实践集团公司的整体战略

上海市电信有限公司

上海市电信有限公司是境外上市的中国电信股份有限公司的全资子公司，在“三个代表”重要思想、科学发展观的指引下，牢记“共享与世界同步的信息文明”的历史使命，遵循“团结拼搏、同创价值、和谐创新、共享繁荣”的企业精神，以创新为灵魂，以发展为动力，以文化为源泉，以服务为根本，全面推进生产力的发展和企业的转型。

2004年，是上海电信以“市场创新”为主线，将主题创新向纵深推进的一年；是聚焦产品结构调整，推进关键业务迅猛发展的一年；是制订公司全面发展白皮书，定位和展现上海电信使命和追求的一年；是固化、深化各项管理创新成果，进一步夯实管理基础的一年；是关注员工全面发展，优化企业和谐氛围的一年。

2004年，上海电信紧紧抓住宽带、无线、存量运筹和增值服务“三个关键”业务，精心培育系统集成和信息内容两个市场，夯实五个基础，通过全体员工的共同努力，圆满完成了名项任务，业务收入接近两位数的增长。宽带发展持续领跑上海市场，成为公司收入增长的第一引擎；小灵通建设众志成城，在工程建设中刷新了历史，谱写了上海电信成长史的新篇章。

至2004年底，覆盖全市、能提供多种智能业务的本地电话交换机容量达到888.7万门，通达240多个国家和地区，国内、国际交换机容量达15.6万路端，INTERNET的国际出口带宽已达13G，累计长途数据带宽超过120G。以技术层次、规模容量都位居世界先进行列的通信和信息网络，为中国电信实现向现代综合信息服务商转型的目标打下坚实基础。

1

2

3

5

2004年，上海电信宽带发展持续领跑上海宽带市场，宽带用户净增57万户，达127万户；小灵通业务迅速成长，用户突破100万户，实现了和移动电话的短信互发；来电显示、电话QQ与声迅业务方面，拓展了新的增长空间；拓展IP公话业务，有效拉动了国内长途业务的增长。全年业务收入完成127.9亿元，同比增长9.95%。

2004年，上海电信以高度的责任心和强烈的政治责任感，为亚太经社会、F1赛车大赛、中法文化年、世界工程师大会等重要会议和活动承担了重点通信保障任务，以一流的通信服务，为中国电信争光添彩。并获得了“中央企业先进基层党组织”、“全国质量效益型先进企业”、“全国爱国拥军模范单位”、“全国企业文化建设实践创新奖”、“上海市职工最满意企业”等多项荣誉称号。

展望新的一年，我们将深入贯彻“三个代表”重要思想和十六届三中、四中全会精神，坚持科学发展观，以文化创新为主题，努力实施精确管理，以塑造和强化创新、协同和服务文化为着力点，全面推进企业转型，使企业获得持续健康协调发展的动力，为实践集团公司“由传统基础网络运营商向现代综合信息服务商转变”的战略、为全面建设小康社会，构筑社会主义和谐社会做出贡献。

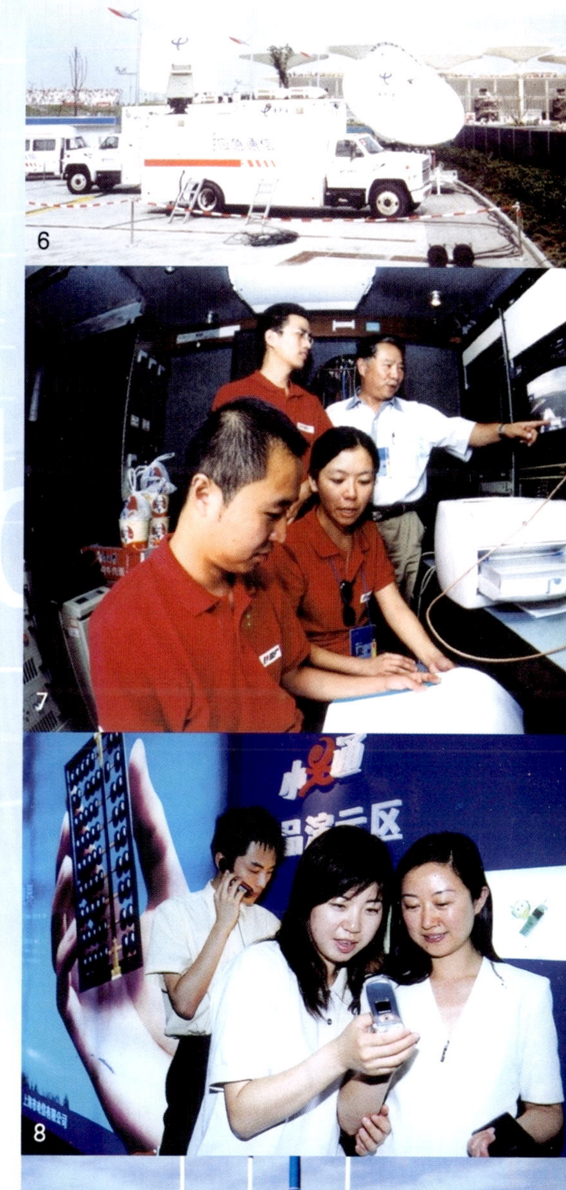
6

7

8

9

图片说明

一、上海电信率先开展TL9000订证和试点，初步建成与国际接轨的运维质量评价体系，王玮总经理接受颁证。

二、在与上海市妇女联合会共同举办的“奥运姐妹回娘家”的活动上，总经理王玮代表上海电信向为国增光的奥运巾帼赠送贺礼。

三、党委副书记陈鸿生代表公司党委接受国资委党组颁发的“中央企业先进基层党组织”奖牌。

四、充满活力的上海电信员工队伍。

五、董事长程锡元、副总经理张战国为上海信息产业（集团）有限公司揭牌。

六、七、服务在F1赛车大赛现场的上海电信。

八、九、小灵通建设发展推进有力，年内突破百万小灵通用户大关。

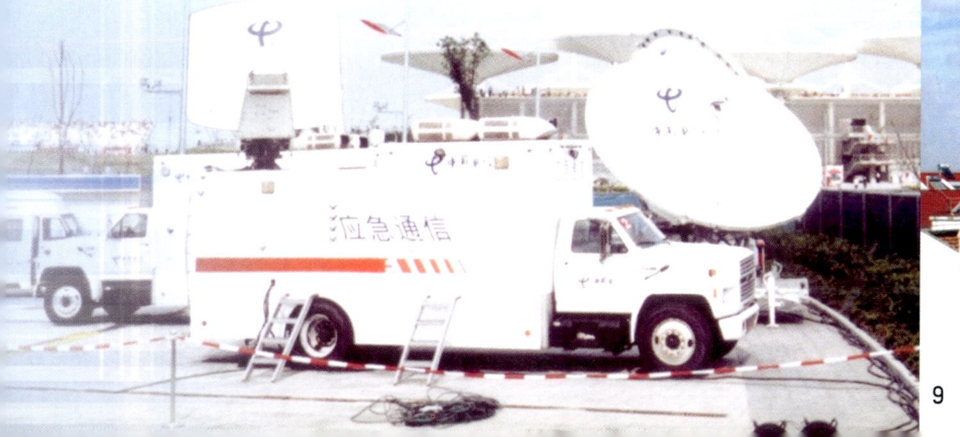

新疆电信大楼　为用户答疑解惑　好e家营业厅

新疆电信有限公司

百年风雨铸辉煌　热血丹心绘宏图

秉承百年历史、创造百年业绩的新疆电信始于1893年，经历了一百多年的风雨沧桑，历史巨变。如今，电信服务已深深融入边疆人民的生活当中，对社会发展起着越来越重要的推动作用。

特别是改革开放以来，新疆电信奋发图强，挑战时空，取得了令人瞩目的成就。30000多公里光缆凸现出“五环双出疆”的网络优势、600多万门交换机、还有遍布全疆的数据通信网络，使各行各业在信息大潮中千帆竞发，百舸争流。

近年来，新疆电信相继建成了南北疆光缆、南北疆环路光缆、第二出疆光缆通信干线，实施了西兰乌、乌伊光缆、南北疆数字微波干线扩容改造工程和全区卫星通信网新建及扩容工程，专家们把新疆的光缆传输网形容为“五环双出疆”。除了地下的光缆网，还有位于地面的3000多公里南北疆数字微波干线，以及运行于空中的卫星通信网并已建成了10个卫星地面站。空中卫星、地面微波、地下光缆组成了新疆电信的立体式、多层次、现代化、高保障的网络传输结构。在本地电话网建设方面，全区拥有600多万门的本地交换设备容量，新建了乌鲁木齐第二电信枢纽，建成了16个以地州市为中心扩大的本地电话网，100%的乡和70%的行政村通了电话。在新业务网建设方面，已相继建成了覆盖全区地州市的数据通信网、视讯平台及互联网数据中心平台，并在全疆范围内开通了电子商务、互联星空等业务。

尤其是在近5年来，新疆电信坚持把发展作为第一要务，按照代表先进生产力发展水平的要求，始终坚持高起点，积极采用新技术，不断加快通信建设步伐，新疆电信网络规模、技术水平、通信能力都有了质的飞跃和提高，为自治区社会进步、经济发展、民族团结做出了积极的贡献，成为新疆通信行业中首家获得自治区级文明行业称号的单位。

展望未来，新疆电信将把由传统基础网络运营商向现代综合信息服务提供商转型作为企业发展征程上新的契机和起点，进一步加快发展，深化改革，强化管理，全面提升企业的综合竞争力，动员全区各族电信员工团结拼搏，锐意进取，全面创新，为顺利实现企业转型和可持续发展打下更加坚实的基础，为自治区全面建设小康社会做出新的更大的贡献。

江苏省电信有限公司

江苏省电信有限公司是经中国电信股份有限公司创立大会批准设立的有限责任公司。经营范围包括江苏省内的固定电信网络与设施(含本地无线环路)业务；基于固定电信网络的语音、数据、图像及多媒体通信与信息服务；按国家规定进行国际电信业务的对外结算；经营与通信及信息业务相关的系统集成、技术开发、技术服务、信息咨询、设备生产、销售和设计与施工等。公司共下辖13个地市级电信分公司，57个县(市)电信分公司，现有员工2.3万人。目前，江苏电信的收入规模仅次于广东，居中国电信集团第二位。

2002年11月14、15日，江苏电信在美国纽约和香港两地上市，是中国电信股份有限公司首批在海外上市的四家省(市)公司之一。上市以来，江苏电信树立了全新的经营和管理理念，坚持“全面创新、求真务实、以人为本、共创价值”的核心价值观，抢抓机遇，加快发展，目前已建成了覆盖全省、技术先进、安全高效的公众通信网络，提供丰富多彩的电信业务，基本满足了社会各界不同层次的通信消费需求。

作为江苏的主体通信运营企业，江苏电信积极发挥网络、技术和人才优势，大力推进地方信息化建设。截至2005年7月底，江苏电信拥有固定电话2800万户，宽带用户近200万户。在传统业务优势的基础上，江苏电信积极创新，不断赋予业务和服务新的内涵，追求客户价值的最大化。目前，江苏电信提供各类传统业务外，还积极提供固话彩铃、小灵通短信、全业务充值卡、移机不改号等全新业务。作为江苏省宽带行业的领先者，江苏电信坚持为用户提供高品质的网络、优质的服务和丰富的网络内容，让广大个人用户享受不断创新的时尚网络体验，让企业得到高效、稳定、安全、周到、人性化的网络服务。

江苏电信秉承“用户至上、用心服务”的服务理念，积极打造服务品牌。10000号客户服务热线是江苏电信为用户提供的最全面的综合服务窗口，全天24小时不间断地为用户提供业务咨询、业务查询、业务受理、投诉或建议、障碍申告等服务，提供真正便捷、高效的电信品牌服务。做好大客户服务。建立分行业的客户服务和销售模式，主动开展大客户网络安全优化。针对企业客户，还特别推介了呼叫中心、“全球眼”、“新视通”等新业务，促进客户价值的提升。

在集团公司和省委、省政府的正确领导下，江苏电信认真处理好改革、发展和稳定的关系，各项工作稳步推进，协调发展。继2003年省公司和13个市分公司被省委、省政府评为省级文明行业之后，江苏电信2004年又获省“五一劳动奖状”，在江苏省消协组织的“3.15”服务行业服务质量满意度调查中，公司得分名列各电信运营商之首。

在今后的工作中，江苏电信将继续坚持科学发展观，优化资源配置，实施精确管理，推进企业转型，促进企业的可持续发展，努力为经济发展、社会进步和实现国有资产保值增值作出更大的贡献。

福建省电信有限公司

福建省电信有限公司是中国电信股份有限公司在福建省行政区域内出资设立的独资子公司，注册资本为103.6亿元，下辖69个分公司(包括9个地市级分公司、58个县(市)分公司和无线通信分公司、黄页分公司)，截至2004年底从业人员达到1.63万人。

经过多年的发展，福建省电信有限公司已经建立起了完整、统一、先进的公用电信基础网络，形成了以同步网、七号信令网和网管网为支撑，集光纤、微波等多种传送手段和DWDM、SDH、ATM等多种传送技术的强大的传送层，以及架构在其上的交换网、智能网、数据网等多业务网络，为用户提供了方便、高速、安全可靠的多种通信业务。本地、长途公用电信网已实现了交换程控化、传输数字化，并初步实现了网络综合化和用户线群光缆化，已建成了一个以光缆为主、数字微波为辅的全方位、大容量、多手段、高速率、安全可靠的立体通信传输网络。

福建省电信有限公司围绕中国电信的转型战略，以增值业务为主要切入点，以项目为抓手，加快向现代综合信息服务提供商转型。率先在全国完成固网智能化改造，优化了固网网络结构，进一步提升了核心竞争力；不断推进宽带网络的提速和优化，持续改进宽带服务质量，宽带网络运营水平在各电信运营商中保持领先；启动“e代天骄—家校通”工程，推动了“平安校园”建设和学生健康上网；组织建设“数字福建”信息化平台建设，推进中小企业信息化；开通12333社会呼叫中心，建成社会治安视频监控系统等等。

福建省电信有限公司秉承“用户至上、用心服务”理念，坚持诚信经营，积极为社会和广大用户提供优质高效的通信服务，获得了2005年全国通信行业用户满意企业、福建省首届最佳信用企业等荣誉称号。同时，长期以来高度重视农村通信的发展和用户服务工作，全省行政村通电话覆盖面达到99.3%，所有乡(镇)全部接入互联网，在全国处于先进水平。

截至2004年底，福建省电信有限公司总资产达265亿元，拥有电话用户数1222万户，宽带用户数92万户，交换机总容量达到1578万门，长途电话交换机容量达到30万路端，DSL端口达到125万个，LAN端口达到56万个。

甘肃省电信有限公司

风雨无惧 变革创新铸辉煌 历经磨砺 矢志不渝图奋进

张掖裕固族同胞在使用小灵通通话　　宽带业务宣传

甘肃电信，地处祖国西北黄河上游之滨，是横贯丝绸古道、联结西北五省的重要通信枢纽，是甘肃省通信主体企业和“数字甘肃”建设的主力军。

甘肃电信成立以来，坚持以发展为主题、以创新为动力，抓住机遇，克服困难，众志成城，昂扬奋进，坚定不移地致力于全省国民经济信息化和社会进步与发展，大力实施体制创新、技术创新、管理创新，历经五载风雨，谱写了一篇辉煌的华章。企业成功实现了境外融资上市，上市一年来取得了骄人业绩，净利润实现了由负转正的历史性跨越；电话用户今年突破500万户，宽带用户突破30万户，电话用户普及率提高了12个百分点，业务收入始终保持了高于GDP、高于全集团水平的增长速度，电话用户和业务收入的市场份额始终保持在50%左右；渠道建设、流程重组、架构再造、机制创新等体制改革成效显著，全面预算管理、集中管理、效绩管理、标杆管理等现代管理方式得到全面推广，“以市场为导向，以客户为中心，以效益为目标”的运营机制初步建成；波分复用（DWDM）、宽带技术、IP、PHS、智能网、光纤接入、NGN等先进技术得到广泛运用，企业固定资产总值达到131.23亿元，固定电话网交换机总容量达到560万门，宽带接入总容量达到30万线；恪守“全面创新、求真务实、以人为本、共创价值”的核心价值观，积极培育“企业=军队+学校+家庭”的特色企业文化，全面推进两个文明建设协调发展，先后获得了“全国创建精神文明行业示范点”、“全国精神文明建设工作先进单位”、“全国诚信单位”、“全国五一劳动奖状”、“2004年全国用户满意服务”、“中国用户满意鼎”和“中央企业先进集体”等多项国家级荣誉，实现了企业效益与社会效益的协调发展，向省委、省政府、集团公司和资本市场交了一份满意的答卷。

展望未来，甘肃电信既面临着难得的发展机遇，又承受着严峻的竞争与发展的压力。甘肃电信将在集团公司和省委、省政府的领导下，坚持科学的发展观，紧紧抓住当前难得的战略机遇期，不断探索实施战略转型的有效途径；大力推进业务创新，拓展信息服务领域，满足广大群众日益多样化的信息服务需求；把握网络演进方向，提升网络科技水平，努力建设一张技术先进、功能强大、传输带宽、支撑个性化信息服务的下一代信息通信网络；实施精确管理，优化资源配置，努力提升精细营销、精确管理和精益运营水平；坚持诚信经营、依法经营，努力维护电信行业健康、公平、稳定的发展环境；通过甘肃电信广大员工的共同努力，依靠各级党委政府、社会各界以及广大客户的支持与帮助，努力把甘肃电信建设成为一家效益、服务和管理水平领先的现代综合信息服务提供商，在全省“以信息化带动工业化”的大潮中做出新的、更大的贡献！

兰州第二电信枢纽

固定电话沟通亲情

2004年12月甘肃电信荣获“全国用户满意鼎”

战略驱动　创新领先

全力打造新型电信运营企业

山东省电信公司

2005年4月29日，山东省电信公司挂牌成立两周年。两年来，通过大力实施“坚持全面创新、坚持战略合作、坚持企业文化建设”为核心的发展战略，探索出了一条固定电话领域有效发展之路，一些做法得到了中国电信集团公司的肯定，2004年被山东省经贸委评为“山东省管理创新十佳企业”。

作为市场新进入者，山东电信以全面创新为主线，将观念创新、机制创新、技术创新、业务创新、服务创新、管理创新等贯穿于公司的组建和发展。坚持“以人为本”的理念，公司员工全部面向社会招聘，实行全员竞争上岗，引入职位族管理平台，为员工规划了职业生涯，拓宽了员工的职业发展和晋升通道，逐步形成了“企业选人”与“人选企业”的双向选择机制。采用最新的组网思想和技术，选用统一的设备机型，通过技术创新向社会独家推出了“广汇通”、“全通达”等极具市场竞争力的差异化的业务。采取“有所为、有所不为”的经营方针，坚持以“合作”为核心的大经营思路，致力于建立以电信为核心、连接上下游合作伙伴的电信产业链。加强综合管理创新，以科学、高效的管理信息化系统全面提升企业整体管理水平。山东电信还将企业文化建设作为公司的发展战略之一重点推进，提出了“开放、创新、奉献”的企业精神，作为山东电信的共同理想、价值观念和行为准则。

在创新精神的指引下，山东电信尝试出了一条有别于传统电信运营企业的创新之路。在设备采购上，以合作共赢为纽带，打造利益共同体，变甲乙方为战略伙伴，在国内电信运营企业首创了新型合作模式。这种彻底把传统的甲、乙方关系转变为战略合作关系的做法，不仅减少了招投标、选型和设备订购等工作量，降低了电信运营成本；而且从机制上为廉政建设提供了保障机制。在网络建设上，广泛与资源单位合作，变剩余资源为有效资源，既盘活了国有资产，又为国家节省了建设资金。通过购、租、合建等方式，不仅有效盘活了合作伙伴的网络资源，节省了数以亿计的建设资金；而且使山东电信在短短一年内实现了网络资源的快速提供，搭建起了功能完善、起点较高的一体化通信网络。在支撑服务方面，加强与社会各界合作，变闲置力量为有效支撑，有力促进了地方经济发展和相关产业的共同繁荣。目前与山东旅科集团、万博公司等单位进行了包括工程施工、代维代营、服务支撑、营销收费等多方面的战略合作，使得社会15余万人直接或间接地从事电信产业，在推动山东电信发展的同时，有力地拉动了地方经济、再就业工程和相关产业的繁荣。

山东电信通过实施以管理创新带动技术、业务等全面创新工程，使得发展周期大大缩短，发展规律呈现出跳跃和健康的态势。目前，山东电信传输网、交换网、宽带IP网、智能网和ATM网等各类专业网已覆盖全省各地，宽带、窄带、有线和无线等各种接入技术广泛采用，已向社会全面提供集语音、数据、多媒体等于一体的信息化服务，短短一年时间内走过了传统运营商十几年的发展历程，企业总资产两年累计达到20.5亿元。

一、山东省电信公司党组书记、总经理　汤淇同志
二、2005年5月11日，吴基传部长（左一）到山东电信视察工作时，饶有兴趣地观看了“新视通”业务演示，高度赞扬了山东电信业务创新的做法，充分肯定了以创新求发展的思路和模式。
三、山东电信坚持“合作共赢”的发展战略，全力打造以电信为核心的产业价值链。2003年6月7日，山东电信与华为技术有限公司结成战略合作伙伴。
四、2003年4月29日山东省电信公司正式挂牌成立。
五、建筑面积21600平米、总投资9100万元的济南电信枢纽楼。

青海省电信有限公司领导班子
从左至右：副总经理邢仁平　党组书记葛凡　董事长总经理杨建青　副总经理曲俊贤　纪检组长、工会主席李正龙

青海省电信有限公司

QingHai Telecom Company Limited

历经邮电分营、移动剥离、政企分开和电信重组等一系列改革后，中国电信集团青海省电信公司于2000年7月6日挂牌成立，正式成为自主经营、自我发展的市场主体。2004年6月9日，青海省电信公司成功实现了在境外上市，以此为标志，青海电信进入了全新的发展阶段。

青海省电信有限公司现辖西宁市和海东地区、海西州、海北州、海南州、黄南州、果洛州、玉树州、格尔木市等9个州、地、市分公司、38个县分公司，两个直属单位(传输局、黄页信息分公司)。

有竞争就会有前进的动力。经过多年的发展，在幅员辽阔的72万平方公里的土地上，青海电信已经建成一个具有相当规模和技术先进的现代化通信网，通信能力、用户规模、服务水平、企业效益均实现了历史性的跨越，并且发展成为一个在香港、纽约两地上市、拥有国内国外两个资本运作平台、受到多方资本市场监管、严格按照现代企业制度和国际规范治理的大型电信运营商。

作为曾经为青海通信事业做出过巨大贡献、有着深厚历史渊源的企业，青海电信在集团公司“把中国电信建设成为世界级现代电信企业集团”这一战略目标的指引下，秉承“用户至上，用心服务”的服务理念，紧跟信息技术发展方向，以强烈的社会责任感和加快发展的紧迫感，不断增强网络能力，丰富和拓展自身业务，改善服务质量和水平，为促进青海经济发展、社会进步和提高人民生活质量，起到了重要的推动作用。目前青海电信固定电话用户数由1999年公司成立前的27万户猛增到现在的100万户，保持了年均增长近13万户的快速发展势头；宽带用户从无到有，目前总数已超过5万户。

当前，面对新的机遇与挑战，青海电信正在加快由传统基础网络运营商向现代综合信息服务提供商转型的步伐，网络进一步走向宽带化、IP化和智能化，业务更加综合化、多元化和个性化。青海电信将牢固树立和认真落实科学发展观，进一步深化企业改革，优化资源配置，实施精确管理，全面促进企业的健康、协调、可持续发展。

中共青海省委副书记、青海省人民政府省长宋秀岩在青海省电信有限公司总经理杨建青陪同下视察青海电信工作

中国电信集团公司总经理王晓初赴青海视察工作

IC卡电话遍布城乡

2005年11月21日，青海电信固定电话用户突破100万

陕西省电信有限公司
持续创新加快转型　推动社会和谐发展
陕西省电信有限公司是中国电信股份有限公司的全资子公司。公司于2004年7月1日成功上市，是西北地区规模、能力、技术领先的通信运营企业。目前主要经营陕西省内的固定电信网络与设施，基于固定电信网络的话音、数据、图像及多媒体通信与信息服务，通信及信息业务系统集成、技术开发、技术服务、信息咨询以及设备生产、销售与设计施工。公司下设10个市分公司、89个县(区、市)分公司和4个直属单位，网点遍布全省城乡。
陕西省委书记李建国与殷一平总经理亲切交谈
集团公司副总经理孙康敏（左一）来陕视察

陕西电信积极贯彻省委省政府“建经济强省，创西部最佳”的总体要求，紧跟国际电信技术的发展潮流，实现连年跨越发展，构建了技术先进、业务齐全、安全可靠、功能强大、覆盖全省、通达世界的现代电信网络，技术层次达到世界先进水平；陕西电信立足政府工作重点和市场需求，积极实施业务创新，在政府上网、企业上网、家庭上网、村通工程等信息化建设中，加速发展打造优秀品牌，推出ADSL、光纤＋LAN、无线上网及网元出租、新视通、小灵通、话吧、各类电话卡等一系列电信新业务，以及互联星空、家家e、短信、各类信息服务等增值业务，以及“全家福”等系列优惠套餐和针对大客户的一站式一揽子通信解决方案；陕西电信秉承百年传统，铸造诚信品牌，诚信高效的精心服务，推动经营业绩和用户数量持续增长，自2000年以来，全省固定电话用户以每年新增100万户的速度高速增长，现已超过760万户，互联网用户超过150万户，推动陕西电信从传统电信运营商向信息基础设施提供商、信息及应用平台综合提供商的转变；陕西电信积极参与各项社会公益事业，自2002年以来先后为抗洪救灾、扶贫济困捐款捐物达1400余万元；陕西电信近年来被中国质量协会、用户委员会评为“全国用户满意服务单位”、“全国优质服务月先进单位”，连年蝉联“陕西质量服务信誉单位”和全省“创佳评差”最佳单位，2004年被信息产业部行风建设领导小组和全国电信用户委员会评为“全国用户满意电信服务明星”，被陕西省消费者协会评为“诚信单位”，在陕西省通信管理局两年一度的用户满意度测评中，取得了全省第一名的好成绩。

在国家信息化战略的指引下，陕西电信将紧紧抓住“西部大开发”的历史机遇，以支撑和带动国民经济和社会信息化为己任，务真求实、全面创新、加快转型、与时俱进，以更加杰出的业绩、更加优秀的表现回报社会、回馈客户，全力推动社会和谐发展！

网管大楼

党委书记、总经理　寥仁斌

湖北省电信有限公司

湖北省电信有限公司是中国电信股份有限公司在湖北省行政区域内出资设立的独资子公司，是湖北规模最大的电信运营商，下辖84个市、县分公司。近年来，湖北电信坚持科学的发展观，服务地方经济，推进信息化进程，向用户提供固定电信网络与设施业务，并提供基于国内固定电信网络的话音、数据、图像及多媒体通信与信息服务。

在激烈的市场竞争中，湖北电信加快建立现代企业制度，不断增强企业核心竞争力，全面提升湖北电信的企业价值、客户价值、员工价值和社会价值。秉承中国电信“用户至上，用心服务”的服务理念，湖北电信建立了“以市场为导向，以客户为中心，以效益为目标”的企业运作模式，大力推进机制创新，实现了跨越式发展。电话用户以年均百万余户的速度猛增，2004年8月28日，突破1000万大关，企业综合实力明显增强。目前湖北电信已建成一个大容量、高速率、宽带化、全覆盖、运行安全可靠的现代化通信运营网络，除固定电话业务外，还可为客户提供全方位的数据通信、企业信息化等方面的服务。

湖北电信的优质服务受到了广大用户和社会各界的广泛好评。在湖北省通信管理局组织的各运营商用户满意度测评中，湖北电信排名第一；17个市州分公司均被省消费者协会评为“湖北省消费者满意企业”；用户越省级有理由投诉为零。在湖北省企业信用评定委员会组织的全省诚信示范企业评选活动中，湖北电信获得2002—2003年度“湖北诚信示范企业”称号。2005年5月，湖北电信行风评议的综合成绩在五大运营商中名列榜首，被省纠风办和省通信管理局授予“民主评议行风合格单位”称号。同年7月，湖北省电信有限公司机关被评为省级最佳文明单位。

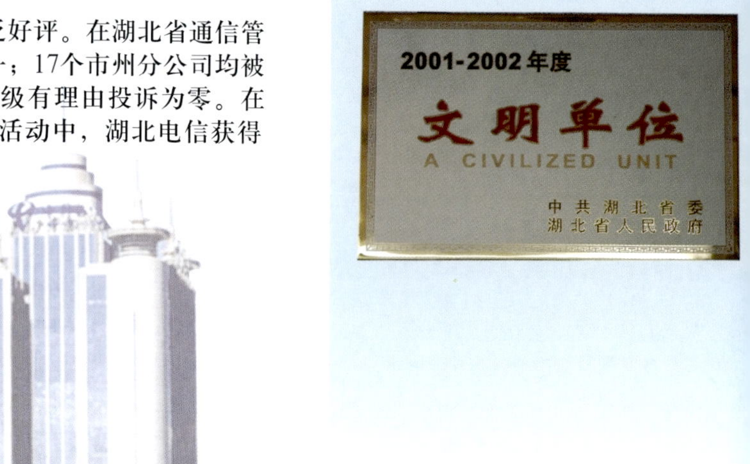

目前，湖北电信在保持语音业务稳定发展的同时，正在加快宽带业务、增值业务以及综合信息服务的发展力度，全面推动湖北电信由传统通信企业向现代综合信息服务企业的转型。湖北电信将始终保持企业在管理水平、运营机制、人才素质和服务品质方面的行业领先优势，为加快推进湖北国民经济和社会信息化进程，促进湖北省经济社会的全面、协调、可持续发展做出新的更大贡献。

车公司

东风公司立足国际竞争，全面国际合作。主要整车合作项目有：神龙汽车有限公司、东风汽车有限公司、东风悦达起亚汽车有限公司、东风本田汽车有限公司等。

2004 年：东风有限花都工厂 15 万辆轿车生产能力全面建成；襄樊工厂 10 万辆中高档轿车改造项目已经完成，投放不久的“天籁”获得良好市场反映；神龙二期工程全面开工，标致品牌的导入取得初步成功，标致 307 在竞争激烈的局面下投放获得市场接受；东风本田汽车一期 3 万辆能力建成投产，12 万辆扩能工程完成前期准备，先期投放的 CR–V 成为市场同类产品之秀。根据“金三角”计划，继完成与日产的合资重组后，实施了对郑州日产的收购。

着眼做强做大，东风公司提出了以“再造新东风，实现新跨越”为主题的新一轮的发展战略目标，把东风公司建设成为“永续发展的百年东风，面向世界的国际化东风，在开放中自主发展的东风”。

东风本田首次亮相广州车展

天籁下线

东风小康

天窗版毕加索

标致 307

中国水利水电建设集团公司
SINOHYDRO CORPORATION

中国水利水电建设集团公司（Sinohydro Corporation）是中央管理的、跨国经营的综合性大型企业集团，是中国规模最大、最具实力的水利水电建设企业集团。截至2004年末，资产总额257.8亿元，所有者权益40亿元。公司主要从事国内外水利水电建设工程的总承包和相关的勘测设计、施工、咨询、监理等配套服务，以及机电设备、工程机械的制造、安装、贸易业务；电力、公路、铁路、港口与航道、机场和房屋建设、市政公用、城市轨道、机电安装等工程的设计、施工、咨询和监理业务；投融资业务；进出口贸易业务等。

集团公司作为中国江河治理、水电开发的主要力量，先后承建了国内70%的大中型水电站和水利枢纽工程。在建工程包括三峡、龙滩、小湾、瀑布沟、拉西瓦等特大型、大型水利水电工程，总装机容量4000余万千瓦。为中国常规水电装机容量、水电在建规模跃居世界第一做出了突出贡献。同时，公司积极推进国际化战略，先后在亚、非、欧、美的50多个国家和地区进行了广泛的工程承包建设和经济技术合作，在国际上树立起“中国水电建设第一品牌”的良好形象，自1999年以来连续进入全球最大225家国际工程承包商行列，2003年位列第81位。公司在交通、市政、工业与民用建筑及其他能源工程建设和投资开发方面，也取得了显著业绩。公司承建的多项工程获得了国家及地方政府颁发的鲁班奖、金质奖、银质奖、优秀工程奖，整体技术实力已经处于世界同行业先进水平。

目前，集团公司按照“组织集团化、管理现代化、经营国际化”的战略思路，大力实施跨越式发展战略，向国际一流的大型水电建设集团迈进。

中国水利水电建设集团公司
党组书记、总经理　郭建堂

龙滩

小湾水电站施工

SINOHYDRO

三峡全景

南光(集團)有限公司

嚴細　務實　團結　自強

董事长、总经理：**吴 亦 新**

南光（集团）有限公司是总部设在澳门由国务院国有资产监督管理委员会直接管理的中央企业，集团前身南光贸易公司成立于一九四九年八月，是澳门最早的中资企业。在逾半个世纪的发展历程中，公司较好的完成了各个历史时期国家所赋予的不同使命，为发展内地与澳门的经贸关系、推动祖国的对外经济贸易事业、促进澳门的繁荣稳定作出了应有的贡献，赢得了良好的声誉。

集团主要业务范围包括：国际贸易及商品批发零售、酒店旅游、物流、房地产及劳务等；主要经营商品有：石油化工产品、钢材、五金矿产、粮油食品、纺织服装、汽车、医药、木浆、轮胎等；拥有大型油库、加油站、酒店、百货商场、写字楼、码头、货仓冷库、运输车队、出租物业等资产。

集团下设6家直属二级公司，其中在澳门5家，分别为南光石油化工有限公司、濠璟酒店有限公司、澳门中国旅行社有限公司、南光实业有限公司、南光贸易有限公司，在内地广东省珠海市一家，为广东南光实业贸易公司，有全资及控股企业30余家；总部设职能部室4个，分别为行政人事部、财务资产部、业务发展部和审计监察部；在北京设有代表处。

集团是澳门最大的石油化工产品和主要的鲜活冷冻食品供应商；在澳门、杭州、桂林、加拿大拥有9家酒店，其中四星级以上酒店4家；年旅游接待人数近30万人次；有澳门最大的内港码头、干冻仓库和跨境运输车队；与美国、欧盟、独联体、韩国、东南亚等十几个国家和地区有长期贸易往来。

集团将秉承“用最好的回报社会”的企业宗旨，以诚实、守信为原则，在严细、务实、团结、自强的企业精神指引下，坚持立足澳门，拓展内地，走向海外，不断巩固澳门商品分销业务，做强物流业，稳健扩大国际贸易，加快酒店旅游业务发展，稳步推进企业的改革与发展，与各界朋友一道，努力建设更加美好、光明的未来。

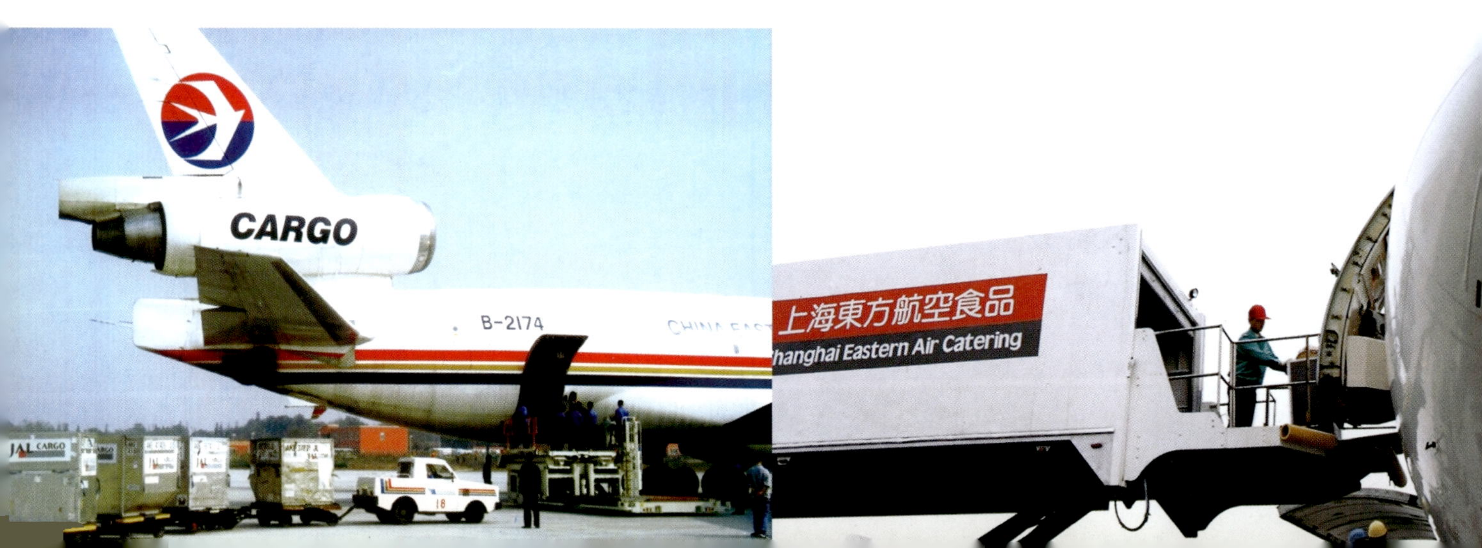

CARGO
B-2174
上海東方航空食品

中国东方航空集团公司（China Eastern Air Holding Company，缩写：CEAH）是以东方航空集团公司为主体，于2002年10月兼并原中国西北航空公司、联合原云南航空公司组建而成、属国资委直管的国有大型航空运输企业。

东航集团公司注册资本25.58亿元人民币，截至2004年底，总资产为555.57亿元人民币；集团从业人员3.7万人；拥有大中型运输飞机(在册)172架，通用航空飞机22架；经营国内外航线676条，其中国内航线(含港澳地区)534条，国际航线142条。

东航集团公司航空运输主业以中国东方航空股份有限公司为载体，该公司为上海、香港、纽约三地挂牌的上市公司，东航集团公司控股61.64%。同时，东航集团公司还经营通用航空、航空食品、金融期货、酒店管理、房产物业、票务旅游、广告传媒、进出口业务、免税品、航空设备制造等多种辅业，初步形成了以航空运输为主、相关辅业协同发展的战略格局。

2004年，东航集团完成运输总周转量56.98亿吨公里，旅客运输量2864万人次，货邮运输量82.81万吨，同比分别增长43.16%、38.49%和36.47%。全年实现主营业务收入290.45亿元，实现利润总额13.01亿元，净利润6.14亿元，创出历史最好水平。

2005年6月30日，东航集团公司将旗下东航西北公司和东航云南公司的航空运输主业资产正式注入东航股份公司，标志着东航集团主业一体化工作迈入了崭新阶段。东航集团将全面贯彻和落实科学发展观，坚持“精诚共进”的企业理念和“追求卓越，报效社会”的服务宗旨，为打造国际知名航空企业集团而不懈努力。

东航网站：www.ce-air.com　东航服务热线：(021)95108　地　址：上海市虹桥路2550号
邮　编：200335　电　话：(021)6268-6868(总机)　传　真：(021)6268-3320

Sinosteel Corporation(abbreviated as Sinosteel)is a central enterprise under the administration of the State–Owned Assets Supervision and Administration Commission. Sinosteel is mainly engaged in developing and processing of metallurgical mineral resources, trading and logistics of metallurgical raw materials and products and related engineering technical service and equipment manufacture. It is a large enterprise with clear–defined core business that integrates resources, trade, science & technology and specialized service.

There are 49 subsidiaries under the administration of Sinosteel, among which 32 are in China and 17abroad. By the end of 2004, the total assets of Sinosteel had reached 13.5 billion RMB. The operating scale is 29.4 billion RMB in 2004 and earnings 613 million RMB.

Sinosteel is one of the state–owned enterprises that first "Go Global" launching successful mineral resource projects. It has successfully established iron ore and chrome ore resource bases in Australia and South Africa, providing abundant mineral resources for the sustainable development of China.

Sinosteel possesses global–running sales network and logistic service system. It is the raw material supplier and sales–agent for major Chinese steel mills, some of which Sinosteel has entered into long–term strategic partnership. Its trading transactions in iron ore, chrome ore, DRI, fluorspar, coke, manganese ore, scrap, steel products, magnesite and rare earth are in the leading position in China, which lay important influence in the steel industry.

The scientific & technological companies under Sinosteel have solid research foundation and strength in the fields of geological exploration, beneficiation, heat engineering, environmental protection, refractory materials and metal products, etc. Boasting several stand–alone intellectual property rights, they accommodate 6 state–level research centers and are qualified to carry out master and doctor education. As a result of industrialization of research findings, 27 production lines have been established with products prevailing in domestic and international markets.

Sinosteel is qualified to undertake project engineering & purchase, construction and auxiliary supply.As the agent for many Chinese and international equipment & technology suppliers, Sinosteel provides financing and bidding services for big Chinese steel mills on process modification. Sinosteel consultancy is the only metallurgical company in China that is given exclusive investment evaluation entrusted by National Development & Reform Commission.

After dozens of years of development, Sinosteel has accumulated strong driving force. Looking into perspective, Sinosteel will fully exert its advantages. The commitment will remain that Sinosteel endeavors to establish a large group enterprise that highlights major specialized operations on the global interface supported by our tech–research dynamics and extensive sales network. With all these missions bearing in mind, Sinosteel strives for a leading company of the circle, highly innovative and well managed, withclear–defined core business and efficient global–running system.

中钢集团是中国最早"走出去"开发矿产资源的国有大型企业之一，在澳大利亚、南非等地成功建设了铁矿、铬矿资源基地，为国民经济可持续发展储备了丰富的矿产资源。

Sinosteel is one of the state–owned enterprises that "Go Global" launching successful mineral resource projects. It has successfully established iron ore and chrome ore resource bases in Australia and South Africa, providing abundant mineral resources for the sustainable development of China.

中国海洋

CHINA NATIONAL

中国海洋石油总公司（CNOOC，简称中国海油）是1982年成立的国家石油公司。依据《中华人民共和国对外合作开采海洋石油资源条例》，负责在中国海域对外合作开采海洋石油及天然气资源。中国海油注册资本500亿元人民币，总部设在北京。

中国海油以上游产业为核心，积极拓展、不断完善产业链条，正在从一家纯上游业务公司，发展成为上下游一体化的综合型能源公司。中国海油现已形成石油勘探开发生产、专业技术服务、基地服务、化工化肥、天然气及发电、金融服务六大业务板块，呈现出各板块良性互动的良好发展态势。

2004年，中国海油的产量持续增长，全年共实现销售收入709.2亿元人民币，利润242.2亿元人民币，上缴税金120.9亿元人民币，分别比上年度增长32%、62%和80%。截至2004年底，公司总资产增至1532.6亿元人民币，净资产达830.6亿元人民币，分别比年初增长28%和21%。公司的利润总额居中央企业第5位，总资产列中央企业第12名。中国海油良好的发展业绩赢得了资本市场的充分肯定，国际权威资信评定机构标准普尔及穆迪分别给予公司BBB+和A2的评级，均等同于中国主权评级，这也是中国公司目前所获得的最高外部权威机构评级。

2004年，中国海油的油气勘探、生产继续保持稳步发展。公司2004年油气总产量达到3648万吨油当量，比2003年增长312万吨，增幅9%。其中国内原油产量2472万吨，较去年增长11%，快于全国3%的增长速度。渤海地区年产量首次突破一千万方油当量大关，渤海油田由此成为中国海上继南海东部后第二个产量跃上千万方台阶的大型矿区，成为了我国北方重要的能源生产基地。

石油总公司

OFFSHORE OIL CORP.

在上游业务稳定增产的同时，中国海油的中下游业务也喜获丰收。在国内LNG市场竞争日趋激烈的情况下，公司全部签下广东、福建LNG项目的中下游商务合同，为项目建成后的顺利运营奠定了坚实的基础。浙江和上海的LNG项目也步入了正式实施阶段，公司还与辽宁、天津、河北、海南、江苏等地签署了LNG项目的合作框架。至此，公司已初步完成了长江以南的沿海天然气产业的战略布局。

4月，中海油中石化联合国际贸易有限责任公司获国家商务部正式批准，被授予原油国营贸易进口经营权。5月至6月，在相隔一个月的时间内，“海洋石油112”号与“海洋石油113”号两艘15万吨级的浮式生产储卸油装置(FPSO)相继建成交付使用，在建造工期、成本及质量上创造了新的世界纪录。7月，1200万吨规模的南海石化炼油项目喜获国家批准，中国海油正式进入炼油领域，公司上下游一体化的产业布局变为现实。

2004年，中国海油旗下的三家上市公司表现优异。中国海洋石油有限公司股票当年上涨37%，市值达到1816.8亿元人民币，海油工程股票全年涨幅66.11%，中海油服总市值达到101亿元人民币。截至2004年底，三家上市公司的总市值接近2000亿元人民币，是净资产的3.3倍，国有资产得到了有效保值增值。

2005年，中国海油将继续努力完成勘探开发任务，积极拓展海外资源，稳健发展中下游业务，进一步推进现代企业制度建设，努力实现“以较快的发展速度、较强的盈利能力和较好的发展质量，在2008年建成具有国际竞争力的综合型能源公司，全面建成现代企业制度。在此基础上，建设一个国际一流的综合型能源公司。”的战略目标。

国际工人交流

富岛设备

平台

中国电力投资集团公司

中国电力投资集团公司是在原国家电力公司部分企事业单位基础上组建的国有企业，经国务院同意进行国家授权投资的试点机构和国家控股公司的试点。集团公司注册资本金人民币120亿元，集团公司实行总经理负责制，总经理是集团公司的法定代表人。

截至2004年底，集团公司资产规模达到1030亿元，可控装机容量为27958.9MW，权益容量22257.2MW；其中火电机组18723.3MW，占集团公司可控装机容量的66.97%；水电机组7884.8MW，占集团公司可控装机容量的28.2%；核电机组1350.8MW，占集团公司可控装机容量的4.83%。

集团公司包括133家成员单位，15家参股单位。职工总数79405人。

集团公司现有资产分布在全国23个省、市、自治区。在香港注册的中国电力国际有限公司和中国电力国际发展有限公司，搭建了集团公司境内外资本运作和国家化发展的平台，所拥有的“中国电力”红筹股业绩优良；上海电力股份有限公司、山西漳泽电力股份有限公司和重庆九龙电力股份有限公司健康发展；拥有在电力设备成套服务领域中业绩突出的中国电能成套设备有限公司；拥有流域开发的黄河上游水电开发有限责任公司和五凌电力有限公司；拥有12个已建成的1000MW以上的大型电厂；拥有原国家电力公司全部的核电资产。

“三三二三”总体发展战略思路

三大发展重点：以电力为核心产业、稳步向相关产业延伸、 积极寻求海外发展

三力：竞争能力、盈利能力、可持续发展能力

二型：控股型、经营型

三化：集团化、现代化、国际化

企业精神 **奉献绿色能源　服务社会公众**

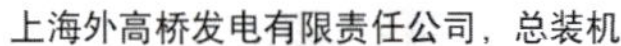

上海外高桥发电有限责任公司，总装机

山东海阳核电站全景图

中国电子信息产业集团公司
CHINA ELECTRONICS CORPORATION

中国电子信息产业集团公司总经理 杨晓堂

中国电子信息产业集团公司(简称中国电子，英文缩写CEC)是中央管理的国有重要骨干企业，现有7家控股上市公司、28家控参股公司、18家全资子公司和2家境外公司。公司注册资本金57．34亿元，资产总额408亿元，职工4.45万人。主要从事集成电路、软件与系统集成、移动通信网络产品、数字家电等信息技术与产品的研发、生产、配套、销售及应用服务。其中集成电路、软件、手机的生产规模、技术水平和设计开发能力均居全国领先。

拥有完整的IC产业链和较强的IC设计、生产、封装及测试能力，具备0.13微米IC设计水平和0.18微米加工工艺，是国内实力最强、规模最大的IC设计、生产企业。

拥有自主知识产权的系统软件、支撑软件及网络管理软件，承接并完成了财政、金融、税务、海关等关系国家经济命脉和国家信息安全的大工程、大系统。与微软、HP、CA等国际知名公司建立了长期、稳定的软件开发业务。

拥有技术领先的移动通信产品研发中心和夏新、桑菲两个生产基地。

拥有智能光网络技术研发中心、智能光网络传输设备制造企业、自主知识产权的网络产品、机顶盒等数字化终端产品和消费电子产品。

拥有光半导体照明产品。

拥有集成电路、光纤生产和生物医药工程等超净厂房设计方面的技术和经验，在设计领域独具优势。

拥有金融功能强大的财务公司，年资金运营规模已上百亿元，金融投资效益良好。

拥有电子进出口、商贸、营销及物流网络，与IBM、PHILIPS、NEC等国际知名大公司建立了密切的合作关系，在100多个国家和地区有合资、合作和贸易往来。

公司旗下上海华虹集团有限公司、中国华大集成电路设计有限责任公司、中国软件技术与服务股份有限公司、上海浦东软件园、夏新电子股份有限公司、深圳桑达电子集团有限公司、中国电子集团控股有限公司、中电广通股份有限公司、中国电子进出口总公司等是一批在信息产业领域发挥着重要作用的知名企业。

目前，中国电子正在参与广电数字化建设，用智能光网络传输设备和技术改造传统骨干网络，提升广电网的智能化水平，为广大消费者提供全面的服务。

作为信息产业的国家队，中国电子以振兴国家信息产业为己任，积极参与市场竞争，为促进国民经济发展、提高全民族的精神和物质生活水平不懈努力。中国电子愿与国内外同行和各界新老朋友开展多层次、多方式的合作与交流，携手共创信息产业发展的美好未来！

南京三乐LED产品应用在昆明照明工程

上海华虹集成电路生产线

厦门夏新手机生产

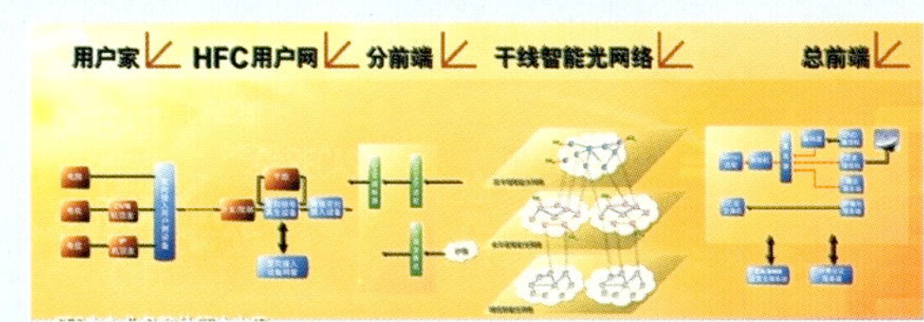

▲CEC广电业务整体解决方案

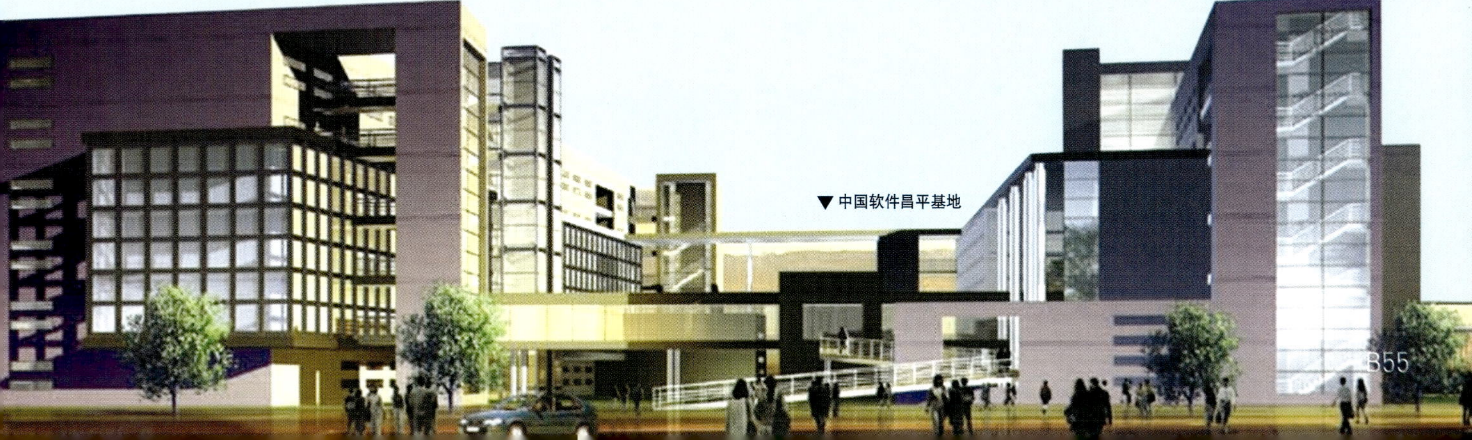
▼中国软件昌平基地

攀钢

用先进工艺、核心技术和拳头产品支撑起来的

现代化钢铁钒钛基地

2004年，攀钢产铁519.91万吨、钢598.20万吨、钢材542.64万吨，重点钢材品种热轧板、冷轧板、重轨、无缝钢管产量分别达239.03万吨、108.90万吨、56.80万吨和67.04万吨；三氧化二钒、钒氮合金、钛白粉产量分别达到5299吨、1757吨和54400吨。全年出口钢材(坯)36.2万吨、钒制品3118吨、钛白粉2877吨，出口创汇22835万美元。2004年攀钢实现销售收入252.94亿元，利税31.1亿元，其中利润11.53亿元。

经过近40年的建设和发展，攀钢依托资源和工艺技术优势，开发出了以重轨为代表的大型材，以汽车大梁板、镀锌板等为代表的板材，以无缝钢管为代表的管材，以钒氮合金、氯化钛白等为代表的钒钛产品，以高强度建筑用钢为代表的棒线材及航空航天和核工业用特殊钢等六大系列产品。产品遍销国内30多个省、市、自治区，并出口日本、欧洲、北美、东南亚等20多个国家和地区。攀钢已成为我国西部最大、中国重要的钢铁生产基地，我国最大的铁路用钢生产基地，我国品种结构最齐全的无缝钢管生产基地，我国最大的钒钛制品生产基地和世界第二大产钒企业。

图一

图二

图三

图四

图1：攀钢重轨，国内市场占有率达40%。

图2：攀钢轨梁万能生产线可向用户提供38kg/m至75kg/m任意断面、9米至100米定尺和880Mpa至1275Mpa之间各种强度级别的钢轨。图为2004年12月29日，中国首支100米长尺钢轨在攀钢轨梁万能生产线诞生。

图3：攀钢板材因其耐腐蚀、高延伸及成形性好等特点，在家电和汽车行业享有较高的知名度。2004年，攀钢先后与美的、格力、长虹等国内家电巨头建立战略联盟，构建了长期、稳定的购销和研发合作关系，全力打造“国内家电用板第一品牌”。图为2004年4月30日，攀钢投资近6亿元打造的国内首条热镀锌铝生产线——2号热镀锌铝生产线建成投产。

图4：攀钢是国内唯一一家同时拥有金红石钛白和氯化法钛白生产技术的企业，我国最大的钛原料和钛白粉生产基地。图为攀钢具有国际先进水平的10万吨微细粒级钛白生产线。

图5：攀钢的钒制品占国内市场的80%以上、国际市场的20%左右，是国内最大、世界第二大产钒企业，是国内唯一能生产三氧化二钒、世界两家能生产钒氮合金产品的厂家。图为世界独创、国际领先的年产2000吨的钒氮合金生产基地。

图五

中国北方机车车辆工业集团公司

China Northern Locomotive & Rolling Stock Industry (Group) Corporation

总经理　崔殿国　　党委书记　王立刚

中国北方机车车辆工业集团公司（简称中国北车集团公司），是经国务院批准，在原中国铁路机车车辆工业总公司所属部分企事业单位的基础上组建的国有大型骨干企业，由国务院国有资产监督管理委员会监督和管理。

中国北车集团公司注册资本为人民币81.6亿元，总部设在北京，成员单位包括17个全资企业、8个控股企业和4个参股企业，职工10万余人。集团公司坚持“一业为主，多元经营，立足铁路，面向全国，走向世界”的经营方针，主要经营铁路机车车辆、城市轨道交通车辆、铁路起重机械、各类机电设备及部件、电子电器与环保设备等产品的开发设计、制造、修理，另外从事商贸、技术服务、信息咨询、生物工程、化工、建材、建筑安装、运输、劳务输出、旅游业、饮食服务业等。

中国北车集团公司汇集了一大批机车车辆专业及其它学科技术人才，具有雄厚的技术开发实力，骨干企业技术装备达到世界先进水平，拥有强大的铸锻、机械加工、钢结构制造和组装能力，取得了一大批国家级重大科研成果。目前，集团公司拥有年制造电力机车280台、内燃机车350台、客车1650辆、动车组30列、城市轨道车辆700辆、各型货车20000辆，年修理电力机车200台、内燃机车460台、客车1900辆、各型货车25000辆的能力以及较强的配件配套生产能力，建材、化工、生物工程等非机车车辆产业形成较大规模。铁路机车车辆和城市轨道车辆产品国内市场占有率较高，并出口到30多个国家和地区。

中国北车集团公司的主要目标是，以市场为导向，以资本为纽带，通过资产重组和产业、组织和产品结构不断优化，以机车车辆为主导产业，实现上下游、内外贸、产销一体化；通过建立现代企业制度，加强企业管理，转换经营机制，逐步把中国北车集团发展成为拥有先进技术、具有较强市场竞争实力的国内领先、国际知名的机车车辆企业集团。

中国北车集团公司坚持“诚信为本、创新为魂”的企业精神，追求“尽职尽责、尽善尽美”的职业理想和职业道德，遵循“为用户着想、让用户满意”的营销理念，竭诚为每一位客户提供优质的产品和真诚的服务。

中国北方机车车辆工业集团公司
China Northern Locomotive & Rolling Stock Industry (Group) Corporation
地址：北京市海淀区羊坊店路11号
Add：No.11 Yangfangdian Road, Haidian District, Beijing, China
邮编 Post Code：100038
电话 Tel：+86 10 51862200
传真 Fax：+86 10 51847835
电子信箱 E—mail：cnr@cnrgc.com
网址 http://www.cnrgc.com

“中华之星”动车组

“长白山号”动车组

SSJ3 型电力机车

动力集中型摆式列车

“天梭”号电力机车

SS7E 型电力机车

SS3B 型电力机车

DF4D 型内燃机车

DF7G 型内燃机车

出口巴基斯坦内燃机车

长春城轨列车

“金轮”号动车组

“神州”号动车组

深圳地铁列车

北京城轨列车

重庆单轨列车

中国国电集团公司

CHINA GUODIAN CORPORATION

中国国电集团公司是五大全国性发电企业集团之一，2004年在党中央、国务院的正确领导下，在国家有关部门的指导和各地方政府的大力支持下，努力加强对存量资产的科学管理和集约经营，大力推进增量资产的理性扩张和健康发展，圆满完成了全年各项任务，保持了安全生产，实现了经济效益较大幅度增长。

2004年，中国国电集团公司全年全口径发电量完成1681亿千瓦时，同比增长22.6%，新增发电容量396万千瓦，为保障全国电力供应、缓解电力紧张局面做出了贡献。全年实现产品销售收入340亿元，同比增加30.5%；实现利润总额18.6亿元，比考核指标增长24%，全面完成国资委下达的四项资产经营考核指标。

截至2004年底，中国国电集团公司资产总额1007亿元，增长24%，拥有3个全资企业、27个内部核算单位、54个控股企业和13个参股企业，其中控股公司国电电力、长源电力为国内A股上市发电公司。中国国电集团公司可控装机容量为2930.39万千瓦，其中，火电装机容量2583.5万千瓦，占88.2%；水电装机容量323.53万千瓦，占11%；风电装机容量17.76万千瓦，占0.6%；其它5.6万千瓦，占0.2%。目前，中国国电集团公司在全国21个省(自治区、直辖市)中拥有电源点，加上规划电源点，则在全国25个省(自治区、直辖市)拥有电源点。

中国国电集团公司工作方针　做实、做新、做大、做强

中国国电集团公司企业精神　以电兴业、强企报国

中国国电集团公司职业道德观　忠诚事业、忠诚集团，爱岗敬业、岗位成才

中国机械工业集团公司

China National Machinery Industry Corporation

中国机械工业集团公司[简称国机集团]是中央管理的、集科工贸金于一体的大型国有企业集团公司，拥有54家全资及控股子公司，注册资金20.5亿元。截至2004年，国机集团总资产达291亿元，位居“2004年中国企业500强”第84位。

国机集团的业务领域涉及：国内外大型工程总承包、国际经济技术合作和机电产品进出口；高新技术和重大装备的开发研制，科技成果产业化以及机电产品的研制、生产和销售服务；国内外建设工程的可行性研究、技术咨询、勘察设计、工程监理及项目管理；汽车服务贸易等。

国机集团是中国最大的工程总承包企业之一，以机电设备成套为载体的国际工程总承包是国机集团的核心业务。由我集团出口国外的电站机组及电站工程总承包项目总装机容量已达600万KW。在2004“ENR全球225家最大国际承包商”排名中列第37位。

中国机械工业集团公司大楼

孟加拉吉大港电站

马来西亚MEGA钢厂

国机集团是我国高新技术和重大装备开发研制的重要力量，所属21家研究所均为机械工业的骨干研究所，拥有国家和部级工程技术研究与技术中心16个，质检中心40个，生产力促进中心6个，全国标准化委员会21个，博士后科研工作站7个。

在工程勘察和设计领域，国机集团集中了机械工业最强的勘察设计力量，其中多家跻身"全国勘察设计百强单位"行列。在2004年度"国际200强工程咨询设计公司"排名中名列第94位。

在汽车进出口及国内贸易、汽车工程建设与咨询设计、汽车零部件研发与检测、汽车展览及人才培训服务方面，国机集团位居国内同行业前列。

国机集团致力于发展成为以工程承包和高新技术产品为主导，管理科学、资本结构多元化、集科工贸金为一体的大型跨国企业集团公司。愿与国内外各界朋友真诚合作，携手并肩，共创辉煌！

菲律宾巴里嘎旦水电站

地　址：北京市海淀区丹棱街3号　电　话：(010)82688888　网　址：www.sinomach.com.cn
邮　编：100080　传　真：(010)82688811　E-mail：office@sinomach.com.cn

中国海

中海集团总裁　李克麟

中国海运集团（简称中海集团）是国务院国资委监管的国有重要骨干中央企业之一，是一家跨地区、跨行业、跨所有制和跨国经营的特大型航运集团。中海集团以中国海运（集团）总公司为核心企业，现有总资产600多亿元。麾下由集装箱运输、油运、货运、客运、特种货运输等五大专业船公司组成的主营船队，拥有各类船舶400多艘，超过1400万载重吨，年运量超过2.7亿吨。并拥有船舶管理、综合物流、码头经营、集装箱制造、金融投资、工程劳务、供应贸易、信息技术等陆岸多元产业及70余家境外企业。

中海集团党组书记　李绍德

中海集团总部大楼夜景

世界上最大的8500TEU集装船“中海亚洲号”

中海集团的集装箱运输实现了跨越式的发展，已形成100多艘船、超过33万标准箱位的集装箱船队规模，在全球班轮公司排名中位列第五位，拥有目前世界最大的8500TEU集装箱船，开辟40多条内、外贸集装箱班轮航线，年运量超过450万TEU。

中海集团拥有国内最大的海上石油运输船队和多艘30万吨超级油轮(VLCC)，现经营和管理各种类型油轮80多艘，年石油运量6400余万吨，占国内海上石油运输量的50%以上。主要承运国内沿海原油、成品油和过驳油，中东及第三国的油品运输。

中海集团散货运输船舶年运量达1.2亿吨，其中煤炭运量近1.1亿吨，占我国沿海煤炭运量50%以上。经营航线遍及国内沿海、长江中下游和世界各主要港口，是中国沿海最大的散杂货运输船队。

中海集团物流业已形成了海陆空立体综合服务功能，在全国建有8大区域公司，140余家分公司和代理网点，构建了立足沿海、辐射全国、连接全球的物流供应链。

由中国海运(集团)总公司控股的中海集装箱运输股份有限公司(2866)、中海发展股份有限公司(1138)在香港上市，中海发展股份有限公司(600026)、中海(海南)海盛船务股份有限公司(600896)在上海上市。

中国国旅集团公司

CITS GROUP CORPORATION

国旅集团总裁 盖志新

中国国旅集团公司

英文全称：CITS GROUP CORPORATION，是经国务院和国务院国资委批准，由中国国际旅行社总社（简称国旅总社）与中国免税品（集团）总公司（简称中免总公司）合并重组成立的。2004年11月10日，中国国旅集团公司正式宣告成立。

中国国旅集团公司是集旅行服务、免税品经销、旅游景点开发与管理、交通运输、电子商务等综合服务内容于一体的国有重点大型企业（集团），注册资本3.9亿元人民币。“中国国旅、CITS”是中国驰名商标和海内外知名品牌，在2004年6月世界品牌实验室（WBL）和世界经济论坛（WEF）公布的中国500个最具价值品牌中，“国旅”品牌名列第53名，旅游服务类第1名，品牌价值达88.81亿元。

中国国旅集团公司下属三大板块子公司：中国国际旅行社总社、中国免税品（集团）总公司和即将组建的中国国旅地产与物业管理公司。

截至2004年底，中国国旅集团公司拥有全资及控股企业89家，其中包括一级企业2家（国旅总社、中免总公司）、境内二级全资、控股企业71家、境内三级企业7家，境外全资及控股二级企业9家；从业人员3,516人。

国旅王府大厦

CITS GROUP CORPORATION

中国第二重型机械集团公司

CHINA NATIONAL ERZHONG GROUP CO.

80吨电炉冶炼中

锻制中的海南热高分筒体

公司大门

中国第二重型机械集团公司，始建于1958年，1971年投产，1999年被列为39户关系国民经济命脉和国家安全的重要骨干企业，是我国最大的重型机械制造企业和重大技术装备国产化基地之一。其主营活动包括：矿山、冶金、化工、锻压、核岛等专用、成套设备制造与技术研究，大型金属铸、锻加工。截至2004年末，拥有资产总额47亿元，各类设备8600余台，员工13253人。

2004年，中国第二重型机械集团公司围绕“技术改造求发展、结构调整添实力、经济运行重质量、高产低耗增效益、8760”的公司方针目标实施内部管理，在重大装备研制、技术改造与结构调整等方面取得突破性进展，经营生产跃上新台阶，各项指标创历史最好记录，全面实现了国有资产保值增值目标，企业的综合实力和发展后劲明显增强，企业形象显著提升。

公司出产的重点成套产品主要有：喻为“中国轧机之王”的宝钢5米轧机、泰钢950轧机、邯钢1765轧机、南钢立辊等8套重大技术装备，并为电站制造厂提供了1.4万兆瓦的铸锻件。特别是宝钢5米轧机的装配，从第二片机架进装开始到发运仅用了37天，打破了国外专家需两个半月的预言，为我国的装备制造业争了光。温家宝总理、黄菊副总理先后在2004年8月、10月视察二重时都给予了高度赞扬。

2004年，中国第二重型机械集团公司荣获“全国质量管理先进企业”称号，国家知识产权局“第一批全国企事业专利试点工作先进单位”称号，“钢卷无芯移送式热卷箱”荣获中国专利优秀奖，二重“厂徽”获得“四川省著名商标”称号，二重科协荣获国家及四川省、德阳市优秀科协称号。

真空浇注压容锻件

二号楼图

地　址：四川省德阳市珠江西路460号　电　话：0838—2342408　传　真：0838—2201998　网　址：http://www.china-erzhong.com

鲁中冶金矿业集团公司

总经理 李连华

党委书记 纪俊华

矿区井塔

鲁中冶金矿业集团公司是国有大型地下黑色冶金矿山企业，始建于1970年，隶属国务院国有资产监督管理委员会，党群关系由上海市管理。集团公司地处山东省莱芜市，占地5平方公里。矿区有矿无山，环境优美，交通快捷便利。

集团公司矿产资源丰富，拥有小官庄、张家洼、港里三个铁矿床，已探明地质储量2.74亿吨，含铁品位在45.5%以上，矿石可选性好。以小官庄铁矿为主体的一期工程，自1970年12月开始建设，于1985年末建成投产。集团公司现生产能力为年产铁矿石220万吨，铁精矿90万吨，是山东省境内最大的钢铁原料生产基地。

经过30多年的开发建设，鲁中冶金矿业集团公司现已建成一座集采矿、选矿、球团、轧钢、磁材、铜材、运输、机修、动力、建筑、安装为一体且辅助设施成龙配套的大型独立矿山企业，现拥有资产12亿元，在册员工7300人，其中各类专业技术人员1170人。集团公司主产品为铁精矿，含硫、磷极低且保持全自熔，是高炉冶炼、造球和炼特钢的优质原料，被评为山东省优质产品、莱芜市免检产品，畅销山东及河南、河北等省的钢铁企业。集团公司铜材、电线、特缆系列产品销往省内外，钢材质量稳定，磁性材料远销日本、韩国、台湾等地，钎具、铲运机等已打入外部市场。集团公司多次被评为“市级守合同重信用”企业，2001年被中国市场研究中心评为“质量、服务、信誉AAA级”企业，2004年被山东省企业信誉评级委员会评为“AAA特级信用”企业，被山东省工商行政管理局、山东省企业信用协会评为“省级守合同重信用企业”。

在新的历史形势下，集团公司制定了新的发展思路，即以矿为主，做强做大采选主业，调整理顺非矿产业，实现持续发展。

发展目标：确保2008年二期工程建成投产，形成年产原矿300万吨以上的生产能力。争取2010年，公司原矿产量达到600万吨以上；主要技术经济指标进入同行业前列；现代企业制度基本建立，法人治理结构初步形成，辅业改制搞活；员工实际收入有较大提高。形成主业优势突出、核心竞争能力强、充满活力的大型企业集团。

▼集团公司办公大楼

中国国际技术智力合作公司
CHINA INTERNATIONAL INTELLECTECH CORP.

公司概况

中国国际技术智力合作公司(中智)成立于1987年，是国务院国有资产监督管理委员会管理的169户国有重点骨干企业之一，总部设在北京，在全国各地及海外地区设有60家分支机构。

- 中智2003年度经国务院国有资产监督管理委员会评价确认为服务行业优秀企业，为2003年度56家中央优秀企业之一，2004年连续被评价为服务行业优秀企业。
- 中智连续三年在财政部中央直管企业(集团)效绩评价中名列前茅，其中1999年度、2000年度列第一位，2001年度列第五位。
- 中智在1800余家对外经济合作企业中营业规模持续十一年列前十位。
- 中智主营业务之人力资源服务市场规模列全国第二位； 对外劳务合作营业规模2004年名列全国第一。

. . . .

中智集中发展以人力资源服务为主的智力服务产业，已拥有相当规模、业务网络、国际客户群、专业经验、品牌知名度和影响力。公司根据自身战略定位，以人力资源服务、投资服务、国际贸易服务为主要经营领域，在人力资源服务主营领域集中发展外企人力资源服务、人力资源出国服务、人力资源管理咨询服务三项核心业务。

核心业务

人力资源服务

■外企人力资源服务，中智公司是外企人力资源服务领域最具市场指名率和竞争力的服务组织。中智公司在北京、上海、天津、广州、深圳、大连、杭州、成都、武汉、南京、西安、苏州、青岛、厦门、沈阳等130余个城市向6300余家跨国公司、外资企业和代表机构派遣了120,000余名中高级技术管理人员和雇员，提供统一、规范、高效的人事代理服务和人力资源管理咨询服务，并努力将外资来华人力资源服务与国际人力资源合作紧密结合。

■人力资源管理咨询服务，中智向党政机关、事业单位、中外企业、机构在人事测评推荐、薪酬绩效、专业培训、专业管理登领域提供深层次人力资源管理咨询服务。

■人力资源出国服务，公司变革创新业务模式，注重市场、网络、质量、技术要素，放大团队品牌效应，在境外日本、新加坡、以色列、欧美、港澳和其他具备技术智力交流条件的76个国家和地区，向三产产业、科技商贸业的企业机构累计派遣了50,000余名技术管理人员和其他劳务人员。中智与国外院校机构开展出国留学咨询服务，目前与20多个国家的500多家教育机构建立了良好的合作关系，咨询留学人员为5,000余人，信誉卓著，实现零事件发生率。

投资服务

■投资服务，中智帮助中国的成长型企业进入国际资本市场，积极引进国际资本和技术，在高新技术领域开展风险投资业务，为各类企业机构的重组、兼并、融合提供专业性咨询服务。

国际贸易服务

■国际贸易服务，中智帮助中国的成长型企业及其产品进入阿联酋、加拿大等海外经贸市场，为外资在华企业提供贸易代理服务，引进国内需要的世界先进技术和产品。

中智公司将为WTO下全球人力、资本、技术、贸易服务在中国的融合贡献自己的力量。

钢铁研究总院

院长 中国工程院院士 干勇

钢铁研究总院创建于1952年，直属原冶金工业部，1999年7月转制为中央直属大型科技型企业，2000年3月27日在国家工商行政管理总局注册，是目前我国冶金行业最大的综合性研究开发机构。

建院50余年来，钢铁研究总院在材料科学、冶金工艺与工程、分析测试等领域共取得了4000余项科研成果，包括国家级奖励252项、省部级科技进步奖913项、授权专利655项(50%以上为发明专利)。目前，钢铁研究总院有中国科学院和工程院院士6人，其中一人为双院士，设有1个一级学科授权点，8个二级博士学位授予权，11个二级硕士学位授予权，2个专业博士后科研流动站、8个企业博士后工作站。

钢铁研究总院是我国冶金新材料的研发基地，承担了85%以上关键冶金新材料的研制任务。为"两弹一星"、"长征系列运载火箭"和"神舟号"飞船等诸多国家重点工程研制生产了大量的关键材料，为我国的国民经济建设和国防建设做出了重大贡献。

钢铁研究总院致力于国家冶金行业共性和关键技术的研发与集成。多年来，承担了50%以上冶金行业发展的关键、共性和重大前沿技术的开发任务，在钢铁行业的每一个重要技术变革时期，钢铁研究总院都起到了先锋和推动作用。90年代以来，在冶金行业发展的六大关键技术中有四项关键技术由钢铁研究总院牵头取得重大突破并在行业推广，依靠高新技术推动了冶金行业向新型工业化发展的进程，并在推进冶金企业品种、质量、效益的提高、节能降耗、资源的综合利用、环境保护等可持续发展方面发挥了重要作用。

钢铁研究总院作为国家冶金分析测试技术的权威机构，与30多个国家实现了金属材料化学分析数据的有效互认，在国际实验室能力对比实验中多次名列第一。研究开发并拥有自主知识产权的原位分析仪、痕量分析仪、快速在线检测仪等设备达到国际水平，起到了引导冶金分析检测发展方向和潮流的作用。

钢铁研究总院致力于技术创新，设有先进钢铁材料技术国家工程研究中心、先进钢铁流程及材料国家重点实验室、连铸技术国家工程研究中心、国家非晶微晶合金工程技术研究中心、国家钢铁材料分析测试中心和国家钢铁产品质量监督检验中心等9个国家级中心。

钢铁研究总院以产业规模化、工程大型化、产品国际化为目标，1998年以来陆续发起设立或组建了以安泰科技股份有限公司、新冶高科技集团有限公司、北京钢研高纳科技股份有限公司、北京纳克分析仪器有限公司和中联先进钢铁材料技术有限责任公司等为代表的一批具有较强经济实力、高成长性的高新技术企业，正在逐步建立符合现代企业制度的一流科技企业集团。安泰科技股份有限公司于2000年5月在深圳证券交易所上市，实现了科技资本和金融资本的有机结合，有力地推动了钢铁研究总院新材料及相关领域产业化的进程。目前，钢研集团(包括下属公司)建设了具有国际先进水平、国内最大的非晶微晶生产基地、国内最大的药芯焊丝生产基地和具有国际先进水平的高温母合金及CA精铸生产线。在国内首家研发并在30余家企业推广了彩涂板和镀锌生产线的国产化工程。目前设有中关村科技园区永丰新材料产业基地、中关村科技园区昌平产业基地、北京天竺空港工业区(B区)产业园和涿州国家冶金精细品种工业性试验基地。在京外设有青岛海洋腐蚀研究所、舟山海洋腐蚀研究所、成都大气腐蚀试验站。现有科研和产业基地1235亩。

在国内外市场竞争日趋激烈的形势下，钢铁研究总院经营创收水平不断踏上新的台阶，利润水平稳步提高，纵向来款迅速增长，资产结构日趋合理，资产规模适度增长。到2004年底，全院资产总额38.44亿元，2004年共实现营业收入19.23亿元，进出口额达5389万美元。

钢铁研究总院现有从业人员3452人，在岗职工2143人，专业技术人员2505人，副高级以上职称人员470人。国家级有突出贡献中青年专家22人，博士生导师35人，享受政府特殊津贴222人。离休人员90人，退休人员1882人。

建院以来，钢铁研究总院的改革和发展得到了党和政府的亲切关怀，朱德委员长、聂荣臻副总理曾先后亲莅视察和指导我院工作；周总理、江总书记和胡总书记专门参观了我院研究成功的有关科研样品；2000年时任政治局常委的李岚清副总理亲莅我院视察指导工作。2002年9月，我院在人民大会堂举行隆重的建院五十周年庆典活动，国家20余委部委领导亲临参加庆典大会。2002年我院干勇院长光荣地出席了党的第十六次全国代表大会，并当选为大会主席团成员。2003年5月，中共中央政治局委员、北京市委书记刘淇等领导视察我院产业基地。2004年2月，国务委员陈至立在中国工程院徐匡迪院长、科技部徐冠华部长、国资委副主任、党组书记李毅中、国务院陈进玉副秘书长等领导的陪同下，视察我院，听取我院科研、发展、改革等有关工作的汇报并作了重要指示。

改革转制后，钢铁研究总院继续保持在行业关键共性技术和冶金新材料方面的研发优势，仍然承担了大量国家科研开发项目，在行业技术发展方面继续保持绝对优势，技术性收入及产品收入显著增加，总体实力和影响力不断增强。2001年以来连续获得工商银行信用等级评定"AAA"资格；2002年以来连续荣获中国技术市场金桥奖集体一等奖。目前钢铁研究总院已通过ISO9001(GB/T19001)2000版质量管理体系认证。

在发展高技术产业的同时，我院也十分重视精神文明建设，并取得较好成绩：1999年被授予"首都文明单位标兵五连冠"奖杯；同年被命名为"首都创建文明单位示范点"。2003年被授予"中央国家机关文明单位十连冠奖杯"、连续十年被中央国家机关评为"文明单位标兵"、连续十年被北京市评为"首都文明单位标兵"等。2003我院被评为"全国推行厂务公开先进单位"。目前，正在以实际行动"创建全国精神文明建设工作先进单位"。

钢铁研究总院已制定了中长期发展规划，确立了"科技为先导、产业为支柱、人才为根本、创新为灵魂"的发展方针，在上级部门领导、关心下，在院党政班子领导下，全院职工正在为实现精神文明和物质文明双丰收、科技研发和产业转化双发展、把钢铁研究总院建设成为国际一流的科技企业集团、实现我院10年发展规划所提出的战略目标而努力奋斗！

中国铝业公司

CHINALCO

ALUMINUM CORPORATION OF CHINA LIMITED

总经理、党组书记 肖亚庆

肖亚庆，男，汉族，1959年9月出生，北京市人，博士研究生，教授级高级工程师。

1982年8月毕业于中南大学金属压力加工专业。历任东北轻合金有限责任公司总经理、西南铝业(集团)有限责任公司董事长、总经理，现任中国铝业公司党组书记、总经理、中国铝业股份有限公司董事长、首席执行官，中国有色金属工业协会副会长、中国有色金属加工协会副理事长，国际原铝协会副主席，东北大学、中南大学、重庆大学兼职教授。

中国铝业公司 成立于2001年2月23日，公司注册资本113.8亿元，公司总资产943亿元。中铝公司是国家授权的投资管理机构和控股公司，是中央直接管理的53户国有重要骨干企业之一。固定资产增值保值率、净资产收益率在冶金行业连续三年处于领先地位，在全国100亿元资产以上的国有企业中名列前茅。目前，公司主要产品氧化铝产量位居世界第二，铝生产加工能力位居亚洲前列，电解铝、铝加工材和钛材产能在全国名列前茅。

在国家宏观调控和监督管理下，中铝公司依法经营国家投资形成的国有资产和国有股权；进行铝、镁、钼、钛、铜、铅、锌、镍、金、银等有色金属矿产资源的勘察、开发；有色金属矿产品、冶炼产品、加工产品、碳素制品及相关有色金属产品的生产、销售；开展与上述业务有关的国内外融资业务；经营相关有色金属及矿产品等产成品进出口业务以及进料加工和“三来一补”业务；经营对外贸易和转口贸易；从事勘察设计、科研、工程建设总承包、建筑安装、设备制造、矿产品开发和加工、技术开发、技术服务；自营和代理各类商品及技术的进出口业务，经营来料加工、对销贸易和转口贸易；承包境外有色金属行业工程和境内国际招标工程；承包上述境外工程的勘测、咨询、设计和监理项目；上述境外工程所需的设备、材料出口；对外派遣实施上述境外工程所需的劳务人员。

地址：北京市复兴路乙12号　电话：(010)63971767
邮编：100814　传真：(010)63963806
网址：http://www.chinalco.com.cn

中国铝业公司经过改革重组，设立了中国铝业股份有限公司(简称中国铝业)。2001年12月，中国铝业股票在纽约和香港成功上市；2004年1月，在香港增发又获得成功。这两次成功的资本动作，不仅开通了国际市场的融资渠道，而且通过改制，使中国铝业从传统意义上的国有企业变成在组织架构和管理模式上与国际接轨的境外上市公司，构建了“集中管理，统一经营”的管理模式，整体优势得到了充分的发挥，提升了公司的市场竞争能力。

中国铝业公司的发展理念是振兴中铝，报效国家，回报股东，造福员工。发展目标是不懈地追求价值第一，不断增强公司的整体素质和核心竞争力，建成以铝为主的资源性、综合性的跨国公司。发展方针是优先发展氧化铝，创造条件发展电解铝，跨越式发展铝加工，有选择地发展非铝产品。发展举措是超常规快速发展，全方位开放发展，低成本高效发展，多方式灵活发展，高科技抢先发展，强管理稳健发展，努力把公司建设成为内具凝聚力、外具竞争力，具有规模效益良好增长性的资源型、科技型、综合性的世界一流企业。

我们期待着一如既往地与国内外同行、投资者、合作者及社会各界朋友精诚合作，携手前进，同创商机，共铸辉煌。

中国第一汽

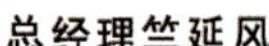

总经理竺延风

党委书记赵方宽

中国第一汽车集团公司(第一汽车制造厂)简称“第一汽车”。1953年7月15日破土动工，中国汽车工业从这里起步。51年来，第一汽车肩负中国汽车工业发展重任，经历了建厂创业、产品换型和工厂改造、上轻型车和轿车三次大规模发展阶段，产品生产由单一卡车向轻型车和轿车方面发展。1991年，与德国大众公司合资建立15万辆轿车基地；2002年，与天津汽车工业（集团）有限公司联合重组；与日本丰田汽车公司实现合作。目前，产品结构已形成以轿车为主的新格局。

第一汽车拥有27家全资子公司，20家控股子公司。其中包括一汽解放汽车有限公司、富奥汽车零部件有限公司等全资子公司和一汽轿车股份有限公司、天津一汽夏利汽车股份有限公司、一汽四环股份有限公司等上市公司及一汽—大众汽车有限公司、天津一汽丰田汽车有限公司等中外合资企业。在东北、华北和胶东、西南形成布局合理的三大生产基地，以及在国内汽车行业具有产品开发和工艺材

解放“奥威”下线

轿车新基地建成投产仪式

第100万辆夏利轿车下线

地址:长春市绿园区东风大街83号　邮编:130011
电话:0431-5904149　传真:0431-5909944

车集团公司

料开发领先水平的技术中心。固定资产总额1023.6亿元，员工13.24万人。

一汽—大众轿车二厂建成投产

2004年，第一汽车推出了解放“奥威”重型卡车、红旗明仕2004版、红旗世纪星“卓越者”、马自达6轿车2.0L豪华型、捷达2004年新型车、宝来TDI柴油轿车、奥迪A6轿车2.5DI柴油型，开迪CADDY多功能轿车、威乐VELA、夏利N3、花冠轿车、解放COACHA客车新产品，深受用户欢迎。2004年产销突破100万辆，实现了全行业产销量第一、卡车销量第一、轿车销量第一和整车出口总量第一。销售收入1173.8亿元，实现利税136亿元。

第一汽车将用心倾听市场的声音，致力于科技进步，生产更多质优价廉的节能、环保、安全的产品，回报社会恩泽，为推动小康社会发展进程做出贡献。

遵循“第一汽车，第一伙伴”核心价值观和“用户第一”的经营理念，努力践行“让中国每个家庭都拥有自己的汽车”的产业梦想，第一汽车正在为建设“规模百万化、管理数字化、经营国际化”的新一汽而努力奋斗。

花冠轿车下线

签字仪式

奠基仪式

中国长江三峡工程开发总公司

China Three Gorges Project Corporation

中国三峡总公司总经理　李永安

三峡左岸电站厂房大厅

为兴建长江三峡工程，开发长江上游水电资源，经国务院批准，中国长江三峡工程开发总公司(简称中国三峡总公司，英文名称China Three Gorges Project Corporation，英文缩写CTGPC)于1993年9月27日正式成立。

中国三峡总公司是三峡工程的项目法人，全面负责工程建设的组织实施和所需资金的筹集、使用、偿还以及工程建成后的经营管理。1996年，装机容量271万千瓦的葛洲坝电厂划归中国三峡总公司。2002年，中国三峡总公司成为国家授权投资的机构。

中国三峡总公司按照社会主义市场经济原则管理三峡工程建设，实行项目法人负责制、招标投标制、建设监理制、合同管理制。在工程施工及项目所需物资、设备采购中充分引入竞争机制，采用公开招标方式；在建设过程中严格合同管理，严格工程监理，严格控制工程质量、建设进度和成本，同参与工程建设的设计、施工、监理单位一道，确保三峡工程“一流的工程质量，一流的现代化管理，一流的文明施工”。

三峡工程建成后，中国三峡总公司将控有2100万千瓦的发电能力，年发电量约1000亿千瓦时。中国三峡总公司还将利用其经济实力和技术能力继续开发长江上游干支流的水力资源，并开展水电科学研究、技术咨询及其它多种经营活动。中国三峡总公司将在长江上游金沙江相继建设溪洛渡、向家坝、乌东德、白鹤滩等四个梯级电站，装机容量3850万千瓦，相当于两个“三峡工程”。

三峡三期工程建设

左岸电站十四台机组全部投产发电

公司总部
地址：湖北省宜昌市西坝建设路1号
邮编：443002
电话：0717-6276666
传真：0717-6270088
网址：http://www.ctgpc.com.cn

北京代表处
地址：北京市西城区金融大街19号富凯大厦B座20层
邮编：100032
电话：010-58688550
传真：010-58688507

高峡出平湖

兖矿集团有限公司

兖矿集团董事局主席、党委书记　耿家怀

领先世界同行业5年的核心技术—综采放顶

兖矿集团军训成果汇报表演

兖矿集团有限公司 是华东地区最大的煤炭生产和出口企业，是山东省首家国有资产授权经营企业。矿区开发始于60年代末期，1976年成立兖州矿务局，1996年整体改制为国有独资公司。兖矿集团拥有兖州和济宁东部两块煤田，井田跨邹城、兖州、曲阜、任城四市（区），总面积440.4平方公里，现有煤炭储量39.74亿吨。经过30多年的开发建设，兖矿集团已经发展成为在国内外具有影响的特大型煤炭企业集团。

企业体制和经营机制 由计划经济时期的工厂制体制，初步建立了现代企业制度和母子公司体制。其中控股子公司兖州煤业股份公司，1997年组建，1998年3月和7月分别在香港、纽约和上海股票上市，是我国煤炭行业第一个同时境内外发行股票并实现纽约、香港、上海三地成功上市的企业。累计从证券市场融资58亿元，占全行业从证券市场融资总额的36.2%，连年名列我国上市公司50强。

产业结构 坚持以煤为本，煤与非煤并重，延着煤炭深加工方向，拉长产业链，提高附加值。本部现有生产矿井8对，年生产能力4500万吨以上。坚持地企双赢，综合开发，在贵州等省区积极推进资源开发工作。兖矿集团形成了煤炭、煤化工、发电、矿井基建、建筑建材、机械加工、外经外贸等多产业综合发展的格局。

技术创新 企业设有国家级技术中心、水煤浆气化国家工程中心和博士后工作站，拥有厚煤层综放开采技术、水煤浆气化技术、低压羰基醋酸合成技术、低热值流化床燃烧发电等多项自主知识产权和核心技术。“九五”以来获得国家科技进步奖5项，省部级奖励99项。其中煤炭建设施工技术获得国家科技进步特等奖，煤炭综合生产技术研究和开发、水煤浆加压气化及气体交换制合成氨新工艺分别获得国家科技进步一等奖。目前，有3项技术被列入国家“863”计划。

煤炭产品市场 “兖矿煤”已经成为国内市场和日本、韩国等国外市场的知名品牌，被多家大用户列为免检产品，煤炭出口亚洲、欧洲、美洲等十几个国家和地区。近年煤炭出口量一直占我国煤炭出口量的15-20%，其中对日本出口量占我国对日本出口总量的40%左右。

企业获得的荣誉 企业先后获得全国优秀企业（金马奖），中国质量效益型先进企业特别奖，“五一”劳动奖状。被授予全国重合同守信用企业，全国首批转机建制先进企业，全国国有企业领导班子建设先进单位，全国先进基层党组织，全国质量管理奖，中国质量鼎、全国质量管理先进单位、山东省管理创新十佳企业等荣誉称号。被大公国际评估公司评估为“AAA”级信用企业。2004年10月18日国务院总理温家宝同志主持召开的企业界人士经济形势座谈会上，兖矿集团董事局主席、党委书记耿加怀作为8家企业代表之一在会上发言，得到中央领导充分肯定。

“十一五”发展思路 兖矿集团认真贯彻党的十六届四中全会和全国两会精神，牢固树立和落实科学发展观，确立了立足济宁，依托山东，做强煤炭产业，大力发展煤化工、煤电铝两大接续产业的发展战略，力争到2010年把兖矿集团建设为主业突出、核心竞争力强的大型企业集团。

兖矿集团总部全景

六枝工矿（集团）有限责任公司

六枝工矿(集团)有限责任公司 是贵州省属一类企业，也是贵州重点煤炭生产企业，位于"江南煤都"六盘水市境内，贵昆、株六铁路纵贯于矿区，距国家级风景名胜区黄果树瀑布60公里。

公司现有资产总额10亿元，煤炭生产矿井和在建矿井8对，年设计能力550万吨；非煤产业主要以水泥、制药为主。下属子公司、分公司、控股参股公司19个，从业人员9700人，各类管理和专业人员1131人(其中具有高级职称的46人、中级职称229人、初级职称558人)。2003年被列为全国大型企业，2002年至2003年连续入围"全国煤炭工企业100强"。2004年，公司坚持煤与非煤产业并举，实现销售总收入685128万元，与上年同比提高32.35%，其中，煤炭产品实现销售收入38464万元，同比提高50%。上缴税金5720万元，同比提高20.39%。在不到5年的时间里，企业资产增值140%。

集团公司通过股权转让、增资扩股等方式，实现了体制机制创新。控股开发了两对年生产能力分别为120万吨的玉舍煤矿、比德煤矿，参股开发建设了发耳煤矿、贵州畅达瑞达水泥，以资本运作为纽带，引资借力对化处矿、习水马临矿、四角田矿、竹林矿等四对老矿井实施技改扩能，进一步扩大了煤炭生产能力。到2010年，煤炭产量力争超过1000万吨，销售收入达到25亿元，上缴税金3亿元，实现利润1亿元，到2015年煤炭产量达到1500万吨，销售收入突破30亿元。公司将继续按照"突破发展主题，实施煤与非煤双向延伸"的发展思路，重点支持非煤特别是水泥、制药产业的发展，与香港瑞安集团合资组建的畅达瑞安水泥有限公司日产1000吨熟料新型干法生产线已经开始运作，大华药业大输液年生产能力已经突破5000万瓶，进一步坚实了集团公司"构建产业结构综合型、产权主体多元型、资产运营增值型、经营管理效益型企业集团"的基础。

地址：贵州省六盘水市六枝特区人民路22号　电话：0858-5713231　传真：0850-5322946　邮编：553400

①比德煤矿试生产仪式
②玉舍煤矿挂牌仪式
③玉舍煤矿安全、生产监测监控室一角
④⑤比德、玉舍煤矿采综工作面
⑥⑦集团公司畅达水泥分公司与香港瑞安集团合作的水泥产业
⑧集团公司所属的大华药业

（集团）有限公司

CHINA SHANGHAI (GROUP) CORPORATION FOR FOREIGN ECONOMIC & TECHNOLOGICAL COOPERATION

集团党委书记、董事长周晓临

中国上海外经(集团)有限公司是经国家外经贸部和上海市人民政府批准成立，经上海市国资委授权经营，依托上海综合经济实力，从事对外经济技术合作业务的地方国有企业。主要经营海外工程承包、国际劳务合作、海外投资管理、国际招标、国际采购，以及外经项下进出口贸易等业务。拥有一批熟悉国际商务、熟悉工程技术、熟悉外语交流的复合型人才。集团于2002年8月通过ISO9001:2000质量体系认证。连续13年被具有行业权威的美国《工程新闻记录》杂志列入全球最大的225家承包商行列，2004年度排位第142名。

2005年，为深化企业改革，加快“走出去”步伐，在市委市府和市国资委领导下，按照深化国资国企改革与更好地发挥国有经济主导作用相结合，把国资国企改革和上海的发展大局相结合的思路，进行了资产重组。重组后，外经集团形成国有产权多元化的治理结构，股东分别为上海上实(集团)有限公司、上海久事公司、上海电气(集团)总公司、上海城建(集团)公司和上海大盛资产有限公司；注册资金7亿人民币；净资产近8亿人民币。

经营业绩：

一、集团公司工程项目的业绩出现空前喜人局面。2005年已签约和执行的项目有11个，总额达6亿美元。合同金额1.73亿美元的越南山洞电站项目成功签约，合同金额2.57亿美元的伊朗德黑兰北部高速公路项目签署融资协议。同时目前跟踪的项目金额大，技术含量高，估计有20亿美元，主要在越南、伊朗、叙利亚、巴基斯坦、印度尼西亚等国家。

二、对外劳务合作继续保持在全国同行业的领头地位，对外业务发展到117个国家和地区，派日研修生人数继续保持全国第一。

三、国际招标业务蓬勃发展，拥有齐全的招标资质和优秀专业人才，是国内同行业中首家获得ISO9001：2000版证书的招标咨询企业。

四、2005年对外贸易在继续巩固原有业务的同时，积极寻找具有外经特色的新增长点，开拓成套设备的出口，参加成套设备项目的投标工作。

越南山洞电站签约现场

伊朗德黑兰至里海32公里高速公路项目

公司地址：上海市淮海中路200号26楼
邮政编码：200021
电话：63861988
传真：63891189
EMAIL：sfeco@online.sh.cn
26 TH FL., 200 HUAI HAI RD. (M.) SHANGHAI, CHINA
POSTCODE：200021
TEL：63861988
FAX：(21)－63861189
E-MAIL：sfeco@sfeco.net.cn

济南钢铁集团总公司

济钢股份开盘

济南钢铁集团总公司 是国家特大型钢铁企业，现有职工3.8万人。资产总额228亿元。主要工艺有焦化、烧结、炼铁、炼钢、轧钢。主要产品有：中板、中厚板、圆钢、螺纹钢、角钢、槽钢、球墨铸管、化产品等。已发展成为全国最大的中厚板生产、出口龙头企业，产品出口比例、中厚板的产量、成本、市场占有率、出口量等多项指标居全国第一。2004年生产钢687万吨，比上年增钢182万吨，进入了全国十大钢行列。全年生产铁545万吨、钢材556万吨，分别比上年提高31%、26%；实现销售收入274亿元、利税31.4亿元、利润20.5亿元，分别提高84%、50%、101%；出口钢铁产品117万吨，创汇4.4亿美元，进出口贸易总额9.4亿美元，分别提高85%、180%、160%，出口钢铁产品总量在全行业排第3名，出口中厚板排第1名。济南钢铁成功上市，是山东目前A股首发募集资金最多、流通股最大的上市公司。

济钢干熄焦

马凯等领导参观干熄焦

济钢建成国家级技术中心和国家级实验室，设立了博士后科研工作站。通过了质量、安全、环境管理国际认证，并在全行业率先实现三体系整合和营销服务体系认证。造船板获得了九国十个船级社认证。造船板、碳结中板、热轧带肋钢筋和球墨铸管获得了中国钢铁协会“实物质量金杯奖”。产品出口20多个国家和地区。加快信息化建设，实现了办公自动化和ERP。连续3年被评为全国质量效益型先进企业，并获特别奖，2003年荣获全国质量管理奖，成为设此奖项以来全国冶金行业获此殊荣的3家钢铁企业之一。

关注社会责任，推行清洁生产，发展循环经济，利用工艺结构调整节余的副产煤气，成功实施了燃气—蒸汽联合发电，该项目比常规煤电机组效率提高50%，年发电量达9.9亿千瓦时。1995年到2004年，济钢年产钢从170万吨增加到687万吨，增加了3倍，年耗新水总量不仅没有增加，而且减少280万立方米，累计节约标准煤1300万吨，节能效益达90亿元左右。主导产品中厚板成本连续保持全行业领先，在激烈的市场竞争中保持了低成本竞争优势。节能降耗不仅增加了效益，而且改善了环境，全公司整体建成了省级清洁文明工厂。

济钢中厚板轧机

济钢燃气发电厂

盘江煤电（集团）有限责任公司

盘江煤电（集团）有限责任公司是由原盘江矿务局改制而成的国有独资公司，于1997年7月1日挂牌运行。公司位于贵州省盘县红果镇，交通便利，南昆，内昆，水柏铁路及320国道，水盘公路横穿矿区，是北通巴蜀，南接八桂的西南和西部大开发的一个交通及能源输出重镇。

盘江矿区煤田地质储量丰富，煤种齐全，煤质优良，是江南得天独厚的优质炼焦煤和动里煤基地。盘江矿区经过近40年的开发建设，原煤生产能力已达到1000万吨／年水平；洗选能力达到800万吨／年；水泥生产能力达到6万吨／年；发电装机容量达到8万KW，是全国520户国有重点企业之一，在"中国煤炭百强企业"中排名第43位。到2010年，全公司原煤产量将突破3000万吨／年；2015年，将突破5000万吨／年。

盘江矿区生产的煤炭产品畅销国内9个省（市，区），并出口印度，韩国，日本等国家和台湾地区，曾多次获得国家有关部门授予的"创名牌出口产品企业"和"知名出口品牌"荣誉称号。

国家西部大开发和西电东送战略的实施给盘江带来了良好发展机遇。盘江煤电公司正充分发挥矿区资源优势和区位优势，坚持走"以煤为本，综合发展，煤与非煤并举"的发展之路，围绕"抢抓机遇，加快发展，建设一流特大煤炭企业"这个主题和建设一个高产高效的，煤与非煤协调发展的跨行业跨地区大型企业集团集团，朝气蓬勃地向着既定目标迈进。

盘江煤电（集团）井下使用的综合机械化才煤机

盘江煤电（集团）公司领导班子成员

▲ 盘江煤电（集团）公司办公大楼

大庆石油化工总厂办公楼

大庆石油化工总厂

大庆石油化工总厂厂长、党委书记　郑怀义

大庆石油化工总厂隶属于中国石油天然气集团公司，始建于1962年4月，是国内特大型石油化工联合企业。1999年9月根据集团公司总体部署，企业实施重组上市。重组以后，大庆石油化工总厂主要业务包括石油化工、石油化工延伸加工，以及工程设计、建筑与施工，另外，还具备完善的生产、生活服务系统；同时承担为中国石油股份有限公司大庆石化分公司提供石油化工生产工程技术服务、生产技术服务、加工制造、生活服务和社会等任务。现有二级单位22个，机关职能部门13个，职工总数2.1万人，资产总额为65亿元。

主营业务：具体从事石油化工、石油化工延伸加工、精细化工、大型石油化工及民用建筑公路工程的设计施工、石油化工建筑安装、工程监理、设备维修、机械仪表制造与加工、计算机软件开发利用、网络管理、客货运输、物资采购、物业管理、房地产开发、文教卫生和多种经营等业务。

主要产品：苯乙烯、聚苯乙烯、ABS、顺丁橡胶、丙烯、丙烷、石油化工“三剂”、复合肥、塑料编织袋、硅芯管、PBS板材、特种气体、防火、防火及民用涂料、油漆、压力容器、控制仪表、电器设备等。

主要生产装置：总厂拥有13套生产装置及公用工程装置，主要包括30万吨/年高浓度复合肥、9万吨/年苯乙烯、2.5万吨/年聚苯乙烯、7.5万吨/年SAN、10.5万吨/年ABS、8万吨/年顺丁橡胶等装置。

工程技术服务：大庆石化总厂具备从石油化工工程项目可行性研究、论证到设计、施工、设备安装直至投料试车、正式投产全过程工程总承包能力。

在大型石油化工机械、自动化仪表、电器制造和安装方面具有较强实力，能够承担石油化工装置控制系统组态设计安装、软件开发、化工流程模拟、仿真培训等任务。

按照全面建设小康社会总体目标要求，总厂将在“十一五”期间构筑8大支柱产业，形成8大生产和服务体系，即：树脂产品生产体系、橡胶产品生产体系、复合肥产品生产体系、塑料后加工产品生产体系、精细化工产品生产体系、设计施工服务体系、物流、商流服务体系和生产技术、物业服务体系，使总厂核心竞争能力进一步得到提高。

前进中的大庆石化总厂，将以最诚实的劳动、最优质的服务、最可靠的信誉和最坚定的信念，真诚与社会各界广泛合作，携手共进，共同开辟美好的未来。

大庆石油化工总厂化工厂苯乙烯生产装置

中国国际货运航空

中国国际货运航空有限公司（以下简称国货航）成立于2003年12月12日，是由中国国际航空公司、中信泰富有限公司、首都机场集团公司三家公司合资组建的。国货航投资总额35亿元人民币，注册资金22亿元人民币。其中，中国国际航空公司占总注册资本的51%，中信泰富有限公司、首都机场集团公司分别占总资本的25%和24%。

截至2005年底，国货航已拥有2架波音747－400型全货机和4架波音747－200型全货机，每周19班分别飞往美国的纽约、芝加哥、洛杉矶、波特兰，德国的法兰克福，日本的大阪及香港地区。此外，国货航还拥有国航一百六十六架客机的腹舱容积，航线网络遍及25个国家和地区，形成了完整的国际、国内销售网络。

随着国际航空运输业的不断发展，货运市场需求日趋旺盛，国货航也在不断的扩大自己的货机机队。2005年12月18日，国货航购进了第一架波音747－400型全货机并投入中美航线的运营。2007年之前，国货航还将陆续购进1架波音747－400型货机、租赁2架波音747－400改装型货机和3架T－204货机。

国货航一贯坚持“以安全为前提、以市场为导向、以服务为保证、以效益为中心”的经营方针；坚持“以顾客为关注焦点，安全运输，规范运行，诚信服务，改进创新”的质量方针，力求为客户提供安全、可靠、快速、便利的服务。

国货航拥有一支能力强、业务精、素质高、具有先进水准的员工队伍，并时刻以提高航空货运市场竞争力为着眼点，创新品牌，以实现公司规模和效益的良性发展，逐步成为客户首选的货运航空公司。

图 1

图 2

图 3

图 4

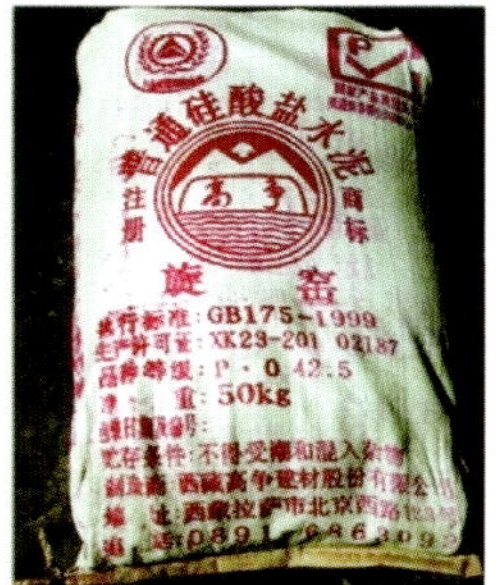

图 5

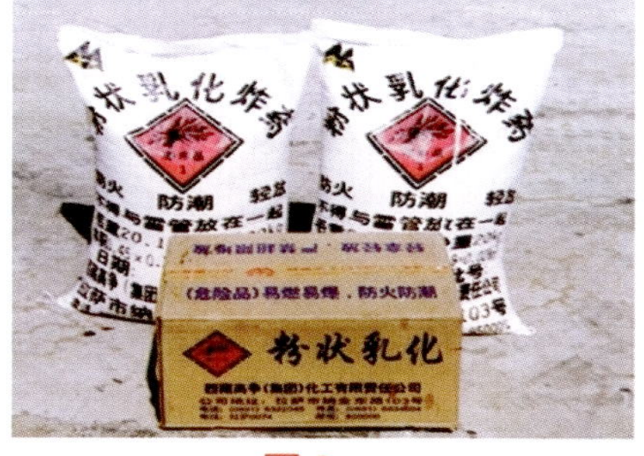

图 6

图 7

图 8

图1：西藏高争（集团）有限责任公司党委副书记、董事长兼总经理：唐广顺同志。

图2：西藏高争（集团）有限责任公司董事会部分成员及监事会主席。

图3：西藏高争建材股份有限公司所属高天水泥有限公司日产2000T水泥生产线竣工投产仪式上董事长吴振华同志讲话。

图4：西藏高争建材股份有限公司旋窑生产线。

图5：西藏高争建材股份有限公司所生产的“高争”牌硅酸水泥。

图6：西藏高争（集团）化工有限责任公司所生产的粉状乳化炸药。

图7：西藏吉圣高争新型建材有限公司所生产的产品。

图8：西藏高争建材股份有限公司在2004年荣获国家质量监督检验检疫总局颁发的产品质量国家免检证书。

腾飞的西藏高争（集团）有限责任公司

西藏高争（集团）有限责任公司系原“拉萨水泥厂”，始建于1960年，是西藏自治区建厂最早、生产规模最大的以水泥生产为主的国有工业企业。公司占地面积27.12公顷，目前拥有固定资产7.4亿元，全公司从业人员1436人，专业技术人员一百余名，占从业总人数的10%左右，具有在西藏高原缺氧环境中生产水泥的独特技术和丰富经验。

2001年11月19日，拉萨水泥厂经过改制成立了“西藏高争（集团）有限责任公司”，向建立现代企业制度迈出了坚实的一步，也为“高争”牌水泥在面向二十一世纪的市场征程中打下了良好的基础。1999年至2001年三年间完成了厂内各产业部门、分厂的改制重组工作，为了适应社会主义市场经济体制，公司以最优良资产（水泥生产线）联合其他五家股东组建了“西藏高争建材股份有限公司”的股份制企业，并分别在昌都、阿里、日喀则设立了分厂，从而使本公司水泥产品覆盖藏中五地市，水泥市场占有率达50%以上。同时，建立了以房产管理为主业的“西藏高争物业管理公司”、以矿业开采为主业的“西藏高争矿业有限公司”和以生产经营管装、袋装粉状乳化炸药（粉状乳化炸药是国防科工委推广的炸药新品种，产品性能处于国内领先地位，安全可靠，对人体无毒无害）和铵磺炸药为主业的“西藏高争化工有限公司”等四个全资子公司，以及以生产灰砂砖、加气混凝土砌块新型建材为主业的西藏吉圣高争新型建材有限公司。

目前，西藏高争建材股份有限公司持有国家颁发的水泥生产许可证、ISO9001：2000国际质量体系认证、产品质量合格证、化验室质量检验合格证、计量认证合格证等，2002年“高争”牌商标被认定为西藏首届著名商标，2003年被评为全区纳税大户第三名和全区纳税A级企业，同时还获得了全国“守信用、重合同”单位的荣誉，2004年“高争”牌水泥荣获国家质检总局颁发的“产品质量免检”证书。股份公司生产的各品种水泥碱含量低、水化热低、干缩膨胀系数小、早期强度高、强度增进率大、抗冻、抗干裂、抗侵蚀性能好等特点。强度等到级有：32.5MPa、32.5(R)MPa、42.5MPa、52.5(R)MPa,所有产品质量和技术性能全部达到或优于国家新颁发的ISO水泥新标准R型水泥标准，使用性能有着更可靠的保证。

2004年10月22日建成投产了西藏自治区第一条2000t/d级新型干法水泥生产线，该生产线采用先进的新型干法窑外分解技术，生产工艺成熟，设备质量可靠，技术经济指标先进，其生产技术及装备达到了国内先进水平。年生产水泥能力达60万吨，主要产品有“高争”牌52.5、52.5R级硅酸盐水泥、42.5、42.5R级和32.5、32.5R级普通硅酸盐水泥、32.5、32.5R级复合硅酸盐水泥等品种，根据用户需求，还可生产中、低热硅酸盐水泥、高抗硫酸盐硅酸盐水泥、道路硅酸盐水泥等特种水泥。

今后，西藏高争（集团）有限责任公司将一如既往地紧跟时代发展的步伐，紧紧把握市场脉搏，坚持走企业改革发展之路，发扬“高中争先，争中求高”的企业精神，开拓创新，努力将高争企业打造成为全国的知名企业。

地址：西藏拉萨市北京西路133号　邮编：850002　电话:0891—6867776　6864094—8986

钟灵毓秀，物华天宝

——抒写国酒茅台的传奇之路

钟灵毓秀，物华天宝。孕育中华智慧，流淌民族血脉，阅尽人间春色，笑傲古今风云，香飘五洲四海，那——是我们的茅台。酒冠黔人国，香飘进万家，茅台正以它矫健的步伐迈向新的世纪，继续抒写着它的传奇之路。

茅台从远古走来，带着它神秘的面纱，编织出一段段美丽的传奇，谱写出一首首壮丽的史诗，今天茅台揭开它神秘的面纱，走进千家万户，让人们尽情的领略它的神奇，让茅台的芬芳溢满天下，让茅台的辉煌撒遍神州。传奇在这里延伸，让我们一同走进它的传奇之路。

图为耸立在林荫中的茅台集团总部，它位于厂区中心，是茅台集团运作的中枢，是茅台集团发展史上的标志性建筑。

中国贵州茅台酒厂有限责任公司 位于黔北赤水河畔的古镇茅台，占地面积240多万平方米，建筑面积 100万平方米。截至2004年底，拥有总资产89亿元，员工8000余人，年销售收入40多亿元。公司是全国质量效益型先进企业之一，是全国白酒行业中唯一的国家一级企业和特大型企业，唯一荣获国家企业管理最高奖——金马奖的企业。公司以贵州茅台酒股份有限公司为核心，另拥有习酒有限责任公司、香港茅台贸易公司、茅台上海公司等9个全资子公司；贵州茅台酒股份有限公司、昌黎葡萄酒业公司等10个控股公司；技术开发公司、保健酒业公司、贵阳茅台装饰公司等10个参股公司。

茅台的主导产品贵州茅台酒历史悠久、源远流长，起于秦汉、熟于唐宋，精于明清、尊于当代，历经二千多年成为民族精品，从巴拿马获奖至今成为世界品牌，从而与法国科涅克白兰地、英国苏格兰威士忌并称世界三大名酒。近一个世纪来，已14次荣获各种国际金奖，蝉联历次国内名酒评比之冠，被公认为中国国酒。茅台人珍惜辉煌的历史，更注重开创美好未来，决心进一步将茅台这个名闻全球的品牌发扬光大。因此，茅台领导班子立足于对历史、现实、未来和顾客、合作者、企业自身的深刻思考，确立了“铸造一流企业”的愿景，以“以人为本，以质求存，恪守诚信，团结拼搏，继承创新”为核心价值观，以“有机茅台，人文茅台，科技茅台，世界最好的蒸馏酒”为产品定位，提出了“酿造高品位生活”的经营理念，确定了“走新型工业化道路，做好酒的文章，走出酒的天地”的发展方向，引领国酒事业不断做好、做大、做强。

多年来，公司致力于营造学习型组织和个人，坚持以“立足茅台、奉献社会，成就自我、完美人生”的员工价值观，坚持“人有所用，人尽其用”的人才观，培养人才、开发人才、使用人才。

质量是企业的根本，公司始终坚持“质量第一，产量服从质量，成本服从质量，速度服从质量”的质量观；坚持走质量效益型道路，使品质成为公司的核心竞争力之一，并由茅台酒生产的地域性，形成了独一无二的工艺技术和产品。

公司本着“管理科学”的要求，不断进行管理创新，积极引进先进管理模式，构建完善各类体系。特别是构建了由技术、生产、市场、财务、供应链、人力资源等子系统共同组成，各子系统以网状分布，以信息中心为核心的信息管理体系，整合公司各部门的资源，提高办公效率，顺利的使公司由传统的企业管理模式过渡到了现代企业的先进管理模式，为公司的再次腾飞打下了坚实的基础。

新的时代已经走进我们的生活。面对曾有的辉煌，我们自豪，我们欣慰。但那是属于昨天的辉煌，面对新时代的挑战，茅台已经做好了充分的准备，以顽强的斗志，拼搏的精神，进一步解放思想，开拓进取，众志成城，夯实“绿色茅台、人文茅台、科技茅台”三大工程，努力做好酒的文章，理性走出酒的天地，做好、做大、做强国酒品牌，让“中国茅台”永远响彻寰宇。

西藏自治区藏药厂

厂 长：贡嘎罗布

西藏自治区藏药厂的前身是始建于公元1696年的拉萨药王山医学利众院制剂室。经几代藏医传人的不懈努力，发展至今，已成为全国规模最大、历史最悠久、技术力量最雄厚的传统藏药生产厂家。现拥有符合GMP条件的现代化生产线和一批高素质专业技术及管理人才。目前职工达230余人，其中高级（专家）职称15人，副高职称23人，中级及以下职称54人——人称“药师云城”，并拥有藏药技术加工之最——“坐台”炼丹的专利。厂区占地5万平方米，总建筑面积4万多平方米，拥有总资产1.5亿元。

地 址：西藏拉萨市娘热路23号　　邮 编：850000　　电 话：0891—6821721、6813363

办公楼

西藏自治区藏药厂选用生长在世界屋脊海拔4000米以上特殊生态环境下的地道藏药材，根据传统藏药的生产工艺，同时引进现代化的制药设备和国内中药厂家的技术专长进行生产。能生产350多个品种，其中，已取得批准文号的有54个，有10个品种列入国家基本药物目录，在国内外屡获殊荣的拳头产品“七十味珍珠丸”、“仁青常觉”等13个品种为国家中药保护品种，所产藏药以配方正宗，用料地道，工艺精湛而著称于世。

随着国家新的《药品管理法》施行，藏药市场面临着机遇和挑战。在市场上，药厂重视品牌效应，重视广告宣传。通过电视、广播、音像、灯箱和车身等等作广告，大力宣传“甘露藏药”，以使更多的人了解藏医，认识藏药。现在，药厂已在全国30多个省（区、市）建立了办事处，有着比较成熟的销售网络，为今后进一步开发区外市场打下了牢固的基础。与此同时，还把目光投向国际市场，在俄罗斯和外蒙古进行藏药的销售，为藏药逐步推向世界积累了宝贵的经验。

操作人员进行药品打光操作

操作人员正操作药品瓶装机组

操作人员正操作药品瓶装机组

西藏自治区藏药厂

厂区车间一角

中华人民共和国国家质量奖

总之，多年来，西藏自治区藏药厂秉承“敬爱苍生，传承文化，服务大众，广结善缘”的企业精神，向社会奉献出优质的藏药产品。在改革开放前，整个藏区仅有这一家藏药厂，它担负了藏医医疗所需之药。据不完全统计，药厂多年来为广大人民群众实行免费医疗或以特优价供应药品的方式共支出了1亿多元人民币，这极大地缓解了农牧民缺医少药的状况，为西藏的政治稳定、经济发展和社会进步做出了不可磨灭的贡献！党和政府对药厂也有一个基本的评价。总书记胡锦涛（1991年）、主席江泽民（1990年）、全国人大委员长吴邦国（2001年）、副总理李岚清（2000年）、原政协主席李瑞环（2003年）、全国人大副委员长路甬祥（2003年）、政协副主席李蒙（2003年）、国家中医药管理局局长佘靖（2003年）等领导都来厂参观并给予巨大关怀和鼓励，这极大地振奋了职工。世卫组织前总干事中岛宏、德国前总理科尔、美国前总统卡特、欧洲议会代表团等海外嘉宾也纷至沓来，我们也获得了国家、自治区等各方面的表

生产操作人员正在进行药材粉碎

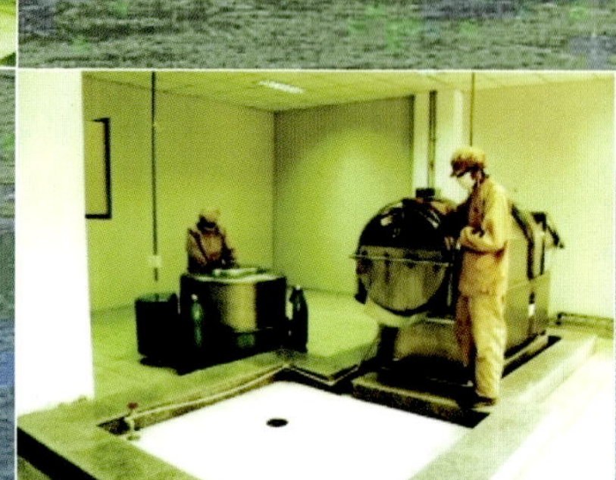

操作人员进行药材清洗

地　址：西藏拉萨市娘热路23号　　邮　编：850000　　电　话：0891—6821721、6813363

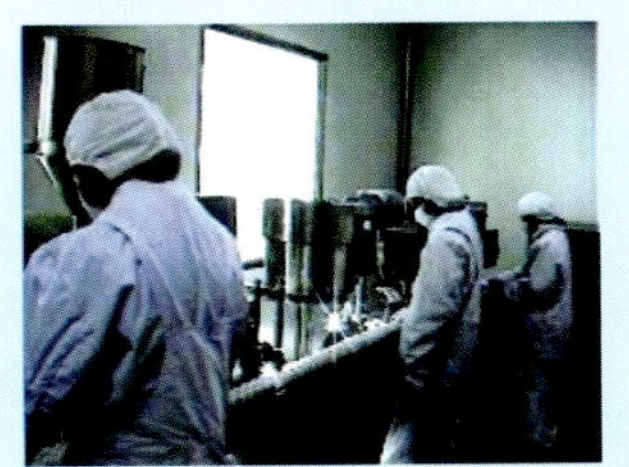
瓶装包装车间

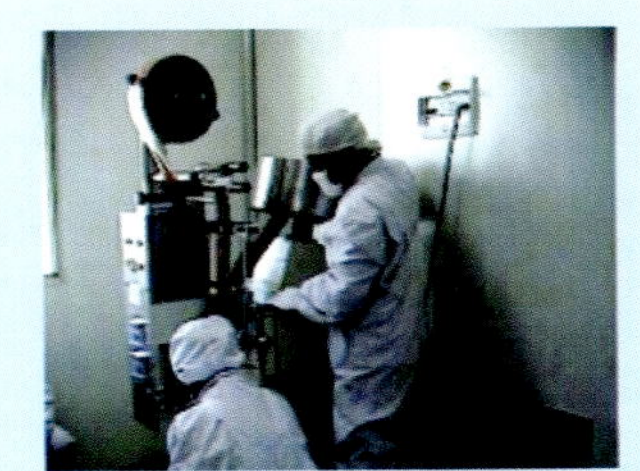
内包装现场

现代化的粉碎车间

彰和奖励（如：2000获得 “全国质量管理先进单位”称号，2002年被国家工商总局评为全国“守合同，重信用企业” ，同年被自治区评为“西藏自治区著名商标”、“高新技术企业”，2003年获得“自治区级农牧业产业化经营龙头企业”和“纳税大户”的称号，2004年11月12日，药厂的“甘露”商标被国家工商行政管理总局商标局认定为“中国驰名商标”，在藏药行业中我们是唯一一家获得这项荣誉的企业，填补了中国藏药的空白，填补了西藏自治区的空白）。

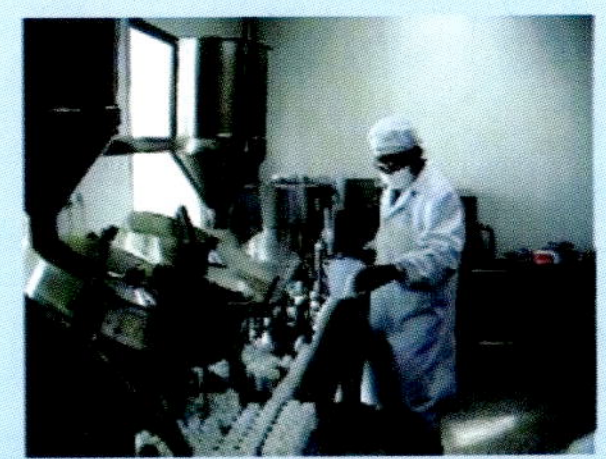
瓶装包装车间

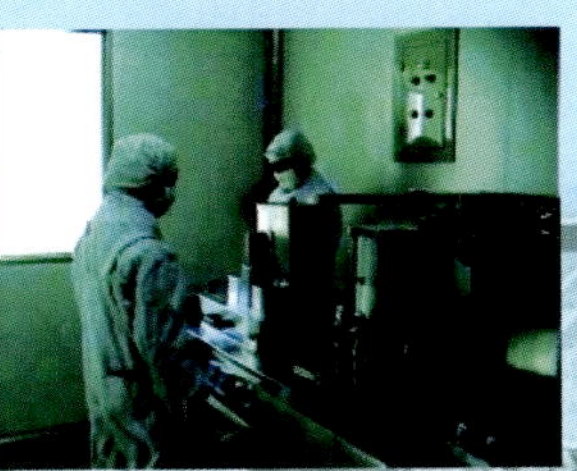
铝塑包装车间

回顾过去，木制的机械链条是我们创业史上的注脚；把握现在，现代化的厂房和生产线是我们发展的基础；展望未来，藏医药广阔的前景是我们不变的追求。面对中国加入WTO，面对西部大开发，我们有决心也有信心与时俱进，奋发进取，以不断提升自我来全面推动企业的进步，迎接藏医药发展的又一个春天！

甘露藏药广告牌

重合同讲信用

2000年全国质量管理先进企业

全国质量管理先进企业铜牌

西藏自治区名优产品

全国民族用品定点生产企业

全国民族用品定点生产企业铜牌

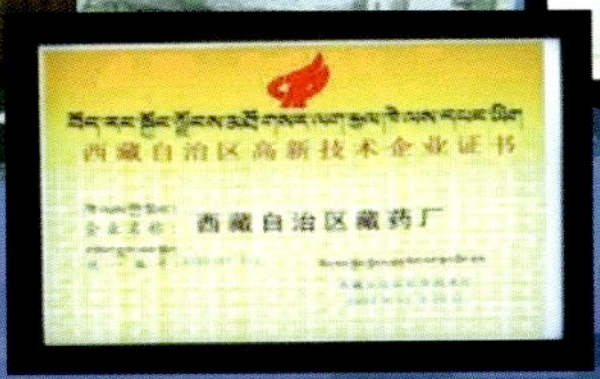

高新技术企业证书

团有限公司

便捷的专业化铁路集疏运网络系统：大连港利用东北铁路网优势，积极拓展海铁联运业务，开通了大连港至哈尔滨、长春、延吉、沈阳等内陆干港的多条铁路集装箱直达班列，每周40多个班次，形成了方便、快捷、高效的内陆集疏运网络，集装箱海铁联运量位居国内沿海港口的首位。

功能齐全的数字物流口岸系统：位于国际深水良港——大窑湾港的大连国际物流园，面积为1.5平方公里，是继上海之后国家批准的第二批区港联动试点区。在这里，经整合保税区的功能优势和港口优势，可将保税区的特殊政策覆盖到港区，促进保税区与港口的优势互补、功能结合和共同发展。

大连港正在从传统的装卸港向现代物流港转变。通过打造专业化、无缝隙的物流体系，努力为客户提供最优化的物流供应链。船舶代理业体系不断完善；货运代理业实现业务重组；仓储物流产业形成健康发展态势。信息化进程助推“数字口岸”建设，信息化建设飞速发展，IT产业体系初步形成，构筑了大连港集装箱产业信息交换的网络平台。目前，大连港集团已经成为集疏运条件优良，设备设施配套齐全，服务功能完善的现代化综合性港口。

2003年，党中央、国务院实施了东北地区等老工业基地的振兴战略，提出把大连建成东北亚重要的国际航运中心。大连港作为国际航运中心的核心和旗舰，从2002年起进入了新一轮港口基础设施建设的高潮期，预计到2010年港口建设改造的总投资将达300亿元，重点要建设“六大中心”、“三大基地”和“四大系统”。

六大中心：国际油品及液体化工品分拨中心；集装箱转运中心；粮食转运中心；杂货及煤炭转运中心；专业汽车及客滚旅游中心；散矿分拨中心。

三大基地：将大孤山半岛建成集装箱、粮食、汽车、矿石、油品及液体化工品的临港产业基地；将大连湾港区建成钢铁、化肥、大型构件、大宗杂货和货运滚装为主的综合物流和临港加工基地；将大港区建成国际旅游、国内集装箱和客运滚装基地。

四大系统：以集装箱、矿石、原油中转为支撑的海上中转系统；贯穿港区的高速公路集疏运网络系统；以矿石、粮食、集装箱、汽车为重点的专业化铁路集疏运网络系统；服务于国际港航和区域性物流业务的数字物流口岸系统。

到2010年，港口年通过能力将达到2.5亿吨，集装箱码头的装卸能力将达到1000万标准箱。到2020年，大连港集团将续建20个大型集装箱泊位，形成年通过能力超过2000万标准箱的集装箱码头群。

建设全方位、多功能、现代化国际大港是大连港人的梦想与追求，大连港集团将以“经营国际化、服务物流化、管理数字化”的发展战略，全力打造“胸怀大海，港容天下”的企业精神，始终坚持与时代同进步，与客户共发展，一如既往地秉承“客户需求是我们的责任、客户满意是我们的标准”的经营服务理念，竭诚为中外客户提供优质高效的服务。

国内最大、最先进的30万吨级矿石码头

东北亚地区最大的散粮运输中转港

全球最大最先进的中海美洲集装箱船首航大连港

朝气蓬勃、迅猛发展的大窑湾新港区

传真：0086—411—82807147　网址：http://www.portdalian.com.cn

重庆钢铁集团公司

重庆钢铁(集团)有限责任公司(重钢集团)是一个有百年历史的特大型钢铁联合企业。1994年被列为国家100家现代企业制度试点企业；1997年被列为国家120家试点企业集团；重钢集团是国务院重点支持的全国520家国有大型企业集团之一。1997年组建了国家级技术中心，1999年建立国家博士后科研工作站。中国共产党三代领导核心毛泽东、邓小平、江泽民都在这里留下了视察的足迹。

重钢集团董事长、党委书记　唐民伟

重钢集团实行母子公司体制，下属15家全资子公司，11家控股子公司，包括在香港上市的H股公司(重庆钢铁)。

重钢集团以钢铁为主业，从事多角化经营。钢铁产业主要集中在钢铁股份公司和钢管公司等几家子公司。现已具备年产焦炭140万吨、生铁250万吨、钢280万吨、钢材255万吨和铁合金7万吨的综合生产能力。

重钢集团的主导产品有六大类，即板材(中厚板、热轧硅钢片)；管材(无缝钢管、精密焊管)；线材；型材(专用型材及工、槽、角、螺纹钢)；带材(镀铅钢带、镀锌钢带)；棒材。其中，20g锅炉板和16MnR容器板系国家金牌产品；造船板获得中国、英国、德国、美国、挪威、日本、法国、韩国、意大利等9个国家船级社的质量认证。重钢集团也获得了ISO9002质量体系认证。

重钢集团贯彻“主副并重”的方针，大力发展非钢产业。目前，钢铁产品深加工与机械制造、建筑与房地产、电子信息、环境工程、矿业“五大非钢支柱产业”已成为新的经济增长点。非钢产业销售收入占重钢集团销售总收入的25%左右。

进入二十一世纪，重钢集团扭亏后走上持续健康发展的道路，2001年实现利润1.1亿元；2002年实现利税利润1.53亿元；2003年实现利润8.9亿元；2004年实现利润8.1亿元；2005年上半年实现利润4.9亿元。

重钢集团在深化企业改革，加快经济发展的同时，精神文明建设也得到了可喜成绩，先后获得全国、四川省及重庆直辖市思想政治工作优秀企业、全国“模范职工之家”、全国“三五”普法先进企业和重庆市“文明单位标兵”等荣誉称号。

重钢集团投资7000万元的焦炉煤气脱硫脱氰工程竣工投产后，直辖市西部城区的山更青、水更绿、天更蓝。

被国家科委命名的国内第一条“控轧控冷中厚钢板示范生产线”，年产量已由设计能力20万吨达到120万吨。

鹤壁煤业（集团）有限责任公司

集团公司董事长、党委书记，
河南国际商会副会长　李永新

集团公司党委书记、董事长总经理　郅公平

集团公司董事长、党委书记李永新（前中）与河南建设投资公司副总经理智勐（前左）、鹤壁市经济发展投资公司总经理萧楠，在鹤壁兴鹤发电有限公司 2x600MW 项目投资意向书上签字。

鹤壁煤业(集团)有限责任公司 是由1957年6月3日成立的原鹤壁矿务局改制而成的大型企业集团，系国家520户重点企业、国家大型企业、河南工业综合实力百强企业之一。2004年，在册员工50496人，资产总额46.36亿元；经营总值31.7亿元，其中煤炭销售收入17.54亿元；实现利税4.34亿元，其中利润1.83亿元。

鹤壁矿区面积150平方公里，目前煤炭资源累计探明储量13.41亿吨，保有储量10.88亿吨，可采储量4.29亿吨；现有8对生产矿井，年产低灰、特低硫、高发热量的优质环保动力煤700多万吨，出口14个国家或地区，在国际市场上享有一定声誉。另有4座洗煤厂，年入洗能力405万吨；主要煤炭品种有冶炼精煤、高炉喷吹煤、筛混末煤等，是发电、化工、冶金、建材行业的理想燃料，“鹤翔”牌筛混煤被评为“全国用户满意产品”。除煤电主业外，辅业涉及中美合资的高新技术企业，以及建筑、建材、铁运、商贸、仓储、化工、火工、冶炼、机械制造、林业、文化旅游等领域。多种产品获国家、省部级科技进步奖和优质名牌产品称号。

集团公司坚持用先进的文化导航定位，培育了“理想、勤奋、创新、发展”的企业精神，形成了“诚信为本，事在人为”的核心理念和“严细、求实、快速、高效”的工作作风，带动了企业整体素质的提高。多年来，企业凭借严格的管理和良好的商业信誉，多次荣获中国优秀企业、中国煤炭工业优秀企业、煤炭质量信得过企业、重合同守信用企业、安全生产先进单位、河南省“五一”劳动奖状等荣誉称号。

为确保企业持续、健康、快速发展，经河南省发改委批准，鹤煤集团制定了《鹤煤(集团)公司2004—2010发展规划》，共筛选了大小36个项目，总投资194.9亿元。通过实施企业发展战略，实现企业内外部优势资源的整合，巩固和提高企业的核心竞争力，鹤煤集团将由单一的煤炭产业向以煤炭、电力和高科技为支柱的多元化产业转换。随着新建和扩建矿井建成竣工及2x600MW电厂和2x135MW热电厂相继发电，到2007年末，资产总额和销售收入将分别超过50亿元；到2010年末原煤产量将突破1850万吨，发电量将突破110亿千瓦时，资产总额和销售收入将分别超过100亿元，实现集团公司“三年双五十，六年双百亿”的宏伟目标。

鹤煤集团董事长、党委书记李永新，总经理郅公平诚邀国内外新老朋友光临参观考察，共谋发展。

重庆商社(集团)有限公司

重庆商社(集团)有限公司 是1996年12月经重庆市人民政府批准成立的重庆市属国有大型商贸流通企业，2004年4月与重庆百货大楼股份有限公司重组，是西部最大的流通企业，国家重点培育的20家大型流通企业之一。

自组建以来，商社集团以年均销售增幅26.8%，业态涉及综合商场、连锁超市、便利店、专业店、批发等，业务领域涉及百货、家电、汽车贸易、化工、房产开发、酒店旅游、进出口贸易等。现拥有重庆商社新世纪百货公司、重庆百货大楼股份有限公司、重庆商社汽车贸易有限公司、重庆商社电器有限公司、重庆商社化工有限公司等全资及控股企业14家。到2004年底，拥有总资产52亿元，经营面积52万平方米，跨区域网点167个，从业人员4万余人。2004年实现销售收入131.58亿元，占重庆市限额以上贸易业销售总额的14.5%。荣列商务部2004年度全国连锁30强企业第12位（2005年上半年第11位）、2004年度中国零售百强企业第12位，中国企业500强第263位，中国服务业500强第102位，重庆企业100强第4位。

面对国际化竞争的新形势，商社集团将加快改革发展步伐，不断优化资源配置，推进主辅结合的多元化经营协调发展，提升核心竞争力，未来3年内，实现年销售收入逾300亿元，资产规模达80亿元，进入中国商业十强，打造成为主业突出、核心竞争力强、管理规范、可持续发展的国家级流通企业集团。

重庆商社新世纪百货公司

商社大厦

重百大楼夜景

黑龙江

华安工业（集团）公司

Huaangongye(jituan)gongsi

黑龙江华安工业(集团)公司 始建于1951年，地处于齐齐哈尔市碾子山区，总占地69平方公里，资产总额10.8亿元，在职职工近万人。华安公司具有健全的质量管理体系，拥有国家二级计量室、兵器行业一级理化检测中心、国家二级标准化，是我国兵器行业集科研、生产、试验检测、总装多种能力为一体的中大口径弹药科研与生产基地，同时开发生产的卫生洁具五金配件、高压气瓶、结晶器、民爆器材、玻璃钢等多项民品，在国际国内市场占有重要地位。

在计划经济向市场经济转轨时期，华安曾连续多年陷入困境，1997年，许远明同志率领了新一届领导班子带领全体职工转变思想观念，锐意改革，努力进取，在企业崛起的实践中，华安人认识到“先进企业文化是华安辉煌再造的动力之源和发展之魂”，开展了切合企业发展实际需要的文化铸魂工程，以拼搏、进取、改革、求实为核心，形成了独具华安特色的军工企业文化，树立了“想解困思路，干出光明前程，创造发展机遇，闯出市场空间”的发展理念，华安职工“心系公司求发展，情注华安盼振兴”，用崭新精神面貌重塑企业形象，以实际行动拼搏振兴公司经济，逐步走上了重振雄风之路。八年时间，华安公司的综合实力、市场竞争能力发生了质的飞跃，职工收入成倍增加，成为国防事业、地区经济发展的重要力量。

华安公司发生的巨大变化受到了社会各界的普遍认可和好评，得到了胡锦涛、邹家华、尉健行等中央领导同志的关注和批示、指示。华安公司先后被市、省政府评为“花园式”企业，被省政府授予“黑龙江知名企业”，被中国企业形象认定委员会授予“新世纪中国企业形象建设AAA级”企业，被中组部、中宣部、国家经贸委、全国总工会命名为“全国百家思想政治工作优秀企业”，被国家旅游局批准为全国首批工业旅游示范单位，先后五次被国家经贸委、全国总工会评为“安康杯”竞赛优胜企业、两次被中宣部企业文化研究会授予“企业文化建设创新实践奖”，被中国企业文化研究会授予“中国企业文化建设示范基地”，被全国市场诚信建设组委会授予“诚信建设示范单位”，被国家商务部评定为“诚信综合等级AAA1级企业”，被国资委评为“先进基层党组织”。

目前，华安公司全体职工积极抢抓振兴东北老工业基地的历史性发展机遇，正向着建设具有国际竞争力大公司和现代化国防工业的目标阔步前进！

“花园化”工厂

黑龙江华安工业(集团)公司机关门前广场

2004年在华安公司召开的企业文化现场理论研讨会

邯郸矿业集团

HANDAN MINING INDUSTRY GROUP

安全为天，开展"安全生产"进社区、入班组活动。千人签字，参观安全画展。

开展劳动竞赛，大打开拓掘进硬仗，平衡采掘关系。

邯郸矿业集团公司与张家口盛源矿业公司优势互补、互惠双赢实现了联合重组。

邯郸矿业集团有限公司 于2002年12月改制创立，是河北省国资委监管的重点企业、河北省百强企业之一。其前身是1958年建立的邯郸矿务局。

邯矿集团成立以后，确立了"跨越发展，做大做强，构建和谐小康矿区"的发展战略，大力弘扬"务实、和谐、创新、超越"的企业精神，以解放思想、转变观念为先导，以改革创新为动力，牢固树立和落实科学发展观，采取合资合作、改革改组、兼并联合等方式，推进体制、结构、科技、管理"四个"创新，使企业步入快速、良性的发展轨道。

优美、亮丽的邯郸矿业集团公司机关

目前，邯矿集团已形成邯郸、张家口两个矿区的格局，共有8个分公司、3个全资子公司和6个控股子公司。截至2004年，拥有总资产34.8亿元，煤炭地质储量28亿吨，可采储量6亿吨，员工18000余人。其中，邯郸矿区地理位置优越，交通便利，为全国重点无烟煤产区之一。主要品种有无烟块煤、洗精煤、精粒煤等，品种齐全，煤质优良。非煤产业发展迅猛，发电、钢铁、水泥、玻璃纤维、机械制造等项目已成为新的经济增长点。张家口矿区有盛源宣东矿业公司及康保、长城等煤矿，资源丰富，煤种为优质焦煤和优质动力煤。

2005年煤炭产量预计完成700万吨以上，销售收入突破30亿元，企业综合实力大幅度增强。近几年企业先后荣获“河北省五一奖状获得单位”，“河北省优秀企业”，“河北省思想政治工作优秀企业”等荣誉称号。2004年被评为“河北省明星企业”。

邯矿集团正立足于新的起点，实现第三步跨越，到2007年，原煤产量突破1000万吨，企业总资产达到50亿元，销售收入突破50亿元，力争跨入全国企业500强行列，建成产权多元、结构优化、机制灵活、优势突出、企业文化先进的大型企业集团。

2004年，邯矿集团继续实施“跨越发展，做大做强”的战略，全局上下众志成城，斗志高昂，实现了“三个”历史性跨越。

主业煤炭和非煤产业实现历史性跨越。全公司生产煤炭620.23万吨，比上年提高了61.7%，创历史最高记录。掘进总进尺创19年来最好水平。开拓进尺创43年来最好水平。单产单进、原煤全员效率、采掘机械化程度均创历史最好水平。非煤单位主要产品也创出了历史的好成绩。

经营成果实现了历史性跨越。全公司销售收入完成20.4亿元，比上年翻了一番。企业利税大幅度提高。

固定资产投资实现了历史性跨越。全年完成固定资产投资5.9亿元，接近企业“九五”期间投资总额，大大增强了企业发展的后劲。

坑口矸石热电厂输出电能，又减少了环境污染。

现代化的轻型放顶煤综采工作面，极大地提高了生产效率，改善了安全生产条件。

非煤产业高速发展，金石钢铁公司巍峨的高炉

长风玻纤厂获得ISO9001-2000质量管理体系认证，银丝—中碱玻纤正在出厂。

搞好煤炭深加工，洗选后的煤炭品种多样，满足了市场需求。

消夏文化广场，文艺活动丰富多彩

深圳市能源集团有限公司

深圳市能源集团有限公司 是由深圳市国有资产监督管理委员会(占股权75%)和华能国际电力股份有限公司(占股权25%)共同出资设立的有限责任公司，是深圳市属集团化企业。

目前，集团总装机容量506.1万千瓦，主要电厂有妈湾发电总厂(180万千瓦)、沙角B电厂(70万千瓦)、月亮湾电厂(28.5万千瓦)、南山热电厂(118.9万千瓦)、安徽铜陵电厂(30万千瓦)、樟洋燃机电厂(36万千瓦)、惠州丰达电厂(30万千瓦)、珠海洪湾电厂(10.9万千瓦)以及深圳南山垃圾发电厂(1.2万千瓦)和深圳盐田垃圾发电厂(0.6万千瓦)，集团下辖十几个企业，其中有两个电力上市公司，即：深能源(000027)和深南电(000037)，初步形成以电为主，相关产业综合发展的战略格局。

2004年，深圳能源集团经营指标及电力生产总体良好。全年实现销售收入81.34亿元，总资产已达204.54亿元。集团各主力机组总体运行状况良好，电力生产稳步增长，经受住了迎峰度夏和机组高负荷运行的考验，顺利完成了全年的保供电任务，安全生产形势基本平稳，全年电量指标创历史新高，各电厂累计实现上网电量204.83千瓦时。

2004年，集团以科学发展观为指导、坚定贯彻“安全至上、成本领先、效益为本”的经营理念。不断加强内部管理，有效控制了经营成本；同时加大了制度建设力度，研究编制了《安全生产工作规定》等5个安全管理制度，修订完善了大宗物资采购、财产保险、工程建设项目等一系列管理制度，将企业各项日常管理工作都纳入了制度规范管理的轨道；按照统一规划、积极稳妥、分步实施的原则，集团信息化建设工作做了分阶段推进；集团还加大了燃煤采购力度，保障了电厂燃煤的供应，保证了电厂的生产安全；全年重点项目建设与前期工作进展顺利。

集团连续多年被市委、市政府授予“优秀企业”、“模范企业”和“守法纳税大户”等光荣称号，被广东省委、省政府评为全省文明单位，管理成果荣获中国企业管理杰出贡献奖与全国企业管理现代化优秀成果一等奖。目前，集团在全市国有企业综合实力排名中位居第一，位列广东省工业企业50强之中， 2005年在全国500强企业中位居309位。

妈湾发电总厂

东部电厂开工典礼

海水脱硫

辽宁华锦化工(集团)有限责任公司

总经理：冯恩良

辽宁华锦化工(集团)有限责任公司以化学肥料和合成树脂为主业，是跨地区经营的大型化工企业。公司总部位于辽宁省盘锦市，拥有辽宁盘锦、辽宁葫芦岛、新疆库车三个生产基地，控股辽宁华锦通达化工股份有限公司(简称“辽通化工”，代码000059)，下属盘锦乙烯有限公司、盘锦双兴工程塑料公司、华锦塑料制品公司等子、分公司，控股中芬辽河富腾热电有限公司，参股中德南方化学辽河催化剂有限公司。集团公司现有总资产近百亿元，职工1万人。2005列中国500强企业第449名、石化企业第9名。

为了抓住辽宁老工业基地振兴的良好机遇，做强、振兴华锦集团，集团公司提出了实施资源、人才和低成本投资三大战略，推进三大基地建设的发展规划。其中盘锦基地重点完成乙烯60万吨改扩建工程，同时，完成辽河化肥增产50%改造工程并扩产复合肥；锦西基地依托现有52万吨尿素装置和6万吨甲醇装置，建设30万吨/年甲醇项目并深加工20万吨/年二甲醚；新疆基地在第一套化肥装置建成投产的基础上，建设第二套30万吨/年合成氨、52万吨/年尿素装置。以上项目投产后，华锦集团的化肥年产量可达300万吨，聚烯烃树脂年产量100万吨，年销售收入可达150亿元、利润6亿元，华锦集团将迎来更加美好的未来。

▼建设中的新疆库车大化肥

▲锦西化肥生产装置

▼盘锦乙烯生产装置

地址：辽宁省盘锦市双台子区　邮编：124021　网址：http://www.huajinchem.com.cn
电话：0427—5855223　传真：0427—5856199

胜利油田有限公司

胜利油田地处山东省北部、渤海之滨的黄河三角洲顶端，地跨山东省的东营、滨州、德州、济南、潍坊、淄博、聊城和烟台等8个地市28个县(区)，主体部分主要在东营市境内的黄河入海口两侧，总面积约6.1万平方千米。山东省境内可供找油找气的勘探区域属于渤海湾盆地，其中济阳坳陷和浅海地区是胜利油田勘探开发的主战场。1996年以来，胜利油田先后参与了新疆塔里木盆地和田、准葛尔盆地、安徽合肥盆地、宁夏中卫东北部、辽东湾东部的风险勘探；2000年走出国门，在伊朗卡山地区中标0.5万平方千米的勘探区块。

胜利油田与新中国石油工业的发展是密不可分的，它是在华北地区早期找油的基础上发现并发展起来的。1961年4月16日，在山东省垦利县东营村附近打的华8井首次见到了工业油流，1962年9月23日在东营构造上打的营2井，获日产555吨的高产油流，胜利油田最初命名为"九二三厂"即由此而来。1964年正式进行勘探开发建设，1978年成为我国第二大油田，并一直保持到现在。1989年8月，经国务院批准正式更名为"胜利石油管理局"。党的十五大召开以后，按照党中央、国务院关于搞好国有大中型企业的改革部署，1998年国家对石油、石化工业进行了重大改革改组，组建了中石油和中石化两大集团公司，胜利石油管理局由原隶属中国石油天然气总公司整体划归新组建的中国石油化工集团公司。2000年2月，中国石油化工集团公司适应国际、国内竞争和发展的需要，在内部进行了重组改制，创立了由中国石油化工集团公司控股的中国石油化工股份有限公司，并于2000年10月在纽约、伦敦、香港和上海四地成功上市，专门经营石油石化业务。胜利石油管理局按照中国石化集团公司的要求，也相应地进行了一系列的重组改制运作，于2000年5月正式分设，形成了胜利石油管理局(存续公司)和胜利油田有限公司(上市公司)两个相互独立的法人实体。胜利石油管理局为隶属于中国石化集团公司的企业，胜利油田有限公司为中国石化股份公司的全资子公司。

本企业的经营范围是海洋、陆地石油、天然气、钻遇和与油气共生矿藏的勘探开发、利用、加工、销售；物探及地质资料研究；井下作业；石油炼制及化工；物资采购、供应；计算机技术开发、应用研究和服务；能源监测；环境检测；油水井测试、分析、维修；科研项目研究；钻井；海洋钻井；水路、铁路、陆路运输；船舶修造、海上航务工程、码头作业；管道运输；维修；车辆租赁；国内外经济技术合作及所需设备、材料出口；承包境外、国际招标工程，对外派遣劳务人员；进出口代理；废旧物资经营。

本企业是中国第二大油田，是中国石油化工集团公司中规模最大的油气生产企业。截至2004年底，胜利油田可供勘探的总面积已达17万平方千米，油气资源总量达170亿吨。已找到72个不同类型的油气田，累计探明石油地质储量44亿吨，探明天然气地质储量2074.8亿立方米，动用石油地质储量36.14亿吨。有油井18696口，目前原油生产能力2643万吨。现有气井368口，建成天然气配套生产能力8亿立方米。有注水井6835口，目前日注水平60万立方米。40年来，胜利油田累计实现工业总产值(现价)3952.56亿元，累计上缴利税(费)1164.67亿元,已累计生产原油7.99亿吨,累计生产天然气357.98亿立方米。1978年原油产量上到1946万吨，跃居全国石油行业第二位。进入80年代后，原油产量大幅度增长，1984年突破2000万吨，1987年突破3000万吨。从1987年开始，原油产量连续9年保持在3000万吨以上。截至2004年底，连续22年保持年均新增探明石油地质储量1亿吨以上，连续两年探明、控制和预测三级石油地质储量超过1亿吨。

"油气聚集(区)带勘探的研究"，荣获国家科技进步特等奖，"胜利2号步行式浅海钻井平台"，荣获1992年国家十大科技成就奖。共申请专利863项，已获专利606项，实施专利57万吨，创历史最高水平。2004年生产原油2674.3万吨，生产天然气9亿立方米，原油产量达到4年来的最高水平，天然气产量达到6年来的最高水平。

1993年以来，本企业勘探开发实现了三次大的跨越。1993年浅海埕岛油田投入开发，实现了由陆地向海上的跨越，到2000年，海上油田达到年产油200万吨以上的生产能力；1996年，中标新疆和田地区近4万平方公里的勘探区块，实现了由东部到西部的跨越；坚持走出国门，积极开拓国际市场，队伍进入委内瑞拉、伊朗、土库曼斯坦等12个国家，创效8.52亿元。2004年承担科研课题533项，获得各类科技奖励403项，取得专利95项。仅2004年一年依靠科技进步新增探明储量4551万吨，新增可采储量1520.2万吨，新增原油产量273.02万吨，增效1亿多元，目前，全油田的科技贡献率在80%以上。

井下作业

SLOF

首钢集团

SHOUGANG GROUP

求真务实 开拓创新 不断开创企业改革发展新局面

首钢党委书记、董事长 朱继民

首钢党委副书记、副董事长
总经理 王青海

首钢 始建于1919年，解放前30年累计产铁 28.6万吨。解放后首钢获得了新生，1958年建起了我国第一座测吹转炉，结束了首钢有铁无钢的历史；1964年建成了我国第一座30吨氧气顶吹转炉，揭开了我国炼钢生产新的一页。1978年钢产量达到179万吨，成为全国十大钢铁企业之一。

改革开放以来，首钢在邓小平理论和“三个代表”重要思想指引下，获得了巨大发展。从1979年开始，国家对国有企业进行了一系列“放权让利”的改革。首钢被列为第一批国家经济体制改革试点单位，从1981年到1995年实行上缴利润递增包干，在当时的历史条件下，承包制突破了计划经济体制的束缚，扩大了企业经营自主权，有力地促进了首钢的发展。首钢相继进行了一系列建设和技术改造，二号高炉综合采用37项国内外先进技术，在我国最早采用高炉喷吹煤技术，成为我国第一座现代化高炉；通过购买国外二手设备进行技术改造，先后建设了第二炼钢厂、第三炼钢厂、第二线材厂、第三线材厂、中厚板厂、3万立方米制氧机、自备电站等一批重点项目，使首钢生产规模迅速扩大，1994年首钢钢产量达到824万吨，列当年全国第一位；同时发展成为以钢铁业为主，兼营采矿、机械、电子、建筑、房地产、服务业、海外贸易等多种行业，跨地区、跨所有制、跨国经营的大型企业集团。

1979年到2003年，首钢集团累计向国家上交利税费358亿元。2004年首钢集团实现利润12.47亿元，销售收入619亿元，集团在册职工12万人。

一线材厂经营生产取得佳绩

首钢抗击非典先进事迹报道

快速发展的
新疆油田公司

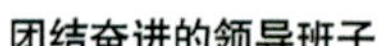
团结奋进的领导班子

石西油田风貌

如画的沙漠油田—彩南

新疆油田公司隶属于中国石油天然气股份有限公司，是中国西部地区最大的石油生产企业，主要从事石油天然气的勘探开发、集输及勘探开发研究等业务。公司拥有一支15000余人的高素质员工队伍，原油产量居中国陆上石油工业第四位，已累计产油2亿多吨，在发展中国石油工业、繁荣新疆经济中发挥着举足轻重的作用。

公司勘探开发的准噶尔盆地油气资源量超过100亿吨，目前探明率不到20%，发展潜力巨大，是中国石油“积极调整东部，加快发展西部”的重要战略接替地区之一。

公司拥有的沙漠区高分辨率地震勘探技术、低幅度构造识别技术、岩性油藏勘探及评价技术、砾岩油藏中高含水期提高开发效果技术、裂缝性油藏稳油控水技术、浅层稠油面积驱技术、注水后期转蒸汽驱技术、污水处理技术等关键技术达到国内领先水平。

具有现代特色的亿吨级储量规模的沙漠整装油田——彩南油田、石西油田和陆梁油田，实现了“百万吨油田百人管理”，开辟了一条新技术、新体制、高水平、高效益的开发之路。2002年，公司原油产量突破千万吨大关。

新起点，大跨越，新疆油田公司各族职工正意气风发、斗志昂扬，迈向建设世纪油田的宏伟目标！

地 址：新疆克拉玛依市迎宾路66号　邮 编：834000　电 话：0990-6881419　传 真：0990-6887790

上海现代建筑设计（集团）有限公司

Shanghai Xian Dai Architectural Design(Group)Co.,Ltd.

邓小平[illegible]陈列馆

上海现代建筑设计（集团）有限公司是一家以建筑设计为主的现代科技型企业，由拥有50余年悠久历史和辉煌业绩的华东建筑设计研究院和上海建筑设计研究院于1998年3月联合组建而成。集团旗下拥有10余家专业机构和公司，在国家建设部历年全国勘察设计单位综合实力测评的前100名中跻身于前5名，2000年、2001年和2004集团被美国ENR（《工程新闻记录》）选入世界200强国际设计公司。集团已连续三年入选美国ENR（《工程新闻记录》）全球设计公司150强，排名上升至2004年的108位。2004年集团经营实收达11.4亿元人民币。集团现有职工2800余人，其中拥有中国工程院院士2名、国家设计师5名，各专业技术力量雄厚。集团业务领域涵盖工程项目建设全过程咨询服务，累计完成了3万余项工程的设计与咨询，集团建立了从地区性公司到全国性公司的发展战略，业务扩展至全国29个省市及20余个国家和地区。随着中国不断的改革开放和加入世界贸易组织，集团正全方位寻求与国际大型设计公司、事务所和优秀建筑师进行广泛合作。

上海公共卫生中心

上海国际港务

（集团）股份有限公司

上海国际港务(集团)股份有限公司是我国大陆最大的港口企业。集团先后经历了上海港务局、上海国际港务(集团)有限公司改制，注册资本为18,568,982,980元，由上海市国有资产监督管理委员会、招商局集团“招商国际”等五家单位作为发起人发起设立，经国家商务部批准，于今年6月28日正式成立。目前，正按照股份制企业规范运作。

集团的主业生产领域包括港口集装箱、大宗散货和件杂货的装卸生产，以及与港口生产有关的引航、船舶拖带、理货、驳运、仓储、船货代理和集卡运输等业务。2004年的经营实绩为合并主营业务收入78亿元，实现净利润13.8亿元，2005年预计实现利润总额35亿元，净利润20亿元；在册总人数为28039人。

上海港位于我国海岸线的中心，地处“黄金水道”和“黄金海岸”的交叉点。目前，上海港主要分布在黄浦江港区、外高桥港区、罗泾、宝山港区、洋山深水港区等四个区域。共有生产用码头长度18959米，生产用泊位117个，其中万吨以上泊位74个，集装箱泊位26个，全年货物通过能力为13151万吨，集装箱通过能力为850万标准箱。集团拥有各类装卸机械2548台，其中集装箱桥吊86台，生产用库场406.2万平方米，其中集装箱堆场248.5万平方米，箱容量28.5万标准箱；粮食圆筒仓2座，容积16.8万立方米，容量12.4万吨；各类工作船舶111艘，以及12万吨的“新双峰海”减载船1艘(以上数字未含洋山一期)。

上海港在世界集装箱港口排名自2003年起已连续三年保持第三位。去年，集团国际集装箱吞吐量达到1455.4万标准箱，绝对值增加量达到327.2万标准箱；今年，集团集装箱吞吐量将突破1800万标准箱， 绝对值增加量达到345万标准箱，为历年增量最高；去年，上海港货物吞吐量达到3.78亿吨，跃居世界第二大港；今年，上海港货物吞吐量预计达到4.3亿吨，有望成为全球货物吞吐量第一大港。

集团已开辟遍布全球、国际直达的美洲、欧洲、澳洲、非洲以及东北亚、东南亚等地的班轮航线200多条，目前，集装箱月航班密度已达1967班，内支线集装箱航班达到1007班，成为中国大陆集装箱航线最多、航班密度最高、覆盖面最广的港口。全球最大的20家船公司已进驻上海，在上海设立子公司或办事处的外国航运公司已逾80多家。

加快建设上海国际航运中心，是党中央、国务院、交通部、上海市委和市政府的重大战略决策，也是集团明确的战略发展目标。“十五”期间，集团按照“围绕一个中心、做好两篇文章”的战略重点，立足建设国际强港，加快产业结构调整和老港区功能转换，全力发展集装箱优势产业，先后投资105亿元建成外高桥集装箱港区三、四、五期等码头。集团积极参加洋山深水港区投资建设，并负责洋山深水港区一期码头的经营管理，洋山深水港区一期4个深水泊位（1600米长度）将于年内如期建成、开港运营，可以接纳超大型集装箱船的装卸和集疏运。洋山一期码头的建成投产，从根本上解决了上海港航道水深的发展制约，成为上海国际航运中心的核心港区。

集团散杂货和重大件运输具有相当的优势。近年来，上海港的煤炭和矿石装卸运输保证了上海和长三角地区电煤和钢厂生产的需要；装运的重大设备涉及国家和上海市重大项目的磁悬浮列车设备、地铁车厢、华东电网、秦山核电站、三峡设备、隧道工程等设备和特重件化工设备。

集团拥有一流的引航技术和设施、船舶拖带、减载设备，可为进出口船舶提供全方位服务。

集团积极推进长江、沿海和国际化战略，依托上海港得天独厚的地理条件、经济腹地和环球航运资源等优势，重点聚焦长三角地区、长江流域经济带和沿海地区，与重庆、武汉、南京及沿海港航企业合资建立港口物流企业。

为了加快现代物流业的发展，集团依托港口优势，投资建设外高桥保税区物流园区建设。这是我国最大的集装箱物流转运基地之一。目前正在按照“区港联动”的要求，加快建设、招商和完善各项政策措施，已取得初步成效，规模宏大的芦潮港保税物流园区将与洋山一期同步投入使用。

洋山深水港效果图

外高桥港口区

2005

中国国有资产监督管理年鉴

CHINA'S STATE-OWNED ASSETS SUPERVISION AND ADMINISTRATION YEARBOOK

中介机构专栏

华信惠悦立足全球视角，并结合本地经验为客户提供整合且具操作性的组织变革方案

Watson Wyatt offers integrated and actionable organization transformation solutions by bringing together global perspectives and local experience

作为一家专注于组织变革及全方位战略执行的专业咨询公司，华信惠悦认为，帮助客户明确经营战略并让其员工充分了解，是有效落实该战略的基础。为此，华信惠悦致力于成为企业的组织变革战略伙伴，从帮助客户明确经营战略开始，进而协助他们建立适当的组织及领导团队，并最终落实团队核心能力的培养。

华信惠悦致力于为大中华区客户提供以下专业咨询服务：

明确企业经营战略、执行方案规划及制定整体业绩关键指标

经营战略落实的组织规划 如组织设计、企业核心能力架构建立与应用、绩效管理与发展制度的建立、策略性奖酬设计、企业文化与领导风格再造等

为并购企业进行组织整合咨询

策略性员工福利咨询

薪酬及福利调研服务

退休金精算及策略规划咨询

科技化人力资本管理咨询服务

华信惠悦咨询公司（Watson Wyatt Worldwide）是一家全球性且具有领导地位的管理咨询公司，总部设在美国华盛顿。目前在全球 32 个国家设有 89 家分支机构，拥有 5800 余名专业顾问，为各地企业提供一流的咨询服务，并于 2000 年 10 月在纽约证券交易所上市。华信惠悦 1969 年进入亚太地区，迄今已发展成为该地区最大的咨询公司之一。在大中华地区，华信惠悦截至目前已在上海、北京、深圳、香港、台北等地设立了 5 家分支机构，拥有 250 多名专业顾问。

Hewitt
翰威特

昭信人才
乐业中国

翰威特咨询 Hewitt Associates LLC

翰威特作为大中华区最大的人力资源管理咨询公司，已经在华运作了十年。翰威特擅长将全球专业经验与中国本地的实践有效结合，专长为企业提供战略性组织和人力资源管理解决方案。提供专业顾问群体的支持，和中国相关的薪酬福利及最佳人力资源操作模式的数据库保障，提供中国本土人力资源案例的分析比较，以及后续评估及实施阶段的持续等等。

翰威特拥有为中国客户服务的丰富经验。先后为200家中国企业和2000余家外商在华投资企业服务的经历使翰威特在积累了丰富的人力资源管理咨询经验中探索出一套帮助中国企业结合自身情况，借鉴、消化和吸收全球最佳操作方案的有效方法。翰威特还为国资委下属的多家大型国有企业提供过咨询服务涉及的行业包括：银行、汽车、电信、房地产、航空、电力和高科技行业。

翰威特拥有丰富的咨询工具，强大的数据库，同时，翰威特独特的全球一体化的组织构架、有利于翰威特全球的案例、数据库资源和顾问资源的共享，也是项目设计专业化和客户满意度的保障。这表明在为客户服务的不仅仅是翰威特的核心顾问组，而是整体全球的翰威特公司。

翰威特在全球范围内丰富的人力资源管理咨询经验使得我们具备为经历了或者在不断经历变革的大型中国企业进行人力资源服务的实力。

翰威特的服务包括：

- 人员留用与人员价值管理
- 领导力咨询服务
- 企业并购、重组与变革
- 薪酬福利评估
- 企业员工薪资福利实施
- 人力资源管理电子化

思

翰威特全球：

翰威特是全球最大的综合性人力资源实施管理和人力资源管理咨询公司（纽约证交所代码：HEW）为客户提供全面的人力资源管理咨询服务。分布于 35 个国家的办事机构中拥有 19000 多名员工。翰威特每年解答来自 1300 多万位客户，共 5300 多万个有关人力资源的问询。翰威特为半数以上的“财富 500 强”企业和三分之一以上的“全球 500 强”企业提供咨询服务。同时，我们是多家大型多元化跨国经营的企业在全球范围内长期合作伙伴。

大中华区办事处：

上海	北京	广州	香港
上海市淮海中路 381 号 中环广场 36 楼，200020 电话：（8621）23066688 传真：（8621）63916766	北京市朝阳区麦子店街 37 号 盛福大厦 1000 室，100026 电话：（8610）85275100 传真：（8610）85275115	广州市天河北路 233 号 中信广场 3706 室，510613 电话：（8620）38773788 传真：（8620）38773766	铜锣湾勿地臣街 1 号 时代广场蚬壳大厦 电话：（852）28778600 传真：（852）28772701

Deloitte. 德勤

德勤全球首席执行官白礼德先生与国务院国资委主任李融荣先生会晤

德勤是全球领先的专业服务机构之一，在全球150多个国家拥有超过12万名员工，我们在2005财年全球预计收入总额达180亿美元，增长超过10%。德勤重视客户服务，依托其全球各地众多的成员所/公司为客户提供全面的审计、税务、企业管理咨询和财务咨询等多领域、全方位的服务， 我们为全球超过一半的最大型企业、全国性大型企业、公共机构、当地的重要客户以及众多发展迅速的全球性公司提供专业服务。德勤的全球资源网络有助于行业专家和技术专家及时为客户提供解决方案，在最前沿的技术和培训的帮助下，我们承诺为客户提供最高质量的服务。

德勤中国

早在1917年，德勤已在上海设立了办事处。德勤今天已发展成为中国大陆及港澳地区居领导地位的专业服务机构之一，拥有员工逾4,500名，分布在北京、大连、广州、香港、澳门、南京、上海、苏州、深圳和天津。德勤中国拥有丰富的经验，为多家大型跨国公司以及当地一些重要的企业提供专业服务， 并一直为中国会计准则、税制以及本土专业会计师的发展作出重大的贡献。

- 第一家在中国设立分支机构的外国会计师事务所，1917年在上海设立第一家办事处
- 服务的客户包括800多家跨国公司及其在中国的附属公司，以及近三分之一在香港联合交易所上市的公司
- 自1993年起，为中国财政部制定符合国际惯例的中国会计准则和税制提供咨询服务
- 为中国人民银行提供改善中国国有商业银行公司治理结构的咨询服务
- 在香港的主要专业服务机构中，是首家担任香港联合交易所创业板上市公司联合保荐人的机构，也是首家担任在香港主板市场上市公司保荐人的机构
- 首家获香港监管机构批准，担任投资顾问、经纪人和交易商的专业服务机构

为中国政府提供的主要咨询项目

- 国家审计署：德勤获中国国家审计署聘请，协助制订国内商业银行的审计手册。 这一项目是中国能力建设计划的一部分。
- 中国财政部：德勤参与了中国会计准则的完善过程，主要包括帮助制定具体会计 准则，分析其他国际应用的会计准则并将其调整使其适用于中国，以及对中国注册会计师提供培训建议以及设计和实施持续职业教育的项目。
- 中国财政部税制税则司：对新税制进行了可行性研究，并提出中国未来税收体制的框架。

德勤全球首席执行官白礼德先生做主题演讲

积极协助国资委

2004年5月27-28日，国资委与德勤联合举办了"企业业绩考核及股权多元化专题讲座"。这是首次在国资委举办的专业性的国际会议，该讲座得到了国资委及企业的积极参与，近350中高层管理人员参加了为期一天半的讲座。通过此次讲座，企业对企业业绩考核及股权多元化的国际经验、案例及中国实践有了全面而系统的认识。这对深化中国企业改革及企业国际化具有积极的借鉴作用。（专题讲座图片）

上述服务是由成员所/公司而并非由德勤全球的瑞士法律组织提供，由于法律规定及其他原因，某些成员所/公司不会在所有四个专业领域提供服务。

作为一家根据瑞士法律组成的社团性质的组织，德勤全球或其任何一个成员所/公司对其他任何成员所/公司的行为、疏忽或遗漏不承担任何法律责任。以"Deloitte"、"Deloitte & Touche"、"Deloitte Touche Tohmatsu"、"德勤"或其他相关的名称运营的每一个成员所/公司均为独立的法律实体。

孙杰
董事总经理
德勤北方区客户与市场战略部

电话：8520 7788
传真：8518 1218

李融荣主任讲话

场景照片

场景照片

CAF 中审会计师事务所

李金华题 一九九九年七月

法人代表：杨池生

中审会计师事务所创建于1988年8月。原系国家审计署直属的中国审计事务所。1999年改制为中审会计师事务所有限公司。2000年吸收合并国内七家资深会计师事务所，规模进一步扩大，注册资本增至800万元，是目前国内规模大、资质全、实力强、信誉好的大所之一。据中国注册会计师协会2003年发布的信息，中审会计师事务所在全国国内所排名第六。

中审会计师事务所主要从事各类审计、资产评估、基建工程审核及企业管理咨询等业务。具备证券期货相关业务审计、评估资格；基建工程审核甲级资质；大型国有企业会计报表审计资格；金融业务审计资格；投资评审资格；最高人民法院和北京司法局批准的审计、评估和会计司法鉴定业务资格；保监会指定会计师事务所资格；税务鉴证资格。

中审会计师事务所由总部和八个分所组成，总部设在北京，十六年来，承蒙社会各界的鼎力支持，各方面得到了长足的发展。目前拥有办公场所一万多平方米，从业人员592人，其中注册会计师280人(有证券审计资格的40人)，注册评估师76人，注册造价工程师32人，注册税务师77人。

中审会计师事务所具有完善的内部质量控制体系。先后建立了23项业务操作和质量控制制度，形成了较为完善的业务操作规范体系和质量控制体系，为执业质量提供可靠的保证。

中审会计师事务所十多年来，为许多大型国有企业及中外客户提供财务审计、咨询、评估和基建审计等专业服务。服务对象涉及金融、电力、石化、石油、保险、通迅、基建等诸多领域，并以良好的执业质量和丰富的专业经验，赢得了客户的信赖和好评。

十六年来，中审会计师事务所倡导“以人为本”的企业文化，秉承“质量第一、信誉至上”的执业宗旨，强化“诚、信、勤、勉”的企业理念，竭诚为社会各界提供全方位、高质量的服务。中审会计师事务所愿与国内外朋友真诚合作，与您共谋发展、共创伟业。

地址：北京海淀区阜成路67号银都大厦6层
北京海淀区万寿路翠微中里16号南2层
电话：010－88415996　010－68422248　010－68252981　010－68252922
传真：010－88415997　010－68252982
http：//www.cacpa.com.cn
邮编：100036
Email：cacpa@china.com

浙江产权交易所

2004 年 5 月 28 日，浙江省副省长陈加元为浙江产权交易所开业揭牌

浙江产权交易所由华立集团上海华策投资有限公司、通联创业投资股份有限公司、浙江中大集团控股有限公司、浙江省丝绸集团有限公司、浙江省商业集团公司、浙江国大集团有限公司、万丰奥特控股集团有限公司、精功集团有限公司、杭州士兰微电子股份有限公司、浙江华日实业投资有限公司、浙江瓯能电力集团股份有限公司等 11 家单位共同发起，经浙江省人民政府批准设立，于 2003 年 12 月 30 日在省工商局注册登记，注册资金 2200 万元，归口省政府国资委管理。

根据省政府批文，其功能定位是：为全省非上市股份有限公司的股权转让、省属企事业单位的改制与国有资本的流动，以及其他各类企业的产权交易提供服务平台。待条件具备后，争取发展成为与证券市场相衔接的地方性产权（股权）交易平台。

具体业务有：非上市股份有限公司的股权转让；省属企事业单位的国有产权转让；代理中央企业的国有产权转让；金融资产、信托凭证转让；其他各类企业的产权交易；省际产权交易服务；项目融资服务；外资合作与并购服务；股权托管服务；培训、咨询等。

运作模式为：依据功能定位，将业务分解为若干专业板块，实行专业板块与专业团队运作相结合，委托代理与会员制相结合。专业板块分为两大类：一类是只适宜于交易所自身直接承担的业务板块，其运作由交易所自行完成；一类是除此以外的其他各专业板块，则面向社会，吸引具有相应专业水准、能力的团队加盟。会员分为中介会员，拍卖、招投标会员，经纪会员和特别会员四类。在统一规范和有效规避风险的前提下，联合各参与方共建公平、公正、规范、高效的服务平台。

目前，交易所已与省内外各大产交所实现信息互联互传。其目标是，努力办成集聚全国产权资源的大型产权超市，为浙江企业在全国范围内配置资源提供高效、便捷、优质服务。

自 2004 年 5 月 28 日开业至 2004 年底，交易所采用协议转让、邀请招标和拍卖等转让方式，完成国有产权交易项目多项，涉及资产额 108.2 亿元，实际成交额 8.7 亿元。

天津市委副书记、常务副市长黄兴国（中）在津浙产权交易平台战略合作签约仪式上与两方负责人高峦（左）、颜春友（右）合影

姚上毅总经理主持浙江中大宾馆有限公司整体股权拍卖会

浙江产权交易所外景

地址：浙江省杭州市建国北路 236 号诚信大厦 16 层
邮编：310004　电话：0571-87291888
传真：0571-87293055　网址：www.zjpse.com
邮箱：zjpse@zjpse.com

★中国拍卖行业最高资质—AAA级拍卖企业 ★中国拍卖百强企业

盘龙拍卖

盘龙企业拍卖股份有限公司 成立于1998年，是经原国内贸易部审批、原国家体改委、国家司法部批准，经国家工商总局核准注册成立的专业从事拍卖业务的股份有限公司，公司注册资本金为4400万元人民币。盘龙公司被评为国家拍卖行业最高等级—AAA级资质企业，荣获首批“中国拍卖百强企业”称号，并首批获得国家文物局核准经营一、二、三类文物拍卖的企业资质。

盘龙公司为了扩展服务空间，形成集团优势，在广东、海南、湖南、上海、浙江、安徽、江苏、陕西、天津、福建、黑龙江、大连、四川、山东、广西、香港、美国、日本和台湾等地设立了30家分、子公司和办事处，既为盘龙搭建起伸展自如的活动平台，更为客户铺设了四通八达的选择之路。

主要业绩：1999年10月，受法院委托以高出保留价37%的4100万元成功拍卖多喜物产(北京)有限公司；2000年7月，对广东万家乐股份有限公司、北大科技股份有限公司和珠海中珠纸业股份有限公司合计5838.92万股进行拍卖；2001年7月拍卖粤电力、万家乐、幸福实业3个标的合计8584.58万股；2002年2月，参与对广国投拥有的江湾新城75%投资权益及债权进行捆绑式拍卖，以3.5亿成交；2002年10月，拍卖广国投所属63层广东国际大厦，以11.3亿元人民币成交；2002年10月底，参与深圳市广深沙角B电厂有限公司35.23%出资权益拍卖，成交额14亿元人民币；2003年接受信达资产管理公司等委托处置湖南60亿元债权；2004年10月，受中国银行总行委托，成功拍卖山西太原市银鹰大厦；2004年12月，受信达资产管理公司济南办事处委托成功拍卖山东莱州盐场4.1亿债权；2005年6月，受北京市第一中级人民法院委托，成功拍卖北京金融街投资广场大厦部分房产和北京市海淀区有线广播电视网络信息有限公司1200万股股权。

盘龙公司每年举行春季和秋季两场大型艺术品拍卖会，每季度举行一次大众艺术品拍卖会及各分、子公司为繁荣艺术品收藏市场相继举办艺术品拍卖会，已累计成交总额达6.5亿元人民币，在业界享有很高声誉。

经营范围：企业产权、股权、债权拍卖；国家政策允许的动产、不动产、无形资产拍卖；中外文化艺术品、文物拍卖；与上述业务相关的商品估价、拍卖品鉴定、咨询、洽谈、展示业务。

欢迎社会各有关部门和各界人士惠顾指导。

地址：北京市东城区东直门外小街甲2号正东国际大厦B座四层 邮编：100027
电话：010-84478418 84478408 传真：010-84478414 网址：www.chnpl.cn

韬睿咨询公司

TOWERS PERRIN

韬睿咨询 是一家全球性的专业服务公司。70 年以来，通过提供高效的人力资源、风险和财务管理服务帮助全世界各类机构优化组织效益。韬睿的人力资源业务提供全球性的人力资源咨询及人事管理服务，帮助各类机构有效管理人力资源投入。我们的服务领域包括员工薪酬、福利、沟通、变革管理、员工调查以及人事管理。此外，韬睿再保险业务还提供再保险中介服务，而通能（Tillinghast）亦为金融服务行业提供管理和精算咨询服务。韬睿在全球 24 个国家拥有 78 个分支机构及超过 5000 名员工。我们的客户包括世界 500 强和财富 1000 强中四分之三的企业，以及很多进入世界 500 强的中国企业。

拥有七十年历史的韬睿咨询，自 90 年代即开始为中国企业提供咨询服务。在 2002 年正式进入中国以后，我们前后在深圳与北京成立了分公司。我们的咨询业务包括从帮助企业管理人员成本和风险、提升个人和组织绩效、提高 HR 服务效率，到并购（M&A）或剥离背景下的大小规模的变革管理。

韬睿在中国的人力资源管理咨询服务

我们的 HR 业务通过提供人力资源咨询和相关服务，帮助客户有效管理人力投资。韬睿的业务重点包括：

理顺 HR 管理体系：协助企业确定支持企业战略的 HR 战略和组织架构，以及支持组织架构的岗位体系。我们的服务包括岗位分析和评估，企业发展所需要的人才和技能，以及员工职业发展规划，帮助企业实现人岗（岗位的任职条件与员工的胜任能力的匹配）匹配，协助建立高绩效企业所需的文化和环境。

整体薪酬方案：确定用以吸引、保留、激励员工的薪酬福利投入及产出方式，并设计具有高成本效益的实施方案。

设计支持企业战略的绩效管理体系：韬睿咨询拥有一系列的咨询工具，可以帮助企业设计支持企业战略的关键绩效指标体系，关键绩效指标的目标值设定和绩效管理体系，引导企业员工的行为，建立健康的绩效文化。

有关并购中的人力资源咨询服务

韬睿的人力资源咨询服务在为众多世界级领先公司提供并购、剥离项目支持方面拥有丰富的经验。无论是本地还是跨国项目经验，在人力资源通过哪些关键因素推动交易（无论规模大小）价值实现方面都给予我们现实和深入的认识。韬睿将其丰富经验与多年来持续进行的并购领域调研结果相结合，为客户提供一系列人力资源支持，包括薪酬福利设计整合、并购培训、跨职能项目管理、人力资源职能整合、变革实施和企业文化转型。

除了并购期间的薪酬福利支持外，韬睿还提供从高管及项目小组并购培训到文化评估及转型支持在内的一系列辅助服务。

协助企业海外上市

规范的公司治理结构和管理层薪酬激励机制往往是国内大型企业海外上市时需要改制的重要部分，也是路演时（或未来年报披露时）投资者十分关注的问题。另外上市企业的员工福利负债的评估问题也是中国企业在海外上市过程中必须满足国际会计准则和披露的重要方面。 韬睿在协助国内企业的海外上市中所涉及到的高管薪酬与激励机制，公司治理结构和员工福利负债评估等方面都有深厚的了解和丰富的经验。

高管薪酬

设计公司薪酬激励战略
进行薪酬激励的市场分析
设计高管薪酬方案
- 薪酬结构
- 固定薪酬
- 短期激励
- 高管福利
- 设计长期激励

期权估值服务
高管岗位关键绩效指标设计
有关高管雇佣合同事宜

公司治理

董事会角色和职责
制定专门委员会章程
董事会薪酬和继任计划
非执行董事薪酬计划
信息披露事宜

员工福利负债评估

员工福利计划审阅
员工福利负债评估
- 满足会计披露要求
- 福利资产准备

北京分公司
北京市
朝阳区光华路 1 号
100020
TEL：010 5821 6000
FAX：010 8529 7884
Email：inquiry_cn@towersperrin.com

深圳分公司
深圳市
深南东路 5002 号
518008
TEL：0755 8246 2022
FAX：0755 8246 2122
Email：inquiry_cn@towersperrin.com

香港分公司
香港特别行政区
湾仔港湾道 18 号
TEL：+852 2593 4588
FAX：+852 2868 1517
Email：inquiry_hk@towersperrin.com

网址：www.towersperrin.com.cn

2005

CHINA'S STATE-OWNED ASSETS SUPERVISION AND ADMINISTRATION YEARBOOK

中国国有资产监督管理年鉴

附　录

第八篇

2004年国务院国有资产监督管理委员会大事记

1月

▲ 4～11日，瑞祥同志到山东、贵州慰问困难企业、职工。

▲ 11日～2月19日，经中央领导同志批示同意，国资委与中宣部联合组织中央主要新闻媒体对东风汽车公司、青岛啤酒公司、广东省邮政局、中国联合通信有限公司、沪东中华造船集团公司、中国航天科技集团公司、鞍山钢铁集团公司、四川长虹电子集团公司、河南安彩集团公司、TCL集团公司等10个单位的典型经验进行集中宣传报道。

▲ 15日，召开中央企业纪检监察工作会议。

▲ 16日，毅中同志在我委会见了美国美林集团副董事长魁克利先生。

▲ 20日，荣融同志主持召开国资委第12次主任办公会议。会议研究分析了2003年度经济形势，传达了温家宝总理在国务院第3次全体会议上的讲话，并对全委近期工作进行了安排；审议并原则通过《企业国有资产统计报告办法》、《中央企业财务决算管理办法》和《中央企业财务决算审计工作规则》。

▲ 23日，我委举办中央企业归侨侨眷暨中央企业统战代表人士迎春联谊会。中央企业部分全国政协委员，北京市人大代表、政协委员，民主党派，无党派，党外知识分子以及归侨侨眷及台胞参加了联谊会。瑞祥同志出席会议并讲话。

▲ 30日，温家宝总理主持召开座谈会，征求企业界人士对《政府工作报告(征求意见稿)》的意见，荣融、邵宁同志参加。

▲ 1月份，评价局正式启动亚行技援项目——中国国有企业公司治理与绩效评价问题研究，并与Bearing Point专家讨论完成了项目启动报告和公司治理评价问卷系统。

2月

▲ 3日，毅中同志在我委会见了美国花旗集团首席执行官普林司先生一行。

▲ 5日，荣融同志就《企业国有产权转让管理暂行办法》(以下称《办法》)接受了中央电视台等媒体的采访，就《办法》出台的背景、意义以及如何体现保护职工合法权益等问题回答了记者的提问。

▲ 6日，荣融同志主持召开国资委第13次主任办公会议。会议传达了国务院领导同志在国务院第38次常务会议上听取国资委工作汇报时的讲话精神，研究了有关贯彻落实措施。

▲ 9日下午，淑和同志在我委会见了匈牙利驻华大使白明义先生一行。

▲ 13日，荣融同志在我委会见了印度塔塔集团主席拉腾·塔塔先生一行。

▲ 13日，规划局会同宣传局组织召开了国资委《关于加快东北地区中央企业调整改造的指导意见》的新闻发布会。

▲ 13日，为进一步宣传《关于加快东北地区中央企业调整改造的指导意见》，为东北地区中央企业的改革发展创造良好的舆论氛围，按照荣融同志的要求，宣传局组织召开了新闻发布会。《人民日报》社、新华社、中央人民广播电台、中央电视台等44家新闻媒体的50多名记者参加。

▲ 26日，分配局同美世咨询公司在北京举办了《欧盟国家人力资源及薪酬福利研讨会》。会上美世欧洲总裁Edouard先生、德国总裁Vitus Knaus先生介绍了欧洲人力资源管理状况、发展趋势和薪酬福利框架，美世中国顾问祁莹女士介绍了中国企业派驻海外员工薪酬设计方法。29家中央企业人力资源部门负责同志参加了研讨会。

▲ 26日，荣融同志主持召开国资委第15次主任办公会议。会议传达了国务院办公厅关于做好"两会"有关服务工作的要求；听取了考核局关于第二批签订2004年经营业绩责任书企业情况的汇报，并原则同意汇报中提出的意见和办法。

▲ 27日，国资委党委在京召开国资委机关、中央企业深化和拓展"树组工干部形象"集中学习教育活动会议。王勇同志在会上作重要讲话，部署2004

年深化和拓展“树组工干部形象”集中学习教育活动有关工作。委内有关厅局和138家中央企业组织(人事)部门负责人参加了会议。

▲ 2月份,法规局启动并完成《行政许可法》的培训工作和委内行政审批清理工作;完成对所出资企业子企业情况的分析,提出划分重要子企业的建议标准。

3月

▲ 1日,邵宁同志在我委会见了英国嘉诚集团首席执行官罗伯特·匹克林先生。

▲ 2日,荣融同志会见了香港文汇报社社长张国良先生一行。

▲ 4日,荣融同志在我委会见了台湾华新丽华股份有限公司董事长焦佑伦一行。

▲ 9日,邵宁同志在我委会见了越南共产党中央经济部阮文邓副部长率领的代表团。

▲ 10日,中央电视台记者就有关中央企业主辅分离工作对分配局进行了采访。

▲ 11日,荣融同志主持召开国资委第16次主任办公会议。会议通报了全国信息安全工作会议精神及我委的贯彻意见;通报了国资委人才工作领导小组工作情况,研究通过我委2004年人才工作要点;听取并原则通过法规局关于涉及我委职责的法律、法规、规章和规范性文件清理情况的汇报。

▲ 11日,毅中同志主持召开国资委第17次党委会议。会议听取了中央企业团工委关于共青团和青年工作情况汇报;审议通过第二届中央企业十大杰出青年评选结果;研究并原则通过有关中央企业领导人员职务任免事项;听取了人事局关于全委局级干部考核情况的汇报。

▲ 12日,邵宁同志主持召开启动长城公司拆分工作专题会议,国防科工委、中国航天科技集团公司、中国航天科工集团公司,及改革、产权、企干一局有关负责同志参加会议。

▲ 16日,邵宁同志在我委会见了加拿大原子能公司高级副总裁顾凯理博士。

▲ 19日,荣融同志在我委会见了德国戴姆勒克莱斯勒公司董事柯德斯博士。

▲ 19日,宣传局组织中央电视台记者就《关于做好贯彻落实〈企业国有产权转让管理暂行办法〉有关工作的通知》(国资发产权[2004]195号)的有关问题进行了采访。产权局局长郭建新回答了记者提问。

▲ 26日,王勇、邵宁同志主持召开中国土产畜产进出口总公司并入中国粮油食品进出口(集团)公司的专题研究会议。

▲ 30日,毅中、邵宁同志主持召开东风汽车重组境外上市工作汇报会。

▲ 31日,荣融同志主持召开国资委第17次主任办公会议。会议听取并原则同意改革局关于国有独资公司建立和完善董事会试点工作有关问题的汇报;听取并原则同意分配局关于2003年中央企业负责人薪酬调控工作的意见;听取并原则同意产权局《关于建立国有资本经营预算的初步框架》的汇报;研究并原则同意我委“二手房”分配的初步方案。

▲ 3月份,改革局完成对中国铁路工程总公司与中国海外工程总公司重组方案的研究和起草批复并报委领导;根据委领导指示,协调完成中机国际工程咨询设计总院拆分并入中国新时代控股(集团)公司、中国机械装备(集团)公司。

4月

▲ 2日,国务院第46次常务会议听取我委关于国有企业监事会工作及对中央企业监督检查情况汇报,荣融、毅中、晓华同志参加会议并作汇报。国务院领导同志肯定了外派监事会制度和监事会工作,同时要求监事会工作继续保持稳定,并根据新形势加以改进和完善。对汇报中的建议,国务院领导同志表示原则同意。

▲ 2日,荣融同志在我委会见了法国阿尔斯通公司董事长兼首席执行官柏珂龙先生一行。

▲ 6日,荣融同志在我委会见了日本大和证券SMBC公司社长清田瞭先生率领的代表团。

▲ 7日,邵宁同志在我委会见了世界银行副行长兼国际金融公司副总裁迈克尔·克莱恩先生一行。

▲ 8日,荣融同志在我委会见了来访的新加坡国会副议长兼淡马锡控股有限公司董事、总经理陈惠华女士一行。

▲ 13日,荣融同志主持召开国资委第18次主任办公会议。会议审议并原则通过《国有企业法律顾

问管理办法(草案)》,并要求法规局就法律顾问专业技术等级的评定问题另行制定实施细则。

▲ 16日,毅中同志在我委会见了法国前总统德斯坦先生一行。

▲ 19日,荣融同志就中央企业第一季度经济效益情况接受中央电视台采访。

▲ 19日,毅中同志在我委会见了英国伦敦证券交易所董事长高博深先生一行。

▲ 19日,毅中同志在我委会见了美国摩根士丹利国际有限公司主席柳浩思先生一行。

▲ 19～30日,评价局组织完成对190家中央企业2003年度财务决算集中审核工作。经审核,财务管理和会计核算比较规范,财务决算编制质量"合格"的企业53家,占27.9%;财务管理和会计核算存在一定技术差错,财务决算编制质量"基本合格"的企业83家,占43.7%;财务管理和会计核算存在较多问题,财务决算编制质量较低的企业43家,占22.6%;财务管理和会计核算问题较为严重,财务决算编制质量较差的企业11家,占5.8%。

▲ 22日,淑和同志在我委会见了瑞银集团首席执行官乌夫利先生和瑞银投资银行全球执行主席布列坦勋爵一行。

▲ 23日,淑和同志在我委会见了英国国际贸易和投资代表约克公爵、王子安德鲁一行。

▲ 26～27日,我委在北京召开了中央企业主辅分离改制分流经验交流会,中国石油化工集团公司等50余家中央企业参加了会议。

▲ 27日,荣融同志会见了来访的新加坡淡马锡控股有限公司执行董事兼总裁何晶女士。

▲ 27～28日,我委在京组织召开了2004年中央企业负责人薪酬管理工作会议,会议传达了国务院和国资委领导同志关于中央企业负责人薪酬管理工作的指示精神,讲解了《中央企业负责人薪酬管理暂行办法(送审稿)》,讨论、修改了《中央企业负责人薪酬管理暂行办法实施细则(征求意见稿)》,对做好2004年度中央企业负责人薪酬管理工作进行了总体部署。189家中央企业的薪酬管理工作部门负责人和委内相关业务局同志参加了会议。

▲ 28日,经国务院批准,财政部与我委在北京联合召开中央企业分离办社会职能试点工作会议。各有关省(区、市)及计划单列市副省长(副主席、副市长),财政厅和国资委负责同志,以及试点企业负责同志参加会议。财政部朱志刚同志及我委邵宁同志在会上讲话。会议期间,国务院召开中央企业分离办社会职能试点工作座谈会,荣融、毅中同志参加会议。黄菊同志出席会议并作重要讲话。

5月

▲ 12日,毅中同志在我委会见了芬兰诺基亚集团总裁彭培佳先生。

▲ 13日,荣融同志在我委会见了日本贸易振兴机构渡边修理事长(兼小泉政府对外政策7人小组成员之一)。

▲ 16～19日,宣传局按照中宣部的安排和委领导的指示,组织新华社、《人民日报》、《光明日报》、《经济日报》、中央电视台、中央人民广播电台、《工人日报》等7家新闻媒体的记者深入广东核电集团公司进行了采访报道。

▲ 16～23日,毅中同志到深圳、广东、广西对部分中央企业进行危险化学品安全专项督查。

▲ 18日,荣融同志在我委会见了新加坡海皇轮船集团总裁及首席执行官林得恩先生一行。

▲ 19日,荣融同志在我委会见了美国摩托罗拉公司董事长兼首席执行官詹德先生一行。

▲ 19日,瑞祥同志会见了西澳洲政府工业和资源部副部长 Noel Ashcroft 先生一行。

▲ 21日,荣融同志在我委会见了来访的世界经济论坛主席施瓦布先生。

▲ 24日,邵宁同志在我委会见了应邀来访的日本经济同友会第六次访华团。

▲ 24日晚,荣融同志在钓鱼台国宾馆会见并宴请了日本经济同友会第六次访华团。

▲ 24～28日,我委在京举办了中央企业组织(人事)部长培训班。179家中央企业组织(人事)部门负责同志共230人参加了培训。王勇同志在开班式上做动员讲话。中组部办公厅副主任马晶介绍了全国组织系统深化和拓展"树组工干部形象"集中学习教育活动情况,考核、分配局,企干一、二局和党建局等5个局的负责同志及有关专家分别进行了专题

讲座。

▲ 26日，淑和同志在我委会见了德国西门子集团高级副总裁赫勒博士。

▲ 27日，晓华同志主持召开监事会主席座谈会，就《国有企业监事会暂行条例》的修订工作进行了座谈讨论，30多位监事会主席出席了座谈会。会议确定，成立由部分主席参加的条例修订小组，并着手开展修订工作。

▲ 27日，根据荣融同志的批示，为宣传报道中央企业针对煤炭供应紧张形势所采取的有效措施和发挥的重要作用，宣传局组织中央主要新闻媒体采访了神华集团公司董事长陈必亭和中煤能源集团公司总经理经天亮。

▲ 28日，荣融同志主持召开《企业国有资产监督管理暂行条例》公布实施一周年座谈会，并发表讲话，接受中央电视台等中央主要新闻媒体记者专访。

6月

▲ 3日，毅中同志在我委会见了美国波音飞机集团总裁穆拉利先生一行六人。

▲ 11日，我委在天津召开中远职工素质工程推进会暨中央企业职工素质工程现场观摩会。中央企业工会主席约150人参加现场观摩，瑞祥同志出席会议并讲话。

▲ 12～19日，应西藏国资委邀请，我委派出由14位同志组成的赴藏授课团，承担西藏自治区国有资产监管工作培训班的授课辅导任务。

▲ 18日，我委与证监会共同举办"《萨班斯·奥克斯利法》在公司治理方面对中国在美上市公司的影响"研讨班。

▲ 21日，荣融同志在我委会见了通用电气公司前董事长兼首席执行官杰克·韦尔奇先生。

▲ 24日，毅中同志在钓鱼台国宾馆会见并宴请了美国美林集团董事长、总裁兼首席执行官欧尼尔先生一行。

▲ 24日，邵宁同志主持召开"妥善解决东北地区国有企业厂办大集体政策协调会议"。财政部、劳动保障部、国土资源部、税务总局、银监会、国务院振兴东北地区老工业基地领导小组办公室等部门的同志，就我委提出的有关政策建议交换了意见。

▲ 24日，邵宁同志在我委会见了法国阿尔斯通公司执行副总裁朱倍贺先生一行。

▲ 28～30日，监事会主席会议在京召开。会议回顾了监事会2004年上半年的工作，针对监事会在贯彻执行"六要"、"六不"行为规范中的问题，总结经验教训，研究提出进一步贯彻落实的措施和要求。

▲ 30日～7月1日，管理局组织召开国资委机关系统中央财政预算内非经营性基本建设投资工作会议，总结项目执行情况和部署2005年项目申报工作。长富同志出席会议并讲话。

▲ 6月份，我委举办中央企业"中国石油杯"党内法规知识竞赛，并承办中直机关、中央国家机关、中央企业赛区全国党内法规知识竞赛复赛。中国石油天然气集团公司代表队获得一等奖，代表中直机关、中央国家机关、中央企业赛区参加全国党内法规知识竞赛决赛。

▲ 6月份，改革局研究完成中国五矿集团公司与邯邢冶金矿山管理局、中国国际旅行社总社与中国免税品(集团)总公司两个重组实施方案以及中国工艺美术集团公司所属中轻建设总公司并入海诚总院的审批，其中中轻建设总公司是国资委所出资中央企业间首例二级企业重组。

7月

▲ 1日，根据中央领导同志的指示和委领导的批示，宣传局协调新华社发布了"国资委澄清'国有资金要强行退出股市'传言"的消息，引起了新闻媒体和社会各界的广泛关注。

▲ 6～9日，我委在大庆油田召开中央企业企业文化建设研讨交流会。会议总结交流了中央企业企业文化建设工作的经验，讨论修改《国务院国资委党委关于加强中央企业企业文化建设的指导意见》，对中央企业当前和今后一段时期企业文化建设工作进行部署。

▲ 11日，改革局研究完成电网公司主辅分离和电力施工企业重组，提出组建大型综合电力建设集团的设想以及电力体制改革工作小组办公室的复函。

▲ 15日，毅中同志主持召开国资委第22次党委会议。会议听取了关于党员干部"树立和落实科学发展观"研讨交流班准备工作情况汇报；原则通过《关

于实行中央企业领导人员廉洁谈话制度的暂行规定》;研究同意有关中央企业领导人员职务任免事项;听取了53家中央企业领导班子后备人选考察工作汇报,并对下一步工作提出了具体要求。

▲ 16日,宣传局组织国内50多家新闻媒体刊发《中央企业为落实宏观调控政策作出积极贡献》文章,宣传2004年上半年中央企业经济效益良好情况。

▲ 19日,毅中、瑞祥同志代表国资委党委接见出席第七次全国归侨侨眷代表大会的中央企业代表团全体代表并座谈、合影留念。

▲ 20～24日,第七次全国归侨侨眷代表大会(以下简称“七代会”)在京隆重举行。中央企业侨联25名代表、2名特邀代表和1名工作人员组成中央企业侨联代表团出席了“七代会”。中央企业侨联林军、应沧强、曹振雷、赖维德、罗秋菊5位同志当选为中国侨联第七届委员会委员,林军、应沧强2位同志当选为常委,林军同志当选为副主席。

▲ 22日,淑和同志在我委会见了越南政府总理办公厅副主任、企业改革与发展小组常务副主任阮明通先生一行。

8月

▲ 4日,针对《新京报》、新浪网、搜狐网等媒体刊登《北京地铁五号线400农民工集体停工讨薪》图片文章的不实报道,我委协助中国铁路工程总公司,协调中宣部新闻局和国务院新闻办网络局,澄清事实,把不实报道带来的负面影响降低到最低程度。

▲ 10日,荣融同志主持召开建立国有独资董事会试点工作会议。

▲ 11日,邵宁同志在我委会见了美国美亚协会第55批国会议员助手团一行。

▲ 16～27日,为贯彻落实中纪委三次全会、国务院第二次廉政工作会议精神,由我委牵头,会同监察部、劳动保障部和全国总工会组成3个联合检查组分赴湖南、湖北、内蒙古、河北、吉林、上海等地区及中国石油天然气集团公司等中央企业对在国有企业重组改制和关闭破产中维护职工合法权益自查情况进行了抽查。

▲ 27日,监事会主席和全体专职监事会议在京召开。荣融同志出席会议并作重要讲话,晓华同志主持会议。荣融同志对新形势下进一步发挥监事会作用,坚持和完善监事会制度、改进和加强监事会工作作了重要阐述,并对深入贯彻执行“六要”、“六不”行为规范,加强监事会队伍建设,全面完成今年各项工作任务提出了要求。

▲ 30日,荣融同志主持召开国资委第20次主任办公会议。会议讨论通过《国务院国有资产监督管理委员会行业协会工作暂行办法》。

▲ 30日,荣融同志主持召开国资委第26次党委会议。会议研究同意中央企业劳动模范、先进集体的提名;听取了有关中央企业对社会公开招聘情况的汇报:研究同意有关中央企业领导人员职务任免事项。

▲ 31日,荣融同志在我委会见了芬兰诺基亚公司董事长兼首席执行官约尔玛·奥里拉先生一行。

9月

▲ 6～9日,中央企业职工技能大赛中国一汽赛区决赛开幕。瑞祥同志全程参加并讲话。中华全国总工会副主席、书记处书记黄彦荣出席开幕式并讲话。大赛进行了制图员(CAD)、工具钳工两个工种决赛,54家中央企业172名选手参加决赛,共决出各工种前30名选手。国资委、劳动保障部联合对优胜者进行表彰和奖励。

▲ 9日,荣融同志在我委会见了英国瑞银投资银行全球执行主席布列坦勋爵一行。

▲ 13日,荣融同志出席了2004年世界经济论坛中国企业高峰会,并在会上作了题为“加快培育具有国际竞争力的大公司大企业集团”的演讲。

▲ 14日,毅中同志主持召开国资委第27次党委会议。会议传达了《关于在全党开展以学习实践“三个代表”重要思想为主要内容的保持共产党员先进性教育活动的意见》,听取了国资委及中央企业开展保持共产党员先进性教育活动的初步意见的汇报。会议讨论通过了委机关有关人事任免事项;审议并原则通过《国资委机关局处级领导干部竞争上岗工作暂行办法》。

▲ 15日,人事部、国资委联合印发《关于表彰中央企业劳动模范和先进集体的决定》(国人部发[2004]80号),授予柳卫平等600名同志“中央企业劳

动模范”荣誉称号，授予中国核工业集团公司中国核动力研究设计院等200个单位“中央企业先进集体”荣誉称号。

▲ 18～21日，中央企业职工技能大赛中国武钢赛区车工决赛开幕。瑞祥同志出席开幕式并讲话。中华全国总工会副主席、书记处书记周玉清出席开幕式并讲话。43家中央企业76名选手参加决赛。共决出前30名选手。国资委、劳动保障部联合对优胜者进行表彰和奖励。

▲ 21日，淑和同志在我委会见了加拿大自然资源部部长约翰·艾弗德先生一行。

▲ 23日，淑和、长富同志参加中国汽车工业总公司总部离退休人员及管理机构移交协议正式签署仪式，至此，中汽总部离退人员及管理机构正式移交国资委。中国汽车工业总公司、上海汽车工业（集团）总公司、上海汽车集团（北京）有限公司，委内有关厅局及中汽离退休干部办公室负责同志和部分老同志代表参加了签字仪式。

▲ 25日，邵宁同志出席了在大连召开的振兴东北暨东北亚合作国际研讨会，并作了题为“东北地区中央国有企业的改革与改造”的发言。

▲ 28日，邵宁同志在我委会见了加拿大国际贸易部常务副部长方伯格先生一行。

▲ 28日，宣传局组织中央主要新闻媒体刊发《中央企业前三季度经济运行凸显五大特色，实现利润再创历史新高》。新华网、人民网、中新网等网站进行了转载。

▲ 29日，国资委、人事部在京隆重召开中央企业劳动模范、先进集体表彰大会。中共中央政治局常委、国务院副总理黄菊代表党中央、国务院亲切接见了中央企业劳动模范和先进集体代表，发表了重要讲话并合影留念。荣融、毅中、瑞祥同志和人事部、中华全国总工会等有关领导参加了接见。

▲ 29日，《人民日报》刊登国资委研究室署名文章《坚持国企改革方向，规范推进国企改制》，及时宣传国资委坚定国有企业改革方向的决心和坚持规范推进国有企业改制的政策，正确引导社会上对国有资产流失以及国有企业改革政策的争论。

▲ 30日，荣融同志在我委会见韩国现代汽车集团副会长薛荣兴先生一行。

10月

▲ 9日，荣融同志主持召开会议，研究检查部分中央企业贯彻落实《规范国有企业改制工作的意见》和《企业国有产权转让暂行办法》的有关事项。瑞祥、邵宁、丹华同志参加。

▲ 9日，荣融同志主持会议，研究国有独资公司建立董事会试点工作。王勇、邵宁同志参加。

▲ 10～15日，中央企业职工技能大赛在湖北省举行。瑞祥同志参加。

▲ 11日，邵宁同志在我委会见了法国泰雷兹集团董事长兼首席执行官德尼·朗克先生一行。

▲ 11日，邵宁同志在我委会见了日本监查役协会会长吉井毅先生一行。

▲ 11～14日，中央企业职工技能大赛东风汽车赛区铣工决赛开幕。瑞祥同志全程参加并讲话。50家中央企业92名选手参加决赛。共决出前30名选手。国资委、劳动保障部联合对优胜者进行表彰和奖励。

▲ 18日，淑和同志在我委会见了澳大利亚维多利亚州州长史迪夫·布莱克斯先生一行。

▲ 20日，召开了中央企业知识产权保护现状与对策研究课题启动会议，就课题的框架结构、进度要求、组织落实等问题进行了研究和布置。知识产权局、科技部和中国核工业集团、中国移动通信集团公司、武汉钢铁集团公司、有色金属研究总院等单位的有关人员参加了会议。

▲ 22日，毅中同志在我委会见了香港电讯盈科主席李泽楷先生。

▲ 26日，毅中同志主持召开国资委第32次党委会议。会议研究同意有关中央企业领导人员人事任免事项；听取了公开招聘中央企业高级经营管理人员的情况汇报；原则通过关于给予有关人员党纪处分的审议报告。

▲ 26日，荣融同志主持召开国资委第21次主任办公会议。会议传达了温家宝总理在近期国务院会议上的讲话精神，通报了当前经济形势和对2005年工作的总体要求；听取并原则同意管理局《国资委2005年部门预算汇报》；听取了法规局关于《中华人民

共和国企业破产法》立法情况报告；听取并原则通过规划局、法规局关于《中央企业发展战略和规划管理暂行办法(送审稿)》。

▲ 29日，淑和同志在我委会见了美国IBM公司前任董事长兼首席执行总裁郭士纳先生一行。

▲ 30日～11月1日，我委召开了中央企业经营业绩考核工作会议。

11月

▲ 2日，荣融同志在我委会见了英国BP公司首席执行官布朗勋爵一行。

▲ 2日，培训中心与西门子公司在钓鱼台国宾馆联合举办的中国国有企业人才培养合作谅解备忘录的签字仪式，荣融同志出席会议，并会见西门子公司总裁兼首席执行官冯必乐博士一行。

▲ 12日，荣融同志主持召开在京中央企业负责人会议，传达全国预防和处置群体性事件工作会议精神。

▲ 12日，荣融同志就国资委公开招聘中央企业高级管理人员接受中央电视台"焦点访谈"专访。毅中同志接受中央电视台"新闻联播"和"经济信息联播"的共同采访。

▲ 11月下旬，宣传局组织新闻媒体宣传报道中央企业开展创建资源节约型企业的情况。11月26日，《经济日报》全文刊发中国石油天然气集团公司、中国铝业公司等6家中央企业发出的《关于在中央企业开展创建资源节约型企业的倡议》全文。11月30日，《经济日报》发表评论和有关调研报告。

▲ 23～25日，国资委纪委、监察部驻委监察局召开三次纪检监察工作座谈会，会议邀请21家在京中央企业纪委书记(纪检组长)参加会议，围绕2005年中央企业构建与现代企业制度相适应的教育、制度、监督并重的惩治和预防腐败体系的工作思路和重点进行了座谈，并征求企业对国资委纪委、监察局工作的意见和建议。

▲ 24～25日，我委在北京召开了国有企业负责人薪酬管理工作交流研讨会议，30个省(区、市)及新疆建设兵团和部分计划单列市、沿海开放城市、省会城市与地市各级国资监管机构薪酬管理业务负责同志共约160人参加会议。

▲ 25日～12月23日，宣传局组织《人民日报》、新华社等中央主要新闻媒体记者集中宣传报道中国海运(集团)总公司、中国华能集团公司等10家国有企业，国资委网站也同时开辟专栏进行宣传报道，扩大了国有企业的影响，振奋了职工搞好国有企业的信心。

▲ 26～27日，经国务院同意，我委与劳动保障部、财政部、税务总局等部门在京联合召开了全国国有大中型企业主辅分离改制分流工作经验交流会。黄菊同志对此次会议及主辅分离工作作了重要批示，我委邵宁同志、劳动保障部张小建同志及税务总局王力同志到会并讲话。各地国资委、劳动保障厅(局)领导及部分中央企业相关负责人共270名代表参加了会议。

▲ 30日，荣融同志参加国务院新闻办召开的新闻发布会，介绍国有资产监督管理和中央企业改革发展的有关情况，并回答了中外记者提问。

▲ 30日，国务院新闻办召开中外记者招待会。荣融同志介绍国有资产监督管理和中央企业改革的有关情况并回答中外记者提问。

12月

▲ 1日，荣融同志主持召开国资委第22次主任办公会议。会议通报了有关《公司法》的修改情况；原则通过《国有独资公司董事会试点企业外部董事管理办法(试行)》；研究讨论了《国有独资公司职工董事管理暂行办法》；讨论通过了《关于国资委机关任职回避和公务回避的实施意见》。

▲ 2日，毅中同志主持召开国资委第33次党委会议。会议原则同意2005年党委的工作要点；听取了关于保持共产党员先进性教育活动工作情况汇报；研究通过委机关、直属事业单位有关人员职务任免事项；研究通过有关中央企业领导人员职务任免事项；传达了全国落实党风廉政建设责任制电视电话会议精神，并提出贯彻意见。

▲ 2～3日，中央企业党建思想政治工作研究会在北京召开评审会，对2003～2004年度中央企业党建思想政治工作优秀研究成果进行评审。这是中央企业党建政研会第一次在中央企业系统组织优秀研究成果评审，共评出一等奖10个，二等奖20个，三等

奖30个。

▲ 6日，淑和同志在我委会见了随意大利总统钱皮访华的意大利圣保罗银行(SAN PAOLO IMI)集团副总裁罗西先生一行。

▲ 6日，国资委与中宣部、信息产业部、全国总工会、中国残联、吉林省委和中国网通集团公司等单位在人民大会堂联合举办王树明同志先进事迹报告会。黄菊副总理亲切会见报告团全体成员并讲话。毅中同志在会上发表讲话，瑞祥同志出席会议。

▲ 9～10日，中央企业工会工作会议在京召开，瑞祥同志出席大会并讲话。会议总结了2004年中央企业工会工作，重点交流了中央企业实施职工素质工程的经验，对2005年中央企业工会工作进行了部署。182家中央企业的工会负责同志以及中央企业政研会、中央电视台"当代工人"栏目有关人员参加了会议。

▲ 13～15日，我委召开中央企业负责人会议。荣融、毅中、瑞祥、淑和、王勇、邵宁、丹华、长富同志出席了会议。

▲ 15日，在中央企业负责人会议上，中国航天科技集团公司、中国海洋石油总公司、国家电网公司、中国建筑工程总公司等30家中央企业的负责人首批签订了2004～2006年任期和2005年度经营业绩责任书。

▲ 21日下午，荣融同志就国资委的各项工作情况接受中央电视台"新闻会客厅"、"央视论坛"和《经济频道》"世界经济年度报告年终特别节目组"的专访。

▲ 21日，由国务院国资委、共青团中央等部门联合举办的"2004年海外学人回国创业周——聚焦特大型国有企业活动"开幕式在北京钓鱼台国宾馆举行。毅中、瑞祥同志以及团中央书记处书记、全国青联常务副主席胡伟出席会议并作重要讲话。来自48家特大型国有企业的200余名代表和500名海外学人参加了会议。瑞祥同志代表国资委，陪同中央政治局委员、全国人大常务委员会副委员长王兆国在人民大会堂接见了与会海外学人并合影留念。

▲ 23～24日，国资委党委在京召开纪念建党83周年暨中央企业党建工作会议。会议的主要任务是：以邓小平理论和"三个代表"重要思想为指导，全面贯彻党的十六大和十六届二中、三中全会精神，总结交流中央企业党建工作的经验和做法，对新形势下加强和改进中央企业党建工作进行全面部署。毅中同志在会上作了讲话。会上，国资委党委对中国航天科技集团公司第五研究院党委等97个先进基层党组织、王树明等147名优秀共产党员、邵里庭等96名优秀党务工作者进行了表彰，并分别授予"中央企业先进基层党组织"、"中央企业优秀共产党员"和"中央企业优秀党务工作者"称号。

▲ 24～27日，全国省级国资委研究室主任工作会议暨国有资产管理体制改革研讨会在四川召开。淑和同志出席了会议。

▲ 27～30日，监事会主席学习贯彻党的十六届四中全会精神暨监事会工作会议在京召开。荣融、毅中、晓华同志参加会议，并作了重要讲话。会议对监事会2004年度工作进行了总结，研究部署了2005年工作。

▲ 31日，毅中同志主持召开国资委第35次党委会议。会议审议通过《委机关、监事会局级干部交流到委监管企业任职的原则意见》；研究同意委机关、监事会有关局级干部职务任免事项；研究同意有关中央企业领导人员职务任免事项；研究了我委关于开展保持共产党先进性教育活动的工作安排。